මහමෙව්නාවේ බෝධිඥාන ත්‍රිපිටක ග්‍රන්ථ මාලා 05

සූත්‍ර පිටකයට අයත්

ආශ්චර්යවත් ශ්‍රී සද්ධර්මය

මජ්ඣිම නිකායේ
(දෙවන කොටස)

මජ්ඣිම පණ්ණාසකය
(මජ්ඣිම පණ්ණාසකය)

පරිවර්තනය
කිරිබත්ගොඩ ඤාණානන්ද ස්වාමීන් වහන්සේ

ප්‍රකාශනය

මහාමේඝ ප්‍රකාශකයෝ
වඩුවාව, යටිගල්ඔළුව, පොල්ගහවෙල.
දුර : 037 2053300, 076 8255703
ඊ-මේල් : mahameghapublishers@gmail.com

ශ්‍රී. බු.ව. 2552 ව්‍යවහාර වර්ෂ : 2008

මහමෙව්නාවේ බෝධිඥාන ත්‍රිපිටක ග්‍රන්ථ මාලා 05

සූත්‍ර පිටකයට අයත් ආශ්චර්යවත් ශ්‍රී සද්ධර්මය
මජ්ඣිම නිකාය - දෙවන කොටස
මජ්ඣිම පණ්ණාසකය

පරිවර්තනය : පූජ්‍ය කිරිබත්ගොඩ ඤාණානන්ද ස්වාමීන් වහන්සේ

ISBN : 978-955-0614-49-3

© සියලුම හිමිකම් ඇවිරිණි.

- පරිගණක අකුරු සැකසුම සහ ප්‍රකාශනය -
මහාමේඝ ප්‍රකාශකයෝ
වඩුවාව, යටිගල්ඔළුව, පොල්ගහවෙල.
දුර : (+94) 37 20 53 300, (+94) 76 82 55 703
ඊ-මේල් : mahameghapublishers@gmail.com

Mahamevnawa Bodhiñāna Tripitaka Series, Volume 05

The Wonderful Dhamma in the Suttantapitaka

Majjhima Nikāya

(part-2)
Majjhima-pannāsaka

With the Sinhala Translation
By

VEN. KIRIBATHGODA ÑĀNĀNANDA BHIKKHU

PUBLISHED BY:

Mahamegha Publishers
Waduwawa, Yatigal-oluwa, Polgahawela, Sri Lanka.
Tel : (+94) 37 20 53 300, (+94) 76 82 55 703
e-mail : mahameghapublishers@gmail.com

B. E. 2552　　　　　　　　　　　　　　　　　　C.E. 2008

"ධම්මෝ හි වාසෙට්ඨා, සෙට්ඨෝ ජනේතස්මිං
දිට්ඨේ චේව ධම්මේ, අභිසම්පරායේච."

වාසෙට්ඨයෙනි, මෙලොවෙහි ත්, පරලොවෙහි ත්
ජනයා අතර ධර්මය ම ශ්‍රේෂ්ඨ වෙයි !

- අග්ගඤ්ඤ සූත්‍රය - භාගයවත් බුදුරජාණන් වහන්සේ

පටුන

මජ්ඣිම නිකාය - දෙවෙනි කොටස
මජ්ඣිම පණ්ණාසකය
(දෙවන සූත්‍ර දේශනා පණහ)

1. ගහපති වර්ගය

2.1.1.	කන්දරක සූත්‍රය	15
	කන්දරක තවුසා නිසා වදාළ දෙසුම	
2.1.2.	අට්ඨකනාගර සූත්‍රය	30
	අට්ඨකනගරවාසී දසම ගෘහපතියාට වදාළ දෙසුම	
2.1.3.	සේඛ සූත්‍රය	37
	නිවන් මඟ හික්මෙන (සේඛ) ප්‍රතිපදාව ගැන වදාළ දෙසුම	
2.1.4.	පෝතලිය සූත්‍රය	45
	පෝතලිය ගෘහපතියා හට වදාළ දෙසුම	
2.1.5.	ජීවක සූත්‍රය	58
	කෝමාරභච්ච ජීවක හට වදාළ දෙසුම	
2.1.6.	උපාලි සූත්‍රය	63
	උපාලි ගෘහපතියා හට වදාළ දෙසුම	
2.1.7.	කුක්කුරවතිය සූත්‍රය	83
	සුනඛ වෘත ගත් තවුසන් අරභයා වදාළ දෙසුම	
2.1.8.	අභයරාජකුමාර සූත්‍රය	89
	අභයරාජකුමාරයා හට වදාළ දෙසුම	
2.1.9.	බහුවේදනීය සූත්‍රය	95
	බොහෝ විඳීම් පිළිබඳව වදාළ දෙසුම	
2.1.10.	අපණ්ණක සූත්‍රය	101
	මධ්‍යස්ථව නුවණින් විමසා බැලීම ගැන වදාළ දෙසුම	

2. භික්ඛු වර්ගය

2.2.1.	අම්බලට්ඨික රාහුලෝවාද සූත්‍රය	120
	අම්බලට්ඨිකාවේ දී රාහුල හිමියන්ට වදාළ දෙසුම	
2.2.2.	මහා රාහුලෝවාද සූත්‍රය	129
	රාහුල හිමියන්ට වදාළ විස්තරාත්මක දෙසුම	
2.2.3.	චූල මාලුංක්‍ය සූත්‍රය	137
	මාලුංක්‍යපුත්ත තෙරුන්ට වදාළ කුඩා දෙසුම	
2.2.4.	මහා මාලුංක්‍ය සූත්‍රය	146
	මාලුංක්‍යපුත්ත තෙරුන් ගේ ප්‍රකාශයක් මූල්කොට වදාළ විස්තරාත්මක දෙසුම	
2.2.5.	භද්දාලි සූත්‍රය	153
	භද්දාලි තෙරුන්ට වදාළ දෙසුම	
2.2.6.	ලටුකිකෝපම සූත්‍රය	166
	කැටකිරිල්ලිය උපමා කොට වදාළ දෙසුම	
2.2.7.	චාතුම සූත්‍රය	178
	චාතුම ගමෙහි දී වදාළ දෙසුම	
2.2.8.	නළකපාන සූත්‍රය	187
	නළකපාන ගමේ දී වදාළ දෙසුම	
2.2.9.	ගුලිස්සානි සූත්‍රය	197
	ගුලිස්සානි හික්ෂුව මූල්කොට වදාළ දෙසුම	
2.2.10.	කීටාගිරි සූත්‍රය	203
	කීටාගිරි නියම් ගමේ දී වදාළ දෙසුම	

3. පරිබ්බාජක වර්ගය

2.3.1.	තේවිජ්ජවච්ඡගොත්ත සූත්‍රය	215
	ත්‍රිවිද්‍යාව ගැන වච්ඡගොත්ත පරිබ්‍රාජකයාට වදාළ දෙසුම	
2.3.2.	අග්ගිවච්ඡගොත්ත සූත්‍රය	219
	වච්ඡගොත්ත පිරිවැජියාට ගින්න උපමා කොට වදාළ දෙසුම	
2.3.3.	මහා වච්ඡගොත්ත සූත්‍රය	228
	වච්ඡගොත්ත පිරිවැජියාට වදාළ විස්තරාත්මක දෙසුම	
2.3.4.	දීඝනඛ සූත්‍රය	240
	දීඝනඛ පිරිවැජියාට වදාළ දෙසුම	
2.3.5.	මාගන්දිය සූත්‍රය	246
	මාගන්දිය පිරිවැජියාට වදාළ දෙසුම	

2.3.6. **සන්දක සූත්‍රය** 261
සන්දක පිරිවැජියාට වදාළ දෙසුම
2.3.7. **මහා සකුළුදායී සූත්‍රය** 279
සකුළුදායී පිරිවැජියාට වදාළ විස්තරාත්මක දෙසුම
2.3.8. **සමණමණ්ඩිකා සූත්‍රය** 306
සමණමණ්ඩිකාපුත්‍ර පිරිවැජියා නිසා වදාළ දෙසුම
2.3.9. **චූළ සකුළුදායී සූත්‍රය** 314
සකුළුදායී පිරිවැජියාට වදාළ කුඩා දෙසුම
2.3.10. **වේඛනස්ස සූත්‍රය** 327
වේඛනස්ස පිරිවැජියා හට වදාළ දෙසුම

4. රාජ වර්ගය

2.4.1. **ඝටීකාර සූත්‍රය** 333
ඝටීකාර උපාසක ගැන වදාළ දෙසුම
2.4.2. **රට්ඨපාල සූත්‍රය** 344
රට්ඨපාල තෙරුන් වදාළ දෙසුම
2.4.3. **මඛාදේව සූත්‍රය** 366
මඛාදේව රජු ගැන වදාළ දෙසුම
2.4.4. **මධුර සූත්‍රය** 376
මධුරා පුරයේ දී වදාළ දෙසුම
2.4.5. **බෝධිරාජකුමාර සූත්‍රය** 387
බෝධිරාජකුමාරයා හට වදාළ දෙසුම
2.4.6. **අංගුලිමාල සූත්‍රය** 416
අංගුලිමාල තෙරුන්ට වදාළ දෙසුම
2.4.7. **පියජාතික සූත්‍රය** 426
ප්‍රිය වූ දෙයින් හටගන්නා දුක ගැන වදාළ දෙසුම
2.4.8. **බාහිතික සූත්‍රය** 433
බාහිතික වස්ත්‍ර පූජාවට හේතු වූ දෙසුම
2.4.9. **ධම්මචේතිය සූත්‍රය** 440
බුදුරජුන් අනුමත කොට වදාළ ධම්මචේතිය දෙසුම
2.4.10. **කණ්ණකත්ථල සූත්‍රය** 448
කණ්ණකත්ථල මිගදායේ දී වදාළ දෙසුම

9

5. බ්‍රාහ්මණ වර්ගය

2.5.1.	බ්‍රහ්මායු සූත්‍රය	458
	බ්‍රාහ්මායු බ්‍රාහ්මණයාට වදාළ දෙසුම	
2.5.2.	සේල සූත්‍රය	476
	සේල බ්‍රාහ්මණයාට වදාළ දෙසුම	
2.5.3.	අස්සලායන සූත්‍රය	487
	අස්සලායන බ්‍රාහ්මණයාට වදාළ දෙසුම	
2.5.4.	සෝටමුබ සූත්‍රය	500
	සෝටමුබ බ්‍රාහ්මණයාට වදාළ දෙසුම	
2.5.5.	චංකී සූත්‍රය	515
	චංකී බ්‍රාහ්මණයාට වදාළ දෙසුම	
2.5.6.	ඒසුකාරී සූත්‍රය	533
	ඒසුකාරී බ්‍රාහ්මණයාට වදාළ දෙසුම	
2.5.7.	ධනඤ්ජානී සූත්‍රය	543
	ධනඤ්ජානී බ්‍රාහ්මණයාට වදාළ දෙසුම	
2.5.8.	වාසෙට්ඨ සූත්‍රය	558
	වාසෙට්ඨ බ්‍රාහ්මණයාට වදාළ දෙසුම	
2.5.9.	සුභ සූත්‍රය	567
	සුභ මාණවකයාට වදාළ දෙසුම	
2.5.10.	සංගාරව සූත්‍රය	583
	සංගාරව මාණවකයාට වදාළ දෙසුම	

මජ්ඣිම නිකායට අයත් දෙවන සූත්‍ර දේශනා පනහ මෙතෙකින් සමාප්ත වේ.

දසබලසේලප්පභවා නිබ්බානමහාසමුද්දපරියන්තා
අට්ඨංග මග්ගසලිලා ජිනවචනනදී චිරං වහතූති

දසබලයන් වහන්සේ නමැති ශෛලමය පර්වතයෙන් පැන නැගී
අමා මහ නිවන නම් වූ මහා සාගරය අවසන් කොට ඇති
ආර්ය අෂ්ටාංගික මාර්ගය නම් වූ සිහිල් දිය දහරින් හෙබි
උතුම් ශ්‍රී මුඛ බුද්ධ වචන ගංගාව (ලෝ සතුන්ගේ සසර දුක් නිවාලමින්)
බොහෝ කල් ගලාබස්නා සේක්වා !

(සළායතන සංයුත්තය - උද්දාන ගාථා)

සූත්‍ර පිටකයට අයත්

මජ්ඣිම නිකාය

දෙවෙනි කොටස

මධ්‍යම පණ්ණාසකය

(දෙවෙනි සූත්‍ර දේශනා පනහ)

නමෝ තස්ස භගවතෝ අරහතෝ සම්මාසම්බුද්ධස්ස
ඒ භාග්‍යවත් අරහත් සම්මා සම්බුදුරජාණන් වහන්සේට නමස්කාර වේවා!

සූත්‍ර පිටකයට අයත්

මජ්ඣිම නිකායේ

මජ්ඣිම පණ්ණාසකය
(දෙවෙනි සූත්‍ර දේශනා පනහ)

1. ගහපති වර්ගය

2.1.1.
කන්දරක සූත්‍රය
කන්දරක තවුසා නිසා වදාළ දෙසුම

මා හට අසන්නට ලැබුනේ මේ විදිහට යි. ඒ දිනවල භාග්‍යවතුන් වහන්සේ බොහෝ භික්ෂුසංඝයා වහන්සේ සමඟ චම්පා නගරයෙහි ගග්ගරා නම් පොකුණු තෙර වැඩවාසය කළා. එදා ඇතුන් පුහුණු කරන කෙනෙකු ගේ පුතෙක් වන පෙස්ස නම් තැනැත්තා ද, කන්දරක නම් තවුසා ද, භාග්‍යවතුන් වහන්සේ බැහැදකින්නට පැමිණුනා. එසේ පැමිණි පෙස්ස නම් වූ ඇතුන් පුහුණු කරන කෙනා ගේ පුතා භාග්‍යවතුන් වහන්සේට වන්දනා කොට එකත්පස් ව වාඩිවුනා. ඉන්පසු කන්දරක තවුසා භාග්‍යවතුන් වහන්සේ සමඟ සතුටු වුනා. සතුටු සාමීචි කතා බහේ යෙදුනා. එකත්පස් ව සිටගත්තා. එකත්පස් ව සිටගත් කන්දරක තවුසා ඉතාමත් ම නිශ්ශබ්ද ව වැඩසිටින්නා වූ භික්ෂුසංඝයා දෙස හොඳින් නෙත් විහිදා බලා භාග්‍යවතුන් වහන්සේට මෙකරුණ පැවසුවා.

"භවත් ගෞතමයන් වහන්ස, ආශ්චර්යය යි! භවත් ගෞතමයන් වහන්ස, අද්භූත යි! භවත් ගෞතමයන් වහන්සේ විසින් භික්ෂුසංඝයා වහන්සේට ඉතාමත් මැනවින් මගපෙන්වීම් කරල තියෙනවා. භවත් ගෞතමයන් වහන්ස, අතීතයෙහි යම් අරහත් සම්මා සම්බුදුරජාණන් වහන්සේ නමක් වැඩසිටියාහු ද, ඒ භාග්‍යවතුන් වහන්සේ ත්, භික්ෂුසංඝයාට ඉතාමත් මැනවින් මාර්ගය පෙන්වා දෙන්ට ඇත්තේ ඔය විදිහට ම යි. ඒ කියන්නේ වර්තමානයෙහි භවත් ගෞතමයන් වහන්සේ විසින් භික්ෂුසංඝයා වහන්සේට ඉතාමත් මැනවින් මගපෙන්වීම් කරන ආකාරයෙන් ම යි.

ඒ වගේ ම භවත් ගෞතමයන් වහන්ස, අනාගතයෙහි යම් අරහත් සම්මා සම්බුදුරජාණන් වහන්සේ නමක් පහලවන්නාහු ද, ඒ භාග්‍යවතුන් වහන්සේ ත්, භික්ෂුසංඝයාට ඉතාමත් මැනවින් මාර්ගය පෙන්වා දෙනු ලබන්නේ ඔය විදිහට ම යි. ඒ කියන්නේ වර්තමානයෙහි භවත් ගෞතමයන් වහන්සේ විසින් භික්ෂුසංඝයා වහන්සේට ඉතාමත් මැනවින් මගපෙන්වීම් කරන ආකාරයෙන් ම යි."

"පින්වත් කන්දරක, ඒක එහෙම ම තමයි. පින්වත් කන්දරක, ඒක එහෙම ම තමයි. පින්වත් කන්දරක, අතීතයෙහි යම් අරහත් සම්මා සම්බුදුරජාණන් වහන්සේ නමක් වැඩසිටියාහු ද, ඒ භාග්‍යවතුන් වහන්සේ ත්, භික්ෂුසංඝයාට ඉතාමත් මැනවින් මාර්ගය පෙන්වා දුන්නේ ඔය විදිහට ම යි. ඒ කියන්නේ වර්තමානයෙහි මා විසින් භික්ෂුසංඝයා වහන්සේට ඉතාමත් මැනවින් මගපෙන්වීම් කරන ආකාරයෙන් ම යි.

ඒ වගේ ම අනාගතයෙහි යම් අරහත් සම්මා සම්බුදුරජාණන් වහන්සේ නමක් පහලවන්නාහු ද, පින්වත් කන්දරක, ඒ භාග්‍යවතුන් වහන්සේ ත්, භික්ෂුසංඝයාට ඉතාමත් මැනවින් මාර්ගය පෙන්වා දෙනු ලබන්නේ ඔය විදිහට ම යි. ඒ කියන්නේ වර්තමානයෙහි මා විසින් භික්ෂුසංඝයා වහන්සේට ඉතාමත් මැනවින් මගපෙන්වීම් කරන ආකාරයෙන් ම යි.

පින්වත් කන්දරක, මේ වැඩසිටින්නා වූ භික්ෂුසංඝයා අතර ආශ්‍රවයන් ක්ෂය වූ, නිවන් මඟ සම්පූර්ණ කළ, කළ යුතු දේ කළ, කෙලෙස් බර බැහැර කළ, සැබෑ ම අර්ථය සාක්ෂාත් කළ, භව සංයෝජනයන් ක්ෂය කළ, මනාකොට ලත් අවබෝධයෙන් ම විමුක්තිය සාක්ෂාත් කළ රහතන් වහන්සේලා ඉන්නවා. ඒ වගේ ම කන්දරක, මේ වැඩසිටින්නා වූ භික්ෂුසංඝයා අතර ධර්ම මාර්ගයෙහි මැනවින් හික්මෙන භික්ෂූන් ඉන්නවා. ඒ භික්ෂූන් නිරතුරුව ම පිහිටි සිල් ඇතුව යි ඉන්නෙ. නිරතුරුව ම සීල සම්පන්න ව යි දිවි ගෙවන්නෙ. අවස්ථානුකූල

ප්‍රඥාවෙන් යුක්ත යි. ඒ අවස්ථාවෝචිත ප්‍රඥාවෙනුයි දිවි ගෙවන්නෙ. ඒ භික්ෂූන් සතර සතිපට්ඨානය තුළ මැනවින් පිහිටුවා ගත් සිතින් යුක්ත ව යි වාසය කරන්නේ.

ඒ කවර සතර සතිපට්ඨානයක ද යත්; පින්වත් කන්දරක, මෙහිලා භික්ෂුව කෙලෙස් තවන වීරියෙන් යුතුව, මනා සිහි නුවණින් යුතුව, ජීවිතය තුළ පවතින ලෝභය ත්, දොම්නස ත් දුරු කොට, කය පිළිබඳ ව කායානුපස්සනා භාවනාවෙන් යුක්ත ව වාසය කරනවා. කෙලෙස් තවන වීරියෙන් යුතුව, මනා සිහි නුවණින් යුතුව, ජීවිතය තුළ පවතින ලෝභය ත්, දොම්නස ත් දුරු කොට, විඳීම් පිළිබඳ ව වේදනානුපස්සනා භාවනාවෙන් යුක්ත ව වාසය කරනවා. කෙලෙස් තවන වීරියෙන් යුතුව, මනා සිහි නුවණින් යුතුව, ජීවිතය තුළ පවතින ලෝභය ත්, දොම්නස ත් දුරු කොට, සිත පිළිබඳ ව චිත්තානුපස්සනා භාවනාවෙන් යුක්ත ව වාසය කරනවා. කෙලෙස් තවන වීරියෙන් යුතුව, මනා සිහි නුවණින් යුතුව, ජීවිතය තුළ පවතින ලෝභය ත්, දොම්නස ත් දුරු කොට, ධර්මයන් පිළිබඳ ව ධම්මානුපස්සනා භාවනාවෙන් යුක්ත ව වාසය කරනවා."

මෙසේ වදාළ විට, ඇතුන් පුහුණු කරන කෙනා ගේ පුත්‍රයා වන පෙස්ස නම් තැනැත්තා භාග්‍යවතුන් වහන්සේට මෙය පැවසුවා. "ස්වාමීනී, ආශ්චර්යය යි! ස්වාමීනී, අද්භූත යි! ස්වාමීනී, භාග්‍යවතුන් වහන්සේ විසින් සත්වයන් ගේ පිරිසිදු බව පිණිස, ශෝක වැළපීම් ඉක්ම යෑම පිණිස, දුක් දොම්නස් නැති වීම පිණිස, නිවන් මඟ අවබෝධ කිරීම පිණිස, ඒ අමා නිවන සාක්ෂාත් කිරීම පිණිස ඉතාමත් ම මැනවින් මේ සතර සතිපට්ඨානයන් වදාරලා තියෙනවා.

ස්වාමීනී, අපි සුදු වත් හඳින ගිහි උදවිය යි. අපි ත් කලින් කලට මේ සතර සතිපට්ඨානය තුළ මනාව සිත පිහිටුවා ගෙන වාසය කරනවා. ස්වාමීනී, මෙහිලා අපි කෙලෙස් තවන වීරියෙන් යුතුව, මනා සිහි නුවණින් යුතුව, ජීවිතය තුළ පවතින ලෝභය ත්, දොම්නස ත් දුරු කොට, කය පිළිබඳ ව කායානුපස්සනා භාවනාවෙන් යුක්ත ව වාසය කරනවා. කෙලෙස් තවන වීරියෙන් යුතුව, මනා සිහි නුවණින් යුතුව, ජීවිතය තුළ පවතින ලෝභය ත්, දොම්නස ත් දුරු කොට, විඳීම් පිළිබඳ ව වේදනානුපස්සනා භාවනාවෙන් යුක්ත ව වාසය කරනවා. කෙලෙස් තවන වීරියෙන් යුතුව, මනා සිහි නුවණින් යුතුව, ජීවිතය තුළ පවතින ලෝභය ත්, දොම්නස ත් දුරු කොට, සිත පිළිබඳ ව චිත්තානුපස්සනා භාවනාවෙන් යුක්ත ව වාසය කරනවා. කෙලෙස් තවන වීරියෙන් යුතුව, මනා සිහි නුවණින් යුතුව, ජීවිතය තුළ පවතින ලෝභය ත්, දොම්නස ත් දුරු කොට, ධර්මයන් පිළිබඳ ව ධම්මානුපස්සනා භාවනාවෙන් යුක්ත ව වාසය කරනවා.

ස්වාමීනී, ආශ්චර්යයය යි! ස්වාමීනී, අද්භූත යි! ස්වාමීනී, මෙවැනි වූ සඟවා ගන්නා ලද මනුෂ්‍ය ස්වභාව ඇති, ඒ කියන්නේ මෙවැනි වූ මනුෂ්‍ය කසට ඇති කල්හි, මෙවැනි වූ මනුෂ්‍ය කපටිකම් ඇති කල්හි තමයි භාග්‍යවතුන් වහන්සේ සත්වයන් ගේ යහපත-අයහපත ගැන අවබෝධයෙන් සිටින්නේ. ස්වාමීනී, මේ මිනිස්සු නම් ඉන්නෙ සැබෑ ස්වභාවය සඟවා ගෙන යි. නමුත්, ස්වාමීනී, සිව්පාවුන් නම් උන් ගේ ස්වභාවය ප්‍රකට කරනවා. ස්වාමීනී, මා ඇතුන් පුහුණු කරන්නට පුළුවන් කෙනෙක්. ඉතින්, මා සුළු මොහොතකින් චම්පා නගරයට යෑම් ඊම් කරනවා ද, ඒ වෙලාවට පවා ඒ ඇතුන් ගේ සෑම කපටි බවක්, කූට බවක්, වංක බවක්, ඇද බවක් ඇද්ද, ඒවා ප්‍රකට කරනවා. නමුත් ස්වාමීනී, අප ගේ දාසයන් වේවා, ඇත්ගොව්වන් වේවා, කම්කරුවන් වේවා යමෙක් සිටිත් ද, ඔවුන් කයින් වෙන ම හැසිරෙනවා. වචනයෙන් වෙන ම හැසිරෙනවා. සිතින් වෙන ම හැසිරෙනවා.

ස්වාමීනී, ආශ්චර්යයය යි! ස්වාමීනී, අද්භූත යි! ස්වාමීනී, මෙවැනි වූ සඟවා ගන්නා ලද මනුෂ්‍ය ස්වභාව ඇති, ඒ කියන්නේ මෙවැනි වූ මනුෂ්‍ය කසට ඇති කල්හි, මෙවැනි වූ මනුෂ්‍ය කපටිකම් ඇති කල්හි තමයි භාග්‍යවතුන් වහන්සේ සත්වයන් ගේ යහපත-අයහපත ගැන අවබෝධයෙන් සිටින්නේ. ස්වාමීනී, මේ මිනිස්සු නම් ඉන්නෙ සැබෑ ස්වභාවය සඟවා ගෙන යි. නමුත්, ස්වාමීනී, සිව්පාවුන් නම් උන් ගේ ස්වභාවය ප්‍රකට කරනවා."

"පින්වත් පෙස්ස, ඒක එහෙම ම තමයි. පින්වත් පෙස්ස, ඒක එහෙම ම තමයි. පින්වත් පෙස්ස, මේ මිනිස්සු නම් ඉන්නෙ සැබෑ ස්වභාවය සඟවා ගෙන තමයි. සිව්පාවුන් නම් උන් ගේ ස්වභාවය ප්‍රකට කරනවා.

පින්වත් පෙස්ස, ලෝකයෙහි මේ පුද්ගලයන් සතර දෙනෙක් දකින්නට ලැබෙනවා. කවර පුද්ගලයන් සතර දෙනෙක් ද යත්; පින්වත් පෙස්ස, මෙහිලා එක්තරා පුද්ගලයෙක් ඉන්නවා. ඔහු තමා ව පීඩාවට පත්කර ගන්නා කෙනෙක්. තමා ව පීඩාවට පත්කර ගන්නා වැඩපිළිවෙලෙහි බැසගත් කෙනෙක්.

ඒ වගේ ම පින්වත් පෙස්ස, තව පුද්ගලයෙක් ඉන්නවා. ඔහු අනුන් ව පීඩාවට පත්කරන කෙනෙක්. අනුන් ව පීඩාවට පත් කරන වැඩපිළිවෙලෙහි බැසගත් කෙනෙක්.

ඒ වගේ ම පින්වත් පෙස්ස, තව පුද්ගලයෙක් ඉන්නවා. ඔහු තමා ව පීඩාවට පත්කර ගන්නා කෙනෙක්. තමා ව පීඩාවට පත්කර ගන්නා වැඩපිළිවෙලෙහි බැසගත් කෙනෙක්. ඒ වගේ ම අනුන් ව ත් පීඩාවට පත්කරන කෙනෙක්. අනුන් ව පීඩාවට පත් කරන වැඩපිළිවෙලෙහි බැසගත් කෙනෙක්.

ඒ වගේ ම පින්වත් පෙස්ස, තව පුද්ගලයෙක් ඉන්නවා. ඔහු තමා ව පීඩාවට පත් නොකරගන්නා කෙනෙක්. තමා ව පීඩාවට පත් නොකරගන්නා වැඩපිළිවෙලෙහි බැසගත් කෙනෙක්. ඒ වගේ ම අනුන් ව ත් පීඩාවට පත් නොකරන කෙනෙක්. අනුන් ව පීඩාවට පත් නොකරන වැඩපිළිවෙලෙහි බැසගත් කෙනෙක්. ඉතින් ඔහු තමා ව පීඩාවට පත් නොකරමින්, අනුන් ව පීඩාවට පත් නොකරමින්, මෙලොව දී ම තෘෂ්ණා රහිත ව නිවී යන කෙනෙක්. සිහිල් වූ කෙනෙක්. සැප විඳින කෙනෙක්. ශ්‍රේෂ්ඨ වූ ජීවිතයක් ඇතිව වසන කෙනෙක්.

පින්වත් පෙස්ස, මේ පුද්ගලයන් සතර දෙනාගෙන් ඔබගේ සිත පහදින්නේ කවර පුද්ගලයෙකුට ද?"

"ස්වාමීනී, යම් මේ පුද්ගලයෙක් තමා ව පීඩාවට පත්කර ගන්නවා ද, තමා ව පීඩාවට පත්කර ගන්නා වැඩපිළිවෙලෙහි බැසගෙන ඉන්නවා ද, මේ පුද්ගලයා ගැන මගේ සිත පහදින්නේ නැහැ.

ඒ වගේ ම ස්වාමීනී, යම් මේ පුද්ගලයෙක් අනුන් ව පීඩාවට පත්කරනවා ද, අනුන්ව පීඩාවට පත් කරන වැඩපිළිවෙලෙහි බැසගෙන ඉන්නවා ද මේ පුද්ගලයා ගැන ත් මගේ සිත පහදින්නේ නැහැ.

ස්වාමීනී, යම් මේ පුද්ගලයෙක් තමා ව පීඩාවට පත්කර ගන්නවා ද, තමා ව පීඩාවට පත්කර ගන්නා වැඩපිළිවෙලෙහි බැසගෙන ඉන්නවා ද, ඒ වගේ ම අනුන් ව පීඩාවට පත්කරනවා ද, අනුන් ව පීඩාවට පත් කරන වැඩපිළිවෙලෙහි බැසගෙන ඉන්නවා ද, මේ පුද්ගලයා ගැන ත් මගේ සිත පහදින්නේ නැහැ.

ස්වාමීනී, යම් මේ පුද්ගලයෙක් තමා ව පීඩාවට පත් නොකරගන්නවා ද, තමා ව පීඩාවට පත් නොකරගන්නා වැඩපිළිවෙලෙහි බැසගෙන ඉන්නවා ද, ඒ වගේ ම අනුන් ව පීඩාවට පත් නොකරනවා ද, අනුන් ව පීඩාවට පත් නොකරන වැඩපිළිවෙලෙහි බැසගෙන ඉන්නවා ද, ඉතින් ඔහු තමා ව පීඩාවට පත් නොකරමින්, අනුන් ව පීඩාවට පත් නොකරමින්, මෙලොව දී ම තෘෂ්ණා රහිත ව නිවී යයි ද, සිහිල් වී යයි ද, සැප විඳී ද, ශ්‍රේෂ්ඨ වූ ජීවිතයක් ඇතිව වාසය කරයි ද, මේ පුද්ගලයා ගැන තමයි මගේ සිත පහදින්නේ."

"පින්වත් පෙස්ස, ඔබට අර කලින් කියපු පුද්ගලයන් තුන් දෙනා ගැන සිත නොපහදින්නේ මන්ද?"

"ස්වාමීනී, යම් මේ පුද්ගලයෙක් ඉන්නවා. ඔහු තමා ව පීඩාවට පත්කර ගන්නවා නම්, තමා ව පීඩාවට පත්කර ගන්නා වැඩපිළිවෙලෙහි බැසගෙන

ඉන්නවා නම්, ඔහු සැපය කැමති, දුක අකමැති තමා ව ම යි පීඩාවට පත් කරගන්නේ. දුකට පත් කරගන්නේ. පෙලන්නේ. මෙන්න මේ කාරණය නිසයි, මේ පුද්ගලයා ගැන මගේ සිත නොපහදින්නේ.

ස්වාමීනී, යම් මේ පුද්ගලයෙක් ඉන්නවා. ඔහු අනුන් ව පීඩාවට පත්කරනවා නම්, අනුන් ව පීඩාවට පත්කරන වැඩපිළිවෙලෙහි බැසගෙන ඉන්නවා නම්, ඔහු සැපය කැමති, දුක අකමැති අනුන් ව යි පීඩාවට පත් කරන්නේ. පෙලන්නේ. මෙන්න මේ කාරණය නිසයි, මේ පුද්ගලයා ගැන මගේ සිත නොපහදින්නේ.

ස්වාමීනී, යම් මේ පුද්ගලයෙක් ඉන්නවා. ඔහු තමා ව පීඩාවට පත්කර ගන්නවා නම්, තමා ව පීඩාවට පත්කර ගන්නා වැඩපිළිවෙලෙහි බැසගෙන ඉන්නවා නම්, ඔහු සැපය කැමති, දුක අකමැති තමා ව යි පීඩාවට පත් කරගන්නේ. දුකට පත්වන්නේ. ඔහු අනුන් ව පීඩාවට පත්කරනවා නම්, අනුන් ව පීඩාවට පත්කරන වැඩපිළිවෙලෙහි බැසගෙන ඉන්නවා නම්, ඔහු සැපය කැමති, දුක අකමැති අනුන් ව යි පීඩාවට පත් කරන්නේ. දුකට පත් කරන්නේ. පෙලන්නේ. මෙන්න මේ කාරණය නිසයි, මේ පුද්ගලයා ගැන ත් මගේ සිත නො පහදින්නේ.

ස්වාමීනී, යම් මේ පුද්ගලයෙක් ඉන්නවා. ඔහු තමා ව පීඩාවට පත්කර ගැනීම හෝ තමා ව පීඩාවට පත් කරන වැඩපිළිවෙලක සිටීම හෝ කරන්නෙ නෑ. ඒ වගේ ම අනුන් ව පීඩාවට පත් කිරීම හෝ අනුන් ව පීඩාවට පත් කරන වැඩපිළිවෙලක සිටීම හෝ කරන්නෙ නෑ. ඔය විදිහට ඔහු තමා ව පීඩාවට පත් නොකරමින්, අනුන් ව පීඩාවට පත් නොකරමින්, මෙලොව දී ම තෘෂ්ණා රහිත ව ඉන්නවා ද, නිවී සිහිල් වී, සැප විඳිමින් ඉන්නවා ද, ශ්‍රේෂ්ඨ වූ ජීවිතයක් ගෙවමින් වාසය කරනවා ද, අන්න ඒ තැනැත්තා සැප කැමති වූ, දුක් පිළිකුල් කරන තමා ව ත්, අනුන් ව ත් පීඩාවට පත් කරන්නෙ නෑ. පෙලන්නෙ නෑ. මේ කාරණය නිසයි මේ පුද්ගලයා ගැන මගේ සිත පහදින්නේ. හොඳයි ස්වාමීනී, එහෙම නම් දැන් අපි යන්නම්. අපට බොහෝ කටයුතු තියෙනවා නෙව. වැඩ තියෙනවා නෙව."

"පින්වත් පෙස්ස, දැන් යමකට කාලය නම්, එය ඔබ දැනගන්න." ඉතින් ඇතුන් පුහුණු කරන කෙනා ගේ පුත්‍රයා වූ පෙස්ස භාග්‍යවතුන් වහන්සේ වදාළ කරුණු සතුටින් පිළිගෙන අනුමෝදන්ව හුනස්නෙන් නැගිට්ටා. භාග්‍යවතුන් වහන්සේට වන්දනා කොට, පැදකුණු කොට පිටත්ව ගියා.

එවේලෙහි ඇතුන් පුහුණු කරන කෙනා ගේ පුත්‍රයා වූ පෙස්ස පිටත් ව ගොස් නොබෝ වේලාවකින් භාග්‍යවතුන් වහන්සේ භික්ෂූන් අමතා වදාළා. "පින්වත් මහණෙනි, ඇතුන් පුහුණු කරන කෙනා ගේ පුත්‍රයා වූ පෙස්ස හරි ම නුවණැති කෙනෙක්. පින්වත් මහණෙනි, ඇතුන් පුහුණු කරන කෙනා ගේ පුත්‍රයා වූ පෙස්ස මහා ප්‍රඥාවන්ත කෙනෙක්. පින්වත් මහණෙනි, ඇතුන් පුහුණු කරන කෙනා ගේ පුත්‍රයා වූ පෙස්ස මා මේ පුද්ගලයන් හතර දෙනා විස්තර වශයෙන් විග්‍රහ කරන කල් සුළු වෙලාවක් හිටියා නම්, මහත් යහපතක් සලසාගෙන යන්නට තිබුනා. නමුත් පින්වත් මහණෙනි, එපමණකින් වුනත් ඇතුන් පුහුණු කරන කෙනා ගේ පුත්‍රයා වූ පෙස්ස මහත් යහපතක් සලසා ගත්තා."

"භාග්‍යවතුන් වහන්ස, මේ එයට කාලය යි, සුගතයන් වහන්ස, මේ එයට කාලය යි. භාග්‍යවතුන් වහන්සේ මේ පුද්ගලයන් සතර දෙනා පිළිබඳ ව විස්තර වශයෙන් යම් විග්‍රහයක් වදාරණ සේක් ද, එය භාග්‍යවතුන් වහන්සේ ගෙන් අසා භික්ෂූන් සිත් හි ලා දරා ගන්නවා ම යි."

"එසේ වී නම්, පින්වත් මහණෙනි, සවන් යොමා අසන්න, මනාකොට නුවණින් මෙනෙහි කරන්න. මා කියා දෙන්නම්." "එසේය, ස්වාමීනී" කියා ඒ භික්ෂූන් වහන්සේලා භාග්‍යවතුන් වහන්සේට පිළිතුරු දුන්නා. භාග්‍යවතුන් වහන්සේ මෙය වදාළා.

"පින්වත් මහණෙනි, තමාව පීඩාවට පත් කරගන්නා වූ, තමාව පීඩාවට පත් කරගන්නා පිළිවෙතෙහි සිටින්නා වූ පුද්ගලයා කවරහු ද? පින්වත් මහණෙනි, මෙහිලා එක්තරා පුද්ගලයෙක් ඉන්නවා. ඔහු අත්හළ සිරිත් ඇති නිරුවත් කෙනෙක්. අතින් ආහාර පිළිගෙන අත ලෙවකන කෙනෙක්. ඔහු 'ස්වාමීනී, වඩින්න' කියද්දී එන්නෙ නෑ. 'ස්වාමීනී, සිටින්න' කියද්දී ඉන්නෙ නෑ. තමා උදෙසා ගෙනා දන් පිළිගන්නෙ නෑ. තමා උදෙසා පිසූ දන් පිළි ගන්නෙ නෑ. ඇරයුම් පිළිගන්නෙ නෑ. වළඳේ උඩ කොටසින් දෙන දන් පිළි ගන්නෙ නෑ. බඳුනේ උඩ කොටසින් දෙන දන් පිළිගන්නෙ නෑ. එළිපත්තේ සිට දෙන දන් පිළිගන්නෙ නෑ. ඉදිකඩුල්ල ළඟ සිට දෙන දන් පිළිගන්නෙ නෑ. මොහොල් අතර සිට දෙන දන් පිළිගන්නෙ නෑ. දෙදෙනෙක් අනුභව කරද්දී එක් කෙනෙක් නැගිට දෙන දන් පිළිගන්නෙ නෑ. ගැබිණිය විසින් දෙන දන් පිළිගන්නෙ නෑ. කිරිපොවන්නිය විසින් දෙන දන් පිළිගන්නෙ නෑ. පුරුෂයන් අතරට ගිය තැනැත්තිය විසින් දෙන දන් පිළිගන්නෙ නෑ. නම් ගොත් පවසා දෙන දන් පිළිගන්නෙ නෑ. සුනඛයෙක් පැමිණ සිටිය දී, උෟට නො දී දෙන දන් පිළිගන්නෙ නෑ. මැස්සන් පොදි පොදි ගැහී සිටින තැන දී දෙන දන් පිළි ගන්නෙ නෑ. මාළු, මස්, සුරා, මේරය, සෝවීරක පානය පිළිගන්නෙ නෑ.

ඔහු එක ගෙදරකින් භික්ෂාව ලබාගෙන එක බත් පිඬකින් යැපෙනවා. ගෙවල් දෙකකින් භික්ෂාව ලබාගෙන බත් පිඬු දෙකකින් යැපෙනවා ....(පෙ).... ගෙවල් සතකින් භික්ෂාව ලබාගෙන බත් පිඬු සතකින් යැපෙනවා. කුඩා බත් තලියකින් යැපෙනවා. බත් තලි දෙකකින් යැපෙනවා. ....(පෙ).... බත් තලි සතකින් යැපෙනවා. දවසකට වරක් ආහාර ගන්නවා. දෙ දවසකට වරක් ආහාර ගන්නවා. ....(පෙ).... සත් දවසකට වරක් ආහාර ගන්නවා. ඔය විදිහට අඩ මසකට වරක් ආහාර වෙන් කොට වළඳන කෙනෙක් වෙනවා.

ඒ වගේ ම ඔහු අමු කොළ වර්ග වළඳනවා. බඩහමු වළඳනවා. ඌරුහැල් වළඳනවා. සම් තැම්බූ කසට වළඳනවා. මැලියම් වර්ග වළඳනවා. සුණුසහල් වළඳනවා. බත් පෙණ වළඳනවා. තල ඇට වළඳනවා. තණකොළ වළඳනවා. ගොම වළඳනවා. ගස් වල මුල්, ගෙඩි වළඳනවා. ගස්වලින් වැටුණු ගෙඩි වළඳනවා.

ඒ වගේ ම ඔහු හණවැහැරි පොරවනවා. නොයෙක් නූල් මිශ්‍ර කළ රෙදි පොරවනවා. මිනී ඔතපු රෙදි, කසල ගොඩින් ගත් රෙදි, ගස් පොතු වලින් කළ රෙදි පොරවනවා. අඳුන් දිවි සම් පොරවනවා. අඳුන් මුව සම්, කුස තණ වලින් කළ වැහැරි පොරවනවා. එළු සමින් කළ වැහැරි පොරවනවා. දර පතුරු වලින් කළ රෙදි, කේශකම්බිලි පොරවනවා. අස්ලෝමයෙන් කළ කම්බිලි පොරවනවා. බකමූහුණු පියාපතින් කළ කම්බිලි පොරවනවා. කෙස්, ලොම් උදුරා දමනවා. කෙස්, ලොම් උදුරන වැඩපිළිවෙලෙහි යෙදී ඉන්නවා. ආසන ප්‍රතික්ෂේප කරනවා. උඩුබැල්ලෙන් ඉන්නවා. උක්කුටියෙන් ඉන්නවා. කටු ගහපු ලෑලි මත වාඩි වී ඉන්නවා. කටු ගහපු ලෑලි මත නිදා ගන්නවා. උදේ, දහවල්, සවස වශයෙන් දවසට තුන් වතාවක් වතුරේ බැහැලා කිමිදිලා ඉන්නවා. ඔන්න ඔය ආකාරයට ශරීරයට නොයෙක් ආකාරයේ දූවෙන, තැවෙන, පීඩා වෙන වැඩපිළිවෙලේ යෙදී ඉන්නවා. පින්වත් මහණෙනි, තමා ව පීඩාවට පත් කරන පිළිවෙතෙහි සිටින්නා වූ, තමා ව පෙළන්නා වූ පුද්ගලයා කියල යි මොහුට කියන්නෙ.

පින්වත් මහණෙනි, අනුන් ව පීඩාවට පත් කරන්නා වූ, අනුන් ව පීඩාවට පත් කරවන පිළිවෙතෙහි සිටින්නා වූ පුද්ගලයා කවරහු ද? පින්වත් මහණෙනි, මෙහිලා එක්තරා පුද්ගලයෙක් ඉන්නවා. ඔහු එළුවන් මරණ කෙනෙක්. ඌරන් මරණ කෙනෙක්. කුරුල්ලන් මරණ කෙනෙක්. මුවන් මරණ කෙනෙක්. ඔහු රෞද්‍ර යි. මත්ස්‍ය ඝාතනයේ යෙදෙන කෙනෙක්. සොරෙක්. චෝර ඝාතකයෙක්. බන්ධනාගාරගත වී ඉන්න කෙනෙක්. තවත් යම් කෲරකම් ඇත් ද, ඒවා ත් කරනවා. පින්වත් මහණෙනි, අන්‍යයන් පීඩාවට පත් කරන පිළිවෙතෙහි සිටින්නා වූ, අනුන් පෙළන්නා වූ පුද්ගලයා කියල යි මොහුට කියන්නෙ.

පින්වත් මහණෙනි, තමා ව පීඩාවට පත් කරගන්නා වූ, තමා ව පීඩාවට පත් කරගන්නා පිළිවෙතෙහි සිටින්නා වූ ද, ඒ වගේ ම අනුන් ව පීඩාවට පත් කරන්නා වූ, අනුන් ව පීඩාවට පත් කරවන පිළිවෙතෙහි සිටින්නා වූ ද පුද්ගලයා කවරහු ද? පින්වත් මහණෙනි, මෙහිලා එක්තරා පුද්ගලයෙක් ඉන්නවා. ඔහු ඔටුණු පැළඳූ රජෙක් වෙන්නට පුළුවනි. එසේ නැත්නම්, මහාසාර කුලයේ උපන් බමුණෙක් වෙන්නට පුළුවනි. ඔහු නුවරට නැගෙනහිරින් අලුත් යාග ශාලාවක් කරවනවා. ඊට පස්සෙ කෙස්, රැවුල් බාලා අඳුන් දිවි සමක් පොරෝගන්නවා. ගිතෙලින් ශරීරය ඉලීම් පිරිමැදීම් කරනවා. මුවෙකු ගේ අඟකින් පිට කසනවා. රාජමහේසිකාව හා පුරෝහිත බමුණා සමඟ යාග ශාලාවට පිවිසෙනවා. ඉතින් ඔහු අමු ගොම තැවරූ, අමු කොළ අතුල බිම හාන්සි වෙනවා. මව් වැස්සියට සමාන වූ රූප ඇති වසු පැටියෙකු සිටින එළදෙනක ගේ එක් තන පුඩුවකින් යම් කිරක් වැගිරෙයි ද, එයින් රජු යැපෙනවා. දෙවෙනි තන පුඩුවෙන් යම් කිරක් වැගිරෙයි ද, එයින් මහේසිකාව යැපෙනවා. තුන්වෙනි තන පුඩුවෙන් යම් කිරක් වැගිරෙයි ද, එයින් පුරෝහිත බමුණා යැපෙනවා. සිව් වෙනි තන පුඩුවෙන් යම් කිරක් වැගිරෙයි ද, එයින් ගිනි පුදනවා. අනිත් තන පුඩු වලින් වහු පැටියා යැපෙනවා. ඊට පස්සේ ඔහු මෙහෙම කියනවා. 'යාගය පිණිස මෙපමණ හොඳින් වැඩුණු වෘෂභයෝ නසත්වා! යාගය පිණිස මෙපමණ තරුණ ගවයෝ නසත්වා! යාගය පිණිස මෙපමණ ගව නැම්බියෝ නසත්වා! යාගය පිණිස මෙපමණ බැටලුවෝ නසත්වා! යාගය පිණිස මෙපමණ එළුවෝ නසත්වා! යාගය පිණිස මෙපමණ වෘක්ෂයෝ සිඳිනු ලබත්වා! යාගයට ඇතිරීම පිණිස මෙපමණ කුස තණ කපනු ලබත්වා!' එතකොට ඔහුට සිටින යම් දාසයෝ වෙත් ද, යම් ඇත්ගොව් ආදීන් වෙත් ද, යම් කම්කරුවෝ වෙත් ද, ඔවුනුත් දඬුවමට තැති ගන්නවා. බියෙන් තැති ගන්නවා. කඳුළු වගුරුවා ගත් මුහුණින් යුතුව තමයි යාගයට ආවතේව කරන්නේ. පින්වත් මහණෙනි, තමා ව ත් පීඩාවට පත්කරවන වැඩපිළිවෙලක යෙදෙමින්, තමා ව ද පෙළන්නා වූ, අනුන් ව ත් පීඩාවට පත්කරවන වැඩපිළිවෙලක යෙදෙමින්, අනුන් ව ද පෙළන්නා වූ පුද්ගලයා කියල යි මොහුට කියන්නේ.

පින්වත් මහණෙනි, තමා ව පීඩාවට පත්කර නො ගන්නා වූ ද, තමා ව පීඩාවට පත් කරන වැඩපිළිවෙලක නො සිටින්නා වූ ද, ඒ වගේ ම අනුන් ව පීඩාවට පත් නො කරන්නා වූ ද, අනුන් ව පීඩාවට පත් කරන වැඩපිළිවෙලක නො සිටින්නා වූ ද, මෙලොව දී ම තෘෂ්ණා රහිත ව සිටින්නා වූ ද, නිවී සිහිල් වී, සැප විඳිමින් සිටින්නා වූ ද, ශ්‍රේෂ්ඨ වූ ජීවිතයක් ගෙවමින් වාසය කරන්නා වූ ද පුද්ගලයා කවරහු ද?

පින්වත් මහණෙනි, මෙහිලා අරහත් වූ, සම්මා සම්බුද්ධ වූ, විජ්ජාචරණ සම්පන්න වූ, සුගත වූ, ලෝකවිදූ වූ, අනුත්තරෝ පුරිසදම්ම සාරථී වූ, සත්ථා දේවමනුස්සානං වූ, බුද්ධ වූ, භගවත් වූ තථාගතයන් වහන්සේ ලෝකයෙහි පහළ වෙනවා. ඒ තථාගතයන් වහන්සේ දෙවියන් සහිත වූ, මරුන් සහිත වූ, බඹුන් සහිත වූ, ශ්‍රමණ බ්‍රාහ්මණයන් සහිත වූ, දෙව් මිනිස් ප්‍රජාවෙන් යුතු ලෝකයා හට ස්වකීය විශිෂ්ට වූ ඤාණයෙන් සාක්ෂාත් කරන ලද ධර්මය දේශනා කරනවා. ඒ තථාගතයන් වහන්සේ මුල කල්‍යාණ වූ, මධ්‍යයෙහි කල්‍යාණ වූ, අවසානය කල්‍යාණ වූ, අර්ථ සහිත වූ, පැහැදිලි ප්‍රකාශන මාධ්‍යයෙන් හෙබි, ධර්මය දේශනා කරනවා. මුළුමනින් ම පිරිපුන්, පිරිසිදු වූ නිවන් මඟ බඹසර ප්‍රකාශ කරනවා.

එතකොට ගෘහපතියෙක් හෝ වේවා, ගෘහපති පුත්‍රයෙක් හෝ වේවා, යම් කිසි කුලයක උපන් කෙනෙක් ඒ ධර්මය අසනවා. ඔහු ඒ ධර්මය ඇසීමෙන් පසු තථාගතයන් වහන්සේ කෙරෙහි ශ්‍රද්ධාව උපදවා ගන්නවා. ඔහු ඒ ශ්‍රද්ධා ලාභයෙන් යුක්ත ව මේ අයුරින් නුවණින් සලකා බලනවා. 'ගෘහ වාසය කරදර සහිත යි. කෙලෙස් උපදවන මගකුයි තියෙන්නෙ. නමුත් පැවිදි බව අභ්‍යාවකාශය වගෙ යි. ගිහි ගෙදර වාසය කරන කෙනෙකුට ඒකාන්ත පරිපූර්ණ වූ, ඒකාන්ත පාරිශුද්ධ වූ, පිරිසිදු කළ සංඛයක් බඳු වූ මේ ශාසන බ්‍රහ්මචරියාවෙහි හැසිරෙන එක ලෙහෙසි දෙයක් නො වෙයි. මා ගිහිගෙයින් නික්ම කෙස්, රැවුල් බහා කසාවත් දරා, සසුනෙහි පැවිදි වෙන එක තමයි හොඳ' කියා නුවණින් සලකනවා. ඉතින් ඔහු පසු කලෙක ස්වල්ප වූ දේපල වස්තුව වේවා අත්හරිනවා. මහත් වූ දේපල වස්තුව වේවා අත්හරිනවා. ස්වල්ප වූ නෑදෑ පිරිස් වේවා අත්හරිනවා. මහත් වූ නෑදෑ පිරිස් වේවා අත්හරිනවා. ගිහි ගෙයින් නික්මෙනවා. කෙස් රැවුල් බහා, කසාවත් දරා, සසුනෙහි පැවිදි වෙනවා.

ඔහු ඔය අයුරින් උතුම් පැවිදි ජීවිතේ ලැබුවට පස්සේ භික්ෂූන් වහන්සේලා ආරක්ෂා කරන ශික්ෂා පද තමනුත් රකිනවා. ප්‍රාණඝාතය දුරු කරනවා. ප්‍රාණඝාතයෙන් වළකිනවා. දඬු-මුගුරු අත්හරිනවා. අවි-ආයුධ අත්හරිනවා. ප්‍රාණඝාතය ගැන ලැජ්ජා වෙනවා. සතුන් කෙරෙහි දයාවන්ත වෙනවා. සියලු සතුන් කෙරෙහි හිතානුකම්පී වෙනවා. හොරකම අත්හරිනවා. හොරකමින් වළකිනවා. දුන් දේ විතරක් ගන්නවා. දුන් දේ ගැනීම විතරක් කැමති වෙනවා. සොරකමින් තොර වෙලා පිරිසිදු සිතින් වාසය කරනවා. අබ්‍රහ්මචාරී බව අත්හරිනවා. බ්‍රහ්මචාරී වෙනවා. අයහපත් හැසිරීමෙන් දුරු වෙනවා. ලාමක දෙයක් වන මෛථුනයෙන් වළකිනවා. බොරුව අත්හරිනවා. බොරු කීමෙන් වළකිනවා. සත්‍යවාදී වෙනවා. ඇත්තෙන් ඇත්ත ගලපලා කතා

කරනවා. ස්ථිර වචන කියනවා. ඇදහිය යුතු දේ කියනවා. ලෝකයා අවුල් වෙන දේ කියන්නෙ නෑ. කේළම අත්හරිනවා. කේළමින් වළකිනවා. මෙතනින් අහල මේ අය බිඳවන්න එතන එකක් කියන්නෙ නෑ. එතනින් අහල ඒ අය බිඳවන්න මෙතන කියන්නෙ නෑ. බිඳිච්ච අය සමඟි කරනවා. සමඟි බව ඇති කරනවා. සමඟියට කැමති වෙනවා. සමඟියේ ඇලෙනවා. සමඟි බවේ සතුටු වෙනවා. සමඟිය ඇති වෙන දේ ම කියනවා. පරුෂ වචනය අත්හරිනවා. පරුෂ වචනයෙන් වළකිනවා. දොස් රහිත දේ කියනවා. කනට මිහිරි දේ කියනවා. සෙනෙහෙබර වචන කියනවා. හෘදයාංගම වචන කියනවා. දැන උගත් වචන කියනවා. බොහෝ ජනයා කැමති ප්‍රියමනාප වචන කියනවා. හිස් දෙඩවිලි අත්හරිනවා. හිස් දෙඩවිල්ලෙන් වළකිනවා. සුදුසු කාලයට කතා කරනවා. ඇත්ත දෙය කතා කරනවා. අර්ථවත් දේ කතා කරනවා. ධර්මය කතා කරනවා. විනය කතා කරනවා. මතක තබාගන්නට වටින දේ කතා කරනවා. වෙලාවට ගැලපෙන උපදේශ සහිත වූ, මදිපාඩුකම් නො තබා, ප්‍රමාණවත් පරිදි, දොලොව යහපත පිණිස වූ දේ කතා කරනවා.

ඒ භික්ෂුව ගස් කොළන් වැනසීමෙන් වළකිනවා. උදේ වරුවෙහි කැප සරුප් දේ විතරක් වළඳනවා. රාත්‍රී ආහාරය වූ විකාල භෝජනයෙන් වළකිනවා. නැටුම්, ගැයුම්, වැයුම්, විකාර දර්ශන වලින් වළකිනවා. මල්, සුවඳ විලවුන් වලින් සැරසීමෙන්, හැඩ වැඩ වීමෙන් වළකිනවා. සැප පහසු ආසන පරිහරණයෙන් වළකිනවා. රන්, රිදී, කහවනු ආදිය පිළිගැනීමෙන් වළකිනවා. අමු ධාන්‍ය පිළිගැනීමෙන් වළකිනවා. අමු මස් පිළිගැනීමෙන් වළකිනවා. ස්ත්‍රීන්, කුමරියන් පිළිගැනීමෙන් වළකිනවා. දැසි දස්සන් පිළිගැනීමෙන් වළකිනවා. එළුවන් පිළිගැනීමෙන් වළකිනවා. කුකුලන්, ඌරන් පිළිගැනීමෙන් වළකිනවා. ඇතුන්, ගවයන්, අශ්වයන් පිළිගැනීමෙන් වළකිනවා. කුඹුරු, වතුපිටි පිළිගැනීමෙන් වළකිනවා. ගිහියන් ගේ පණිවිඩ ගෙන යාමෙන් වළකිනවා. වෙළඳ ගණුදෙනු වලින් වළකිනවා. හොරට තරාදියෙන් කිරන එක, හොරට මනින එක ආදියෙන් වළකිනවා. අල්ලස් ගැනීම, වංචා කිරීම, එක වගේ දේ පෙන්නල රැවටීමෙන් වළකිනවා. කට්ටකම් වලින් වළකිනවා. අත් පා කැපීම්, මැරීම්, විලංගු දැමීම්, මං පැහැරීම්, ගම් පැහැරීම්, සාහසිකකම් යන මේවායින් වළකිනවා.

ඒ භික්ෂුව ලද දෙයින් සතුටු වෙනවා. කය පොරවන සිවුරෙනුත්, කුස පිරෙන ප්‍රමාණයේ පිණ්ඩපාතයෙනුත් සතුටු වෙනවා. ඔහු යන යන තැන පාත්තරෙ යි, සිවුරු යි විතරක් ගෙනියනවා. ළිහිණි කුරුල්ලෙක් යන යන තැන පියාපත් බර විතරක් අරගෙන යනවා වගෙ යි. ඔන්න ඔය විදිහට යි භික්ෂුව ලද දෙයින් සතුටු වෙන්නෙ. කය පොරවන සිවුරෙනුත් කුස පිරෙන

පිණ්ඩපාතෙනුත් සතුටු වෙනවා. ඔහු යම් තැනක යනවා නම්, පාත්‍ර සිවුරු විතරක් අරගෙන යනවා. ඔහු මේ විදිහට ශ්‍රේෂ්ඨ වූ සීලයකින් සමන්විත වෙලා නිවැරදි ජීවිතය ගැන තමන් තුළ මහත් සතුටක් ලබනවා.

ඒ භික්ෂුව ඇසින් රූප දැකල එහි සටහන් ගන්නෙ නෑ. කුඩා සටහනක් වත් ගන්නෙ නෑ. ඇස අසංවර ව ඉන්න කොට, ආශාව, තරහ වගේ පාපී අකුසල් දේවල් ඇතිවෙලා ප්‍රශ්න හටගන්න දේකට පත්වෙන්නෙ නෑ. තමන් ගේ ඇස සංවර කරගන්නවා. ඇස රකිනවා. ඇසේ සංවරකමට පැමිණෙනවා. කනින් ශබ්ද අහල ....(පෙ).... නාසයෙන් ගඳ - සුවඳ දැනගෙන ....(පෙ).... දිවෙන් රස දැනගෙන ....(පෙ).... කයෙන් පහස දැනගෙන ....(පෙ).... මනසින් අරමුණු දැනගෙන ඒ මනස අසංවර ව හිටියොත්, ආශාව, තරහ වගේ පාපී අකුසල් හට අරගෙන ප්‍රශ්න ඇති වෙනවා නම් එබඳු නිමිති ගන්නෙ නෑ. එබඳු නිමිතිවල කුඩා සටහනක් වත් ගන්නෙ නෑ. මනසේ සංවරයට පැමිණෙනවා. මනස රකිනවා. මනස සංවර කරගන්නවා. ඔහු මේ විදිහට ශ්‍රේෂ්ඨ වූ ඉන්ද්‍රිය සංවරයකින් යුතුව තමන් තුළ පීඩා රහිත වූ මහත් සැපයක් විඳිනවා.

ඉතින් ඒ භික්ෂුව ඉදිරියට යන කොට, ආපසු එන කොට මනා සිහි නුවණින් යුක්ත ව එය කරනවා. ඉදිරිය බලන කොට, වටපිට බලන කොට මනා සිහි නුවණින් යුක්ත ව එය කරනවා. අත පය හකුළන කොට, දිගහරින කොට මනා සිහි නුවණින් යුක්ත ව එය කරනවා. දෙපොට සිවුරු, තනිපොට සිවුරු, පාත්තර පරිහරණය කරන කොට මනා සිහි නුවණින් යුක්ත ව එය කරනවා. යමක් වළඳන කොට, පානය කරන කොට, සපා කන කොට, රස විඳින කොට, මනා සිහි නුවණින් යුක්ත ව එය කරනවා. වැසිකිළි කැසිකිළි යන කොට ත් මනා සිහි නුවණින් යුක්ත ව එය කරනවා. ඇවිදින කොට, නැවතී ඉන්න කොට, වාඩි වෙන කොට, නිදන කොට, නිදිවරන කොට, කතා කරන කොට, නිශ්ශබ්ද ව ඉන්න කොට, මනා සිහි නුවණින් යුක්ත ව එය කරනවා.

ඉතින් ඒ භික්ෂුව ඔය විදිහට ශ්‍රේෂ්ඨ වූ සීලයකින් යුක්ත වෙලා, ශ්‍රේෂ්ඨ වූ ඉන්ද්‍රිය සංවරයකිනුත් යුක්ත වෙලා, ශ්‍රේෂ්ඨ වූ සිහිකල්පනාවකිනුත් යුක්ත වෙලා දුර ඈත වන සෙනසුන්වල ඉන්නවා. අරණ්‍යවල ඉන්නවා. රුක් සෙවනෙ, පර්වතයෙ, දිය ඇලි අසල, ගිරි ගුහා, සොහොන්, වනගොමු, නිදහස් තැන්, පිදුරු ගෙවල් ආදියෙහි වාසය කරනවා.

ඉතින් ඒ භික්ෂුව පිණ්ඩපාතය වැළඳුවට පස්සේ පළඟක් බැඳගෙන වාඩිවෙනවා. කය ඍජු කරගන්නවා. භාවනා අරමුණේ සිහිය පිහිටුවා ගන්නවා. ඔහු ජීවිතේ නම් වූ ලෝකය ගැන තියෙන ඇල්ම දුරු කරනවා. ආශාවෙන්

තොර වූ සිතින් වාසය කරනවා. ආශාව බැහැර කරමින් සිත පිරිසිදු කරනවා. තරහ අත්හරිනවා. තරහ රහිත සිතින් වාසය කරනවා. සියලු සතුන් කෙරෙහි හිතානුකම්පී වෙනවා. තරහ බැහැර කරමින් සිත පිරිසිදු කරනවා. ථීනමිද්ධය අත්හරිනවා. ථීනමිද්ධයෙන් තොර ව ඉන්නවා. හොඳ සිහි කල්පනාවෙන් යුතුව ආලෝක සඤ්ඤාව ඇති කරගන්නවා. ථීනමිද්ධය බැහැර කරමින් සිත පිරිසිදු කරනවා. උද්ධච්ච-කුක්කුච්ච අත්හරිනවා. හිතේ ඇවිස්සීමකින් තොර ව වාසය කරනවා. තමා තුළ ශාන්ත සිතක් ඇති කරගන්නවා. උද්ධච්ච කුක්කුච්ච බැහැර කරමින් සිත පිරිසිදු කරනවා. විචිකිච්ඡාව අත්හරිනවා. විචිකිච්ඡාවෙන් තොර ව ඉන්නවා. කුසල් දහම් ගැන 'කෙසේ ද, කෙසේ ද' කියන සැකය අත්හරිනවා. සැකය බැහැර කරමින් සිත පිරිසිදු කරනවා.

ඒ භික්ෂුව ප්‍රඥාව දුර්වල කරන, සිතට උපක්ලේශ වූ මේ නීවරණ පහ අත්හරිනවා. ඊට පස්සෙ කාමයෙන් වෙන් ව, අකුසල්වලින් වෙන් ව, විතර්ක විචාර සහිත, ප්‍රීතිය හා සැපය ඇති පළවෙනි ධ්‍යානය ලබාගෙන වාසය කරනවා. විතර්ක විචාර සංසිඳුවාගෙන, තමා තුළ ප්‍රසන්න බව ඇති කරගෙන, සිතේ එකඟ බවින් යුතුව, විතර්ක විචාර රහිත, සමාධියෙන් හටගත් ප්‍රීතිය සැපය තියෙන දෙවෙනි ධ්‍යානය ත් ලබාගෙන වාසය කරනවා. ඊළඟට ප්‍රීතියට ඇලෙන්නෙ ත් නැතිව උපේක්ෂාවෙන් යුතුව ඉන්නවා. සිහි නුවණින් යුතුව කයෙන් සැපයකුත් විඳිනවා. ආර්යන් වහන්සේලා ඒ සමාධියට මෙහෙම කියනවා. 'උපේක්ෂාවෙන් යුක්ත ව, සිහියෙන් යුක්ත ව සැප සේ වාසය කරනවා' කියන ඒ තුන්වෙනි ධ්‍යානය ත් ලබාගෙන වාසය කරනවා. සැප ද, දුක ද නැති කිරීමෙන්, කලින් ම මානසික සැප දුක් දෙකින් ම වෙන් වෙලා, දුක් සැප රහිත පිරිසිදු උපේක්ෂාව ත්, සිහිය ත් තියෙන හතරවෙනි ධ්‍යානය ලබාගෙන වාසය කරනවා.

ඒ භික්ෂුව ඔය විදිහට සමාධිගත සිතක් ඇති වුනා ම, සිත පිරිසිදු වුනා ම, සිත බබළන කොට, උපක්ලේශ නැති වුනා ම, හිත මෘදු වුනා ම, අවබෝධයට සුදුසු වුනා ම, නො සෙල්වී තිබුනා ම, අකම්පිත වුනා ම, තමන් කලින් ගත කළ ජීවිත ගැන දැකීමේ නුවණ ලබාගන්නට සිත මෙහෙයවනවා. එතකොට ඔහු නොයෙක් ආකාරයේ ජීවිත ගත කළ හැටි සිහි කරනවා. ඒ කියන්නෙ; එක ජීවිතයක්, ජීවිත දෙකක්, ජීවිත තුනක්, ජීවිත හතරක්, ජීවිත පහක්, ජීවිත දහයක්, ජීවිත විස්සක්, ජීවිත තිහක්, ජීවිත හතළිහක්, ජීවිත පනහක්, ජීවිත සීයක්, ජීවිත දාහක්, ජීවිත ලක්ෂයක්, නොයෙක් සංවට්ට කල්ප, නොයෙක් විවට්ට කල්ප, නොයෙක් සංවට්ට විවට්ට කල්ප ගණන් සිහි කරනවා. 'ඒ කාලෙ මගේ නම මේක යි, ගෝත්‍රය මේක යි, හැඩ රුව මෙහෙම යි, මේව තමයි කෑවෙ බිව්වෙ, සැප දුක් වින්දෙ මෙහෙම යි. මැරිල ගියේ මෙහෙම යි. ඒ මං එතනින් චුත වෙලා අතන උපන්නා. එතකොට මගේ නම මේක යි, ගෝත්‍රය මේක යි,

හැඩ රුව මෙහෙම යි, මේව තමයි කෑවෙ බිව්වෙ, සැප දුක් වින්දෙ මෙහෙම යි. මැරිල ගියේ මෙහෙම යි. ඒ මං එතනින් චුත වෙලා මෙතන උපන්නා. ඔය විදිහට කරුණු සහිත ව, පැහැදිලි විස්තර ඇති ව, නොයෙක් ආකාරයෙන් තමන් ගත කළ අතීත ජීවිත ගැන සිහි කරනවා.

ඉතින් ඒ භික්ෂුව ඔය විදිහට සමාධිගත සිතක් ඇති වුනා ම, සිත පිරිසිදු වුනා ම, සිත බබළන කොට, උපක්ලේශ නැති වුනා ම, හිත මෘදු වුනා ම, අවබෝධයට සුදුසු වුනා ම, නො සෙල්වී තිබුනා ම, අකම්පිත වුනා ම, සත්වයන් චුත වෙන, උපදින හැටි දැකීමේ නුවණ ලබාගන්ට සිත මෙහෙයවනවා. එතකොට ඔහු සාමාන්‍ය මිනිසුන් ගේ දර්ශන පථය ඉක්මවා ගිය පිරිසිදු දිවැස් නුවණින් චුත වෙන, උපදින සත්වයන් දකිනවා. උසස් පහත්, ලස්සන කැත, සුගති දුගතිවල කර්මානුරූප ව සත්වයන් උපදින හැටි දකිනවා. 'අනේ, මේ භවත් සත්වයින් කයින් දුසිරිත් කරලා, වචනින් දුසිරිත් කරලා, මනසින් දුසිරිත් කරලා, ආර්යයන් වහන්සේලාට අපහාස කරලා, මිත්‍යා දෘෂ්ටික වෙලා, මිත්‍යා දෘෂ්ටික ව කටයුතු කරමින් ඉඳලා, කය බිඳී මැරුණට පස්සේ අපායෙ ඉපදිලා ඉන්නවා. දුගතියෙ ඉපදිලා ඉන්නවා. විනිපාත කියන නිරයෙ ඉපදිලා ඉන්නවා' කියලා. ඒ වගේ ම 'මේ භවත් සත්වයන් කයින් සුචරිතයේ යෙදිලා, වචනයෙන් සුචරිතයේ යෙදිලා, මනසින් සුචරිතයේ යෙදිලා, ආර්යයන් වහන්සේලාට අපහාස නො කොට, සම්මා දිට්ඨිය ඇතුව ඉඳලා, සම්මා දිට්ඨියෙන් යුක්ත ක්‍රියාවල යෙදිලා, කය බිඳී මැරුණට පස්සේ සුගතිය කියන යහපත් ලෝකෙ ඉපදිලා ඉන්නවා' කියලා. මේ විදිහට සාමාන්‍ය මිනිසුන් ගේ දර්ශන පථය ඉක්මවා ගිය පිරිසිදු දිවැස් නුවණින්, සත්වයන් චුත වෙන, උපදින හැටි දකිනවා. උසස් පහත්, ලස්සන කැත, සුගති දුගති වල කර්මානුරූප ව සත්වයන් උපදින හැටි දකිනවා.

ඉතින් ඒ භික්ෂුව ඔය විදිහට සමාධිගත සිතක් ඇති වුනා ම, සිත පිරිසිදු වුනා ම, සිත බබළන කොට, උපක්ලේශ නැති වුනා ම, හිත මෘදු වුනා ම, අවබෝධයට සුදුසු වුනා ම, නො සෙල් වී තිබුනා ම, අකම්පිත වුනා ම, ආශ්‍රව ක්ෂය කළ බවට අවබෝධය ලැබීමේ නුවණ ලබාගන්නට සිත මෙහෙයවනවා. ඉතින් ඒ භික්ෂුව 'මේක තමයි දුක' කියල යථාර්ථය අවබෝධ කරනවා. 'මේක තමයි දුකේ හටගැනීම' කියල යථාර්ථය අවබෝධ කරනවා. 'මේ තමයි දුකේ නැතිවීම' කියල යථාර්ථය අවබෝධ කරනවා. 'මේ තමයි දුක් නැති වීමේ මාර්ග ය' කියල යථාර්ථය අවබෝධ කරනවා. 'මේවා තමයි ආශ්‍රව' කියල යථාර්ථය අවබෝධ කරනවා. 'මේ තමයි ආශ්‍රවයන් ගේ හටගැනීම' කියල යථාර්ථය අවබෝධ කරනවා. 'මේ තමයි ආශ්‍රව නැතිවීම' කියල යථාර්ථය අවබෝධ කරනවා. 'මේ තමයි ආශ්‍රව නිරුද්ධ වීමේ මාර්ගය' කියල යථාර්ථය අවබෝධ කරනවා.

ඔය විදිහට ඒ භික්ෂුව යථාර්ථය දැන ගන්න කොට, යථාර්ථය දැක ගන්න කොට, කාම ආශ්‍රවයෙනුත් සිත නිදහස් වෙනවා. භව ආශ්‍රවයෙනුත් සිත නිදහස් වෙනවා. අවිජ්ජා ආශ්‍රවයෙනුත් සිත නිදහස් වෙනවා. ආශ්‍රවයන් ගෙන් සිත නිදහස් වුනා ම සියලු දුකින් තමන් නිදහස් වූ බවට අවබෝධය ඇති වෙනවා. 'ඉපදීම නැති වුනා. බඹසර වාසය සම්පූර්ණ කළා. කළ යුතු දේ කළා. ආයෙ කවදාවත් සසරට වැටෙන්නෙ නෑ' කියල දැනගන්නවා.

පින්වත් මහණෙනි, තමා ව පීඩාවට පත්කර නො ගන්නා වූ ද, තමා ව පීඩාවට පත් කරන වැඩපිළිවෙලක නො සිටින්නා වූ ද, ඒ වගේ ම අනුන් ව පීඩාවට පත් නො කරන්නා වූ ද, අනුන් ව පීඩාවට පත් කරන වැඩපිළිවෙලක නො සිටින්නා වූ ද, මෙලොව දී ම තෘෂ්ණා රහිත ව සිටින්නා වූ ද, නිවී සිහිල් වී, සැප විඳිමින් සිටින්නා වූ ද, ශ්‍රේෂ්ඨ වූ ජීවිතයක් ගෙවමින් වාසය කරන්නා වූ ද පුද්ගලයා කියන්නෙ මොහුට යි."

භාග්‍යවතුන් වහන්සේ මේ උතුම් දේශනය වදාළා. ඒ දේශනය ගැන ඒ භික්ෂූන් වහන්සේලා ගොඩක් සතුටු වුනා. භාග්‍යවතුන් වහන්සේ වදාළ මේ දේශනය සතුටින් පිළිගත්තා.

සාදු! සාදු!! සාදු!!!

කන්දරක තවුසා නිසා වදාළ දෙසුම නිමා විය.

2.1.2.
අට්ඨකනාගර සූත්‍රය
අට්ඨකනගරවාසී දසම ගෘහපතියාට වදාළ දෙසුම

මා හට අසන්නට ලැබුනේ මේ විදිහට යි. ඒ දිනවල ආයුෂ්මත් ආනන්දයන් වහන්සේ විශාලා මහනුවර බේලුව නම් වූ ගමෙහි වැඩවාසය කළා. ඒ කාලයෙහි අට්ඨකනගරවාසී දසම නම් වූ ගෘහපතියෙක් කිසියම් කරුණකට පාටලීපුත්‍ර නගරයට පැමිණ සිටියා. එදා අට්ඨකනගරවාසී දසම නම් වූ ගෘහපතියා කුක්කුටාරාමයෙහි වැඩ සිටි එක්තරා භික්ෂුවක් කරා පැමිණියා. පැමිණ ඒ භික්ෂුවට ආදරයෙන් වන්දනා කොට එකත්පස්ව වාඩි වුණා. එකත්පස්ව වාඩි වූ අට්ඨකනගරවාසී දසම නම් වූ ගෘහපතියා ඒ භික්ෂුව ගෙන් මෙය විමසුවා. "ස්වාමීනී, මේ දිනවල ආයුෂ්මත් ආනන්දයන් වහන්සේ වැඩසිටින්නේ කොහේද? අපි ඒ ආයුෂ්මත් ආනන්දයන් වහන්සේව බැහැදකින්නට ආසයි."

"පින්වත් ගෘහපතිය, ඒ ආයුෂ්මත් ආනන්දයන් වහන්සේ වැඩවසන්නේ විශාලා මහනුවර බේලුව ගමේ." ඉතින් ඒ අට්ඨකනගරවාසී දසම නම් වූ ගෘහපතියා පාටලීපුත්‍ර නගරයෙහි තමන් ගේ කටයුතු නිමවා විශාලා මහනුවර බේලුව ගමේ වැඩසිටි ආයුෂ්මත් ආනන්දයන් වහන්සේ බැහැදකින්නට ගියා. ගිහින් ආයුෂ්මත් ආනන්දයන් වහන්සේට ආදරයෙන් වන්දනා කොට එකත්පස්ව වාඩි වුනා. එකත්පස්ව වාඩි වූ අට්ඨකනගරවාසී දසම නම් වූ ගෘහපතියා ආයුෂ්මත් ආනන්දයන් වහන්සේට මෙකරුණ සැළකළා.

"ස්වාමීනී, ආනන්දයන් වහන්ස, යම් විටක අප්‍රමාදීව, කෙලෙස් තවන වෙර ඇතිව, කාය ජීවිත දෙකෙහි අනපේක්ෂිතව වාසය කරන්නා වූ භික්ෂුවක ගේ නො මිදුණු සිත මිදෙයි ද, ක්ෂය නො වූ ආශ්‍රවයන් ක්ෂය වී යයි ද, අත් නො දුටු අනුත්තර වූ යෝගක්ඛේම නම් වූ නිවන අත්දකියි ද, ඒ සඳහා ඍජුව ම උපකාරී වන යමක් ඇද්ද, එබඳු එක ම එක දහමක්, දත යුතු සියල්ල දන්නා වූ ත්, දක්නා වූ ත්, ඒ අරහත් වූ, සම්මා සම්බුද්ධ වූ භාග්‍යවතුන් වහන්සේ විසින් වදාරා තිබේ ද?"

"පින්වත් ගෘහපතිය, යම් විටක අප්‍රමාදීව, කෙලෙස් තවන වෙර ඇතිව, කාය ජීවිත දෙකෙහි අනපේක්ෂිතව වාසය කරන්නා වූ භික්ෂුවක ගේ නො මිදුණු සිත මිදෙයි ද, ක්ෂය නො වූ ආශ්‍රවයන්, ක්ෂය වී යයි ද, අත් නො දුටු අනුත්තර වූ, යෝගක්ඛේම නම් වූ නිවන අත්දකියි ද ඒ සඳහා සෘජුව ම උපකාරී වන යමක් ඇද්ද, එබඳු එක ම එක දහමක්, දත යුතු සියල්ල දන්නා වූ ත්, දක්නා වූ ත්, ඒ අරහත් වූ, සම්මා සම්බුද්ධ වූ භාග්‍යවතුන් වහන්සේ විසින් වදාරා තිබේ."

"ස්වාමීනී, ආනන්දයන් වහන්ස, යම් විටක අප්‍රමාදීව, කෙලෙස් තවන වෙර ඇතිව, කාය ජීවිත දෙකෙහි අනපේක්ෂිතව වාසය කරන්නා වූ භික්ෂුවක ගේ නො මිදුණු සිත මිදෙයි ද, ක්ෂය නො වූ ආශ්‍රවයන්, ක්ෂය වී යයි ද, අත් නො දුටු අනුත්තර වූ, යෝගක්ඛේම නම් වූ නිවන අත්දකියි ද ඒ සඳහා සෘජුව ම උපකාරී වන යමක් ඇද්ද, එබඳු එක ම එක දහමක්, දත යුතු සියල්ල දන්නා වූ ත්, දක්නා වූ ත්, ඒ අරහත් වූ, සම්මා සම්බුද්ධ වූ භාග්‍යවතුන් වහන්සේ විසින් වදාරන ලද්දේ නම්, ඒ එක ම එක දහම කුමක් ද?"

"පින්වත් ගෘහපතිය, මෙහිලා භික්ෂුව කාමයන්ගෙන් වෙන්වීමෙන් ම, අකුසල දහමින් වෙන් වී, විතර්ක සහිත වූ, විචාර සහිත වූ, විවේකයෙන් හටගත් ප්‍රීති සුඛය ඇති ප්‍රථම ධ්‍යානය උපදවා ගෙන වාසය කරනවා. එතකොට ඒ භික්ෂුව මෙහෙම හිතනවා. 'මේ ප්‍රථම ධ්‍යානය වුනත්, හේතු ඵල දහම තුළින් සකස් වූ දෙයක්. විශේෂ කොට චේතනාත්මකව සකස් වූ දෙයක්. යම් කිසි දෙයක් හේතු ඵල දහම තුළින් සකස් වුනා නම්, චේතනාත්මකව සකස් වුනා නම්, එය අනිත්‍යයි. හේතු නිරුද්ධ වීමෙන් නිරුද්ධ වී යන ස්වභාවයෙන් යුක්තයි' කියල නුවණින් විමසනවා. ඉතින් ඔහු ඒ ප්‍රථම ධ්‍යානයෙහි නුවණින් විමසමින් සිටිමින් ආශ්‍රවයන් ගේ ක්ෂය වීමට පැමිණෙනවා. ඉදින් ආශ්‍රවයන් ගේ ක්ෂය වීමකට නො පැමිණියේ නම්, ඒ සමථ විදර්ශනාවන් තුළ ඇළුණු සිතින් යුතුව එහි සතුටු වෙමින් සිට ඕරම්භාගීය සංයෝජන පහ ක්ෂය කිරීමෙන් ඕපපාතිකව උපදිනවා. ඒ බඹලොවින් නැවත කාම ලොවට නො එන ස්වභාවයෙන් යුතුව එහිදී ම පිරිනිවන් පානවා.

පින්වත් ගෘහපතිය, යම් විටක අප්‍රමාදීව, කෙලෙස් තවන වෙර ඇතිව, කාය ජීවිත දෙකෙහි අනපේක්ෂිතව වාසය කරන්නා වූ භික්ෂුවක ගේ නො මිදුණු සිත මිදෙයි ද, ක්ෂය නො වූ ආශ්‍රවයන් ක්ෂය වී යයි ද, අත් නො දුටු අනුත්තර වූ යෝගක්ඛේම නම් වූ නිවන අත්දකියි ද, ඒ සඳහා සෘජුව ම උපකාරී වන යමක් ඇද්ද, දත යුතු සියල්ල දන්නා වූ ත්, දක්නා වූ ත්, ඒ අරහත් වූ, සම්මා සම්බුද්ධ වූ භාග්‍යවතුන් වහන්සේ විසින් වදාරන ලද මෙය ද එබඳු වූ එක ම එක දහමකි.

පින්වත් ගෘහපතිය, නැවත අනෙකක් කියමි. මෙහිලා භික්ෂුව විතර්ක විචාරයන් ගේ සංසිඳීමෙන්, ආධ්‍යාත්මිකව ඇති වූ පහන් සිතින් ....(පෙ).... දෙවන ධ්‍යානය උපදවා ගෙන වාසය කරනවා. එතකොට ඒ භික්ෂුව මෙහෙම හිතනවා. 'මේ දෙවෙනි ධ්‍යානය වුනත් හේතු ඵල දහම තුළින් සකස් වූ දෙයක්. විශේෂ කොට චේතනාත්මකව සකස් වූ දෙයක්. යම් කිසි දෙයක් හේතු ඵල දහම තුළින් සකස් වුනා නම්, චේතනාත්මකව සකස් වුනා නම් එය අනිත්‍යයි. හේතු නිරුද්ධ වීමෙන් නිරුද්ධ වී යන ස්වභාවයෙන් යුක්තයි' කියල නුවණින් විමසනවා. ඉතින් ඔහු ඒ දෙවෙනි ධ්‍යානයෙහි නුවණින් විමසමින් සිටිමින් ආශ්‍රවයන් ගේ ක්ෂය වීමට පැමිණෙනවා. ඉදින් ආශ්‍රවයන් ගේ ක්ෂය වීමකට නො පැමිණියේ නම්, ඒ සමථ විදර්ශනාවන් තුළ ඇළුණු සිතින් යුතුව එහි සතුටු වෙමින් සිට ඕරම්භාගීය සංයෝජන පහ ක්ෂය කිරීමෙන් ඕපපාතිකව උපදිනවා. ඒ බඹලොවින් නැවත කාම ලොවට නො එන ස්වභාවයෙන් යුතුව එහිදී ම පිරිනිවන් පානවා.

පින්වත් ගෘහපතිය, යම් විටක අප්‍රමාදීව, කෙලෙස් තවන වෙර ඇතිව, කාය ජීවිත දෙකෙහි අනපේක්ෂිතව වාසය කරන්නා වූ භික්ෂුවක ගේ නො මිදුණු සිත මිදෙයි ද, ක්ෂය නො වූ ආශ්‍රවයන් ක්ෂය වී යයි ද, අත් නො දුටු අනුත්තර වූ යෝගක්ඛේම නම් වූ නිවන අත්දකියි ද ඒ සඳහා ඍජුව ම උපකාරී වන යමක් ඇද්ද, දත යුතු සියල්ල දන්නා වූ ත්, දක්නා වූ ත්, ඒ අරහත් වූ, සම්මා සම්බුද්ධ වූ භාග්‍යවතුන් වහන්සේ විසින් වදාරන ලද මෙය ද එබඳු වූ එක ම එක දහමකි.

පින්වත් ගෘහපතිය, නැවත අනෙකක් කියමි. මෙහිලා භික්ෂුව ප්‍රීතියට නො ඇලීමෙන් ....(පෙ).... තුන්වෙනි ධ්‍යානය උපදවා ගෙන වාසය කරනවා. එතකොට ඒ භික්ෂුව මෙහෙම හිතනවා. 'මේ තුන්වෙනි ධ්‍යානය වුනත්, හේතු ඵල දහම තුළින් සකස් වූ දෙයක්. විශේෂ කොට චේතනාත්මකව සකස් වූ දෙයක්. යම් කිසි දෙයක් හේතු ඵල දහම තුළින් සකස් වුනා නම්, චේතනාත්මකව සකස් වුනා නම් එය අනිත්‍යයි. හේතු නිරුද්ධ වීමෙන් නිරුද්ධ වී යන ස්වභාවයෙන් යුක්තයි' කියල නුවණින් විමසනවා. ඉතින් ඔහු ඒ තුන්වෙනි ධ්‍යානයෙහි නුවණින් විමසමින් සිටිමින් ....(පෙ).... අත් නො දුටු අනුත්තර වූ, යෝගක්ඛේම නම් වූ නිවන අත්දකියි ද ඒ සඳහා ඍජුව ම උපකාරී වන යමක් ඇද්ද, දත යුතු සියල්ල දන්නා වූ ත්, දක්නා වූ ත්, ඒ අරහත් වූ, සම්මා සම්බුද්ධ වූ භාග්‍යවතුන් වහන්සේ විසින් වදාරන ලද මෙය ද එබඳු වූ එක ම එක දහමකි.

පින්වත් ගෘහපතිය, නැවත අනෙකක් කියමි. මෙහිලා භික්ෂුව සැපය ද ප්‍රහාණය කිරීමෙන්, දුක ද ප්‍රහාණය කිරීමෙන් ....(පෙ).... හතරවෙනි ධ්‍යානය උපදවා ගෙන වාසය කරනවා. එතකොට ඒ භික්ෂුව මෙහෙම හිතනවා. 'මේ හතරවෙනි ධ්‍යානය වුනත්, හේතු ඵල දහම තුළින් සකස් වූ දෙයක්. විශේෂ කොට චේතනාත්මකව සකස් වූ දෙයක්. යම් කිසි දෙයක් හේතු ඵල දහම තුළින් සකස් වුනා නම්, චේතනාත්මකව සකස් වුනා නම් එය අනිත්‍යයි. හේතු නිරුද්ධ වීමෙන් නිරුද්ධ වී යන ස්වභාවයෙන් යුක්තයි' කියල නුවණින් විමසනවා. ඉතින් ඔහු ඒ හතරවෙනි ධ්‍යානයෙහි නුවණින් විමසමින් සිටිමින් ....(පෙ).... අත් නො දුටු අනුත්තර වූ යෝගක්ඛේම නම් වූ නිවන අත්දකියි ද ඒ සඳහා ඍජුව ම උපකාරී වන යමක් ඇද්ද, දත යුතු සියල්ල දන්නා වූ ත්, දක්නා වූ ත්, ඒ අරහත් වූ, සම්මා සම්බුද්ධ වූ භාග්‍යවතුන් වහන්සේ විසින් වදාරන ලද මෙය ද එබඳු වූ එක ම එක දහමකි.

පින්වත් ගෘහපතිය, නැවත අනෙකක් කියමි. මෙහිලා භික්ෂුව මෛත්‍රී සහගත චිත්තයෙන් එක් දිශාවකට පතුරවා වාසය කරනවා. ඒ වගේ ම දෙවෙනි දිශාවටත්, තුන්වෙනි දිශාවටත්, හතර වෙනි දිශාවටත් පතුරවා වාසය කරනවා. මෙසේ උඩ, යට හා සරස් අතටත් සැම තැනක ම, සැම අයුරකින් ම පැතිරෙන පරිදි සකල විධ ලෝකයට ම මෛත්‍රී චිත්තය පතුරුවා වාසය කරනවා. විපුල වූ, මහද්ගත වූ සිතින් ද, අප්‍රමාණ සිතින් ද, වෛර නැති, තරහ නැති මෙත් සිත පතුරුවා වාසය කරනවා. එතකොට ඒ භික්ෂුව මෙහෙම හිතනවා. 'මේ මෛත්‍රී ධ්‍යානය වුනත්, හේතු ඵල දහම තුළින් සකස් වූ දෙයක්. විශේෂ කොට චේතනාත්මකව සකස් වූ දෙයක්. යම් කිසි දෙයක් හේතු ඵල දහම තුළින් සකස් වුනා නම්, චේතනාත්මකව සකස් වුනා නම් එය අනිත්‍යයි. හේතු නිරුද්ධ වීමෙන් නිරුද්ධ වී යන ස්වභාවයෙන් යුක්තයි' කියල නුවණින් විමසනවා. ඉතින් ඔහු ඒ මෛත්‍රී ධ්‍යානයෙහි නුවණින් විමසමින් සිටිමින් ....(පෙ).... අත් නො දුටු අනුත්තර වූ යෝගක්ඛේම නම් වූ නිවන අත්දකියි ද ඒ සඳහා ඍජුව ම උපකාරී වන යමක් ඇද්ද, දත යුතු සියල්ල දන්නා වූ ත්, දක්නා වූ ත්, ඒ අරහත් වූ, සම්මා සම්බුද්ධ වූ භාග්‍යවතුන් වහන්සේ විසින් වදාරන ලද මෙය ද එබඳු වූ එක ම එක දහමකි.

පින්වත් ගෘහපතිය, නැවත අනෙකක් කියමි. මෙහිලා භික්ෂුව කරුණා සහගත චිත්තයෙන් ....(පෙ).... මුදිතා සහගත සිතෙන් ....(පෙ).... උපේක්ෂා සහගත සිතෙන් එක් දිශාවකට පතුරවා වාසය කරනවා. ඒ වගේ ම දෙවෙනි දිශාවටත්, තුන්වෙනි දිශාවටත්, හතර වෙනි දිශාවටත් පතුරවා වාසය කරනවා. මෙසේ උඩ, යට හා සරස් අතටත් සැම තැනක ම, සැම අයුරකින් ම පැතිරෙන පරිදි සකල විධ ලෝකයට ම උපේක්ෂා සහගත චිත්තය පතුරුවා වාසය

කරනවා. විපුල වූ, මහද්ගත වූ සිතින් ද, අප්‍රමාණ සිතින් ද, වෛර නැති, තරහ නැති උපේක්ෂා සිත පතුරුවා වාසය කරනවා. එතකොට ඒ භික්ෂුව මෙහෙම හිතනවා. 'මේ උපේක්ෂා ධ්‍යානය වුනත්, හේතු ඵල දහම තුළින් සකස් වූ දෙයක්. විශේෂ කොට චේතනාත්මකව සකස් වූ දෙයක්. යම් කිසි දෙයක් හේතු ඵල දහම තුළින් සකස් වුනා නම්, චේතනාත්මකව සකස් වුනා නම් එය අනිත්‍යයි. හේතු නිරුද්ධ වීමෙන් නිරුද්ධ වී යන ස්වභාවයෙන් යුක්තයි' කියල නුවණින් විමසනව. ඉතින් ඔහු ඒ උපේක්ෂා ධ්‍යානයෙහි නුවණින් විමසමින් සිටිමින් ....(පෙ).... අත් නො දුටු අනුත්තර වූ යෝගක්ඛේම නම් වූ නිවන අත්දකියි ද, ඒ සඳහා ඍජුව ම උපකාරී වන යමක් ඇද්ද, දත යුතු සියල්ල දන්නා වූ ත්, දක්නා වූ ත්, ඒ අරහත් වූ, සම්මා සම්බුද්ධ වූ භාග්‍යවතුන් වහන්සේ විසින් වදාරන ලද මෙය ද එබඳු වූ එක ම එක දහමකි.

පින්වත් ගෘහපතිය, නැවත අනෙකක් කියමි. මෙහිලා භික්ෂුව සියලු ආකාර රූප සඤ්ඤාවන් ගේ ඉක්ම යෑමෙන්, ඕලාරික සඤ්ඤාවන් ගේ අභාවයෙන් නා නා ස්වභාව ඇති සඤ්ඤා මෙනෙහි නො කිරීමෙන් 'අනන්ත වූ ආකාසය' යැයි මෙනෙහි කිරීමෙන් ආකාසානඤ්චායතනය උපදවාගෙන වාසය කරයි. එතකොට ඒ භික්ෂුව මෙහෙම හිතනවා. 'මේ ආකාසානඤ්චායතන සමාපත්තිය වුනත්, හේතු ඵල දහම තුළින් සකස් වූ දෙයක්. විශේෂ කොට චේතනාත්මකව සකස් වූ දෙයක්. යම් කිසි දෙයක් හේතු ඵල දහම තුළින් සකස් වුනා නම්, චේතනාත්මකව සකස් වුනා නම් එය අනිත්‍යයි. හේතු නිරුද්ධ වීමෙන් නිරුද්ධ වී යන ස්වභාවයෙන් යුක්තයි' කියල නුවණින් විමසනවා. ඉතින් ඔහු ඒ ආකාසානඤ්චායතන සමාපත්තියෙහි නුවණින් විමසමින් සිටිමින් ....(පෙ).... අත් නො දුටු අනුත්තර වූ යෝගක්ඛේම නම් වූ නිවන අත්දකියි ද ඒ සඳහා ඍජුව ම උපකාරී වන යමක් ඇද්ද, දත යුතු සියල්ල දන්නා වූ ත්, දක්නා වූ ත්, ඒ අරහත් වූ, සම්මා සම්බුද්ධ වූ භාග්‍යවතුන් වහන්සේ විසින් වදාරන ලද මෙය ද එබඳු වූ එක ම එක දහමකි.

පින්වත් ගෘහපතිය, නැවත අනෙකක් කියමි. මෙහිලා භික්ෂුව සියලු ආකාර ආකාසානඤ්චායතනය ඉක්ම යෑමෙන්, 'අනන්ත වූ විඤ්ඤාණය' යැයි මෙනෙහි කිරීමෙන් විඤ්ඤාණඤ්චායතනය උපදවාගෙන වාසය කරනවා. එතකොට ඒ භික්ෂුව මෙහෙම හිතනවා. 'මේ විඤ්ඤාණඤ්චායතන සමාපත්තිය වුනත් හේතු ඵල දහම තුළින් සකස් වූ දෙයක්. විශේෂ කොට චේතනාත්මකව සකස් වූ දෙයක්. යම් කිසි දෙයක් හේතු ඵල දහම තුළින් සකස් වුනා නම්, චේතනාත්මකව සකස් වුනා නම් එය අනිත්‍යයි. හේතු නිරුද්ධ වීමෙන් නිරුද්ධ වී යන ස්වභාවයෙන් යුක්තයි' කියල නුවණින් විමසනවා. ඉතින් ඔහු ඒ විඤ්ඤාණඤ්චායතන සමාපත්තියෙහි නුවණින් විමසමින් සිටිමින් ....(පෙ)....

අත් නො දුටු අනුත්තර වූ යෝගක්ඛේම නම් වූ නිවන අත්දකියි ද ඒ සඳහා ඍජුව ම උපකාරී වන යමක් ඇද්ද, දත යුතු සියල්ල දන්නා වූ ත්, දක්නා වූ ත්, ඒ අරහත් වූ, සම්මා සම්බුද්ධ වූ භාග්‍යවතුන් වහන්සේ විසින් වදාරන ලද මෙය ද එබඳු වූ එක ම එක දහමකි.

පින්වත් ගෘහපතිය, නැවත අනෙකක් කියමි. මෙහිලා භික්ෂුව සියලු ආකාර විඤ්ඤාණඤ්චායතනය ඉක්ම යෑමෙන්, 'කිසිවක් නැත' යැයි මෙනෙහි කිරීමෙන් ආකිඤ්චඤ්ඤායතනය උපදවාගෙන වාසය කරනවා. එතකොට ඒ භික්ෂුව මෙහෙම හිතනවා. 'මේ ආකිඤ්චඤ්ඤායතන සමාපත්තිය වුනත් හේතු ඵල දහම තුළින් සකස් වූ දෙයක්. විශේෂ කොට චේතනාත්මකව සකස් වූ දෙයක්. යම් කිසි දෙයක් හේතු ඵල දහම තුළින් සකස් වුනා නම්, චේතනාත්මකව සකස් වුනා නම් එය අනිත්‍යයි. හේතු නිරුද්ධ වීමෙන් නිරුද්ධ වී යන ස්වභාවයෙන් යුක්තයි' කියල නුවණින් විමසනවා. ඉතින් ඔහු ඒ ආකිඤ්චඤ්ඤායතන සමාපත්තියෙහි නුවණින් විමසමින් සිටිමින් ආශ්‍රවයන් ගේ ක්ෂය වීමට පැමිණෙනවා. ඉදින් ආශ්‍රවයන් ගේ ක්ෂය වීමකට නො පැමිණියේ නම්, ඒ සමථ විදර්ශනාවන් තුළ ඇළුණු සිතින් යුතුව එහි සතුටු වෙමින් සිට ඕරම්භාගීය සංයෝජන පහ ක්ෂය කිරීමෙන් ඕපපාතිකව උපදිනවා. ඒ බඹලොවින් නැවත කාම ලොවට නො එන ස්වභාවයෙන් යුතුව එහිදී ම පිරිනිවන් පානවා.

පින්වත් ගෘහපතිය, යම් විටක අප්‍රමාදීව, කෙලෙස් තවන වෙර ඇතිව, කාය ජීවිත දෙකෙහි අනපේක්ෂිතව වාසය කරන්නා වූ භික්ෂුවක ගේ නො මිදුණු සිත මිදෙයි ද, ක්ෂය නො වූ ආශ්‍රවයන් ක්ෂය වී යයි ද, අත් නො දුටු අනුත්තර වූ යෝගක්ඛේම නම් වූ නිවන අත්දකියි ද ඒ සඳහා ඍජුව ම උපකාරී වන යමක් ඇද්ද, දත යුතු සියල්ල දන්නා වූ ත්, දක්නා වූ ත්, ඒ අරහත් වූ, සම්මා සම්බුද්ධ වූ භාග්‍යවතුන් වහන්සේ විසින් වදාරන ලද මෙය ද එබඳු වූ එක ම එක දහමකි."

මෙසේ වදාළ කල්හි අට්ඨකනගරවාසී දසම නම් වූ ගෘහපතියා ආයුෂ්මත් ආනන්දයන් වහන්සේට මෙය පැවසුවා. "ස්වාමීනී, ආනන්දයන් වහන්ස, එක ම නිධානයක් සොයන්නා වූ පුරුෂයෙක් සිටිනවා යැයි සිතමු. ඔහුට එක් වරම නිධාන එකොළහක් ලැබෙනවා ද, ස්වාමීනී, අන්න ඒ වාගෙ ම මං එක ම අමෘත ද්වාරයක් සොයමින් සිටිය දී, එක් වරම අමා දොරටු එකොළසක් ශ්‍රවණය කරන්නට ලැබුනා. ස්වාමීනී, පුරුෂයෙකුට දොරටු එකොළසක් ඇති නිවසක් ලැබෙනවා. ඉතින් ඒ නිවස ගිනි ඇවිල ගත් විට ඒ එක් එක් දොරටුවෙන් තමන්ට සුව සේ ම යා ගන්නට පුළුවන්. ස්වාමීනී, අන්න ඒ අයුරින් ම මට

මේ එකොළොස් අමා දොරටුවෙන් එක් එක් ම අමා දොරටුවෙන් යහපත සලසා ගන්නට පුළුවන් වෙනවා. ස්වාමීනී, මේ අන්‍යතීර්ථකයන් තමන් ගේ ආචාර්යවරයා හට ආචාර්ය ධනය නම් වූ දෙයක් සොයනවා. ඉතින් එහෙම එකේ මං කුමක් හෙයින් ආයුෂ්මත් ආනන්දයන් වහන්සේට පූජාවක් නො කර සිටිම් ද?"

ඉතින් අට්ඨකනගරවාසී දසම නම් වූ ගෘහපතියා පාටලී පුත්‍ර නුවර ද, විශාලා මහනුවර ද වැඩ සිටි භික්ෂු සංඝයා රැස් කරවා ප්‍රණීත වූ ඛාද්‍යභෝජ්‍යයෙන් සියතින් ම සැතැප්පුවා. මැනවින් පැවරුවා. ඒ එක් එක් භික්ෂූන් වහන්සේට සිවුරු පිණිස වස්ත්‍ර පූජා කළා. ආයුෂ්මත් ආනන්දයන් වහන්සේට තුන් සිවුරු පූජා කළා. ආයුෂ්මත් ආනන්දයන් වහන්සේට කාමර පන්සියයකින් යුතු විහාරයක් කරවා දුන්නා.

සාදු! සාදු!! සාදු!!!

අට්ඨකනගරවාසී දසම ගෘහපතියාට වදාළ දෙසුම නිමා විය.

2.1.3.
සේඛ සූත්‍රය
නිවන් මග හික්මෙන (සේඛ) ප්‍රතිපදාව ගැන වදාළ දෙසුම

මා හට අසන්නට ලැබුනේ මේ විදිහට යි. ඒ දිනවල භාග්‍යවතුන් වහන්සේ වැඩසිටියේ ශාක්‍ය ජනපදයෙහි කිඹුල්වත් පුර නිග්‍රෝධාරාමයෙහි ය. ඒ දිනවල කිඹුල්වත්පුර වාසී ශාක්‍යයන් විසින් අලුතින් රැස්වීම් ශාලාවක් කරවලා එතරම් කල් ගත වුනේ නෑ. ඒ වගේ ම ශ්‍රමණයෙකු විසින් වේවා, බ්‍රාහ්මණයෙකු විසින් වේවා, කිසියම් මිනිසෙකු විසින් වේවා තව ම පාවිච්චියට අරගෙනත් නෑ. එදා කිඹුල්වත්පුරවාසී ශාක්‍යවරුන් භාග්‍යවතුන් වහන්සේ බැහැදකින්නට පැමිණියා. පැමිණ භාග්‍යවතුන් වහන්සේ වෙත ආදරයෙන් වන්දනා කොට එකත්පස්ව වාඩි වුනා. එකත්පස්ව වාඩි වූ කිඹුල්වත්පුරවාසී ශාක්‍යවරුන් භාග්‍යවතුන් වහන්සේට මෙකරුණ පැවසුවා.

"ස්වාමීනී, මෙහි කිඹුල්වත්පුරවැසි ශාක්‍යවරුන් ගේ ළඟ දී කරන ලද අලුත් රැස්වීම් ශාලාවක් තිබෙනවා. ඒ වගේ ම ඒ ශාලාව ශ්‍රමණයෙකු විසින් වේවා, බ්‍රාහ්මණයෙකු විසින් වේවා, කිසියම් මිනිසෙකු විසින් වේවා තව ම පාවිච්චියට අරගෙනත් නෑ. ස්වාමීනී, භාග්‍යවතුන් වහන්සේ පළමුවෙන් ම එම ශාලාව පරිහරණය කරන සේක්වා! භාග්‍යවතුන් වහන්සේ විසින් පළමුව පාවිච්චි කළ එම ශාලාව කපිලවස්තුවාසී ශාක්‍යවරුන්ට පසුව පාවිච්චි කරන්නට පුළුවනි. එය කපිලවස්තුවාසී ශාක්‍යවරුන්ට බොහෝ කලක් හිතසුව පිණිස පවතිනවා ම යි." භාග්‍යවතුන් වහන්සේ නිශ්ශබ්දව වැඩසිටීමෙන් එම ඇරයුම පිළිගෙන වදාළා.

එකල්හි කිඹුල්වත්පුරවාසී ශාක්‍යවරුන් භාග්‍යවතුන් වහන්සේ ඉවසා වදාළ බව දැන හුනස්නෙන් නැගිට භාග්‍යවතුන් වහන්සේට ආදරයෙන් වන්දනා කොට, පැදකුණු කොට රැස්වීම් ශාලාව වෙත පැමිණුනා. පැමිණ එම ශාලාව පුරා ඇතිරිලි ඇතිරුවා. ආසන පැණෙව්වා. දොරටුව අසල දිය බඳුනක් තැබුවා. තෙල් පහන් දැල්වුවා. යළි භාග්‍යවතුන් වහන්සේ ළඟට පැමිණුනා. පැමිණ භාග්‍යවතුන් වහන්සේට ආදරයෙන් වන්දනා කොට එකත්පස්ව සිටගත්තා. එකත්පස්ව සිටගත් කිඹුල්වත්පුරවාසී ශාක්‍යවරුන් භාග්‍යවතුන් වහන්සේට මෙය සැලකළා.

"ස්වාමීනී, සන්ථාගාරය පුරාවට සෑම තැන ම ඇතිරිලි ඇතුරුවා. ආසන පැණෙව්වා. දිය බඳුන පිහිටෙව්වා. තෙල් පහන් දල්වා එසෙව්වා. ස්වාමීනී, භාග්‍යවතුන් වහන්ස, යම් කරුණකට දැන් කාලය නිසි නම්, ඒ ගැන දන්නා සේක්වා!"

ඉතින් භාග්‍යවතුන් වහන්සේ සිවුරු හැඳ පොරවා, පාත්තරය ද ගෙන භික්ෂු සංඝයා සමඟ රැස්වීම් ශාලාවට වැඩම කොට වදාළා. එසේ වැඩම කොට සිරිපා දෝවනය කොට වදාළා. ඉන්පසු එම සන්ථාගාරය තුළට පිවිස එහි මැද වූ ස්ථම්භයට පිටුපා පෙරදිගට මුහුණ ලා වාඩි වී වදාළා. භික්ෂු සංඝයා ද, පා දෝවනය කොට සන්ථාගාරය තුළට පිවිස පිටුපස බිත්තියට පිටුපා පෙරදිගට මුහුණ ලා භාග්‍යවතුන් වහන්සේ පෙරටු කොට වාඩි වුනා. කිඹුල්වත්පුරවාසී ශාක්‍යවරුන් ද, පා දෝවනය කරගත්තා. සන්ථාගාරය තුළට පිවිසුනා. පෙරදිග දිශාවේ වූ බිත්තියට පිටු පා බටහිරට මුහුණ ලා භාග්‍යවතුන් වහන්සේ පෙරටු කොට වාඩි වුනා. එතකොට භාග්‍යවතුන් වහන්සේ කපිලවස්තුවාසී ශාක්‍යවරුන් හට රැය බොහෝ වේලාවක් ගෙවෙන තුරු ධර්ම කතාවෙන් කරුණු දක්වා වදාළා. සමාදන් කොට වදාළා. උත්සාහවත් කොට වදාළා. සතුටු කොට වදාළා. ආයුෂ්මත් ආනන්දයන් වහන්සේ අමතා මෙය වදාළා. "පින්වත් ආනන්දය, කපිලවස්තුවාසී ශාක්‍යවරුන් හට නිවන් මගෙහි හික්මෙන භික්ෂුව ගේ වැඩපිළිවෙල (සේඛ ප්‍රතිපදාව) ගැන කරුණු පවසන්න. මාගේ පිට මදක් ගිලන් වෙලා තියෙනවා. මා ස්වල්ප වෙලාවක් හාන්සි වී සිටින්නම්." "එසේය, ස්වාමීනී" කියා ආයුෂ්මත් ආනන්දයන් වහන්සේ භාග්‍යවතුන් වහන්සේට පිළිතුරු දුන්නා. එතකොට භාග්‍යවතුන් වහන්සේ සඟල සිවුර සිව් ගුණ කොට නවා අතුරා දකුණු ඇලයෙන් යුතුව දකුණු පාදයට මදක් මෑත් කොට වම් පාදය තබා මනා සිහි නුවණින් යුතුව නැගිටින හැඟීමෙන් යුතුව සිංහ සෙය්‍යාවෙන් සැතපී වදාළා.

එවිට ආයුෂ්මත් ආනන්දයන් වහන්සේ මහානාම ශාක්‍යයා ඇමතුවා. "පින්වත් මහානාම, මෙහිලා ආර්ය ශ්‍රාවකයා සීල සම්පන්න වෙනවා. ඉඳුරන් හි වසන ලද දොරටු ඇති කෙනෙක් වෙනවා. අවබෝධයෙන් ම දන් වළඳන කෙනෙක් වෙනවා. නිදිවරාගෙන භාවනා කරන කෙනෙක් වෙනවා. සද්ධර්ම හතකින් සමන්විත කෙනෙක් වෙනවා. මේ ජීවිතයේ දී ම සැප සේ වාසය කළ හැකි පහසුවෙන්, නිදුකින්, විපුලව ලබන ධ්‍යාන හතරින් යුතු කෙනෙක් වෙනවා.

පින්වත් මහානාම, ආර්ය ශ්‍රාවකයා සීල සම්පන්න කෙනෙක් වන්නේ කොහොම ද? පින්වත් මහානාම, මෙහිලා ආර්ය ශ්‍රාවකයා සිල්වත් වෙනවා.

ප්‍රාතිමෝක්ෂ සංවර ශීලයෙන් යුක්ත වෙනවා. ඉතා යහපත් ඇවතුම් පැවතුම් වලින් යුතු වෙනවා. අණු මාත්‍ර වූ වරදෙහි පවා බිය දක්නා කෙනෙක් වෙනවා. ඒ ඒ සිල් පද සමාදන් වී හික්මෙනවා. පින්වත් මහානාම, ආර්ය ශ්‍රාවකයා සීල සම්පන්න වන්නේ ඔය ආකාරයට යි.

පින්වත් මහානාම, ආර්ය ශ්‍රාවකයා ඉඳුරන් හි වසන ලද දොරටු ඇතුව ඉන්නේ කොහොම ද? පින්වත් මහානාම, මෙහිලා ආර්ය ශ්‍රාවකයා ඇසින් රූපයක් දැක, එහි නිමිති ගන්නෙ නෑ. නිමිත්තක කොටසක් වත් ගන්නෙ නෑ. ඇස නැමැති ඉන්ද්‍රිය අසංවරව වාසය කරද්දී, ඒ හේතුවෙන් ලෝභය, දොම්නස ආදී පාපී අකුසල් තමාව අර්බුදයක් කරා ගෙන යනවා නම්, එබඳු දෙයකට ඉඩ නො තබා, ඔහු ගේ ඇස සංවරය පිණිස පිළිපදිනවා. ඇස නැමැති ඉන්ද්‍රිය රැක ගන්නවා. ඇස නැමැති ඉන්ද්‍රියෙහි සංවරයට පැමිණෙනවා. කනින් ශබ්දයක් අසා ....(පෙ).... නාසයෙන් ගඳ සුවඳක් දැන ....(පෙ).... දිවෙන් රසයක් විඳ ....(පෙ).... කයෙන් පහසක් ලබා ....(පෙ).... මනසින් අරමුණක් සිතා එහි නිමිති ගන්නෙ නෑ. නිමිත්තක කොටසක් වත් ගන්නෙ නෑ. මනස නැමැති ඉන්ද්‍රිය අසංවරව වාසය කරද්දී, ඒ හේතුවෙන් ලෝභය, දොම්නස ආදී පාපී අකුසල් තමාව අර්බුදයක් කරා ගෙන යනවා නම්, එබඳු දෙයකට ඉඩ නො තබා, ඔහු ගේ මනස සංවරය පිණිස පිළිපදිනවා. මනස නැමැති ඉන්ද්‍රිය රැක ගන්නවා. මනස නැමැති ඉන්ද්‍රියෙහි සංවරයට පැමිණෙනවා. පින්වත් මහානාම, මේ ආකාරයටයි ආර්ය ශ්‍රාවකයා ඉන්ද්‍රියයන් හි දොරටු වසාගෙන ඉන්නේ.

පින්වත් මහානාම, ආර්ය ශ්‍රාවකයා අවබෝධයකින් යුතුව බොජුන් වළඳන්නේ කොහොම ද? පින්වත් මහානාම, මෙහිලා ආර්ය ශ්‍රාවකයා නුවණින් ප්‍රත්‍යවෙක්ෂා කොටයි ආහාර වළඳන්නෙ. මේ ආහාර ගන්නේ ජවය පිණිස නොවේ. මත් වීම පිණිස නොවේ. සැරසීම පිණිස නොවේ. ඒ ඒ තැන මස්පිඬු වැඩීම පිණිස නොවේ. මේ කයේ පැවැත්ම පිණිස, යැපීම පිණිස පමණයි. ආහාර නො ගැනීමෙන් ඇති වෙන වෙහෙස සංසිඳවා ගැනීම පිණිස පමණයි. බඹසරට අනුග්‍රහ පිණිස පමණයි. මේ ආහාර ගැනීමෙන් මම පැරණි බඩගිනි වේදනා නැති කර දානවා. අලුත් බඩගිනි වේදනා උපදවන්නේ නැහැ. මාගේ ජීවිත යාත්‍රාවත්, නිවැරදි ජීවන රටාවත්, පහසු විහරණයත් මෙයින් සිදුවෙනවා කියා නුවණින් ප්‍රත්‍යවේක්ෂා කරනවා. පින්වත් මහානාම, මේ ආකාරයටයි ආර්ය ශ්‍රාවකයා අවබෝධයෙන් යුක්තව බොජුන් වළඳන්නේ.

පින්වත් මහානාම, ආර්ය ශ්‍රාවකයා නිදි වරා භාවනා කිරීමෙහි යෙදෙන්නේ කොහොම ද? පින්වත් මහානාම, මෙහිලා ආර්ය ශ්‍රාවකයා දහවල් කාලයෙහි සක්මන් භාවනාවෙනුත්, වාඩි වී කරන භාවනාවෙනුත් නීවරණයන් ගෙන් සිත

පිරිසිදු කරනවා. රාත්‍රියේ ප්‍රථම යාමයේ දී ත් සක්මන් භාවනාවෙනුත්, වාඩි වී කරන භාවනාවෙනුත් නීවරණයන් ගෙන් සිත පිරිසිදු කරනවා. රාත්‍රියේ මධ්‍යම යාමයේ දී දකුණු ඇලයට හැරී දකුණු පාදයට මදක් මෑත් කොට වම් පාදය තබා මනා සිහි නුවණින් යුතුව නැගිටින හැඟීමෙන් යුතුව සිංහ සෙය්‍යාවෙන් සැතපෙනවා. නැවත රාත්‍රී පශ්චිම යාමයෙහි අවදිවෙනවා. ඊට පස්සේ සක්මන් භාවනාවෙනුත්, වාඩි වී කරන භාවනාවෙනුත් නීවරණයන් ගෙන් සිත පිරිසිදු කරනවා. පින්වත් මහානාම මේ ආකාරයටයි ආර්ය ශ්‍රාවකයා නිදි වරා භාවනා කිරීමෙහි යෙදෙන්නේ.

පින්වත් මහානාම, ආර්ය ශ්‍රාවකයා සප්ත සද්ධර්මයකින් සමන්විත වන්නේ කොහොම ද? පින්වත් මහානාම, මෙහිලා ආර්ය ශ්‍රාවකයා සැදැහැ ඇති කෙනෙක් වෙනවා. ඒ කියන්නේ 'ඒ භාග්‍යවතුන් වහන්සේ අරහං වන සේක. සම්මා සම්බුද්ධ වන සේක. විජ්ජාචරණ සම්පන්න වන සේක. සුගත වන සේක. ලෝකවිදූ වන සේක. අනුත්තරෝ පුරිසදම්ම සාරථී වන සේක. සත්ථා දේව මනුස්සානං වන සේක. බුද්ධ වන සේක. භගවා වන සේක' කියල ඔහු තථාගතයන් වහන්සේ ගේ අවබෝධය අදහා ගන්නවා.

ඔහු ලැජ්ජා ඇති කෙනෙක් වෙනවා. කයින් වැරදි කිරීමට ලැජ්ජා වෙනවා. වචනයෙන් වැරදි කිරීමට ලැජ්ජා වෙනවා. මනසින් වැරදි කිරීමට ලැජ්ජා වෙනවා. පාපී අකුසල් සමඟ එක් වී සිටින්නට ලැජ්ජා වෙනවා.

ඔහු භය ඇති කෙනෙක් වෙනවා. කයින් වැරදි කිරීමට භය වෙනවා. වචනයෙන් වැරදි කිරීමට භය වෙනවා. මනසින් වැරදි කිරීමට භය වෙනවා. පාපී අකුසල් සමඟ එක් වී සිටින්නට භය වෙනවා.

ඔහු බහුශ්‍රැත කෙනෙක් වෙනවා. ඇසූ ධර්මය දරා ගන්නවා. ඇසූ ධර්මය මතකයෙන් රැස්කර ගන්නවා. යම් ඒ ධර්මයක් මුල කල්‍යාණ වේ ද, මැද කල්‍යාණ වේ ද, අවසානය කල්‍යාණ වේ ද, අර්ථ සහිත වූ ත්, පැහැදිලි ප්‍රකාශන මාධ්‍යයකින් හෙබි, මුලුමනින් ම පිරිපුන් පිරිසිදු නිවන් මඟ බඹසර යැයි ප්‍රකාශිත යම් ධර්මයක් වෙයි ද, ඒ ආකාර වූ ධර්මය ගැන බොහෝ කොට අසා ගන්නවා. ඒ ධර්මය හොඳින් දරා ගන්නවා. වචනයෙන් පුරුදු කරනවා. සිතෙන් විමසනවා. නුවණින් වටහා ගන්නවා.

ඔහු දැඩිව ගත් වීරියෙන් යුක්ත වෙනවා. ඒ කියන්නේ අකුසල් දහම් ප්‍රහාණය කිරීම පිණිසත්, කුසල් දහම් උපදවා ගැනීම පිණිසත්, ඉතාමත් බලවත් වූ දැඩි වීරියකින් යුක්ත වෙනවා. කුසල් ධර්මයන් දියුණු කර ගැනීමට අත් නො හළ වීරියකින් යුක්ත වෙනවා.

ඔහු සිහියෙන් යුක්ත වෙනවා. ඉතා උතුම් වූ සිහියකින් ද, අවස්ථාවෝචිත ප්‍රඥාවකින් ද යුක්ත වෙනවා. බොහෝ කලින් කළ දේවල්, බොහෝ කලින් පැවසූ දේවල් සිහි කරන්නට, පුන පුනා සිහි කරන්නට පුළුවන් වෙනවා.

ඔහු ප්‍රඥාවෙන් යුක්ත වෙනවා. ආර්යභාවයට පමුණුවන, අවබෝධයෙන් ම අත්හැරීමට උදව් වෙන, දුක් නැති වීම පිණිස මනාව උපකාරී වන, අනිත්‍යය දැකීමට සමර්ථ වූ ප්‍රඥාවකින් යුතු වෙනවා. පින්වත් මහානාම, මේ ආකාරයටයි ආර්ය ශ්‍රාවකයා සප්ත සද්ධර්මයෙන් යුක්ත වන්නේ.

පින්වත් මහානාම, ආර්ය ශ්‍රාවකයා සිත මෙහෙයවීමෙන් සකස් කරන ලද, මෙහිදී ම විඳින සැප විහරණ ඇති, ධ්‍යාන සතර කැමති අයුරින්, පහසුවෙන්, නිදුකින් උපදවා ගන්නේ කොහොම ද? පින්වත් මහානාම, මෙහිලා ආර්ය ශ්‍රාවකයා කාමයෙන් වෙන්ව, අකුසල් වලින් වෙන්ව, විතර්ක විචාර සහිත, ප්‍රීතිය හා සැපය ඇති පළවෙනි ධ්‍යානය ලබාගෙන වාසය කරනවා. විතර්ක විචාර සංසිඳුවාගෙන, තමා තුළ ප්‍රසන්න බව ඇති කරගෙන, සිතේ එකඟ බවින් යුතුව, විතර්ක විචාර රහිත, සමාධියෙන් හටගත් ප්‍රීතිය සැපය තියෙන දෙවෙනි ධ්‍යානය ....(පෙ).... තුන්වෙනි ධ්‍යානය ....(පෙ).... සැප ද, දුක ද නැති කිරීමෙන්, කලින් ම මානසික සැප දුක් දෙකින් ම වෙන් වෙලා, දුක් සැප රහිත පිරිසිදු උපේක්ෂාවත් සිහියත් තියෙන හතරවෙනි ධ්‍යානය ලබාගෙන වාසය කරනවා.

පින්වත් මහානාම, යම් කලක ආර්ය ශ්‍රාවකයා ඔය අයුරින් සීල සම්පන්න වෙනවා ද, ඔය අයුරින් ඉඳුරන් හි වසන ලද දොරටු ඇති කෙනෙක් වෙනවා ද, ඔය අයුරින් අවබෝධයෙන් ම දන් වළඳන කෙනෙක් වෙනවා ද, ඔය අයුරින් නිදිවරාගෙන භාවනා කරන කෙනෙක් වෙනවා ද, ඔය අයුරින් සද්ධර්ම හතකින් සමන්විත කෙනෙක් වෙනවා ද, ඔය අයුරින් මේ ජීවිතයේ දී ම සැප සේ වාසය කළ හැකි පහසුවෙන්, නිදුකින්, විපුලව ලබන ධ්‍යාන හතරින් යුතු කෙනෙක් වෙනවා ද, පින්වත් මහානාම, මේ ආර්ය ශ්‍රාවකයාට තමයි නිවන් මගෙහි බැසගත් ප්‍රතිපදාවෙන් යුතු කෙනා කියල කියන්නෙ. ඔහු නරක් නො වූ බිජුවට වලින් යුතු කෙනෙක්. ඔහුට අවබෝධඥානය උපදවා ගැනීමට පුළුවන්කම තියෙනවා. ආර්ය සත්‍යාවබෝධයට පුළුවන් කම තියෙනවා. අනුත්තර යෝග ක්ඛේම නම් වූ අරහත්වය සාක්ෂාත් කරන්නට පුළුවන්කම තියෙනවා.

පින්වත් මහානාම, ඒක මේ වගේ දෙයක්. කිකිලියකට බිත්තර අටක් හෝ, දහයක් හෝ, දොළොසක් හෝ තියෙනව. ඉතින් මේ කිකිලිය ඒ බිත්තර ඉතා හොඳින් රකිනවා. හොඳින් උණුසුම් කරනවා. හොඳින් පරෙස්සම් කරනවා.

හැබැයි ඒ කිකිලියට මෙවැනි ආසාවක් ඇති නො වන්නට පුළුවනි. 'අහෝ! හැබෑවට ම කුකුළු පැටව් නිය තුඩින් හෝ හොටින් හෝ ඒ බිත්තර කටු පලාගෙන සුව සේ එළියට එනවා නම් හොඳයි' කියා. ඇත්තෙන් ම ඒ කුකුළු පැටවුන්ට නිය තුඩින් වේවා, හොටින් වේවා ඒ බිත්තර කටු පලාගෙන සුව සේ එළියට එන්නට පුළුවන්කම තියෙනවා ම යි.

පින්වත් මහානාම, අන්න ඒ වගේ යම් කලක ආර්ය ශ්‍රාවකයා ඔය අයුරින් සීල සම්පන්න වෙනවා ද, ඔය අයුරින් ඉඳුරන් හි වසන ලද දොරටු ඇති කෙනෙක් වෙනවා ද, ඔය අයුරින් අවබෝධයෙන් ම දන් වළඳන කෙනෙක් වෙනවා ද, ඔය අයුරින් නිදිවරාගෙන භාවනා කරන කෙනෙක් වෙනවා ද, ඔය අයුරින් සද්ධර්ම හතකින් සමන්විත කෙනෙක් වෙනවා ද, ඔය අයුරින් මේ ජීවිතයේ දී ම සැප සේ වාසය කළ හැකි පහසුවෙන්, නිදුකින්, විපුලව ලබන ධ්‍යාන හතරින් යුතු කෙනෙක් වෙනවා ද, පින්වත් මහානාම, මේ ආර්ය ශ්‍රාවකයාට තමයි 'නිවන් මගෙහි බැසගත් ප්‍රතිපදාවෙන් යුතු කෙනා' කියල කියන්නෙ. ඔහු නරක් නො වූ බිජුවට වලින් යුතු කෙනෙක්. ඔහුට අවබෝධඥානය උපදවා ගැනීමට පුළුවන්කම තියෙනවා ම යි. ආර්ය සත්‍යාවබෝධයට පුළුවන් කම තියෙනවා ම යි. අනුත්තර යෝගක්ඛේම නම් වූ අරහත්වය සාක්ෂාත් කරන්නට පුළුවන්කම තියෙනවා ම යි.

පින්වත් මහානාම, ඉතින් ඒ ආර්ය ශ්‍රාවකයා මේ අනුත්තර වූ උපේක්ෂාවෙන් යුතු, පාරිශුද්ධ සිහිය ඇති සතර වෙනි ධ්‍යානයට පැමිණ, නොයෙක් ආකාරයේ පෙර විසූ ජීවිත පිළිබඳව සිහි කරනවා. ඒ කියන්නෙ; එක ජාතියක්, ජාති දෙකක් ....(පෙ).... මේ ආකාරයට කරුණු සහිතව, පැහැදිලි සිදුවීම් සහිතව නොයෙක් ආකාරයෙන් පෙර විසූ ජීවිත පිළිවෙල සිහි කරනවා. මෙය තමයි බිත්තර කටුව බිඳගෙන කුකුළු පැටියා එළියට එනවා වගේ ඔහු ගේ අවිද්‍යාව බිඳගෙන ප්‍රථම විද්‍යාව එළියට පැමිණීම.

පින්වත් මහානාම, ඉතින් ඒ ආර්ය ශ්‍රාවකයා මේ අනුත්තර වූ උපේක්ෂාවෙන් යුතු පාරිශුද්ධ සිහිය ඇති සතර වෙනි ධ්‍යානයට පැමිණ, සාමාන්‍ය මිනිස් ඇස ඉක්මවා ගිය, විසුද්ධ වූ දිව්‍ය ඇසින් යුතුව චුත වෙන්නා වූත්, උපදින්නා වූත්, පහත් වූත්, උසස් වූත්, වර්ණවත් වූත්, විරූපී වූත්, සුගතියේ ඉපිද සිටින්නා වූත්, දුගතියෙහි ඉපිද සිටින්නා වූත්, සත්වයන් දකිනවා. ....(පෙ).... කර්මානුරූපව උපත කරා යන සත්වයන් දකිනවා. මෙය තමයි බිත්තර කටුව බිඳගෙන කුකුළු පැටියා එළියට එනවා වගේ ඔහු ගේ අවිද්‍යාව බිඳගෙන දෙවෙනි විද්‍යාව එළියට පැමිණීම.

පින්වත් මහානාම, ඉතින් ඒ ආර්ය ශ්‍රාවකයා මේ අනුත්තර වූ උපේක්ෂාවෙන් යුතු පාරිශුද්ධ සිහිය ඇති සතර වෙනි ධ්‍යානයට පැමිණ, ආශ්‍රවයන් ගේ ක්ෂය වීමෙන් අනාශ්‍රව වූ අරහත් ඵල චිත්ත විමුත්තිය ද, ප්‍රඥා විමුක්තිය ද, මෙහි දී ම තමා තුළ උපදවා ගත් විශිෂ්ට වූ නුවණින් සාක්ෂාත් කරගෙන එයට පැමිණ වාසය කරනවා. මෙය තමයි බිත්තර කටුව බිඳගෙන කුකුළු පැටියා එළියට එනවා වගේ ඔහු ගේ අවිද්‍යාව බිඳගෙන තුන්වෙනි විද්‍යාව එළියට පැමිණීම.

පින්වත් මහානාම, ආර්ය ශ්‍රාවකයා යම් සිල්වත් භාවයකින් යුක්ත වේ ද, මෙය ඔහු ගේ චරණයට ඇතුළත් වෙයි. පින්වත් මහානාම, ආර්ය ශ්‍රාවකයා යම් ඉඳුරන් හි වසන ලද දොරටු වලින් යුක්ත වේ ද, මෙය ද ඔහු ගේ චරණයට ඇතුළත් වෙයි. පින්වත් මහානාම, ආර්ය ශ්‍රාවකයා යම් අවබෝධයකින් බොජුන් වැළඳීමක් වෙයි ද, මෙයත් ඔහු ගේ චරණයට ඇතුළත් වෙයි. පින්වත් මහානාම, ආර්ය ශ්‍රාවකයා යම් නිදි වරා භාවනා කිරීමෙහි යුක්ත වෙයි ද, මෙයත් ඔහු ගේ චරණයට ඇතුළත් වෙයි. පින්වත් මහානාම, ආර්ය ශ්‍රාවකයා යම් සප්ත සද්ධර්මයකින් යුක්ත වෙයි ද, මෙයත් ඔහු ගේ චරණයට ඇතුළත් වෙයි. පින්වත් මහානාම, ආර්ය ශ්‍රාවකයා සිතින් සකසන ලද මෙහිදී ම සැප විහරණය විඳින යම් ධ්‍යාන හතරක් කැමති සේ ලබයි ද, නිදුකින් ලබයි ද, පහසුවෙන් ලබයි ද මෙයත් ඔහු ගේ චරණයට ඇතුළත් වෙයි.

පින්වත් මහානාම, ආර්ය ශ්‍රාවකයා නොයෙක් ආකාරයේ පෙර විසූ ජීවිත පිළිබඳව සිහි කරයි ද, ඒ කියන්නෙ; එක ජාතියක්, ජාති දෙකක් ....(පෙ).... මේ ආකාරයට කරුණු සහිතව, පැහැදිලි සිදුවීම් සහිතව නොයෙක් ආකාරයෙන් පෙර විසූ ජීවිත පිළිවෙල සිහි කරන යම් පුබ්බේ නිවාසානුස්සති ඤාණයක් ඇද්ද, මෙය ඔහු ගේ විද්‍යාවට ඇතුළත් වෙයි.

පින්වත් මහානාම, ආර්ය ශ්‍රාවකයා සාමාන්‍ය මිනිස් ඇස ඉක්මවා ගිය, විසුද්ධ වූ දිව්‍ය ඇසින් යුතුව චුත වෙන්නා වූත්, උපදින්නා වූත්, පහත් වූත්, උසස් වූත්, වර්ණවත් වූත්, විරූපී වූත්, සුගතියෙහි ඉපිද සිටින්නා වූත්, දුගතියෙහි ඉපිද සිටින්නා වූත්, සත්වයන් දකී ද, ...(පෙ).... කර්මානුරූපව උපත කරා යන සත්වයන් දකින යම් චුතූපපාත ඤාණයක් ඇද්ද, මෙය ඔහු ගේ විද්‍යාවට ඇතුළත් වෙයි.

පින්වත් මහානාම, ආර්ය ශ්‍රාවකයා ආශ්‍රවයන් ගේ ක්ෂය වීමෙන් අනාශ්‍රව වූ අරහත් ඵල චිත්ත විමුත්තිය ද, ප්‍රඥා විමුක්තිය ද, මෙහි දී ම තමා තුළ උපදවා ගත් විශිෂ්ට වූ නුවණින් සාක්ෂාත් කරගෙන එයට පැමිණ වාසය කිරීම නම් වූ යම් ආසවක්ඛය ඤාණයක් ඇද්ද, මෙය ඔහු ගේ විද්‍යාවට ඇතුළත් වෙයි.

පින්වත් මහානාම, මෙයට තමයි ආර්ය ශ්‍රාවකයා විද්‍යාවෙන් යුක්ත වුනා කියන්නෙ. චරණයෙන් යුක්ත වුනා කියන්නෙ. විජ්ජා-චරණ සම්පන්නයි කියන්නෙ. පින්වත් මහානාම, සනංකුමාර බ්‍රහ්මරාජයා විසිනුත් මේ ගැන ගාථාවක් පැවසුව නෙව.

"ඛත්තියෝ සෙට්ඨෝ ජනේතස්මිං - යේ ගොත්තපටිසාරිනෝ,
විජ්ජාචරණසම්පන්නෝ - සෝ සෙට්ඨෝ දේවමානුසේ'ති."

"යමෙක් උපන් ගෝත්‍ර ගැන - පිළිවෙල සිහි කරනා විට,
ජන කැල මැද රජ කුමරා - ශ්‍රේෂ්ඨ බව ලබන්නේ ය.
විජ්ජා චරණින් යුතු වූ - යමෙක් සිටී නම් මෙලොවේ,
දෙව් මිනිසුන් අතරේ ඔහු - ශ්‍රේෂ්ඨ බව ලබන්නේ ය."

පින්වත් මහානාම, සනංකුමාර බ්‍රහ්මරාජයා විසින් පවසන ලද ඔය ගාථාව මැනවින් ගැයූ ගෙයක් ම යි. නො මනා ලෙස ගැයූ ගෙයක් නොවේ. සුභාෂිතයක් ම යි. දුර්භාෂිතයක් නො වේ. අර්ථවත් දෙයක් ම යි. අනර්ථවත් දෙයක් නො වේ. භාග්‍යවතුන් වහන්සේ විසිනුත් අනුමත කොට වදාළ දෙයක්."

ඒ මොහොතේ භාග්‍යවතුන් වහන්සේ නැගිට ආයුෂ්මත් ආනන්දයන් අමතා වදාළා. "සාදු! සාදු! පින්වත් ආනන්දයනි, ඔබ කිඹුල්වත්වාසී ශාක්‍යවරුන් හට සේඛ ප්‍රතිපදාව පැවසූ අයුරු ඉතා යහපති!"

මෙම දෙසුම ආයුෂ්මත් ආනන්දයන් වහන්සේ වදාළා. ශාස්තෲන් වහන්සේ එය අනුමත කොට වදාළා. කිඹුල්වත්වාසී ශාක්‍යවරුන් ආයුෂ්මත් ආනන්දයන් වහන්සේ ගේ මෙම භාෂිතය සතුටින් අනුමෝදන් වුනා.

සාදු! සාදු!! සාදු!!!

නිවන් මගෙහි හික්මෙන (සේඛ) ප්‍රතිපදාව ගැන වදාළ දෙසුම නිමා විය.

2.1.4.
පෝතලිය සූත්‍රය
පෝතලිය ගෘහපතියා හට වදාළ දෙසුම

මා හට අසන්නට ලැබුනේ මේ විදිහට යි. ඒ දිනවල භාග්‍යවතුන් වහන්සේ වැඩ සිටියේ අංගුත්තරාප ජනපදයෙහි ආපණ නම් වූ අංගුත්තරාපයින් ගේ නියම් ගමෙහි ය. එදා භාග්‍යවතුන් වහන්සේ පෙරවරුවෙහි සිවුරු හැඳ පොරවා ගෙන, පාත්තරය ගෙන ආපණ නියම් ගමට පිඬු සිඟා වැඩියා. ආපණ ගමෙහි පිඬු සිඟා වැඩම කොට දන් වැළඳීමෙන් පසු දිවා විහරණය පිණිස, එහි එක්තරා වන ලැහැබකට වැඩම කළා. ඒ වන ලැහැබ ඇතුළට වැඩ, එක්තරා රුක් සෙවනක දිවා විහරණයෙන් වැඩසිටියා.

පෝතලිය නම් වූ ගෘහපතියා ද, හොඳින් හැඳ පොරවා ගෙන, කුඩයක් ඉහලා ගෙන, පාවහන් දමා ගෙන ව්‍යායාම පිණිස ඔබමොබ සක්මන් කරමින් ඒ වන ලැහැබ වෙත පැමිණුනා. ඒ වන ලැහැබ ඇතුළට ගොස් භාග්‍යවතුන් වහන්සේ වැඩ සිටි තැනට ත් පැමිණුනා. පැමිණ භාග්‍යවතුන් වහන්සේ සමඟ සතුටු වුනා. සතුටු විය යුතු පිළිසඳර කතා බහේ යෙදුනා. එකත්පස්ව සිටගත්තා. එකත්පස්ව සිටි පෝතලිය ගෘහපතියා හට භාග්‍යවතුන් වහන්සේ මෙය වදාළා. "පින්වත් ගෘහපතිය, මේ ආසන තියෙන්නෙ. කැමති නම් වාඩි වෙන්න." මෙසේ වදාළ විට පෝතලිය ගෘහපතියා 'ශ්‍රමණ ගෞතමයන් මට ගෘහපතියා කියා අගෞරව වචනයකින් කතා කළා නෙව' කියා කිපුනා. නො සතුටු වුනා. නිශ්ශබ්ද වුනා. එතකොට භාග්‍යවතුන් වහන්සේ දෙවෙනි වතාවත් පෝතලිය ගෘහපතියා හට මෙය වදාළා. "පින්වත් ගෘහපතිය, මේ ආසන තියෙන්නෙ. කැමති නම් වාඩි වෙන්න." මෙසේ වදාළ විට දෙවෙනි වතාවටත් පෝතලිය ගෘහපතියා 'ශ්‍රමණ ගෞතමයන් මට ගෘහපතියා කියා අගෞරව වචනයකින් කතා කළා නෙව' කියා කිපුනා. නො සතුටු වුනා. නිශ්ශබ්ද වුනා. එතකොට භාග්‍යවතුන් වහන්සේ තුන්වෙනි වතාවටත් පෝතලිය ගෘහපතියා හට මෙය වදාළා. "පින්වත් ගෘහපතිය, මේ ආසන තියෙන්නෙ. කැමති නම් වාඩි වෙන්න." මෙසේ වදාළ විට තුන්වෙනි වතාවටත් පෝතලිය ගෘහපතියා 'ශ්‍රමණ ගෞතමයන් මට 'ගෘහපතියා' කියා අගෞරව වචනයකින් කතා කළා නෙව' කියා කිපිලා, නො සතුටු වෙලා භාග්‍යවතුන් වහන්සේට මෙය පැවසුවා.

"භවත් ගෞතමයනි, යම් හෙයකින් ඔබ මා හට 'ගෘහපතිය' යන වචනයෙන් අමතා කරයි ද, ඒ වචනය හරි නැහැ. ඒ වචනය ගැලපෙන්නෙ නැහැ."

"පින්වත් ගෘහපතිය, ඔබ ගේ ඒ ආකාරයේ සටහන් තියෙනව නෙව. ඒ ආකාරයේ හැඩරුව තියෙනව නෙව. ඒ කියන්නෙ ගිහියෙකු ගෙ වගේ නෙව."

"නමුත් භවත් ගෞතමයනි, මා සෑම කර්මාන්ත කටයුත්තක් ම බැහැර කරලයි ඉන්නෙ. සෑම ව්‍යවහාරයක් ම මුලින් සිඳ දමලයි ඉන්නෙ."

"පින්වත් ගෘහපතිය, ඔබ සෑම කර්මාන්ත කටයුත්තක් ම බැහැර කළේ කොයි විදිහට ද? ඔබ සෑම ව්‍යවහාරයක් ම මුලින් සිඳ දැම්මෙ කොයි විදිහට ද?"

"භවත් ගෞතමයනි, මෙහිලා මට යම් ධනයක් තිබුනා නම්, ධාන්‍ය තිබුනා නම්, රිදී වේවා, මිල මුදල් ආදියක් වේවා තිබුනා නම්, ඒ සෑම දෙයක් ම මම දරුවන්ට දායාද හැටියට දුන්නා. ඒ ගැන මම අවවාද ලබන කෙනෙක් නො වෙයි. අපහාස ලබන කෙනෙක් නො වෙයි. ඒ නිසා මං ආහාරයකට, ඇඳුමකට වගේ මූලික දේකට යමක් අරගෙන ඉන්නවා විතරයි. භවත් ගෞතමයනි, ඔන්න ඔය විදිහට යි සෑම කර්මාන්ත කටයුත්තක් ම බැහැර කළේ. ඔය විදිහට යි සෑම ව්‍යවහාරයක් ම මුලින් සිඳ දැම්මෙ."

"පින්වත් ගෘහපතිය, ඔබ ව්‍යවහාරය සමුච්ඡේදනය කළ බව පැවසුවේ වෙන අයුරකිනුයි. නමුත් ආර්ය විනයෙහි ව්‍යවහාර සමුච්ඡේදනය වන්නේ ඔයිට වෙනස් අයුරකිනුයි."

"ස්වාමීනී, ආර්ය විනයෙහි ව්‍යවහාරය මුලින් ම සිඳ දැමීම වන්නේ කොයි ආකාරයෙන් ද? ස්වාමීනී, භාග්‍යවතුන් වහන්ස, යම් අයුරකින් ආර්ය විනයෙහි ව්‍යවහාර සමුච්ඡේදනයක් වන්නේ ද, ඒ අයුරින් මට දහම් දෙසන සේක්වා!"

"එසේ වී නම් ගෘහපතිය, හොඳින් සවන් යොමන්න. මැනවින් නුවණින් විමසන්න. මා කියා දෙන්නම්."

"එසේ ය ස්වාමීනී" කියා පෝතලිය ගෘහපතියා භාග්‍යවතුන් වහන්සේට පැවසුවා. භාග්‍යවතුන් වහන්සේ මෙය වදාළා.

"පින්වත් ගෘහපතිය, ව්‍යවහාරය මුලින් ම සිඳලීම පිණිස පවතින්නා වූ මෙම ධර්ම අට තමයි ආර්ය විනයෙහි තියෙන්නෙ. ඒ කවර අටක් ද යත්; ප්‍රාණඝාතය නො කිරීම භාවිතා කිරීමෙන්, ප්‍රාණඝාතය ප්‍රහාණය කළ යුතුයි. දුන් දෙය පමණක් ගැනීම භාවිතා කිරීමෙන්, සොරකම ප්‍රහාණය කළ යුතුයි.

සත්‍ය වචනය භාවිතා කිරීමෙන්, බොරු කීම ප්‍රහාණය කළ යුතුයි. කේළාම් රහිත වචනය භාවිතා කිරීමෙන්, කේළම ප්‍රහාණය කළ යුතුයි. ගිජු ලෝභය නැතිකම භාවිතා කිරීමෙන්, ගිජු ලෝභය ප්‍රහාණය කළ යුතුයි. නින්දා අපහාස නො කිරීම භාවිතා කිරීමෙන්, නින්දා අපහාස ප්‍රහාණය කළ යුතුයි. ක්‍රෝධ උපායාස නො කිරීම භාවිතා කිරීමෙන්, ක්‍රෝධ උපායාස ප්‍රහාණය කළ යුතුයි. නිහතමානී බව භාවිතා කිරීමෙන්, අතිමානය ප්‍රහාණය කළ යුතුයි. පින්වත් ගෘහපතිය, සංක්ෂේපයෙන් පවසන ලද, විස්තර වශයෙන් විග්‍රහ නො කරන ලද ඔය ධර්ම අට තමයි ආර්ය විනයෙහි ව්‍යවහාරය මුලින් ම සිඳලීම පිණිස පවතින්නේ."

"ස්වාමීනී, භාග්‍යවතුන් වහන්සේ විසින් සංක්ෂේපයෙන් වදාරණ ලද, විස්තර වශයෙන් විග්‍රහ නො කරන ලද ඔය ධර්ම අට ආර්ය විනයෙහි ව්‍යවහාරය මුලින් ම සිඳලීම පිණිස පවතිනවා ද? ස්වාමීනී, භාග්‍යවතුන් වහන්සේ ඔය ධර්ම අට අනුකම්පා උපදවා විස්තර වශයෙන් විග්‍රහ කොට වදාරණ සේක්වා!"

"එසේ වී නම් පින්වත් ගෘහපතිය, සවන් යොමා අසන්න. මැනවින් නුවණින් විමසන්න. මා කියා දෙන්නම්."

"එසේ ය, ස්වාමීනී" කියා පෝතලිය ගෘහපතියා භාග්‍යවතුන් වහන්සේට පැවසුවා. භාග්‍යවතුන් වහන්සේ මෙය වදාළා.

"පින්වත් ගෘහපතිය, 'ප්‍රාණඝාතය නො කිරීම භාවිතා කිරීමෙන්, ප්‍රාණඝාතය ප්‍රහාණය කළ යුතුයි' කියා ඔය කරුණ පැවසුවා. ඒ පවසන ලද්දේ කුමක් හේතු කරගෙන ද? පින්වත් ගෘහපතිය, ආර්ය ශ්‍රාවකයා මෙන්න මෙහෙම නුවණින් මෙනෙහි කරනවා. 'යම් කෙලෙස් බැඳීමක් හේතු කරගෙන මා ප්‍රාණඝාත කරන කෙනෙක් වෙනවා නම්, ඒ කෙලෙස් බැඳීම ප්‍රහාණය කිරීම පිණිස, සමුච්ඡේදය පිණිස මං ප්‍රතිපත්තියෙන් යුක්ත වෙනවා. මම ප්‍රාණඝාතය කරන කෙනෙක් වුනොත්, ප්‍රාණඝාත හේතුවෙන් මගේ හදවත මට දොස් කියනවා. ප්‍රාණඝාත හේතුවෙන් බුද්ධිමත් මනුෂ්‍යයින් ගේ ගර්හාවට ලක්වෙනවා. ප්‍රාණඝාත හේතුවෙන් කය බිඳී මරණින් මතු දුගතියෙහි ඉපදීම කැමති වෙන්න වෙනවා. එනිසා මේ ප්‍රාණඝාතය කියන දෙය ම යි සංයෝජනය. ඕක ම යි නීවරණය. ප්‍රාණඝාත හේතුවෙන් යම් දුක් පීඩා ඇතිවෙන කෙලෙස් හටගන්නවා නම්, ප්‍රාණඝාතයෙන් වැළකී සිටින කෙනෙකුට ඒ දුක් පීඩා ඇති වෙන කෙලෙස් නෑ. අන්න ඒ නිසා යි, 'ප්‍රාණඝාතය නො කිරීම භාවිතා කිරීමෙන්, ප්‍රාණඝාතය ප්‍රහාණය කළ යුතුයි' කියා ඔය කරුණ පැවසුවේ.

පින්වත් ගෘහපතිය, 'දුන් දෙය පමණක් ගැනීම භාවිතා කිරීමෙන්, සොරකම ප්‍රහාණය කළ යුතුයි' කියා ඔය කරුණ පැවසුවා. ඒ පවසන ලද්දේ

කුමක් හේතු කරගෙන ද? පින්වත් ගෘහපතිය, ආර්ය ශ්‍රාවකයා මෙන්න මෙහෙම නුවණින් මෙනෙහි කරනවා. 'යම් කෙලෙස් බැඳීමක් හේතු කරගෙන මා සොරකම් කරන කෙනෙක් වෙනවා නම්, ඒ කෙලෙස් බැඳීම ප්‍රහාණය කිරීම පිණිස, සමුච්ඡේදය පිණිස මං ප්‍රතිපත්තියෙන් යුක්ත වෙනවා. මම සොරකම් කරන කෙනෙක් වුනොත්, සොරකම හේතුවෙන් මගේ හදවත මට දොස් කියනවා. සොරකම හේතුවෙන් බුද්ධිමත් මනුෂ්‍යයින් ගේ ගර්හාවට ලක්වෙනවා. සොරකම හේතුවෙන් කය බිඳී මරණින් මතු දුගතියෙහි ඉපදීම කැමති වෙන්න වෙනවා. එනිසා මේ සොරකම කියන දෙය ම යි සංයෝජනය. ඕක ම යි නීවරණය. සොරකම හේතුවෙන් යම් දුක් පීඩා ඇතිවෙන කෙලෙස් හටගන්නවා නම්, සොරකමින් වැළකී සිටින කෙනෙකුට ඒ දුක් පීඩා ඇති වෙන කෙලෙස් නෑ. අන්න ඒ නිස යි, 'දුන් දෙය පමණක් ගැනීම භාවිතා කිරීමෙන්, සොරකම ප්‍රහාණය කළ යුතුයි' කියා ඔය කරුණ පැවසුවේ.

පින්වත් ගෘහපතිය, 'සත්‍ය වචනය භාවිතා කිරීමෙන්, බොරු කීම ප්‍රහාණය කළ යුතුයි' කියා ඔය කරුණ පැවසුවා. ඒ පවසන ලද්දේ කුමක් හේතු කරගෙන ද? පින්වත් ගෘහපතිය, ආර්ය ශ්‍රාවකයා මෙන්න මෙහෙම නුවණින් මෙනෙහි කරනවා. 'යම් කෙලෙස් බැඳීමක් හේතු කරගෙන මා බොරු කියන කෙනෙක් වෙනවා නම්, ඒ කෙලෙස් බැඳීම ප්‍රහාණය කිරීම පිණිස, සමුච්ඡේදය පිණිස මං ප්‍රතිපත්තියෙන් යුක්ත වෙනවා. මම බොරු කියන කෙනෙක් වුනොත්, බොරු කීම හේතුවෙන් මගේ හදවත මට දොස් කියනවා. බොරු කීම හේතුවෙන් බුද්ධිමත් මනුෂ්‍යයින් ගේ ගර්හාවට ලක්වෙනවා. බොරු කීම හේතුවෙන් කය බිඳී මරණින් මතු දුගතියෙහි ඉපදීම කැමති වෙන්න වෙනවා. එනිසා මේ බොරු කීම කියන දෙය ම යි සංයෝජනය. ඕක ම යි නීවරණය. බොරු කීම හේතුවෙන් යම් දුක් පීඩා ඇතිවෙන කෙලෙස් හටගන්නවා නම්, බොරු කීමෙන් වැළකී සිටින කෙනෙකුට ඒ දුක් පීඩා ඇති වෙන කෙලෙස් නෑ. අන්න ඒ නිස යි, 'සත්‍ය වචනය භාවිතා කිරීමෙන් බොරු කීම ප්‍රහාණය කළ යුතුයි' කියා ඔය කරුණ පැවසුවේ.

පින්වත් ගෘහපතිය, 'කේලාම් නො කීම භාවිතා කිරීමෙන්, කේලාම් කීම ප්‍රහාණය කළ යුතුයි' කියා ඔය කරුණ පැවසුවා. ඒ පවසන ලද්දේ කුමක් හේතු කරගෙන ද? පින්වත් ගෘහපතිය, ආර්ය ශ්‍රාවකයා මෙන්න මෙහෙම නුවණින් මෙනෙහි කරනවා. 'යම් කෙලෙස් බැඳීමක් හේතු කරගෙන මා කේලාම් කියන කෙනෙක් වෙනවා නම්, ඒ කෙලෙස් බැඳීම ප්‍රහාණය කිරීම පිණිස, සමුච්ඡේදය පිණිස මං ප්‍රතිපත්තියෙන් යුක්ත වෙනවා. මම කේලාම් කියන කෙනෙක් වුනොත්, කේලාම් කීම හේතුවෙන් මගේ හදවත මට දොස් කියනවා. කේලාම්

කීම හේතුවෙන් බුද්ධිමත් මනුෂ්‍යයින් ගේ ගර්හාවට ලක්වෙනවා. කේළාම් කීම හේතුවෙන් කය බිඳී මරණින් මතු දුගතියෙහි ඉපදීම කැමති වෙන්න වෙනවා. එනිසා මේ කේළාම් කීම කියන දෙය ම යි සංයෝජනය. ඕක ම යි නීවරණය. කේළාම් කීම හේතුවෙන් යම් දුක් පීඩා ඇතිවෙන කෙලෙස් හටගන්නවා නම්, කේළාම් කීමෙන් වැළකී සිටින කෙනෙකුට ඒ දුක් පීඩා ඇති වෙන කෙලෙස් නෑ. අන්න ඒ නිස යි, 'කේළාම් නො කීම භාවිතා කිරීමෙන්, කේළාම් කීම ප්‍රහාණය කළ යුතුයි' කියා ඔය කරුණ පැවසුවේ.

පින්වත් ගෘහපතිය, 'ගිජු ලෝභය නැතිකම භාවිතා කිරීමෙන්, ගිජු ලෝභය ප්‍රහාණය කළ යුතුයි' කියා ඔය කරුණ පැවසුවා. ඒ පවසන ලද්දේ කුමක් හේතු කරගෙන ද? පින්වත් ගෘහපතිය, ආර්‍ය ශ්‍රාවකයා මෙන්න මෙහෙම නුවණින් මෙනෙහි කරනවා. 'යම් කෙලෙස් බැඳීමක් හේතු කරගෙන මා ගිජු ලෝභය ඇති කෙනෙක් වෙනවා නම්, ඒ කෙලෙස් බැඳීම ප්‍රහාණය කිරීම පිණිස, සමුච්ඡේදය පිණිස මං ප්‍රතිපත්තියෙන් යුක්ත වෙනවා. මම ගිජු ලෝභය ඇති කෙනෙක් වුනොත්, ගිජු ලෝභය හේතුවෙන් මගේ හදවත මට දොස් කියනවා. ගිජු ලෝභය හේතුවෙන් බුද්ධිමත් මනුෂ්‍යයින් ගේ ගර්හාවට ලක්වෙනවා. ගිජු ලෝභය හේතුවෙන් කය බිඳී මරණින් මතු දුගතියෙහි ඉපදීම කැමති වෙන්න වෙනවා. එනිසා මේ ගිජු ලෝභය කියන දෙය ම යි සංයෝජනය. ඕක ම යි නීවරණය. ගිජු ලෝභය හේතුවෙන් යම් දුක් පීඩා ඇතිවෙන කෙලෙස් හටගන්නවා නම්, ගිජු ලෝභයෙන් වැළකී සිටින කෙනෙකුට ඒ දුක් පීඩා ඇති වෙන කෙලෙස් නෑ. අන්න ඒ නිස යි 'ගිජු ලෝභය නැතිකම භාවිතා කිරීමෙන්, ගිජු ලෝභය ප්‍රහාණය කළ යුතුයි' කියා ඔය කරුණ පැවසුවේ.

පින්වත් ගෘහපතිය, 'නින්දා අපහාස නො කිරීම භාවිතා කිරීමෙන්, නින්දා අපහාස ප්‍රහාණය කළ යුතුයි' කියා ඔය කරුණ පැවසුවා. ඒ පවසන ලද්දේ කුමක් හේතු කරගෙන ද? පින්වත් ගෘහපතිය, ආර්‍ය ශ්‍රාවකයා මෙන්න මෙහෙම නුවණින් මෙනෙහි කරනවා. 'යම් කෙලෙස් බැඳීමක් හේතු කරගෙන මා නින්දා අපහාස කරන කෙනෙක් වෙනවා නම්, ඒ කෙලෙස් බැඳීම ප්‍රහාණය කිරීම පිණිස, සමුච්ඡේදය පිණිස මං ප්‍රතිපත්තියෙන් යුක්ත වෙනවා. මම නින්දා අපහාස කරන කෙනෙක් වුනොත්, නින්දා අපහාස කිරීම හේතුවෙන් මගේ හදවත මට දොස් කියනවා. නින්දා අපහාස කිරීම හේතුවෙන් බුද්ධිමත් මනුෂ්‍යයින් ගේ ගර්හාවට ලක්වෙනවා. නින්දා අපහාස කිරීම හේතුවෙන් කය බිඳී මරණින් මතු දුගතියෙහි ඉපදීම කැමති වෙන්න වෙනවා. එනිසා මේ නින්දා අපහාස කිරීම කියන දෙය ම යි සංයෝජනය. ඕක ම යි නීවරණය. නින්දා අපහාස කිරීම හේතුවෙන් යම් දුක් පීඩා ඇතිවෙන කෙලෙස් හටගන්නවා නම්, නින්දා අපහාස කිරීමෙන් වැළකී සිටින කෙනෙකුට ඒ දුක් පීඩා ඇති වෙන

කෙලෙස් නෑ. අන්න ඒ නිස යි, 'නින්දා අපහාස නො කිරීම භාවිතා කිරීමෙන්, නින්දා අපහාස ප්‍රහාණය කළ යුතුයි' කියා ඔය කරුණ පැවසුවේ.

පින්වත් ගෘහපතිය, 'ක්‍රෝධ උපායාස නො කිරීම භාවිතා කිරීමෙන්, ක්‍රෝධ උපායාස ප්‍රහාණය කළ යුතුයි' කියා ඔය කරුණ පැවසුවා. ඒ පවසන ලද්දේ කුමක් හේතු කරගෙන ද? පින්වත් ගෘහපතිය, ආර්ය ශ්‍රාවකයා මෙන්න මෙහෙම නුවණින් මෙනෙහි කරනවා. 'යම් කෙලෙස් බැඳීමක් හේතු කරගෙන මා ක්‍රෝධ උපායාස කරන කෙනෙක් වෙනවා නම්, ඒ කෙලෙස් බැඳීම ප්‍රහාණය කිරීම පිණිස, සමුච්ඡේදය පිණිස මං ප්‍රතිපත්තියෙන් යුක්ත වෙනවා. මම ක්‍රෝධ උපායාස කරන කෙනෙක් වුනොත්, ක්‍රෝධ උපායාස කිරීම හේතුවෙන් මගේ හදවත මට දොස් කියනවා. ක්‍රෝධ උපායාස කිරීම හේතුවෙන් බුද්ධිමත් මනුෂ්‍යයින් ගේ ගර්හාවට ලක්වෙනවා. ක්‍රෝධ උපායාස කිරීම හේතුවෙන් කය බිඳී මරණින් මතු දුගතියෙහි ඉපදීම කැමති වෙන්න වෙනවා. එනිසා මේ ක්‍රෝධ උපායාස කිරීම කියන දෙය ම යි සංයෝජනය. ඕක ම යි නීවරණය. ක්‍රෝධ උපායාස කිරීම හේතුවෙන් යම් දුක් පීඩා ඇතිවෙන කෙලෙස් හටගන්නවා නම්, ක්‍රෝධ උපායාස කිරීමෙන් වැළකී සිටින කෙනෙකුට ඒ දුක් පීඩා ඇති වෙන කෙලෙස් නෑ. අන්න ඒ නිස යි, 'ක්‍රෝධ උපායාස නො කිරීම භාවිතා කිරීමෙන්, ක්‍රෝධ උපායාස ප්‍රහාණය කළ යුතුයි' කියා ඔය කරුණ පැවසුවේ.

පින්වත් ගෘහපතිය, 'නිහතමානීකම භාවිතා කිරීමෙන්, අතිමානය ප්‍රහාණය කළ යුතුයි' කියා ඔය කරුණ පැවසුවා. ඒ පවසන ලද්දේ කුමක් හේතු කරගෙන ද? පින්වත් ගෘහපතිය, ආර්ය ශ්‍රාවකයා මෙන්න මෙහෙම නුවණින් මෙනෙහි කරනවා. 'යම් කෙලෙස් බැඳීමක් හේතු කරගෙන මා අතිමානී කෙනෙක් වෙනවා නම්, ඒ කෙලෙස් බැඳීම ප්‍රහාණය කිරීම පිණිස, සමුච්ඡේදය පිණිස මං ප්‍රතිපත්තියෙන් යුක්ත වෙනවා. මම අතිමානී කෙනෙක් වුනොත්, අතිමානය හේතුවෙන් මගේ හදවත මට දොස් කියනවා. අතිමානය හේතුවෙන් බුද්ධිමත් මනුෂ්‍යයින් ගේ ගර්හාවට ලක්වෙනවා. අතිමානය හේතුවෙන් කය බිඳී මරණින් මතු දුගතියෙහි ඉපදීම කැමති වෙන්න වෙනවා. එනිසා මේ අතිමානය කියන දෙය ම යි සංයෝජනය. ඕක ම යි නීවරණය. අතිමානය හේතුවෙන් යම් දුක් පීඩා ඇතිවෙන කෙලෙස් හටගන්නවා නම්, අතිමානයෙන් වැළකී සිටින කෙනෙකුට ඒ දුක් පීඩා ඇති වෙන කෙලෙස් නෑ. අන්න ඒ නිසා 'නිහතමානීකම භාවිතා කිරීමෙන්, අතිමානය ප්‍රහාණය කළ යුතුයි' කියා ඔය කරුණ පැවසුවේ.

පින්වත් ගෘහපතිය, ව්‍යවහාර සමුච්ඡේදය පිණිස පවතින ඔය ධර්ම අට සංක්ෂේපයෙනුත් පැවසුවා. විස්තර වශයෙනුත් විග්‍රහ කළා. නමුත්, ඔපමණකින්

ආර්ය විනයෙහි සියලු අයුරින්, සියලු ලෙසින් ම, සියලු ම ව්‍යවහාර සමුච්ඡේදය වන්නේ නැහැ."

"ස්වාමීනී, භාග්‍යවතුන් වහන්සේ ආර්ය විනයෙහි සියලු අයුරින්, සියලු ලෙසින් ම, සියලු ම ව්‍යවහාරය මුලින් ම සිඳලීම පිණිස පවතිනවා ද. ස්වාමීනී, භාග්‍යවතුන් වහන්සේ ආර්ය විනයෙහි සියලු අයුරින්, සියලු ලෙසින් ම, සියලු ම ව්‍යවහාරය මුලින් ම සිඳලීමට හේතු වන ආකාරයෙන් මට දහම් දෙසන සේක්වා!"

"එසේ වී නම් පින්වත් ගෘහපතිය, සවන් යොමා අසන්න. මැනවින් නුවණින් විමසන්න. මා කියා දෙන්නම්."

"එසේ ය ස්වාමීනී" කියා පෝතලිය ගෘහපතියා භාග්‍යවතුන් වහන්සේට පැවසුවා. භාග්‍යවතුන් වහන්සේ මෙය වදාළා.

"පින්වත් ගෘහපතිය, කුසගින්න නිසා ම දුර්වල ව පීඩිත වූ බල්ලෙක් ඉන්නවා. ඔහු ගවයන් මරණ ස්ථානයකට පැමිණෙනවා. එතකොට ගව ඝාතකයෙක් හෝ ගව ඝාතක අතවැසියෙක් හෝ හොඳින් ඉවත් කළ මස් ඇති, ලේ වැකී ගිය ඇටකැබැල්ලක් අර බල්ලා වෙතට දමනවා. ගෘහපතිය, ඒ ගැන ඔබ කුමක් ද හිතන්නෙ? ඒ බල්ලා මස් රහිත වූ, ලේ වැකුණු ඒ ඇට කැබැල්ල ලෙවමින් සිටින විට ඔහු ගේ කුසගින්න හා දුර්වලබව නැති වී යනවා ද?"

"ස්වාමීනී, එහෙම නැති වෙන්නෙ නෑ."

"එයට හේතුව කුමක් ද?"

"ස්වාමීනී, ඒ ඇට කැබැල්ල මස් ඉවත් කළ එකක්. මස් රහිත වූ ලේ වැකුණු එකක්. ඒ හේතුවෙන් ඒ බල්ලා තවත් ක්ලාන්ත වෙලා වෙහෙසට පත් වීම විතරයි උරුම කරගන්නේ."

"පින්වත් ගෘහපතිය, ආර්ය ශ්‍රාවකයා නුවණින් කල්පනා කරන්නෙත් ඔය ආකාරයට යි. එනම්, කාමයන් ගැන භාග්‍යවතුන් වහන්සේ වදාරණ ලද්දේ ඇට කැබැල්ලක් උපමා කරලයි. බොහෝ දුක් තියෙනවා. බොහෝ පීඩා තියෙනවා. කාමයන් තුළ බොහෝ ආදීනව තියෙනව කියල යි. මේ ආකාරයෙන් කාමයන් තුළ පවත්නා යථා ස්වභාවය දැකල නා නා ස්වභාව යුතු, නා නා අරමුණු ඇසුරු කළ යම් උපේක්ෂාවක් ඇද්ද, ඒ උපේක්ෂාව දුරු කොට යම් එකඟ වූ ස්වභාවයකින් යුතු එක අරමුණක පිහිටි උපේක්ෂාවක් ඇද්ද, ඒ ධ්‍යාන උපේක්ෂාවේ සිත පිහිටුවා ගන්නවා. එතනදි සර්වප්‍රකාරයෙන් ම පංච කාම

ගුණයන්ට ග්‍රහණය වීම ඉතුරු නැතිව නිරුද්ධ වෙලා යනවා. ඒ උපේක්ෂාවේ ම සිත වැඩෙනවා."

"පින්වත් ගෘහපතිය, ගිජු ලිහිණියෙක් වේවා, උකුස්සෙක් වේවා, ලිහිණියෙක් වේවා, මස් වැදැල්ලක් ගෙන අහසේ පියාසලා යනවා. එතකොට අනෙක් ගිජුලිහිණියෝ, උකුස්සෝ, ලිහිණියෝ අර සතාව ලුහු බඳිමින් කොටනවා. මස් වැදැල්ල අත්හරවන්න හදනවා. පින්වත් ගෘහපතිය, ඒ ගැන කුමක්ද සිතන්නෙ? ඉදින් ඒ ගිජුලිහිණියා හෝ උකුස්සා හෝ ලිහිණියා හෝ ඒ මස් වැදැල්ල ඉක්මනින් අත් නො හැරියොත් ඒ හේතුවෙන් ඒ සතා මරණයට හෝ මාරාන්තික දුකකට හෝ පත් වෙනවා නේද?"

"එසේය, ස්වාමීනී"

"පින්වත් ගෘහපතිය, ආර්ය ශ්‍රාවකයා නුවණින් කල්පනා කරන්නෙත් ඔය ආකාරයට යි. එනම්, කාමයන් ගැන භාග්‍යවතුන් වහන්සේ වදාරණ ලද්දේ මස් වැදැල්ලක් උපමා කරලයි. බොහෝ දුක් තියෙනවා. බොහෝ පීඩා තියෙනවා. කාමයන් තුළ බොහෝ ආදීනව තියෙනව කියලයි. මේ ආකාරයෙන් කාමයන් තුළ පවත්නා යථා ස්වභාවය දැකල නා නා ස්වභාව යුතු, නා නා අරමුණු ඇසුරු කළ යම් උපේක්ෂාවක් ඇද්ද, ඒ උපේක්ෂාව දුරු කොට යම් එකඟ වූ ස්වභාවයකින් යුතු එක අරමුණක පිහිටි උපේක්ෂාවක් ඇද්ද, ඒ ධ්‍යාන උපේක්ෂාවේ සිත පිහිටුවා ගන්නවා. එතනදි සර්වප්‍රකාරයෙන් ම පංච කාම ගුණයන්ට ග්‍රහණය වීම ඉතුරු නැතිව නිරුද්ධ වෙලා යනවා. ඒ උපේක්ෂාවේ ම සිත වැඩෙනවා.

පින්වත් ගෘහපතිය, පුරුෂයෙක් ගිනි ඇවිලී ගිය තණ හුලක් අරගෙන, හුළඟ එන දිශාවට යනවා. පින්වත් ගෘහපතිය, ඒ ගැන කුමක්ද සිතන්නෙ? ඉදින් ඒ පුරුෂයා ඒ ගිනි ඇවිලෙන තණ හුල ඉක්මනින් ම අත් නො හැරියොත්, ඒ ඇවිලගත් තණ හුල විසින් ඔහු ගේ අත හෝ දවනවා. බාහුව හෝ දවනවා. වෙනත් ශරීර අවයවයක් හෝ දවනවා. ඒ හේතුවෙන් මරණයට හෝ පත්වෙනවා. මරණ මාත්‍ර දුකකට හෝ පත්වෙනවා නේද?"

"එසේය, ස්වාමීනී"

"පින්වත් ගෘහපතිය, ආර්ය ශ්‍රාවකයා නුවණින් කල්පනා කරන්නෙත් ඔය ආකාරයට යි. එනම්, කාමයන් ගැන භාග්‍යවතුන් වහන්සේ වදාරණ ලද්දේ ඇවිලගත් තණ හුලක් උපමා කරලයි. බොහෝ දුක් තියෙනවා. බොහෝ පීඩා තියෙනවා. කාමයන් තුළ බොහෝ ආදීනව තියෙනව කියල යි. මේ ආකාරයෙන්

කාමයන් තුළ පවත්නා යථා ස්වභාවය දැකල නා නා ස්වභාව යුතු, නා නා අරමුණු ඇසුරු කළ යම් උපේක්ෂාවක් ඇද්ද, ඒ උපේක්ෂාව දුරු කොට යම් එකඟ වූ ස්වභාවයකින් යුතු එක අරමුණක පිහිටි උපේක්ෂාවක් ඇද්ද, ඒ ධ්‍යාන උපේක්ෂාවේ සිත පිහිටුවා ගන්නවා. එතනදි සර්වප්‍රකාරයෙන් ම පංච කාම ගුණයන්ට ග්‍රහණය වීම ඉතුරු නැතිව නිරුද්ධ වෙලා යනවා. ඒ උපේක්ෂාවේ ම සිත වැඩෙනවා.

පින්වත් ගෘහපතිය, පුරුෂයෙකු ගේ ප්‍රමාණයටත් වඩා අධික වූ, සිළු රහිත, දුම් රහිත ගිනි අඟුරු වළක් තියෙනවා. ඔතනට ජීවිතය කැමති මැරෙන්නට අකමැති, සැප කැමති දුක පිළිකුල් කරන පුරුෂයෙක් එනවා. එතකොට බලවත් පුරුෂයන් දෙදෙනෙක් ඇවිදින් වෙන වෙන ම අත් වලින් ඇද ගෙන අර පුරුෂයාව අඟුරු වළට ගෙනියන්න හදනවා. පින්වත් ගෘහපතිය, ඒ ගැන කුමක්ද හිතන්නෙ? ඒ පුරුෂයා තම ශරීරය අර අඟුරු වළට වැටෙන්නට නො දී, එයින් මුදවා ගන්නට දඟලනවා නේ ද?"

"එසේය, ස්වාමීනී"

"එයට හේතුව කුමක්ද?"

"ස්වාමීනී, 'යම් හෙයකින් මම මේ අඟුරු වළට වැටුනොත් නම්, ඒ හේතුවෙන් මරණයට පත් වේවි. එක්කො මාරාන්තික දුකකට පත්වේවි' කියන කරුණ ඒ පුරුෂයා දන්න නිසයි."

"පින්වත් ගෘහපතිය, ආර්ය ශ්‍රාවකයා නුවණින් කල්පනා කරන්නෙත් ඔය ආකාරයට යි. එනම්, කාමයන් ගැන භාග්‍යවතුන් වහන්සේ වදාරණ ලද්දේ ගිනි අඟුරු වළකට උපමා කරල යි. බොහෝ දුක් තියෙනවා. බොහෝ පීඩා තියෙනවා. කාමයන් තුළ බොහෝ ආදීනව තියෙනවා කියලයි. මේ ආකාරයෙන් කාමයන් තුළ පවත්නා යථා ස්වභාවය දැකල නා නා ස්වභාව යුතු, නා නා අරමුණු ඇසුරු කළ යම් උපේක්ෂාවක් ඇද්ද, ඒ උපේක්ෂාව දුරු කොට යම් එකඟ වූ ස්වභාවයකින් යුතු එක අරමුණක පිහිටි උපේක්ෂාවක් ඇද්ද, ඒ ධ්‍යාන උපේක්ෂාවේ සිත පිහිටුවා ගන්නවා. එතනදි සර්වප්‍රකාරයෙන් ම පංච කාම ගුණයන්ට ග්‍රහණය වීම ඉතුරු නැතිව නිරුද්ධ වෙලා යනවා. ඒ උපේක්ෂාවේ ම සිත වැඩෙනවා.

පින්වත් ගෘහපතිය, පුරුෂයෙක් සිහිනයක් දකිනවා. ඉතාමත් ලස්සන, රමණීය වනයක, රමණීය භූමි භාගයක, පැන් පොකුණින් සුන්දර වූ භූමි භාගයක සිටින ලස්සන සිහිනයක් දකිනවා. ඉතින් ඔහු නින්දෙන් අවදි වෙනවා. එතකොට සිහිනෙන් දුටු කිසිවක් නැහැ.

පින්වත් ගෘහපතිය, ආර්ය ශ්‍රාවකයා නුවණින් කල්පනා කරන්නෙත් ඔය ආකාරයට යි. එනම්, කාමයන් ගැන භාග්‍යවතුන් වහන්සේ වදාරණ ලද්දේ සිහිනයක් උපමා කරලයි. බොහෝ දුක් තියෙනවා. බොහෝ පීඩා තියෙනවා. කාමයන් තුළ බොහෝ ආදීනව තියෙනවා කියල යි. මේ ආකාරයෙන් කාමයන් තුළ පවත්නා යථා ස්වභාවය දකල නා නා ස්වභාව යුතු, නා නා අරමුණු ඇසුරු කළ යම් උපේක්ෂාවක් ඇද්ද, ඒ උපේක්ෂාව දුරු කොට යම් එකඟ වූ ස්වභාවයකින් යුතු එක අරමුණක පිහිටි උපේක්ෂාවක් ඇද්ද, ඒ ධ්‍යාන උපේක්ෂාවේ සිත පිහිටුවා ගන්නවා. එතනදි සර්වප්‍රකාරයෙන් ම පංච කාම ගුණයන්ට ග්‍රහණය වීම ඉතුරු නැතිව නිරුද්ධ වෙලා යනවා. ඒ උපේක්ෂාවේ ම සිත වැඩෙනවා.

පින්වත් ගෘහපතිය, පුරුෂයෙක් යම්කිසි යානයක් හෝ උතුම් මිණි කොඬොල් අබරණ හෝ එබඳු සම්පත්තියක් අනුන් ගෙන් ඉල්ලාගන්නවා. ඉතින් ඔහු ඒවායින් සැරසී සෙනඟ පිරිවරාගෙන කඩපිල මැදින් ගමන් කරනවා. මේ පුද්ගලයාව දකින ජනතාව මෙහෙම කියනවා. "භවත්නි, මොහු මහා සම්පත් ඇති පුරුෂයෙක් නෙව. මහා භෝග පරිහරණය කරන පුරුෂයෙක් නෙව" කියල. නමුත් ඒ බඩු භාණ්ඩ වල හිමිකාරයා අර පුද්ගලයාව යම් තැනක දී දකිනවා ද, එතන දී ම තමන් දුන් බඩු භාණ්ඩ ආපසු ඉල්ලගන්නවා. පින්වත් ගෘහපතිය, මේ ගැන ඔබ කුමක් ද සිතන්නේ? එතකොට අර පුරුෂයා තුළ යම් කිසි වෙනස් කමක් ඇතිවෙනවා නො වේද?" "එසේය ස්වාමීනී" "එයට හේතුව කිම?" "ස්වාමීනී, ඒ අර භාණ්ඩ හිමිකාරයා තමන් ගේ වස්තුව නැවත ලබා ගන්නා නිස යි." "පින්වත් ගෘහපතිය, ආර්ය ශ්‍රවකයා ඔය ආකාරයෙන් ම යි කාමයන් ගැන නුවණින් විමසන්නේ. ඒ කියන්නේ භාග්‍යවතුන් වහන්සේ වදාළේ කාමයන් ණයට ගත් සම්පත් වැනි බව යි. බොහෝ දුක් ඇති බව යි. බොහෝ පීඩා ඇති බව යි. කාමයන් තුළ බොහෝ ආදීනව තිබෙන බව යි. මේ ආකාරයෙන් කාමයන් තුළ පවත්නා යථා ස්වභාවය දකල නා නා ස්වභාව යුතු, නා නා අරමුණු ඇසුරු කළ යම් උපේක්ෂාවක් ඇද්ද, ඒ උපේක්ෂාව දුරු කොට යම් එකඟ වූ ස්වභාවයකින් යුතු එක අරමුණක පිහිටි උපේක්ෂාවක් ඇද්ද, ඒ ධ්‍යාන උපේක්ෂාවේ සිත පිහිටුවා ගන්නවා. එතනදි සර්වප්‍රකාරයෙන් ම පංච කාම ගුණයන්ට ග්‍රහණය වීම ඉතුරු නැතිව නිරුද්ධ වෙලා යනවා. ඒ උපේක්ෂාවේ ම සිත වැඩෙනවා.

ඒ වගේ ම පින්වත් ගෘහපතිය, යම්කිසි ගමක් හෝ නියම්ගමක් හෝ අසල ඝන වන ලැහැබක් තියෙනවා. ඒ වනයෙහි මධුර ඵල ඇති, බොහෝ ඵල ඇති වෘක්ෂයක් තියෙනවා. ඒ වෘක්ෂයේ ගෙඩි බිම වැටිල නෑ. එතකොට පළතුරු

වලින් ප්‍රයෝජන ඇති පුරුෂයෙක් පළතුරු සොය සොයා පැමිණෙනවා. ඔහු ඒ වනයට පිවිස, අර මධුර ඵල ඇති, බොහෝ ඵල ඇති වෘක්ෂය දකිනවා. ඔහුට මෙහෙම සිතෙනවා. 'මේ වෘක්ෂය මධුර ඵල ඇති, බොහෝ ඵල ඇති රුකක්. පළතුරු බිම වැටිල ත් නෑ. මා ගස් නගින්නට ත් දන්නවා. මා මේ රුකට නැගී ඇතිවන තුරු අනුභව කරනවා නම්, ඔඩොක්කුවේ පුරවා ගන්නවා නම් තමයි හොඳ' කියල ඔහු ඒ වෘක්ෂයට නගිනවා. ඇතිවන තුරු අනුභව කරනවා. ඔඩොක්කුවෙහි පුරවා ගන්නවා. එතකොට පළතුරු සොයමින් යන තව පුද්ගලයෙක් තියුණු කෙටේරියකුත් අරගෙන එනවා. ඔහුත් ඒ වනයට පිවිසෙනවා. මධුර ඵල ඇති, බොහෝ ඵල ඇති ඒ වෘක්ෂය ඔහුට ත් දකින්ට ලැබෙනවා. ඔහු මෙහෙම සිතනවා. 'මෙය මධුර ඵල ඇති, බොහෝ ඵල ඇති වෘක්ෂයක්. පළතුරු බිම වැටිලත් නෑ. මා ගස් නගින්නට දන්නෙ ත් නැහැ. එනිසා මා මේ වෘක්ෂය මුලින් ම සිඳිනවා. එතකොට මේ වෘක්ෂයේ පළතුරු ඇති තරම් කන්නට ත් පුළුවනි. ඔඩොක්කුවේ පුරවා ගන්නටත් පුළුවනි.' ඉතින් ඒ පුද්ගලයා ඒ වෘක්ෂය මුලින් සිඳිනවා.

පින්වත් ගෘහපතිය, මේ ගැන ඔබ කුමක් ද සිතන්නේ? කලින් වෘක්ෂයට නැගුණු පුද්ගලයෙක් ඉන්නවා. ඔහු ඉක්මනින් ම එම රුකෙන් නො බැස්සොත්, ඒ රුක කඩාවැටෙද්දි ඔහු ගේ අත හෝ බිඳෙනවා. පය හෝ බිඳෙනවා. ශරීරයේ වෙන අවයවයක් හෝ කැඩී බිඳී යනවා. ඒ හේතුවෙන් එක්කෝ මරණයට පත් වෙනවා. මරණමාත්‍ර දුක්ඛයකට පත්වෙනවා නේද?" "එසේය, ස්වාමීනී"

"පින්වත් ගෘහපතිය, ආර්ය ශ්‍රාවකයා නුවණින් කල්පනා කරන්නෙත් ඔය ආකාරයට යි. එනම්, කාමයන් ගැන භාග්‍යවතුන් වහන්සේ වදාරණ ලද්දේ රුක්ඵලයකට උපමා කරල යි. බොහෝ දුක් තියෙනවා. බොහෝ පීඩා තියෙනවා. කාමයන් තුළ බොහෝ ආදීනව තියෙනව කියලයි. මේ ආකාරයෙන් කාමයන් තුළ පවත්නා යථා ස්වභාවය දැකල නා නා ස්වභාව යුතු, නා නා අරමුණු ඇසුරු කළ යම් උපේක්ෂාවක් ඇද්ද, ඒ උපේක්ෂාව දුරු කොට යම් එකග වූ ස්වභාවයකින් යුතු එක අරමුණක පිහිටි උපේක්ෂාවක් ඇද්ද, ඒ ධ්‍යාන උපේක්ෂාවේ සිත පිහිටුවා ගන්නවා. එතනදි සර්වප්‍රකාරයෙන් ම පංච කාම ගුණයන්ට ග්‍රහණය වීම ඉතුරු නැතිව නිරුද්ධ වෙලා යනවා. ඒ උපේක්ෂාවේ ම සිත වැඩෙනවා.

පින්වත් ගෘහපතිය, ඒ ආර්ය ශ්‍රාවකයා මේ අනුත්තර වූ උපේක්ෂාවෙන් යුතු සතිපාරිශුද්ධියට පැමිණ, කලින් ගෙවන ලද්දා වූ ජීවිත පිළිබඳ නන් වැදෑරුම් ආත්ම භාවයන් සිහි කරනවා. ඒ කියන්නේ, එක ජාතියක්, ජාති දෙකක්, ජාති තුනක් ....(පෙ).... ඔය ආකාරයෙන් කරුණු සහිතව, විශේෂ අවස්ථා

සහිතව කලින් ගෙවන ලද්දා වූ ජීවිත පිළිබඳ නන් වැදෑරුම් ආත්ම භාවයන් සිහි කරනවා.

ඒ වගේ ම පින්වත් ගෘහපතිය, ඒ ආර්ය ශ්‍රාවකයා මේ අනුත්තර වූ උපේක්ෂාවෙන් යුතු සතිපාරිශුද්ධියට පැමිණ, සාමාන්‍ය මිනිස් හැකියාව ඉක්මවා ගිය දිව්‍ය ඇසින් චුතවෙන උපදින සත්වයන් දකිනවා. හීන, උසස්, පැහැපත්, දුර්වර්ණ, සුගති, දුගති යන ස්වභාවයෙන් යුතුව කළ කම් පල දෙමින් සිටින සත්වයන් දකිනවා.

ඒ වගේ ම පින්වත් ගෘහපතිය, ඒ ආර්ය ශ්‍රාවකයා මේ අනුත්තර වූ උපේක්ෂාවෙන් යුතු සතිපාරිශුද්ධියට පැමිණ, ආශ්‍රවයන් ක්ෂය කිරීමෙන් අනාශ්‍රව වූ චිත්ත විමුක්තිය ත්, ප්‍රඥා විමුක්තිය ත් මේ ජීවිතය තුළ දී ම තමා තුළ උපදවා ගත් විශිෂ්ඨ ඤාණයෙන් යුතුව සාක්ෂාත් කොට එයට පැමිණ වාසය කරනවා.

පින්වත් ගෘහපතිය, මෙපමණකින් ම ආර්ය විනයෙහි සියල්ලෙන් සියල්ල ම සර්වප්‍රකාරයෙන් සියලුම ව්‍යවහාරයන් සමුච්ඡේද වෙලා යනවා. පින්වත් ගෘහපතිය, මේ ගැන ඔබ කුමක් ද සිතන්නේ? ආර්ය විනයෙහි යම් ආකාරයකින් සියල්ලෙන් සියල්ල ම සර්වප්‍රකාරයෙන් සියලුම ව්‍යවහාරයන් සමුච්ඡේද වී යයි ද, එබඳු ව්‍යවහාර සමුච්ඡේදයක් ඔබ තුළ දකිනවා ද?"

"අනේ, ස්වාමීනී, මා කවුද? ආර්ය විනයෙහි සියල්ලෙන් සියල්ල ම සර්වප්‍රකාරයෙන් සියලුම ව්‍යවහාරයන් සමුච්ඡේදය කුමක්ද? ස්වාමීනී, මා ආර්ය විනයෙහි දක්වෙන සියල්ලෙන් සියල්ල ම සර්වප්‍රකාරයෙන් සියලුම ව්‍යවහාරයන් සමුච්ඡේදයෙන් අහසට පොළොව සේ දුරු වූ කෙනෙක්.

ස්වාමීනී, ඉස්සර අපි මේවා නො දැන සිටින්නා වූ අන්‍යාගමික සංචාරක තවුසන්, මේවා දන්නවා කියල යි සිතා ගෙන සිටියේ. මේවා නො දැන සිටින්නා වූ ඔවුන් ව තමයි, මේවා දැනගත්තවුන් විසින් වැළඳිය යුතු බොජුන් වැළඳෙව්වේ. මේවා නො දැන සිටින්නා වූ ඔවුන් ව තමයි, මේවා දැනගත්තවුන් විසින් සිටිය යුතු තන්හි තැබ්බෙව්වේ.

ඒ වගේ ම ස්වාමීනී, ඉස්සර අපි, මේවා දැන සිටින්නා වූ භික්ෂූන් වහන්සේලා මේවා නො දැන සිටිනවා කියල යි සිතා ගෙන සිටියේ. මේවා දැන සිටින්නා වූ භික්ෂූන් වහන්සේලා සිටිය දී තමයි, මේවා නො දන්නා වූ තවුසන්ට දැනගත්තවුන් විසින් වැළඳිය යුතු බොජුන් වැළඳෙව්වේ. මේවා දැන සිටින්නා වූ භික්ෂූන් වහන්සේලා සිටිය දී තමයි, මේවා නො දන්නා වූ තවුසන්ව දැනගත්තවුන් විසින් සිටිය යුතු තන්හි තැබ්බෙව්වේ.

ස්වාමීනී, නමුත් දැන් අපි, මේවා නො දන්නා වූ අන්‍යාගමික පැවිද්දන්, මේවා නො දන්නා පිරිසක් බව දන්නවා. එතකොට මේවා නො දන්නා වූ පැවිද්දන්ට වළඳවන්නේ, ඔවුන් නො දන්නා පිරිසක් බව දැනගෙන යි. මේවා නො දන්නා වූ පැවිද්දන්ට ඒ ඒ ස්ථානයන් හි තබ්බවන්නේ, ඔවුන් නො දන්නා පිරිසක් බව දැනගෙන යි.

ඒ වගේ ම ස්වාමීනී, මේවා දන්නා වූ භික්ෂූන් වහන්සේලා, මේවා දන්නා පිරිසක් ම බව දැන් අපි දන්නවා. එතකොට මේවා දන්නා වූ භික්ෂූන් වහන්සේලාව අප විසින් වළඳවන්නේ, උන්වහන්සේලා මේවා දැනගත්තවුන් විසින් වැළඳවිය යුතු දේට සුදුසු නිස යි. මේවා දන්නා වූ භික්ෂූන් වහන්සේලාව අප විසින් ඒ ඒ ස්ථානයන් හි තබ්බවන්නේ, උන්වහන්සේලා මේවා දැනගත්තවුන් විසින් තැබ්බවිය යුතු දේට සුදුසු නිස යි.

ස්වාමීනී, භාග්‍යවතුන් වහන්සේ ඒකාන්තයෙන් ම මා තුළ ශ්‍රමණයන් වහන්සේලා කෙරෙහි ශ්‍රමණ ප්‍රේමය ඇතිකරවූ සේක. ශ්‍රමණයන් වහන්සේලා කෙරෙහි ශ්‍රමණ ප්‍රසාදය ඇතිකරවූ සේක. ශ්‍රමණයන් වහන්සේලා කෙරෙහි ශ්‍රමණ ගෞරවය ඇතිකරවූ සේක.

පින්වත් ගෞතමයන් වහන්ස, හරි ම සුන්දර යි! පින්වත් ගෞතමයන් වහන්ස, හරි ම සුන්දර යි! පින්වත් ගෞතමයන් වහන්ස, මේ ගැන මට මේ විදිහට යි හිතෙන්නෙ.

යටිකුරු වෙච්ච දෙයක් උඩට හැරෙව්වා වගෙයි. සැඟවෙච්ච දෙයක් විවෘත කළා වගෙයි. මං මුළා වූ කෙනෙකුට මාර්ගය පෙන්වූවා වගෙ යි. අඳුරේ සිටින උදවියට රූප දකින්ට තෙල් පහන් දැල්වවූවා වගෙ යි. ඔන්න ඔය විදියට යි පින්වත් ගෞතමයන් වහන්සේ විසින් නොයෙක් ආකාරයෙන් ශ්‍රී සද්ධර්මය වදාළේ. ඉතින් මාත් පින්වත් ගෞතමයන් වහන්සේව සරණ යනවා. ශ්‍රී සද්ධර්මය ත් සරණ යනවා. ශ්‍රාවක සඟරුවන ත් සරණ යනවා. භාග්‍යවතුන් වහන්සේ අද පටන් දිවි ඇති තුරාවට තෙරුවන් සරණ ගිය උපාසකයෙකු වශයෙන් මාව පිළිගන්නා සේක්වා!"

සාදු! සාදු!! සාදු!!!

පෝතලිය ගෘහපතියාට වදාළ දෙසුම නිමා විය.

2.1.5.
ජීවක සූත්‍රය
කෝමාරභච්ච ජීවක හට වදාළ දෙසුම

මා හට අසන්නට ලැබුනේ මේ විදිහට යි. ඒ දිනවල භාග්‍යවතුන් වහන්සේ වැඩසිටියේ රජගහ නුවර කෝමාරභච්ච ජීවකයන් ගේ අඹ වන උයනේ යි. එදා කෝමාරභච්ච ජීවක භාග්‍යවතුන් වහන්සේ වැඩ සිටි තැනට පැමිණුනා. පැමිණ භාග්‍යවතුන් වහන්සේට ආදරයෙන් වන්දනා කොට එකත්පස්ව වාඩිවුනා. එකත්පස්ව වාඩි වුන කෝමාරභච්ච ජීවක භාග්‍යවතුන් වහන්සේට මෙකරුණ සැළකළා.

"ස්වාමීනී, මට මෙම කාරණය අසන්නට ලැබුනා. ඒ කියන්නේ ශ්‍රමණ ගෞතමයන් වහන්සේ උදෙසා සතුන් මරණවා ලු. ශ්‍රමණ ගෞතමයන් වහන්සේ තමන් උදෙසා සතුන් මරා මස් පිසූ බව දැන දැන, තමන් උදෙසා පිසින ලද මස් වර්ග වළඳනවා ලු. ඉතින් ස්වාමීනී, යම්කිසි කෙනෙක් ඔය විදිහට ප්‍රකාශ කළොත්, ඒ කියන්නේ 'ශ්‍රමණ ගෞතමයන් වහන්සේ උදෙසා සතුන් මරණවා. ශ්‍රමණ ගෞතමයන් වහන්සේ තමන් උදෙසා සතුන් මරා මස් පිසූ බව දැන දැන, තමන් උදෙසා පිසින ලද මස් වර්ග වළඳනවා' කියල. ස්වාමීනී, ඒ ඔවුන් පවසන්නේ භාග්‍යවතුන් වහන්සේ විසින් වදාළ දෙයක් ද? එසේත් නැත්නම් ඔවුන් ගේ ඒ ප්‍රකාශය තුළින් භාග්‍යවතුන් වහන්සේට අභූතයෙන් චෝදනා කිරීමක් සිදු නො වෙනවා ද? එසේත් නැත්නම්, භාග්‍යවතුන් වහන්සේ වදාළ කරුණකට අනුකූල වූ ප්‍රකාශයක් ද? එසේත් නැත්නම්, එම ප්‍රකාශය කරුණු සහිතව සාධාරණ මත ඉදිරිපත් වන විට ගැරහිය යුතු බවට පත් නො වෙනවා ද?"

"පින්වත් ජීවක, යම් කෙනෙක් මෙබඳු ප්‍රකාශයක් කළ හොත්, ඒ කියන්නේ 'ශ්‍රමණ ගෞතමයන් වහන්සේ උදෙසා සතුන් මරණවා. ශ්‍රමණ ගෞතමයන් වහන්සේ තමන් උදෙසා සතුන් මරා මස් පිසූ බව දැන දැන, තමන් උදෙසා පිසින ලද මස් වර්ග වළඳනවා' කියල ඔහු ඒ පවසන්නේ මා විසින් කියන ලද දෙයක් නො වේ. ඒ වගේ ම ඔහු මට අසත්‍ය වූ, අභූත වූ දෙයකින්

චෝදනා කරනවා. පින්වත් ජීවක, මා කරුණු තුනකින් යුක්ත වූ මස් අනුභව නො කිරීම සුදුසු බව යි කියන්නේ. එනම්, තමා උදෙසා මැරූ බව දක්නා ලද්දේ ද, තමා උදෙසා මැරූ බව අසනා ලද්දේ ද, තමා උදෙසා මරණ ලද්දේ දෝ හෝ යි සැක කරන ලද්දේ ද, එය යි. පින්වත් ජීවක, මා මෙම කරුණු තුනෙන් යුක්ත වූ මස් පරිභෝග නො කිරීම සුදුසු බව යි කියන්නේ.

පින්වත් ජීවක, මා කරුණු තුනකින් යුක්ත වූ මස් අනුභව කිරීම සුදුසු බව යි කියනවා. එනම්, තමා උදෙසා මැරූ බව නො දක්නා ලද්දේ ද, තමා උදෙසා මැරූ බව නො අසනා ලද්දේ ද, තමා උදෙසා මරණ ලද්දේ දෝ හෝ යි සැක නො කරන ලද්දේ ද, එය යි. පින්වත් ජීවක, මා මෙම කරුණු තුනෙන් යුක්ත වූ මස් පරිභෝග කිරීම සුදුසු බව යි කියන්නේ.

පින්වත් ජීවක, මෙහිලා භික්ෂුව එක්තරා ගමක් හෝ නියම්ගමක් හෝ ඇසුරු කොට වාසය කරනවා. ඉතින් ඒ භික්ෂුව මෛත්‍රී සහගත සිතින් එක් දිශාවකට පතුරුවා වාසය කරනවා. ඒ අයුරින් ම දෙවෙනි දිශාවට ත්, තුන්වෙනි දිශාවට ත්, සිව්වෙනි දිශාවට ත් පතුරුවා වාසය කරනවා. ඔය අයුරින් උඩ-යට-සරසටත් සියළු ආකාරයෙන් ම, සියළු සත්වයන් කෙරෙහි සකලවිධ ලෝකයට ම විපුල වූ, මහද්ගත වූ, අප්‍රමාණ වූ මෛත්‍රී සහගත සිතින් යුතුව, අවෛරයෙන් යුතුව, අව්‍යාපාදයෙන් යුතුව පතුරුවා වාසය කරනවා.

එතකොට ගෘහපතියෙක් හෝ ගෘහපති පුත්‍රයෙක් හෝ ඒ භික්ෂුවට පසු දින දානයට ආරාධනා කරනවා. ඒ භික්ෂුව එයට කැමැතිව ඒ ඇරයුම පිළි ගන්නවා. ඉන්පසුව ඒ භික්ෂුව ඒ රැය ඇවෑමෙන් පසුදින උදේ වරුවේ සිවුරු හැඳ පොරවා පාත්තරය ද ගෙන එම ගෘහපතියා ගේ හෝ ගෘහපති පුත්‍රයා ගේ නිවසට පැමිණෙනවා. පැමිණ පණවන ලද අසුනෙහි වැඩ සිටිනවා. එතකොට ඒ ගෘහපතියා හෝ ගෘහපති පුත්‍රයා හෝ ප්‍රණීත වූ පිණ්ඩපාතයෙන් වළඳවනවා. අර භික්ෂුවට ඒ ගැන මෙවැනි අදහසක් ඇති වෙන්නේ නෑ. ඒ කියන්නේ, 'මේ ගෘහපතියා හෝ ගෘහපති පුත්‍රයා හෝ ප්‍රණීත පිණ්ඩපාතයකින් මාව වළඳවනවා නම් හොඳයි. අහෝ! ඒකාන්තයෙන් ම මේ ගෘහපතියා හෝ ගෘහපති පුත්‍රයා හෝ ආයෙමත් දවසකත් මේ ආකාර වූ ප්‍රණීත පිණ්ඩපාතයකින් මාව වළඳවනවා නම් තමයි හොඳ' කියා. මෙබඳු අදහසක් ඒ භික්ෂුව තුළ ඇතිවන්නේ නෑ. ඒ භික්ෂුව එම පිණ්ඩපාතයට ඇලුම් නො කොට එහි රසයට මුසපත් නො වී, එහි සිත නො ගැලී, එහි ආදීනව දකිමින්, ඒ කෙරෙහි ඇති ආශාව දුරු වී යන ආකාරයේ ප්‍රඥාවකින් යුතුව ඒ පිණ්ඩපාතය වළඳනවා.

පින්වත් ජීවක, මේ ගැන ඔබ කුමක් ද සිතන්නේ? එතකොට ඒ භික්ෂුව ඒ කාලපරිච්ඡේදයේ දී තමාට හිංසා පිණිස ද සිතන්නේ? එසේත් නැත්නම්,

අනුන්ට හිංසා පිණිස ද සිතන්නේ? එසේත් නැත්නම්, තමාට ත් අනුන්ට ත් හිංසා පිණිස ද සිතන්නේ?"

"ස්වාමීනී, එය එසේ නොවේ ම යි."

"පින්වත් ජීවක, ඒ භික්ෂුව ඒ කාල පරිච්ඡේදයෙහි නිවැරදි වූ ම භෝජනයක් නොවේ ද වළඳන්නේ?"

"ස්වාමීනී, ඒ එසේ ම යි. ස්වාමීනී, මා මෙකරුණත් අසා තිබෙනවා. එනම්, මහා බ්‍රහ්මරාජයා මෛත්‍රී විහරණයෙන් යුක්තයි කියල. ඒ කාරණය අද මා විසින් භාග්‍යවතුන් වහන්සේව දැසින් දැක සාක්ෂි වශයෙන් ම දැකගත්තා. භාග්‍යවතුන් වහන්සේ වනාහී මෛත්‍රී විහරණයෙන් යුතුව වැඩ සිටින සේක."

"පින්වත් ජීවක, යම් රාගයකින්, යම් ද්වේෂයකින්, යම් මෝහයකින් ව්‍යාපාදයක් ඇතිවෙනවා ද, එයට හේතු භූත වන ඒ රාගය ත්, ඒ ද්වේෂය ත්, ඒ මෝහය ත් තථාගතයන් තුළ ප්‍රහාණය වෙල යි තියෙන්නෙ. මුලින් ම උදුරයි තියෙන්නෙ. කරටිය නැසූ තල් ගසක් සෙයින් කරල යි තියෙන්නෙ. එය අභාවයට පමුණුවල යි තියෙන්නෙ. යළි කිසිදා නූපදින ස්වභාවයට පත් කරලයි තියෙන්නෙ. එනිසා පින්වත් ජීවක, ඉතින් ඔබ විසින් ඔය කරුණ මුල් කොට පවසන ලද ඒ ඔබ ගේ බස මා අනුමත කරනවා." "ස්වාමීනී, ඒ කරුණ ම සඳහා ම යි මා එය පවසන ලද්දේ."

"පින්වත් ජීවක, මෙහිලා භික්ෂුව එක්තරා ගමක් හෝ නියම්ගමක් හෝ ඇසුරු කොට වාසය කරනවා. ඉතින් ඒ භික්ෂුව කරුණා සහගත සිතින් ....(පෙ).... මුදිතා සහගත සිතින් ....(පෙ).... උපේක්ෂා සහගත සිතින් එක් දිශාවකට පතුරුවා වාසය කරනවා. ඒ අයුරින් ම දෙවෙනි දිශාවට ත්, තුන්වෙනි දිශාවට ත්, සිව්වෙනි දිශාවට ත් පතුරුවා වාසය කරනවා. ඔය අයුරින් උඩ-යට-සරසට ත් සියළු ආකාරයෙන් ම, සියළු සත්වයන් කෙරෙහි සකලවිධ ලෝකයට ම විපුල වූ, මහද්ගත වූ, අප්‍රමාණ වූ උපේක්ෂා සහගත සිතින් යුතුව, අවෛරයෙන් යුතුව, අව්‍යාපාදයෙන් යුතුව පතුරුවා වාසය කරනවා.

එතකොට ගෘහපතියෙක් හෝ ගෘහපති පුත්‍රයෙක් හෝ ඒ භික්ෂුවට පසු දින දානයට ආරාධනා කරනවා. ඒ භික්ෂුව එයට කැමැතිව ඇරයුම පිළි ගන්නවා. ඉන්පසුව ඒ භික්ෂුව ඒ රැය ඇවෑමෙන්, පසුදින උදේ වරුවේ සිවුරු හැඳ පොරවා පාත්තරය ද ගෙන එම ගෘහපතියා ගේ හෝ ගෘහපති පුත්‍රයා ගේ නිවසට පැමිණෙනවා. පැමිණ පණවන ලද අසුනෙහි වැඩ සිටිනවා. එතකොට ඒ ගෘහපතියා හෝ ගෘහපති පුත්‍රයා හෝ ප්‍රණීත වූ පිණ්ඩපාතයෙන් වළඳවනවා.

අර භික්ෂුවට ඒ ගැන මෙවැනි අදහසක් ඇති වෙන්නේ නෑ. ඒ කියන්නේ, 'මේ ගෘහපතියා හෝ ගෘහපති පුත්‍රයා හෝ ප්‍රණීත පිණ්ඩපාතයකින් මාව වළඳවනවා නම් හොඳයි. අහෝ! ඒකාන්තයෙන් ම මේ ගෘහපතියා හෝ ගෘහපති පුත්‍රයා හෝ ආයෙමත් දවසකත් මේ ආකාර වූ ප්‍රණීත පිණ්ඩපාතයකින් මාව වළඳවනවා නම් තමයි හොඳ' කියා. මෙබඳු අදහසක් ඒ භික්ෂුව තුළ ඇතිවන්නේ නෑ. ඒ භික්ෂුව එම පිණ්ඩපාතයට ඇලුම් නො කොට එහි රසයට මුසපත් නො වී, එහි සිත නො ගැලී, එහි ආදීනව දකිමින්, ඒ කෙරෙහි ඇති ආශාව දුරු වී යන ආකාරයේ ප්‍රඥාවකින් යුතුව, ඒ පිණ්ඩපාතය වළඳනවා.

පින්වත් ජීවක, මේ ගැන ඔබ කුමක් ද සිතන්නේ? එතකොට ඒ භික්ෂුව ඒ කාලපරිච්ඡේදයේ දී තමාට හිංසා පිණිස ද සිතන්නේ? එසේත් නැත්නම්, අනුන්ට හිංසා පිණිස ද සිතන්නේ? එසේත් නැත්නම්, තමාටත් අනුන්ටත් හිංසා පිණිස ද සිතන්නේ?"

"ස්වාමීනී, එය එසේ නොවේ ම යි."

"පින්වත් ජීවක, ඒ භික්ෂුව ඒ කාල පරිච්ඡේදයෙහි නිවැරදි වූ ම භෝජනයක් නොවේ ද වළඳන්නේ?"

"ස්වාමීනී, ඒ එසේ ම යි. ස්වාමීනී, මා මෙකරුණත් අසා තිබෙනවා. එනම් මහා බ්‍රහ්මරාජයා උපේක්ෂා විහරණයෙන් යුක්තයි කියල. ඒ කාරණය අද මා විසින් භාග්‍යවතුන් වහන්සේව දැසින් දක සාක්ෂි වශයෙන් ම දකගත්තා. භාග්‍යවතුන් වහන්සේ වනාහී උපේක්ෂා විහරණයෙන් යුතුව වැඩ සිටින සේක."

"පින්වත් ජීවක, යම් රාගයකින්, යම් ද්වේෂයකින්, යම් මෝහයකින් ව්‍යාපාදයක් ඇති වෙනවා ද, එයට හේතු භූත වන ඒ රාගය ත්, ඒ ද්වේෂය ත්, ඒ මෝහය ත් තථාගතයන් තුළ ප්‍රහාණය වෙල යි තියෙන්නෙ. මුලින් ම උදුරයි තියෙන්නෙ. කරටිය නැසූ තල් ගසක් සෙයින් කරලයි තියෙන්නෙ. එය අභාවයට පමුණුවලයි තියෙන්නෙ. යළි කිසිදා නූපදින ස්වභාවයට පත් කරලයි තියෙන්නෙ. එනිසා පින්වත් ජීවක, ඉතින් ඔබ විසින් ඔය කරුණ මුල් කොට පවසන ලද ඒ ඔබ ගේ බස මා අනුමත කරනවා." "ස්වාමීනී, ඒ කරුණ ම සඳහා ම යි මා එය පවසන ලද්දේ."

"ඉතින් පින්වත් ජීවක, යම් කිසි කෙනෙක් තථාගතයන් වහන්සේට වේවා තථාගත ශ්‍රාවකයෙකුට වේවා දානයක් පිණිස සතුන් මරයි ද, ඔහු පස් කරුණකින් බොහෝ පව් රැස්කර ගන්නවා. ඔහු මේ ආකාරයෙන් යම් කිසි කරුණක් පවසයි ද, 'යව්, අසවල් සතාව රැගෙන වරෙව්' කියල. මේ අණකිරීම

නම් වූ පළමුවෙනි කරුණෙනුත් බොහෝ පව් රැස් කර ගන්නවා. ඉතින් ඒ සතා බියෙන් වෙව්ලද්දී, බෙල්ලෙන් ඇදගෙන එද්දී යම් දුකක් දොම්නසක් විඳී ද, මේ දෙවෙනි කරුණෙනුත් බොහෝ පව් රැස් කර ගන්නවා. එතකොට ඔහු මෙවැනි යම් කරුණක් පවසයි ද, 'යව්, මේ සතාව මරව්' කියල. මේ තුන්වන කරුණෙනුත් බොහෝ පව් රැස් කර ගන්නවා. ඉතින් ඒ සතා ඝාතනය කරනු ලබද්දී, යම් දුකක් දොම්නසක් විඳී ද, මේ සතරවෙනි කරුණෙනුත් බොහෝ පව් රැස් කර ගන්නවා. ඒ වගේ ම යම් කෙනෙක් තථාගතයන් වහන්සේ හෝ තථාගත ශ්‍රාවකයෙකු හෝ අකැප වූ මසින් වැළඳීමක් ගැන සටා චෝදනා කොට පවසයි ද, මේ පස්වෙනි කරුණෙනුත් බොහෝ පව් රැස් කර ගන්නවා.

පින්වත් ජීවක, යමෙක් තථාගතයන් වහන්සේ හෝ තථාගත ශ්‍රාවකයෙකු හෝ උදෙසා සතුන් මරයි ද, හේ ඔය පස් කරුණෙන් බොහෝ පව් රැස් කර ගන්නවා.

මෙසේ වදාළ කල්හි කෝමාරභච්ච ජීවක මෙකරුණ සැළ කළා. "ස්වාමීනී, ආශ්චර්ය යි! ස්වාමීනී, අද්භූත යි! ස්වාමීනී, භික්ෂූන් වහන්සේලා කැප වූ ආහාරයක් ම යි වළඳන්නේ. ස්වාමීනී, භික්ෂූන් වහන්සේලා නිවැරදි වූ ආහාරයක් ම යි වළඳන්නේ. ස්වාමීනී, ඉතාමත් සුන්දර යි ....(පෙ).... භාග්‍යවතුන් වහන්සේ අද පටන් දිවි තිබෙන තුරාවට මා තෙරුවන් සරණ ගිය උපාසකයෙකු වශයෙන් පිළිගන්නා සේක්වා!"

සාදු! සාදු!! සාදු!!!

කොමාරභච්ච ජීවක හට වදාළ දෙසුම නිමා විය.

2.1.6.
උපාලි සූත්‍රය
උපාලි ගෘහපතියා හට වදාළ දෙසුම

මා හට අසන්නට ලැබුනේ මේ විදිහට යි. ඒ දිනවල භාග්‍යවතුන් වහන්සේ වැඩසිටියේ නාලන්දාවෙහි පාවාරික අඹ වනයෙහි ය. ඒ කාලයේ ම නිගණ්ඨ නාතපුත්‍ර ද මහත් වූ නිගණ්ඨ පිරිසක් සමඟ නාලන්දාවෙහි ම වාසය කළා. එදා දීඝතපස්සී නම් වූ නිගණ්ඨයා නාලන්දා නුවර පිණ්ඩපාතෙ ගිහින් සවස් කාලයේ පාවාරික අඹ වනයට ගියා. භාග්‍යවතුන් වහන්සේ වැඩසිටි තැනට ත් පැමිණුනා. පැමිණ භාග්‍යවතුන් වහන්සේ සමඟ සතුටු වුනා. සතුටු විය යුතු පිළිසඳර කථා බහේ යෙදිල, එකත්පස්ව සිටගත්තා. එකත්පස්ව සිටගත් දීඝතපස්සී නිගණ්ඨයා හට භාග්‍යවතුන් වහන්සේ මෙය වදාළා.

"තපස්සී, මේ ආසන තියෙන්නෙ. ඉදින් කැමති නම් වාඩිවෙන්න." මෙසේ වදාළ විට දීඝතපස්සී නිගණ්ඨයා එක්තරා මිටි අසුනක් ගෙන එකත්පස්ව වාඩි වුනා. එකත්පස්ව වාඩි වූ දීඝතපස්සී නිගණ්ඨයා හට භාග්‍යවතුන් වහන්සේ මෙය පැවසුවා.

"තපස්සී, නිගණ්ඨ නාතපුත්‍ර පාප කර්මයන් කිරීම පිළිබඳව, පාප කර්මයන් ගේ පැවැත්ම පිළිබඳව කොපමණ කර්මයන් පණවනවා ද?"

"ආයුෂ්මත් ගෞතමයනි, නිගණ්ඨ නාතපුත්‍රයන් හට ඔය 'කර්මය, කර්මය' කියන වචනය රුචි නෑ. ආයුෂ්මත් ගෞතමයනි, 'දණ්ඩ, දණ්ඩ' කියල යි නිගණ්ඨ නාතපුත්‍රයන් හට පණවන්නට රුචි වන්නේ."

"හොඳයි, තපස්සී, නිගණ්ඨ නාතපුත්‍ර පාප කර්මයන් කිරීම පිළිබඳව, පාප කර්මයන් ගේ පැවැත්ම පිළිබඳව කොපමණ දණ්ඩයන් පණවනවා ද?"

"ආයුෂ්මත් ගෞතමයනි, නිගණ්ඨ නාතපුත්‍ර පාප කර්මයන් කිරීම පිළිබඳව, පාප කර්මයන් ගේ පැවැත්ම පිළිබඳව දණ්ඩ තුනක් පණවනවා. ඒ කියන්නේ; කාය දණ්ඩ, වචී දණ්ඩ හා මනෝ දණ්ඩ යි."

"තපස්සී, කිම? කාය දණ්ඩය කියන්නේ වෙනත් දෙයක් ද? වචී දණ්ඩය කියන්නේ තව එකක් ද? මනෝ දණ්ඩය කියන්නේ තවත් දෙයක් ද?"

"ආයුෂ්මත් ගෞතමයනි, කාය දණ්ඩය කියන්නේ එක දෙයක්. වචී දණ්ඩය කියන්නේ තව එකක්. මනෝ දණ්ඩය කියන්නේ තවත් වෙන එකක්."

"තපස්සී, ඔය විදිහට විශේෂ කොට බෙදන ලද, ඔය විදිහට වර්ග කරන ලද, ඔය දණ්ඩ තුනෙන් පාප කර්මයන් කිරීම පිළිබඳව, පාප කර්මයන් ගේ පැවැත්ම පිළිබඳව ඉතාමත් ම බරපතල යැ යි කියා නිගණ්ඨ නාතපුත්‍රයන් පණවන්නේ කවර දණ්ඩයක් ද? ඒ කියන්නේ; කාය දණ්ඩ ද? එසේ ත් නැත්නම් වචී දණ්ඩ ද? එසේ ත් නැත්නම් මනෝ දණ්ඩ ද?"

"ආයුෂ්මත් ගෞතමයනි, ඔය විදිහට විශේෂ කොට බෙදන ලද, ඔය විදිහට වර්ග කරන ලද, ඔය දණ්ඩ තුනෙන් පාප කර්මයන් කිරීම පිළිබඳව, පාප කර්මයන් ගේ පැවැත්ම පිළිබඳව ඉතාමත් ම බරපතල යැ යි කියා නිගණ්ඨ නාතපුත්‍රයන් පණවන්නේ කාය දණ්ඩය යි. ඒ විදිහට බරපතල කියා වචී දණ්ඩය පණවන්නෙ නෑ. මනෝ දණ්ඩය පණවන්නෙත් නෑ."

"තපස්සී, කාය දණ්ඩ කියල ම ද ඔබ කියන්නෙ?" "ආයුෂ්මත් ගෞතමයනි, කාය දණ්ඩ කියල ම යි මා කියන්නෙ." "තපස්සී, කාය දණ්ඩ කියල ම ද ඔබ කියන්නෙ?" "ආයුෂ්මත් ගෞතමයනි, කාය දණ්ඩ කියල ම යි මා කියන්නෙ." "තපස්සී, කාය දණ්ඩ කියල ම ද ඔබ කියන්නෙ?" "ආයුෂ්මත් ගෞතමයනි, කාය දණ්ඩ කියල ම යි මා කියන්නෙ."

මේ අයුරින් භාග්‍යවතුන් වහන්සේ මේ කතාවට අදාළ මූලික කරුණ ගැන දීඝතපස්සී නිගණ්ඨයා තුන් වරක් ම පිහිටෙව්වා. මෙසේ වදාළ විට දීඝතපස්සී නිගණ්ඨයා භාග්‍යවතුන් වහන්සේට මෙය පැවසුවා.

"ආයුෂ්මත් ගෞතමයනි, ඔබ පාප කර්මයන් කිරීම පිළිබඳව, පාප කර්මයන් ගේ පැවැත්ම පිළිබඳව දණ්ඩ කීයක් පණවනවා ද?"

"තපස්සී, තථාගතයන් හට 'දණ්ඩ, දණ්ඩ' යන වචනය රුචි නෑ. තථාගතයන් පණවන්නට රුචි වන්නේ 'කර්ම, කර්ම' යන වචනය යි."

"එසේ නම් ආයුෂ්මත් ගෞතමයනි, ඔබ පාප කර්මයන් කිරීම පිළිබඳව, පාප කර්මයන් ගේ පැවැත්ම පිළිබඳව කර්ම කීයක් පණවනවා ද?"

"තපස්සී, මම පාප කර්මයන් කිරීම පිළිබඳව, පාප කර්මයන් ගේ පැවැත්ම පිළිබඳව කර්ම තුනක් පණවනවා. ඒ කියන්නේ කාය කර්මය, වචී කර්මය හා මනෝ කර්මය යි."

"ආයුෂ්මත් ගෞතමයනි, කිම, කාය කර්මය කියන්නේ වෙනත් දෙයක් ද? වචී කර්මය කියන්නේ තව එකක් ද? මනෝ කර්මය කියන්නේ තවත් දෙයක්ද?"

"තපස්සී, කාය කර්මය කියන්නේ එක දෙයක්. වචී කර්මය කියන්නේ තව එකක්. මනෝ කර්මය කියන්නේ තවත් වෙන එකක්."

"ආයුෂ්මත් ගෞතමයනි, ඔය විදිහට විශේෂ කොට බෙදන ලද, ඔය විදිහට වර්ග කරන ලද, ඔය කර්ම තුනෙන් පාප කර්මයන් කිරීම පිළිබඳව, පාප කර්මයන් ගේ පැවැත්ම පිළිබඳව ඉතාමත් ම බරපතල යැ යි කියා ඔබ පණවන්නේ කවර කර්මයක් ද? ඒ කියන්නේ; කාය කර්මය ද? එසේ ත් නැත්නම් වචී කර්මය ද? එසේ ත් නැත්නම් මනෝ කර්මය ද?"

"තපස්සී, ඔය විදිහට විශේෂ කොට බෙදන ලද, ඔය විදිහට වර්ග කරන ලද ඔය කර්ම තුනෙන් පාප කර්මයන් කිරීම පිළිබඳව, පාප කර්මයන් ගේ පැවැත්ම පිළිබඳව ඉතාමත් ම බරපතල යැ යි කියා මම පණවන්නේ මනෝ කර්මය යි. ඒ විදිහට බරපතල කියා කාය කර්මය පණවන්නෙ නෑ. වචී කර්මය පණවන්නෙත් නෑ."

"ආයුෂ්මත් ගෞතමයනි, මනෝ කර්මය කියල ම ද ඔබ කියන්නෙ?" "තපස්සී, මනෝ කර්මය කියල ම යි මා කියන්නෙ." "ආයුෂ්මත් ගෞතමයනි, මනෝ කර්මය කියල ම ද ඔබ කියන්නෙ?" "තපස්සී, මනෝ කර්මය කියල ම යි මා කියන්නෙ." "ආයුෂ්මත් ගෞතමයනි, මනෝ කර්මය කියල ම ද ඔබ කියන්නෙ?" "තපස්සී, මනෝ කර්මය කියල ම යි මා කියන්නෙ."

මේ අයුරින් දීඝතපස්සී නිගණ්ඨයා මේ කතාවට අදාළ මූලික කරුණ ගැන භාග්‍යවතුන් වහන්සේව තුන් වරක් ම පිහිටෙව්වා. ආසනයෙන් නැගිට ඔහු නිගණ්ඨ නාතපුත්‍ර කරා ගියා.

ඒ වෙලාවෙහි දී නිගණ්ඨ නාතපුත්‍රයා උපාලි නම් වූ ගෘහපතියා ප්‍රධාන කොට, 'බාලකලෝණකාර' ගම් වැසි මහත් වූ ගිහි පිරිසක් සමඟ වාඩි වී සිටියා. එතකොට නිගණ්ඨ නාතපුත්‍ර දුරින් ම පැමිණෙන්නා වූ දීඝතපස්සී නිගණ්ඨයා ව දැක්කා. දැක දීඝතපස්සී නිගණ්ඨයාට මෙය පැවසුවා. "හා...! එම්බා තපස්සී, නුඹ මේ මහ දහවල් කොහේ ඉඳලා එන ගමන් ද?"

"ස්වාමීනී, මම මේ එන්නේ ශ්‍රමණ ගෞතමයන් සමීපයේ සිටයි."

"ඔව්. එම්බා තපස්සී, ශ්‍රමණ ගෞතමයන් සමඟ නුඹ ගේ කිසියම් කතා සල්ලාපයක් වුනා වත් ද?"

"ස්වාමීනී, ශ්‍රමණ ගෞතමයන් සමඟ මාගේ කිසියම් කතා සල්ලාපයක් වුනා නෙව."

"එම්බා තපස්සී, ශ්‍රමණ ගෞතමයන් සමඟ නුඹ ගේ කතා සල්ලාපය සිදු වූයේ කොයි අයුරින් ද?"

එතකොට දීඝතපස්සී නිගණ්ඨයා භාග්‍යවතුන් වහන්සේ සමඟ යම්තාක් කතා බහක් සිදු වුනා ද, ඒ සියල්ල නිගණ්ඨ නාතපුත්‍රයා හට පැවසුවා. එසේ පැවසූ විට නිගණ්ඨ නාතපුත්‍ර දීඝතපස්සී නිගණ්ඨයා හට මෙය පැවසුවා.

"යසයි! යසයි! තපස්සී, මනාකොට ශාස්තෘ ශාසනය දන්නා වූ, ශ්‍රැතවත් ශ්‍රාවකයෙක් විසින් කිව යුත්තේ යමක් ද, දීඝතපස්සී නිගණ්ඨයා විසිනුත් ඒ අයුරින් ම ශ්‍රමණ ගෞතමයන් හට කියල තියෙනව. මෙබඳු ගොරෝසු වූ කාය දණ්ඩය හා සමාන කොට ගලපන්නට කිම ලාමක වූ මනෝ දණ්ඩය සෝභමාන වෙයි ද? හැබැවට ම පාප කර්මයන් කිරීම පිළිබඳව, පාප කර්මයන් ගේ පැවැත්ම පිළිබඳව මහා බරපතල දෙයක් වන්නේ කාය දණ්ඩය ම යි. ඒ විදිහේ බරපතල කමක් වචී දණ්ඩයෙ ත් නෑ. මනෝ දණ්ඩයෙත් නෑ."

මෙසේ පැවසූ විට උපාලි ගෘහපතියා නිගණ්ඨ නාතපුත්‍රයා හට මෙය පැවසුවා. "යසයි! යසයි! ස්වාමීනී, මනාකොට ශාස්තෘ ශාසනය දන්නා වූ, ශ්‍රැතවත් ශ්‍රාවකයෙක් විසින් කිව යුත්තේ යමක් ද, භදන්ත තපස්සීන් වහන්සේ විසිනුත් ඒ අයුරින් ම ශ්‍රමණ ගෞතමයන් හට කියල තියෙනවා. මෙබඳු ගොරෝසු වූ කාය දණ්ඩය හා සමාන කොට ගලපන්නට කිම, මේ ලාමක වූ මනෝ දණ්ඩය සෝභමාන වෙයි ද? හැබැවට ම පාප කර්මයන් කිරීම පිළිබඳව, පාප කර්මයන් ගේ පැවැත්ම පිළිබඳව මහා බරපතල දෙයක් වන්නේ කාය දණ්ඩය ම යි. ඒ විදිහේ බරපතල කමක් වචී දණ්ඩයෙ ත් නෑ. මනෝ දණ්ඩයෙත් නෑ.

ඇත්තෙන් ම ස්වාමීනී, මං යනවා. මේ කතාවට බඳුන් වූ මූලික කරුණ පිළිබඳව වාදයක් ශ්‍රමණ ගෞතමයන්ට නගනවා. ඉදින් භදන්ත තපස්සීන් වහන්සේ විසින් ශ්‍රමණ ගෞතමයන් ද යම් පරිද්දෙන්, තුන් යලක් පිහිටවන ලද්දේ ද, එපරිද්දෙන් ම මාගේ වාද කතාවෙහි පිහිටා සිටියෝතින් මම මෙහෙමයි කරන්නෙ. ඒ කියන්නෙ බලවත් පුරුෂයෙක් දීර්ඝ ලොම් ඇති එළුවෙකු ඒ ලොම් වලින් අල්ලා ගෙන එහා පැත්තට අදියි ද, මෙහා පැත්තට අදියි ද, වටේට කරකවයි ද, අන්න ඒ ආකාරයෙන් මං මේ වාදය තුළින් ශ්‍රමණ ගෞතමයන්ව එහා පැත්තට ත් අදිනවා. මෙහා පැත්තට ත් අදිනවා. වටේට ත් කරකවනවා.

ඒ වගේ ම ශක්ති සම්පන්න සුරා පෙරන්නෙක් මහත් වූ සුරා මල්ලක් ගෙන ගැඹුරු දිය වලක ඔබා එහි දෙකොන ගෙන ඒ පැත්තට ගසනවා ද, මේ පැත්තට ගසනවා ද, කරකවා ගසනවා ද, අන්න ඒ ආකාරයෙන් මං මේ

වාදය තුළින් ශ්‍රමණ ගෞතමයන්ව එහා පැත්තට ත් ගසනවා. මෙහා පැත්තට ත් ගසනවා. වටේටත් ගසනවා.

ඒ වගේ ම ශක්ති සම්පන්න බේබද්දෙක් සුරා පෙරන පෙරහන දෙපැත්ත අල්ලා ගෙන කණපිට හරවා පිඹිනවා ද, උඩුකුරු කොට පිඹිනවා ද, නැවත නැවතත් එහාට මෙහාට ගසනවා ද, එපරිදි ම මං ශ්‍රමණ ගෞතමයන් ව මේ වාදය තුළින් යටිකුරු කරවා පිඹිනවා. උඩුකුරු කරවා පිඹිනවා. නැවත නැවතත් එහාට මෙහාට ගසා දමනවා.

ඒ වගේ ම සැට හැවිරිදි හස්තිරාජයෙක් ගැඹුරු පොකුණකට බැස 'සණධෝවික' නම් ක්‍රීඩාවක් කරයි ද, එපරිද්දෙන් ම මං ශ්‍රමණ ගෞතමයන් සමඟ සණධෝවික ක්‍රීඩාව බඳු වාද ක්‍රීඩාවක් කරනවා. එනිසා ස්වාමීනී, මං යනවා. ගිහින් ශ්‍රමණ ගෞතමයන් හට මේ කතාවට අදාළ මූලික කාරණාව ගැන වාදයක් ගොඩ නගනවා."

"එම්බා ගෘහපතිය, යව. තොප මේ කතාවට අදාළ මූලික කරුණ ගෙන ශ්‍රමණ ගෞතමයන්ට වාදයක් ගොඩ නංවව. එක්කෝ මං හෝ ශ්‍රමණ ගෞතමයන්ට වාදයක් ගොඩ නගනවා. එහෙමත් නැත්නම් දීඝතපස්සි නිගණ්ඨයා හෝ නුඹ හෝ තමයි."

මෙසේ කී කල්හි දීඝතපස්සී නිගණ්ඨයා නිගණ්ඨ නාතපුත්‍රට මෙය පැවසුවා. "ස්වාමීනී, 'උපාලි ගෘහපතියා ශ්‍රමණ ගෞතමයන් හට වාදයක් ගොඩනංවන්නේ ය' යන කාරණාව මට නම් රුස්සන්නෙ නෑ. ස්වාමීනී, ශ්‍රමණ ගෞතමයන් කියල කියන්නෙ මායාවී කෙනෙක්. යම් මායාවකින් අන්‍යාග මික ශ්‍රාවකයන් තමන් ළඟට කරකවා ඇදගනිත් ද, එබඳු ආවට්ටනී මායාවක් දන්නවා."

"තපස්සී, 'උපාලි ගෘහපතියා ශ්‍රමණ ගෞතමයන් ගේ ශ්‍රාවකභාවයට පත් වන්නේ ය' යන යම් කරුණක් ඇද්ද, එය සිදුවිය හැකි දෙයක් නම් නොවේ. එහෙම දෙයක් වෙන්නට ඉඩක් නැහැ. නමුත්, 'ශ්‍රමණ ගෞතමයන් උපාලි ගෘහපතියා ගේ ශ්‍රාවක භාවයට පත් වන්නේ ය' යන යම් කරුණක් ඇද්ද, එය නම් සිදුවිය හැකි දෙයක්. එහෙම දෙයක් නම් වෙන්න පුළුවනි. එනිසා එම්බා ගෘහපතිය, යව. තොප මේ කතාවට අදාළ මූලික කරුණ ගෙන ශ්‍රමණ ගෞතමයන්ට වාදයක් ගොඩ නංවව. එක්කෝ මං හෝ ශ්‍රමණ ගෞතමයන්ට වාදයක් ගොඩ නගනවා. එහෙමත් නැත්නම් දීඝතපස්සි නිගණ්ඨයා හෝ නුඹ හෝ තමයි."

දෙවනුව ද ....(පෙ).... එහෙමත් නැත්නම් දීඝතපස්සි නිගණ්ඨයා හෝ නුඹ හෝ තමයි. තුන්වෙනුව ද දීඝතපස්සී නිගණ්ඨයා නිගණ්ඨ නාතපුත්‍රට මෙය පැවසුවා. "ස්වාමීනී, 'උපාලි ගෘහපතියා ශ්‍රමණ ගෞතමයන් හට වාදයක් ගොඩනංවන්නේ ය' යන කාරණාව මට නම් රුස්සන්නෙ නෑ. ස්වාමීනී, ශ්‍රමණ ගෞතමයන් කියල කියන්නෙ මායාවී කෙනක්. යම් මායාවකින් අන්‍යාගමික ශ්‍රාවකයන් තමන් ළඟට කරකවා ඇදගනිත් ද, එබඳු ආවට්ටනී මායාවක් දන්නවා."

"තපස්සී, 'උපාලි ගෘහපතියා ශ්‍රමණ ගෞතමයන් ගේ ශ්‍රාවකභාවයට පත් වන්නේ ය' යන යම් කරුණක් ඇද්ද, එය සිදුවිය හැකි දෙයක් නම් නොවේ. එහෙම දෙයක් වෙන්නට ඉඩක් නැහැ. නමුත්, 'ශ්‍රමණ ගෞතමයන් උපාලි ගෘහපතියා ගේ ශ්‍රාවක භාවයට පත් වන්නේ ය' යන යම් කරුණක් ඇද්ද, එය නම් සිදුවිය හැකි දෙයක්. එහෙම දෙයක් වෙන්න පුළුවනි. එනිසා එම්බා ගෘහපතිය, යව. තොප මේ කතාවට අදාළ මූලික කරුණ ගෙන ශ්‍රමණ ගෞතමයන්ට වාදයක් ගොඩ නංවව. එක්කෝ මං හෝ ශ්‍රමණ ගෞතමයන්ට වාදයක් ගොඩ නගනවා. එහෙමත් නැත්නම් දීඝතපස්සි නිගණ්ඨයා හෝ නුඹ හෝ තමයි."

"එසේය ස්වාමීනී" කියල උපාලි ගෘහපතියා නිගණ්ඨ නාතපුත්‍රට පිළිතුරු දීල අසුනෙන් නැගිට නිගණ්ඨ නාතපුත්‍රට ආදරයෙන් වන්දනා කොට පැදකුණු කොට පාවාරික අඹ වනයට පිටත් වුනා. ගිහින් භාග්‍යවතුන් වහන්සේ වෙත පැමිණුනා. පැමිණ භාග්‍යවතුන් වහන්සේට වන්දනා කොට, එකත්පස්ව වාඩි වුනා. එකත්පස්ව වාඩි වූ උපාලි ගෘහපතියා භාග්‍යවතුන් වහන්සේට මෙය පැවසුවා. "ස්වාමීනී, දීඝතපස්සී නිගණ්ඨයා මෙහෙට පැමිණියා ද?" "පින්වත් ගෘහපතිය, දීඝතපස්සී නිගණ්ඨයා මෙහෙට පැමිණියා." "ස්වාමීනී, දීඝතපස්සී නිගණ්ඨයා සමඟ යම් කිසි කතා සල්ලාපයක් වුනා ද?" "පින්වත් ගෘහපතිය, දීඝතපස්සී නිගණ්ඨයා සමඟ යම් කිසි කතා සල්ලාපයක් වුනා තමයි." "ස්වාමීනී, දීඝතපස්සී නිගණ්ඨයා නුඹවහන්සේ සමඟ කොයි වගේ කතා සල්ලාපයක් ද වුනේ?" එවිට භාග්‍යවතුන් වහන්සේ දීඝතපස්සී සමඟ යම්තාක් කතා සල්ලාපයක් වුනා ද, ඒ සියල්ල ම උපාලි ගෘහපතියාට වදාළා.

එසේ වදාළ කල්හි උපාලි ගෘහපතියා භාග්‍යවතුන් වහන්සේට මෙය පැවසුවා. "යසයි! යසයි! ස්වාමීනී, මනාකොට ශාස්තෘ ශාසනය දන්නා වූ, ශ්‍රැතවත් ශ්‍රාවකයෙක් විසින් කිව යුත්තේ යමක් ද, දීඝතපස්සී නිගණ්ඨයා විසිනුත් ඒ අයුරින් ම භාග්‍යවතුන් වහන්සේ හට කියල තියෙනවා. මෙබඳු ගොරෝසු වූ කාය දණ්ඩය හා සමාන කොට ගලපන්නට කිම ලාමක වූ මනෝ දණ්ඩය

සෝභමාන වෙයි ද? හැබෑවට ම පාප කර්මයන් කිරීම පිළිබඳව, පාප කර්මයන් ගේ පැවැත්ම පිළිබඳව මහා බරපතල දෙයක් වන්නේ කාය දණ්ඩය ම යි. ඒ විදිහේ බරපතල කමක් වචී දණ්ඩයෙ ත් නෑ. මනෝ දණ්ඩයෙ ත් නෑ."

"පින්වත් ගෘහපතිය, ඉදින් ඔබ සත්‍යයෙහි පිහිටා කතා කරනවා නම්, මෙහිලා අප ගේ කතා සල්ලාපය කරගන්නට පුළුවනි." "ස්වාමීනී, මං සත්‍යයේ පිහිටල කතා කරන්නෙ. ඒ මත අප ගේ කතා සල්ලාපය සිදුවේවා."

"පින්වත් ගෘහපතිය, මේ ගැන ඔබ කුමක් ද සිතන්නේ? මෙහිලා නිගණ්ඨයෙක් ඉන්නවා. ඔහු රෝගියෙක්. දුකට පත්වෙලා බොහෝ සේ ගිලන් වෙලා ඉන්නවා. සීතල දිය ප්‍රතික්ෂේප කරලා, උණු දිය පමණක් වළඳන කෙනෙක්. ඉතින් ඔහු සීතල දිය නො ලැබීම හේතුවෙන් කළුරිය කරනවා. එතකොට පින්වත් ගෘහපතිය, නිගණ්ඨ නාතපුත්‍ර මොහු ගේ උත්පත්තිය පණවන්නේ කොහේ ද?"

"ස්වාමීනී, 'මනෝසත්ත' නම් දෙවිවරු ඉන්නවා. අන්න එහි තමයි ඔහු උපදින්නෙ. මක් නිසාද යත්; ස්වාමීනී, ඔහු කළුරිය කරන්නේ සිසිල් දියට මනස බැඳී තියෙන විට යි." "ගෘහපතිය! ගෘහපතිය! හොඳින් කල්පනා කරල යි ගෘහපතිය ඔබ කතා කළ යුත්තේ. ඔබේ කලින් කී බස පසුව කී බසට ගැලපී යන්නෙ නෑ. පසුව කී බස කලින් කී බසට ගැලපී යන්නෙත් නෑ. ගෘහපතිය, ඔබ විසින් මෙම ප්‍රකාශය පැවසුවා නෙව. 'ස්වාමීනී, මං සත්‍යයේ පිහිටල කතා කරන්නෙ. ඒ මත අප ගේ කතා සල්ලාපය සිදුවේවා' කියල."

"ස්වාමීනී, භාග්‍යවතුන් වහන්සේ කෙසේ පැවසුවත්, පාප කර්ම කිරීමට, පාප කර්ම පැවැත්මට කාය දණ්ඩය ම යි මහා බරපතල වන්නේ. වාග් දණ්ඩය ත් නො වේ, මනෝ දණ්ඩය ත් නො වේ."

"පින්වත් ගෘහපතිය, මේ ගැන ඔබ කුමක්ද සිතන්නේ? මෙහිලා චාතුයාම සංවරයෙන් සංවර වූ සියලු සිසිල් ජලය ප්‍රතික්ෂේප කළ, සියලු පව් වැලකූ, සියලු පව් කම්පා කළ, සියලු පව් වැලකීම ස්පර්ශ කළ නිගණ්ඨයෙක් ඉන්නවා. ඔහු ඉදිරියට යද්දි ත්, ආපසු හැරී එද්දි ත්, බොහෝ සෙයින් ඉතා කුඩා පණුවන් මරණයට පත්වෙනවා නම්, පින්වත් ගෘහපතිය, නිගණ්ඨ නාතපුත්‍ර මොහුට පණවන්නේ කවර විපාකයක් ද?"

"ස්වාමීනී, එහිලා චේතනාවක් නැති නිසා නිගණ්ඨ නාතපුත්‍ර එය මහා බරපතල පාපයක් ලෙස පණවන්නේ නෑ." "ඉදින් ගෘහපතිය, චේතනාවක් තිබෙනවා නම්?" "ස්වාමීනී, එහෙම නම් බරපතල පාප කර්මයක් වෙනවා."

"පින්වත් ගෘහපතිය, එතකොට නිගණ්ඨ නාතපුත්‍රයා චේතනා පණවන්නේ කවර කොටසක ද?" "ස්වාමීනී, මනෝ දණ්ඩය තුළ යි."

"ගෘහපතිය! ගෘහපතිය! හොඳින් කල්පනා කරල යි ගෘහපතිය ඔබ කතා කළ යුත්තේ. ඔබේ කලින් කී බස පසුව කී බසට ගැලපී යන්නෙ නෑ. පසුව කී බස කලින් කී බසට ගැලපී යන්නෙ ත් නෑ. ගෘහපතිය, ඔබ විසින් මෙම ප්‍රකාශය පැවසුවා නෙව. 'ස්වාමීනී, මං සත්‍යයේ පිහිටල කතා කරන්නෙ. ඒ මත අප ගේ කතා සල්ලාපය සිදුවේවා' කියල."

"ස්වාමීනී, භාග්‍යවතුන් වහන්සේ කෙසේ පැවසුවත්, පාප කර්ම කිරීමට, පාප කර්ම පැවැත්මට කාය දණ්ඩය ම යි මහා බරපතල වන්නේ. වාග් දණ්ඩය ත් නො වේ, මනෝ දණ්ඩය ත් නො වේ."

"පින්වත් ගෘහපතිය, මේ ගැන ඔබ කුමක්ද සිතන්නේ? මේ නාලන්දාව ඉතා සමෘද්ධිමත්. ඉතා සාර සම්පන්න යි. බොහෝ මනුෂ්‍යයන් ගෙන් ජනාකීර්ණ වෙලා තියෙනව." "එසේය ස්වාමීනී, මේ නාලන්දාව ඉතා සමෘද්ධිමත්. ඉතා සාර සම්පන්න යි. බොහෝ මනුෂ්‍යයන්ගෙන් ජනාකීර්ණ වෙලා තියෙනවා."

"පින්වත් ගෘහපතිය, මේ ගැන ඔබ කුමක්ද සිතන්නේ? මෙහි කඩුවක් ඔසවා ගත් පුරුෂයෙක් එනවා. ඔහු මෙහෙම කියනවා. 'මං මේ නාලන්දාවෙහි යම්තාක් සත්වයන් ඉන්නවා ද, ඔවුන් එක මොහොතකින් ම, එක ම මස් රැසක් එක ම මස් පුංජයක් බවට පත් කරනවා' කියල. පින්වත් ගෘහපතිය, මේ ගැන ඔබ කුමක්ද සිතන්නේ? ඒ පුරුෂයාට මේ නාලන්දාවේ යම්තාක් ප්‍රාණීන් ඉන්නවා ද ඔවුන්ව එක මොහොතකින් එක ම මස් රැසක්, එක ම මස් පුංජයක් බවට පත් කරන්නට පුළුවන් ද?"

"ස්වාමීනී, පුරුෂයන් දස දෙනෙක් ආවත්, පුරුෂයන් විස්සක් ආවත්, පුරුෂයන් තිහක් ආවත්, පුරුෂයන් හතළිහක් ආවත්, පුරුෂයන් පනහක් ආවත් මේ නාලන්දාවේ යම්තාක් ප්‍රාණීන් ඇද්ද, ඔවුන්ව එක මොහොතකින් එක ම මස් රැසක්, එක ම මස් පුංජයක් බවට පත් කරන්නට පුළුවන් වෙන්නෙ නම් නැහැ. එහෙම එකේ එක ලාමක පුරුෂයෙක් කොහොම නම් කරන්ට ද?"

"එතකොට පින්වත් ගෘහපතිය, මේ ගැන ඔබ කුමක් ද සිතන්නේ? ඉර්ධිමත් වූ, චිත්ත වශී භාවයට පත් ශ්‍රමණයෙක් වේවා, බ්‍රාහ්මණයෙක් වේවා මෙහි එනවා. ඉතින් ඔහු මෙහෙම කියනවා. 'මං මේ නාලන්දාව මනසින් කරන එක ම සාපයකින් අළු බවට පත් කරනවා' කියල. පින්වත් ගෘහපතිය, මේ ගැන ඔබ කුමක් ද සිතන්නේ? ඉතින් ඒ ඉර්ධිමත්, චිත්ත වශී භාවයට පත්

ශ්‍රමණයාට වේවා, බ්‍රාහ්මණයාට වේවා මේ නාලන්දාව මනසින් කරන එක ම සාපයකින් අළු බවට පත් කරන්නට පුළුවන් ද?"

"ස්වාමීනී, ඉර්ධිමත්, චිත්ත වශී භාවයට පත් ශ්‍රමණයාට වේවා, බ්‍රාහ්මණයාට වේවා නාලන්දා දහයක් වුනත්, විස්සක් වුනත්, තිහක් වුනත්, හතළිහක් වුනත්, පණහක් වුනත් මනසින් කරන එක ම සාපයකින් අළු බවට පත් කරන්නට පුළුවන්. එහෙම එකේ මේ ලාමක එක ම නාලන්දාව ගැන කවර කතා ද?"

"ගෘහපතිය! ගෘහපතිය! හොඳින් කල්පනා කරලයි ගෘහපතිය ඔබ කතා කළ යුත්තේ. ඔබේ කලින් කී බස පසුව කී බසට ගැලපී යන්නෙ නෑ. පසුව කී බස කලින් කී බසට ගැලපී යන්නෙත් නෑ. ගෘහපතිය, ඔබ විසින් මෙම ප්‍රකාශය පැවසුවා නෙව. 'ස්වාමීනී, මං සත්‍යයේ පිහිටල යි කතා කරන්නෙ. ඒ මත අප ගේ කතා සල්ලාපය සිදුවේවා' කියල."

"ස්වාමීනී, භාග්‍යවතුන් වහන්සේ කෙසේ පැවසුවත්, පාප කර්ම කිරීමට, පාප කර්ම පැවැත්මට කාය දණ්ඩය ම යි මහා බරපතල වන්නේ. වාග් දණ්ඩය ත් නො වේ, මනෝ දණ්ඩය ත් නො වේ."

"එතකොට පින්වත් ගෘහපතිය, මේ ගැන ඔබ කුමක් ද සිතන්නේ? ඔබ අසා තිබෙනවා ද 'දණ්ඩක' ආරණ්‍යය ගැන. 'කාලිංග' ආරණ්‍යය ගැන. 'මේධ්‍ය' ආරණ්‍යය ගැන. 'මාතංග' ආරණ්‍යය ගැන. ගම් විනාශ වෙලා ආරණ්‍ය බවට පත් වූ ආකාරය ගැන?"

"එසේය ස්වාමීනී, දණ්ඩකාරණ්‍යය, කාලිංගාරණ්‍යය, මේධ්‍යාරණ්‍යය, මාතංගාරණ්‍යය යන මේවා ගම් විනාශ වෙලා, වල් වැදිලා ආරණ්‍ය වූ බව මං අහල තියෙනවා."

"පින්වත් ගෘහපතිය, මේ ගැන ඔබ කුමක් ද සිතන්නේ? ඉතින් ඒ දණ්ඩකාරණ්‍යය, කාලිංගාරණ්‍යය, මේධ්‍යාරණ්‍යය, මාතංගාරණ්‍යය යන මේවා ගම් විනාශ වෙලා, වල් වැදිලා ආරණ්‍ය වුනේ කුමන කරුණක් නිසා කියල ද ඔබ ඇසුවේ?"

"ස්වාමීනී, ඔය දණ්ඩකාරණ්‍යය, කාලිංගාරණ්‍යය, මේධ්‍යාරණ්‍යය, මාතංගාරණ්‍යය යන මේවා ගම් විනාශ වෙලා, වල් වැදිලා ආරණ්‍ය වුනේ ඍෂිවරුන් ගේ ශාප වලින් කියලයි මං අසා තියෙන්නෙ."

"ගෘහපතිය! ගෘහපතිය! හොඳින් කල්පනා කරල යි ගෘහපතිය ඔබ කතා කළ යුත්තේ. ඔබේ කලින් කී බස පසුව කී බසට ගැලපී යන්නෙ නෑ. පසුව කී

බස කලින් කී බසට ගැලපී යන්නෙත් නෑ. ගෘහපතිය, ඔබ විසින් මෙම ප්‍රකාශය පැවසුවා නෙව. 'ස්වාමීනී, මං සත්‍යයේ පිහිටල යි කතා කරන්නෙ. ඒ මත අප ගේ කතා සල්ලාපය සිදුවේවා' කියල."

"ස්වාමීනී, මං පළමු උපමාවෙන් ම භාග්‍යවතුන් වහන්සේ ගේ ප්‍රශ්න විසඳීම ගැන සතුටු සිත් ඇතිවුනා. නමුත් ස්වාමීනී, මං භාග්‍යවතුන් වහන්සේ ගේ අතිශය විචිත්‍ර වූ ප්‍රශ්න විසඳීමේ ප්‍රතිභාව අසනු කැමැති වුනා. ඒ නිස යි මං භාග්‍යවතුන් වහන්සේ වදාළ කරුණට ප්‍රතිවිරුද්ධ මතයක් පවසන්ට අදහස් කළේ.

ස්වාමීනී, හරි ම සුන්දර යි. ස්වාමීනී, හරි ම සුන්දර යි. යටිකුරු වෙච්ච දෙයක් උඩට හැරෙව්වා වගෙයි. සැඟවෙච්ච දෙයක් විවෘත කළා වගෙයි. මං මුළා වූ කෙනෙකුට මාර්ගය පෙන්වූවා වගෙ යි. අඳුරේ සිටින උදවියට රූප දකින්ට තෙල් පහන් දැල්වූවා වගෙ යි. ඔන්න ඔය විදිහට යි පින්වත් ගෞතමයන් වහන්සේ විසින් නොයෙක් ආකාරයෙන් ශ්‍රී සද්ධර්මය වදාළේ. ඉතින් මා ත් පින්වත් ගෞතමයන් වහන්සේව සරණ යනවා. ශ්‍රී සද්ධර්මය ත් සරණ යනවා. ශ්‍රාවක සඟරුවන ත් සරණ යනවා. භාග්‍යවතුන් වහන්සේ අද පටන් දිවි ඇති තුරාවට තෙරුවන් සරණ ගිය උපාසකයෙකු වශයෙන් මාව පිළිගන්නා සේක්වා!"

"පින්වත් ගෘහපතිය, නුවණින් විමසා බලා කටයුතු කරන්න. නුවණින් විමසා බලා කටයුතු කිරීම ඔබ වැනි ප්‍රසිද්ධ පුද්ගලයන්ට යහපත් දෙයක්."

"ස්වාමීනී, මං භාග්‍යවතුන් වහන්සේ ගැන බොහෝ සෙයින් ම සතුටු වුනා. ඇල්ම වැඩි වුනා. භාග්‍යවතුන් වහන්සේ 'පින්වත් ගෘහපතිය, නුවණින් විමසා බලා කටයුතු කරන්න. නුවණින් විමසා බලා කටයුතු කිරීම ඔබ වැනි ප්‍රසිද්ධ පුද්ගලයන්ට යහපත් දෙයක්.' කියල මට වදාරනවා. නමුත් ස්වාමීනී, අන්‍යාගමිකයන් හට මාව ශ්‍රාවකත්වයට ලැබුනොත් මුළු නාලන්දාව පුරාවට ධජ පතාක නංවා 'උපාලි ගෘහපති තුමා අප ගේ ශ්‍රාවකයෙක් බවට පත්වුනා' කිය කියා ඇවිදීවි. නමුත් භාග්‍යවතුන් වහන්සේ 'පින්වත් ගෘහපතිය, නුවණින් විමසා බලා කටයුතු කරන්න. නුවණින් විමසා බලා කටයුතු කිරීම ඔබ වැනි ප්‍රසිද්ධ පුද්ගලයන්ට යහපත් දෙයක්' කියල මට වදාරනවා. ස්වාමීනී, මං දෙවන වතාවට ත්, භාග්‍යවතුන් වහන්සේව ද, ශ්‍රී සද්ධර්මය ද, සංඝරත්නය ද සරණ යනවා. භාග්‍යවතුන් වහන්සේ අද පටන් දිවි ඇති තුරාවට තෙරුවන් සරණ ගිය උපාසකයෙකු වශයෙන් මාව පිළිගන්නා සේක්වා!"

"පින්වත් ගෘහපතිය, ඔබ ගේ නිවස බොහෝ කලක් මුළුල්ලෙහි නිගණ්ඨයන් හට පැන් පොකුණක් වගෙයි තිබුනෙ. එනිසා ඔවුන් පැමිණි විට පිණ්ඩපාතය දිය යුතු බව සිතන්න."

"ස්වාමීනී, මං භාග්‍යවතුන් වහන්සේ ගැන බොහෝ සෙයින් ම සතුටු වුනා. ඇල්ම වැඩි වුනා. භාග්‍යවතුන් වහන්සේ 'පින්වත් ගෘහපතිය, ඔබ ගේ නිවස බොහෝ කලක් මුළුල්ලෙහි නිගණ්ඨයන් හට පැන් පොකුණක් වගෙයි තිබුනෙ. එනිසා ඔවුන් පැමිණි විට පිණ්ඩපාතය දිය යුතු බව සිතන්න' කියා මට වදාරනවා. නමුත් ස්වාමීනී, මං අසා තිබුනෙ මේ විදිහට යි. 'ශ්‍රමණ ගෞතමයන් මෙහෙමයි කියන්නේ' කියල. එනම්; 'මට ම යි දන් දිය යුත්තෙ. අනිත් උදවියට දන් දිය යුතු නෑ. මගේ ශ්‍රාවකයන්ට ම යි දන් දිය යුත්තෙ. අන් උදවිය ගේ ශ්‍රාවකයන් හට දන් දිය යුතු නෑ. මට දුන්නොත් තමයි මහත්ඵල ලැබෙන්නෙ. අනිත් උදවියට දුන්නාට මහත්ඵල නෑ. මාගේ ශ්‍රාවකයන්ට දුන් විට තමයි මහත්ඵල ලැබෙන්නෙ. අනිත් උදවිය ගේ ශ්‍රාවකයන්ට දුන් විට මහත්ඵල ලැබෙන්නෙ නෑ' කියල යි. නමුත් භාග්‍යවතුන් වහන්සේ නිගණ්ඨයන් කෙරෙහි ත් දන් දෙන්නට කියා මාව දානයෙහි සමාදන් කරවන සේක. ස්වාමීනී, එයට අපි සුදුසු කාලය දන්නවා. ස්වාමීනී, මං තුන්වන වතාවට ත්, භාග්‍යවතුන් වහන්සේව ද, ශ්‍රී සද්ධර්මය ද, සංඝරත්නය ද සරණ යනවා. භාග්‍යවතුන් වහන්සේ අද පටන් දිවි ඇති තුරාවට තෙරුවන් සරණ ගිය උපාසකයෙකු වශයෙන් මාව පිළිගන්නා සේක්වා!"

එවිට භාග්‍යවතුන් වහන්සේ උපාලි ගෘහපතියා හට අනුපිළිවෙල කථාව වදාළා. ඒ කියන්නෙ දන් දීම ගැන කථාව, සිල් රැකීම ගැන කථාව, ස්වර්ගෝත්පත්තිය ගැන කථාව, කාමයන් ගේ ආදීනවය ගැන කථාව, කෙලෙස් වල ඇති ලාමක බව ගැන කථාව, කෙලෙසුන් ගෙන් නික්මීමේ ආනිසංස ගැන කථාව වදාළා. ඉතින් යම් වෙලෙක භාග්‍යවතුන් වහන්සේ උපාලි ගෘහපතියා තුළ සකස් වූ සිතක්, මෘදු සිතක්, නීවරණ රහිත සිතක්, ඔද වැඩුණු සිතක්, ප්‍රසන්න වූ සිතක් ඇති වුණු බව දැන වදාළ සේක් ද, එවිට බුදුවරයන් වහන්සේලා ගේ යම් සාමුක්කංසික දේශනාවක් ඇද්ද, ඒ දුක්ඛ, සමුදය, නිරෝධ, මාර්ග යන චතුරාර්ය සත්‍යය දේශනාව වදාළා. එය කිළුටු නැති සුදු වස්ත්‍රයක් මැනවින් සායම් කළා වගෙයි. ඒ ආකාරයෙන් ම උපාලි ගෘහපතියා හට ඒ ආසනයේ දී ම 'හේතු ප්‍රත්‍යයන් ගෙන් හටගන්නා වූ යම් දෙයක් ඇද්ද, ඒ හේතුන් නිරුද්ධ වීමෙන් හට ගත් සියල්ල නිරුද්ධ වී යන ස්වභාවයෙන් යුක්ත' බවට කෙලෙස් රහිත වූ, අවිද්‍යා රහිත වූ දහම් ඇස පහළ වුනා.

දැක ගත් ධර්මයෙන් යුතු, ධර්මයට පැමිණි, ධර්මය දැනගත්, ධර්මයෙහි බැසගත්, සැකයෙන් එතෙර වූ, 'කෙසේද, කෙසේද' යන ස්වභාවයෙන් එතෙර වූ, විශාරද භාවයට පැමිණි, බාහිර උපකාරයකින් තොරව ශාස්තෘ ශාසනයෙහි දියුණුව ලැබිය හැකි උපාලි ගෘහපතියා භාග්‍යවතුන් වහන්සේට මෙය පැවසුවා.

"ස්වාමීනී, දැන් අපි පිටත් වෙන්නම්. අපට බොහෝ වැඩ තියෙනවා නෙව. බොහෝ කටයුතු තියෙනවා නෙව." "පින්වත් ගෘහපතිය, ඔබට දැන් එයට කල් බව දැනගන්න."

ඉතින් උපාලි ගෘහපතියා භාග්‍යවතුන් වහන්සේ වදාළ ධර්මය සතුටින් පිළිගෙන අනුමෝදන්ව හුනස්නෙන් නැගිට භාග්‍යවතුන් වහන්සේට වන්දනා කළා. පැදකුණු කොට තමන් ගේ නිවසට පැමිණුනා. පැමිණ දොරටුපාලයා ඇමතුවා. "යහළු දොරටුපාලය, අද පටන් නිගණ්ඨයන් හට ත්, නිගණ්ඨීයන් හට ත් මෙම දොරටුව වහනවා. ඒ වගේ ම භාග්‍යවතුන් වහන්සේට ත්, භික්ෂූන්ට ත්, භික්ෂුණීන්ට ත්, උපාසකවරුන්ට ත්, උපාසිකාවන්ට ත් මෙම දොරටුව විවෘත වෙනවා. යම් හෙයකින් කවුරු හෝ නිගණ්ඨයෙක් ආවොතින් ඔහුට ඔබ මෙසේ දැනුම් දෙන්න. 'ස්වාමීනී, සිටින්න! පිවිසෙන්න එපා! අද පටන් උපාලි ගෘහපතියා ශ්‍රමණ ගෞතමයන් වහන්සේ ගේ ශ්‍රාවකයෙකු බවට පත් වුනා. නිගණ්ඨයන් හට ත්. නිගණ්ඨීයන් හට ත් දොරටුව වැහුනා. භාග්‍යවතුන් වහන්සේට, භික්ෂූන්ට, භික්ෂුණීන්ට, උපාසකයන්ට, උපාසිකාවන්ට දොරටුව විවෘත වුනා. ඉදින් ස්වාමීනී, ඔබට පිණ්ඩපාතයෙන් ප්‍රයෝජනයක් තිබේ නම් ඔහොම සිටින්න. එතනට ම ඔබ වෙනුවෙන් ගෙනවිත් දෙන්නේය' කියල." "එසේය ස්වාමීනී" කියා දොරටුපාලයා උපාලි ගෘහපතියාට පිළිතුරු දුන්නා.

උපාලි ගෘහපතියා ශ්‍රමණ ගෞතමයන් ගේ ශ්‍රාවකයෙක් වූ වග දීඝතපස්සී නිගණ්ඨයාට අසන්නට ලැබුනා. එතකොට දීඝතපස්සී නිගණ්ඨයා නිගණ්ඨ නාතපුත්‍ර කරා පැමිණුනා. පැමිණ නිගණ්ඨ නාතපුත්‍ර ට මෙය පැවසුවා.

"ස්වාමීනී, උපාලි ගෘහපතියා ශ්‍රමණ ගෞතමයන් ගේ ශ්‍රාවකත්වයට පත්වුන බවට මට අසන්නට ලැබුනා.

"තපස්සී, 'උපාලි ගෘහපතියා ශ්‍රමණ ගෞතමයන් ගේ ශ්‍රාවකභාවයට පත් වන්නේ ය' යන යම් කරුණක් ඇද්ද, එය සිදුවිය හැකි දෙයක් නම් නොවේ. එහෙම දෙයක් වෙන්නට ඉඩක් නැහැ. නමුත්, 'ශ්‍රමණ ගෞතමයන් උපාලි ගෘහපතියා ගේ ශ්‍රාවක භාවයට පත් වන්නේ ය' යන යම් කරුණක් ඇද්ද, එය නම් සිදුවිය හැකි දෙයක්."

දෙවනුව ද ....(පෙ).... තුන්වෙනුව ද, "ස්වාමීනී, උපාලි ගෘහපතියා ශ්‍රමණ ගෞතමයන් ගේ ශ්‍රාවකත්වයට පත්වුන බවට මට අසන්නට ලැබුනා.

"තපස්සී, 'උපාලි ගෘහපතියා ශ්‍රමණ ගෞතමයන් ගේ ශ්‍රාවකභාවයට පත් වන්නේ ය' යන යම් කරුණක් ඇද්ද, එය සිදුවිය හැකි දෙයක් නම් නොවේ. එහෙම දෙයක් වෙන්නට ඉඩක් නැහැ. නමුත්, 'ශ්‍රමණ ගෞතමයන් උපාලි

ගෘහපතියා ගේ ශ්‍රාවක භාවයට පත් වන්නේ ය' යන යම් කරුණක් ඇද්ද, එය නම් සිදුවිය හැකි දෙයක්."

"ස්වාමීනී, එහෙම නම් මං ම යනවා. උපාලි ගෘහපතියා ශ්‍රමණ ගෞතමයන් ගේ ශ්‍රාවක බවට පත් වුනා ද නැද්ද කියන කාරණය මං ම දැනගන්නවා." "තපස්සී, නුඹ යව. උපාලි ගෘහපතියා ශ්‍රමණ ගෞතමයන් ගේ ශ්‍රාවක බවට පත් වුනා ද නැද්ද කියන කාරණය දැනගන්න."

ඉතින් දීඝතපස්සී නිගණ්ඨයා උපාලි ගෘහපතියා ගේ නිවස කරා ගියා. එතකොට දුරින් ම පැමිණෙන දීඝතපස්සී නිගණ්ඨයාව දොරටුපාලයා දුටුවා. දැක දීඝතපස්සී නිගණ්ඨයාට මෙය පැවසුවා. "ස්වාමීනී, සිටින්න! පිවිසෙන්න එපා! අද පටන් උපාලි ගෘහපතිතුමා ශ්‍රමණ ගෞතමයන් වහන්සේ ගේ ශ්‍රාවකයෙකු බවට පත් වුනා. නිගණ්ඨයන් හට ත්, නිගණ්ඨීයන් හට ත් දොරටුව වැහුනා. භාග්‍යවතුන් වහන්සේට, භික්ෂූන්ට, භික්ෂුණීන්ට, උපාසකයන්ට, උපාසිකාවන්ට දොරටුව විවෘත වුනා. ඉදින් ස්වාමීනී, ඔබට පිණ්ඩපාතයෙන් ප්‍රයෝජනයක් තිබේ නම් ඔහොම සිටින්න. එතනට ම ඔබ වෙනුවෙන් ගෙනවිත් දෙන්නේය." "එම්බා ඇවැත්නි, මට පිණ්ඩපාතයෙන් කම් නැතැ"යි එතැනින් ආපසු හැරී නිගණ්ඨ නාතපුත්‍රයා කරා පැමිණුනා. පැමිණ නිගණ්ඨ නාතපුත්‍රයාට මෙය පැවසුවා.

"ස්වාමීනී, උපාලි ගෘහපතියා ශ්‍රමණ ගෞතමයන් ගේ ශ්‍රාවකයෙක් වූ බවට ඇති කතාව හැබෑවක් නෙව. ස්වාමීනී, මං උපාලි ගෘහපතියා ගේ ගමන නවත්වන්න ගත් උත්සාහය හරි ගියේ නෑ. ස්වාමීනී, උපාලි ගෘහපතියා ශ්‍රමණ ගෞතමයන් හට වාදයක් ගොඩනගන්නේය යන කාරණාව මට රිස්සුවේ නෑ. ස්වාමීනී, ශ්‍රමණ ගෞතමයන් මායා දන්නවා. අන්‍යාගමිකයන් ගේ ශ්‍රාවකයන්ව තමන් ළඟට කරකැවී එන ආකාරයෙන් ඇදගන්නට සමත් ආවට්ටනී මායාව ශ්‍රමණ ගෞතමයන් දන්නවා. ස්වාමීනී, ඔබ ගේ ශ්‍රාවක වූ උපාලි ගෘහපතියා ශ්‍රමණ ගෞතමයන් විසින් ආවට්ටනී මායාවෙන් කරකවල ගත්තා."

"එම්බා තපස්සී, 'උපාලි ගෘහපතියා ශ්‍රමණ ගෞතමයන් ගේ ශ්‍රාවකභාවයට පත් වන්නේ ය' යන යම් කරුණක් ඇද්ද, එය සිදුවිය හැකි දෙයක් නම් නො වේ. එහෙම දෙයක් වෙන්නට ඉඩක් නැහැ. නමුත්, 'ශ්‍රමණ ගෞතමයන් උපාලි ගෘහපතියා ගේ ශ්‍රාවක භාවයට පත් වන්නේ ය' යන යම් කරුණක් ඇද්ද, එය නම් සිදුවිය හැකි දෙයක්."

දෙවනුව ද ....(පෙ).... තුන්වෙනුව ද දීඝතපස්සී නිගණ්ඨයා නිගණ්ඨ නාතපුත්‍රට මෙය පැවසුවා. "ස්වාමීනී, උපාලි ගෘහපතියා ශ්‍රමණ ගෞතමයන්

ගේ ශ්‍රාවකයෙක් වූ බවට ඇති කතාව හැබෑවක් නෙව. ස්වාමීනී, මං උපාලි ගෘහපතියා ගේ ගමන නවත්වන්න ගත් උත්සාහය හරි ගියේ නෑ. ස්වාමීනී, උපාලි ගෘහපතියා ශ්‍රමණ ගෞතමයන් හට වාදයක් ගොඩනගන්නේය යන කාරණාව මට රිස්සුවේ නෑ. ස්වාමීනී, ශ්‍රමණ ගෞතමයන් මායා දන්නවා. අන්‍යාගමිකයන් ගේ ශ්‍රාවකයන්ව තමන් ළඟට කරකැවී එන ආකාරයෙන් ඇදගන්නට සමත් ආවට්ටනී මායාව ශ්‍රමණ ගෞතමයන් දන්නවා. ස්වාමීනී, ඔබ ගේ ශ්‍රාවක වූ උපාලි ගෘහපතියා ශ්‍රමණ ගෞතමයන් විසින් ආවට්ටනී මායාවෙන් කරකවල ගත්තා.”

“එම්බා තපස්සී, ‘උපාලි ගෘහපතියා ශ්‍රමණ ගෞතමයන් ගේ ශ්‍රාවකභාවයට පත් වන්නේ ය’ යන යම් කරුණක් ඇද්ද, එය සිදුවිය හැකි දෙයක් නම් නොවේ. එහෙම දෙයක් වෙන්නට ඉඩක් නැහැ. නමුත්, ‘ශ්‍රමණ ගෞතමයන් උපාලි ගෘහපතියා ගේ ශ්‍රාවක භාවයට පත් වන්නේ ය’ යන යම් කරුණක් ඇද්ද, එය නම් සිදුවිය හැකි දෙයක්.” “තපස්සී, එහෙම නම් මං ම යනවා. උපාලි ගෘහපතියා ශ්‍රමණ ගෞතමයන් ගේ ශ්‍රාවක බවට පත් වුනා ද නැද්ද කියන කාරණය මං ම දැනගන්නවා.”

ඉතින් නිගණ්ඨ නාතපුත්‍ර මහත් නිගණ්ඨ පිරිසක් සමඟ උපාලි ගෘහපතියා ගේ නිවස කරා ගියා. එතකොට දුරින් ම පැමිණෙන නිගණ්ඨ නාතපුත්‍රයා දොරටුපාලයා දුටුවා. දැක නිගණ්ඨ නාතපුත්‍රයාට මෙය පැවසුවා. “ස්වාමීනී, සිටින්න! පිවිසෙන්න එපා! අද පටන් උපාලි ගෘහපතිතුමා ශ්‍රමණ ගෞතමයන් වහන්සේ ගේ ශ්‍රාවකයෙකු බවට පත් වුනා. නිගණ්ඨයන් හට ත්, නිගණ්ඨීයන් හට ත් දොරටුව වැහුනා. භාග්‍යවතුන් වහන්සේට, භික්ෂූන්ට, භික්ෂුණීන්ට, උපාසකයන්ට, උපාසිකාවන්ට දොරටුව විවෘත වුනා. ඉදින් ස්වාමීනී, ඔබට පිණ්ඩපාතයෙන් ප්‍රයෝජනයක් තිබේ නම් ඔහොම සිටින්න. එතනට ම ඔබ වෙනුවෙන් ගෙනවිත් දෙන්නේ ය.”

“එසේ නම් යහළු දොරටුපාලය, උපාලි ගෘහපතියා ළඟට යන්න. ගිහින් උපාලි ගෘහපතියාට මෙහෙම කියන්න. ‘ස්වාමීනී, නිගණ්ඨ නාතපුත්‍ර මහත් වූ නිගණ්ඨ පිරිසක් සමඟ එළියේ හිටගෙන ඉන්නවා. ඔහු තමුන්නාසේව දකින්න කැමතියි’ කියල.” “එසේය ස්වාමීනී” කියා දොරටුපාලයා නිගණ්ඨ නාතපුත්‍රට පිළිතුරු දී උපාලි ගෘහපතියා වෙත පැමිණුනා. පැමිණ උපාලි ගෘහපතියාට මෙය පැවසුවා. “ස්වාමීනී, ස්වාමීනී, නිගණ්ඨ නාතපුත්‍ර මහත් වූ නිගණ්ඨ පිරිසක් සමඟ එළියේ හිටගෙන ඉන්නවා. ඔහු තමුන්නාසේව දකින්න කැමතියි” “එසේ වී නම් යහළු දොරටුපාලය, මධ්‍යම දොරටු ශාලාවෙහි ආසන පණවන්න. “එසේය ස්වාමීනී” කියා දොරටුපාලයා උපාලි ගෘහපතියාට පිළිතුරු දී මධ්‍යම

දොරටු ශාලාවේ ආසන පැණෙව්වා. උපාලි ගෘහපතියා ළඟට ගිහින් මෙකරුණ සැළකළා. "ස්වාමීනී, මධ්‍යම දොරටු ශාලාවේ ආසන පැණෙව්වා. දැන් එයට කල් දැනගන්න" කියල.

ඉතින් උපාලි ගෘහපතියා මධ්‍යම දොරටු ශාලාව වෙත පැමිණුනා. පැමිණ එහි අග්‍ර වූත්, ශ්‍රේෂ්ඨ වූත්, උත්තම වූත්, ඉතා සැපවත් වූත් යම් ආසනයක් ඇද්ද එහි වාඩි වෙලා දොරටුපාලයා ඇමතුවා. "එසේ වී නම් යහළු දොරටුපාලය, නිගණ්ඨ නාතපුත්‍ර වෙත යන්න. ගිහින් නිගණ්ඨ නාතපුත්‍රට මෙහෙම කියන්න. "ස්වාමීනී, උපාලි ගෘහපතියා මෙහෙම කියනවා. 'ස්වාමීනී, ඉදින් කැමති නම් පිවිසෙන්න' කියල" "එසේය ස්වාමීනී" කියා දොරටුපාලයා උපාලි ගෘහපතියාට පිළිතුරු දී නිගණ්ඨ නාතපුත්‍ර වෙත ගියා. ගිහින් නිගණ්ඨ නාතපුත්‍රට මෙය කිව්වා. "ස්වාමීනී, උපාලි ගෘහපතියා මෙහෙම කියනවා. ස්වාමීනී, ඉදින් කැමති නම් පිවිසෙන්න" කියල.

එතකොට නිගණ්ඨ නාතපුත්‍රයා මහත් නිගණ්ඨ පිරිසක් සමඟ මධ්‍යම දොරටු ශාලාවට පැමිණුනා. ඉස්සර නම් උපාලි ගෘහපතියා නිගණ්ඨ නාතපුත්‍ර දුරින් ම පැමිණෙන බව දකින්නේ යම් තැනක සිට ද එතන සිට ම පෙර ගමන් කරනවා. එහි තිබෙන අග්‍ර වූ ත්, ශ්‍රේෂ්ඨ වූ ත්, උත්තම වූ ත් ඉතා සැපවත් වූ ත් යම් ආසනයක් වේ නම් එය උතුරු සළුවෙන් ගසා පිරිමැද එහි වාඩි කරවනවා. නමුත් ඔහු දැන් එහි යම් අග්‍ර වූ ත්, ශ්‍රේෂ්ඨ වූ ත්, උත්තම වූ ත් ඉතා සැපවත් වූ ත් ආසනයක් වේද, ඒ ආසනයේ තමන් වාඩි වෙලා නිගණ්ඨ නාතපුත්‍රයා හට මෙය කිව්වා. "ස්වාමීනී, ආසන පණවා තිබෙනවා. ඉදින් කැමති නම් වාඩිවුන මැනව." මෙසේ කී කල්හි නිගණ්ඨ නාතපුත්‍ර උපාලි ගෘහපතියා ට මෙය පැවසුවා. "එම්බා ගෘහපතිය, නුඹට උමතුවක් හැදුන ද? එම්බා ගෘහපතිය, නුඹ ජඩව ගියා ද? 'ස්වාමීනී, මං ශ්‍රමණ ගෞතමයාට වාදයක් ගොඩනංවනවා'ය කියලා ගිහින් මහත් වාද බන්ධනයෙන් හිර වෙලා ආවා නෙවෙ ද? එම්බා ගෘහපතිය, පුරුෂයෙක් අණ්ඩකෝෂය ඇති ව ගිහින් අන්තිමේදී ඒ අණ්ඩකෝෂයන් ගලවගෙන ආව වගෙයි නෙව. එම්බා ගෘහපතිය, පුරුෂයෙක් ඇස් දෙක ඇතුව ගිහින් ඇස් ගලෝගෙන ආව වගෙයි නෙව. එම්බා ගෘහපතිය, නුඹ 'ස්වාමීනී, මං ශ්‍රමණ ගෞතමයාට වාදයක් ගොඩනංවනවා'ය කියලා ගිහින් මහත් වාද බන්ධනයෙන් හිර වෙලා ආවා නෙවෙ ද? එම්බා ගෘහපතිය, නුඹ ශ්‍රමණ ගෞතමයන් ගේ ආවට්ටනී මායාවෙන් කරකැවිලා ගියා නේද?"

"ස්වාමීනී, ආවට්ටනී මායාව ඉතා සුන්දර යි. ස්වාමීනී, ආවට්ටනී මායාව ඉතා කළ්‍යාණ යි. ස්වාමීනී, මගේ ප්‍රිය වූ ලේ ඥාතීන් ද මේ ආවට්ටනී

මායාවෙන් කරකැවී යනවා නම් ඒ මගේ ප්‍රිය වූ ලේ නෑදෑයන් හට එය බොහෝ කලක් හිත සුව පිණිස පවතීවි. ඒ වගේ ම ස්වාමීනී, සියළු ක්ෂත්‍රියයන් ද, මේ ආවට්ටනී මායාවෙන් කරකැවී යනවා නම් ඒ සියළු ක්ෂත්‍රියයන් හට එය බොහෝ කලක් හිත සුව පිණිස පවතීවි. ස්වාමීනී, සියළු බ්‍රාහ්මණයන් ....(පෙ).... සියළු වෛශ්‍යයන් ....(පෙ).... සියළු ශූද්‍රයන් මේ ආවට්ටනී මායාවෙන් කරකැවී යනවා නම් ඒ සියළු ශූද්‍රයන් හට එය බොහෝ කලක් හිත සුව පිණිස පවතීවි. ස්වාමීනී, දෙවියන් සහිත වූ, මරුන් සහිත වූ, බඹුන් සහිත වූ ශ්‍රමණ බ්‍රාහ්මණයන් සහිත වූ දෙව් මිනිස් ප්‍රජාව ද මේ ආවට්ටනී මායාවෙන් කරකැවී යනවා නම් ඒ දෙවියන් සහිත වූ, මරුන් සහිත වූ, බඹුන් සහිත වූ, ශ්‍රමණ බ්‍රාහ්මණයන් සහිත වූ දෙව් මිනිස් ප්‍රජාවට එය බොහෝ කලක් හිත සුව පිණිස පවතීවි. එසේ වී නම් ස්වමීනී, මා උපමාවක් ඉදිරිපත් කරන්නම්. යම් බුද්ධිමත් මනුෂ්‍යයෙකුට උපමාවකින් වුනත් කියන ලද කරුණෙහි අර්ථය වටහා ගන්නට පුළුවන්කම තියෙනවා.

ස්වාමීනී, මෙය ඉස්සර වෙච්ච දෙයක්. ඔන්න දිරා ගිය, වයස්ගත වූ, එක්තරා මහළු බ්‍රාහ්මණයෙකු ට ළදරු මෙනවියක් භාර්යාව වුනා. ඉතින් ඇය ගර්භණී වෙලා දරුවා වදන කාලය ළං වුනා. එතකොට ස්වාමීනී, ඒ මෙනවිය අර බමුණාට මෙය කිව්වා. 'එම්බා බ්‍රාහ්මණය, ඔබ යන්න. මාගේ දරුවාට සෙල්ලම් පිණිස යම් වඳුරු පැටවෙක් වෙයි ද, එබඳු වඳුරු පැටවෙකු කඩපිලෙන් මිලට ගෙනෙන්න.' එතකොට අර බමුණා ඒ මෙනවියට මෙහෙම කියනවා 'සොඳුර, දරුවා වදන තුරු ටිකක් ඉවසනු මැනව. ඉදින් සොඳුර ඔබ කුමාරයෙකු වැදුවොත් මං ඔබට කඩපිලෙන් ඒ කුමාරයාට සෙල්ලම් පිණිස වඳුරු පැටවෙකු ගෙන එන්නම්. ඉදින් ඔබ කුමාරියක වැදුවහොත් මං ඒ කුමාරියට සෙල්ලම් පිණිස කඩපිලෙන් වැඳිරි පැටියක ගෙන එන්නම්.' ඉතින් ස්වාමීනී, ඒ මෙනවිය දෙවන වතාවටත් ....(පෙ).... තුන් වන වතාවටත් අර බමුණාට මෙය කිව්වා. 'එම්බා බ්‍රාහ්මණය, ඔබ යන්න. මාගේ දරුවාට සෙල්ලම් පිණිස යම් වඳුරු පැටවෙක් වෙයි ද, එබඳු වඳුරු පැටවෙකු කඩපිලෙන් මිලට ගෙනෙන්න.' එතකොට ස්වාමීනී, ඒ මෙනවිය කෙරෙහි ඇලුණු සිත් ඇති, බැඳුණු සිත් ඇති ඒ බ්‍රාහ්මණයා කඩපිලෙන් වඳුරු පැටවෙකු මිල දී ගෙනවුත් අර මෙනෙවියට මෙය කිව්වා. 'භවතී, ඔබ ගේ කුමාරයාට සෙල්ලම් පිණිස මෙන්න මං ඔබට වඳුරු පැටවෙක් ගෙනාවා.' එවිට ස්වාමීනී, ඒ මෙනෙවිය අර බ්‍රාහ්මණයාට මෙහෙම කියනවා. 'එම්බා බ්‍රාහ්මණය, ඔබ යන්න, මේ වඳුරු පැටියා සායම් පොවන රජක පුත්‍රයා ළඟට ගෙන යන්න. ගෙනිහින් සායම් පොවන රජක පුත්‍රයාට මෙහෙම කියන්න.' 'යහළු සායම් පොවන තැනැත්ත, මේ වඳුරු

පැටවාව රන් වන් වූ කහ පාටින් සායම් කොට හොඳින් එහාට මෙහාට තලා අපුල්ලා දෙපස මට්ටම් කොට සකසා ගන්නට කැමැතියි.'

එතකොට ස්වාමීනී, ඒ මෙනවිය කෙරෙහි ඇලුණු සිත් ඇති, බැඳුණු සිත් ඇති ඒ බ්‍රාහ්මණයා, වඳුරු පැටියා රැගෙන සායම් පොවන රජකපුත්‍රයා ළඟට ගියා. ඒ සායම් පොවන රජක පුත්‍රයාට මෙය කීවා. 'යහළු සායම් පොවන තැනැත්ත, මේ වඳුරු පැටවාව රන්වන් වූ කහපාටින් සායම් කොට හොඳින් එහාට මෙහාට තලා අපුල්ලා දෙපස මට්ටම් කොට සකසා ගන්නට කැමතියි.'

එතකොට ස්වාමීනී, සායම් පොවන රජක පුත්‍රයා ඒ බ්‍රාහ්මණයාට මෙහෙම කියනවා. 'හිමියනි, ඔබ ගේ වඳුරු පැටවාට සායම් ගන්වන්නට පුළුවනි. නමුත් අපුල්ලන්නට බැහැ. හොඳින් තලා මට්ටම් කරන්නට බැහැ' කියල. ස්වාමීනී, ඔය අයුරින් ම අඥාන වූ නිගණ්ඨයින් ගේ කියුම් අඥානයන්ට නම් වර්ණවත් වෙන්නට පුළුවනි. නමුත් නුවණැත්තන්ට හරියන්නෙ නෑ. නුවණැත්තන්ට හොඳින් විමසා බලන්නට බැහැ. හොඳින් තලා මට්ටම් කොට ගන්නට බැහැ.

ඒ වගේ ම ස්වාමීනී, ඒ බ්‍රාහ්මණයා මෑත කාලෙක අලුත් ම වස්ත්‍ර යුගලක් ගෙන සායම් පොවන රජක පුත්‍රයා ළඟට යනවා. ගිහින් සායම් පොවන රජක පුත්‍රයාට මෙහෙම කියනවා. 'යහළු සායම් පොවන තැනැත්ත, මේ අලුත් වස්ත්‍ර යුගල රන්වන් කහ පැහැයෙන් සායම් පොවා ගන්නටත්, හොඳින් අපුල්ලා තලා මට්ටම් කර ගන්නටත් කැමතියි.' එතකොට ස්වාමීනී, ඒ සායම් පොවන රජක පුත්‍රයා අර බමුණාට මෙහෙම කියනවා. 'හිමියනි, මේ අලුත් වස්ත්‍ර යුගල නම් හොඳින් සායම් පොවන්නටත් පුළුවනි. හොඳින් අපුල්ලන්ටත් පුළුවනි. තලා මට්ටම් කරන්ටත් පුළුවනි' කියල.

ස්වාමීනී, ඒ භාග්‍යවත් වූ අරහත් වූ සම්මා සම්බුදුරජාණන් වහන්සේ ගේ කතාව අන්න ඒ වගේ. එය නුවණැත්තන්ව වර්ණවත් කරන්නට පුළුවන් දෙයක්. නුවණින් විමසීම නම් වූ ඇපිල්ලීමට ත්, නැවත නැවත විමසීම නම් වූ තලා ඔපමට්ටම් කිරීමට ත් පුළුවන් දෙයක්. නමුත් අඥානයින්ට නම් වැඩක් නැහැ."

"එම්බා ගෘහපතිය, නමුත් රජු සහිත වූ පිරිස නුඹ ගැන මෙහෙමයි දන්නෙ. 'උපාලි ගෘහපතියා නිගණ්ඨ නාතපුත්‍රයා ගේ ශ්‍රාවකයෙක්' ය කියල. එම්බා ගෘහපතිය, නුඹ කවරෙකු ගේ ශ්‍රාවකයෙක් කියා ද අප දරා ගත යුත්තේ?"

එසේ කී කල්හි උපාලි ගෘහපතියා හුනස්නෙන් නැගිට්ටා. උතුරු සළුව ඒකාංශ කොට පොරවා ගත්තා. භාග්‍යවතුන් වහන්සේ වැඩ සිටින දිශාවට

වන්දනා කරගෙන නිගණ්ඨ නාතපුත්‍ර හට මෙය පැවසුවා. "ස්වාමීනී, එසේ වී නම් මං යම් කෙනෙකුන් ගේ ශ්‍රාවකයෙක් වෙම් ද, ඒ උන්වහන්සේ ගේ ගුණ අසනු මැනව."

01. මහා නුවණැති හෙයින් **ධීර** නම් වූ, මොහඳුර දුරලූ හෙයින් **විගතමෝහ** නම් වූ, කෙලෙස් හුල් බිඳලූ හෙයින් **පභින්නඛිල** නම් වූ, මාර සේනා ජයගත් හෙයින් **විජිතවිජය** නම් වූ, කෙලෙස් දුක් රහිත හෙයින් **අනීඝ** නම් වූ, සොඳුරු සමසිත් ඇති හෙයින් **සුසමචිත්ත** නම් වූ, වැඩුණු සිල් ඇති හෙයින් **වෘද්ධසීල** නම් වූ, සොඳුරු ප්‍රඥා ඇති හෙයින් **සාධුපඤ්ඤ** නම් වූ, කෙලෙස් දුර්ගයෙන් එතෙරට වැඩි හෙයින් **වෙස්සන්තර** නම් වූ, නිමල ගුණ ඇති හෙයින් **විමල** නම් වූ, භාග්‍යවතුන් වහන්සේ ගේ ශ්‍රාවකයා වෙමි මම්.

02. සැකයෙන් එතෙරට වැඩි හෙයින් **අකථංකථී** නම් වූ, සතුටින් පිරුණු සිත් ඇති හෙයින් **තුසිත** නම් වූ, කාම ගුණ බැහැර කළ හෙයින් **වංතලෝකාමිස** නම් වූ, ලොවේ යහපත දක සතුටු වන හෙයින් **මුදිත** නම් වූ, ශ්‍රමණ ගුණ සපුරා ගත් හෙයින් **කතසමණ** නම් වූ, උතුම් මිනිසෙක් හෙයින් **මනුජ** නම් වූ, අවසන් සිරුර දරනා හෙයින් **අන්තිමසාරීර** නම් වූ, උදාර මිනිසෙක් හෙයින් **නර** නම් වූ, අලාමක සිත් ඇති හෙයින් **අනෝපම** නම් වූ, කෙලෙස් දූහුවිලි නැති හෙයින් **විරජ** නම් වූ, භාග්‍යවතුන් වහන්සේගේ ශ්‍රාවකයා වෙමි මම්.

03. සංකා රහිත සිත් ඇති හෙයින් **අසංසය** නම් වූ, හැමට යහපත සදනා හෙයින් **කුල** නම් වූ, ලෝ සතුන් දමනය කරනා හෙයින් **වේණයික** නම් වූ, දහමේ මැනවින් හික්මවන උතුම් රථාචාර්යා බඳු හෙයින් **සාරථීවර** නම් වූ, උදාර ගුණ ඇති හෙයින් **අනුත්තර** නම් වූ, පිරිසිදු දහම් ඇති හෙයින් **රුචිරධම්ම** නම් වූ, නිසැක ගුණ ඇති හෙයින් **නික්කංඛ** නම් වූ, නුවණින් ලොව එළිය කරනා හෙයින් **පභාසකර** නම් වූ, මානය සිඳලූ හෙයින් **මානච්ඡිද** නම් වූ, මහා වීර ගුණ ඇති හෙයින් **වීර** නම් වූ, භාග්‍යවතුන් වහන්සේගේ ශ්‍රාවකයා වෙමි මම්.

04. අසම ගුණ ඇති හෙයින් **නිසභ** නම් වූ, පමණ කළ නො හැකි ගුණ ඇති හෙයින් **අප්පමෙය්‍ය** නම් වූ, ගැඹුරු නුවණැති හෙයින් **ගම්භීර** නම් වූ, මුනි දහමට පත් වූ හෙයින් **මෝනපත්ත** නම් වූ, බිය රහිත ගුණයෙන් යුතු හෙයින් **ඛේමංකර** නම් වූ, ලොවෙහි දෙවියන් බඳු හෙයින් **දේව** නම් වූ, ධර්මයෙහි පිහිටි හෙයින් **ධම්මට්ඨ** නම් වූ, සංවර සිත් ඇති හෙයින්

සංවුතත්ත නම් වූ, කෙලෙස් ඉක්ම ගිය හෙයින් **සංඝාතිග** නම් වූ, දුකින් නිදහස් වූ හෙයින් **මුත්ත** නම් වූ, භාග්‍යවතුන් වහන්සේගේ ශ්‍රාවකයා වෙමි මම්.

05. මහා ඇත් රජෙකු වැනි හෙයින් **නාග** නම් වූ, ඈත වනයේ වසනා හෙයින් **පන්තසේන** නම් වූ, කෙලෙස් බැඳීම් ගෙවා දැමූ හෙයින් **ඛීණසංයෝජන** නම් වූ, කෙලෙසුන්ගෙන් නිදහස් වූ හෙයින් **මුත්ත** නම් වූ, නුවණින් යුතු කථාබහ ඇති හෙයින් **පටිමන්තක** නම් වූ, කෙලෙස් සෝදා හළ හෙයින් **ධෝණ** නම් වූ, මානධජ බිම හෙලූ හෙයින් **පන්නද්ධජ** නම් වූ, වීතරාගී හෙයින් **වීතරාග** නම් වූ, දමනය වූ හෙයින් **දමිත** නම් වූ, කෙලෙස් සිතිවිලි රහිත වූ, හෙයින් **නිප්පපඤ්ච** නම් වූ භාග්‍යවතුන් වහන්සේගේ ශ්‍රාවකයා වෙමි මම්.

06. සත් බුදුවරුන් අතරේ සත් වැනි මහා ඍෂි වූ හෙයින් **ඉසිසත්තම** නම් වූ, කුහක ගති නැති හෙයින් **අකුහ** නම් වූ, ත්‍රිවිද්‍යාව ලද හෙයින් **තේවිජ්ජ** නම් වූ, ශ්‍රේෂ්ඨත්වයට පත් වූ හෙයින් **බ්‍රහ්මපත්ත** නම් වූ, කෙලෙස් සෝදා හළ හෙයින් **නහාතක** නම් වූ, දහම් පද මැනවින් දෙසනා හෙයින් **පදක** නම් වූ, සැහැල්ලු සිත කය ඇති හෙයින් **පස්සද්ධ** නම් වූ, දුටු දහම් ඇති හෙයින් **විදිතවේද** නම් වූ, හැමට පළමුව ධර්ම දානය බෙදා දුන් හෙයින් **පුරින්දද** නම් වූ, සියලු ගුණයට දක්ෂ හෙයින් **සක්ක** නම් වූ, භාග්‍යවතුන් වහන්සේ ගේ ශ්‍රාවකයා වෙමි මම්.

07. ආර්ය ගුණ ඇති හෙයින් **අරිය** නම් වූ, වඩන ලද සිත් ඇති හෙයින් **භාවිතත්ත** නම් වූ, උතුම් ගුණයට සපැමිණි හෙයින් **පත්තිපත්ත** නම් වූ, දහම මැනවින් තෝරා දෙන හෙයින් **වෙය්‍යාකරණ** නම් වූ, මනා සිහි නුවණ ඇති හෙයින් **සතිමා** නම් වූ, නුවණින් ලොව දක්නා හෙයින් **විපස්සී** නම් වූ, රහත් ගුණයෙන් යුතු හෙයින් **අනභිනත** නම් වූ, සියලු නුගුණින් බැහැර වූ හෙයින් **අනපණත** නම් වූ, තෘෂ්ණා නැති හෙයින් **අනේජ** නම් වූ, වසඟ කළ සිත් ඇති හෙයින් **වසිප්පත්ත** නම් වූ, භාග්‍යවතුන් වහන්සේ ගේ ශ්‍රාවකයා වෙමි මම්.

08. යහපත් මග වැඩි හෙයින් **සම්මග්ගත** නම් වූ, ධ්‍යාන වඩනා හෙයින් **ඣායී** නම් වූ, කෙලෙස් හා එක් නො වූ සිත් ඇති හෙයින් **අනනුගතන්තර** නම් වූ, පාරිශුද්ධ හෙයින් **ශුද්ධ** නම් වූ, කෙලෙස් රහිත හෙයින් **අසිත** නම් වූ, නැති නො වන ගුණ ඇති හෙයින් **අප්පහීණ** නම් වූ, හුදෙකලාවේ ඇලුණු සිත් ඇති හෙයින් **පවිවිත්ත** නම් වූ, ලොවෙහි මුදුනට පත් වූ

හෙයින් **අග්ගපත්ත** නම් වූ, සසරෙන් එතෙරට වැඩි හෙයින් **තිණ්ණ** නම් වූ, අනුන් එතෙර කරවන හෙයින් **තාරයන්ත** නම් වූ, භාග්‍යවතුන් වහන්සේ ගේ ශ්‍රාවකයා වෙමි මම්.

09. ශාන්ත විහරණ ඇති හෙයින් **සන්ත** නම් වූ, ගම්භීර ප්‍රඥා ඇති හෙයින් **භූරිපඤ්ඤ** නම් වූ, මහා ප්‍රඥා ඇති හෙයින් **මහාපඤ්ඤ** නම් වූ, ලෝභය දුරු වී ඇති හෙයින් **වීතලෝභ** නම් වූ, සත්‍යයට පත් වූ හෙයින් **තථාගත** නම් වූ, සොඳුරු ගමනක් වැඩි හෙයින් **සුගත** නම් වූ, එවැනි වෙන කෙනෙකු නැති හෙයින් **අප්පටිපුග්ගල** නම් වූ, සමාන කෙනෙක් නැති හෙයින් **අසම** නම් වූ, විශාරද ඤාණ ඇති හෙයින් **විසාරද** නම් වූ, සියුම් නුවණැති හෙයින් **නිපුණ** නම් වූ, භාග්‍යවතුන් වහන්සේ ගේ ශ්‍රාවකයා වෙමි මම්.

10. තණ්හාව සිඳලූ හෙයින් **තණ්හච්ඡිද** නම් වූ, අවබෝධයට පත් වූ හෙයින් **බුද්ධ** නම් වූ, කෙලෙස් දුම් බැහැර කළ හෙයින් **වීතධූම** නම් වූ, කෙලෙස් හා නො තැවරී සිටිනා හෙයින් **අනුපලිත්ත** නම් වූ, පුද පූජාවන්ට සුදුසු හෙයින් **ආහුණෙය්‍ය** නම් වූ, ශ්‍රේෂ්ඨ උතුමෙකු හෙයින් **යක්ඛ** නම් වූ, උතුම් පුද්ගලයෙකු හෙයින් **උත්තමපුග්ගල** නම් වූ, මිනිය නො හැකි ගුණ ඇති හෙයින් **අතුල** නම් වූ, මහා ගුණ ඇති හෙයින් **මහා** නම් වූ, මහා යසසට පත් වූ හෙයින් **යසග්ගපත්ත** නම් වූ, භාග්‍යවතුන් වහන්සේ ගේ ශ්‍රාවකයා වෙමි මම්.

"එම්බා ගෘහපතිය, නුඹ විසින් ශ්‍රමණ ගෞතමයන් ගේ ගුණ වර්ණනාව එක් රැස් කරගත්තේ කවදා ද?" "ස්වාමීනී, නා නා මල් සමූහයක් තියෙනවා. මල් මහත් රාශියක් තියෙනවා. එතකොට දක්ෂ මල් කාරයෙක් හෝ මල්කරු ගේ අතවැසියෙක් හෝ ඇවිත් ඒ මල් වලින් විචිත්‍ර වූ මාලා දාමයක් ගොතනවා. ස්වාමීනී, අන්න ඒ වගේ භාග්‍යවතුන් වහන්සේ අනේක වර්ණනාවෙන් යුක්තයි. නොයෙක් සිය ගණන් වර්ණනාවෙන් යුක්තයි. ස්වාමීනී, වර්ණනා කිරීමට ඒකාන්තයෙන් ම සුදුසු වූ උතුමෙකු ගේ ගුණ වර්ණනාව නො කරන්නේ කවුද?"

සාදු! සාදු!! සාදු!!!

එතකොට භාග්‍යවතුන් වහන්සේට ලැබෙන සත්කාරය ඉවසා ලිය නො හැකි නිගණ්ඨ නාතපුත්‍රයා හට එහිදී ම උණු ලේ මුවින් නැගුනා.

උපාලි ගෘහපතිතුමා හට වදාළ දෙසුම නිමා විය.

2.1.7.
කුක්කුරවතිය සූත්‍රය
සුනඛ ව්‍රත ගත් තවුසන් අරහයා වදාළ දෙසුම

මා හට අසන්නට ලැබුනේ මේ විදිහට යි. ඒ සමයෙහි භාග්‍යවතුන් වහන්සේ වැඩසිටියේ කෝලිය ජනපදයෙහි හලිද්දවසන නම් වූ කෝලිය වරුන් ගේ නියම් ගමෙහි ය. එදා ගව ව්‍රතය සමාදන් වූ කෝලිය පුත්‍ර පුණ්ණ ත්, සුනඛ ව්‍රතය සමාදන් වූ නිරුවත් සේනිය ත් භාග්‍යවතුන් වහන්සේ වෙත පැමිණුනා. එසේ පැමිණි ගව ව්‍රතය සමාදන් වූ කෝලිය පුත්‍ර පුණ්ණ භාග්‍යවතුන් වහන්සේට වන්දනා කොට එකත්පස්ව වාඩි වුනා. සුනඛ ව්‍රතය සමාදන් වූ නිරුවත් සේනිය භාග්‍යවතුන් වහන්සේ සමඟ සතුටු වුනා. සතුටු විය යුතු පිළිසඳර කතාව නිමවා, සුනඛයෙකු ලෙසින් හැකිලී කරකැවී එකත්පස්ව වාඩි වුණා. එකත්පස්ව හුන් ගව ව්‍රතය සමාදන් වූ කෝලිය පුත්‍ර පුණ්ණ භාග්‍යවතුන් වහන්සේට මෙය කිව්වා.

"ස්වාමීනී, මේ නිරුවත් සේනිය සුනඛ ව්‍රතය සමාදන් වෙලා ඉන්නෙ. දුෂ්කර ක්‍රියාවක් කරන්නෙ. බිමට දැමූ දෙයක් තමයි අනුභව කරන්නෙ. මොහු විසින් ඒ සුනඛ ව්‍රතය දිගු කලක් තිස්සේ සමාදන්ව සිටිනවා. ඉතින් ස්වාමීනී, මෙහු ගේ ගතිය කුමක් වේවි ද? පරලොව උපත කුමක් වේවි ද?"

"වැඩක් නැහැ පුණ්ණ, ඔය කාරණය එසේ ම තිබේවා! එය මගෙන් අසන්නට එපා." දෙවෙනි වතාවට ත් ....(පෙ).... තුන්වෙනි වතාවටත් ගව ව්‍රතය සමාදන් වූ කෝලිය පුත්‍ර පුණ්ණ භාග්‍යවතුන් වහන්සේට මෙය කිව්වා.

"ස්වාමීනී, මේ නිරුවත් සේනිය සුනඛ ව්‍රතය සමාදන් වෙලා ඉන්නෙ. දුෂ්කර ක්‍රියාවක් කරන්නෙ. බිමට දැමූ දෙයක් තමයි අනුභව කරන්නෙ. මොහු විසින් ඒ සුනඛ ව්‍රතය දිගු කලක් තිස්සේ සමාදන්ව සිටිනවා. ඉතින් ස්වාමීනී, මෙහු ගේ ගතිය කුමක් වේවි ද? පරලොව උපත කුමක් වේවි ද?"

"වැඩක් නැහැ පුණ්ණ, ඔය කාරණය එසේ ම තිබේවා! එය මගෙන් අසන්නට එපා කියල පුණ්ණ මා ඔබට පැවසූ බස මට ලැබෙන්නෙ නැහැ. එනිසා මං ඔබට එය ප්‍රකාශ කරන්නම්.

පුණ්ණය, මෙහිලා කෙනෙක් සුනඛ ව්‍රතය වඩනවා. පරිපූර්ණව නිරතුරුව වඩනවා. සුනඛ සීලය වඩනවා. පරිපූර්ණව නිරතුරුව වඩනවා. සුනඛ සිත වඩනවා. පරිපූර්ණව නිරතුරුව වඩනවා. සුනඛ ආකල්ප වඩනවා. පරිපූර්ණව නිරතුරුව වඩනවා. ඉතින් ඔහු සුනඛ ව්‍රතය පරිපූර්ණව නිරතුරුව වඩලා, සුනඛ සීලය පරිපූර්ණව නිරතුරුව වඩලා, සුනඛ සිත පරිපූර්ණව නිරතුරුව වඩලා, සුනඛ ආකල්ප පරිපූර්ණව නිරතුරුව වඩලා කය බිඳී මරණින් මතු සුනඛයන් ගේ ලෝකයෙහි උපත ලබනවා. ඉදින් යම් කෙනෙකුට මෙවැනි දෘෂ්ටියක් තිබුනොත්, ඒ කියන්නේ; 'මං මේ සීලයෙන් වේවා, ව්‍රතයෙන් වේවා, තපසින් වේවා, බඹසරින් වේවා දෙවියෙක් වන්නෙමි. අන්‍ය වූ දෙවියෙක් හෝ වන්නෙමි' කියා, එය ඔහු ගේ මිත්‍යා දෘෂ්ටිය යි. පුණ්ණය, මිත්‍යා දෘෂ්ටිකයා හට ගති දෙකක් අතරින් එක්තරා ගතියක් උරුම බවයි මා කියන්නේ. එක්කො නිරයේ උපත ලබනවා. එහෙම නැත්නම් තිරිසන් යෝනියේ උපදිනවා. පුණ්ණය, හුදෙක් සුනඛ ව්‍රතය සුනඛයන් ගේ ලෝකයෙහි උපත ලබා දෙනවා. වරදවා ගත් දෘෂ්ඨිය ඇති විට නිරයෙහි උපත ලබා දෙනවා.

මෙසේ වදාළ කල්හි සුනඛ ව්‍රතයෙන් යුතු නිරුවත් සේනිය හඬන්නට පටන් ගත්තා. කඳුළු සැලුවා. එවිට භාග්‍යවතුන් වහන්සේ ගව ව්‍රතයෙන් යුතු කෝලිය පුත්‍ර පුණ්ණයා හට මෙය වදාළා. "පුණ්ණය, ඔබට මා මුලින් කියූ බස මට ලැබුනේ නැහැ නෙව. ඒ කියන්නේ; 'වැඩක් නැහැ පුණ්ණ, ඔය කාරණය එසේ ම තිබේවා! එය මගෙන් අසන්නට එපා' කියල." "භාග්‍යවතුන් වහන්සේ මා ගැන යමක් වදාළ සේක් ද, ස්වාමීනී, මං මේ හඬන්නේ ඒ කාරණයට නො වෙයි. නමුත් ස්වාමීනී, මං බොහෝ කලක් මුලුල්ලෙහි මේ සුනඛ ව්‍රතය සමාදන්ව සිටියා. ඒ වගේ ම ස්වාමීනී, මේ කෝලිය පුත්‍ර පුණ්ණයා ද ගව ව්‍රතය සමාදන්ව සිටිනවා. "ඉතින් ස්වාමීනී, මොහු ගේ ගතිය කුමක් වේවි ද? පරලොව උපත කුමක් වේවි ද?"

"වැඩක් නැහැ සේනිය, ඔය කාරණය එසේ ම තිබේවා! එය මගෙන් අසන්නට එපා." දෙවෙනි වතාවට ත් ....(පෙ).... තුන්වෙනි වතාවට ත් සුනඛ ව්‍රතය සමාදන් වූ නිරුවත් සේනිය භාග්‍යවතුන් වහන්සේට මෙය කිව්වා.

"ස්වාමීනී, මේ කෝලිය පුත්‍ර පුණ්ණයා ගව ව්‍රතය බොහෝ කලක් තිස්සේ සමාදන් වෙලා ඉන්නෙ. ඉතින් ස්වාමීනී, මොහු ගේ ගතිය කුමක් වේවි ද? පරලොව උපත කුමක් වේවි ද?"

"වැඩක් නැහැ සේනිය, ඔය කාරණය එසේ ම තිබේවා! එය මගෙන් අසන්නට එපා කියල සේනිය මා ඔබට පැවසූ බස මට ලැබෙන්නෙ නැහැ. එනිසා මං ඔබට එය ප්‍රකාශ කරන්නම්.

සේනිය, මෙහිලා කෙනෙක් ගව ව්‍රතය වඩනවා. පරිපූර්ණව නිරතුරුව වඩනවා. ගව සීලය වඩනවා. පරිපූර්ණව නිරතුරුව වඩනවා. ගව සිත වඩනවා. පරිපූර්ණව නිරතුරුව වඩනවා. ගව ආකල්ප වඩනවා. පරිපූර්ණව නිරතුරුව වඩනවා. ඉතින් ඔහු ගව ව්‍රතය පරිපූර්ණව නිරතුරුව වඩලා, ගව සීලය පරිපූර්ණව නිරතුරුව වඩලා, ගව සිත පරිපූර්ණව නිරතුරුව වඩලා, ගව ආකල්ප පරිපූර්ණව නිරතුරුව වඩලා කය බිඳී මරණින් මතු ගවයන් ගේ ලෝකයෙහි උපත ලබනවා. ඉදින් යම් කෙනෙකුට මෙවැනි දෘෂ්ඨියක් තිබුනොත්, ඒ කියන්නේ; 'මං මේ සීලයෙන් වේවා, ව්‍රතයෙන් වේවා, තපසින් වේවා, බඹසරින් වේවා දෙවියෙක් වන්නෙමි. අන්‍ය වූ දෙවියෙක් හෝ වන්නෙමි' කියා. එය ඔහු ගේ මිත්‍යා දෘෂ්ටිය යි. සේනිය, මිත්‍යා දෘෂ්ටිකයා හට ගති දෙකක් අතරින් එක්තරා ගතියක් උරුම බවයි මා කියන්නේ. එක්කො නිරයේ උපත ලබනවා. එහෙම නැත්නම් තිරිසන් යෝනියේ උපදිනවා. සේනිය, හුදෙක් ගව ව්‍රතය ගවයන් ගේ ලෝකයෙහි උපත ලබා දෙනවා. වරදවා ගත් දෘෂ්ටිය ඇති විට නිරයෙහි උපත ලබා දෙනවා."

මෙසේ වදාළ කල්හි ගව ව්‍රතයෙන් යුතු කෝලිය පුත්‍ර පුණ්ණයා හඬන්නට පටන් ගත්තා. කඳුළු සැලුවා. එවිට භාග්‍යවතුන් වහන්සේ සුනඛ ව්‍රතයෙන් යුතු නිරුවත් සේනිය හට මෙය වදාළා. "සේනිය, ඔබට මා මුලින් කියූ බස මට ලැබුනේ නැහැ නෙව. ඒ කියන්නෙ 'වැඩක් නැහැ සේනිය, ඔය කාරණය එසේ ම තිබේවා! එය මගෙන් අසන්නට එපා' කියල." "භාග්‍යවතුන් වහන්සේ මා ගැන යමක් වදාළ සේක් ද, ස්වාමීනී, මං මේ හඬන්නේ ඒ කාරණයට නො වෙයි. නමුත් ස්වාමීනී, මං බොහෝ කලක් මුලුල්ලෙහි මේ ගව ව්‍රතය සමාදන්ව සිටියා. ස්වාමීනී, මං භාග්‍යවතුන් වහන්සේ කෙරෙහි පැහැදිලයි ඉන්නෙ. අනේ ස්වාමීනී, මම මේ ගව ව්‍රතය අත්හරිනවා නම්, ඒ වගේ ම සුනඛ ව්‍රතයෙන් යුතු මේ නිරුවත් සේනිය ඒ සුනඛ ව්‍රතය අත්හරිනවා නම්' ඒ අයුරින් ධර්ම දේශනා කරන්නට භාග්‍යවතුන් වහන්සේ සමර්ථ වන සේක් ම යි."

"පුණ්ණය, එසේ නම් සවන් යොමා අසන්න. මැනවින් මෙනෙහි කරන්න. මා කියා දෙන්නම්." "එසේය ස්වාමීනී" කියල ගව ව්‍රතයෙන් යුතු කෝලිය පුත්‍ර පුණ්ණයා භාග්‍යවතුන් වහන්සේට පිළිතුරු දුන්නා. භාග්‍යවතුන් වහන්සේ මෙම දෙසුම වදාළා.

"පුණ්ණ, මා විසින් තමා තුළ උපදවා ගත් විශිෂ්ට වූ ඤාණයෙන් යුතුව, ප්‍රත්‍යක්ෂව දැනගෙන පවසන ලද්දා වූ කර්මයන් සතරක් තියෙනවා. ඒ කවර සතරක් ද යත්; පුණ්ණය, අඳුරු විපාක ඇති අඳුරු කර්මයක් තිබෙනවා. දීප්තිමත් විපාක ඇති දීප්තිමත් කර්මයක් තිබෙනවා. අඳුරු වූ ත්, දීප්තිමත් වූ ත් විපාක

ඇති අඳුරු - දීප්තිමත් කර්මයක් තිබෙනවා. අඳුරු ත් නො වූ, දීප්තිමත් ද නොවූ විපාක ඇති අඳුරු ත් නො වන, දීප්තිමත් ද නො වන, කර්මක්ෂය වීම පිණිස පවතින්නා වූ කර්මයකුත් තිබෙනවා.

පුණ්ණය, අඳුරු විපාක ඇති අඳුරු කර්මය කුමක් ද? පුණ්ණය, මෙහිලා ඇතැම් කෙනෙක් දරුණු වූ කායික ක්‍රියාවන් ගෙන් කටයුතු කරනවා. දරුණු වූ වාචසික ක්‍රියාවන් ගෙන් කටයුතු කරනවා. දරුණු වූ මානසික ක්‍රියාවන් ගෙන් කටයුතු කරනවා. ඉතින් ඔහු දරුණු වූ කායික ක්‍රියාවන් ගෙන් කටයුතු කොට, දරුණු වූ වාචසික ක්‍රියාවන් ගෙන් කටයුතු කොට, දරුණු වූ මානසික ක්‍රියාවන් ගෙන් කටයුතු කොට, දරුණු වූ ස්වභාවයෙන් යුතු ලෝකයෙහි උපදිනවා. ඉතින් ඔහු දරුණු ස්වභාවයෙන් යුතු ලෝකයෙහි ඉපිද දරුණු වූ දුක්ඛ විපාකයන් ස්පර්ශ කරනවා. ඔහු දරුණු වූ දුක්ඛ විපාක ස්පර්ශයෙන් පහස්නා ලදුව ඒකාන්තයෙන් ම දරුණු වූ දුක් විඳීම් විඳිනවා. නිරයේ උපන්නා වූ සතුනුත් ඒ වගේ තමයි. පුණ්ණය, ඔය විදිහට කර්මයන් ගෙන් සකස් වුන සත්වයා තමයි, එබඳු වූ සත්වයෙකු ගේ උපතකට යන්නේ. යමක් කරනවා ද, ඒ කරන දේට අනුවයි උපදින්නේ. උපන්නා වූ සත්වයා ඒ ස්පර්ශයන් ගේ පහස ලබනවා. මේ ආකාරයෙන් පුණ්ණ, මා කියන්නේ සත්වයන් කර්මය දායාද කොට සිටින බවයි. පුණ්ණය, මෙයට තමයි අඳුරු විපාක ඇති අඳුරු කර්මය කියා කියන්නේ.

පුණ්ණය, දීප්තිමත් විපාක ඇති දීප්තිමත් කර්මය කුමක් ද? පුණ්ණය, මෙහිලා ඇතැම් කෙනෙක් කාරුණික වූ කායික ක්‍රියාවන් ගෙන් කටයුතු කරනවා. කාරුණික වූ වාචසික ක්‍රියාවන් ගෙන් කටයුතු කරනවා. කාරුණික වූ මානසික ක්‍රියාවන් ගෙන් කටයුතු කරනවා. ඉතින් ඔහු කාරුණික වූ කායික ක්‍රියාවන් ගෙන් කටයුතු කොට, කාරුණික වූ වාචසික ක්‍රියාවන් ගෙන් කටයුතු කොට, කාරුණික වූ මානසික ක්‍රියාවන් ගෙන් කටයුතු කොට, සැනසිලිදායක ස්වභාවයෙන් යුතු ලෝකයෙහි උපදිනවා. ඉතින් ඔහු සැනසිලිදායක ස්වභාවයෙන් යුතු ලෝකයෙහි ඉපිද සැනසිලිදායක වූ සැප විපාකයන් ස්පර්ශ කරනවා. ඔහු සැනසිලිදායක වූ සැප විපාක ස්පර්ශයෙන් පහස්නා ලදුව ඒකාන්තයෙන් ම සැනසිලිදායක විඳීම් විඳිනවා. සුභකිණ්ණ දෙවියනුත් ඒ වගේ තමයි. පුණ්ණය, ඔය විදිහට කර්මයන් ගෙන් සකස් වුන සත්වයා තමයි, එබඳු වූ සත්වයෙකු ගේ උපතකට යන්නේ. යමක් කරනවා ද, ඒ කරන දේට අනුවයි උපදින්නේ. උපන්නා වූ සත්වයා ඒ ස්පර්ශයන් ගේ පහස ලබනවා. මේ ආකාරයෙන් පුණ්ණ, මා කියන්නේ සත්වයන් කර්මය දායාද කොට සිටින බවයි. පුණ්ණය, මෙයට තමයි දීප්තිමත් විපාක ඇති දීප්තිමත් කර්මය කියා කියන්නේ.

පුණ්ණය, අඳුරු වූත්, දීප්තිමත් වූත් විපාක ඇති අඳුරු - දීප්තිමත් කර්මය යනු කුමක් ද? පුණ්ණය, මෙහිලා ඇතැම් කෙනෙක් දරුණු වූත්, කාරුණික වූත් කායික ක්‍රියාවන් ගෙන් කටයුතු කරනවා. දරුණු වූත්, කාරුණික වූත් වාචසික ක්‍රියාවන් ගෙන් කටයුතු කරනවා. දරුණු වූ ත්, කාරුණික වූ ත් මානසික ක්‍රියාවන් ගෙන් කටයුතු කරනවා. ඉතින් ඔහු දරුණු වූ ත්, කාරුණික වූ ත් කායික ක්‍රියාවන් ගෙන් කටයුතු කොට, දරුණු වූ ත්, කාරුණික වූ ත් වාචසික ක්‍රියාවන් ගෙන් කටයුතු කොට, දරුණු වූ ත්, කාරුණික වූ ත් මානසික ක්‍රියාවන් ගෙන් කටයුතු කොට, දුක්ඛදායක වූ ත් - සැනසිලිදායක වූ ත් ස්වභාවයෙන් යුතු ලෝකයෙහි උපදිනවා. ඉතින් ඔහු දුක්ඛදායක වූ ත් - සැනසිලිදායක වූ ත් ස්වභාවයෙන් යුතු ලෝකයෙහි ඉපිද දුක්ඛදායක වූ ත් - සැනසිලිදායක වූ ත් සුඛ දුක් මිශ්‍ර වූ විපාකයන් ස්පර්ශ කරනවා. ඔහු සුඛ දුක් මිශ්‍ර වූ විපාක ස්පර්ශයෙන් පහස්නා ලදුව ඒකාන්තයෙන් ම සුඛ දුක් මිශ්‍ර විඳීම් විඳිනවා. මනුෂ්‍යයින්, ඇතැම් දෙවිවරුන්, ඇතැම් විනිපාතිකයින් ඒ වගේ තමයි. **පුණ්ණය, ඔය විදිහට කර්මයන් ගෙන් සකස් වුන සත්වයා තමයි, එබඳු වූ සත්වයෙකු ගේ උපතකට යන්නේ. යමක් කරනවා ද, ඒ කරන දේට අනුවයි උපදින්නේ. උපන්නා වූ සත්වයා ඒ ස්පර්ශයන් ගේ පහස ලබනවා. මේ ආකාරයෙන් පුණ්ණ, මා කියන්නේ සත්වයන් කර්මය දායාද කොට සිටින බව යි. පුණ්ණය, මෙයට තමයි අඳුරු-දීප්තිමත් විපාක ඇති අඳුරු-දීප්තිමත් කර්මය කියා කියන්නේ.**

පුණ්ණය, අඳුරු ත් නො වූ, දීප්තිමත් ද නො වූ විපාක ඇති අඳුරු ත් නො වන, දීප්තිමත් ද නො වන, කර්මක්ෂය වීම පිණිස පවතින්නා වූ කර්මය කුමක් ද? පුණ්ණය, එහිදී යම් මේ කර්මයක් අඳුරු වේ නම්, අඳුරු විපාකයෙන් යුක්ත වේ නම්, එය ප්‍රහාණය කිරීම සඳහා යම් චේතනාවක් ඇද්ද, ඒ වගේ ම යම් මේ කර්මයක් දීප්තිමත් වේ නම්, දීප්තිමත් විපාකයෙන් යුක්ත වේ නම්, එය ප්‍රහාණය කිරීම සඳහා යම් චේතනාවක් ඇද්ද, ඒ වගේ ම යම් මේ කර්මයක් අඳුරු ද , දීප්තිමත් ද වෙයි නම්, අඳුරු - දීප්තිමත් විපාකයෙන් යුක්ත වේ නම්, එය ප්‍රහාණය කිරීම සඳහා යම් චේතනාවක් ඇද්ද, පුණ්ණය, මෙයට තමයි කියන්නේ අඳුරු ත් නො වූ, දීප්තිමත් ද නො වූ විපාක ඇති අඳුරු ත් නො වන, දීප්තිමත් ද නො වන, කර්මක්ෂය වීම පිණිස පවතින්නා වූ කර්මය කියා. පුණ්ණය, ඔන්න ඔය කර්ම සතර තමයි මා විසින් විශිෂ්ට වූ ඥාණයෙන් ප්‍රත්‍යක්ෂ කොට දැන් ප්‍රකාශ කරන ලද්දේ."

මෙසේ වදාළ කල්හි ගව ව්‍රතය ඇති කෝලිය පුත්‍ර පුණ්ණ භාග්‍යවතුන් වහන්සේට මෙය සැළකළා. "ස්වාමීනී, ඉතා සොඳුරුයි! ස්වාමීනී, ඉතා සොඳුරුයි! ස්වාමීනී, යම් සේ ....(පෙ).... අද පටන් තෙරුවන් සරණ ගිය උපාසකයෙකු වශයෙන් භාග්‍යවතුන් වහන්සේ මාව පිළිගන්නා සේක්වා!" සුනඛ ව්‍රත ඇති

නිරුවත් සේනිය ද භාග්‍යවතුන් වහන්සේට මෙය සැළකළා. "ස්වාමීනී, ඉතා සොඳුරුයි! ස්වාමීනී, ඉතා සොඳුරුයි! ස්වාමීනී, යම් සේ ....(පෙ).... දෙසා වදාරණ ලද්දේ ය. ස්වාමීනී, ඒ මම භාග්‍යවතුන් වහන්සේව ද, ශ්‍රී සද්ධර්මය ද, ආර්ය සංඝයා ද සරණ යමි. ස්වාමීනී, මා භාග්‍යවතුන් වහන්සේ සමීපයේ පැවිද්ද ලබම්වා! උපසම්පදාව ද ලබම්වා!"

"සේනිය, යමෙක් කලින් අන්‍යාගමික කෙනෙක් වශයෙන් සිටියේ නම්, ඔහු මේ ධර්ම විනයෙහි පැවිදි බව කැමති වූ විට, උපසම්පදාව කැමති වූ විට, ඒ තැනැත්තා සිව් මාසයක පරිවාස කාලයක් ගත කරයි. එවිට ඒ සිව් මාසය ඇවෑමෙන් ඔහු කෙරෙහි සතුටු සිත් ඇති භික්ෂූන් වහන්සේලා ඔහුව පැවිදි කරනවා ඇති. භික්ෂුභාවය පිණිස උපසම්පදා කරනවා ඇති. ඒ වගේ ම මෙකරුණෙහි ලා මා විසින් පුද්ගලයන් ගේ විවිධත්වය ද දැන ගෙනයි ඉන්නෙ."
"ඉදින් ස්වාමීනී, අන්‍යාගමිකව සිටි උදවිය මේ ධර්ම විනයෙහි පැවිදි බව කැමති වූ විට, උපසම්පදාව කැමති වූ විට සාර මාසයක් පිරිවෙස් වසනවා නම්, ඒ සාර මාසය ඇවෑමෙන් ඒ උදවිය කෙරෙහි සතුටු සිත් ඇති භික්ෂූන් වහන්සේලා ඒ උදවිය පැවිදි කරනවා නම්, භික්ෂුභාවය පිණිස උපසම්පදා කරනවා නම්, මම සතර අවුරුද්දක් වුණත් පිරිවෙස් වසන්නම්. සතර අවුරුද්ද ඇවෑමෙන් මා කෙරෙහි පහන් සිත් ඇති භික්ෂූන් වහන්සේලා මාව පැවිදි කරන සේක්වා! භික්ෂුභාවය පිණිස උපසම්පදා කරන සේක්වා!"

සුනඛ ව්‍රත ඇති නිරුවත් සේනිය භාග්‍යවතුන් වහන්සේ සමීපයෙහි පැවිදි බව ලැබුවා. උපසම්පදාව ද ලැබුවා. ඉතින් ආයුෂ්මත් සේනියන් වහන්සේ උපසම්පදා වී සුළු කාලයකින් හුදෙකලා වුනා. හුදෙකලාවෙහි අප්‍රමාදී වුනා. කෙලෙස් තවන වීරියෙන් යුතුව දහමට දිවි පුදා ධර්මයෙහි හැසිරුනා. යම් උතුම් අර්ථයක් පිණිස කුල පුත්‍රයන් මනාකොට ගිහි ගෙයින් නික්මී ගෞතම ශාසනයෙහි පැවිදි වෙත් ද, නොබෝ කලකින් ම ඒ උතුම් අර්ථය වන මේ බඹසරෙහි මුදුන්පත්වීම වන අරහත් ඵලය මේ ජීවිතයේ දී ම තමා විසින් උපදවා ගත් විශිෂ්ට ඥාණයෙන් ප්‍රත්‍යක්ෂ කොට ගෙන වාසය කළා. 'ඉපදීම ක්ෂය විය. බඹසර වාසය වසන ලද්දේ ය. කළ යුතු දේ කරන ලද්දේ ය. ඒ අමා නිවන පිණිස කළ යුතු අන් කිසිවක් නැතැ'යි අවබෝධ කරගත්තා. ඒ ආයුෂ්මත් සේනියන් වහන්සේ ද මේ ශාසනයෙහි රහතන් වහන්සේලා අතර කෙනෙක් බවට පත්වුනා.

සාදු! සාදු!! සාදු!!!

සුනඛ ව්‍රත ගත් තවුසන් අරහයා වදාළ දෙසුම නිමා විය.

2.1.8.
අභයරාජකුමාර සූත්‍රය
අභයරාජකුමාරයා හට වදාළ දෙසුම

මා හට අසන්නට ලැබුනේ මේ විදිහට යි. එක් සමයක දී භාග්‍යවතුන් වහන්සේ රජගහ නුවර ලෙහෙනුන්ට අභය භූමිය වූ වේළුවනයෙහි වැඩසිටියා. එදා අභයරාජකුමාරයා නිගණ්ඨ නාතපුත්‍ර කරා එළඹුනා. එළැඹ නිගණ්ඨ නාතපුත්‍රයාට වන්දනා කොට එකත්පස්ව වාඩි වුනා. එකත්පස්ව වාඩි වූ අභයරාජකුමාරයාට නිගණ්ඨ නාතපුත්‍ර මෙය පැවසුවා. "එම්බා රාජකුමාරය, එන්න. ඔබ ශ්‍රමණ ගෞතමයන් හට වාදයක් ගොඩ නංවන්න. එතකොට 'මේසා මහා ඉර්ධිමත්, මේසා මහානුභාව සම්පන්න ශ්‍රමණ ගෞතමයන් හට අභයරාජකුමාරයා විසින් වාදයක් නංවන ලද්දේ යැ'යි ඔබ ගේ කළ්‍යාණ වූ කීර්ති ඝෝෂාව උස්ව පැතිර යාවි."

"අනේ ස්වාමීනී, මං මේසා මහා ඉර්ධිමත්, මේසා මහානුභාව සම්පන්න ශ්‍රමණ ගෞතමයන් හට වාදයක් ගොඩනංවන්නේ කොයි විදිහට ද?" "එම්බා රාජකුමාරය, එන්න. ශ්‍රමණ ගෞතමයන් යම් තැනක ද, එතනට යන්න. ගිහින් ශ්‍රමණ ගෞතමයන් හට මෙන්න මෙහෙම යි කිව යුත්තේ. 'ස්වාමීනී, යම් වචනයක් අන්‍යයන් හට අප්‍රිය, අමනාප වෙයි ද, ඒ වචනය තථාගතයන් වහන්සේ පවසනවා ද?' කියලයි. ඉදින් ඔබ විසින් ඔය විදිහට ඇසූ විට ශ්‍රමණ ගෞතමයන් මෙහෙම පිළිතුරු දේවි. 'රාජකුමාරය, යම් වචනයක් අන්‍යයන් හට අප්‍රිය, අමනාප වෙයි ද, ඒ වචනය තථාගතයන් වහන්සේ වුනත් පවසන්නට පුළුවනි' කියල. එතකොට ඔබ මෙන්න මෙහෙමයි කිව යුත්තේ. 'එහෙම නම් ස්වාමීනී, පෘතග්ජන පුද්ගලයා හා ඔබවහන්සේ අතර ඇති වෙනස කුමක් ද? යම් වචනයක් අන්‍යයන් හට අප්‍රිය අමනාප වෙයි ද, පෘතග්ජනයා තමයි ඒ වචනය කියන්නේ.' එහෙම නැත්නම් ඔබ කියන දෙයට ශ්‍රමණ ගෞතමයන් මෙහෙම උත්තර දේවි. 'රාජකුමාරය, යම් වචනයක් අන්‍යයන් හට අප්‍රිය අමනාප වෙයි ද, ඒ වචනය තථාගතයන් වහන්සේ පවසන්නේ නැහැ' කියල. එතකොට ඔබ මෙහෙම කියන්න. 'එහෙම නම් ස්වාමීනී, තමුන්නාන්සේ දේවදත්ත අරභයා මෙය පැවසුවා නේ ද? 'දේවදත්ත අපායේ උපදින කෙනෙක්. දේවදත්ත නිරයේ උපදින කෙනෙක්. දේවදත්ත කල්පයක් පැහෙන කෙනෙක්. දේවදත්ත පිළියම්

නො කළ හැකි කෙනෙක්' කියල. තමුන්නාන්සේ ගේ ඒ වචනය නිසා තමයි දේවදත්ත කිපුනේ. නො සතුටු වුනේ.'

ඉතින් රාජකුමාරය, ඔබ විසින් ශ්‍රමණ ගෞතමයන් මේ උභතෝකෝටික ප්‍රශ්නය විමසන ලද විට වමාරා ගන්නට ත් බැරිවෙනවා. ගිලගන්නට ත් බැරිවෙනවා. ඒක හරියට පුරුෂයෙකු ගේ උගුරෙහි යකඩ ගුලියක් හිරවුනා වගේ. එය වමාරා ගන්නටත් බැහැ. ගිලගන්නට ත් බැහැ. එපරිද්දෙන් ම රාජකුමාරය, ඔබ විසින් ශ්‍රමණ ගෞතමයන් ව මේ ප්‍රශ්නයෙන් විමසූ විට වමාරා ගන්නට ත් බැරිවෙනවා. ගිලගන්නට ත් බැරිවෙනවා."

"එසේය ස්වාමීනී" කියල අභයරාජකුමාරයා නිගණ්ඨ නාතපුත්‍රට පිළිතුරු දීලා අසුනෙන් නැගිට නිගණ්ඨ නාතපුත්‍රයාට වන්දනා කොට පැදකුණු කොට භාග්‍යවතුන් වහන්සේ වැඩ සිටි තැනට එළැඹුනා. එතනට පැමිණ භාග්‍යවතුන් වහන්සේට වන්දනා කොට එකත්පස්ව වාඩිවුනා. එකත්පස්ව වාඩි වූ අභයරාජකුමාරයා අහසේ හිරු දෙස බලා මෙහෙම සිතුවා. 'අද භාග්‍යවතුන් වහන්සේට වාදයක් නංවන්නට කාලය නො වේ. මං හෙට තමන් ගෙ නිවසෙහි දී භාග්‍යවතුන් වහන්සේට වාදයක් නංවන්නම්' කියල හිතල භාග්‍යවතුන් වහන්සේට මෙය පැවසුවා. "ස්වාමීනී, භාග්‍යවතුන් වහන්ස, සෙට දිනයෙහි තමන් වහන්සේ සිව්වැනි කොට භික්ෂූන් තුන්නමක් සමඟ මාගේ දානයට වඩින සේක්වා!" භාග්‍යවතුන් වහන්සේ නිහඬව වැඩසිටිමින් එය ඉවසා වදාළා. එවිට අභයරාජකුමාරයා භාග්‍යවතුන් වහන්සේ ඉවසා වදාළ බව දැන, හුනස්සෙන් නැගිට භාග්‍යවතුන් වහන්සේට වන්දනා කොට පැදකුණු කොට පිටත් වුනා.

භාග්‍යවතුන් වහන්සේ ඒ රැය ඇවෑමෙන් පෙරවරුවෙහි සිවුරු හැඳ පෙරව පාත්තරය ද ගෙන, අභයරාජකුමාරයා ගේ නිවස කරා වැඩම කළා. වැඩම කොට පණවන ලද ආසනයෙහි වැඩසිටියා. එවිට අභයරාජකුමාරයා ප්‍රණීත වූ ඛාද්‍යභෝජ්‍යයෙන් භාග්‍යවතුන් වහන්සේ සිය අතින් පිළිගැන්නුවා. මැනවින් උපස්ථාන කළා. ඉක්බිති අභයරාජකුමාරයා වළඳා නිම වූ පාත්‍රයෙන් ඉවත් කළ අත් ඇති භාග්‍යවතුන් වහන්සේ වෙත එක්තරා මිටි ආසනයක් ගෙන එකත්පසක වාඩි වුනා. එකත්පස වාඩි වූ අභයරාජකුමාරයා භාග්‍යවතුන් වහන්සේට මෙය සැළ කළා.

"ස්වාමීනී, යම් වචනයක් අන්‍යයන් හට අප්‍රිය අමනාප වෙයි ද, ඒ වචනය තථාගතයන් වහන්සේ පවසනවා ද?" "රාජකුමාරය, ඔය කාරණය ගැන එක එල්ලේ ම දිය හැකි පිළිතුරක් නැහැ." "ස්වාමීනී, මේ කාරණය නිසා නිගණ්ඨයෝ වැනසුනා!"

"රාජකුමාරය, 'ස්වාමීනී, මේ කාරණය නිසා නිගණ්ඨයෝ වැනසුනා!' කියා ඔබ විසින් කුමක් නිසා ද ඔහොම කියන්නේ?" "ස්වාමීනී, මං නිගණ්ඨ නාතපුත්‍ර කරා ගියා. ගිහින් නිගණ්ඨ නාතපුත්‍රට වන්දනා කොට එකත්පස්ව වාඩි වුනා. ස්වාමීනී, එකත්පස්ව වාඩි වූ මට නිගණ්ඨ නාතපුත්‍ර මෙහෙම කිව්වා. "එම්බා රාජකුමාරය, එන්න. ඔබ ශ්‍රමණ ගෞතමයන් හට වාදයක් ගොඩ නංවන්න. එතකොට 'මේසා මහා ඉර්ධිමත්, මේසා මහානුභාව සම්පන්න ශ්‍රමණ ගෞතමයන් හට අභයරාජකුමාරයා විසින් වාදයක් නංවන ලද්දේ යැ'යි ඔබ ගේ කළ්‍යාණ වූ කීර්ති ඝෝෂාව උස්ව පැතිර යාවි."

එතකොට ස්වාමීනී මං නිගණ්ඨ නාතපුත්‍ර ගෙන් මෙය ඇසුවා. "අනේ ස්වාමීනී, මං මේසා මහා ඉර්ධිමත්, මේසා මහානුභාව සම්පන්න ශ්‍රමණ ගෞතමයන් හට වාදයක් ගොඩනංවන්නේ කොයි විදිහට ද?" "එම්බා රාජකුමාරය, එන්න. ශ්‍රමණ ගෞතමයන් යම් තැනක ද, එතනට යන්න. ගිහින් ශ්‍රමණ ගෞතමයන් හට මෙන්න මෙහෙමයි කිව යුත්තේ. 'ස්වාමීනී, යම් වචනයක් අන්‍යයන් හට අප්‍රිය අමනාප වෙයි ද, ඒ වචනය තථාගතයන් වහන්සේ පවසනවා ද?' කියලයි. ඉදින් ඔබ විසින් ඔය විදිහට ඇසූ විට ශ්‍රමණ ගෞතමයන් මෙහෙම පිළිතුරු දේවි. 'රාජකුමාරය, යම් වචනයක් අන්‍යයන් හට අප්‍රිය, අමනාප වෙයි ද, ඒ වචනය තථාගතයන් වහන්සේ වුනත් පවසන්නට පුළුවනි' කියල. එතකොට ඔබ මෙන්න මෙහෙමයි කිව යුත්තේ. 'එහෙම නම් ස්වාමීනී, පෘතග්ජන පුද්ගලයා හා ඔබවහන්සේ අතර ඇති වෙනස කුමක් ද? යම් වචනයක් අන්‍යයන් හට අප්‍රිය අමනාප වෙයි ද, පෘතග්ජනයා තමයි ඒ වචනය කියන්නේ.' එහෙම නැත්නම් ඔබ කියන දෙයට ශ්‍රමණ ගෞතමයන් මෙහෙම උත්තර දේවි. 'රාජකුමාරය, යම් වචනයක් අන්‍යයන් හට අප්‍රිය, අමනාප වෙයි ද, ඒ වචනය තථාගතයන් වහන්සේ පවසන්නේ නැහැ' කියල. එතකොට ඔබ මෙහෙම කියන්න. 'එහෙම නම් ස්වාමීනී, තමුන්නාන්සේ දේවදත්ත අරභයා මෙය පැවසුවා නේ ද? 'දේවදත්ත අපායේ උපදින කෙනෙක්. දේවදත්ත නිරයේ උපදින කෙනෙක්. දේවදත්ත කල්පයක් පැහෙන කෙනෙක්. දේවදත්ත පිළියම් නො කළ හැකි කෙනෙක්' කියල. තමුන්නාන්සේ ගේ ඒ වචනය නිසා තමයි දේවදත්ත කිපුනේ. නො සතුටු වුනේ.'

ඉතින් රාජකුමාරය, ඔබ විසින් ශ්‍රමණ ගෞතමයන් ගෙන් මේ උභතෝකෝටික ප්‍රශ්නය විමසන ලද විට වමාරා ගන්නට ත් බැරිවෙනවා. ගිල ගන්නට ත් බැරිවෙනවා. ඒක හරියට පුරුෂයෙකු ගේ උගුරෙහි යකඩ ගුලියක් හිරවුනා වගේ. එය වමාරා ගන්නට ත් බැහැ. ගිලගන්නට ත් බැහැ. එපරිද්දෙන් ම රාජකුමාරය, ඔබ විසින් ශ්‍රමණ ගෞතමයන් ව මේ ප්‍රශ්නයෙන් විමසූ විට වමාරා ගන්නට ත් බැරිවෙනවා. ගිලගන්නට ත් බැරිවෙනවා" කියල කිව්වා.

එවේලෙහි අභයරාජකුමාරයා ගේ ඔඩොක්කුවෙහි බිළිඳු කුමරෙක් උඩුකුරු අතට නිදාගෙන හිටියා. එතකොට භාග්‍යවතුන් වහන්සේ අභයරාජකුමාරයාට මෙය වදාළා. "පින්වත් රාජකුමාරය, මේ ගැන කුමක් ද සිතන්නේ? ඉදින් මේ බිළිඳා ඔබ ගේ ප්‍රමාදයක් නිසා හෝ කිරි මව ගේ ප්‍රමාදයක් නිසා හෝ ලී කැබැල්ලක් හෝ වෙනත් කැබැල්ලක් මුඛයෙහි බහා ගත්තොත් ඔබ මේ බිළිඳාට කරන්නේ කුමක් ද?" "ස්වාමීනී, මං බිළිඳා ගේ මුඛයෙන් එය බැහැර කරනවා. ඉතින් ස්වාමීනී, එය පහසුවෙන් බැහැර කරගන්නට බැරි වුනෝතින් මා මෙය යි කරන්නේ. මං බිළිඳා ගේ හිස වම් අතින් දැඩි කොට අල්ලා ගෙන දකුණතේ ඇඟිල්ල වක් කොට ගෙන ලේ ගලද්දී වුණත් ඒ කැට කැබැල්ල මුඛයෙන් බැහැර කරනවා. මක් නිසා ද යත්; ස්වාමීනී, මේ බිළිඳා කෙරෙහි මා තුළ අනුකම්පාව තියෙනවා."

"රාජකුමාරය, ඔය වගේ ම තමයි. යම් වචනයක් සිදු නො වූ බව ද, අසත්‍ය බව ද, අනර්ථ සහිත බව ද, තථාගතයන් වහන්සේ දන්නා නමුත්, එය අන්‍යයන්ට අප්‍රිය ද, අමනාප ද ඒ වචනය තථාගතයන් වහන්සේ පවසන්නේ නැහැ.

යම් වචනයක් සිදු වූ බව ද, සත්‍ය බව ද, අනර්ථ සහිත බව ද, තථාගතයන් වහන්සේ දන්නවා. එමෙන් ම එය අන්‍යයන්ට අප්‍රිය යි, අමනාප යි. ඒ වචනය ද තථාගතයන් වහන්සේ පවසන්නේ නැහැ.

යම් වචනයක් සිදු වූ බව ද, සත්‍ය බව ද, අර්ථ සහිත බව ද, තථාගතයන් වහන්සේ දන්නවා. ඒ වගේ ම එය අන්‍යයන්ට අප්‍රිය යි, අමනාප යි. ඒ වචනය තථාගතයන් වහන්සේ පවසන්නේ කාලානුරූපව යි.

යම් වචනයක් සිදු නො වූ බව ද, අසත්‍ය බව ද, අනර්ථ සහිත බව ද, තථාගතයන් වහන්සේ දන්නවා. ඒ වගේ ම එය අන්‍යයන්ට ප්‍රිය, මනාප වෙන්නට පුළුවනි. නමුත් ඒ වචනය තථාගතයන් වහන්සේ පවසන්නේ නැහැ.

යම් වචනයක් සිදු වූ බව ද, සත්‍ය බව ද, අනර්ථ සහිත බව ද, තථාගතයන් වහන්සේ දන්නවා. එමෙන් ම එය අන්‍යයන්ට ප්‍රිය, මනාප වෙන්නට පුළුවනි. නමුත් ඒ වචනය ද තථාගතයන් වහන්සේ පවසන්නේ නැහැ.

යම් වචනයක් සිදු වූ බව ද, සත්‍ය බව ද, අර්ථ සහිත බව ද, තථාගතයන් වහන්සේ දන්නවා. ඒ වගේ ම එය අන්‍යයන්ට ප්‍රිය, මනාප වෙන්නට පුළුවනි. ඒ වචනය තථාගතයන් වහන්සේ කාලානුරූපව පවසනවා. මක් නිසාද යත්; අභයරාජකුමාරය, තථාගතයන් වහන්සේ තුළ සත්වයන් කෙරෙහි අනුකම්පාව තියෙනවා."

"ස්වාමීනී, යම් මේ ක්ෂත්‍රීය පණ්ඩිතවරු ත්, බ්‍රාහ්මණ පණ්ඩිතවරු ත්, ගෘහපති පණ්ඩිතවරු ත්, ශ්‍රමණ පණ්ඩිතවරු ත්, ප්‍රශ්න සකස් කරගෙන තථාගතයන් වහන්සේ ළඟට ඇවිත් ඒවා අසනවා නෙව. එතකොට ස්වාමීනී, භාග්‍යවතුන් වහන්සේට ඒ ප්‍රශ්න අසන්ට කලින් ම සිතෙන් යම් සැකැස්මක් හදනවා ද? 'මං ළඟට පැමිණ මෙසේ ඇසුවොත් මං ඔවුන්ට මෙසේ පිළිතුරු දෙනවා' කියල. එහෙමත් නැත්නම් තථාගතයන් වහන්සේ ඒ අවස්ථාවට අනුකූල වූ පිළිතුර ප්‍රතිභානයෙන් වටහා ගන්නවා ද?"

"එසේ නම් රාජකුමාරය, ඔය කාරණය මම ඔබගෙන් ම විමසන්නම්. ඔබට යම් විදිහකට හැඟෙයි නම්, ඒ විදිහට උත්තර දෙන්න. රාජකුමාරය, මේ ගැන කුමක් ද සිතන්නේ? ඔබ වාහනයක සෑම කොටසක් ගැන ම නිපුණ දැනුමක් ඇතිව නේද ඉන්නෙ?" "එසේය ස්වාමීනී, මං වාහනයක ඇති සෑම කොටසක් ගැන ම නිපුණ දැනීමක් ඇතිව යි ඉන්නෙ." "රාජකුමාරය, මේ ගැන කුමක් ද සිතන්නේ? යම් කෙනෙක් ඔබ වෙත පැමිණ මෙහෙම ඇසුවොත්; 'වාහනයේ මේ තියෙන්නේ කවර නම් වූ කොටසක් ද?' කියා. එතකොට ඔබ ඒ ගැන කලින් ම 'මගෙන් මෙසේ ඇසුවොත් මේ මේ අයුරින් උත්තර දෙනවා' කියා සිතා සකස් කොට සිටියා ද? එසේත් නැත්නම් ඒ ඒ අවස්ථාවන්ට අනුකූලව ඔබ තුළ ප්‍රතිභානයෙන් ඇතිවෙන වැටහීමක් ද?"

"ස්වාමීනී, මං ප්‍රසිද්ධ වෙලා ඉන්නෙ වාහන ඇති කෙනෙක් හැටියට යි. ඒ වගේ ම වාහනයේ සියලු කොටස් ගැන නිපුණ දැනුමක් ඇති කෙනෙක් හැටියට යි. මට වාහනයක සෑම කොටසක් ගැන ම හොඳ අවබෝධයක් තියෙනවා. ඒ ඒ සුදුසු තැනේ දී එයට අදාළ කොටස ගැන මට පවසන්නට ප්‍රතිභාන ශක්තියක් තියෙනවා."

"පින්වත් රාජකුමාරය, ඔය වගේ ම තමයි. යම් මේ ක්ෂත්‍රීය පණ්ඩිතවරු ත්, බ්‍රාහ්මණ පණ්ඩිතවරු ත්, ගෘහපති පණ්ඩිතවරු ත්, ශ්‍රමණ පණ්ඩිතවරු ත්, ප්‍රශ්න සකස් කරගෙන තථාගතයන් වහන්සේ ළඟට ඇවිත් ඒවා අසනවා. එතකොට තථාගතයන් වහන්සේට ඒ ඒ අවස්ථානුකූලව ප්‍රශ්නයන්ට අදාළ පිළිතුරු ප්‍රතිභානයෙන් වැටහෙනවා. මක් නිසාද යත්; පින්වත් රාජකුමාරය, තථාගතයන් වහන්සේට ඒ ධර්ම ධාතුව පිළිබඳව ඉතා මැනවින් ම ලත් අවබෝධයක් තියෙනවා. යම් ධර්ම ධාතුවක් පිළිබඳව මැනවින් ලත් අවබෝධයක් තථාගතයන් තුළ තියෙන නිස යි ඕනෑම ප්‍රශ්නයකට ඒ අවස්ථානුකූල පිළිතුර තථාගතයන් වහන්සේට ප්‍රතිභානයෙන් වැටහෙන්නේ."

මෙසේ වදාළ විට අභයරාජකුමාරයා භාග්‍යවතුන් වහන්සේට මෙය පැවසුවා. "ස්වාමීනී, ඉතා සුන්දරයි! ස්වාමීනී, ඉතා සුන්දරයි! ....(පෙ).... අද

පටන් දිවි හිමියෙන් තෙරුවන් සරණ ගිය උපාසකයෙකු වශයෙන් මාව පිළි ගන්නා සේක්වා!"

සාදු! සාදු!! සාදු!!!

අභයරාජකුමාරයා හට වදාළ දෙසුම නිමා විය.

2.1.9.
බහුවේදනීය සූත්‍රය
බොහෝ විඳීම් පිළිබඳව වදාළ දෙසුම

මා හට අසන්නට ලැබුනේ මේ විදිහට යි. එසමයෙහි භාග්‍යවතුන් වහන්සේ සැවැත් නුවර ජේතවනය නම් වූ අනේපිඬු සිටුහු ගේ ආරාමයෙහි වැඩසිටියා. එදා පඤ්චකංග නම් වඩුදෙටු තුමා ආයුෂ්මත් උදායී තෙරුන් වෙත පැමිණියා. පැමිණ ආයුෂ්මත් උදායී තෙරුන්ට වැඳ එකත්පස්ව වාඩි වුනා. එකත්පස්ව වාඩි වූ පඤ්චකංග නම් වඩුදෙටු තුමා ආයුෂ්මත් උදායී තෙරුන් හට මෙය සැළ කළා.

"ස්වාමීනී, උදායී තෙරණුවනි, භාග්‍යවතුන් වහන්සේ විසින් විඳීම් කීයක් වදාරල තියෙනවා ද?" "පින්වත් වඩුදෙටුව, භාග්‍යවතුන් වහන්සේ විසින් විඳීම් තුනක් වදාරල තියෙනවා. ඒ සැප විඳීමත්, දුක් විඳීම හා දුක් සැප රහිත විඳීමත් ගැන යි. පින්වත් වඩුදෙටුව, භාග්‍යවතුන් වහන්සේ විසින් මේ විඳීම් තුන ගැන තමයි වදාරල තියෙන්නෙ."

"නෑ, ස්වාමීනී, භාග්‍යවතුන් වහන්සේ විසින් විඳීම් තුනක් ගැන වදාරල නැහැ. භාග්‍යවතුන් වහන්සේ විසින් වදාරණ ලද්දේ විඳීම් දෙකක් ගැනයි. ඒ සැප විඳීම ත්, දුක් විඳීම ත් ගැන යි. ස්වාමීනී, යම් මේ දුක් සැප රහිත විඳීමක් ඇද්ද, එය භාග්‍යවතුන් වහන්සේ වදාරණ ලද්දේ ශාන්ත වූ, ප්‍රණීත වූ සැපය තුළ තියෙන දෙයක් හැටියට යි."

දෙවන වතාවට ද, අයුෂ්මත් උදායී තෙරුන් පඤ්චකංග නම් වඩුදෙටු හට මෙය පැවසුවා. "පින්වත් වඩුදෙටුව, භාග්‍යවතුන් වහන්සේ විඳීම් දෙකක් වදාළේ නැහැ. භාග්‍යවතුන් වහන්සේ විසින් විඳීම් තුනක් වදාරල තියෙනවා. ඒ සැප විඳීම ත්, දුක් විඳීම ත්, දුක් සැප රහිත විඳීම ත් ගැන යි. පින්වත් වඩුදෙටුව, භාග්‍යවතුන් වහන්සේ විසින් මේ විඳීම් තුන ගැන තමයි වදාරල තියෙන්නෙ." එතකොට දෙවෙනි වතාවට ත් පඤ්චකංග වඩුදෙටුවා ආයුෂ්මත් උදායී තෙරුන්ට මෙය පැවසුවා. "නෑ, ස්වාමීනී, භාග්‍යවතුන් වහන්සේ විසින් විඳීම් තුනක් ගැන වදාරල නැහැ. භාග්‍යවතුන් වහන්සේ විසින් වදාරණ ලද්දේ විඳීම් දෙකක් ගැන යි. ඒ සැප විඳීම ත්, දුක් විඳීම ත් ගැන යි. ස්වාමීනී, යම්

මේ දුක් සැප රහිත විඳීමක් ඇද්ද, එය භාග්‍යවතුන් වහන්සේ වදාරණ ලද්දේ ශාන්ත වූ, ප්‍රණීත වූ සැපය තුළ තියෙන දෙයක් හැටියට යි."

තුන්වන වතාවට ද, අයුෂ්මත් උදායී තෙරුන් පඤ්චකංග නම් වඩුදෙටු හට මෙය පැවසුවා. "පින්වත් වඩුදෙටුව, භාග්‍යවතුන් වහන්සේ විඳීම් දෙකක් වදාළේ නැහැ. භාග්‍යවතුන් වහන්සේ විසින් විඳීම් තුනක් වදාරල තියෙනවා. ඒ සැප විඳීම ත්, දුක් විඳීම ත්, දුක් සැප රහිත විඳීම ත් ගැන යි. පින්වත් වඩුදෙටුව, භාග්‍යවතුන් වහන්සේ විසින් මේ විඳීම් තුන ගැන තමයි වදාරල තියෙන්නෙ." එතකොට තුන්වෙනි වතාවට ත් පඤ්චකංග වඩුදෙටුවා ආයුෂ්මත් උදායී තෙරුන්ට මෙය පැවසුවා. "නෑ, ස්වාමීනී, භාග්‍යවතුන් වහන්සේ විසින් විඳීම් තුනක් ගැන වදාරල නැහැ. භාග්‍යවතුන් වහන්සේ විසින් වදාරණ ලද්දේ විඳීම් දෙකක් ගැන යි. ඒ සැප විඳීම ත්, දුක් විඳීම ත් ගැන යි. ස්වාමීනී, යම් මේ දුක් සැප රහිත විඳීමක් ඇද්ද, එය භාග්‍යවතුන් වහන්සේ වදාරණ ලද්දේ ශාන්ත වූ, ප්‍රණීත වූ සැපය තුළ තියෙන දෙයක් හැටියට යි."

ඉතින් ආයුෂ්මත් උදායී තෙරුන් පඤ්චකංග වඩුදෙටු හට මේ කාරණය පැහැදිලි කරදෙන්නට සමත් වුනේ නැහැ. ඒ වගේ ම පඤ්චකංග වඩුදෙටුවා ද ආයුෂ්මත් උදායී තෙරුන්ට මෙය පැහැදිලි කරදෙන්නට සමත් වුනේ නැහැ.

ආයුෂ්මත් ආනන්දයන් වහන්සේට පඤ්චකංග වඩුදෙටුවා සමඟ වූ ආයුෂ්මත් උදායී තෙරුන් ගේ මේ කතා සල්ලාපය අසන්නට ලැබුනා. ඉතින් ආයුෂ්මත් ආනන්දයන් වහන්සේ භාග්‍යවතුන් වහන්සේ කරා පැමිණුනා. පැමිණ භාග්‍යවතුන් වහන්සේට ආදරයෙන් වන්දනා කොට එකත්පස්ව වාඩි වුනා. එකත්පස්ව වාඩි වූ ආයුෂ්මත් ආනන්දයන් වහන්සේ පඤ්චකංග වඩුදෙටුවා සමඟ ආයුෂ්මත් උදායී තෙරුන් ගේ යම්තාක් කතා සල්ලාපයක් වුනා ද, ඒ සියල්ල ම භාග්‍යවතුන් වහන්සේට දැනුම් දුන්නා. මෙසේ සැළකළ විට, භාග්‍යවතුන් වහන්සේ ආයුෂ්මත් ආනන්දයන් හට මෙය වදාළා.

"පින්වත් ආනන්ද, උදායී භික්ෂුව විසින් පවසන ලද ඇත්තා වූ ම විඳීම් ගැන පඤ්චකංග වඩුදෙටුවා සතුටින් පිළිගත්තේ නැහැ. ඒ වගේ ම පඤ්චකංග වඩුවා විසින් පවසන ලද ඇත්තා වූ ම විඳීම් ගැන උදායී භික්ෂුව ද, සතුටින් පිළිගත්තේ නැහැ.

ආනන්දය, මා විසින් යම් දහම් කරුණු ප්‍රකාශ කිරීම් වශයෙන් වේදනා දෙකකුත් පවසා තියෙනවා. මා විසින් යම් දහම් කරුණු ප්‍රකාශ කිරීම් වශයෙන් වේදනා තුනකුත් පවසා තියෙනවා. මා විසින් යම් දහම් කරුණු ප්‍රකාශ කිරීම් වශයෙන් වේදනා හයකුත් පවසා තියෙනවා. මා විසින් යම් දහම් කරුණු ප්‍රකාශ

කිරීම් වශයෙන් වේදනා පහකුත් පවසා තිබෙනවා. මා විසින් යම් දහම් කරුණු ප්‍රකාශ කිරීම් වශයෙන් වේදනා දහඅටකුත් පවසා තියෙනවා. මා විසින් යම් දහම් කරුණු ප්‍රකාශ කිරීම් වශයෙන් වේදනා තිස්හයකුත් පවසා තියෙනවා. මා විසින් යම් දහම් කරුණු ප්‍රකාශ කිරීම් වශයෙන් වේදනා එකසියඅටකුත් පවසා තියෙනවා. ඔය ආකාරයට ආනන්දයෙනි, මා විසින් දහම් කරුණු ප්‍රකාශ කිරීම් වශයෙනුයි ධර්මය දේශනා කොට තිබෙන්නේ.

ආනන්දයෙනි, මා විසින් දහම් කරුණු ප්‍රකාශ කිරීම් වශයෙන් දෙසන ලද ධර්මය පිළිබඳව යමෙක් ඔවුනොවුන් ගේ සුභාෂිතය, යහපත් වචනය ගෞරවයෙන් පිළිගන්නේ නැත්නම්, මැනවින් පහදින්නෙ නැත්නම්, මැනවින් අනුමෝදන් වෙන්නෙ නැත්නම්, ඔවුන් කැමති විය යුත්තේ මෙන්න මේ දෙය යි. 'හටගත් අඬ-දබර ඇතිව, හටගත් කෝලාහල ඇතිව, වාද විවාදයන්ට බැසගෙන, එකිනෙකා කෙරෙහි මුඛය නැමැති ආයුධයෙන් පහර දෙමින් වාසය කිරීම යි.'

එහෙයින් ආනන්දයෙනි, ඔය ආකාරයෙන් මා විසින් දහම් කරුණු ප්‍රකාශ කිරීම් වශයෙන් දෙසන ලද ධර්මය පිළිබඳව යමෙක් ඔවුනොවුන් ගේ සුභාෂිතය, යහපත් වචනය ගෞරවයෙන් පිළිගන්නවා නම්, මැනවින් පහදිනවා නම්, මැනවින් අනුමෝදන් වෙනවා නම් ඔවුන් කැමති විය යුත්තේ මෙන්න මේ දෙයයි. 'සමඟිව සිටිමින්, සතුටින් යුක්තව සිටිමින්, විවාද නො කර, කිරි යි දියර යි එක්ව තිබෙන පරිද්දෙන් සිටිමින් එකිනෙකා දෙස ප්‍රිය ඇසින් බලමින් වාසය කිරීම යි.'

පින්වත් ආනන්ද, මේ කාමගුණයන් පහක් තිබෙනවා. කවර පහක් ද යත්; ඇසින් දක්ක යුතු වූ ඉෂ්ට වූ, කාන්ත වූ, මනාප වූ, ප්‍රිය ස්වභාවයෙන් යුතු වූ කාමාශාව ඇතිවන්නා වූ, කෙලෙස් ඇතිවන්නා වූ රූප තිබෙනවා. කනින් ඇසිය යුතු වූ ....(පෙ).... ශබ්ද තිබෙනවා. නාසයෙන් දැනගත යුතු ....(පෙ).... ගඳ සුවඳ තිබෙනවා. දිවෙන් වින්ද යුතු ....(පෙ).... රස තිබෙනවා. කයින් වින්ද යුතු ඉෂ්ට වූ, කාන්ත වූ, මනාප වූ, ප්‍රිය ස්වභාවයෙන් යුතු වූ කාමාශාව ඇතිවන්නා වූ, කෙලෙස් ඇතිවන්නා වූ පහස තිබෙනවා. ආනන්දය, මේ පඤ්චකාම ගුණයන් හේතු කරගෙන උපදින්නා වූ යම් සැපයක් සොම්නසක් ඇද්ද, මෙයට තමයි 'කාමසුඛය' කියා කියන්නේ.

ආනන්දය, යම් කෙනෙක් මෙසේ පවසන්නට පුළුවනි. 'සත්වයන් ඒකායන පැතුම වශයෙන් තබාගෙන විඳින්නේ මේ පංච කාම ගුණයෙන් ලබන්නා වූ සැපය යි, සොම්නස යි' කියා කියනවා නම්, මා එය අනුමත

කරන්නේ නෑ. මක් නිසාද යත්; පින්වත් ආනන්දය, මේ කාම සුඛයට වඩා සුන්දරතර වූ ත්, ප්‍රණීතතර වූ ත් වෙනත් සැපයක් තියෙනවා. ආනන්දය, මේ කාම සුඛයට වඩා සුන්දරතර වූ ත්, ප්‍රණීතතර වූ ත් වෙනත් සැපය කුමක් ද? ආනන්දය, මෙහිලා භික්ෂුව කාමයන් ගෙන් වෙන්ව, අකුසල ධර්මයන් ගෙන් වෙන්ව, විතර්ක සහිත වූ, විචාර සහිත වූ, විවේකයෙන් හටගත්, ප්‍රීති සුඛය ඇති ප්‍රථම ධ්‍යානයට පැමිණ වාසය කරනවා. ආනන්දය, ඒ කාම සුඛයට වඩා සුන්දරතර වූ ත්, ප්‍රණීතතර වූ ත් වෙනත් සැපය නම් මෙය යි.

ආනන්දය, යම් කෙනෙක් මෙසේ පවසන්නට පුළුවනි. 'සත්වයන් ඒකායන පැතුම වශයෙන් තබාගෙන විඳින්නේ මේ ප්‍රථම ධ්‍යානයෙන් ලබන්නා වූ සැපය යි, සොම්නස යි' කියා කියනවා නම්, මා එය අනුමත කරන්නේ නෑ. මක් නිසාද යත්; පින්වත් ආනන්දය, මේ ප්‍රථම ධ්‍යාන සුඛයට වඩා සුන්දරතර වූ ත්, ප්‍රණීතතර වූ ත් වෙනත් සැපයක් තියෙනවා. ආනන්දය, මේ ප්‍රථම ධ්‍යාන සුඛයට වඩා සුන්දරතර වූ ත්, ප්‍රණීතතර වූ ත් වෙනත් සැපය කුමක් ද? ආනන්දය, මෙහිලා භික්ෂුව විතර්ක විචාරයන් ගේ සංසිඳීමෙන්, අධ්‍යාත්මයෙහි පැහැදීම ඇති කරවන, සිතෙහි ඒකාග්‍රතාවය පවත්වන, විතර්ක රහිත වූ, විචාර රහිත වූ, සමාධියෙන් හට ගත් ප්‍රීති සුඛය ඇති දෙවන ධ්‍යානයට පැමිණ වාසය කරනවා. ආනන්දය, ඒ ප්‍රථම ධ්‍යාන සුඛයට වඩා සුන්දරතර වූ ත්, ප්‍රණීතතර වූ ත් වෙනත් සැපය නම් මෙය යි.

ආනන්දය, යම් කෙනෙක් මෙසේ පවසන්නට පුළුවනි. ....(පෙ).... මේ ද්විතීය ධ්‍යාන සුඛයට වඩා සුන්දරතර වූ ත්, ප්‍රණීතතර වූ ත් වෙනත් සැපය කුමක් ද? ආනන්දය, මෙහිලා භික්ෂුව ප්‍රීතියට නො ඇලෙමින්, උපේක්ෂාවෙන් යුතුව, සිහියෙන් යුතුව, නුවණින් යුතුව වාසය කරනවා. කයින් සැපයක් ද විඳිනවා. 'ආර්යයන් වහන්සේලා යම් සමාධියකට උපේක්ෂා සහිත වූ සිහි නුවණ ඇති සැප විහරණයකැ'යි පවසත් ද, ඒ තුන්වන ධ්‍යානයට පැමිණ වාසය කරනවා. ආනන්දය, ඒ ද්විතීය ධ්‍යාන සුඛයට වඩා සුන්දරතර වූ ත්, ප්‍රණීතතර වූ ත් වෙනත් සැපය නම් මෙය යි.

ආනන්දය, යම් කෙනෙක් මෙසේ පවසන්නට පුළුවනි. ....(පෙ).... මේ තෘතීය ධ්‍යාන සුඛයට වඩා සුන්දරතර වූ ත්, ප්‍රණීතතර වූ ත් වෙනත් සැපය කුමක් ද? ආනන්දය, මෙහිලා භික්ෂුව සැපයේ ද ප්‍රහාණයෙන්, දුකෙහි ද ප්‍රහාණයෙන්, කලින් ම සොම්නස් - දොම්නස් ඉක්මයෑමෙන් දුක් සැප රහිත වූ, උපේක්ෂා සති පාරිශුද්ධියෙන් යුතු වූ ඒ සතරවන ධ්‍යානයට පැමිණ වාසය කරනවා. ආනන්දය, ඒ තෘතීය ධ්‍යාන සුඛයට වඩා සුන්දරතර වූ ත්, ප්‍රණීතතර වූ ත් වෙනත් සැපය නම් මෙය යි.

ආනන්දය, යම් කෙනෙක් මෙසේ පවසන්නට පුළුවනි. ....(පෙ).... මේ චතුර්ථ ධ්‍යාන සුඛයට වඩා සුන්දරතර වූ ත්, ප්‍රණීතතර වූ ත් වෙනත් සැපය කුමක් ද? ආනන්දය, මෙහිලා භික්ෂුව සියලු ආකාරයෙන් ම රූප සඤ්ඤාවන් ඉක්ම යෑමෙන් ගොරෝසු සඤ්ඤාවන් අරමුණු නො වීමෙන් නා නා සඤ්ඤාවන් මෙනෙහි නො කිරීමෙන් 'අනන්ත වූ ආකාසය' යැයි ආකාසානඤ්චායතනයට පැමිණ වාසය කරනවා. ආනන්දය, ඒ චතුර්ථ ධ්‍යාන සුඛයට වඩා සුන්දරතර වූ ත්, ප්‍රණීතතර වූ ත් වෙනත් සැපය නම් මෙය යි.

ආනන්දය, යම් කෙනෙක් මෙසේ පවසන්නට පුළුවනි. ....(පෙ).... මේ ආකාසානඤ්චායතන සුඛයට වඩා සුන්දරතර වූ ත්, ප්‍රණීතතර වූ ත් වෙනත් සැපය කුමක් ද? ආනන්දය, මෙහිලා භික්ෂුව සියලු ආකාරයෙන් ම ආකාසානඤ්චායතනය ඉක්ම යෑමෙන් 'අනන්ත වූ විඤ්ඤාණය' යැයි විඤ්ඤාණඤ්චායතනයට පැමිණ වාසය කරනවා. ආනන්දය, ඒ ආකාසානඤ්චායතන සුඛයට වඩා සුන්දරතර වූ ත්, ප්‍රණීතතර වූ ත් වෙනත් සැපය නම් මෙය යි.

ආනන්දය, යම් කෙනෙක් මෙසේ පවසන්නට පුළුවනි. ....(පෙ).... මේ විඤ්ඤාණඤ්චායතන සුඛයට වඩා සුන්දරතර වූ ත්, ප්‍රණීතතර වූ ත් වෙනත් සැපය කුමක් ද? ආනන්දය, මෙහිලා භික්ෂුව සියලු ආකාරයෙන් ම විඤ්ඤාණඤ්චායතනය ඉක්ම යෑමෙන් 'කිසිවක් නැත' යැයි ආකිඤ්චඤ්ඤායතනයට පැමිණ වාසය කරනවා. ආනන්දය, ඒ විඤ්ඤාණඤ්චායතන සුඛයට වඩා සුන්දරතර වූ ත්, ප්‍රණීතතර වූ ත් වෙනත් සැපය නම් මෙය යි.

ආනන්දය, යම් කෙනෙක් මෙසේ පවසන්නට පුළුවනි. ....(පෙ).... මේ ආකිඤ්චඤ්ඤායතන සුඛයට වඩා සුන්දරතර වූ ත්, ප්‍රණීතතර වූ ත් වෙනත් සැපය කුමක් ද? ආනන්දය, මෙහිලා භික්ෂුව සියලු ආකාරයෙන් ම ආකිඤ්චඤ්ඤායතනය ඉක්ම යෑමෙන් නේවසඤ්ඤානාසඤ්ඤායතනයට පැමිණ වාසය කරනවා. ආනන්දය, ඒ ආකිඤ්චඤ්ඤායතන සුඛයට වඩා සුන්දරතර වූ ත්, ප්‍රණීතතර වූ ත් වෙනත් සැපය නම් මෙය යි.

ආනන්දය, යම් කෙනෙක් මෙසේ පවසන්නට පුළුවනි. 'සත්වයන් ඒකායන පැතුම වශයෙන් තබාගෙන විඳින්නේ මේ නේවසඤ්ඤානාසඤ්ඤායතනයෙන් ලබන්නා වූ සැපය යි, සොම්නස යි' කියා කියනවා නම්, මා එය අනුමත කරන්නේ නෑ. මක් නිසාද යත්; පින්වත් ආනන්දය, මේ නේවසඤ්ඤානාසඤ්ඤායතන සුඛයට වඩා සුන්දරතර වූ ත්, ප්‍රණීතතර වූ ත් වෙනත් සැපයක් තියෙනවා.

ආනන්දය, මේ නේවසඤ්ඤානාසඤ්ඤායතන සුඛයට වඩා සුන්දරතර වූ ත්, ප්‍රණීතතර වූ ත් වෙනත් සැපය කුමක් ද? ආනන්දය, මෙහිලා භික්ෂුව සියලු ආකාරයෙන් නේවසඤ්ඤානාසඤ්ඤායතනය ඉක්මවීමෙන් සඤ්ඤා වේදයිත නිරෝධයට පැමිණ වාසය කරනවා. ආනන්දය, ඒ නේවසඤ්ඤානාසඤ්ඤායතන සුඛයට වඩා සුන්දරතර වූ ත්, ප්‍රණීතතර වූ ත් වෙනත් සැපය නම් මෙය යි.

ආනන්දය, අන්‍යාගමික පිරිවැජියන් මෙබඳු වූ කරුණු පවසනවා ය කියන දෙය විය හැකි දෙයක්. එනම්, 'ශ්‍රමණ ගෞතමයන් සඤ්ඤාවේදයිත නිරෝධය ගැන පවසනවා. එය ද සැපය තුළ තිබෙන දෙයක් හැටියට යි පණවන්නේ. ඒ සැපය කුමක් ද? ඒ සැපය කොහොම වෙන දෙයක් ද?' කියල. ඔය විදිහේ කරුණු කියන අන්‍යාගමික පිරිවැජියන් හට පිළිතුරු දිය යුත්තේ මෙහෙම යි. 'ආයුෂ්මත්නි, භාග්‍යවතුන් වහන්සේ සැපය තුළ තිබෙන දේවල් හැටියට පණවන්නේ සැප වේදනාවට අයත් දේවල් විතරක් නොවේ. නමුත් ආයුෂ්මත්නි, යම් යම් තැනක දී සැපයක් ලැබෙනවා නම්, ඒ ඒ තැන තිබෙන්නා වූ ඒ ඒ සැපය ද, තථාගතයන් වහන්සේ සැපය තුළ යි පණවන්නේ' කියල.

භාග්‍යවතුන් වහන්සේ මෙය වදාළ සේක. සතුටු සිත් ඇති ආයුෂ්මත් ආනන්දයන් වහන්සේ භාග්‍යවතුන් වහන්සේ ගේ භාෂිතය සතුටින් පිළිගත්තා.

සාදු! සාදු!! සාදු!!!

බොහෝ විඳීම් ගැන වදාළ දෙසුම නිමා විය.

2.1.10.
අපණ්ණක සූත්‍රය
මධ්‍යස්ථව නුවණින් විමසා බැලීම ගැන වදාළ දෙසුම

මා හට අසන්නට ලැබුනේ මේ විදිහට යි. ඒ දිනවල භාග්‍යවතුන් වහන්සේ කොසොල් ජනපදයෙහි මහත් භික්ෂුසංඝයා සමඟ චාරිකාවේ වඩිමින් සිටිය දී සාලා නම් වූ කෝසල ජනපදවාසී බ්‍රාහ්මණයින් ගේ ගම කරා වැඩම කළා. වැඩම කොට එහි කල්ගත කොට වදාළා. එතකොට සාලා ගම්වැසි බ්‍රාහ්මණ ගෘහපතිවරුන්ට මෙය අසන්නට ලැබුනා. "භවත්නි, ශාක්‍ය කුලයෙන් නික්මී පැවිදි වූ, ශාක්‍ය පුත්‍ර වූ ශ්‍රමණ ගෞතමයන් වහන්සේ මහත් භික්ෂුසංඝයා සමඟ කෝසල ජනපද චාරිකාවෙහි වඩිමින් සිටියදී සාලා ගමටත් වැඩමකොට සිටිනවා. ඒ භාග්‍යවත් ගෞතමයන් වහන්සේ පිළිබඳව මෙබඳු වූ කල්‍යාණ කීර්ති රාවයක් උද්ගතව පැතිරී තිබෙනවා.

'ඒ භාග්‍යවතුන් වහන්සේ මේ මේ කරුණු හේතුවෙන් අරහං වන සේක. සම්මා සම්බුද්ධ වන සේක. විජ්ජාචරණ සම්පන්න වන සේක. සුගත වන සේක. ලෝකවිදූ වන සේක. අනුත්තරෝ පුරිසදම්ම සාරථී වන සේක. සත්ථා දේවමනුස්සානං වන සේක. බුද්ධ වන සේක. භගවා වන සේක' කියල. ඒ වගේ ම උන්වහන්සේ මේ දෙවියන් සහිත, මරුන් සහිත, බඹුන් සහිත, ශ්‍රමණ බ්‍රාහ්මණයින් සහිත, දෙව් මිනිස් ප්‍රජාවෙන් යුතු ලෝකයා හට ස්වකීය වූ විශිෂ්ට ඥාණයෙන් සාක්ෂාත් කරගත් ධර්මයක් දේශනා කරනවා. උන්වහන්සේ ධර්මය දේශනා කරනවා. මුල කල්‍යාණ වූ, මැද කල්‍යාණ වූ, සමාප්තිය කල්‍යාණ වූ, අර්ථ සහිත වූ, පැහැදිලි ප්‍රකාශන මාධ්‍යයකින් හෙබියා වූ මුළුමනින් ම පිරිපුන්, පිරිසිදු නිවන් මඟ ප්‍රකාශ කරනවා. මෙබඳු වූ රහතුන් ගේ දැක්ම කොතරම් අගේ ද!" කියා ඒ බ්‍රාහ්මණ ගෘහපතිවරුන් අතර කතාබහ ඇතිවුනා.

ඉතින් සාලා ග්‍රාමවාසී බ්‍රාහ්මණ ගෘහපතිවරු භාග්‍යවතුන් වහන්සේ වෙත පැමිණුනා. පැමිණී ඇතැමෙක් භාග්‍යවතුන් වහන්සේට වන්දනා කොට එකත්පස්ව වාඩිවුනා. ඇතැමෙක් භාග්‍යවතුන් වහන්සේ සමඟ සතුටු වුනා. සතුටු විය යුතු පිළිසඳර කතා බහේ යෙදුනා. එකත්පස්ව වාඩි වුනා. ඇතැමෙක් භාග්‍යවතුන් වහන්සේට දෑත් එක්කොට වන්දනා කිරීමෙන් පසු එකත්පස්ව වාඩි වුනා. ඇතැමෙක් භාග්‍යවතුන් වහන්සේ ඉදිරියෙන් නම් ගොත් වශයෙන්

හඳුන්වා දී එකත්පස්ව වාඩිවුනා. ඇතැමෙක් නිශ්ශබ්දව ම එකත්පස්ව වාඩි වුනා. එකත්පස්ව වාඩි වූ සාලා ග්‍රාමවාසී බ්‍රාහ්මණ ගෘහපතිවරු හට භාග්‍යවතුන් වහන්සේ මෙය වදාළා.

"පින්වත් ගෘහපතිවරුනි, යම් ශාස්තෘන් වහන්සේ නමක් කෙරෙහි අවබෝධයෙන් ම ඇතිකරගත්තු ශ්‍රද්ධා ප්‍රතිලාභයක් තිබේ නම්, එබඳු වූ යම් මනාප ශාස්තෘන් වහන්සේ නමක් ඔබට සිටිනවා ද?"

"ස්වාමීනී, යම් ශාස්තෘන් වහන්සේ නමක් කෙරෙහි අවබෝධයෙන් ම ඇතිකරගත්තු ශ්‍රද්ධා ප්‍රතිලාභයක් තිබේ නම්, එබඳු වූ යම් මනාප ශාස්තෘන් වහන්සේ නමක් අපට නැහැ."

"පින්වත් ගෘහපතිවරුනි, ඔබට මනාප වූ ශාස්තෘන් වහන්සේ නමක් නො ලැබී ඇති නිසා ඔබ විසින් මධ්‍යස්ථව සිටීමේ ධර්මය ගැන, අපණ්ණක ධර්මය ගැන සමාදන්ව පැවතිය යුතුයි. පින්වත් ගෘහපතිවරුනි, මධ්‍යස්ථව සිටීමේ ධර්මය යහපත්ව පිළිගත් විට, සමාදන් වූ විට, එය ඔබට බොහෝ කලක් හිතසුව පිණිස පවතීවි.

පින්වත් ගෘහපතිවරුනි, මධ්‍යස්ථව සිටීමේ ධර්මය කුමක් ද? පින්වත් ගෘහපතිවරුනි, මෙබඳු ප්‍රකාශ කරන්නා වූ, මෙබඳු මත දරන්නා වූ ශ්‍රමණ බ්‍රාහ්මණවරුන් සිටිනවා. ඒ කියන්නේ; 'දානයෙහි විපාක නැත. ඇප උපස්ථාන වල විපාක නැත. පුද පූජාවන්හි විපාක නැත. යහපත් ලෙස වේවා, අයහපත් ලෙස වේවා කරන ලද කර්මයන් ගේ විපාක නැත. මෙලොවක් නැත. පරලොවක් නැත. මව් නැත. පියා නැත. ඕපපාතික සත්වයන් නැත. යමෙක් මෙලොව පරලොව පිළිබඳව තමා තුළ ඇති කරගත් විශිෂ්ට ඥාණයෙන් යුතුව ප්‍රත්‍යක්ෂ වශයෙන් දැන පැවසීමක් ඇද්ද, යහපත් මගෙහි පිළිපන්, යහපත් මග තුළ සිටින එබඳු මහණ බමුණන් නැත' කියල.

ඒ වගේ ම පින්වත් ගෘහපතිවරුනි, ඒ ශ්‍රමණ බ්‍රාහ්මණයන්ට හාත්පසින් ම විරුද්ධ වූ ඇතැම් ශ්‍රමණ බ්‍රාහ්මණවරු සිටිනවා. ඔවුන් මෙහෙම කියනවා. ඒ කියන්නේ 'දානයෙහි විපාක ඇත. ඇප උපස්ථාන වල විපාක ඇත. පුද පූජාවන්හි විපාක ඇත. යහපත් ලෙස වේවා, අයහපත් ලෙස වේවා කරන ලද කර්මයන් ගේ විපාක ඇත. මෙලොවක් ඇත. පරලොවක් ඇත. මව් ඇත. පියා ඇත. ඕපපාතික සත්වයන් ඇත. යමෙක් මෙලොව පරලොව පිළිබඳව තමා තුළ ඇති කරගත් විශිෂ්ට ඥාණයෙන් යුතුව ප්‍රත්‍යක්ෂ වශයෙන් දැන පැවසීමක් ඇද්ද, යහපත් මගෙහි පිළිපන්, යහපත් මග තුළ සිටින එබඳු මහණ බමුණන් ඇත' කියල.

පින්වත් ගෘහපතිවරුනි, මේ ගැන ඔබ කුමක්ද සිතන්නේ? මේ ශ්‍රමණ බ්‍රාහ්මණයින් එකිනෙකාට ඍජුව ම විරුද්ධ මත දරණ අය නො වෙයි ද?" "එසේය ස්වාමීනී"

"පින්වත් ගෘහපතිවරුනි, එහිලා යම් ශ්‍රමණ බ්‍රාහ්මණයෙකු මෙබඳු ප්‍රකාශ ඇතිව, මෙබඳු දෘෂ්ටි ඇතිව සිටිනවා ද; ඒ කියන්නේ 'දානයෙහි විපාක නැත. ඇප උපස්ථාන වල විපාක නැත. පුද පූජාවන්හි විපාක නැත. යහපත් ලෙස වේවා, අයහපත් ලෙස වේවා කරන ලද කර්මයන් ගේ විපාක නැත. මෙලොවක් නැත. පරලොවක් නැත. මව් නැත. පියා නැත. ඕපපාතික සත්වයන් නැත. යමෙක් මෙලොව පරලොව පිළිබඳව තමා තුළ ඇති කරගත් විශිෂ්ට ඥාණයෙන් යුතුව ප්‍රත්‍යක්ෂ වශයෙන් දැන පැවසීමක් ඇද්ද, යහපත් මගෙහි පිළිපන්, යහපත් මග තුළ සිටින එබඳු මහණ බමුණන් නැත' කියල. ඔවුන් කැමති විය යුත්තේ මෙය යි. යම් මේ කාය සුචරිතයක්, වචී සුචරිතයක්, මනෝ සුචරිතයක් ඇද්ද, මේ කුසල් දහම් තුන අත්හැරලා යම් කාය දුෂ්චරිතයක්, වචී දුෂ්චරිතයක්, මනෝ දුෂ්චරිතයක් ඇද්ද මේ අකුසල් දහම් තුළ සමාදන්ව වාසය කිරීම යි. එයට හේතුව කුමක්ද යත්; ඒ භවත් ශ්‍රමණ බ්‍රාහ්මණයින් අකුසල ධර්මයන් ගේ ආදීනවය ත්, ලාමක බව ත්, කෙලෙසීම ත් දකින්නේ නෑ. ඒ වගේ ම කුසල ධර්මයන් තුළින් අකුසලයන් ගෙන් මිදීම ත්, ආනිශංස ත්, පිරිසිදු වීම ත්, දකින්නේ නැහැ.

තිබෙන්නා වූ ම පරලොව පිළිබඳව ඔහුට තිබෙන්නේ 'පරලොව නැත' යන දෘෂ්ටිය යි. එය ඔහු ගේ මිත්‍යා දෘෂ්ටිය යි. තිබෙන්නා වූ ම පරලොව පිළිබඳව ඔහුට තිබෙන්නේ 'පරලොව නැත' යන සංකල්පනාව යි. එය ඔහු ගේ මිත්‍යා සංකල්පය යි. තිබෙන්නා වූ ම පරලොව පිළිබඳව ඔහුට තිබෙන්නේ 'පරලොව නැත' යන වචන කතා කිරීම යි. එය ඔහු ගේ මිත්‍යා වචන භාවිතය යි. තිබෙන්නා වූ ම පරලොව පිළිබඳව යි ඔහු 'පරලොව' නැත කියා කියන්නේ. පරලොව ගැන අවබෝධයෙන් ම දන්නා වූ යම් රහතන් වහන්සේලා ලොව සිටිත් ද, උන්වහන්සේලා ගේ අවබෝධයට ද මෙය විරුද්ධව ක්‍රියාත්මක වෙනව. තිබෙන්නා වූ ම පරලොව පිළිබඳව ඔහු අන්‍යන්ව දැනුවත් කරන්නේ 'පරලොව නැත' කියා යි. එය ඔහු ගේ අසද්ධර්ම දැනුවත් කිරීම යි. ඒ අසද්ධර්මය ඉස්මතු කොට පැවසීමෙන් තමා හුවා දක්වා ගන්නවා. අනුන් හෙලා දකිනවා. මේ හේතුවෙන් කලින් ම ඔහු තුළ ඇති සීලය ප්‍රහාණය වී යනවා. දුස්සීල භාවය තුළ පිහිටනවා. මේ මිත්‍යා දෘෂ්ටිය ද, මිත්‍යා සංකල්පය ද, මිත්‍යා වාචා ද, ආර්යයන් වහන්සේලාට විරුද්ධව කරන කතාව ද, අසද්ධර්මය ඉස්මතු කොට කීමෙන් ඇති කරගන්නා තමා හුවා දැක්වීම ද අනුන් හෙලා දැකීම ද ඇති වෙනවා. මේ ආකාරයට මිත්‍යා දෘෂ්ටිය මුල් වීමෙන් අනේක වූ පාපී අකුසල් දහම් පහළ වෙනවා.

පින්වත් ගෘහපතිවරුනි, එහිලා බුද්ධිමත් මනුෂ්‍යයෙක් නුවණින් ප්‍රත්‍යවෙක්ෂා කරන්නේ මෙහෙමයි. ඉදින් පරලොවක් නැති නම්, මෙසේ මේ භවත් පුරුෂ පුද්ගලයා කය බිඳී මරණින් මතු තමාට යහපතක් සලසා ගනීවි. හැබැයි පරලොවක් තිබෙනවා නම්, මෙසේ මේ භවත් පුරුෂ පුද්ගලයා කය බිඳී මරණින් මතු අපාය නම් වූ, දුගතිය නම්, විනිපාත නම් වූ නිරයෙහි උපදීවි. පරලොව පිළිබඳ කතාව පසෙක තිබේවා! ඒ භවත් ශ්‍රමණයන් ගේ වචනය සැබෑ වචනයක් බවට පිළිගත්ත ත්, ඒ භවත් පුරුෂ පුද්ගලයා මේ ජීවිතයේ දී ම බුද්ධිමතුන් ගේ ගැරහීමට ලක්වෙනවා, 'මේ පුරුෂ පුද්ගලයා දුස්සීල කෙනෙක්. මිත්‍යා දෘෂ්ටික කෙනෙක්. නාස්තික වාදියෙක්' කියල. ඉදින් සැබෑවට ම පරලොවක් තිබුනොත් මේ භවත් පුරුෂ පුද්ගලයාට දෙලොව දී ම සිදුවන්නේ පරාජයක් ම යි. මේ ජීවිතයේ දී ම බුද්ධිමතුන් ගෙන් ලැබෙන ගැරහීම ත්, කය බිඳී මරණින් මතු අපාය නම් වූ, දුගතිය නම් වූ, විනිපාත නම් වූ නිරයේ ඉපදීම ත් ය. මේ ආකාරයෙන් මධ්‍යස්ථව විමසා බැලීමේ ධර්මය යමෙකුට වැරදුනොත් සිදුවන්නේ ඔවුන් ගේ වාදයේ පක්ෂග්‍රාහීව බැසගෙන සිටීම යි. කුසල් දහම් ඇතිකර ගන්නට ඇති අවස්ථාව අත්හැරීම යි.

"පින්වත් ගෘහපතිවරුනි, එහිලා යම් ශ්‍රමණ බ්‍රාහ්මණයෙකු මෙබඳු ප්‍රකාශ ඇතිව, මෙබඳු දෘෂ්ටි ඇතිව සිටිනවා ද; ඒ කියන්නේ 'දානයෙහි විපාක ඇත. ඇප උපස්ථාන වල විපාක ඇත. පුද පූජාවන්හි විපාක ඇත. යහපත් ලෙස වේවා, අයහපත් ලෙස වේවා කරන ලද කර්මයන් ගේ විපාක ඇත. මෙලොවක් ඇත. පරලොවක් ඇත. මව් ඇත. පියා ඇත. ඕපපාතික සත්වයන් ඇත. යමෙක් මෙලොව පරලොව පිළිබඳව තමා තුළ ඇති කරගත් විශිෂ්ට ඥාණයෙන් යුතුව ප්‍රත්‍යක්ෂ වශයෙන් දැන පැවසීමක් ඇද්ද, යහපත් මගෙහි පිළිපන්, යහපත් මග තුළ සිටින එබඳු මහණ බමුණන් ඇත' කියල. ඔවුන් කැමති විය යුත්තේ මෙය යි. යම් මේ කාය දුශ්චරිතයක්, වචී දුශ්චරිතයක්, මනෝ දුශ්චරිතයක් ඇද්ද, මේ අකුසල් දහම් තුන අත්හැරලා යම් කාය සුචරිතයක්, වචී සුචරිතයක්, මනෝ සුචරිතයක් ඇද්ද මේ කුසල් දහම් තුළ සමාදන්ව වාසය කිරීම යි. එයට හේතුව කුමක්ද යත්; ඒ භවත් ශ්‍රමණ බ්‍රාහ්මණයින් අකුසල ධර්මයන් ගේ ආදීනවය ත්, ලාමක බව ත්, කෙලෙසීම ත් දකිනවා. ඒ වගේ ම කුසල ධර්මයන් තුළින් අකුසලයන් ගෙන් මිදීම ත්, ආනිශංස ත්, පිරිසිදු වීම ත්, දකිනවා.

තිබෙන්නා වූ ම පරලොව පිළිබඳව ඔහුට තිබෙන්නේ 'පරලොව ඇත' යන දෘෂ්ටිය යි. එය ඔහු ගේ සම්‍යක් දෘෂ්ටිය යි. තිබෙන්නා වූ ම පරලොව පිළිබඳව ඔහුට තිබෙන්නේ 'පරලොව ඇත' යන සංකල්පනාව යි. එය ඔහු ගේ සම්‍යක් සංකල්පය යි. තිබෙන්නා වූ ම පරලොව පිළිබඳව ඔහුට තිබෙන්නේ

'පරලොව ඇත' යන වචන කතා කිරීම යි. එය ඔහු ගේ සම්‍යක් වචන භාවිතය යි. තිබෙන්නා වූ ම පරලොව පිළිබඳව යි ඔහු පරලොව ඇත කියා කියන්නේ. පරලොව ගැන අවබෝධයෙන් ම දන්නා වූ යම් රහතන් වහන්සේලා ලොව සිටිත් ද, උන්වහන්සේලා ගේ අවබෝධයට ද මෙය විරුද්ධව ක්‍රියාත්මක වෙන්නෙ නෑ. තිබෙන්නා වූ ම පරලොව පිළිබඳව ඔහු අන්‍යන්ව දැනුවත් කරන්නේ 'පරලොව ඇත' කියා ය. එය ඔහු ගේ සද්ධර්මය දැනුවත් කිරීම යි. ඒ සද්ධර්මය ඉස්මතු කොට පැවසීමෙන් තමා හුවා දක්වා ගන්නෙ නෑ. අනුන් හෙලා දකින්නෙත් නෑ. මේ හේතුවෙන් කලින් ම ඔහු තුළ දුස්සීල බවක් තිබුනා නම්, එය ප්‍රහාණය වී යනවා. සිල්වත් භාවය තුළ පිහිටනවා. මේ සම්‍යක් දෘෂ්ටිය ද, සම්‍යක් සංකල්පය ද, සම්‍යක් වාචා ද, ආර්යයන් වහන්සේලාට විරුද්ධව කතා නො කිරීම ද, සද්ධර්මය ඉස්මතු කොට කීම ද, තමා හුවා නො දැක්වීම ද, අනුන් හෙලා නො දැකීම ද ඇති වෙනවා. මේ ආකාරයට සම්‍යක් දෘෂ්ටිය මුල් වීමෙන් අනේක වූ කුසල් දහම් පහළ වෙනවා.

පින්වත් ගෘහපතිවරුනි, එහිලා බුද්ධිමත් මනුෂ්‍යයෙක් නුවණින් ප්‍රත්‍යවෙක්ෂා කරන්නේ මෙහෙම යි. ඉදින් පරලොවක් තිබෙනවා නම්, මෙසේ මේ භවත් පුරුෂ පුද්ගලයා කය බිඳී මරණින් මතු සුගති සංඛ්‍යාත ස්වර්ග ලෝකයෙහි උපත ලබාගන්නවා. පරලොව පිළිබඳ කතාව පසෙක තිබේවා! ඒ භවත් ශ්‍රමණයන් ගේ වචනය සැබෑ වචනයක් බවට පිළිගත්ත ත්, ඒ භවත් පුරුෂ පුද්ගලයා මේ ජීවිතයේ දී ම බුද්ධිමතුන් ගේ පැසසුමට ලක්වෙනවා. 'මේ පුරුෂ පුද්ගලයා සිල්වත් කෙනෙක්. සම්‍යක් දෘෂ්ටික කෙනෙක්. අස්තික වාදියෙක්' කියල. ඉදින් සැබෑවට ම පරලොවක් තිබුනොත් මේ භවත් පුරුෂ පුද්ගලයාට දෙලොව දී ම සිදුවන්නේ ජයග්‍රහණයක් ම යි. මේ ජීවිතයේ දී ම බුද්ධිමතුන් ගෙන් ලැබෙන ප්‍රශංසාව ත්, කය බිඳී මරණින් මතු සුගති සංඛ්‍යාත ස්වර්ග ලෝකයෙහි ඉපදීම ත් ය. මේ ආකාරයෙන් මධ්‍යස්ථව විමසා බැලීමේ ධර්මය යමෙකුට මනාව කරගත හැකි වුවොත් තමා ගේ නුවණින් සැලකීමට හා ශ්‍රමණ බමුණන් ගේ මතයට යන දෙපැත්තට ම මැනවින් බැසගන්නවා. අකුසල් ඇතිකර ගන්නට ඇති අවස්ථාව අත්හැර දමනවා.

පින්වත් ගෘහපතිවරුනි, මෙබඳු මත ප්‍රකාශ කරන, මෙබඳු දෘෂ්ටි දරන ඇතැම් ශ්‍රමණ බ්‍රාහ්මණයින් ඉන්නවා. ඒ කියන්නේ; 'තමන් ගේ අතින් කළ ත්, අනුන් ලවා කෙරෙව්ව ත්, තම අතින් අනුන් ගේ අත් පා ආදිය කැපුව ත්, අනුන් ලවා කැප්පෙව්ව ත්, දඬු මුගුරු වලින් පීඩා කළ ත්, අනුන් ලවා පීඩා කෙරෙව්ව ත්, ශෝක කළ ත්, ශෝක කෙරෙව්ව ත්, ක්ලාන්ත කළ ත්, ක්ලාන්ත කෙරෙව්ව ත්, කම්පා කළ ත්, කම්පා කෙරෙව්ව ත්, සතුන් මැරුව ත්, සොරකම්

කෙරුව ත්, ගෙවල් දොරවල් මංකොල්ල කෑව ත්, මංපැහැරුව ත්, එක් ගෙයක් මංකොල්ල කෑව ත්, කණ්ඩායම් සොරකම් කළ ත්, පරදාර සේවනයේ යෙදුන ත්, බොරු කීව ත්, 'පව් කරමි' යි යන හැඟීමකින් කළත්, එය කරන්නාට සිදුවන පාපයක් නම් නැත. ඉදින් යමෙක් තියුණු මුවහත ඇති කරකැවෙන ආයුධයකින් මේ පොළෝ තලයෙහි සත්වයන් එක් ම මාංස රැසක්, එක් ම මාංස පුංජයක් බවට පත් කළ ද, ඒ හේතුවෙන් සිදුවන පවක් නැත. පාපයා ගේ පැමිණීමෙක් ද නැත.

ගංගා තීරයෙහි දකුණු තෙර දක්වා ම මරමින්, මරවමින්, අත් පා සිඳිමින්, සිඳවමින්, පෙළමින්, පෙළවමින්, ගමන් කළ ද, ඒ හේතුවෙන් සිදුවන පවක් නැත. පාපයා ගේ පැමිණීමෙක් ද නැත. ගංගා තීරයෙහි උතුරු තෙර දක්වා ම දන් දෙමින්, දෙවමින්, යාග කරමින්, යාග කරවමින් ගමන් කළ ද, ඒ හේතුවෙන් සිදුවන පිනක් නැත. පිනෙහි පැමිණීමෙක් ද නැත. දානයෙන්, ඉන්ද්‍රිය දමනයෙන්, සංවර වීමෙන්, සත්‍ය වචනයෙන්, සිදුවන පිනක් නැත. පිනෙහි පැමිණීමක් ද නැත' කියල.

ඒ වගේ ම පින්වත් ගෘහපතිවරුනි, ඒ ශ්‍රමණ බ්‍රාහ්මණයන් අතර ඇතැම් ශ්‍රමණ බ්‍රාහ්මණයින් ඒ මතයට ඍජුව ම විරුද්ධව මෙහෙම කියනවා. ඒ කියන්නේ; 'තමන් ගේ අතින් කළත්, අනුන් ලවා කෙරෙව්වත්, තම අතින් අනුන් ගේ අත් පා ආදිය කැපුවත්, අනුන් ලවා කැප්පෙව්වත්, දඬු මුගුරු වලින් පීඩා කළත්, අනුන් ලවා පීඩා කෙරෙව්වත්, ශෝක කළත්, ශෝක කෙරෙව්වත්, ක්ලාන්ත කළත්, ක්ලාන්ත කෙරෙව්වත්, කම්පා කළත්, කම්පා කෙරෙව්වත්, සතුන් මැරුවත්, සොරකම් කෙරුවත්, ගෙවල් දොරවල් මංකොල්ල කෑවත්, මංපැහැරුවත්, එක් ගෙයක් මංකොල්ල කෑවත්, කණ්ඩායම් සොරකම් කළත්, පරදාර සේවනයේ යෙදුනත්, බොරු කීවත්, 'පව් කරමි' යි යන හැඟීමකින් කළත්, එය කරන්නාට පව් සිදු වෙනවා ම යි. ඉදින් යමෙක් තියුණු මුවහත ඇති කරකැවෙන ආයුධයකින් මේ පොළෝ තලයෙහි සත්වයන් එක් ම මාංස රැසක්, එක් ම මාංස පුංජයක් බවට පත් කළොත් ඒ හේතුවෙන් පව් සිදු වෙනවා ම යි. පවෙහි පැමිණීමක් තියෙනවා ම යි.

ගංගා තීරයෙහි දකුණු තෙර දක්වා ම මරමින්, මරවමින්, අත් පා සිඳිමින්, සිඳවමින්, පෙළමින්, පෙළවමින්, ගමන් කළ ද, ඒ හේතුවෙන් පව් සිදුවෙනවා ම යි. පවෙහි පැමිණීමෙක් තියෙනවා ම යි. ගංගා තීරයෙහි උතුරු තෙර දක්වා ම දන් දෙමින්, දෙවමින්, යාග කරමින්, යාග කරවමින් ගමන් කළ ද, ඒ හේතුවෙන් සිදුවන පිනක් තියෙනවා ම යි. පිනෙහි පැමිණීමෙක් ද තියෙනවා ම යි. දානයෙන්, ඉන්ද්‍රිය දමනයෙන්, සංවර වීමෙන්, සත්‍ය

වචනයෙන්, පින් සිදුවෙනවා ම යි. පිනෙහි පැමිණීමක් ද තියෙනවා ම යි' කියල. පින්වත් ගෘහපතිවරුනි, ඒ ගැන කුමක් ද සිතන්නේ? මේ ශ්‍රමණ බ්‍රාහ්මණයින් ඔවුනොවුන්ට ඍජුව ම විරුද්ධ වූ මතවාද පවසනවා නො වේ ද?" "එසේය ස්වාමීනී."

"පින්වත් ගෘහපතිවරුනි, එහිලා යම් ශ්‍රමණ බ්‍රාහ්මණයෙකු මෙබඳු ප්‍රකාශ ඇතිව, මෙබඳු දෘෂ්ටි ඇතිව සිටිනවා ද; ඒ කියන්නේ 'තමන් ගේ අතින් කළත්, අනුන් ලවා කෙරෙව්වත්, තම අතින් අනුන් ගේ අත් පා ආදිය කැපුවත්, අනුන් ලවා කැප්පෙව්වත්, දඬු මුගුරු වලින් පීඩා කළත්, අනුන් ලවා පීඩා කෙරෙව්වත්, ශෝක කළත්, ශෝක කෙරෙව්වත්, ක්ලාන්ත කළත්, ක්ලාන්ත කෙරෙව්වත්, කම්පා කළත්, කම්පා කෙරෙව්වත්, සතුන් මැරුවත්, සොරකම් කෙරුවත්, ගෙවල් දොරවල් මංකොල්ල කෑවත්, මංපැහැරුවත්, එක් ගෙයක් මංකොල්ල කෑවත්, කණ්ඩායම් සොරකම් කළත්, පරදාර සේවනයේ යෙදුනත්, බොරු කීවත්, 'පව් කරමි' යි යන හැඟීමකින් කළත්, එය කරන්නාට සිදුවන පාපයක් නම් නැත. ඉදින් යමෙක් තියුණු මුවහත ඇති කරකැවෙන ආයුධයකින් මේ පොළෝ තලයෙහි සත්වයන් එක් ම මාංස රැසක්, එක් ම මාංස පුංජයක් බවට පත් කළ ද, ඒ හේතුවෙන් සිදුවන පවක් නැත. පාපයා ගේ පැමිණීමෙක් ද නැත.

ගංගා තීරයෙහි දකුණු තෙර දක්වා ම මරමින්, මරවමින්, අත් පා සිඳිමින්, සිඳවමින්, පෙළමින්, පෙළවමින්, ගමන් කළ ද, ඒ හේතුවෙන් සිදුවන පවක් නැත. පාපයා ගේ පැමිණීමෙක් ද නැත. ගංගා තීරයෙහි උතුරු තෙර දක්වා ම දන් දෙමින්, දෙවමින්, යාග කරමින්, යාග කරවමින් ගමන් කළ ද, ඒ හේතුවෙන් සිදුවන පිනක් නැත. පිනෙහි පැමිණීමෙක් ද නැත. දානයෙන්, ඉන්ද්‍රිය දමනයෙන්, සංවර වීමෙන්, සත්‍ය වචනයෙන්, සිදුවන පිනක් නැත. පිනෙහි පැමිණීමක් ද නැත' කියල.

ඔවුන් කැමති විය යුත්තේ මෙය යි. යම් මේ කාය සුචරිතයක්, වචී සුචරිතයක්, මනෝ සුචරිතයක් ඇද්ද, මේ කුසල් දහම් තුන අත්හැරලා යම් කාය දුෂ්චරිතයක්, වචී දුෂ්චරිතයක්, මනෝ දුෂ්චරිතයක් ඇද්ද මේ අකුසල් දහම් තුළ සමාදන්ව වාසය කිරීම යි. එයට හේතුව කුමක්ද යත්; ඒ භවත් ශ්‍රමණ බ්‍රාහ්මණයින් අකුසල ධර්මයන් ගේ ආදීනවය ත්, ලාමක බව ත්, කෙලෙසීම ත් දකින්නේ නෑ. ඒ වගේ ම කුසල ධර්මයන් තුළින් අකුසලයන් ගෙන් මිදීම ත්, ආනිශංස ත්, පිරිසිදු වීම ත්, දකින්නේ නැහැ.

තිබෙන්නා වූ ම ක්‍රියාවෙහි ඵලය පිළිබඳව ඔහුට තිබෙන්නේ 'ක්‍රියාවෙහි විපාක නැත' යන දෘෂ්ටිය යි. එය ඔහු ගේ මිත්‍යා දෘෂ්ටිය යි. තිබෙන්නා වූ

ම ක්‍රියාවෙහි විපාක පිළිබඳව ඔහුට තිබෙන්නේ 'ක්‍රියාවක විපාක නැත' යන සංකල්පනාව යි. එය ඔහු ගේ මිත්‍යා සංකල්පය යි. තිබෙන්නා වූ ම ක්‍රියාවෙහි විපාක පිළිබඳව ඔහුට තිබෙන්නේ 'ක්‍රියාවෙහි විපාක නැත' යන වචන කතා කිරීම යි. එය ඔහු ගේ මිත්‍යා වචන භාවිතය යි. තිබෙන්නා වූ ම ක්‍රියාවෙහි විපාක පිළිබඳව යි ඔහු 'ක්‍රියාවෙහි විපාක නැත' කියා කියන්නේ. ක්‍රියාවෙහි විපාක ගැන අවබෝධයෙන් ම දන්නා වූ යම් රහතන් වහන්සේලා ලොව සිටිත් ද, උන්වහන්සේලා ගේ අවබෝධයට ද මෙය විරුද්ධව ක්‍රියාත්මක වෙනවා. තිබෙන්නා වූ ම ක්‍රියාවෙහි විපාක පිළිබඳව ඔහු අන්‍යන්ව දැනුවත් කරන්නේ 'ක්‍රියාවෙහි විපාක නැත' කියා ය. එය ඔහු ගේ අසද්ධර්ම දැනුවත් කිරීම යි. ඒ අසද්ධර්මය ඉස්මතු කොට පැවසීමෙන් තමා හුවා දක්වා ගන්නවා. අනුන් හෙලා දකිනවා. මේ හේතුවෙන් කලින් ම ඔහු තුළ තිබුන සීලය ප්‍රහාණය වී යනවා. දුස්සීල භාවය තුළ පිහිටනවා. මේ මිත්‍යා දෘෂ්ටිය ද, මිත්‍යා සංකල්පය ද, මිත්‍යා වාචා ද, ආර්යයන් වහන්සේලාට විරුද්ධව කරන කතාව ද, අසද්ධර්මය ඉස්මතු කොට කීමෙන් ඇති කරගන්නා තමා හුවා දැක්වීම ද, අනුන් හෙලා දැකීම ද, ඇති වෙනවා. මේ ආකාරයට මිත්‍යා දෘෂ්ටිය මුල් වීමෙන් අනේක වූ පාපී අකුසල් දහම් පහළ වෙනවා.

පින්වත් ගෘහපතිවරුනි, එහිලා බුද්ධිමත් මනුෂ්‍යයෙක් නුවණින් ප්‍රත්‍යවෙක්ෂා කරන්නේ මෙහෙමයි. ඉදින් ක්‍රියාවකට විපාකයක් නැති නම්, මෙසේ මේ භවත් පුරුෂ පුද්ගලයා කය බිඳී මරණින් මතු තමාට යහපතක් සලසා ගනීවි. හැබැයි ක්‍රියාවකට විපාකයක් තිබෙනවා නම්, මෙසේ මේ භවත් පුරුෂ පුද්ගලයා කය බිඳී මරණින් මතු අපාය නම් වූ, දුගතිය නම් වූ, විනිපාත නම් වූ නිරයෙහි උපදීවි. ක්‍රියාවක විපාක ඇති නැති කතාව පසෙක තිබේවා! ඒ භවත් ශ්‍රමණයන් ගේ වචනය සැබෑ වචනයක් බවට පිළිගත්තත්, ඒ භවත් පුරුෂ පුද්ගලයා මේ ජීවිතයේ දී ම බුද්ධිමතුන් ගේ ගැරහීමට ලක්වෙනවා. 'මේ පුරුෂ පුද්ගලයා දුස්සීල කෙනෙක්. මිත්‍යා දෘෂ්ටික කෙනෙක්. අකිරිය වාදියෙක් (ක්‍රියාවේ ඵලය නො පිළිගන්නා කෙනෙක්)' කියල. ඉදින් සැබෑවට ම ක්‍රියාවේ ඵලයක් තිබුණොත් මේ භවත් පුරුෂ පුද්ගලයාට දෙලොව දී ම සිදුවන්නේ පරාජයක් ම යි. මේ ජීවිතයේ දී ම බුද්ධිමතුන් ගෙන් ලැබෙන ගැරහීම ත්, කය බිඳී මරණින් මතු අපාය නම් වූ, දුගතිය නම් වූ, විනිපාත නම් වූ නිරයේ ඉපදීම ත් ය. මේ ආකාරයෙන් මධ්‍යස්ථව විමසා බැලීමේ ධර්මය යමෙකුට වැරදුනොත් සිදුවන්නේ ඔවුන් ගේ වාදයේ පක්ෂග්‍රාහීව බැසගෙන සිටීම යි. කුසල් දහම් ඇතිකර ගන්නට ඇති අවස්ථාව අත්හැරීම යි.

පින්වත් ගෘහපතිවරුනි, එහිලා යම් ශ්‍රමණ බ්‍රාහ්මණයෙකු මෙබඳු ප්‍රකාශ ඇතිව, මෙබඳු දෘෂ්ටි ඇතිව සිටිනවා ද; ඒ කියන්නේ 'තමන් ගේ අතින් කළත්,

අනුන් ලවා කෙරෙව්වත්, තම අතින් අනුන් ගේ අත් පා ආදිය කැපුවත්, අනුන් ලවා කැප්පෙව්වත්, දඬු මුගුරු වලින් පීඩා කළත්, අනුන් ලවා පීඩා කෙරෙව්වත්, ශෝක කළත්, ශෝක කෙරෙව්වත්, ක්ලාන්ත කළත්, ක්ලාන්ත කෙරෙව්වත්, කම්පා කළත්, කම්පා කෙරෙව්වත්, සතුන් මැරුවත්, සොරකම් කෙරුවත්, ගෙවල් දොරවල් මංකොල්ල කෑවත්, මංපැහැරුවත්, එක් ගෙයක් මංකොල්ල කෑවත්, කණ්ඩායම් සොරකම් කළත්, පරදාර සේවනයේ යෙදුනත්, බොරු කීවත්, 'පව් කරමි' යි යන හැඟීමකින් කළත්, එය කරන්නාට පව් සිදු වෙනවා ම යි. ඉදින් යමෙක් තියුණු මුවහත ඇති කරකැවෙන ආයුධයකින් මේ පොළෝ තලයෙහි සත්වයන් එක් ම මාංස රැසක්, එක් ම මාංස පුංජයක් බවට පත් කළ ද, ඒ හේතුවෙන් පව් සිදු වෙනවා ම යි. පවෙහි පැමිණීමක් තියෙනවා ම යි.

ගංගා තීරයෙහි දකුණු තෙර දක්වා ම මරමින්, මරවමින්, අත් පා සිඳිමින්, සිඳවමින්, පෙළමින්, පෙළවමින් ගමන් කළ ද, ඒ හේතුවෙන් පව් සිදුවෙනවා ම යි. පවෙහි පැමිණීමෙක් තියෙනවා ම යි. ගංගා තීරයෙහි උතුරු තෙර දක්වා ම දන් දෙමින්, දෙවමින්, යාග කරමින්, යාග කරවමින් ගමන් කළ ද, ඒ හේතුවෙන් සිදුවන පිනක් තියෙනවා ම යි. පිනෙහි පැමිණීමෙක් ද තියෙනවා ම යි. දානයෙන්, ඉන්ද්‍රිය දමනයෙන්, සංවර වීමෙන්, සත්‍ය වචනයෙන්, පින් සිදුවෙනවා ම යි. පිනෙහි පැමිණීමක් ද තියෙනවා ම යි' කියල. ඔවුන් කැමති විය යුත්තේ මෙය යි. යම් මේ කාය දුෂ්චරිතයක්, වචී දුෂ්චරිතයක්, මනෝ දුෂ්චරිතයක් ඇද්ද, මේ අකුසල් දහම් තුන අත්හැරලා යම් කාය සුචරිතයක්, වචී සුචරිතයක්, මනෝ සුචරිතයක් ඇද්ද මේ කුසල් දහම් තුළ සමාදන්ව වාසය කිරීම යි. එයට හේතුව කුමක්ද යත්; ඒ භවත් ශ්‍රමණ බ්‍රාහ්මණයින් අකුසල ධර්මයන් ගේ ආදීනවය ත්, ලාමක බව ත්, කෙලෙසීම ත් දකිනවා. ඒ වගේ ම කුසල ධර්මයන් තුළින් අකුසලයන් ගෙන් මිදීම ත්, ආනිශංස ත්, පිරිසිදු වීම ත්, දකිනවා.

තිබෙන්නා වූ ම ක්‍රියාවෙහි විපාකය පිළිබඳව ඔහුට තිබෙන්නේ 'ක්‍රියාවෙහි විපාකයක් ඇත' යන දෘෂ්ටිය යි. එය ඔහු ගේ සම්‍යක් දෘෂ්ටිය යි. තිබෙන්නා වූ ම ක්‍රියාවෙහි විපාක පිළිබඳව ඔහුට තිබෙන්නේ 'ක්‍රියාවෙහි විපාක ඇත' යන සංකල්පනාව යි. එය ඔහු ගේ සම්‍යක් සංකල්පය යි. තිබෙන්නා වූ ම ක්‍රියාවෙහි විපාක පිළිබඳව ඔහුට තිබෙන්නේ 'ක්‍රියාවෙහි විපාක ඇත' යන වචන කතා කිරීම යි. එය ඔහු ගේ සම්‍යක් වචන භාවිතය යි. තිබෙන්නා වූ ම ක්‍රියාවෙහි විපාක පිළිබඳව යි ඔහු 'ක්‍රියාවෙහි විපාක ඇත' කියා කියන්නේ. ක්‍රියාවෙහි විපාක ගැන අවබෝධයෙන් ම දන්නා වූ යම් රහතන් වහන්සේලා ලොව සිටිත් ද, උන්වහන්සේලා ගේ අවබෝධයට ද මෙය විරුද්ධව ක්‍රියාත්මක

වෙන්නෙ නෑ. තිබෙන්නා වූ ම ක්‍රියාවෙහි විපාක පිළිබඳව ඔහු අන්‍යන්ව දැනුවත් කරන්නේ 'ක්‍රියාවෙහි විපාක ඇත' කියා යි. එය ඔහු ගේ සද්ධර්මය දැනුවත් කිරීම යි. ඒ සද්ධර්මය ඉස්මතු කොට පැවසීමෙන් තමා හුවා දක්වා ගන්නෙ නෑ. අනුන් හෙලා දකින්නෙත් නෑ. මේ හේතුවෙන් කලින් ම ඔහු තුළ දුස්සීල බවක් තිබුනා නම්, එය ප්‍රහාණය වී යනවා. සිල්වත් භාවය තුළ පිහිටනවා. මේ සම්‍යක් දෘෂ්ටිය ද, සම්‍යක් සංකල්පය ද, සම්‍යක් වාචා ද, ආර්යයන් වහන්සේලාට විරුද්ධව කතා නො කිරීම ද, සද්ධර්මය ඉස්මතු කොට කීම ද, තමා හුවා නො දක්වීම ද, අනුන් හෙලා නො දැකීම ද ඇතිවෙනවා. මේ ආකාරයට සම්‍යක් දෘෂ්ටිය මුල් වීමෙන් අනේක වූ කුසල් දහම් පහළ වෙනවා.

පින්වත් ගෘහපතිවරුනි, එහිලා බුද්ධිමත් මනුෂ්‍යයෙක් නුවණින් ප්‍රත්‍යවෙක්ෂා කරන්නේ මෙහෙමයි. ඉදින් ක්‍රියාවෙහි විපාක තිබෙනවා නම්, මෙසේ මේ භවත් පුරුෂ පුද්ගලයා කය බිඳී මරණින් මතු සුගති සංඛ්‍යාත ස්වර්ග ලෝකයෙහි උපත ලබාගන්නවා. ක්‍රියාවෙහි විපාක පිළිබඳ කතාව පසෙක තිබේවා! ඒ භවත් ශ්‍රමණයන් ගේ වචනය සැබෑ වචනයක් බවට පිළිගත්තත්, ඒ භවත් පුරුෂ පුද්ගලයා මේ ජීවිතයේ දී ම බුද්ධිමතුන් ගේ පැසසුමට ලක්වෙනවා. 'මේ පුරුෂ පුද්ගලයා සිල්වත් කෙනෙක්. සම්‍යක් දෘෂ්ටික කෙනෙක්. 'කිරිය වාදියෙක්' (ක්‍රියාවෙහි විපාක ගැන පිළිගන්නා කෙනෙක්) කියල. ඉදින් සැබෑවට ම ක්‍රියාවෙහි විපාක තිබුනොත් මේ භවත් පුරුෂ පුද්ගලයාට දෙලොව දී ම සිදුවන්නේ ජයග්‍රහණයක් ම යි. මේ ජීවිතයේ දී ම බුද්ධිමතුන් ගෙන් ලැබෙන ප්‍රශංසාව ත්, කය බිඳී මරණින් මතු සුගති සංඛ්‍යාත ස්වර්ග ලෝකයෙහි ඉපදීමත් ය. මේ ආකාරයෙන් මධ්‍යස්ථව විමසා බැලීමේ ධර්මය යමෙකුට මනාව කරගත හැකි වුවොත් තමා ගේ නුවණින් සැලකීමට හා ශ්‍රමණ බමුණන් ගේ මතයට යන දෙපැත්තට ම මැනවින් බැසගන්නවා. අකුසල් ඇතිකර ගන්නට ඇති අවස්ථාව අත්හැර දමනවා.

පින්වත් ගෘහපතිවරුනි, මෙබඳු වූ මත ප්‍රකාශ කරන, මෙබඳු වූ දෘෂ්ටි ඇති ඇතැම් ශ්‍රමණ බ්‍රාහ්මණයින් ඉන්නවා. ඒ කියන්නේ; 'සත්වයන් ගේ කිලිටි වීමට හේතු නැත. ප්‍රත්‍යය නැත. හේතු රහිතව ප්‍රත්‍ය රහිතව සත්වයන් කිලිටි වෙලා යනවා. ඒ වගේම සත්වයන් ගේ පිරිසිදු වීමටත් හේතු නැත. ප්‍රත්‍යය නැත. හේතු රහිතව ප්‍රත්‍ය රහිතව සත්වයන් පිරිසිදු වෙලා යනවා. එනිසා පිරිසිදු බවට හෝ අපිරිසිදු බවට බලපාන, බලය කියා දෙයක් නැත. වීරිය කියා දෙයක් ද නැත. පුරුෂ වීර්යයක් නැත. පුරුෂ පරාක්‍රමයක් ද නැත. සියලු සත්වයන්, සියලු ප්‍රාණීන්, ඉපිද සිටින සියලු සත්වයන්, සියලු ජීවීන් සිටින්නේ ඒවාට යටත්ව නොවේ. බල රහිතව යි. වීරිය රහිතව යි. නියත වශයෙන් ම

සිදු වෙන පරිණාම ස්වභාවයකට අයිතිව යි. අභිජාති හයක් තුළ උපත ලබන සත්වයන් සැප දුක් විඳිනවා' කියල.

ඒ වගේ ම ගෘහපතිවරුනි, ඔය ශ්‍රමණ බ්‍රාහ්මණයින් අතර ඔයිට හාත්පසින් ම සෘජු ලෙස විරුද්ධ වූ ශ්‍රමණ බ්‍රාහ්මණයනුත් ඉන්නවා. ඔවුන් කියන්නේ මෙය යි. 'සත්වයන් ගේ කිලිටි වීමට හේතු තියෙනවා. ප්‍රත්‍යය තියෙනවා. හේතු සහිතව ප්‍රත්‍ය සහිතව සත්වයන් කිලිටි වෙලා යනවා. ඒ වගේම සත්වයන් ගේ පිරිසිදු වීමටත් හේතු තියෙනවා. ප්‍රත්‍යය තියෙනවා. හේතු සහිතව ප්‍රත්‍ය සහිතව සත්වයන් පිරිසිදු වෙලා යනවා. එනිසා පිරිසිදු බවට හෝ අපිරිසිදු බවට බලපාන බලය කියා දෙයක් තියෙනවා. වීරිය කියා දෙයක් ද තියෙනවා. පුරුෂ වීර්යයක් තියෙනවා. පුරුෂ පරාක්‍රමයක් ද තියෙනවා. ඒ නිසා සියලු සත්වයන්, සියලු ප්‍රාණීන් ඉපද සිටින සියලු සත්වයන්, සියලු ජීවීන් සිටින්නේ ඒවාට යටත්ව, බල රහිතව, වීරිය රහිතව, නියත වශයෙන් ම සිදු වෙන පරිණාම ස්වභාවයකට අයිතිව, අභිජාති හයක් තුළ උපත ලබන සත්වයන් සැප දුක් විඳිනවා කියන එක එහෙම වෙන්නෙ නෑ' කියල. පින්වත් ගෘහපතිවරුනි, ඒ ගැන කුමක් ද සිතන්නේ? මේ ශ්‍රමණ බ්‍රාහ්මණයින් ඔවුනොවුන්ට සෘජුව ම විරුද්ධ වූ මතවාද පවසනවා නො වේ ද?" "එසේය ස්වාමීනී"

"පින්වත් ගෘහපතිවරුනි, එහිලා යම් ශ්‍රමණ බ්‍රාහ්මණයෙකු මෙබඳු ප්‍රකාශ ඇතිව, මෙබඳු දෘෂ්ටි ඇතිව සිටිනවා ද; ඒ කියන්නේ 'සත්වයන් ගේ කෙලෙසීම හේතු නැත. ප්‍රත්‍ය නැත. ....(පෙ).... සැප දුක් විඳිනවා' කියල. ඔවුන් කැමති විය යුත්තේ මෙය යි. යම් මේ කාය සුචරිතයක්, වචී සුචරිතයක්, මනෝ සුචරිතයක් ඇද්ද, මේ කුසල් දහම් තුන අත්හැරලා යම් කාය දුෂ්චරිතයක්, වචී දුෂ්චරිතයක්, මනෝ දුෂ්චරිතයක් ඇද්ද මේ අකුසල් දහම් තුළ සමාදන්ව වාසය කිරීම යි. එයට හේතුව කුමක්ද යත්; ඒ භවත් ශ්‍රමණ බ්‍රාහ්මණයින් අකුසල ධර්මයන් ගේ ආදීනවයත්, ලාමක බවත්, කෙලෙසීමත් දකින්නේ නෑ. ඒ වගේ ම කුසල ධර්මයන් තුළින් අකුසලයන් ගෙන් මිදීම ත්, ආනිශංස ත්, පිරිසිදු වීම ත් දකින්නේ නැහැ.

තිබෙන්නා වූ ම සත්වයන් ගේ කෙලෙසීමට හා පිරිසිදු බවට හේතු පිළිබඳව ඔහුට තිබෙන්නේ 'හේතු නැත' යන දෘෂ්ටිය යි. එය ඔහු ගේ මිත්‍යා දෘෂ්ටිය යි. තිබෙන්නා වූ ම සත්වයන් ගේ කෙලෙසීමට හා පිරිසිදු බවට හේතු පිළිබඳව ඔහුට තිබෙන්නේ 'හේතු නැත' යන සංකල්පනාව යි. එය ඔහු ගේ මිත්‍යා සංකල්පය යි. තිබෙන්නා වූ ම සත්වයන් ගේ කෙලෙසීමට හා පිරිසිදු බවට හේතු පිළිබඳව ඔහුට තිබෙන්නේ 'හේතු නැත' යන වචන කතා කිරීම යි. එය ඔහු ගේ මිත්‍යා වචන භාවිතය යි. තිබෙන්නා වූ ම සත්වයන් ගේ කෙලෙසීමට

හා පිරිසිදු බවට හේතු පිළිබඳව යි ඔහු 'හේතු නැත' කියා කියන්නේ. සත්වයන් ගේ කෙලෙසීමට හා පිරිසිදු බවට හේතු ගැන අවබෝධයෙන් ම දන්නා වූ යම් රහතන් වහන්සේලා ලොව සිටිත් ද, උන්වහන්සේලා ගේ අවබෝධයට ද මෙය විරුද්ධව ක්‍රියාත්මක වෙනව. තිබෙන්නා වූ ම සත්වයන් ගේ කෙලෙසීමට හා පිරිසිදු බවට හේතු පිළිබඳව ඔහු අන්‍යාන්ව දැනුවත් කරන්නේ 'හේතු නැත' කියා යි. එය ඔහු ගේ අසද්ධර්ම දැනුවත් කිරීම යි. ඒ අසද්ධර්මය ඉස්මතු කොට පැවසීමෙන් තමා හුවා දක්වා ගන්නවා. අනුන් හෙලා දකිනවා. මේ හේතුවෙන් කලින් ම ඔහු තුළ තිබුන සීලය ප්‍රහාණය වී යනවා දුස්සීල භාවය තුළ පිහිටනවා. මේ මිත්‍යා දෘෂ්ටිය ද, මිත්‍යා සංකල්පය ද, මිත්‍යා වාචා ද, ආර්යයන් වහන්සේලාට විරුද්ධව කරන කතාව ද, අසද්ධර්මය ඉස්මතු කොට කීමෙන් ඇති කරගන්නා තමා හුවා දැක්වීම ද, අනුන් හෙලා දැකීම ද, ඇති වෙනවා. මේ ආකාරයට මිත්‍යා දෘෂ්ටිය මුල් වීමෙන් අනේක වූ පාපී අකුසල් දහම් පහළ වෙනවා.

පින්වත් ගෘහපතිවරුනි, එහිලා බුද්ධිමත් මනුෂ්‍යයෙක් නුවණින් ප්‍රත්‍යවෙක්ෂා කරන්නේ මෙහෙමයි. ඉදින් සත්වයන් ගේ කෙලෙසීමට හා පිරිසිදු බවට හේතු නැති නම්, මෙසේ මේ භවත් පුරුෂ පුද්ගලයා කය බිඳී මරණින් මතු තමාට යහපතක් සලසා ගනීවි. හැබැයි සත්වයන් ගේ කෙලෙසීමට හා පිරිසිදු බවට හේතු තිබෙනවා නම්, මෙසේ මේ භවත් පුරුෂ පුද්ගලයා කය බිඳී මරණින් මතු අපාය නම් වූ, දුගතිය නම් වූ, විනිපාත නම් වූ නිරයෙහි උපදීවි. සත්වයන් ගේ කෙලෙසීමට හා පිරිසිදු බවට හේතු ඇති නැති කතාව පසෙක තිබේවා. ඒ භවත් ශ්‍රමණයන් ගේ වචනය සැබෑ වචනයක් බවට පිළිගත්තත්, ඒ භවත් පුරුෂ පුද්ගලයා මේ ජීවිතයේ දී ම බුද්ධිමතුන් ගේ ගැරහීමට ලක්වෙනවා. 'මේ පුරුෂ පුද්ගලයා දුස්සීල කෙනෙක්. මිත්‍යා දෘෂ්ටික කෙනෙක්. අහේතුක වාදියෙක්' කියල. ඉදින් සැබෑවට ම සත්වයන් ගේ කෙලෙසීමට හා පිරිසිදු බවට හේතු තිබුණොත් මේ භවත් පුරුෂ පුද්ගලයාට දෙලොව දී ම සිදුවන්නේ පරාජයක් ම යි. මේ ජීවිතයේ දී ම බුද්ධිමතුන් ගෙන් ලැබෙන ගැරහීමත්, කය බිඳී මරණින් මතු අපාය නම් වූ, දුගතිය නම් වූ, විනිපාත නම් වූ නිරයේ ඉපදීමත් ය. මේ ආකාරයෙන් මධ්‍යස්ථව විමසා බැලීමේ ධර්මය යමෙකුට වැරදුනොත් සිදුවන්නේ ඔවුන් ගේ වාදයේ පක්ෂග්‍රාහීව බැසගෙන සිටීම යි. කුසල් දහම් ඇතිකර ගන්නට ඇති අවස්ථාව අත්හැරීම යි.

"පින්වත් ගෘහපතිවරුනි, එහිලා යම් ශ්‍රමණ බ්‍රාහ්මණයෙකු මෙබඳු ප්‍රකාශ ඇතිව, මෙබඳු දෘෂ්ටි ඇතිව සිටිනවා ද; ඒ කියන්නේ 'සත්වයන් ගේ කෙලෙසීමට හේතු තියෙනවා. ප්‍රත්‍ය තියෙනවා. ....(පෙ).... සැප දුක් විඳිනවා

යන්න එහෙම වෙන්නෙ නෑ' කියල. ඔවුන් කැමති විය යුත්තේ මෙය යි. යම් මේ කාය දුෂ්චරිතයක්, වචී දුෂ්චරිතයක්, මනෝ දුෂ්චරිතයක් ඇද්ද, මේ අකුසල් දහම් තුන අත්හැරලා යම් කාය සුචරිතයක්, වචී සුචරිතයක්, මනෝ සුචරිතයක් ඇද්ද මේ කුසල් දහම් තුළ සමාදන්ව වාසය කිරීම යි. එයට හේතුව කුමක්ද යත්; ඒ භවත් ශ්‍රමණ බ්‍රාහ්මණයින් අකුසල ධර්මයන් ගේ ආදීනවය ත්, ලාමක බව ත්, කෙලෙසීම ත් දකිනවා. ඒ වගේ ම කුසල ධර්මයන් තුළින් අකුසලයන් ගෙන් මිදීම ත්, ආනිශංස ත්, පිරිසිදු වීම ත් දකිනවා.

තිබෙන්නා වූ ම සත්වයන් ගේ කෙලෙසීමට හා පිරිසිදු බවට හේතු පිළිබඳව ඔහුට තිබෙන්නේ 'හේතු තියෙනවා' යන දෘෂ්ටිය යි. එය ඔහු ගේ සම්‍යක් දෘෂ්ටිය යි. තිබෙන්නා වූ ම සත්වයන් ගේ කෙලෙසීමට හා පිරිසිදු බවට හේතු පිළිබඳව ඔහුට තිබෙන්නේ 'හේතු තියෙනවා' යන සංකල්පනාව යි. එය ඔහු ගේ සම්‍යක් සංකල්පය යි. තිබෙන්නා වූ ම සත්වයන් ගේ කෙලෙසීමට හා පිරිසිදු බවට හේතු පිළිබඳව ඔහුට තිබෙන්නේ 'හේතු තියෙනවා' යන වචන කතා කිරීම යි. එය ඔහු ගේ සම්‍යක් වචන භාවිතය යි. තිබෙන්නා වූ ම සත්වයන් ගේ කෙලෙසීමට හා පිරිසිදු බවට හේතු පිළිබඳව යි ඔහු 'හේතු තියෙනවා' කියා කියන්නේ. සත්වයන් ගේ කෙලෙසීමට හා පිරිසිදු බවට හේතු ගැන අවබෝධයෙන් ම දන්නා වූ යම් රහතන් වහන්සේලා ලොව සිටිත් ද, උන්වහන්සේලා ගේ අවබෝධයට ද මෙය විරුද්ධව ක්‍රියාත්මක වෙන්නෙ නෑ. තිබෙන්නා වූ ම සත්වයන් ගේ කෙලෙසීමට හා පිරිසිදු බවට හේතු පිළිබඳව ඔහු අන්‍යන්ව දැනුවත් කරන්නේ 'හේතු තියෙනවා' කියා යි. එය ඔහු ගේ සද්ධර්ම දැනුවත් කිරීම යි. ඒ සද්ධර්මය ඉස්මතු කොට පැවසීමෙන් තමා හුවා දක්වා ගන්නෙ නෑ. අනුන් හෙලා දකින්නෙ නෑ. මේ හේතුවෙන් කලින් ම ඔහු තුළ තිබුණ දුස්සීල බව ප්‍රහාණය වී යනවා. සීලවන්ත භාවය තුළ පිහිටනවා. මේ සම්‍යක් දෘෂ්ටිය ද, සම්‍යක් සංකල්පය ද, සම්‍යක් වාචා ද, ආර්යයන් වහන්සේලාට විරුද්ධව නො කරන කතාව ද, සද්ධර්මය ඉස්මතු කොට කීම ද, තමා හුවා නො දැක්වීම ද, අනුන් හෙලා නො දැකීම ද ඇති වෙනවා. මේ ආකාරයට සම්‍යක් දෘෂ්ටිය මුල් වීමෙන් අනේක වූ කුසල් දහම් පහළ වෙනවා.

පින්වත් ගෘහපතිවරුනි, එහිලා බුද්ධිමත් මනුෂ්‍යයෙක් නුවණින් ප්‍රත්‍යවෙක්ෂා කරන්නේ මෙහෙම යි. ඉදින් සත්වයන් ගේ කෙලෙසීමට හා පිරිසිදු බවට හේතු තියෙනවා නම්, මෙසේ මේ භවත් පුරුෂ පුද්ගලයා කය බිඳී මරණින් මතු සුගති සංඛ්‍යාත දෙව්ලොව උපත සලසා ගනීවි. සත්වයන් ගේ කෙලෙසීමට හා පිරිසිදු බවට හේතු ඇති නැති කතාව පසෙක තිබේවා! ඒ භවත් ශ්‍රමණයන් ගේ වචනය සැබෑ වචනයක් බවට පිළිගත්තත්, ඒ භවත්

පුරුෂ පුද්ගලයා මේ ජීවිතයේ දී ම බුද්ධිමතුන් ගේ ප්‍රශංසාවට ලක්වෙනවා. 'මේ පුරුෂ පුද්ගලයා සිල්වත් කෙනෙක්. සම්‍යක් දෘෂ්ටික කෙනෙක්. හේතු වාදියෙක්' කියල. ඉදින් සැබෑවට ම සත්වයන් ගේ කෙලෙසීමට හා පිරිසිදු බවට හේතු තිබුණොත් මේ භවත් පුරුෂ පුද්ගලයාට දෙලොව දී ම සිදුවන්නේ ජයග්‍රහණයක් ම යි. මේ ජීවිතයේ දී ම බුද්ධිමතුන් ගෙන් ලැබෙන ප්‍රශංසාව ත්, කය බිඳී මරණින් මතු සුගති සංඛ්‍යාත ස්වර්ග ලෝක උත්පත්තිය ත් ය. මේ ආකාරයෙන් මධ්‍යස්ථව විමසා බැලීමේ ධර්මය යමෙකුට මනාව කරගත හැකි වුවොත් තමා ගේ නුවණින් සැලකීමට හා ශ්‍රමණ බමුණන් ගේ මතයට යන දෙපැත්තට ම මැනවින් බැසගන්නවා. අකුසල් ඇතිකර ගන්නට ඇති අවස්ථාව අත්හැර දමනවා.

"පින්වත් ගෘහපතිවරුනි, එහිලා යම් ශ්‍රමණ බ්‍රාහ්මණයෙකු මෙබඳු ප්‍රකාශ ඇතිව, මෙබඳු දෘෂ්ටි ඇතිව සිටිනවා ද; ඒ කියන්නේ 'අරූප බ්‍රහ්ම ලෝකයක් කිසිම විදිහකින් නැත' කියා යි. පින්වත් ගෘහපතිවරුනි, ඒ ශ්‍රමණ බ්‍රාහ්මණයන් අතරේ ඊට හාත්පසින් ම ඍජු ලෙස විරුද්ධ වූ ඇතැම් මහණ බමුණන් ඉන්නවා. ඔවුන් මෙහෙම කියනවා. 'සර්වප්‍රකාරයෙන් ම අරූපී බ්‍රහ්ම ලෝකය තියෙනවා.' කියල. පින්වත් ගෘහපතිවරුනි, ඒ ගැන කුමක් ද සිතන්නේ? මේ ශ්‍රමණ බ්‍රාහ්මණයින් ඔවුනොවුන්ට ඍජුව ම විරුද්ධ වූ මතවාද පවසනවා නො වේ ද?" "එසේය ස්වාමීනී"

"පින්වත් ගෘහපතිවරුනි, එහිලා බුද්ධිමත් මනුෂ්‍යයෙක් නුවණින් ප්‍රත්‍යවෙක්ෂා කරන්නේ මෙහෙමයි. 'යම් මේ භවත් ශ්‍රමණ බ්‍රාහ්මණයන් මෙබඳු ප්‍රකාශ කරනවා, මෙබඳු දෘෂ්ටි දරනවා. 'සර්වප්‍රකාරයෙන් ම අරූපී බ්‍රහ්ම ලෝකය නැත' කියා. නමුත් මෙය මා විසින් නො දුටු දෙයක්. ඒ වගේ ම 'යම් මේ භවත් ශ්‍රමණ බ්‍රාහ්මණයන් මෙබඳු ප්‍රකාශත් කරනවා, මෙබඳු දෘෂ්ටිත් දරනවා, ඒ කියන්නෙ 'සර්වප්‍රකාරයෙන් ම අරූපී බ්‍රහ්ම ලෝකය නැත' කියා. මෙය ද මා විසින් නො දන්නා දෙයක්. ඉදින් මම නො දන්නා වූ ත්, නො දක්නා වූ ත් දෙයක් පක්ෂග්‍රාහීව අරගෙන ප්‍රකාශ කළොත් 'මෙය තමයි සත්‍යය. අනෙක් මත හිස්' ය කියා එය මට ගැලපෙන දෙයක් නොවේ.

'යම් මේ භවත් ශ්‍රමණ බ්‍රාහ්මණයන් මෙබඳු ප්‍රකාශ කරනවා, මෙබඳු දෘෂ්ටි දරනවා. 'සර්වප්‍රකාරයෙන් ම අරූපී බ්‍රහ්ම ලෝකය නැත' කියා කියනවා ද, ඉදින් ඒ ශ්‍රමණ බ්‍රාහ්මණයින් ගේ වචන සත්‍ය වෙනවා නම්, මෙය සිදුවිය හැකි දෙයක්. එනම් රූපී වූ ත්, මනෝමය වූ ත් යම් මේ දෙවිවරු ඇද්ද, මාගේ මේ මධ්‍යස්ථ විග්‍රහය නිසා මට වුනත්, එහි උපත ලබන්නට අවස්ථාව තියෙනවා.

'යම් මේ භවත් ශ්‍රමණ බ්‍රාහ්මණයන් මෙබඳු ප්‍රකාශ කරනවා, මෙබඳු දෘෂ්ටි දරනවා. 'සර්වප්‍රකාරයෙන් ම අරූපී බ්‍රහ්ම ලෝකය ඇත' කියා කියනවා ද, ඉදින් ඒ ශ්‍රමණ බ්‍රාහ්මණයින් ගේ වචන සත්‍ය වෙනවා නම්, මෙය ද සිදුවිය හැකි දෙයක්. එනම් අරූපී වූ ත්, සඤ්ඤාමය වූ ත් යම් මේ දෙවිවරු ඇද්ද, මාගේ මේ මධ්‍යස්ථ විග්‍රහය නිසා මට වුනත්, එහි උපත ලබන්නට අවස්ථාව තියෙනවා.

ඒ වගේ ම රූපය නිසා හටගත් ආරවුල් හේතුවෙන් දඬු මුගුරු ගැනීම්, අවි ආයුධ ගැනීම්, කල කෝලාහල කිරීම්, ගැටීම්, විවාද, 'තෝ... තෝ...' කියමින් කතා කිරීම්, කේලාම් කීම්, බොරු කීම් ආදිය දකින්නට ලැබෙනවා. නමුත් අරූප ලෝකයෙහි සර්වප්‍රකාරයෙන් ම මෙවැනි දෙයක් දකින්නට නැහැ. ඔහු ඔය විදිහට නුවණින් ප්‍රත්‍යවෙක්ෂා කරල රූපයන් ගේ ම කළකිරීම පිණිස, නො ඇලීම පිණිස, ඇල්ම නිරුද්ධ වීම පිණිස, ප්‍රතිපත්තියෙහි යෙදෙනවා.

"පින්වත් ගෘහපතිවරුනි, එහිලා යම් ශ්‍රමණ බ්‍රාහ්මණයෙකු මෙබඳු ප්‍රකාශ ඇතිව, මෙබඳු දෘෂ්ටි ඇතිව සිටිනවා ද; ඒ කියන්නේ 'සර්වප්‍රකාරයෙන් ම භව නිරෝධයක් නැත' කියා යි. පින්වත් ගෘහපතිවරුනි, ඒ ශ්‍රමණ බ්‍රාහ්මණයන් අතරේ ඊට හාත්පසින් ම සෘජු ලෙස විරුද්ධ වූ ඇතැම් මහණ බමුණන් ඉන්නවා. ඔවුන් මෙහෙම කියනවා. 'සර්වප්‍රකාරයෙන් ම භව නිරෝධයක් තියෙනවා.' කියල. පින්වත් ගෘහපතිවරුනි, ඒ ගැන කුමක් ද සිතන්නේ? මේ ශ්‍රමණ බ්‍රාහ්මණයින් ඔවුනොවුන්ට සෘජුව ම විරුද්ධ වූ මතවාද පවසනවා නො වේ ද?" "එසේය ස්වාමීනී"

"පින්වත් ගෘහපතිවරුනි, එහිලා බුද්ධිමත් මනුෂ්‍යයෙක් නුවණින් ප්‍රත්‍යවෙක්ෂා කරන්නේ මෙහෙමයි. 'යම් මේ භවත් ශ්‍රමණ බ්‍රාහ්මණයන් මෙබඳු ප්‍රකාශ කරනවා, මෙබඳු දෘෂ්ටි දරනවා. 'සර්වප්‍රකාරයෙන් ම භව නිරෝධයක් නැත' කියා. නමුත් මෙය මා විසින් නො දුටු දෙයක්. ඒ වගේ ම 'යම් මේ භවත් ශ්‍රමණ බ්‍රාහ්මණයන් මෙබඳු ප්‍රකාශ ත් කරනවා, මෙබඳු දෘෂ්ටි ත් දරනවා, ඒ කියන්නෙ 'සර්වප්‍රකාරයෙන් ම භව නිරෝධයක් ඇත' කියා. මෙය ද මා විසින් නො දන්නා දෙයක්. ඉදින් මම නො දන්නා වූ ත්, නො දක්නා වූ ත් දෙයක් පක්ෂග්‍රාහීව අරගෙන ප්‍රකාශ කළොත් 'මෙය තමයි සත්‍යය. අනෙක් මත හිස්' ය කියා එය මට ගැලපෙන දෙයක් නොවේ.

'යම් මේ භවත් ශ්‍රමණ බ්‍රාහ්මණයන් මෙබඳු ප්‍රකාශ කරනවා, මෙබඳු දෘෂ්ටි දරනවා. 'සර්වප්‍රකාරයෙන් ම භව නිරෝධයක් නැත' කියා කියනවා ද, ඉදින් ඒ ශ්‍රමණ බ්‍රාහ්මණයින් ගේ වචන සත්‍ය වෙනවා නම්, මෙය සිදුවිය

හැකි දෙයක්. එනම් අරූපී වූ ත්, සඤ්ඤාමය වූ ත් යම් මේ දෙවිවරු ඇද්ද, මාගේ මේ මධ්‍යස්ථ විග්‍රහය නිසා මට වුනත්, එහි උපත ලබන්නට අවස්ථාව තියෙනවා.

'යම් මේ භවත් ශ්‍රමණ බ්‍රාහ්මණයන් මෙබඳු ප්‍රකාශ කරනවා, මෙබඳු දෘෂ්ටි දරනවා. 'සර්වප්‍රකාරයෙන් ම භව නිරෝධයක් ඇත' කියා කියනවා ද, ඉදින් ඒ ශ්‍රමණ බ්‍රාහ්මණයින් ගේ වචන සත්‍ය වෙනවා නම්, මෙය ද සිදුවිය හැකි දෙයක්. එනම් මේ ජීවිතයේ දී ම මට පිරිනිවන් පාන්නට අවස්ථාව තියෙනවා.

'යම් මේ භවත් ශ්‍රමණ බ්‍රාහ්මණයන් මෙබඳු ප්‍රකාශ කරනවා, මෙබඳු දෘෂ්ටි දරනවා. 'සර්වප්‍රකාරයෙන් ම භව නිරෝධය නැත' කියා කියනවා ද, ඔවුන් ගේ මේ දෘෂ්ටිය සරාගී බවට සමීප යි. කෙලෙස් සමඟ එක්වීමට සමීප යි. දුකෙහි පැවැත්ම සතුටින් පිළිගැනීමට සමීප යි. කෙලෙසුන් කෙරෙහි බැස ගැනීමට සමීප යි. උපාදානයට සමීප යි.

නමුත් 'යම් මේ භවත් ශ්‍රමණ බ්‍රාහ්මණයන් මෙබඳු ප්‍රකාශ කරනවා, මෙබඳු දෘෂ්ටි දරනවා. 'සර්වප්‍රකාරයෙන් ම භව නිරෝධය ඇත' කියා කියනවා ද, ඔවුන් ගේ මේ දෘෂ්ටිය විරාගී බවට සමීප යි. කෙලෙස් සමඟ එක් නො වීමට සමීප යි. දුකෙහි පැවැත්ම සතුටින් නො පිළිගැනීමට සමීප යි. කෙලෙසුන් කෙරෙහි නො බැස ගැනීමට සමීප යි. අනුපාදානයට සමීප යි. ඔහු ඔය විදිහට නුවණින් ප්‍රත්‍යවෙක්ෂා කරල භවයේ ම කළකිරීම පිණිස, නො ඇලීම පිණිස, ඇල්ම නිරුද්ධ වීම පිණිස, ප්‍රතිපත්තියෙහි යෙදෙනවා.

පින්වත් ගෘහපතිවරුනි, ලෝකයෙහි මේ පුද්ගලයන් සතර දෙනෙක් දකින්නට ලැබෙනවා. කවර පුද්ගලයන් සතර දෙනෙක් ද යත්, පින්වත් ගෘහපතිවරුනි, මෙහිලා එක්තරා පුද්ගලයෙක් ඉන්නවා. ඔහු තමාව පීඩාවට පත්කර ගන්නා කෙනෙක්. තමාව පීඩාවට පත්කර ගන්නා වැඩපිළිවෙලෙහි බැසගත් කෙනෙක්.

ඒ වගේ ම පින්වත් ගෘහපතිවරුනි, තව පුද්ගලයෙක් ඉන්නවා. ඔහු අනුන්ව පීඩාවට පත්කරන කෙනෙක්. අනුන්ව පීඩාවට පත් කරන වැඩපිළිවෙලෙහි බැසගත් කෙනෙක්.

ඒ වගේ ම පින්වත් ගෘහපතිවරුනි, තව පුද්ගලයෙක් ඉන්නවා. ඔහු තමාව පීඩාවට පත්කර ගන්නා කෙනෙක්. තමාව පීඩාවට පත්කර ගන්නා වැඩපිළිවෙලෙහි බැසගත් කෙනෙක්. ඒ වගේ ම අනුන්වත් පීඩාවට පත්කරන කෙනෙක්. අනුන්ව පීඩාවට පත් කරන වැඩපිළිවෙලෙහි බැසගත් කෙනෙක්.

ඒ වගේ ම පින්වත් ගෘහපතිවරුනි, තව පුද්ගලයෙක් ඉන්නවා. ඔහු තමාව පීඩාවට පත් නො කරගන්නා කෙනෙක්. තමාව පීඩාවට පත් නො කර ගන්නා වැඩපිළිවෙලෙහි බැසගත් කෙනෙක්. ඒ වගේ ම අනුන්වත් පීඩාවට පත් නො කරන කෙනෙක්. අනුන්ව පීඩාවට පත් නො කරන වැඩපිළිවෙලෙහි බැසගත් කෙනෙක්. ඉතින් ඔහු තමාව පීඩාවට පත් නො කරමින්, අනුන්ව පීඩාවට පත් නො කරමින්, මෙලොව දී ම තෘෂ්ණා රහිතව නිවී යන කෙනෙක්. සිහිල් වූ කෙනෙක්. සැප විඳින කෙනෙක්. ශ්‍රේෂ්ඨ වූ ජීවිතයක් ඇතිව වසන කෙනෙක්.

පින්වත් ගෘහපතිවරුනි, තමාව පීඩාවට පත් කරගන්නා වූ, තමාව පීඩාවට පත් කරගන්නා පිළිවෙතෙහි සිටින්නා වූ පුද්ගලයා කවරහුද? පින්වත් ගෘහපතිවරුනි, මෙහිලා එක්තරා පුද්ගලයෙක් ඉන්නවා. ඔහු අත්හළ සිරිත් ඇති නිරුවත් කෙනෙක්. අතින් ආහාර පිළිගෙන අත ලෙවකන කෙනෙක්. ....(පෙ).... ඔන්න ඔය ආකාරයට ශරීරයට නොයෙක් ආකාරයේ දූවෙන, තැවෙන, පීඩා වෙන වැඩපිළිවෙලේ යෙදී ඉන්නවා. පින්වත් ගෘහපතිවරුනි, තමා ව පීඩාවට පත් කරන පිළිවෙතෙහි සිටින්නා වූ, තමා ව පෙළන්නා වූ පුද්ගලයා කියල යි මොහුට කියන්නෙ.

පින්වත් ගෘහපතිවරුනි, අනුන්ව පීඩාවට පත් කරන්නා වූ, අනුන්ව පීඩාවට පත් කරවන පිළිවෙතෙහි සිටින්නා වූ පුද්ගලයා කවරහුද? පින්වත් ගෘහපතිවරුනි, මෙහිලා එක්තරා පුද්ගලයෙක් ඉන්නවා. ඔහු එළුවන් මරණ කෙනෙක්. ඌරන් මරණ කෙනෙක්. ....(පෙ).... මෙවැනි අනෙක් නපුරු දේ කරන කෙනෙක්. අන්‍යයන් පීඩාවට පත් කරන පිළිවෙතෙහි සිටින්නා වූ, අනුන් පෙළන්නා වූ පුද්ගලයා කියල යි මොහුට කියන්නෙ.

පින්වත් ගෘහපතිවරුනි, තමාව පීඩාවට පත් කරගන්නා වූ, තමාව පීඩාවට පත් කරගන්නා පිළිවෙතෙහි සිටින්නා වූ ද, ඒ වගේ ම අනුන්ව පීඩාවට පත් කරන්නා වූ, අනුන්ව පීඩාවට පත් කරවන පිළිවෙතෙහි සිටින්නා වූ ද පුද්ගලයා කවරහු ද? පින්වත් ගෘහපතිවරුනි, මෙහිලා එක්තරා පුද්ගලයෙක් ඉන්නවා. ඔහු ඔටුණු පැළඳූ ක්ෂත්‍රිය රජෙක් වෙන්නට පුළුවනි ....(පෙ).... යම් කම්කරුවෝ වෙත් ද, ඔවුනුත් දඬුවමට තැති ගන්නවා. බියෙන් තැති ගන්නවා. කඳුළු වගුරුවා ගත් මුහුණින් යුතුව තමයි යාගයට ආවතේව කරන්නේ. පින්වත් ගෘහපතිවරුනි, තමාවත් පීඩාවට පත්කරවන වැඩපිළිවෙලක යෙදෙමින්, තමාව පෙළමින්, අනුන්වත් පීඩාවට පත්කරවන වැඩපිළිවෙලක යෙදෙමින්, අනුන්ව ද පෙළන්නා වූ පුද්ගලයා කියල යි මොහුට කියන්නේ.

පින්වත් ගෘහපතිවරුනි, තමාව පීඩාවට පත්කර නො ගන්නා වූ ද, තමාව පීඩාවට පත් කරන වැඩපිළිවෙලක නො සිටින්නා වූ ද, ඒ වගේ ම අනුන්ව

පීඩාවට පත් නො කරන්නා වූ ද, අනුන්ව පීඩාවට පත් කරන වැඩපිළිවෙලක නො සිටින්නා වූ ද, මෙලොව දී ම තෘෂ්ණා රහිතව සිටින්නා වූ ද, නිවී සිහිල් වී, සැප විඳිමින් සිටින්නා වූ ද, ශ්‍රේෂ්ඨ වූ ජීවිතයක් ගෙවමින් වාසය කරන්නා වූ ද පුද්ගලයා කවරහු ද?

පින්වත් ගෘහපතිවරුනි, මෙහිලා අරහත් වූ, සම්මා සම්බුද්ධ වූ, ...(පෙ).... ඉතින් ඒ භික්ෂුව ප්‍රඥාව දුර්වල කරන, සිතට උපක්ලේශ වූ මේ නීවරණ පහ අත්හරිනවා. ඊට පස්සෙ කාමයෙන් වෙන්ව, අකුසල් වලින් වෙන්ව, විතර්ක විචාර සහිත, ප්‍රීතිය හා සැපය ඇති පළවෙනි ධ්‍යානය ....(පෙ).... දෙවෙනි ධ්‍යානය ත් ....(පෙ).... තුන්වෙනි ධ්‍යානය ත් ....(පෙ)..... හතරවෙනි ධ්‍යානය ත් ලබාගෙන වාසය කරනවා.

ඒ භික්ෂුව ඔය විදිහට සමාධිගත සිතක් ඇති වුනා ම, සිත පිරිසිදු වුනා ම, සිත බබලන කොට, උපක්ලේශ නැති වුනා ම, හිත මෘදු වුනා ම, අවබෝධයට සුදුසු වුනා ම, නො සෙල්වී තිබුනා ම අකම්පිත වුනා ම, තමන් කලින් ගත කළ ජීවිත ගැන දැකීමේ නුවණ ලබාගන්ට සිත මෙහෙයවනවා. එතකොට ඔහු නොයෙක් ආකාරයේ ජීවිත ගත කළ හැටි සිහි කරනවා. ඒ කියන්නෙ එක ජීවිතයක්, ජීවිත දෙකක්, ...(පෙ).... ඔය විදිහට කරුණු සහිතව, පැහැදිලි විස්තර ඇති ව, නොයෙක් ආකාරයෙන් තමන් ගත කළ අතීත ජීවිත ගැන සිහි කරනවා.

ඉතින් ඒ භික්ෂුව ඔය විදිහට සමාධිගත සිතක් ඇති වුනා ම, සිත පිරිසිදු වුනාම, සිත බබලන කොට, උපක්ලේශ නැති වුනා ම, හිත මෘදු වුනා ම, අවබෝධයට සුදුසු වුනා ම, නො සෙල්වී තිබුනා ම, අකම්පිත වුනා ම, සත්වයන් චුත වෙන, උපදින හැටි දැකීමේ නුවණ ලබාගන්ට සිත මෙහෙයවනවා. මේ විදිහට සාමාන්‍ය මිනිසුන් ගේ දර්ශන පථය ඉක්මවා ගිය පිරිසිදු දිව්‍යස් නුවණින්, සත්වයන් චුත වෙන උපදින හැටි දකිනවා. උසස් පහත්, ලස්සන කැත, සුගති දුගති වල කර්මානුරූපව සත්වයන් උපදින හැටි දකිනවා.

ඉතින් ඒ භික්ෂුව ඔය විදිහට සමාධිගත සිතක් ඇති වුනා ම, සිත පිරිසිදු වුනා ම, සිත බබලන කොට, උපක්ලේශ නැති වුනා ම, හිත මෘදු වුනා ම, අවබෝධයට සුදුසු වුනා ම, නො සෙල් වී තිබුනා ම අකම්පිත වුනා ම ආශ්‍රව ක්ෂය කළ බවට අවබෝධය ලැබීමේ නුවණ ලබාගන්ට සිත මෙහෙයවනවා. ඉතින් ඒ භික්ෂුව 'මේක තමයි දුක' කියල යථාර්ථය අවබෝධ කරනවා. ....(පෙ).... 'මේ තමයි ආශ්‍රව නිරුද්ධ වීමේ මාර්ගය' කියල යථාර්ථය අවබෝධ කරනවා.

ඔය විදිහට ඒ භික්ෂුව යථාර්ථය දැන ගන්න කොට, යථාර්ථය දැක ගන්න කොට, කාම ආශ්‍රවයෙනුත් සිත නිදහස් වෙනවා. භව ආශ්‍රවයෙනුත් සිත නිදහස් වෙනවා. අවිජ්ජා ආශ්‍රවයෙනුත් සිත නිදහස් වෙනවා. ආශ්‍රවයන් ගෙන් සිත නිදහස් වුනා ම සියලු දුකින් තමන් නිදහස් වූ බවට අවබෝධය ඇති වෙනවා. 'ඉපදීම නැති වුනා. බඹසර වාසය සම්පූර්ණ කළා. කළ යුතු දේ කළා. ආයෙ කවදාවත් සසරට වැටෙන්නෙ නෑ' කියල දැනගන්නවා.

පින්වත් ගෘහපතිවරුනි, තමාව පීඩාවට පත්කර නො ගන්නා වූ ද, තමාව පීඩාවට පත් කරන වැඩපිළිවෙලක නො සිටින්නා වූ ද, ඒ වගේ ම අනුන්ව පීඩාවට පත් නො කරන්නා වූ ද, අනුන්ව පීඩාවට පත් කරන වැඩපිළිවෙලක නො සිටින්නා වූ ද, මෙලොව දී ම තෘෂ්ණා රහිතව සිටින්නා වූ ද, නිවී සිහිල් වී, සැප විඳිමින් සිටින්නා වූ ද, ශ්‍රේෂ්ඨ වූ ජීවිතයක් ගෙවමින් වාසය කරන්නා වූ ද පුද්ගලයා කියන්නෙ මොහුට යි."

මෙසේ වදාළ විට සාලා ග්‍රාමවාසී බ්‍රාහ්මණ ගෘහපතිවරු භාග්‍යවතුන් වහන්සේට මෙය සැළකළා. "පින්වත් ගෞතමයන් වහන්ස, හරි ම සුන්දර යි! පින්වත් ගෞතමයන් වහන්ස, හරි ම සුන්දර යි! පින්වත් ගෞතමයන් වහන්ස, යටිකුරු වෙච්ච දෙයක් උඩට හැරෙව්වා වගෙයි. සැඟවෙච්ච දෙයක් විවෘත කළා වගෙයි. මං මුළා වූ කෙනෙකුට මාර්ගය පෙන්වුවා වගෙ යි. අඳුරේ සිටින උදවියට රූප දකින්ට තෙල් පහන් දැල්වුවා වගෙ යි. ඔන්න ඔය විදියට යි පින්වත් ගෞතමයන් වහන්සේ විසින් නොයෙක් ආකාරයෙන් ශ්‍රී සද්ධර්මය වදාළේ. ඉතින් අපිත් පින්වත් ගෞතමයන් වහන්සේව සරණ යනවා. ශ්‍රී සද්ධර්මයත් සරණ යනවා. ශ්‍රාවක සඟරුවනත් සරණ යනවා. භාග්‍යවතුන් වහන්සේ අද පටන් දිවි ඇති තුරාවට තෙරුවන් සරණ ගිය උපාසකවරු වශයෙන් අපව පිළිගන්නා සේක්වා!"

සාදු! සාදු!! සාදු!!!

මධ්‍යස්ථව නුවණින් විමසා බැලීම ගැන වදාළ දෙසුම නිමා විය.

පළමු වෙනි ගෘහපති වර්ගය යි.

2. භික්ඛු වර්ගය

2.2.1.
අම්බලට්ඨික රාහුලෝවාද සූත්‍රය
අම්බලට්ඨිකාවේ දී රාහුල හිමියන්ට වදාළ දෙසුම

මා හට අසන්නට ලැබුනේ මේ විදිහට යි. එසමයෙහි භාග්‍යවතුන් වහන්සේ වැඩසිටියේ රජගහ නුවර ලෙහෙනුන් ගේ අභයභූමිය වූ වේළුවනයේ. ඒ දිනවල ආයුෂ්මත් රාහුලයන් වහන්සේ ද වාසය කළේ අම්බලට්ඨිකාවේ. එදා සවස් වරුවෙහි භාවනාවෙන් නැගිට වදාළ භාග්‍යවතුන් වහන්සේ අම්බලට්ඨිකාවෙහි සිටි ආයුෂ්මත් රාහුලයන් වෙත වැඩමවා වදාළා. ආයුෂ්මත් රාහුලයන් දුරින් ම වඩිනා භාග්‍යවතුන් වහන්සේ දැක්කා. දැක ආසනයක් පැණෙව්වා. පා දෝවනයට දිය බඳුනක් තිබ්බා. භාග්‍යවතුන් වහන්සේ පණවන ලද ආසනයෙහි වැඩසිටියා. වැඩ හිඳ සිරිපා යුගල දෝවනය කළා. ආයුෂ්මත් රාහුල භද්‍රයන් ද භාග්‍යවතුන් වහන්සේට ආදරයෙන් වන්දනා කොට එකත්පස්ව වාඩි වුනා.

එකල්හි භාග්‍යවතුන් වහන්සේ දිය බඳුනෙහි මදක් ඉතිරි වූ දිය ස්වල්පයක් තබා ආයුෂ්මත් රාහුලයන් අමතා වදාළා. "පින්වත් රාහුල, ඔබ මේ ස්වල්පයක් වූ ඉතිරි වී තිබෙන ජලයෙන් යුතු දිය බඳුන දකිනවා නේ ද?" "එසේය ස්වාමීනී" "පින්වත් රාහුල, එලෙසින් ම යම් කෙනෙක් දැන දැන බොරු කියන්නට ලැජ්ජා නැද්ද, ඔහු ගේ ශ්‍රමණ ධර්මයත් ඉතාමත් ස්වල්ප යි."

ඉන්පසු භාග්‍යවතුන් වහන්සේ ඒ ස්වල්ප වූ ජලය දිය බඳුනින් බැහැර කොට ආයුෂ්මත් රාහුලයන් අමතා වදාළා. "පින්වත් රාහුල, ඔබට මේ ස්වල්ප වූ ජලය ඉවතට වීසි කරන ලද දිය බඳුන පෙනෙනවා නේ ද?" "එසේය ස්වාමීනී" "පින්වත් රාහුල, එලෙසින් ම යම් කෙනෙක් දැන දැන බොරු කියන්නට ලැජ්ජා නැද්ද, ඔහු ගේ ශ්‍රමණ ධර්මයත් බැහැරට වීසි කරල යි තියෙන්නෙ."

ඉන්පසු භාග්‍යවතුන් වහන්සේ ඒ දිය බඳුන මුනින් අතට නවා තබා ආයුෂ්මත් රාහුලයන් අමතා වදාළා. "පින්වත් රාහුල, ඔබට මේ මුනින් අතට

නවන ලද දිය බඳුන පෙනෙනවා නේ ද?" "එසේය ස්වාමීනී" "පින්වත් රාහුල, එලෙසින් ම යම් කෙනෙක් දැන දැන බොරු කියන්නට ලැජ්ජා නැද්ද, ඔහු ගේ ශ්‍රමණ ධර්මයත් මුනින් අතට නවල යි තියෙන්නෙ."

ඉන්පසු භාග්‍යවතුන් වහන්සේ ඒ දිය බඳුන උඩු අතට හරවා තබා ආයුෂ්මත් රාහුලයන් අමතා වදාළා. "පින්වත් රාහුල, ඔබට මේ උඩු අතට හරවන ලද හිස් දිය බඳුන පෙනෙනවා නේ ද?" "එසේය ස්වාමීනී" "පින්වත් රාහුල, එලෙසින් ම යම් කෙනෙක් දැන දැන බොරු කියන්නට ලැජ්ජා නැද්ද, ඔහු ගේ ශ්‍රමණ ධර්මයත් හිස් වූ කිසිවක් නැති දෙයක්."

"පින්වත් රාහුල, රජ කෙනෙකුට විශාලෙට වැඩුණු දළ ඇති, විශාල සිරුරක් ඇති, බලසම්පන්න උපතක් ඇති මහා හස්තිරාජයෙක් ඉන්නවා. ඉතින් ඒ ඇත් රජා යුද්දෙට යනවා. ඒ යුද බිමේ දී ඉදිරි පා වලිනුත් වැඩ කරනවා. පසු පා වලිනුත් වැඩකරනවා. ඉදිරි කයෙනුත් වැඩකරනවා. පසු කයෙනුත් වැඩකරනවා. ඔලුවෙනුත් වැඩකරනවා. කන් වලිනුත් වැඩකරනවා. දළ දෙකෙනුත් වැඩ කරනවා. නගුටෙනුත් වැඩකරනවා. ඒ වුනාට සොඬවැල ආරක්ෂා කරගන්නවා. එතකොට ඇත්ගොව්වාට මෙහෙම හිතෙනවා. 'විශාල දළ ඇති, වැඩුණු සිරුරු ඇති, ශ්‍රේෂ්ඨ උපතක් ඇති මේ රාජකීය හස්තිරාජයා යුද්දෙට ඇවිදින් ඉන්නෙ. යුද බිමේ දී මේ ඇත් රජා ඉදිරි පා වලිනුත් වැඩ කරනවා. පසු පා වලිනුත් වැඩකරනවා. ඉදිරි කයෙනුත් වැඩකරනවා. පසු කයෙනුත් වැඩකරනවා. ඔලුවෙනුත් වැඩකරනවා. කන් වලිනුත් වැඩකරනවා. දළ දෙකෙනුත් වැඩ කරනවා. නගුටෙනුත් වැඩකරනවා. ඒ වුනාට සොඬවැල විතරක් ආරක්ෂා කරගෙන ඉන්නවා. මේ ඇත් රජා ගේ ජීවිතය රජු වෙනුවෙන් පරිත්‍යාග කරල නෑ' කියල.

පින්වත් රාහුල යම් වෙලාවක ඒ විශාල දළ ඇති, විශාල සිරුරක් ඇති, බලසම්පන්න උපතක් ඇති මහා හස්තිරාජයා යුද බිමට ඇවිත් ඒ යුද බිමේ දී ඉදිරි පා වලිනුත් වැඩ කරනවා ද ....(පෙ).... නගුටෙනුත් වැඩකරනවා. ඒ වගේ ම සොඬවැලෙනුත් වැඩකරනවා ද එතකොට ඇත්ගොව්වාට මෙහෙම හිතෙනවා. 'විශාල දළ ඇති, වැඩුණු සිරුරු ඇති, ශ්‍රේෂ්ඨ උපතක් ඇති මේ රාජකීය හස්තිරාජයා යුද්දෙට ඇවිදින් ඉන්නෙ. යුද බිමේ දී ....(පෙ).... නගුටෙනුත් වැඩකරනවා. සොඬවැලෙනුත් වැඩකරනවා ද මේ ඇත් රාජා ගේ ජීවිතය රජු වෙනුවෙන් පරිත්‍යාග කරල යි තියෙන්නෙ' කියල. එතකොට මේ ඇත් රජා විසින් රජු වෙනුවෙන් වෙන කළ යුතු දෙයක් නෑ.

අන්න ඒ වගේ පින්වත් රාහුල, යම් කිසි කෙනෙකුට දැන දැන බොරු කියන්නට ලැජ්ජාවක් නැද්ද, ඔහුට නො කළ හැකි පාපයක් නැහැ කියල යි

මං කියන්නෙ. එනිසා පින්වත් රාහුල, විහිළුවකටවත් බොරු කියන්නෙ නම් නෑ කියල ඔය විදිහට යි පින්වත් රාහුල, ඔබ පුහුණු විය යුත්තේ.

පින්වත් රාහුල, මේ ගැන කුමක් ද සිතන්නේ? කණ්ණාඩියකින් තිබෙන්නේ කුමන ප්‍රයෝජනයක් ද?" "ස්වාමීනී, හොඳින් විමසා බැලීම ප්‍රයෝජන කොට යි තියෙන්නෙ." "පින්වත් රාහුල, ඒ අයුරින් ම හොඳින් විමසා බලා, හොඳින් විමසා බලා තමයි කයින් ක්‍රියාවක් කළ යුත්තේ. හොඳින් විමසා බලා, හොඳින් විමසා බලා තමයි වචනයෙන් ක්‍රියාවක් කළ යුත්තේ. හොඳින් විමසා බලා, හොඳින් විමසා බලා තමයි මනසින් ක්‍රියාවක් කළ යුත්තේ.

පින්වත් රාහුල, ඔබ යම්කිසි ක්‍රියාවක් කයින් කරන්නට කැමති වුනොත් ඒ කයින් කරන ක්‍රියාව ගැන හොඳින් විමසා බැලිය යුතුයි. ඒ කියන්නෙ 'මං කයින් මේ ක්‍රියාවක් කරන්නට යි කැමති. මාගේ මේ කයින් කරන ක්‍රියාව මට විපත පිණිස පවතීවි ද? අනුන්ට විපත පිණිස පවතීවි ද? මට ත්, අනුන්ට ත් යන දෙපැත්තට ම විපත පිණිස පවතීවි ද? මේ කයින් කරන ක්‍රියාව අකුසලයක්. දුක උපදවන දෙයක්. දුක් විපාක තියෙන දෙයක්' කියල පින්වත් රාහුලය, ඔබ හොඳින් විමසා බලද්දි එය මේ අයුරින් අවබෝධ වෙනවා ද, 'මං කයින් මේ ක්‍රියාවක් කරන්නට කැමති නමුත්, මාගේ මේ කයින් කරන ක්‍රියාව මට විපත පිණිස පවතිනවා. අනුන්ට විපත පිණිස පවතිනවා. මට ත්, අනුන්ට ත් යන දෙපැත්තට ම විපත පිණිස පවතිනවා. මේ කයින් කරන ක්‍රියාව අකුසලයක්. දුක උපදවන දෙයක්. දුක් විපාක තියෙන දෙයක්' කියල. එතකොට පින්වත් රාහුල, ඔබ කයෙන් මෙබඳු වූ ක්‍රියාවක් කිසිසේත් ම නො කළ යුතුයි.

ඉදින් පින්වත් රාහුල, ඔබ හොඳින් විමසා බලද්දි මේ අයුරින් අවබෝධ කරගත්තොත්, 'මං කයින් මේ ක්‍රියාවක් කරන්නට කැමතියි, මාගේ මේ කයින් කරන ක්‍රියාව මට විපත පිණිස පවතින්නෙ නෑ. අනුන්ට විපත පිණිස පවතින්නෙ නෑ. මට ත්, අනුන්ට ත් යන දෙපැත්තට ම විපත පිණිස පවතින්නෙ නෑ. මේ කයින් කරන ක්‍රියාව කුසලයක්. සැප උපදවන දෙයක්. සැප විපාක තියෙන දෙයක්' කියල. එතකොට පින්වත් රාහුල, ඔබ කයෙන් කළ යුත්තේ මෙබඳු වූ ක්‍රියාවකුයි.

පින්වත් රාහුල, ඔබ කයෙන් ක්‍රියාවක් කරමින් සිටිය දී ද ඒ කයෙන් කරන්නා වූ ක්‍රියාව හොඳින් පිරික්සා බැලිය යුතුයි. ඒ කියන්නෙ 'මං කයින් මේ ක්‍රියාව කරමින් ඉන්නවා. මාගේ මේ කයින් කරන ක්‍රියාව මට විපත පිණිස පවතීවි ද? අනුන්ට විපත පිණිස පවතීවි ද? මට ත්, අනුන්ට ත් යන දෙපැත්තට ම විපත පිණිස පවතීවි ද? මේ කයින් කරන ක්‍රියාව අකුසලයක්. දුක උපදවන

දෙයක්. දුක් විපාක තියෙන දෙයක්' කියල පින්වත් රාහුලය, ඔබ හොඳින් විමසා බලද්දි එය මේ අයුරින් අවබෝධ වෙනවා ද, 'මං කයින් මේ කරමින් ඉන්නවා. මාගේ මේ කයින් කරන ක්‍රියාව මට විපත පිණිස පවතිනවා. අනුන්ට විපත පිණිස පවතිනවා. මට ත්, අනුන්ට ත් යන දෙපැත්තට ම විපත පිණිස පවතිනවා. මේ කයින් කරන ක්‍රියාව අකුසලයක්. දුක උපදවන දෙයක්. දුක් විපාක තියෙන දෙයක්' කියල. එතකොට පින්වත් රාහුල, ඔබ කයෙන් මෙබඳු වූ ක්‍රියාවක් කිසිසේත් ම නො කළ යුතුයි.

ඉදින් පින්වත් රාහුල, ඔබ හොඳින් විමසා බලද්දි මේ අයුරින් අවබෝධ කරගත්තොත්, 'මං කයින් මේ ක්‍රියාව කරමින් ඉන්නෙ, මාගේ මේ කයින් කරන ක්‍රියාව මට විපත පිණිස පවතින්නෙ නෑ. අනුන්ට විපත පිණිස පවතින්නෙ නෑ. මට ත්, අනුන්ට ත් යන දෙපැත්තට ම විපත පිණිස පවතින්නෙ නෑ. මේ කයින් කරන ක්‍රියාව කුසලයක්. සැප උපදවන දෙයක්. සැප විපාක තියෙන දෙයක්' කියල. එතකොට පින්වත් රාහුල, ඔබ නැවත නැවතත් කයෙන් කළ යුත්තේ මෙබඳු වූ ක්‍රියාවකුයි.

පින්වත් රාහුල, ඔබ කයෙන් ක්‍රියාවක් කොට නිමකළ පසු ද ඒ කයෙන් කරන ලද ක්‍රියාව හොඳින් පිරික්සා බැලිය යුතුයි. ඒ කියන්නෙ 'මං කයින් කරන ලද මේ ක්‍රියාව තියෙනවා. මාගේ මේ කයින් කළ ක්‍රියාව මට විපත පිණිස පැවතුනා ද? අනුන්ට විපත පිණිස පැවතුනා ද? මට ත්, අනුන්ට ත් යන දෙපැත්තට ම විපත පිණිස පැවතුනා ද? මේ කයින් කළ ක්‍රියාව අකුසලයක්. දුක උපදවන දෙයක්. දුක් විපාක තියෙන දෙයක්' කියල පින්වත් රාහුලය, ඔබ හොඳින් විමසා බලද්දි එය මේ අයුරින් අවබෝධ වෙනවා ද, 'මං කයින් කරන ලද මේ ක්‍රියාව තියෙනවා. මාගේ මේ කයින් කළ ක්‍රියාව මට විපත පිණිස පවතිනවා. අනුන්ට විපත පිණිස පවතිනවා. මට ත්, අනුන්ට ත් යන දෙපැත්තට ම විපත පිණිස පවතිනවා. මේ කයින් කළ ක්‍රියාව අකුසලයක්. දුක උපදවන දෙයක්. දුක් විපාක තියෙන දෙයක්' කියල. එතකොට පින්වත් රාහුල, ඔබ එබඳු වූ කයෙන් කළ ක්‍රියාව ශාස්තෘන් වහන්සේට හෝ නුවණැති සබ්‍රහ්මචාරීන් වහන්සේලාට හෝ පැවසිය යුතුයි. විවෘත කළ යුතුයි. හෙළිදරව් කළ යුතුයි. එසේ පවසා, විවෘත කොට, හෙළිදරව් කොට මත්තෙහි එවැනි දෙයක් නො වීමට සංවර විය යුතුයි.

ඉදින් පින්වත් රාහුල, ඔබ හොඳින් විමසා බලද්දි මේ අයුරින් අවබෝධ කරගත්තොත්, 'මං කයින් කරන ලද මේ ක්‍රියාව තියෙනවා. මාගේ මේ කයින් කරන ලද ක්‍රියාව මට විපත පිණිස පවතින්නෙ නෑ. අනුන්ට විපත පිණිස පවතින්නෙ නෑ. මට ත්, අනුන්ට ත් යන දෙපැත්තට ම විපත පිණිස පවතින්නෙ

නෑ. මේ කයින් කළ ක්‍රියාව කුසලයක්. සැප උපදවන දෙයක්. සැප විපාක තියෙන දෙයක්' කියල. එතකොට පින්වත් රාහුල, ඔබ ප්‍රීති ප්‍රමුදිත භාවයෙන් යුතුව දිවා රාත්‍රී දෙකෙහි ම කුසල් දහම් දියුණු කරගනිමින් වාසය කරන්න.

පින්වත් රාහුල, ඔබ යම්කිසි ක්‍රියාවක් වචනයෙන් කරන්නට කැමති වුණොත් ඒ වචනයෙන් කරන ක්‍රියාව ගැන හොඳින් විමසා බැලිය යුතුයි. ඒ කියන්නෙ 'මං වචනයෙන් මේ ක්‍රියාවක් කරන්නට යි කැමති. මාගේ මේ වචනයෙන් කරන ක්‍රියාව මට විපත පිණිස පවතීවි ද? අනුන්ට විපත පිණිස පවතීවි ද? මට ත්, අනුන්ට ත් යන දෙපැත්තට ම විපත පිණිස පවතීවි ද? මේ වචනයෙන් කරන ක්‍රියාව අකුසලයක්. දුක උපදවන දෙයක්. දුක් විපාක තියෙන දෙයක්' කියල. පින්වත් රාහුලය, ඔබ හොඳින් විමසා බලද්දි එය මේ අයුරින් අවබෝධ වෙනවා ද, 'මං වචනයෙන් මේ ක්‍රියාවක් කරන්නට කැමති නමුත්, මාගේ මේ වචනයෙන් කරන ක්‍රියාව මට විපත පිණිස පවතිනවා. අනුන්ට විපත පිණිස පවතිනවා. මට ත්, අනුන්ට ත් යන දෙපැත්තට ම විපත පිණිස පවතිනවා. මේ වචනයෙන් කරන ක්‍රියාව අකුසලයක්. දුක උපදවන දෙයක්. දුක් විපාක තියෙන දෙයක්' කියල. එතකොට පින්වත් රාහුල, ඔබ වචනයෙන් මෙබඳු වූ ක්‍රියාවක් කිසිසේත් ම නො කළ යුතුයි.

ඉදින් පින්වත් රාහුල, ඔබ හොඳින් විමසා බලද්දි මේ අයුරින් අවබෝධ කරගත්තොත්, 'මං වචනයෙන් මේ ක්‍රියාවක් කරන්නට කැමතියි, මාගේ මේ වචනයෙන් කරන ක්‍රියාව මට විපත පිණිස පවතින්නෙ නෑ. අනුන්ට විපත පිණිස පවතින්නෙ නෑ. මට ත්, අනුන්ට ත් යන දෙපැත්තට ම විපත පිණිස පවතින්නෙ නෑ. මේ වචනයෙන් කරන ක්‍රියාව කුසලයක්. සැප උපදවන දෙයක්. සැප විපාක තියෙන දෙයක්' කියල. එතකොට පින්වත් රාහුල, ඔබ වචනයෙන් කළ යුත්තේ මෙබඳු වූ ක්‍රියාවකුයි.

පින්වත් රාහුල, ඔබ වචනයෙන් ක්‍රියාවක් කරමින් සිටිය දී ද, ඒ වචනයෙන් කරන්නා වූ ක්‍රියාව හොඳින් පිරික්සා බැලිය යුතුයි. ඒ කියන්නෙ 'මං වචනයෙන් මේ ක්‍රියාව කරමින් ඉන්නවා. මාගේ මේ වචනයෙන් කරන ක්‍රියාව මට විපත පිණිස පවතීවි ද? අනුන්ට විපත පිණිස පවතීවි ද? මට ත්, අනුන්ට ත් යන දෙපැත්තට ම විපත පිණිස පවතීවි ද? මේ වචනයෙන් කරන ක්‍රියාව අකුසලයක්. දුක උපදවන දෙයක්. දුක් විපාක තියෙන දෙයක්' කියල. පින්වත් රාහුලය, ඔබ හොඳින් විමසා බලද්දි එය මේ අයුරින් අවබෝධ වෙනවා ද, 'මං වචනයෙන් ක්‍රියාවක් කරමින් ඉන්නවා. මාගේ මේ වචනයෙන් කරන ක්‍රියාව මට විපත පිණිස පවතිනවා. අනුන්ට විපත පිණිස පවතිනවා. මට ත්, අනුන්ට ත් යන දෙපැත්තට ම විපත පිණිස පවතිනවා. මේ වචනයෙන් කරන

ක්‍රියාව අකුසලයක්. දුක උපදවන දෙයක්. දුක් විපාක තියෙන දෙයක්' කියල. එතකොට පින්වත් රාහුල, ඔබ වචනයෙන් මෙබඳු වූ ක්‍රියාවක් කිසිසේත් ම නො කළ යුතුයි.

ඉදින් පින්වත් රාහුල, ඔබ හොඳින් විමසා බලද්දී මේ අයුරින් අවබෝධ කරගත්තොත්, 'මං වචනයෙන් මේ ක්‍රියාව කරමින් ඉන්නෙ, මාගේ මේ වචනයෙන් කරන ක්‍රියාව මට විපත පිණිස පවතින්නෙ නෑ. අනුන්ට විපත පිණිස පවතින්නෙ නෑ. මට ත්, අනුන්ට ත් යන දෙපැත්තට ම විපත පිණිස පවතින්නෙ නෑ. මේ වචනයෙන් කරන ක්‍රියාව කුසලයක්. සැප උපදවන දෙයක්. සැප විපාක තියෙන දෙයක්' කියල. එතකොට පින්වත් රාහුල, ඔබ නැවත නැවතත් වචනයෙන් කළ යුත්තේ මෙබඳු වූ ක්‍රියාවකුයි.

පින්වත් රාහුල, ඔබ වචනයෙන් ක්‍රියාවක් කොට නිමකළ පසු ද ඒ වචනයෙන් කරන ලද ක්‍රියාව හොඳින් පිරික්සා බැලිය යුතුයි. ඒ කියන්නෙ 'මං වචනයෙන් කරන ලද මේ ක්‍රියාව තියෙනවා. මාගේ මේ වචනයෙන් කළ ක්‍රියාව මට විපත පිණිස පැවතුනා ද? අනුන්ට විපත පිණිස පැවතුනා ද? මට ත්, අනුන්ට ත් යන දෙපැත්තට ම විපත පිණිස පැවතුනා ද? මේ වචනයෙන් කළ ක්‍රියාව අකුසලයක්. දුක උපදවන දෙයක්. දුක් විපාක තියෙන දෙයක්' කියල. පින්වත් රාහුලය, ඔබ හොඳින් විමසා බලද්දී එය මේ අයුරින් අවබෝධ වෙනවා ද, 'මං වචනයෙන් කරන ලද මේ ක්‍රියාව තියෙනව. මාගේ මේ වචනයෙන් කළ ක්‍රියාව මට විපත පිණිස පවතිනවා. අනුන්ට විපත පිණිස පවතිනවා. මට ත්, අනුන්ට ත් යන දෙපැත්තට ම විපත පිණිස පවතිනවා. මේ වචනයෙන් කළ ක්‍රියාව අකුසලයක්. දුක උපදවන දෙයක්. දුක් විපාක තියෙන දෙයක්' කියල. එතකොට පින්වත් රාහුල, ඔබ එබඳු වූ වචනයෙන් කළ ක්‍රියාව ශාස්තෲන් වහන්සේට හෝ නුවණැති සබ්‍රහ්මචාරීන් වහන්සේලාට හෝ පැවසිය යුතුයි. විවෘත කළ යුතුයි. හෙළිදරව් කළ යුතුයි. එසේ පවසා, විවෘත කොට, හෙළිදරව් කොට මත්තෙහි එවැනි දෙයක් නො වීමට සංවර විය යුතුයි.

ඉදින් පින්වත් රාහුල, ඔබ හොඳින් විමසා බලද්දී මේ අයුරින් අවබෝධ කරගත්තොත්, 'මං වචනයෙන් කරන ලද මේ ක්‍රියාව තියෙනවා. මාගේ මේ වචනයෙන් කරන ලද ක්‍රියාව මට විපත පිණිස පවතින්නෙ නෑ. අනුන්ට විපත පිණිස පවතින්නෙ නෑ. මට ත්, අනුන්ට ත් යන දෙපැත්තට ම විපත පිණිස පවතින්නෙ නෑ. මේ වචනයෙන් කළ ක්‍රියාව කුසලයක්. සැප උපදවන දෙයක්. සැප විපාක තියෙන දෙයක්' කියල. එතකොට පින්වත් රාහුල, ඔබ ප්‍රීති ප්‍රමුදිත භාවයෙන් යුතුව දිවා රාත්‍රී දෙකෙහි ම කුසල් දහම් දියුණු කරගනිමින් වාසය කරන්න.

පින්වත් රාහුල, ඔබ යම්කිසි ක්‍රියාවක් මනසින් කරන්නට කැමති වුනොත් ඒ මනසින් කරන ක්‍රියාව ගැන හොඳින් විමසා බැලිය යුතුයි. ඒ කියන්නෙ 'මං මනසින් මේ ක්‍රියාවක් කරන්නට යි කැමති. මාගේ මේ මනසින් කරන ක්‍රියාව මට විපත පිණිස පවතීවි ද? අනුන්ට විපත පිණිස පවතීවි ද? මට ත්, අනුන්ට ත් යන දෙපැත්තට ම විපත පිණිස පවතීවි ද? මේ මනසින් කරන ක්‍රියාව අකුසලයක්. දුක උපදවන දෙයක්. දුක් විපාක තියෙන දෙයක්' කියල. පින්වත් රාහුලය, ඔබ හොඳින් විමසා බලද්දි එය මේ අයුරින් අවබෝධ වෙනවා ද, 'මං මනසින් මේ ක්‍රියාවක් කරන්නට කැමති නමුත්, මාගේ මේ මනසින් කරන ක්‍රියාව මට විපත පිණිස පවතිනවා. අනුන්ට විපත පිණිස පවතිනවා. මට ත්, අනුන්ට ත් යන දෙපැත්තට ම විපත පිණිස පවතිනවා. මේ මනසින් කරන ක්‍රියාව අකුසලයක්. දුක උපදවන දෙයක්. දුක් විපාක තියෙන දෙයක්' කියල. එතකොට පින්වත් රාහුල, ඔබ මනසින් මෙබඳු වූ ක්‍රියාවක් කිසිසේත් ම නො කළ යුතුයි.

ඉදින් පින්වත් රාහුල, ඔබ හොඳින් විමසා බලද්දි මේ අයුරින් අවබෝධ කරගත්තොත්, 'මං මනසින් මේ ක්‍රියාවක් කරන්නට කැමතියි, මාගේ මේ මනසින් කරන ක්‍රියාව මට විපත පිණිස පවතින්නෙ නෑ. අනුන්ට විපත පිණිස පවතින්නෙ නෑ. මට ත්, අනුන්ට ත් යන දෙපැත්තට ම විපත පිණිස පවතින්නෙ නෑ. මේ මනසින් කරන ක්‍රියාව කුසලයක්. සැප උපදවන දෙයක්. සැප විපාක තියෙන දෙයක්' කියල. එතකොට පින්වත් රාහුල, ඔබ මනසින් කළ යුත්තේ මෙබඳු වූ ක්‍රියාවකුයි.

පින්වත් රාහුල, ඔබ මනසින් ක්‍රියාවක් කරමින් සිටිය දී ද ඒ මනසින් කරන්නා වූ ක්‍රියාව හොඳින් පිරික්සා බැලිය යුතුයි. ඒ කියන්නෙ 'මං මනසින් මේ ක්‍රියාව කරමින් ඉන්නවා. මාගේ මේ මනසින් කරන ක්‍රියාව මට විපත පිණිස පවතීවි ද? අනුන්ට විපත පිණිස පවතීවි ද? මට ත්, අනුන්ට ත් යන දෙපැත්තට ම විපත පිණිස පවතීවි ද? මේ මනසින් කරන ක්‍රියාව අකුසලයක්. දුක උපදවන දෙයක්. දුක් විපාක තියෙන දෙයක්' කියල. පින්වත් රාහුලය, ඔබ හොඳින් විමසා බලද්දි එය මේ අයුරින් අවබෝධ වෙනවා ද, 'මං මනසින් මේ ක්‍රියාව කරමින් ඉන්නවා. මාගේ මේ මනසින් කරන ක්‍රියාව මට විපත පිණිස පවතිනවා. අනුන්ට විපත පිණිස පවතිනවා. මට ත්, අනුන්ට ත් යන දෙපැත්තට ම විපත පිණිස පවතිනවා. මේ මනසින් කරන ක්‍රියාව අකුසලයක්. දුක උපදවන දෙයක්. දුක් විපාක තියෙන දෙයක්' කියල. එතකොට පින්වත් රාහුල, ඔබ මනසින් මෙබඳු වූ ක්‍රියාවක් කිසිසේත් ම නො කළ යුතුයි.

ඉදින් පින්වත් රාහුල, ඔබ හොඳින් විමසා බලද්දී මේ අයුරින් අවබෝධ කරගත්තොත්, 'මං මනසින් මේ ක්‍රියාව කරමින් ඉන්නෙ, මාගේ මේ මනසින් කරන ක්‍රියාව මට විපත පිණිස පවතින්නෙ නෑ. අනුන්ට විපත පිණිස පවතින්නෙ නෑ. මට ත්, අනුන්ට ත් යන දෙපැත්තට ම විපත පිණිස පවතින්නෙ නෑ. මේ මනසින් කරන ක්‍රියාව කුසලයක්. සැප උපදවන දෙයක්. සැප විපාක තියෙන දෙයක්' කියල. එතකොට පින්වත් රාහුල, ඔබ නැවත නැවතත් මනසින් කළ යුත්තේ මෙබඳු වූ ක්‍රියාවකුයි.

පින්වත් රාහුල, ඔබ මනසින් ක්‍රියාවක් කොට නිමකළ පසු ද ඒ මනසින් කරන ලද ක්‍රියාව හොඳින් පිරික්සා බැලිය යුතුයි. ඒ කියන්නෙ 'මං මනසින් කරන ලද මේ ක්‍රියාව තියෙනවා. මාගේ මේ මනසින් කළ ක්‍රියාව මට විපත පිණිස පැවතුනා ද? අනුන්ට විපත පිණිස පැවතුනා ද? මට ත්, අනුන්ට ත් යන දෙපැත්තට ම විපත පිණිස පැවතුනා ද? මේ මනසින් කළ ක්‍රියාව අකුසලයක්. දුක උපදවන දෙයක්. දුක් විපාක තියෙන දෙයක්' කියල. පින්වත් රාහුලය, ඔබ හොඳින් විමසා බලද්දී එය මේ අයුරින් අවබෝධ වෙනවා ද, 'මං මනසින් කරන ලද මේ ක්‍රියාව තියෙනවා. මාගේ මේ මනසින් කළ ක්‍රියාව මට විපත පිණිස පවතිනවා. අනුන්ට විපත පිණිස පවතිනවා. මට ත්, අනුන්ට ත් යන දෙපැත්තට ම විපත පිණිස පවතිනවා. මේ මනසින් කළ ක්‍රියාව අකුසලයක්. දුක උපදවන දෙයක්. දුක් විපාක තියෙන දෙයක්' කියල. එතකොට පින්වත් රාහුල, ඔබ විසින් මනසින් කරන ලද ක්‍රියාව පිළිබඳව කම්පාවට පත්විය යුතුයි. ලැජ්ජාවට පත් විය යුතුයි. පිළිකුල උපදවා ගත යුතුයි. එසේ කම්පාවට පත්වෙලා, ලැජ්ජාවට පත්වෙලා, පිළිකුල උපදවා ගෙන, නැවත අනාගතයේ එවැනි දෙයක් නො වීම පිණිස සංවර විය යුතුයි.

ඉදින් පින්වත් රාහුල, ඔබ හොඳින් විමසා බලද්දී මේ අයුරින් අවබෝධ කරගත්තොත්, 'මං මනසින් කරන ලද මේ ක්‍රියාව තියෙනවා. මාගේ මේ මනසින් කරන ලද ක්‍රියාව මට විපත පිණිස පවතින්නෙ නෑ. අනුන්ට විපත පිණිස පවතින්නෙ නෑ. මට ත්, අනුන්ට ත් යන දෙපැත්තට ම විපත පිණිස පවතින්නෙ නෑ. මේ මනසින් කළ ක්‍රියාව කුසලයක්. සැප උපදවන දෙයක්. සැප විපාක තියෙන දෙයක්' කියල. එතකොට පින්වත් රාහුල, ඔබ ප්‍රීති ප්‍රමුදිත භාවයෙන් යුතුව දිවා රාත්‍රී දෙකෙහි ම කුසල් දහම් දියුණු කරගනිමින් වාසය කරන්න.

පින්වත් රාහුල, අතීතයෙහි සිටි යම් ශ්‍රමණ බ්‍රාහ්මණවරු තමන් ගේ කයින් කරන ලද ක්‍රියාව පිරිසිදු කළා නම්, වචනයෙන් කරන ලද ක්‍රියාව පිරිසිදු කළා නම්, මනසින් කරන ලද ක්‍රියාව පිරිසිදු කළා නම් ඒ සියලු දෙනා ම

ඔය ආකාරයෙන් ම විමසා බල බලා, විමසා බල බලා තමයි කයින් කරන ලද ක්‍රියාව පිරිසිදු කරගත්තේ. විමසා බල බලා, විමසා බල බලා තමයි වචනයෙන් කරන ලද ක්‍රියාව පිරිසිදු කරගත්තේ. විමසා බල බලා, විමසා බල බලා තමයි මනසින් කරන ලද ක්‍රියාව පිරිසිදු කරගත්තේ.

පින්වත් රාහුල, අනාගතයෙහි පහළවන යම් ශ්‍රමණ බ්‍රාහ්මණවරු තමන් ගේ කයින් කරන ලද ක්‍රියාව පිරිසිදු කරගන්නවා නම්, වචනයෙන් කරන ලද ක්‍රියාව පිරිසිදු කරගන්නවා නම්, මනසින් කරන ලද ක්‍රියාව පිරිසිදු කරගන්නවා නම් ඒ සියලු දෙනා ම ඔය ආකාරයෙන් ම විමසා බල බලා, විමසා බල බලා තමයි කයින් කරන ලද ක්‍රියාව පිරිසිදු කරගන්නේ. විමසා බල බලා, විමසා බල බලා තමයි වචනයෙන් කරන ලද ක්‍රියාව පිරිසිදු කරගන්නේ. විමසා බල බලා, විමසා බල බලා තමයි මනසින් කරන ලද ක්‍රියාව පිරිසිදු කරගන්නේ.

පින්වත් රාහුල, වර්තමානයෙහි සිටින යම් ශ්‍රමණ බ්‍රාහ්මණවරු තමන් ගේ කයින් කරන ලද ක්‍රියාව පිරිසිදු කරනවා නම්, වචනයෙන් කරන ලද ක්‍රියාව පිරිසිදු කරනවා නම්, මනසින් කරන ලද ක්‍රියාව පිරිසිදු කරනවා නම් ඒ සියලු දෙනා ම ඔය ආකාරයෙන් ම විමසා බල බලා, විමසා බල බලා තමයි කයින් කරන ලද ක්‍රියාව පිරිසිදු කරන්නේ. විමසා බල බලා, විමසා බල බලා තමයි වචනයෙන් කරන ලද ක්‍රියාව පිරිසිදු කරන්නේ. විමසා බල බලා, විමසා බල බලා තමයි මනසින් කරන ලද ක්‍රියාව පිරිසිදු කරන්නේ.

එනිසා පින්වත් රාහුල, මෙන්න මේ විදිහට යි ඔබ පුහුණු විය යුත්තේ. ඒ කියන්නෙ 'විමසා බල බලා ම, විමසා බල බලා ම කයින් කරන ක්‍රියාව පිරිසිදු කරගන්නවා. විමසා බල බලා ම, විමසා බල බලා ම වචනයෙන් කරන ක්‍රියාව පිරිසිදු කරගන්නවා. විමසා බල බලා ම, විමසා බල බලා ම මනසින් කරන ක්‍රියාව පිරිසිදු කරගන්නවා' කියල.

භාග්‍යවතුන් වහන්සේ මෙය වදාළා. සතුටු සිත් ඇති ආයුෂ්මත් රාහුල භද්‍රයන් භාග්‍යවතුන් වහන්සේ වදාළ මෙම දේශනය ඉතාම සතුටින් පිළිගත්තා.

සාදු! සාදු!! සාදු!!!

අම්බලට්ඨිකාවේ දී රාහුල හිමියන්ට වදාළ දෙසුම නිමා විය.

2.2.2.
මහා රාහුලෝවාද සූත්‍රය
රාහුල හිමියන්ට වදාළ විස්තරාත්මක දෙසුම

මා හට අසන්නට ලැබුනේ මේ විදිහට යි. එසමයෙහි භාග්‍යවතුන් වහන්සේ වැඩසිටියේ සැවැත් නුවර ජේතවනය නම් වූ අනේපිඬු සිටුතුමා ගේ ආරාමයේ. එදා භාග්‍යවතුන් වහන්සේ පෙරවරුවෙහි සිවුරු හැඳ පොරවා ගෙන පාත්තරය ගෙන සැවැත් නුවර පිණ්ඩපාතයේ වැඩම කළා. ආයුෂ්මත් රාහුල භද්‍රයන් ද පෙරවරුවෙහි සිවුරු හැඳ පොරවා ගෙන පාත්තරය ද ගෙන භාග්‍යවතුන් වහන්සේ පිටුපසින් ගමන් කළා. එවේලෙහි භාග්‍යවතුන් වහන්සේ ආපසු හැරී බලා ආයුෂ්මත් රාහුල භද්‍රයන් අමතා වදාළා.

"පින්වත් රාහුල, අතීත වූත්, අනාගත වූත්, වර්තමාන වූත්, යම් කිසි රූපයක් ඇද්ද, ආධ්‍යාත්ම වේවා, බාහිර වේවා, ගොරෝසු වේවා, සියුම් වේවා, හීන වේවා, උසස් වේවා, දුර තිබෙන්නා වූ යම් රූපයක් ඇද්ද, ළඟ තිබෙන්නා වූ යම් රූපයක් ඇද්ද ඒ සියලු ම රූප 'මෙය මාගේ නොවේ, මෙය මම නො වෙමි, මෙය මාගේ ආත්මය නොවේ' කියා දියුණු කරන ලද ප්‍රඥාවෙන් ඒ අයුරින් ම යථාර්ථය අවබෝධ කරගත යුතුයි."

"භාග්‍යවතුන් වහන්ස, රූපය විතරක් ම ද? සුගතයන් වහන්ස, රූපය විතරක් ම ද?" "පින්වත් රාහුල, රූපයත් අවබෝධ කළ යුතුයි. පින්වත් රාහුල, විඳීමත් අවබෝධ කළ යුතුයි. පින්වත් රාහුල, සඤ්ඤාවත් අවබෝධ කළ යුතුයි. පින්වත් රාහුල, සංස්කාරත් අවබෝධ කළ යුතුයි. පින්වත් රාහුල, විඤ්ඤාණයත් අවබෝධ කළ යුතුයි."

ඉතින් ආයුෂ්මත් රාහුල භද්‍රයන් "භාග්‍යවතුන් වහන්සේ මුණ ගැසී උන්වහන්සේගෙන් ම උපදෙස් ලබා ගෙන අද ගමට කවුරු නම් පිණ්ඩපාතේ වඩිනවා ද?" කියා පිඬු පිණිස නො ගොස් එහි ම නැවතී එක්තරා රුක් සෙවනක පලඟක් බැඳ වාඩි වුනා. කය ඍජු කොට භාවනා අරමුණෙහි සිහිය පිහිටුවා ගත්තා. එතකොට ආයුෂ්මත් සාරිපුත්තයන් වහන්සේ එක්තරා රුක්සෙවනක කය ඍජු කොට භාවනා අරමුණෙහි සිහිය පිහිටුවා ගෙන පලඟක් බැඳ වාඩි

වී සිටින ආයුෂ්මත් රාහුල භද්‍රයන්ව දැක්කා. දැකල ආයුෂ්මත් රාහුල භද්‍රයන් ඇමතුවා.

"පින්වත් රාහුල, ආනාපානසති භාවනාව වඩන්න. පින්වත් රාහුල, ආනාපානසතිය වැඩුවොත්, බහුල වශයෙන් වැඩුවොත් මහත්ඵල යි මහානිසංස යි." එතකොට ආයුෂ්මත් රාහුලයන් සවස් වරුවේ භාවනාවෙන් නැගිට භාග්‍යවතුන් වහන්සේ කරා පැමිණුනා. පැමිණ භාග්‍යවතුන් වහන්සේට ආදරයෙන් වන්දනා කොට එකත්පස්ව වාඩි වුනා. එකත්පස්ව හිඳ ගත් ආයුෂ්මත් රාහුලයන් භාග්‍යවතුන් වහන්සේට මෙය පැවසුවා. "ස්වාමීනී, කොයි ආකාරයෙන් ආනාපානසතිය වැඩුවොත් ද, කොයි ආකාරයෙන් බහුල වශයෙන් වැඩුවොත් ද මහත්ඵල, මහානිසංස වන්නේ?"

"පින්වත් රාහුල, තමා කෙරෙහි පවතින්නා වූ, තමා ගේ යැයි සළකන යම්කිසි ගොරෝසු වූ තද බවට පැමිණි, සතර මහා භූතයන්ගෙන් හටගත් යමක් ඇද්ද, ඒ කියන්නෙ; කෙස්, ලොම්, නිය, දත්, සම්, මස්, නහර, ඇට, ඇට මිදුළු, වකුගඩු, හදවත, අක්මාව, දලබුව, බඩදිව, පෙණහළු, කුඩා බඩවැල, මහා බඩවැල, ආමාශය, නො පැසුණු ආහාර, අසූචි ආදී වූ තවත් තමා කෙරෙහි පවතින්නා වූ, තමා ගේ යැයි සළකන යම්කිසි ගොරෝසු වූ, තද බවට පැමිණි, සතර මහා භූතයන්ගෙන් හටගත් දේවල් තමා තුළ ඇද්ද, පින්වත් රාහුල මෙයට තමයි තමා තුළ තිබෙන්නා වූ පඨවි ධාතුව කියා කියන්නේ. ඉතින් තමා තුළ තිබෙන්නා වූ යම් පඨවි ධාතුවක් ඇද්ද, බාහිර යම් පඨවි ධාතුවක් ඇද්ද, ඒ ඔක්කොම පඨවි ධාතු ම යි. ඒ පඨවි ධාතුව 'මෙය මගේ නොවේ. මෙය මම නො වෙමි. මෙය මාගේ ආත්මය නොවේ' කියා දියුණු කරන ලද ප්‍රඥාවෙන් ඒ අයුරින් ම යථාර්ථය අවබෝධ කරගත යුතුයි.

පින්වත් රාහුල, ඔය විදිහට දියුණු කරන ලද ප්‍රඥාවෙන් යථාර්ථය දැක්ක විට පඨවි ධාතුව ගැන කලකිරීම ඇතිවෙනවා. පඨවි ධාතුව කෙරෙහි සිතෙහි ඇල්ම නැතිව යනවා.

පින්වත් රාහුල, ආපෝ ධාතුව යනු කුමක් ද? අපෝ ධාතුව තමා තුළ ත් තියෙනවා. බාහිර ත් තියෙනවා. පින්වත් රාහුල, තමා තුළ තිබෙන්නා වූ ආපෝ ධාතුව කුමක් ද? තමා කෙරෙහි පවත්නා වූ, තමා ගේ යැයි සළකන යම් වැගිරෙන දෙයක් ඇද්ද, වැගිරීමට පත් වෙන දෙයක් ඇද්ද, මහා භූතයන් ගෙන් හටගත් දෙයක් ඇද්ද ඒ කියන්නෙ; පිත, සෙම, සැරව, ලේ, ඩහදිය, තෙල්මන්ද, කඳුළු, වුරුණු තෙල්, කෙළ, සොටු, සඳ මිදුළු, මූත්‍රා. ඒ වගේ ම තවත් යම්කිසි තමා තුළ පවතින්නා වූ, තමා ගේ යැයි සළකන වැගිරෙන දෙයක් ඇද්ද,

වැගිරීමට පත් වෙන දෙයක් ඇද්ද, මහා භූතයන් ගෙන් හටගත් දෙයක් ඇද්ද පින්වත් රාහුල, මෙයට කියන්නෙ තමා තුළ පවතින ආපෝ ධාතුව කියල යි. තමා තුළ පවතින්නා වූ යම් ආපෝ ධාතුවක් ඇද්ද, බාහිර යම් ආපෝ ධාතුවක් ඇද්ද, මේ සෑම දෙයක් ම ආපෝ ධාතුව ම යි. ඉතින් ඒ ආපෝ ධාතුව 'මෙය මගේ නොවේ. මෙය මම නො වෙමි. මෙය මාගේ ආත්මය නොවේ' කියා දියුණු කරන ලද ප්‍රඥාවෙන් ඒ අයුරින් ම යථාර්ථය අවබෝධ කරගත යුතුයි.

පින්වත් රාහුල ඔය විදිහට දියුණු කරන ලද ප්‍රඥාවෙන් යථාර්ථය දැක්ක විට ආපෝ ධාතුව ගැන කලකිරීම ඇතිවෙනවා. ආපෝ ධාතුව කෙරෙහි සිතෙහි ඇල්ම නැතිව යනවා.

පින්වත් රාහුල, තේජෝ ධාතුව යනු කුමක් ද? තේජෝ ධාතුව තමා තුළ ත් තියෙනවා. බාහිර ත් තියෙනවා. පින්වත් රාහුල, තමා තුළ තිබෙන්නා වූ තේජෝ ධාතුව කුමක් ද? තමා කෙරෙහි පවතින්නා වූ, තමා ගේ යැයි සළකන යම් උණුසුම් ස්වභාවයක්, උණුසුම් බවට පැමිණීමක්, මහාභූතයන් ගෙන් සකස් වීමක් ඇද්ද, ඒ කියන්නෙ; යම් තේජෝ ධාතුවකින් මේ කය රත් වෙයි ද, යම් තේජෝ ධාතුවකින් මේ කය දිරා යයි ද, යම් තේජෝ ධාතුවකින් මේ කය දැවී යයි ද, යම් තේජෝ ධාතුවකින් බුදින ලද - පානය කරන ලද - අනුභව කරන ලද - රස විඳින ලද ආහාර පාන ආදිය දිරවයි ද, ඒ වගේ ම තමා තුළ පවතින්නා වූ, තමා ගේ යැයි සළකන තවත් යම් උණුසුම් ස්වභාවයක් ඇද්ද, උණුසුම් බවට පත් වීමක් ඇද්ද, මහාභූතයන් ගේ සකස් වීමක් ඇද්ද, පින්වත් රාහුල, මෙයට තමයි තමා තුළ පවතින තේජෝ ධාතුව කියා කියන්නේ. ඉතින් තමා තුළ පවතින්නා වූ යම් තේජෝ ධාතුවක් ඇද්ද, බාහිර යම් තේජෝ ධාතුවක් ඇද්ද, මේ සෑම දෙයක් ම තේජෝ ධාතුව ම යි. ඉතින් ඒ තේජෝ ධාතුව 'මෙය මගේ නොවේ. මෙය මම නො වෙමි. මෙය මාගේ ආත්මය නොවේ' කියා දියුණු කරන ලද ප්‍රඥාවෙන් ඒ අයුරින් ම යථාර්ථය අවබෝධ කරගත යුතුයි.

පින්වත් රාහුල, ඔය විදිහට දියුණු කරන ලද ප්‍රඥාවෙන් යථාර්ථය දැක්ක විට තේජෝ ධාතුව ගැන කලකිරීම ඇතිවෙනවා. තේජෝ ධාතුව කෙරෙහි සිතෙහි ඇල්ම නැතිව යනවා.

පින්වත් රාහුල, වායෝ ධාතුව යනු කුමක් ද? වායෝ ධාතුව තමා තුළ ත් තියෙනවා. බාහිර ත් තියෙනවා. පින්වත් රාහුල, තමා තුළ තිබෙන්නා වූ වායෝ ධාතුව කුමක් ද? තමා තුළ තිබෙන්නා වූ, තමා ගේ යැයි සළකන යම් වායු ස්වභාවයක් ඇද්ද, වායු ස්වභාවයට පත් වීමක් ඇද්ද, මහා භූතයන් ගෙන් හටගත් බවක් ඇද්ද ඒ කියන්නෙ; උඩුඅතට නැගෙන වාතය, යටිඅතට

යන වාතය, කුසෙහි තිබෙන්නා වූ වාතය, ඒ ඒ කොටස් තුළ තිබෙන්නා වූ වාතය, ශරීර අවයව පුරා සැරිසරන්නා වූ වාතය, ආශ්වාස-ප්‍රශ්වාස යනාදිය යි. ඉතින් තමා තුළ තිබෙන්නා වූ, තමා ගේ යැයි සළකන වෙනත් යම් කිසි වායු ස්වභාවයක්, වායු බවට පත් වීමක්, මහා භූතයන්ගෙන් හටගත් බවක් ඇද්ද, පින්වත් රාහුල, මෙයට කියන්නේ වායෝ ධාතුව කියල යි. තමා තුළ තිබෙන්නා වූ යම් වායෝ ධාතුවක් ඇද්ද, බාහිර තිබෙන්නා වූ යම් වායෝ ධාතුවක් ඇද්ද, ඒ සෑම දෙයක් ම වායෝ ධාතුව ම යි. ඉතින් ඒ වයෝ ධාතුව 'මෙය මගේ නොවේ. මෙය මම නො වෙමි. මෙය මාගේ ආත්මය නොවේ' කියා දියුණු කරන ලද ප්‍රඥාවෙන් ඒ අයුරින් ම යථාර්ථය අවබෝධ කරගත යුතුයි.

පින්වත් රාහුල, ඔය විදිහට දියුණු කරන ලද ප්‍රඥාවෙන් යථාර්ථය දැක්ක විට වායෝ ධාතුව ගැන කලකිරීම ඇතිවෙනවා. වායෝ ධාතුව කෙරෙහි සිතෙහි ඇල්ම නැතිව යනවා.

පින්වත් රාහුල, ආකාස ධාතුව යනු කුමක් ද? ආකාස ධාතුව තමා තුළ ත් තියෙනවා. බාහිර ත් තියෙනවා. පින්වත් රාහුල, තමා තුළ තිබෙන්නා වූ ආකාස ධාතුව කුමක් ද? තමා තුළ තිබෙන්නා වූ, තමා ගේ යැයි සළකන අවකාශයක් (යමක් සඳහා ඇති ඉඩකඩ) ඇද්ද, අවකාශයකට පත්වන බවක් ඇද්ද, මහා භූතයන් ගෙන් සකස් වූ බවක් ඇද්ද, ඒ කියන්නෙ; කන් සිදුර, නාස් සිදුර, මුඛ ද්වාරය, කන බොන දේවල් - පානය, කරන අනුභව කරන දේවල් යම් මාර්ග යකින් ශරීරයට ඇතුල් වීමක් ඇද්ද, ඒ වගේ ම කන බොන දේවල් - පානය කරන, අනුභව කරන දේවල් යම් අවකාශයක රඳා සිටීමක් ඇද්ද, ඒ වගේ ම කන බොන දේවල් - පානය කරන, අනුභව කරන දේවල් යම් මාර්ගයකින් පහළට නික්මීමක් ඇද්ද, ඒ වගේ ම තමා තුළ තිබෙන්නා වූ, තමා ගේ යැයි සළකන්නා වූ තවත් යම්කිසි අවකාශයක් ඇද්ද, අවකාශයකට පත් වීමක් ඇද්ද, මහා භූතයන්ගෙන් සකස් වූ බවක් ඇද්ද, පින්වත් රාහුල, මෙයට කියන්නේ ආකාස ධාතුව කියල යි.

තමා තුළ තිබෙන්නා වූ යම් ආකාස ධාතුවක් ඇද්ද, බාහිර තිබෙන්නා වූ යම් ආකාස ධාතුවක් ඇද්ද, ඒ සෑම දෙයක් ම ආකාස ධාතුව ම යි. ඉතින් ඒ ආකාස ධාතුව 'මෙය මගේ නොවේ. මෙය මම නො වෙමි. මෙය මාගේ ආත්මය නොවේ' කියා දියුණු කරන ලද ප්‍රඥාවෙන් ඒ අයුරින් ම යථාර්ථය අවබෝධ කරගත යුතුයි.

පින්වත් රාහුල, ඔය විදිහට දියුණු කරන ලද ප්‍රඥාවෙන් යථාර්ථය දැක්ක විට ආකාස ධාතුව ගැන කලකිරීම ඇතිවෙනවා. ආකාස ධාතුව කෙරෙහි සිතෙහි ඇල්ම නැතිව යනවා.

පින්වත් රාහුල, පොළොව වගේ සමාන වීමට භාවනා කරන්න. පින්වත් රාහුල, පොළොව වගේ සමාන වීම ඇති කරගෙන ඔබ භාවනාව වඩනවා නම් උපන් මනාප අමනාප ස්පර්ශයන් සිත යටකරගෙන යන්නෙ නෑ. පින්වත් රාහුල, මහ පොළොවට පිරිසිදු දේවලුත් දානවා. අපිරිසිදු දේවලුත් දානවා. අසූචි ත් දානවා. මූත්‍රා ත් දානවා. කෙළ ත් ගසනවා. සැරව ත් දමනවා. ලේ ත් දමනවා. නමුත් ඒ කිසිවකින් පොළොව කම්පා වෙන්නෙ නෑ. ලැජ්ජා වෙන්නෙ නෑ. පිළිකුල් කරන්නෙ නෑ. අන්න ඒ විදිහට ම පින්වත් රාහුල, පොළොවේ ගති ගුණ වලට සමානව භාවනා කරන්න. පොළොවේ ගතිගුණ වලට සමානව භාවනා කරද්දි උපන් මනාප අමනාප ස්පර්ශයන් ඔබ ගේ සිත යටකරගෙන යන්නෙ නෑ.

පින්වත් රාහුල, ජලය වගේ සමාන වීමට භාවනා කරන්න. පින්වත් රාහුල, ජලය වගේ සමාන වීම ඇති කරගෙන ඔබ භාවනාව වඩනවා නම් උපන් මනාප අමනාප ස්පර්ශයන් සිත යටකරගෙන යන්නෙ නෑ. පින්වත් රාහුල, ජලයට පිරිසිදු දේවලුත් දානවා. අපිරිසිදු දේවලුත් දානවා. අසූචි ත් දානවා. මූත්‍රා ත් දානවා. කෙළ ත් ගසනවා. සැරව ත් දමනවා. ලේ ත් දමනවා. නමුත් ඒ කිසිවකින් ජලය කම්පා වෙන්නෙ නෑ. ලැජ්ජා වෙන්නෙ නෑ. පිළිකුල් කරන්නෙ නෑ. අන්න ඒ විදිහට ම පින්වත් රාහුල, ජලයේ ගති ගුණ වලට සමානව භාවනා කරන්න. ජලයේ ගතිගුණ වලට සමානව භාවනා කරද්දි උපන් මනාප අමනාප ස්පර්ශයන් ඔබ ගේ සිත යටකරගෙන යන්නෙ නෑ.

පින්වත් රාහුල, ගින්න වගේ සමාන වීමට භාවනා කරන්න. පින්වත් රාහුල, ගින්න වගේ සමාන වීම ඇති කරගෙන ඔබ භාවනාව වඩනවා නම් උපන් මනාප අමනාප ස්පර්ශයන් සිත යටකරගෙන යන්නෙ නෑ. පින්වත් රාහුල, ගින්නෙහි පිරිසිදු දේවලුත් දවනවා. අපිරිසිදු දේවලුත් දවනවා. අසූචි ත් දවනවා. මූත්‍රා ත් දවනවා. කෙළ ත් දවනවා. සැරව ත් දවනවා. ලේ ත් දවනවා. නමුත් ඒ කිසිවකින් ගින්න කම්පා වෙන්නෙ නෑ. ලැජ්ජා වෙන්නෙ නෑ. පිළිකුල් කරන්නෙ නෑ. අන්න ඒ විදිහට ම පින්වත් රාහුල, ගින්නේ ගති ගුණ වලට සමානව භාවනා කරන්න. ගින්නේ ගතිගුණ වලට සමානව භාවනා කරද්දි උපන් මනාප අමනාප ස්පර්ශයන් ඔබ ගේ සිත යටකරගෙන යන්නෙ නෑ.

පින්වත් රාහුල, සුළඟ වගේ සමාන වීමට භාවනා කරන්න. පින්වත් රාහුල, සුළඟ වගේ සමාන වීම ඇති කරගෙන ඔබ භාවනාව වඩනවා නම් උපන් මනාප අමනාප ස්පර්ශයන් සිත යටකරගෙන යන්නෙ නෑ. පින්වත් රාහුල, සුළඟ පිරිසිදු දේවල් කරා ත් හමනවා. අපිරිසිදු දේවල් කරා ත් හමනවා. අසූචි

කරා ත් හමනවා. මූත්‍රා කරා ත් හමනවා. කෙළ කරා ත් හමනවා. සැරව කරා ත් හමනවා. ලේ කරා ත් හමනවා. නමුත් ඒ කිසිවකින් සුළඟ කම්පා වෙන්නෙ නෑ. ලැජ්ජා වෙන්නෙ නෑ. පිළිකුල් කරන්නෙ නෑ. අන්න ඒ විදිහට ම පින්වත් රාහුල, සුළඟේ ගති ගුණ වලට සමානව භාවනා කරන්න. සුළඟේ ගතිගුණ වලට සමානව භාවනා කරද්දි උපන් මනාප අමනාප ස්පර්ශයන් ඔබ ගේ සිත යටකරගෙන යන්නෙ නෑ.

පින්වත් රාහුල, ආකාසය වගේ සමාන වීමට භාවනා කරන්න. පින්වත් රාහුල, ආකාසය වගේ සමාන වීම ඇති කරගෙන ඔබ භාවනාව වඩනවා නම් උපන් මනාප අමනාප ස්පර්ශයන් සිත යටකරගෙන යන්නෙ නෑ. පින්වත් රාහුල, ආකාසය කියන්නෙ කොතනකවත් ස්ථිරව පිහිටි දෙයක් නො වෙයි. අන්න ඒ විදිහට ම පින්වත් රාහුල, ආකාසයේ ගති ගුණ වලට සමානව භාවනා කරන්න. ආකාසයේ ගතිගුණ වලට සමානව භාවනා කරද්දි උපන් මනාප අමනාප ස්පර්ශයන් ඔබ ගේ සිත යටකරගෙන යන්නෙ නෑ.

පින්වත් රාහුල, මෛත්‍රී භාවනාව වඩන්න. පින්වත් රාහුල, මෛත්‍රී භාවනාව වඩද්දී ඔබ තුළ යම් තරහක් තිබෙනවා නම්, එය ප්‍රහීණ වෙලා යාවි. පින්වත් රාහුල, කරුණා භාවනාව වඩන්න. පින්වත් රාහුල, කරුණා භාවනාව වඩද්දී ඔබ තුළ යම් හිංසාකාරී අදහස් තිබෙනවා නම්, එය ප්‍රහීණ වෙලා යාවි. පින්වත් රාහුල, මුදිතා භාවනාව වඩන්න. පින්වත් රාහුල, මුදිතා භාවනාව වඩද්දී ඔබ තුළ යම් අරතියක් තිබෙනවා නම්, එය ප්‍රහීණ වෙලා යාවි. පින්වත් රාහුල, උපේක්ෂා භාවනාව වඩන්න. පින්වත් රාහුල, උපේක්ෂා භාවනාව වඩද්දී ඔබ තුළ යම් පටිඝයක් තිබෙනවා නම්, එය ප්‍රහීණ වෙලා යාවි.

පින්වත් රාහුල, අසුභ භාවනාව වඩන්න. පින්වත් රාහුල, අසුභ භාවනාව වඩද්දී ඔබ තුළ යම් රාගයක් තිබෙනවා නම්, එය ප්‍රහීණ වෙලා යාවි. පින්වත් රාහුල, අනිත්‍ය සඤ්ඤා භාවනාව වඩන්න. පින්වත් රාහුල, අනිත්‍ය සඤ්ඤා භාවනාව වඩද්දී ඔබ තුළ තමන් ගැන යම් මාන්නයක් තිබෙනවා නම්, එය ප්‍රහීණ වෙලා යාවි.

පින්වත් රාහුල, ආනාපානසති භාවනාව වඩන්න. පින්වත් රාහුල, ආනාපානසති භාවනාව බහුල වශයෙන් වැඩුවොත් මහත්ඵල යි, මහානිසංස යි.

පින්වත් රාහුල, කොයි ආකාරයට ආනාපානසතිය වැඩුවොත් ද, කොයි ආකාරයට බහුල වශයෙන් වැඩුවොත් ද, මහත්ඵල මහානිසංස වන්නේ? පින්වත් රාහුල, මෙහිලා භික්ෂුව වන සෙනසුනකට යනවා. එහෙමත් නැත්නම්, රුක්සෙවනකට යනවා. එහෙමත් නැත්නම් පාළු තැනකට යනවා. ගිහින් කය

ඍජු කොට භාවනා අරමුණෙහි සිහිය පිහිටුවා ගෙන, පළඟක් බැඳගෙන වාඩි වෙනවා. ඉතින් ඒ භික්ෂුව සිහියෙන් ම හුස්ම ගන්නවා. සිහියෙන් ම හුස්ම හෙලනවා.

දීර්ඝව ආශ්වාස කරද්දි, දීර්ඝව ආශ්වාස කරන බව දැනගන්නවා. දීර්ඝව ප්‍රශ්වාස කරද්දි, දීර්ඝව ප්‍රශ්වාස කරන බව දැනගන්නවා. කෙටියෙන් ආශ්වාස කරද්දි, කෙටියෙන් ආශ්වාස කරන බව දැනගන්නවා. කෙටියෙන් ප්‍රශ්වාස කරද්දි, කෙටියෙන් ප්‍රශ්වාස කරන බව දැනගන්නවා. සියලු ආශ්වාස ප්‍රශ්වාස කය කෙරෙහි සංවේදී වෙමින් ආශ්වාස කරන්නෙමි'යි හික්මෙනවා. සියලු ආශ්වාස ප්‍රශ්වාස කය කෙරෙහි සංවේදී වෙමින් ප්‍රශ්වාස කරන්නෙමි'යි හික්මෙනවා. ආශ්වාස ප්‍රශ්වාස නම් වූ කාය සංස්කාර සංසිඳුවමින් ආශ්වාස කරන්නෙමි'යි හික්මෙනවා. ආශ්වාස ප්‍රශ්වාස නම් වූ කාය සංස්කාර සංසිඳුවමින් ප්‍රශ්වාස කරන්නෙමි'යි හික්මෙනවා.

ප්‍රීතිය ප්‍රකට කරමින් ආශ්වාස කරන්නෙමි'යි හික්මෙනවා. ප්‍රීතිය ප්‍රකට කරමින් ප්‍රශ්වාස කරන්නෙමි'යි හික්මෙනවා. සැපය ප්‍රකට කරමින් ආශ්වාස කරන්නෙමි'යි හික්මෙනවා. සැපය ප්‍රකට කරමින් ප්‍රශ්වාස කරන්නෙමි'යි හික්මෙනවා. සඤ්ඤා වේදනා නම් වූ චිත්ත සංස්කාර ප්‍රකට කරමින් ආශ්වාස කරන්නෙමි'යි හික්මෙනවා. සඤ්ඤා වේදනා නම් වූ චිත්ත සංස්කාර ප්‍රකට කරමින් ප්‍රශ්වාස කරන්නෙමි'යි හික්මෙනවා. සඤ්ඤා වේදනා නම් වූ චිත්ත සංස්කාර සංසිඳුවමින් ආශ්වාස කරන්නෙමි'යි හික්මෙනවා. සඤ්ඤා වේදනා නම් වූ චිත්ත සංස්කාර සංසිඳුවමින් ප්‍රශ්වාස කරන්නෙමි'යි හික්මෙනවා.

සිත ප්‍රකට කරමින් ආශ්වාස කරන්නෙමි'යි හික්මෙනවා. සිත ප්‍රකට කරමින් ප්‍රශ්වාස කරන්නෙමි'යි හික්මෙනවා. සිත විශේෂයෙන් ප්‍රමුදිත කරමින් ආශ්වාස කරන්නෙමි'යි හික්මෙනවා. සිත විශේෂයෙන් ප්‍රමුදිත කරමින් ප්‍රශ්වාස කරන්නෙමි'යි හික්මෙනවා. සිත තැන්පත් කරගනිමින් ආශ්වාස කරන්නෙමි'යි හික්මෙනවා. සිත තැන්පත් කරගනිමින් ප්‍රශ්වාස කරන්නෙමි'යි හික්මෙනවා. සිත අකුසල් වලින් මුදවා ගනිමින් ආශ්වාස කරන්නෙමි'යි හික්මෙනවා. සිත අකුසල් වලින් මුදවා ගනිමින් ප්‍රශ්වාස කරන්නෙමි'යි හික්මෙනවා.

අනිත්‍යය අනුව බලමින් ආශ්වාස කරන්නෙමි'යි හික්මෙනවා. අනිත්‍යය අනුව බලමින් ප්‍රශ්වාස කරන්නෙමි'යි හික්මෙනවා. නො ඇලෙන ස්වභාවය අනුව බලමින් ආශ්වාස කරන්නෙමි'යි හික්මෙනවා. නො ඇලෙන ස්වභාවය අනුව බලමින් ප්‍රශ්වාස කරන්නෙමි'යි හික්මෙනවා. ඇල්ම නිරුද්ධ වී යන අයුරු බලමින් ආශ්වාස කරන්නෙමි'යි හික්මෙනවා. ඇල්ම නිරුද්ධ වී යන අයුරු

බලමින් ප්‍රශ්වාස කරන්නෙමි'යි හික්මෙනවා. ඇල්ම මුලුමනින් ම බැහැර වී යන අයුරු බලමින් ආශ්වාස කරන්නෙමි'යි හික්මෙනවා. ඇල්ම මුලුමනින් ම බැහැර වී යන අයුරු බලමින් ප්‍රශ්වාස කරන්නෙමි'යි හික්මෙනවා.

පින්වත් රාහුල, මේ අයුරින් වඩන ලද, මේ අයුරින් බහුල කරන ලද, ආනාපානසති භාවනාව මහත්ඵල යි, මහානිසංස යි. පින්වත් රාහුල, මේ අයුරින් වඩන ලද, මේ අයුරින් බහුල කරන ලද ආනාපානසතිය නිසා ඔහු ගේ අවසාන ආශ්වාස ප්‍රශ්වාස ඇද්ද, එය පවා දැනගෙන ම යි නිරුද්ධ වන්නේ, නො දැන නම් නොවේ.

භාග්‍යවතුන් වහන්සේ මෙය වදාළ සේක. සතුටු සිත් ඇති ආයුෂ්මත් රාහුල භද්‍රයන් භාග්‍යවතුන් වහන්සේ වදාළ මෙම දේශනය ඉතාම සතුටින් පිළිගත්තා.

සාදු! සාදු!! සාදු!!!

රාහුල හිමියන්ට වදාළ විස්තරාත්මක දෙසුම නිමා විය.

2.2.3.
චූළ මාලුංක්‍ය සූත්‍රය
මාලුංක්‍යපුත්ත තෙරුන්ට වදාළ කුඩා දෙසුම

මා හට අසන්නට ලැබුනේ මේ විදිහට යි. ඒ දිනවල භාග්‍යවතුන් වහන්සේ වැඩ සිටියේ සැවැත් නුවර ජේතවනය නම් වූ අනේපිඬු සිටුතුමා විසින් කරවන ලද ආරාමයෙහි ය. එදා ආයුෂ්මත් මාලුංක්‍යපුත්තයන් හට හුදෙකලාවේ භාවනාවෙන් සිටිය දී මෙවැනි කල්පනාවක් සිතෙහි ඇති වුනා.

"යම් මේ දෘෂ්ටිගතික දේවල් තියෙනවා නෙව. ඒවා භාග්‍යවතුන් වහන්සේ විසින් පිළිතුරු නොදී බැහැර කරල, ප්‍රතික්ෂේප කරල යි තියෙන්නෙ. ඒ කියන්නෙ; 'ලෝකය සදාකාලික යි ද?' යන කාරණාව. 'ලෝකය සදාකාලික නැද්ද?' යන කාරණාව. 'ලෝකය කෙලවරින් යුක්ත යි ද?' යන කාරණාව. 'ලෝකය කෙලවර රහිත යි ද?' යන කාරණාව. 'ජීවයත් එය යි, ශරීරයත් එය යි' යන කාරණාව. 'ජීවය අනෙකක්, ශරීරය අනෙකක්' යන කාරණාව. 'තථාගතයන් වහන්සේ මරණින් මතු වැඩසිටිනවා ද?' යන කාරණාව. 'තථාගතයන් වහන්සේ මරණින් මතු වැඩසිටින්නේ නැද්ද?' යන කාරණාව. 'තථාගතයන් වහන්සේ මරණින් මතු වැඩසිටී ද? නො සිටී ද?' යන කාරණාව. 'තථාගතයන් වහන්සේ මරණින් මතු වැඩසිටින්නෙත් නොවේ ද? නො සිටින්නෙත් නොවේ ද?' යන කාරණාව.

භාග්‍යවතුන් වහන්සේ මේ ප්‍රශ්නයන්ට පිළිතුරු වදාරන්නේ නැහැ. භාග්‍යවතුන් වහන්සේ මේ ප්‍රශ්නයන්ට පිළිතුරු නො වදාරන්නේ ය යන කරුණ මට නම් රුස්සන්නෙ නැහැ. එයට මං කැමති නැහැ. ඒ නිසා මං භාග්‍යවතුන් වහන්සේ ළඟට ගිහින් මේ ගැන විමසන්න ඕනෙ. ඉතින් භාග්‍යවතුන් වහන්සේ පිළිතුරු දෙන සේක් නම්; ඒ කියන්නෙ, 'ලෝකය ශාස්වත යි' කියල හෝ 'ලෝකය අශාස්වත යි' කියල හෝ 'ලෝකය අන්තවත්' කියල හෝ 'ලෝකය අනන්තයි' කියල හෝ 'ජීවය එය යි, ශරීරය එය යි' කියල හෝ 'ජීවය අනෙකකි, ශරීරය අනෙකකි' කියල හෝ 'තථාගතයන් වහන්සේ මරණින් මතු වැඩසිටිනවා' කියල හෝ 'තථාගතයන් වහන්සේ මරණින් මතු වැඩ නො සිටිනවා' කියල හෝ 'තථාගතයන් වහන්සේ මරණින් මතු වැඩසිටිනවා, නො සිටිනවා' කියල හෝ

'තථාගතයන් වහන්සේ මරණින් මතු වැඩසිටින්නෙත් නැත, නො සිටින්නෙත් නැත' කියල හෝ යන මේ කරුණුයි. එහෙම වුනොත් මං භාග්‍යවතුන් වහන්සේ ළඟ බඹසර හැසිරෙනවා.

ඉතින් භාග්‍යවතුන් වහන්සේ මට පිළිතුරු නො දෙන සේක් නම්; ඒ කියන්නෙ, 'ලෝකය ශාස්වත යි' කියල හෝ 'ලෝකය අශාස්වතයි' කියල හෝ ....(පෙ).... 'තථාගතයන් වහන්සේ මරණින් මතු වැඩසිටින්නෙත් නැත, නො සිටින්නෙත් නැත' කියල හෝ යන මේ කරුණු යි. එහෙම වුනොත් මං සිවුරු හැරල ගිහි ජීවිතයට බහිනවා.

ඉතින් ආයුෂ්මත් මාලුංක්‍යපුත්තයන් සවස් වරුවෙහි භාවනාවෙන් නැගිට භාග්‍යවතුන් වහන්සේ වැඩසිටි තැනට පැමිණුනා. පැමිණ, භාග්‍යවතුන් වහන්සේට ආදරයෙන් වන්දනා කොට එකත්පස්ව වාඩි වුනා. එකත්පස්ව වාඩි වූ ආයුෂ්මත් මාලුංක්‍යපුත්තයන් භාග්‍යවතුන් වහන්සේට මෙය වදාළා.

"ස්වාමීනී, හුදෙකලාවේ භාවනාවෙන් කල් ගෙවූ මට මෙවැනි විතර්කයක් සිතට ආවා. 'යම් මේ දෘෂ්ඨිගතික දේවල් තියෙනවා නෙව. ඒවා භාග්‍යවතුන් වහන්සේ විසින් පිළිතුරු නොදී බැහැර කරල, ප්‍රතික්ෂේප කරල යි තියෙන්නෙ. ඒ කියන්නෙ; 'ලෝකය සදාකාලික යි ද?' යන කාරණාව. 'ලෝකය සදාකාලික නැද්ද?' යන කාරණාව ....(පෙ).... 'තථාගතයන් වහන්සේ මරණින් මතු වැඩසිටින්නෙත් නොවේ ද? නො සිටින්නෙත් නොවේ ද?' යන කාරණාව භාග්‍යවතුන් වහන්සේ මේ ප්‍රශ්නයන්ට පිළිතුරු වදාරන්නෙ නැහැ. භාග්‍යවතුන් වහන්සේ මේ ප්‍රශ්නයන්ට පිළිතුරු නො වදාරන්නේ ය යන කාරණාව මට රුස්සන්නෙ නෑ. එයට මං කැමති නෑ. ඒ නිසා මම භාග්‍යවතුන් වහන්සේ ළඟට පැමිණ ඒ ගැන විමසන්න ඕන. ඉතින් භාග්‍යවතුන් වහන්සේ පිළිතුරු දෙන සේක් නම්, ඒ කියන්නෙ; 'ලෝකය ශාස්වත' යි කියල හෝ 'ලෝකය අශාස්වත' යි කියල හෝ ....(පෙ).... 'තථාගතයන් වහන්සේ මරණින් මතු වැඩසිටින්නෙත් නැත, නො සිටින්නෙත් නැත' කියල හෝ යන මේ කරුණු යි. එහෙම වුනොත් මං භාග්‍යවතුන් වහන්සේ ළඟ බඹසර හැසිරෙනවා. ඉතින් භාග්‍යවතුන් වහන්සේ මට පිළිතුරු නො දෙන සේක් නම්; ඒ කියන්නෙ, 'ලෝකය ශාස්වත යි' කියල හෝ 'ලෝකය අශාස්වත යි' කියල හෝ ....(පෙ)....'තථාගතයන් වහන්සේ මරණින් මතු වැඩසිටින්නෙත් නැත, නො සිටින්නෙත් නැත' කියල හෝ යන මේ කරුණු යි. එහෙම වුනොත් මං සිවුරු හැරල ගිහි ජීවිතයට බහිනවා.

ඉදින් භාග්‍යවතුන් වහන්සේ 'ලෝකය ශාස්වත යි' යන්න දන්නා සේක් නම්, 'ලෝකය ශාස්වත යි' කියා භාග්‍යවතුන් වහන්සේ මට වදාරණ සේක්වා.

ඉදින් භාග්‍යවතුන් වහන්සේ 'ලෝකය අශාස්වත යි' යන්න දන්නා සේක් නම්, 'ලෝකය අශාස්වත යි' කියා භාග්‍යවතුන් වහන්සේ මට වදාරණ සේක්වා. ඉදින් භාග්‍යවතුන් වහන්සේ 'ලෝකය ශාස්වත යි' කියා හෝ 'ලෝකය අශාස්වත යි' කියා හෝ භාග්‍යවතුන් වහන්සේ නො දන්නා සේක් නම්, එය නො දන්නා කෙනෙකුට, නො දක්නා කෙනෙකුට තිබෙන හොඳම ඍජු දෙය නම්, 'නො දනිමි'යි 'නො දකිමි'යි කියා පැවසීම යි.

ඉදින් භාග්‍යවතුන් වහන්සේ 'ලෝකය අන්තවත් ය' යන්න දන්නා සේක් නම්, 'ලෝකය අන්තවත් ය' කියා භාග්‍යවතුන් වහන්සේ මට වදාරණ සේක්වා. ඉදින් භාග්‍යවතුන් වහන්සේ 'ලෝකය අනන්ත යි' යන්න දන්නා සේක් නම්, 'ලෝකය අනන්ත යි' කියා භාග්‍යවතුන් වහන්සේ මට වදාරණ සේක්වා. ඉදින් භාග්‍යවතුන් වහන්සේ 'ලෝකය අන්තවත් ය' කියා හෝ 'ලෝකය අනන්තවත් ය' කියා හෝ නො දන්නා සේක් නම්, එය නො දන්නා කෙනෙකුට, නො දක්නා කෙනෙකුට තිබෙන හොඳම ඍජු දෙය නම්, 'නො දනිමි'යි 'නො දකිමි'යි කියා පැවසීම යි.

ඉදින් භාග්‍යවතුන් වහන්සේ 'ජීවය ද එය යි, ශරීරය ද එය යි.' යන්න දන්නා සේක් නම්, 'ජීවය ද එය යි, ශරීරය ද එය යි.' කියා භාග්‍යවතුන් වහන්සේ මට වදාරණ සේක්වා. ඉදින් භාග්‍යවතුන් වහන්සේ 'ජීවය අනෙකකි, ශරීරය අනෙකකි' යන්න දන්නා සේක් නම්, 'ජීවය අනෙකකි, ශරීරය අනෙකකි' කියා භාග්‍යවතුන් වහන්සේ මට වදාරණ සේක්වා. ඉදින් භාග්‍යවතුන් වහන්සේ 'ජීවය ද එය යි, ශරීරය ද එය යි' කියා හෝ 'ජීවය අනෙකකි, ශරීරය අනෙකකි.' කියා හෝ නො දන්නා සේක් නම්, එය නො දන්නා කෙනෙකුට, නො දක්නා කෙනෙකුට තිබෙන හොඳම ඍජු දෙය නම්, 'නො දනිමි'යි 'නො දකිමි'යි කියා පැවසීම යි.

ඉදින් භාග්‍යවතුන් වහන්සේ 'තථාගතයන් මරණින් මතු වැඩසිටින බව.' දන්නා සේක් නම්, 'තථාගතයන් මරණින් මතු වැඩසිටින බව.' භාග්‍යවතුන් වහන්සේ මට වදාරණ සේක්වා. ඉදින් භාග්‍යවතුන් වහන්සේ 'තථාගතයන් මරණින් මතු වැඩ නොසිටින බව' දන්නා සේක් නම්, 'තථාගතයන් මරණින් මතු වැඩ නොසිටින බව' භාග්‍යවතුන් වහන්සේ මට වදාරණ සේක්වා. ඉදින් භාග්‍යවතුන් වහන්සේ 'තථාගතයන් මරණින් මතු වැඩසිටින බව' හෝ 'තථාගතයන් මරණින් මතු වැඩ නොසිටින බව' හෝ නො දන්නා සේක් නම්, එය නො දන්නා කෙනෙකුට, නො දක්නා කෙනෙකුට තිබෙන හොඳම ඍජු දෙය නම්, 'නො දනිමි'යි 'නො දකිමි'යි කියා පැවසීම යි.

ඉදින් භාග්‍යවතුන් වහන්සේ 'තථාගතයන් මරණින් මතු වැඩසිටින, නො සිටින බව.' දන්නා සේක් නම්, 'තථාගතයන් මරණින් මතු වැඩසිටින, නො සිටින බව' භාග්‍යවතුන් වහන්සේ මට වදාරණ සේක්වා. ඉදින් භාග්‍යවතුන් වහන්සේ 'තථාගතයන් මරණින් මතු නොම වැඩසිටින, නොම නො සිටින බව' දන්නා සේක් නම්, 'තථාගතයන් මරණින් මතු නොම වැඩසිටින, නොම නොසිටින බව.' භාග්‍යවතුන් වහන්සේ මට වදාරණ සේක්වා. ඉදින් භාග්‍යවතුන් වහන්සේ 'තථාගතයන් මරණින් මතු වැඩසිටින, නො සිටින බව' හෝ 'තථාගතයන් මරණින් මතු නොම වැඩසිටින, නොම නො සිටින බව' හෝ නො දන්නා සේක් නම්, එය නො දන්නා කෙනෙකුට, නො දක්නා කෙනෙකුට තිබෙන හොඳම ඍජු දෙය නම්, 'නො දනිමි'යි 'නො දකිමි'යි කියා පැවසීම යි."

"මාලුංක්‍යපුත්ත, කිම? සැබැවින් ම මං ඔබට මෙවැනි දෙයක් පැවසුවා ද? 'පින්වත් මාලුංක්‍යපුත්ත, ඔබ එන්න. මා සමීපයෙහි බඹසර හැසිරෙන්න. එතකොට; 'ලෝකය සදාකාලික යි ද?' යන කාරණාව. 'ලෝකය සදාකාලික නැද්ද?' යන කාරණාව ....(පෙ).... 'තථාගතයන් වහන්සේ මරණින් මතු වැඩසිටින්නෙත් නැත, නො සිටින්නෙත් නැත' කියල හෝ යන මේ කරුණු වලට මම ඔබට පිළිතුරු දෙන්නම් කියල පැවසුවා ද?"

"ස්වාමීනී, එහෙම වුනේ නැහැ."

"ඒ වගේ ම ඔබ මට මෙහෙම කිව්ව ද? 'ස්වාමීනී, මං භාග්‍යවතුන් වහන්සේ ළඟ බඹසර හැසිරෙන්නම්. එතකොට 'ලෝකය සදාකාලික යි ද?' යන කාරණාව. 'ලෝකය සදාකාලික නැද්ද?' යන කාරණාව ....(පෙ).... 'තථාගතයන් වහන්සේ මරණින් මතු වැඩසිටින්නෙත් නැත, නො සිටින්නෙත් නැත' කියල හෝ යන මේ කරුණු වලට භාග්‍යවතුන් වහන්සේ මට පිළිතුරු දෙනවා නො වේද?' කියල."

"ස්වාමීනී, එහෙම වුනේ නැහැ."

"එහෙම නම්, පින්වත් මාලුංක්‍යපුත්ත, මා ඔබට මෙහෙම කිව්වෙ නැත්නම්, 'පින්වත් මාලුංක්‍යපුත්ත, ඔබ එන්න. මා සමීපයෙහි බඹසර හැසිරෙන්න. එතකොට; 'ලෝකය සදාකාලික යි ද?' යන කාරණාව. 'ලෝකය සදාකාලික නැද්ද?' යන කාරණාව ....(පෙ).... 'තථාගතයන් වහන්සේ මරණින් මතු වැඩසිටින්නෙත් නැත, නො සිටින්නෙත් නැත' කියල හෝ යන මේ කරුණු වලට මම ඔබට පිළිතුරු දෙන්නම් කියල.

ඔබත් මට මෙහෙම නො කියනවා නම්, 'ස්වාමීනී, මං භාග්‍යවතුන් වහන්සේ ළඟ බඹසර හැසිරෙන්නම්. එතකොට 'ලෝකය සදාකාලික යි ද?' යන

කාරණාව. 'ලෝකය සදාකාලික නැද්ද?' යන කාරණාව ....(පෙ).... 'තථාගතයන් වහන්සේ මරණින් මතු වැඩසිටින්නෙත් නැත, නො සිටින්නෙත් නැත' කියල හෝ යන මේ කරුණු වලට භාග්‍යවතුන් වහන්සේ මට පිළිතුරු දෙනවා නො වේද?' කියල. හිස් තැනැත්ත, මෙසේ ඇති කල්හි කවරෙක් නම් කවරෙක්ව ප්‍රතික්ෂේප කරන්ට ද?"

"මාලුංක්‍යපුත්ත, යමෙක් මෙහෙම කියනවා නම්, භාග්‍යවතුන් වහන්සේ යම්තාක් මට 'ලෝකය සදාකාලික යි ද?' යන කාරණාව. 'ලෝකය සදාකාලික නැද්ද?' යන කාරණාව ....(පෙ).... 'තථාගතයන් වහන්සේ මරණින් මතු වැඩසිටින්නෙත් නැත, නො සිටින්නෙත් නැත' යන මේවාට, 'උත්තර නො දෙන සේක් නම්, ඒ තාක් මම භාග්‍යවතුන් වහන්සේ ළඟ බඹසර හැසිරෙන්නෙ නැහැ කියල, මාලුංක්‍යපුත්ත, තථාගතයන් වහන්සේ විසින් ඒවාට පිළිතුරු නො දෙන ලද්දේ ම යි. එකල්හි ඒ පිළිතුරු නො ලැබුණු ඔහු මරණයට පත් වෙලා යාවි.

මාලුංක්‍යපුත්ත, ඒක හරියට මේ වගෙයි බොහෝ සෙයින් විෂ තැවරූ හීයකින් විදින ලද පුරුෂයෙක් ඉන්නවා. එතකොට ඔහු ගේ යහළු මිත්‍රයන්, ලේ ඤාතීන් එකතු වෙලා ඔහුව ශල්‍ය වෛද්‍යවරයෙකු ළඟට රැගෙන යනවා. එහිදී ඔහු මෙහෙම කියනවා. 'මට මේ ඊ තලය විද්දේ ක්ෂත්‍රියයෙක් ද? බ්‍රාහ්මණයෙක් ද? වෛශ්‍යයෙක් ද? ශූද්‍රයෙක් ද? යන කාරණාව මං යම්තාක් දන්නෙ නැද්ද, මට විද්ද පුරුෂයා ගැන මං යම්තාක් නො දන්නෙම් ද, ඒ තාක් මං මේ ඊ තලය ඉවත් කරන්නෙ නෑ.

ඔහු මෙහෙමත් කියනවා. යම් කෙනෙක් මට විද්දා ද, ඔහු මෙබඳු නම් ඇති කෙනෙක් ය, මෙබඳු ගෝත්‍ර ඇති කෙනෙක් ය කියා මං ඒ පුරුෂයා ව යම් තාක් නො දන්නෙම් ද, ඒ තාක් මං මේ ඊ තලය ඉවත් කරන්නෙ නෑ.

ඔහු මෙහෙමත් කියනවා. යම් කෙනෙක් මට විද්දා ද, ඔහු උස කෙනෙක් ද, ඔහු මිටි කෙනෙක් ද, ඔහු මධ්‍යම ප්‍රමාණයේ කෙනෙක් ද කියා මං ඒ පුරුෂයා ව යම් තාක් නො දන්නෙම් ද, ඒ තාක් මං මේ ඊ තලය ඉවත් කරන්නෙ නෑ.

ඔහු මෙහෙමත් කියනවා. යම් කෙනෙක් මට විද්දා ද, ඔහු කාල වර්ණ කෙනෙක් ය, ඔහු සෞම්‍ය පැහැ ඇති කෙනෙක් ය, ඔහු දුඹුරු පැහැ ඇති කෙනෙක් ය කියා මං ඒ පුරුෂයා ව යම් තාක් නො දන්නෙම් ද, ඒ තාක් මං මේ ඊ තලය ඉවත් කරන්නෙ නෑ.

ඔහු මෙහෙමත් කියනවා. යම් කෙනෙක් මට විද්දා ද, ඔහු අසවල් ගමේ සිට පැමිණි කෙනෙක් ය, නියම් ගමේ සිට පැමිණි කෙනෙක් ය ඔහු නගරයේ

සිට පැමිණි කෙනෙක් ය කියා මං ඒ පුරුෂයා ව යම් තාක් නො දන්නෙම් ද, ඒ තාක් මං මේ ඊ තලය ඉවත් කරන්නෙ නෑ.

ඔහු මෙහෙමත් කියනවා. යම් දෙයකින් මට විද්දා ද, ඒ දෙය චාපයක් වේවා, කෝදණ්ඩක් වේවා කුමකින් සදන ලද දුන්නක් දැයි කියා මං ඒ දුන්න යම් තාක් නො දන්නෙම් ද, ඒ තාක් මං මේ ඊ තලය ඉවත් කරන්නෙ නෑ.

ඔහු මෙහෙමත් කියනවා. යම් දෙයකින් මට විද්දා ද, ඒ දෙය වරා නූලෙන් කළ දෙයක් වේවා, හුණ රැහැනින් කළ දෙයක් වේවා, නහර වැලින් කළ දෙයක් වේවා, සණ වැහැරින් කළ දෙයක් වේවා, කීර කොළ වලින් කළ දෙයක් වේවා, යම් දුනු දිය ඇද්ද යම් තාක් ඒ දුනු දිය නො දන්නෙම් ද, ඒ තාක් මං මේ ඊ තලය ඉවත් කරන්නෙ නෑ.

ඔහු මෙහෙමත් කියනවා. යම් දෙයකින් මට විද්දා ද, ඒ ඊතලය අමු ලීයකින් කළ දෙයක් වේවා, රෝපණය කොට සෑදූ දෙයක් වේවා, ඒ හීය යම් තාක් නො දන්නෙම් ද, ඒ තාක් මං මේ ඊ තලය ඉවත් කරන්නෙ නෑ.

ඔහු මෙහෙමත් කියනවා. යම් දෙයකින් මට විද්දා ද, ඒ ඊ තලය කෙළවර ගිජුලිහිණියෙකු ගේ වේවා, උකුස්සෙකු ගේ වේවා, රාජාලියෙකු ගේ වේවා, මොණරෙකු ගේ වේවා, ලිහිණියෙකු ගේ වේවා, යමෙකු ගේ පිහාටු වලින් අග වෙලන ලද්දේ ද යම් තාක් ඒ බව නො දන්නෙම් ද, ඒ තාක් මං මේ ඊ තලය ඉවත් කරන්නෙ නෑ.

ඔහු මෙහෙමත් කියනවා. යම් දෙයකින් මට විද්දා ද, ඒ ඊ තලය යම් ගවයෙකු ගේ නහරින් වේවා, මීහිගවයෙකු ගේ නහරින් වේවා, වළසෙකු ගේ නහරින් වේවා, වඳුරෙකු ගේ නහරින් වේවා වෙලන ලද්දේ ද යම් තාක් ඒ බව නො දන්නෙම් ද, ඒ තාක් මං මේ ඊ තලය ඉවත් කරන්නෙ නෑ.

ඔහු මෙහෙමත් කියනවා. යම් දෙයකින් මට විද්දා ද, ඒ හී තුඩ යම් මුවහත ඇති උලකින් වේවා, වේකණ්ඩයකින් වේවා, යකඩ තලයකින් වේවා, සතෙකු ගේ දතින් වේවා, කරවීර පත්‍ර වලින් වේවා කරන ලද්දේ නම්, යම් තාක් ඒ බව නො දන්නෙම් ද, ඒ තාක් මං මේ ඊ තලය ඉවත් කරන්නෙ නෑ කියල කියනව නම්, මාලුංක්‍යපුත්ත, ඒ පුරුෂයාට නම් එය දැනගන්නට ලැබෙන්නෙ නෑ. ඒ කිසිවක් නො දැන ම ඒ පුරුෂයා මැරිල යාවි.

මාලුංක්‍යපුත්ත, අන්න ඒ වගේ ම යි. යමෙක් මෙහෙම කියනවා නම්, භාග්‍යවතුන් වහන්සේ යම්තාක් මට 'ලෝකය සදාකාලික යි ද?' යන කාරණාව. 'ලෝකය සදාකාලික නැද්ද?' යන කාරණාව ....(පෙ).... 'තථාගතයන් වහන්සේ

මරණින් මතු වැඩසිටින්නෙත් නැත, නො සිටින්නෙත් නැත' යන මේවාට, 'උත්තර නො දෙන සේක් නම්, ඒ තාක් මම භාග්‍යවතුන් වහන්සේ ළඟ බඹසර හැසිරෙන්නෙ නැහැ කියල කියනවා නම්, මාලුංක්‍යපුත්ත, තථාගතයන් වහන්සේ විසින් ඒවාට පිළිතුරු නො දෙන ලද්දේ ම යි. එකල්හි ඒ පිළිතුරු නො ලැබුණු ඔහු මරණයට පත් වෙලා යාවි.

මාලුංක්‍යපුත්ත, 'ලෝකය ශාස්වත' ය යන දෘෂ්ටිය තිබුනා කියල, ඒ හේතුවෙන් නිවන් මග ගමන් කිරීමක් සිදුවෙනවා ද? එහෙම වෙන්නෙ නෑ. 'ලෝකය අශාස්වත' ය යන දෘෂ්ටිය තිබුනා කියල, ඒ හේතුවෙනුත් නිවන් මග ගමන් කිරීමක් සිදුවෙනවා ද? එහෙම වෙන්නෙත් නෑ. ඒ වගේ ම මාලුංක්‍යපුත්ත 'ලෝකය ශාස්වත ය' කියන දෘෂ්ටිය තිබුනත් 'ලෝකය අශාස්වත ය' කියන දෘෂ්ටිය තිබුනත්, ඉපදීම තියෙනවා ම යි. ජරාව තියෙනවා ම යි. මරණය තියෙනවා ම යි. ශෝක වැළපීම්, දුක් දොම්නස්, සුසුම් හෙළීම් තියෙනවා ම යි. මං මෙලොව දී ම අන්න ඒවා නැති කිරීම ගැන යි කියන්නෙ.

මාලුංක්‍යපුත්ත, 'ලෝකය අන්තවත්'ය යන දෘෂ්ටිය තිබුනා කියල, ඒ හේතුවෙන් නිවන් මග ගමන් කිරීමක් සිදුවෙනවා ද? එහෙම වෙන්නෙ නෑ. 'ලෝකය අනන්තවත්'ය යන දෘෂ්ටිය තිබුනා කියල, ඒ හේතුවෙනුත් නිවන් මග ගමන් කිරීමක් සිදුවෙනවා ද? එහෙම වෙන්නෙත් නෑ. ඒ වගේ ම මාලුංක්‍යපුත්ත 'ලෝකය අන්තවත්ය' කියන දෘෂ්ටිය තිබුනත් 'ලෝකය අනන්තවත් ය' කියන දෘෂ්ටිය තිබුනත්, ඉපදීම තියෙනවා ම යි. ජරාව තියෙනවා ම යි. මරණය තියෙනවා ම යි. ශෝක වැළපීම්, දුක් දොම්නස්, සුසුම් හෙළීම් තියෙනවා ම යි. මං මෙලොව දී ම අන්න ඒවා නැති කිරීම ගැන යි කියන්නෙ.

මාලුංක්‍යපුත්ත, 'ජීවය එය යි. ශරීරය එය යි' යන දෘෂ්ටිය තිබුනා කියල, ඒ හේතුවෙන් නිවන් මග ගමන් කිරීමක් සිදුවෙනවා ද? එහෙම වෙන්නෙ නෑ. 'ජීවය අනෙකකි, ශරීරය අනෙකකි' යන දෘෂ්ටිය තිබුනා කියල, ඒ හේතුවෙනුත් නිවන් මග ගමන් කිරීමක් සිදුවෙනවා ද? එහෙම වෙන්නෙත් නෑ. ඒ වගේ ම මාලුංක්‍යපුත්ත 'ජීවය එය යි, ශරීරය එය යි' කියන දෘෂ්ටිය තිබුනත් 'ජීවය අනෙකකි, ශරීරය අනෙකකි' කියන දෘෂ්ටිය තිබුනත්, ඉපදීම තියෙනවා ම යි. ජරාව තියෙනවා ම යි. මරණය තියෙනවා ම යි. ශෝක වැළපීම්, දුක් දොම්නස්, සුසුම් හෙළීම් තියෙනවා ම යි. මං මෙලොව දී ම අන්න ඒවා නැති කිරීම ගැන යි කියන්නෙ.

මාලුංක්‍යපුත්ත, 'තථාගතයන් වහන්සේ මරණින් මතු වැඩ සිටී' යන දෘෂ්ටිය තිබුනා කියල, ඒ හේතුවෙන් නිවන් මග ගමන් කිරීමක් සිදුවෙනවා ද?

එහෙම වෙන්නෙ නෑ. 'තථාගතයන් වහන්සේ මරණින් මතු වැඩ නො සිටී' යන දෘෂ්ටිය තිබුනා කියල, ඒ හේතුවෙනුත් නිවන් මග ගමන් කිරීමක් සිදුවෙනවා ද? එහෙම වෙන්නෙත් නෑ. ඒ වගේ ම මාලුංක්‍යපුත්ත, 'තථාගතයන් වහන්සේ මරණින් මතු වැඩ සිටී' කියන දෘෂ්ටිය තිබුනත් 'තථාගතයන් වහන්සේ මරණින් මතු වැඩ නො සිටී' කියන දෘෂ්ටිය තිබුනත්, ඉපදීම තියෙනවා ම යි. ජරාව තියෙනවා ම යි. මරණය තියෙනවා ම යි. ශෝක වැළපීම්, දුක් දොම්නස්, සුසුම් හෙළීම් තියෙනවා ම යි. මං මෙලොව දී ම අන්න ඒවා නැති කිරීම ගැන යි කියන්නෙ.

මාලුංක්‍යපුත්ත, 'තථාගතයන් වහන්සේ මරණින් මතු වැඩ සිටී, නො සිටී' යන දෘෂ්ටිය තිබුනා කියල, ඒ හේතුවෙන් නිවන් මග ගමන් කිරීමක් සිදුවෙනවා ද? එහෙම වෙන්නෙ නෑ. 'තථාගතයන් වහන්සේ මරණින් මතු වැඩ නොම සිටී, නොම නො සිටී' යන දෘෂ්ටිය තිබුනා කියල, ඒ හේතුවෙනුත් නිවන් මග ගමන් කිරීමක් සිදුවෙනවා ද? එහෙම වෙන්නෙත් නෑ. ඒ වගේ ම මාලුංක්‍යපුත්ත, 'තථාගතයන් වහන්සේ මරණින් මතු වැඩ සිටී, නො සිටී' කියන දෘෂ්ටිය තිබුනත් 'තථාගතයන් වහන්සේ මරණින් මතු වැඩ නොම සිටී, නොම නො සිටී' කියන දෘෂ්ටිය තිබුනත්, ඉපදීම තියෙනවා ම යි. ජරාව තියෙනවා ම යි. මරණය තියෙනවා ම යි. ශෝක වැළපීම්, දුක් දොම්නස්, සුසුම් හෙළීම් තියෙනවා ම යි. මං මෙලොව දී ම අන්න ඒවා නැති කිරීම ගැන යි කියන්නෙ.

එනිසා මාලුංක්‍යපුත්ත, මා විසින් පිළිතුරු නො දුන් දෙය, පිළිතුරු නො දුන් දෙයක් ලෙස ම මතක තබාගන්න. මා විසින් ප්‍රකාශ කරන ලද දෙය, ප්‍රකාශ කරන ලද දෙයක් වශයෙන් ම මතක තබාගන්න. මාලුංක්‍යපුත්ත, මා විසින් ප්‍රකාශ නො කරන ලද්දේ කුමක් ද? 'ලෝකය ශාස්වත ය' යන්න මා විසින් ප්‍රකාශ නො කරන ලද්දේ ය. 'ලෝකය අශාස්වත ය' යන්න මා විසින් ප්‍රකාශ නො කරන ලද්දේ ය. 'ලෝකය අන්තවත් ය' යන්න මා විසින් ප්‍රකාශ නො කරන ලද්දේ ය. 'ලෝකය අනන්තවත් ය' යන්න මා විසින් ප්‍රකාශ නො කරන ලද්දේ ය. 'ජීවය එය යි, ශරීරය එය යි' යන්න මා විසින් ප්‍රකාශ නො කරන ලද්දේ ය. 'ජීවය අනෙකකි, ශරීරය අනෙකකි' යන්න මා විසින් ප්‍රකාශ නො කරන ලද්දේ ය. 'තථාගතයන් වහන්සේ මරණින් මතු වැඩසිටී' යන්න මා විසින් ප්‍රකාශ නො කරන ලද්දේ ය. 'තථාගතයන් වහන්සේ මරණින් මතු වැඩ නො සිටී' යන්න මා විසින් ප්‍රකාශ නො කරන ලද්දේ ය. 'තථාගතයන් වහන්සේ මරණින් මතු වැඩසිටී, නො සිටී' යන්න මා විසින් ප්‍රකාශ නො කරන ලද්දේ ය. 'තථාගතයන් වහන්සේ මරණින් මතු වැඩ නොම සිටී, නොම නො සිටී' යන්න මා විසින් ප්‍රකාශ නො කරන ලද්දේ ය.

මාලුංක්‍යපුත්ත, මා විසින් මේවා දන් කිසිවක් ප්‍රකාශ නො කරන ලද්දේ කවර හේතුවක් නිසා ද? මාලුංක්‍යපුත්ත, මේවාට පිළිතුරු දීම යහපත උදාකරන දෙයක් නොවේ. නිවන් මඟට මුල් වන දේකුත් නොවේ. කලකිරීමට උපකාර වන දේකුත් නොවේ. ඇල්ම දුරුවීමට උපකාරී වන දේකුත් නොවේ. ඇල්ම නිරුද්ධ වීමට උපකාරී වන දේකුත් නොවේ. සංසිඳීම පිණිස උපකාරී වන දේකුත් නොවේ. විශිෂ්ට ඥාණය පිණිස උපකාරී වන දේකුත් නොවේ. ආර්‍ය සත්‍යාවබෝධය පිණිස උපකාරී වන දේකුත් නොවේ. නිවන පිණිස උපකාරී වන දේකුත් නොවේ. මා විසින් මෙය ප්‍රකාශ නො කරන ලද්දේ ඒ නිසයි.

මාලුංක්‍යපුත්ත, මා විසින් ප්‍රකාශ කරන ලද්දේ කුමක් ද? 'මෙය දුක යැ'යි මා විසින් ප්‍රකාශ කරන ලද්දේ ය. 'මෙය දුකෙහි හටගැනීම යැ'යි මා විසින් ප්‍රකාශ කරන ලද්දේ ය. 'මෙය දුක නිරුද්ධ වීම යැ'යි මා විසින් ප්‍රකාශ කරන ලද්දේ ය. 'මෙය දුක නිරුද්ධ වීම පිණිස පවතින ප්‍රතිපදාව යැ'යි මා විසින් ප්‍රකාශ කරන ලද්දේ ය.

මාලුංක්‍යපුත්ත, මා විසින් මෙම චතුරාර්‍ය සත්‍යය ප්‍රකාශ කොට තිබෙන්නේ කවර හේතුවක් නිසා ද? මාලුංක්‍යපුත්ත, මෙය තමයි යහපත පිණිස පවතින්නේ. මෙය තමයි නිවන් මඟට මුල් වන්නේ. මෙය තමයි අවබෝධයෙන් ම කලකිරීමට උපකාර වන්නේ. මෙය තමයි නො ඇල්මට උපකාර වන්නේ. මෙය තමයි ඇල්ම නිරුද්ධ වීමට උපකාර වන්නේ. මෙය තමයි සංසිඳීමට උපකාර වන්නේ. මෙය තමයි විශිෂ්ට ඥාණය පිණිස උපකාර වන්නේ. මෙය තමයි අවබෝධය පිණිස උපකාර වන්නේ. මෙය තමයි නිවන පිණිස උපකාර වන්නේ.

මාලුංක්‍යපුත්ත, අන්න ඒ නිසයි මා විසින් එය ප්‍රකාශ කරන ලද්දේ. එනිසා මාලුංක්‍යපුත්ත, මා විසින් ප්‍රකාශ නො කළ දෙය, ප්‍රකාශ නො කළ දෙයක් වශයෙන් ම මතක තබාගන්න. මා විසින් ප්‍රකාශ කළ දෙය ප්‍රකාශ කළ දෙයක් වශයෙන් ම මතක තබාගන්න."

භාග්‍යවතුන් වහන්සේ මෙය වදාළ සේක. සතුටු සිත් ඇති ආයුෂ්මත් මාලුංක්‍යපුත්තයන් භාග්‍යවතුන් වහන්සේ වදාළ මෙම දේශනය ඉතාම සතුටින් පිළිගත්තා.

සාදු! සාදු!! සාදු!!!

මාලුංක්‍යපුත්ත තෙරුන්ට වදාළ කුඩා දෙසුම නිමා විය.

2.2.4.

මහා මාලුංක්‍ය සූත්‍රය

මාලුංක්‍යපුත්ත තෙරුන් ගේ ප්‍රකාශයක් මුල් කොට වදාළ විස්තරාත්මක දෙසුම

මා හට අසන්නට ලැබුනේ මේ විදිහට යි. ඒ දිනවල භාග්‍යවතුන් වහන්සේ වැඩසිටියේ සැවැත් නුවර ජේතවනය නම් වූ අනේපිඬු සිටුතුමා විසින් කරවන ලද ආරාමයෙහි ය. එදා භාග්‍යවතුන් වහන්සේ "පින්වත් මහණෙනි" කියා භික්ෂුසංඝයා අමතා වදාළා. "පින්වතුන් වහන්ස" කියා ඒ භික්ෂූන් ද භාග්‍යවතුන් වහන්සේට පිළිතුරු දුන්නා. භාග්‍යවතුන් වහන්සේ මෙය වදාළා.

"පින්වත් මහණෙනි, මා විසින් දේශනා කරන ලද පංච ඕරම්භාගීය සංයෝජනයන් ඔබ මතක තියාගෙන ද ඉන්නෙ?" මෙසේ වදාළ විට, ආයුෂ්මත් මාලුංක්‍යපුත්තයන් භාග්‍යවතුන් වහන්සේට මෙකරුණ පැවසුවා. "ස්වාමීනී, මම භාග්‍යවතුන් වහන්සේ විසින් දේශනා කරන ලද පංච ඕරම්භාගීය සංයෝජනයන් මතක තියාගෙන යි ඉන්නෙ." "මාලුංක්‍යපුත්ත, මා විසින් දේශනා කරන ලද පංච ඕරම්භාගීය සංයෝජනයන් ඔබ මතක තියාගෙන ඉන්නෙ කොයි ආකාරයෙන් ද?"

"ස්වාමීනී, භාග්‍යවතුන් වහන්සේ විසින් ඕරම්භාගීය සංයෝජනයක් වශයෙන් 'සක්කායදිට්ඨිය' වදාළ බව මං මතක තියාගෙන ඉන්නවා. ඒ වගේ ම භාග්‍යවතුන් වහන්සේ විසින් ඕරම්භාගීය සංයෝජනයක් වශයෙන් 'විචිකිච්ඡාව' වදාළ බව මං මතක තියාගෙන ඉන්නවා. ඒ වගේ ම භාග්‍යවතුන් වහන්සේ විසින් ඕරම්භාගීය සංයෝජනයක් වශයෙන් 'සීලබ්බත පරාමාස' වදාළ බව මං මතක තියාගෙන ඉන්නවා. ඒ වගේ ම භාග්‍යවතුන් වහන්සේ විසින් ඕරම්භාගීය සංයෝජනයක් වශයෙන් 'කාමච්ඡන්දය' වදාළ බව මං මතක තියාගෙන ඉන්නවා. ඒ වගේ ම භාග්‍යවතුන් වහන්සේ විසින් ඕරම්භාගීය සංයෝජනයක් වශයෙන් 'ව්‍යාපාදය'ත් වදාළ බව මං මතක තියාගෙන ඉන්නවා. ස්වාමීනී, ඔය ආකාරයටයි මං භග්‍යවතුන් වහන්සේ විසින් වදාරණ ලද ඕරම්භාගීය සංයෝජනයන් මතක තබාගෙන ඉන්නේ."

"මාලුංක්‍යපුත්ත, මං ඔය ආකාරයෙන් ඕරම්භාගීය සංයෝජන කාට දේශනා කළා කියල ද මතක තබාගෙන ඉන්නෙ? මාලුංක්‍යපුත්ත, අන්‍යාගමික පිරිවැජියන් ළදරුවන් ගේ උපමාව ගෙන නින්දා අපහාස මුඛයෙන් නින්දා නො කර සිටිත් ද? මාලුංක්‍යපුත්ත, උඩු අතට නිදන ඉතා ලාබාල ළදරුවෙකුට 'සක්කාය' කියන හැඟීම වත් නෑ. එහෙම එකේ ඔහුට 'සක්කාය දිට්ඨිය' උපදින්නෙ කොහොම ද? ඔහුට සක්කාය දිට්ඨිය පවතින්නෙ ප්‍රකට නො වී අභ්‍යන්තරිකව පවතින දෙයක් (අනුසය) හැටියට යි.

මාලුංක්‍යපුත්ත, උඩු අතට නිදන ඉතා ලාබාල ළදරුවෙකුට 'ධර්මය' කියන හැඟීම වත් නෑ. එහෙම එකේ ඔහුට ධර්මය ගැන 'විචිකිච්ඡාව' උපදින්නෙ කොහොම ද? ඔහුට විචිකිච්ඡාව පවතින්නෙ ප්‍රකට නො වී අභ්‍යන්තරිකව පවතින දෙයක් (අනුසය) හැටියට යි.

මාලුංක්‍යපුත්ත, උඩු අතට නිදන ඉතා ලාබාල ළදරුවෙකුට 'සීලය' කියන හැඟීම වත් නෑ. එහෙම එකේ ඔහුට සීලය ගැන 'සීලබ්බත පරාමාස' උපදින්නෙ කොහොම ද? ඔහුට සීලබ්බත පරාමාස පවතින්නෙ ප්‍රකට නො වී අභ්‍යන්තරිකව පවතින දෙයක් (අනුසය) හැටියට යි.

මාලුංක්‍යපුත්ත, උඩු අතට නිදන ඉතා ලාබාල ළදරුවෙකුට 'කාමය' කියන හැඟීම වත් නෑ. එහෙම එකේ ඔහුට කාමයන්හි 'කාමච්ඡන්දය' උපදින්නෙ කොහොම ද? ඔහුට කාමච්ඡන්දය පවතින්නෙ ප්‍රකට නො වී අභ්‍යන්තරිකව පවතින දෙයක් (අනුසය) හැටියට යි.

මාලුංක්‍යපුත්ත, උඩු අතට නිදන ඉතා ලාබාල ළදරුවෙකුට 'සත්වයන්' කියන හැඟීම වත් නෑ. එහෙම එකේ ඔහුට සත්වයන් කෙරෙහි 'ව්‍යාපාදය' උපදින්නෙ කොහොම ද? ඔහුට ව්‍යාපාදය පවතින්නෙ ප්‍රකට නො වී අභ්‍යන්තරිකව පවතින දෙයක් (අනුසය) හැටියට යි. මාලුංක්‍යපුත්ත, අන්‍යාගමික පිරිවැජියන් ළදරුවන් ගේ උපමාව ගෙන නින්දා අපහාස මුඛයෙන් නින්දා නො කර සිටිත් ද?"

මෙසේ වදාළ කල්හි ආයුෂ්මත් ආනන්දයන් භාග්‍යවතුන් වහන්සේට මෙය පැවසුවා. "භාග්‍යවතුන් වහන්ස, එයට කාලය යි. සුගතයන් වහන්ස, එයට කාලය යි. භාග්‍යවතුන් වහන්සේ යම් ඕරම්භාගීය සංයෝජන පස ගැන වදාරණ සේක් ද, එය භාග්‍යවතුන් වහන්සේ ගෙන් අසා භික්ෂූන් මතක තබා ගන්නවා ම යි." "එසේ වී නම් ආනන්දයෙනි, හොඳින් සවන් යොමා අසන්න. නුවණින් මෙනෙහි කරන්න. මා කියා දෙන්නම්." "එසේය, ස්වාමීනී" කියා ආයුෂ්මත් ආනන්දයන් භාග්‍යවතුන් වහන්සේට පිළිතුරු දුන්නා. භාග්‍යවතුන් වහන්සේ මෙම දෙසුම වදාළා.

"පින්වත් ආනන්ද, ආර්යයන් ගේ දැක්මක් නැති, ආර්ය ධර්මයට අදක්ෂ, ආර්ය ධර්මයෙහි නො හික්මෙන, සත්පුරුෂයන් ගේ දැක්මක් නැති, සත්පුරුෂ ධර්මයට අදක්ෂ, සත්පුරුෂ ධර්මයෙහි නො හික්මෙන, අශ්‍රැතවත් පෘතග්ජනයා සක්කාය දෘෂ්ඨිය හාත්පස වැළඳගත්, සක්කාය දිට්ඨියට යට වූ සිතිනුයි වාසය කරන්නේ. ඉතින් ඔහු උපන් සක්කාය දිට්ඨියෙන් නිදහස් වීම ගැන ඒ අයුරින් දන්නේ නෑ. එතකොට ඔහු තුළ ඒ සක්කාය දිට්ඨිය දැඩිව පිහිටනවා. බැහැර නොවී පවතිනවා. එය ඕරම්භාගීය සංයෝජනය යි.

ඒ වගේ ම ඔහු විචිකිච්ඡාව හාත්පස වැළඳගත්, විචිකිච්ඡාවට යට වූ සිතිනුයි වාසය කරන්නේ. ඉතින් ඔහු උපන් විචිකිච්ඡාවෙන් නිදහස් වීම ගැන ඒ අයුරින් දන්නේ නෑ. එතකොට ඔහු තුළ ඒ විචිකිච්ඡාව දැඩිව පිහිටනවා. බැහැර නොවී පවතිනවා. එය ඕරම්භාගීය සංයෝජනය යි.

ඒ වගේ ම ඔහු සීලබ්බත පරාමාසය හාත්පස වැළඳගත්, සීලබ්බත පරාමාසයට යට වූ සිතිනුයි වාසය කරන්නේ. ඉතින් ඔහු උපන් සීලබ්බත පරාමාසයෙන් නිදහස් වීම ගැන ඒ අයුරින් දන්නේ නෑ. එතකොට ඔහු තුළ ඒ සීලබ්බත පරාමාසය දැඩිව පිහිටනවා. බැහැර නොවී පවතිනවා. එය ඕරම්භාගීය සංයෝජනය යි.

ඒ වගේ ම ඔහු කාමරාගය හාත්පස වැළඳගත්, කාමරාගයට යට වූ සිතිනුයි වාසය කරන්නේ. ඉතින් ඔහු උපන් කාමරාගයෙන් නිදහස් වීම ගැන ඒ අයුරින් දන්නේ නෑ. එතකොට ඔහු තුළ ඒ කාමරාගය දැඩිව පිහිටනවා. බැහැර නොවී පවතිනවා. එය ඕරම්භාගීය සංයෝජනය යි.

ඒ වගේ ම ඔහු ව්‍යාපාදය හාත්පස වැළඳගත්, ව්‍යාපාදයට යට වූ සිතිනුයි වාසය කරන්නේ. ඉතින් ඔහු උපන් ව්‍යාපාදයෙන් නිදහස් වීම ගැන ඒ අයුරින් දන්නේ නෑ. එතකොට ඔහු තුළ ඒ ව්‍යාපාදය දැඩිව පිහිටනවා. බැහැර නොවී පවතිනවා. එය ඕරම්භාගීය සංයෝජනය යි.

නමුත් ආනන්දයෙනි, ආර්යයන් ගේ දැක්මක් තිබෙන, ආර්ය ධර්මයට දක්ෂ, ආර්ය ධර්මයෙහි හික්මෙන, සත්පුරුෂයන් ගේ දැක්මක් තිබෙන, සත්පුරුෂ ධර්මයට දක්ෂ, සත්පුරුෂ ධර්මයෙහි හික්මෙන, ශ්‍රැතවත් ආර්ය ශ්‍රාවකයා සක්කාය දෘෂ්ඨිය හාත්පස වැළඳගෙන නෑ, සක්කාය දිට්ඨියට යට නො වූ සිතිනුයි වාසය කරන්නේ. ඉතින් ඔහු උපන් සක්කාය දිට්ඨියෙන් නිදහස් වීම ගැන ඒ අයුරින් දන්නවා. එතකොට ඔහු තුළ තිබුන ඒ සක්කාය දිට්ඨිය අනුසය සහිතව ම ප්‍රහීන වෙලා යනවා.

ඒ වගේ ම ඔහු විචිකිච්ඡාව හාත්පස වැළඳගෙන නෑ, විචිකිච්ඡාවට යට නො වූ සිතිනුයි වාසය කරන්නේ. ඉතින් ඔහු උපන් විචිකිච්ඡාවෙන් නිදහස් වීම ගැන ඒ අයුරින් දන්නවා. එතකොට ඔහු තුළ තිබුන ඒ විචිකිච්ඡාව අනුසය සහිතව ම ප්‍රහීන වෙලා යනවා.

ඒ වගේ ම ඔහු සීලබ්බත පරාමාසය හාත්පස වැළඳගෙන නෑ, සීලබ්බත පරාමාසයට යට නො වූ සිතිනුයි වාසය කරන්නේ. ඉතින් ඔහු උපන් සීලබ්බත පරාමාසයෙන් නිදහස් වීම ගැන ඒ අයුරින් දන්නවා. එතකොට ඔහු තුළ තිබුන ඒ සීලබ්බත පරාමාසය අනුසය සහිතව ම ප්‍රහීන වෙලා යනවා.

ඒ වගේ ම ඔහු කාමරාගය හාත්පස වැළඳගෙන නෑ, කාමරාගයට යට නො වූ සිතිනුයි වාසය කරන්නේ. ඉතින් ඔහු උපන් කාමරාගයෙන් නිදහස් වීම ගැන ඒ අයුරින් දන්නවා. එතකොට ඔහු තුළ තිබුන ඒ කාමරාගය අනුසය සහිතව ම ප්‍රහීන වෙලා යනවා.

ඒ වගේ ම ඔහු ව්‍යාපාදය හාත්පස වැළඳගෙන නෑ, ව්‍යාපාදයට යට නො වූ සිතිනුයි වාසය කරන්නේ. ඉතින් ඔහු උපන් ව්‍යාපාදයෙන් නිදහස් වීම ගැන ඒ අයුරින් දන්නවා. එතකොට ඔහු තුළ තිබුන ඒ ව්‍යාපාදය අනුසය සහිතව ම ප්‍රහීන වෙලා යනවා.

පින්වත් ආනන්දය, පංච ඕරම්භාගීය සංයෝජනයන් ප්‍රහාණය වීමට යම් මාර්ගයක් ඇද්ද, යම් ප්‍රතිපදාවක් ඇද්ද, ඒ මාර්ගය, ඒ ප්‍රතිපදාව, අනුගමනය නො කොට පංච ඕරම්භාගීය සංයෝජනයන් හඳුනාගන්නේ ය, දැක ගන්නේ ය, ප්‍රහාණය කරන්නේ ය යන කරුණ නම් සිදු වෙන දෙයක් නොවේ.

පින්වත් ආනන්දය, ඉතා හොඳ අරටුවක් ඇති විශාල වෘක්ෂයක් තියෙනවා. නමුත් කෙනෙකුට ඒ වෘක්ෂයේ පොත්ත නො සිඳ, එළය නො සිඳ, අරටුව සිඳින්නට පුළුවන් ය කියා කීවොත් එය විය නො හැකි දෙයක්. ඒ වගේ ම තමයි, පින්වත් ආනන්දය, පංච ඕරම්භාගීය සංයෝජනයන් ප්‍රහාණය වීමට යම් මාර්ගයක් ඇද්ද, යම් ප්‍රතිපදාවක් ඇද්ද, ඒ මාර්ගය, ඒ ප්‍රතිපදාව, අනුගමනය නො කොට පංච ඕරම්භාගීය සංයෝජනයන් හඳුනාගන්නේ ය, දැක ගන්නේ ය, ප්‍රහාණය කරන්නේ ය යන කරුණ නම් සිදු වෙන දෙයක් නොවේ.

පින්වත් ආනන්දය, ඉතා හොඳ අරටුවක් ඇති විශාල වෘක්ෂයක් තියෙනවා. කෙනෙකුට ඒ වෘක්ෂයේ පොත්ත සිඳීමෙන් පසු, එළය සිඳීමෙන් පසු, අරටුව සිඳින්නට පුළුවන් ය කියා කීවොත් එය විය හැකි දෙයක්. ඒ වගේ ම තමයි, පින්වත් ආනන්දය, පංච ඕරම්භාගීය සංයෝජනයන් ප්‍රහාණය වීමට

යම් මාර්ගයක් ඇද්ද, යම් ප්‍රතිපදාවක් ඇද්ද, ඒ මාර්ගය, ඒ ප්‍රතිපදාව, අනුගමනය කිරීමෙන් පංච ඕරම්භාගීය සංයෝජනයන් හඳුනාගන්නේ ය, දැක ගන්නේ ය, ප්‍රහාණය කරන්නේ ය යන කරුණ නම් සිදුවෙන දෙයක් ම යි.

පින්වත් ආනන්දය, ගංගා නදිය පිරී ඉතිරී ගිහින් ඉවුරට සම වී ජලය ගලා යන විට කවුඩන්ට වුනත් ඉවුරේ සිට දිය බොන්නට පුළුවනි. එතකොට දුර්වල පුරුෂයෙක් 'මං මේ ගංගා නදිය හරහට අත්වල වීරියෙන් සැඩ පහර සිඳගෙන සුව සේ එතෙරට යනවා' කියල පැමිණෙනවා. නමුත් ඔහුට ගංගා නදියේ හරහට සැඩ පහර සිඳගෙන බාහු බලයෙන් සුව සේ එතෙර වෙන්නට පුළුවන් කමක් නැහැ. පින්වත් ආනන්ද, අන්න ඒ වගේ තමයි, සක්කාය නිරෝධය පිණිස ධර්මය දේශනා කරන කල්හි යම් කෙනෙකු ගේ සිත සක්කාය නිරෝධයෙහි බැසගන්නෙ නැත්නම්, නො පහදී නම්, නො පිහිටයි නම්, නො මිදෙයි නම් ඒ පුද්ගලයාව තේරුම් ගත යුත්තේ අර දුර්වල පුරුෂයා හැටියටයි.

පින්වත් ආනන්දය, ගංගා නදිය පිරී ඉතිරී ගිහින් ඉවුරට සම වී ජලය ගලා යන විට කවුඩන්ට වුනත් ඉවුරේ සිට දිය බොන්නට පුළුවනි. එතකොට ශක්තිමත් පුරුෂයෙක් 'මං මේ ගංගා නදිය හරහට අත්වල වීරියෙන් සැඩ පහර සිඳගෙන සුව සේ එතෙරට යනවා' කියල පැමිණෙනවා. එතකොට ඔහුට ගංගා නදියේ හරහට සැඩ පහර සිඳගෙන බාහු බලයෙන් සුව සේ එතෙර වෙන්නට පුළුවන්. පින්වත් ආනන්ද, අන්න ඒ වගේ තමයි, සක්කාය නිරෝධය පිණිස ධර්මය දේශනා කරන කල්හි යම් කෙනෙකු ගේ සිත සක්කාය නිරෝධයෙහි බැසගන්නවා නම්, පහදිනවා නම්, පිහිටනවා නම්, මිදෙනවා නම් ඒ පුද්ගලයාව තේරුම් ගත යුත්තේ අර ශක්තිමත් පුරුෂයා හැටියට යි.

පින්වත් ආනන්ද, පංච ඕරම්භාගීය සංයෝජනයන් ගේ ප්‍රහාණයට හේතු වන මාර්ගය කුමක් ද? ප්‍රතිපදාව කුමක් ද? පින්වත් ආනන්ද, මෙහිලා භික්ෂුව 'උපධි' නම් වූ කාම ගුණයන් බැහැර කොට, අකුසල ධර්මයන් ගේ ප්‍රහාණයෙන්, සර්වප්‍රකාරයෙන් ම කායික පීඩාවන් සංසිඳවා ගැනීමෙන්, කාමයන් ගෙන් වෙන්ව, අකුසල ධර්මයන් ගෙන් වෙන්ව, විතර්ක සහිත වූ, විචාර සහිත වූ, විවේකයෙන් හට ගත් ප්‍රීති සුඛය ඇති ප්‍රථම ධ්‍යානය උපදවා ගෙන වාසය කරනවා. ඉතින් ඔහු ඒ ප්‍රථම ධ්‍යානය තුළ රූපයට අයත් යම් දෙයක් ඇද්ද, විඳීමට අයත් යම් දෙයක් ඇද්ද, සඤ්ඤාවට අයත් යම් දෙයක් ඇද්ද, සංස්කාරයන්ට අයත් යම් දෙයක් ඇද්ද, විඤ්ඤාණයට අයත් යම් දෙයක් ඇද්ද, ඒ දේවල් අනිත්‍ය වශයෙන්, දුක් වශයෙන්, රෝග වශයෙන්, ඇදුම්කන ගඬුවක් වශයෙන්, හුලක් වශයෙන්, දුක්ඛිත ස්වභාවයක් වශයෙන්, ආබාධයක් වශයෙන්, අනුන්ට අයත් දෙයක් වශයෙන්, නැසෙන ස්වභාවයට අයත් දෙයක් වශයෙන්,

ස්ථිර දෙයින් ශූන්‍ය දෙයක් වශයෙන්, අනාත්ම දෙයක් වශයෙන් මැනවින් දකිනවා. ඉතින් ඔහු ඒ ස්වභාවයෙන් යුතු දේවල් වලින් සිත බැහැරට ගන්නවා. ඒ වගේ ම 'යම් මේ සියළු සංස්කාරයන් ගේ සංසිඳීමක් ඇද්ද, සියලු කෙලෙස් උපධීන් ගේ දුරලීමක් ඇද්ද, තණ්හාව ක්ෂය වීමක් ඇද්ද, නො ඇල්මක් ඇද්ද, තණ්හා නිරෝධයක් ඇද්ද, නිවනක් ඇද්ද, මෙය යි ශාන්ත. මෙය යි ප්‍රණීත.' කියා අමෘත ධාතුවෙහි සිත පිහිටුවා ගන්නවා. ඉතින් ඒ භික්ෂුව අමෘත ධාතුවෙහි සිත පිහිටුවා ගෙන ආශ්‍රවයන් ගේ ක්ෂය වීමට පත්වෙනවා. යම් හෙයකින් ආශ්‍රවයන් ගේ ක්ෂය වීමට පත් නො වුනොත්, ඒ ධර්මය කෙරෙහි ඇති වූ ඇල්ම හේතුවෙන් ඒ ධර්ම ආශ්වාදයෙන් පංච ඕරම්භාගීය සංයෝජනයන් ක්ෂය කොට ඕපපාතිකව සුද්ධාවාස ලෝකයෙහි උපත ලබනවා. ඒ ලෝකයෙන් පෙරලා නො එන සුලු ස්වභාවයෙන් යුතුව එහි ම පිරිනිවන් පානවා. පින්වත් ආනන්ද, පංච ඕරම්භාගීය සංයෝජනයන් ප්‍රහාණය කිරීමට තිබෙන මාර්ගය මෙය යි. ප්‍රතිපදාව මෙය යි.

පින්වත් ආනන්ද, නැවත අනෙකක් කියමි. භික්ෂුව විතර්ක විචාරයන් ගේ සංසිඳීමෙන්, අධ්‍යාත්මයෙහි පැහැදීම ඇති කරවන, සිතෙහි ඒකාග්‍රතාවය පවත්වන, විතර්ක රහිත වූ, විචාර රහිත වූ, සමාධියෙන් හට ගත් ප්‍රීති සුඛය ඇති දෙවන ධ්‍යානයට පැමිණ වාසය කරනවා. ....(පෙ).... තුන්වන ධ්‍යානයට පැමිණ වාසය කරනවා. ....(පෙ).... සතරවෙනි ධ්‍යානයට පැමිණ වාසය කරනවා. ඉතින් ඔහු ඒ සතරවෙනි ධ්‍යානය තුළ රූපයට අයත් යම් දෙයක් ඇද්ද, විඳීමට අයත් යම් දෙයක් ඇද්ද, සඤ්ඤාවට අයත් යම් දෙයක් ඇද්ද, සංස්කාරයන්ට අයත් යම් දෙයක් ඇද්ද, විඤ්ඤාණයට අයත් යම් දෙයක් ඇද්ද, ...(පෙ).... ඒ ලෝකයෙන් පෙරලා නො එන සුලු ස්වභාවයෙන් යුතුව එහි ම පිරිනිවන් පානවා. පින්වත් ආනන්ද, පංච ඕරම්භාගීය සංයෝජනයන් ප්‍රහාණය කිරීමට තිබෙන මාර්ගය මෙය යි. ප්‍රතිපදාව මෙය යි.

පින්වත් ආනන්ද, නැවත අනෙකක් කියමි. භික්ෂුව සියලු ආකාරයෙන් ම රූප සඤ්ඤාවන් ඉක්ම යෑමෙන් ගොරෝසු සඤ්ඤාවන් අරමුණු නො වීමෙන් නා නා සඤ්ඤාවන් මෙනෙහි නො කිරීමෙන් 'අනන්ත වූ ආකාසය' යැයි ආකාසානඤ්චායතනයට පැමිණ වාසය කරනවා. ඉතින් ඔහු ඒ ආකාසානඤ්චායතනය තුළ විඳීමට අයත් යම් දෙයක් ඇද්ද, සඤ්ඤාවට අයත් යම් දෙයක් ඇද්ද, සංස්කාරයන්ට අයත් යම් දෙයක් ඇද්ද, විඤ්ඤාණයට අයත් යම් දෙයක් ඇද්ද, ...(පෙ).... ඒ ලෝකයෙන් පෙරලා නො එන සුලු ස්වභාවයෙන් යුතුව එහි ම පිරිනිවන් පානවා. පින්වත් ආනන්ද, පංච ඕරම්භාගීය සංයෝජනයන් ප්‍රහාණය කිරීමට තිබෙන මාර්ගය මෙය යි. ප්‍රතිපදාව මෙය යි.

පින්වත් ආනන්ද, නැවත අනෙකක් කියමි. භික්ෂුව සියලු ආකාරයෙන් ම ආකාසානඤ්චායතනය ඉක්ම යැමෙන් 'විඤ්ඤාණය අනන්තයැ'යි විඤ්ඤාණඤ්චායතනයට පැමිණ වාසය කරනවා ....(පෙ).... සියලු ආකාරයෙන් ම විඤ්ඤාණඤ්චායතනය ඉක්ම යැමෙන් 'කිසිවක් නැතැ'යි ආකිඤ්චඤ්ඤායතනය උපදවා වාසය කරනවා. ඉතින් ඔහු ඒ ආකිඤ්චඤ්ඤායතනය තුළ විඳීමට අයත් යම් දෙයක් ඇද්ද, සඤ්ඤාවට අයත් යම් දෙයක් ඇද්ද, සංස්කාරයන්ට අයත් යම් දෙයක් ඇද්ද, විඤ්ඤාණයට අයත් යම් දෙයක් ඇද්ද, ඒ දේවල් අනිත්‍ය වශයෙන්, දුක් වශයෙන්, රෝග වශයෙන්, ඇදුම්කන ගඩුවක් වශයෙන්, හුලක් වශයෙන්, දුක්ඛිත ස්වභාවයක් වශයෙන්, ආබාධයක් වශයෙන්, අනුන්ට අයත් දෙයක් වශයෙන්, නැසෙන ස්වභාවයට අයත් දෙයක් වශයෙන්, ස්ථිර දෙයින් ශූන්‍ය දෙයක් වශයෙන්, අනාත්ම දෙයක් වශයෙන් මැනවින් දකිනවා. ඉතින් ඔහු ඒ ස්වභාවයෙන් යුතු දේවල් වලින් සිත බැහැරට ගන්නවා. ඒ වගේ ම 'යම් මේ සියළු සංස්කාරයන් ගේ සංසිඳීමක් ඇද්ද, සියලු කෙලෙස් උපධීන් ගේ දුරලීමක් ඇද්ද, තණ්හාව ක්ෂය වීමක් ඇද්ද, නො ඇල්මක් ඇද්ද, තණ්හා නිරෝධයක් ඇද්ද, නිවනක් ඇද්ද, මෙය යි ශාන්ත. මෙය යි ප්‍රණීත' කියා අමෘත ධාතුවෙහි සිත පිහිටුවා ගන්නවා. ඉතින් ඒ භික්ෂුව අමෘත ධාතුවෙහි සිත පිහිටුවා ගෙන ආශ්‍රවයන් ගේ ක්ෂය වීමට පත්වෙනවා. යම් හෙයකින් ආශ්‍රවයන් ගේ ක්ෂය වීමට පත් නො වුනොත්, ඒ ධර්මය කෙරෙහි ඇති වූ ඇල්ම හේතුවෙන් ඒ ධර්ම ආශ්වාදයෙන් පංච ඕරම්භාගීය සංයෝජනයන් ක්ෂය කොට ඕපපාතිකව සුද්ධාවාස ලෝකයෙහි උපත ලබනවා. ඒ ලෝකයෙන් පෙරලා නො එන සුලු ස්වභාවයෙන් යුතුව එහි ම පිරිනිවන් පානවා. පින්වත් ආනන්ද, පංච ඕරම්භාගීය සංයෝජනයන් ප්‍රහාණය කිරීමට තිබෙන මාර්ගය මෙය යි. ප්‍රතිපදාව මෙය යි."

"ස්වාමීනී, ඉදින් පංච ඕරම්භාගීය සංයෝජනයන් ගේ ප්‍රහාණයට මෙය මාර්ගය නම්, මෙය ප්‍රතිපදාව නම්, එසේ ඇති කල්හි මෙහිලා ඇතැම් භික්ෂූන් චේතෝ විමුක්ති ලාභීන් වන්නටත්, ඇතැම් භික්ෂූන් ප්‍රඥා විමුක්ති ලාභීන් වන්නටත් හේතුව කුමක් ද?" "ආනන්දය, මං ඔය කාරණය පිළිබඳව පවසන්නේ ඒ භික්ෂූන් තුළ ඇති ඉන්ද්‍රිය ධර්මයන් ගේ වෙනස්කමයි."

භාග්‍යවතුන් වහන්සේ මෙය වදාළ සේක. සතුටු සිත් ඇති ආයුෂ්මත් ආනන්දයන් භාග්‍යවතුන් වහන්සේ වදාළ මෙම දේශනය ඉතාම සතුටින් පිළිගත්තා.

සාදු! සාදු!! සාදු!!!

මාලුංක්‍යපුත්ත තෙරුන් ගේ ප්‍රකාශයක් මුල් කොට වදාළ විස්තරාත්මක දෙසුම නිමා විය.

2.2.5.
භද්දාලි සූත්‍රය
භද්දාලි තෙරුන්ට වදාළ දෙසුම

මා හට අසන්නට ලැබුනේ මේ විදිහට යි. එසමයෙහි භාග්‍යවතුන් වහන්සේ වැඩසිටියේ සැවැත් නුවර ජේතවනය නම් වූ අනේපිඬු සිටුතුමා ගේ ආරාමයේ. එදා භාග්‍යවතුන් වහන්සේ "පින්වත් මහණෙනි" යි කියා භික්ෂූන් අමතා වදාළා. "පින්වතුන් වහන්සැ"යි කියා ඒ භික්ෂූන් වහන්සේලා ද, භාග්‍යවතුන් වහන්සේට පිළිතුරු දුන්නා. භාග්‍යවතුන් වහන්සේ මෙය වදාළා.

"පින්වත් මහණෙනි, මා වළඳන්නේ පෙරවරු කාලයේ වළඳන ඒකාසන භෝජනය යි. ඉතින් පින්වත් මහණෙනි, ඒකාසන භෝජනය වළඳන්නා වූ මට ආබාධ අඩු යි. දුක් අඩු යි. ශරීරය සැහැල්ලු යි. ශාරීරික ශක්තියත් තියෙනවා. පහසු විහරණයත් තියෙන බව හොඳට වැටහෙනවා. පින්වත් මහණෙනි, එන්න, ඔබත් ඒකාසන බොජුන් වළඳන්න. එතකොට පින්වත් මහණෙනි, ඒකාසන භෝජන වළඳන්නා වූ ඔබටත් ආබාධ අඩු වෙලා යන බව, දුක් අඩු බව, ශරීරයේ සැහැල්ලු බව, ශරීර ශක්තිය තියෙන බව, පහසු විහරණය ඇති බව හොඳට වැටහේවි."

මෙසේ වදාළ විට ආයුෂ්මත් භද්දාලි තෙරුන් භාග්‍යවතුන් වහන්සේට මෙය පැවසුවා. "ස්වාමීනී, මා නම් ඒකාසන බොජුන් වළඳන්ට උත්සාහ කරන්නෙ නෑ. ස්වාමීනී, මා විසින් ඒකාසන භෝජනය වැළඳුවොත් (දිගට ම පැවිදි ජීවිතය ගෙවන්න පුළුවන් වේවි ද කියල) කුකුස් ඇතිවෙන්ට පුළුවනි. විපිළිසර ඇතිවෙන්ට පුළුවනි."

"භද්දාලි එහෙම නම්, යම් තැනක ඇරයුමක් ලැබෙනවා නම්, එතනදි කොටසක් වළඳල, අනෙක් කොටස බැහැරට ගෙන ගිහින් (ඉර අවරට යන්න කලින්) වළඳන්න. එතකොට භද්දාලි, ඔය විදිහට වළඳන ඔබට යැපෙන්නට පුළුවනි."

"ස්වාමීනී, මා නම් ඔය විදිහටත් වළඳන්ට උත්සාහ කරන්නෙ නෑ. ස්වාමීනී, මා විසින් ඔය විදිහට වැළඳුවත් (දිගට ම පැවිදි ජීවිතය ගෙවන්න

පුළුවන් වේවි ද කියල) කුකුස් ඇතිවෙන්ට පුළුවනි. විපිළිසර ඇතිවෙන්ට පුළුවනි."

ඉතින් ආයුෂ්මත් භද්දාලි තෙරුන්, භාග්‍යවතුන් වහන්සේ විසින් ශික්ෂා පද පණවා වදාරණ කල්හි ත්, භික්ෂුසංඝයා ශික්ෂා පදය සමාදන් වී සිටින කල්හි ත්, පැවසුවේ නො හැකියාව ගැන ම යි. ඒ හේතුවෙන් ආයුෂ්මත් භද්දාලි තෙරුන් ශාස්තෘ ශාසනයෙහි සිල් පද නො පුරා සිටින කෙනෙකු පරිද්දෙන් ඒ මුළු තුන් මාසය ම භාග්‍යවතුන් වහන්සේ බැහැදකින්නට පැමිණියේ නෑ.

ඒ කාලයෙහි දී බොහෝ භික්ෂූන් වහන්සේලා "සිවුරු මසා සම්පූර්ණ වූ කල්හි භාග්‍යවතුන් වහන්සේ තුන් මාසය ඇවෑමෙන් චාරිකාවේ වඩිනා සේක" කියා ඒ භික්ෂූන් වහන්සේලා භාග්‍යවතුන් වහන්සේ ගේ චීවරය සකස් කරමින් සිටියා. එතකොට ආයුෂ්මත් භද්දාලි ඒ භික්ෂූන් ළඟට පැමිණුනා. පැමිණ ඒ භික්ෂූන් සමඟ සතුටු වුනා. සතුටු විය යුතු පිළිසඳර කතා බහේ යෙදිල එකත්පස්ව වාඩි වුනා. එකත්පස්ව වාඩි වූ ආයුෂ්මත් භද්දාලි තෙරුන්ට ඒ භික්ෂූන් වහන්සේලා මෙය පැවසුවා. "ආයුෂ්මත් භද්දාලි, මේ සකස් කරන්නේ භාග්‍යවතුන් වහන්සේ ගේ චීවරය යි. සිවුරු මසා සම්පූර්ණ වූ කල්හි තුන් මාසය ඇවෑමෙන් භාග්‍යවතුන් වහන්සේ චාරිකාවේ වඩිනා සේක. ආයුෂ්මත් භද්දාලි සැබැවින් ම ඔය සිද්ධිය ගැන හොඳින් නුවණින් විමසන්න. පස්සෙ ඔබ කරදරයකට පත්වෙන්න නම් එපා."

"එසේය ආයුෂ්මතුනි" කියා ආයුෂ්මත් භද්දාලි තෙරුන් ඒ භික්ෂූන්ට පිළිතුරු දී භාග්‍යවතුන් වහන්සේ වෙත පැමිණියා. පැමිණ භාග්‍යවතුන් වහන්සේට ආදරයෙන් වන්දනා කොට එකත්පස්ව වාඩි වුනා. එකත්පස්ව වාඩි වූ ආයුෂ්මත් භද්දාලි තෙරුන් භාග්‍යවතුන් වහන්සේට මෙය පැවසුවා. "ස්වාමීනී, භාග්‍යවතුන් වහන්සේ විසින් ශික්ෂා පද පණවා වදාරද්දී ත්, භික්ෂුසංඝයා ශික්ෂාව සමාදන් වෙද්දීත්, මං කියා හිටියේ කරන්නට නො හැකි දෙයක් බව යි. ස්වාමීනී, පුහුදුන් අඥානයෙක් වගේ, මුලා වූ කෙනෙක් වගේ, අදක්ෂ කෙනෙක් වගේ ඒ වරද මාව යටකරගෙන ගියා. ස්වාමීනී, භාග්‍යවතුන් වහන්සේ මාගේ ඒ වරද අනාගතයේ යළි නො වී සංවර වීම පිණිස, වරදක් වශයෙන් ම පිළිගෙන වදාරණ සේක්වා!"

"සැබැවින් ම භද්දාලි, මා විසින් ශික්ෂා පද පණවද්දී ත්, භික්ෂුසංඝයා ශික්ෂාව සමාදන් වෙද්දී ත්, ඔබ කියා හිටියේ කරන්නට නො හැකි දෙයක් බව යි. පුහුදුන් අඥානයෙක් වගේ, මුලා වූ කෙනෙක් වගේ, අදක්ෂ කෙනෙක් වගේ ඒ වරද ඔබව යටකරගෙන ගියා."

"භද්දාලි, ඔබ විසින් දැන් තිබෙන තත්වය ගැනවත්, සැලකිලිමත් වුනේ නෑ. ඒ කියන්නෙ; 'භාග්‍යවතුන් වහන්සේ සැවැත් නුවර වැඩ සිටිනවා. එතකොට භාග්‍යවතුන් වහන්සේ ත් මං ගැන දැනගන්නවා, භද්දාලි නම් වූ භික්ෂුව ශාස්තෘ ශාසනයෙහි ශික්ෂා පද නො පුරන කෙනෙක්' ය කියා. භද්දාලි ඔන්න ඔය තත්වය ගැනවත් ඔබ සැලකිලිමත් වුනේ නෑ.

භද්දාලි, ඔබ විසින් දැන් තිබෙන තත්වය ගැනවත්, සැලකිලිමත් වුනේ නෑ. ඒ කියන්නෙ; 'භික්ෂූන් වහන්සේලා සැවැත් නුවර වස් වසා වැඩසිටිනවා. එතකොට ඒ භික්ෂූන් වහන්සේලා ත් මං ගැන දැනගන්නවා, භද්දාලි නම් වූ භික්ෂුව ශාස්තෘ ශාසනයෙහි ශික්ෂා පද නො පුරන කෙනෙක්' ය කියා. භද්දාලි ඔන්න ඔය තත්වය ගැනවත් ඔබ සැලකිලිමත් වුනේ නෑ.

භද්දාලි, ඔබ විසින් දැන් තිබෙන තත්වය ගැනවත්, සැලකිලිමත් වුනේ නෑ. ඒ කියන්නෙ; 'භික්ෂුණීන් වහන්සේලා සැවැත් නුවර වස් වසා වැඩ සිටිනවා. එතකොට ඒ භික්ෂුණීන් වහන්සේලා ත් මං ගැන දැනගන්නවා, භද්දාලි නම් වූ භික්ෂුව ශාස්තෘ ශාසනයෙහි ශික්ෂා පද නො පුරන කෙනෙක්' ය කියා. භද්දාලි ඔන්න ඔය තත්වය ගැනවත් ඔබ සැලකිලිමත් වුනේ නෑ.

භද්දාලි, ඔබ විසින් දැන් තිබෙන තත්වය ගැනවත්, සැලකිලිමත් වුනේ නෑ. ඒ කියන්නෙ; 'උපාසකවරු සැවැත් නුවර වාසය කරනවා. ....(පෙ).... උපාසිකාවනුත් සැවැත් නුවර වාසය කරනවා. එතකොට ඒ උපාසිකාවනුත් මං ගැන දැනගන්නවා, භද්දාලි නම් වූ භික්ෂුව ශාස්තෘ ශාසනයෙහි ශික්ෂා පද නො පුරන කෙනෙක්' ය කියා. භද්දාලි ඔන්න ඔය තත්වය ගැනවත් ඔබ සැලකිලිමත් වුනේ නෑ.

භද්දාලි, ඔබ විසින් දැන් තිබෙන තත්වය ගැනවත්, සැලකිලිමත් වුනේ නෑ. ඒ කියන්නෙ; 'නා නා ආගමික ශ්‍රමණ බ්‍රාහ්මණයින් සැවැත් නුවර වස් වසා සිටිනවා. එතකොට ඒ නා නා ආගමික ශ්‍රමණ බ්‍රාහ්මණයිනුත් මං ගැන දැනගන්නවා, භද්දාලි නම් වූ භික්ෂුව ශාස්තෘ ශාසනයෙහි ශික්ෂා පද නො පුරන කෙනෙක්' ය කියා. භද්දාලි ඔන්න ඔය තත්වය ගැනවත් ඔබ සැලකිලිමත් වුනේ නෑ."

"ස්වාමීනී, භාග්‍යවතුන් වහන්සේ විසින් ශික්ෂා පද පණවා වදාරද්දීත්, භික්ෂුසංඝයා ශික්ෂාව සමාදන් වෙද්දීත්, මං කියා හිටියේ කරන්නට නො හැකි දෙයක් බව යි. ස්වාමීනී, පුහුදුන් අඥානයෙක් වගේ, මුලා වූ කෙනෙක් වගේ, අදක්ෂ කෙනෙක් වගේ ඒ වරද මාව යටකරගෙන ගියා. ස්වාමීනී, භාග්‍යවතුන් වහන්සේ මාගේ ඒ වරද අනාගතයේ යළි නො වී සංවර වීම පිණිස, වරදක් වශයෙන් ම පිළිගෙන වදාරණ සේක්වා!"

"සැබැවින් ම භද්දාලි, මා විසින් ශික්ෂා පද පණවද්දී ත්, භික්ෂුසංඝයා ශික්ෂාව සමාදන් වෙද්දී ත්, ඔබ කියා හිටියේ කරන්නට නො හැකි දෙයක් බව යි. පුහුදුන් අඥානයෙක් වගේ, මුලා වූ කෙනෙක් වගේ, අදක්ෂ කෙනෙක් වගේ ඒ වරද ඔබව යටකරගෙන ගියා.

භද්දාලි, මේ ගැන කුමක්ද සිතන්නේ? මෙහිලා උභතෝභාග විමුක්තියට පත් භික්ෂුවක් ඉන්නවා. ඒ භික්ෂුවට මං මෙහෙම කියනවා. 'පින්වත් භික්ෂුව මෙහි එන්න. මට වඩින්නට මඩ ගොඩ මත ඒදණ්ඩක් වගේ වැතිරෙන්න' කියල. එතකොට ඒ භික්ෂුව එයට අදිමදි කරමින් තමන් ගේ කය ඒ පැත්තට මේ පැත්තට නමාවි ද? 'අනේ බෑ' කියා කියාවි ද?"

"ස්වාමීනී, එය වෙන්නෙ නෑ ම යි."

"භද්දාලි, මේ ගැන කුමක්ද සිතන්නේ? මෙහිලා ප්‍රඥා විමුක්තියට පත් භික්ෂුවක් ඉන්නවා. ....(පෙ).... කායසක්ඛී භික්ෂුවක් ඉන්නවා. ....(පෙ).... දිට්ඨප්පත්ත භික්ෂුවක් ඉන්නවා. ....(පෙ).... සද්ධාවිමුත්ත භික්ෂුවක් ඉන්නවා. ....(පෙ).... ධම්මානුසාරී භික්ෂුවක් ඉන්නවා. ....(පෙ).... ශ්‍රද්ධානුසාරී භික්ෂුවක් ඉන්නවා. ඒ භික්ෂුවට මං මෙහෙම කියනවා. 'පින්වත් භික්ෂුව මෙහි එන්න. මට වඩින්නට මඩ ගොඩ මත ඒදණ්ඩක් වගේ වැතිරෙන්න' කියල. එතකොට ඒ භික්ෂුව එයට අදිමදි කරමින් තමන් ගේ කය ඒ පැත්තට මේ පැත්තට නමාවි ද? 'අනේ බෑ' කියා කියාවි ද?"

"ස්වාමීනී, එය වෙන්නෙ නෑ ම යි."

"භද්දාලි, මේ ගැන කුමක්ද සිතන්නේ? ඔබ ඒ වෙලාවෙහි කටයුතු කළේ උභතෝභාග විමුක්තියට පත් භික්ෂුවක් වශයෙන් ද? එහෙම නැත්නම් ප්‍රඥා විමුක්ත හෝ කායසක්ඛී හෝ දිට්ඨප්පත්ත හෝ සද්ධාවිමුත්ත හෝ ධම්මානුසාරී හෝ ශ්‍රද්ධානුසාරී හෝ භික්ෂුවක් වශයෙන් ද?"

"ස්වාමීනී, එය නො වේ ම යි."

"එහෙම නම් භද්දාලි, ඔබ ඒ වෙලාවෙහි කිසිවක් නැතිව සිටිය දී, හිස් ව සිටිය දී නො වේ ද, ඔය වරද සිදුවූයේ?"

"එසේය, ස්වාමීනී"

"ස්වාමීනී, භාග්‍යවතුන් වහන්සේ විසින් ශික්ෂා පද පණවා වදාරද්දී ත්, භික්ෂුසංඝයා ශික්ෂාව සමාදන් වෙද්දී ත්, මං කියා හිටියේ කරන්නට නො හැකි දෙයක් බව යි. ස්වාමීනී, පුහුදුන් අඥානයෙක් වගේ, මුලා වූ කෙනෙක් වගේ,

අදක්ෂ කෙනෙක් වගේ ඒ වරද මාව යටකරගෙන ගියා. ස්වාමීනී, භාග්‍යවතුන් වහන්සේ මාගේ ඒ වරද අනාගතයේ යළි නො වී සංවර වීම පිණිස, වරදක් වශයෙන් ම පිළිගෙන වදාරණ සේක්වා!"

"සැබැවින් ම භද්දාලි, මා විසින් ශික්ෂා පද පණවද්දී ත්, භික්ෂුසංඝයා ශික්ෂාව සමාදන් වෙද්දී ත්, ඔබ කියා හිටියේ කරන්නට නො හැකි දෙයක් බව යි. පුහුදුන් අඥානයෙක් වගේ, මුලා වූ කෙනෙක් වගේ, අදක්ෂ කෙනෙක් වගේ ඒ වරද ඔබව යටකරගෙන ගියා. භද්දාලි, යම් විටෙක ඔබ වරද වරද වශයෙන් දැකල එයට සුදුසු ධර්මානුකූල පිරියම් කරයි ද, අපි එය වරදක් බව පිළිගන්නවා. භද්දාලි, යමෙක් වරද වරද වශයෙන් දැකල එයට සුදුසු ධර්මානුකූල පිරියම් කරයි ද, මත්තෙහි එසේ නො වීම පිණිස සංවරයට පැමිණෙයි ද මෙය ආර්ය විනයෙහි අභිවෘද්ධියක් ම යි.

භද්දාලි, මෙහිලා ඇතැම් භික්ෂුවක් ශාස්තෘ ශාසනය තුළ ශික්ෂා පද නො පුරමින් ඉන්නවා. ඔහුට මෙහෙම හිතෙනවා. 'මං ආරණ්‍ය, රුක් සෙවන, පර්වත, දිය ඇලි අසල, ගිරිගුහා, සොහොන, වන පෙත වගේ ම පාළු තැන් යන හුදෙකලා විවේක සේනාසනයක ඉන්නව නම් හොඳයි. ඒ වගේ ම මං සාමාන්‍ය මිනිස් ස්වභාවයට වඩා උත්තරීතර වූ, ආර්ය වූ, ඥාණදර්ශන විශේෂයක් ප්‍රත්‍යක්ෂ කරගන්නවා නම් තමයි හොඳ' කියල. ඉතින් ඔහු ආරණ්‍ය, රුක් සෙවන, පර්වත, දිය ඇලි අසල, ගිරිගුහා, සොහොන, වන පෙත වගේ ම පාළු තැන් යන හුදෙකලා විවේක සේනාසනයක වාසය කරනවා. එසේ හුදෙකලාවේ වාසය කරන ඔහුට ශාස්තෘන් වහන්සේ පවා උපවාද කරනවා. නුවණැති සබ්‍රහ්මචාරීන් වහන්සේලා ද එය දැනගෙන උපවාද කරනවා. දෙවියනුත් උපවාද කරනවා. තමා ගේ හදවත ත් තමාට උපවාද කරනවා. ඉතින් ඔහු ශාස්තෘන් වහන්සේගෙනුත් උපවාද ලැබ, සබ්‍රහ්මචාරීන් වහන්සේලාගෙනුත් උපවාද ලැබ, දෙවියන්ගෙනුත් උපවාද ලැබ, තමා ගේ හදවතෙනුත් තමන්ට උපවාද ලැබ සාමාන්‍ය මිනිස් ස්වභාවයට වඩා උත්තරීතර වූ, ආර්ය වූ, ඥාණදර්ශන විශේෂයක් ප්‍රත්‍යක්ෂ කරන්නෙ නම් නෑ. එයට හේතුව කුමක් ද? භද්දාලි, ශාස්තෘ ශාසනය තුළ ශික්ෂාව නො පුරන්නා වූ භික්ෂුවකට යමක් වෙනවා ද, ඒක තමයි ඔහුට වෙන්නෙ.

භද්දාලි, මෙහිලා ඇතැම් භික්ෂුවක් ශාස්තෘ ශාසනය තුළ ශික්ෂා පද පුරමින් ඉන්නවා. ඔහුටත් මෙහෙම හිතෙනවා. 'මං ආරණ්‍ය, රුක් සෙවන, පර්වත, දිය ඇලි අසල, ගිරිගුහා, සොහොන, වන පෙත වගේ ම පාළු තැන් යන හුදෙකලා විවේක සේනාසනයක ඉන්නව නම් හොඳයි. ඒ වගේ ම මං සාමාන්‍ය මිනිස් ස්වභාවයට වඩා උත්තරීතර වූ, ආර්ය වූ, ඥාණදර්ශන

විශේෂයක් ප්‍රත්‍යක්ෂ කරගන්නවා නම් තමයි හොඳ' කියලා. ඉතින් ඔහු ආරණ්‍ය, රුක් සෙවන, පර්වත, දිය ඇලි අසල, ගිරිගුහා, සොහොන, වන පෙත වගේ ම පාළු තැන් යන හුදෙකලා විවේක සේනාසනයක වාසය කරනවා. එසේ හුදෙකලාවේ වාසය කරන ඔහුට ශාස්තෘන් වහන්සේ උපවාද කරන්නෙත් නෑ. නුවණැති සබ්‍රහ්මචාරීන් වහන්සේලා එය දැනගෙන උපවාද කරන්නෙත් නෑ. දෙවියන් උපවාද කරන්නෙත් නෑ. තමා ගේ හදවත තමාට උපවාද කරන්නෙත් නෑ. ඉතින් ඔහු ශාස්තෘන් වහන්සේගෙනුත් උපවාද නො ලැබ, සබ්‍රහ්මචාරීන් වහන්සේලාගෙනුත් උපවාද නො ලැබ, දෙවියන්ගෙනුත් උපවාද නො ලැබ, තමා ගේ හදවතෙනුත් තමන්ට උපවාද නො ලැබ සාමාන්‍ය මිනිස් ස්වභාවයට වඩා උත්තරීතර වූ, ආර්ය වූ, ඤාණදර්ශන විශේෂයක් ප්‍රත්‍යක්ෂ කරගන්නවා.

ඉතින් ඒ භික්ෂුව කාමයන් ගෙන් වෙන්ව, අකුසල ධර්මයන් ගෙන් වෙන්ව, විතර්ක සහිත වූ, විචාර සහිත වූ, විවේකයෙන් හටගත් ප්‍රීති සුඛය ඇති ප්‍රථම ධ්‍යානය උපදවා ගෙන වාසය කරනවා. එයට හේතුව කුමක් ද? භද්දාලි, ශාස්තෘ ශාසනය තුළ ශික්ෂාව පුරන්නා වූ භික්ෂුවකට යමක් වෙනවා ද, ඒක තමයි ඔහුට වෙන්නෙ.

ඒ වගේ ම ඒ භික්ෂුව විතර්ක විචාරයන් ගේ සංසිඳීමෙන්, අධ්‍යාත්මයෙහි පැහැදීම ඇති කරවන, සිතෙහි ඒකාග්‍රතාවය පවත්වන, විතර්ක රහිත වූ, විචාර රහිත වූ, සමාධියෙන් හටගත් ප්‍රීති සුඛය ඇති දෙවන ධ්‍යානයට පැමිණ වාසය කරනවා. එයට හේතුව කුමක් ද? භද්දාලි, ශාස්තෘ ශාසනය තුළ ශික්ෂාව පුරන්නා වූ භික්ෂුවකට යමක් වෙනවා ද, ඒක තමයි ඔහුට වෙන්නෙ.

ඒ වගේ ම ඒ භික්ෂුව ප්‍රීතියට නො ඇලෙමින්, උපේක්ෂාවෙන් යුතුව, සිහියෙන් යුතුව, නුවණින් යුතුව වාසය කරනවා. කයින් සැපයක් ද විඳිනවා. 'ආර්යයන් වහන්සේලා යම් සමාධියකට උපේක්ෂා සහිත වූ සිහි නුවණ ඇති සැප විහරණයකැ'යි පවසත් ද ඒ තුන්වන ධ්‍යානයට පැමිණ වාසය කරනවා. එයට හේතුව කුමක් ද? භද්දාලි, ශාස්තෘ ශාසනය තුළ ශික්ෂාව පුරන්නා වූ භික්ෂුවකට යමක් වෙනවා ද, ඒක තමයි ඔහුට වෙන්නෙ.

ඒ වගේ ම ඒ භික්ෂුව සැපයේ ද ප්‍රහාණයෙන්, දුකෙහි ද ප්‍රහාණයෙන්, කලින් ම සොම්නස් - දොම්නස් ඉක්මයෑමෙන් දුක් සැප රහිත වූ, උපේක්ෂා සති පාරිශුද්ධියෙන් යුතු වූ ඒ සතරවන ධ්‍යානයට පැමිණ වාසය කරනවා. එයට හේතුව කුමක් ද? භද්දාලි, ශාස්තෘ ශාසනය තුළ ශික්ෂාව පුරන්නා වූ භික්ෂුවකට යමක් වෙනවා ද, ඒක තමයි ඔහුට වෙන්නෙ.

ඒ වගේ ම ඒ භික්ෂුව ඔය විදිහට සමාධිගත සිතක් ඇති වුනා ම, සිත පිරිසිදු වුනා ම, සිත බබළන කොට, සිතේ කිලිටි පහ වුනා ම, උපක්ලේශ නැති

වුනා ම, හිත මෘදු වුනා ම, අවබෝධයට සුදුසු වුනා ම, නො සෙල්වී තිබුනා ම අකම්පිත වුනා ම, තමන් කලින් ගත කළ ජීවිත ගැන දකීමේ නුවණ ලබාගන්ට සිත මෙහෙයවනවා. එතකොට ඔහු නොයෙක් ආකාරයේ ජීවිත ගත කළ හැටි සිහි කරනවා. ඒ කියන්නෙ එක ජීවිතයක්, ජීවිත දෙකක්, ...(පෙ).... ඔය විදිහට කරුණු සහිතව, පැහැදිලි විස්තර ඇති ව, නොයෙක් ආකාරයෙන් තමන් ගත කළ අතීත ජීවිත ගැන සිහි කරනවා. එයට හේතුව කුමක් ද? භද්දාලි, ශාස්තෘ ශාසනය තුළ ශික්ෂාව පුරන්නා වූ භික්ෂුවකට යමක් වෙනවා ද, ඒක තමයි ඔහුට වෙන්නෙ.

ඒ වගේ ම ඒ භික්ෂුව ඔය විදිහට සමාධිගත සිතක් ඇති වුනා ම, සිත පිරිසිදු වුනාම, සිත බබලන කොට, සිතේ කිලිටි පහ වුනා ම, උපක්ලේශ නැති වුනා ම, හිත මෘදු වුනා ම, අවබෝධයට සුදුසු වුනා ම, නො සෙල්වී තිබුනා ම, අකම්පිත වුනා ම, සත්වයන් චුත වෙන, උපදින හැටි දකීමේ නුවණ ලබා ගන්ට සිත මෙහෙයවනවා. ....(පෙ).... මේ විදිහට සාමාන්‍ය මිනිසුන් ගේ දර්ශන පථය ඉක්මවා ගිය පිරිසිදු දිවැස් නුවණින්, සත්වයන් චුත වෙන උපදින හැටි දකිනවා. උසස් පහත්, ලස්සන කැත, සුගති දුගති වල කර්මානුරූපව සත්වයන් උපදින හැටි දකිනවා. එයට හේතුව කුමක් ද? භද්දාලි, ශාස්තෘ ශාසනය තුළ ශික්ෂාව පුරන්නා වූ භික්ෂුවකට යමක් වෙනවා ද, ඒක තමයි ඔහුට වෙන්නෙ.

ඒ වගේ ම ඒ භික්ෂුව ඔය විදිහට සමාධිගත සිතක් ඇති වුනා ම, සිත පිරිසිදු වුනා ම, සිත බබලන කොට, සිතේ කිලිටි පහ වුනා ම, උපක්ලේශ නැති වුනා ම, හිත මෘදු වුනා ම, අවබෝධයට සුදුසු වුනා ම, නොසෙල් වී තිබුනා ම අකම්පිත වුනා ම ආශ්‍රව ක්ෂය කළ බවට අවබෝධය ලැබීමේ නුවණ ලබා ගන්ට සිත මෙහෙයවනවා. ඉතින් ඒ භික්ෂුව 'මේක තමයි දුක' කියල යථාර්ථය අවබෝධ කරනවා. ....(පෙ).... 'මේ තමයි දුක නිරුද්ධ වීමේ මාර්ගය' කියල යථාර්ථය අවබෝධ කරනවා. 'මේ තමයි ආශ්‍රව' කියලා යථාර්ථය අවබෝධ කරනවා. ....(පෙ).... 'මේ තමයි ආශ්‍රව නිරුද්ධ වීමේ මාර්ගය' කියලා යථාර්ථය අවබෝධ කරනවා.

ඔය විදිහට ඒ භික්ෂුව යථාර්ථය දැන ගන්න කොට, යථාර්ථය දැක ගන්න කොට, කාම ආශ්‍රවයෙනුත් සිත නිදහස් වෙනවා. භව ආශ්‍රවයෙනුත් සිත නිදහස් වෙනවා. අවිජ්ජා ආශ්‍රවයෙනුත් සිත නිදහස් වෙනවා. ආශ්‍රවයන් ගෙන් සිත නිදහස් වුනා ම සියලු දුකින් තමන් නිදහස් වූ බවට අවබෝධය ඇති වෙනවා. 'ඉපදීම නැති වුනා. බඹසර වාසය සම්පූර්ණ කළා. කළ යුතු දේ කළා. ආයෙ කවදාවත් සසරට වැටෙන්නෙ නෑ' කියල දැනගන්නවා. එයට හේතුව කුමක් ද?

භද්දාලි, ශාස්තෘ ශාසනය තුළ ශික්ෂාව පුරන්නා වූ භික්ෂුවකට යමක් වෙනවා ද, ඒක තමයි ඔහුට වෙන්නෙ."

මෙසේ වදාළ විට ආයුෂ්මත් භද්දාලි භාග්‍යවතුන් වහන්සේට මෙය වදාළා. "ස්වාමීනී, මෙහි ඇතැම් භික්ෂුවකට යම් කරුණකින් අඩුපාඩු දක්ව දක්වා හික්මවන්නට වුවමනා දේ කරනවා නම් එයට හේතුව කුමක් ද? ප්‍රත්‍යය කුමක් ද? ඒ වගේ ම ස්වාමීනී, ඇතැම් භික්ෂුවකට යම් කරුණකින් අඩුපාඩු දක්ව දක්වා ඒ අයුරින් හික්මවන්නට වුවමනා දේ නො කරනවා නම් එයට හේතුව කුමක් ද? ප්‍රත්‍යය කුමක් ද?"

"භද්දාලි, මෙහි ඇතැම් භික්ෂුවක් නිරතුරුව ම ආපත්ති වලට පත්වෙනවා. ආපත්ති බහුල කෙනෙක් වෙනවා. භික්ෂූන් විසින් එය පෙන්වා දෙද්දී ඔහු වෙන වෙන කතාවලින් එය වසනවා. බාහිර කතාවක් ඇදල ගන්නවා. එක්කො කෝපය ත්, ද්වේශය ත්, නො සතුට ත් පහළ කරනවා. යහපත් ලෙස සිටින්නෙ නෑ. කීකරුව පවතින්නේ නෑ. කරුණු පෙන්වා දෙන වැඩිහිටි භික්ෂූන් අනුව සිටින්නෙ නෑ. යම් කරුණකින් සංඝයා සතුටු වෙනවා ද, 'මා එය කරන්නම්' කියා කියන්නෙ නෑ. එහිලා භද්දාලි භික්ෂූන් හට මෙහෙම හිතෙනවා. 'මේ ආයුෂ්මත් භික්ෂුව නිරතුරුව ම ආපත්ති වලට පත්වෙනවා. ආපත්ති බහුල කෙනෙක් වෙනවා. භික්ෂූන් විසින් එය පෙන්වා දෙද්දී ඔහු වෙන වෙන කතාවලින් එය වසනවා. බාහිර කතාවක් ඇදල ගන්නවා. එක්කො කෝපය ත්, ද්වේශය ත්, නො සතුට ත් පහළ කරනවා. යහපත් ලෙස සිටින්නෙ නෑ. කීකරුව පවතින්නේ නෑ. කරුණු පෙන්වා දෙන වැඩිහිටි භික්ෂූන් අනුව සිටින්නෙ නෑ. යම් කරුණකින් සංඝයා සතුටු වෙනවා ද, 'මා එය කරන්නම්' කියා කියන්නෙ නෑ' කියල. එතකොට ආයුෂ්මත්නි, මේ භික්ෂුව ගේ ආරවුල ඉක්මනින් සංසිඳී නො යන්නේ යම් සේ ද, ඒ අයුරින් ම භික්ෂූන් ද ඒ භික්ෂුව ගේ ආරවුල ගැන ඒ ඒ විදිහට විමසා බලනවා. එතකොට භද්දාලි, අර භික්ෂුව ගේ ආරවුල භික්ෂූන් විසින් යම් පරිද්දකින් පිරික්සා බලනවා ද, ඒ ආරවුල ඒ ඒ අයුරින් ම නො සංසිඳී පවතිනවා.

භද්දාලි, මෙහි ඇතැම් භික්ෂුවක් නිරතුරුව ම ආපත්ති වලට පත්වෙනවා. ආපත්ති බහුල කෙනෙක් වෙනවා. භික්ෂූන් විසින් එය පෙන්වා දෙද්දී ඔහු වෙන වෙන කතාවලින් එය වසන්නෙ නෑ. බාහිර කතාවක් ඇදල ගන්නෙ නෑ. කෝපය ත්, ද්වේශය ත්, නො සතුට ත් පහළ කරන්නෙ නෑ. යහපත් ලෙස සිටිනවා. කීකරුව පවතිනවා. කරුණු පෙන්වා දෙන වැඩිහිටි භික්ෂූන් අනුව සිටිනවා. යම් කරුණකින් සංඝයා සතුටු වෙනවා ද, 'මා එය කරන්නම්' කියා කියනවා. එහිලා භද්දාලි භික්ෂූන් හට මෙහෙම හිතෙනවා. 'මේ ආයුෂ්මත් භික්ෂුව

නිරතුරුව ම ආපත්ති වලට පත්වෙනවා. ආපත්ති බහුල කෙනෙක් වෙනවා. භික්ෂූන් විසින් එය පෙන්වා දෙද්දී ඔහු වෙන වෙන කතාවලින් එය වසන්නෙ නෑ. බාහිර කතාවක් ඇදල ගන්නෙ නෑ. කෝපය ත්, ද්වේශය ත්, නො සතුට ත් පහළ කරන්නෙ නෑ. යහපත් ලෙස සිටිනවා. කීකරුව පවතිනවා. කරුණු පෙන්වා දෙන වැඩිහිටි භික්ෂූන් අනුව සිටිනවා. යම් කරුණකින් සංඝයා සතුටු වෙනවා ද, 'මා එය කරන්නම්' කියා කියනවා' කියල. එතකොට ආයුෂ්මත්නි, මේ භික්ෂුව ගේ ආරවුල ඉක්මනින් සංසිඳී යන්නේ යම් සේ ද, ඒ අයුරින් ම භික්ෂූන් ද ඒ භික්ෂුව ගේ ආරවුල ගැන ඒ ඒ විදිහට විමසා බලනවා. එතකොට භද්දාලි, අර භික්ෂුව ගේ ආරවුල භික්ෂූන් විසින් යම් පරිද්දකින් පිරික්සා බලනවා ද, ඒ ආරවුල ඒ ඒ අයුරින් ම සංසිඳී යනවා.

භද්දාලි, මෙහි ඇතැම් භික්ෂුවක් සමහර අවස්ථා වලදී ආපත්ති වලට පත්වෙනවා. ආපත්ති බහුල කෙනෙක් නො වෙයි. නමුත් භික්ෂූන් විසින් එය පෙන්වා දෙද්දී ඔහු වෙන වෙන කතාවලින් එය වසනවා. බාහිර කතාවක් ඇදල ගන්නවා. එක්කො කෝපය ත්, ද්වේශය ත්, නො සතුට ත් පහළ කරනවා. යහපත් ලෙස සිටින්නෙ නෑ. කීකරුව පවතින්නේ නෑ. කරුණු පෙන්වා දෙන වැඩිහිටි භික්ෂූන් අනුව සිටින්නෙ නෑ. යම් කරුණකින් සංඝයා සතුටු වෙනවා ද, 'මා එය කරන්නම්' කියා කියන්නෙ නෑ. එහිලා භද්දාලි භික්ෂූන් හට මෙහෙම හිතෙනවා. 'මේ ආයුෂ්මත් භික්ෂුව සමහර අවස්ථා වලදී ආපත්ති වලට පත්වෙනවා. ආපත්ති බහුල කෙනෙක් නොවේ. නමුත් භික්ෂූන් විසින් එය පෙන්වා දෙද්දී ඔහු වෙන වෙන කතාවලින් එය වසනවා. බාහිර කතාවක් ඇදල ගන්නවා. එක්කො කෝපය ත්, ද්වේශය ත්, නො සතුට ත් පහළ කරනවා. යහපත් ලෙස සිටින්නෙ නෑ. කීකරුව පවතින්නේ නෑ. කරුණු පෙන්වා දෙන වැඩිහිටි භික්ෂූන් අනුව සිටින්නෙ නෑ. යම් කරුණකින් සංඝයා සතුටු වෙනවා ද, 'මා එය කරන්නම්' කියා කියන්නෙ නෑ' කියල. එතකොට ආයුෂ්මත්නි, මේ භික්ෂුව ගේ ආරවුල ඉක්මනින් සංසිඳී නො යන්නේ යම් සේ ද, ඒ අයුරින් ම භික්ෂූන් ද ඒ භික්ෂුව ගේ ආරවුල ගැන ඒ ඒ විදිහට විමසා බලනවා. එතකොට භද්දාලි, අර භික්ෂුව ගේ ආරවුල භික්ෂූන් විසින් යම් පරිද්දකින් පිරික්සා බලනවා ද, ඒ ආරවුල ඒ ඒ අයුරින් ම නො සංසිඳී පවතිනවා.

භද්දාලි, මෙහි ඇතැම් භික්ෂුවක් සමහර අවස්ථා වලදී ආපත්ති වලට පත්වෙනවා. ආපත්ති බහුල කෙනෙක් නොවේ. භික්ෂූන් විසින් එය පෙන්වා දෙද්දී ඔහු වෙන වෙන කතාවලින් එය වසන්නෙ නෑ. බාහිර කතාවක් ඇදල ගන්නෙ නෑ. කෝපය ත්, ද්වේශය ත්, නො සතුට ත් පහළ කරන්නෙ නෑ. යහපත් ලෙස පවතිනවා. කීකරුව පවතිනවා. කරුණු පෙන්වා දෙන වැඩිහිටි

භික්ෂූන් අනුව සිටිනවා. යම් කරුණකින් සංඝයා සතුටු වෙනවා ද, 'මා එය කරන්නම්' කියා කියනවා. එහිලා භද්දාලි, භික්ෂූන් හට මෙහෙම හිතෙනවා. 'මේ ආයුෂ්මත් භික්ෂුව සමහර අවස්ථා වලදී ආපත්ති වලට පත්වෙනවා. ආපත්ති බහුල කෙනෙක් නොවේ. භික්ෂූන් විසින් එය පෙන්වා දෙද්දී ඔහු වෙන වෙන කතාවලින් එය වසන්නෙ නෑ. බාහිර කතාවක් ඇදල ගන්නෙ නෑ. කෝපය ත්, ද්වේශය ත්, නො සතුට ත් පහළ කරන්නෙ නෑ. යහපත් ලෙස පවතිනවා. කීකරුව පවතිනවා. කරුණු පෙන්වා දෙන වැඩිහිටි භික්ෂූන් අනුව සිටිනවා. යම් කරුණකින් සංඝයා සතුටු වෙනවා ද, 'මා එය කරන්නම්' කියා කියනවා.' කියල. එතකොට ආයුෂ්මත්නි, මේ භික්ෂුව ගේ ආරවුල ඉක්මනින් සංසිඳී යන්නේ යම් සේ ද, ඒ අයුරින් ම භික්ෂූන් ද ඒ භික්ෂුව ගේ ආරවුල ගැන ඒ ඒ විදිහට විමසා බලනවා. එතකොට භද්දාලි, අර භික්ෂුව ගේ ආරවුල භික්ෂූන් විසින් යම් පරිද්දකින් පිරික්සා බලනවා ද, ඒ ආරවුල ඒ ඒ අයුරින් ම සංසිඳී යනවා.

භද්දාලි, මෙහි ඇතැම් භික්ෂුවක් යැපෙන්නේ ශ්‍රද්ධා මාත්‍රයකින්, ප්‍රේම මාත්‍රයකින්. එහිලා භද්දාලි, භික්ෂූන් හට මෙහෙම සිතෙනවා. 'මේ ආයුෂ්මත් භික්ෂුව ශ්‍රද්ධා මාත්‍රයකින්, ප්‍රේම මාත්‍රයකින් යැපෙනවා. ඉදින් අපි මේ භික්ෂුවට අඩුපාඩු දක්ව දක්වා හික්මවන්නට වුවමනා දේ කරන්නට ඕන 'මොහු ගේ යම් ශ්‍රද්ධා මාත්‍රයක් ඇද්ද, ප්‍රේම මාත්‍රයක් ඇද්ද, එය නො පිරිහේවා' කියල යි. භද්දාලි, පුරුෂයෙකු හට එක ඇසක් පමණක් තියෙනවා. ඉතින් ඔහු ගේ යාළු මිත්‍රයනුත්, සහලේ නෑදෑයනුත්, ඔහු ගේ ඒ තනි ඇස ආරක්ෂා කරනවා 'මොහු ගේ ඒ තනි ඇස නො පිරිහේවා' කියල.

භද්දාලි, අන්න ඒ වගේ ම යි මෙහි ඇතැම් භික්ෂුවක් යැපෙන්නේ ශ්‍රද්ධා මාත්‍රයකින්, ප්‍රේම මාත්‍රයකින්. එහිලා භද්දාලි, භික්ෂූන් හට මෙහෙම සිතෙනවා. 'මේ ආයුෂ්මත් භික්ෂුව ශ්‍රද්ධා මාත්‍රයකින්, ප්‍රේම මාත්‍රයකින් යැපෙනවා. ඉදින් අපි මේ භික්ෂුවට අඩුපාඩු දක්ව දක්වා හික්මවන්නට වුවමනා දේ කරන්නට ඕන 'මොහු ගේ යම් ශ්‍රද්ධා මාත්‍රයක් ඇද්ද, ප්‍රේම මාත්‍රයක් ඇද්ද, එය නො පිරිහේවා' කියල යි.

භද්දාලි, මෙහි ඇතැම් භික්ෂුවකට යම් කරුණකින් අඩුපාඩු දක්ව දක්වා හික්මවන්නට වුවමනා දේ කරනවා නම් එයට හේතුව මෙය යි. ප්‍රත්‍යය මෙය යි. භද්දාලි, මෙහි ඇතැම් භික්ෂුවකට යම් කරුණකින් අඩුපාඩු දක්ව දක්වා හික්මවන්නට වුවමනා දේ නො කරනවා නම් එයට හේතුව මෙය යි. ප්‍රත්‍යය මෙය යි."

"ස්වාමීනී, ඉස්සර යම් හෙයකින් ශික්ෂා පද තිබුනේ ස්වල්පය යි. නමුත් බොහෝ භික්ෂූන් වහන්සේලා අරහත්වයට පත්වුනා. එයට හේතුව කුමක් ද? ප්‍රත්‍යය කුමක් ද? නමුත් ස්වාමීනී, වර්තමානයෙහි යම් හෙයකින් බොහෝ ශික්ෂා පද තිබෙද්දී ත්, භික්ෂූන් වහන්සේලා ස්වල්ප නම යි අරහත්වයට පත් වන්නේ. එයට හේතුව කුමක් ද? ප්‍රත්‍යය කුමක් ද?"

"භද්දාලි, ඒක එහෙම ම තමයි. සත්වයන් පිරිහී යන විට, සද්ධර්මය අතුරුදහන් වී යන විට, බොහෝ ශික්ෂා පද අවශ්‍ය වෙනවා. නමුත් අරහත්ඵලයට පත්වන්නේ භික්ෂූන් ස්වල්ප දෙන යි.

භද්දාලි, යම්තාක් මේ ශාසනයෙහි ඇතැම් පිරිහීමට හේතු වන කරුණු සංඝයා තුළ පහළ නො වෙත් ද, ඒ තාක් ශාස්තෘන් වහන්සේ ශ්‍රාවකයන්ට ශික්ෂා පද පණවන්නේ නැහැ. භද්දාලි, යම් කලෙක මේ ශාසනයෙහි ඇතැම් පිරිහීමට හේතු වන කරුණු සංඝයා තුළ පහළ වෙත් ද, එතකොට යි ශාස්තෘන් වහන්සේ එම පිරිහීමට හේතුවන කාරණා දුරු කිරීම පිණිස ශ්‍රාවකයන්ට ශික්ෂා පද පණවන්නේ.

භද්දාලි, යම්තාක් සංඝයා මහත් පිරිසක් බවට පත් නො වී සිටී ද, ඒ තාක් මේ ශාසනයෙහි ඇතැම් පිරිහීමට හේතු වන කරුණු සංඝයා තුළ පහළ වෙන්නෙ නෑ. භද්දාලි, යම්විටෙක සංඝයා මහත් පිරිසක් බවට පත් වෙනවා ද, එතකොටයි මේ ශාසනයෙහි ඇතැම් පිරිහීමට හේතු වන කරුණු සංඝයා තුළ පහළ වෙන්නේ. එකල්හි ශාස්තෘන් වහන්සේ ඒ පිරිහීමට හේතුවන කාරණා දුරු කිරීම පිණිස ශ්‍රාවකයන්ට ශික්ෂා පද පණවනවා.

භද්දාලි, යම්තාක් සංඝයා ලාභ සත්කාර වලින් අග්‍ර බවට පත් නො වී සිටී ද, ...(පෙ).... කීර්ති ප්‍රශංසාවන් ගෙන් අග්‍ර බවට පත් නො වී සිටී ද, ...(පෙ).... බොහෝ දූන උගත්කමින් අග්‍ර බවට පත් නො වී සිටී ද, ...(පෙ).... පැවිදි ව බොහෝ කල් ගත වූ බවට පත් නො වී සිටී ද, ඒ තාක් මේ ශාසනයෙහි ඇතැම් පිරිහීමට හේතු වන කරුණු සංඝයා තුළ පහළ වෙන්නෙ නෑ. භද්දාලි, යම්විටෙක සංඝයා පැවිදි ව බොහෝ කල් ගත වූ බවට පත් වෙයි ද, එතකොටයි මේ ශාසනයෙහි ඇතැම් පිරිහීමට හේතු වන කරුණු සංඝයා තුළ පහළ වෙන්නේ.

භද්දාලි, යම් කලක මා ආජානීය අශ්ව පැටියා ගේ උපමාවෙන් යුතු ධර්මය දේශනා කරද්දී, ඒ දිනවල ඔබ තුළ ත්, ඔය කරුණු තිබුනේ ස්වල්ප වශයෙන්. භද්දාලි, ඔබට එය මතක ද?" "අනේ, ස්වාමීනී, මට එය මතක නැහැ." "භද්දාලි, ඒ අමතක වීමට හේතුව කුමක් කියල ද ඔබ සලකන්නේ?" "ස්වාමීනී, ඒ මං බොහෝ කාලයක් ශාස්තෘ ශාසනයෙහි වාසය කළේ ශික්ෂා පද නො

පුරන්නෙක් හැටියට යි." "භද්දාලි, එම හේතුව විතරක් ම නො වෙයි. එම ප්‍රත්‍යය විතරක් ම නො වෙයි. භද්දාලි, බොහෝ කලක් මුළුල්ලෙහි මා විසින් මගේ සිතින් ඔබ පිළිබඳව හොඳින් අධ්‍යයනය කළා. එතකොට මට වැටහුනා. මේ හිස් පුරුෂයා මා විසින් ධර්මය දේශනා කරන විට, හොඳින් අවධානය යොමු කොට, හොඳින් මනස යොමු කොට, සියලු සිත ධර්ම ශ්‍රවණයට එක්තැන් කොට, මනා කොට සවන් යොමා ධර්මය අසන්නේ නැති බව. නමුත් භද්දාලි, මං ඔබට ආජානීය අශ්ව පැටවා ගේ උපමාවෙන් යුතු ධර්මය කියා දෙන්නම්. එය සවන් යොමා අසන්න. මැනවින් මෙනෙහි කරන්න. මා කියා දෙන්නම්." "එසේය ස්වාමීනී" කියා ආයුෂ්මත් භද්දාලි භාග්‍යවතුන් වහන්සේට පිළිතුරු දුන්නා. භාග්‍යවතුන් වහන්සේ මෙය වදාළා.

"භද්දාලි, අශ්වයන් දමනය කිරීමෙහි දක්ෂ අස් ගොව්වෙක් ඉන්නවා. ඔහුට ඉතා යහපත් වූ ආජානීය අශ්වයෙක් ලැබෙනවා. ඉතින් ඔහු මුලින් ම කරන්නේ ඒ අශ්වයා කටකලියාවට පුරුදු කිරීම යි. කටකලියාවට පුරුදු කරන විට ඒ අශ්වයා කලින් නො කළ ක්‍රියාවක් අලුතෙන් ම කිරීමේ දී ඇතිවන අපහසුතා, කලබල වීම්, දඟලීම් ආදී විසම හැසිරීම් ඇතිවෙනවා. නමුත් ඒ අශ්වයා නිතර නිතර කටකලියාවට පුරුදු වීමෙන් ඒ කරුණ සම්පූර්ණ වීම නිසා අර මුලින් තිබුණ අපහසුතා සියල්ල නිවී යනවා.

ඉතින් භද්දාලි, ඒ භද්‍ර වූ ආජානීය අශ්වයා නිතර නිතර පුරුදු කිරීමෙන් අනුපිළිවෙලින් කිරීමෙන් ඒ අපහසුතා සියල්ල නිවී යයි ද, එතකොට අස් ගොව්වා ඒ අශ්වයා මත්තෙහි වියදණ්ඩ තබන්නට පුරුදු කරනවා. එසේ අශ්වයා මත වියදණ්ඩ තබන්නට පුරුදු කරද්දී කලින් නො කළ ක්‍රියාවක් අලුතෙන් ම කිරීමේ දී ඇතිවන අපහසුතා, කලබලවීම්, දඟලීම් ආදී විසම හැසිරීම් ඇතිවෙනවා ම යි. නමුත් ඒ අශ්වයා නිතර නිතර වියදණ්ඩ දරා සිටීමට පුරුදු වීමෙන් ඒ කරුණ සම්පූර්ණ වීම නිසා අර මුලින් තිබුන අපහසුතා සියල්ල නිවී යනවා.

ඉතින් භද්දාලි, ඒ භද්‍ර වූ ආජානීය අශ්වයා නිතර නිතර පුරුදු කිරීමෙන් අනුපිළිවෙලින් කිරීමෙන් ඒ අපහසුතා සියල්ල නිවී යයි ද, එතකොට අස් ගොව්වා ඒ අශ්වයා ක්‍රමක්‍රමයෙන් මණ්ඩලාකාරව දුවන්නට පුරුදු කරනවා. ....(පෙ).... කුරගින් පැන පැන දුවන්නට පුරුදු කරනවා. ....(පෙ).... වේගයෙන් දුවන්නට පුරුදු කරනවා. ....(පෙ).... අන් අසුන් ගේ හේසරාවයෙන් පසු නොබා පිවිසෙන්නට පුරුදු කරනවා. ....(පෙ).... අශ්ව රාජයෙකු සතු ගුණයන්ට පුරුදු කරනවා. ....(පෙ).... අශ්වරාජ වංශය සතු ගුණයන්ට පුරුදු කරනවා. ....(පෙ).... උතුම් ජව සම්පන්න බවට පුරුදු කරනවා. ....(පෙ).... උත්තම අශ්වයෙක්

වන්නට පුරුදු කරනවා. ....(පෙ).... අස් ගොව්වා ගේ වචනයට අනුව සැණෙකින් ක්‍රියාත්මක වන උතුම් අශ්වයෙක් ලෙස පුරුදු කරනවා. එසේ අශ්වයා උතුම් ජවයට, උතුම් අශ්ව භාවයට, වචනයට අවනත උතුම් අශ්වයෙක් ලෙස පුරුදු කරද්දී කලින් නො කළ ක්‍රියාවක් අලුතෙන් ම කිරීමේ දී ඇතිවන අපහසුතා, කලබලවීම්, දඟලීම් ආදී විසම හැසිරීම් ඇතිවෙනවා ම යි. නමුත් ඒ අශ්වයා නිතර නිතර උතුම් ජවයට, උතුම් අශ්ව භාවයට, වචනයට අවනත උතුම් අශ්වයෙක් ලෙස පුරුදු වීමෙන් ඒ කරුණ සම්පූර්ණ වීම නිසා අර මුලින් තිබුන අපහසුතා සියල්ල නිවී යනවා.

භද්දාලි, යම් කලක භද්‍ර වූ ආජානීය අශ්වයා මෙම කරුණු නිතර නිතර කිරීමෙන්, අනුපිළිවෙලින් කිරීමෙන් දුෂ්කරතා සියල්ල සංසිඳී, එම සුදුසුකම් සම්පූර්ණ වෙනවා ද, එතකොට අස්ගොව්වා අශ්වයාව අශ්ව ආභරණ වලින් සරසලා සුන්දර කරනවා. එතකොට භද්දාලි, මේ දස අංගයෙන් සමන්විත වූ භද්‍ර වූ ආජානීය අශ්වයා රාජපූජිත වෙනවා. රජෙකු ගේ පරිහරණයට සුදුසු වෙනවා. රාජකීය අංගයක් බවට පත්වෙනවා.

ඔය අයුරින් ම භද්දාලි, දස ධර්මයකින් සමන්විත භික්ෂුව ආහුනෙය්‍ය වෙනවා. පාහුනෙය්‍ය වෙනවා. දක්ඛිණෙය්‍ය වෙනවා. අංජලිකරණීය වෙනවා. ලොවට උතුම් පින්කෙත වෙනවා. කවර දස අංගයක් නිසා ද යත්; භද්දාලි, මේ ශාසනයෙහි භික්ෂුව (අරහත් භික්ෂුවක් තුළ පමණක් පිහිටන) අසේඛ වූ සම්මා දිට්ඨියෙන් යුක්ත වෙනවා. අසේඛ වූ සම්මා සංකල්පයෙන් යුක්ත වෙනවා. අසේඛ වූ සම්මා වාචා වෙන් යුක්ත වෙනවා. අසේඛ වූ සම්මා කම්මන්තයෙන් යුක්ත වෙනවා. අසේඛ වූ සම්මා ආජීවයෙන් යුක්ත වෙනවා. අසේඛ වූ සම්මා වායාමයෙන් යුක්ත වෙනවා. අසේඛ වූ සම්මා සතියෙන් යුක්ත වෙනවා. අසේඛ වූ සම්මා සමාධියෙන් යුක්ත වෙනවා. අසේඛ වූ සම්මා ඤාණයෙන් යුක්ත වෙනවා. අසේඛ වූ සම්මා විමුක්තියෙන් යුක්ත වෙනවා. මෙසේ භද්දාලි, මේ දස ධර්මයෙන් සමන්විත භික්ෂුව ආහුනෙය්‍ය වෙනවා. පාහුනෙය්‍ය වෙනවා. දක්ඛිණෙය්‍ය වෙනවා. අංජලිකරණීය වෙනවා. ලොවට උතුම් පින්කෙත වෙනවා.

භාග්‍යවතුන් වහන්සේ මෙය වදාළ සේක. සතුටු සිත් ඇති ආයුෂ්මත් භද්දාලි තෙරුන් භාග්‍යවතුන් වහන්සේ වදාළ මෙම දේශනය ඉතාම සතුටින් පිළිගත්තා.

සාදු! සාදු!! සාදු!!!

භද්දාලි තෙරුන්ට වදාළ දෙසුම නිමා විය.

2.2.6.
ලටුකිකෝපම සූත්‍රය
කැටකිරිල්ලිය උපමා කොට වදාළ දෙසුම

මා හට අසන්නට ලැබුනේ මේ විදිහට යි. ඒ දිනවල භාග්‍යවතුන් වහන්සේ වැඩ සිටියේ අංගුත්තරාප ජනපදයෙහි ආපණ නම් වූ අංගුත්තරාපයින් ගේ නියම් ගමෙහි ය. එදා භාග්‍යවතුන් වහන්සේ පෙරවරුවෙහි සිවුරු හැඳ පොරවා ගෙන, පාත්තරය ගෙන ආපණ නියම් ගමට පිඬු සිඟා වැඩියා. ආපණ ගමෙහි පිඬු සිඟා වැඩම කොට දන් වැළඳීමෙන් පසු දිවා විහරණය පිණිස, එහි එක්තරා වන ලැහැබකට වැඩම කළා. ඒ වන ලැහැබ ඇතුළට වැඩ, එක්තරා රුක් සෙවනක දිවා විහරණයෙන් වැඩ සිටියා.

ආයුෂ්මත් උදායී තෙරුන් ද, පෙරවරුවෙහි සිවුරු හැඳ පොරවා ගෙන, පාත්තරය ගෙන ආපණ නියම් ගමට පිඬු සිඟා වැඩියා. ආපණ ගමෙහි පිඬු සිඟා වැඩම කොට දන් වැළඳීමෙන් පසු දිවා විහරණය පිණිස, ඒ වන ලැහැබට වැඩම කළා. ඒ වන ලැහැබ ඇතුළට වැඩ, එක්තරා රුක් සෙවනක දිවා විහරණයෙන් යුතුව වාඩි වී සිටියා. එසේ භාවනාවෙන් විවේකීව සිටින ආයුෂ්මත් උදායී තෙරුන් හට මෙවැනි සිතිවිල්ලක් ඇතිවුනා. "ඒකාන්තයෙන් භාග්‍යවතුන් වහන්සේ අප ගේ බොහෝ දුක් බැහැර කරවන සේක. ඒකාන්තයෙන් ම භාග්‍යවතුන් වහන්සේ අප හට බොහෝ සැප සලසා ලන සේක. ඒකාන්තයෙන් ම භාග්‍යවතුන් වහන්සේ අප ගේ බොහෝ අකුසල් බැහැර කරවන සේක. ඒකාන්තයෙන් ම භාග්‍යවතුන් වහන්සේ අප හට බොහෝ කුසල් උපදවා දෙන සේක" කියල.

ඉතින් ආයුෂ්මත් උදායී තෙරුන් සවස් වරුවෙහි භාවනාවෙන් නැගිට, භාග්‍යවතුන් වහන්සේ වැඩ සිටි තැනට පැමිණුනා. පැමිණ භාග්‍යවතුන් වහන්සේට ආදරයෙන් වන්දනා කොට එකත්පස්ව වාඩි වුනා. එකත්පස්ව වාඩි වූ ආයුෂ්මත් උදායී තෙරුන් භාග්‍යවතුන් වහන්සේට මෙය පැවසුවා. "ස්වාමීනී, මෙහි හුදෙකලාවෙහි භාවනාවෙන් සිටි මා හට මෙවැනි සිතිවිල්ලක් ඇතිවුනා. ඒකාන්තයෙන් ම භාග්‍යවතුන් වහන්සේ අප ගේ බොහෝ ....(පෙ).... කුසල ධර්මයන් උපදවා දෙන සේක' කියල.

මජ්ඣිම නිකාය - 2 (භික්ඛු වර්ගය) (2.2.6 ලටුකිකෝපම සූත්‍රය) 167

ස්වාමීනී, අපි ඉස්සර සවස් කාලෙත්, හීල ත්, දහවල ත්, විකාලයෙහි ත් වැළඳුවා. ස්වාමීනී, භාග්‍යවතුන් වහන්සේ 'සැබැවින් ම පින්වත් මහණෙනි, ඔබ දවල් විකාලයෙහි බොජුන් වැළඳීම අත්හැර දමන්න' කියා භික්ෂූන් අමතා යම් කරුණක් වදාළ සේක් ද, එබඳු කාලයක් තිබුනා.

එතකොට ස්වාමීනී, මා තුළ මහත් වෙනසක් හටගත්තා. දොම්නසක් හටගත්තා. 'ශ්‍රද්ධාවන්ත ගිහි උදවිය දිවා විකාලයෙහි තමයි ප්‍රණීත වූ ඛාද්‍ය භෝජ්‍ය වූ යමක් අපට දෙන්නෙ. නමුත් භාග්‍යවතුන් වහන්සේ ඒ බොජුන ත් ප්‍රහාණය කිරීම ගැන වදාරණ සේක. සුගතයන් වහන්සේ එය බැහැර කරලීම ගැන වදාරණ සේක' කියල.

ඉතින් අපි ස්වාමීනී, භාග්‍යවතුන් වහන්සේ කෙරෙහි ඇති ප්‍රේමවන්ත භාවය ත්, ගෞරවය ත්, ලැජ්ජාව ත්, බිය ත් දකිමින් මෙසේ ඒ දිවා විකාලයෙහි වළඳන බොජුන් අත්හැරියා. ස්වාමීනී, අපි සවස ත්, උදෑසන ත් වැළඳුවා නෙව. ස්වාමීනී, භාග්‍යවතුන් වහන්සේ 'සැබැවින් ම පින්වත් මහණෙනි, ඔබ රාත්‍රියට ගන්නා මේ විකල් බොජුන් වැළඳීම අත්හැර දමන්න' කියා භික්ෂූන් අමතා යම් කරුණක් වදාළ සේක් ද, එබඳු කාලයක් තිබුනා.

එතකොට ස්වාමීනී, මා තුළ මහත් වෙනසක් හටගත්තා. දොම්නසක් හටගත්තා. 'උදේ වරුවේ ත්, සවස් වරුවේ ත් කියන දෙවරුවෙහි ලැබෙන බත් අතුරින් යම් බතක් අතිශයින් ම ප්‍රණීත යැයි සලකන ලද්දේ ද, භාග්‍යවතුන් වහන්සේ ඒ බොජුන ත් ප්‍රහාණය කිරීම ගැන වදාරණ සේක. සුගතයන් වහන්සේ එය බැහැර කරලීම ගැන වදාරණ සේක' කියල.

ස්වාමීනී, ඉස්සර මෙහෙම දෙයක් වුනා. එක්තරා පුරුෂයෙක් දහවල් ව්‍යංජනයකට සුදුසු දෙයක් ලබා මෙහෙම කිව්වා. 'දැන් මෙය අරන් තියන්න. සවසට අපි හැමෝම එක්ව අනුභව කරමු' කියා. ස්වාමීනී, යම් බොජුනක් හොඳින් පිසිනවා නම්, ඒ සෑම දෙයක් ම රෑට යි හදන්නෙ. දවාලට හදන්නේ ස්වල්පය යි. ඉතින් අපි ස්වාමීනී, භාග්‍යවතුන් වහන්සේ කෙරෙහි ඇති ප්‍රේමවන්ත භාවය ත්, ගෞරවය ත්, ලැජ්ජාව ත්, බිය ත් දකිමින් මෙසේ ඒ රාත්‍රී විකාලයෙහි වළඳන බොජුන් අත්හැරියා.

ස්වාමීනී, ඉස්සර මෙහෙම දෙයක් වුනා. 'භික්ෂූන් වහන්සේලා මහ ඝණ අඳුරු රැයෙහි පිඬු සිඟා වඩිද්දී ඉඳුල් දමන තැනට ත් යනවා. ගවර වලෙහිත් වැටෙනවා. කටු සහිත වැට-කඩුළු වල ත් පැටලෙනවා. නිදාසිටින ගවයන් මත ත් වැටෙනවා. සොරකම් කළා වූ ත්, සොරකම් නො කළා වූ ත් තරුණයන් වත් මුණ ගැහෙනවා. ඇතැම් අවස්ථා වල දී ස්ත්‍රීන් පවා නො මනා ක්‍රියා වලට යෝජනා කරනවා.'

ස්වාමීනී, ඉස්සර මෙහෙම දෙයකුත් වුනා. මං මහ සණ අඳුරු රැයෙහි පිඬු සිඟා වඩිනවා. එතකොට ස්වාමීනී, ඉඳුල් භාජන සෝදන ස්ත්‍රියක් විදුලි කොටන එළියෙන් මාව දැක්කා. දැකලා හොඳට ම භය වුනා. මහ හඬින් කෑ ගැසුවා. 'අයියෝ ! මාව වනසන්ට මෙන්න පිසාචයෙක් ආවෝ...' කියල. එසේ පැවසූ විට ස්වාමීනී, මං ඒ ස්ත්‍රියට මෙහෙම කිව්වා. 'පින්වත් නැගණිය, මං පිසාචයෙක් නො වෙයි. මං පිඬු පිණිස සිටගෙන සිටින භික්ෂුවක්' කියල. එතකොට ඇය 'භික්ෂුව ගේ පියා මැරුණා වත් ද? භික්ෂුව ගේ මව් මැරුණා වත් ද? එම්බා භික්ෂුව, ගව මස් කපන තියුණු වූ මන්නාපිහියක් ගෙන නුඹ ගේ කුස කපා ගත්තා නම් ඒක උතුම්. මේ මහ සණ අන්ධාකාරයේ පිණ්ඩපාතය පිණිස යම් හැසිරීමක් ඇද්ද, එය හොඳ දෙයක් නෙවෙයි' කියල කිව්වා.

ස්වාමීනී, මට ඒවා මතක් වෙද්දි තමයි මෙහෙම හිතුණෙ. 'ඒකාන්තයෙන් භාග්‍යවතුන් වහන්සේ අප ගේ බොහෝ දුක් බැහැර කරවන සේක. ඒකාන්තයෙන් ම භාග්‍යවතුන් වහන්සේ අප හට බොහෝ සැප සලසා ලන සේක. ඒකාන්තයෙන් ම භාග්‍යවතුන් වහන්සේ අප ගේ බොහෝ අකුසල් බැහැර කරවන සේක. ඒකාන්තයෙන් ම භාග්‍යවතුන් වහන්සේ අප හට බොහෝ කුසල් උපදවා දෙන සේක' කියල."

"උදායී, ඒක එහෙම තමයි. මෙහි ඇතැම් හිස් පුරුෂයන්ට මා විසින් 'මෙය අත්හැර දමන්න' කියා පැවසූ විට ඔවුන් මෙහෙම කියනවා. 'මේ ශ්‍රමණයන් වහන්සේ මොනවට නම් මේ ඉතා ස්වල්ප වූ කුඩා දේවල් වලට මෙතරම් වෑයමක් ගන්නව ද?' කියල. ඔවුන් එබඳු කුඩා දෙයක් වත් අත්හරින්නෙ නෑ. මා කෙරෙහි නො සතුටක් උපදවා ගන්නවා. ඒ තුළ හික්මෙනු කැමති වූ යම් භික්ෂූන් ඇද්ද, ඔවුන් කෙරෙහි පවා නො සතුට ඇති කරගන්නවා. උදායී, ඒ හිස් පුද්ගලයන්ට එය බලවත් බන්ධනයක්. දැඩි බන්ධනයක්. ස්ථිර බන්ධනයක්. නො දිරූ බන්ධනයක්. ගෙල සිර කර දැමූ මහා කාෂ්ඨයක්.

උදායී, කැටකිරිල්ලියක් ඉන්නවා. මේ කිරිල්ලිය ඉතා දිරූ වැල් පටකින් බැඳලා එයට හසුවෙලා ඉන්නවා. ඒ කිරිල්ලිය ඒ බන්ධනය තුළ ම වධයට පත් වෙනවා. බන්ධනයට පත්වෙනවා. මරණයට හෝ පත් වෙනවා. උදායී, එතකොට යම් කෙනෙක් මෙහෙම කිව්වොත්, 'ඒ කැටකිරිල්ලිය යම් දිරාගිය වැල්පටකින් බඳිනා ලද බැඳුමකට හසු වුණා ද, එහි ම ඒ කිරිල්ලිය වධයට හෝ බන්ධනයට හෝ මරණයට හෝ පැමිණුනා ද, ඒ දිරාගිය වැල්පට කැටකිරිල්ලියට අබල බන්ධනයක් ම යි. දුර්වල බන්ධනයක් ම යි. දිරාගිය බන්ධනයක් ම යි. අසාර බන්ධනයක් ම යි කියල ඒ කෙනා උදායී, ඒ හරි දෙයක් ද කියන්නෙ?"

"ස්වාමීනී, ඒ එසේ නොවේ ම යි. ස්වාමීනී, ඒ කැටකිරිල්ලිය යම් දිරා ගිය වැල්පටකින් බඳිනා ලද බැඳුමකට හසු වුණා ද, එහි ම ඒ කිරිල්ලිය වධයට හෝ මරණයට හෝ පැමිණුනා ද, ඒ දිරාගිය වැල්පට කැටකිරිල්ලියට බලවත් වූ බන්ධනයක් ම යි. දැඩි බන්ධනයක් ම යි. ස්ථිර බන්ධනයක් ම යි. දිරා නො ගිය බන්ධනයක් ම යි. ඇය ගේ ගෙල සිර කොට ගත් මහා කාෂ්ඨයක් ම යි."

"උදායී, ඔය වගේ ම තමයි. මෙහි ඇතැම් හිස් පුරුෂයන්ට මා විසින් 'මෙය අත්හැර දමන්න' කියා පැවසූ විට ඔවුන් මෙහෙම කියනවා. 'මේ ශ්‍රමණයන් වහන්සේ මොනවට නම් මේ ඉතා ස්වල්ප වූ කුඩා දේවල් වලට මෙතරම් වෑයමක් ගන්නව ද?' කියල. ඔවුන් එබඳු කුඩා දෙයක් වත් අත්හරින්නෙ නෑ. මා කෙරෙහි නො සතුටක් උපදවා ගන්නවා. ඒ තුළ හික්මෙනු කැමති වූ යම් භික්ෂූන් ඇද්ද, ඔවුන් කෙරෙහි පවා නො සතුට ඇති කරගන්නවා. උදායී, ඒ හිස් පුද්ගලයන්ට එය බලවත් බන්ධනයක්. දැඩි බන්ධනයක්. ස්ථිර බන්ධනයක්. නො දිරූ බන්ධනයක්. ගෙල සිර කර දැමූ මහා කාෂ්ඨයක්.

නමුත් උදායී, ඇතැම් කුල පුත්‍රයන් ඉන්නවා. මා විසින් ඔවුන්ට ත් කියනවා 'මෙය අත්හැර දමන්න' කියල. එතකොට ඔවුන් මෙහෙම කියනවා. 'අපට භාග්‍යවතුන් වහන්සේ යමක් අත්හැර දමන්නැයි වදාරණ සේක් ද, අපට සුගතයන් වහන්සේ යමක් දුරලන්නැයි වදාරණ සේක් ද, එය ඉතා ස්වල්ප වූ සුළු දේ පවා ප්‍රහාණය කිරීම ගැන බුදු කෙනෙක් ම වදාරණ තෙක් සිටිය යුතු ද?' කියා ඔවුන් එය අත්හැර දමනවා. මා කෙරෙහි නො සතුටක් පහළ කරන්නෙ නැහැ. ඒ වගේ ම ඒ දේ තුළ හික්මෙනු කැමති භික්ෂූන් කෙරෙහි ද නො සතුටක් පහළ කරන්නෙ නැහැ. ඉතින් ඔවුන් අත්හළ යුතු දේ හැරපියා ඒ කෙරෙහි උත්සාහවත් නො වී, නිහතමානීව, අනුන් දුන් දෙයින් සතුටුව යැපෙමින්, මුවන් වගේ නිදහස් සිතින් වාසය කරනවා. එතකොට උදායී, එය ඔවුන්ට අබල බන්ධනයක්. දුර්වල බන්ධනයක්. කුණු වූ බන්ධනයක්. නිසරු බන්ධනයක්.

උදායී, සුවිශාල දළ යුගලක් ඇති, හොඳින් වැඩුණු සිරුරු ඇති, ජාති සම්පන්න වූ මහා හස්තිරාජයෙක් ඉන්නවා. ඒ ඇත් රජා යුද්ධ භූමියෙහි බැස ගෙන ඉන්නවා. එතකොට ඒ ඇත් රජා ව දැඩි වරපටකින් බැන්දොත් කය මඳක් ම එහාට මෙහාට නවා ඒ බන්ධන සිඳ බිඳ දමා කැමති සේ යනවා. එතකොට යමෙක් ඒ ඇත් රජු ගේ බන්ධනය ගැන මෙහෙම කියනවා. 'සුවිශාල දළ ඇති වැඩුණු සිරුරු ඇති, ඒ හස්ති රාජයා යම් දැඩි වරපටකින් බඳිනා ලද්දේ ද, එම බන්ධනය කය මඳක් එහාට මෙහාට කිරීමෙන් සුණු විසුණු කොට කැමති දිශාවකට ගියේ ද, ඒ ඇත් රජාට එම බන්ධනය ඉතා බලවත් බන්ධනයක් ම යි.

දැඩි වූ බන්ධනයක් ම යි. ස්ථිර වූ බන්ධනයක් ම යි. කුණු නො වූ බන්ධනයක් ම යි. ගෙල සිර කර දැමූ මහා කාෂ්ඨයක් ම යි' කියා කීවොත් උදායී, එය ඒ ගැන කියන සැබෑ කීමක් ද?"

"ස්වාමීනී, එය නොවේ ම යි. සුවිශාල දළ ඇති වැඩුණු සිරුරු ඇති, ඒ හස්ති රාජයා යම් දැඩි වරපටකින් බඳිනා ලද්දේ ද, එම බන්ධනය කය මඳක් එහාට මෙහාට කිරීමෙන් සුණු විසුණු කොට කැමති දිශාවකට ගියේ ද, ඒ ඇත් රජාට එම බන්ධනය අබල වූ බන්ධනයක් ම යි. දුර්වල වූ බන්ධනයක් ම යි. කුණු වූ බන්ධනයක් ම යි. අසාර වූ බන්ධනයක් ම යි."

"උදායී, මෙයත් ඒ වගේ ම යි. ඇතැම් කුල පුත්‍රයන් ඉන්නවා. මා විසින් ඔවුන්ට ත් කියනවා 'මෙය අත්හැර දමන්න' කියල. එතකොට ඔවුන් මෙහෙම කියනවා. 'අපට භාග්‍යවතුන් වහන්සේ යමක් අත්හැර දමන්නැයි වදාරණ සේක් ද, අපට සුගතයන් වහන්සේ යමක් දුරලන්නැයි වදාරණ සේක් ද, එය ඉතා ස්වල්ප වූ සුළු දේ පවා ප්‍රහාණය කිරීම ගැන බුදු කෙනෙක් ම වදාරණ තෙක් සිටිය යුතු ද?' කියා ඔවුන් එය අත්හැර දමනවා. මා කෙරෙහි නො සතුටක් පහළ කරන්නෙ නැහැ. ඒ වගේ ම ඒ දේ තුළ හික්මෙනු කැමති භික්ෂූන් කෙරෙහි ද නො සතුටක් පහළ කරන්නෙ නැහැ. ඉතින් ඔවුන් අත්හළ යුතු දේ හැරපියා ඒ කෙරෙහි උත්සාහවත් නො වී, නිහතමානීව, අනුන් දුන් දෙයින් සතුටුව යැපෙමින්, මුවන් වගේ නිදහස් සිතින් වාසය කරනවා. එතකොට උදායී, එය ඔවුන්ට අබල බන්ධනයක්. දුර්වල බන්ධනයක්. කුණු වූ බන්ධනයක්. නිසරු බන්ධනයක්.

උදායී, ඉතා දිළිඳු වූ, තමා සතු කිසිවක් නැති, නිසරු පුරුෂයෙක් ඉන්නවා. ඔහුට පරාල කඩා වැටිලා, කපුටන්ට පවා රිංගන්නට පුළුවන්, කිසි පෙනුමක් නැති එක ම පැල්පතක් තියෙනවා. එහි ලණු කැබැලි වලින් අපිළිවෙලකට වියූ උණ බට වලින් කළ ඇඳකුත් තියෙනවා. එහි වළං කබලකුත්, පුස් බැඳුණු ධාන්‍ය ටිකකුත් තියෙනවා. ඒ වගේ ම ඔහුට කිසි පෙනුමක් නැති, නීච ගති ඇති බිරිඳකුත් ඉන්නවා. ඉතින් ඔහු අරණෙහි සිටින භික්ෂුවක් දකිනවා. ඒ භික්ෂුව හොඳින් අත් පා සෝදා පිරිසිදුවට ඉන්නවා. ප්‍රණීත දන් වළඳනවා. සිහිල් සෙවන ඇති රුක් සෙවනේ බවුන් වඩනවා. ඒ භික්ෂුව දකින ඔහුට මෙහෙම සිතෙනවා. 'අහෝ! මේ ශ්‍රමණභාවය නම් සැපයක් ම යි. භවත්නි, මේ ශ්‍රමණ භාවය නම් නීරෝග බවක් ම යි. එනිසා මට ත් සැබැවින් ම ගිහි ගෙය අත්හැර කෙස් රැවුල බහා කහවත් දරා බුදුසසුනෙහි පැවිදි වෙන්නට ඇත්නම් කොතරම් හොඳ ද!' කියල. නමුත් අර ඉතා දිළිඳු වූ, තමා සතු කිසිවක් නැති, නිසරු පුරුෂයාට ඔහු ගේ පරාල කඩා වැටී තිබෙන, කපුටන්ට පවා රිංගන්නට

පුළුවන්ව තිබෙන, කිසි පෙනුමක් නැති එක ම පැල්පත අත්හැරලා, එහි තිබෙන ලණු කැබැලි වලින් අපිළිවෙලකට වියූ උණ බට වලින් කළ ඇඳ අත්හැරලා, එහි තියෙන වළං කබලත් අත්හැරලා, පුස් බැඳුණු ධාන්‍ය ටිකත් අත්හැරලා, ඒ වගේ ම ඔහු ගේ කිසි පෙනුමක් නැති, නීච ගති ඇති බිරිඳ ත් අත්හැරලා, ගිහි ගෙය අත්හැරලා, කෙස් රැවුල් බහා කහවත් පොරවා අනගාරික බුදු සසුනේ පැවිදි වෙන්නට හැකියාවක් නෑ.

එතකොට උදායී, යමෙක් මෙහෙම කිව්වොත්, 'ඒ පුරුෂයා යම් බැඳුමකින් බැඳී තිබෙනවා නම්, ඒ කියන්නෙ; දිරා ගිය පරාල ඇති එක ම කුඩා පැල්පත ....(පෙ).... නීච ගති ඇති, කිසි පෙනුමක් නැති බිරිඳ අත්හැරලා, ඒ බැඳීම් නැතිව ගිහි ගෙය අත්හැරලා, කෙස් රැවුල් බහා කහවත් හැඳ පැවිදි වෙන්නට යම් නො හැකියාවක් ඇද්ද, ඒ නිවසට, ඇඳට, වළඳට, ධාන්‍යවලට, බිරිඳට ඔහු තුළ ඇති බන්ධනය බල නැති බන්ධනයක් ම යි. දුර්වල බන්ධනයක් ම යි. කුණු වූ බන්ධනයක් ම යි. අසාර වූ බන්ධනයක් ම යි කියල කිව්වොත් උදායී, ඒ පවසන්නේ ඒ බන්ධනය ගැන සැබෑ වූ කීමක් ද?"

"ස්වාමීනී, එය නොවේ ම යි. ස්වාමීනී, යම් බන්ධනයකින් බැඳුණු, අර ඉතා දිළිඳු වූ, තමා සතු කිසිවක් නැති, නිසරු පුරුෂයාට ඔහු ගේ පරාල කඩා වැටී තිබෙන, කපුටන් ට පවා රිංගන්නට පුළුවන්ව තිබෙන, කිසි පෙනුමක් නැති එක ම පැල්පත අත්හැරලා, එහි තිබෙන ලණු කැබැලි වලින් අපිළිවෙලකට වියූ උණ බට වලින් කළ ඇඳ අත්හැරලා, එහි තියෙන වළං කබල ත් අත්හැරලා, පුස් බැඳුණු ධාන්‍ය ටිකත් අත්හැරලා, ඒ වගේ ම ඔහු ගේ කිසි පෙනුමක් නැති, නීච ගති ඇති බිරිඳ ත් අත්හැරලා, ගිහි ගෙය අත්හැරලා, කෙස් රැවුල් බහා කහවත් පොරවා අනගාරික බුදු සසුනේ පැවිදි වෙන්නට හැකියාවක් නැත්නම් ඒක ඔහුට බලවත් බන්ධනයක් ම යි. දැඩි වූ බන්ධනයක් ම යි. ස්ථිර වූ බන්ධනයක් ම යි. කුණු නො වූ බන්ධනයක් ම යි. ගෙල සිර කොට දමූ මහා කාෂ්ඨයක් ම යි."

"උදායී, ඔය වගේ ම තමයි. මෙහි ඇතැම් හිස් පුරුෂයන්ට මා විසින් 'මෙය අත්හැර දමන්න' කියා පැවසූ විට ඔවුන් මෙහෙම කියනවා. 'මේ ශ්‍රමණයන් වහන්සේ මොනවට නම් මේ ඉතා ස්වල්ප වූ කුඩා දේවල් වලට මෙතරම් වෑයමක් ගන්නව ද?' කියල. ඔවුන් එබඳු කුඩා දෙයක් වත් අත්හරින්නෙ නෑ. මා කෙරෙහි නො සතුටක් උපදවා ගන්නවා. ඒ තුළ හික්මෙනු කැමති වූ යම් භික්ෂූන් ඇද්ද, ඔවුන් කෙරෙහි පවා නො සතුට ඇති කරගන්නවා. උදායී, ඒ හිස් පුද්ගලයන්ට එය බලවත් බන්ධනයක්. දැඩි බන්ධනයක්. ස්ථිර බන්ධනයක්. නො දිරූ බන්ධනයක්. ගෙල සිර කර දමූ මහා කාෂ්ඨයක්.

උදායී, ඉතා ආඪ්‍ය වූ, මහා ධනය ඇති, මහත් භෝග සම්පත් ඇති, රැස් කර ගත් නොයෙක් රන් රුවන් ඇති, රැස් කර ගත් නොයෙක් ධන ධාන්‍ය ඇති, රැස් කර ගත් නොයෙක් කෙත් ඇති, රැස් කර ගත් නොයෙක් වතුපිටි ඇති, රැස් කර ගත් නොයෙක් බිරින්දෑවරුන් සිටින, රැස් කර ගත් නොයෙක් මෙහෙකරුවන් සිටින, රැස් කර ගත් නොයෙක් මෙහෙකාරියන් සිටින ගෘහපතියෙක් ඉන්නවා. එහෙමත් නැත්නම් ගෘහපති පුත්‍රයෙක් ඉන්නවා. ඔහුට ත් අරණෙහි සිටින භික්ෂුවක් දකින්ට ලැබෙනවා. ඒ භික්ෂුව හොඳින් අත් පා සෝදා පිරිසිදුවට ඉන්නවා. ප්‍රණීත දන් වළඳනවා. සිහිල් සෙවන ඇති රුක් සෙවනේ බවුන් වඩනවා. ඒ භික්ෂුව දකින ඔහුට මෙහෙම සිතෙනවා. 'අහෝ! මේ ශ්‍රමණභාවය නම් සැපයක් ම යි. භවත්නි, මේ ශ්‍රමණ භාවය නම් නීරෝග බවක් ම යි. එනිසා මට ත් සැබැවින් ම ගිහි ගෙය අත්හැර කෙස් රැවුල බහා කහවත් දරා බුදුසසුනෙහි පැවිදි වෙන්නට ඇත්නම් කොතරම් හොඳ ද!' කියල.

ඉතින් ඔහු ඒ අනේක වූ රන් රුවන් අත්හරිනවා. අනේක වූ ධන ධාන්‍ය අත්හරිනවා. අනේක වූ කෙත් අත්හරිනවා. අනේක වූ වතුපිටි අත්හරිනවා. අනේක වූ බිරින්දෑවරුන් අත්හරිනවා. අනේක වූ මෙහෙකරුවන් අත්හරිනවා. අනේක වූ මෙහෙකාරියන් අත්හරිනවා. ඔහුට ගිහි ගෙයින් නික්මී, කෙස් රැවුල් බහා, කසාවත් පොරවා, අනගාරික බුදු සසුනේ පැවිදිවෙන්නට පුළුවන්කම ඇතිවෙනවා. එතකොට උදායී, යම් කෙනෙක් ඔහු ගැන මෙහෙම කිව්වොත්, 'ඒ ගෘහපතියා හෝ ගෘහපති පුත්‍රයා යම් බන්ධනයකින් බැඳිලා ඉන්නවා නම්, ...(පෙ).... අනේක වූ මෙහෙකාරියන් පිරිස ද අත්හැර ගිහි ගෙයින් නික්මී, කෙස් රැවුල් බහා, කසාවත් පොරවා, අනගාරික බුදු සසුනේ පැවිදිවෙන්නට පුළුවන්කම ඇතිවෙනවා නම් ඔහු ගේ ඒ බන්ධනය ඉතා බලවත් බන්ධනයක් ම යි. දැඩි වූ බන්ධනයක් ම යි. ස්ථිර වූ බන්ධනයක් ම යි. කුණු නො වූ බන්ධනයක් ම යි. ගෙල සිර කර දැමූ මහා කාෂ්ඨයක් ම යි' කියල. උදායී, එය ඔහු ගැන කියන සැබෑ කීමක් ද?"

"ස්වාමීනී, එය එසේ නොවේ ම යි. ඒ ගෘහපතියා හෝ ගෘහපති පුත්‍රයා හෝ යම් බන්ධනයකින් බැඳිලා ඉන්නවා නම්, ඒ අනේක වූ රන් රුවන් අත් හැරලා, අනේක වූ ධන ධාන්‍ය අත් හැරලා, අනේක වූ කෙත් අත් හැරලා, අනේක වූ වතුපිටි අත්හැරලා, අනේක වූ බිරින්දෑවරුන් අත් හැරලා, අනේක වූ මෙහෙකරුවන් අත් හැරලා, අනේක වූ මෙහෙකාරියන් අත් හැරලා, ඒ බන්ධනයෙන් මිදී ගිහි ගෙයින් නික්මී, කෙස් රැවුල් බහා, කසාවත් දරා, අනගාරික බුදු සසුනෙහි පැවිදි වෙන්නට පුළුවන් කමක් තිබෙනවා ද, ඔහු ගේ ඒ බන්ධනය බල රහිත බන්ධනයක් ම යි. දුර්වල බන්ධනයක් ම යි. කුණු වූ බන්ධනයක් ම යි. අසාර බන්ධනයක් ම යි."

"උදායී, මෙයත් ඒ වගේ ම යි. ඇතැම් කුල පුත්‍රයන් ඉන්නවා. මා විසින් ඔවුන්ට ත් කියනවා 'මෙය අත්හැර දමන්න' කියල. එතකොට ඔවුන් මෙහෙම කියනවා. 'අපට භාග්‍යවතුන් වහන්සේ යමක් අත්හැර දමන්නැයි වදාරණ සේක් ද, අපට සුගතයන් වහන්සේ යමක් දුරලන්නැයි වදාරණ සේක් ද, එය ඉතා ස්වල්ප වූ සුළු දේ පවා ප්‍රහාණය කිරීම ගැන බුදු කෙනෙක් ම වදාරණ තෙක් සිටිය යුතු ද?' කියා ඔවුන් එය අත්හැර දමනවා. මා කෙරෙහි නො සතුටක් පහළ කරන්නෙ නැහැ. ඒ වගේ ම ඒ දේ තුළ හික්මෙනු කැමති භික්ෂූන් කෙරෙහි ද නො සතුටක් පහළ කරන්නෙ නැහැ. ඉතින් ඔවුන් අත්හළ යුතු දේ හැරපියා ඒ කෙරෙහි උත්සාහවත් නො වී, නිහතමානීව, අනුන් දුන් දෙයින් සතුටුව යැපෙමින්, මුවන් වගේ නිදහස් සිතින් වාසය කරනවා. එතකොට උදායී, එය ඔවුන්ට අබල බන්ධනයක්. දුර්වල බන්ධනයක්. කුණු වූ බන්ධනයක්. නිසරු බන්ධනයක්.

උදායී, මෙලොව පුද්ගලයන් සතර දෙනෙක් දකින්නට ලැබෙනවා. ඒ කවර සතර දෙනෙක් ද යත්; උදායී, මෙහි එක් පුද්ගලයෙක් කෙලෙස්උපධීන් ප්‍රහාණය කිරීම පිණිස, කෙලෙස්උපධීන් දුරලීම පිණිස ත් ප්‍රතිපදාවෙහි යෙදෙනවා. ඉතින් උපධීන් ප්‍රහාණය පිණිස, දුරලීම පිණිස පිළිවෙත් පුරන්නා වූ ඔහු තුළ කෙලෙස් සහිත හැඟීම් ඇතිවෙනවා. ක්ලේශ සංකල්පයන් සිත සිතා ඉන්නවා. ඔහු ඒවා ඉවසනවා. අත්හරින්නෙ නෑ. දුරුකරන්නෙ නෑ. නැති කරන්නෙ නෑ. අභාවයට පත්කරන්නෙ නෑ. උදායී, මං මේ පුද්ගලයාට කියන්නෙ 'කෙලෙස් සමඟ එකතු වී සිටින කෙනා' කියල යි, 'කෙලෙස් සමඟ එකතු වී නො සිටින කෙනා' කියල නො වෙයි. ඒ මක් නිසාද යත්; උදායී, යම්හෙයකින් මා පුද්ගලයා තුළ ඇති ඉන්ද්‍රිය ධර්මයන් ගේ වෙනස්කම දන්නා නිසයි.

ඒ වගේ ම උදායී, මෙහි තවත් පුද්ගලයෙක් කෙලෙස්උපධීන් ප්‍රහාණය කිරීම පිණිස, කෙලෙස් උපධීන් දුරලීම පිණිස ත් ප්‍රතිපදාවෙහි යෙදෙනවා. ඉතින් උපධීන් ප්‍රහාණය පිණිස, දුරලීම පිණිස පිළිවෙත් පුරන්නා වූ ඔහු තුළ කෙලෙස් සහිත හැඟීම් ඇතිවෙනවා. ක්ලේශ සංකල්පයන් සිතේ මතුවෙනවා. එතකොට ඔහු ඒවා ඉවසන්නෙ නෑ. අත්හරිනවා. දුරුකරනවා. නැති කරනවා. අභාවයට පත්කරනවා. උදායී, මං මේ පුද්ගලයාට කියන්නෙ 'කෙලෙස් සමඟ එකතු වී නො සිටින කෙනා' කියල යි, 'කෙලෙස් සමඟ එකතු වී සිටින කෙනා' කියල නො වෙයි. ඒ මක් නිසාද යත්; උදායී, යම්හෙයකින් මා පුද්ගලයා තුළ ඇති ඉන්ද්‍රිය ධර්මයන් ගේ වෙනස්කම දන්නා නිසයි.

ඒ වගේ ම උදායී, මෙහි තවත් පුද්ගලයෙක් කෙලෙස්උපධීන් ප්‍රහාණය කිරීම පිණිස, කෙලෙස්උපධීන් දුරලීම පිණිස ත් ප්‍රතිපදාවෙහි යෙදෙනවා. ඉතින්

උපධීන් ප්‍රහාණය පිණිස, දුරලීම පිණිස පිළිවෙත් පුරන්නා වූ ඔහු තුළ ඇතැම් අවස්ථාවන් වල දී සිහි මුළා වීම නිසා කෙලෙස් සහිත හැඟීම් ඇතිවෙනවා. ක්ලේශ සංකල්පයන් සිතෙහි මතුවෙනවා. එතකොට ඔහු තුළ සිහිය උපදවා ගන්නට වෙලාව යනවා. නමුත් සිහිය ඉපදුණු ගමන් ම සැණෙකින් ඔහු ඒවා අත්හරිනවා. දුරුකරනවා. නැති කරනවා. අභාවයට පත්කරනවා. උදායී, ඒක මේ වගේ දෙයක්. දවස මුළුල්ලෙහි ඉතා හොඳින් රත් වූ යකඩ භාජනයක් තියෙනවා. එහි දිය බිඳුවක් දෙකක් වැටෙනවා නම්, ඒ දිය බිඳු වැටීම සෙමින් සිදුවන්නට පුළුවන්. නමුත් එය වැටුණු සැණින් ම ක්ෂය වී, නැති වී යනවා. උදායී, මෙතන සිදුවන්නෙත් එවැනි දෙයක් ම යි. ඒ කියන්නෙ යම් පුද්ගලයෙක් කෙලෙස්උපධීන් ප්‍රහාණය කිරීම පිණිස, කෙලෙස් උපධීන් දුරලීම පිණිස ත් ප්‍රතිපදාවෙහි යෙදෙනවා. ඉතින් උපධීන් ප්‍රහාණය පිණිස, දුරලීම පිණිස පිළිවෙත් පුරන්නා වූ ඔහු තුළ ඇතැම් අවස්ථාවන් වල දී සිහි මුළා වීම නිසා කෙලෙස් සහිත හැඟීම් ඇතිවෙනවා. ක්ලේශ සංකල්පයන් සිතෙහි මතුවෙනවා. එතකොට ඔහු තුළ සිහිය උපදවා ගන්නට වෙලාව යනවා. නමුත් සිහිය ඉපදුණු ගමන් ම සැණෙකින් ඔහු ඒවා අත්හරිනවා. දුරුකරනවා. නැති කරනවා. අභාවයට පත්කරනවා. උදායී, මං මේ පුද්ගලයාට කියන්නෙ 'කෙලෙස් සමඟ එකතු වී නො සිටින කෙනා' කියල යි, 'කෙලෙස් සමඟ එකතු වී සිටින කෙනා' කියල නො වෙයි. ඒ මක් නිසාද යත්; උදායී, යම්හෙයකින් මා පුද්ගලයා තුළ ඇති ඉන්ද්‍රිය ධර්මයන් ගේ වෙනස්කම දන්නා නිසයි.

උදායී, මෙහි තවත් පුද්ගලයෙක් ඉන්නවා. ඔහු 'දුකට මුල උපධීන් බව' මෙසේ දැනගෙන උපධි රහිත වෙනවා. උපධීන් ගෙවා දමා ලබන විමුක්තිය වන අරහත් ඵලයට පත්වෙනවා. ඉතින් උදායී, මං මේ පුද්ගලයාට කියන්නෙ 'කෙලෙස් සමඟ එකතු වී නො සිටින කෙනා' කියල යි, 'කෙලෙස් සමඟ එකතු වී සිටින කෙනා' කියල නො වෙයි. ඒ මක් නිසාද යත්; උදායී, යම්හෙයකින් මා පුද්ගලයා තුළ ඇති ඉන්ද්‍රිය ධර්මයන් ගේ වෙනස්කම දන්නා නිසයි.

උදායී, මේ කාම ගුණ පහක් තියෙනවා. කවර පහක් ද යත්; ඇසෙන් දැක්ක යුතු ඉෂ්ට වූ කාන්ත වූ මනාප වූ ප්‍රිය ස්වරූප ඇති කාමාශාව ඇතිවෙන, කෙලෙස් ඇතිවෙන රූප තියෙනවා. කනෙන් ඇසිය යුතු ....(පෙ).... ශබ්ද තියෙනවා. නාසයෙන් දත යුතු ....(පෙ).... ගඳ සුවඳ තියෙනවා. දිවෙන් දත යුතු ....(පෙ).... රස තියෙනවා. කයෙන් දත යුතු ඉෂ්ට වූ කාන්ත වූ මනාප වූ ප්‍රිය ස්වරූප ඇති කාමාශාව ඇතිවෙන, කෙලෙස් ඇතිවෙන පහස තියෙනවා. උදායී, මේ පංච කාම ගුණයන් හේතු කොට ගෙන යම් සැපයක්, සොම්නසක් උපදිනවා නම්, මෙයට කියන්නේ කාම සුඛය කියල යි. අපවිත්‍ර සුඛය කියල යි.

පෘථග්ජන සුඛය කියල යි. අනාර්ය සුඛය කියල යි. මේ සුඛය සේවනය නො කළ යුතුයි. නො වැඩිය යුතුයි. බහුල වශයෙන් නො කළ යුතුයි. මේ සුඛයට භය විය යුතුයි කියලයි මා කියන්නේ.

උදායී, මේ සසුනෙහි භික්ෂුව කාමයන් ගෙන් වෙන්ව, අකුසල ධර්මයන් ගෙන් වෙන්ව, විතර්ක සහිත වූ, විචාර සහිත වූ, විවේකයෙන් හට ගත් ප්‍රීති සුඛය ඇති ප්‍රථම ධ්‍යානය උපදවා ගෙන වාසය කරනවා. ඒ වගේ ම ඔහු විතර්ක විචාරයන් ගේ සංසිඳීමෙන්, අධ්‍යාත්මයෙහි පැහැදීම ඇති කරවන, සිතෙහි ඒකාග්‍රතාවය පවත්වන, විතර්ක රහිත වූ, විචාර රහිත වූ, සමාධියෙන් හට ගත් ප්‍රීති සුඛය ඇති දෙවන ධ්‍යානයත් උපදවා ගෙන වාසය කරනවා. ....(පෙ).... තුන්වන ධ්‍යානය ත් උපදවා ගෙන වාසය කරනවා. ....(පෙ).... සතරවෙනි ධ්‍යානය ත් උපදවා ගෙන වාසය කරනවා.

උදායී, මේ ධ්‍යාන සැපයට කියන්නේ නෙක්ඛම්ම සුඛය කියල යි. පවිවේක සුඛය කියල යි. සංසිඳීමෙන් ලත් සුඛය කියල යි. අවබෝධයෙන් ලත් සුඛය කියල යි. මෙම ධ්‍යාන සැපය සේවනය කළ යුතුයි. වැඩිය යුතුයි. බහුල වශයෙන් වැඩිය යුතුයි. මෙම ධ්‍යාන සුඛයට භය නො විය යුතුයි කියල යි මා කියන්නේ.

උදායී, මේ සසුනෙහි භික්ෂුව කාමයන්ගෙන් වෙන්ව ....(පෙ).... ප්‍රථම ධ්‍යානය උපදවා ගෙන වාසය කරනවා. උදායී, මෙම ප්‍රථම ධ්‍යානය 'කම්පනයක් තුළ තිබෙනවා' කියල යි මා කියන්නේ. එම ධ්‍යානයෙහි කම්පනය තුළ තිබෙන්නේ කුමක් ද? ඒ තුළ යම් විතර්ක විචාරයක් නිරුද්ධ නො වී තිබෙනවා ද මෙය තමයි ඒ කම්පනය තුළ තිබෙන්නේ.

උදායී, මේ සසුනෙහි භික්ෂුව විතර්ක විචාරයන් සංසිඳීමෙන් ....(පෙ).... දෙවෙනි ධ්‍යානය උපදවා ගෙන වාසය කරනවා. උදායී, මෙම දෙවෙනි ධ්‍යානය ත් 'කම්පනයක් තුළ තිබෙනවා' කියල යි මා කියන්නේ. එම ධ්‍යානයෙහි කම්පනය තුළ තිබෙන්නේ කුමක් ද? ඒ තුළ යම් ප්‍රීති සුඛයක් නිරුද්ධ නො වී තිබෙනවා ද මෙය තමයි ඒ කම්පනය තුළ තිබෙන්නේ.

උදායී, මේ සසුනෙහි භික්ෂුව ප්‍රීතියට නො ඇලීමෙන් ....(පෙ).... තුන්වෙනි ධ්‍යානය උපදවා ගෙන වාසය කරනවා. උදායී, මෙම තුන්වෙනි ධ්‍යානය 'කම්පනයක් තුළ තිබෙනවා' කියල යි මා කියන්නේ. එම ධ්‍යානයෙහි කම්පනය තුළ තිබෙන්නේ කුමක් ද? ඒ තුළ යම් උපේක්ෂා සුඛයක් නිරුද්ධ නො වී තිබෙනවා ද මෙය තමයි ඒ කම්පනය තුළ තිබෙන්නේ.

උදායී, මේ සසුනෙහි භික්ෂුව සැපය ද ප්‍රහාණය වීමෙන්, දුක ද ප්‍රහාණය වීමෙන් ....(පෙ).... සතරවෙනි ධ්‍යානය උපදවා ගෙන වාසය කරනවා. උදායී,

මෙම සතරවෙනි ධ්‍යානය 'අකම්පිතය තුළ තිබෙන දෙයක්' කියල යි මා කියන්නේ.

උදායී, මේ සසුනෙහි භික්ෂුව කාමයන්ගෙන් වෙන්ව, ...(පෙ).... ප්‍රථම ධ්‍යානය උපදවා ගෙන වාසය කරනවා. උදායී, මා කියන්නේ මෙම ප්‍රථම ධ්‍යානයට ඇලුම් කිරීමෙන් වැඩක් නැතැයි කියල යි. එහි ඇල්ම අත්හරින්න කියල යි. එය ඉක්මවා යන්න කියල යි. ඒ ප්‍රථම ධ්‍යානය ඉක්ම යෑම යනු කුමක් ද?

උදායී, මේ සසුනෙහි භික්ෂුව විතක්ක විචාරයන් සංසිඳීමෙන් ....(පෙ).... දෙවෙනි ධ්‍යානය උපදවා ගෙන වාසය කරනවා. මෙම දෙවෙනි ධ්‍යානය යනු ප්‍රථම ධ්‍යානය ඉක්මවා යෑම යි. උදායී, මා කියන්නේ මෙම දෙවෙනි ධ්‍යානයට ඇලුම් කිරීමෙන් වැඩක් නැතැයි කියල යි. එහි ඇල්ම අත්හරින්න කියල යි. එය ඉක්මවා යන්න කියල යි. ඒ දෙවෙනි ධ්‍යානය ඉක්ම යෑම යනු කුමක් ද?

උදායී, මේ සසුනෙහි භික්ෂුව ප්‍රීතියට නො ඇලීමෙන් ....(පෙ).... තුන්වෙනි ධ්‍යානය උපදවා ගෙන වාසය කරනවා. මෙම තුන්වෙනි ධ්‍යානය යනු දෙවෙනි ධ්‍යානය ඉක්මවා යෑම යි. උදායී, මා කියන්නේ මෙම තුන්වෙනි ධ්‍යානයට ත් ඇලුම් කිරීමෙන් වැඩක් නැතැයි කියල යි. එහි ඇල්ම අත්හරින්න කියල යි. එය ඉක්මවා යන්න කියල යි. ඒ තුන්වෙනි ධ්‍යානය ඉක්ම යෑම යනු කුමක් ද?

උදායී, මේ සසුනෙහි භික්ෂුව සැපය ද ප්‍රහාණය වීමෙන්, දුක ද ප්‍රහාණය වීමෙන් ....(පෙ).... සතරවෙනි ධ්‍යානය උපදවා ගෙන වාසය කරනවා. මෙම සතරවෙනි ධ්‍යානය යනු තුන්වෙනි ධ්‍යානය ඉක්මවා යෑම යි. උදායී, මා කියන්නේ මෙම සතරවෙනි ධ්‍යානයට ද ඇලුම් කිරීමෙන් වැඩක් නැතැයි කියල යි. එහි ඇල්ම අත්හරින්න කියල යි. එය ඉක්මවා යන්න කියල යි. ඒ සතරවෙනි ධ්‍යානය ඉක්ම යෑම යනු කුමක් ද?

උදායී, මේ සසුනෙහි භික්ෂුව සියලු ආකාරයෙන් ම රූප සඤ්ඤාවන් ඉක්ම යෑමෙන් ගොරෝසු සඤ්ඤාවන් අරමුණු නො වීමෙන් නා නා සඤ්ඤාවන් මෙනෙහි නො කිරීමෙන් 'අනන්ත වූ ආකාසය' යැයි ආකාසානඤ්චායතනය උපදවා වාසය කරනවා. මෙම ආකාසානඤ්චායතනය යනු සතරවෙනි ධ්‍යානය ඉක්මවා යෑම යි. උදායී, මා කියන්නේ මෙම ආකාසානඤ්චායතනයට ද ඇලුම් කිරීමෙන් වැඩක් නැතැයි කියල යි. එහි ඇල්ම අත්හරින්න කියල යි. එය ඉක්මවා යන්න කියල යි. ඒ ආකාසානඤ්චායතනය ඉක්ම යෑම යනු කුමක් ද?

උදායී, මේ සසුනෙහි භික්ෂුව සියලු ආකාරයෙන් ම ආකාසානඤ්චායතනය ඉක්ම යෑමෙන් 'විඤ්ඤාණය අනන්තයැ'යි විඤ්ඤාණඤ්චායතනය උපදවා ගෙන වාසය කරනවා. මෙම විඤ්ඤාණඤ්චායතනය යනු ආකාසානඤ්චායතනය ඉක්මවා යෑම යි. උදායී, මා කියන්නේ මෙම විඤ්ඤාණඤ්චායතනට ද ඇලුම් කිරීමෙන් වැඩක් නැතැයි කියල යි. එහි ඇල්ම අත්හරින්න කියල යි. එය ඉක්මවා යන්න කියල යි. ඒ විඤ්ඤාණඤ්චායතනය ඉක්ම යෑම යනු කුමක්ද?

උදායී, මේ සසුනෙහි භික්ෂුව සියලු ආකාරයෙන් ම විඤ්ඤාණඤ්චායතනය ඉක්ම යෑමෙන් 'කිසිවක් නැතැ'යි ආකිඤ්චඤ්ඤායතනය උපදවා ගෙන වාසය කරනවා. මෙම ආකිඤ්චඤ්ඤායතනය යනු විඤ්ඤාණඤ්චායතනය ඉක්මවා යෑම යි. උදායී, මා කියන්නේ මෙම ආකිඤ්චඤ්ඤායතනට ද ඇලුම් කිරීමෙන් වැඩක් නැතැයි කියල යි. එහි ඇල්ම අත්හරින්න කියල යි. එය ඉක්මවා යන්න කියල යි. ඒ ආකිඤ්චඤ්ඤායතනය ඉක්ම යෑම යනු කුමක් ද?

උදායී, මේ සසුනෙහි භික්ෂුව සියලු ආකාරයෙන් ම ආකිඤ්චඤ්ඤායතනය ඉක්ම යෑමෙන් නේවසඤ්ඤානාසඤ්ඤායතනය උපදවා ගෙන වාසය කරනවා. මෙම නේවසඤ්ඤානාසඤ්ඤායතනය යනු ආකිඤ්චඤ්ඤායතනය ඉක්මවා යෑම යි. උදායී, මා කියන්නේ මෙම නේවසඤ්ඤානාසඤ්ඤායතනයට ද ඇලුම් කිරීමෙන් වැඩක් නැතැයි කියල යි. එහි ඇල්ම අත්හරින්න කියල යි. එය ඉක්මවා යන්න කියල යි. ඒ නේවසඤ්ඤානාසඤ්ඤායතනය ඉක්ම යෑම යනු කුමක් ද?

උදායී, මේ සසුනෙහි භික්ෂුව සියලු ආකාරයෙන් නේවසඤ්ඤානාසඤ්ඤායතනය ඉක්ම යෑමෙන් සඤ්ඤාවේදයිත නිරෝධයට පැමිණ වාසය කරනවා. උදායී, මේ සඤ්ඤාවේදයිත නිරෝධය යනු නේවසඤ්ඤානාසඤ්ඤායතනය ඉක්මවා යෑම යි. උදායී, මා මේ විදිහට නේවසඤ්ඤානාසඤ්ඤායතනයේ පවා ප්‍රහාණය ගැන පවසන්නේ. උදායී, මං යම් සංයෝජනයක ප්‍රහාණය වීමක් ගැන මා නො කියනවා නම්, එබඳු අණුමාත්‍ර හෝ වේවා විශාල හෝ වේවා ඒ සංයෝජනයක් ඔබ දකිනවා ද?" "ස්වාමීනී, එය නොවේ ම යි."

භාග්‍යවතුන් වහන්සේ මෙය වදාළ සේක. සතුටු සිත් ඇති ආයුෂ්මත් උදයී තෙරුන් භාග්‍යවතුන් වහන්සේ වදාළ මෙම දේශනය ඉතාම සතුටින් පිළිගත්තා.

සාදු! සාදු!! සාදු!!!

කැටකිරිල්ල උපමා කොට වදාළ දෙසුම නිමා විය.

2.2.7.
චාතුම සූත්‍රය
චාතුම ගමෙහි දී වදාළ දෙසුම

මා හට අසන්නට ලැබුනේ මේ විදිහට යි. ඒ දිනවල භාග්‍යවතුන් වහන්සේ වැඩසිටියේ චාතුම ගමෙහි නෙල්ලි වනයක යි. එසමයෙහි සැරියුත් මුගලන් මහරහතන් වහන්සේලා ප්‍රමුඛ පන්සියක් පමණ භික්ෂූන් වහන්සේලා භාග්‍යවතුන් වහන්සේ බැහැදකින්නට චාතුම ගමට පැමිණුනා. ඉතින් ඒ ආගන්තුක භික්ෂූන් වහන්සේලා නේවාසික භික්ෂූන් වහන්සේලා සමඟ පිළිසඳර කතා බස් කරමින් ඇඳන් ආදිය පිළියෙල කරමින් පාත්‍ර සිවුරු ආදිය තැන්පත් කරමින් උස් හඬින්, මහ හඬින් කල් ගත කළා. එතකොට භාග්‍යවතුන් වහන්සේ ආයුෂ්මත් ආනන්දයන් අමතා වදාළා.

"පින්වත් ආනන්ද, මසුන් මරණ තැන කෑ ගසන කෙවුලන් වගේ උස් හඬින්, මහා හඬින් මේ ඝෝෂා කරන්නේ කවුද?" "ස්වාමීනී, සැරියුත් මුගලන් වහන්සේලා ප්‍රමුඛ කොට මේ පන්සියයක් පමණ භික්ෂූන් වහන්සේලා භාග්‍යවතුන් වහන්සේව බැහැදකින්නට චාතුමාවට පැමිණ සිටිනවා. ඉතින් ඒ ආගන්තුක භික්ෂූන් නේවාසික භික්ෂූන් සමඟ පිළිසඳර කතා කරමින් තමයි, සෙනසුන් පණවමින් තමයි, පා සිවුරු තැන්පත් කරමින් තමයි ඔය උස් හඬ මහ හඬ පවත්වන්නේ."

"එසේ වී නම් ආනන්ද, මගේ වචනයෙන් ඒ භික්ෂූන් අමතන්න 'ශාස්තෘන් වහන්සේ ආයුෂ්මතුන් වහන්සේලා අමතනවා' කියා." "එසේය ස්වාමීනී" කියා ආයුෂ්මත් ආනන්දයන් භාග්‍යවතුන් වහන්සේට පිළිතුරු දී ඒ භික්ෂූන් වෙත පැමිණුනා. පැමිණ "ආයුෂ්මතුන් වහන්සේලාට ශාස්තෘන් වහන්සේ අමතන සේක"යි ඒ භික්ෂූන්ට පැවසුවා. ඒ භික්ෂූන් වහන්සේලා "එසේය ආයුෂ්මතුනි" කියා ආයුෂ්මත් ආනන්දයන් හට පිළිතුරු දී භාග්‍යවතුන් වහන්සේ වෙත පැමිණියා. පැමිණ භාග්‍යවතුන් වහන්සේට ආදරයෙන් වන්දනා කොට එකත්පස්ව වාඩි වුනා. එකත්පස්ව වාඩි වූ ඒ භික්ෂූන් හට භාග්‍යවතුන් වහන්සේ මෙය වදාළා.

"එම්බා මහණෙනි, මසුන් මරණ තැන කෑ ගසන කෙවුලන් වගේ උස් හඬින්, මහා හඬින් ඔබ ඝෝෂා කරන්නේ මක් නිසාද?"

"ස්වාමීනී, සැරියුත් මුගලන් වහන්සේලා ප්‍රමුඛ කොට මේ පන්සියයක් භික්ෂූන් වහන්සේලා භාග්‍යවතුන් වහන්සේ බැහැදකින්නට යි චාතුමාවට පැමිණුනේ. ඉතින් ඒ මේ ආගන්තුක භික්ෂූන් නේවාසික භික්ෂූන් සමඟ පිළිසඳර කතා කරමින් තමයි, සෙනසුන් පණවමින් තමයි, පා සිවුරු තැන්පත් කරමින් තමයි ඔය උස් හඬ, මහ හඬ පවත්වන්නේ."

"මහණෙනි, යන්න. ඔබව මම බැහැර කරනවා. ඔබ මා සමීපයේ නො විසිය යුතුයි."

එතකොට ඒ භික්ෂූන් වහන්සේලා "එසේය ස්වාමීනී" කියා භාග්‍යවතුන් වහන්සේට පිළිතුරු දී භාග්‍යවතුන් වහන්සේට ආදරයෙන් වන්දනා කොට පැදකුණු කොට නැවත ඇඳන් ආදිය තැන්පත් කොට, පාත්‍ර සිවුරු රැගෙන ආපසු පිටත් වුනා.

ඒ අවස්ථාව වන විට චාතුමා ගම්වැසි ශාක්‍යවරු කිසියම් කටයුත්තක් පිණිස රැස්වීම් ශාලාවට රැස්ව සිටියා. ඒ චාතුමා ගම්වැසි ශාක්‍යවරුන්ට දුරින් ම ආපසු වඩින භික්ෂූන් වහන්සේලා දැකගන්නට ලැබුනා. එසේ දැක ඒ භික්ෂූන් වෙත පැමිණුනා. පැමිණ ඒ භික්ෂූන්ට මෙය පැවසුවා. "හැබෑවට ම පින්වත් ආයුෂ්මතුන් වහන්සේලා මේ කොහේ වඩින ගමන් ද?" "ආයුෂ්මත්නි, භාග්‍යවතුන් වහන්සේ විසින් භික්ෂු සංඝයා බැහැර කරන ලද්දේ ය." "එසේ වී නම්, ආයුෂ්මතුන් වහන්සේලා මොහොතක් වාඩි වී සිටින්න. අපට භාග්‍යවතුන් වහන්සේව පහදවා ගන්නට පුළුවන්කමක් ලැබුනොත් නම් බොහොම හොඳයි." "එසේය ආයුෂ්මතුනි" කියා ඒ භික්ෂූන් වහන්සේලා චාතුමාවාසී ශාක්‍යවරුන් හට පිළිතුරු දුන්නා.

ඉතින් චාතුමාවාසී ශාක්‍යවරු භාග්‍යවතුන් වහන්සේ වෙත පැමිණියා. පැමිණ භාග්‍යවතුන් වහන්සේට ආදරයෙන් වන්දනා කොට එකත්පස්ව වාඩි වුනා. එකත්පස්ව වාඩි වුන චාතුමාවාසී ශාක්‍යවරුන් භාග්‍යවතුන් වහන්සේට මෙය පැවසුවා. "ස්වාමීනී, භාග්‍යවතුන් වහන්ස, භික්ෂුසංඝයා සතුටින් පිළිගන්නා සේක්වා! ස්වාමීනී, භාග්‍යවතුන් වහන්ස, භික්ෂුසංඝයා හට කතා බස් කරන සේක්වා! ස්වාමීනී, භාග්‍යවතුන් වහන්සේ විසින් කලින් භික්ෂුසංඝයාට යම් අනුග්‍රහයක් කරන ලද්දේ ද, ඒ අයුරින් ම දැනුත් භාග්‍යවතුන් වහන්සේ භික්ෂුසංඝයාට අනුග්‍රහ කරන සේක්වා! ස්වාමීනී, මේ සඟ පිරිස අතර අළුත පැවිදි වූ, අළුතින් සසුනට පැමිණි, අළුතින් මේ ධර්ම විනයට පැමිණි නවක

භික්ෂූන් සිටින්නට පුළුවනි. භාග්‍යවතුන් වහන්සේව ගුණ වශයෙන් දැකගන්නට නො ලැබුනොත් ඒ භික්ෂූන් ගේ සිත් සතන් වල වෙනස් වීමක් ඇතිවෙනවා ම යි. විපරිණාමයක් ඇතිවෙනවා ම යි. ස්වාමීනී, අළුත සිට වූ බීජයන්ට ජලය නො ලැබුනෝතින් වෙනස් වීමක් ඇතිවෙනවා ම යි. විපරිණාමයක් ඇතිවෙනවා ම යි. ඒ අයුරින් ම ස්වාමීනී, මේ සඟ පිරිස අතර අළුත පැවිදි වූ, අළුතින් සසුනට පැමිණි, අළුතින් මේ ධර්ම විනයට පැමිණි නවක භික්ෂූන් සිටින්නට පුළුවනි. භාග්‍යවතුන් වහන්සේව ගුණ වශයෙන් දැකගන්නට නො ලැබුනොත් ඒ භික්ෂූන් ගේ සිත් සතන් වල වෙනස් වීමක් ඇතිවෙනවා ම යි. විපරිණාමයක් ඇතිවෙනවා ම යි.

ඒ වගේ ම ස්වාමීනී, ළදරු වසු පැටවෙකුට මව් වැස්සිය දකින්නට නො ලැබුනොත් වෙනස් වීමක් ඇතිවෙනවා ම යි. විපරිණාමයක් ඇතිවෙනවා ම යි. ඒ අයුරින් ම ස්වාමීනී, මේ සඟ පිරිස අතර අළුත පැවිදි වූ, අළුතින් සසුනට පැමිණි, අළුතින් මේ ධර්ම විනයට පැමිණි නවක භික්ෂූන් සිටින්නට පුළුවනි. භාග්‍යවතුන් වහන්සේව ගුණ වශයෙන් දැකගන්නට නො ලැබුනොත් ඒ භික්ෂූන් ගේ සිත් සතන් වල වෙනස් වීමක් ඇතිවෙනවා ම යි. විපරිණාමයක් ඇතිවෙනවා ම යි.

එනිසා ස්වාමීනී, භාග්‍යවතුන් වහන්ස, භික්ෂුසංඝයා සතුටින් පිළි ගන්නා සේක්වා! ස්වාමීනී, භාග්‍යවතුන් වහන්ස, භික්ෂුසංඝයා හට කතා බස් කරන සේක්වා! ස්වාමීනී, භාග්‍යවතුන් වහන්සේ විසින් කලින් භික්ෂුසංඝයාට යම් අනුග්‍රහයක් කරන ලද්දේ ද, ඒ අයුරින් ම දැනුත් භාග්‍යවතුන් වහන්සේ භික්ෂුසංඝයාට අනුග්‍රහ කරන සේක්වා!"

එකල්හි සහම්පතී බ්‍රහ්මරාජයා භාග්‍යවතුන් වහන්සේ ගේ සිත තම සිතින් පිරිසිඳ දැන බලවත් පුරුෂයෙක් හැකිලූ අතක් දිග අරින තරමක වෙලාවක් තුළ දික් කළ අතක් හකුලන වෙලාවක් තුළ බඹලොවින් අතුරුදහන්ව භාග්‍යවතුන් වහන්සේ ඉදිරියෙහි පහළ වුනා. එහිදී සහම්පතී බ්‍රහ්මරාජයා උතුරු සළුව ඒකාංශ කොට පොරවා ගෙන භාග්‍යවතුන් වහන්සේ වෙත ඇඳිලි බැඳ වැඳගෙන භාග්‍යවතුන් වහන්සේට මෙය පැවසුවා.

"ස්වාමීනී, භාග්‍යවතුන් වහන්ස, භික්ෂුසංඝයා සතුටින් පිළිගන්නා සේක්වා! ස්වාමීනී, භාග්‍යවතුන් වහන්ස, භික්ෂුසංඝයා හට කතා බස් කරන සේක්වා! ස්වාමීනී, භාග්‍යවතුන් වහන්සේ විසින් කලින් භික්ෂුසංඝයාට යම් අනුග්‍රහයක් කරන ලද්දේ ද, ඒ අයුරින් ම දැනුත් භාග්‍යවතුන් වහන්සේ භික්ෂුසංඝයාට අනුග්‍රහ කරන සේක්වා!

ස්වාමීනී, මේ සඟ පිරිස අතර අළුත පැවිදි වූ, අළුතින් සසුනට පැමිණි, අළුතින් මේ ධර්ම විනයට පැමිණි නවක භික්ෂූන් සිටින්නට පුළුවනි. භාග්‍යවතුන් වහන්සේව ගුණ වශයෙන් දැකගන්නට නො ලැබුනොත් ඒ භික්ෂූන් ගේ සිත් සතන් වල වෙනස් වීමක් ඇතිවෙනවා ම යි. විපරිණාමයක් ඇතිවෙනවා ම යි. ස්වාමීනී, අළුත සිට වූ බීජයන්ට ජලය නො ලැබුනෝතින් වෙනස් වීමක් ඇතිවෙනවා ම යි. විපරිණාමයක් ඇතිවෙනවා ම යි. ඒ අයුරින් ම ස්වාමීනී, මේ සඟ පිරිස අතර අළුත පැවිදි වූ, අළුතින් සසුනට පැමිණි, අළුතින් මේ ධර්ම විනයට පැමිණි නවක භික්ෂූන් සිටින්නට පුළුවනි. භාග්‍යවතුන් වහන්සේව ගුණ වශයෙන් දැකගන්නට නො ලැබුනොත් ඒ භික්ෂූන් ගේ සිත් සතන් වල වෙනස් වීමක් ඇතිවෙනවා ම යි. විපරිණාමයක් ඇතිවෙනවා ම යි.

ඒ වගේ ම ස්වාමීනී, ළදරු වසු පැටවෙකුට මව් වැස්සිය දකින්නට නො ලැබුනොත් වෙනස් වීමක් ඇතිවෙනවා ම යි. විපරිණාමයක් ඇතිවෙනවා ම යි. ඒ අයුරින් ම ස්වාමීනී, මේ සඟ පිරිස අතර අළුත පැවිදි වූ, අළුතින් සසුනට පැමිණි, අළුතින් මේ ධර්ම විනයට පැමිණි නවක භික්ෂූන් සිටින්නට පුළුවනි. භාග්‍යවතුන් වහන්සේව ගුණ වශයෙන් දැකගන්නට නො ලැබුනොත් ඒ භික්ෂූන් ගේ සිත් සතන් වල වෙනස් වීමක් ඇතිවෙනවා ම යි. විපරිණාමයක් ඇතිවෙනවා ම යි.

එනිසා ස්වාමීනී, භාග්‍යවතුන් වහන්ස, භික්ෂුසංඝයා සතුටින් පිළි ගන්නා සේක්වා! ස්වාමීනී, භාග්‍යවතුන් වහන්ස, භික්ෂුසංඝයා හට කතා බස් කරන සේක්වා! ස්වාමීනී, භාග්‍යවතුන් වහන්සේ විසින් කලින් භික්ෂුසංඝයාට යම් අනුග්‍රහයක් කරන ලද්දේ ද, ඒ අයුරින් ම දැනුත් භාග්‍යවතුන් වහන්සේ භික්ෂුසංඝයාට අනුග්‍රහ කරන සේක්වා!"

ඉතින් චාතුමාවාසී ශාක්‍යවරුන්ට ත්, සහම්පතී බ්‍රහ්මරාජයාට ත් බීජ උපමාවෙන් ද, ළදරු වසුපැටියා ගේ උපමාවෙන් ද භාග්‍යවතුන් වහන්සේ තුළ පැහැදීම ඇතිකරවන්නට පුළුවන් වුනා. ඒ මොහොතේ දී ආයුෂ්මත් මහා මොග්ගල්ලානයන් වහන්සේ භික්ෂූන් අමතා වදාළා. "ප්‍රිය ආයුෂ්මතුන් වහන්ස, නැගිටින්න. පා සිවුරු ගන්න. චාතුමාවාසී ශාක්‍යවරු විසිනුත්, සහම්පතී බ්‍රහ්මරාජයා විසිනුත්, බීජ උපමාවෙන් ද, ළදරු වසුපැටියා ගේ උපමාවෙන් ද භාග්‍යවතුන් වහන්සේ පහදවන ලද සේක." "එසේය ආයුෂ්මතුනි" කියා ඒ භික්ෂූන් ද ආයුෂ්මත් මහා මොග්ගල්ලානයන් වහන්සේට පිළිතුරු දී නැගිට්ටා. පා සිවුරු ගෙන භාග්‍යවතුන් වහන්සේ වෙත පැමිණුනා. පැමිණ භාග්‍යවතුන් වහන්සේට ආදරයෙන් වන්දනා කොට එකත්පස්ව වාඩි වුනා. එකත්පස්ව වාඩි

වූ ආයුෂ්මත් සාරිපුත්තයන් වහන්සේ ගෙන් භාග්‍යවතුන් වහන්සේ මෙය විමසා වදාළා.

"පින්වත් සාරිපුත්ත, මා විසින් භික්ෂු සංඝයාව බැහැර කරද්දී ඔබට සිතුනේ කුමක් ද?" "ස්වාමීනී, මට මෙහෙම යි සිතුනේ. 'දැන් භාග්‍යවතුන් වහන්සේ ධර්ම දේශනාවෙහි උත්සාහ රහිතව, මෙහිදී ම අත්විඳින අරහත්ඵල සුඛයෙන් යුතුව වාසය කරන සේක. එසේ නම් අපි ත් දැන් ධර්ම දේශනාවෙහි උත්සාහ රහිතව, මෙහිදී ම අත්විඳින අරහත්ඵල සුඛයෙන් යුතුව වාසය කරන එක තමයි හොඳ' කියල." "ඔබ ඔය කියමන නවත්වන්න පින්වත් සාරිපුත්ත, ඔබ ඔය කියමන නවත්වන්න පින්වත් සාරිපුත්ත. ඔබ විසින් මෙහිදී ම අත්විඳින 'අරහත්ඵල සුවයෙන් වාසය කරන්නට ඕන' යන මෙවැනි වූ සිතක් නැවතත් නො ඉපදවිය යුතුයි."

ඊට පස්සෙ භාග්‍යවතුන් වහන්සේ ආයුෂ්මත් මහා මොග්ගල්ලානයන් වහන්සේ ගෙන් මෙය ඇසුවා. "පින්වත් මොග්ගල්ලාන, මා විසින් භික්ෂු සංඝයාව බැහැර කරද්දී ඔබට සිතුනේ කුමක් ද?" "ස්වාමීනී, මට මෙහෙම යි සිතුනේ. 'දැන් භාග්‍යවතුන් වහන්සේ ධර්ම දේශනාවෙහි උත්සාහ රහිතව, මෙහිදී ම අත්විඳින අරහත්ඵල සුඛයෙන් යුතුව වාසය කරන සේක. එසේ නම් 'මම ත්, ආයුෂ්මත් සාරිපුත්තයන් වහන්සේ ත් භික්ෂුසංඝයා පරිහරිණය කරන්නට ඕන' කියල යි." "සාදු! සාදු! පින්වත් මොග්ගල්ලාන. මම හෝ පින්වත් මොග්ගල්ලාන, භික්ෂුසංඝයා පරිහරණය කරන්නට ඕන. සාරිපුත්ත මොග්ගල්ලාන දෙනම හෝ භික්ෂුසංඝයා පරිහරණය කරන්නට ඕන."

ඉක්බිති භාග්‍යවතුන් වහන්සේ භික්ෂූන් අමතා වදාළ සේක. "පින්වත් මහණෙනි, ජලයට බසිනා පුද්ගලයා මේ භය සතරට ගොදුරු වෙන්නට ඉඩ තියෙනවා. ඒ කවර සතරක් ද යත්; ඌම් භය නම් වූ දිය රැල්ලෙන් හටගන්නා භය, කුම්භීල භය නම් වූ කිඹුලන් ගෙන් හටගන්නා භය, ආවට්ට භය නම් වූ දිය සුළියෙන් හටගන්නා භය, සුසුකා භය නම් වූ මිනී කන මසුන් ගෙන් හට ගන්නා භය යන මෙය යි. පින්වත් මහණෙනි, ගිහි ගෙයින් නික්ම මේ ශාසනයෙහි පැවිදි වූ ඇතැම් පුද්ගලයෙකු ද මෙවැනි ම වූ භය සතරකට ගොදුරු වෙන්නට ඉඩ තිබෙනවා. ඒ කවර සතරක් ද යත්; ඌම් භය නම් වූ දිය රැල්ලෙන් හටගන්නා භය, කුම්භීල භය නම් වූ කිඹුලන් ගෙන් හටගන්නා භය, ආවට්ට භය නම් වූ දිය සුළියෙන් හටගන්නා භය, සුසුකා භය නම් වූ මිනී කන මසුන් ගෙන් හට ගන්නා භය යන මෙය යි.

පින්වත් මහණෙනි, ඌම් භය නම් වූ දිය රැල්ලෙන් හටගන්නා භය කුමක් ද? පින්වත් මහණෙනි, මෙහිලා ඇතැම් කුලපුත්‍රයෙක් ඉතාමත් ශ්‍රද්ධාවෙන් ගිහි

ගෙය අත්හැර මේ සසුනෙහි පැවිදි වෙනවා. ඔහු පැවිදි වෙන්නේ 'ඉපදීමෙන්, ජරාවෙන්, මරණයෙන්, සෝකයෙන්, වැළපීම් වලින්, දුකින් දොම්නසින්, සුසුම් හෙළීම් වලින් මං මහා විපතකට පත්වෙල යි සිටින්නේ. දුකට වැටිල යි සිටින්නේ. දුකින් පෙළෙමින් සිටින්නේ. ඉතින් මං මේ මහත් දුක්ඛස්කන්ධයා ගේ අවසන් වීමක් දකිනවා නම් ඒ තමයි හොඳ' කියල යි.

එතකොට එසේ පැවිදි වූ ඔහුට සබ්‍රහ්මචාරීන් වහන්සේලා අවවාද කරනවා. අනුශාසනා කරනවා. 'ඔබ ඉදිරිය බලා යා යුත්තේ මේ විදිහට යි. ඔබ නැවත ආපසු පැමිණිය යුත්තේ මේ විදිහට යි. ඔබ ඉදිරිය බැලිය යුත්තේ මේ විදිහට යි. ඔබ වටපිටාව බැලිය යුත්තේ මේ විදිහට යි. ඔබ අත් පා හැකිලිය යුත්තේ මේ විදිහට යි. ඔබ අත් පා දිගහැරිය යුත්තේ මේ විදිහට යි. ඔබ දෙපට සිවුරු, පාත්‍ර හා අනෙකුත් සිවුරු පරිහරණය කළ යුත්තේ මේ විදිහට යි' කියලා.

එතකොට ඔහුට මෙහෙම හිතෙනවා. 'ඉස්සර ගිහි ගෙදර සිටිද්දී අපි තමයි අනිත් උදවියට අවවාද ත් කරන්නෙ. අනුශාසනා ත් කරන්නෙ. දැන් හරි වැඩක් නෙව. මේ උන්නාන්සේලා අප ගේ දරුවන් වගෙයි. මුණුබුරන් වගෙයි. මේ ඇත්තො සිතන්නෙ අපට අවවාද කළ යුතුයි කියල යි. අනුශාසනා කළ යුතුයි කියල යි.' ඉතින් මහණෙනි, ඒ භික්ෂුව හික්මෙන්නට තිබෙන වැඩපිළිවෙල ප්‍රතික්ෂේප කොට හීන වූ ගිහි බවට වැටෙනවා. පින්වත් මහණෙනි, මේ තැනැත්තාට තමයි කියන්නේ දිය රැල්ලෙන් හටගන්නා භයෙන් භීතියට පත්ව හික්මෙන්නට තිබෙන වැඩපිළිවෙල ප්‍රතික්ෂේප කොට හීන වූ ගිහි බවට වැටුණු කෙනා කියලා. පින්වත් මහණෙනි, දිය රැල්ලෙන් හට ගන්නා භය හෙවත් ඌර්මි භය යනු ක්‍රෝධ උපායාසයට කියන නමකි.

පින්වත් මහණෙනි, කුම්භීල භය නම් වූ කිඹුලන් ගෙන් හටගන්නා භය කුමක්ද? පින්වත් මහණෙනි, මෙහිලා ඇතැම් කුලපුත්‍රයෙක් ඉතාමත් ශ්‍රද්ධාවෙන් ගිහි ගෙය අත්හැර මේ සසුනෙහි පැවිදි වෙනවා. ඔහු පැවිදි වෙන්නේ 'ඉපදීමෙන්, ජරාවෙන්, මරණයෙන්, සෝකයෙන්, වැළපීම් වලින්, දුකින් දොම්නසින්, සුසුම් හෙළීම් වලින් මං මහා විපතකට පත්වෙල යි සිටින්නේ. දුකට වැටිල යි සිටින්නේ. දුකින් පෙළෙමින් සිටින්නේ. ඉතින් මං මේ මහත් දුක්ඛස්කන්ධයා ගේ අවසන් වීමක් දකිනවා නම් ඒ තමයි හොඳ' කියල යි.

එතකොට එසේ පැවිදි වූ ඔහුට සබ්‍රහ්මචාරීන් වහන්සේලා අවවාද කරනවා. අනුශාසනා කරනවා. 'ඔබ විසින් වැළඳිය යුත්තේ මෙය යි. ඔබ විසින් මෙය නො වැළඳිය යුතුයි. ඔබ විසින් අනුභව කළ යුත්තේ මෙය යි. ඔබ මෙය අනුභව නො කළ යුතුයි. ඔබ විසින් රස විඳිය යුත්තේ මෙය යි. ඔබ මෙය

රස නො විඳිය යුතුයි. ඔබ විසින් පානය කළ යුත්තේ මෙය යි. මෙය පානය නො කළ යුතුයි. ඔබ වැළඳිය යුත්තේ කැප වූ දෙය පමණි. අකැප දෙය ඔබ විසින් නො වැළඳිය යුතුයි. ඔබ අනුභව කළ යුත්තේ කැප වූ දෙය පමණි. අකැප දෙය ඔබ විසින් අනුභව නො කළ යුතුයි. ඔබ රස විඳිය යුත්තේ කැප වූ දෙය පමණි. අකැප දෙය ඔබ විසින් රස නො විඳිය යුතුයි. ඔබ පානය කළ යුත්තේ කැප වූ දෙය පමණි. අකැප දෙය ඔබ විසින් පානය නො කළ යුතුයි. ඔබ වැළඳිය යුත්තේ සුදුසු කාලය තුළ යි. විකාලයෙහි නො වැළඳය යුතුයි. ඔබ අනුභව කළ යුත්තේ සුදුසු කාලය තුළ යි. විකාලයෙහි අනුභව නො කළ යුතුයි. ඔබ රස විඳිය යුත්තේ සුදුසු කාලය තුළ යි. විකාලයෙහි රස නො විඳිය යුතුයි. ඔබ පානය කළ යුත්තේ සුදුසු කාලය තුළ යි. විකාලයෙහි පානය නො කළ යුතුයි' කියල.

එතකොට ඒ භික්ෂුවට මෙහෙම හිතෙනවා. 'අපි ඉස්සර ගෙදර සිටිද්දී යමක් කැමති ද එය කනවා. යමක් අකමැති ද එය නො කා ඉන්නවා. යමක් කැමති ද එය අනුභව කරනවා. යමක් අකමැති ද එය අනුභව නො කර ඉන්නවා. යමක් කැමති ද එය රස විඳිනවා. යමක් අකමැති ද එය රස නො විඳිනවා. යමක් කැමති ද එය බොනවා. යමක් අකමැති ද එය නො බී ඉන්නවා. කැප වූ දෙයත් කනවා. අකැප දෙයත් කනවා. කැප වූ දෙයත් අනුභව කරනවා. අකැප දෙයත් අනුභව කරනවා. කැප වූ දෙයත් රස විඳිනවා. අකැප දෙයත් රස විඳිනවා. කැප වූ දෙයත් බොනවා. අකැප දෙයත් බොනවා. සුදුසු කාලෙදි ත් කනවා. විකාලයෙහි ත් කනවා. සුදුසු කාලෙදි ත් අනුභව කරනවා. විකාලයෙහි ත් අනුභව කරනවා. සුදුසු කාලෙදි ත් රස විඳිනවා. විකාලයෙහි ත් රස විඳිනවා. සුදුසු කාලෙදි ත් බොනවා. විකාලයෙහි ත් බොනවා.

ශ්‍රද්ධාවන්ත ගිහි පින්වතුන් දහවල් විකාලයට ත් ප්‍රණීත වූ ඛාද්‍ය භෝජ්‍ය යමක් අපට පූජා කරනවා නම් දැන් හරි වැඩක් නෙව. ඒ ටිකවත් වළඳන්නට බැරි විදිහට මුකවාඩම් දමනවා වගෙයි නෙව' කියල ඒ භික්ෂුව භික්මෙන්නට තිබෙන වැඩපිළිවෙල ප්‍රතික්ෂේප කොට හීන වූ ගිහි බවට වැටෙනවා. පින්වත් මහණෙනි, මේ තැනැත්තාට තමයි කියන්නේ කිඹුලන්ගෙන් හටගන්නා භයෙන් භීතියට පත්ව භික්මෙන්නට තිබෙන වැඩපිළිවෙල ප්‍රතික්ෂේප කොට හීන වූ ගිහි බවට වැටුණු කෙනා කියලා. පින්වත් මහණෙනි, කිඹුලන් ගෙන් හටගන්නා භය හෙවත් කුම්භීල භය යනු රසවත් දෙයින් බඩපුරවා ගන්නට ම සිතමින් සිටීමට කියන නමකි.

පින්වත් මහණෙනි, ආවට්ට භය නම් වූ දිය සුළියෙන් හටගන්නා භය කුමක්ද? පින්වත් මහණෙනි, මෙහිලා ඇතැම් කුලපුත්‍රයෙක් ඉතාමත් ශ්‍රද්ධාවෙන්

ගිහි ගෙය අත්හැර මේ සසුනෙහි පැවිදි වෙනවා. ඔහු පැවිදි වෙන්නේ 'ඉපදීමෙන්, ජරාවෙන්, මරණයෙන්, සෝකයෙන්, වැළපීම් වලින්, දුකින් දොම්නසින්, සුසුම් හෙලීම් වලින් මං මහා විපතකට පත්වෙල යි සිටින්නේ. දුකට වැටිල යි සිටින්නේ. දුකින් පෙළෙමින් සිටින්නේ. ඉතින් මං මේ මහත් දුක්ඛස්කන්ධයා ගේ අවසන් වීමක් දකිනවා නම් ඒ තමයි හොඳ' කියල යි.

එතකොට එසේ පැවිදි වූ ඔහු සිවුරු හැඳ පෙරව පාත්‍රය අතට ගෙන පෙරවරුවෙහි ගමට හෝ නියම්ගමට හෝ පිඬු සිඟා වඩිනවා. ඔහු ආරක්ෂා කර නො ගත් කයින් යුතුව, ආරක්ෂා කර නො ගත් වචනයෙන් යුතුව, සිහිය පිහිටුවා නො ගෙන, අසංවර වූ ඉන්ද්‍රියයන් ගෙන් යුතුව යි පිඬු සිඟා යන්නේ. ඉතින් ඔහු එහිදී ගෘහපතියෙක් වේවා, ගෘහපති පුත්‍රයෙක් වේවා පංච කාම ගුණයන් පිරිවරා ගෙන එයින් විනෝද වෙමින් සිටින අයුරු දකින්නට ලැබෙනවා. එතකොට ඔහුට මෙහෙම හිතෙනවා. 'අපි ඉස්සර ගෙදර සිටිද්දී පංච කාම ගුණයන් පිරිවරා ගෙන එයින් සතුටු වෙවී හිටියා. අප ගේ ගෙදර දේපල වස්තුව තියෙනව නෙව. එහෙම එකේ ගිහි සැප අනුභව කරමින් පින් කරන්නට පුළුවන්කම තියෙනවා නෙව' කියල ඒ භික්ෂුව හික්මෙන්නට තිබෙන වැඩපිළිවෙල ප්‍රතික්ෂේප කොට හීන වූ ගිහි බවට වැටෙනවා. පින්වත් මහණෙනි, මේ තැනැත්තාට තමයි කියන්නේ දිය සුළියෙන් හටගන්නා භයෙන් භීතියට පත්ව හික්මෙන්නට තිබෙන වැඩපිළිවෙල ප්‍රතික්ෂේප කොට හීන වූ ගිහි බවට වැටුණු කෙනා කියලා. පින්වත් මහණෙනි, දියසුළියෙන් හට ගන්නා භය හෙවත් ආවට්ට භය යනු පංච කාම ගුණයන්ට කියන නමකි.

පින්වත් මහණෙනි, සුසුකා භය නම් වූ මිනී කන මසුන් ගෙන් හටගන්නා භය කුමක්ද? පින්වත් මහණෙනි, මෙහිලා ඇතැම් කුලපුත්‍රයෙක් ඉතාමත් ශ්‍රද්ධාවෙන් ගිහි ගෙය අත්හැර මේ සසුනෙහි පැවිදි වෙනවා. ඔහු පැවිදි වෙන්නේ 'ඉපදීමෙන්, ජරාවෙන්, මරණයෙන්, සෝකයෙන්, වැළපීම් වලින්, දුකින් දොම්නසින්, සුසුම් හෙලීම් වලින් මං මහා විපතකට පත්වෙල යි සිටින්නේ. දුකට වැටිල යි සිටින්නේ. දුකින් පෙළෙමින් සිටින්නේ. ඉතින් මං මේ මහත් දුක්ඛස්කන්ධයා ගේ අවසන් වීමක් දකිනවා නම් ඒ තමයි හොඳ' කියල යි.

එතකොට එසේ පැවිදි වූ ඔහු සිවුරු හැඳ පෙරව පාත්‍රය අතට ගෙන පෙරවරුවෙහි ගමට හෝ නියම්ගමට හෝ පිඬු සිඟා වඩිනවා. ඔහු ආරක්ෂා කර නො ගත් කයින් යුතුව, ආරක්ෂා කර නො ගත් වචනයෙන් යුතුව, සිහිය පිහිටුවා නො ගෙන, අසංවර වූ ඉන්ද්‍රියයන් ගෙන් යුතුව යි පිඬු සිඟා යන්නේ. එතකොට ඔහුට අසංවරව ඇඳුම් ඇඳගත්, අසංවරව රෙදි පොරවා

ගත් කාන්තාවක් දකින්නට ලැබෙනවා. ඒ අසංවර ඇඳුම් ඇඳගත්, අසංවරව රෙදි පොරවා ගත් කාන්තාව දැක්ක විට රාගය ඔහු ගේ සිත යටපත් කරනවා. ඉතින් රාගයෙන් කැළඹී ගිය සිතින් යුතු වූ ඒ භික්ෂුව භික්මෙන්නට තිබෙන වැඩපිළිවෙල ප්‍රතික්ෂේප කොට හීන වූ ගිහි බවට වැටෙනවා. පින්වත් මහණෙනි, මේ තැනැත්තාට තමයි කියන්නේ මිනී කන මසුන් ගෙන් හටගන්නා භයෙන් භීතියට පත්ව භික්මෙන්නට තිබෙන වැඩපිළිවෙල ප්‍රතික්ෂේප කොට හීන වූ ගිහි බවට වැටුණු කෙනා කියලා. පින්වත් මහණෙනි, මිනී කන මසුන් ගෙන් හට ගන්නා භය හෙවත් සුසුකා භය යනු ස්ත්‍රියට කියන නමකි.

පින්වත් මහණෙනි, ගිහි ගෙයින් නික්ම මේ ශාසනයෙහි පැවිදි වූ ඇතැම් පුද්ගලයෙකුට මේ භය සතරට මුහුණ දෙන්නට සිදුවෙනවා.

භාග්‍යවතුන් වහන්සේ මෙය වදාළ සේක. සතුටු සිත් ඇති ඒ භික්ෂූන් වහන්සේලා භාග්‍යවතුන් වහන්සේ වදාළ මෙම දේශනය ඉතාම සතුටින් පිළිගත්තා.

සාදු! සාදු!! සාදු!!!

චාතුම ගමේ දී වදාළ දෙසුම නිමා විය.

2.2.8.
නළකපාන සූත්‍රය
නළකපාන ගමෙහි දී වදාළ දෙසුම

මා හට අසන්නට ලැබුනේ මේ විදිහට යි. ඒ දිනවල භාග්‍යවතුන් වහන්සේ වැඩසිටියේ කොසොල් ජනපදයෙහි නළකපාන ගමෙහි කැලගස් පිරි වනයෙහි ය. එසමයෙහි ඉතාමත් ප්‍රසිද්ධ වූ බොහෝ කුලපුත්‍රයන් භාග්‍යවතුන් වහන්සේ උදෙසා ඉතාම ශ්‍රද්ධාවෙන් ගිහි ගෙයින් නික්ම පැවිදි වුනා. ආයුෂ්මත් අනුරුද්ධයන් වහන්සේ, ආයුෂ්මත් භද්දියයන් වහන්සේ, ආයුෂ්මත් කිම්බිලයන් වහන්සේ, ආයුෂ්මත් භගු තෙරුන්, ආයුෂ්මත් කුණ්ඩධානයන් වහන්සේ, ආයුෂ්මත් රේවතයන් වහන්සේ, ආයුෂ්මත් ආනන්දයන් වහන්සේ වැනි වෙනත් බොහෝ ප්‍රසිද්ධ කුලපුත්‍රයනුත් මෙයට ඇතුළත් වුනා.

එදා භාග්‍යවතුන් වහන්සේ භික්ෂුසංඝයා පිරිවරා ගෙන එළිමහනේ වාඩි වී වැඩසිටියා. එකල්හි භාග්‍යවතුන් වහන්සේ ඒ කුල පුත්‍රයන් අරභයා භික්ෂූන් අමතා වදාළා. "පින්වත් මහණෙනි, යම් මේ කුලපුත්‍රයන් මා උදෙසා ගිහි ගෙයින් නික්ම ඉතාමත් ශ්‍රද්ධාවෙන් පැවිදි වුණා නෙව. පින්වත් මහණෙනි, කිම? ඒ භික්ෂූන් වහන්සේලා ශාසන බ්‍රහ්මචරියාවෙහි ඇලී වාසය කරනවා ද?" මෙසේ වදාළ විට ඒ භික්ෂූන් වහන්සේලා නිශ්ශබ්දව සිටියා. දෙවන වතාවටත් ....(පෙ).... නිශ්ශබ්දව සිටියා. තුන්වෙනි වතාවටත් භාග්‍යවතුන් වහන්සේ ඒ කුල පුත්‍රයන් අරභයා භික්ෂූන් අමතා වදාළා. "පින්වත් මහණෙනි, යම් මේ කුලපුත්‍රයන් මා උදෙසා ගිහි ගෙයින් නික්ම ඉතාමත් ශ්‍රද්ධාවෙන් පැවිදි වුනා නෙව. පින්වත් මහණෙනි, කිම? ඒ භික්ෂූන් වහන්සේලා ශාසන බ්‍රහ්මචරියාවෙහි ඇලී වාසය කරනවා ද?" මෙසේ වදාළ විට ඒ භික්ෂූන් වහන්සේලා නිශ්ශබ්දව සිටියා.

එවිට භාග්‍යවතුන් වහන්සේට මේ අදහස ඇතිවුනා. "මා එම කුලපුත්‍රයන් ගෙන් ම මෙම කරුණ විමසන එක යි හොඳ" කියා. ඉතින් භාග්‍යවතුන් වහන්සේ ආයුෂ්මත් අනුරුද්ධ තෙරුන් අමතා වදාළා. "කිම පින්වත් අනුරුද්ධයෙනි, ඔබ ශාසන බ්‍රහ්මචරියාවට ඇලුම් කරනවා ද?" "ස්වාමීනී, ඒකාන්තයෙන් ම අපි ශාසන බ්‍රහ්මචරියාවෙහි ඉතා සතුටින් ඇලී සිටිනවා." "සාදු! සාදු! පින්වත් අනුරුද්ධ, ඔබ විසින් ශාසන බ්‍රහ්මචරියාවෙහි ඉතා සතුටින් සිත් අලවා ගෙන

සිටිනවා යන මෙම කාරණය ඉතාමත් ශ්‍රද්ධාවෙන් ගිහි ගෙය අත්හැර සසුන් ගත වූ ඔබ වැනි කුල පුත්‍රයන් හට ගැලපෙන දෙයක් ම යි."

පින්වත් අනුරුද්ධයෙනි, ඔබ ඉතා භද්‍ර වූ යෞවනයෙන් යුක්තව සිටි නමුත්, ප්‍රථම වයසෙන් සිටි නමුත්, වර්ණවත් කළු කෙස් ඇතිව සිටි නමුත්, පංචකාම පරිභෝගයෙන් යුතුව සිටි නමුත්, පින්වත් අනුරුද්ධයෙනි, ඒ යෞවනයෙන් යුතුව සිටි, ප්‍රථම වයසෙහි සිටි, වර්ණවත් කළු කෙස් ඇතිව සිටි, පංචකාම පරිභෝගයෙන් යුතුව සිටි ඔබ ගිහිගෙයින් නික්ම බුදු සසුනෙහි පැවිදි වුනා නෙව. පින්වත් අනුරුද්ධයෙනි, ඒ ඔබ ගිහි ගෙයින් නික්ම අනගාරික බුදු සසුනෙහි පැවිදි වූයේ රජුන් විසින් වරෙන්තු නිකුත් කිරීමෙන් ලත් භයක් නිසා නොවේ. එසේ ගිහි ගෙයින් නික්ම අනගාරික බුදු සසුනෙහි පැවිදි වූයේ සොරුන් විසින් වරෙන්තු නිකුත් කිරීමෙන් ලත් භයක් නිසා නොවේ. එසේ ගිහි ගෙයින් නික්ම අනගාරික බුදු සසුනෙහි පැවිදි වූයේ ගන්නා ලද ණයක් ගෙවා ගන්නට බැරි කමක් නිසා ද නොවේ. එසේ ගිහි ගෙයින් නික්ම අනගාරික බුදු සසුනෙහි පැවිදි වූයේ සමාජයෙන් උපන් කිසියම් භයකින් නිදහස් වීම පිණිස ද නොවේ. එසේ ගිහි ගෙයින් නික්ම අනගාරික බුදු සසුනෙහි පැවිදි වූයේ ජීවත් වෙන්නට පිළිවෙලක් නැතිකම නිසා ද නොවේ.

සැබැවින් ම ඔබ පැවිදි වූයේ 'ඉපදීමෙන්, ජරාවෙන්, මරණයෙන්, සෝකයෙන්, වැළපීම් වලින්, දුකින් දොම්නසින්, සුසුම් හෙලීම් වලින් මං මහා විපතකට පත්වෙලයි සිටින්නේ. දුකට වැටිලයි සිටින්නේ. දුකින් පෙළෙමින් සිටින්නේ. ඉතින් මං මේ මහත් දුක්ඛස්කන්ධයා ගේ අවසන් වීමක් දකිනවා නම් ඒ තමයි හොඳ' කියල නේද?" "එසේය ස්වාමීනී"

"ඉතින් පින්වත් අනුරුද්ධයෙනි, මේ අයුරින් සිතා පැවිදි වූ කුල පුත්‍රයෙක් විසින් කුමක් ද කළ යුත්තේ? පින්වත් අනුරුද්ධයෙනි, කාමයෙන් වෙන්ව, අකුසල ධර්මයන්ගෙන් වෙන්ව ලත් විවේකයෙන් යුතු ප්‍රීති සුඛය ඇති සාක්ෂාත් නො කරන්නේ නම්, එයට වඩා ශාන්ත වූ ධ්‍යානයන් සාක්ෂාත් නො කරන්නේ නම්, ඔහු ගේ සිත ලෝභයෙන් වුනත් යටකරගෙන යනවා. ව්‍යාපාදයෙන් වුනත් සිත යටකරගෙන යනවා. ථීනමිද්ධයෙන් වුනත් සිත යටකරගෙන යනවා. උද්ධච්ච කුක්කුච්චයෙන් වුනත් සිත යටකරගෙන යනවා. විචිකිච්ඡාවෙන් වුනත් සිත යටකරගෙන යනවා. බණ භාවනාවට ඇති අකමැත්ත ත් සිත යටකරගෙන යනවා. කම්මැලිකම ත් සිත යටකරගෙන යනවා. එතකොට අනුරුද්ධ ඔහු කාමයෙන් වෙන්ව, අකුසල ධර්මයන්ගෙන් වෙන්ව ලත් විවේකයෙන් යුතු ප්‍රීති සුඛය ලබා ගන්නෙ නෑ. එයට වඩා ශාන්ත වූ ධ්‍යාන සුඛය ද ලබා ගන්නෙ නෑ.

නමුත් පින්වත් අනුරුද්ධයෙනි, කාමයෙන් වෙන්ව, අකුසල ධර්මයන් ගෙන් වෙන්ව ලත් විවේකයෙන් යුතු ප්‍රීති සුඛය ලබා ගන්නවා නම්, එයට වඩා ශාන්ත වූ ධ්‍යාන සුඛයක් හෝ ලබාගන්නවා නම්, ලෝභය වුනත් ඔහු ගේ සිත යට කොට පවතින්නෙ නෑ. ව්‍යාපාදය වුනත් ඔහු ගේ සිත යට කොට පවතින්නෙ නෑ. ථීනමිද්ධය වුනත් ඔහු ගේ සිත යට කොට පවතින්නෙ නෑ. උද්ධච්ච කුක්කුච්චය වුනත් ඔහු ගේ සිත යට කොට පවතින්නෙ නෑ. විචිකිච්ඡාව වුනත් ඔහු ගේ සිත යට කොට පවතින්නෙ නෑ. බණ භාවනාවට ඇති අකමැත්ත වුනත් ඔහු ගේ සිත යට කොට පවතින්නෙ නෑ. කම්මැලිකම වුනත් ඔහු ගේ සිත යට කොට පවතින්නෙ නෑ. සැබැවින් ම අනුරුද්ධ ඔහු කාමයෙන් වෙන්ව, අකුසල ධර්මයන්ගෙන් වෙන්ව ලත් විවේකයෙන් යුතු ප්‍රීති සුඛය ලබාගන්නවා. එයට වඩා ශාන්ත වූ ධ්‍යාන සුඛය ද ලබා ගන්නවා.

පින්වත් අනුරුද්ධයෙනි, ඔබට මා ගැන කුමක් ද සිතෙන්නේ? ඒ කියන්නෙ කෙනෙක්ව කිලුටු කරවන, පුනර්භවය ඇතිකරවන, පීඩා සහිත දුක් විපාක ඇති, මත්තෙහි ජරා මරණ පිණිස පවතින යම් ආශ්‍රවයන් තියෙනවා නම්, ඒ ආශ්‍රවයන් තථාගතයන් වහන්සේට ප්‍රහාණය වෙලා නැහැ කියල ද? ඒ නිසා තථාගතයන් වහන්සේ ඇතැම් ආශ්‍රවයන් නුවණින් දැනගෙන සේවනය කරනවා කියල ද? ඇතැම් ආශ්‍රවයන් නුවණින් ඉවසනවා කියල ද? ඇතැම් ආශ්‍රවයන් නුවණින් දැන දුරු කරනවා කියල ද? ඇතැම් ආශ්‍රවයන් නුවණින් දැන බැහැර කරනවා කියල ද?"

"ස්වාමීනී, කෙනෙක්ව කිලුටු කරවන, පුනර්භවය ඇතිකරවන, පීඩා සහිත දුක් විපාක ඇති, මත්තෙහි ජරා මරණ පිණිස පවතින යම් ආශ්‍රවයන් තියෙනවා නම්, ඒ ආශ්‍රවයන් තථාගතයන් වහන්සේට ප්‍රහාණය වෙලා නැහැ කියල හෝ ඒ නිසා තථාගතයන් වහන්සේ ඇතැම් ආශ්‍රවයන් නුවණින් දැනගෙන සේවනය කරනවා කියල හෝ ඇතැම් ආශ්‍රවයන් නුවණින් ඉවසනවා කියල හෝ ඇතැම් ආශ්‍රවයන් නුවණින් දැන දුරු කරනවා කියල හෝ ඇතැම් ආශ්‍රවයන් නුවණින් දැන බැහැර කරනවා කියල හෝ මෙබඳු සිතක් නම්, භාග්‍යවතුන් වහන්සේ කෙරෙහි අපට ඇතිවන්නේ නැහැ.

නමුත් ස්වාමීනී, භාග්‍යවතුන් වහන්සේ කෙරෙහි අපට මෙබඳු සිතක් ඇතිවෙනවා. ඒ කියන්නෙ කෙනෙක්ව කිලුටු කරවන, පුනර්භවය ඇතිකරවන, පීඩා සහිත දුක් විපාක ඇති, මත්තෙහි ජරා මරණ පිණිස පවතින යම් ආශ්‍රවයන් තියෙනවා නම්, ඒ ආශ්‍රවයන් තථාගතයන් වහන්සේට ප්‍රහාණය වෙල යි තියෙන්නෙ. ඒ නිසා තථාගතයන් වහන්සේ අවබෝධයෙන් ම ඇතැම් ආශ්‍රවයන් සේවනය කරන සේක. අවබෝධයෙන් ම ඇතැම් ආශ්‍රවයන් ඉවසන සේක.

අවබෝධයෙන් ම ඇතැම් ආශ්‍රවයන් දුරුකරන සේක. අවබෝධයෙන් ම ඇතැම් ආශ්‍රවයන් බැහැර කරන සේක කියල යි."

"සාදු! සාදු! පින්වත් අනුරුද්ධ, කෙනෙක්ව කිලුටු කරවන, පුනර්භවය ඇතිකරවන, පීඩා සහිත දුක් විපාක ඇති, මත්තෙහි ජරා මරණ පිණිස පවතින යම් ආශ්‍රවයන් තියෙනවා නම්, ඒ ආශ්‍රවයන් තථාගතයන්ට ප්‍රහාණය වෙල යි තියෙන්නෙ. මුලින් ම උදුරා දමල යි තියෙන්නෙ. මුදුන් කරටිය විනාශ වී ගිය තල් ගසක් මෙන් කරල යි තියෙන්නෙ. අභාවයට පත්කරල යි තියෙන්නෙ. නැවත කිසිදා නූපදින ස්වභාවයට පත් කරල යි තියෙන්නෙ.

පින්වත් අනුරුද්ධ, එය මේ වගේ දෙයක්. මුදුන් කරටිය විනාශ වී ගිය තල් ගස නැවත කිසිදිනෙක වැඩෙන්නට පුළුවන් කමක් නැහැ. ඒ අයුරින් ම පින්වත් අනුරුද්ධ, කෙනෙක්ව කිලුටු කරවන, පුනර්භවය ඇතිකරවන, පීඩා සහිත දුක් විපාක ඇති, මත්තෙහි ජරා මරණ පිණිස පවතින යම් ආශ්‍රවයන් තියෙනවා නම්, ඒ ආශ්‍රවයන් තථාගතයන්ට ප්‍රහාණය වෙල යි තියෙන්නෙ. මුලින් ම උදුරා දමල යි තියෙන්නෙ. මුදුන් කරටිය විනාශ වී ගිය තල් ගසක් මෙන් කරලයි තියෙන්නෙ. අභාවයට පත්කරල යි තියෙන්නෙ. නැවත කිසිදා නූපදින ස්වභාවයට පත් කරල යි තියෙන්නෙ. ඒ නිසා තථාගතයන් වහන්සේ අවබෝධයෙන් ම ඇතැම් ආශ්‍රවයන් සේවනය කරන සේක. අවබෝධයෙන් ම ඇතැම් ආශ්‍රවයන් ඉවසන සේක. අවබෝධයෙන් ම ඇතැම් ආශ්‍රවයන් දුරුකරන සේක. අවබෝධයෙන් ම ඇතැම් ආශ්‍රවයන් බැහැර කරන සේක.

පින්වත් අනුරුද්ධ, මේ ගැන කුමක්ද සිතන්නේ? තථාගතයන් වහන්සේ මිය පරලොව ගිය ශ්‍රාවකයන් ඉපදුන තැන් පිළිබඳව, ඒ කියන්නේ 'අසවල් තැන ඉපදුනා. අසවල් තැන ඉපදුනා' කියල අන් අයට ප්‍රකාශ කරන්නේ කවර ප්‍රයෝජනයක් දකිමින් ද?"

"ස්වාමීනී, අප ගේ මේ ධර්මය භාග්‍යවතුන් වහන්සේ මුල් කරගෙන යි පවතින්නේ. භාග්‍යවතුන් වහන්සේ ගේ නායකත්වය මත යි පවතින්නේ. භාග්‍යවතුන් වහන්සේ පිළිසරණ කොට යි පවතින්නේ. ස්වාමීනී, ඔය වදාළ කරුණෙහි අර්ථය භාග්‍යවතුන් වහන්සේට ම වැටහෙන සේක් නම් මැනවි. එය භාග්‍යවතුන් වහන්සේ ගෙන් අසා භික්ෂූන් වහන්සේලා මතක තබා ගනීවි."

"පින්වත් අනුරුද්ධ, තථාගතයන් වහන්සේ මිය පරලොව ගිය ශ්‍රාවකයන් ඉපදුන තැන් පිළිබඳව, ඒ කියන්නේ 'අසවල් තැන ඉපදුනා. අසවල් තැන ඉපදුනා' කියල අන් අයට ප්‍රකාශ කරන්නේ ජනයා විස්මයට පත්කරවන්නට නොවේ. ජනයා නලවන්නට ත් නොවේ. ලාභ සත්කාර, කීර්ති ප්‍රශංසා ලබා

ගන්නටත් නොවේ. පින්වත් අනුරුද්ධ, ඉතා ශ්‍රද්ධාවෙන් යුතු ධර්මයෙන් උදාර සතුටක් ලබන උදාර ප්‍රමුදිත බවක් ලබන කුලපුත්‍රයන් ඉන්නවා. ඔවුන් එය අසා එබඳු සුගතියෙහි ඉපදීම පිණිස සිත පිහිටුවා ගන්නවා. පින්වත් අනුරුද්ධ, එය ඔවුන්ට බොහෝ කලක් හිත සුව පවතිනවා ම යි.

පින්වත් අනුරුද්ධ, මෙ සස්නෙහි භික්ෂුවකට මෙය අසන්නට ලැබෙනවා. 'අසවල් නම් ඇති භික්ෂුව අපවත් වුනා. භාග්‍යවතුන් වහන්සේ විසින් ප්‍රකාශ කරන ලද්දේ ඒ භික්ෂුව අරහත් ඵලයෙහි පිහිටි කෙනෙක් බව යි' කියල. ඉතින් ඔහු ඒ පිරිනිවී ගිය ආයුෂ්මතුන්ව දැකගත් කෙනෙක් වෙන්නට පුළුවනි. අසන ලද කෙනෙක් වෙන්නට පුළුවනි. 'ඒ පිරිනිවී ගිය ආයුෂ්මතුන් වහන්සේ මෙවැනි සීලයකින් යුක්ත යි, ඒ ආයුෂ්මතුන් වහන්සේ මෙවැනි ධර්මයකින් යුක්ත යි, ඒ ආයුෂ්මතුන් වහන්සේ මෙවැනි ප්‍රඥාවකින් යුක්ත යි, ඒ ආයුෂ්මතුන් වහන්සේ මෙවැනි විහරණයකින් යුක්ත යි, ඒ ආයුෂ්මතුන් වහන්සේ මෙවැනි විමුක්තියකින් යුක්ත යි' කියල. එතකොට අර භික්ෂුව ද පිරිනිවන් පෑ භික්ෂුව ගේ ශ්‍රද්ධාව ත්, සීලය ත්, ශ්‍රැතය ත්, ත්‍යාගය ත්, ප්‍රඥාව ත් අනුස්මරණය කරමින් ඒ අයුරින් ම සිත පිහිටුවා ගන්නවා. පින්වත් අනුරුද්ධ, මෙසේ භික්ෂුවට පහසු විහරණයක් ඇති වෙනවා.

පින්වත් අනුරුද්ධ, මෙ සස්නෙහි භික්ෂුවකට මෙය අසන්නට ලැබෙනවා. 'අසවල් නම් ඇති භික්ෂුව අපවත් වුනා. භාග්‍යවතුන් වහන්සේ විසින් ප්‍රකාශ කරන ලද්දේ ඒ භික්ෂුව ඕරම්භාගිය සංයෝජන පහ ගෙවා දමා ඕපපාතිකව බ්‍රහ්ම ලෝකයේ ඉපිද නැවත මෙලොවට පෙරලා නො එන ස්වභාවයෙන් යුතු එහි ම පිරිනිවන්පාන කෙනෙක් බව යි' කියල. ඉතින් ඔහු ඒ අපවත් වූ ආයුෂ්මතුන්ව දැකගත් කෙනෙක් වෙන්නට පුළුවනි. අසන ලද කෙනෙක් වෙන්නට පුළුවනි. ....(පෙ).... 'මෙවැනි සීලයකින් යුක්ත යි, මෙවැනි ධර්මයකින් යුක්ත යි, මෙවැනි ප්‍රඥාවකින් යුක්ත යි, මෙවැනි විහරණයකින් යුක්ත යි, මෙවැනි විමුක්තියකින් යුක්ත යි' කියල. එතකොට අර භික්ෂුව ද බඹ ලොව උපන් භික්ෂුව ගේ ශ්‍රද්ධාව ත්, ...(පෙ).... ප්‍රඥාව ත් අනුස්මරණය කරමින් ඒ අයුරින් ම සිත පිහිටුවා ගන්නවා. පින්වත් අනුරුද්ධ, මෙසේ භික්ෂුවට පහසු විහරණයක් ඇති වෙනවා.

පින්වත් අනුරුද්ධ, මෙ සස්නෙහි භික්ෂුවකට මෙය අසන්නට ලැබෙනවා. 'අසවල් නම් ඇති භික්ෂුව අපවත් වුනා. භාග්‍යවතුන් වහන්සේ විසින් ප්‍රකාශ කරන ලද්දේ ඒ භික්ෂුව සංයෝජන තුනක් ක්ෂය කිරීමෙන් රාග, ද්වේෂ, මෝහ තුනී බවට පත් කිරීමෙන් සකදාගාමී බවට පත්වෙලා එක් වතාවක් පමණක් මෙලොවට අවුත් දුක් කෙළවර කරන කෙනෙක් බව යි' කියල. ඉතින් ඔහු

ඒ අපවත් වූ ආයුෂ්මතුන්ව දැකගත් කෙනෙක් වෙන්නට පුළුවනි. අසන ලද කෙනෙක් වෙන්නට පුළුවනි. ....(පෙ).... 'මෙවැනි සීලයකින් යුක්ත යි, මෙවැනි ධර්මයකින් යුක්ත යි, මෙවැනි ප්‍රඥාවකින් යුක්ත යි, මෙවැනි විහරණයකින් යුක්ත යි, මෙවැනි විමුක්තියකින් යුක්ත යි' කියල. එතකොට අර භික්ෂුව ද සකදාගාමී භික්ෂුව ගේ ශ්‍රද්ධාව ත්, ...(පෙ).... ප්‍රඥාව ත් අනුස්මරණය කරමින් ඒ අයුරින් ම සිත පිහිටුවා ගන්නවා. පින්වත් අනුරුද්ධ, මෙසේ භික්ෂුවට පහසු විහරණයක් ඇති වෙනවා.

පින්වත් අනුරුද්ධ, මෙ සස්නෙහි භික්ෂුවකට මෙය අසන්නට ලැබෙනවා. 'අසවල් නම් ඇති භික්ෂුව අපවත් වුනා. භාග්‍යවතුන් වහන්සේ විසින් ප්‍රකාශ කරන ලද්දේ ඒ භික්ෂුව සංයෝජන තුනක් ක්ෂය කිරීමෙන් සෝතාපන්නව අපා දුකට නො වැටෙන ස්වභාවයෙන් යුතුව නියත වශයෙන් ම නිවන අවබෝධ කිරීම පිහිට කොට ගත් කෙනෙක් බව යි' කියල. ඉතින් ඔහු ඒ අපවත් වූ ආයුෂ්මතුන්ව දැකගත් කෙනෙක් වෙන්නට පුළුවනි. අසන ලද කෙනෙක් වෙන්නට පුළුවනි. ....(පෙ).... 'මෙවැනි සීලයකින් යුක්ත යි, මෙවැනි ධර්මයකින් යුක්ත යි, මෙවැනි ප්‍රඥාවකින් යුක්ත යි, මෙවැනි විහරණයකින් යුක්ත යි, මෙවැනි විමුක්තියකින් යුක්ත යි' කියල. එතකොට අර භික්ෂුව ද සෝවාන් භික්ෂුව ගේ ශ්‍රද්ධාව ත්, ...(පෙ).... ප්‍රඥාව ත් අනුස්මරණය කරමින් ඒ අයුරින් ම සිත පිහිටුවා ගන්නවා. පින්වත් අනුරුද්ධ, මෙසේ භික්ෂුවට පහසු විහරණයක් ඇති වෙනවා.

පින්වත් අනුරුද්ධ, මෙ සස්නෙහි භික්ෂුණියකට මෙය අසන්නට ලැබෙනවා. 'අසවල් නම් ඇති භික්ෂුණිය අපවත් වුනා. භාග්‍යවතුන් වහන්සේ විසින් ප්‍රකාශ කරන ලද්දේ ඒ භික්ෂුණිය අරහත් ඵලයෙහි පිහිටි තැනැත්තියක් බව යි' කියල. ඉතින් ඇය ඒ පිරිනිවී ගිය සොහොයුරිය දැකගත් තැනැත්තියක් වෙන්නට පුළුවනි. අසන ලද තැනැත්තියක් වෙන්නට පුළුවනි. 'ඒ පිරිනිවී ගිය සොහොයුරිය මෙවැනි සීලයකින් යුක්ත යි, ඒ සොහොයුරිය මෙවැනි ධර්මයකින් යුක්ත යි, ඒ සොහොයුරිය මෙවැනි ප්‍රඥාවකින් යුක්ත යි, ඒ සොහොයුරිය මෙවැනි විහරණයකින් යුක්ත යි, ඒ සොහොයුරිය මෙවැනි විමුක්තියකින් යුක්ත යි' කියල. එතකොට අර භික්ෂුණිය ද පිරිනිවන් පෑ භික්ෂුණිය ගේ ශ්‍රද්ධාව ත්, සීලය ත්, ශ්‍රැතය ත්, ත්‍යාගය ත්, ප්‍රඥාව ත් අනුස්මරණය කරමින් ඒ අයුරින් ම සිත පිහිටුවා ගන්නවා. පින්වත් අනුරුද්ධ, මෙසේ භික්ෂුණියට පහසු විහරණයක් ඇති වෙනවා.

පින්වත් අනුරුද්ධ, මෙ සස්නෙහි භික්ෂුණියකට මෙය අසන්නට ලැබෙනවා. 'අසවල් නම් ඇති භික්ෂුණිය අපවත් වුනා. භාග්‍යවතුන් වහන්සේ

විසින් ප්‍රකාශ කරන ලද්දේ ඒ භික්ෂුණිය ඕරම්භාගිය සංයෝජන පහ ගෙවා දමා ඕපපාතිකව බ්‍රහ්ම ලෝකයේ ඉපිද නැවත මෙලොවට පෙරලා නො එන ස්වභාවයෙන් යුතු එහි ම පිරිනිවන්පාන තැනැත්තියක් බව යි' කියල. ඉතින් ඇය ඒ අපවත් වූ සොහොයුරියව දැකගත් තැනැත්තියක් වෙන්නට පුළුවනි. අසන ලද තැනැත්තියක් වෙන්නට පුළුවනි. ....(පෙ).... 'මෙවැනි සීලයකින් යුක්ත යි, මෙවැනි ධර්මයකින් යුක්ත යි, මෙවැනි ප්‍රඥාවකින් යුක්ත යි, මෙවැනි විහරණයකින් යුක්ත යි, මෙවැනි විමුක්තියකින් යුක්ත යි' කියල. එතකොට අර භික්ෂුණිය ද බඹ ලොව උපන් භික්ෂුණිය ගේ ශ්‍රද්ධාව ත්, ...(පෙ).... ප්‍රඥාව ත් අනුස්මරණය කරමින් ඒ අයුරින් ම සිත පිහිටුවා ගන්නවා. පින්වත් අනුරුද්ධ, මෙසේ භික්ෂුණියට පහසු විහරණයක් ඇති වෙනවා.

පින්වත් අනුරුද්ධ, මෙ සස්නෙහි භික්ෂුණියකට මෙය අසන්නට ලැබෙනවා. 'අසවල් නම් ඇති භික්ෂුණිය අපවත් වුනා. භාග්‍යවතුන් වහන්සේ විසින් ප්‍රකාශ කරන ලද්දේ ඒ භික්ෂුණිය සංයෝජන තුනක් ක්ෂය කිරීමෙන් රාග, ද්වේෂ, මෝහ තුනී බවට පත් කිරීමෙන් සකදාගාමී බවට පත්වෙලා එක් වතාවක් පමණක් මෙලොවට අවුත් දුක් කෙළවර කරන තැනැත්තියක් බව යි' කියල. ඉතින් ඇය ඒ අපවත් වූ සොහොයුරියව දැකගත් තැනැත්තියක් වෙන්නට පුළුවනි. අසන ලද තැනැත්තියක් වෙන්නට පුළුවනි. ....(පෙ).... 'මෙවැනි සීලයකින් යුක්ත යි, මෙවැනි ධර්මයකින් යුක්ත යි, මෙවැනි ප්‍රඥාවකින් යුක්ත යි, මෙවැනි විහරණයකින් යුක්ත යි, මෙවැනි විමුක්තියකින් යුක්ත යි' කියල. එතකොට අර භික්ෂුණිය ද සකදාගාමී භික්ෂුණිය ගේ ශ්‍රද්ධාව ත්, ...(පෙ).... ප්‍රඥාව ත් අනුස්මරණය කරමින් ඒ අයුරින් ම සිත පිහිටුවා ගන්නවා. පින්වත් අනුරුද්ධ, මෙසේ භික්ෂුණියට පහසු විහරණයක් ඇති වෙනවා.

පින්වත් අනුරුද්ධ, මෙ සස්නෙහි භික්ෂුණියකට මෙය අසන්නට ලැබෙනවා. 'අසවල් නම් ඇති භික්ෂුණිය අපවත් වුනා. භාග්‍යවතුන් වහන්සේ විසින් ප්‍රකාශ කරන ලද්දේ ඒ භික්ෂුණිය සංයෝජන තුනක් ක්ෂය කිරීමෙන් සෝතාපන්නව අපා දුකට නො වැටෙන ස්වභාවයෙන් යුතුව නියත වශයෙන් ම නිවන අවබෝධ කිරීම පිහිට කොට ගත් තැනැත්තියක් බව යි' කියල. ඉතින් ඔහු ඒ අපවත් වූ සොහොයුරියව දැකගත් තැනැත්තියක් වෙන්නට පුළුවනි. අසන ලද කෙනෙක් වෙන්නට පුළුවනි. ....(පෙ).... 'මෙවැනි සීලයකින් යුක්ත යි, මෙවැනි ධර්මයකින් යුක්ත යි, මෙවැනි ප්‍රඥාවකින් යුක්ත යි, මෙවැනි විහරණයකින් යුක්ත යි, මෙවැනි විමුක්තියකින් යුක්ත යි' කියල. එතකොට අර භික්ෂුණිය ද සෝවාන් භික්ෂුණිය ගේ ශ්‍රද්ධාව ත්, ...(පෙ).... ප්‍රඥාව ත් අනුස්මරණය කරමින් ඒ අයුරින් ම සිත පිහිටුවා ගන්නවා. පින්වත් අනුරුද්ධ, මෙසේ භික්ෂුණියට පහසු විහරණයක් ඇති වෙනවා.

පින්වත් අනුරුද්ධ, මෙ සස්නෙහි උපාසක කෙනෙකුට මෙය අසන්නට ලැබෙනවා. 'අසවල් නම් ඇති උපාසකතුමා කළුරිය කළා. භාග්‍යවතුන් වහන්සේ විසින් ප්‍රකාශ කරන ලද්දේ ඒ උපාසකතුමා ඕරම්භාගිය සංයෝජන පහ ගෙවා දමා ඕපපාතිකව බ්‍රහ්ම ලෝකයේ ඉපිද නැවත මෙලොවට පෙරලා නො එන ස්වභාවයෙන් යුතු එහි ම පිරිනිවන්පාන කෙනෙක් බව යි' කියල. ඉතින් ඔහු ඒ කළුරිය කළ උපාසකතුමාව දැකගත් කෙනෙක් වෙන්නට පුළුවනි. අසන ලද කෙනෙක් වෙන්නට පුළුවනි. 'ඒ කළුරිය කළ උපාසකතුමා මෙවැනි සීලයකින් යුක්ත යි, ඒ උපාසකතුමා මෙවැනි ධර්මයකින් යුක්ත යි, ඒ උපාසකතුමා මෙවැනි ප්‍රඥාවකින් යුක්ත යි, ඒ උපාසකතුමා මෙවැනි විහරණයකින් යුක්ත යි, ඒ උපාසකතුමා මෙවැනි විමුක්තියකින් යුක්ත යි' කියල. එතකොට අර උපාසකතුමා ද කළුරිය කළ උපාසකතුමා ගේ ශ්‍රද්ධාව ත්, සීලය ත්, ශ්‍රැතය ත්, ත්‍යාගය ත්, ප්‍රඥාව ත් අනුස්මරණය කරමින් ඒ අයුරින් ම සිත පිහිටුවා ගන්නවා. පින්වත් අනුරුද්ධ, මෙසේ උපාසකතුමාට පහසු විහරණයක් ඇති වෙනවා.

පින්වත් අනුරුද්ධ, මෙ සස්නෙහි උපාසක කෙනෙකුට මෙය අසන්නට ලැබෙනවා. 'අසවල් නම් ඇති උපාසකතුමා කළුරිය කළා. භාග්‍යවතුන් වහන්සේ විසින් ප්‍රකාශ කරන ලද්දේ ඒ උපාසකතුමා සංයෝජන තුනක් ක්ෂය කිරීමෙන් රාග, ද්වේෂ, මෝහ තුනී බවට පත් කිරීමෙන් සකදාගාමී බවට පත්වෙලා එක් වතාවක් පමණක් මෙලොවට අවුත් දුක් කෙළවර කරන කෙනෙක් බව යි' කියල. ඉතින් ඔහු ඒ කළුරිය කළ උපාසකතුමාව දැකගත් කෙනෙක් වෙන්නට පුළුවනි. අසන ලද කෙනෙක් වෙන්නට පුළුවනි. ....(පෙ).... 'මෙවැනි සීලයකින් යුක්ත යි, මෙවැනි ධර්මයකින් යුක්ත යි, මෙවැනි ප්‍රඥාවකින් යුක්ත යි, මෙවැනි විහරණයකින් යුක්ත යි, මෙවැනි විමුක්තියකින් යුක්ත යි' කියල. එතකොට අර උපාසකතුමා ද සකදාගාමී උපාසකතුමා ගේ ශ්‍රද්ධාව ත්, ...(පෙ).... ප්‍රඥාව ත් අනුස්මරණය කරමින් ඒ අයුරින් ම සිත පිහිටුවා ගන්නවා. පින්වත් අනුරුද්ධ, මෙසේ උපාසකතුමාට පහසු විහරණයක් ඇති වෙනවා.

පින්වත් අනුරුද්ධ, මෙ සස්නෙහි උපාසක කෙනෙකුට මෙය අසන්නට ලැබෙනවා. 'අසවල් නම් ඇති උපාසකතුමා කළුරිය කළා. භාග්‍යවතුන් වහන්සේ විසින් ප්‍රකාශ කරන ලද්දේ ඒ උපාසකතුමා සංයෝජන තුනක් ක්ෂය කිරීමෙන් සෝතාපන්නව අපා දුකට නො වැටෙන ස්වභාවයෙන් යුතුව නියත වශයෙන් ම නිවන අවබෝධ කිරීම පිහිට කොට ගත් කෙනෙක් බව යි' කියල. ඉතින් ඔහු ඒ කළුරිය කළ උපාසකතුමාව දැකගත් කෙනෙක් වෙන්නට පුළුවනි. අසන ලද කෙනෙක් වෙන්නට පුළුවනි. ....(පෙ).... 'මෙවැනි සීලයකින් යුක්ත යි, මෙවැනි

ධර්මයකින් යුක්ත යි, මෙවැනි ප්‍රඥාවකින් යුක්ත යි, මෙවැනි විහරණයකින් යුක්ත යි, මෙවැනි විමුක්තියකින් යුක්ත යි' කියල. එතකොට අර උපාසකතුමා ද සෝවාන් උපාසකතුමා ගේ ශ්‍රද්ධාව ත්, ...(පෙ).... ප්‍රඥාව ත් අනුස්මරණය කරමින් ඒ අයුරින් ම සිත පිහිටුවා ගන්නවා. පින්වත් අනුරුද්ධ, මෙසේ උපාසකතුමාට පහසු විහරණයක් ඇති වෙනවා.

පින්වත් අනුරුද්ධ, මෙ සස්නෙහි උපාසිකාවකට මෙය අසන්නට ලැබෙනවා. 'අසවල් නම් ඇති උපාසිකාව කළුරිය කළා. භාග්‍යවතුන් වහන්සේ විසින් ප්‍රකාශ කරන ලද්දේ ඒ උපාසිකාව ඕරම්භාගිය සංයෝජන පහ ගෙවා දමා ඕපපාතිකව බ්‍රහ්ම ලෝකයේ ඉපිද නැවත මෙලොවට පෙරලා නො එන ස්වභාවයෙන් යුතු එහි ම පිරිනිවන්පාන තැනැත්තියක් බව යි' කියල. ඉතින් ඇය ඒ කළුරිය කළ උපාසිකාව දැකගත් තැනැත්තියක් වෙන්නට පුළුවනි. අසන ලද තැනැත්තියක් වෙන්නට පුළුවනි. 'ඒ කළුරිය කළ උපාසිකාව මෙවැනි සීලයකින් යුක්ත යි, ඒ උපාසිකාව මෙවැනි ධර්මයකින් යුක්ත යි, ඒ උපාසිකාව මෙවැනි ප්‍රඥාවකින් යුක්ත යි, ඒ උපාසිකාව මෙවැනි විහරණයකින් යුක්ත යි, ඒ උපාසිකාව මෙවැනි විමුක්තියකින් යුක්ත යි' කියල. එතකොට අර උපාසිකාව ද කළුරිය කළ උපාසිකාව ගේ ශ්‍රද්ධාව ත්, සීලය ත්, ශ්‍රැතය ත්, ත්‍යාගය ත්, ප්‍රඥාව ත් අනුස්මරණය කරමින් ඒ අයුරින් ම සිත පිහිටුවා ගන්නවා. පින්වත් අනුරුද්ධ, මෙසේ උපාසිකාවට පහසු විහරණයක් ඇති වෙනවා.

පින්වත් අනුරුද්ධ, මෙ සස්නෙහි උපාසිකාවකට මෙය අසන්නට ලැබෙනවා. 'අසවල් නම් ඇති උපාසිකාව කළුරිය කළා. භාග්‍යවතුන් වහන්සේ විසින් ප්‍රකාශ කරන ලද්දේ ඒ උපාසිකාව සංයෝජන තුනක් ක්ෂය කිරීමෙන් රාග, ද්වේෂ, මෝහ තුනී බවට පත් කිරීමෙන් සකදාගාමී බවට පත්වෙලා එක් වතාවක් පමණක් මෙලොවට අවුත් දුක් කෙළවර කරන තැනැත්තියක් බව යි' කියල. ඉතින් ඇය ඒ කළුරිය කළ උපාසිකාව දැකගත් තැනැත්තියක් වෙන්නට පුළුවනි. අසන ලද තැනැත්තියක් වෙන්නට පුළුවනි. ....(පෙ).... 'මෙවැනි සීලයකින් යුක්ත යි, මෙවැනි ධර්මයකින් යුක්ත යි, මෙවැනි ප්‍රඥාවකින් යුක්ත යි, මෙවැනි විහරණයකින් යුක්ත යි, මෙවැනි විමුක්තියකින් යුක්ත යි' කියල. එතකොට අර උපාසිකාව ද සකදාගාමී උපාසිකාව ගේ ශ්‍රද්ධාව ත්, ...(පෙ).... ප්‍රඥාව ත් අනුස්මරණය කරමින් ඒ අයුරින් ම සිත පිහිටුවා ගන්නවා. පින්වත් අනුරුද්ධ, මෙසේ උපාසිකාවට පහසු විහරණයක් ඇති වෙනවා.

පින්වත් අනුරුද්ධ, මෙ සස්නෙහි උපාසිකාවකට මෙය අසන්නට ලැබෙනවා. 'අසවල් නම් ඇති උපාසිකාව කළුරිය කළා. භාග්‍යවතුන් වහන්සේ විසින් ප්‍රකාශ කරන ලද්දේ ඒ උපාසිකාව සංයෝජන තුනක් ක්ෂය කිරීමෙන්

සෝතාපන්නව අපා දුකට නො වැටෙන ස්වභාවයෙන් යුතුව නියත වශයෙන් ම නිවන අවබෝධ කිරීම පිහිට කොට ගත් තැනැත්තියක් බව යි' කියල. ඉතින් ඈය ඒ කළුරිය කළ උපාසිකාව දකගත් තැනැත්තියක් වෙන්නට පුළුවනි. අසන ලද තැනැත්තියක් වෙන්නට පුළුවනි. ....(පෙ).... 'මෙවැනි සීලයකින් යුක්ත යි, මෙවැනි ධර්මයකින් යුක්ත යි, මෙවැනි ප්‍රඥාවකින් යුක්ත යි, මෙවැනි විහරණයකින් යුක්ත යි, මෙවැනි විමුක්තියකින් යුක්ත යි' කියල. එතකොට අර උපාසිකාව ද සෝවාන් උපාසිකාව ගේ ශ්‍රද්ධාව ත්, ...(පෙ).... ප්‍රඥාව ත් අනුස්මරණය කරමින් ඒ අයුරින් ම සිත පිහිටුවා ගන්නවා. පින්වත් අනුරුද්ධ, මෙසේ උපාසිකාවට පහසු විහරණයක් ඇති වෙනවා.

මෙසේ පින්වත් අනුරුද්ධ, තථාගතයන් වහන්සේ මිය පරලොව ගිය ශ්‍රාවකයන් ඉපදුන තැන් පිළිබඳව, ඒ කියන්නේ 'අසවල් තැන ඉපදුනා. අසවල් තැන ඉපදුනා' කියල අන් අයට ප්‍රකාශ කරන්නේ ජනයා විස්මයට පත්කරවන්නට නොවේ. ජනයා නලවන්නට ත් නොවේ. ලාභ සත්කාර, කීර්ති ප්‍රශංසා ලබාගන්නට ත් නොවේ. පින්වත් අනුරුද්ධ, ඉතා ශ්‍රද්ධාවෙන් යුතු ධර්මයෙන් උදාර සතුටක් ලබන උදාර ප්‍රමුදිත බවක් ලබන කුලපුත්‍රයන් ඉන්නවා. ඔවුන් එය අසා එබඳු සුගතියෙහි ඉපදීම පිණිස සිත පිහිටුවා ගන්නවා. පින්වත් අනුරුද්ධ එය ඔවුන්ට බොහෝ කලක් හිත සුව පවතිනවා ම යි."

භාග්‍යවතුන් වහන්සේ මෙය වදාළ සේක. සතුටු සිත් ඇති ආයුෂ්මත් අනුරුද්ධයන් වහන්සේ භාග්‍යවතුන් වහන්සේ වදාළ මෙම දේශනය ඉතාම සතුටින් පිළිගත්තා.

සාදු! සාදු!! සාදු!!!

නළකපාන ගමේ දී වදාළ දෙසුම නිමා විය.

2.2.9.
ගුලිස්සානි සූත්‍රය
ගුලිස්සානි භික්ෂුව මුල් කොට වදාළ දෙසුම

මා හට අසන්නට ලැබුනේ මේ විදිහට යි. ඒ දිනවල භාග්‍යවතුන් වහන්සේ වැඩසිටියේ රජගහ නුවර කලන්දක නිවාප නම් වූ වේළුවනයේ. එසමයෙහි අරණ්‍යවාසිකව සිටි ගොරෝසු ගති පැවතුම් ඇති ගුලිස්සානි නම් භික්ෂුව කිසියම් කටයුත්තක් පිණිස සංඝයා මැදට පැමිණ සිටියා. එතකොට ආයුෂ්මත් සාරිපුත්තයන් වහන්සේ ගුලිස්සානි භික්ෂුව පිළිබඳව භික්ෂූන් වහන්සේලා අමතා වදාළා.

"ප්‍රිය ආයුෂ්මතුනි, අරණ්‍යවාසීව සිටින භික්ෂුව විසින් ද සංඝයා මැදට පැමිණ, සංඝයා අතර වසද්දී සබ්‍රහ්මචාරීන් වහන්සේලා කෙරෙහි ගෞරව සහිතව යටහත් පහත් ව යි සිටිය යුත්තේ. ඉදින් ප්‍රිය ආයුෂ්මතුනි, ආරණ්‍යවාසී භික්ෂුව සංඝයා මැදට පැමිණ, සංඝයා අතර වසමින් සබ්‍රහ්මචාරීන් වහන්සේලා කෙරෙහි අගෞරව සහිතව යටහත් පහත් බවෙන් තොරව සිටියොත් ඔහු ගැන නුගුණ කියන්නට ඉඩ තියෙනවා. 'කිම? මේ ආයුෂ්මතුන් ආරණ්‍යවාසීව, හුදෙකලාවේ අරණ්‍යය තුළ නිදහස්ව වාසය කළා කීමේ අරුතක් තිබේ ද? මේ ආයුෂ්මතුන් සබ්‍රහ්මචාරීන් වහන්සේලා කෙරෙහි ගෞරවයක් නැහැ නෙව. යටහත් පහත් බවක් නැහැ නෙව' කියල ඔහු ගැන නුගුණ කියන්නට ඉඩ තිබෙනවා. එනිසා අරණ්‍යවාසී භික්ෂුව විසින් සංඝයා මැදට පැමිණ, සංඝයා අතර වසමින් සබ්‍රහ්මචාරීන් වහන්සේලා කෙරෙහි ගෞරව සහිතව යටහත් පහත් බවෙන් යුක්තව වාසය කළ යුතුයි.

ප්‍රිය ආයුෂ්මතුනි, අරණ්‍යවාසීව සිටින භික්ෂුව විසින් ද සංඝයා මැදට පැමිණ, සංඝයා අතර වසද්දී 'ස්ථවිර භික්ෂූන් වහන්සේලා හා නො ගැටී වාඩි වෙන්නෙමි. නවක භික්ෂූන් වහන්සේලාව ආසනයෙන් බැහැර නො කරන්නෙමි'යි කියල තමන් ගේ ආසනය නිවැරදිව තෝරා ගන්නට දක්ෂ විය යුතුයි. ඉදින් ප්‍රිය ආයුෂ්මතුනි, ආරණ්‍යවාසී භික්ෂුව සංඝයා මැදට පැමිණ, සංඝයා අතර වසමින් තමන් ගේ ආසනය නිවැරදිව තෝරා ගන්නට දක්ෂ නො වුව හොත්, ඔහු ගැන නුගුණ කියන්නට ඉඩ තියෙනවා. 'කිම? මේ ආයුෂ්මතුන් ආරණ්‍යවාසීව, හුදෙකලාවේ අරණ්‍යය තුළ නිදහස්ව වාසය කළා කීමේ අරුතක්

තිබේ ද? මේ ආයුෂ්මතුන් ඇවැතුම් පැවැතුම් පිළිබඳව වත දන්නෙ නැහැ නෙව' කියල ඔහු ගැන නුගුණ කියන්නට ඉඩ තිබෙනවා. එනිසා අරණ්‍යවාසී භික්ෂුව විසින් සංඝයා මැදට පැමිණ, සංඝයා අතර වසමින් තමන් ගේ ආසනය නිවැරදිව තෝරා ගන්නට දක්ෂ කෙනෙක් විය යුතුයි.

ප්‍රිය ආයුෂ්මතුනි, අරණ්‍යවාසීව සිටින භික්ෂුව විසින් ද සංඝයා මැදට පැමිණ, සංඝයා අතර වසද්දී ඉතා උදෑසන ගමට නො පිවිසිය යුතුයි. ඉතා දහවල් ද ගමින් නො පැමිණිය යුතුය. ඉදින් ප්‍රිය ආයුෂ්මතුනි, ආරණ්‍යවාසී භික්ෂුව සංඝයා මැදට පැමිණ, සංඝයා අතර වසමින් ඉතාමත් වේලාසනින් ගමට පිවිසෙනවා නම්, හොඳට ම ප්‍රමාද වී ආපසු පැමිණෙනවා නම්, ඔහු ගැන නුගුණ කියන්නට ඉඩ තියෙනවා. 'කිම? මේ ආයුෂ්මතුන් ආරණ්‍යවාසීව, හුදෙකලාවේ අරණ්‍යය තුළ නිදහස්ව වාසය කළා කීමේ අරුතක් තිබේ ද? මේ ආයුෂ්මතුන් ඉතා උදෑසනින් ගමට වඩිනවා නෙව. හොඳට ම ප්‍රමාද වී නෙව ආපසු එන්නෙ' කියල ඔහු ගැන නුගුණ කියන්නට ඉඩ තිබෙනවා. එනිසා අරණ්‍යවාසී භික්ෂුව විසින් සංඝයා මැදට පැමිණ, සංඝයා අතර වසමින් ඉතා උදෑසනින් ගමට නො වැඩිය යුතුය. ඉතා ප්‍රමාද වී ආපසු නො පැමිණිය යුතුය.

ප්‍රිය ආයුෂ්මතුනි, අරණ්‍යවාසීව සිටින භික්ෂුව විසින් ද සංඝයා මැදට පැමිණ, සංඝයා අතර වසද්දී පෙරවරු කාලයෙහි වේවා, පස්වරු කාලයෙහි වේවා දායක පවුල් වල නො හැසිරිය යුතුයි. ඉදින් ප්‍රිය ආයුෂ්මතුනි, ආරණ්‍යවාසී භික්ෂුව සංඝයා මැදට පැමිණ, සංඝයා අතර වසමින් පෙරවරු කාලයෙහි වේවා, පස්වරු කාලයෙහි වේවා දායක පවුල් ඇසුරු කරනවා නම් ඔහු ගැන නුගුණ කියන්නට ඉඩ තියෙනවා. 'කිම? මේ ආයුෂ්මතුන් ආරණ්‍යවාසීව, හුදෙකලාවේ අරණ්‍යය තුළ නිදහස්ව වාසය කළා කීමේ අරුතක් තිබේ ද? මේ ආයුෂ්මතුන් බහුල වශයෙන් කොට තිබෙන්නේ විකාලයෙහි හැසිරීමෙක් නෙව. ඉතින් ඔහු සංඝයා මැද වුනත් පවත්වන්නේ ඒ විකාල හැසිරීම නෙව' කියල ඔහු ගැන නුගුණ කියන්නට ඉඩ තිබෙනවා. එනිසා අරණ්‍යවාසී භික්ෂුව විසින් සංඝයා මැදට පැමිණ, සංඝයා අතර වසමින් පෙරවරුවෙහි වේවා, පස්වරුවෙහි වේවා දායක ගෙවල් වල හැසිරීම නො කළ යුතුය.

ප්‍රිය ආයුෂ්මතුනි, අරණ්‍යවාසීව සිටින භික්ෂුව විසින් ද සංඝයා මැදට පැමිණ, සංඝයා අතර වසද්දී උඩඟු නො විය යුතුය. චපල නො විය යුතුය. ඉදින් ප්‍රිය ආයුෂ්මතුනි, ආරණ්‍යවාසී භික්ෂුව සංඝයා මැදට පැමිණ, සංඝයා අතර වසමින් උඩඟු වුනොත්, චපල වුනොත් ඔහු ගැන නුගුණ කියන්නට ඉඩ තියෙනවා. 'කිම? මේ ආයුෂ්මතුන් ආරණ්‍යවාසීව, හුදෙකලාවේ අරණ්‍යය තුළ නිදහස්ව වාසය කළා කීමේ අරුතක් තිබේ ද? මේ ආයුෂ්මතුන් උඩඟු

කමත්, චපල කමත් නෙව බහුල කරල තියෙන්නෙ. ඉතින් මොහු සංඝයා මැදට පැමිණත් හැසිරෙන්නේ ඒ විදිහට යි නෙව' කියල ඔහු ගැන නුගුණ කියන්නට ඉඩ තිබෙනවා. එනිසා අරණ්‍යවාසී භික්ෂුව විසින් සංඝයා මැදට පැමිණ, සංඝයා අතර වසමින් උඩගු නො විය යුතුය. චපල නො විය යුතුය.

ප්‍රිය ආයුෂ්මතුනි, අරණ්‍යවාසීව සිටින භික්ෂුව විසින් ද සංඝයා මැදට පැමිණ, සංඝයා අතර වසද්දී කටමැත දොඩන්නෙක් නො විය යුතුය. විසුරුණු වචන ඇත්තෙක් නො විය යුතුය. ඉදින් ප්‍රිය ආයුෂ්මතුනි, ආරණ්‍යවාසී භික්ෂුව සංඝයා මැදට පැමිණ, සංඝයා අතර වසමින් කටමැත දොඩනවා නම්, විසුරුණු වචන පවත්වනවා නම්, ඔහු ගැන නුගුණ කියන්නට ඉඩ තියෙනවා. 'කිම? මේ ආයුෂ්මතුන් ආරණ්‍යවාසීව, හුදෙකලාවේ අරණ්‍යය තුළ නිදහස්ව වාසය කළා කීමේ අරුතක් තිබේ ද? මේ ආයුෂ්මතුන් කටමැත දොඩනවා නෙව. විසුරුණු වචන පවසනවා නෙව' කියල. එනිසා අරණ්‍යවාසී භික්ෂුව විසින් සංඝයා මැදට පැමිණ, සංඝයා අතර වසමින් කටමැත නො දෙඩිය යුතුය. නො විසුරුණු වචන ඇත්තෙක් විය යුතුය.

ප්‍රිය ආයුෂ්මතුනි, අරණ්‍යවාසීව සිටින භික්ෂුව විසින් ද සංඝයා මැදට පැමිණ, අවවාදයට කීකරු විය යුතුයි. කළණ මිතුරන් ඇත්තෙක් විය යුතුයි. ඉදින් ප්‍රිය ආයුෂ්මතුනි, ආරණ්‍යවාසී භික්ෂුව සංඝයා මැදට පැමිණ, සංඝයා අතර වසමින් අවවාදයට අකීකරුව වසයි නම්, පාප මිතුරන් ඇතුව වසයි නම්, ඔහු ගැන නුගුණ පවසන අය ඇතිවෙනවා. 'කිම? මේ ආයුෂ්මතුන් ආරණ්‍යවාසීව, හුදෙකලාවේ අරණ්‍යය තුළ නිදහස්ව වාසය කළා කීමේ අරුතක් තිබේ ද? මේ ආයුෂ්මතුන් අවවාදය අකීකරු දුර්වච කෙනෙක් නෙව. පාප මිතුරන් ඇති කෙනෙක් නෙව' කියල ඔහු ගැන නුගුණ කියන්නට ඉඩ තිබෙනවා. එනිසා අරණ්‍යවාසී භික්ෂුව විසින් සංඝයා මැදට පැමිණ, සංඝයා අතර වසමින් අවවාදයට කීකරුව සුවච විය යුතුයි. කළණ මිතුරන් ඇති කෙනෙක් විය යුතුයි.

ප්‍රිය ආයුෂ්මතුනි, අරණ්‍යවාසීව සිටින භික්ෂුව විසිනුත් ඇස්, කන් ආදී ඉන්ද්‍රියයන් සංවර කරගෙන වාසය කළ යුතුය. ඉදින් ප්‍රිය ආයුෂ්මතුනි, ආරණ්‍යවාසී භික්ෂුව ඉන්ද්‍රිය සංවරයෙන් තොර නම්, ඔහු ගැන නුගුණ පවසන අය ඇතිවෙනවා. 'කිම? මේ ආයුෂ්මතුන් ආරණ්‍යවාසීව, හුදෙකලාවේ අරණ්‍යය තුළ නිදහස්ව වාසය කළා කීමේ අරුතක් තිබේ ද? මේ ආයුෂ්මතුන් ඉන්ද්‍රිය අසංවරව යි ඉන්නෙ' කියල ඔහු ගැන නුගුණ කියන්නට ඉඩ තිබෙනවා. එනිසා අරණ්‍යවාසී භික්ෂුව ඉන්ද්‍රිය සංවරයෙන් යුක්තව වාසය කළ යුතුයි.

ප්‍රිය ආයුෂ්මතුනි, අරණ්‍යවාසීව සිටින භික්ෂුව විසිනුත් නුවණින් ප්‍රත්‍යවෙක්ෂා කරමින් ම දන් වළඳන කෙනෙක් විය යුතුය. ඉදින් ප්‍රිය ආයුෂ්මතුනි,

ආරණ්‍යවාසී භික්ෂුව නුවණින් ප්‍රත්‍යවෙක්ෂා නො කරමින් දන් වළඳයි ද, ඔහු ගැන නුගුණ පවසන අය ඇතිවෙනවා. 'කිම? මේ ආයුෂ්මතුන් ආරණ්‍යවාසීව, හුදෙකලාවේ අරණ්‍යය තුළ නිදහස්ව වාසය කළා කීමේ අරුතක් තිබේ ද? මේ ආයුෂ්මතුන් දන් වළඳන්නේ නුවණින් ප්‍රත්‍යවෙක්ෂා නො කරමින් නෙව' කියල ඔහු ගැන නුගුණ කියන්නට ඉඩ තිබෙනවා. එනිසා අරණ්‍යවාසී භික්ෂුව නුවණින් ප්‍රත්‍යවෙක්ෂා කරමින් දන් වළඳන කෙනෙක් විය යුතුයි.

ප්‍රිය ආයුෂ්මතුනි, අරණ්‍යවාසීව සිටින භික්ෂුව විසිනුත් නිදි වරමින් බණ භාවනාවෙහි යෙදෙන කෙනෙක් විය යුතුයි. ඉදින් ප්‍රිය ආයුෂ්මතුනි, ආරණ්‍යවාසී භික්ෂුව නිදි වරමින් බණ භාවනාවෙහි නො යෙදෙන කෙනෙක් නම්, ඔහු ගැන නුගුණ පවසන අය ඇතිවෙනවා. 'කිම? මේ ආයුෂ්මතුන් ආරණ්‍යවාසීව, හුදෙකලාවේ අරණ්‍යය තුළ නිදහස්ව වාසය කළා කීමේ අරුතක් තිබේ ද? මේ ආයුෂ්මතුන් නිදිවරමින් බණ භාවනාවෙහි යෙදෙන්නෙ නැහැ නෙව' කියල ඔහු ගැන නුගුණ කියන්නට ඉඩ තිබෙනවා. එනිසා අරණ්‍යවාසී භික්ෂුව විසින් නිදිවරමින් බණ භාවනාවෙහි යෙදිය යුතුයි.

ප්‍රිය ආයුෂ්මතුනි, අරණ්‍යවාසීව සිටින භික්ෂුව විසිනුත් අකුසල් දුරලීම පිණිසත්, කුසල් වැඩීම පිණිසත් අරඹන ලද වීරිය ඇති කෙනෙක් විය යුතුයි. ඉදින් ප්‍රිය ආයුෂ්මතුනි, ආරණ්‍යවාසී භික්ෂුව කුසීත කෙනෙක් නම්, ඔහු ගැන නුගුණ පවසන අය ඇතිවෙනවා. 'කිම? මේ ආයුෂ්මතුන් ආරණ්‍යවාසීව, හුදෙකලාවේ අරණ්‍යය තුළ නිදහස්ව වාසය කළා කීමේ අරුතක් තිබේ ද? මේ ආයුෂ්මතුන් කුසීත නෙව' කියල ඔහු ගැන නුගුණ කියන්නට ඉඩ තිබෙනවා. එනිසා අරණ්‍යවාසී භික්ෂුව විසින් අකුසල් දුරලීම පිණිසත්, කුසල් වැඩීම පිණිසත් අරඹන ලද වීරිය ඇති කෙනෙක් විය යුතුයි.

ප්‍රිය ආයුෂ්මතුනි, අරණ්‍යවාසීව සිටින භික්ෂුව විසිනුත් සතර සතිපට්ඨානයෙහි සිහිය පිහිටුවා ගෙන සිටින කෙනෙක් විය යුතුයි. ඉදින් ප්‍රිය ආයුෂ්මතුනි, ආරණ්‍යවාසී භික්ෂුව සිහි නුවණින් තොර කෙනෙක් නම්, ඔහු ගැන නුගුණ පවසන අය ඇතිවෙනවා. 'කිම? මේ ආයුෂ්මතුන් ආරණ්‍යවාසීව, හුදෙකලාවේ අරණ්‍යය තුළ නිදහස්ව වාසය කළා කීමේ අරුතක් තිබේ ද? මේ ආයුෂ්මතුන් සිහි නුවණින් තොර කෙනෙක් නෙව' කියල ඔහු ගැන නුගුණ කියන්නට ඉඩ තිබෙනවා. එනිසා අරණ්‍යවාසී භික්ෂුව සතර සතිපට්ඨානය තුළ සිහිය පිහිටුවා ගෙන සිටින කෙනෙක් විය යුතුයි.

ප්‍රිය ආයුෂ්මතුනි, අරණ්‍යවාසීව සිටින භික්ෂුව විසිනුත් සමාධිමත් සිතක් ඇති කෙනෙක් විය යුතුයි. ඉදින් ප්‍රිය ආයුෂ්මතුනි, ආරණ්‍යවාසී භික්ෂුව

අසමාහිත සිත් ඇති කෙනෙක් නම්, ඔහු ගැන නුගුණ පවසන අය ඇතිවෙනවා. 'කිම? මේ ආයුෂ්මතුන් ආරණ්‍යවාසීව, හුදෙකලාවේ අරණ්‍යය තුළ නිදහස්ව වාසය කළා කීමේ අරුතක් තිබේ ද? මේ ආයුෂ්මතුන් අසමාහිත යි නෙව' කියල ඔහු ගැන නුගුණ කියන්නට ඉඩ තිබෙනවා. එනිසා අරණ්‍යවාසී භික්ෂුව සමාධිමත් සිත් ඇති කෙනෙක් විය යුතුයි.

ප්‍රිය ආයුෂ්මතුනි, අරණ්‍යවාසීව සිටින භික්ෂුව ත් ප්‍රඥාවෙන් යුක්ත කෙනෙක් විය යුතුයි. ඉදින් ප්‍රිය ආයුෂ්මතුනි, ආරණ්‍යවාසී භික්ෂුව ප්‍රඥා රහිත කෙනෙක් නම්, ඔහු ගැන නුගුණ පවසන අය ඇතිවෙනවා. 'කිම? මේ ආයුෂ්මතුන් ආරණ්‍යවාසීව, හුදෙකලාවේ අරණ්‍යය තුළ නිදහස්ව වාසය කළා කීමේ අරුතක් තිබේ ද? මේ ආයුෂ්මතුන් දුෂ්ප්‍රාඥ යි නෙව' කියල ඔහු ගැන නුගුණ කියන්නට ඉඩ තිබෙනවා. එනිසා අරණ්‍යවාසී භික්ෂුව ප්‍රඥාවෙන් යුක්ත කෙනෙක් විය යුතුයි.

ප්‍රිය ආයුෂ්මතුනි, අරණ්‍යවාසීව සිටින භික්ෂුව විසිනුත් ගැඹුරු ධර්මයෙහි ත්, ගැඹුරු විනයෙහි ත් යෙදීමට උත්සාහ කරන කෙනෙක් විය යුතුයි. ප්‍රිය ආයුෂ්මතුනි, ආරණ්‍යවාසී භික්ෂුවගෙන් ගැඹුරු ධර්මය පිළිබඳව ත්, ගැඹුරු විනය පිළිබඳව ත් ප්‍රශ්න අසන අය සිටින්ට පුළුවනි. යම්හෙයකින් ප්‍රිය ආයුෂ්මතුනි, ආරණ්‍යවාසී භික්ෂුවගෙන් ගැඹුරු ධර්මය හා ගැඹුරු විනය පිළිබඳව ප්‍රශ්න අසද්දී එයට නිසි පිළිතුරු දෙන්නට නො හැකි වුවහොත් ඔහු ගැන නුගුණ පවසන අය ඇතිවෙනවා. 'කිම? මේ ආයුෂ්මතුන් ආරණ්‍යවාසීව, හුදෙකලාවේ අරණ්‍යය තුළ නිදහස්ව වාසය කළා කීමේ අරුතක් තිබේ ද? මේ ආයුෂ්මතුන් ගෙන් ගැඹුරු ධර්මය හා ගැඹුරු විනය පිළිබඳව ප්‍රශ්නයක් ඇසූ විට පිළිතුරු දීගන්නට බැහැ නෙව' කියල ඔහු ගැන නුගුණ කියන්නට ඉඩ තිබෙනවා. එනිසා අරණ්‍යවාසී භික්ෂුව විසින් ගැඹුරු ධර්මය හා ගැඹුරු විනය හදාරන්නට මහන්සි ගත යුතුයි.

ප්‍රිය ආයුෂ්මතුනි, අරණ්‍යවාසීව සිටින භික්ෂුව විසිනුත් රූප සමාපත්ති ඉක්මවා ගිය යම් අරූපී ශාන්ත විමෝක්ෂයක් ඇද්ද, එබඳු සමවත් තුළ ද යෙදීමට උත්සාහ කරන කෙනෙක් විය යුතුයි. ප්‍රිය ආයුෂ්මතුනි, ආරණ්‍යවාසී භික්ෂුවගෙන් රූප සමාපත්ති ඉක්මවා ගිය යම් අරූපී ශාන්ත විමෝක්ෂය පිළිබඳවත් ප්‍රශ්න අසන අය සිටින්ට පුළුවනි. යම්හෙයකින් ප්‍රිය ආයුෂ්මතුනි, ආරණ්‍යවාසී භික්ෂුවගෙන් රූප සමාපත්ති ඉක්මවා ගිය යම් අරූපී ශාන්ත විමෝක්ෂය පිළිබඳව ප්‍රශ්න අසද්දී එයට නිසි පිළිතුරු දෙන්නට නො හැකි වුවහොත් ඔහු ගැන නුගුණ පවසන අය ඇතිවෙනවා. 'කිම? මේ ආයුෂ්මතුන් ආරණ්‍යවාසීව, හුදෙකලාවේ අරණ්‍යය තුළ නිදහස්ව වාසය කළා කීමේ අරුතක්

තිබේ ද? මේ ආයුෂ්මතුන් ගෙන් රූප සමාපත්ති ඉක්මවා ගිය යම් අරූපී ශාන්ත විමෝක්ෂය පිළිබඳව ප්‍රශ්නයක් ඇසූ විට පිළිතුරු දීගන්නට බැහැ නෙව' කියල ඔහු ගැන නුගුණ කියන්නට ඉඩ තිබෙනවා. එනිසා අරණ්‍යවාසී භික්ෂුව විසින් රූප සමාපත්ති ඉක්මවා ගිය යම් අරූපී ශාන්ත විමෝක්ෂයෙහි යෙදෙන්නට මහන්සි ගත යුතුයි.

ප්‍රිය ආයුෂ්මතුනි, අරණ්‍යවාසීව සිටින භික්ෂුව විසින් සාමාන්‍ය මිනිස් ස්වභාවය ඉක්මවා ගිය විශේෂ මාර්ග ඵලාදියක් ඇති කරගැනීම පිණිස බොහෝ සෙයින් උත්සාහ කළ යුතුයි. ඉදින් ප්‍රිය ආයුෂ්මතුනි, ආරණ්‍යවාසී භික්ෂුව ගෙන් සාමාන්‍ය මිනිස් ස්වභාවය ඉක්මවා ගිය විශේෂ මාර්ග ඵලාදිය පිළිබඳවත් ප්‍රශ්න අසන අය සිටින්ට පුළුවනි. යම්හෙයකින් ප්‍රිය ආයුෂ්මතුනි, ආරණ්‍යවාසී භික්ෂුවගෙන් සාමාන්‍ය මිනිස් ස්වභාවය ඉක්මවා ගිය විශේෂ මාර්ග ඵලාදිය පිළිබඳව ප්‍රශ්න අසද්දී එයට නිසි පිළිතුරු දෙන්නට නො හැකි වුවහොත් ඔහු ගැන නුගුණ පවසන අය ඇතිවෙනවා. 'කිම? මේ ආයුෂ්මතුන් ආරණ්‍යවාසීව, හුදෙකලාවේ අරණ්‍යය තුළ නිදහස්ව වාසය කළා කීමේ අරුතක් තිබේ ද? මේ ආයුෂ්මතුන් ගෙන් සාමාන්‍ය මිනිස් ස්වභාවය ඉක්මවා ගිය විශේෂ මාර්ග ඵලාදිය පිළිබඳව ප්‍රශ්නයක් ඇසූ විට පිළිතුරු දීගන්නට බැහැ නෙව' කියල ඔහු ගැන නුගුණ කියන්නට ඉඩ තිබෙනවා. එනිසා අරණ්‍යවාසී භික්ෂුව විසින් සාමාන්‍ය මිනිස් ස්වභාවය ඉක්මවා ගිය විශේෂ මාර්ග ඵලාදිය පිණිස ධර්මයෙහි හැසිරෙන්නට මහන්සි ගත යුතුයි."

මෙසේ ආයුෂ්මත් සාරිපුත්ත මහරහතන් වහන්සේ විසින් වදාළ කල්හි, ආයුෂ්මත් මහා මොග්ගල්ලානයන් වහන්සේ ආයුෂ්මත් සාරිපුත්තයන් වහන්සේ හට මෙය පැවසුවා. "ප්‍රිය ආයුෂ්මත් සාරිපුත්ත, එතකොට ආරණ්‍යවාසී භික්ෂුව විසින් පමණක් ද මේ ධර්මයන් සමාදන්ව පැවැත්විය යුත්තේ? එහෙම නැත්නම් ග්‍රාමාන්ත සේනාසනයන් හි වසන භික්ෂුව විසිනුත් මේවා සමාදන්ව පැවැත්විය යුතුද?" "ප්‍රිය ආයුෂ්මත් මොග්ගල්ලාන, ආරණ්‍යවාසී භික්ෂුව විසිනුත් මේ ධර්මයන්ව සමාදන්ව පැවැත්විය යුතු නම්, ග්‍රාමාන්ත සේනාසනයන්හි වාසය කරන භික්ෂුව ගැන අමුතුවෙන් කිව යුතුද?"

සාදු! සාදු!! සාදු!!!

ගුලිස්සානි භික්ෂුව මුල් කොට වදාළ දෙසුම නිමා විය.

2.2.10.
කීටාගිරි සූත්‍රය
කීටාගිරි නියම් ගමේ දී වදාළ දෙසුම

මා හට අසන්නට ලැබුනේ මේ විදිහට යි. ඒ දිනවල භාග්‍යවතුන් වහන්සේ මහත් භික්ෂුසංඝයා සමඟ කාසි ජනපදයෙහි චාරිකාවෙහි වඩිමින් සිටියේ. එදා භාග්‍යවතුන් වහන්සේ භික්ෂූන් අමතා වදාළා. "පින්වත් මහණෙනි, මම රාත්‍රී භෝජනයෙන් තොරව ම යි වළඳන්නේ. මහණෙනි, රාත්‍රී භෝජනයෙන් තොරව වළඳන මා ආබාධ අඩු බව ත්, ශාරීරික දුක් අඩු බව ත්, සැහැල්ලුව ත්, කායික සවිය ත්, සැප විහරණය ත්, ඇති බව දන්නවා. එනිසා පින්වත් මහණෙනි, ඔබත් එන්න. රාත්‍රී භෝජනයෙන් තොරව වළඳන්න. එතකොට පින්වත් මහණෙනි, රාත්‍රී භෝජනයෙන් තොරව වළඳන ඔබ ආබාධ අඩු බව ත්, ශාරීරික දුක් අඩු බව ත්, සැහැල්ලුව ත්, කායික සවිය ත්, සැප විහරණය ත්, ඇති බව හොඳින් දැන ගනීවි." "එසේය ස්වාමීනී" කියා ඒ භික්ෂූන් වහන්සේලා භාග්‍යවතුන් වහන්සේට පිළිතුරු දුන්නා.

ඉතින් භාග්‍යවතුන් වහන්සේ අනුපිළිවෙලින් කාසී ජනපදයෙහි චාරිකාවෙහි වඩිමින් කාසි ජනපදවාසීන් ගේ කීටාගිරි නම් නියම් ගමට ද වැඩම කළා. එහිදී භාග්‍යවතුන් වහන්සේ කාසි ජනපදවාසීන් ගේ කීටාගිරි නම් නියම්ගමෙහි වැඩවාසය කළා.

ඒ දිනවල අස්සජී, පුනබ්බසුක නම් භික්ෂූන් ද කීටාගිරියෙහි නේවාසිකව යි සිටියේ. ඉතින් බොහෝ භික්ෂූන් වහන්සේලා අස්සජී, පුනබ්බසුක භික්ෂූන් වෙත පැමිණුනා. පැමිණ අස්සජී, පුනබ්බසුක භික්ෂූන්ට මෙකරුණ පැවසුවා.

"ප්‍රිය ආයුෂ්මතුනි, භාග්‍යවතුන් වහන්සේ රාත්‍රී භෝජනයෙන් තොරව වළඳන සේක. භික්ෂුසංඝයා ත් රාත්‍රී භෝජනයෙන් තොරව යි වළඳන්නේ. ඉතින් ප්‍රිය ආයුෂ්මතුනි, රාත්‍රී භෝජනයෙන් තොරව වළඳන කල්හි ආබාධ අඩු බව ත්, ශාරීරික දුක් අඩු බව ත්, සැහැල්ලුව ත්, කායික සවිය ත්, සැප විහරණය ත්, ඇති බව හොඳින් වැටහෙනවා. එනිසා ප්‍රිය ආයුෂ්මතුනි, ඔබත් එන්න. රාත්‍රී භෝජනයෙන් තොරව වළඳන්න. එතකොට ප්‍රිය ආයුෂ්මතුනි, රාත්‍රී භෝජනයෙන් තොරව වළඳන ඔබ ආබාධ අඩු බව ත්, ශාරීරික දුක් අඩු බව

ත්, සැහැල්ලුව ත්, කායික සවිය ත්, සැප විහරණය ත්, ඇති බව හොඳින් දැන ගනීවි."

මෙසේ පැවසූ විට අස්සජි, පුනබ්බසුක භික්ෂූන් ඒ භික්ෂූන් වහන්සේලාට මෙය පැවසුවා. "එම්බා ආයුෂ්මත්නි, අපි නම් සවසට ත් වළඳනවා. උදේට ත් වළඳනවා. දහවල් විකාලයෙහි ත් වළඳනවා. ඉතින් සවසට ත්, උදෑසන ත්, දහවල් විකාලයෙහි ත් වළඳන්නා වූ ඒ අපට ද ආබාධ අඩු බව ත්, ශාරීරික දුක් අඩු බව ත්, සැහැල්ලුව ත්, කායික සවිය ත්, සැප විහරණය ත් ඇති බව හොඳින් වැටහෙනවා. එනිසා දැන් මෙහි දී ම අත්විඳින අනුසස් අත්හැර වෙනත් කාලයක ලැබෙන සැපයක් පිණිස අපි අසවල් දෙයකට දුවනවා ද? ඒ අපි නම් සවසට ත්, උදේට ත්, දහවල් විකාලයෙහි ත් වළඳිනවා."

යම් හෙයකින් ඒ භික්ෂූන් වහන්සේලා අස්සජි, පුනබ්බසුක භික්ෂූන්ට මේ කරුණ තේරුම් කරදෙන්නට අසමර්ථ වුනා ද, එවිට ඒ භික්ෂූන් වහන්සේලා භාග්‍යවතුන් වහන්සේ වෙත පැමිණුනා. පැමිණ භාග්‍යවතුන් වහන්සේට ආදරයෙන් වන්දනා කොට එකත්පස්ව වාඩි වුනා. එකත්පස්ව වාඩි වූ ඒ භික්ෂූන් වහන්සේ භාග්‍යවතුන් වහන්සේට මෙකරුණ පැවසුවා.

"ස්වාමීනී, අපි අස්සජි, පුනබ්බසුක භික්ෂූන් වෙත ගියා. ගිහින් අස්සජි, පුනබ්බසුක භික්ෂූන් හට මෙය පැවසුවා, 'ප්‍රිය ආයුෂ්මතුනි, භාග්‍යවතුන් වහන්සේ රාත්‍රී භෝජනයෙන් තොරව වළඳන සේක. ....(පෙ).... සැප විහරණය ත්, ඇති බව හොඳින් වැටහෙනවා. ස්වාමීනී, මෙසේ පැවසූ විට අස්සජි, පුනබ්බසුක භික්ෂූන් අපට මෙය පැවසුවා. 'එම්බා ආයුෂ්මත්නි, ...(පෙ).... දහවල් විකාලයෙහි ත් වළඳිනවා.' යම් හෙයකින් ස්වාමීනී, අපි අස්සජි, පුනබ්බසුක භික්ෂූන්ට මේ කරුණ තේරුම් කරදෙන්නට අසමර්ථ වුනා ද, ඒ නිස යි අපි භාග්‍යවතුන් වහන්සේට මෙය සැළකළේ."

එවිට භාග්‍යවතුන් වහන්සේ එක්තරා භික්ෂුවක් අමතා වදාළා "පින්වත් භික්ෂුව, එන්න. මගේ වචනයෙන් අස්සජි, පුනබ්බසුක භික්ෂූන් අමතන්න 'ශාස්තෲන් වහන්සේ ආයුෂ්මතුන් වහන්සේලා අමතනවා' කියා." "එසේය ස්වාමීනී" කියා ඒ භික්ෂුව භාග්‍යවතුන් වහන්සේට පිළිතුරු දී අස්සජි, පුනබ්බසුක භික්ෂූන් වෙත පැමිණුනා. පැමිණ "ආයුෂ්මතුන් වහන්සේලාට ශාස්තෲන් වහන්සේ අමතන සේක"යි අස්සජි, පුනබ්බසුක භික්ෂූන්ට පැවසුවා. අස්සජි, පුනබ්බසුක භික්ෂූන් "එසේය ආයුෂ්මතුනි" කියා ඒ භික්ෂුවට පිළිතුරු දී භාග්‍යවතුන් වහන්සේ වෙත පැමිණියා. පැමිණ භාග්‍යවතුන් වහන්සේට ආදරයෙන් වන්දනා කොට එකත්පස්ව වාඩි වුනා. එකත්පස්ව වාඩි වූ අස්සජි, පුනබ්බසුක භික්ෂූන් හට භාග්‍යවතුන් වහන්සේ මෙය වදාළා.

"හැබෑ ද, පින්වත් මහණෙනි, බොහෝ භික්ෂූන් වහන්සේලා ඔබ කරා අවුත්, මෙය පැවසුවා ද? 'ප්‍රිය ආයුෂ්මතුනි, භාග්‍යවතුන් වහන්සේ රාත්‍රී භෝජනයෙන් තොරව වළඳන සේක. භික්ෂුසංඝයා ත් රාත්‍රී භෝජනයෙන් තොරව යි වළඳන්නේ. ඉතින් ප්‍රිය ආයුෂ්මතුනි, රාත්‍රී භෝජනයෙන් තොරව වළඳන කල්හි ආබාධ අඩු බව ත්, ශාරීරික දුක් අඩු බව ත්, සැහැල්ලුව ත්, කායික සවිය ත්, සැප විහරණය ත්, ඇති බව හොඳින් වැටහෙනවා. එනිසා ප්‍රිය ආයුෂ්මතුනි, ඔබත් එන්න. රාත්‍රී භෝජනයෙන් තොරව වළඳන්න. එතකොට ප්‍රිය ආයුෂ්මතුනි, රාත්‍රී භෝජනයෙන් තොරව වළඳන ඔබ ආබාධ අඩු බව ත්, ශාරීරික දුක් අඩු බව ත්, සැහැල්ලුව ත්, කායික සවිය ත්, සැප විහරණය ත්, ඇති බව හොඳින් දැන ගනීවි.'

මෙසේ පැවසූ විට ඔබ ඒ භික්ෂූන් වහන්සේලාට මෙය පැවසුවා ද? 'එම්බා ආයුෂ්මත්නි, අපි නම් සවසට ත් වළඳනවා. උදේට ත් වළඳනවා. දහවල් විකාලයෙහි ත් වළඳනවා. ඉතින් සවසට ත්, උදෑසන ත්, දහවල් විකාලයෙහි ත් වළඳන්නා වූ ඒ අපට ද ආබාධ අඩු බව ත්, ශාරීරික දුක් අඩු බව ත්, සැහැල්ලුව ත්, කායික සවිය ත්, සැප විහරණය ත් ඇති බව හොඳින් වැටහෙනවා. එනිසා දැන් මෙහි දී ම අත්විඳින අනුසස් අත්හැර වෙනත් කාලයක ලැබෙන සැපයක් පිණිස අපි අසවල් දෙයකට දුවනවා ද? ඒ අපි නම් සවසට ත්, උදේට ත්, දහවල් විකාලයෙහි ත් වළඳිනවා' කියල." "එසේය ස්වාමීනී"

"පින්වත් මහණෙනි, කිම? මා විසින් මෙබඳු වූ ධර්මයක් දෙසන ලද බව ඔබ දන්නවා ද? ඒ කියන්නේ 'මේ පුරුෂ පුද්ගලයා යම් සැපක් වේවා, දුකක් වේවා, දුක් සැප රහිත බවක් වේවා විඳිනවා නම්, ඒ හේතුවෙන් ඔහු ගේ අකුසල් පිරිහී යනවා, කුසල් වැඩෙනවා' කියල." "ස්වාමීනී, එය නොවේ ම යි."

"පින්වත් මහණෙනි, ඔබ දන්නේ මා විසින් මෙබඳු වූ ධර්මයක් දෙසන ලද බව නො වේද? ඒ කියන්නේ 'මෙහි ඇතැම් පුද්ගලයෙකු හට මේ ආකාර වූ සැප විඳීමක් විඳින විට අකුසල් වැඩෙනවා. කුසල් පිරිහී යනවා කියල නො වේ ද? ඒ වගේ ම මෙහි ඇතැම් පුද්ගලයෙකු හට මේ ආකාර වූ සැප විඳීමක් විඳින විට අකුසල් පිරිහෙනවා. කුසල් වැඩෙනවා කියල නො වේ ද?

ඒ වගේ ම මෙහි ඇතැම් පුද්ගලයෙකු හට මේ ආකාර වූ දුක් විඳීමක් විඳින විට අකුසල් වැඩෙනවා. කුසල් පිරිහී යනවා කියල නො වේ ද? ඒ වගේ ම මෙහි ඇතැම් පුද්ගලයෙකු හට මේ ආකාර වූ දුක් විඳීමක් විඳින විට අකුසල් පිරිහෙනවා. කුසල් වැඩෙනවා කියල නො වේ ද?

මෙහි ඇතැම් පුද්ගලයෙකු හට මේ ආකාර වූ සැප, දුක් රහිත විඳීමක් විඳින විට අකුසල් වැඩෙනවා. කුසල් පිරිහී යනවා කියල නො වේ ද? ඒ වගේ ම මෙහි ඇතැම් පුද්ගලයෙකු හට මේ ආකාර වූ සැප, දුක් රහිත විඳීමක් විඳින විට අකුසල් පිරිහෙනවා. කුසල් වැඩෙනවා කියල නො වේ ද?" "එසේය ස්වාමීනී"

"හොඳයි පින්වත් මහණෙනි, 'මෙහි ඇතැම් පුද්ගලයෙකු හට මේ ආකාර වූ සැප විඳීමක් විඳින විට අකුසල් වැඩෙන බව ත්, කුසල් පිරිහී යන බව ත් මා විසින් ප්‍රඥාවෙන් අවබෝධ නො කළා නම්, නො දැක්කා නම්, නො දැන ගත්තා නම්, සාක්ෂාත් නො කළා නම්, නුවණින් ස්පර්ශ නො කළා නම්, එසේ නො දැන සිටින්නා වූ මං මෙහි ඇතැම් පුද්ගලයෙකු හට මේ ආකාර වූ සැප විඳීමක් විඳින විට අකුසල් වැඩෙන බව ත්, කුසල් පිරිහී යන බව ත් පැවසුවොත්, පින්වත් මහණෙනි, එය මට ගැලපෙන දෙයක් ද?" "ස්වාමීනී, එය නො වේ ම යි." "එනිසා පින්වත් මහණෙනි, යම් හෙයකින් මෙහි ඇතැම් පුද්ගලයෙකු හට මේ ආකාර වූ සැප විඳීමක් විඳින විට අකුසල් වැඩෙන බව ත්, කුසල් පිරිහී යන බව ත්, මා විසින් ප්‍රඥාවෙන් අවබෝධ කරල යි තියෙන්නෙ, දැකල යි තියෙන්නෙ, දැනගෙන යි තියෙන්නෙ, සාක්ෂාත් කරල යි තියෙන්නෙ, නුවණින් ස්පර්ශ කරල යි තියෙන්නෙ, ඒ නිසයි මං මේ ආකාර වූ සැප විඳීම අත්හරින්න කියා කියන්නෙ.

ඒ වගේ ම පින්වත් මහණෙනි, 'මෙහි ඇතැම් පුද්ගලයෙකු හට මේ ආකාර වූ සැප විඳීමක් විඳින විට අකුසල් පිරිහෙන බව ත්, කුසල් වැඩෙන බව ත් මා විසින් ප්‍රඥාවෙන් අවබෝධ නො කළා නම්, නො දැක්කා නම්, නො දැන ගත්තා නම්, සාක්ෂාත් නො කළා නම්, නුවණින් ස්පර්ශ නො කළා නම්, එසේ නො දැන සිටින්නා වූ මං මෙහි ඇතැම් පුද්ගලයෙකු හට මේ ආකාර වූ සැප විඳීමක් විඳින විට අකුසල් පිරිහෙනවා කියල හෝ, කුසල් වැඩෙනවා කියල හෝ පැවසුවොත්, පින්වත් මහණෙනි, එය මට ගැලපෙන දෙයක් ද?" "ස්වාමීනී, එය නො වේ ම යි." "එනිසා පින්වත් මහණෙනි, යම් හෙයකින් මෙහි ඇතැම් පුද්ගලයෙකු හට මේ ආකාර වූ සැප විඳීමක් විඳින විට අකුසල් පිරිහෙනවා නම්, කුසල් වැඩෙනවා නම්, ඒ බව මා විසින් ප්‍රඥාවෙන් අවබෝධ කරල යි තියෙන්නෙ, දැකල යි තියෙන්නෙ, දැනගෙන යි තියෙන්නෙ, සාක්ෂාත් කරල යි තියෙන්නෙ, නුවණින් ස්පර්ශ කරල යි තියෙන්නෙ, ඒ නිසයි මං මේ ආකාර වූ සැප විඳීම උපදවා ගෙන වාසය කරන්න කියා කියන්නෙ.

හොඳයි පින්වත් මහණෙනි, 'මෙහි ඇතැම් පුද්ගලයෙකු හට මේ ආකාර වූ දුක් විඳීමක් විඳින විට අකුසල් වැඩෙන බව ත්, කුසල් පිරිහී යන බව ත් මා

විසින් ප්‍රඥාවෙන් අවබෝධ නො කළා නම්, නො දැක්කා නම්, නො දැන ගත්තා නම්, සාක්ෂාත් නො කළා නම්, නුවණින් ස්පර්ශ නො කළා නම්, එසේ නො දැන සිටින්නා වූ මං මෙහි ඇතැම් පුද්ගලයෙකු හට මේ ආකාර වූ දුක් විඳීමක් විඳින විට අකුසල් වැඩෙනවා කියල, කුසල් පිරිහී යනවා කියල පැවසුවොත්, පින්වත් මහණෙනි, එය මට ගැලපෙන දෙයක් ද?" "ස්වාමීනී, එය නො වේ ම යි." "එනිසා පින්වත් මහණෙනි, යම් හෙයකින් මෙහි ඇතැම් පුද්ගලයෙකු හට මේ ආකාර වූ දුක් විඳීමක් විඳින විට අකුසල් වැඩෙනවා නම්, කුසල් පිරිහී යනවා නම්, එය මා විසින් ප්‍රඥාවෙන් අවබෝධ කරල යි තියෙන්නෙ, දැකල යි තියෙන්නෙ, දැනගෙන යි තියෙන්නෙ, සාක්ෂාත් කරල යි තියෙන්නෙ, නුවණින් ස්පර්ශ කරල යි තියෙන්නෙ, ඒ නිසයි මං මේ ආකාර වූ දුක් විඳීම අත්හරින්න කියා කියන්නෙ.

ඒ වගේ ම පින්වත් මහණෙනි, 'මෙහි ඇතැම් පුද්ගලයෙකු හට මේ ආකාර වූ දුක් විඳීමක් විඳින විට අකුසල් පිරිහෙන බව ත්, කුසල් වැඩෙන බව ත් මා විසින් ප්‍රඥාවෙන් අවබෝධ නො කළා නම්, නො දැක්කා නම්, නො දැන ගත්තා නම්, සාක්ෂාත් නො කළා නම්, නුවණින් ස්පර්ශ නො කළා නම්, එසේ නො දැන සිටින්නා වූ මං මෙහි ඇතැම් පුද්ගලයෙකු හට මේ ආකාර වූ දුක් විඳීමක් විඳින විට අකුසල් පිරිහෙනවා කියල හෝ, කුසල් වැඩෙනවා කියල හෝ පැවසුවොත්, පින්වත් මහණෙනි, එය මට ගැලපෙන දෙයක් ද?" "ස්වාමීනී, එය නො වේ ම යි." "එනිසා පින්වත් මහණෙනි, යම් හෙයකින් මෙහි ඇතැම් පුද්ගලයෙකු හට මේ ආකාර වූ දුක් විඳීමක් විඳින විට අකුසල් පිරිහෙනවා නම්, කුසල් වැඩෙනවා නම්, ඒ බව මා විසින් ප්‍රඥාවෙන් අවබෝධ කරල යි තියෙන්නෙ, දැකල යි තියෙන්නෙ, දැනගෙන යි තියෙන්නෙ, සාක්ෂාත් කරල යි තියෙන්නෙ, නුවණින් ස්පර්ශ කරල යි තියෙන්නෙ, ඒ නිසයි මං මේ ආකාර වූ දුක් විඳීම උපදවා ගෙන වාසය කරන්න කියා කියන්නෙ.

හොඳයි පින්වත් මහණෙනි, 'මෙහි ඇතැම් පුද්ගලයෙකු හට මේ ආකාර වූ දුක් සැප රහිත විඳීමක් විඳින විට අකුසල් වැඩෙන බව ත්, කුසල් පිරිහී යන බව ත් මා විසින් ප්‍රඥාවෙන් අවබෝධ නො කළා නම්, නො දැක්කා නම්, නො දැන ගත්තා නම්, සාක්ෂාත් නො කළා නම්, නුවණින් ස්පර්ශ නො කළා නම්, එසේ නො දැන සිටින්නා වූ මං මෙහි ඇතැම් පුද්ගලයෙකු හට මේ ආකාර වූ දුක් සැප රහිත විඳීමක් විඳින විට අකුසල් වැඩෙනවා කියල, කුසල් පිරිහී යනවා කියල පැවසුවොත්, පින්වත් මහණෙනි, එය මට ගැලපෙන දෙයක් ද?" "ස්වාමීනී, එය නො වේ ම යි." "එනිසා පින්වත් මහණෙනි, යම් හෙයකින් මෙහි ඇතැම් පුද්ගලයෙකු හට මේ ආකාර වූ දුක් සැප රහිත විඳීමක් විඳින විට

අකුසල් වැඩෙනවා නම්, කුසල් පිරිහී යනවා නම්, එය මා විසින් ප්‍රඥාවෙන් අවබෝධ කරල යි තියෙන්නෙ, දැකල යි තියෙන්නෙ, දැනගෙන යි තියෙන්නෙ, සාක්ෂාත් කරල යි තියෙන්නෙ, නුවණින් ස්පර්ශ කරල යි තියෙන්නෙ, ඒ නිසයි මං මේ ආකාර වූ දුක් සැප රහිත විඳීම අත්හරින්න කියා කියන්නෙ.

ඒ වගේ ම පින්වත් මහණෙනි, 'මෙහි ඇතැම් පුද්ගලයෙකු හට මේ ආකාර වූ දුක් සැප රහිත විඳීමක් විඳින විට අකුසල් පිරිහෙන බව ත්, කුසල් වැඩෙන බව ත් මා විසින් ප්‍රඥාවෙන් අවබෝධ නො කළා නම්, නො දැක්කා නම්, නො දැන ගත්තා නම්, සාක්ෂාත් නො කළා නම්, නුවණින් ස්පර්ශ නො කළා නම්, එසේ නො දැන සිටින්නා වූ මං මෙහි ඇතැම් පුද්ගලයෙකු හට මේ ආකාර වූ දුක් සැප රහිත විඳීමක් විඳින විට අකුසල් පිරිහෙනවා කියල හෝ, කුසල් වැඩෙනවා කියල හෝ පැවසුවොත්, පින්වත් මහණෙනි, එය මට ගැලපෙන දෙයක් ද?" "ස්වාමීනී, එය නො වේ ම යි." "එනිසා පින්වත් මහණෙනි, යම් හෙයකින් මෙහි ඇතැම් පුද්ගලයෙකු හට මේ ආකාර වූ දුක් සැප රහිත විඳීමක් විඳින විට අකුසල් පිරිහෙනවා නම්, කුසල් වැඩෙනවා නම්, ඒ බව මා විසින් ප්‍රඥාවෙන් අවබෝධ කරල යි තියෙන්නෙ, දැකල යි තියෙන්නෙ, දැනගෙන යි තියෙන්නෙ, සාක්ෂාත් කරල යි තියෙන්නෙ, නුවණින් ස්පර්ශ කරල යි තියෙන්නෙ, ඒ නිසයි මං මේ ආකාර වූ දුක් සැප රහිත විඳීම උපදවා ගෙන වාසය කරන්න කියා කියන්නෙ.

පින්වත් මහණෙනි, සියළුම භික්ෂූන් වහන්සේලාට අප්‍රමාදීව නිවන් පිණිස කටයුතු කළ යුතු යැයි මා කියන්නේ නැහැ. ඒ වගේ ම පින්වත් මහණෙනි, සියළුම භික්ෂූන් වහන්සේලාට අප්‍රමාදීව නිවන් පිණිස කටයුතු නො කළ යුතු යැයි මා කියන්නෙ ත් නැහැ.

පින්වත් මහණෙනි, යම් භික්ෂූන් අරහත්වයට පත් වී සිටිත් ද, ආශ්‍රව රහිතව සිටිත් ද, බඹසර වැස නිම කොට තිබෙත් ද, කළ යුතු දෙය අවසන් කොට තිබෙත් ද, කෙලෙස් බර බැහැර කොට සිටිත් ද, අනුපිළිවෙලින් පැමිණි අරහත්වය ඇතුව සිටිත් ද, භව සංයෝජනයන් ක්ෂය කොට සිටිත් ද, මැනවින් ලත් අවබෝධයෙන් යුතුව විමුක්තියට පැමිණ සිටිත් ද, අන්න එබඳු භික්ෂූන් වහන්සේලාට නම් අප්‍රමාදීව නිවන් පිණිස වීරිය කළ යුතු යැයි මා කියන්නේ නැහැ. එයට හේතුව කුමක් ද? ඒ භික්ෂූන් විසින් අප්‍රමාදීව කළ යුතු දෙය කරන ලද්දේ ය. ඒ භික්ෂූන් ප්‍රමාදයට පත්වීම සිදු නො වන දෙයක්.

නමුත් පින්වත් මහණෙනි, නිවන් පිණිස හික්මෙන භික්ෂූන් ඉන්නවා. තවම අරහත්වයට පැමිණ නැති, අනුත්තර යෝගක්ඛේම නිවන පතමින් ඉන්න,

පින්වත් මහණෙනි, එබඳු වූ භික්ෂූන් වහන්සේලා විසින් අප්‍රමාදීව නිවන් පිණිස වීරිය කළ යුතුයි කියල යි මා කියන්නේ. එයට හේතුව කුමක් ද? ඒ මේ ආයුෂ්මතුන් වහන්සේලා ගැලපෙන සේනාසන වල වාසය කරනවා නම්, කළ්‍යාණ මිත්‍රයන් ඇසුරු කරනවා නම්, ශ්‍රද්ධා ආදී ඉන්ද්‍රිය ධර්මයන් දියුණු කරගන්නවා නම්, යම් උතුම් අරුතක් පිණිස කුල පුත්‍රයන් මනා කොට ගිහි ගෙයින් නික්ම ශාසනයෙහි පැවිදි වෙනවා නම්, ඒ අනුත්තර වූ බඹසරෙහි පූර්ණත්වය වන අරහත් ඵලය මෙහිදී ම තමන් උපදවා ගන්නා විශිෂ්ට ඥාණයෙන් ප්‍රත්‍යක්ෂ කොට වාසය කරන්නට පුළුවනි.

පින්වත් මහණෙනි, මං මේ භික්ෂූන් වහන්සේලා ගේ අප්‍රමාදයෙහි ප්‍රතිඵල දක්නා නිසයි අප්‍රමාදීව නිවන් පිණිස වීරිය කළ යුතු යැයි කියන්නේ.

පින්වත් මහණෙනි, ලෝකයෙහි මේ පුද්ගලයන් සත් දෙනෙක් දකින්නට ලැබෙනවා. කවර සත් දෙනෙක් ද යත්; උභතෝභාග විමුත්ත පුද්ගලයා, පඤ්ඤාවිමුත්ත පුද්ගලයා, කායසක්ඛී පුද්ගලයා, දිට්ඨිප්පත්ත පුද්ගලයා, සද්ධාවිමුත්ත පුද්ගලයා, ධම්මානුසාරී පුද්ගලයා සහ සද්ධානුසාරී පුද්ගලයා ය.

පින්වත් මහණෙනි, උභතෝභාග විමුත්ත පුද්ගලයා යනු කවුද? පින්වත් මහණෙනි, මෙහි ඇතැම් පුද්ගලයෙක් රූප සමාපත්තීන් ඉක්ම යෑමෙන් යම් අරූපී ශාන්ත විමෝක්ෂයක් ඇද්ද, ඒ විමෝක්ෂයන් කයින් ස්පර්ශ කොට වාසය කරනවා. ඒ වගේ ම ප්‍රඥාවෙන් ආර්ය සත්‍ය දැක ආශ්‍රවයනුත් ක්ෂය කරලා තියෙනවා. පින්වත් මහණෙනි, මේ පුද්ගලයා යි උභතෝභාග විමුත්ත කියා කියන්නේ. පින්වත් මහණෙනි, මං මේ භික්ෂුව හට අප්‍රමාදීව වීරිය කිරීම කළ යුතු නැතැයි කියමි. එයට හේතුව කුමක් ද? ඒ භික්ෂුව විසින් අප්‍රමාදීව කළ යුතු වීරිය කරන ලද්දේ ය. ඔහු පිරිහීමට පත්වීම සිදු නො වන්නකි.

පින්වත් මහණෙනි, පඤ්ඤාවිමුත්ත පුද්ගලයා යනු කවුද? පින්වත් මහණෙනි, මෙහි ඇතැම් පුද්ගලයෙක් රූප සමාපත්තීන් ඉක්ම යෑමෙන් යම් අරූපී ශාන්ත විමෝක්ෂයක් ඇද්ද, ඒ විමෝක්ෂයන් කයින් ස්පර්ශ කොට වාසය කරන්නේ නෑ. නමුත් ප්‍රඥාවෙන් ආර්ය සත්‍ය දැක ආශ්‍රවයන් ක්ෂය කරලා තියෙනවා. පින්වත් මහණෙනි, මේ පුද්ගලයා යි පඤ්ඤාවිමුත්ත කියා කියන්නේ. පින්වත් මහණෙනි, මං මේ භික්ෂුව හට අප්‍රමාදීව වීරිය කිරීම කළ යුතු නැතැයි කියමි. එයට හේතුව කුමක් ද? ඒ භික්ෂුව විසින් අප්‍රමාදීව කළ යුතු වීරිය කරන ලද්දේ ය. ඔහු පිරිහීමට පත්වීම සිදු නො වන්නකි.

පින්වත් මහණෙනි, කායසක්ඛී පුද්ගලයා යනු කවුද? පින්වත් මහණෙනි, මෙහි ඇතැම් පුද්ගලයෙක් රූප සමාපත්තීන් ඉක්ම යෑමෙන් යම් අරූපී ශාන්ත

විමෝක්ෂයක් ඇද්ද, ඒ විමෝක්ෂයන් කයින් ස්පර්ශ කොට වාසය කරන්නේ නෑ. ඒ වගේ ම ප්‍රඥාවෙන් ආර්ය සත්‍ය දැක ඇතැම් ආශ්‍රවයන් ක්ෂය කරලා තියෙනවා. පින්වත් මහණෙනි, මේ පුද්ගලයා යි කායසක්ඛී කියා කියන්නේ. පින්වත් මහණෙනි, මං මේ භික්ෂුව හට අප්‍රමාදීව වීරිය කිරීම කළ යුතු යි කියමි. එයට හේතුව කුමක් ද? ඒ මේ ආයුෂ්මතුන් ගැලපෙන සේනාසන වල වාසය කරනවා නම්, කළ්‍යාණ මිත්‍රයන් ඇසුරු කරනවා නම්, ශ්‍රද්ධා ආදී ඉන්ද්‍රිය ධර්මයන් දියුණු කරගන්නවා නම්, යම් උතුම් අරුතක් පිණිස කුල පුත්‍රයන් මනා කොට ගිහි ගෙයින් නික්ම ශාසනයෙහි පැවිදි වෙනවා නම්, ඒ අනුත්තර වූ බඹසරෙහි පූර්ණත්වය ගැන අරහත් ඵලය මෙහිදී ම තමන් උපදවා ගන්නා විශිෂ්ඨ ඤාණයෙන් ප්‍රත්‍යක්ෂ කොට වාසය කරන්නට පුළුවනි. පින්වත් මහණෙනි, මං මේ භික්ෂුව ගේ අප්‍රමාදයෙහි ප්‍රතිඵල දක්නා නිසයි අප්‍රමාදීව නිවන් පිණිස වීරිය කළ යුතු යැයි කියන්නේ.

පින්වත් මහණෙනි, දිට්ඨප්පත්ත පුද්ගලයා යනු කවුද? පින්වත් මහණෙනි, මෙහි ඇතැම් පුද්ගලයෙක් රූප සමාපත්තීන් ඉක්ම යෑමෙන් යම් අරූපී ශාන්ත විමෝක්ෂයක් ඇද්ද, ඒ විමෝක්ෂයන් කයින් ස්පර්ශ කොට වාසය කරන්නෙ නෑ. ඒ වගේ ම ප්‍රඥාවෙන් ආර්ය සත්‍ය දැක ඇතැම් ආශ්‍රවයන් ක්ෂය කරලා තියෙනවා. තථාගතයන් වහන්සේ විසින් වදාරණ ලද ධර්මය ඔහු විසින් ප්‍රඥාවෙන් හොඳින් දැකල යි තියෙන්නෙ. නුවණ හොඳින් හසුරුවගෙන යි තියෙන්නෙ. පින්වත් මහණෙනි, මේ පුද්ගලයා යි දිට්ඨප්පත්ත කියා කියන්නේ. පින්වත් මහණෙනි, මං මේ භික්ෂුව හට අප්‍රමාදීව වීරිය කිරීම කළ යුතු යි කියමි. එයට හේතුව කුමක් ද? ඒ මේ ආයුෂ්මතුන් ගැලපෙන සේනාසන වල වාසය කරනවා නම්, කළ්‍යාණ මිත්‍රයන් ඇසුරු කරනවා නම්, ශ්‍රද්ධා ආදී ඉන්ද්‍රිය ධර්මයන් දියුණු කරගන්නවා නම්, යම් උතුම් අරුතක් පිණිස කුල පුත්‍රයන් මනා කොට ගිහි ගෙයින් නික්ම ශාසනයෙහි පැවිදි වෙනවා නම්, ඒ අනුත්තර වූ බඹසරෙහි පූර්ණත්වය වන අරහත් ඵලය මෙහිදී ම තමන් උපදවා ගන්නා විශිෂ්ට ඤාණයෙන් ප්‍රත්‍යක්ෂ කොට වාසය කරන්නට පුළුවනි. පින්වත් මහණෙනි, මං මේ භික්ෂුව ගේ අප්‍රමාදයෙහි ප්‍රතිඵල දක්නා නිසයි අප්‍රමාදීව නිවන් පිණිස වීරිය කළ යුතු යැයි කියන්නේ.

පින්වත් මහණෙනි, සද්ධාවිමුත්ත පුද්ගලයා යනු කවුද? පින්වත් මහණෙනි, මෙහි ඇතැම් පුද්ගලයෙක් රූප සමාපත්තීන් ඉක්ම යෑමෙන් යම් අරූපී ශාන්ත විමෝක්ෂයක් ඇද්ද, ඒ විමෝක්ෂයන් කයින් ස්පර්ශ කොට වාසය කරන්නෙ නෑ. ඒ වගේ ම ප්‍රඥාවෙන් ආර්ය සත්‍ය දැක ඇතැම් ආශ්‍රවයන් ක්ෂය කරලා තියෙනවා. ඒ භික්ෂුව තුළ තථාගතයන් වහන්සේ කෙරෙහි ශ්‍රද්ධාව

හොඳින් බැසගෙන මුල්ඇදල පිහිටලයි තියෙන්නෙ. පින්වත් මහණෙනි, මේ පුද්ගලයා යි සද්ධාවිමුත්ත කියා කියන්නේ. පින්වත් මහණෙනි, මං මේ භික්ෂුව හට අප්‍රමාදීව වීරිය කිරීම කළ යුතු යි කියමි. එයට හේතුව කුමක් ද? ඒ මේ ආයුෂ්මතුන් ගැලපෙන සේනාසන වල වාසය කරනවා නම්, කළ්‍යාණ මිත්‍රයන් ඇසුරු කරනවා නම්, ශ්‍රද්ධා ආදී ඉන්ද්‍රිය ධර්මයන් දියුණු කරගන්නවා නම්, යම් උතුම් අරුතක් පිණිස කුල පුත්‍රයන් මනා කොට ගිහි ගෙයින් නික්ම ශාසනයෙහි පැවිදි වෙනවා නම්, ඒ අනුත්තර වූ බඹසරෙහි පූර්ණත්වය වන අරහත් ඵලය මෙහිදී ම තමන් උපදවා ගන්නා විශිෂ්ට ඥාණයෙන් ප්‍රත්‍යක්ෂ කොට වාසය කරන්නට පුළුවනි. පින්වත් මහණෙනි, මං මේ භික්ෂුව ගේ අප්‍රමාදයෙහි ප්‍රතිඵල දක්නා නිසයි අප්‍රමාදීව නිවන් පිණිස වීරිය කළ යුතු යැයි කියන්නේ.

පින්වත් මහණෙනි, ධම්මානුසාරී පුද්ගලයා යනු කවුද? පින්වත් මහණෙනි, මෙහි ඇතැම් පුද්ගලයෙක් රූප සමාපත්තීන් ඉක්ම යෑමෙන් යම් අරූපී ශාන්ත විමෝක්ෂයක් ඇද්ද, ඒ විමෝක්ෂයන් කයින් ස්පර්ශ කොට වාසය කරන්නෙ නෑ. ඒ වගේ ම ප්‍රඥාවෙන් ආර්ය සත්‍ය දැක ආශ්‍රවයන් ක්ෂය වෙලත් නෑ. තථාගතයන් වහන්සේ විසින් වදාරණ ලද ධර්මය ඔහු විසින් තමන්ට අදාළ ප්‍රමාණයට ප්‍රඥාවෙන් වටහා ගෙන යි තියෙන්නෙ. ඒ වගේ ම ඔහු තුළ මේ ධර්මයන් තිබෙනවා. එනම්, සද්ධා ඉන්ද්‍රිය, විරිය ඉන්ද්‍රිය, සති ඉන්ද්‍රිය, සමාධි ඉන්ද්‍රිය හා ප්‍රඥා ඉන්ද්‍රිය යි. පින්වත් මහණෙනි, මේ පුද්ගලයා යි ධම්මානුසාරී කියා කියන්නේ. පින්වත් මහණෙනි, මං මේ භික්ෂුව හට අප්‍රමාදීව වීරිය කිරීම කළ යුතු යි කියමි. එයට හේතුව කුමක් ද? ඒ මේ ආයුෂ්මතුන් ගැලපෙන සේනාසන වල වාසය කරනවා නම්, කළ්‍යාණ මිත්‍රයන් ඇසුරු කරනවා නම්, ශ්‍රද්ධා ආදී ඉන්ද්‍රිය ධර්මයන් දියුණු කරගන්නවා නම්, යම් උතුම් අරුතක් පිණිස කුල පුත්‍රයන් මනා කොට ගිහි ගෙයින් නික්ම ශාසනයෙහි පැවිදි වෙනවා නම්, ඒ අනුත්තර වූ බඹසරෙහි පූර්ණත්වය වන අරහත් ඵලය මෙහිදී ම තමන් උපදවා ගන්නා විශිෂ්ට ඥාණයෙන් ප්‍රත්‍යක්ෂ කොට වාසය කරන්නට පුළුවනි. පින්වත් මහණෙනි, මං මේ භික්ෂුව ගේ අප්‍රමාදයෙහි ප්‍රතිඵල දක්නා නිසයි අප්‍රමාදීව නිවන් පිණිස වීරිය කළ යුතු යැයි කියන්නේ.

පින්වත් මහණෙනි, සද්ධානුසාරී පුද්ගලයා යනු කවුද? පින්වත් මහණෙනි, මෙහි ඇතැම් පුද්ගලයෙක් රූප සමාපත්තීන් ඉක්ම යෑමෙන් යම් අරූපී ශාන්ත විමෝක්ෂයක් ඇද්ද, ඒ විමෝක්ෂයන් කයින් ස්පර්ශ කොට වාසය කරන්නෙ නෑ. ඒ වගේ ම ප්‍රඥාවෙන් ආර්ය සත්‍ය දැක ආශ්‍රවයන් ක්ෂය වෙලත් නෑ. තථාගතයන් වහන්සේ කෙරෙහි ඔහු තුළ ශ්‍රද්ධා මාත්‍රයක් තියෙනවා. ප්‍රේම මාත්‍රයක් තියෙනවා. ඒ වගේ ම ඔහු තුළ මේ ධර්මයන් තිබෙනවා. එනම්, සද්ධා

ඉන්ද්‍රිය, විරිය ඉන්ද්‍රිය, සති ඉන්ද්‍රිය, සමාධි ඉන්ද්‍රිය හා ප්‍රඥා ඉන්ද්‍රිය යි. පින්වත් මහණෙනි, මේ පුද්ගලයා යි සද්ධානුසාරී කියා කියන්නේ. පින්වත් මහණෙනි, මං මේ භික්ෂුව හට අප්‍රමාදීව වීරිය කිරීම කළ යුතු යි කියමි. එයට හේතුව කුමක් ද? ඒ මේ ආයුෂ්මතුන් ගැලපෙන සේනාසන වල වාසය කරනවා නම්, කළ්‍යාණ මිත්‍රයන් ඇසුරු කරනවා නම්, ශ්‍රද්ධා ආදී ඉන්ද්‍රිය ධර්මයන් දියුණු කරගන්නවා නම්, යම් උතුම් අරුතක් පිණිස කුල පුත්‍රයන් මනා කොට ගිහි ගෙයින් නික්ම ශාසනයෙහි පැවිදි වෙනවා නම්, ඒ අනුත්තර වූ බඹසරෙහි පූර්ණත්වය වන අරහත් ඵලය මෙහිදී ම තමන් උපදවා ගන්නා විශිෂ්ට ඥාණයෙන් ප්‍රත්‍යක්ෂ කොට වාසය කරන්නට පුළුවනි. පින්වත් මහණෙනි, මං මේ භික්ෂුව ගේ අප්‍රමාදයෙහි ප්‍රතිඵල දක්නා නිසයි අප්‍රමාදීව නිවන් පිණිස වීරිය කළ යුතු යැයි කියන්නේ.

පින්වත් මහණෙනි, මම පටන් ගත් ගමන් ම අරහත්වයට පත් වෙන බව කියන්නෙ නෑ. නමුත් පින්වත් මහණෙනි, අනුපිළිවෙලින් හික්මීම හේතුවෙන්, අනුපිළිවෙලින් ක්‍රියා කිරීම හේතුවෙන්, අනුපිළිවෙලින් ප්‍රතිපදාවෙහි යෙදීම හේතුවෙන් අරහත්වයේ පිහිටන්නට පුළුවන් වෙනවා.

පින්වත් මහණෙනි, අනුපිළිවෙලිත් හික්මීම ත්, අනුපිළිවෙලින් ක්‍රියා කිරීම ත්, අනුපිළිවෙලින් ප්‍රතිපදාවෙහි යෙදීම ත් තුළින් අරහත්වයට පත් වන්නේ කොහොම ද? පින්වත් මහණෙනි, මෙහි ශ්‍රද්ධාව උපදවා ගත් තැනැත්තා කලණ මිතුරන් කරා එළඹෙනවා. කලණ මිතුරන් කරා එළැඹීමෙන් ඇසුරු කරන්නට ලැබෙනවා. ඇසුරු කරන්නට ලැබීමෙන් ධර්මය ඇසීම පිණිස සවන් යොමු කරනවා. මනා කොට සවන් යොමු කිරීමෙන් යුතුව ධර්මය අසනවා. ඇසූ ධර්මය මතක තබා ගන්නවා. මතක තබා ගත් ධර්මයෙහි අර්ථ නුවණින් විමසනවා. අර්ථ නුවණින් විමසන විට ඒ ධර්මයන් වැටහෙන්නට පටන් ගන්නවා. ධර්මයන් ගේ ආර්ථාවබෝධය ඇති විට ධර්මයෙහි හැසිරෙන්නට ආසාව ඇති වෙනවා. එසේ ධර්මයෙහි හැසිරෙන්නට ආසාව උපදවා ගත් විට උත්සාහ කරනවා. උත්සාහ කොට හොඳින් ගලපා බලනවා. හොඳින් ගලපා බලා බලවත් ව වීරිය කරනවා. කාය ජීවිත දෙක් හි අපේක්ෂා රහිතව වීරිය කරද්දී පරම සත්‍යය කයෙන් ම ස්පර්ශ කරනවා. ප්‍රඥාවෙනුත් එය විනිවිද දකිනවා.

මහණෙනි, ඔබට ඒ ශ්‍රද්ධාව තිබුනෙත් නැහැ. මහණෙනි, ඒ කළණ මිතුරන් වෙත එළඹීම තිබුනෙත් නැහැ. මහණෙනි, ඒ කළණ මිතුරන් ඇසුරු කිරීම තිබුනෙත් නැහැ. මහණෙනි, ඒ මනා කොට සවන් යොමු කිරීම තිබුනෙත් නැහැ. මහණෙනි, ඒ ධර්ම ශ්‍රවණය තිබුනෙත් නැහැ. මහණෙනි, ඒ ධර්ම ධාරණය තිබුනෙත් නැහැ. මහණෙනි, ඒ දරා ගත් ධර්මයෙහි අර්ථ

නුවණින් විමසීම තිබුනෙත් නැහැ. මහණෙනි, ඒ ධර්මය වැටහීම තිබුනෙත් නැහැ. මහණෙනි, ඒ ධර්මය වැටහීමෙන් ලත් ධර්මයේ හැසිරීමෙහි ආසාව තිබුනෙත් නැහැ. මහණෙනි, ඒ ධර්මයේ හැසිරීමෙහි උත්සාහය තිබුනෙත් නැහැ. මහණෙනි, ඒ නුවණින් ගලපා බැලීම තිබුනෙත් නැහැ. මහණෙනි, ඒ බලවත් වීරිය තිබුනෙත් නැහැ. මහණෙනි, මේ කරුණු පිළිබඳව ඔබ වැරදියට පිළිපැදල යි ඉන්නෙ. පින්වත් මහණෙනි, මේ හිස් පුරුෂයන් මේ ගෞතම ශාසනයෙන් මොන තරම් ඈතට විසි වෙලා ගිහින් ද ඉන්නෙ.

පින්වත් මහණෙනි, පද සතරකින් යුතු ධර්ම විග්‍රහයක් තියෙනවා. එම ධර්ම විග්‍රහය අසන ලද්දා වූ නුවණැති පුරුෂයෙකුට සුලු කලෙකින් ම එහි අර්ථ ප්‍රඥාවෙන් දැනගන්නට පුළුවන්. පින්වත් මහණෙනි, මා ඔබට එය මතු කොට පවසන්නෙමි. එහි අර්ථය නුවණින් තේරුම් ගන්න."

"අනේ ස්වාමීනී, අපි කවුද? ධර්මය අවබෝධ කරන්නා වූ උත්තමයන් කවුද?"

"පින්වත් මහණෙනි, ලාභ සත්කාර කීර්ති ප්‍රශංසා නම් වූ ආමිෂයට ගරු කරන, ආමිෂය දායාද කරගත්, ආමිෂය හා එක්ව වාසය කරන ශාස්තෘවරයෙක් ඉන්නවා. ඔහුට ද 'අපට මේ විදිහට වෙනවා නම්, එතකොට එය අපි කරනවා. අපට මේ විදිහට නො වෙනවා නම්, එය අපි කරන්නෙ නැහැ' කියල අගය අඩු වැඩි කිරීමකට පැමිණෙන්නෙ නැත්නම්, පින්වත් මහණෙනි, තථාගතයන් වහන්සේ ලාබ සත්කාර කීර්ති ප්‍රශංසා යනාදී යම් ආමිෂයක් ඇද්ද, සර්වප්‍රකාරයෙන් ම එයින් වෙන් වෙලා නො වේද වාසය කරන්නේ? එනිසා පින්වත් මහණෙනි, ශාස්තෘ ශාසනයෙහි හාත්පසින් ම නැගී සිටින්නා වූ ශ්‍රද්ධාවන්ත ශ්‍රාවකයෙකු හට පිහිටිය යුතු අනුධර්මයක් තිබෙනවා. එනම්, 'භාග්‍යවතුන් වහන්සේ ශාස්තෘන් වහන්සේ වන සේක. මම් වනාහී ශ්‍රාවකයා වෙමි. භාග්‍යවතුන් වහන්සේ දන්නා සේක. මම් වනාහී නො දනිමි' කියල යි.

පින්වත් මහණෙනි, ශාස්තෘ ශාසනය තුළ මුල් බැසගෙන වැඩෙන්නා වූ ශ්‍රද්ධාවන්ත ශ්‍රාවකයෙකු හට එම ශාස්තෘ ශාසනයෙහි ඕජා සහිත වෙයි. පින්වත් මහණෙනි, ශාස්තෘ ශාසනය තුළ හාත්පසින් නැගී සිටින්නා වූ ශ්‍රාවකයෙකු ගේ අනුධර්මය මෙය යි. 'ඒකාන්තයෙන් ම මේ ශරීරයෙහි සම ත්, නහර ත්, ඇට ත් ඉතුරු වේවා! මස් ලේ වියැලේවා! පුරුෂ ශක්තියකින්, පුරුෂ වීර්යයකින්, පුරුෂ පරාක්‍රමයකින් යම් උතුම් අර්ථයක් ලබාගත යුතු ද, ඒ උතුම් අර්ථයට නො පැමිණ වීරියේ අත්හැරීමක් නො වන්නේ ය' කියල යි.

පින්වත් මහණෙනි, ශාස්තෘ ශාසනයෙහි හාත්පසින් නැගී සිටින්නා වූ ශ්‍රද්ධාවන්ත ශ්‍රාවකයෙකු හට ඵල දෙකක් අතුරෙන් එක්තරා ඵලයක් සාක්ෂාත්

කිරීම ගැන කැමති විය යුතුය. එනම් මෙහිදී ම අවබෝධ කරන්නා වූ අරහත්වය හෝ කෙලෙස් ඉතුරු වූ කල්හි ලබන අනාගාමී බව යි."

භාග්‍යවතුන් වහන්සේ මෙය වදාළ සේක. සතුටු සිත් ඇති ඒ භික්ෂූන් වහන්සේලා භාග්‍යවතුන් වහන්සේ වදාළ මෙම දේශනය ඉතාම සතුටින් පිළිගත්තා.

සාදු! සාදු!! සාදු!!!

කීටාගිරි නියම් ගමේ දී වදාළ දෙසුම නිමා විය.

දෙවෙනි භික්ඛු වර්ගය යි.

3. පරිබ්බාජක වර්ගය

2.3.1.
තේවිජ්ජ වච්ඡගොත්ත සූත්‍රය
ත්‍රිවිද්‍යාව ගැන වච්ඡගොත්ත පරිබ්‍රාජකයාට වදාළ දෙසුම

මා හට අසන්නට ලැබුනේ මේ විදිහට යි. ඒ දිනවල භාග්‍යවතුන් වහන්සේ වැඩසිටියේ විශාලා මහනුවර මහාවනයෙහි කූටාගාර ශාලාවෙහි ය. ඒ දිනවල ම වච්ඡගොත්ත පිරිවැජියා ත්, ඒකපුණ්ඩරීක නම් පිරිවැජි ආරාමයෙහි වාසය කළා. එදා භාග්‍යවතුන් වහන්සේ පෙරවරුවෙහි සිවුරු හැඳ පොරවා ගෙන පාත්‍රය ද ගෙන විශාලාවෙහි පිණ්ඩපාතය පිණිස වැඩම කළා. එතකොට භාග්‍යවතුන් වහන්සේට මේ අදහස ඇති වුනා. 'තවම විශාලාවෙහි පිණ්ඩපාත කරන්නට වේලාසන වැඩියි. එනිසා මං ඒකපුණ්ඩරීක පිරිවැජි ආරාමය යම් තැනක ද, වච්ඡගොත්ත පිරිවැජියා යම් තැනක ද, එතැනට යන්නට ඕන' කියල. ඉතින් භාග්‍යවතුන් වහන්සේ ඒකපුණ්ඩරීක නම් පිරිවැජි ආරාමයෙහි වච්ඡගොත්ත පිරිවැජියා වෙත වැඩම කළා.

වච්ඡගොත්ත පිරිවැජියා දුරින් ම වඩින්නා වූ භාග්‍යවතුන් වහන්සේව දැක්කා. දැක භාග්‍යවතුන් වහන්සේට මෙය පැවසුවා. "ස්වාමීනී, භාග්‍යවතුන් වහන්ස, වඩිනා සේක්වා! ස්වාමීනී, භාග්‍යවතුන් වහන්සේ ගේ වැඩම වීම ස්වාගතයක් ම යි. ස්වාමීනී, භාග්‍යවතුන් වහන්සේ මෙහි වැඩම වීම බොහෝ කාලෙකට පසුවයි වුනේ. ස්වාමීනී, භාග්‍යවතුන් වහන්ස, මේ පණවන ලද අසුනෙහි වැඩ සිටින සේක්වා!"

භාග්‍යවතුන් වහන්සේ පණවන ලද අසුනෙහි වැඩ සිටියා. වච්ඡගොත්ත පිරිවැජියා ද එක්තරා මිටි අසුනක් ගෙන එකත්පස්ව වාඩි වුනා. එකත්පස්ව වාඩි වූ වච්ඡගොත්ත පිරිවැජියා භාග්‍යවතුන් වහන්සේට මෙය පැවසුවා. "ස්වාමීනී, මං මෙය අසා තිබෙනවා. ඒ කියන්නෙ 'ශ්‍රමණ ගෞතමයන් වහන්සේ සර්වඥ යි. සියල්ල දක්නා කෙනෙක්. ඉතිරි නැතිව පවතින ඤාණ දර්ශනයක් ගැන ප්‍රතිඥා දෙනවා කියල. ඒ කියන්නෙ ඇවිදින විට ත්, සිටින විට ත්, නිදන විට

ත්, නිදිවරන විටත් නිරතුරුව හැම කල්හි ම තමන් වහන්සේට ඤාණදර්ශන පිහිටා තිබෙනවා' කියල.

ස්වාමීනී, යමෙක් ඒ විදිහට කිව්වොත් ඒ කියන්නෙ 'ශ්‍රමණ ගෞතමයන් වහන්සේ සර්වඥ යි. සියල්ල දක්නා කෙනෙක්. ඉතිරි නැතිව පවතින ඤාණ දර්ශනයක් ගැන ප්‍රතිඥා දෙනවා කියල. ඒ කියන්නෙ ඇවිදින විට ත්, සිටින විට ත්, නිදන විට ත්, නිදිවරන විටත් නිරතුරුව හැම කල්හි ම තමන් වහන්සේට ඤාණදර්ශන පිහිටා තිබෙනවා' කියල. ඉතින් ස්වාමීනී, ඔවුන් ඒ කියන්නේ භාග්‍යවතුන් වහන්සේ වදාළ දෙයක් ද? එහෙම නැත්නම්, ඔවුන් කරන්නේ භාග්‍යවතුන් වහන්සේට අභූතයෙන් චෝදනා නැගීමක් ද? එසේත් නැත්නම් ඔවුන් කරන්නේ ධර්මයට අනුකූල වූ දෙයක් පැවසීමක් ද? කරුණු සහිතව ගැරහුම් ලබන කිසියම් වාදාභිමුඛ කරුණකට නො පැමිණීමක් ද?"

"පින්වත් වච්ඡය, යම් කෙනෙක් මේ විදිහට කිව්වොත්, ඒ කියන්නෙ 'ශ්‍රමණ ගෞතමයන් වහන්සේ සර්වඥ යි. සියල්ල දක්නා කෙනෙක්. ඉතිරි නැතිව පවතින ඤාණ දර්ශනයක් ගැන ප්‍රතිඥා දෙනවා කියල. ඒ කියන්නෙ ඇවිදින විට ත්, සිටින විට ත්, නිදන විට ත්, නිදිවරන විටත් නිරතුරුව හැම කල්හි ම තමන් වහන්සේට ඤාණදර්ශන පිහිටා තිබෙනවා' කියල. එය මා පවසන ලද්දක් නොවේ. ඔවුන් ඒ කරන්නේ මට අසත්‍ය වූ අභූතයෙන් චෝදනා කිරීම යි."

"ස්වාමීනී, අපි කොයි විදිහට පැවසුවොත් ද භාග්‍යවතුන් වහන්සේ වදාළ දෙයක් පැවසුවා වන්නේ? භාග්‍යවතුන් වහන්සේට අභූතයෙන් චෝදනා නො කළා වන්නේ? ධර්මයට අනුකූල දෙයක් පැවසුවා වන්නේ? කරුණු සහිතව ගැරහුම් ලබන කිසියම් වාදාභිමුඛ කරුණකට නො පැමිණියා වන්නේ?"

"පින්වත් වච්ඡය, 'ශ්‍රමණ ගෞතමයන් වහන්සේ ත්‍රිවිද්‍යාලාභී කෙනෙක් ය' කියා කියනවා නම් ඒ කියන්නේ මා පවසන දෙයක් ම යි. ඒ කියමනින් මට අභූතයෙන් චෝදනාවක් වන්නෙ නෑ. ධර්මයට අනුකූල දෙයක් ම යි කියන්නෙ. කරුණු සහිතව ගැරහුම් ලබන කිසියම් වාදාභිමුඛ කරුණකට පැමිණෙන්නෙත් නෑ.

පින්වත් වච්ඡය, මට කැමති තාක් පෙර විසූ කඳ පිළිවෙල සිහි කරන්නට පුළුවන්කම තියෙනවා. ඒ කියන්නෙ එක ජාතියක්, ජාති දෙකක්, ...(පෙ).... ඔය විදිහට ආකාර සහිත වූ පැහැදිලි සිදුවීම් සහිත ව, නොයෙක් ආකාරයෙන් පුබ්බේනිවාසානුස්සති ඤාණය සිහි කරන්නට පුළුවන්.

ඒ වගේ ම පින්වත් වච්ඡය, මට කැමති තාක් සාමාන්‍ය මිනිස් ඇස ඉක්මවා ගිය විශුද්ධ වූ දිව්‍ය ඇසින් චුත වෙන උපදින සතුන් දකින්ට පුළුවන්. හීන වූ, උසස් වූ, වර්ණවත් වූ, විරූපී වූ, සුගතියෙහි ඉපිද සිටින, දුගතියෙහි ඉපිද සිටින, ...(පෙ).... කර්මානුරූපව චුතවෙන උපදින සතුන් දකින්නට පුළුවන්.

ඒ වගේ ම පින්වත් වච්ඡය, මං ආශ්‍රවයන් ක්ෂය වීමෙන් අනාශ්‍රව වූ චිත්ත විමුක්තිය ත්, ප්‍රඥා විමුක්තිය ත් මෙහි දී ම තමන් ගේ විශිෂ්ඨ වූ ප්‍රඥාවෙන් සාක්ෂාත් කොට පැමිණිලයි වාසය කරන්නේ. පින්වත් වච්ඡය, 'ශ්‍රමණ ගෞතමයන් වහන්සේ ත්‍රිවිද්‍යාලාභී කෙනෙක් ය' කියා කියනවා නම් ඒ කියන්නේ මා පවසන දෙයක් ම යි. ඒ කියමනින් මට අභූතයෙන් චෝදනාවක් වන්නෙ නෑ. ධර්මයට අනුකූල දෙයක් ම යි කියන්නෙ. කරුණු සහිතව ගැරහුම් ලබන කිසියම් වාදාභිමුඛ කරුණකට පැමිණෙන්නෙත් නෑ."

මෙසේ වදාළ විට වච්ඡගොත්ත පිරිවැජියා භාග්‍යවතුන් වහන්සේට මෙය පැවසුවා. "භවත් ගෞතමයන් වහන්ස, ගිහි බන්ධන අත් නො හළ කිසියම් ගිහියෙක් කය බිඳී යාමෙන් පසු දුක් කෙළවර කර ගත් අවස්ථාවක් තිබේ ද?" "පින්වත් වච්ඡය, ගිහි බන්ධන අත් නො හැර සිටීමෙන්, කය බිඳීමෙන් පසු දුක් කෙළවර කරගත් කිසි ගිහියෙක් නෑ."

"භවත් ගෞතමයන් වහන්ස, ගිහි බන්ධන අත් නො හළ කිසියම් ගිහියෙක් කය බිඳී යාමෙන් පසු සුගතියෙහි ඉපදුන අවස්ථාවක් තිබේ ද?" "පින්වත් වච්ඡය, ගිහි බන්ධන අත් නො හැර සිටීමෙන්, කය බිඳීමෙන් පසු සුගතියෙහි ඉපදුන ගිහියන් සියයක් නො වෙයි, දෙසීයකුත් නො වෙයි, තුන්සීයකුත් නො වෙයි, හාරසීයකුත් නො වෙයි, පන්සීයකුත් නො වෙයි. ඊටත් වඩා බොහෝ පිරිසක් ඉන්නවා."

"භවත් ගෞතමයන් වහන්ස, කිසියම් අන්‍යාගමිකයෙක් කය බිඳී යාමෙන් පසු දුක් කෙළවර කර ගත් අවස්ථාවක් තිබේ ද?" "පින්වත් වච්ඡය, කය බිඳීමෙන් පසු දුක් කෙළවර කරගත් කිසිඳු අන්‍යාගමිකයෙක් නෑ."

"භවත් ගෞතමයන් වහන්ස, කිසියම් අන්‍යාගමිකයෙක් කය බිඳී යාමෙන් පසු සුගතියෙහි උපත ලැබූ අවස්ථාවක් තිබේ ද?" "පින්වත් වච්ඡය, මා දැන් මෙයින් අනූ එක් කල්පයක් දක්වා ආපස්සට සිතනවා. එක ම අන්‍යාගමික තවුසෙක් හැර වෙන කිසි අන්‍යාගමිකයෙක් ස්වර්ගයෙ හි උපත ලැබූ බවක් නම් මං දන්නෙ නෑ. ඒ ස්වර්ගයේ උපන් තැනැත්තා ද කර්ම කර්ම-ඵල විශ්වාස කළ කෙනෙක්. ක්‍රියාවෙහි විපාක විශ්වාස කළ කෙනෙක්."

"භවත් ගෞතමයන් වහන්ස, එහෙම නම් ඔය තිබෙන්නා වූ අන්‍යාගම් අඩු ගණනේ ස්වර්ගයේ උපත ලබන කාරණයෙනුත් හිස් නෙව."

"පින්වත් වච්ඡය, මෙසේ ඇති කල්හි ඔය තිබෙන්නා වූ අන්‍යාගම් අඩු ගණනේ ස්වර්ගයේ උපත ලබන කාරණයෙනුත් හිස් තමයි."

භාග්‍යවතුන් වහන්සේ මෙය වදාළ සේක. සතුටු සිත් ඇති වච්ඡගොත්ත පිරිවැජියා භාග්‍යවතුන් වහන්සේ වදාළ මෙම දේශනය ඉතාම සතුටින් පිළිගත්තා.

සාදු! සාදු!! සාදු!!!

වච්ඡගොත්ත පිරිවැජියාට ත්‍රිවිද්‍යාව ගැන වදාළ දෙසුම නිමා විය.

2.3.2.
අග්ගි වච්ඡගොත්ත සූත්‍රය
වච්ඡගොත්ත පිරිවැජියාට ගින්න උපමා කොට වදාළ දෙසුම

මා හට අසන්නට ලැබුනේ මේ විදිහට යි. එසමයෙහි භාග්‍යවතුන් වහන්සේ වැඩසිටියේ සැවැත් නුවර ජේතවනය නම් වූ අනේපිඬු සිටුතුමා ගේ ආරාමයේ. එදා වච්ඡගොත්ත පිරිවැජියා භාග්‍යවතුන් වහන්සේ වෙත පැමිණුනා. පැමිණ භාග්‍යවතුන් වහන්සේ සමඟ සතුටු වුනා. සතුටු විය යුතු පිළිසඳර කතාව නිමවා එකත්පස්ව වාඩිවුනා. එකත්පස්ව වාඩි වුන වච්ඡගොත්ත පිරිවැජියා භාග්‍යවතුන් වහන්සේට මෙය සැලකළා.

"කිම භවත් ගෞතමයන් වහන්ස, 'ලෝකය සාදාකාලික ය යන මෙය ම යි සත්‍යය. අන් සෑම මතයක් ම හිස්' කියන මෙම දෘෂ්ටියෙහි ද භවත් ගෞතමයන් වහන්සේ ඉන්නෙ?" "පින්වත් වච්ඡය, 'ලෝකය සාදාකාලික ය යන මෙය ම යි සත්‍යය. අන් සෑම මතයක් ම හිස්' කියන මෙම දෘෂ්ටිය තුළ මම නෑ."

"කිම භවත් ගෞතමයන් වහන්ස, 'ලෝකය සාදාකාලික නො වේ ය යන මෙය ම යි සත්‍යය. අන් සෑම මතයක් ම හිස්' කියන මෙම දෘෂ්ටියෙහි ද භවත් ගෞතමයන් වහන්සේ ඉන්නෙ?" "පින්වත් වච්ඡය, 'ලෝකය සාදාකාලික නො වේ ය යන මෙය ම යි සත්‍යය. අන් සෑම මතයක් ම හිස්' කියන මෙම දෘෂ්ටිය තුළ මම නෑ."

"කිම භවත් ගෞතමයන් වහන්ස, 'ලෝකය අන්තවත් ය යන මෙය ම යි සත්‍යය. අන් සෑම මතයක් ම හිස්' කියන මෙම දෘෂ්ටියෙහි ද භවත් ගෞතමයන් වහන්සේ ඉන්නෙ?" "පින්වත් වච්ඡය, 'ලෝකය අන්තවත් ය යන මෙය ම යි සත්‍යය. අන් සෑම මතයක් ම හිස්' කියන මෙම දෘෂ්ටිය තුළ මම නෑ."

"කිම භවත් ගෞතමයන් වහන්ස, 'ලෝකය අනන්තවත් ය යන මෙය ම යි සත්‍යය. අන් සෑම මතයක් ම හිස්' කියන මෙම දෘෂ්ටියෙහි ද භවත් ගෞතමයන් වහන්සේ ඉන්නෙ?" "පින්වත් වච්ඡය, 'ලෝකය අනන්තවත් ය

යන මෙය ම යි සත්‍යය. අන් සෑම මතයක් ම හිස්' කියන මෙම දෘෂ්ටිය තුළ මම නෑ."

"කිම භවත් ගෞතමයන් වහන්ස, 'එය යි ආත්මය, එය යි ශරීරය යන මෙය ම යි සත්‍යය. අන් සෑම මතයක් ම හිස්' කියන මෙම දෘෂ්ටියෙහි ද භවත් ගෞතමයන් වහන්සේ ඉන්නෙ?" "පින්වත් වච්ඡය, 'එය යි ආත්මය, එය යි ශරීරය යන මෙය ම යි සත්‍යය. අන් සෑම මතයක් ම හිස්' කියන මෙම දෘෂ්ටිය තුළ මම නෑ."

"කිම භවත් ගෞතමයන් වහන්ස, 'ආත්මය අනිකකි, ශරීරය අනිකකි යන මෙය ම යි සත්‍යය. අන් සෑම මතයක් ම හිස්' කියන මෙම දෘෂ්ටියෙහි ද භවත් ගෞතමයන් වහන්සේ ඉන්නෙ?" "පින්වත් වච්ඡය, 'ආත්මය අනිකකි, ශරීරය අනිකකි යන මෙය ම යි සත්‍යය. අන් සෑම මතයක් ම හිස්' කියන මෙම දෘෂ්ටිය තුළ මම නෑ."

"කිම භවත් ගෞතමයන් වහන්ස, 'තථාගතයන් වහන්සේ මරණින් මතු ඉන්නවා යන මෙය ම යි සත්‍යය. අන් සෑම මතයක් ම හිස්' කියන මෙම දෘෂ්ටියෙහි ද භවත් ගෞතමයන් වහන්සේ ඉන්නෙ?" "පින්වත් වච්ඡය, 'තථාගතයන් වහන්සේ මරණින් මතු ඉන්නවා යන මෙය ම යි සත්‍යය. අන් සෑම මතයක් ම හිස්' කියන මෙම දෘෂ්ටිය තුළ මම නෑ."

"කිම භවත් ගෞතමයන් වහන්ස, 'තථාගතයන් වහන්සේ මරණින් මතු නැත යන මෙය ම යි සත්‍යය. අන් සෑම මතයක් ම හිස්' කියන මෙම දෘෂ්ටියෙහි ද භවත් ගෞතමයන් වහන්සේ ඉන්නෙ?" "පින්වත් වච්ඡය, 'තථාගතයන් වහන්සේ මරණින් මතු නැත යන මෙය ම යි සත්‍යය. අන් සෑම මතයක් ම හිස්' කියන මෙම දෘෂ්ටිය තුළ මම නෑ."

"කිම භවත් ගෞතමයන් වහන්ස, 'තථාගතයන් වහන්සේ මරණින් මතු ඉන්නවා, නැත යන මෙය ම යි සත්‍යය. අන් සෑම මතයක් ම හිස්' කියන මෙම දෘෂ්ටියෙහි ද භවත් ගෞතමයන් වහන්සේ ඉන්නෙ?" "පින්වත් වච්ඡය, 'තථාගතයන් වහන්සේ මරණින් මතු ඉන්නවා, නැත යන මෙය ම යි සත්‍යය. අන් සෑම මතයක් ම හිස්' කියන මෙම දෘෂ්ටිය තුළ මම නෑ."

"කිම භවත් ගෞතමයන් වහන්ස, 'තථාගතයන් වහන්සේ මරණින් මතු ඉන්නෙත් නැත, නැත්තෙත් නැත යන මෙය ම යි සත්‍යය. අන් සෑම මතයක් ම හිස්' කියන මෙම දෘෂ්ටියෙහි ද භවත් ගෞතමයන් වහන්සේ ඉන්නෙ?" "පින්වත් වච්ඡය, 'තථාගතයන් වහන්සේ මරණින් මතු ඉන්නෙත් නැත, නැත්තෙත් නැත

යන මෙය ම යි සත්‍යය. අන් සෑම මතයක් ම හිස්' කියන මෙම දෘෂ්ඨිය තුළ මම නෑ."

"කිම භවත් ගෞතමයන් වහන්ස, 'ලෝකය සාදාකාලික ය යන මෙය ම යි සත්‍යය. අන් සෑම මතයක් ම හිස්' කියන මෙම දෘෂ්ඨියෙහි ද භවත් ගෞතමයන් වහන්සේ ඉන්නෙ? කියල මා ඇසූ විට "පින්වත් වච්ඡය, 'ලෝකය සාදාකාලික ය යන මෙය ම යි සත්‍යය. අන් සෑම මතයක් ම හිස්' කියන මෙම දෘෂ්ඨිය තුළ මම නෑ කියල යි මට පිළිතුරු දෙන්නෙ."

"කිම භවත් ගෞතමයන් වහන්ස, 'ලෝකය සාදාකාලික නො වේ ය යන මෙය ම යි සත්‍යය. අන් සෑම මතයක් ම හිස්' කියන මෙම දෘෂ්ඨියෙහි ද භවත් ගෞතමයන් වහන්සේ ඉන්නෙ? කියල මා ඇසූ විට "පින්වත් වච්ඡය, 'ලෝකය සාදාකාලික නො වේ ය යන මෙය ම යි සත්‍යය. අන් සෑම මතයක් ම හිස්' කියන මෙම දෘෂ්ඨිය තුළ මම නෑ කියල යි මට පිළිතුරු දෙන්නෙ."

"කිම භවත් ගෞතමයන් වහන්ස, 'ලෝකය අන්තවත් ය යන මෙය ම යි සත්‍යය. අන් සෑම මතයක් ම හිස්' කියන මෙම දෘෂ්ඨියෙහි ද භවත් ගෞතමයන් වහන්සේ ඉන්නෙ? කියල මා ඇසූ විට "පින්වත් වච්ඡය, 'ලෝකය අන්තවත් ය යන මෙය ම යි සත්‍යය. අන් සෑම මතයක් ම හිස්' කියන මෙම දෘෂ්ඨිය තුළ මම නෑ කියල යි මට පිළිතුරු දෙන්නෙ."

"කිම භවත් ගෞතමයන් වහන්ස, 'ලෝකය අනන්තවත් ය යන මෙය ම යි සත්‍යය. අන් සෑම මතයක් ම හිස්' කියන මෙම දෘෂ්ඨියෙහි ද භවත් ගෞතමයන් වහන්සේ ඉන්නෙ? කියල මා ඇසූ විට "පින්වත් වච්ඡය, 'ලෝකය අනන්තවත් ය යන මෙය ම යි සත්‍යය. අන් සෑම මතයක් ම හිස්' කියන මෙම දෘෂ්ඨිය තුළ මම නෑ කියල යි මට පිළිතුරු දෙන්නෙ."

"කිම භවත් ගෞතමයන් වහන්ස, 'එය යි ආත්මය, එය යි ශරීරය යන මෙය ම යි සත්‍යය. අන් සෑම මතයක් ම හිස්' කියන මෙම දෘෂ්ඨියෙහි ද භවත් ගෞතමයන් වහන්සේ ඉන්නෙ? කියල මා ඇසූ විට "පින්වත් වච්ඡය, 'එය යි ආත්මය, එය යි ශරීරය යන මෙය ම යි සත්‍යය. අන් සෑම මතයක් ම හිස්' කියන මෙම දෘෂ්ඨිය තුළ මම නෑ කියල යි මට පිළිතුරු දෙන්නෙ."

"කිම භවත් ගෞතමයන් වහන්ස, 'ආත්මය අනිකකි, ශරීරය අනිකකි යන මෙය ම යි සත්‍යය. අන් සෑම මතයක් ම හිස්' කියන මෙම දෘෂ්ඨියෙහි ද භවත් ගෞතමයන් වහන්සේ ඉන්නෙ? කියල මා ඇසූ විට "පින්වත් වච්ඡය, 'ආත්මය අනිකකි, ශරීරය අනිකකි යන මෙය ම යි සත්‍යය. අන් සෑම මතයක් ම හිස්' කියන මෙම දෘෂ්ඨිය තුළ මම නෑ කියල යි මට පිළිතුරු දෙන්නෙ."

"කිම භවත් ගෞතමයන් වහන්ස, 'තථාගතයන් වහන්සේ මරණින් මතු ඉන්නවා යන මෙය ම යි සත්‍යය. අන් සෑම මතයක් ම හිස්' කියන මෙම දෘෂ්ඨියෙහි ද භවත් ගෞතමයන් වහන්සේ ඉන්නෙ? කියල මා ඇසූ විට "පින්වත් වච්ඡය, 'තථාගතයන් වහන්සේ මරණින් මතු ඉන්නවා යන මෙය ම යි සත්‍යය. අන් සෑම මතයක් ම හිස්' කියන මෙම දෘෂ්ඨිය තුළ මම නෑ කියල යි මට පිළිතුරු දෙන්නෙ."

"කිම භවත් ගෞතමයන් වහන්ස, 'තථාගතයන් වහන්සේ මරණින් මතු නැත යන මෙය ම යි සත්‍යය. අන් සෑම මතයක් ම හිස්' කියන මෙම දෘෂ්ඨියෙහි ද භවත් ගෞතමයන් වහන්සේ ඉන්නෙ? කියල මා ඇසූ විට "පින්වත් වච්ඡය, 'තථාගතයන් වහන්සේ මරණින් මතු නැත යන මෙය ම යි සත්‍යය. අන් සෑම මතයක් ම හිස්' කියන මෙම දෘෂ්ඨිය තුළ මම නෑ කියල යි මට පිළිතුරු දෙන්නෙ."

කිම භවත් ගෞතමයන් වහන්ස, 'තථාගතයන් වහන්සේ මරණින් මතු ඉන්නවා, නැත යන මෙය ම යි සත්‍යය. අන් සෑම මතයක් ම හිස්' කියන මෙම දෘෂ්ඨියෙහි ද භවත් ගෞතමයන් වහන්සේ ඉන්නෙ? කියල මා ඇසූ විට "පින්වත් වච්ඡය, 'තථාගතයන් වහන්සේ මරණින් මතු ඉන්නවා, නැත යන මෙය ම යි සත්‍යය. අන් සෑම මතයක් ම හිස්' කියන මෙම දෘෂ්ඨිය තුළ මම නෑ කියල යි මට පිළිතුරු දෙන්නෙ.

කිම භවත් ගෞතමයන් වහන්ස, 'තථාගතයන් වහන්සේ මරණින් මතු ඉන්නෙත් නැත, නැත්තෙත් නැත යන මෙය ම යි සත්‍යය. අන් සෑම මතයක් ම හිස්' කියන මෙම දෘෂ්ඨියෙහි ද භවත් ගෞතමයන් වහන්සේ ඉන්නෙ? කියල මා ඇසූ විට "පින්වත් වච්ඡය, 'තථාගතයන් වහන්සේ මරණින් මතු ඉන්නෙත් නැත, නැත්තෙත් නැත යන මෙය ම යි සත්‍යය. අන් සෑම මතයක් ම හිස්' කියන මෙම දෘෂ්ඨිය තුළ මම නෑ කියල යි මට පිළිතුරු දෙන්නෙ.

කිම භවත් ගෞතමයන් වහන්ස, කවර ආදීනවයක් දකිමින් ද සර්වප්‍රකාරයෙන් ම මෙසේ මෙම දෘෂ්ඨී වලට නො පැමිණ වැඩවසන්නේ?"

"පින්වත් වච්ඡය, 'ලෝකය සදාකාලික ය' යන මෙම මතය දෘෂ්ඨිගත වීමක් ම යි. දෘෂ්ඨි අවුලක් ම යි. දෘෂ්ඨි කාන්තාරයක් ම යි. දෘෂ්ඨි කලබලයක් ම යි. දෘෂ්ඨි සැලීමක් ම යි. දෘෂ්ඨි බන්ධනයක් ම යි. දුක් සහිත දෙයක් ම යි. පීඩා සහිත දෙයක් ම යි. දැඩි ආයාස සහිත ම යි. දැවීම් සහිත දෙයක් ම යි. අවබෝධයෙන් යුතු කළකිරීම පිණිස හේතු වෙන්නේ නෑ. ඇල්ම දුරු කිරීම පිණිස හේතු වෙන්නේ නෑ. ඇල්ම නිරුද්ධ කිරීම පිණිස පවතින්නේ නෑ.

සංසිඳීම පිණිස හේතුවෙන්නෙ නෑ. විශිෂ්ට ඤාණය පිණිස හේතුවෙන්නෙ නෑ. සත්‍යාවබෝධය පිණිස හේතුවෙන්නෙ නෑ. නිවන පිණිස හේතුවෙන්නෙ නෑ.

'ලෝකය සදාකාලික නැත' යන මෙම මතය ....(පෙ).... 'ලෝකය අන්තවත් ය' යන මෙම මතය ....(පෙ).... 'ලෝකය අනන්තවත් ය' යන මෙම මතය ....(පෙ).... 'ජීවය ද එය යි, ශරීරය ද එය යි' යන මෙම මතය ....(පෙ).... 'ජීවය අනිකකි, ශරීරය අනිකකි' යන මෙම මතය ....(පෙ).... 'තථාගතයන් වහන්සේ මරණින් මතු ඉන්නවා' යන මෙම මතය ....(පෙ).... 'තථාගතයන් වහන්සේ මරණින් මතු නැත' යන මෙම මතය ....(පෙ).... 'තථාගතයන් වහන්සේ මරණින් මතු ඉන්නවා, නැත' යන මෙම මතය ....(පෙ).... 'තථාගතයන් වහන්සේ මරණින් මතු ඉන්නෙත් නැත, නැත්තෙත් නැත' යන මෙම මතය දෘෂ්ඨිගත වීමක් ම යි. දෘෂ්ඨි අවුලක් ම යි. දෘෂ්ඨි කාන්තාරයක් ම යි. දෘෂ්ඨි කලබලයක් ම යි. දෘෂ්ඨි සැලීමක් ම යි. දෘෂ්ඨි බන්ධනයක් ම යි. දුක් සහිත දෙයක් ම යි. පීඩා සහිත දෙයක් ම යි. දැඩි ආයාස සහිත ම යි. දැවීම් සහිත දෙයක් ම යි. අවබෝධයෙන් යුතු කළකිරීම පිණිස හේතු වෙන්නේ නෑ. ඇල්ම දුරු කිරීම පිණිස හේතු වෙන්නේ නෑ. ඇල්ම නිරුද්ධ කිරීම පිණිස පවතින්නේ නෑ. සංසිඳීම පිණිස හේතු වෙන්නෙ නෑ. විශිෂ්ට ඤාණය පිණිස හේතු වෙන්නෙ නෑ. සත්‍යාවබෝධය පිණිස හේතු වෙන්නෙ නෑ. නිවන පිණිස හේතු වෙන්නෙ නෑ. පින්වත් වච්ඡය, ඔන්න ඔය ආදීනව දැකීමෙනුයි මම සර්වප්‍රකාරයෙන් ම මෙසේ මෙම දෘෂ්ටි වලට නො පැමිණ සිටින්නේ."

"එතකොට භවත් ගෞතමයන් වහන්සේ හට දෘෂ්ඨි ගත වූ කිසියම් දෙයක් තිබෙනවා ද?" "පින්වත් වච්ඡය, තථාගතයන් විසින් දෘෂ්ඨිගත වීම යන මෙය බැහැර කළ දෙයක්. පින්වත් වච්ඡය, තථාගතයන් විසින් නුවණින් දකින ලද්දේ මෙය යි. එනම්, 'මෙය රූපය යි. මෙය රූපයේ හටගැනීම යි. මෙය රූපය නැතිවී යාම යි. මෙය වේදනාව යි. මෙය වේදනාවේ හටගැනීම යි. මෙය වේදනාව නැතිවී යාම යි. මෙය සඤ්ඤාව යි. මෙය සඤ්ඤාවේ හටගැනීම යි. මෙය සඤ්ඤාව නැතිවී යාම යි. මේවා සංස්කාර යි. මෙය සංස්කාරයන් ගේ හටගැනීම යි. මෙය සංස්කාරයන් ගේ නැතිවී යාම යි. මෙය විඤ්ඤාණය යි. මෙය විඤ්ඤාණයේ හටගැනීම යි. මෙය විඤ්ඤාණයේ නැතිවී යාම යි.' එනිසා තථාගතයන් සියළු කෙලෙස් සහිත හැඟීම් වලින්, සියළු කෙලෙස් කැළඹීම් වලින්, සියළු අහංකාර මමංකාර මාන අනුසයන් ගේ ක්ෂය වීමෙන් එහි ඇල්ම දුරු වීමෙන්, එහි ඇල්ම නිරුද්ධ වීමෙන්, එහි ඇල්ම අත්හැරීමෙන්, බැහැර කිරීමෙන්, කිසිවකට ග්‍රහණය නොවී විමුක්තියට පත් වුනා කියලයි මා කියන්නේ."

"භවත් ගෞතමයන් වහන්ස, එසේ විමුක්තියට පත් සිත් ඇති භික්ෂුව උපදින්නේ කොහේ ද?" "පින්වත් වච්ඡය, 'උපදිනවා'ය යන මතය මෙහි යෙදෙන්නෙ නැහැ."

"එසේ වී නම් භවත් ගෞතමයන් වහන්ස, උපදින්නේ නැද්ද?" "පින්වත් වච්ඡය, 'උපදින්නේ නැත' යන මතය මෙහි යෙදෙන්නෙ නැහැ."

"එසේ වී නම් භවත් ගෞතමයන් වහන්ස, උපදිනවා ද? නූපදිනවා ද?" "පින්වත් වච්ඡය, 'උපදිනවා ය, නූපදිනවා' ය යන මතය මෙහි යෙදෙන්නෙ නැහැ."

"එසේ වී නම් භවත් ගෞතමයන් වහන්ස, උපදින්නේ නැද්ද? නූපදින්නෙත් නැද්ද?" "පින්වත් වච්ඡය, 'උපදින්නේ නැත, නූපදින්නේ ද නැත' ය යන මතය මෙහි යෙදෙන්නෙ නැහැ."

"භවත් ගෞතමයන් වහන්ස, 'එසේ විමුක්තියට පත් සිත් ඇති භික්ෂුව උපදින්නේ කොහේද' කියල මා ඇසූ විට, 'පින්වත් වච්ඡය, උපදිනවා ය යන මතය මෙහි යෙදෙන්නේ නෑ' කියල යි මට පිළිතුරු දෙන්නෙ. 'එසේ වී නම් භවත් ගෞතමයන් වහන්ස, උපදින්නේ නැද්ද' කියල මා ඇසූ විට 'පින්වත් වච්ඡය, උපදින්නේ නැත යන මතය මෙහි යෙදෙන්නෙ නෑ' කියල යි මට පිළිතුරු දෙන්නේ. 'එසේ වී නම් භවත් ගෞතමයන් වහන්ස, උපදිනවා ද, නූපදිනවා ද' කියල මා ඇසූ විට 'පින්වත් වච්ඡය, උපදිනවාය, නූපදිනවා ය යන මතය මෙහි යෙදෙන්නේ නෑ' කියල යි මට පිළිතුරු දෙන්නෙ. 'එසේ වී නම් භවත් ගෞතමයන් වහන්ස, උපදින්නේ නැති ද? නූපදින්නෙත් නැති ද' කියල මා ඇසූ විට 'පින්වත් වච්ඡය, උපදින්නෙත් නැත. නූපදින්නෙත් නැත යන මතය මෙහි යෙදෙන්නේ නෑ' කියල යි මට පිළිතුරු දෙන්නේ.

"අනේ! භවත් ගෞතමයන් වහන්ස, ඔය දුන් පිළිතුරු නිසා මට අවබෝධයක් ඇතිවුනේ නෑ. ඔය පිළිතුරුවලින් මං මුළාවට පත් වුනා. භවත් ගෞතමයන් වහන්සේ සමඟ කලින් ඇති වූ කතා බහ නිසා මා තුළ යම් ප්‍රසාද මාත්‍රයක් තිබුනා ද, දැන් ඒක ත් අතුරුදහන් වෙලා ගියා."

"පින්වත් වච්ඡය, අවබෝධය ඇති වුනේ නෑ යන කරුණ අත්හැර දමන්න. මුළා වුනා කියන කරුණත් අත්හැර දමන්න. ඇත්තෙන් ම වච්ඡය, මේ ධර්මය ගැඹුරු යි. දැකීමට දුෂ්කර යි. අවබෝධයට දුෂ්කර යි. ශාන්ත යි. ප්‍රණීත යි. තර්කයට ගෝචර නොවෙයි. සියුම්. නුවණැත්තන් විසින් දැක්ක යුතු දෙයක්. අන්‍ය දෘෂ්ටියක් දරණ, අන්‍ය දෘෂ්ටියක් ඉවසන, අන්‍ය දෘෂ්ටියක් රුචි

කරන, අන්‍ය දෘෂ්ටියක යෙදෙන, අන්‍ය දෘෂ්ටිගත ආචාර්යවරයන් සිටින ඔබට එය දැන ගැනීම දුෂ්කර දෙයක් ම යි. එහෙයින් පින්වත් වච්ඡය, මෙහි දී ඔබෙන් ම මෙය අසන්නම්. ඔබට වැටහෙන්නේ යම් අයුරකින් ද, ඒ අයුරින් පිළිතුරු දෙන්න.

පින්වත් වච්ඡය, මේ ගැන කුමක්ද සිතන්නේ? ඉදින් ඔබ ඉදිරියෙහි ගින්නක් දැල්වෙනවා නම්, 'මා ඉදිරියෙහි ගින්නක් දැල්වෙයි' යන්න ඔබ දන්නවා ද?" "භවත් ගෞතමයන් වහන්ස, ඉදින් මා ඉදිරියෙහි ගින්නක් දැල්වෙනවා නම්, 'මා ඉදිරියෙහි ගින්නක් දැල්වෙයි' යන්න මා දන්නවා."

"එතකොට පින්වත් වච්ඡය, ඔබෙන් යමෙක් මෙහෙම ඇසුවොත්, ඔබ ඉදිරියෙහි යම් ගින්නක් දැල්වෙනවා නම්, 'මේ ගින්න කුමන හේතුවක් නිසා ද දැල්වෙන්නේ?' කියල. එතකොට පින්වත් වච්ඡය, ඔබ කොහොම ද පිළිතුරු දෙන්නෙ?" "භවත් ගෞතමයන් වහන්ස, ඉදින් යමෙක් මගෙන් මෙහෙම ඇසුවොත්, ඔබ ඉදිරියෙහි යම් ගින්නක් දැල්වෙනවා නම්, 'මේ ගින්න කුමන හේතුවක් නිසා ද දැල්වෙන්නේ?' කියල. එතකොට මං භවත් ගෞතමයන් වහන්ස, මෙහෙම පිළිතුරු දෙනවා. මා ඉදිරියේ යම් ගින්නක් දැල්වෙනවා ද, මේ ගින්න තණ, දර කැබලි ආදියට ග්‍රහණය වීම නිසයි දැල්වන්නේ."

"එතකොට පින්වත් වච්ඡය, ඔබ ඉදිරියෙහි ඒ ගින්න නිවී යනවා නම්, ඔබ 'මා ඉදිරියෙහි මේ ගින්න නිවී ගියා' යන කරුණ දන්නවා ද?" "භවත් ගෞතමයන් වහන්ස, ඉදින් මා ඉදිරියෙහි දැල්වෙන ගින්න නිවී යනවා නම්, 'මා ඉදිරියෙහි දැල්වුන ගින්න නිවී ගියා' කියා මා දැනගන්නවා."

"එතකොට පින්වත් වච්ඡය, ඔබෙන් මේ විදිහට ඇසුවොත්, 'ඔබ ඉදිරියෙහි දැල්වුන ගින්න නිවී ගියා. එතකොට ඒ ගින්න මෙයින් කවර දිශාවකට ද ගියේ, පෙරදිගට ද? බටහිරට ද? උතුරට ද? දකුණට ද?' කියල. ඔය විදිහට ඇසුවොත් පින්වත් වච්ඡය, ඔබ පිළිතුරු දෙන්නෙ කොහොම ද?" "භවත් ගෞතමයන් වහන්ස, ඒ ප්‍රශ්නය ඒකට යෙදෙන්නෙ නෑ. භවත් ගෞතමයන් වහන්ස, ඒ ගින්න දැල්වුනේ යම් තණ, දර කැබලි ආදියට ග්‍රහණය වීම නිසා නම්, ඒ ග්‍රහණය වූ දෙය ක්ෂය වීමෙන් ද, ගින්නට ග්‍රහණය වීම පිණිස වෙන කිසිවක් නො දැමීමෙන් ද, ආහාර රහිතව නිවී ගියා කියන කතාව යි ගැලපෙන්නේ"

"පින්වත් වච්ඡය, ඔය විදිහට ම යි තේරුම් ගත යුත්තේ. යම් රූපයකින් තථාගතයන් වහන්සේව පණවනවා නම්, ඒ රූපය තථාගතයන් වහන්සේට ප්‍රහාණය වෙලා යි තියෙන්නෙ. මුල් උදුරා දමල යි තියෙන්නෙ. මුදුන් කරටිය විනාස කළ තල් ගසක් මෙන් කරලයි තියෙන්නෙ. අභාවයට පත් කරල යි

තියෙන්නෙ. නැවත නූපදින ස්වභාවයට පත් කරලයි තියෙන්නෙ. පින්වත් වච්ඡය, රූපය නුවණින් අවබෝධ කොට, එහි තෘෂ්ණා නිරෝධයෙන් විමුක්තියට පත් තථාගතයන් වහන්සේ ගැඹුරු යි. මිණිය නො හැකි යි. බාහිර ස්වභාවයෙන් දක්ක නො හැකියි. මහා සමුද්‍රය වගෙයි. උපදිනවා යන මතය තථාගතයන් වහන්සේට යෙදෙන්නෙ නැහැ. උපදින්නේ නැත යන මතය යෙදෙන්නෙත් නැහැ. උපදින්නේ ය, නූපදින්නේ ය යන මතය යෙදෙන්නේ ත් නෑ. උපදින්නෙත් නැත, නූපදින්නෙ ත් නැත යන මතය යෙදෙන්නෙත් නෑ.

යම් විඳීමකින් තථාගතයන් වහන්සේව පණවනවා නම්, ඒ විඳීම තථාගතයන් වහන්සේට ප්‍රහාණය වෙල යි තියෙන්නෙ. මුල් උදුරා දමල යි තියෙන්නෙ. මුදුන් කරටිය විනාස කළ තල් ගසක් මෙන් කරලයි තියෙන්නෙ. අභාවයට පත් කරල යි තියෙන්නෙ. නැවත නූපදින ස්වභාවයට පත් කරලයි තියෙන්නෙ. පින්වත් වච්ඡය, විඳීම නුවණින් අවබෝධ කොට, එහි තෘෂ්ණා නිරෝධයෙන් විමුක්තියට පත් තථාගතයන් වහන්සේ ගැඹුරු යි. මිණිය නො හැකි යි. බාහිර ස්වභාවයෙන් දක්ක නො හැකියි. මහා සමුද්‍රය වගෙයි. උපදිනවා යන මතය තථාගතයන් වහන්සේට යෙදෙන්නෙ නැහැ. උපදින්නේ නැත යන මතය යෙදෙන්නෙත් නැහැ. උපදින්නේ ය, නූපදින්නේ ය යන මතය යෙදෙන්නේ ත් නෑ. උපදින්නෙත් නැත, නූපදින්නෙ ත් නැත යන මතය යෙදෙන්නෙත් නෑ.

යම් සඤ්ඤාවකින් තථාගතයන් වහන්සේව පණවනවා නම්, ඒ සඤ්ඤාව තථාගතයන් වහන්සේට ප්‍රහාණය වෙල යි තියෙන්නෙ. මුල් උදුරා දමල යි තියෙන්නෙ. මුදුන් කරටිය විනාස කළ තල් ගසක් මෙන් කරලයි තියෙන්නෙ. අභාවයට පත් කරල යි තියෙන්නෙ. නැවත නූපදින ස්වභාවයට පත් කරලයි තියෙන්නෙ. පින්වත් වච්ඡය, සඤ්ඤාව නුවණින් අවබෝධ කොට, එහි තෘෂ්ණා නිරෝධයෙන් විමුක්තියට පත් තථාගතයන් වහන්සේ ගැඹුරු යි. මිණිය නො හැකි යි. බාහිර ස්වභාවයෙන් දක්ක නො හැකියි. මහා සමුද්‍රය වගෙයි. උපදිනවා යන මතය තථාගතයන් වහන්සේට යෙදෙන්නෙ නැහැ. උපදින්නේ නැත යන මතය යෙදෙන්නෙත් නැහැ. උපදින්නේ ය, නූපදින්නේ ය යන මතය යෙදෙන්නේ ත් නෑ. උපදින්නෙත් නැත, නූපදින්නෙ ත් නැත යන මතය යෙදෙන්නෙත් නෑ.

යම් සංස්කාර වලින් තථාගතයන් වහන්සේව පණවනවා නම්, ඒ සංස්කාර තථාගතයන් වහන්සේට ප්‍රහාණය වෙල යි තියෙන්නෙ. මුල් උදුරා දමල යි තියෙන්නෙ. මුදුන් කරටිය විනාස කළ තල් ගසක් මෙන් කරලයි තියෙන්නෙ. අභාවයට පත් කරල යි තියෙන්නෙ. නැවත නූපදින ස්වභාවයට

පත් කරලයි තියෙන්නෙ. පින්වත් වච්ඡය, සංස්කාර නුවණින් අවබෝධ කොට, එහි තෘෂ්ණා නිරෝධයෙන් විමුක්තියට පත් තථාගතයන් වහන්සේ ගැඹුරු යි. මිණිය නො හැකි යි. බාහිර ස්වභාවයෙන් දැක්ක නො හැකියි. මහා සමුද්‍රය වගෙයි. උපදිනවා යන මතය තථාගතයන් වහන්සේට යෙදෙන්නෙ නැහැ. උපදින්නේ නැත යන මතය යෙදෙන්නෙත් නැහැ. උපදින්නේ ය, නූපදින්නේ ය යන මතය යෙදෙන්නේ ත් නෑ. උපදින්නෙත් නැත, නූපදින්නෙ ත් නැත යන මතය යෙදෙන්නෙත් නෑ.

යම් විඤ්ඤාණයකින් තථාගතයන් වහන්සේව පණවනවා නම්, ඒ විඤ්ඤාණය තථාගතයන් වහන්සේට ප්‍රහාණය වෙල යි තියෙන්නෙ. මුල් උදුරා දමල යි තියෙන්නෙ. මුදුන් කරටිය විනාස කළ තල් ගසක් මෙන් කරලයි තියෙන්නෙ. අභාවයට පත් කරල යි තියෙන්නෙ. නැවත නූපදින ස්වභාවයට පත් කරලයි තියෙන්නෙ. පින්වත් වච්ඡය, විඤ්ඤාණය නුවණින් අවබෝධ කොට, එහි තෘෂ්ණා නිරෝධයෙන් විමුක්තියට පත් තථාගතයන් වහන්සේ ගැඹුරු යි. මිණිය නො හැකි යි. බාහිර ස්වභාවයෙන් දැක්ක නො හැකියි. මහා සමුද්‍රය වගෙයි. උපදිනවා යන මතය තථාගතයන් වහන්සේට යෙදෙන්නෙ නැහැ. උපදින්නේ නැත යන මතය යෙදෙන්නෙත් නැහැ. උපදින්නේ ය, නූපදින්නේ ය යන මතය යෙදෙන්නේ ත් නෑ. උපදින්නෙත් නැත, නූපදින්නෙ ත් නැත යන මතය යෙදෙන්නෙත් නෑ."

මෙසේ වදාළ විට වච්ඡගොත්ත පිරිවැජියා භාග්‍යවතුන් වහන්සේට මෙය සැලකළා. "භවත් ගෞතමයන් වහන්ස, ගමක හෝ නියම් ගමක හෝ නුදුරින් මහා සාල වෘක්ෂයක් තියෙනවා. ඉතින් එහි අනිත්‍යතාවය හේතුවෙන් කොළ, අතු නැසී යනවා. සිවි, පොතු නැසී යනවා. එළය නැසී යනවා. ටික කලක් යන විට කොළ අතු නැතිව, සිවි, පොතු නැතිව, එළය නැතිව, ඉතා පිරිසිදු අරටුව විතරක් මතු වෙලා එනවා. භවත් ගෞතමයන් වහන්සේ අන්න ඒ වගේ තමයි. කොළ අතු වැනි දේවල් නැතිව, සිවි පොතු දේවල් නැතිව, එළය වැනි දේවල් නැතිව, පාරිශුද්ධ වූ ලොව්තුරු අරටුවේ පිහිටල යි තියෙන්නෙ. භවත් ගෞතමයන් වහන්ස, ඉතාමත් සුන්දර යි! භවත් ගෞතමයන් වහන්ස, ඉතාමත් සුන්දර යි! ....(පෙ).... භවත් ගෞතමයන් වහන්ස, අද පටන් දිවි හිමියෙන් තෙරුවන් සරණ ගිය උපාසකයෙක් ලෙස මාව පිළිගන්නා සේක්වා!

සාදු! සාදු!! සාදු!!!

වච්ඡගොත්ත පිරිවැජියාට ගින්න උපමා කොට වදාළ දෙසුම නිමා විය.

2.3.3.
මහා වච්ඡගොත්ත සූත්‍රය
වච්ඡගොත්ත පිරිවැජියාට වදාළ විස්තරාත්මක දෙසුම

මා හට අසන්නට ලැබුනේ මේ විදිහට යි. ඒ දිනවල භාග්‍යවතුන් වහන්සේ වැඩ සිටියේ රජගහ නුවර කලන්දක නිවාප නම් වූ වේළුවනයෙහි ය. එදා වච්ඡගොත්ත පිරිවැජියා භාග්‍යවතුන් වහන්සේ වෙත පැමිණුනා. පැමිණ භාග්‍යවතුන් වහන්සේ සමඟ සතුටු වුනා. සතුටු විය යුතු පිළිසඳර කතා කොට නිමවා, එකත්පස්ව වාඩි වුනා. එකත්පස්ව වාඩි වුන වච්ඡගොත්ත පිරිවැජියා භාග්‍යවතුන් වහන්සේට මෙය පැවසුවා.

"මං භවත් ගෞතමයන් වහන්සේ සමඟ මේ කතා කළේ බොහෝ කාලයකට පස්සෙයි. භවත් ගෞතමයන් වහන්සේ මට කුසල් සහ අකුසල් පිළිබඳව කෙටියෙන් දේශනා කරන සේක් නම් ඉතා මැනව."

"පින්වත් වච්ඡය, මා කුසල් සහ අකුසල් පිළිබඳව කෙටියෙන් වුනත් කියා දෙනවා. ඒ වගේ ම වච්ඡය, කුසල් සහ අකුසල් පිළිබඳව විස්තරාත්මකව වුනත් කියා දෙනවා. කෙසේ වෙතත් මං පින්වත් වච්ඡය, ඔබට කුසල් අකුසල් පිළිබඳව කෙටියෙන් කියා දෙන්නම්. එය සවන් යොමා අසන්න. මැනවින් මෙනෙහි කරන්න. කියා දෙන්නම්."

"එසේය භවත" කියා වච්ඡගොත්ත පිරිවැජියා භාග්‍යවතුන් වහන්සේට පිළිතුරු දුන්නා. භාග්‍යවතුන් වහන්සේ මෙය වදාළා.

"පින්වත් වච්ඡය, ලෝභය යනු අකුසලය යි. අලෝභය යනු කුසලය යි. පින්වත් වච්ඡය, ද්වේෂය යනු අකුසලය යි. අද්වේෂය යනු කුසලය යි. පින්වත් වච්ඡය, මෝහය යනු අකුසලය යි. අමෝහය යනු කුසලය යි. එතකොට පින්වත් වච්ඡය, ඔය විදිහට මේ දේවල් තුනක් අකුසල්. මේ දේවල් තුනක් කුසල්.

පින්වත් වච්ඡය, සතුන් මැරීම අකුසලය යි. සතුන් මැරීමෙන් වැළකී සිටීම කුසලය යි. පින්වත් වච්ඡය, සොරකම් කිරීම අකුසලය යි. සොරකමින් වැළකී සිටීම කුසලය යි. පින්වත් වච්ඡය, වැරදි කාම සේවනයෙහි යෙදීම අකුසලය යි. වැරදි කාම සේවනයෙන් වැළකී සිටීම කුසලය යි. පින්වත් වච්ඡය, බොරු

කීම අකුසලය යි. බොරු කීමෙන් වැළකී සිටීම කුසලය යි. පින්වත් වච්ඡය, කේලාම් කීම අකුසලය යි. කේලාම් කීමෙන් වැළකී සිටීම කුසලය යි. පින්වත් වච්ඡය, එරුෂ වචන කීම අකුසලය යි. එරුෂ වචනයෙන් වැළකී සිටීම කුසලය යි. පින්වත් වච්ඡය, ලාමක හිස් වචන කීම අකුසලය යි. ලාමක හිස් වචනයෙන් වැළකී සිටීම කුසලය යි. පින්වත් වච්ඡය, අභිධ්‍යාව නම් වූ අනුන් සතු දෙයට ආශා කිරීම අකුසලය යි. අනුන් සතු දෙයට ආශා නො කිරීම කුසලය යි. පින්වත් වච්ඡය, ව්‍යාපාදය නම් වූ ද්වේෂයෙන් යුතුව සිටීම අකුසලය යි. ද්වේෂ නො කිරීම කුසලය යි. පින්වත් වච්ඡය, මිත්‍යා දෘෂ්ඨිය ඇතිව සිටීම අකුසලය යි. සම්මා දිට්ඨියෙන් යුතු වීම කුසලය යි.

එතකොට පින්වත් වච්ඡය, ඔය විදිහට මේ දේවල් දහයක් අකුසල්. දහයක් කුසල්.

පින්වත් වච්ඡය, යම් කලෙක භික්ෂුව ගේ තෘෂ්ණාව ප්‍රහාණය වුනා නම්, මුලින් ම වැනසී ගියා නම්, මුදුන් කරටිය විනාශ වූ තල් ගසක් මෙන් වුනා නම්, අභාවයට ගියා නම්, නැවත නූපදන ස්වභාවයට පත් වුනා නම්, අන්න ඒ භික්ෂුව රහතන් වහන්සේ නමක්. ඒ භික්ෂුව ක්ෂීණාශ්‍රව කෙනෙක්. බඹසර වැස නිම වූ කෙනෙක්. කළ යුතු දෙය කළ කෙනෙක්. කෙලෙස් බර බැහැර කළ කෙනෙක්. අනුපිළිවෙලින් යහපතට පත් වූ කෙනෙක්. භව සංයෝජනය ක්ෂය වූ කෙනෙක්. අවබෝධයෙන් යුක්තව විමුක්තියට පත් වූ කෙනෙක්."

"එසේ වී නම් භවත් ගෞතමයන් වහන්සේ වැඩ සිටින සේක්වා! භවත් ගෞතමයන් වහන්සේ හැර භවත් ගෞතමයන් වහන්සේ ගේ ශ්‍රාවක වූ එක් භික්ෂුවක් හෝ ආශ්‍රවයන් ක්ෂය වීමෙන් අනාශ්‍රව වූ චිත්ත විමුක්තිය ත්, ප්‍රඥා විමුක්තිය ත් මෙහි දී ම තමන් ගේ විශිෂ්ට ඥාණයෙන් සාක්ෂාත් කොට පැමිණ වාසය කරනවා ද?"

"පින්වත් වච්ඡය, මා ගේ ශ්‍රාවක වූ යම් භික්ෂූන් වහන්සේලා ආශ්‍රවයන් ක්ෂය වීමෙන් අනාශ්‍රව වූ චිත්ත විමුක්තිය ත්, ප්‍රඥා විමුක්තිය ත් මෙහි දී ම තමන් ගේ විශිෂ්ට ඥාණයෙන් සාක්ෂාත් කොට පැමිණ වාසය කරනවා නම් එබඳු භික්ෂූන් වහන්සේලා සියක් නමක් නොවේ, දෙසිය නමක් නොවේ, තුන්සිය නමක් නොවේ, හාරසිය නමක් නොවේ, පන්සිය නමක් නොවේ, තව ඉතා බොහෝ භික්ෂූන් වහන්සේලා ඉන්නවා."

"එසේ වී නම් භවත් ගෞතමයන් වහන්සේ වැඩ සිටින සේක්වා! භික්ෂූන් වහන්සේලා ද පසෙක සිටිත්වා! භවත් ගෞතමයන් වහන්සේ ගේ ශ්‍රාවක වූ එක් භික්ෂුණියක් හෝ ආශ්‍රවයන් ක්ෂය වීමෙන් අනාශ්‍රව වූ චිත්ත විමුක්තිය ත්,

ප්‍රඥා විමුක්තිය ත් මෙහි දී ම තමන් ගේ විශිෂ්ට ඥාණයෙන් සාක්ෂාත් කොට පැමිණ වාසය කරන්නී ද?"

"පින්වත් වච්ඡය, මා ගේ ශ්‍රාවක වූ යම් භික්ෂුණීන් වහන්සේලා ආශ්‍රවයන් ක්ෂය වීමෙන් අනාශ්‍රව වූ චිත්ත විමුක්තිය ත්, ප්‍රඥා විමුක්තිය ත් මෙහි දී ම තමන් ගේ විශිෂ්ට ඥාණයෙන් සාක්ෂාත් කොට පැමිණ වාසය කරනවා නම් එබඳු භික්ෂුණීන් සියක් නමක් නොවේ, දෙසිය නමක් නොවේ, තුන්සිය නමක් නොවේ, හාරසිය නමක් නොවේ, පන්සිය නමක් නොවේ, තව ඉතා බොහෝ භික්ෂුණීන් ඉන්නවා."

"එසේ වී නම් භවත් ගෞතමයන් වහන්සේ වැඩ සිටින සේක්වා! භික්ෂූන් වහන්සේලා ද පසෙක සිටිත්වා! භික්ෂුණීන් වහන්සේලා ද පසෙක සිටිත්වා! භවත් ගෞතමයන් වහන්සේ ගේ ශ්‍රාවක වූ ගිහි ගෙයි වසමින් සුදු වත් හඳිමින් බ්‍රහ්මචාරීව සිටින එක් උපාසකයෙක් හෝ ඕරම්භාගීය සංයෝජන දුරු කොට ඕපපාතිකව සුද්ධාවාස බඹලොව ඉපිද නැවත පෙරලා මෙලොවට නො එන ස්වභාවයෙන් යුතුව එහිම පිරිනිවන් පානවා නම් එබඳු වූ ගිහි උපාසක කෙනෙක් සිටී ද?"

"පින්වත් වච්ඡය, මා ගේ ශ්‍රාවක වූ ගිහි ගෙයි වසමින් සුදු වත් හඳිමින් බ්‍රහ්මචාරීව සිටින යම් උපාසක පින්වතුන් ඕරම්භාගීය සංයෝජන දුරු කොට ඕපපාතිකව සුද්ධාවාස බඹලොව ඉපිද නැවත පෙරලා මෙලොවට නො එන ස්වභාවයෙන් යුතුව එහිම පිරිනිවන් පානවා නම්, එබඳු වූ උපාසක පින්වතුන් සිය දෙනෙක් නොවේ, දෙසිය දෙනෙක් නොවේ, තුන්සිය දෙනෙක් නොවේ, හාරසිය දෙනෙක් නොවේ, පන්සිය දෙනෙක් නොවේ, තව ඉතා බොහෝ උපාසක පින්වතුන් ඉන්නවා."

"එසේ වී නම් භවත් ගෞතමයන් වහන්සේ වැඩ සිටින සේක්වා! භික්ෂූන් වහන්සේලා ද පසෙක සිටිත්වා! භික්ෂුණීන් වහන්සේලා ද පසෙක සිටිත්වා! ගිහිව වසමින් සුදු වත් දරා බ්‍රහ්මචාරීව සිටින උපාසක පින්වතුන් පසෙක සිටිත්වා! ගිහි ගෙයි වසමින් සුදු වත් හඳිමින් බ්‍රහ්මචාරිනීව සිටින උපාසිකාවන් ද පසෙක සිටිත්වා! භවත් ගෞතමයන් වහන්සේ ගේ ශ්‍රාවක වූ ගිහි ගෙයි වසමින් සුදු වත් හඳිමින් විවාහ ජීවිත ගෙවන එක් උපාසක පින්වතෙක් හෝ ශාසන ධර්මයෙහි යෙදෙනවා නම්, අවවාදයට අනුව වාසය කරනවා නම්, සැකයෙන් එතෙර සිටී නම්, 'කෙසේද කෙසේද' යන අවිනිශ්චිත බව දුරු කොට සිටී නම්, ශාස්තෲ ශාසනයෙහි විශාරද බවට පත්ව බාහිර උපකාර රහිතව සිටී නම් එබඳු වූ ගිහි උපාසක පින්වතෙක් සිටී ද?"

"පින්වත් වච්ඡය, මාගේ ශ්‍රාවක වූ ගිහි ගෙයි වසමින් සුදු වත් හඳිමින් විවාහ ජීවිත ගෙවන උපාසක පින්වතුන් ශාසන ධර්මයෙහි යෙදෙනවා නම්, අවවාදයට අනුව වාසය කරනවා නම්, සැකයෙන් එතෙර සිටිනවා නම්, 'කෙසේද කෙසේද' යන අවිනිශ්චිත බව දුරු කොට සිටිනවා නම්, ශාස්තෘ ශාසනයෙහි විශාරද බවට පත්ව බාහිර උපකාර රහිතව සිටිනවා නම්, එබඳු වූ උපාසක පින්වතුන් සිය දෙනෙක් නොවේ, දෙසිය දෙනෙක් නොවේ, තුන්සිය දෙනෙක් නොවේ, හාරසිය දෙනෙක් නොවේ, පන්සිය දෙනෙක් නොවේ, තව ඉතා බොහෝ උපාසක පින්වතුන් ඉන්නවා."

"එසේ වී නම් භවත් ගෞතමයන් වහන්සේ වැඩ සිටින සේක්වා! භික්ෂූන් වහන්සේලා ද පසෙක සිටිත්වා! භික්ෂුණීන් වහන්සේලා ද පසෙක සිටිත්වා! ගිහිව වසමින් සුදු වත් දරා බ්‍රහ්මචාරීව සිටින උපාසක පින්වතුන් පසෙක සිටිත්වා! ගිහි ගෙයි වසමින් සුදු වත් හඳිමින් විවාහ ජීවිත ගෙවන උපාසක පින්වතුන් පසෙක සිටීවා! භවත් ගෞතමයන් වහන්සේ ගේ ශ්‍රාවක වූ ගිහි ගෙයි වසමින් සුදු වත් හඳිමින් බ්‍රහ්මචාරිනීව සිටින එක් උපාසිකාවක් හෝ ඕරම්භාගීය සංයෝජන දුරු කොට ඕපපාතිකව සුද්ධාවාස බඹලොව ඉපිද නැවත පෙරලා මෙලොවට නො එන ස්වභාවයෙන් යුතුව එහිම පිරිනිවන් පාන්නී නම් එබඳු වූ ගිහි උපාසිකාවක් සිටී ද?"

"පින්වත් වච්ඡය, මා ගේ ශ්‍රාවිකා වූ ගිහි ගෙයි වසමින් සුදු වත් හඳිමින් බ්‍රහ්මචාරිනීව සිටින යම් උපාසිකාවන් ඕරම්භාගීය සංයෝජන දුරු කොට ඕපපාතිකව සුද්ධාවාස බඹලොව ඉපිද නැවත පෙරලා මෙලොවට නො එන ස්වභාවයෙන් යුතුව එහිම පිරිනිවන් පානවා නම්, එබඳු වූ උපාසිකාවන් සිය දෙනෙක් නොවේ, දෙසිය දෙනෙක් නොවේ, තුන්සිය දෙනෙක් නොවේ, හාරසිය දෙනෙක් නොවේ, පන්සිය දෙනෙක් නොවේ, තව ඉතා බොහෝ උපාසිකාවන් ඉන්නවා."

"එසේ වී නම් භවත් ගෞතමයන් වහන්සේ වැඩ සිටින සේක්වා! භික්ෂූන් වහන්සේලා ද පසෙක සිටිත්වා! භික්ෂුණීන් වහන්සේලා ද පසෙක සිටිත්වා! ගිහිව වසමින් සුදු වත් දරා බ්‍රහ්මචාරීව සිටින උපාසක පින්වතුන් පසෙක සිටිත්වා! ගිහි ගෙයි වසමින් සුදු වත් හඳිමින් විවාහ ජීවිත ගෙවන උපාසක පින්වතුන් පසෙක සිටිත්වා! ගිහි ගෙයි වසමින් සුදු වත් හඳිමින් බ්‍රහ්මචාරිනීව සිටින උපාසිකාවන් ද පසෙක සිටිත්වා!

භවත් ගෞතමයන් වහන්සේ ගේ ශ්‍රාවිකා වූ ගිහි ගෙයි වසමින් සුදු වත් හඳිමින් විවාහ ජීවිත ගෙවන එක් උපාසිකාවක් හෝ ශාසන ධර්මයෙහි

යෙදෙන්නී නම්, අවවාදයට අනුව වාසය කරන්නී නම්, සැකයෙන් එතෙර සිටින්නී නම්, 'කෙසේද කෙසේද' යන අවිනිශ්චිත බව දුරු කොට සිටින්නී නම්, ශාස්තෘ ශාසනයෙහි විශාරද බවට පත්ව බාහිර උපකාර රහිතව සිටින්නී නම් එබඳු වූ ගිහි උපාසිකාවක් සිටින්නී ද?"

"පින්වත් වච්ඡය, මාගේ ශ්‍රාවිකා වූ ගිහි ගෙයි වසමින් සුදු වත් හඳිමින් විවාහ ජීවිත ගෙවන උපාසිකාවන් ශාසන ධර්මයෙහි යෙදෙනවා නම්, අවවාදයට අනුව වාසය කරනවා නම්, සැකයෙන් එතෙර සිටිනවා නම්, 'කෙසේද කෙසේද' යන අවිනිශ්චිත බව දුරු කොට සිටිනවා නම්, ශාස්තෘ ශාසනයෙහි විශාරද බවට පත්ව බාහිර උපකාර රහිතව සිටිනවා නම්, එබඳු වූ උපාසිකාවන් සිය දෙනෙක් නොවේ, දෙසිය දෙනෙක් නොවේ, තුන්සිය දෙනෙක් නොවේ, හාරසිය දෙනෙක් නොවේ, පන්සිය දෙනෙක් නොවේ, තව ඉතා බොහෝ උපාසිකාවන් ඉන්නවා."

"භවත් ගෞතමයන් වහන්ස, යම්හෙයකින් මේ ධර්මය භවත් ගෞතමයන් වහන්සේ පමණක් අවබෝධ කොට වැඩ සිටිනවා නම්, භික්ෂූන් වහන්සේලා අවබෝධ නො කොට සිටිනවා නම්, මෙසේ මේ නිවන් මග ඒ අංගයෙන් අසම්පූර්ණ යි. නමුත් භවත් ගෞතමයන් වහන්ස, යම් හෙයකින් භවත් ගෞතමයන් වහන්සේත් මේ ධර්මය අවබෝධ කොට වැඩසිටිත් ද, එසෙයින් ම භික්ෂූන් වහන්සේලා ත් අවබෝධ කොට වැඩසිටිත් ද, මෙසේ මේ නිවන් මඟ ඒ අංගයෙන් සම්පූර්ණ යි.

භවත් ගෞතමයන් වහන්ස, යම්හෙයකින් මේ ධර්මය භවත් ගෞතමයන් වහන්සේ පමණක් අවබෝධ කොට වැඩ සිටිනවා නම්, භික්ෂූන් වහන්සේලා ද අවබෝධ කොට සිටිනවා නම්, නමුත් භික්ෂුණීන් වහන්සේලා අවබෝධ කොට නො සිටිනවා නම්, මෙසේ මේ නිවන් මග ඒ අංගයෙන් අසම්පූර්ණ යි. එහෙත් භවත් ගෞතමයන් වහන්ස, යම් හෙයකින් භවත් ගෞතමයන් වහන්සේත් මේ ධර්මය අවබෝධ කොට වැඩසිටිත් ද, එසෙයින් ම භික්ෂූන් වහන්සේලා ත් අවබෝධ කොට වැඩසිටිත් ද, එසෙයින් ම භික්ෂුණීන් වහන්සේලා ත් අවබෝධ කොට වැඩසිටිත් ද, මෙසේ මේ නිවන් මඟ ඒ අංගයෙනුත් සම්පූර්ණ යි.

භවත් ගෞතමයන් වහන්ස, යම්හෙයකින් මේ ධර්මය භවත් ගෞතමයන් වහන්සේ පමණක් අවබෝධ කොට වැඩ සිටිනවා නම්, භික්ෂූන් වහන්සේලා ද අවබෝධ කොට සිටිනවා නම්, භික්ෂුණීන් වහන්සේලා ද අවබෝධ කොට සිටිනවා නම්, එසේ නමුත් ගිහි ගෙදර සිටින සුදු වත් හැඳ බ්‍රහ්මචාරීව සිටින උපාසක පින්වතුන් මේ ධර්මය අවබෝධ කොට නො සිටිනවා නම්, මෙසේ

මේ නිවන් මග ඒ අංගයෙන් අසම්පූර්ණ යි. එහෙත් භවත් ගෞතමයන් වහන්ස, යම් හෙයකින් භවත් ගෞතමයන් වහන්සේත් මේ ධර්මය අවබෝධ කොට වැඩසිටිත් ද, එසෙයින් ම භික්ෂූන් වහන්සේලා ත් අවබෝධ කොට වැඩසිටිත් ද, එසෙයින් ම භික්ෂුණීන් වහන්සේලා ත් අවබෝධ කොට වැඩසිටිත් ද, ගිහි ගෙදර සිටින සුදු වත් හැඳ බ්‍රහ්මචාරීව සිටින උපාසක පින්වතුන් මේ ධර්මය අවබෝධ කොට සිටිත් ද, මෙසේ මේ නිවන් මඟ ඒ අංගයෙනුත් සම්පූර්ණයි.

භවත් ගෞතමයන් වහන්ස, යම්හෙයකින් මේ ධර්මය භවත් ගෞතමයන් වහන්සේ පමණක් අවබෝධ කොට වැඩ සිටිනවා නම්, භික්ෂූන් වහන්සේලා ද අවබෝධ කොට සිටිනවා නම්, භික්ෂුණීන් වහන්සේලා ද අවබෝධ කොට සිටිනවා නම්, ගිහි ගෙදර සිටින සුදු වත් හැඳ බ්‍රහ්මචාරීව සිටින උපාසක පින්වතුන් මේ ධර්මය අවබෝධ කොට සිටිනවා නම්, එසේ නමුත් ගිහි ගෙදර සිටින සුදු වත් හැඳ විවාහ ජීවිත ගෙවන උපාසක පින්වතුන් මේ ධර්මය අවබෝධ කොට නො සිටිනවා නම්, මෙසේ මේ නිවන් මග ඒ අංගයෙන් අසම්පූර්ණ යි.

එහෙත් භවත් ගෞතමයන් වහන්ස, යම් හෙයකින් භවත් ගෞතමයන් වහන්සේත් මේ ධර්මය අවබෝධ කොට වැඩසිටිත් ද, එසෙයින් ම භික්ෂූන් වහන්සේලා ත් අවබෝධ කොට වැඩසිටිත් ද, එසෙයින් ම භික්ෂුණීන් වහන්සේලා ත් අවබෝධ කොට වැඩසිටිත් ද, ගිහි ගෙදර සිටින සුදු වත් හැඳ බ්‍රහ්මචාරීව සිටින උපාසක පින්වතුන් මේ ධර්මය අවබෝධ කොට සිටිත් ද, ගිහි ගෙදර සිටින සුදු වත් හැඳ විවාහ ජීවිත ගෙවන උපාසක පින්වතුනුත් මේ ධර්මය අවබෝධ කොට සිටිත් ද, මෙසේ මේ නිවන් මඟ ඒ අංගයෙනුත් සම්පූර්ණ යි.

භවත් ගෞතමයන් වහන්ස, යම්හෙයකින් මේ ධර්මය භවත් ගෞතමයන් වහන්සේ පමණක් අවබෝධ කොට වැඩ සිටිනවා නම්, භික්ෂූන් වහන්සේලා ද අවබෝධ කොට සිටිනවා නම්, භික්ෂුණීන් වහන්සේලා ද අවබෝධ කොට සිටිනවා නම්, ගිහි ගෙදර සිටින සුදු වත් හැඳ බ්‍රහ්මචාරීව සිටින උපාසක පින්වතුන් මේ ධර්මය අවබෝධ කොට සිටිනවා නම්, ගිහි ගෙදර සිටින සුදු වත් හැඳ විවාහ ජීවිත ගෙවන උපාසක පින්වතුනුත් මේ ධර්මය අවබෝධ කොට සිටිනවා නම්, එසේ නමුත් ගිහි ගෙදර සිටින සුදු වත් හැඳ බ්‍රහ්මචාරිනීව සිටින උපාසිකාවන් මේ ධර්මය අවබෝධ නො කොට සිටිනවා නම් මෙසේත් මේ නිවන් මග ඒ අංගයෙන් අසම්පූර්ණ යි.

එහෙත් භවත් ගෞතමයන් වහන්ස, යම් හෙයකින් භවත් ගෞතමයන් වහන්සේත් මේ ධර්මය අවබෝධ කොට වැඩසිටිත් ද, එසෙයින් ම භික්ෂූන්

වහන්සේලා ත් අවබෝධ කොට වැඩසිටිත් ද, එසෙයින් ම භික්ෂුණීන් වහන්සේලා ත් අවබෝධ කොට වැඩසිටිත් ද, ගිහි ගෙදර සිටින සුදු වත් හැඳ බ්‍රහ්මචාරීව සිටින උපාසක පින්වතුන් මේ ධර්මය අවබෝධ කොට සිටිත් ද, ගිහි ගෙදර සිටින සුදු වත් හැඳ විවාහ ජීවිත ගෙවන උපාසක පින්වතුනුත් මේ ධර්මය අවබෝධ කොට සිටිත් ද, ගිහි ගෙදර සිටින සුදු වත් හැඳ බ්‍රහ්මචාරිනීව සිටින උපාසිකාවන් මේ ධර්මය අවබෝධ කොට සිටිත් ද, මෙසේ මේ නිවන් මඟ ඒ අංගයෙනුත් සම්පූර්ණ යි.

භවත් ගෞතමයන් වහන්ස, යම්හෙයකින් මේ ධර්මය භවත් ගෞතමයන් වහන්සේ පමණක් අවබෝධ කොට වැඩ සිටිනවා නම්, භික්ෂූන් වහන්සේලා ද අවබෝධ කොට සිටිනවා නම්, භික්ෂුණීන් වහන්සේලා ද අවබෝධ කොට සිටිනවා නම්, ගිහි ගෙදර සිටින සුදු වත් හැඳ බ්‍රහ්මචාරීව සිටින උපාසක පින්වතුන් මේ ධර්මය අවබෝධ කොට සිටිනවා නම්, ගිහි ගෙදර සිටින සුදු වත් හැඳ විවාහ ජීවිත ගෙවන උපාසක පින්වතුන් මේ ධර්මය අවබෝධ කොට සිටිනවා නම්, ගිහි ගෙදර සිටින සුදු වත් හැඳ බ්‍රහ්මචාරිනීව සිටින උපාසිකාවන් මේ ධර්මය අවබෝධ කොට සිටිනවා නම්, එසේ නමුත් ගිහි ගෙදර සිටින සුදු වත් හැඳ විවාහ ජීවිත ගෙවන උපාසිකාවනුත් මේ ධර්මය අවබෝධ නො කොට සිටිනවා නම්, මෙසේත් මේ නිවන් මග ඒ අංගයෙන් අසම්පූර්ණ යි.

එහෙත් භවත් ගෞතමයන් වහන්ස, යම් හෙයකින් භවත් ගෞතමයන් වහන්සේත් මේ ධර්මය අවබෝධ කොට වැඩසිටිත් ද, එසෙයින් ම භික්ෂූන් වහන්සේලා ත් අවබෝධ කොට වැඩසිටිත් ද, එසෙයින් ම භික්ෂුණීන් වහන්සේලා ත් අවබෝධ කොට වැඩසිටිත් ද, ගිහි ගෙදර සිටින සුදු වත් හැඳ බ්‍රහ්මචාරීව සිටින උපාසක පින්වතුන් මේ ධර්මය අවබෝධ කොට සිටිත් ද, ගිහි ගෙදර සිටින සුදු වත් හැඳ විවාහ ජීවිත ගෙවන උපාසක පින්වතුන් මේ ධර්මය අවබෝධ කොට සිටිත් ද, ගිහි ගෙදර සිටින සුදු වත් හැඳ බ්‍රහ්මචාරිනීව සිටින උපාසිකාවනුත් මේ ධර්මය අවබෝධ කොට සිටිත් ද, ගිහි ගෙදර සිටින සුදු වත් හැඳ විවාහ ජීවිත ගෙවන උපාසිකාවනුත් මේ ධර්මය අවබෝධ කොට සිටිත් ද මෙසේ මේ නිවන් මඟ ඒ අංගයෙනුත් සම්පූර්ණ යි.

භවත් ගෞතමයන් වහන්ස, ගංගා නදිය සාගරය දෙසට ම නැමිලා, සාගරය දෙසට ම නැඹුරු වෙලා, සාගරය දෙසට ම බරවෙලා මහා සයුරෙහි හැපී එය හා එක්වී සිටී ද, අන්න ඒ වගේ ම යි භවත් ගෞතමයන් වහන්සේ ගේ ගිහි පැවිදි ශ්‍රාවක පිරිස නිවනට නැමිලා, නිවනට නැඹුරු වෙලා, නිවනට බරවෙලා, ඒ අමා නිවනෙහි හැපී එය හා එක්වෙලයි සිටින්නේ. භවත් ගෞතමයන් වහන්ස, ඉතා කාන්ත යි. ....(පෙ).... ඒ මං භවත් ගෞතමයන්

වහන්සේව සරණ යනවා. ශ්‍රී සද්ධර්මය ත්, භික්ෂුසංඝයා ත් සරණ යනවා. භවත් ගෞතමයන් වහන්සේ සමීපයෙහි මා පැවිදි බව ත්, උපසම්පදාව ත් ලබන්නේ නම් කොයි තරම් දෙයක් ද!"

"පින්වත් වච්ඡය, යම් කෙනෙක් කලින් වෙන ආගමක ඉඳලා, මේ බුදු සසුනෙහි පැවිදි බව කැමති වෙනවා නම්, උපසම්පදාව කැමති වෙනවා නම්, ඒ තැනැත්තා සාර මාසයක් පිරිවෙස් වසන්නට ඕන. ඒ සිව් මස ඇවෑමෙන් ඔහු ගැන සතුටු සිත් ඇති භික්ෂූන් වහන්සේලා පැවිදි කරාවි. භික්ෂු භාවය පිණිස උපසම්පදා කරාවි. ඒ වගේ ම මෙහි ලා මා විසින් පුද්ගලයන් සතු විවිධ ස්වභාවය ද දැනගෙනයි ඉන්නෙ."

"ඉදින් ස්වාමීනී, කලින් අන්‍යාගමිකව සිටි කෙනෙක් මේ බුදු සසුනෙහි පැවිදි බව කැමතිව, උපසම්පදාව කැමතිව සාර මාසයක් පිරිවෙස් වසනවා නම්, ඒ සාර මාසය ඇවෑමෙන් ඔහු ගැන සතුටු සිත් භික්ෂූන් වහන්සේලා ඔහුව පැවිදි කරනවා නම් භික්ෂු භාවය පිණිස උපසම්පදා කරනවා නම්, මම සතර අවුරුද්දක පරිවාස කාලයක් වුණත් ගෙවන්නට කැමතියි. ඒ සතර අවුරුද්ද ඇවෑවෙන් සතුටු සිත් ඇති භික්ෂූන් වහන්සේලා මාව පැවිදි කරන සේක්වා! භික්ෂු භාවය පිණිස උපසම්පදා කරන සේක්වා!"

ඉතින් වච්ඡගොත්ත පිරිවැජියා භාග්‍යවතුන් වහන්සේ සමීපයෙහි පැවිදි බව ලැබුවා. උපසම්පදාව ලැබුවා. එතකොට ආයුෂ්මත් වච්ඡගොත්තයන් වහන්සේ උපසම්පදාව ලබා නොබෝ කලකින්, උපසම්පදාව ලබා දෙසතියකින් පසු භාග්‍යවතුන් වහන්සේ බැහැදකින්නට පැමිණියා. පැමිණ භාග්‍යවතුන් වහන්සේට ආදරයෙන් වන්දනා කොට එකත්පස්ව වාඩි වුනා. එකත්පස්ව වාඩි වුන ආයුෂ්මත් වච්ඡගොත්තයන් වහන්සේ භාග්‍යවතුන් වහන්සේට මෙය පැවසුවා. "ස්වාමීනී, සේඛ ඥාණයකින්, සේඛ විද්‍යාවකින් යමක් අවබෝධ කළ යුතු ද, එය මා විසින් අවබෝධ කරගත්තා. භාග්‍යවතුන් වහන්සේ මට තවදුරටත් ධර්ම දේශනා කරන සේක්වා!"

"එසේ වී නම් පින්වත් වච්ඡ, ඔබ මේ ධර්ම දෙක තවදුරටත් වඩන්න. සමථය ත්, විදර්ශනාවත්. පින්වත් වච්ඡ, සමථය ත්, විදර්ශනාව ත් යන මේ ධර්ම දෙක ඔබ මත්තෙහි මැනවින් වැඩුවොත් අනේකධාතු ප්‍රතිවේධය පිණිස එය පවතීවි.

එතකොට පින්වත් වච්ඡ, ඒ ඔබ නොයෙක් ආකාර වූ ඉර්ධි ප්‍රාතිහාර්යය කරන්නට යම්තාක් කැමති වන්නේ නම්, ඒ කියන්නෙ, 'මං තනි කෙනෙක් වගේ සිට බොහෝ ආකාර ඇතිකරගන්නවා. බොහෝ ආකාර ඇතිව සිට තනි

කෙනෙක් වෙනවා. ඒ වගේ ම මං බිත්ති, පවුරු, පදනම් වල නො ගැටී ඉන් එහාට අහසින් යන්නා සේ යනවා. ඒ වගේ ම මං ජලයෙහි කිමිදෙන්නා සේ පොළොවෙහි කිමිදෙනවා. ඒ වගේ ම මං පොළොවෙහි සක්මන් කරන්නා සේ ජලයෙහිත් ඇවිදිනවා. ඒ වගේ ම මං කුරුල්ලෙක් අහසෙහි පියාඹන්නා සේ භාවනා ඉරියව්වෙන් අහසින් යනවා. ඒ වගේ ම මං මේසා මහා ඉර්ධිමත් මේසා මහානුභාව සම්පන්න සඳ හිරු පවා අතින් පිරිමදිනවා. ඒ වගේ ම බඹ ලොව දක්වා මේ ඉර්ධි ප්‍රාතිහාර්යයෙන් යුතු කයින් වසඟයෙහි පවත්වනවා' කියල. ඒ ඒ ප්‍රාතිහාර්යයන් පිළිබඳව, ඒ ඒ කටයුත්ත පිළිබඳව දක්ෂභාවයට පත්වන්නට ඔබට පුළුවන්කම තියෙනවා.

එතකොට පින්වත් වච්ඡ, ඒ ඔබ කැමති වෙනවා නම්; ඒ කියන්නෙ 'මං සාමාන්‍ය මිනිස් ඇසීම ඉක්මවා ගිය, ඉතා පිරිසිදු වූ දිව්‍යමය ශ්‍රවණයෙන් යුතුව දිව්‍ය වූ ත්, මානුෂික වූ ත්, දුර වූ ත්, ළඟ වූ ත් යම් දෙවැදෑරුම් ශබ්දයන් ඇද්ද, ඒවත් අසනවා' කියල. මෙසේ ඒ ඒ දිව්‍ය ශ්‍රවණය පිළිබඳව, ඒ ඒ කටයුත්ත පිළිබඳව දක්ෂභාවයට පත්වන්නට ඔබට පුළුවන්කම තියෙනවා.

එතකොට පින්වත් වච්ඡ, ඒ ඔබ කැමති වෙනවා නම්; 'මං බාහිර සත්වයන් ගේ බාහිර පුද්ගලයන් ගේ සිතේ ස්වභාවයන් මගේ සිතින් පිරිසිඳ දැන ගන්නවා කියා. ඒ කියන්නෙ, මං සරාගී සිත සරාගී සිතක් වශයෙන් දැනගන්නවා. මං වීතරාගී සිත වීතරාගී සිතක් වශයෙන් දැනගන්නවා. මං සදෝෂී සිත සදෝෂී සිතක් වශයෙන් දැනගන්නවා. මං වීතදෝෂී සිත වීතදෝෂී සිතක් වශයෙන් දැනගන්නවා. මං සමෝහී සිත සමෝහී සිතක් වශයෙන් දැනගන්නවා. මං වීතමෝහී සිත වීතමෝහී සිතක් වශයෙන් දැනගන්නවා. මං හැකිළුණු සිත හැකිළුණු සිතක් වශයෙන් දැනගන්නවා. මං විසිරුණු සිත විසුරුණු සිතක් වශයෙන් දැනගන්නවා. මං මහග්ගත සිත මහග්ගත සිතක් වශයෙන් දැනගන්නවා. මං අමහග්ගත සිත අමහග්ගත සිතක් වශයෙන් දැනගන්නවා. මං සඋත්තර සිත සඋත්තර සිතක් වශයෙන් දැනගන්නවා. මං අනුත්තර සිත අනුත්තර සිතක් වශයෙන් දැනගන්නවා. මං සමාහිත සිත සමාහිත සිතක් වශයෙන් දැනගන්නවා. මං අසමාහිත සිත අසමාහිත සිතක් වශයෙන් දැනගන්නවා. මං විමුත්ත සිත විමුත්ත සිතක් වශයෙන් දැනගන්නවා. මං අවිමුත්ත සිත අවිමුත්ත සිතක් වශයෙන් දැනගන්නවා. ඒ ඒ පරචිත්ත විජානනය පිළිබඳව, ඒ ඒ කටයුත්ත පිළිබඳව දක්ෂභාවයට පත්වන්නට ඔබට පුළුවන්කම තියෙනවා.

එතකොට පින්වත් වච්ඡ, ඒ ඔබ කැමති වෙනවා නම්; 'මං නොයෙක් ආකාරයෙන් පෙර විසූ ජීවිත පිළිබඳව සිහි කරනවා. ඒ කියන්නෙ; එක ජාතියක්, ජාති දෙකක්, ජාති තුනක්, ජාති හතරක්, ජාති පහක්, ජාති දහයක්, ජාති විස්සක්,

ජාති තිහක්, ජාති හතළිහක්, ජාති පනහක්, ජාති සීයක්, ජාති දහසක්, ජාති ලක්ෂයක්, ඒ වගේ ම නොයෙක් සංවට්ට කල්ප, නොයෙක් විවට්ට කල්ප, නොයෙක් සංවට්ට විවිට්ට කල්ප සිහි කරනවා. මං අසවල් තැන හිටියා, මෙබඳු නමින් හිටියා, මෙබඳු ගෝත්‍ර නාමයෙන් හිටියා, මෙබඳු හැඩරුවින් හිටියා, මෙබඳු ආහාර වැළඳුවා, මෙබඳු සැප දුක් වින්ඳා, මේ අයුරින් ජීවිතය අවසන් වුනා. ඒ මං එතනින් චුත වුනා. අසවල් තැන ඉපදුනා. අසවල් තැන හිටියා. මෙබඳු නමින් හිටියා, මෙබඳු ගෝත්‍ර නාමයෙන් හිටියා, මෙබඳු හැඩරුවින් හිටියා, මෙබඳු ආහාර වැළඳුවා, මෙබඳු සැප දුක් වින්ඳා, මේ අයුරින් ජීවිතය අවසන් වුනා. ඒ මං එතනින් චුත වුනා. මෙතන ඉපදුනා ආදී වශයෙන්. මෙසේ මං කරුණු සහිත ප්‍රධාන සිදුවීම් සහිතව නොයෙක් ආකාරයෙන් පෙර විසූ ජීවිත පිළිබඳව සිහිකරනවා' කියල. ඒ ඒ පුබ්බේනිවාසානුස්සති ඤාණය පිළිබඳව, ඒ ඒ කටයුත්ත පිළිබඳව දක්ෂභාවයට පත්වන්නට ඔබට පුළුවන්කම තියෙනවා.

එතකොට පින්වත් වච්ඡ, ඒ ඔබ කැමති වෙනවා නම්; 'මං සාමාන්‍ය මිනිසුන් ගේ දර්ශන පථය ඉක්මවා ගිය පිරිසිදු දිවැස් නුවණින් චුත වෙන උපදින සත්වයන් දකිනවා කියල. ඒ කියන්නෙ; උසස් පහත්, ලස්සන කැත, සුගති දුගතිවල කර්මානුරූපව සත්වයන් උපදින හැටි දකිනවා. 'අනේ, මේ භවත් සත්වයින් කයින් දුසිරිත් කරල, වචනින් දුසිරිත් කරල, මනසින් දුසිරිත් කරල, ආර්යයන් වහන්සේලාට අපහාස කරලා, මිත්‍යා දෘෂ්ටික වෙලා, මිත්‍යා දෘෂ්ටිකව කටයුතු කරමින් ඉඳල, කය බිඳී මැරුණට පස්සේ අපායෙ ඉපදිලා ඉන්නව. දුගතියෙ ඉපදිලා ඉන්නවා. විනිපාත කියන නිරයෙ ඉපදිලා ඉන්නවා' කියල. ඒ වගේ ම 'මේ භවත් සත්වයන් කයින් සුචරිතයේ යෙදිල, වචනයෙන් සුචරිතයේ යෙදිල, මනසින් සුචරිතයේ යෙදිල, ආර්යයන් වහන්සේලාට අපහාස නො කොට, සම්මා දිට්ඨිය ඇතුව ඉඳල, සම්මා දිට්ඨියෙන් යුක්ත ක්‍රියා වල යෙදිල, කය බිඳී මැරුණට පස්සේ සුගතිය කියන යහපත් ලෝකෙ ඉපදිලා ඉන්නවා' කියල. මේ විදිහට සාමාන්‍ය මිනිසුන් ගේ දර්ශන පථය ඉක්මවා ගිය පිරිසිදු දිවැස් නුවණින්, සත්වයන් චුත වෙන උපදින හැටි දකිනවා. උසස් පහත්, ලස්සන කැත, සුගති දුගති වල කර්මානුරූපව සත්වයන් උපදින හැටි දකිනවා කියල. ඒ චුතූපපාත ඤාණය පිළිබඳව, ඒ කටයුත්ත පිළිබඳව දක්ෂභාවයට පත්වන්නට ඔබට පුළුවන්කම තියෙනවා.

එතකොට පින්වත් වච්ඡ, ඒ ඔබ කැමති වෙනවා නම්; 'මං ආශ්‍රවයන් ක්ෂය වීමෙන් අනාශ්‍රව වූ චිත්ත විමුක්තියත්, ප්‍රඥා විමුක්තියත් මෙහි දී ම තමන් ගේ විශිෂ්ට වූ ඤාණයෙන් සාක්ෂාත් කොට එයට පැමිණ වාසය කරනවා කියල. ඒ ඒ ආශ්‍රවයන් ක්ෂය වීම පිළිබඳව, ඒ ඒ කටයුත්ත පිළිබඳව දක්ෂභාවයට පත්වන්නට ඔබට පුළුවන්කම තියෙනවා."

ඉතින් අයුෂ්මත් වච්ඡගොත්තයන් වහන්සේ භාග්‍යවතුන් වහන්සේ වදාළ අවවාදය සතුටින් පිළිගෙන අනුමෝදන්ව අසුනෙන් නැගිට භාග්‍යවතුන් වහන්සේට වන්දනා කළා. පැදකුණු කොට නික්ම වැඩියා. ඊටපසු ආයුෂ්මත් වච්ඡගොත්තයන් වහන්සේ තනිව ම හුදෙකලා වුනා. අප්‍රමාදී වුනා. කෙලෙස් තවන වීරියෙන් යුතු වුනා. කාය ජීවිත දෙක්හි අපේක්ෂා රහිතව ධර්මයෙහි හැසිරෙද්දී, යම් උතුම් අර්ථයක් පිණිස කුල පුත්‍රයන් මනා කොට ගිහි ජීවිතය අත්හැර බුදු සසුනෙහි පැවිදි වෙද්ද, බඹසර ජීවිතයේ නිමාව වන ඒ උතුම් අරහත්වය මෙහි දී ම තමන් ගේ විශිෂ්ට ඥාණයෙන් සාක්ෂාත් කොට එයට පැමිණ වාසය කළා. 'ඉපදීම ක්ෂය වුනා. බඹසර වාසය සම්පූර්ණ කළා. කළ යුත්ත කළා. මත්තෙහි කළ යුතු කිසිවක් නැතැ'යි අවබෝධ කරගත්තා. ඉතින් ආයුෂ්මත් වච්ඡගොත්තයන් වහන්සේ ද, රහතන් වහන්සේලා අතර කෙනෙක් බවට පත් වුනා.

ඒ දිනවල බොහෝ භික්ෂූන් වහන්සේලා භාග්‍යවතුන් වහන්සේ බැහැදකින්නට වඩිනවා. ඉතින් ආයුෂ්මත් වච්ඡගොත්තයන් වහන්සේ දුරින් ම වඩින්නා වූ ඒ භික්ෂූන් දැක්කා. දැක ඒ භික්ෂූන් වෙත පැමිණුනා. පැමිණ ඒ භික්ෂූන්ට මෙය පැවසුවා. "ප්‍රිය ආයුෂ්මතුන් වහන්ස, දැන් ඔබවහන්සේලා ඔය කොහේ වඩින ගමන් ද?" "ප්‍රිය ආයුෂ්මත, අපි මේ භාග්‍යවතුන් වහන්සේ බැහැදකින්නට යි වඩින්නේ." "අනේ, ප්‍රිය ආයුෂ්මතුන් වහන්ස, එහෙම නම් මගේ වචනයෙන් නළල් තලය බිම තබා භාග්‍යවතුන් වහන්සේ ගේ ශ්‍රී පාද පද්මය වන්දනා කළ මැනැව. මෙසේ ද පැවසුව මැනැව. 'ස්වාමීනී, වච්ඡගොත්ත භික්ෂුව නළල් තලය බිම තබා භාග්‍යවතුන් වහන්සේ ගේ ශ්‍රී පාද පද්මය වන්දනා කරයි. මෙසේ ත් කියයි. මා විසින් භාග්‍යවතුන් වහන්සේව හොඳින් සේවනය කරන ලද සේක. මා විසින් සුගතයන් වහන්සේව හොඳින් සේවනය කරන ලද සේක' කියා." "එසේය, ප්‍රිය ආයුෂ්මත" කියා ඒ භික්ෂූන් වහන්සේලා ආයුෂ්මත් වච්ඡගොත්තයන් හට පිළිතුරු දුන්නා.

ඉතින් ඒ භික්ෂූන් වහන්සේලා භාග්‍යවතුන් වහන්සේ වෙත පැමිණියා. පැමිණ භාග්‍යවතුන් වහන්සේට ආදරයෙන් වන්දනා කොට එකත්පස්ව වාඩි වුනා. එකත්පස්ව වාඩි වුන ඒ භික්ෂූන් භාග්‍යවතුන් වහන්සේට මෙය සැළ කළා. 'ස්වාමීනී, වච්ඡගොත්ත භික්ෂුව නළල් තලය බිම තබා භාග්‍යවතුන් වහන්සේ ගේ ශ්‍රී පාද පද්මය වන්දනා කරයි. මෙසේ ත් කියයි. මා විසින් භාග්‍යවතුන් වහන්සේව හොඳින් සේවනය කරන ලද සේක. මා විසින් සුගතයන් වහන්සේව හොඳින් සේවනය කරන ලද සේක' කියල.

"පින්වත් මහණෙනි, ඔය වච්ඡගොත්ත භික්ෂුව ගේ සිත මා විසින් කලින් ම මගේ සිතින් පිරිසිඳ දැක්කා. පින්වත් මහණෙනි, ඒ වච්ඡගොත්ත භික්ෂුව ත්‍රිවිද්‍යාලාභී කෙනෙක්. මහා ඉර්ධිමත්. මහානුභාවසම්පන්නයි. ඔය කාරණය දෙවිවරුත් මට දැනුම් දුන්නා. 'ස්වාමීනී, වච්ඡගොත්ත භික්ෂුව ත්‍රිවිද්‍යාලාභී යි. මහා ඉර්ධිමත්, මහානුභාවසම්පන්න යි' කියල.

භාග්‍යවතුන් වහන්සේ මෙය වදාළ සේක. සතුටු සිත් ඒ භික්ෂූන් වහන්සේලා භාග්‍යවතුන් වහන්සේ වදාළ මෙම දේශනය ඉතාම සතුටින් පිළිගත්තා.

සාදු! සාදු!! සාදු!!!

වච්ඡගොත්ත පිරිවැජියාට වදාළ විස්තරාත්මක දෙසුම නිමා විය.

2.3.4.

දීඝනඛ සූත්‍රය

දීඝනඛ පිරිවැජියාට වදාළ දෙසුම

මා හට අසන්නට ලැබුනේ මේ විදිහට යි. එසමයෙහි භාග්‍යවතුන් වහන්සේ වැඩසිටියේ රජගහ නුවර ගිජ්ඣකූට පර්වතයෙහි සූකරඛත ගල් ලෙනෙහි ය. එදා දීඝනඛ පිරිවැජියා භාග්‍යවතුන් වහන්සේ වෙත පැමිණුනා. පැමිණ භාග්‍යවතුන් වහන්සේ සමඟ සතුටු වුනා. සතුටු විය යුතු පිළිසඳර කතාව කොට නිමවා එකත්පස්ව සිටගත්තා. එකත්පස්ව සිට ගත් දීඝනඛ පිරිවැජියා භාග්‍යවතුන් වහන්සේට මෙය පැවසුවා.

"භවත් ගෞතමයන් වහන්ස, මං මෙබඳු වූ දෘෂ්ඨියක් දරණ කෙනෙක්. ඒ කියන්නෙ 'සියලු දෙයට මං අකමැතියි' යන දෘෂ්ඨිය යි." "පින්වත් අග්ගිවෙස්සන (මෙය ගෝත්‍ර නාමයක් වශයෙන් භාවිතා කොට තිබේ), 'සියලු දෙයට මං අකමැතියි' යන යම් දෘෂ්ඨියක් ඇද්ද, ඒ දෘෂ්ඨියට ත් ඔබ අකමැතියි ද?"

"භවත් ගෞතමයන් වහන්ස, මේ දෘෂ්ඨියට මං කැමති නම්, එය ත් එබඳු වූ ම එකක් තමයි. එය ත් එබඳු වූ ම එකක් තමයි."

"පින්වත් අග්ගිවෙස්සන, ලෝකයෙහි බොහෝ දෙනෙක් බොහෝ දෘෂ්ඨි අල්ලගෙන ඔය විදිහට තමයි කියන්නෙ. 'එය ත් එබඳු වූ ම එකක් තමයි, එය ත් එබඳු වූ ම එකක් තමයි' කියල. ඉතින් ඔවුන් ඒ දෘෂ්ඨිය පවා අත්හරින්නෙ නෑ. තවත් දෘෂ්ඨි වලට අහුවෙනවා. ඒ වගේ ම පින්වත් අග්ගිවෙස්සන, ලෝකයෙහි යම් කෙනෙක් මෙහෙම කියනවා ද, 'එය ත් එබඳු වූ ම එකක් තමයි, එය ත් එබඳු වූ ම එකක් තමයි' කියල, ඔවුන් අතර එය කියන ස්වල්ප දෙනෙක් ඉන්නවා. ඔවුන් ඒ දෘෂ්ඨිය පවා අත්හරිනවා. වෙන දෘෂ්ඨියකට අහුවෙන්නෙත් නෑ.

පින්වත් අග්ගිවෙස්සන, මෙබඳු මතවාද ඇති, මෙබඳු දෘෂ්ඨි ඇති ඇතැම් ශ්‍රමණ බ්‍රාහ්මණයින් ඉන්නවා. ඒ කියන්නේ 'සියලු දෙයට මං කැමතියි' කියල. ඒ වගේ ම පින්වත් අග්ගිවෙස්සන, මෙබඳු මතවාද ඇති, මෙබඳු දෘෂ්ඨි ඇති ඇතැම් ශ්‍රමණ බ්‍රාහ්මණයින් ඉන්නවා. ඒ කියන්නේ 'සියලු දෙයට මං අකැමතියි' කියල. ඒ වගේ ම පින්වත් අග්ගිවෙස්සන, මෙබඳු මතවාද ඇති, මෙබඳු දෘෂ්ඨි

ඇති ඇතැම් ශ්‍රමණ බ්‍රාහ්මණයින් ඉන්නවා. ඒ කියන්නේ 'ඇතැම් දෙයට මං කැමතියි, ඇතැම් දෙයට මං අකමැතියි' කියල.

පින්වත් අග්ගිවෙස්සන, ඔවුන් අතුරෙන් යම් ශ්‍රමණ බ්‍රාහ්මණ කෙනෙක් ඉන්න පුළුවන්, 'සියළු දෙයට මං කැමතියි' කියන මෙබඳු වාද ඇතිව, මෙබඳු දෘෂ්ඨි ඇතිව. එතකොට ඔවුන් ගේ ඒ දෘෂ්ඨිය පවතින්නේ සරාගී බවට ළං වෙල යි. එකතු වීමට ළං වෙල යි. සතුටින් පිළිගැනීමකට ළං වෙල යි. එහි සිත බැස ගැනීමට ළං වෙල යි. එහි ග්‍රහණය වීමට ළං වෙල යි.

පින්වත් අග්ගිවෙස්සන, ඔවුන් අතුරෙන් යම් ශ්‍රමණ බ්‍රාහ්මණ කෙනෙක් ඉන්න පුළුවන්, 'සියළු දෙයට මං අකැමතියි' කියන මෙබඳු වාද ඇතිව, මෙබඳු දෘෂ්ඨි ඇතිව. එතකොට ඔවුන් ගේ ඒ දෘෂ්ඨිය පවතින්නේ විරාගී බවට ළං වෙල යි. එකතු නො වීමට ළං වෙල යි. සතුටින් නො පිළිගැනීමකට ළං වෙල යි. එහි සිත නො බැස ගැනීමට ළං වෙල යි. එහි ග්‍රහණය නො වීමට ළං වෙලයි."

මෙසේ වදාළ විට දීඝනඛ පිරිවැජියා භාග්‍යවතුන් වහන්සේට මෙය පැවසුවා. "භවත් ගෞතමයන් වහන්සේ මාගේ දෘෂ්ඨිගතය ඉහළින් වර්ණනා කරන සේක. භවත් ගෞතමයන් වහන්සේ මාගේ දෘෂ්ඨිගතය වඩාත් ඉහළින් වර්ණනා කරන සේක" කියල.

පින්වත් අග්ගිවෙස්සන, ඔවුන් අතුරෙන් යම් ශ්‍රමණ බ්‍රාහ්මණ කෙනෙක් ඉන්න පුළුවන්, 'ඇතැම් දෙයකට මං කැමතියි, ඇතැම් දෙයකට මං අකමැතියි' කියන මෙබඳු වාද ඇතිව, මෙබඳු දෘෂ්ඨි ඇතිව. එතකොට ඔවුන් තුළ ඇති කැමති වන්නා වූ යම් දෘෂ්ඨියක් ඇද්ද, ඒ දෘෂ්ඨිය පවතින්නේ සරාගී බවට ළං වෙල යි. එකතු වීමට ළං වෙල යි. සතුටින් පිළිගැනීමකට ළං වෙල යි. එහි සිත බැස ගැනීමට ළං වෙල යි. එහි ග්‍රහණය වීමට ළං වෙල යි. ඒ වගේ ම ඔවුන් තුළ ඇති යමකට අකමැති වන්නා වූ දෘෂ්ඨියක් ඇද්ද, ඒ දෘෂ්ඨිය පවතින්නේ විරාගී බවට ළං වෙල යි. එකතු නො වීමට ළං වෙල යි. සතුටින් නො පිළි ගැනීමකට ළං වෙල යි. එහි සිත නො බැස ගැනීමට ළං වෙල යි. එහි ග්‍රහණය නො වීමට ළං වෙල යි.

පින්වත් අග්ගිවෙස්සන, එහිලා මෙබඳු වාද ඇති, මෙබඳු දෘෂ්ඨි ඇති යම් ශ්‍රමණ බ්‍රාහ්මණයෙක් ඉන්නවා නම්, ඒ කියන්නේ; 'සියලු දෙයට මං කැමතියි' කියල. ඒ දෘෂ්ඨිය පිළිබඳව බුද්ධිමත් කෙනෙක් මෙහෙම යි නුවණින් විමසන්නෙ. 'සියලු දෙයට මං කැමතියි' කියන යම් දෘෂ්ඨියක් මා තුළ තියෙනවා නෙව. ඉතින් මං මේ දෘෂ්ඨිය ම දැඩි ලෙස අල්ලා ගෙන, එහි ම බැසගෙන මේ විදිහට කියන්නට ගියොත්, 'මෙය ම යි සත්‍යය, අන් සියල්ල හිස්' කියල එතකොට මට දෙන්නෙකු ගෙන් කරදර ඇති වෙනවා.

යම් ශ්‍රමණ බ්‍රාහ්මණ කෙනෙක් 'සියලු දෙයට මං අකමැතියි' කියා මෙබඳු මතවාදයකින් යුක්ත යි ද, මෙබඳු දෘෂ්ඨියකින් යුක්තයි ද, ඒ වගේ ම යම් ශ්‍රමණ බ්‍රාහ්මණ කෙනෙක් 'ඇතැම් දෙයකට මං කැමතියි, ඇතැම් දෙයකට මං අකමැතියි' කියා මෙබඳු මතවාදයකින් යුක්ත යි ද, මෙබඳු දෘෂ්ඨියකින් යුක්තයි ද, මේ දෙදෙනා ගෙන් තමයි මට කෝළාහළ ඇතිවන්නේ. ඉතින් මෙසේ දබරයක් ඇති වුනොත් විවාදයක් හටගන්නවා. විවාදයක් ඇති වූ විට පීඩාවක් ඇතිවෙනවා. පීඩාවක් ඇති වූ විට වෙහෙසක් ඇතිවෙනවා. මේ විදිහට දබර හටගැනීම ත්, වාද විවාද කිරීම ත්, දුක් පීඩා ඇතිවීම ත්, වෙහෙසට පත් වීම ත්, තමා තුළ ඇති වෙන බව දකිමින් ඒ දෘෂ්ඨිය පවා අත්හරිනවා. වෙනත් දෘෂ්ඨියකට හසුවෙන්නෙත් නෑ. ඔන්න ඔය විදිහට යි ඔය දෘෂ්ඨීන් ගේ ප්‍රහාණය වෙන්නෙ. ඔන්න ඔය විදිහට යි ඔය දෘෂ්ඨීන් ගේ දුරු කිරීම වෙන්නෙ.

පින්වත් අග්ගිවෙස්සන, එහිලා මෙබඳු වාද ඇති, මෙබඳු දෘෂ්ඨී ඇති යම් ශ්‍රමණ බ්‍රාහ්මණයෙක් ඉන්නවා නම්, ඒ කියන්නේ; 'සියලු දෙයට මං අකමැතියි' කියල. ඒ දෘෂ්ඨිය පිළිබඳව බුද්ධිමත් කෙනෙක් මෙහෙම යි නුවණින් විමසන්නෙ. 'සියලු දෙයට මං අකමැතියි' කියන යම් දෘෂ්ඨියක් මා තුළ තියෙනවා නෙව. ඉතින් මං මේ දෘෂ්ඨිය ම දැඩි ලෙස අල්ලා ගෙන, එහි ම බැසගෙන මේ විදිහට කියන්නට ගියොත්, 'මෙය ම යි සත්‍යය, අන් සියල්ල හිස්' කියල එතකොට මට දෙන්නෙකු ගෙන් කරදර ඇති වෙනවා.

යම් ශ්‍රමණ බ්‍රාහ්මණ කෙනෙක් 'සියලු දෙයට මං කැමතියි' කියා මෙබඳු මතවාදයකින් යුක්ත යි ද, මෙබඳු දෘෂ්ඨියකින් යුක්තයි ද, ඒ වගේ ම යම් ශ්‍රමණ බ්‍රාහ්මණ කෙනෙක් 'ඇතැම් දෙයකට මං කැමතියි, ඇතැම් දෙයකට මං අකමැතියි' කියා මෙබඳු මතවාදයකින් යුක්ත යි ද, මෙබඳු දෘෂ්ඨියකින් යුක්තයි ද, මේ දෙදෙනා ගෙන් තමයි මට කෝළාහළ ඇතිවන්නේ. ඉතින් මෙසේ දබරයක් ඇති වුනොත් විවාදයක් හටගන්නවා. විවාදයක් ඇති වූ විට පීඩාවක් ඇතිවෙනවා. පීඩාවක් ඇති වූ විට වෙහෙසක් ඇතිවෙනවා. මේ විදිහට දබර හටගැනීම ත්, වාද විවාද කිරීම ත්, දුක් පීඩා ඇතිවීම ත්, වෙහෙසට පත් වීම ත්, තමා තුළ ඇති වෙන බව දකිමින් ඒ දෘෂ්ඨිය පවා අත්හරිනවා. වෙනත් දෘෂ්ඨියකට හසුවෙන්නෙත් නෑ. ඔන්න ඔය විදිහට යි ඔය දෘෂ්ඨීන් ගේ ප්‍රහාණය වෙන්නෙ. ඔන්න ඔය විදිහට යි ඔය දෘෂ්ඨීන් ගේ දුරු කිරීම වෙන්නෙ.

පින්වත් අග්ගිවෙස්සන, එහිලා මෙබඳු වාද ඇති, මෙබඳු දෘෂ්ඨී ඇති යම් ශ්‍රමණ බ්‍රාහ්මණයෙක් ඉන්නවා නම්, ඒ කියන්නේ; 'ඇතැම් දෙයකට මං කැමතියි, ඇතැම් දෙයකට මං අකමැතියි' කියල. ඒ දෘෂ්ඨිය පිළිබඳව බුද්ධිමත් කෙනෙක් මෙහෙම යි නුවණින් විමසන්නෙ. 'ඇතැම් දෙයකට මං කැමතියි,

ඇතැම් දෙයකට මං අකමැතියි' කියන යම් දෘෂ්ඨියක් මා තුළ තියෙනවා නෙව. ඉතින් මං මේ දෘෂ්ඨිය ම දැඩි ලෙස අල්ලා ගෙන, එහි ම බැසගෙන මේ විදිහට කියන්නට ගියොත්, 'මෙය ම යි සත්‍යය, අන් සියල්ල හිස්' කියල එතකොට මට දෙන්නෙකු ගෙන් කරදර ඇති වෙනවා.

යම් ශ්‍රමණ බ්‍රාහ්මණ කෙනෙක් 'සියලු දෙයට මං කැමතියි' කියා මෙබඳු මතවාදයකින් යුක්ත යි ද, මෙබඳු දෘෂ්ඨියකින් යුක්තයි ද, ඒ වගේ ම යම් ශ්‍රමණ බ්‍රාහ්මණ කෙනෙක් 'සියලු දෙයට මං අකමැතියි' කියා මෙබඳු මතවාදයකින් යුක්ත යි ද, මෙබඳු දෘෂ්ඨියකින් යුක්තයි ද, මේ දෙදෙනා ගෙන් තමයි මට කෝළාහළ ඇතිවන්නේ. ඉතින් මෙසේ දබරයක් ඇති වුනොත් විවාදයක් හට ගන්නවා. විවාදයක් ඇති වූ විට පීඩාවක් ඇතිවෙනවා. පීඩාවක් ඇති වූ විට වෙහෙසක් ඇතිවෙනවා. මේ විදිහට දබර හටගැනීම ත්, වාද විවාද කිරීම ත්, දුක් පීඩා ඇතිවීම ත්, වෙහෙසට පත් වීම ත්, තමා තුළ ඇති වෙන බව දකිමින් ඒ දෘෂ්ඨිය පවා අත්හරිනවා. වෙනත් දෘෂ්ඨියකට හසුවෙන්නෙත් නෑ. ඔන්න ඔය විදිහට යි ඔය දෘෂ්ඨීන් ගේ ප්‍රහාණය වෙන්නෙ. ඔන්න ඔය විදිහට යි ඔය දෘෂ්ඨීන් ගේ දුරු කිරීම වෙන්නෙ.

පින්වත් අග්ගිවෙස්සන, මේ කය සතර මහා භූතයන් ගෙන් හටගත් රූපයට අයත් දෙයක්. මව් පියන් නිසා හටගත් දෙයක්. බත් ව්‍යංජන ආදියෙන් පෝෂණය වන දෙයක්. අනිත්‍ය වූ ඉලීම්, පිරිමැදීම්, බිඳීම්, විසිරීම් ආදිය උරුම කරගත් දෙයක්. එනිසා මේ කය අනිත්‍ය වශයෙන්, දුක් වශයෙන්, රෝග වශයෙන්, ඇදුම්කන ගඬුවක් වශයෙන්, හුලක් වශයෙන්, පීඩාවක් වශයෙන්, ආබාධයක් වශයෙන්, අනුන්ට අයත් දෙයක් වශයෙන්, බිඳී යන දෙයක් වශයෙන්, තමා හෝ තමාට අයත් දෙයින් ශූන්‍ය දෙයක් වශයෙන්, අනාත්ම දෙයක් වශයෙන් නුවණින් විමසා බැලිය යුතුයි. ඉතින් ඔහු මේ කය අනිත්‍ය වශයෙන්, දුක් වශයෙන්, රෝග වශයෙන්, ඇදුම්කන ගඬුවක් වශයෙන්, හුලක් වශයෙන්, පීඩාක් වශයෙන්, ආබාධයක් වශයෙන්, අනුන්ට අයත් දෙයක් වශයෙන්, බිඳී යන දෙයක් වශයෙන්, තමා හෝ තමාට අයත් දෙයින් ශූන්‍ය දෙයක් වශයෙන්, අනාත්ම දෙයක් වශයෙන් නුවණින් විමසා බලන විට කය පිළිබඳව යම් කායික ආශාවක් ඇද්ද, කායික ස්නේහයක් ඇද්ද, කය අනුව සිත බැඳෙන ස්වභාවයක් ඇද්ද, එය ප්‍රහීණ වී යනවා.

පින්වත් අග්ගිවෙස්සන, මේ විඳීම් ද තුනක් තියෙනවා. ඒ කියන්නේ සැප විඳීම, දුක් විඳීම හා දුක් සැප රහිත විඳීම යි. පින්වත් අග්ගිවෙස්සන, යම් වෙලාවක සැප විඳීමක් විඳිනවා නම්, ඒ වෙලාවෙහි දුක් විඳීමක් විඳින්නෙ නෑ. දුක් සැප රහිත විඳීමක් විඳින්නෙත් නෑ. ඒ වෙලාවෙහි සැප විඳීමක් ම යි

විඳින්නෙ. පින්වත් අග්ගිවෙස්සන, යම් වෙලාවක දුක් විඳීමක් විඳිනවා නම්, ඒ වෙලාවෙහි සැප විඳීමක් විඳින්නෙ නෑ. දුක් සැප රහිත විඳීමක් විඳින්නෙත් නෑ. ඒ වෙලාවෙහි දුක් විඳීමක් ම යි විඳින්නෙ. පින්වත් අග්ගිවෙස්සන, යම් වෙලාවක දුක් සැප රහිත විඳීමක් විඳිනවා නම්, ඒ වෙලාවෙහි සැප විඳීමක් විඳින්නෙ නෑ. දුක් විඳීමක් විඳින්නෙත් නෑ. ඒ වෙලාවෙහි දුක් සැප රහිත විඳීමක් ම යි විඳින්නෙ.

පින්වත් අග්ගිවෙස්සන, සැප විඳීම ත් අනිත්‍යය යි. සංඛත යි. හේතු ප්‍රත්‍යයන් තුළින් සකස් වූ දෙයක්. ක්ෂය වී යන ස්වභාවයට අයිති දෙයක්. වැනසී යන ස්වභාවයට අයිති දෙයක්. ඇල්ම දුරු කළ යුතු ස්වභාවයට අයිති දෙයක්. ඇල්ම නිරුද්ධ කළ යුතු ස්වභාවයට අයිති දෙයක්. පින්වත් අග්ගිවෙස්සන, දුක් විඳීම ත් අනිත්‍යය යි. සංඛත යි. හේතු ප්‍රත්‍යන් තුළින් සකස් වූ දෙයක්. ක්ෂය වී යන ස්වභාවයට අයිති දෙයක්. වැනසී යන ස්වභාවයට අයිති දෙයක්. ඇල්ම දුරු කළ යුතු ස්වභාවයට අයිති දෙයක්. ඇල්ම නිරුද්ධ කළ යුතු ස්වභාවයට අයිති දෙයක්. පින්වත් අග්ගිවෙස්සන, දුක් සැප රහිත විඳීම ත් අනිත්‍යය යි. සංඛත යි. හේතු ප්‍රත්‍යයන් තුළින් සකස් වූ දෙයක්. ක්ෂය වී යන ස්වභාවයට අයිති දෙයක්. වැනසී යන ස්වභාවයට අයිති දෙයක්. ඇල්ම දුරු කළ යුතු ස්වභාවයට අයිති දෙයක්. ඇල්ම නිරුද්ධ කළ යුතු ස්වභාවයට අයිති දෙයක්.

පින්වත් අග්ගිවෙස්සන, මෙසේ දක්නා ශ්‍රැතවත් ආර්ය ශ්‍රාවකයා සැප වේදනාව ගැන ත් අවබෝධයෙන් ම කළකිරෙනවා. දුක් වේදනාව ගැන ත් අවබෝධයෙන් ම කළකිරෙනවා. දුක් සැප රහිත වේදනාව ගැන ත් අවබෝධයෙන් ම කළකිරෙනවා. කළකිරුණු විට නො ඇලෙනවා. නො ඇලීම නිසා එයින් නිදහස් වෙනවා. එයින් නිදහස් වූ කල්හි විමුක්තියට පත් වුනා යන ඤාණය ඇතිවෙනවා. එතකොට 'ඉපදීම ක්ෂය වුනා. බඹසර වාසය සම්පූර්ණ කළා. කළ යුත්ත කළා. මත්තෙහි කළ යුතු කිසිවක් නැතැ'යි අවබෝධ කරගන්නවා.

පින්වත් අග්ගිවෙස්සන, එසේ විමුක්ත සිත් ඇති භික්ෂුව කිසිවෙකු සමඟ වාද කරන්නෙ නෑ. කිසිවෙකු සමඟ විවාද කරන්නෙත් නෑ. ලෝකයෙහි යමක් කියන ලද්දේ නම් එය නො බැඳුණු සිතින් යුතුව ව්‍යවහාර කරනවා."

ඒ වෙලාවෙහි ආයුෂ්මත් සාරිපුත්තයන් වහන්සේ භාග්‍යවතුන් වහන්සේ පිටුපසින් භාග්‍යවතුන් වහන්සේට පවන් සළමින් සිටගෙන සිටියා. එහිදී ආයුෂ්මත් සාරිපුත්තයන් වහන්සේට මේ අදහස ඇතිවුනා. 'භාග්‍යවතුන් වහන්සේ ඒ ඒ ධර්මයන් පිළිබඳව විශිෂ්ට වූ නුවණින් ම යි ප්‍රහාණය කිරීම

ගැන අපට වදාරන්නේ. සුගතයන් වහන්සේ ඒ ඒ ධර්මයන් පිළිබඳව විශිෂ්ට වූ නුවණින් ම යි දුරුකිරීම ගැන අපට වදාරන්නේ' කියල මෙසේ නුවණින් විමසමින් සිටිය දී ආයුෂ්මත් සාරිපුත්තයන් වහන්සේ ගේ සිත උපාදාන රහිතව ආශ්‍රවයන් ගෙන් නිදහස් වුනා. දීඝනඛ පිරිවැජියාට ද 'හේතු ප්‍රත්‍යයන් ගෙන් හට ගන්නා වූ යම් දෙයක් ඇද්ද, ඒ හේතු ප්‍රත්‍ය නිරුද්ධ වීමෙන් ඒ සියල්ල නිරුද්ධ වන ස්වභාවයෙන් යුක්ත යැ'යි කෙලෙස් රහිත වූ අවිද්‍යා මළ රහිත වූ දහම් ඇස පහළ වුනා.

ඉතින් දුටු දහම් ඇති, පැමිණි දහම් ඇති, දැනගත් දහම් ඇති, බැසගත් දහම් ඇති, එතෙර වූ සැක ඇති 'කෙසේද, කෙසේද' යන අවිනිශ්චිත බව පහ කොට විශාරද බවට පැමිණි, ශාස්තෘ ශාසනයෙහි බාහිර උපකාර රහිත බවට පැමිණි දීඝනඛ පිරිවැජියා භාග්‍යවතුන් වහන්සේට මෙය වදාළා. "පින්වත් ගෞතමයන් වහන්ස, හරි ම සුන්දර යි! පින්වත් ගෞතමයන් වහන්ස, හරි ම සුන්දර යි! පින්වත් ගෞතමයන් වහන්ස, යටිකුරු වෙච්ච දෙයක් උඩට හැරෙව්වා වගෙයි. සැඟවෙච්ච දෙයක් විවෘත කළා වගෙයි. මං මුළා වූ කෙනෙකුට මාර්ගය පෙන්වුවා වගෙ යි. අඳුරේ සිටින උදවියට රූප දකින්ට තෙල් පහන් දැල්වූවා වගෙ යි. ඔන්න ඔය විදියට යි පින්වත් ගෞතමයන් වහන්සේ විසින් නොයෙක් ආකාරයෙන් ශ්‍රී සද්ධර්මය වදාළේ. ඉතින් මාත් පින්වත් ගෞතමයන් වහන්සේව සරණ යනවා. ශ්‍රී සද්ධර්මය ත් සරණ යනවා. ශ්‍රාවක සඟරුවන ත් සරණ යනවා. භාග්‍යවතුන් වහන්සේ අද පටන් දිවි ඇති තුරාවට තෙරුවන් සරණ ගිය උපාසකයෙකු වශයෙන් මාව පිළිගන්නා සේක්වා!"

සාදු! සාදු!! සාදු!!!

දීඝනඛ පිරිවැජියාට වදාළ දෙසුම නිමා විය.

2.3.5.

මාගන්දිය සූත්‍රය

මාගන්දිය පිරිවැජියාට වදාළ දෙසුම

මා හට අසන්නට ලැබුනේ මේ විදිහට යි. ඒ දිනවල භාග්‍යවතුන් වහන්සේ වැඩසිටියේ කුරු ජනපදයේ කම්මාස්සදම්ම නම් කුරු ජනපදවාසීන් ගේ නියම්ගමෙහි භාරද්වාජ ගෝත්‍ර බ්‍රාහ්මණයා ගේ ගිනි පුදන ශාලාවෙහි තණ ඇතිරියෙහි ය. එදා භාග්‍යවතුන් වහන්සේ පෙරවරුවෙහි සිවුරු හැඳ පොරවා ගෙන පාත්‍රය ද ගෙන කම්මාස්සදම්ම නියම් ගමට පිඬු පිණිස වැඩම කළා. කම්මාස්සදම්ම නියම් ගමෙහි පිඬු පිණිස වැඩම කොට සවස් වරුවෙහි එහි එක්තරා වන ලැහැබක් කරා දිවා විහරණය පිණිස වැඩියා. ඒ වන ලැහැබ ඇතුළට ම වැඩම කොට එක්තරා රුක්සෙවණක දිවා විහරණයෙන් වැඩසිටියා.

එවේලෙහි මාගන්දිය පිරිවැජියා ව්‍යායාම පිණිස ඔබමොබ සක්මන් කරමින් සිටිද්දී භාරද්වාජ ගෝත්‍ර බ්‍රාහ්මණයා ගේ ගිනි පුදන ශාලාව වෙත පැමිණුනා. එවිට මාගන්දිය පරිබ්‍රාජකයා හට භාරද්වාජ ගෝත්‍ර බ්‍රාහ්මණයා ගේ ගිනි පුදන ශාලාවෙහි එළන ලද තණ ඇතිරිය දකින්නට ලැබුනා. දැක භාරද්වාජ ගෝත්‍ර බ්‍රාහ්මණයා හට මෙය පැවසුවා. "භවත් භාරද්වාජයන් ගේ අග්නිහෝත්‍ර ශාලාවෙහි මේ තණ ඇතිරියක් පණවලා තියෙන්නේ කවුරු වෙනුවෙන් ද? ශ්‍රමණයෙකුට ගැලපෙන එකක් කියල යි මට සිතෙන්නෙ."

"භවත් මාගන්දිය, ශාක්‍ය කුලයෙන් පැවිදි වූ ශාක්‍ය පුත්‍ර ගෞතම නම් වූ ශ්‍රමණයන් වහන්සේ නමක් ඉන්නවා. ඒ භවත් ගෞතමයන් වහන්සේ පිළිබඳව මෙබඳු වූ කළ්‍යාණ කීර්ති ඝෝෂාවක් පැන නැගී තිබෙනවා. 'මෙසේ ත් ඒ භාග්‍යවතුන් වහන්සේ අරහං වන සේක. සම්මා සම්බුද්ධ වන සේක. විජ්ජා චරණ සම්පන්න වන සේක. සුගත වන සේක. ලෝකවිදූ වන සේක. අනුත්තරෝ පුරිසදම්ම සාරථී වන සේක. සත්ථා දේවමනුස්සානං වන සේක. බුද්ධ වන සේක. භගවා වන සේක' කියල. ඒ භවත් ගෞතමයන් වහන්සේට තමයි ඔය සයනය සකස් කොට තිබෙන්නේ. "

"අපට ඒ දියුණුව වනසා ලන භවත් ගෞතමයන් ගේ සයනය දක්නට ලැබුනා ද, අහෝ! භවත් භාරද්වාජයෙනි, නො දැක්ක යුතු දෙයකුයි දැකගත්තේ."

"එම්බා මාගන්දිය, ඔය වචනය රකින්න! එම්බා මාගන්දිය, ඔය වචනය රකින්න! භවත් ගෞතමයන් වහන්සේට අතිශයින් ම පැහැදුන ආර්ය ඤාණ සංඛ්‍යාත කුසල ධර්මයන් හි හික්මුන ක්ෂත්‍රිය පණ්ඩිතවරු ත් ඉන්නවා. බ්‍රාහ්මණ පණ්ඩිතවරු ත් ඉන්නවා. ගෘහපති පණ්ඩිතවරු ත් ඉන්නවා. ශ්‍රමණ පණ්ඩිතවරු ත් ඉන්නවා."

"භවත් භාරද්වාජයෙනි, ඒ භවත් ගෞතමයන්ව දකින්නට මුණ ගැසුණොත් එතුමන් ගේ ඉදිරියෙහි වුණත් ඒක මං කියනවා. 'භවත් ගෞතමයන් යනු දියුණුව වනසන කෙනෙක්' ය කියල. මක් නිසාද යත්; අප ගේ සූත්‍රයන් හි කරුණු තිබෙන්නෙත් ඒ විදිහට තමයි."

"එහෙම නම් භවත් මාගන්දියන් හට බරක් නැත්නම්, ශ්‍රමණ ගෞතමයන් වහන්සේ හට මං ඔය කාරණය කියන්නම්."

"මාව රකින්ට උත්සාහ නො ගෙන භවත් භාරද්වාජය, මා කියූ දෙය ම කියන්න."

එකල්හි භාග්‍යවතුන් වහන්සේ සාමාන්‍ය මිනිස් ශ්‍රවණය ඉක්මවා ගිය පිරිසිදු දිව්‍ය ශ්‍රවණයෙන් භාරද්වාජ ගෝත්‍ර බ්‍රාහ්මණයා, මාගන්දිය පිරිවැජියා සමඟ ඇති වූ මෙම කතා සල්ලාපය අසා වදාළා. ඉතින් භාග්‍යවතුන් වහන්සේ සවස් වරුවෙහි භාවනාවෙන් නැගිට භාරද්වාජ ගෝත්‍ර බ්‍රාහ්මණයා ගේ අග්නි හෝත්‍ර ශාලාවට පැමිණුනා. පැමිණ එහි පණවා තිබූ තණ ඇතිරියෙහි වැඩ සිටියා. එවිට භාරද්වාජ ගෝත්‍ර බ්‍රාහ්මණයා භාග්‍යවතුන් වහන්සේ වෙත පැමිණියා. පැමිණ භාග්‍යවතුන් වහන්සේ සමඟ සතුටු වුණා. සතුටු විය යුතු පිළිසඳර කතාව කොට නිමවා එකත්පස්ව වාඩි වුනා. එකත්පස්ව වාඩිවුන භාරද්වාජ ගෝත්‍ර බ්‍රාහ්මණයා ගෙන් භාග්‍යවතුන් වහන්සේ මෙය විමසා වදාළා.

"පින්වත් භාරද්වාජයෙනි, මාගන්දිය පිරිවැජියා සමඟ මේ තණ ඇතිරිය මුල් කොට කිසියම් කථා සල්ලාපයක් ඇතිවුනා ද?" මෙසේ විමසා වදාළ විට භාරද්වාජ ගෝත්‍ර බ්‍රාහ්මණයා තැති ගත්තා. ලොමු ඩැහැගත්තා. භාග්‍යවතුන් වහන්සේට මෙය පැවසුවා. "භවත් ගෞතමයන් වහන්සේට ඔය කාරණාව සැළ කරන්නට ම යි අපි හිටියේ. ඉතින් භවත් ගෞතමයන් වහන්සේ අප නො කියන ලද්ද ම පැවසුවා නෙව."

භාග්‍යවතුන් වහන්සේ ගේ භාරද්වාජ ගෝත්‍ර බ්‍රාහ්මණයා සමඟ වූ මෙම කතාව කරන අතරමඟ දී අඩාල වුනා. එනම්, මාගන්දිය පිරිවැජියා ව්‍යායාම පිණිස ඔබමොබ ඇවිදිමින් සිට භාරද්වාජ ගෝත්‍ර බ්‍රාහ්මණයා ගේ අග්නිහෝත්‍ර ශාලාවෙහි වැඩ හුන් භාග්‍යවතුන් වහන්සේ වෙත පැමිණියා. පැමිණ භාග්‍යවතුන්

වහන්සේට සමඟ සතුටු වුනා. සතුටු විය යුතු පිළිසඳර කථාව නිමවා එකත් පස්ව වාඩි වුනා. එකත්පස්ව වාඩි වූ මාගන්දිය පිරිවැජියාට භාග්‍යවතුන් වහන්සේ මෙය වදාළා.

"පින්වත් මාගන්දිය, ඇස තිබෙන්නේ රූපය නවාතැන්පොළ කොට ගෙන යි. රූපයට ඇලිල යි. රූපයෙන් සතුටු වෙමිනු යි. තථාගතයන් විසින් ඒ ඇස දමනය කළා. දොරටු වැසුවා. රැකගත්තා. සංවර කළා. ඒ ඇසේ සංවරය පිණිස ධර්මය ත් දේශනා කරනවා. මාගන්දිය, 'ශ්‍රමණ ගෞතමයන් දියුණුව වනසන්නෙක්' ය කියල ඔබ විසින් මෙවැනි ප්‍රකාශයක් කරන ලද්දේ ඔය කාරණය සලකා ගෙන ද?" "භවත් ගෞතමයෙනි, මා විසින් ඔය කාරණය සලකා ගෙන ම යි 'ශ්‍රමණ ගෞතමයන් දියුණුව වනසන්නෙක්' ය කියල එවැනි ප්‍රකාශයක් කළේ. මක් නිසාද යත්; අප ගේ සූත්‍රයෙහි කරුණු දැක්වෙන්නේ ඔය විදිහට යි."

"පින්වත් මාගන්දිය, කන තිබෙන්නේ ශබ්දය නවාතැන්පොළ කොට ගෙන යි. ....(පෙ).... පින්වත් මාගන්දිය, නාසය තිබෙන්නේ ගඳ සුවඳ නවාතැන්පොළ කොට ගෙන යි. ....(පෙ).... පින්වත් මාගන්දිය, දිව තිබෙන්නේ රසය නවාතැන්පොළ කොට ගෙන යි. රසයට ඇලිල යි. රසයෙන් සතුටු වෙමිනු යි. තථාගතයන් විසින් ඒ දිව දමනය කළා. දොරටු වැසුවා. රැකගත්තා. සංවර කළා. ඒ දිවෙහි සංවරය පිණිස ධර්මය ත් දේශනා කරනවා. මාගන්දිය, 'ශ්‍රමණ ගෞතමයන් දියුණුව වනසන්නෙක්' ය කියල ඔබ විසින් මෙවැනි ප්‍රකාශයක් කරන ලද්දේ ඔය කාරණය සලකා ගෙන ද?" "භවත් ගෞතමයෙනි, මා විසින් ඔය කාරණය සලකා ගෙන ම යි 'ශ්‍රමණ ගෞතමයන් දියුණුව වනසන්නෙක්' ය කියල එවැනි ප්‍රකාශයක් කළේ. මක් නිසාද යත්; අප ගේ සූත්‍රයෙහි කරුණු දැක්වෙන්නේ ඔය විදිහට යි."

"පින්වත් මාගන්දිය, කය තිබෙන්නේ පහස නවාතැන්පොළ කොට ගෙන යි. ....(පෙ).... පින්වත් මාගන්දිය, මනස තිබෙන්නේ අරමුණු නවාතැන්පොළ කොට ගෙන යි. අරමුණු වලට ඇලිල යි. අරමුණු වලින් සතුටු වෙමිනු යි. තථාගතයන් විසින් ඒ මනස දමනය කළා. දොරටු වැසුවා. රැකගත්තා. සංවර කළා. ඒ මනසේ සංවරය පිණිස ධර්මය ත් දේශනා කරනවා. මාගන්දිය, 'ශ්‍රමණ ගෞතමයන් දියුණුව වනසන්නෙක්' ය කියල ඔබ විසින් මෙවැනි ප්‍රකාශයක් කරන ලද්දේ ඔය කාරණය සලකා ගෙන ද?" "භවත් ගෞතමයෙනි, මා විසින් ඔය කාරණය සලකා ගෙන ම යි 'ශ්‍රමණ ගෞතමයන් දියුණුව වනසන්නෙක්' ය කියල එවැනි ප්‍රකාශයක් කළේ. මක් නිසාද යත්; අප ගේ සූත්‍රයෙහි කරුණු දැක්වෙන්නේ ඔය විදිහට යි.

පින්වත් මාගන්දිය, මේ ගැන කුමක් ද සිතන්නේ? මෙහි කවුරු හෝ කෙනෙක් ඇසෙන් දක්නා ඉෂ්ට වූ කාන්ත වූ මනාප වූ ප්‍රිය ස්වරූප ඇති කාමාශාව ඇතිවෙන කෙලෙස් ඇතිවෙන රූපයන් ගැන කලින් සිත් අලවා එයින් සතුටු වෙවී හිටියා. නමුත් ඔහු පස්සෙ කාලෙක ඒ රූපයන් ගේ ම හට ගැනීම ත්, නැති වී යාම ත්, ආශ්වාදය ත්, ආදීනවය ත්, නිස්සරණය ත් යථාර්ථ වශයෙන් අවබෝධ කොට රූප කෙරෙහි සිත ඇදී යන ගතිය නැති කරලා, රූප දකින්නට ඇති දාහය දුරු කරලා, කාම පිපාසය නැතිකරලා, තමා තුළ ම සංසිඳුනු සිතින් වාසය කරනවා නම්, පින්වත් මාගන්දිය මේ තැනැත්තා ගැන කුමක් ද කියන්නට තිබෙන්නේ? භවත් ගෞතමයනි, කිසිවක් නැහැ.

පින්වත් මාගන්දිය, මේ ගැන කුමක් ද සිතන්නේ? මෙහි කවුරු හෝ කෙනෙක් කනෙන් අසනා ඉෂ්ට වූ කාන්ත වූ මනාප වූ ප්‍රිය ස්වරූප ඇති කාමාශාව ඇතිවෙන කෙලෙස් ඇතිවෙන ශබ්දයන් ගැන ....(පෙ).... පින්වත් මාගන්දිය, මේ ගැන කුමක් ද සිතන්නේ? මෙහි කවුරු හෝ කෙනෙක් නාසයෙන් විඳිනා ඉෂ්ට වූ කාන්ත වූ මනාප වූ ප්‍රිය ස්වරූප ඇති කාමාශාව ඇතිවෙන කෙලෙස් ඇතිවෙන ගඳ සුවඳ ගැන ....(පෙ).... පින්වත් මාගන්දිය, මේ ගැන කුමක් ද සිතන්නේ? මෙහි කවුරු හෝ කෙනෙක් දිවෙන් විඳිනා ඉෂ්ට වූ කාන්ත වූ මනාප වූ ප්‍රිය ස්වරූප ඇති කාමාශාව ඇතිවෙන කෙලෙස් ඇතිවෙන රස ගැන ....(පෙ).... පින්වත් මාගන්දිය, මේ ගැන කුමක් ද සිතන්නේ? මෙහි කවුරු හෝ කෙනෙක් කයින් විඳිනා ඉෂ්ට වූ කාන්ත වූ මනාප වූ ප්‍රිය ස්වරූප ඇති කාමාශාව ඇතිවෙන කෙලෙස් ඇතිවෙන පහස ගැන කලින් සිත් අලවා එයින් සතුටු වෙවී හිටියා. නමුත් ඔහු පස්සෙ කාලෙක ඒ පහසේ ම හට ගැනීම ත්, නැති වී යාම ත්, ආශ්වාදය ත්, ආදීනවය ත්, නිස්සරණය ත් යථාර්ථ වශයෙන් අවබෝධ කොට පහස කෙරෙහි සිත ඇදී යන ගතිය නැති කරලා, පහස ලබන්නට ඇති දාහය දුරු කරලා, කාම පිපාසය නැතිකරලා, තමා තුළ ම සංසිඳුනු සිතින් වාසය කරනවා නම්, පින්වත් මාගන්දිය මේ තැනැත්තා ගැන කුමක් ද කියන්නට තිබෙන්නේ? භවත් ගෞතමයනි, කිසිවක් නැහැ.

පින්වත් මාගන්දිය, මං ඉස්සර ගිහි ජීවිතය ගෙවද්දී පංචකාම ගුණයන් ගෙන් පිනවමින් සතුටු වෙමින් එහි සිත් අලවා ජීවත් වුනේ. ඇසෙන් දක්නා ඉෂ්ට වූ කාන්ත වූ මනාප වූ ප්‍රිය ස්වරූප ඇති කාමාශාව ඇතිවෙන කෙලෙස් ඇතිවෙන රූපයන් ගැන කලින් සිත් අලවා එයින් සතුටු වෙවී හිටියේ. කනෙන් අසනා ශබ්ද ....(පෙ).... නාසයෙන් විඳිනා ගඳ සුවඳ ....(පෙ).... දිවෙන් විඳිනා රස ....(පෙ).... කයින් ලබනා ඉෂ්ට වූ කාන්ත වූ මනාප වූ ප්‍රිය ස්වරූප ඇති කාමාශාව ඇතිවෙන කෙලෙස් ඇතිවෙන පහස ගැන කලින් සිත් අලවා එයින් සතුටු වෙවී හිටියේ.

පින්වත් මාගන්දිය, ඒ මට මාළිගා තුනක් තිබුනා. එකක් වස්සාන ඍතුවට යි. අනික සීත ඍතුවට යි. අනිත් එක ගිම්හාන ඍතුවට යි. ඉතින් පින්වත් මාගන්දිය, ඒ මං වස්සාන ඍතුවට තනවා තිබුන මාළිගාවෙහි වස්සාන ඍතුවේ සාර මාසය පුරාවට පුරුෂයන් රහිත වූ පංච තූර්ය වාදනයන් පිරිවරා ගෙන එයින් සතුටු වෙවී සිටියේ. මාළිගාවෙහි යට මහලටවත් මං බැස්සෙ නැහැ. නමුත් ඒ මං එයින් මෑත කාලයේ කාමයන් ගේ ම හට ගැනීමත්, නැති වී යාම ත්, ආශ්වාදය ත්, ආදීනවය ත්, නිස්සරණය ත් යථාර්ථ වශයෙන් අවබෝධ කොට පහස කෙරෙහි සිත ඇදී යන ගතිය නැති කරලා, පහස ලබන්නට ඇති දාහය දුරු කරලා, කාම පිපාසය නැතිකරලා, තමා තුළ ම සංසිඳුනු සිතින් වාසය කරනවා.

ඉතින් කාමයන් කෙරෙහි රාගය දුරු නො කළ, කාම තණ්හාව විසින් කා දමන, කාම දාහය විසින් දවාලන ඒ කාමයන් සේවනය කරමින් සිටින සත්වයන් ඒ මං දකින ඔවුන් ගේ ඒ ස්වභාවය ගැන මට රුචියක් නැහැ. එහි මගේ සිත ඇලෙන්නෙ නැහැ. මක් නිසාද යත්; පින්වත් මාගන්දිය, කාමයන් ගෙන් තොරව අකුසල ධර්මයන් ගෙන් තොරව යම් සමවත් සුවයට ඇති ඇල්මක් ඇද්ද, එය දිව්‍ය සැපය පවා යටපත් කරගෙන සිටිනවා. ඉතින් එබඳු සමාපත්ති සැපයකට ඇලුම්කරද්දී හීන වූ කාම සැපයට රුචි වෙන්නෙ නැහැ. එහි සිත් අලවන්නෙ නැහැ.

පින්වත් මාගන්දිය, මහත් ධනය ඇති, මහත් භෝග ඇති ආඪ්‍ය වූ පංච කාම ගුණයන් පිරිවරා එහි ඇලී සතුටු වෙන ගෘහපතියෙක් හෝ ගෘහපති පුත්‍රයෙක් හෝ ඉන්නවා. ඔහු ඇසින් දකින ඉෂ්ඨ, කාන්ත, මනාප, ප්‍රිය ස්වරූප ඇති, කාමාශාව ඇතිවෙන, කෙලෙස් ඇතිවෙන රූපයන් ගෙන් සතුටු වෙමින් ඉන්නවා. ඒ වගේ ම කනෙන් අසන ශබ්ද ....(පෙ).... නාසයට දැනෙන ගඳ සුවඳ ....(පෙ).... දිවට දැනෙන රස ....(පෙ).... කයෙන් ලබන ඉෂ්ඨ, කාන්ත, මනාප, ප්‍රිය ස්වරූප ඇති, කාමාශාව ඇතිවෙන, කෙලෙස් ඇතිවෙන පහසින් සතුටු වෙමින් ඉන්නවා.

ඉතින් ඔහු කයින් සුචරිතයෙහි හැසිර, වචනයෙන් සුචරිතයෙහි හැසිර, මනසින් සුචරිතයෙහි හැසිර කය බිඳී මරණින් මතු තව්තිසා දෙවියන් ගේ සහවාසයට පැමිණ සුගති සංඛ්‍යාත ස්වර්ග ලෝකයෙහි උපදිනවා. ඔහු එහිදී නන්දන වනෝද්‍යානයෙහි දිව්‍ය අප්සරාවන් පිරිවරාගෙන, දිව්‍ය වූ පංචකාම ගුණයන් ගෙන් සතුටු වෙවී සිත් අලවා වාසය කරනවා. එතකොට ඔහුට පංචකාම ගුණයන් ගෙන් සතුටු වෙවී සිටින ගෘහපතියෙකු හෝ ගෘහපති පුත්‍රයෙකු හෝ දකින්නට ලැබෙනවා.

පින්වත් මාගන්දිය, ඔබ කුමක් ද ඒ ගැන සිතන්නේ? එතකොට නන්දන වනෝද්‍යානයෙහි දිව්‍ය අප්සරාවන් පිරවරාගෙන, දිව්‍ය වූ පංචකාම ගුණයන් ගෙන් සතුටු වෙවී සිටින අර දිව්‍ය පුත්‍රයා ඒ ගෘහපතියා ගේ ගෘහපති පුත්‍රයා ගේ හෝ මිනිස් පංචකාම ගුණයට රුචි කරයි ද? ඔහු මිනිස් පංචකාමයන් සොයා ගෙන ආපසු ඒවි ද?" "භවත් ගෞතමයනි, එය නොවේ ම යි." "එයට හේතුව කුමක් ද?" "භවත් ගෞතමයනි, මිනිස් කාමයන්ට වඩා දිව්‍ය කාමයන් ඉතාමත් සුන්දරයි නෙව. ඉතාමත් ප්‍රණීතයි නෙව."

"පින්වත් මාගන්දිය ඒ වගේ ම තමයි, පින්වත් මාගන්දිය, මං ඉස්සර ගිහි ජීවිතය ගෙවද්දී පංචකාම ගුණයන් ගෙන් පිනවමින් සතුටු වෙමින් එහි සිත් අලවා ජීවත් වුනේ. ඇසෙන් දක්නා ඉෂ්ට වූ කාන්ත වූ මනාප වූ ප්‍රිය ස්වරූප ඇති කාමාශාව ඇතිවෙන කෙලෙස් ඇතිවෙන රූපයන් ගැන කලින් සිත් අලවා එයින් සතුටු වෙවී හිටියේ. කනෙන් අසනා ශබ්ද ....(පෙ).... නාසයෙන් විඳිනා ගඳ සුවඳ ....(පෙ).... දිවෙන් විඳිනා රස ....(පෙ).... කයින් ලබනා ඉෂ්ට වූ කාන්ත වූ මනාප වූ ප්‍රිය ස්වරූප ඇති කාමාශාව ඇතිවෙන කෙලෙස් ඇතිවෙන පහස ගැන කලින් සිත් අලවා එයින් සතුටු වෙවී හිටියේ. නමුත් ඒ මං එයින් මෑත කාලයේ කාමයන් ගේ ම හට ගැනීමත්, නැති වී යාම ත්, ආශ්වාදය ත්, ආදීනවය ත්, නිස්සරණය ත් යථාර්ථ වශයෙන් අවබෝධ කොට පහස කෙරෙහි සිත ඇදී යන ගතිය නැති කරලා, පහස ලබන්නට ඇති දාහය දුරු කරලා, කාම පිපාසය නැතිකරලා, තමා තුළ ම සංසිඳුනු සිතින් වාසය කරනවා.

ඉතින් කාමයන් කෙරෙහි රාගය දුරු නො කළ, කාම තණ්හාව විසින් කා දමන, කාම දාහය විසින් දවාලන ඒ කාමයන් සේවනය කරමින් සිටින සත්වයන් ඒ මං දකින ඔවුන් ගේ ඒ ස්වභාවය ගැන මට රුචියක් නැහැ. එහි මගේ සිත ඇලෙන්නෙ නැහැ. මක් නිසාද යත්; පින්වත් මාගන්දිය, කාමයන් ගෙන් තොරව අකුසල ධර්මයන් ගෙන් තොරව යම් සමවත් සුවයට ඇති ඇල්මක් ඇද්ද, එය දිව්‍ය සැපය පවා යටපත් කරගෙන සිටිනවා. ඉතින් එබඳු සමාපත්ති සැපයකට ඇලුම්කරද්දී හීන වූ කාම සැපයට රුචි වෙන්නෙ නැහැ. එහි සිත් අලවන්නෙ නැහැ.

පින්වත් මාගන්දිය, කුෂ්ඨ රෝගියෙක් ඉන්නවා. හොඳට ම වැඩි වෙලා. පැසවලා. පණුවන් විසින් ඔහු ගේ තුවාළ කකා ඉන්නවා. එතකොට ඔහු ඒ තුවාළ නියපොතු වලින් කසනවා. ගිනි අඟුරු කබලකින් කය තවනවා. ඉතින් ඔහු ගේ යාළු මිත්‍රයන්, ලේ ඤාතීන් ඔහුව ශල්‍ය වෛද්‍යවරයෙකු ළඟට ගෙනියනවා. ඒ ශල්‍ය වෛද්‍යවරයා ඔහුට බෙහෙත් කරනවා. ඔහු ඒ බෙහෙත් ලබාගෙන කුෂ්ඨ රෝගයෙන් මිදෙනවා. නීරෝග වෙනවා. සුවපත් වෙනවා.

සිතූ මනාපයේ තමන්ට කැමති පරිදි යන්නට පුළුවන් වෙනවා. එතකොට ඔහුට කුෂ්ඨ රෝගයෙකුව දකින්නට ලැබෙනවා. ඔහු ගේ කුෂ්ඨයත් හොඳට ම වැඩිවෙලා. පැසවලා. පණුවෝ ගහල තියෙන්නෙ. ඔහු ඒ තුවාළ නියපොතු වලින් කසනවා. ගිණි අඟුරු කබලකින් කය තවනවා.

පින්වත් මාගන්දිය, ඒ ගැන කුමක්ද සිතන්නේ? එතකොට ඒ පුරුෂයා අර කුෂ්ඨ රෝගියාට කැමති වේවි ද? ආයෙමත් අඟුරු කබල හෝ බෙහෙත් හෝ අරගන්නට කැමති වේවි ද?" "භවත් ගෞතමයනි, එය නො වේ ම යි. මක් නිසාද යත්; භවත් ගෞතමයනි, බෙහෙතකින් කළ යුතු දෙයක් තිබෙන්නේ රෝගයක් ඇති විට යි. නමුත් රෝගය නැති කල්හි බෙහෙතකින් කළ යුතු දෙයකුත් නැහැ."

"පින්වත් මාගන්දිය, අන්න ඒ වගේ තමයි, පින්වත් මාගන්දිය, මං ඉස්සර ගිහි ජීවිතය ගෙවද්දී පංචකාම ගුණයන් ගෙන් පිනවමින් සතුටු වෙමින් එහි සිත් අලවා ජීවත් වුනේ. ඇසෙන් දක්නා ඉෂ්ට වූ කාන්ත වූ මනාප වූ ප්‍රිය ස්වරූප ඇති කාමාශාව ඇතිවෙන කෙලෙස් ඇතිවෙන රූපයන් ගැන කලින් සිත් අලවා එයින් සතුටු වෙවී හිටියේ. කනෙන් අසනා ශබ්ද ....(පෙ).... නාසයෙන් විඳිනා ගඳ සුවඳ ....(පෙ).... දිවෙන් විඳිනා රස ....(පෙ).... කයින් ලබනා ඉෂ්ට වූ කාන්ත වූ මනාප වූ ප්‍රිය ස්වරූප ඇති කාමාශාව ඇතිවෙන කෙලෙස් ඇතිවෙන පහස ගැන කලින් සිත් අලවා එයින් සතුටු වෙවී හිටියේ. නමුත් ඒ මං එයින් මෑත කාලයේ කාමයන් ගේ ම හට ගැනීමත්, නැති වී යාම ත්, ආශ්වාදය ත්, ආදීනවය ත්, නිස්සරණය ත් යථාර්ථ වශයෙන් අවබෝධ කොට පහස කෙරෙහි සිත ඇදී යන ගතිය නැති කරලා, පහස ලබන්නට ඇති දාහය දුරු කරලා, කාම පිපාසය නැතිකරලා, තමා තුළ ම සංසිඳුනු සිතින් වාසය කරනවා.

ඉතින් කාමයන් කෙරෙහි රාගය දුරු නො කළ, කාම තණ්හාව විසින් කා දමන, කාම දාහය විසින් දවාලන ඒ කාමයන් සේවනය කරමින් සිටින සත්වයන් ඒ මං දකින ඔවුන් ගේ ඒ ස්වභාවය ගැන මට රුචියක් නැහැ. එහි මගේ සිත ඇලෙන්නෙ නැහැ. මක් නිසාද යත්; පින්වත් මාගන්දිය, කාමයන් ගෙන් තොරව අකුසල ධර්මයන් ගෙන් තොරව යම් සමවත් සුවයට ඇති ඇල්මක් ඇද්ද, එය දිව්‍ය සැපය පවා යටපත් කරගෙන සිටිනවා. ඉතින් එබඳු සමාපත්ති සැපයකට ඇලුම්කරද්දී හීන වූ කාම සැපයට රුචි වෙන්නෙ නැහැ. එහි සිත් අලවන්නෙ නැහැ.

පින්වත් මාගන්දිය, කුෂ්ඨ රෝගියෙක් ඉන්නවා. හොඳට ම වැඩි වෙලා. පැසවලා. පණුවන් විසින් ඔහු ගේ තුවාල කකා ඉන්නවා. එතකොට ඔහු

ඒ තුවාල නියපොතු වලින් කසනවා. ගිනි අඟුරු කබලකින් කය තවනවා. ඉතින් ඔහු ගේ යාළු මිත්‍රයන්, ලේ ඤාතීන් ඔහුව ශල්‍ය වෛද්‍යවරයෙකු ළඟට ගෙනියනවා. ඒ ශල්‍ය වෛද්‍යවරයා ඔහුට බෙහෙත් කරනවා. ඔහු ඒ බෙහෙත් ලබාගෙන කුෂ්ඨ රෝගයෙන් මිදෙනවා. නීරෝග වෙනවා. සුවපත් වෙනවා. සිතු මනාපයේ තමන්ට කැමති පරිදි යන්නට පුළුවන් වෙනවා. එතකොට බලවත් පුරුෂයන් දෙදෙනෙක් ඔහුව අත් පා ආදියෙන් ගෙන ගිනි අඟුරු කබලකට ඇදගෙන යනවා නම්, පින්වත් මාගන්දිය, ඒ ගැන කුමක්ද සිතන්නේ? එතකොට ඒ පුරුෂයා එයින් බේරෙන්නට කය එහාට මෙහාට නවමින් දඟලන්නේ නැද්ද?" "භවත් ගෞතමයනි, එසේය. මක් නිසාද යත්; භවත් ගෞතමයනි, ඒ ගින්නෙන් ලැබෙන පහස දුක් සහිත යි. මහා රස්නයකින් යුක්තයි. මහා දාහයකින් යුක්තයි."

"පින්වත් මාගන්දිය, ඒ ගැන කුමක් ද සිතන්නේ? ඒ ගින්න දුක් පහසින් යුතු වුනේ මහා රස්නයකින් යුතු වුනේ මහා දාහයකින් යුතු වුනේ දැන් විතරක් ද? ඉස්සර ඔහු අසනීපව කය තවද්දී ඒ ගින්න දුක් පහසින් යුතු වුනා නේද? මහා රස්නයකින් යුතු වුනා නේ ද? මහා දාහයකින් යුතු වුනා නේ ද?" "භවත් ගෞතමයනි, ඒ ගින්න දුක් පහසින් යුතු ම යි. මහා රස්නයකින් යුතු ම යි. මහා දාහයකින් යුතු ම යි. ඉස්සරත් ඒ ගින්න දුක් පහසින් යුතු ම යි. මහා රස්නයකින් යුතු ම යි. මහා දාහයකින් යුතු ම යි. නමුත් භවත් ගෞතමයනි, අර කුෂ්ඨ රෝගියා තුවාල වැඩිවෙලා, පැසවලා, පණුවො ගහලා, නියපොතු වලින් තුවාල කසද්දී ඔහු ගේ කාය ඉන්ද්‍රිය බිඳිල තිබුනේ. ඒ නිසා ගින්නෙහි ඇති දුක් පහස ම ඔහු ලැබුවේ 'සැපයි' කියන විපරීත සඤ්ඤාවෙනුයි."

"පින්වත් මාගන්දිය, ඔය විදිහම යි, අතීතයෙහි වුනත් කාමයන් දුක් පහසින් යුක්ත ම යි. මහ රස්නයකින් යුක්ත ම යි. මහා දාහයකින් යුක්ත ම යි. අනාගතයෙහි වුනත් කාමයන් දුක් පහසින් යුක්ත ම යි. මහ රස්නයකින් යුක්ත ම යි. මහා දාහයකින් යුක්ත ම යි. වර්තමානයෙහි පවා කාමයන් දුක් පහසින් යුක්ත ම යි. මහ රස්නයකින් යුක්ත ම යි. මහා දාහයකින් යුක්ත ම යි. ඉතින් මාගන්දිය, මේ ලෝක සත්වයා කාමයන් කෙරෙහි රාගය දුරු නො කිරීම නිසා කාම තෘෂ්ණාව විසින් කා දමමින්, කාම දාහයෙන් දැවි දැවී, බිඳුණු ඉන්ද්‍රියයන්ගෙන් යුක්තව දුක් පහස ම විඳිමින් කාමයන් කෙරෙහි 'සැපයි' යන විපරීත සඤ්ඤාවෙන් යුතුව ඉන්නවා.

පින්වත් මාගන්දිය, කුෂ්ඨ රෝගියෙක් ඉන්නවා. හොඳට ම වැඩි වෙලා. පැසවලා. පණුවන් විසින් ඔහු ගේ තුවාළ කකා ඉන්නවා. එතකොට ඔහු ඒ තුවාල නියපොතු වලින් කසනවා. ගිනි අඟුරු කබලකින් කය තවනවා. එතකොට

පින්වත් මාගන්දිය, ඒ වැඩි වූ කුෂ්ඨය ඇති පැස වූ ගෙඩි ඇති, පණුවන් කන්නා වූ තුවාල ඇති, නිය පොතු වලින් කසන්නා වූ වණ ඇති, ඒ කුෂ්ඨ රෝගියා යම් යම් ආකාරයකින් අඟුරු කබල ගෙන කය තවයි ද, ඒ ඒ විදිහට ඔහු ගේ ඒ තුවාල තව තවත් අපිරිසිදු වෙනවා. තව තවත් ගඳ ගසනවා. තව තවත් කුණු වෙනවා. එතකොට තුවාල කැසීම හේතුවෙන් ඔහුට ඇතිවෙන්නේ කිසියම් මිහිරි මාත්‍රයක් ම යි. ආශ්වාද මාත්‍රයක් ම යි.

පින්වත් මාගන්දිය, ඒ වගේ ම යි මේ ලෝක සත්වයා කාමයන් කෙරෙහි රාගය දුරු නො කිරීම නිසා කාම තෘෂ්ණාව විසින් කා දමමින්, කාම දාහයෙන් දැවි දැවී සිටිමින්, කාමයන් ම යි සේවනය කරන්නේ. ඉතින් ඒ සත්වයන් ගේ ඒ ඒ පරිද්දෙන් කාම ආශාව වැඩෙනවා නම්, ඒ කාම දාහයෙන් ද දැවි දැවී යනවා. නමුත් ඒ පංචකාම ගුණ හේතුවෙන් ඔහුට කිසියම් මිහිරි මාත්‍රයකුත්, ආශ්වාද මාත්‍රයකුත් ඇතිවෙනවා.

පින්වත් මාගන්දිය, මේ ගැන කුමක් ද සිතන්නේ? පංචකාම ගුණයන් පිරිවරා ගෙන එයින් සතුටු වෙවී ඉන්න රජෙක් හෝ රාජමහා අමාත්‍යයෙක් හෝ ඉන්නවා. ඉතින් ඔහු ඒ කාමය තණ්හාව අත්හැර, ඒ කාම දැවිල්ල දුරු කොට, කාම පිපාස දුරු කොට, තමා තුළ සංසිඳුණු සිතක් ඇතිව, වාසය කළා කියා හෝ වාසය කරයි කියා හෝ වාසය කරන්නේ ය කියා හෝ ඔබ දැක තිබෙනවා ද? අසා තිබෙනවා ද?" "භවත් ගෞතමයනි, එය නොවේ ම යි."

"හොඳයි පින්වත් මාගන්දිය, අපි වුනත්, පංචකාම ගුණයන් පිරිවරා ගෙන එයින් සතුටු වෙවී ඉන්න රජෙක් හෝ රාජමහා අමාත්‍යයෙක් හෝ ඉන්නවා ද ඉතින් ඔහු ඒ කාමය තණ්හාව අත්හැර, ඒ කාම දැවිල්ල දුරු කොට, කාම පිපාස දුරු කොට, තමා තුළ සංසිඳුණු සිතක් ඇතිව, වාසය කළා කියා හෝ වාසය කරයි කියා හෝ වාසය කරන්නේ ය කියා දැකලත් නෑ. අසලත් නෑ.

ඒ වගේ ම පින්වත් මාගන්දිය යම්කිසි ශ්‍රමණයන් වේවා, බ්‍රාහ්මණයන් වේවා කාම පිපාසය පහ කොට තමා තුළ සංසිඳවා ගත් සිතින් යුතුව වාසය කළා නම්, වාසය කරත් නම්, වාසය කරන්නාහු නම්, ඒ සියළු දෙනා ම කාමයන් ගේ හට ගැනීම ත්, නැතිවීම ත්, ආශ්වාදය ත්, ආදීනවය ත්, නිස්සරණය ත් යථාර්ථ වශයෙන් ම අවබෝධ කොට ගෙන යි, කාම තෘෂ්ණාව ප්‍රහාණය කරල යි, කාම දැවිල්ල නැති කරල යි, කාම පිපාසය දුරු කරල යි, තමා තුළ සංසිඳුණු සිතක් ඇතිව වාසය කළේ. ඒ වගේ ම දැන් වාසය කරන්නෙත්. ඒ වගේ ම අනාගතයෙහි වාසය කරන්නෙ ත්."

එවේලෙහි භාග්‍යවතුන් වහන්සේ මේ උදානය වදාළා:

මජ්ඣිම නිකාය - 2 (පරිබ්බාජක වර්ගය) (2.3.5 මාගන්දිය සූත්‍රය) 255

"ආරෝග්‍යපරමා ලාභා - නිබ්බාණං පරමං සුඛං
අට්ඨංගිකෝ ච මග්ගානං - ඛේමං අමත ගාමිනං'ති

නීරෝග බව උතුම් කොට යි ලාභ තිබෙන්නේ. නිවන ම උතුම් කොට යි සැපය තිබෙන්නේ. මාර්ගයන් අතර බිය රහිත වූ අමෘතගාමිනී මාර්ගය නම් ආර්ය අෂ්ටාංගික මාර්ගය ම යි."

මෙසේ වදාළ විට මාගන්දිය පිරිවැජියා භාග්‍යවතුන් වහන්සේට මෙය පැවසුවා. "භවත් ගෞතමයෙනි, ආශ්චර්ය යි! භවත් ගෞතමයෙනි, අද්භූත යි! භවත් ගෞතමයන් විසින් පවසන ලද්දේ සුභාෂිතයක් ම යි. නීරෝග බව උතුම් කොට තමයි ලාභයන් තියෙන්නේ. නිවන උතුම් කොට තමයි සැපය තියෙන්නේ. භවත් ගෞතමයෙනි, අප ත් පෙර විසූ ආචාර්ය ප්‍රාචාර්ය වූ පිරිවැජියන් ගේ ප්‍රකාශයක් වශයෙන් ඔය කරුණ ම අසා තිබෙනවා. ඒ කියන්නේ 'නීරෝග බව උතුම් කොට තමයි ලාභයන් තියෙන්නේ. නිවන උතුම් කොට තමයි සැපය තියෙන්නේ' කියල. භවත් ගෞතමයනි, මේ වචනය ඒ කීමත් සමඟ සම වෙනව නෙව."

"පින්වත් මාගන්දිය, ඔබ ගේ ආචාර්ය, ප්‍රාචාර්ය වූ පැරණි පිරිවැජියන් ද 'නීරෝග බව උතුම් කොට තමයි ලාභයන් තියෙන්නේ. නිවන උතුම් කොට තමයි සැපය තියෙන්නේ' කියල යම් වචනයක් පැවසූ බව ඔබ අසා තිබෙනවා නෙව. ඒ නීරෝග බව යනු කුමක් ද? ඒ නිවන යනු කුමක් ද?"

මෙසේ වදාළ විට මාගන්දිය පිරිවැජියා තමන් ගේ ම ඇඟපත අතින් පිරිමදින්නට පටන් ගත්තා. "භවත් ගෞතමයනි, නීරෝග බව මෙය නෙව. භවත් ගෞතමයනි, නිවන මෙය නෙව කියල. භවත් ගෞතමයනි, දැන් මම නීරෝගව සුවපත් ව ඉන්න කෙනෙක්. මට කිසි ආබාධයක් නෑ."

"පින්වත් මාගන්දිය, උපතින් ම අන්ධ වූ පුරුෂයෙක් ඉන්නවා. ඔහු කළු සුදු රූප දකින්නෙත් නෑ. නීල වර්ණ රූප දකින්නෙත් නෑ. කහ පැහැයෙන් යුතු රූප දකින්නෙත් නෑ. රක්ත වර්ණ රූප දකින්නෙත් නෑ. මදටිය පැහැයෙන් යුතු රූප දකින්නෙත් නෑ. වළ ගොඩැලි දකින්නෙත් නෑ. තරු දකින්නෙත් නෑ. හිරු සඳු දකින්නෙත් නෑ. නමුත් ඇස් ඇති පුද්ගලයෙකු විසින් කියන දෙයක් ඔහුට අසන්නට ලැබෙනවා. 'භවත්නි, සුදු වස්ත්‍රය නම් කදිම යි. ඉතා පැහැපත්. නිර්මල යි. පිරිසිදු යි' කියා. ඉතින් අර අන්ධ පුද්ගලයා සුදු වස්ත්‍රයක් සොයමින් ඇවිදිනවා. එතකොට එක්තරා පුද්ගලයෙක් තෙල් දැලි තැවරුණ කළු පැහැයෙන් යුතු වස්ත්‍රයකින් ඔහුව වංචා කරනවා. 'භවත් පුරුෂය, මෙන්න ඔබ ගේ ඒ අභිරූපවත්, නිර්මල වූ, පිරිසිදු, සොඳුරු සුදු වස්ත්‍රය' කියල. එතකොට

ඔහු එය පිළිගන්නවා. එය පිළිගෙන පොරවා ගන්නවා. පොරවා ගෙන එයින් සතුටු වෙනවා. සතුටු වචන පවසනවා. 'භවත්නි, සුදු වස්ත්‍රය නම් කදිම යි. ඉතා පැහැපත්. නිර්මල යි. පිරිසිදු යි' කියල.

පින්වත් මාගන්දිය, ඒ ගැන කුමක් ද සිතන්නේ? එතකොට අර තෙල් දැලි තැවැරුණ, කළු පැහැ ඇති වස්ත්‍රය පිළිගන්නවා නම්, පොරවනවා නම්, පොරවා ගෙන සතුටු වෙනවා නම්, සතුටු වෙවී 'භවත්නි, සුදු වස්ත්‍රය නම් කදිම යි. ඉතා පැහැපත්. නිර්මල යි. පිරිසිදු යි' කියල කියවනවා නම් ඔහු එය කරන්නේ එය දැනගෙන ද? දැකගෙන ද? එහෙම නැත්නම් ඇස් ඇති කෙනෙක් කියපු දෙයක් අදහාගෙන ද?" "භවත් ගෞතමයෙනි, ඒ උපතින් අන්ධ පුද්ගලයා නො දැන ම යි, නො දැක ම යි, අර තෙල් දැලි තැවරුණ කළු පැහැති වස්ත්‍රය පිළිගත්තේ, පොරව ගත්තේ, පොරවා ගෙන සතුටු වුනේ. සතුටු වෙවී 'භවත්නි, සුදු වස්ත්‍රය නම් කදිම යි. ඉතා පැහැපත්. නිර්මල යි. පිරිසිදු යි' කියල කිව්වෙ. ඇස් ඇති කෙනෙකු ගේ කීම අදහා ගෙන යි කිව්වෙ."

"පින්වත් මාගන්දිය, අන්න ඒ වගේ ම තමයි, ඔය අන්‍යාගමික තවුසන් අන්ධ යි. ඔවුන්ට ඇස් නැහැ. නීරෝග බව කුමක් ද කියා දන්නෙ නෑ. නිර්වාණය කුමක් ද කියා දකින්නෙත් නෑ. නමුත් මේ ගාථාව කියනවා. "**ආරෝග්‍යපරමා ලාභා - නිබ්බාණං පරමං සුඛං**" කියල.

පින්වත් මාගන්දිය, ඔය ගාථාව පෙර වැඩ විසූ අරහත් වූ, සම්මා සම්බුදු රජාණන් වහන්සේලා විසින් වදාරණ ලද ගාථාවක්. ඒ තමයි

ආරෝග්‍යපරමා ලාභා - නිබ්බාණං පරමං සුඛං
අට්ඨංගිකෝ ච මග්ගානං - ඛේමං අමත ගාමිනං'ති

නීරෝග බව උතුම් කොට යි ලාභ තිබෙන්නේ. නිවන ම උතුම් කොට යි සැපය තිබෙන්නේ. මාර්ගයන් අතර බිය රහිත වූ අමෘතගාමිනී මාර්ගය නම් ආර්ය අෂ්ටාංගික මාර්ගය ම යි" කියල.

ඉතින් ඒ ගාථාව දැන් ක්‍රමක්‍රමයෙන් පෘථග්ජනයන් ගේ දෙයක් බවට පත්වෙලා. පින්වත් මාගන්දිය, මේ කය රෝග පිණිස හටගත් දෙයක්. ගඬු පිණිස හටගත් දෙයක්. හුල් පිණිස හටගත් දෙයක්. දුක් පිණිස හටගත් දෙයක්. ආබාධ පිණිස හටගත් දෙයක්. එහෙත් ඔබ රෝග පිණිස, ගඬු පිණිස, උල් පිණිස, දුක් පිණිස, ආබාධ පිණිස හටගත් මේ කය උදෙසා 'භවත් ගෞතමයනි, මෙය යි ඒ නීරෝග බව, මෙය යි ඒ නිර්වාණය' කියල කියනවා. පින්වත් මාගන්දිය, යම් ආර්ය වූ ඇසකින් නීරෝග බව දැන ගත යුතු ද, ඒ නිර්වාණය දැක ගත යුතු ද, ඒ ආර්ය වූ ඇස ඔබට නැහැ."

"පින්වත් මාගන්දිය, අන්න ඒ වගේ තමයි, මම ත් ඔබට 'මෙය යි ඒ ආරෝග්‍යය, මෙය යි ඒ අමා නිවන' කියල ධර්ම දේශනා කළොත් ඔබ ඒ ආරෝග්‍යය නො දැන ගන්නවා නම්, ඒ අමා නිවන නො දකිනවා නම් එතකොට එය මට වෙහෙසක් ම යි. එය පීඩාවක් ම යි."

"පින්වත් මාගන්දිය, උපතින් ම අන්ධ වූ පුරුෂයෙක් ඉන්නවා. ඔහු කළු සුදු රූප දකින්නෙත් නෑ. නීල වර්ණ රූප දකින්නෙත් නෑ. කහ පැහැයෙන් යුතු රූප දකින්නෙත් නෑ. රක්ත වර්ණ රූප දකින්නෙත් නෑ. මදටිය පැහැයෙන් යුතු රූප දකින්නෙත් නෑ. වළ ගොඩැලි දකින්නෙත් නෑ. තරු දකින්නෙත් නෑ. හිරු සඳු දකින්නෙත් නෑ. ඉතින් ඔහු ගේ යහළු මිත්‍රයන්, ලේ ඥාතීන් ඔහුව ශල්‍ය වෛද්‍යවරයෙකු ළඟට ගෙනියනවා. ඒ ශල්‍ය වෛද්‍යවරයා ඔහුට බෙහෙත් කරනවා. ඔහු ඒ බෙහෙත් ලබාගෙන ඇස උපදවා නො ගනී නම්, ඇස පිරිසිදු නො කරයි නම්, පින්වත් මාගන්දිය, ඒ ගැන කුමක් ද සිතන්නේ? එතකොට අර වෛද්‍යවරයා යම්තාක් ක්ලාන්තයට, පීඩාවට පත්වෙනවා නේද?" "එසේය භවත් ගෞතමයෙනි"

"භවත් ගෞතමයන් වහන්සේට මම මෙසේ පැහැදිලා ඉන්නෙ. මං ආරෝග්‍ය බව දැනගන්නේ යම් අයුරකින් නම්, ඒ අමා නිවන දැකගන්නේ යම් අයුරිකින් නම්, ඒ අයුරින් දහම් දෙසන්නට භවත් ගෞතමයන් වහන්සේට පුළුවන් සේක් ම යි."

"පින්වත් මාගන්දිය, උපතින් ම අන්ධ වූ පුරුෂයෙක් ඉන්නවා. ඔහු කළු සුදු රූප දකින්නෙත් නෑ. නීල වර්ණ රූප දකින්නෙත් නෑ. කහ පැහැයෙන් යුතු රූප දකින්නෙත් නෑ. රක්ත වර්ණ රූප දකින්නෙත් නෑ. මදටිය පැහැයෙන් යුතු රූප දකින්නෙත් නෑ. වළ ගොඩැලි දකින්නෙත් නෑ. තරු දකින්නෙත් නෑ. හිරු සඳු දකින්නෙත් නෑ. නමුත් ඇස් ඇති පුද්ගලයෙකු විසින් කියන දෙයක් ඔහුට අසන්නට ලැබෙනවා. 'භවත්නි, සුදු වස්ත්‍රය නම් කදිම යි. ඉතා පැහැපත්. නිර්මල යි. පිරිසිදු යි' කියා. ඉතින් අර අන්ධ පුද්ගලයා සුදු වස්ත්‍රයක් සොයමින් ඇවිදිනවා. එතකොට එක්තරා පුද්ගලයෙක් තෙල් දූලි තැවරුණ කළු පැහැයෙන් යුතු වස්ත්‍රයකින් ඔහුව වංචා කරනවා. 'භවත් පුරුෂය, මෙන්න ඔබ ගේ ඒ අභිරූපවත්, නිර්මල වූ, පිරිසිදු, සොඳුරු සුදු වස්ත්‍රය' කියල. එතකොට ඔහු එය පිළිගන්නවා. එය පිළිගෙන පොරවා ගන්නවා.

එතකොට ඔහු ගේ යහළු මිත්‍රයන්, ලේ ඥාතීන් ඔහුව ශල්‍ය වෛද්‍යවරයෙක් ළඟට ගෙනයනවා. ඒ ශල්‍ය වෛද්‍යවරයා ඔහුට බෙහෙත් කරනවා. ළය විරේක කරනවා. බඩ විරේක කරනවා. ඇස් වලට අඳුන් දමනවා.

ප්‍රත්‍යයඤ්ජන කරනවා. නස්න කරනවා. ඔහු ඒ බෙහෙත් ප්‍රතිකාර වලින් ඇස් උපදවා ගන්නවා. ඇස් පිරිසිදු කරගන්නවා. එතකොට ඔහු ගේ ඇස් උපදවා ගැනීමත් සමඟ ම අර තෙල් දැලි වැකුණු, කළු වස්ත්‍රය කෙරෙහි යම් ඡන්දරාග යක් තිබුනා ද එය දුරු කරනවා. තමන්ව රැවටූ පුද්ගලයා සතුරෙක් හැටියට සළකනවා. විරුද්ධවාදියෙක් හැටියට සළකනවා. ඒ පුද්ගලයාව තියන්නට වටින්නෙ නැතෙයි කියා සිතනවා. 'බොහෝ කලක් මුළුල්ලෙහි මේ පුද්ගලයා විසින් භවත් පුරුෂය, මේ තියෙන්නෙ ඉතා කදිම වූ ත්, අභිරූපවත් වූ ත්, නිර්මල වූ ත්, පිරිසිදු වූ ත් සුදු වස්ත්‍රය යි' කියල තෙල් දැලි වැකුණු කළු වස්ත්‍රයෙන් මාව රැවැට්ටුවා නෙව. වංචා කළා නෙව. මුළා කළා නෙව.

අන්න ඒ වගේ පින්වත් මාගන්දිය, මං ඔබට ධර්මය දේශනා කළොත් 'මෙය යි ඒ ආරෝග්‍ය ය, මෙය යි ඒ අමා නිවන' කියල. එතකොට ඔබ ත් එය ආරෝග්‍ය බව දැනගන්නවා නම්, ඒ අමා නිවන දැකගන්නවා නම්, ඔබට ඇස පහළ වීමත් සමඟ ම පංච උපාදානස්කන්ධයන් කෙරෙහි ඇති යම් ඡන්දරාගයක් ඇද්ද එය ප්‍රහීණ වෙලා යාවි. එතකොට ඔබට සිතේවි 'භවත්නි, ඒකාන්තයෙන් ම දිගු කලක් මුළුල්ලෙහි මේ සිත විසින් මාව රවට්ටා තිබෙනවා නෙව. වංචා කරලා තිබෙනවා නෙව. පොළඹවා තිබෙනවා නෙව කියල. මං අහුවුනොත් අහුවෙන්නේ රූපයකට ම යි. අහුවුනොත් අහුවෙන්නේ විඳීමකට ම යි. අහුවුනොත් අහුවෙන්නේ සඤ්ඤාවකට ම යි. අහුවුනොත් අහුවෙන්නේ සංස්කාරයන්ට ම යි. අහුවුනොත් අහුවෙන්නේ විඤ්ඤාණයකට ම යි. ඒ මට එසේ ග්‍රහණය වීම නිසා භවය හටගන්නවා. භවය සකස් වීම නිසා උපදිනවා. ඉපදීම නිසා ජරා, මරණ, සෝක, වැළපීම්, දුක්, දොම්නස්, සුසුම් හෙළීම් ආදිය හටගන්නවා. ඔය අයුරෙනුයි මේ මුළු මහත් දුක්ඛස්කන්ධය ම හටගන්නේ.'

"භවත් ගෞතමයන් වහන්සේට මම මෙසේ පැහැදිලා ඉන්නෙ. මං යම් අයුරකින් මෙහි වාඩි වී සිටින ආසනයේ දී ම අන්ධ නො වී නැගිටින්නේ නම් ඒ අයුරන් දහම් දෙසන්නට භවත් ගෞතමයන් වහන්සේට පුළුවන් සේක් ම යි."

"එසේ වී නම්, පින්වත් මාගන්දිය, ඔබ සත්පුරුෂයන් ඇසුරු කරන්න. පින්වත් මාගන්දිය, යම් කලෙක ඔබ සත්පුරුෂයන් ඇසුරු කරනවා නම්, එතකොට මාගන්දිය, ඔබට ශ්‍රී සද්ධර්මය අසන්නට ලැබෙනවා. යම් කලෙක මාගන්දිය, ඔබ ශ්‍රී සද්ධර්මය අසනවා නම්, එතකොට මාගන්දිය, ඔබ ධර්මානුධර්ම ප්‍රතිපදාවට පැමිණෙනවා. යම් කලෙක මාගන්දිය, ඔබ ධර්මානුධර්ම ප්‍රතිපදාවට පැමිණෙනවා නම්, එතකොට ඔබ තමා තුළින් ම දැන ගන්නවා, තමා තුළින් ම දැකගන්නවා 'මේවා රෝග, ගඬු, හුල්' කියල. ඉතින් මේ ධර්මාවබෝධය තුළ

රෝග වූ, ගඬු වූ, හුල් වූ යමක් ඇද්ද, එය ඉතිරි නැතිව නිරුද්ධ වෙලා යනවා. ඒ මට උපාදාන නිරුද්ධ වීමෙන්, භවය නිරුද්ධ වෙනවා. භවය නිරුද්ධ වීමෙන් ඉපදීම නිරුද්ධ වෙනවා. ඉපදීම නිරුද්ධ වීමෙන් ජරා, මරණ, සෝක, වැළපීම්, දුක්, දොම්නස්, සුසුම් හෙළීම් ආදිය නිරුද්ධ වෙනවා. මේ අයුරින් මේ මුළු මහත් දුක්ඛස්කන්ධය ම නිරුද්ධ වෙනවා."

මෙසේ වදාළ විට මාගන්දිය පිරිවැජියා භාග්‍යවතුන් වහන්සේට මෙය පැවසුවා. "පින්වත් ගෞතමයන් වහන්ස, හරි ම සුන්දර යි! පින්වත් ගෞතමයන් වහන්ස, හරි ම සුන්දර යි! පින්වත් ගෞතමයන් වහන්ස, යටිකුරු වෙච්ච දෙයක් උඩට හැරෙව්වා වගෙයි. සැඟවෙච්ච දෙයක් විවෘත කළා වගෙයි. මං මුළා වූ කෙනෙකුට මාර්ගය පෙන්වුවා වගෙ යි. අඳුරේ සිටින උදවියට රූප දකින්ට තෙල් පහන් දල්වවූවා වගෙ යි. ඔන්න ඔය විදියට යි පින්වත් ගෞතමයන් වහන්සේ විසින් නොයෙක් ආකාරයෙන් ශ්‍රී සද්ධර්මය වදාළේ. ඉතින් මාත් පින්වත් ගෞතමයන් වහන්සේව සරණ යනවා. ශ්‍රී සද්ධර්මය ත් සරණ යනවා. ශ්‍රාවක සඟරුවන ත් සරණ යනවා. භවත් ගෞතමයන් වහන්සේ සමීපයෙහි මා පැවිදි බව ත්, උපසම්පදාව ත් ලබන්නේ නම් කොයි තරම් දෙයක් ද!"

"පින්වත් මාගන්දිය, යම් කෙනෙක් කලින් වෙන ආගමක ඉඳලා, මේ බුදු සසුනෙහි පැවිදි බව කැමති වෙනවා නම්, උපසම්පදාව කැමති වෙනවා නම්, ඒ තැනැත්තා සාර මාසයක් පිරිවෙස් වසන්නට ඕන. ඒ සිව් මස ඇවෑමෙන් ඔහු ගැන සතුටු සිත් ඇති භික්ෂූන් වහන්සේලා පැවිදි කරාවි. භික්ෂු භාවය පිණිස උපසම්පදා කරාවි. ඒ වගේ ම මෙහි ලා මා විසින් පුද්ගලයන් සතු විවිධ ස්වභාවය ද දැනගෙනයි ඉන්නෙ."

"ඉදින් ස්වාමීනී, කලින් අන්‍යාගමිකව සිටි කෙනෙක් මේ බුදු සසුනෙහි පැවිදි බව කැමතිව, උපසම්පදාව කැමතිව සාර මාසයක් පිරිවෙස් වසනවා නම්, ඒ සාර මාසය ඇවෑමෙන් ඔහු ගැන සතුටු සිත් ඇති භික්ෂූන් වහන්සේලා ඔහුව පැවිදි කරනවා නම් භික්ෂු භාවය පිණිස උපසම්පදා කරනවා නම්, මම සතර අවුරුද්දක පරිවාස කාලයක් වුනත් ගෙවන්නට කැමතියි. ඒ සතර අවුරුද්ද ඇවෑවෙන් සතුටු සිත් ඇති භික්ෂූන් වහන්සේලා මාව පැවිදි කරන සේක්වා! භික්ෂු භාවය පිණිස උපසම්පදා කරන සේක්වා!"

ඉතින් මාගන්දිය පිරිවැජියා භාග්‍යවතුන් වහන්සේ සමීපයෙහි පැවිදි බව ලැබුවා. උපසම්පදාව ලැබුවා. ඊටපසු ආයුෂ්මත් මාගන්දියයන් වහන්සේ තනිව ම හුදෙකලා වුනා. අප්‍රමාදී වුනා. කෙලෙස් තවන වීරියෙන් යුතු වුනා. කාය ජීවිත දෙක්හි අපේක්ෂා රහිතව ධර්මයෙහි හැසිරෙද්දී, යම් උතුම් අර්ථයක්

පිණිස කුල පුත්‍රයන් මනා කොට ගිහි ජීවිතය අත්හැර බුදු සසුනෙහි පැවිදි වෙද්ද, බඹසර ජීවිතයේ නිමාව වන ඒ උතුම් අරහත්වය මෙහි දී ම තමන් ගේ විශිෂ්ට ඥාණයෙන් සාක්ෂාත් කොට එයට පැමිණ වාසය කළා. 'ඉපදීම ක්ෂය වුනා. බඹසර වාසය සම්පූර්ණ කළා. කළ යුත්ත කළා. මත්තෙහි කළ යුතු කිසිවක් නැතැ'යි අවබෝධ කරගත්තා. ඉතින් ආයුෂ්මත් මාගන්දියයන් වහන්සේ ද, රහතන් වහන්සේලා අතර කෙනෙක් බවට පත් වුනා.

සාදු! සාදු!! සාදු!!!

මාගන්දිය පිරිවැජියාට වදාළ දෙසුම නිමා විය.

2.3.6.
සන්දක සූත්‍රය
සන්දක පිරිවැජියාට වදාළ දෙසුම

මා හට අසන්නට ලැබුනේ මේ විදිහට යි. ඒ දිනවල භාග්‍යවතුන් වහන්සේ වැඩසිටියේ කොසඹෑ නුවර ඝෝෂිතාරාමයේ. එසමයෙහි සන්දක පිරිවැජියා පන්සියයක් පමණ වූ මහත් පිරිවැජි පිරිසක් සමඟ පුළිල ගස අසල වූ ගුහාවෙහි වාසය කළා. එදා ආයුෂ්මත් ආනන්දයන් වහන්සේ සවස් වරුවෙහි භාවනාවෙන් නැගිට භික්ෂූන් ඇමතුවා. "ප්‍රිය ආයුෂ්මතුන් වහන්ස, වඩින්න. අපි දේවකට නම් වූ වතුර පිරුණු හෙබ ඇති තැනට එහි ගුහාව දකින්නට යමු." "එසේය ආයුෂ්මතුනි" කියා ඒ භික්ෂූන් වහන්සේලා ද ආයුෂ්මත් ආනන්දයන් හට පිළිතුරු දුන්නා.

ඉතින් ආයුෂ්මත් ආනන්දයන් වහන්සේ බොහෝ භික්ෂූන් සමඟ දේවකට නම් වතුර පිරුණු හෙබ ඇති තැනට පැමිණුනා. එවේලෙහි සන්දක පිරිවැජියා මහත් පිරිවැජි පිරිසක් සමඟ උස් හඬින් මහ හඬින් කෑ ගසමින් නොයෙක් ආකාරයෙන් තිරිසන් කතාවන් කරමින් සිටියා. ඒ කියන්නේ; ආණ්ඩුව ගැන කතා කිරීම, ප්‍රසිද්ධ සොරුන් ගැන කතා කිරීම, මැති ඇමති වරුන් ගැන කතා කිරීම, හමුදාවන් ගැන කතා කිරීම, භයජනක කතා කිරීම, යුද්ධ ගැන කතා කිරීම, ආහාර වර්ග ගැන කතා කිරීම, පාන වර්ග ගැන කතා කිරීම, වස්ත්‍ර ගැන කතා කිරීම, යාන වාහන ගැන කතා කිරීම, ඇඳ පුටු ගැන කතා කිරීම, ගෙවල් දොරවල් ගැන කතා කිරීම, මල් වර්ග ගැන කතා කිරීම, සුවඳ වර්ග ගැන කතා කිරීම, ඥාතීන් ගැන කතා කිරීම, ගම් ගැන කතා කිරීම, නියම් ගම් ගැන කතා කිරීම, නගර ගැන කතා කිරීම, ජනපද ගැන කතා කිරීම, ස්ත්‍රීන් ගැන කතා කිරීම, පුරුෂයන් ගැන කතා කිරීම, වීරයන් ගැන කතා කිරීම, මංමාවත් ගැන කතා කිරීම, පැන් තොටේ කතාවන් ගැන කතා කිරීම, මියගිය උදවිය ගැන කතා කිරීම, නා නා තිරිසන් කතාවන් ගැන කතා කිරීම, ලෝකය ගැන කතා කිරීම, මුහුද ගැන කතා කිරීම, මෙසේ මෙසේ ඇති වූයේ ය - නැති වූයේ ය යනුවෙන් කතා කිරීම ආදිය යි.

ඉතින් සන්දක පිරිවැජියා දුරින් ම වඩින්නා වූ ආයුෂ්මත් ආනන්දයන් වහන්සේව දැක්කා. දැක තමන් ගේ පිරිස සන්සුන් කෙරෙව්වා. "භවත්නි, නිශ්ශබ්ද

වන්න! භවත්නි, ශබ්ද නො කරන්න! මේ ශ්‍රමණ ගෞතමයන් ගේ ශ්‍රාවක වූ ආනන්ද ශ්‍රමණයන් වහන්සේ පැමිණෙනවා. ශ්‍රමණ ගෞතමයන් වහන්සේ ගේ යම්තාක් ශ්‍රාවකයන් කොසඹෑවෙහි වසනවා ද, ඔවුන් අතරෙහි ආනන්ද ශ්‍රමණයන් වහන්සේ ත් කෙනෙක්. ඒ ආයුෂ්මත්වරුන් නිශ්ශබ්දතාවයට කැමතියි. නිශ්ශබ්දතාවය තුළ හික්මිල යි ඉන්නෙ. නිශ්ශබ්දතාවයට යි වර්ණනා කරන්නෙ. නිශ්ශබ්ද වූ පිරිස දැනගෙන ඔවුන් වෙත එළැඹීම හොඳයි කියල යි සිතන්නෙ."

එතකොට ඒ පිරිවැජියන් නිශ්ශබ්ද වුනා. එවිට ආයුෂ්මත් ආනන්දයන් වහන්සේ සන්දක පිරිවැජියා වෙත පැමිණුනා. සන්දක පිරිවැජියා ආයුෂ්මත් ආනන්දයන් වහන්සේට මෙය පැවසුවා. "භවත් ආනන්දයන් වඩින සේක්වා! භවත් ආනන්දයන් ගේ මෙහි පැමිණීම ස්වාගතයක් ම යි! භවත් ආනන්දයන් මෙහි පැමිණියේ බොහෝ කාලයකට පස්සෙයි. භවත් ආනන්දයන් මේ පණවන ලද අසුනෙහි වැඩසිටිත්වා."

ආයුෂ්මත් ආනන්දයන් වහන්සේ ද පණවන ලද අසුනෙහි වැඩසිටියා. එතකොට සන්දක පිරිවැජියා ද කුඩා අසුනක් ගෙන එකත්පස්ව වාඩි වුනා. එකත්පස්ව වාඩි වූ සන්දක පිරිවැජියාට ආයුෂ්මත් ආනන්දයන් වහන්සේ මෙය පැවසුවා. "සන්දකයෙනි, දැන් ඔබ රැස්වෙලා කුමක් ද කතා කරමින් හිටියේ. අප ගේ පැමිණීම නිසා ඔබ ගේ ඒ අඩාල වූ කතාව කුමක් ද?"

"භවත් ආනන්දයෙනි, ඔය කතාවන් පසෙක තිබේවා. අපි දැන් යම් කතාවක් කරමින් සිටියා ද ඒවා භවත් ආනන්දයන් වහන්සේට අසන්නට ලැබෙන දුර්ලභ කතාවන් නොවෙයි. පස්සෙ වුනත් අසන්නට ලැබෙනවා. එනිසා භවත් ආනන්දයන් හට තමන් ගේ ආචාර්යවරයන් ගේ ධර්ම කතාවක් වැටහෙන සේක් නම් ඉතා අගෙයි."

"එසේ වී නම් පින්වත් සන්දක, සවන් යොමා අසන්න. මැනවින් මෙනෙහි කරන්න. කියා දෙන්නම්."

"එසේය භවත" කියා ඒ සන්දක පිරිවැජියා ආයුෂ්මත් ආනන්දයන් හට පිළිතුරු දුන්නා. ආයුෂ්මත් ආනන්දයන් වහන්සේ මෙය වදාළා.

"පින්වත් සන්දක, දැනගත යුතු සියල්ල දත්, දැක යුතු සියල්ල දුටු, ඒ භාග්‍යවත් වූ, අරහත් වූ, සම්මා සම්බුදු රජාණන් වහන්සේ විසින් අබ්‍රහ්මචරිය වාසය කරන අවස්ථා හතරක් වදාරලා තියෙනවා. අස්වැසිලි රහිත වූ බ්‍රහ්මචරියවාස හතරක් වදාරලා තියෙනවා. බුද්ධිමත් මනුෂ්‍යයෙක් යම් බ්‍රහ්මචාරී වාසයක් ඇද්ද ඒකාන්තයෙන් ම ඒ බඹසරෙහි හැසිරෙන්නෙ නෑ. වාසය කළ

ත් අවබෝධයකින් යුක්තව කුසල් දහම් සාක්ෂාත් කිරීමක් සිදු වන්නෙ නෑ කියලයි."

"භවත් ආනන්දය, දැනගත යුතු සියල්ල දත්, දැක යුතු සියල්ල දුටු, ඒ භාග්‍යවත් වූ, අරහත් වූ, සම්මා සම්බුදු රජාණන් වහන්සේ විසින් බ්‍රහ්මචරිය වාසය තුළින් ඵල නො ලැබෙන අවස්ථා හතරක් වදාරලා තියෙනවා නම්, බුද්ධිමත් මනුෂ්‍යයෙක් යම් බ්‍රහ්මචාරී වාසයක් ඇද්ද ඒකාන්තයෙන් ම ඒ බඹසරෙහි හැසිරෙන්නෙ නැත්නම් වාසය කළ ත් අවබෝධයකින් යුක්තව කුසල් දහම් සාක්ෂාත් කිරීමක් සිදු වන්නෙ නැත්නම්, එම බ්‍රහ්මචරිය වාස සතර කුමක් ද?"

"පින්වත් සන්දක, මෙහිලා ඇතැම් ශාස්තෘවරයෙක් මෙබඳු මතයක් දරනවා. මෙබඳු දෘෂ්ඨියකින් යුක්ත වෙනවා. 'දානයෙහි විපාක නැත. ඇප උපස්ථාන වල විපාක නැත. පුද පූජාවන්හි විපාක නැත. යහපත් ලෙස වේවා, අයහපත් ලෙස වේවා කරන ලද කර්මයන් ගේ විපාක නැත. මෙලොවක් නැත. පරලොවක් නැත. මව් නැත. පියා නැත. ඕපපාතික සත්වයන් නැත. යමෙක් මෙලොව පරලොව පිළිබඳව තමා තුළ ඇති කරගත් විශිෂ්ට ඤාණයෙන් යුතුව ප්‍රත්‍යක්ෂ වශයෙන් දැන පැවසීමක් ඇද්ද, යහපත් මගෙහි පිළිපන්, යහපත් මග තුළ සිටින එබඳු මහණ බමුණන් නැත. සතර මහා ධාතූන් ගෙන් උපන් මේ පුරුෂයා යම් දවසක මැරුණොත් පඨවි ධාතුව, පඨවි ධාතුවට එකතු වෙනවා. පඨවි ධාතුව අනුව යනවා. ආපෝ ධාතුව, ආපෝ ධාතුවට එකතු වෙනවා. ආපෝ ධාතුව අනුව යනවා. තේජෝ ධාතුව, තේජෝ ධාතුවට එකතු වෙනවා. තේජෝ ධාතුව අනුව යනවා. වායෝ ධාතුව, වායෝ ධාතුවට එකතු වෙනවා. වායෝ ධාතුව අනුව යනවා. ඇස්, කන් ආදී ඉන්ද්‍රියයන් අහසට යනවා. ඇඳ පස්වෙනි කොට ගත් මිනිසුන් හතර දෙනෙක් මළ සිරුර අරගෙන යනවා. ගුණ ගායනා ඇසෙන්නේ සොහොන දක්වා පමණ යි. ඇට කැබලි විතරයි ඉතුරු වෙන්නෙ. සත්කාර සම්මාන සියල්ල අළු වීමෙන් ඉවර වෙනවා. යම් මේ දන් දීමක් ඇද්ද, ඒ ගැන ලොවට කියන්නෙ අඥාන පුද්ගලයන් විසින්. දානාදියෙහි විපාක ඇත යැයි කීම ඔවුන් ගේ හිස් වූ බොරු වූ විකාර කතාවක් ම යි. අඥානයනුත්, නුවණැත්තනුත් කය බිඳී යළි නො පවතින ලෙස උච්ඡේදයට යනවා. වැනසී යනවා. මරණින් මතු මොකවත් නෑ කියල.

එතකොට පින්වත් සන්දක, බුද්ධිමත් පුද්ගලයෙක් මේ මතය ගැන නුවණින් විමසන්නෙ මෙහෙමයි. 'මේ භවත් ශාස්තෘවරයා මෙවැනි මතයක් දරනවා. මෙවැනි දෘෂ්ඨියක් දරනවා. දානයෙහි විපාක නැත. ඇප උපස්ථාන වල විපාක නැත. පුද පූජාවන්හි විපාක නැත. යහපත් ලෙස වේවා, අයහපත් ලෙස

වේවා කරන ලද කර්මයන් ගේ විපාක නැත. මෙලොවක් නැත. පරලොවක් නැත. මව් නැත. පියා නැත. ඕපපාතික සත්වයන් නැත. යමෙක් මෙලොව පරලොව පිළිබඳව තමා තුළ ඇති කරගත් විශිෂ්ට ඥානයෙන් යුතුව ප්‍රත්‍යක්ෂ වශයෙන් දැන පැවසීමක් ඇද්ද, යහපත් මගෙහි පිළිපන්, යහපත් මග තුළ සිටින එබඳු මහණ බමුණන් නැත. සතර මහා ධාතූන් ගෙන් උපන් මේ පුරුෂයා යම් දවසක මැරුණොත් පඨවි ධාතුව, පඨවි ධාතුවට එකතු වෙනවා. පඨවි ධාතුව අනුව යනවා. ආපෝ ධාතුව, ආපෝ ධාතුවට එකතු වෙනවා. ආපෝ ධාතුව අනුව යනවා. තේජෝ ධාතුව, තේජෝ ධාතුවට එකතු වෙනවා. තේජෝ ධාතුව අනුව යනවා. වායෝ ධාතුව, වායෝ ධාතුවට එකතු වෙනවා. වායෝ ධාතුව අනුව යනවා. ඇස්, කන් ආදී ඉන්ද්‍රියයන් අහසට යනවා. ඇඳ පස්වෙනි කොට ගත් මිනිසුන් හතර දෙනෙක් මළ සිරුර අරගෙන යනවා. ගුණ ගායනා ඇසෙන්නේ සොහොන දක්වා පමණ යි. ඇට කැබලි විතරයි ඉතුරු වෙන්නෙ. සත්කාර සම්මාන සියල්ල අළු වීමෙන් ඉවර වෙනවා. යම් මේ දන් දීමක් ඇද්ද, ඒ ගැන ලොවට කියන්නෙ අඥාන පුද්ගලයන් විසින්. දානාදියෙහි විපාක ඇත යැයි කීම ඔවුන් ගේ හිස් වූ බොරු වූ විකාර කතාවක් ම යි. අඥානයනුත්, නුවණැත්තනුත් කය බිඳී යළි නො පවතින ලෙස උච්ඡේදයට යනවා. වැනසී යනවා. මරණින් මතු මොකවත් නෑ' කියල.

ඉතින් යම්හෙයකින් මේ භවත් ශාස්තෘවරයා ගේ වචනය ඇත්තක් නම්, මොහු ගේ ශාසන වැඩපිළිවෙල අනුගමනය නො කොටත් මා එය කරල යි තියෙන්නෙ. මොහු ගේ ශාසන වැඩපිළිවෙලෙහි නො හැසිරිලා ත් මා හැසිරිල යි තියෙන්නෙ. මක් නිසාද යත්; අපි දෙදෙනා ම මෙහි සම සම බවට පත් වෙලයි ඉන්නෙ. මම නම් 'අපි දෙදෙනා ම කය බිඳී මරණින් මතු උච්ඡේදයට පත් වෙනවා ය, වැනසෙනවා ය, මරණින් මතු නො වෙනවා' ය කියා කියන්නේ නෑ. ඒ වගේ ම මට නැති අතිරේක දෙයක් මේ භවත් ශාස්තෘවරයාට තිබේ. එනම් භවත් ශාස්තෘවරයා ගේ නිරුවත් බව, හිස මුඩු කොට ඇති බවත්, උක්කුටියෙන් සිටින බවත්, කෙස් රැවුල් උදුරා දැමීමත් අතිරේක දෙයකි. මං වනාහී දූ පුතුන් ඇතිව, කසී රට සඳුන් දරමින්, මල් සුවඳ විලවුන් දරමින්, රන් රිදී පරිහරණය කරමින්, සතුටින් ඉන්නවා. ඉතින් එබඳු ජීවිතයක් ගෙවන මාත් මරණින් මතු මේ ශාස්තෘවරයා හා සමාන වෙනවා නම්, මා මොහු ගේ ශාසනයෙහි වැඩපිළිවෙල අනුගමනය කිරීමෙන් කුමක් නම් දැනගන්නට ද? කුමක් නම් දැකගන්නට ද? ඉතින් ඔහු 'මේක නම් අබ්‍රහ්මචරිය වාසයක් නෙව' කියල ඒ ආගමික වැඩපිළිවෙල ගැන කලකිරිල ඉවත් වෙනවා.

පින්වත් සන්දක, දන්නා වූ ත්, දක්නා වූ ත්, අරහත් සම්මා සම්බුදු වූ භාග්‍යවතුන් වහන්සේ විසින් තමයි මේ පළමුවෙනි අබ්‍රහ්මචාරී වාසය පෙන්වා

වදාළේ. මෙහි තමයි බුද්ධිමත් කෙනෙක් ඒකාන්තයෙන් බඹසර වාසයෙහි නො හැසිරෙන්නෙ. යමෙක් හැසිරුනත් අවබෝධයකින් යුක්තව කුසල් දහම් සාක්ෂාත් කිරීමක් සිදු වන්නෙ නෑ.

පින්වත් සන්දක, තවත් අබ්‍රහ්මචරිය වාසයක් තියෙනවා. මෙහිලා ඇතැම් ශාස්තෘවරයෙක් මෙබඳු මතයක් දරනවා. මෙබඳු දෘෂ්ඨියකින් යුක්ත වෙනවා. ඒ කියන්නේ; 'තමන් ගේ අතින් කළ ත්, අනුන් ලවා කෙරෙව්ව ත්, තම අතින් අනුන් ගේ අත් පා ආදිය කැපුව ත්, අනුන් ලවා කැප්පෙව්ව ත්, දඬු මුගුරු වලින් පීඩා කළ ත්, අනුන් ලවා පීඩා කෙරෙව්ව ත්, ශෝක කළ ත්, ශෝක කෙරෙව්ව ත්, ක්ලාන්ත කළ ත්, ක්ලාන්ත කෙරෙව්ව ත්, කම්පා කළ ත්, කම්පා කෙරෙව්ව ත්, සතුන් මැරුව ත්, සොරකම් කෙරුව ත්, ගෙවල් දොරවල් මංකොල්ල කෑව ත්, මංපැහැරුව ත්, එක් ගෙයක් මංකොල්ල කෑව ත්, කණ්ඩායම් සොරකම් කළ ත්, පරදාර සේවනයේ යෙදුන ත්, බොරු කීව ත්, 'පව් කරමි' යි යන හැඟීමකින් කළත්, එය කරන්නාට සිදුවන පාපයක් නම් නැත. ඉදින් යමෙක් තියුණු මුවහත ඇති කරකැවෙන ආයුධයකින් මේ පොළෝ තලයෙහි සත්වයන් එක් ම මාංස රැසක්, එක් ම මාංස පුංජයක් බවට පත් කළ ද, ඒ හේතුවෙන් සිදුවන පවක් නැත. පාපයා ගේ පැමිණීමෙක් ද නැත.

ගංගා තීරයෙහි දකුණු තෙර දක්වා ම මරමින්, මරවමින්, අත් පා සිඳිමින්, සිඳවමින්, පෙළමින්, පෙළවමින්, ගමන් කළ ද, ඒ හේතුවෙන් සිදුවන පවක් නැත. පාපයා ගේ පැමිණීමෙක් ද නැත. ගංගා තීරයෙහි උතුරු තෙර දක්වා ම දන් දෙමින්, දෙවමින්, යාග කරමින්, යාග කරවමින් ගමන් කළ ද, ඒ හේතුවෙන් සිදුවන පිනක් නැත. පිනෙහි පැමිණීමෙක් ද නැත. දානයෙන්, ඉන්ද්‍රිය දමනයෙන්, සංවර වීමෙන්, සත්‍ය වචනයෙන්, සිදුවන පිනක් නැත. පිනෙහි පැමිණීමක් ද නැත' කියල.

එතකොට පින්වත් සන්දක, බුද්ධිමත් පුද්ගලයෙක් මේ මතය ගැන නුවණින් විමසන්නෙ මෙහෙමයි. මේ භවත් ශාස්තෘවරයා මෙවැනි මතයක් දරනවා. මෙවැනි දෘෂ්ඨියක් දරනවා. 'තමන් ගේ අතින් කළ ත්, අනුන් ලවා කෙරෙව්ව ත්, තම අතින් අනුන් ගේ අත් පා ආදිය කැපුව ත්, අනුන් ලවා කැප්පෙව්ව ත්, දඬු මුගුරු වලින් පීඩා කළ ත්, අනුන් ලවා පීඩා කෙරෙව්ව ත්, ශෝක කළ ත්, ශෝක කෙරෙව්ව ත්, ක්ලාන්ත කළ ත්, ක්ලාන්ත කෙරෙව්ව ත්, කම්පා කළ ත්, කම්පා කෙරෙව්ව ත්, සතුන් මැරුව ත්, සොරකම් කෙරුව ත්, ගෙවල් දොරවල් මංකොල්ල කෑව ත්, මංපැහැරුව ත්, එක් ගෙයක් මංකොල්ල කෑව ත්, කණ්ඩායම් සොරකම් කළ ත්, පරදාර සේවනයේ යෙදුන ත්, බොරු කීව ත්, 'පව් කරමි' යි යන හැඟීමකින් කළත්, එය කරන්නාට සිදුවන පාපයක්

නම් නැත. ඉදින් යමෙක් තියුණු මුවහත ඇති කරකැවෙන ආයුධයකින් මේ පොළෝ තලයෙහි සත්වයන් එක් ම මාංස රැසක්, එක් ම මාංස පුංජයක් බවට පත් කළ ද, ඒ හේතුවෙන් සිදුවන පවක් නැත. පාපයා ගේ පැමිණීමෙක් ද නැත.

ගංගා තීරයෙහි දකුණු තෙර දක්වා ම මරමින්, මරවමින්, අත් පා සිඳිමින්, සිඳවමින්, පෙළමින්, පෙළවමින්, ගමන් කළ ද, ඒ හේතුවෙන් සිදුවන පවක් නැත. පාපයා ගේ පැමිණීමෙක් ද නැත. ගංගා තීරයෙහි උතුරු තෙර දක්වා ම දන් දෙමින්, දෙවමින්, යාග කරමින්, යාග කරවමින් ගමන් කළ ද, ඒ හේතුවෙන් සිදුවන පිනක් නැත. පිනෙහි පැමිණීමෙක් ද නැත. දානයෙන්, ඉන්ද්‍රිය දමනයෙන්, සංවර වීමෙන්, සත්‍ය වචනයෙන්, සිදුවන පිනක් නැත. පිනෙහි පැමිණීමක් ද නැත' කියල.

ඉතින් යම්හෙයකින් මේ භවත් ශාස්තෘවරයා ගේ වචනය ඇත්තක් නම්, මොහු ගේ ශාසන වැඩපිළිවෙල අනුගමනය නො කොටත් මා එය කරල යි තියෙන්නෙ. මොහු ගේ ශාසන වැඩපිළිවෙලෙහි නො හැසිරිලා ත් මා හැසිරිල යි තියෙන්නෙ. මක් නිසාද යත්; අපි දෙදෙනා ම මෙහි සම සම බවට පත් වෙලයි ඉන්නෙ. මම නම් 'පව් කරන අපි දෙදෙනාට ම පව් කෙරෙන්නේ නැත' කියා කියන්නේ නෑ. ඒ වගේ ම මට නැති අතිරේක දෙයක් මේ භවත් ශාස්තෘවරයාට තිබේ. එනම් භවත් ශාස්තෘවරයා ගේ නිරුවත් බව, හිස මුඩු කොට ඇති බවත්, උක්කුටියෙන් සිටින බවත්, කෙස් රැවුල් උදුරා දැමීමත් අතිරේක දෙයකි. මං වනාහී දූ පුතුන් ඇතිව, කසී රට සඳුන් දරමින්, මල් සුවඳ විලවුන් දරමින්, රන් රිදී පරිහරණය කරමින්, සතුටින් ඉන්නවා. ඉතින් එබඳු ජීවිතයක් ගෙවන මාත් මරණින් මතු මේ ශාස්තෘවරයා හා සමාන වෙනවා නම්, මා මොහු ගේ ශාසනයෙහි වැඩපිළිවෙල අනුගමනය කිරීමෙන් කුමක් නම් දැනගන්නට ද? කුමක් නම් දැකගන්නට ද? ඉතින් ඔහු 'මේක නම් අබ්‍රහ්මචරිය වාසයක් නෙව' කියල ඒ ආගමික වැඩපිළිවෙල ගැන කළකිරිල ඉවත් වෙනවා.

පින්වත් සන්දක, දන්නා වූ ත්, දක්නා වූ ත්, අරහත් සම්මා සම්බුදු වූ භාග්‍යවතුන් වහන්සේ විසින් තමයි මේ දෙවෙනි අබ්‍රහ්මචාරී වාසය පෙන්වා වදාළේ. මෙහි තමයි බුද්ධිමත් කෙනෙක් ඒකාන්තයෙන් බඹසර වාසයෙහි නො හැසිරෙන්නෙ. යමෙක් හැසිරුනත් අවබෝධයකින් යුක්තව කුසල් දහම් සාක්ෂාත් කිරීමක් සිදු වන්නෙ නෑ.

පින්වත් සන්දක, තවත් අබ්‍රහ්මචරිය වාසයක් තියෙනවා. මෙහිලා ඇතැම් ශාස්තෘවරයෙක් මෙබඳු මතයක් දරනවා. මෙබඳු දෘෂ්ටියකින් යුක්ත වෙනවා.

ඒ කියන්නේ; 'සත්වයන් ගේ කිලිටි වීමට හේතු නැත. ප්‍රත්‍යය නැත. හේතු රහිතව ප්‍රත්‍ය රහිතව සත්වයන් කිලිටි වෙලා යනවා. ඒ වගේම සත්වයන් ගේ පිරිසිදු වීමටත් හේතු නැත. ප්‍රත්‍යය නැත. හේතු රහිතව ප්‍රත්‍ය රහිතව සත්වයන් පිරිසිදු වෙලා යනවා. එනිසා පිරිසිදු බවට හෝ අපිරිසිදු බවට බලපාන බලය කියා දෙයක් නැත. වීරිය කියා දෙයක් ද නැත. පුරුෂ වීර්යයක් නැත. පුරුෂ පරාක්‍රමයක් ද නැත. සියලු සත්වයන්, සියලු ප්‍රාණීන් ඉපද සිටින සියලු සත්වයන්, සියලු ජීවීන් සිටින්නේ ඒවාට යටත්ව නොවේ. බල රහිතව යි. වීරිය රහිතව යි. නියත වශයෙන් ම සිදු වෙන පරිණාම ස්වභාවයකට අයිතිව යි. අභිජාති හයක් තුළ උපත ලබන සත්වයන් සැප දුක් විඳිනවා' කියල.

එතකොට පින්වත් සන්දක, බුද්ධිමත් පුද්ගලයෙක් මේ මතය ගැන නුවණින් විමසන්නෙ මෙහෙමයි. මේ භවත් ශාස්තෘවරයා මෙවැනි මතයක් දරනවා. මෙවැනි දෘෂ්ඨියක් දරනවා. 'සත්වයන් ගේ කිලිටි වීමට හේතු නැත. ප්‍රත්‍යය නැත. හේතු රහිතව ප්‍රත්‍ය රහිතව සත්වයන් කිලිටි වෙලා යනවා. ඒ වගේම සත්වයන් ගේ පිරිසිදු වීමටත් හේතු නැත. ප්‍රත්‍යය නැත. හේතු රහිතව ප්‍රත්‍ය රහිතව සත්වයන් පිරිසිදු වෙලා යනවා. එනිසා පිරිසිදු බවට හෝ අපිරිසිදු බවට බලපාන බලය කියා දෙයක් නැත. වීරිය කියා දෙයක් ද නැත. පුරුෂ වීර්යයක් නැත. පුරුෂ පරාක්‍රමයක් ද නැත. සියලු සත්වයන්, සියලු ප්‍රාණීන් ඉපද සිටින සියලු සත්වයන්, සියලු ජීවීන් සිටින්නේ ඒවාට යටත්ව නොවේ. බල රහිතව යි. වීරිය රහිතව යි. නියත වශයෙන් ම සිදු වෙන පරිණාම ස්වභාවයකට අයිතිව යි. අභිජාති හයක් තුළ උපත ලබන සත්වයන් සැප දුක් විඳිනවා' කියල.

ඉතින් යම්හෙයකින් මේ භවත් ශාස්තෘවරයා ගේ වචනය ඇත්තක් නම්, මොහු ගේ ශාසන වැඩපිළිවෙල අනුගමනය නො කොටත් මා එය කරල යි තියෙන්නෙ. මොහු ගේ ශාසන වැඩපිළිවෙලෙහි නො හැසිරිලා ත් මා හැසිරිල යි තියෙන්නෙ. මක් නිසාද යත්; අපි දෙදෙනා ම මෙහි සම සම බවට පත් වෙලයි ඉන්නෙ. මම නම් 'අප දෙදෙනා ම හේතු ප්‍රත්‍ය රහිතව පිරිසිදු වෙනවා' කියා කියන්නේ නෑ. ඒ වගේ ම මට නැති අතිරේක දෙයක් මේ භවත් ශාස්තෘවරයාට තිබේ. එනම් භවත් ශාස්තෘවරයා ගේ නිරුවත් බව, හිස මුඩු කොට ඇති බවත්, උක්කුටියෙන් සිටින බවත්, කෙස් රැවුල් උදුරා දැමීමත් අතිරේක දෙයකි. මං වනාහී දූ පුතුන් ඇතිව, කසී රට සඳුන් දරමින්, මල් සුවඳ විලවුන් දරමින්, රන් රිදී පරිහරණය කරමින්, සතුටින් ඉන්නවා. ඉතින් එබඳු ජීවිතයක් ගෙවන මාත් මරණින් මතු මේ ශාස්තෘවරයා හා සමාන වෙනවා නම්, මා මොහු ගේ ශාසනයෙහි වැඩපිළිවෙල අනුගමනය කිරීමෙන් කුමක් නම් දැනගන්නට ද? කුමක් නම් දැකගන්නට ද? ඉතින් ඔහු 'මේක නම් අබ්‍රහ්මචරිය වාසයක් නෙව' කියල ඒ ආගමික වැඩපිළිවෙල ගැන කළකිරිල ඉවත් වෙනවා.

පින්වත් සන්දක, දන්නා වූ ත්, දක්නා වූ ත්, අරහත් සම්මා සම්බුදු වූ භාග්‍යවතුන් වහන්සේ විසින් තමයි මේ තුන්වෙනි අබ්‍රහ්මචාරී වාසය පෙන්වා වදාළේ. මෙහි තමයි බුද්ධිමත් කෙනෙක් ඒකාන්තයෙන් බඹසර වාසයෙහි නො හැසිරෙන්නෙ. යමෙක් හැසිරුනත් අවබෝධයකින් යුක්තව කුසල් දහම් සාක්ෂාත් කිරීමක් සිදු වන්නෙ නෑ.

පින්වත් සන්දක, තවත් අබ්‍රහ්මචරිය වාසයක් තියෙනවා. මෙහිලා ඇතැම් ශාස්තෘවරයෙක් මෙබඳු මතයක් දරනවා. මෙබඳු දෘෂ්ඨියකින් යුක්ත වෙනවා. ඒ කියන්නේ; 'මේ කාය සතක් තියෙනවා. ඒවා කවුරුවත් කරපුවා නෙවෙයි. විධානයකින් කළ දේකුත් නෙවෙයි. ඉර්ධියෙන් මැවුන දේකුත් නෙවෙයි. මවවන ලද දේකුත් නෙවෙයි. ඒවා වඳ යි. ගිරි කුළු වගෙයි. ඒෂිකා ස්ථම්භය වගෙයි. ඒවා කම්පා වෙන්නෙ නෑ. විපරිණාමයට පත්වෙන්නෙත් නෑ. ඒ සප්ත කාය එකිනෙකාට පීඩා කරන්නෙ නෑ. ඒවා එකිනෙකාට සැප පිණිස හෝ දුක් පිණිස හෝ දුක් සැප පිණිස හෝ සකස් වෙන්නෙ නෑ. ඒ සප්තකාය කුමක් ද? එනම් පඨවි කාය, ආපෝ කාය, තේජෝ කාය, වායෝ කාය, සැප, දුක හා ජීවය යන මේ සත යි. මේ සප්තකාය කවුරුවත් කරල නෑ. විධානයකින් කරලත් නෑ. ඉර්ධියෙන් මවල ත් නෑ. මවවලත් නෑ. වඳ යි. ගිරිකුළු වගෙයි. ඒෂිකා ස්ථම්භය වගෙයි. කම්පා වෙන්නෙ නෑ. වෙනස් වෙන්නෙ නෑ. එකිනෙකාට පීඩා කරන්නෙ නෑ. එකිනෙකාට සැප හෝ දුක හෝ දුක් සැප පිණිස හෝ සකස් වෙන්නෙ නෑ. මේ සප්තකාය තුළ නසන කෙනෙක් නෑ. නසවන කෙනෙක් නෑ. අසන කෙනෙක් නෑ. අසවන කෙනෙක් නෑ. දන්න කෙනෙක් නෑ. දැනුම්දෙන කෙනෙක් නෑ. යමෙක් තියුණු ආයුධයකින් හිස සින්දොත් ඒ සප්තකාය අතුරෙන් ආයුධයක් සිදුරු කොට ගෙන ගියා විතරයි.

ඒ වගේ ම, මෙහි උපත ලබන යෝනි දහහතර ලක්ෂයකුත් හයදහසකුත් හයසියයක් තියෙනවා. කර්ම පන්සියයකුත් තව කර්ම පහකුත් තව කර්ම තුනකුත් තව කර්ම භාගයකුත් තියෙනවා. ප්‍රතිපදා හැට දෙකක් තියෙනවා. කල්පාන්තර හැට දෙකක් තියෙනවා. අභිජාති හයක් තියෙනවා. පුරුෂ භූමි අටක් තියෙනවා. ආජීවක පැවිදි ක්‍රම දහහතර දහස් නවසියයක් තියෙනවා. පිරිවැජි ක්‍රම දහහතර දහස් නවසියයක් තියෙනවා. නාග වාසස්ථාන දහහතර දහස් නවසියයක් තියෙනවා. ඉන්ද්‍රියයන් දෙදහසක් තියෙනවා. නිරය තුන්දහසක් තියෙනවා. රජස් ධාතු තිස් හයක් තියෙනවා. සඤ්ඤී ගර්භ සතක් තියෙනවා. අසඤ්ඤී ගර්භ සතක් තියෙනවා. නිගණ්ඨ ගර්භ සතක් තියෙනවා. දෙවිවරු සත් කොටසක් ඉන්නවා. මිනිස්සු සත් කොටසක් ඉන්නවා. පිශාචයින් සත් කොටසක් ඉන්නවා. මහා විල් සතක් තියෙනවා. ගැට සතක් තියෙනවා. ප්‍රපාත

හතක් තියෙනවා. ප්‍රපාත හත්සියයකුත් තියෙනවා. සිහින හතක් තියෙනවා. සිහින හත්සියයකුත් තියෙනවා. යම් කල්පයක අඥාන වූත්, පණ්ඩිත වූත් උදවිය සසර සැරිසරා දුක් කෙළවර කරනවා නම් ඒ කල්ප අසූ හාරදහසක් ම සැරිසැරිය යුතුයි. එහි මං මේ සීලයෙන් වේවා, ව්‍රතයෙන් වේවා, තපසින් වේවා, බඹසරින් වේවා, නො මේරූ කර්මය මෝරවන්නෙමි යි කියා දෙයක් හෝ මේරූ කර්මය ස්පර්ශ කරමි යි හෝ අභාවයට පත්කරවන්නෙමි යි කියා දෙයක් හෝ නැත. සැප දුක් යනු ද්‍රෝණයකින් මනින ලද දෙයක් වැනි ය. සසර ගමනෙහි කෙළවරක් සකස් වී ඇත. එනිසා පිරිහීමක්, දියුණුවක් කියා දෙයක් නැත. උස්, පහත් බවක් නැත. නූල් පන්දුවක ඇති නූලේ කෙළවර ගෙන පන්දුව ඈතට දමා ගසද්දී එහි වෙළුම් ගැලවී අවසන් වී යයි ද, එසෙයින් ම අඥානයෝ ත්, නුවණැත්තෝ ත් සසරෙහි සැරිසරා දුක් කෙළවර කරති' කියල.

එතකොට පින්වත් සන්දක, බුද්ධිමත් පුද්ගලයෙක් මේ මතය ගැන නුවණින් විමසන්නෙ මෙහෙමයි. මේ භවත් ශාස්තෘවරයා මෙවැනි මතයක් දරනවා. මෙවැනි දෘෂ්ටියක් දරනවා. 'මේ කාය සතක් තියෙනවා. ඒවා කවුරුවත් කරපුවා නෙවෙයි. විධානයකින් කළ දේකුත් නෙවෙයි. ඉර්ධියෙන් මැවුන දේකුත් නෙවෙයි. මවවන ලද දේකුත් නෙවෙයි. ඒවා වඳ යි. ගිරි කූළු වගෙයි. ඒෂිකා ස්ථම්භය වගෙයි. ඒවා කම්පා වෙන්නෙ නෑ. විපරිණාමයට පත්වෙන්නෙත් නෑ. ඒ සප්ත කාය එකිනෙකාට පීඩා කරන්නෙ නෑ. ඒවා එකිනෙකාට සැප පිණිස හෝ දුක් පිණිස හෝ දුක් සැප පිණිස හෝ සකස් වෙන්නෙ නෑ. ඒ සප්තකාය කුමක් ද? එනම් පඨවි කාය, ආපෝ කාය, තේජෝ කාය, වායෝ කාය, සැප, දුක හා ජීවය යන මේ සත යි. මේ සප්තකාය කවුරුවත් කරල නෑ. විධානයකින් කරලත් නෑ. ඉර්ධියෙන් මවල ත් නෑ. මවවලත් නෑ. වඳ යි. ගිරිකූළු වගෙයි. ඒෂිකා ස්ථම්භය වගෙයි. කම්පා වෙන්නෙ නෑ. වෙනස් වෙන්නෙ නෑ. එකිනෙකාට පීඩා කරන්නෙ නෑ. එකිනෙකාට සැප හෝ දුක හෝ දුක් සැප පිණිස හෝ සකස් වෙන්නෙ නෑ. මේ සප්තකාය තුළ නසන කෙනෙක් නෑ. නසවන කෙනෙක් නෑ. අසන කෙනෙක් නෑ. අසවන කෙනෙක් නෑ. දන්න කෙනෙක් නෑ. දැනුම්දෙන කෙනෙක් නෑ. යමෙක් තියුණු ආයුධයකින් හිස සින්දොත් ඒ සප්තකාය අතුරෙන් ආයුධයක් සිදුරු කොට ගෙන ගියා විතරයි.

ඒ වගේ ම, මෙහි උපත ලබන යෝනි දහහතර ලක්ෂයකුත් හයදහසකුත් හයසියයක් තියෙනවා. කර්ම පන්සීයයකුත් තව කර්ම පහකුත් තව කර්ම තුනකුත් තව කර්ම භාගයකුත් තියෙනවා. ප්‍රතිපදා හැට දෙකක් තියෙනවා. කල්පාන්තර හැට දෙකක් තියෙනවා. අභිජාති හයක් තියෙනවා. පුරුෂ භූමි අටක් තියෙනවා. ආජීවක පැවිදි ක්‍රම දහහතර දහස් නවසියයක් තියෙනවා.

පිරිවැජි ක්‍රම දහහතර දහස් නවසියයක් තියෙනවා. නාග වාසස්ථාන දහහතර දහස් නවසියයක් තියෙනවා. ඉන්ද්‍රියයන් දෙදහසක් තියෙනවා. නිරය තුන්දහසක් තියෙනවා. රජස් ධාතු තිස් හයක් තියෙනවා. සඤ්ඤී ගර්භ සතක් තියෙනවා. අසඤ්ඤී ගර්භ සතක් තියෙනවා. නිගණ්ඨ ගර්භ සතක් තියෙනවා. දෙවිවරු සත් කොටසක් ඉන්නවා. මිනිස්සු සත් කොටසක් ඉන්නවා. පිශාචයින් සත් කොටසක් ඉන්නවා. මහා විල් සතක් තියෙනවා. ගැට සතක් තියෙනවා. ප්‍රපාත හතක් තියෙනවා. ප්‍රපාත හත්සියයකුත් තියෙනවා. සිහින හතක් තියෙනවා. සිහින හත්සියයකුත් තියෙනවා. යම් කල්පයක අඥාන වූත්, පණ්ඩිත වූත් උදවිය සසර සැරිසරා දුක් කෙළවර කරනවා නම් ඒ කල්ප අසූ හාරදහසක් ම සැරිසැරිය යුතුයි. එහි මං මේ සීලයෙන් වේවා, ව්‍රතයෙන් වේවා, තපසින් වේවා, බඹසරින් වේවා, නො මේරූ කර්මය මෝරවන්නෙමි යි කියා දෙයක් හෝ මේරූ කර්මය ස්පර්ශ කරමි යි හෝ අභාවයට පත්කරවන්නෙමි යි කියා දෙයක් හෝ නැත. සැප දුක් යනු ද්‍රෝණයකින් මනින ලද දෙයක් වැනි ය. සසර ගමනෙහි කෙළවරක් සකස් වී ඇත. එනිසා පිරිහීමක්, දියුණුවක් කියා දෙයක් නැත. උස්, පහත් බවක් නැත. නූල් පන්දුවක ඇති නූලේ කෙළවර ගෙන පන්දුව ඈතට දමා ගසද්දී එහි වෙළුම් ගැලවී අවසන් වී යයි ද, එසෙයින් ම අඥානයෝ ත්, නුවණැත්තෝ ත් සසරෙහි සැරිසරා දුක් කෙළවර කරති' කියල.

ඉතින් යම්හෙයකින් මේ භවත් ශාස්තෘවරයා ගේ වචනය ඇත්තක් නම්, මොහු ගේ ශාසන වැඩපිළිවෙල අනුගමනය නො කොටත් මා එය කරල යි තියෙන්නෙ. මොහු ගේ ශාසන වැඩපිළිවෙලෙහි නො හැසිරිලා ත් මා හැසිරිල යි තියෙන්නෙ. මක් නිසාද යත්; අපි දෙදෙනා ම මෙහි සම සම බවට පත් වෙලයි ඉන්නෙ. මම නම් 'අප දෙදෙනා ම සංසාරේ සැරිසරල දුක් කෙළවර කරනවා' කියා කියන්නේ නෑ. ඒ වගේ ම මට නැති අතිරේක දෙයක් මේ භවත් ශාස්තෘවරයාට තිබේ. එනම් භවත් ශාස්තෘවරයා ගේ නිරුවත් බව, හිස මුඩු කොට ඇති බවත්, උක්කුටියෙන් සිටින බවත්, කෙස් රැවුල් උදුරා දැමීමත් අතිරේක දෙයකි. මං වනාහී දූ පුතුන් ඇතිව, කසී රට සඳුන් දරමින්, මල් සුවඳ විලවුන් දරමින්, රන් රිදී පරිහරණය කරමින්, සතුටින් ඉන්නවා. ඉතින් එබඳු ජීවිතයක් ගෙවන මාත් මරණින් මතු මේ ශාස්තෘවරයා හා සමාන වෙනවා නම්, මා මොහු ගේ ශාසනයෙහි වැඩපිළිවෙල අනුගමනය කිරීමෙන් කුමක් නම් දැනගන්නට ද? කුමක් නම් දැකගන්නට ද? ඉතින් ඔහු 'මේක නම් අබ්‍රහ්මචරිය වාසයක් නෙව' කියල ඒ ආගමික වැඩපිළිවෙල ගැන කළකිරිල ඉවත් වෙනවා.

පින්වත් සන්දක, දන්නා වූ ත්, දක්නා වූ ත්, අරහත් සම්මා සම්බුදු වූ භාග්‍යවතුන් වහන්සේ විසින් තමයි මේ හතරවෙනි අබ්‍රහ්මචාරී වාසය පෙන්වා

වදාළේ. මෙහි තමයි බුද්ධිමත් කෙනෙක් ඒකාන්තයෙන් බඹසර වාසයෙහි නො හැසිරෙන්නෙ. යමෙක් හැසිරුනත් අවබෝධයකින් යුක්තව කුසල් දහම් සාක්ෂාත් කිරීමක් සිදු වන්නෙ නෑ."

"භවත් ආනන්දයෙනි, ආශ්චර්යය යි! භවත් ආනන්දයෙනි අද්භූත යි! දන්නා වූ ත්, දක්නා වූ ත්, අරහත් සම්මා සම්බුදු වූ භාග්‍යවතුන් වහන්සේ විසින් යම් තැනක බුද්ධිමත් කෙනෙක් ඒකාන්තයෙන් බඹසර වාසයෙහි නො හැසිරෙනවා නම්, යමෙක් හැසිරුනත් අවබෝධයකින් යුක්තව කුසල් දහම් සාක්ෂාත් කිරීමක් සිදු වන්නෙ නැති නම් එබඳු වූ අබ්‍රහ්මචරිය වාසය සතරක් වදාළ සේක් ම ය.

භවත් ආනන්දයෙනි, දන්නා වූ ත්, දක්නා වූ ත්, අරහත් සම්මා සම්බුදු වූ භාග්‍යවතුන් වහන්සේ විසින් යම් තැනක බුද්ධිමත් කෙනෙක් ඒකාන්තයෙන් බඹසර වාසයෙහි නො හැසිරෙනවා නම්, යමෙක් හැසිරුනත් අවබෝධයකින් යුක්තව කුසල් දහම් සාක්ෂාත් කිරීමක් සිදු වන්නෙ නැති නම් එබඳු වූ අස්වැසිලි රහිත වූ බ්‍රහ්මචරිය වාසය සතරක් වදාළ සේක් නම් ඒ මොනවා ද?"

"මෙහිලා පින්වත් සන්දක, ඇතැම් ශාස්තෘවරයෙක් ඉන්නවා. ඔහු සර්වඥ යි. සියල්ල දකිනවා. ඒ වගේ ම ඇවිදින විට ත්, සිටින විට ත්, නිදන විට ත්, නිදිවරන විටත් නිරතුරුව හැම කල්හි ම තමන් වහන්සේට ඤාණදර්ශන පිහිටා තිබෙන ඉතිරි නැතිව පවතින ඤාණ දර්ශනයක් ගැන ප්‍රතිඥා දෙනවා. නමුත් ඔහු පිඬු සොයා ගෙන හිස් ගෙවල් වලට ත් යනවා. පිඬු ත් නො ලබනවා. බල්ලො ත් ඔහුව හපනවා. වල් අලින්ට ත් හසුවෙනවා. වල් අශ්වයන්ට ත් හසුවෙනවා. නපුරු ගොනුන්ට ත් හසුවෙනවා. ස්ත්‍රිය ගේ ත්, පුරුෂයා ගේ ත් නම ත් අහනවා. ගෝත්‍ර නම ත් අහනවා. ගමේ ත්, නියම් ගමේ ත් නම ත් අහනවා. යන එන මග තොට ත් අහනවා. එතකොට ඔහු ගෙන් 'ඇයි මෙහෙම වෙන්නෙ?' කියල ඇසුවොත් මෙහෙම කියනවා. 'මා හිස් ගෙදරකට පිවිසිය යුතුයි. ඒ නිසයි ගියේ. මා පිඬු නො ලැබිය යුතුයි. ඒ නිසයි නො ලැබුනේ. බල්ලෙක් මාව හැපිය යුතුයි. ඒ නිස යි හැපුවේ. මා වල් අලියෙකුට මුණ ගැසිය යුතුයි. ඒ නිස යි වල් අලියාට මාව හසුවුනේ. මා වල් අශ්වයෙකුට ත් මුණ ගැසිය යුතුයි. ඒ නිස යි වල් අශ්වයාට මාව හසුවුනේ. නපුරු ගොනාට මාව මුණ ගැසිය යුතුයි. ඒ නිසයි නපුරු ගොනාට මාව හසුවුනේ. ස්ත්‍රිය ගේ ත්, පුරුෂයා ගේ ත් නම ත් ගෝත්‍රය ත් මා විසින් ඇසිය යුතුයි. එනිසයි ඇසුවේ. ගමේ ත්, නියම් ගමේ ත් නම ත්, මාර්ගයේ නම ත් මා විසින් ඇසිය යුතුයි. එනිසයි ඇසුවේ' කියල.

එතකොට පින්වත් සන්දක, බුද්ධිමත් පුද්ගලයෙක් මේ මතය ගැන නුවණින් විමසන්නෙ මෙහෙමයි. මේ භවත් ශාස්තෘවරයා සර්වඥයි ලු. සියල්ල දකිනවා ලු. ....(පෙ).... ඒ නිසයි ඇසුවේ කියල කියනවා. ඉතින් ඒ නුවණැත්තා 'මෙය නම් අස්වැසිල්ලක් නැති බඹසර වාසයක් ය' කියා ඒ බඹසර වාසය ගැන කළකිරී එයින් ඉවත් වෙනවා.

පින්වත් සන්දක, දන්නා වූ ත්, දක්නා වූ ත්, අරහත් සම්මා සම්බුදු වූ භාග්‍යවතුන් වහන්සේ විසින් තමයි මේ පළමුවෙනි අස්වැසිලි රහිත බ්‍රහ්මචාරී වාසය පෙන්වා වදාළේ. මෙහි තමයි බුද්ධිමත් කෙනෙක් ඒකාන්තයෙන් බඹසර වාසයෙහි නො හැසිරෙන්නෙ. යමෙක් හැසිරුනත් අවබෝධයකින් යුක්තව කුසල් දහම් සාක්ෂාත් කිරීමක් සිදු වන්නෙ නෑ.

පින්වත් සන්දක, අස්වැසිලි රහිත වූ තවත් බඹසර වාසයක් තියෙනවා. මෙහිලා එක්තරා ශාස්තෘවරයෙක් ඉන්නවා. ඔහු අසන දෙය පමණක් ඇසුරු කොට ඉන්න කෙනෙක්. ශ්‍රවණය ම සත්‍ය වශයෙන් පිළිගන්නා කෙනෙක්. ඉතින් ඔහු අසන ලද දෙය ම නුවණින් නො විමසා පරම්පරාවෙන් ආ පිළිවෙල යැයි කියා එය 'මෙසේය, මෙසේය' යැයි කියා පිටක සම්පත්තියෙන් දහම් දෙසයි.

පින්වත් සන්දක, ශ්‍රවණය ම ඇසුරු කළ, සවන් දුන් දෙය ම සත්‍ය කොට ගත් ඒ ශාස්තෘ වරයාට මනා කොට ඇසූ දෙය ඇත. නො මනා කොට ඇසූ දෙය ද ඇත. ඒ අයුරින් ද වෙයි. වෙනස් අයුරකින් ද වෙයි.

එතකොට පින්වත් සන්දක, බුද්ධිමත් පුද්ගලයෙක් මේ මතය ගැන නුවණින් විමසන්නෙ මෙහෙමයි. මේ භවත් ශාස්තෘවරයා අසන දෙය පමණක් ඇසුරු කොට ඉන්න කෙනෙක්. ශ්‍රවණය ම සත්‍ය වශයෙන් පිළිගන්නා කෙනෙක්. ඉතින් ඔහු අසන ලද දෙය ම නුවණින් නො විමසා පරම්පරාවෙන් ආ පිළිවෙල යැයි කියා එය 'මෙසේය, මෙසේය' යැයි කියා පිටක සම්පත්තියෙන් දහම් දෙසයි. ඉතින් ඔහු ශ්‍රවණය ම ඇසුරු කළ, සවන් දුන් දෙය ම සත්‍ය කොට ගත් ඒ ශාස්තෘ වරයාට මනා කොට ඇසූ දෙය ඇත. නො මනා කොට ඇසූ දෙය ද ඇත. ඒ අයුරින් ද වෙයි. වෙනස් අයුරකින් ද වෙයි. ඉතින් ඒ නුවණැත්තා 'මෙය නම් අස්වැසිල්ලක් නැති බඹසර වාසයක් ය' කියා ඒ බඹසර වාසය ගැන කළකිරී එයින් ඉවත් වෙනවා.

පින්වත් සන්දක, දන්නා වූ ත්, දක්නා වූ ත්, අරහත් සම්මා සම්බුදු වූ භාග්‍යවතුන් වහන්සේ විසින් තමයි මේ දෙවෙනි අස්වැසිලි රහිත බ්‍රහ්මචාරී වාසය පෙන්වා වදාළේ. මෙහි තමයි බුද්ධිමත් කෙනෙක් ඒකාන්තයෙන් බඹසර වාසයෙහි නො හැසිරෙන්නෙ. යමෙක් හැසිරුනත් අවබෝධයකින් යුක්තව කුසල් දහම් සාක්ෂාත් කිරීමක් සිදු වන්නෙ නෑ.

පින්වත් සන්දක, අස්වැසිලි රහිත වූ තවත් බඹසර වාසයක් තියෙනවා. මෙහිලා තවත් ශාස්තෘවරයෙක් ඉන්නවා. ඔහු තර්ක කරනවා. විමසනවා. ඉතින් ඔහු තර්ක කරමින්, විමස විමසා යමින්, තමන්ට වැටහෙන ආකාරයෙන් දහම් දෙසනවා. පින්වත් සන්දක, මෙසේ තර්ක කරමින්, විමස විමසා සිටින ශාස්තෘවරයා මැනවින් කරන ලද තර්ක ද ඇත. වැරදියට කරන ලද තර්ක ද ඇත. එවිට ඒ අයුරිනුත් වෙනවා. වෙනස් අයුරකිනුත් වෙනවා.

එතකොට පින්වත් සන්දක, බුද්ධිමත් පුද්ගලයෙක් මේ මතය ගැන නුවණින් විමසන්නෙ මෙහෙමයි. මේ භවත් ශාස්තෘවරයා තර්ක කරමින්, විමස විමසා තමන් ගේ වැටහීම අනුව දහම් දෙසනවා. ඉතින් තර්කය මත ම, විමසා විමසා තම වැටහීම් මත ම කරුණු කියන මෙම ශාස්තෘවරයාට මනා කොට කරන ලද තර්ක ද ඇත. නො මනා කොට කරන ලද තර්ක ද ඇත. එනිසා ඒ අයුරින් ද වෙයි. වෙනස් අයුරකින් ද වෙයි. මෙසේ සිතන ඒ නුවණැත්තා 'මෙය නම් අස්වැසිල්ලක් නැති බඹසර වාසයක් ය' කියා ඒ බඹසර වාසය ගැන කළකිරී එයින් ඉවත් වෙනවා.

පින්වත් සන්දක, දන්නා වූ ත්, දක්නා වූ ත්, අරහත් සම්මා සම්බුදු වූ භාග්‍යවතුන් වහන්සේ විසින් තමයි මේ තුන්වෙනි අස්වැසිලි රහිත බ්‍රහ්මචාරී වාසය පෙන්වා වදාළේ. මෙහි තමයි බුද්ධිමත් කෙනෙක් ඒකාන්තයෙන් බඹසර වාසයෙහි නො හැසිරෙන්නෙ. යමෙක් හැසිරුනත් අවබෝධයකින් යුක්තව කුසල් දහම් සාක්ෂාත් කිරීමක් සිදු වන්නෙ නෑ.

පින්වත් සන්දක, අස්වැසිලි රහිත වූ තවත් බඹසර වාසයක් තියෙනවා. මෙහිලා තවත් ශාස්තෘවරයෙක් ඉන්නවා. ඔහු බුද්ධිමත් නෑ. අතිමෝඩ කෙනෙක්. ඉතින් ඔහු නුවණ මඳ නිසා ම, අතිමෝඩ නිසා ම ඒ ඒ අයුරින් ප්‍රශ්න අසද්දී අමරාවික්ෂේපයට පැමිණ වචනයෙන් ලිස්සා යයි. 'මට මෙවැනි අදහසක් ද නැත. මට එවැනි අදහසක් ද නැත. මට වෙනත් අදහසක් ද නැත. මට අදහසක් නැත්තේ ය යන අදහස ද නැත. මට අදහසක් නැත්තේ ද නැත යන අදහස ද නැත' කියල.

එතකොට පින්වත් සන්දක, බුද්ධිමත් පුද්ගලයෙක් මේ මතය ගැන නුවණින් විමසන්නෙ මෙහෙමයි. මේ භවත් ශාස්තෘවරයා නුවණ නැත්තෙක් නෙව. අතිමෝඩයෙක් නෙව. ඔහු අනුවණකම නිසා ම, අතිමෝඩකම නිසා ම ඔහු ගෙන් යම් යම් ප්‍රශ්න ඇසූ විට අමරාවික්ෂේපයට පැමිණ, වචනයෙන් ලිස්සා යයි. ඉතින් ඔහු කියන්නේ 'මට මෙවැනි අදහසක් ද නැත. මට එවැනි අදහසක් ද නැත. මට වෙනත් අදහසක් ද නැත. මට අදහසක් නැත්තේ ය යන

අදහස ද නැත. මට අදහසක් නැත්තේ ද නැත යන අදහස ද නැත.' කියල යි. මෙසේ සිතන ඒ නුවණැත්තා 'මෙය නම් අස්වැසිල්ලක් නැති බඹසර වාසයක් ය' කියා ඒ බඹසර වාසය ගැන කළකිරී එයින් ඉවත් වෙනවා.

පින්වත් සන්දක, දන්නා වූ ත්, දක්නා වූ ත්, අරහත් සම්මා සම්බුදු වූ භාග්‍යවතුන් වහන්සේ විසින් තමයි මේ සතරවෙනි අස්වැසිලි රහිත බ්‍රහ්මචාරී වාසය පෙන්වා වදාළේ. මෙහි තමයි බුද්ධිමත් කෙනෙක් ඒකාන්තයෙන් බඹසර වාසයෙහි නො හැසිරෙන්නෙ. යමෙක් හැසිරුනත් අවබෝධයකින් යුක්තව කුසල් දහම් සාක්ෂාත් කිරීමක් සිදු වන්නෙ නෑ."

"භවත් ආනන්දයෙනි, ආශ්චර්යය යි! භවත් ආනන්දයෙනි අද්භූත යි! දන්නා වූ ත්, දක්නා වූ ත්, අරහත් සම්මා සම්බුදු වූ භාග්‍යවතුන් වහන්සේ විසින් යම් තැනක බුද්ධිමත් කෙනෙක් ඒකාන්තයෙන් බඹසර වාසයෙහි නො හැසිරෙනවා නම්, යමෙක් හැසිරුනත් අවබෝධයකින් යුක්තව කුසල් දහම් සාක්ෂාත් කිරීමක් සිදු වන්නෙ නැති නම් එබඳු වූ අස්වැසිලි රහිත බ්‍රහ්මචරිය වාසය සතරක් වදාළ සේක් ම ය.

භවත් ආනන්දයෙනි, යම් ශාසනයක බුද්ධිමත් කෙනෙක් ඒකාන්තයෙන් ම බඹසර හැසිරෙනවා නම්, එසේ බඹසර හැසිරීමෙන් අවබෝධයෙන් යුක්තව කුසල් දහම් සාක්ෂාත් කරනවා නම්, එය පෙන්වන ශාස්තෘවරයා කවර මතයක් දරණ කෙනෙක් ද? කුමක් පවසන කෙනෙක් ද?"

"පින්වත් සන්දක, මෙහිලා අරහත් වූ, සම්මා සම්බුද්ධ වූ, විජ්ජාචරණ සම්පන්න වූ, සුගත වූ, ලෝකවිදූ වූ, අනුත්තරෝ පුරිසදම්ම සාරථී වූ, සත්ථා දේවමනුස්සානං වූ, බුද්ධ වූ, භගවත් වූ තථාගතයන් වහන්සේ ලෝකයෙහි පහළ වෙනවා. ඒ තථාගතයන් වහන්සේ දෙවියන් සහිත වූ, මරුන් සහිත වූ, බඹුන් සහිත වූ, ශ්‍රමණ බ්‍රාහ්මණයන් සහිත වූ, දෙව් මිනිස් ප්‍රජාවෙන් යුතු ලෝකයා හට ස්වකීය විශිෂ්ට වූ ඤාණයෙන් සාක්ෂාත් කරන ලද ධර්මය දේශනා කරනවා. ඒ තථාගතයන් වහන්සේ මුළ කල්‍යාණ වූ, මධ්‍යයෙහි කල්‍යාණ වූ, අවසානය කල්‍යාණ වූ, අර්ථ සහිත වූ, පැහැදිලි ප්‍රකාශන මාධ්‍යයෙන් හෙබි, ධර්මය දේශනා කරනවා. මුළුමනින් ම පිරිපුන්, පිරිසිදු වූ නිවන් මඟ බඹසර ප්‍රකාශ කරනවා.

එතකොට ගෘහපතියෙක් හෝ වේවා, ගෘහපති පුත්‍රයෙක් හෝ වේවා, යම් කිසි කුලයක උපන් කෙනෙක් ඒ ධර්මය අසනවා. ....(පෙ).... ඒ භික්ෂුව ප්‍රඥාව දුර්වල කරන, සිතට උපක්ලේශ වූ මේ නීවරණ පහ අත්හරිනවා. ඊට පස්සෙ කාමයෙන් වෙන්ව, අකුසල් වලින් වෙන්ව, විතර්ක විචාර සහිත, ප්‍රීතිය හා සැපය ඇති පළවෙනි ධ්‍යානය ලබාගෙන වාසය කරනවා. පින්වත් සන්දක, යම්

ශාස්තෘන් වහන්සේ නමක ගේ සසුනෙහි ශ්‍රාවකයෙක් මෙබඳු වූ උදාර වූ විශේෂ තත්වයක් සාක්ෂාත් කරයි නම්, අන්න ඒ බඹසර තුළ තමයි බුද්ධිමත් කෙනෙක් ඒකාන්තයෙන් ම හැසිරෙන්නෙ. ඒ බඹසර තුළ වසද්දී තමයි අවබෝධයෙන් ම ලත් කුසල් දහම් සාක්ෂාත් කළ හැකි වන්නේ.

පින්වත් සන්දක, ඒ වගේ ම භික්ෂුව විතර්ක විචාර සංසිඳුවාගෙන, තමා තුළ ප්‍රසන්න බව ඇති කරගෙන, සිතේ එකඟ බවින් යුතුව, විතර්ක විචාර රහිත සමාධියෙන් හටගත් ප්‍රීතිය සැපය තියෙන දෙවෙනි ධ්‍යානයත් ලබාගෙන වාසය කරනවා. පින්වත් සන්දක, යම් ශාස්තෘන් වහන්සේ නමක ගේ සසුනෙහි ශ්‍රාවකයෙක් මෙබඳු වූ උදාර වූ විශේෂ තත්වයක් සාක්ෂාත් කරයි නම්, අන්න ඒ බඹසර තුළ තමයි බුද්ධිමත් කෙනෙක් ඒකාන්තයෙන් ම හැසිරෙන්නෙ. ඒ බඹසර තුළ වසද්දී තමයි අවබෝධයෙන් ම ලත් කුසල් දහම් සාක්ෂාත් කළ හැකි වන්නේ.

පින්වත් සන්දක, ඒ වගේ ම භික්ෂුව ප්‍රීතියට ඇලෙන්නෙත් නැතිව උපේක්ෂාවෙන් යුතුව ඉන්නවා. සිහි නුවණින් යුතුව කයෙන් සැපයකුත් විඳිනවා. ආර්යන් වහන්සේලා ඒ සමාධියට මෙහෙම කියනවා. 'උපේක්ෂාවෙන් යුක්තව, සිහියෙන් යුක්තව සැප සේ වාසය කරනවා' කියන ඒ තුන්වෙනි ධ්‍යානය ත් ලබාගෙන වාසය කරනවා. පින්වත් සන්දක, යම් ශාස්තෘන් වහන්සේ නමක ගේ සසුනෙහි ශ්‍රාවකයෙක් මෙබඳු වූ උදාර වූ විශේෂ තත්වයක් සාක්ෂාත් කරයි නම්, අන්න ඒ බඹසර තුළ තමයි බුද්ධිමත් කෙනෙක් ඒකාන්තයෙන් ම හැසිරෙන්නෙ. ඒ බඹසර තුළ වසද්දී තමයි අවබෝධයෙන් ම ලත් කුසල් දහම් සාක්ෂාත් කළ හැකි වන්නේ.

පින්වත් සන්දක, ඒ වගේ ම භික්ෂුව සැප ද, දුක ද නැති කිරීමෙන්, කලින් ම මානසික සැප දුක් දෙකින් ම වෙන් වෙලා, දුක් සැප රහිත පිරිසිදු උපේක්ෂාව ත්, සිහිය ත් තියෙන හතරවෙනි ධ්‍යානය ලබාගෙන වාසය කරනවා. පින්වත් සන්දක, යම් ශාස්තෘන් වහන්සේ නමක ගේ සසුනෙහි ශ්‍රාවකයෙක් මෙබඳු වූ උදාර වූ විශේෂ තත්වයක් සාක්ෂාත් කරයි නම්, අන්න ඒ බඹසර තුළ තමයි බුද්ධිමත් කෙනෙක් ඒකාන්තයෙන් ම හැසිරෙන්නෙ. ඒ බඹසර තුළ වසද්දී තමයි අවබෝධයෙන් ම ලත් කුසල් දහම් සාක්ෂාත් කළ හැකි වන්නේ.

ඉතින් ඒ භික්ෂුව ඔය විදිහට සමාධිගත සිතක් ඇති වුනා ම, සිත පිරිසිදු වුනා ම, සිත බබලන කොට, උපක්ලේශ නැති වුනා ම, හිත මෘදු වුනා ම, අවබෝධයට සුදුසු වුනා ම, නො සෙල්වී තිබුනා ම අකම්පිත වුනා ම, තමන් කලින් ගත කළ ජීවිත ගැන දැකීමේ නුවණ ලබාගන්ට සිත මෙහෙයවනවා. එතකොට ඔහු නොයෙක් ආකාරයේ ජීවිත ගත කළ හැටි සිහි කරනවා. ඒ

කියන්නෙ එක ජීවිතයක්, ජීවිත දෙකක්, ...(පෙ).... ඔය විදිහට කරුණු සහිතව, පැහැදිලි විස්තර ඇති ව, නොයෙක් ආකාරයෙන් තමන් ගත කළ අතීත ජීවිත ගැන සිහි කරනවා. පින්වත් සන්දක, යම් ශාස්තෘන් වහන්සේ නමක ගේ සසුනෙහි ශ්‍රාවකයෙක් මෙබඳු වූ උදාර වූ විශේෂ තත්වයක් සාක්ෂාත් කරයි නම්, අන්න ඒ බඹසර තුළ තමයි බුද්ධිමත් කෙනෙක් ඒකාන්තයෙන් ම හැසිරෙන්නෙ. ඒ බඹසර තුළ වසද්දී තමයි අවබෝධයෙන් ම ලත් කුසල් දහම් සාක්ෂාත් කළ හැකි වන්නේ.

ඉතින් ඒ භික්ෂුව ඔය විදිහට සමාධිගත සිතක් ඇති වුනා ම, සිත පිරිසිදු වුනාම, සිත බබලන කොට, උපක්ලේශ නැති වුනා ම, හිත මෘදු වුනා ම, අවබෝධයට සුදුසු වුනා ම, නො සෙල්වී තිබුනා ම, අකම්පිත වුනා ම, සත්වයන් චුත වෙන, උපදින හැටි දැකීමේ නුවණ ලබාගන්ට සිත මෙහෙයවනවා. එතකොට ඔහු සාමාන්‍ය මිනිසුන් ගේ දර්ශන පථය ඉක්මවා ගිය පිරිසිදු දිවැස් නුවණින් චුත වෙන උපදින සත්වයන් දකිනවා. උසස් පහත්, ලස්සන කැත, සුගති දුගතිවල කර්මානුරූපව සත්වයන් උපදින හැටි දකිනවා. පින්වත් සන්දක, යම් ශාස්තෘන් වහන්සේ නමක ගේ සසුනෙහි ශ්‍රාවකයෙක් මෙබඳු වූ උදාර වූ විශේෂ තත්වයක් සාක්ෂාත් කරයි නම්, අන්න ඒ බඹසර තුළ තමයි බුද්ධිමත් කෙනෙක් ඒකාන්තයෙන් ම හැසිරෙන්නෙ. ඒ බඹසර තුළ වසද්දී තමයි අවබෝධයෙන් ම ලත් කුසල් දහම් සාක්ෂාත් කළ හැකි වන්නේ.

ඉතින් ඒ භික්ෂුව ඔය විදිහට සමාධිගත සිතක් ඇති වුනා ම, සිත පිරිසිදු වුනා ම, සිත බබලන කොට, උපක්ලේශ නැති වුනා ම, හිත මෘදු වුනා ම, අවබෝධයට සුදුසු වුනා ම, නො සෙල් වී තිබුනා ම, අකම්පිත වුනා ම, ආශ්‍රව ක්ෂය කළ බවට අවබෝධය ලැබීමේ නුවණ ලබාගන්ට සිත මෙහෙයවනවා. ඉතින් ඒ භික්ෂුව 'මේක තමයි දුක' කියල යථාර්ථය අවබෝධ කරනවා. 'මේක තමයි දුකේ හටගැනීම' කියල යථාර්ථය අවබෝධ කරනවා. 'මේ තමයි දුකේ නැතිවීම' කියල යථාර්ථය අවබෝධ කරනවා. 'මේ තමයි දුක් නැති වීමේ මාර්ග ය' කියල යථාර්ථය අවබෝධ කරනවා. 'මේවා තමයි ආශ්‍රව' කියල යථාර්ථය අවබෝධ කරනවා. 'මේ තමයි ආශ්‍රවයන් ගේ හටගැනීම' කියල යථාර්ථය අවබෝධ කරනවා. 'මේ තමයි ආශ්‍රව නැතිවීම' කියල යථාර්ථය අවබෝධ කරනවා. 'මේ තමයි ආශ්‍රව නිරුද්ධ වීමේ මාර්ගය' කියල යථාර්ථය අවබෝධ කරනවා.

ඔය විදිහට ඒ භික්ෂුව යථාර්ථය දැන ගන්න කොට, යථාර්ථය දැක ගන්න කොට, කාම ආශ්‍රවයෙනුත් සිත නිදහස් වෙනවා. භව ආශ්‍රවයෙනුත් සිත නිදහස් වෙනවා. අවිජ්ජා ආශ්‍රවයෙනුත් සිත නිදහස් වෙනවා. ආශ්‍රවයන් ගෙන් සිත

නිදහස් වුනා ම සියලු දුකින් තමන් නිදහස් වූ බවට අවබෝධය ඇති වෙනවා. 'ඉපදීම නැති වුනා. බඹසර වාසය සම්පූර්ණ කළා. කළ යුතු දේ කළා. ආයෙ කවදාවත් සසරට වැටෙන්නෙ නෑ' කියල දැනගන්නවා. පින්වත් සන්දක, යම් ශාස්තෘන් වහන්සේ නමක ගේ සසුනෙහි ශ්‍රාවකයෙක් මෙබඳු වූ උදාර වූ විශේෂ තත්වයක් සාක්ෂාත් කරයි නම්, අන්න ඒ බඹසර තුළ තමයි බුද්ධිමත් කෙනෙක් ඒකාන්තයෙන් ම හැසිරෙන්නෙ. ඒ බඹසර තුළ වසද්දී තමයි අවබෝධයෙන් ම ලත් කුසල් දහම් සාක්ෂාත් කළ හැකි වන්නේ."

"භවත් ආනන්දය, යම් මේ භික්ෂුවක් රහතන් වහන්සේ නමක් වේ ද, ක්ෂීණාශ්‍රව වූ වසන ලද බඹසර ඇති, කළ යුත්ත කොට ඇති, කෙලෙස් බර බැහැර දැමූ, අනුපිළිවෙලින් පැමිණි යහපත ඇති, භව බන්ධන ක්ෂය කරන ලද, අවබෝධයෙන් ම විමුක්තියට පත්, ඒ රහතන් වහන්සේ කාමයන් පරිභෝජනය කරනවා ද?"

"පින්වත් සන්දක, යම් මේ භික්ෂුවක් රහතන් වහන්සේ නමක් වේ ද, ක්ෂීණාශ්‍රව වූ වසන ලද බඹසර ඇති, කළ යුත්ත කොට ඇති, කෙලෙස් බර බැහැර දැමූ, අනුපිළිවෙලින් පැමිණි යහපත ඇති, භව බන්ධන ක්ෂය කරන ලද, අවබෝධයෙන් ම විමුක්තියට පත්, යම් ඒ රහතන් වහන්සේ වෙත් ද, ඒ රහත් භික්ෂුව කරුණු පහක් කරන්නට අභව්‍යය වේ. ඒ කියන්නෙ; ක්ෂීණාශ්‍රව භික්ෂුව විසින් දැන දැන සතෙකු ගේ ජීවිතය නසන්නට පුළුවන් කමක් නෑ. ක්ෂීණාශ්‍රව භික්ෂුව විසින් නුදුන් දෙයක් සොර සිතින් ගන්නට පුළුවන් කමක් නෑ. ක්ෂීණාශ්‍රව භික්ෂුව විසින් මෛථුන සේවනයේ යෙදෙන්නට පුළුවන් කමක් නෑ. ක්ෂීණාශ්‍රව භික්ෂුව විසින් දැන දැන බොරු කියන්නට පුළුවන් කමක් නෑ. ක්ෂීණාශ්‍රව භික්ෂුව විසින් කලින් ගිහි ගෙදර ගත කළ පරිද්දෙන් කාමයන් රැස් කරගෙන පරිභෝජනය කරන්නට පුළුවන් කමක් නෑ.

පින්වත් සන්දක, ක්ෂීණාශ්‍රව වූ වසන ලද බඹසර ඇති, කළ යුත්ත කොට ඇති, කෙලෙස් බර බැහැර දැමූ, අනුපිළිවෙලින් පැමිණි යහපත ඇති, භව බන්ධන ක්ෂය කරන ලද, අවබෝධයෙන් ම විමුක්තියට පත්, යම් රහත් භික්ෂුවක් වේ ද, ඒ භික්ෂුව විසින් මේ පස් කරුණෙහි සඳහන් දේ කරන්නට පුළුවන් කමක් නෑ."

"භවත් ආනන්දයෙනි, ක්ෂීණාශ්‍රව වූ වසන ලද බඹසර ඇති, කළ යුත්ත කොට ඇති, කෙලෙස් බර බැහැර දැමූ, අනුපිළිවෙලින් පැමිණි යහපත ඇති, භව බන්ධන ක්ෂය කරන ලද, අවබෝධයෙන් ම විමුක්තියට පත්, යම් රහත් භික්ෂුවක් වේ ද, ඒ රහතන් වහන්සේට ඇවිදින විට ත්, සිටින විට ත්, නිදන විට ත්, නිදි වරන විට ත්, හැම විට ම, නිරතුරුව ම, 'මාගේ ආශ්‍රවයන් ක්ෂය වී ඇත කියා' මැනවින් පිහිටි ඤාණ දර්ශනයක් තියෙනවා ද?"

"පින්වත් සන්දක, ඔබට උපමාවක් කියා දෙන්නම්. ඇතැම් බුද්ධිමත් කෙනෙකුට මෙහිලා උපමාවෙන් වුනත්, පවසන දෙය තුළ ඇති අර්ථය තේරුම් ගන්නට පුළුවනි. පින්වත් සන්දක, අත් පා කපා දැමූ පුරුෂයෙක් ඉන්නවා. ඉතින් ඔහු ඇවිදින විට ත්, සිටින විට ත්, නිදන විට ත්, නිදි වරන විට ත්, හැම විට ම, නිරතුරුව ම ඔහු ගේ අත් පා කැපිල යි තියෙන්නෙ. නමුත් ඔහුට එය සිහි කරද්දි තමයි මතක් වෙන්නෙ 'මාගේ අත් පා කපා දමා තියෙනවා' කියල. පින්වත් සන්දක, ඒ වගේ ම යි ක්ෂීණාශ්‍රව වූ වසන ලද බඹසර ඇති, කළ යුත්ත කොට ඇති, කෙලෙස් බර බැහැර දැමූ, අනුපිළිවෙලින් පැමිණි යහපත ඇති, භව බන්ධන ක්ෂය කරන ලද, අවබෝධයෙන් ම විමුක්තියට පත්, යම් රහත් භික්ෂුවක් වේ ද, ඒ රහතන් වහන්සේට ඇවිදින විට ත්, සිටින විට ත්, නිදන විට ත්, නිදි වරන විට ත්, හැම විට ම, නිරතුරුව ම ආශ්‍රවයන් ක්ෂය වෙල යි තියෙන්නෙ. නමුත් උන්වහන්සේ ප්‍රත්‍යවෙක්ෂා කරද්දි තමයි 'මාගේ ආශ්‍රවයන් ක්ෂය වෙලා' කියා මතක් වෙන්නෙ."

"භවත් ආනන්දයෙනි, මේ බුදු සසුනෙහි සසරෙන් එතෙර වූ බොහෝ අය ඉන්නවා ද?" "පින්වත් සන්දක, මේ බුදු සසුනෙහි සසරෙන් එතෙර වූ අය සියයක් නොවේ, දෙසීයක් නොවේ, තුන්සීයක් නොවේ, හාරසියයක් නොවේ, පන්සියයක් නොවේ තව බොහෝ ගණනක් ඉන්නවා."

"භවත් ආනන්දයෙනි, ආශ්චර්ය යි! භවත් ආනන්දයෙනි, අද්භූත යි! තමා ගේ ධර්මය ඉහළට ඔසවලා තැබීමක් වුනෙත් නෑ. අනුන් ගේ ධර්මය හෙළා දමා තැබීමක් වුනෙත් නෑ. අදාළ කරුණ පිළිබඳව ධර්ම දේශනාව වුනා. ඒ වගේ ම බොහෝ දෙනා සසරෙන් එතෙර වෙන බව ත් පෙනෙනවා. මේ ආජීවකයෝ නම් දරුවන් මැරුණු මවක ගේ දරුවන් වගෙයි. මේ උදවිය තමාවත් උත්කර්ෂවත් කරගන්නවා. අනුන්වත් හෙළා දකිනවා. සසරෙන් එතෙර කරවන්නට පුළුවන් ය කියන උදවිය තුන් දෙනෙක් ගැනත් කියනවා. එනම් නන්දවච්ඡ, කිසසංකිච්ච, මක්ඛලීගෝසාල යන තුන්දෙනා ගැනයි."

එතකොට සන්දක පිරිවැජියා තම පිරිස ඇමතුවා. "භවත්නි, ශ්‍රමණ ගෞතමයන් වහන්සේ ගේ සසුනෙහි බඹසර වාසය කරත්වා! දැන් අපට නම් මේ ලැබෙන ලාභ සත්කාර කීර්ති ප්‍රශංසා අත්හැරීම ලෙහෙසි දෙයක් නො වෙයි."

මේ අයුරින් සන්දක පිරිවැජියා තමන් ගේ පිරිස භාග්‍යවතුන් වහන්සේ ගේ ශාසනයෙහි බඹසර වාසයට උත්සාහවත් කළා.

සාදු! සාදු!! සාදු!!!

සන්දක පිරිවැජියාට වදාළ දෙසුම නිමා විය.

2.3.7.

මහා සකුළුදායී සූත්‍රය

සකුළුදායී පිරිවැජියාට වදාළ විස්තරාත්මක දෙසුම

මා හට අසන්නට ලැබුනේ මේ විදිහට යි. ඒ දිනවල භාග්‍යවතුන් වහන්සේ වැඩ සිටියේ රජගහ නුවර කලන්දක නිවාප නම් වූ වේළුවනයේ. ඒ දිනවල බොහෝ ප්‍රසිද්ධ වූ, වඩාත් ප්‍රසිද්ධ වූ පිරිවැජියනුත් මෝරනිවාප නම් පිරිවැජි ආරාමයෙහි වාසය කළා. ඔවුන් කවරහුද යත්; අන්නභාර, වරධර, සකුළුදායී ආදී නොයෙක් ප්‍රසිද්ධ වූ පරිබ්‍රාජකයන් ය.

එදා භාග්‍යවතුන් වහන්සේ පෙරවරුවෙහි සිවුරු හැඳ පොරවා ගෙන පාත්‍රය ද ගෙන රජගහ නුවර පිඬුසිඟා වැඩියා. එවිට භාග්‍යවතුන් වහන්සේට මෙහෙම හිතුණා. 'රජගහ නුවර පිඬුසිඟා වඩින්නට තවම වේලාසන වැඩියි. එහෙයින් මං මෝරනිවාප නම් පිරිවැජියන් ගේ ආරාමය යම් තැනක ද, සකුළුදායී පිරිවැජියා යම් තැනක ද එතනට යන්නට ඕන' කියල. ඉතින් භාග්‍යවතුන් වහන්සේ මෝරනිවාප පිරිවැජි ආරාමය වෙත වැඩියා.

එතකොට ඒ වෙලාවෙහි සකුළුදායී පිරිවැජියා මහත් පිරිවැජි පිරිසක් සමඟ උස් හඬින් මහ හඬින් කෑ ගසමින් නොයෙක් ආකාරයෙන් තිරිසන් කතාවන් කරමින් සිටියා. ඒ කියන්නේ; ආණ්ඩුව ගැන කතා කිරීම, ප්‍රසිද්ධ සොරුන් ගැන කතා කිරීම, මැති ඇමතිවරුන් ගැන කතා කිරීම, හමුදාවන් ගැන කතා කිරීම, භයජනක කතා කිරීම, යුද්ධ ගැන කතා කිරීම, ආහාර වර්ග ගැන කතා කිරීම, පාන වර්ග ගැන කතා කිරීම, වස්ත්‍ර ගැන කතා කිරීම, යාන වාහන ගැන කතා කිරීම, ඇඳ පුටු ගැන කතා කිරීම, ගෙවල් දොරවල් ගැන කතා කිරීම, මල් වර්ග ගැන කතා කිරීම, සුවඳ වර්ග ගැන කතා කිරීම, ඤාතීන් ගැන කතා කිරීම, ගම් ගැන කතා කිරීම, නියම් ගම් ගැන කතා කිරීම, නගර ගැන කතා කිරීම, ජනපද ගැන කතා කිරීම, ස්ත්‍රීන් ගැන කතා කිරීම, පුරුෂයන් ගැන කතා කිරීම, වීරයන් ගැන කතා කිරීම, මංමාවත් ගැන කතා කිරීම, පැන් තොටේ කතාවන් ගැන කතා කිරීම, මියගිය උදවිය ගැන කතා කිරීම, නා නා තිරිසන් කතාවන් ගැන කතා කිරීම, ලෝකය ගැන කතා කිරීම, මුහුද ගැන කතා කිරීම, මෙසේ මෙසේ ඇති වූයේ ය - නැති වූයේ ය යනුවෙන් කතා කිරීම ආදිය යි.

ඉතින් සකුළුදායී පිරිවැජියා දුරින් ම වඩින්නා වූ භාග්‍යවතුන් වහන්සේව දැක්කා. දැක තමන් ගේ පිරිස සන්සුන් කෙරෙව්වා. "භවත්නි, නිශ්ශබ්ද වන්න! භවත්නි, ශබ්ද නො කරන්න! මේ ශ්‍රමණ ගෞතමයන් පැමිණෙනවා. ඒ ආයුෂ්මතුන් වහන්සේ නිශ්ශබ්දතාවයට කැමතියි. නිශ්ශබ්දතාවයට යි වර්ණනා කරන්නෙ. නිශ්ශබ්ද වූ පිරිස දැනගෙන ඔවුන් වෙත එළැඹීම හොඳයි කියල යි සිතන්නෙ." එතකොට ඒ පිරිවැජියන් නිශ්ශබ්ද වුනා.

එවිට භාග්‍යවතුන් වහන්සේ සකුළුදායී පිරිවැජියා වෙත වැඩම කළා. සකුළුදායී පිරිවැජියා භාග්‍යවතුන් වහන්සේට මෙය පැවසුවා. "ස්වාමීනී, භාග්‍යවතුන් වහන්ස, වඩින සේක්වා! ස්වාමීනී, භාග්‍යවතුන් වහන්සේ ගේ මෙහි පැමිණීම ස්වාගතයක් ම යි! භාග්‍යවතුන් වහන්සේ මෙහි පැමිණියේ බොහෝ කාලයකට පස්සෙයි. භාග්‍යවතුන් වහන්සේ මේ පණවන ලද අසුනෙහි වැඩසිටිත්වා."

ඉතින් භාග්‍යවතුන් වහන්සේ ද පණවන ලද අසුනෙහි වැඩසිටියා. එතකොට සකුළුදායී පිරිවැජියා ද කුඩා අසුනක් එකත්පස්ව වාඩි වුනා. එකත්පස්ව වාඩි වූ සකුළුදායී පිරිවැජියාට භාග්‍යවතුන් වහන්සේ මෙය පැවසුවා. "පින්වත් උදායි, දැන් ඔබ රැස්වෙලා කුමක් ද කතා කරමින් හිටියේ. අප ගේ පැමිණීම නිසා ඔබ ගේ ඒ අඩාල වූ කතාව කුමක් ද?"

"ස්වාමීනී, ඔය කතාවන් පසෙක තිබේවා. අපි දැන් යම් කතාවක් කරමින් සිටියා ද ඒවා භාග්‍යවතුන් වහන්සේට අසන්නට ලැබෙන දුර්ලභ කතාවන් නොවෙයි. පස්සෙ වුනත් අසන්නට ලැබෙනවා. ස්වාමීනී, පසුගිය දවස්වල නා නා ආගමික ශ්‍රමණ බ්‍රාහ්මණයන් ගේ රැස්වීමක් කුතුහල ශාලාවෙහි තිබුනා. ඔවුන් අතර මේ කතාව ඇතිවුණා. 'භවත්නි, අංග-මගධ වැසියන්ට නම් ඒකාන්තයෙන් ම ලාභයක් ම යි. යම්තැනක ශ්‍රාවක පිරිස් ඇති නොයෙක් පිරිවර ඇති, පිරිසට ආචාර්ය වූ, ප්‍රසිද්ධ වූ, කීර්තිමත් වූ, ආගමික මත දරන්නා වූ, බොහෝ ජනයා යහපත යි සම්මත කරන ලද මේ ශ්‍රමණ බ්‍රාහ්මණයන් රජගහ නුවර වස් වසන්නට ඇවිත් සිටිනවා නෙව. බොහෝ ශ්‍රාවක පිරිස් ඇති නොයෙක් පිරිවර ඇති, පිරිසට ආචාර්ය වූ, ප්‍රසිද්ධ වූ, කීර්තිමත් වූ, ආගමික මත දරන්නා වූ, බොහෝ ජනයා යහපත යි සම්මත කරන ලද මේ පූරණ කස්සප ත් රජගහ නුවර වස් වසා සිටිනවා නෙව. මේ මක්ඛලී ගෝසාල ත් ....(පෙ).... අජිත කේශකම්බලි ත් ....(පෙ).... පකුධ කච්චායන ත් ....(පෙ).... සංජය බෙල්ට්ඨිපුත්‍ර ත් ....(පෙ).... බොහෝ ශ්‍රාවක පිරිස් ඇති නොයෙක් පිරිවර ඇති, පිරිසට ආචාර්ය වූ, ප්‍රසිද්ධ වූ, කීර්තිමත් වූ, ආගමික මත දරන්නා වූ, බොහෝ ජනයා යහපත යි සම්මත කරන ලද මේ නිගණ්ඨ නාතපුත්‍ර ත් රජගහ නුවර

වස් වසා සිටිනවා නෙව. ඒ වගේම බොහෝ ශ්‍රාවක පිරිස් ඇති නොයෙක් පිරිවර ඇති, පිරිසට ආචාර්ය වූ, ප්‍රසිද්ධ වූ, කීර්තිමත් වූ, ආගමික මත දරන්නා වූ, බොහෝ ජනයා යහපත යි සම්මත කරන ලද මේ ශ්‍රමණ ගෞතමයන් වහන්සේ ත් රජගහ නුවර වස් වසා සිටිනවා නෙව.

බොහෝ ශ්‍රාවක පිරිස් ඇති නොයෙක් පිරිවර ඇති, පිරිසට ආචාර්ය වූ, ප්‍රසිද්ධ වූ, කීර්තිමත් වූ, ආගමික මත දරන්නා වූ, බොහෝ ජනයා යහපත යි සම්මත කරන ලද මේ ශ්‍රමණ බ්‍රාහ්මණයන් අතුරෙන් ශ්‍රාවකයන් විසින් වඩාත් සත්කාර කරන්නේ කාට ද? සම්මාන දක්වන්නේ කාට ද? පිදුම් ලබන්නේ කවුද? ඒ ශ්‍රාවකයන් සත්කාර කොට, ගරු කොට, ඇසුරු කොට වාසය කරන්නේ කොයි අයුරින් ද?"

එතකොට කෙනෙක් මෙහෙම කිවුවා. "මේ පූරණ කස්සපට ත් ශ්‍රාවක පිරිසක් ඉන්නවා. පිරිස් සහිත යි. පිරිසට ආචාර්යවරයෙක්. ප්‍රසිද්ධ යි. කීර්තිමත්. ආගමික මත දරණවා. බොහෝ ජනයා විසින් යහපතැ'යි සම්මත යි. ඒ වුණාට ඔහු ශ්‍රාවකයන් ගෙන් සත්කාර ලබන්නේ නෑ. ගෞරව ලබන්නේ නෑ. සම්මාන ලබන්නේ නෑ. පිදුම් ලබන්නේ නෑ. ඒ ශ්‍රාවකයන් පූරණ කස්සපට සත්කාර නො කොට, ගෞරව නො කොට, ඇසුරු නො කොට යි වාසය කරන්නේ. මේක සිදු වූ දෙයක්. දිනක් පූරණ කස්සප නොයෙක් සිය ගණන් පිරිසට දහම් දෙසමින් සිටියා. එතකොට පූරණ කස්සප ගේ එක්තරා ශ්‍රාවකයෙක් කෑ ගැසුවා. 'භවත්නි, පූරණ කස්සප ගෙන් ඔය කාරණාව අහන්ට එපා! ඔහු ඒක දන්නෙ නෑ. අපි ඒක දන්නවා. ඔය කාරණාව අපෙන් අසන්ට. අපි ඔය භවතුන් හට එය විස්තර කොට දෙන්නම්' කියල. මේක සිදු වූ දෙයක්. එතකොට පූරණ කස්සප දෑත් හිස බැඳගෙන කෑ ගගහ කිව්වා 'භවත්නි, නිශ්ශබ්ද වෙත්වා! භවත්නි, ශබ්ද නො කරත්වා! භවත්නි, ඔවුන් අසන්නේ ඔබ ගෙන් නො වේ. ඔවුන් අසන්නේ අපෙනුයි. එයට උත්තර දෙන්නට අපට පුළුවනි' කියල. එහෙත් එයට ඉඩක් ලැබුනෙ නෑ. එතකොට පූරණ කස්සප ගේ ශ්‍රාවකයන් වාදයක් ගොඩනගා ගෙන පිටත් වෙලා ගියා. 'ඔබ මේ ධර්ම-විනය දන්නෙ නෑ. මම යි මේ ධර්ම-විනය දන්නෙ. ඔබ මේ ධර්ම-විනය දන්න කෙනෙක් ද? ඔබ ඉන්නෙ මිත්‍යා ප්‍රතිපත්තියක යි. මං තමයි සම්‍යක් ප්‍රතිපත්තියේ ඉන්නෙ. මගේ වචනය කරුණු සහිතයි. ඔබ ගේ වචනය කරුණු රහිතයි. කලින් කිය යුත්ත ඔබ කිව්වේ පසුව යි. පසුව කිව යුත්ත ඔබ වේලාසනින් කිව්වා. ඔබ ප්‍රගුණ කළ දෙය කණපිට හැරුනා. ඔබට වාදයක් නංවලයි තියෙන්නේ. නිග්‍රහ කරල යි තියෙන්නෙ. ඉදින් හැකියාවක් තිබේ නම් මේ වාදයෙන් බේරෙන්නට කටයුතු කරන එක යි ඇත්තෙ' කියල. මේ විදිහට පූරණ කස්සප ශ්‍රාවකයන් ගෙන් සත්කාර ලැබුවෙ

නෑ. ගෞරව ලැබුවෙ නෑ. සම්මාන ලැබුවෙ නෑ. පිදුම් ලැබුවෙ නෑ. ශ්‍රාවකයන් පූරණ කස්සපට සත්කාර, ගෞරව නො දක්වා ඇසුරු නො කරයි හිටියෙ. පූරණ කස්සප ස්වභාව වශයෙන් ම සිදු වෙන ආක්‍රෝශයෙන් ආක්‍රෝශ ලැබුවා."

එතකොට තව කෙනෙක් මෙහෙම කිව්වා. "මේ මක්ඛලී ගෝසාලයාට ත් ....(පෙ).... මේ අජිත කේශකම්බිලියාට ත් ....(පෙ).... මේ පකුධ කච්චායනයාට ත් ....(පෙ).... මේ සංජය බෙල්ලට්ඨීපුත්‍රයාට ත් ....(පෙ).... මේ නිගණ්ඨ නාතපුත්‍රයාට ත් ශ්‍රාවක පිරිසක් ඉන්නවා. පිරිස් සහිත යි. පිරිසට ආචාර්යවරයෙක්. ප්‍රසිද්ධ යි. කීර්තිමත්. ආගමික මත දරණවා. බොහෝ ජනයා විසින් යහපතැ'යි සම්මත යි. ඒ වුණාට ඔහු ශ්‍රාවකයන් ගෙන් සත්කාර ලබන්නේ නෑ. ගෞරව ලබන්නේ නෑ. සම්මාන ලබන්නේ නෑ. පිදුම් ලබන්නේ නෑ. ඒ ශ්‍රාවකයන් නිගණ්ඨ නාතපුත්‍රයාට සත්කාර නො කොට, ගෞරව නො කොට, ඇසුරු නො කොට යි වාසය කරන්නේ. මේක සිදු වූ දෙයක්. දිනක් නිගණ්ඨ නාතපුත්‍රයා නොයෙක් සිය ගණන් පිරිසට දහම් දෙසමින් සිටියා. එතකොට නිගණ්ඨ නාතපුත්‍රයා ගේ එක්තරා ශ්‍රාවකයෙක් කෑ ගැසුවා. 'භවත්නි, නිගණ්ඨ නාතපුත්‍ර ගෙන් ඔය කාරණාව අහන්ට එපා! ඔහු ඒක දන්නෙ නෑ. අපි ඒක දන්නවා. ඔය කාරණාව අපෙන් අසන්ට. අපි ඔය භවතුන් හට එය විස්තර කොට දෙන්නම්' කියල. මේක සිදු වූ දෙයක්. එතකොට නිගණ්ඨ නාතපුත්‍ර දෑත් හිස බැඳගෙන කෑ ගගහ කිව්වා 'භවත්නි, නිශ්ශබ්ද වෙත්වා! භවත්නි, ශබ්ද නො කරත්වා! භවත්නි, ඔවුන් අසන්නේ ඔබ ගෙන් නො වේ. ඔවුන් අසන්නේ අපෙනුයි. එයට උත්තර දෙන්නට අපට පුළුවනි' කියල. එහෙත් එයට ඉඩක් ලැබුනෙ නෑ. එතකොට නිගණ්ඨ නාතපුත්‍ර ගේ ශ්‍රාවකයන් වාදයක් ගොඩනගා ගෙන පිටත් වෙලා ගියා. 'ඔබ මේ ධර්ම-විනය දන්නෙ නෑ. මම යි මේ ධර්ම-විනය දන්නෙ. ඔබ මේ ධර්ම-විනය දන්න කෙනෙක් ද? ඔබ ඉන්නෙ මිත්‍යා ප්‍රතිපත්තියක යි. මං තමයි සම්‍යක් ප්‍රතිපත්තියේ ඉන්නෙ. මගේ වචනය කරුණු සහිතයි. ඔබ ගේ වචනය කරුණු රහිතයි. කලින් කිය යුත්ත ඔබ කිව්වේ පසුව යි. පසුව කිව යුත්ත ඔබ වේලාසනින් කිව්වා. ඔබ ප්‍රගුණ කළ දෙය කණපිට හැරුණා. ඔබට වාදයක් නංවලයි තියෙන්නේ. නිග්‍රහ කරල යි තියෙන්නෙ. ඉදින් හැකියාවක් තිබේ නම් මේ වාදයෙන් බේරෙන්නට කටයුතු කරන එක යි ඇත්තෙ' කියල. මේ විදිහට නිගණ්ඨ නාතපුත්‍ර ශ්‍රාවකයන් ගෙන් සත්කාර ලැබුවෙ නෑ. ගෞරව ලැබුවෙ නෑ. සම්මාන ලැබුවෙ නෑ. පිදුම් ලැබුවෙ නෑ. ශ්‍රාවකයන් නිගණ්ඨ නාතපුත්‍රට සත්කාර, ගෞරව නො දක්වා ඇසුරු නො කරයි හිටියෙ. නිගණ්ඨ නාතපුත්‍ර ස්වභාව වශයෙන් ම සිදු වෙන ආක්‍රෝශයෙන් ආක්‍රෝශ ලැබුවා."

එතකොට තව කෙනෙක් මෙහෙම කිව්වා. "මේ ශ්‍රමණ ගෞතමයන් වහන්සේට ත් ශ්‍රාවක පිරිසක් ඉන්නවා. පිරිස් සහිත යි. පිරිසට ආචාර්ය

වරයෙක්. ප්‍රසිද්ධ යි. කීර්තිමත්. ආගමික මත දරණවා. බොහෝ ජනයා විසින් යහපතැ'යි සම්මත යි. ඒ වගේ ම උන්වහන්සේ ශ්‍රාවකයන් ගෙන් සත්කාර ලබනවා. ගෞරව ලබනවා. සම්මාන ලබනවා. පිදුම් ලබනවා. ඒ ශ්‍රාවකයනුත් ශ්‍රමණ ගෞතමයන් වහන්සේට සත්කාර කොට, ගෞරව කොට, ඇසුරු කොට යි වාසය කරන්නේ. මේක සිදු වූ දෙයක්.

දිනක් ශ්‍රමණ ගෞතමයන් වහන්සේ නොයෙක් සිය ගණන් පිරිසට දහම් දෙසමින් සිටියා. එතකොට ශ්‍රමණ ගෞතමයන් වහන්සේ ගේ එක්තරා ශ්‍රාවකයෙක් කැස්සා. තවත් සබ්‍රහ්මචාරීන් වහන්සේ නමක් අර ශ්‍රාවකයාට 'ප්‍රිය ආයුෂ්මත, නිහඬ වේවා! ප්‍රිය ආයුෂ්මත, ශබ්ද නො කරාවා! අප ගේ ශාස්තෲ වූ භාග්‍යවතුන් වහන්සේ දහම් දෙසන සේක' කියා දණහිසින් තට්ටු කළා.

යම් වෙලාවක ශ්‍රමණ ගෞතමයන් වහන්සේ නොයෙක් සිය ගණන් පිරිසට ධර්ම දේශනා කරනවා නම්, ඒ වෙලාවට ශ්‍රමණ ගෞතමයන් වහන්සේ ගේ ශ්‍රාවකයන් තුළ කිවිසුම් හඬක් වත්, උගුර පාදන හඬක් වත් ඇහෙන්නෙ නෑ. මහජනයා ඒ වෙලාවට සිටින්නේ ඒ ධර්මය පතා ගෙන ඉන්න පිරිසක් හැටියට යි. 'අප ගේ භාග්‍යවතුන් වහන්සේ යම් ධර්මයක් වදාරණ සේක් ද, එය අපි අසන්නෙමු' කියල යි. ඒක හරියට පුරුෂයෙක් සිව්මංසලක දඬුවැල් බෑ මී වදයක් මිරිකල දෙනවා වගෙයි. එතකොට මහජනයා වට වෙලා ඒ මී පැණි ගන්නට පතාගෙන ඉන්නවා වගේයි. ශ්‍රමණ ගෞතමයන් වහන්සේ ත් යම් වෙලාවක නොයෙක් සිය ගණන් පිරිසට ධර්ම දේශනා කරද්දිත් ඒ වගේ ම තමයි. ඒ වෙලාවට ශ්‍රමණ ගෞතමයන් වහන්සේ ගේ ශ්‍රාවකයන් තුළ කිවිසුම් හඬක් වත්, උගුර පාදන හඬක් වත් ඇහෙන්නෙ නෑ. මහජනයා ඒ වෙලාවට සිටින්නේ ඒ ධර්මය පතා ගෙන ඉන්න පිරිසක් හැටියට යි. 'අප ගේ භාග්‍යවතුන් වහන්සේ යම් ධර්මයක් වදාරණ සේක් ද, එය අපි අසන්නෙමු' කියල යි.

ශ්‍රමණ ගෞතමයන් වහන්සේ ගේ ශ්‍රාවකයන් ඇතැම් විට සබ්‍රහ්මචාරීන් වහන්සේලා සමඟ සුළු විවාද නිසා ශාසනයෙහි හික්මීම ප්‍රතික්ෂේප කොට ගිහි බවට පත්වෙනවා. ඔවුන් පවා ශාස්තෲන් වහන්සේ ගේ ගුණ කියනවා. ධර්මයෙහි ගුණ කියනවා. සංඝයා ගේ ගුණ කියනවා. තමන්ට ම ගරහා ගන්නවා. අනුන්ට ගරහන්නෙ නෑ. 'අපට ම යි වාසනාව නැත්තෙ. අපට පින් මදි. මෙබඳු මනාකොට වදාරණ ලද ධර්මයක් ඇති බුදුසසුනෙත් පැවිදි වෙලා අපට දිවි තිබෙන තුරාවට පිරිපුන් පිරිසිදු නිවන් මගෙහි හැසිරෙන්නට බැරිවුනා නෙව' කියල. ඊට පස්සෙ ඔවුන් එක්කො ආරාමයේ නවතිනවා. උපාසකවරු වශයෙන් ඉඳගෙන හරි පන්සිල් ආරක්ෂා කරගන්නවා. මේ විදිහට ශ්‍රමණ ගෞතමයන් වහන්සේ ත් ශ්‍රාවකයන් ගෙන් සත්කාර ලබනවා. ගෞරව ලබනවා. සම්මාන

ලබනවා. පිදුම් ලබනවා. ශ්‍රාවකයන් ශ්‍රමණ ගෞතමයන් වහන්සේට සත්කාර කොට, ගෞරව කොට යි ඇසුරු කරමින් වසන්නේ."

"පින්වත් උදායී, මගේ ශ්‍රාවකයන් යම් කරුණක් උදෙසා මට සත්කාර කරනවා නම්, ගරු කරනවා නම්, සම්මාන දක්වනවා නම්, පුදනවා නම්, සත්කාර කොට, ගරු කොට වාසය කරනවා නම්, එසේ සත්කාර කිරීමට හේතු වූ කවර ධර්මයන් ද ඔබ දකින්නේ?"

"ස්වාමීනී, මං භාග්‍යවතුන් වහන්සේ ගේ ශ්‍රාවකයන් යම් කරුණක් උදෙසා භාග්‍යවතුන් වහන්සේට සත්කාර කරනවා නම්, ගරු කරනවා නම්, සම්මාන දක්වනවා නම්, පුදනවා නම්, සත්කාර කොට, ගරු කොට වාසය කරනවා නම්, එසේ සත්කාර කිරීමට හේතු වූ ධර්මයන් හැටියට මං කරුණු පහක් දකිනවා.

ස්වාමීනී, භාග්‍යවතුන් වහන්සේ ආහාර ස්වල්පයක් වළඳන කෙනෙකි. අල්ප ආහාර වැළඳීම ගැන වර්ණනා කරන කෙනෙකි. ඉතින් ස්වාමීනී, භාග්‍යවතුන් වහන්සේ අල්ප ආහාරයෙන් යුතු ද, අල්ප ආහාර වැළඳීම ගැන වර්ණනා කරත් ද, ස්වාමීනී, භාග්‍යවතුන් වහන්සේ ගේ ශ්‍රාවකයන් යම් කරුණක් උදෙසා භාග්‍යවතුන් වහන්සේට සත්කාර කරනවා නම්, ගරු කරනවා නම්, සම්මාන දක්වනවා නම්, පුදනවා නම්, සත්කාර කොට, ගරු කොට වාසය කරනවා නම්, එසේ සත්කාර කිරීමට හේතු වූ ධර්මයන් ගෙන් මං දකින පළමු වෙනි කරුණ මෙය යි.

ස්වාමීනී, භාග්‍යවතුන් වහන්සේ ලද දෙයින් සතුටු වන කෙනෙකි. ලද සිවුරෙන් සතුටු වෙමින්, ලද සිවුරෙන් සතුටු වීම ගැන වර්ණනා කරන කෙනෙකි. ඉතින් ස්වාමීනී, භාග්‍යවතුන් වහන්සේ ලද දෙයින් සතුටු වෙත් ද, ලද සිවුරෙන් සතුටු වෙමින්, ලද සිවුරෙන් සතුටු වීම ගැන වර්ණනා කරත් ද, ස්වාමීනී, භාග්‍යවතුන් වහන්සේ ගේ ශ්‍රාවකයන් යම් කරුණක් උදෙසා භාග්‍යවතුන් වහන්සේට සත්කාර කරනවා නම්, ගරු කරනවා නම්, සම්මාන දක්වනවා නම්, පුදනවා නම්, සත්කාර කොට, ගරු කොට වාසය කරනවා නම්, එසේ සත්කාර කිරීමට හේතු වූ ධර්මයන් ගෙන් මං දකින දෙවෙනි කරුණ මෙය යි.

ස්වාමීනී, භාග්‍යවතුන් වහන්සේ ලද දෙයින් සතුටු වන කෙනෙකි. ලද පිණ්ඩපාතයෙන් සතුටු වෙමින්, ලද පිණ්ඩපාතයෙන් සතුටු වීම ගැන වර්ණනා කරන කෙනෙකි. ඉතින් ස්වාමීනී, භාග්‍යවතුන් වහන්සේ ලද දෙයින් සතුටු වෙත් ද, ලද පිණ්ඩපාතයෙන් සතුටු වෙමින්, ලද පිණ්ඩපාතයෙන් සතුටු

වීම ගැන වර්ණනා කරත් ද, ස්වාමීනී, භාග්‍යවතුන් වහන්සේ ගේ ශ්‍රාවකයන් යම් කරුණක් උදෙසා භාග්‍යවතුන් වහන්සේට සත්කාර කරනවා නම්, ගරු කරනවා නම්, සම්මාන දක්වනවා නම්, පුදනවා නම්, සත්කාර කොට, ගරු කොට වාසය කරනවා නම්, එසේ සත්කාර කිරීමට හේතු වූ ධර්මයන් ගෙන් මං දකින තුන්වෙනි කරුණ මෙය යි.

ස්වාමීනී, භාග්‍යවතුන් වහන්සේ ලද දෙයින් සතුටු වන කෙනෙකි. ලද සේනාසනයෙන් සතුටු වෙමින්, ලද සේනාසනයෙන් සතුටු වීම ගැන වර්ණනා කරන කෙනෙකි. ඉතින් ස්වාමීනී, භාග්‍යවතුන් වහන්සේ ලද දෙයින් සතුටු වෙත් ද, ලද සේනාසනයෙන් සතුටු වෙමින්, ලද සේනාසනයෙන් සතුටු වීම ගැන වර්ණනා කරත් ද, ස්වාමීනී, භාග්‍යවතුන් වහන්සේ ගේ ශ්‍රාවකයන් යම් කරුණක් උදෙසා භාග්‍යවතුන් වහන්සේට සත්කාර කරනවා නම්, ගරු කරනවා නම්, සම්මාන දක්වනවා නම්, පුදනවා නම්, සත්කාර කොට, ගරු කොට වාසය කරනවා නම්, එසේ සත්කාර කිරීමට හේතු වූ ධර්මයන් ගෙන් මං දකින හතරවෙනි කරුණ මෙය යි.

ස්වාමීනී, භාග්‍යවතුන් වහන්සේ ලද හුදෙකලා විවේකයෙන් සිටින කෙනෙකි. හුදෙකලා විවේකයෙන් සිටිමින්, හුදෙකලා විවේකයෙන් සිටීම ගැන වර්ණනා කරන කෙනෙකි. ඉතින් ස්වාමීනී, භාග්‍යවතුන් වහන්සේ හුදෙකලා විවේකයෙන් සිටිත් ද, හුදෙකලා විවේකයෙන් සිටිමින්, හුදෙකලා විවේකයෙන් සිටීම ගැන වර්ණනා කරත් ද, ස්වාමීනී, භාග්‍යවතුන් වහන්සේ ගේ ශ්‍රාවකයන් යම් කරුණක් උදෙසා භාග්‍යවතුන් වහන්සේට සත්කාර කරනවා නම්, ගරු කරනවා නම්, සම්මාන දක්වනවා නම්, පුදනවා නම්, සත්කාර කොට, ගරු කොට වාසය කරනවා නම්, එසේ සත්කාර කිරීමට හේතු වූ ධර්මයන් ගෙන් මං දකින පස්වෙනි කරුණ මෙය යි."

"පින්වත් උදායි, 'ශ්‍රමණ ගෞතමයන් ටිකක් වළඳන කෙනෙකි. අල්පාහාරයෙහි ගුණ කියන කෙනෙක්' කියා මට ශ්‍රාවකයන් සත්කාර කරනවා නම්, ගෞරව කරනවා නම්, සම්මාන දක්වනවා නම්, පුදනවා නම්, සත්කාර කොට, ගරු කොට ඇසුරු කොට වසනවා නම්, පින්වත් උදායී, මගේ ශ්‍රාවකයන් ඉන්නවා එක බත් මිටෙනුත් යැපෙනවා. අඩ බත් මිටකිනුත් යැපෙනවා. බෙලි ගෙඩියක් පමණ බතිනුත් යැපෙනවා. අඩ බෙලි ගෙඩියක පමණ බතෙනුත් යැපෙනවා. නමුත් උදායී, මං ඇතැම් දිනවල මේ පාත්‍රය ගැට්ටට සමීප වෙන තෙක් වූ දානය ද වළඳනවා. ඊට වඩා ත් වළඳනවා.

ඉදින් උදායී, 'ශ්‍රමණ ගෞතමයන් ටිකක් වළඳන කෙනෙකි. අල්පාහාරයෙහි ගුණ කියන කෙනෙක්' කියා මට ශ්‍රාවකයන් සත්කාර කරනවා නම්, ගෞරව

කරනවා නම්, සම්මාන දක්වනවා නම්, පුදනවා නම්, සත්කාර කොට, ගරු කොට ඇසුරු කොට වසනවා නම්, උදායී, බත් මිටෙනුත් යැපෙන, අඩ බත් මිටෙනුත් යැපෙන, බෙලි ගෙඩියක පමණ බතෙනුත් යැපෙන, අඩ බෙලි ගෙඩියක පමණ බතෙනුත් යැපෙන මගේ යම් ශ්‍රාවකයන් ඉන්නවා නම් ඔවුන් උදායී, ඔය කරුණ තුළින් මට සත්කාර කරන එකක් නෑ. ගෞරව කරන එකක් නෑ. සම්මාන දක්වන එකක් නෑ. පුදන එකක් නෑ. සත්කාර කොට, ගරු කොට, ඇසුරු කොට වසන එකක් නෑ.

පින්වත් උදායි, 'ශ්‍රමණ ගෞතමයන් ලද සිවුරෙන් සතුටු වන කෙනෙකි. ලද සිවුරෙන් සතුටු වීම ගැන ගුණ කියන කෙනෙක්' කියා මට ශ්‍රාවකයන් සත්කාර කරනවා නම්, ගෞරව කරනවා නම්, සම්මාන දක්වනවා නම්, පුදනවා නම්, සත්කාර කොට, ගරු කොට ඇසුරු කොට වසනවා නම්, පින්වත් උදායී, මගේ ශ්‍රාවකයන් ඉන්නවා පාංශුකූල සිවුරු පොරවන, රළු සිවුරු පොරවන, අමු සොහොනෙන් හරි කසල ගොඩකින් හරි කඩපිලේ ඉවත දැමූ තැනකින් හරි පරණ රෙදි කැබලි හරි අහුලාගෙන දෙපට සිවුරු හදාගෙන පොරවනවා. නමුත් උදායී, මං ඇතැම් දිනවල ගිහි පින්වතුන් පුදන සිවුරු පොරවනවා. රූක්ෂ ගොරෝසු සිවුරුත් පොරවනවා.

ඉදින් උදායී, 'ශ්‍රමණ ගෞතමයන් ලද සිවුරෙන් සතුටු වන කෙනෙකි. ලද සිවුරෙන් සතුටු වීම ගැන ගුණ කියන කෙනෙක්' කියා මට ශ්‍රාවකයන් සත්කාර කරනවා නම්, ගෞරව කරනවා නම්, සම්මාන දක්වනවා නම්, පුදනවා නම්, සත්කාර කොට, ගරු කොට ඇසුරු කොට වසනවා නම්, උදායී, පාංශුකූල සිවුරු පොරවන, රළු සිවුරු පොරවන, අමු සොහොනෙන් හරි කසල ගොඩකින් හරි කඩපිලේ ඉවත දැමූ තැනකින් හරි පරණ රෙදි කැබලි හරි අහුලාගෙන දෙපට සිවුරු හදාගෙන පොරවන මගේ යම් ශ්‍රාවකයන් ඉන්නවා නම් ඔවුන් උදායී, ඔය කරුණ තුළින් මට සත්කාර කරන එකක් නෑ. ගෞරව කරන එකක් නෑ. සම්මාන දක්වන එකක් නෑ. පුදන එකක් නෑ. සත්කාර කොට, ගරු කොට, ඇසුරු කොට වසන එකක් නෑ.

පින්වත් උදායි, 'ශ්‍රමණ ගෞතමයන් ලද පිණ්ඩපාතයෙන් සතුටු වන කෙනෙකි. ලද පිණ්ඩපාතයෙන් සතුටු වීම ගැන ගුණ කියන කෙනෙක්' කියා මට ශ්‍රාවකයන් සත්කාර කරනවා නම්, ගෞරව කරනවා නම්, සම්මාන දක්වනවා නම්, පුදනවා නම්, සත්කාර කොට, ගරු කොට ඇසුරු කොට වසනවා නම්, පින්වත් උදායී, මගේ ශ්‍රාවකයන් ඉන්නවා පිණ්ඩපාතික ධුතාංගය රකිනවා. ගෙපිලිවෙලින් ලැබෙන පිණ්ඩපාතයෙන් පමණක් යැපෙනවා. ඕනෑම කටුක ආහාරයකින් යැපීමට ඇලී සිටිනවා. ඔවුන් ඇතුළු ගමට ගිය ත් වාඩි වෙන්නට

ආසනයකින් ඇරයුම් කළත් පිළිගන්නෙ නෑ. නමුත් උදායී, මං ඇතැම් දිනවල ආරාධනා ලැබ වළඳිනවා. නොයෙක් සූප ව්‍යංජන ඇතිව නිවුඩු ඉවත් කළ ඇල් හාල් බත් වළඳිනවා.

ඉදින් උදායී, 'ශ්‍රමණ ගෞතමයන් ලද පිණ්ඩපාතයෙන් සතුටු වන කෙනෙකි. ලද පිණ්ඩපාතයෙන් සතුටු වීම ගැන ගුණ කියන කෙනෙක්' කියා මට ශ්‍රාවකයන් සත්කාර කරනවා නම්, ගෞරව කරනවා නම්, සම්මාන දක්වනවා නම්, පුදනවා නම්, සත්කාර කොට, ගරු කොට ඇසුරු කොට වසනවා නම්, උදායී, පිණ්ඩපාතික ධුතාංගය රකින, ගෙපිළිවෙලින් ලැබෙන පිණ්ඩපාතයෙන් පමණක් යැපෙන, ඕනෑම කටුක ආහාරයකින් යැපීමට ඇලී සිටින, ඇතුළු ගමට ගිය ත් වාඩි වෙන්නට ආසනයකින් ඇරයුම් කළත් පිළිගන්නෙ නැති මගේ යම් ශ්‍රාවකයන් ඉන්නවා නම් ඔවුන් උදායී, ඔය කරුණ තුළින් මට සත්කාර කරන එකක් නෑ. ගෞරව කරන එකක් නෑ. සම්මාන දක්වන එකක් නෑ. පුදන එකක් නෑ. සත්කාර කොට, ගරු කොට, ඇසුරු කොට වසන එකක් නෑ.

පින්වත් උදායි, 'ශ්‍රමණ ගෞතමයන් ලද සේනාසනයෙන් සතුටු වන කෙනෙකි. ලද සේනාසනයෙන් සතුටු වීම ගැන ගුණ කියන කෙනෙක්' කියා මට ශ්‍රාවකයන් සත්කාර කරනවා නම්, ගෞරව කරනවා නම්, සම්මාන දක්වනවා නම්, පුදනවා නම්, සත්කාර කොට, ගරු කොට ඇසුරු කොට වසනවා නම්, පින්වත් උදායී, රුක්ඛමූලික ධුතාංගය රකින, එළිමහනේ පමණක් සිටින ධුතාංගය රකින මගේ ශ්‍රාවකයන් ඉන්නවා. ඔවුන් අටමාසයක් වහළයක් යටට යන්නෙ නෑ. නමුත් උදායී, මං ඇතැම් දිනවල ඇතුළත පිටත හොඳින් පිරියම් කළ වසන ලද දොර ජනෙල් ඇති, වසන ලද අගුලු ඇති කූටාගාර වල ත් වාසය කරනවා.

ඉදින් උදායී, 'ශ්‍රමණ ගෞතමයන් ලද සේනාසනයෙන් සතුටු වන කෙනෙකි. ලද සේනාසනයෙන් සතුටු වීම ගැන ගුණ කියන කෙනෙක්' කියා මට ශ්‍රාවකයන් සත්කාර කරනවා නම්, ගෞරව කරනවා නම්, සම්මාන දක්වනවා නම්, පුදනවා නම්, සත්කාර කොට, ගරු කොට ඇසුරු කොට වසනවා නම්, උදායී, රුක්ඛමූලික ධුතාංගය රකින, එළිමහනේ පමණක් සිටින ධුතාංගය රකින, අටමාසයක් වහළයක් යටට යන්නෙ නැති මගේ යම් ශ්‍රාවකයන් ඉන්නවා නම් ඔවුන් උදායී, ඔය කරුණ තුළින් මට සත්කාර කරන එකක් නෑ. ගෞරව කරන එකක් නෑ. සම්මාන දක්වන එකක් නෑ. පුදන එකක් නෑ. සත්කාර කොට, ගරු කොට, ඇසුරු කොට වසන එකක් නෑ.

පින්වත් උදායි, 'ශ්‍රමණ ගෞතමයන් හුදෙකලා විවේකයෙන් සිටින කෙනෙකි. හුදෙකලා විවේකයෙන් සිටීම ගැන ගුණ කියන කෙනෙක්' කියා මට

ශ්‍රාවකයන් සත්කාර කරනවා නම්, ගෞරව කරනවා නම්, සම්මාන දක්වනවා නම්, පුදනවා නම්, සත්කාර කොට, ගරු කොට ඇසුරු කොට වසනවා නම්, පින්වත් උදායී, අරණ්‍යයේ වාසය කිරීමේ ධුතාංගය රකින, ඈත වනයේ සෙනසුන් වල වසන, වනයෙහි ඉතාමත් ම දුර ඇතුළට ගොස් සෙනසුන් වල වසන මාගේ ශ්‍රාවකයන් ඉන්නවා. ඔවුන් අඩමසක් පාසා පාමොක් උදෙසන්නට සංඝයා මැදට පැමිණෙනවා. නමුත් උදායී, මං ඇතැම් දිනවල භික්ෂු, භික්ෂුණී, උපාසක, උපාසිකාවන් පිරිවරාගෙන, රාජ, රාජ මහා අමාත්‍යයන් පිරිවරා ගෙන, තීර්ථකයන්, තීර්ථක ශ්‍රාවකයන් පිරිවරාගෙන වාසය කරනවා.

ඉදින් උදායී, 'ශ්‍රමණ ගෞතමයන් හුදෙකලා විවේකයෙන් සිටින කෙනෙකි. හුදෙකලා විවේකයෙන් සිටීම ගැන ගුණ කියන කෙනෙක්' කියා මට ශ්‍රාවකයන් සත්කාර කරනවා නම්, ගෞරව කරනවා නම්, සම්මාන දක්වනවා නම්, පුදනවා නම්, සත්කාර කොට, ගරු කොට ඇසුරු කොට වසනවා නම්, උදායී, අරණ්‍යයේ වාසයේ කිරීමේ ධුතාංගය රකින, ඈත වනයේ සෙනසුන් වල වසන, වනයෙහි ඉතාමත් ම දුර ඇතුළට ගොස් සෙනසුන් වල වසන, අඩමසක් පාසා පාමොක් උදෙසන්නට සංඝයා මැදට පැමිණෙන මගේ යම් ශ්‍රාවකයන් ඉන්නවා නම් ඔවුන් උදායී, ඔය කරුණ තුළින් මට සත්කාර කරන එකක් නෑ. ගෞරව කරන එකක් නෑ. සම්මාන දක්වන එකක් නෑ. පුදන එකක් නෑ. සත්කාර කොට, ගරු කොට, ඇසුරු කොට වසන එකක් නෑ.

පින්වත් උදායී, අන්න ඒ නිසා මගේ ශ්‍රාවකයන් ඔය කරුණු පහ හේතු කරගෙන මට සත්කාර කරන්නෙ නෑ. ගෞරව කරන්නෙ නෑ. සම්මාන දක්වන්නෙ නෑ. පුදන්නෙ නෑ. සත්කාර කොට, ගරු කොට, ඇසුරු කොට වසන්නෙ නෑ.

නමුත් පින්වත් උදායී, වෙනත් කරුණු පහක් තියෙනවා. අන්න ඒ කරුණු මුල්කොට ගෙන නම් මාගේ ශ්‍රාවකයා මට සත්කාර කරනවා. ගෞරව කරනවා. සම්මාන දක්වනවා. පුදනවා. සත්කාර කොට, ගරු කොට, ඇසුරු කොට වසනවා.

උදායී, මෙහිලා මගේ ශ්‍රාවකයන් 'ශ්‍රමණ ගෞතමයන් වහන්සේ සීලවන්ත යි. ඉතා උතුම් සීලස්කන්ධයකින් සමන්විත යි' කියල මට සම්භාවනා කරනවා. උදායී, 'ශ්‍රමණ ගෞතමයන් වහන්සේ සීලවන්ත යි. ඉතා උතුම් සීලස්කන්ධයකින් සමන්විත යි' කියල යම් හෙයකින් ශ්‍රාවකයන් මට සම්භාවනා කරත් ද, උදායී, යම් කරුණකින් ශ්‍රාවකයන් මට සත්කාර කරත් ද, ගෞරව කරත් ද, සම්මාන දක්වත් ද, පුදත් ද, සත්කාර කොට ගරුකාර කොට ඇසුරු කොට වසත් ද, මේ වනාහී ඒ පළමුවෙනි කාරණය යි.

උදායී, තව කරුණක් කියමි. මෙහිලා මගේ ශ්‍රාවකයන් 'ඉතා සුන්දර වූ ඤාණදර්ශනය පිළිබඳව' මට සම්භාවනා කරනවා. ඒ කියන්නේ; 'ශ්‍රමණ ගෞතමයන් වහන්සේ යමක් දැන ගෙන ම යි, 'දනිමි' කියන්නෙ. ශ්‍රමණ ගෞතමයන් වහන්සේ දක්නා දෙයක් ම යි, 'දකිමි' කියන්නෙ. ශ්‍රමණ ගෞතමයන් වහන්සේ විශිෂ්ට ඤාණයෙන් ප්‍රත්‍යක්ෂ නො කොට නොව, ප්‍රත්‍යක්ෂ කරගෙන ම යි දහම් දෙසන්නෙ. ශ්‍රමණ ගෞතමයන් වහන්සේ කරුණු රහිතව නොව, කරුණු සහිතව ම යි දහම් දෙසන්නෙ. ශ්‍රමණ ගෞතමයන් වහන්සේ ප්‍රාතිහාර්ය රහිතව නොව, ප්‍රාතිහාර්යය සහිතව ම යි දහම් දෙසන්නෙ' කියල. මෙසේ උදායී, 'ශ්‍රමණ ගෞතමයන් වහන්සේ යමක් දැන ගෙන ම යි, 'දනිමි' කියන්නෙ. ශ්‍රමණ ගෞතමයන් වහන්සේ දක්නා දෙයක් ම යි, 'දකිමි' කියන්නෙ. ශ්‍රමණ ගෞතමයන් වහන්සේ විශිෂ්ට ඤාණයෙන් ප්‍රත්‍යක්ෂ නො කොට නොව, ප්‍රත්‍යක්ෂ කරගෙන ම යි දහම් දෙසන්නෙ. ශ්‍රමණ ගෞතමයන් වහන්සේ කරුණු රහිතව නොව, කරුණු සහිතව ම යි දහම් දෙසන්නෙ. ශ්‍රමණ ගෞතමයන් වහන්සේ ප්‍රාතිහාර්ය රහිතව නොව, ප්‍රාතිහාර්යය සහිතව ම යි දහම් දෙසන්නෙ' කියල යම් හෙයකින් ශ්‍රාවකයන් මට සම්භාවනා කරත් ද, උදායී, යම් කරුණකින් ශ්‍රාවකයන් මට සත්කාර කරත් ද, ගෞරව කරත් ද, සම්මාන දක්වත් ද, පුදත් ද, සත්කාර කොට ගරුකාර කොට ඇසුරු කොට වසත් ද, මේ වනාහී ඒ දෙවෙනි කාරණය යි.

උදායී, තව කරුණක් කියමි. මෙහිලා මගේ ශ්‍රාවකයන් 'අධිප්‍රඥාව පිළිබඳව' මට සම්භාවනා කරනවා. ඒ කියන්නෙ; 'ශ්‍රමණ ගෞතමයන් වහන්සේ ප්‍රඥාවන්ත යි. ශ්‍රමණ ගෞතමයන් වහන්සේ ඉතා උතුම් වූ ප්‍රඥාස්කන්ධයෙන් සමන්විත යි. 'හට නො ගත් වාද මාර්ගයන් නො දකින්නේ ය' කියල හෝ 'හට ගත් අන්‍ය වාදයන් කරුණු සහිතව නිග්‍රහ කොට බැහැරට නො දමන්නේ ය' කියන කරුණ හෝ සිදුවන දෙයක් නො වෙයි කියල යි. උදායී, ඒ ගැන කුමක් ද සිතන්නේ? මාගේ ශ්‍රාවකයන් මා ගැන මේ අයුරින් දන්නවා නම්, මේ අයුරින් දකිනවා නම්, මා දහම් දෙසන අතරේ අනවශ්‍ය කතාවන් ඇද ගනී ද?" "ස්වාමීනී, එය නො වේ ම යි."

"උදායී, මම ශ්‍රාවකයන් ගෙන් අනුශාසනාවන් පතන කෙනෙක් නො වෙයි. ශ්‍රාවකයන් ඒකාන්තයෙන් ම මගෙන් ම අනුශාසනාවන් පතනවා. උදායී, 'ශ්‍රමණ ගෞතමයන් වහන්සේ ප්‍රඥාවන්ත යි. ඉතා උතුම් ප්‍රඥාස්කන්ධයකින් සමන්විත යි' කියල 'හට නො ගත් වාද මාර්ගයන් නො දකින්නේ ය' කියල හෝ 'හට ගත් අන්‍ය වාදයන් කරුණු සහිතව නිග්‍රහ කොට බැහැරට නො දමන්නේ ය' කියන කරුණ හෝ සිදුවන දෙයක් නො වෙයි කියල යම් හෙයකින් ශ්‍රාවකයන් මට සම්භාවනා කරත් ද, උදායී, යම් කරුණකින් ශ්‍රාවකයන් මට

සත්කාර කරත් ද, ගෞරව කරත් ද, සම්මාන දක්වත් ද, පුදත් ද, සත්කාර කොට ගරුකාර කොට ඇසුරු කොට වසත් ද, මේ වනාහී ඒ තුන්වෙනි කාරණය යි.

උදායී, තව කරුණක් කියමි. මාගේ ශ්‍රාවකයන් යම් දුකකින් දුකට පත් වෙලා, දුකෙන් පීඩා විඳ විඳ සිට, ඔවුන් මා කරා ඇවිදින් 'දුක නම් වූ ආර්ය සත්‍යය' ගැන විමසනවා. එතකොට මා ඔවුන් විසින් අසන ලද ඒ දුක නම් වූ ආර්ය සත්‍යය ගැන විස්තර කොට දෙනවා. එතකොට මං ඒ ප්‍රශ්නෙට දුන් පිළිතුර නිසා ඔවුන් ගේ සිත් ගන්නවා. ඒ වගේ ම ඔවුන් මගෙන් 'දුක හට ගැනීම නම් වූ ආර්ය සත්‍යය' ගැන ....(පෙ).... 'දුක නිරුද්ධ වීම නම් වූ ආර්ය සත්‍යය' ගැන ....(පෙ).... 'දුක් නිරුද්ධ වන්නා වූ ප්‍රතිපදාව නම් වූ ආර්ය සත්‍යය' ගැන ගැන විමසනවා. එතකොට මා ඔවුන් විසින් අසන ලද ඒ දුක නිරුද්ධ වන්නා වූ ප්‍රතිපදාව නම් වූ ආර්ය සත්‍යය ගැන විස්තර කොට දෙනවා. එතකොට මං ඒ ප්‍රශ්නෙට දුන් පිළිතුර නිසා ඔවුන් ගේ සිත් ගන්නවා.

උදායී, 'මාගේ ශ්‍රාවකයන් යම් දුකකින් දුකට පත් වෙලා, දුකෙන් පීඩා විඳ විඳ සිට, ඔවුන් මා කරා ඇවිදින් 'දුක නම් වූ ආර්ය සත්‍යය' ගැන විමසනවා නම්, එතකොට මා ඔවුන් විසින් අසන ලද ඒ දුක නම් වූ ආර්ය සත්‍යය ගැන විස්තර කොට දෙනවා නම්, එතකොට මං ඒ ප්‍රශ්නෙට දුන් පිළිතුර නිසා ඔවුන් ගේ සිත් ගන්නවා නම්, ඒ වගේ ම ඔවුන් මගෙන් 'දුක හට ගැනීම නම් වූ ආර්ය සත්‍යය' ගැන ....(පෙ).... 'දුක නිරුද්ධ වීම නම් වූ ආර්ය සත්‍යය' ගැන ....(පෙ).... 'දුක් නිරුද්ධ වන්නා වූ ප්‍රතිපදාව නම් වූ ආර්ය සත්‍යය' ගැන ගැන විමසනවා නම්, එතකොට මා ඔවුන් විසින් අසන ලද ඒ දුක නිරුද්ධ වන්නා වූ ප්‍රතිපදාව නම් වූ ආර්ය සත්‍යය ගැන විස්තර කොට දෙනවා නම්, එතකොට මං ඒ ප්‍රශ්නෙට දුන් පිළිතුර නිසා ඔවුන් ගේ සිත් ගන්නවා නම්, ඒ හේතුවෙන් ශ්‍රාවකයන් මට සම්භාවනා කරත් ද, උදායී, යම් කරුණකින් ශ්‍රාවකයන් මට සත්කාර කරත් ද, ගෞරව කරත් ද, සම්මාන දක්වත් ද, පුදත් ද, සත්කාර කොට ගරුකාර කොට ඇසුරු කොට වසත් ද, මේ වනාහී ඒ හතරවෙනි කාරණය යි.

උදායී, තව කරුණක් කියමි. මා විසින් ශ්‍රාවකයන් හට අනුගමනය කළ යුතු වැඩ පිළිවෙලක් කියා දීලා තියෙනවා. යම් ආකාරයකින් ඒ වැඩපිළිවෙල මත ඉඳිමින් තමයි මාගේ ශ්‍රාවකයන් සතර සතිපට්ඨානයන් වඩන්නේ. උදායී මෙහිලා භික්ෂුව කෙලෙස් තවන වීරියෙන් යුතුව, මනා නුවණින් යුතුව, සිහියෙන් යුතුව, ලෝකයෙහි අභිජ්ඣා දෝමනස්ස දෙක දුරු කොට කය පිළිබඳව කායානුපස්සනා භාවනාවෙන් වාසය කරනවා. වේදනා පිළිබඳව ....(පෙ).... සිත පිළිබඳව ....(පෙ).... කෙලෙස් තවන වීරියෙන් යුතුව, මනා නුවණින් යුතුව, සිහියෙන් යුතුව, ලෝකයෙහි අභිජ්ඣා දෝමනස්ස දෙක දුරු

මජ්ඣිම නිකාය - 2 (පරිබ්බාජක වර්ගය) (2.3.7 මහා සකුළුදායී සූත්‍රය) 291

කොට ධර්මයන් පිළිබඳව ධම්මානුපස්සනා භාවනාවෙන් වාසය කරනවා. ඉතින් ඔය වැඩපිළිවෙල තුළ මාගේ ශ්‍රාවකයන් බොහෝ දෙනෙක් විශිෂ්ට ඤාණයෙන් යුතු පාරමීප්‍රාප්ත වීම නම් වූ අරහත්වයට පැමිණ වාසය කරනවා.

උදායී, තව කරුණක් කියමි. මා විසින් ශ්‍රාවකයන් හට අනුගමනය කළ යුතු වැඩ පිළිවෙලක් කියා දීලා තියෙනවා. යම් ආකාරයකින් ඒ වැඩපිළිවෙල මත ඉඳිමින් තමයි මාගේ ශ්‍රාවකයන් සතර සම්‍යක් ප්‍රධානයන් වඩන්නේ. උදායී මෙහිලා භික්ෂුව නූපන් පාපී අකුසල් නූපදවීම පිණිස, කැමැත්ත උපදවනවා. වෑයම් කරනවා. වීරිය අරඹනවා. සිත දැඩි කොට ගන්නවා. බලවත් ලෙස වීරිය ගන්නවා. උපන් පාපී අකුසල් ප්‍රහාණය කිරීම පිණිස, කැමැත්ත උපදවනවා. වෑයම් කරනවා. වීරිය අරඹනවා. සිත දැඩි කොට ගන්නවා. බලවත් ලෙස වීරිය ගන්නවා. නූපන් කුසල් උපදවා ගැනීම පිණිස, කැමැත්ත උපදවනවා. වෑයම් කරනවා. වීරිය අරඹනවා. සිත දැඩි කොට ගන්නවා. බලවත් ලෙස වීරිය ගන්නවා. උපන් කුසල් පවත්වා ගැනීම පිණිස, ඒවා නැති නො වීම පිණිස, බොහෝ සෙයින් වැඩීම පිණිස, විපුලව වැඩීම පිණිස, භාවනාවෙන් සම්පූර්ණ වීම පිණිස කැමැත්ත උපදවනවා. වෑයම් කරනවා. වීරිය අරඹනවා. සිත දැඩි කොට ගන්නවා. බලවත් ලෙස වීරිය ගන්නවා. ඉතින් ඔය වැඩපිළිවෙල තුළ මාගේ ශ්‍රාවකයන් බොහෝ දෙනෙක් විශිෂ්ට ඤාණයෙන් යුතු පාරමීප්‍රාප්ත වීම නම් වූ අරහත්වයට පැමිණ වාසය කරනවා.

උදායී, තව කරුණක් කියමි. මා විසින් ශ්‍රාවකයන් හට අනුගමනය කළ යුතු වැඩ පිළිවෙලක් කියා දීලා තියෙනවා. යම් ආකාරයකින් ඒ වැඩපිළිවෙල මත ඉඳිමින් තමයි මාගේ ශ්‍රාවකයන් සතර ඉර්ධිපාදයන් වඩන්නේ. උදායී මෙහිලා භික්ෂුව අධික කැමැත්තෙන් සමාධිය වඩමින්, ඉතා බලවත් උත්සාහයකින් යුක්තව ඉර්ධි පාදය වඩනවා. වීරියෙන් යුතුව සමාධිය වඩමින්, ...(පෙ).... බලවත් චිත්ත අධිෂ්ඨානයකින් යුතුව සමාධිය වඩමින්, ...(පෙ).... නුවණින් විමසමින් සමාධිය වඩමින්, ඉතා බලවත් උත්සාහයකින් යුක්තව ඉර්ධි පාදය වඩනවා. ඉතින් ඔය වැඩපිළිවෙල තුළ මාගේ ශ්‍රාවකයන් බොහෝ දෙනෙක් විශිෂ්ට ඤාණයෙන් යුතු පාරමීප්‍රාප්ත වීම නම් වූ අරහත්වයට පැමිණ වාසය කරනවා.

උදායී, තව කරුණක් කියමි. මා විසින් ශ්‍රාවකයන් හට අනුගමනය කළ යුතු වැඩ පිළිවෙලක් කියා දීලා තියෙනවා. යම් ආකාරයකින් ඒ වැඩපිළිවෙල මත ඉඳිමින් තමයි මාගේ ශ්‍රාවකයන් පංච ඉන්ද්‍රියයන් වඩන්නේ. උදායී මෙහිලා භික්ෂුව සංසිඳවීම ඇති කරදෙන, සත්‍යාවබෝධය ඇති කරදෙන, ශ්‍රද්ධා ඉන්ද්‍රිය වඩනවා. විරිය ඉන්ද්‍රිය වඩනවා ....(පෙ).... සති ඉන්ද්‍රිය වඩනවා ....(පෙ)....

සමාධි ඉන්ද්‍රිය වඩනවා ....(පෙ).... සංසිඳවීම ඇති කරදෙන, සත්‍යාවබෝධය ඇති කරදෙන, ප්‍රඥා ඉන්ද්‍රිය වඩනවා. ඉතින් ඔය වැඩපිළිවෙල තුළ මාගේ ශ්‍රාවකයන් බොහෝ දෙනෙක් විශිෂ්ට ඥාණයෙන් යුතු පාරමීප්‍රාප්ත වීම නම් වූ අරහත්වයට පැමිණ වාසය කරනවා.

උදායී, තව කරුණක් කියමි. මා විසින් ශ්‍රාවකයන් හට අනුගමනය කළ යුතු වැඩ පිළිවෙලක් කියා දීලා තියෙනවා. යම් ආකාරයකින් ඒ වැඩපිළිවෙල මත ඉඳිමින් තමයි මාගේ ශ්‍රාවකයන් පංච බලයන් වඩන්නේ. උදායී මෙහිලා භික්ෂුව සංසිඳවීම ඇති කරදෙන, සත්‍යාවබෝධය ඇති කරදෙන, ශ්‍රද්ධා බලය වඩනවා. විරිය බලය වඩනවා ....(පෙ).... සති බලය වඩනවා ....(පෙ).... සමාධි බලය වඩනවා ....(පෙ).... සංසිඳවීම ඇති කරදෙන, සත්‍යාවබෝධය ඇති කරදෙන, ප්‍රඥා බලය වඩනවා. ඉතින් ඔය වැඩපිළිවෙල තුළ මාගේ ශ්‍රාවකයන් බොහෝ දෙනෙක් විශිෂ්ට ඥාණයෙන් යුතු පාරමීප්‍රාප්ත වීම නම් වූ අරහත්වයට පැමිණ වාසය කරනවා.

උදායී, තව කරුණක් කියමි. මා විසින් ශ්‍රාවකයන් හට අනුගමනය කළ යුතු වැඩ පිළිවෙලක් කියා දීලා තියෙනවා. යම් ආකාරයකින් ඒ වැඩපිළිවෙල මත ඉඳිමින් තමයි මාගේ ශ්‍රාවකයන් සප්ත බොජ්ඣංගයන් වඩන්නේ. උදායී මෙහිලා භික්ෂුව කාය-චිත්ත විවේකය ඇසුරු කරගත්, විරාගය ඇසුරු කරගත්, නිරෝධය ඇසුරු කරගත්, නිවනට නැඹුරු වූ සති සම්බොජ්ඣංගය වඩනවා. ධම්මවිචය සම්බොජ්ඣංගය වඩනවා ....(පෙ).... විරිය සම්බොජ්ඣංගය වඩනවා ....(පෙ).... පීති සම්බොජ්ඣංගය වඩනවා ....(පෙ).... පස්සද්ධි සම්බොජ්ඣංගය වඩනවා ....(පෙ).... සමාධි සම්බොජ්ඣංගය වඩනවා ....(පෙ).... කාය-චිත්ත විවේකය ඇසුරු කරගත්, විරාගය ඇසුරු කරගත්, නිරෝධය ඇසුරු කරගත්, නිවනට නැඹුරු වූ උපේක්ඛා සම්බොජ්ඣංගය වඩනවා. ඉතින් ඔය වැඩපිළිවෙල තුළ මාගේ ශ්‍රාවකයන් බොහෝ දෙනෙක් විශිෂ්ට ඥාණයෙන් යුතු පාරමීප්‍රාප්ත වීම නම් වූ අරහත්වයට පැමිණ වාසය කරනවා.

උදායී, තව කරුණක් කියමි. මා විසින් ශ්‍රාවකයන් හට අනුගමනය කළ යුතු වැඩ පිළිවෙලක් කියා දීලා තියෙනවා. යම් ආකාරයකින් ඒ වැඩපිළිවෙල මත ඉඳිමින් තමයි මාගේ ශ්‍රාවකයන් ආර්ය අෂ්ඨාංගික මාර්ගය වඩන්නේ. උදායී මෙහිලා භික්ෂුව සම්මා දිට්ඨිය වඩනවා. සම්මා සංකල්පය වඩනවා. සම්මා වාචා වඩනවා. සම්මා කම්මන්තය වඩනවා. සම්මා ආජීවය වඩනවා. සම්මා වායාමය වඩනවා. සම්මා සතිය වඩනවා. සම්මා සමාධිය වඩනවා. ඉතින් ඔය වැඩපිළිවෙල තුළ මාගේ ශ්‍රාවකයන් බොහෝ දෙනෙක් විශිෂ්ට ඥාණයෙන් යුතු පාරමීප්‍රාප්ත වීම නම් වූ අරහත්වයට පැමිණ වාසය කරනවා.

උදායී, තව කරුණක් කියමි. මා විසින් ශ්‍රාවකයන් හට අනුගමනය කළ යුතු වැඩ පිළිවෙලක් කියා දීලා තියෙනවා. යම් ආකාරයකින් ඒ වැඩපිළිවෙල මත ඉඳිමින් තමයි මාගේ ශ්‍රාවකයන් අෂ්ට විමෝක්ෂයන් වඩන්නේ. එතකොට රූප ධ්‍යාන තුළ රූප දකිනවා. මෙය පළමුවෙනි විමෝක්ෂය යි. ඊළඟට ආධ්‍යාත්මයෙහි අරූප සඤ්ඤා ඇතිව බාහිර රූපයන් දකිනවා. මෙය දෙවෙනි විමෝක්ෂය යි. ඒ වගේ ම සුභ වූ භාවනා අරමුණක් ම මුල්කොට සමාධිය වඩනවා. මෙය තුන්වෙනි විමෝක්ෂය යි. සියළු රූප සඤ්ඤාවන් ඉක්ම යෑමෙන්, ගොරෝසු සඤ්ඤාවන් නැති වීමෙන්, නා නා සඤ්ඤාවන් නො මෙනෙහි කිරීමෙන්, 'අනන්ත වූ ආකාසය යැ'යි මෙනෙහි කිරීමෙන් ආකාසානඤ්චායතනයට පැමිණ වාසය කරනවා. මෙය සතරවෙනි විමෝක්ෂය යි. සියලු අයුරින් ආකාසානඤ්චායතනය ඉක්ම යෑමෙන් 'අනන්ත වූ විඤ්ඤාණය යැ'යි මෙනෙහි කිරීමෙන් විඤ්ඤාණඤ්චායතනයට පැමිණ වාසය කරනවා. මෙය පස්වෙනි විමෝක්ෂය යි. සියලු අයුරින් විඤ්ඤාණඤ්චායතනය ඉක්ම යෑමෙන් 'කිසිවක් නැතැ'යි මෙනෙහි කිරීමෙන් ආකිඤ්චඤ්ඤායතනයට පැමිණ වාසය කරනවා. මෙය සයවෙනි විමෝක්ෂය යි. සියලු අයුරින් ආකිඤ්චඤ්ඤායතනය ඉක්ම යෑමෙන් නේවසඤ්ඤානාසඤ්ඤායතනයට පැමිණ වාසය කරනවා. මෙය සත්වෙනි විමෝක්ෂය යි. සියලු අයුරින් නේවසඤ්ඤානාසඤ්ඤායතනය ඉක්ම යෑමෙන් සඤ්ඤාවේදයිත නිරෝධය උපදවා ගෙන එයට පැමිණ වාසය කරනවා. මෙය අටවෙනි විමෝක්ෂය යි. ඉතින් ඔය වැඩපිළිවෙල තුළ මාගේ ශ්‍රාවකයන් බොහෝ දෙනෙක් විශිෂ්ට ඤාණයෙන් යුතු පාරමීප්‍රාප්ත වීම නම් වූ අරහත්වයට පැමිණ වාසය කරනවා.

උදායී, තව කරුණක් කියමි. මා විසින් ශ්‍රාවකයන් හට අනුගමනය කළ යුතු වැඩ පිළිවෙලක් කියා දීලා තියෙනවා. යම් ආකාරයකින් ඒ වැඩපිළිවෙල මත ඉඳිමින් තමයි මාගේ ශ්‍රාවකයන් අභිභායතන අට වඩන්නෙ.

ඒ කියන්නෙ අධ්‍යාත්මයෙහි රූප සඤ්ඤාවක් ඇති කෙනෙක් බාහිර වර්ණවත්, දුර්වර්ණ රූපයන් ස්වල්ප වශයෙන් දකියි. ඒ වගේ ම ඒ රූපයන් අභිභවනය කොට 'දනිමි, දකිමි' යි යන මෙබඳු සඤ්ඤාවෙන් යුතු වෙයි. මෙය පළමුවෙනි අභිභායතනය යි.

අධ්‍යාත්මයෙහි රූප සඤ්ඤාවක් ඇති කෙනෙක් බාහිර වර්ණවත්, දුර්වර්ණ රූපයන් අප්‍රමාණ වශයෙන් දකියි. ඒ වගේ ම ඒ රූපයන් අභිභවනය කොට 'දනිමි, දකිමි' යි යන මෙබඳු සඤ්ඤාවෙන් යුතු වෙයි. මෙය දෙවෙනි අභිභායතනය යි.

අධ්‍යාත්මයෙහි අරූප සඤ්ඤාවක් ඇති කෙනෙක් බාහිර වර්ණවත්, දුර්වර්ණ රූපයන් ස්වල්ප වශයෙන් දකියි. ඒ වගේ ම ඒ රූපයන් අභිභවනය කොට 'දනිමි, දකිමි' යි යන මෙබඳු සඤ්ඤාවෙන් යුතු වෙයි. මෙය තුන්වෙනි අභිභායතනය යි.

අධ්‍යාත්මයෙහි අරූප සඤ්ඤාවක් ඇති කෙනෙක් බාහිර වර්ණවත්, දුර්වර්ණ රූපයන් අප්‍රමාණ වශයෙන් දකියි. ඒ වගේ ම ඒ රූපයන් අභිභවනය කොට 'දනිමි, දකිමි' යි යන මෙබඳු සඤ්ඤාවෙන් යුතු වෙයි. මෙය හතරවෙනි අභිභායතනය යි.

අධ්‍යාත්මයෙහි අරූප සඤ්ඤාවක් ඇති කෙනෙක් බාහිර රූපයන් දකිනවා. ඒ කියන්නෙ නිල් වූ, නීල වර්ණයෙන් යුතු වූ, නීල නිදර්ශන ඇති නීල ප්‍රභා ඇති රූපයන් දකිනවා. එය නිල් වූ, නීල වර්ණයෙන් යුතු වූ, නීල නිදර්ශන ඇති නීල ප්‍රභා ඇති දිය බෙරලිය මලක් දකිනවා වගෙයි. ඒ වගේ ම නිල් වූ, නීල වර්ණයෙන් යුතු වූ, නීල නිදර්ශන ඇති නීල ප්‍රභා ඇති මැනවින් ඔප මට්ටම් කළ කසී සළුවක් දකිනවා වගෙයි. මේ අයුරින් ම අධ්‍යාත්මයෙහි එක ම අරූප සඤ්ඤාවක් ඇතිව බාහිර රූපයන් දකිනවා. ඒ කියන්නෙ නිල් වූ, නීල වර්ණයෙන් යුතු වූ, නීල නිදර්ශන ඇති නීල ප්‍රභා ඇති රූපයන් දකිනවා. ඒ රූපයන් අභිභවනය කොට 'දනිමි, දකිමි' යි යන මෙබඳු සඤ්ඤාවෙන් යුතු වෙයි. මෙය පස් වෙනි අභිභායතනය යි.

අධ්‍යාත්මයෙහි අරූප සඤ්ඤාවක් ඇති කෙනෙක් බාහිර රූපයන් දකිනවා. ඒ කියන්නෙ කහ වූ, කහ වර්ණයෙන් යුතු වූ, කහ නිදර්ශන ඇති කහ ප්‍රභා ඇති රූපයන් දකිනවා. එය කහ වූ, කහ වර්ණයෙන් යුතු වූ, කහ නිදර්ශන ඇති කහ ප්‍රභා ඇති කිණිහිරි මලක් දකිනවා වගෙයි. ඒ වගේ ම කහ වූ, කහ වර්ණයෙන් යුතු වූ, කහ නිදර්ශන ඇති කහ ප්‍රභා ඇති මැනවින් ඔප මට්ටම් කළ කසී සළුවක් දකිනවා වගෙයි. මේ අයුරින් ම අධ්‍යාත්මයෙහි එක ම අරූප සඤ්ඤාවක් ඇතිව බාහිර රූපයන් දකිනවා. ඒ කියන්නෙ කහ වූ, කහ වර්ණයෙන් යුතු වූ, කහ නිදර්ශන ඇති කහ ප්‍රභා ඇති රූපයන් දකිනවා. ඒ රූපයන් අභිභවනය කොට 'දනිමි, දකිමි' යි යන මෙබඳු සඤ්ඤාවෙන් යුතු වෙයි. මෙය සය වෙනි අභිභායතනය යි.

අධ්‍යාත්මයෙහි අරූප සඤ්ඤාවක් ඇති කෙනෙක් බාහිර රූපයන් දකිනවා. ඒ කියන්නෙ රතු වූ, රතු වර්ණයෙන් යුතු වූ, රතු නිදර්ශන ඇති රතු ප්‍රභා ඇති රූපයන් දකිනවා. එය රතු වූ, රතු වර්ණයෙන් යුතු වූ, රතු නිදර්ශන ඇති රතු ප්‍රභා ඇති බඳුවද මලක් දකිනවා වගෙයි. ඒ වගේ ම රතු

වූ, රතු වර්ණයෙන් යුතු වූ, රතු නිදර්ශන ඇති රතු ප්‍රභා ඇති මැනවින් ඔප මට්ටම් කළ කසී සළුවක් දකිනවා වගෙයි. මේ අයුරින් ම අධ්‍යාත්මයෙහි එක ම අරූප සඤ්ඤාවක් ඇතිව බාහිර රූපයන් දකිනවා. ඒ කියන්නෙ රතු වූ, රතු වර්ණයෙන් යුතු වූ, රතු නිදර්ශන ඇති රතු ප්‍රභා ඇති රූපයන් දකිනවා. ඒ රූපයන් අභිභවනය කොට 'දනිමි, දකිමි' යි යන මෙබඳු සඤ්ඤාවෙන් යුතු වෙයි. මෙය සත් වෙනි අභිභායතනය යි.

අධ්‍යාත්මයෙහි අරූප සඤ්ඤාවක් ඇති කෙනෙක් බාහිර රූපයන් දකිනවා. ඒ කියන්නෙ සුදු වූ, සුදු වර්ණයෙන් යුතු වූ, සුදු නිදර්ශන ඇති සුදු ප්‍රභා ඇති රූපයන් දකිනවා. එය සුදු වූ, සුදු වර්ණයෙන් යුතු වූ, සුදු නිදර්ශන ඇති සුදු ප්‍රභා ඇති ඕසධී තරුවක් දකිනවා වගෙයි. ඒ වගේ ම සුදු වූ, සුදු වර්ණයෙන් යුතු වූ, සුදු නිදර්ශන ඇති සුදු ප්‍රභා ඇති මැනවින් ඔප මට්ටම් කළ කසී සළුවක් දකිනවා වගෙයි. මේ අයුරින් ම අධ්‍යාත්මයෙහි එක ම අරූප සඤ්ඤාවක් ඇතිව බාහිර රූපයන් දකිනවා. ඒ කියන්නෙ සුදු වූ, සුදු වර්ණයෙන් යුතු වූ, සුදු නිදර්ශන ඇති සුදු ප්‍රභා ඇති රූපයන් දකිනවා. ඒ රූපයන් අභිභවනය කොට 'දනිමි, දකිමි' යි යන මෙබඳු සඤ්ඤාවෙන් යුතු වෙයි. මෙය අට වෙනි අභිභායතනය යි. ඉතින් ඔය වැඩපිළිවෙල තුළ මාගේ ශ්‍රාවකයන් බොහෝ දෙනෙක් විශිෂ්ට ඤාණයෙන් යුතු පාරමීප්‍රාප්ත වීම නම් වූ අරහත්වයට පැමිණ වාසය කරනවා.

උදායී, තව කරුණක් කියමි. මා විසින් ශ්‍රාවකයන් හට අනුගමනය කළ යුතු වැඩ පිළිවෙලක් කියා දීලා තියෙනවා. යම් ආකාරයකින් ඒ වැඩපිළිවෙල මත ඉඳිමින් තමයි මාගේ ශ්‍රාවකයන් දස කසිණයන් වඩන්නෙ.

ඇතැමෙක් උඩ, යට, සරස දෙකක් නො කොට අප්‍රමාණ වූ පඨවි කසිණය ගැන දැනගන්නවා. ඇතැමෙක් අපෝ කසිණය ගැන දැනගන්නවා. ....(පෙ).... ඇතැමෙක් තේජෝ කසිණය ගැන දැනගන්නවා. ....(පෙ).... ඇතැමෙක් වායෝ කසිණය ගැන දැනගන්නවා. ....(පෙ).... ඇතැමෙක් නීල කසිණය ගැන දැනගන්නවා. ....(පෙ).... ඇතැමෙක් කහ කසිණය ගැන දැනගන්නවා. ....(පෙ).... ඇතැමෙක් රතු කසිණය ගැන දැනගන්නවා. ....(පෙ).... ඇතැමෙක් සුදු කසිණය ගැන දැනගන්නවා. ....(පෙ).... ඇතැමෙක් ආකාස කසිණය ගැන දැනගන්නවා. ....(පෙ).... ඇතැමෙක් උඩ, යට, සරස දෙකක් නො කොට අප්‍රමාණ වූ විඤ්ඤාණ කසිණය ගැන දැනගන්නවා. ඉතින් ඔය වැඩපිළිවෙල තුළ මාගේ ශ්‍රාවකයන් බොහෝ දෙනෙක් විශිෂ්ට ඤාණයෙන් යුතු පාරමීප්‍රාප්ත වීම නම් වූ අරහත්වයට පැමිණ වාසය කරනවා.

උදායී, තව කරුණක් කියමි. මා විසින් ශ්‍රාවකයන් හට අනුගමනය කළ යුතු වැඩ පිළිවෙලක් කියා දීලා තියෙනවා. යම් ආකාරයකින් ඒ වැඩපිළිවෙල මත ඉඳිමින් තමයි මාගේ ශ්‍රාවකයන් ධ්‍යාන සතර වඩන්නෙ.

ඒ කියන්නෙ; මෙහි ලා භික්ෂුව කාමයන් ගෙන් වෙන්ව, අකුසල ධර්මයන් ගෙන් වෙන්ව, විතර්ක සහිත වූ, විචාර සහිත වූ, විවේකයෙන් හට ගත් ප්‍රීති සුඛය ඇති ප්‍රථම ධ්‍යානය උපදවා ගෙන වාසය කරනවා. ඔහු මේ කය ම විවේකයෙන් හටගත් ප්‍රීති සුඛයෙන් හොඳට තෙත් කරනවා. මුළුමනින් ම තෙත් කරනවා. එයින් පුරවනවා. පිරිපුන්ව පුරවනවා. ඔහු ගේ සියළු කයෙහි විවේකයෙන් හටගත් ප්‍රීති සුඛයෙන් ස්පර්ශ නො කළ කිසි තැනක් නෑ.

පින්වත් උදායී, ඒක මේ වගේ දෙයක් (රජවරුන් ආදී පිරිස් නහවන) දක්ෂ නහවන්නෙක් හෝ නහවන කෙනෙකු ගේ ගෝලයෙක් ඉන්නවා. ඔහු ලෝහ බඳුනක නානසුණු විසුරුවනවා. ඊට පස්සේ දිය ඉස ඉස පිඬු කරනවා. එතකොට ඒ නානසුණු පිඬට අර වතුර කාවදිනවා. හොඳින් තෙත් වෙනවා. ඒ නහන පිඬ ඇතුළත පිටත සෑම තැන ම හොඳින් දිය පැතිරිලා තියෙනවා. පිටතට වැගිරෙන්නෙත් නෑ. පින්වත් උදායී, ඔය විදිහම යි. භික්ෂුව මේ කය ම විවේකයෙන් හටගත් ප්‍රීති සුඛයෙන් හොඳට තෙත් කරනවා. මුළුමනින් ම තෙත් කරනවා. එයින් පුරවනවා. පිරිපුන්ව පුරවනවා. ඔහු ගේ සියළු කයෙහි විවේකයෙන් හටගත් ප්‍රීති සුඛයෙන් ස්පර්ශ නො කළ කිසි තැනක් නෑ.

පින්වත් උදායී, නැවත අනිකක් කියමි. මෙහිලා භික්ෂුව විතර්ක විචාරයන් ගේ සංසිඳීමෙන්, අධ්‍යාත්මයෙහි පැහැදීම ඇති කරවන, සිතෙහි ඒකාග්‍රතාවය පවත්වන, විතර්ක රහිත වූ, විචාර රහිත වූ, සමාධියෙන් හට ගත් ප්‍රීති සුඛය ඇති දෙවන ධ්‍යානයට පැමිණ වාසය කරනවා. ඔහු මේ කය ම සමාධියෙන් හටගත් ප්‍රීති සුඛයෙන් හොඳට තෙත් කරනවා. මුළුමණින් ම තෙත් කරනවා. එයින් පුරවනවා. පිරිපුන්ව පුරවනවා. ඔහු ගේ සියළු කයෙහි සමාධියෙන් හටගත් ප්‍රීති සුඛයෙන් ස්පර්ශ නො කළ කිසි තැනක් නෑ.

පින්වත් උදායී, ඒක මේ වගේ දෙයක්. යට දිය උල්පත්වලින් වතුර ගලන ගැඹුරු විලක් තියෙනවා. හැබැයි ඒ විලට නැගෙනහිර පැත්තෙන් වතුර එන මඟක් නෑ. දකුණු පැත්තෙන් වතුර එන මඟක් නෑ. බටහිර පැත්තෙන් වතුර එන මඟක් නෑ. උතුරු පැත්තෙන් වතුර එන මඟක් නෑ. වැස්සත් කලින් කලට පිළිවෙලකට වහින්නේ නෑ. එතකොට ඒ විලෙන් ම සීතල දියදහරා උල්පත්වලින් උඩට මතු වෙවී ඒ විල ම සීතල ජලයෙන් හොඳට තෙත් කරනවා. මුළුමණින් ම තෙත් කරනවා. වතුරෙන් පුරවනවා. හොඳින් පුරවනවා. ඒ මුළු විලේ ම සිහිල් ජලයෙන් පහස නො ලැබූ කිසි තැනක් නෑ. පින්වත් උදායී, ඔය විදිහම

යි. භික්ෂුව මේ කය ම සමාධියෙන් හටගත් ප්‍රීති සුඛයෙන් හොඳට තෙත් කරනවා. මුළුමණින් ම තෙත් කරනවා. එයින් පුරවනවා. පිරිපුන්ව පුරවනවා. ඔහු ගේ සියළු කයෙහි සමාධියෙන් හටගත් ප්‍රීති සුඛයෙන් ස්පර්ශ නො කළ කිසි තැනක් නෑ.

පින්වත් උදායී, නැවත අනිකක් කියමි. මෙහිලා භික්ෂුව ....(පෙ).... තුන්වන ධ්‍යානයට පැමිණ වාසය කරනවා. ඔහු මේ කය ම ප්‍රීති රහිත සුඛයෙන් හොඳට තෙත් කරනවා. මුළුමණින් ම තෙත් කරනවා. එයින් පුරවනවා. පිරිපුන්ව පුරවනවා. ඔහු ගේ සියළු කයෙහි ප්‍රීති රහිත සුඛයෙන් ස්පර්ශ නො කළ කිසිතැනක් නෑ.

පින්වත් උදායී, ඒක මේ වගේ දෙයක්. මහනෙල් විලක හෝ රතු නෙළුම් විලක හෝ සුදු නෙළුම් විලක හෝ ඇතැම් මහනෙල් වේවා, රතු නෙළුම් වේවා, සුදු නෙළුම් වේවා ඒ නෙළුම් ජලයේ ම යි හට ගන්නේ. ජලයේ ම යි වැඩෙන්නේ. නමුත් ජලයෙන් උඩට ඇවිත් නෑ. ජලය තුළ ම ගිලී වැඩෙනවා. එතකොට ඒ නෙළුම් අග දක්වා ත් මුල දක්වා ත් සීතල දියෙන් හොඳට තෙත් වෙලා තියෙන්නේ. මුළුමණින් ම තෙත් වෙලා තියෙන්නේ. පිරිල තියෙන්නේ. හැම තැන ම පැතිරිලා තියෙන්නේ. ඒ සෑම මහනෙල්වල, රතු නෙළුම්වල, සුදු නෙළුම්වල සීතල දිය නො පැතුරුණු කිසි තැනක් නෑ. පින්වත් උදායී, ඔය විදිහම යි. භික්ෂුව මේ කය ම ප්‍රීති රහිත සුඛයෙන් හොඳට තෙත් කරනවා. මුළුමණින් ම තෙත් කරනවා. එයින් පුරවනවා. පිරිපුන්ව පුරවනවා. ඔහු ගේ සියළු කයෙහි ප්‍රීති රහිත සුඛයෙන් ස්පර්ශ නො කළ කිසිතැනක් නෑ.

පින්වත් උදායී, නැවත අනිකක් කියමි. මෙහිලා භික්ෂුව සැප ද, දුක ද නැති කිරීමෙන්, කලින් ම මානසික සැප දුක් දෙකින් ම වෙන් වෙලා, දුක් සැප රහිත පිරිසිදු උපේක්ෂාව ත්, සිහිය ත් තියෙන හතරවෙනි ධ්‍යානයට පැමිණ වාසය කරනවා. ඔහු මේ කය ම පාරිශුද්ධ වූ ප්‍රභාශ්වර සිතින් පතුරුවා ගෙන වාඩි වී ඉන්නවා. ඔහු ගේ සියළු කයෙහි පාරිශුද්ධ වූ ප්‍රභාශ්වර සිතින් ස්පර්ශ නො කළ කිසි තැනක් නෑ.

පින්වත් උදායී, ඒක මේ වගේ දෙයක්. සුදු වස්ත්‍රයකින් හිස සහිතව මුලු සිරුර ම පොරොවා ගෙන වාඩි වී සිටින කෙනෙක් ඉන්නවා. එතකොට ඔහු ගේ මුළු කයෙහි ම සුදු වස්ත්‍රයෙන් නො වැසුණු කිසි තැනක් නෑ. පින්වත් උදායී, අන්න ඒ වගේ ම යි භික්ෂුව මේ කය ම පාරිශුද්ධ වූ ප්‍රභාශ්වර සිතින් පතුරුවා ගෙන වාඩි වී ඉන්නවා. ඔහු ගේ සියළු කයෙහි පාරිශුද්ධ වූ ප්‍රභාශ්වර සිතින් ස්පර්ශ නො කළ කිසි තැනක් නෑ. ඉතින් ඔය වැඩපිළිවෙල තුළ මාගේ

ශ්‍රාවකයන් බොහෝ දෙනෙක් විශිෂ්ට ඤාණයෙන් යුතු පාරමීප්‍රාප්ත වීම නම් වූ අරහත්වයට පැමිණ වාසය කරනවා.

පින්වත් උදායී, තව කරුණක් කියමි. මා විසින් ශ්‍රාවකයන් හට අනුගමනය කළ යුතු වැඩ පිළිවෙලක් කියා දීලා තියෙනවා. යම් ආකාරයකින් ඒ වැඩපිළිවෙල මත ඉඳිමින් තමයි මාගේ ශ්‍රාවකයන් මෙහෙමයි අවබෝධ කරන්නෙ. "මාගේ මේ කය වනාහී සතර මහා භූතයන් ගෙන් හට ගත්, මව්පියන් නිසා හට ගත්, බත් ව්‍යංජන ආදියෙන් වැඩුන, අනිත්‍ය වූ, ඇතිල්ලීම් පිරිමැදීම් වලින් නඩත්තු කළ යුතු වූ, බිඳී වැනසී යන ස්වභාවයට අයත් වූ, රූපවත් (මහාභූත නම් වූ රූපයෙන් හැදුණු) දෙයක්. මාගේ මේ විඤ්ඤාණය ද පවතින්නේ මේ සිරුරෙහි ම යි. බැඳී තිබෙන්නෙත් මෙහි ම යි" කියල.

පින්වත් උදායී, ඒක මේ වගේ දෙයක්. වෛරෝඩි මාණික්‍යයක් තියෙනවා. හරි ලස්සනට පහළ වුන දෙයක්. අටපට්ටම්. හොඳින් ඔපමට්ටම් කරලා. ඉතාමත් හොඳ යි. ඉතාම ප්‍රසන්න යි. පිවිතුරු යි. මැණිකක තිබිය යුතු හැම දෙයක් ම තියෙනවා. ඉතින් ඔය මැණික තුළ නිල් වේවා, රන්වන් වේවා, රතු වේවා, සුදු වේවා, පඬු පැහැ වේවා, නූලක් අමුණලා තියෙනවා. එතකොට ඇස් ඇති පුරුෂයෙක් මැණික අතට ගෙන හොඳින් විමසා බලනවා. "මේ වෛරෝඩි මාණික්‍යයක් තියෙනවා. හරි ලස්සනට පහළ වුන දෙයක්. අටපට්ටම්. හොඳින් ඔපමට්ටම් කරලා. ඉතාමත් හොඳ යි. ඉතාම ප්‍රසන්න යි. පිවිතුරු යි. මැණිකක තිබිය යුතු හැම දෙයක් ම තියෙනවා. ඉතින් ඔය මැණික තුළ නිල් වේවා, රන්වන් වේවා, රතු වේවා, සුදු වේවා, පඬු පැහැ වේවා, නූලක් අමුණලා තියෙනවා" කියලා.

පින්වත් උදායී, මා විසින් ශ්‍රාවකයන් හට අනුගමනය කළ යුතු වැඩ පිළිවෙලක් කියා දීලා තියෙනවා. යම් ආකාරයකින් ඒ වැඩපිළිවෙල මත ඉඳිමින් තමයි මාගේ ශ්‍රාවකයන් මෙහෙමයි අවබෝධ කරන්නෙ.

"මාගේ මේ කය වනාහී සතර මහා භූතයන් ගෙන් හට ගත්, මව්පියන් නිසා හට ගත්, බත් ව්‍යංජන ආදියෙන් වැඩුණ, අනිත්‍ය වූ, ඇතිල්ලීම් පිරිමැදීම් වලින් නඩත්තු කළ යුතු වූ, බිඳී වැනසී යන ස්වභාවයට අයත් වූ, රූපවත් (මහාභූත නම් වූ රූපයෙන් හැදුණු) දෙයක්. මාගේ මේ විඤ්ඤාණය ද පවතින්නේ මේ සිරුරෙහි ම යි. බැඳී තිබෙන්නෙත් මෙහි ම යි" කියල. ඉතින් ඔය වැඩපිළිවෙල තුළ මාගේ ශ්‍රාවකයන් බොහෝ දෙනෙක් විශිෂ්ට ඤාණයෙන් යුතු පාරමීප්‍රාප්ත වීම නම් වූ අරහත්වයට පැමිණ වාසය කරනවා.

පින්වත් උදායී, තව කරුණක් කියමි. මා විසින් ශ්‍රාවකයන් හට

අනුගමනය කළ යුතු වැඩ පිළිවෙලක් කියා දීලා තියෙනවා. යම් ආකාරයකින් ඒ වැඩපිළිවෙල මත ඉඳිමින් තමයි මාගේ ශ්‍රාවකයන් මේ කයින් රූපී වූ ත්, මනෝමය වූ ත්, සියළු අඟපසඟ ඇතිව, නො පිරිහුණු ඉඳුරන් ඇතිව, වෙනත් කයක් මවන්නෙ. ඒ කියන්නෙ; පින්වත් උදායී, ඒක මේ වගේ දෙයක්. පුරුෂයෙක් මුඤ්ජතණ ගසෙන් තණ ගොබය ඇදල ගන්නවා. එතකොට ඔහුට මෙහෙම හිතෙනවා. "මේ මුඤ්ජතණ ගස යි, මේ තණ ගොබය යි. එතකොට මුඤ්ජතණ ගස වෙන එකක්. තණ ගොබය වෙන එකක්. නමුත් මුඤ්ජතණ ගසෙන් ම යි තණ ගොබය ඇදල ගන්නේ" කියලා.

පින්වත් උදායී, ඒක මේ වගේ දෙයක්. පුරුෂයෙක් කොපුවෙන් කඩුවක් ඇදල ගන්නවා. එතකොට ඔහුට මෙහෙම හිතෙනවා. "මේ කඩුව. මේ කොපුව. එතකොට කඩුව අනෙකක්. කොපුව අනෙකක්. නමුත් කොපුවෙන් තමයි කඩුව ඇදල ගත්තෙ" කියලා.

පින්වත් උදායී, ඒක මේ වගේ දෙයක්. පුරුෂයෙක් නයි පෙට්ටියෙන් නයෙකුව ඇදල ගන්නවා. එතකොට ඔහුට මෙහෙම හිතෙනවා. "මේ තමයි නයා. මේක නයි පෙට්ටිය. එතකොට නයා අනෙකෙක්. නයි පෙට්ටිය අනෙකක්. නමුත් නයි පෙට්ටියෙන් තමයි නයාව ඇදල ගත්තේ" කියල.

පින්වත් උදායී, මේ අයුරින් මා විසින් ශ්‍රාවකයන් හට අනුගමනය කළ යුතු වැඩ පිළිවෙලක් කියා දීලා තියෙනවා. යම් ආකාරයකින් ඒ වැඩපිළිවෙල මත ඉඳිමින් තමයි මාගේ ශ්‍රාවකයන් මේ කයින් රූපී වූ ත්, මනෝමය වූ ත්, සියළු අඟපසඟ ඇතිව, නො පිරිහුණු ඉඳුරන් ඇතිව, වෙනත් කයක් මවන්නෙ. ඉතින් ඔය වැඩපිළිවෙල තුළ මාගේ ශ්‍රාවකයන් බොහෝ දෙනෙක් විශිෂ්ට ඥාණයෙන් යුතු පාරමීප්‍රාප්ත වීම නම් වූ අරහත්වයට පැමිණ වාසය කරනවා.

පින්වත් උදායී, තව කරුණක් කියමි. මා විසින් ශ්‍රාවකයන් හට අනුගමනය කළ යුතු වැඩ පිළිවෙලක් කියා දීලා තියෙනවා. යම් ආකාරයකින් ඒ වැඩපිළිවෙල මත ඉඳිමින් තමයි මාගේ ශ්‍රාවකයන් ඉර්ධි ප්‍රාතිහාර්ය පිණිස සිත මෙහෙයවන්නේ, එතකොට ඔහු එයට සිත නතු කරයි. තනි කෙනෙක් වගේ සිට බොහෝ ආකාර ඇතිකරගන්නවා. බොහෝ ආකාර ඇතිව සිට තනි කෙනෙක් වෙනවා. ඒ වගේ ම බිත්ති, පවුරු, පදනම් වල නො ගැටී ඉන් එහාට අහසින් යන්නා සේ යනවා. ජලයෙහි කිමිදෙන්නා සේ පොළොවෙහි කිමිදෙනවා. පොළොවෙහි සක්මන් කරන්නා සේ ජලයෙහිත් ඇවිදිනවා. කුරුල්ලෙක් අහසෙහි පියාඹන්නා සේ භාවනා ඉරියව්වෙන් අහසින් යනවා. ඒ වගේ ම මේසා මහා ඉර්ධිමත් මේසා මහානුභාව සම්පන්න සඳ හිරු පවා

අතින් පිරිමදිනවා. ඒ වගේ ම බඹ ලොව දක්වා මේ ඉර්ධි ප්‍රාතිහාර්යයෙන් යුතු කයින් වසඟයෙහි පවත්වනවා.

පින්වත් උදායී, ඒක මේ වගේ දෙයක්. දක්ෂ කුඹල්කරුවෙක් හෝ කුඹල්කරුවෙකු ගේ අතවැසියෙක් ඉන්නවා. ඔහු ඉතා හොඳින් සකස් කළ මැටිටෙන් යම් ම ආකාරයේ භාජනයක් හදන්ට කැමැති නම්, ඒ ඒ ආකාරයේ බඳුන් හදනවා. විශේෂයෙන් නිර්මාණය කරනවා.

පින්වත් උදායී, ඒක මේ වගේ දෙයක්. දක්ෂ ඇත්දත් කැටයම් කරුවෙක් හෝ ඇත්දත් කැටයම්කරුවෙකු ගේ අතවැසියෙක් ඉන්නවා. ඔහු ඉතා හොඳින් සකස් කළ ඇත්දතක යම් ම ආකාරයේ ඇත් දළ කැටයමක් කරන්ට කැමති නම්, ඒ ඒ ආකාරයේ ඇත් දළ කැටයම් හදනවා. විශේෂයෙන් නිර්මාණය කරනවා.

පින්වත් උදායී, ඒක මේ වගේ දෙයක්. දක්ෂ රන් කැටයම්කරුවෙක් හෝ රන් කැටයම්කරුවෙකු ගේ අතවැසියෙක් ඉන්නවා. ඔහු ඉතා හොඳින් සකස් කළ රනක යම් ම ආකාරයේ රන් කැටයමක් කරන්ට කැමති නම්, ඒ ඒ ආකාරයේ රන් කැටයම් හදනවා. විශේෂයෙන් නිර්මාණය කරනවා.

පින්වත් උදායී, ඔය අයුරින් මා විසින් ශ්‍රාවකයන් හට අනුගමනය කළ යුතු වැඩ පිළිවෙලක් කියා දීලා තියෙනවා. යම් ආකාරයකින් ඒ වැඩපිළිවෙල මත ඉඳිමින් තමයි මාගේ ශ්‍රාවකයන් ඉර්ධි ප්‍රාතිහාර්ය පිණිස සිත මෙහෙයවන්නේ, එතකොට ඔහු එයට සිත නතු කරයි. තනි කෙනෙක් වගේ සිට බොහෝ ආකාර ඇතිකරගන්නවා. බොහෝ ආකාර ඇතිව සිට තනි කෙනෙක් වෙනවා. ඒ වගේ ම බිත්ති, පවුරු, පදනම් වල නො ගැටී ඉන් එහාට අහසින් යන්නා සේ යනවා. ජලයෙහි කිමිදෙන්නා සේ පොළොවෙහි කිමිදෙනවා. පොළොවෙහි සක්මන් කරන්නා සේ ජලයෙහිත් ඇවිදිනවා. කුරුල්ලෙක් අහසෙහි පියාඹන්නා සේ භාවනා ඉරියව්වෙන් අහසින් යනවා. ඒ වගේ ම මේසා මහා ඉර්ධිමත් මේසා මහානුභාව සම්පන්න සඳ හිරු පවා අතින් පිරිමදිනවා. ඒ වගේ ම බඹ ලොව දක්වා මේ ඉර්ධි ප්‍රාතිහාර්යයෙන් යුතු කයින් වසඟයෙහි පවත්වනවා. ඉතින් ඔය වැඩපිළිවෙල තුළ මාගේ ශ්‍රාවකයන් බොහෝ දෙනෙක් විශිෂ්ට ඥාණයෙන් යුතු පාරමීප්‍රාප්ත වීම නම් වූ අරහත්වයට පැමිණ වාසය කරනවා.

පින්වත් උදායී, තව කරුණක් කියමි. මා විසින් ශ්‍රාවකයන් හට අනුගමනය කළ යුතු වැඩ පිළිවෙලක් කියා දීලා තියෙනවා. යම් ආකාරයකින් ඒ වැඩපිළිවෙල මත ඉඳිමින් තමයි මාගේ ශ්‍රාවකයන් දිව්‍ය වූ ශ්‍රවණය පිණිස සිත යොමු කරන්නේ. එතකොට ඔහු එයට සිත නතු කරනවා. එතකොට ඔහු මිනිසුන් ගේ සවන් දීමේ හැකියාව ඉක්මවා ගිය පිරිසිදු වූ, දිව්‍ය ශ්‍රවණයෙන්

මානුෂික වූ ත්, දිව්‍ය වූ ත් දෙයාකාර වූ දුර ළඟ ශබ්දයන් අසනවා. එය මේ වගේ දෙයක්. පින්වත් උදායී, ශක්ති සම්පන්න සක්පිඹින්නෙක් ඉන්නවා. ඔහු කිසි වෙහෙසක් නැතිව ම සිව් දිශාවට ඇසෙන පරිදි සක් පිඹිනවා. පින්වත් උදායී, ඔය අයුරින් මා විසින් ශ්‍රාවකයන් හට අනුගමනය කළ යුතු වැඩ පිළිවෙලක් කියා දීලා තියෙනවා. යම් ආකාරයකින් ඒ වැඩපිළිවෙල මත ඉඳිමින් තමයි මාගේ ශ්‍රාවකයන් දිව්‍ය වූ ශ්‍රවණය පිණිස සිත යොමු කරන්නේ. එතකොට ඔහු එයට සිත නතු කරනවා. එතකොට ඔහු මිනිසුන් ගේ සවන් දීමේ හැකියාව ඉක්මවා ගිය පිරිසිදු වූ, දිව්‍ය ශ්‍රවණයෙන් මානුෂික වූ ත්, දිව්‍ය වූ ත් දෙයාකාර වූ දුර ළඟ ශබ්දයන් අසනවා. ඉතින් ඔය වැඩපිළිවෙල තුළ මාගේ ශ්‍රාවකයන් බොහෝ දෙනෙක් විශිෂ්ට ඤාණයෙන් යුතු පාරමීප්‍රාප්ත වීම නම් වූ අරහත්වයට පැමිණ වාසය කරනවා.

පින්වත් උදායී, තව කරුණක් කියමි. මා විසින් ශ්‍රාවකයන් හට අනුගමනය කළ යුතු වැඩ පිළිවෙලක් කියා දීලා තියෙනවා. යම් ආකාරයකින් ඒ වැඩපිළිවෙල මත ඉඳිමින් තමයි මාගේ ශ්‍රාවකයන් අනුන් ගේ සිත් පිරිසිඳ දන්නා නුවණ පිණිස සිත යොමු කරන්නේ. එතකොට එයට සිත නතු කරයි. එතකොට ඔහු වෙනත් සත්වයන් ගේ බාහිර පුද්ගලයන් ගේ සිතේ ස්වභාවයන් සිතින් පිරිසිඳ දැනගන්නවා. ඒ කියන්නෙ, සරාගී සිත සරාගී සිතක් වශයෙන් දැනගන්නවා. වීතරාගී සිත වීතරාගී සිතක් වශයෙන් දැනගන්නවා. සදෝෂී සිත සදෝෂී සිතක් වශයෙන් දැනගන්නවා. වීතදෝෂී සිත වීතදෝෂී සිතක් වශයෙන් දැනගන්නවා. සමෝහී සිත සමෝහී සිතක් වශයෙන් දැනගන්නවා. වීතමෝහී සිත වීතමෝහී සිතක් වශයෙන් දැනගන්නවා. හැකිළුණු සිත හැකිළුණු සිතක් වශයෙන් දැනගන්නවා. විසිරුණු සිත විසුරුණු සිතක් වශයෙන් දැනගන්නවා. මහග්ගත සිත මහග්ගත සිතක් වශයෙන් දැනගන්නවා. අමහග්ගත සිත අමහග්ගත සිතක් වශයෙන් දැනගන්නවා. සඋත්තර සිත සඋත්තර සිතක් වශයෙන් දැනගන්නවා. අනුත්තර සිත අනුත්තර සිතක් වශයෙන් දැනගන්නවා. සමාහිත සිත සමාහිත සිතක් වශයෙන් දැනගන්නවා. අසමාහිත සිත අසමාහිත සිතක් වශයෙන් දැනගන්නවා. විමුත්ත සිත විමුත්ත සිතක් වශයෙන් දැනගන්නවා. අවිමුත්ත සිත අවිමුත්ත සිතක් වශයෙන් දැනගන්නවා.

පින්වත් උදායී, ඒක මේ වගේ දෙයක්. ලස්සනට සැරසෙන්ට කැමති ස්ත්‍රියක් හෝ පුරුෂයෙක් හෝ දරුවෙක් හෝ තරුණයෙක් හෝ ඉන්නවා. ඔහු පිරිසිදු දීප්තිමත් කණ්ණාඩියක් ඉදිරියේ හෝ පැහැදිලි දිය ඇති බඳුනකින් හෝ තමන් ගේ මුව මඬල හොඳින් විමසා බලනවා. එතකොට දොස් ඇති තැන දොස් ඇති තැන වශයෙන් දැන ගන්නවා. දොස් නැති තැන දොස් නැති තැන වශයෙන් දැනගන්නවා.

පින්වත් උදායී, ඔය අයුරින් මා විසින් ශ්‍රාවකයන් හට අනුගමනය කළ යුතු වැඩ පිළිවෙලක් කියා දීලා තියෙනවා. යම් ආකාරයකින් ඒ වැඩපිළිවෙල මත ඉඳිමින් තමයි මාගේ ශ්‍රාවකයන් අනුන් ගේ සිත් පිරිසිඳ දන්නා නුවණ පිණිස සිත යොමු කරන්නේ. එතකොට එයට සිත නතු කරයි. එතකොට ඔහු වෙනත් සත්වයන් ගේ බාහිර පුද්ගලයන් ගේ සිතේ ස්වභාවයන් මගේ සිතින් පිරිසිඳ දැන ගන්නවා. ඒ කියන්නෙ, සරාගී සිත සරාගී සිතක් වශයෙන් දැනගන්නවා. වීතරාගී සිත වීතරාගී සිතක් වශයෙන් දැනගන්නවා. සදෝෂී සිත සදෝෂී සිතක් වශයෙන් දැනගන්නවා. වීතදෝෂී සිත වීතදෝෂී සිතක් වශයෙන් දැනගන්නවා. සමෝහී සිත සමෝහී සිතක් වශයෙන් දැනගන්නවා. වීතමෝහී සිත වීතමෝහී සිතක් වශයෙන් දැනගන්නවා. හැකිළුණු සිත ....(පෙ).... විසිරුණු සිත ....(පෙ).... මහග්ගත සිත ....(පෙ).... අමහග්ගත සිත ....(පෙ).... සඋත්තර සිත ....(පෙ).... අනුත්තර සිත ....(පෙ).... සමාහිත සිත ....(පෙ).... අසමාහිත සිත ....(පෙ).... විමුත්ත සිත විමුත්ත සිතක් වශයෙන් දැනගන්නවා. අවිමුත්ත සිත අවිමුත්ත සිතක් වශයෙන් දැනගන්නවා. ඉතින් ඔය වැඩපිළිවෙල තුළ මාගේ ශ්‍රාවකයන් බොහෝ දෙනෙක් විශිෂ්ට ඥාණයෙන් යුතු පාරමීප්‍රාප්ත වීම නම් වූ අරහත්වයට පැමිණ වාසය කරනවා.

පින්වත් උදායී, තව කරුණක් කියමි. මා විසින් ශ්‍රාවකයන් හට අනුගමනය කළ යුතු වැඩ පිළිවෙලක් කියා දීලා තියෙනවා. යම් ආකාරයකින් ඒ වැඩපිළිවෙල මත ඉඳිමින් තමයි මාගේ ශ්‍රාවකයන් නොයෙක් ආකාරයෙන් පෙර විසූ ජීවිත පිළිබඳව සිහි කරනවා. ඒ කියන්නෙ; එක ජාතියක්, ජාති දෙකක්, ජාති තුනක්, ජාති හතරක්, ජාති පහක්, ජාති දහයක්, ජාති විස්සක්, ජාති තිහක්, ජාති හතළිහක්, ජාති පනහක්, ජාති සීයක්, ජාති දහසක්, ජාති ලක්ෂයක්, ඒ වගේ ම නොයෙක් සංවට්ට කල්ප, නොයෙක් විවට්ට කල්ප, නොයෙක් සංවට්ට විවට්ට කල්ප සිහි කරනවා. මං අසවල් තැන හිටියා, මෙබඳු නමින් හිටියා, මෙබඳු ගෝත්‍ර නාමයෙන් හිටියා, මෙබඳු හැඩරුවින් හිටියා, මෙබඳු ආහාර වැළඳුවා, මෙබඳු සැප දුක් වින්දා, මේ අයුරින් ජීවිතය අවසන් වුනා. ඒ මං එතනින් චුත වුනා. අසවල් තැන ඉපදුනා. අසවල් තැන හිටියා. මෙබඳු නමින් හිටියා, මෙබඳු ගෝත්‍ර නාමයෙන් හිටියා, මෙබඳු හැඩරුවින් හිටියා, මෙබඳු ආහාර වැළඳුවා, මෙබඳු සැප දුක් වින්දා, මේ අයුරින් ජීවිතය අවසන් වුනා. ඒ මං එතනින් චුත වුනා. මෙතන ඉපදුනා" ආදී වශයෙන්. මෙසේ මං කරුණු සහිත ප්‍රධාන සිදුවීම් සහිතව නොයෙක් ආකාරයෙන් පෙර විසූ ජීවිත පිළිබඳව සිහිකරනවා.

පින්වත් උදායී, ඒක මේ වගේ දෙයක්. පුරුෂයෙක් තමන් ගේ ගමෙන් වෙනත් ගමකට යනවා. ඒ ගමෙන් තවත් ගමකට යනවා. ඒ ගමෙන් යළි තමන්

ගේ ගමට එනවා. එතකොට ඔහුට මෙහෙම හිතෙනවා. මං මගේ ගමෙන් අසවල් ගමට ගියා. මං එහෙදී මෙහෙමයි හිටියේ. මෙහෙමයි වාඩි වුනේ. මෙහෙමයි කතාබහ කළේ. මෙහෙමයි නිශ්ශබ්දව සිටියේ. ඉතින් මං ඒ ගමෙනුත් අසවල් ගමට ගියා. එහෙ හිටියේ මේ විදිහට යි. වාඩි වුනේ මේ විදිහට යි. කතාබස් කළේ මේ විදිහට යි. නිහඬව සිටියේ මේ විදිහට යි. ඒ මං ඒ ගමෙන් මගේ ගමට ම නැවත ආවා" කියල.

පින්වත් උදායී, ඔය අයුරින් මා විසින් ශ්‍රාවකයන් හට අනුගමනය කළ යුතු වැඩ පිළිවෙලක් කියා දීලා තියෙනවා. යම් ආකාරයකින් ඒ වැඩපිළිවෙල මත ඉඳිමින් තමයි මාගේ ශ්‍රාවකයන් නොයෙක් ආකාරයෙන් පෙර විසූ ජීවිත පිළිබඳව සිහි කරනවා. ඒ කියන්නෙ; එක ජාතියක්, ජාති දෙකක්, ජාති තුනක්, ජාති හතරක්, ජාති පහක්, ජාති දහයක්, ජාති විස්සක්, ජාති තිහක්, ජාති හතළිහක්, ජාති පනහක්, ජාති සීයක්, ජාති දහසක්, ජාති ලක්ෂයක්, ඒ වගේ ම නොයෙක් සංවට්ට කල්ප, නොයෙක් විවට්ට කල්ප, නොයෙක් සංවට්ට විවට්ට කල්ප සිහි කරනවා. මං අසවල් තැන හිටියා, මෙබඳු නමින් හිටියා, මෙබඳු ගෝත්‍ර නාමයෙන් හිටියා, මෙබඳු හැඩරුවින් හිටියා, මෙබඳු ආහාර වැළඳුවා, මෙබඳු සැප දුක් වින්දා, මේ අයුරින් ජීවිතය අවසන් වුනා. ඒ මං එතනින් චුත වුණා. අසවල් තැන ඉපදුනා. අසවල් තැන හිටියා. මෙබඳු නමින් හිටියා, මෙබඳු ගෝත්‍ර නාමයෙන් හිටියා, මෙබඳු හැඩරුවින් හිටියා, මෙබඳු ආහාර වැළඳුවා, මෙබඳු සැප දුක් වින්දා, මේ අයුරින් ජීවිතය අවසන් වුනා. ඒ මං එතනින් චුත වුණා. මෙතන ඉපදුනා" ආදී වශයෙන්. මෙසේ මං කරුණු සහිත ප්‍රධාන සිදුවීම් සහිතව නොයෙක් ආකාරයෙන් පෙර විසූ ජීවිත පිළිබඳව සිහිකරනවා. ඉතින් ඔය වැඩපිළිවෙල තුළ මාගේ ශ්‍රාවකයන් බොහෝ දෙනෙක් විශිෂ්ට ඤාණයෙන් යුතු පාරමීප්‍රාප්ත වීම නම් වූ අරහත්වයට පැමිණ වාසය කරනවා.

පින්වත් උදායී, තව කරුණක් කියමි. මා විසින් ශ්‍රාවකයන් හට අනුගමනය කළ යුතු වැඩ පිළිවෙලක් කියා දීලා තියෙනවා. යම් ආකාරයකින් ඒ වැඩපිළිවෙල මත ඉඳිමින් තමයි මාගේ ශ්‍රාවකයන් සත්වයන් ගේ චුතියත් උපතත් දකිනා නුවණ පිණිස සිත පිහිටුවන්නේ. සිත එයට නතු කරනවා. එතකොට ඒ භික්ෂුව, 'මං සාමාන්‍ය මිනිසුන් ගේ දර්ශන පථය ඉක්මවා ගිය පිරිසිදු දිවැස් නුවණින් චුත වෙන උපදින සත්වයන් දකිනවා කියල. ඒ කියන්නෙ; උසස් පහත්, ලස්සන කැත, සුගති දුගතිවල කර්මානුරූපව සත්වයන් උපදින හැටි දකිනවා. 'අනේ, මේ භවත් සත්වයින් කයින් දුසිරිත් කරල, වචනින් දුසිරිත් කරල, මනසින් දුසිරිත් කරල, ආර්යයන් වහන්සේලාට අපහාස කරලා, මිත්‍යා දෘෂ්ටික වෙලා, මිත්‍යා දෘෂ්ටිකව කටයුතු කරමින් ඉඳල, කය බිඳී මැරුණට

පස්සේ අපායෙ ඉපදිලා ඉන්නවා. දුගතියෙ ඉපදිලා ඉන්නවා. විනිපාත කියන නිරයෙ ඉපදිලා ඉන්නවා' කියල. ඒ වගේ ම 'මේ භවත් සත්වයන් කයින් සුචරිතයේ යෙදිල, වචනයෙන් සුචරිතයේ යෙදිල, මනසින් සුචරිතයේ යෙදිල, ආර්යයන් වහන්සේලාට අපහාස නො කොට, සම්මා දිට්ඨිය ඇතුව ඉඳල, සම්මා දිට්ඨියෙන් යුක්ත ක්‍රියා වල යෙදිල, කය බිඳී මැරුණට පස්සේ සුගතිය කියන යහපත් ලෝකෙ ඉපදිලා ඉන්නවා' කියල. මේ විදිහට සාමාන්‍ය මිනිසුන් ගේ දර්ශන පථය ඉක්මවා ගිය පිරිසිදු දිවැස් නුවණින්, සත්වයන් චුත වෙන උපදින හැටි දකිනවා. උසස් පහත්, ලස්සන කැත, සුගති දුගති වල කර්මානුරූපව සත්වයන් උපදින හැටි දකිනවා.

පින්වත් උදායී, ඒක මේ වගේ දෙයක්. හතරමං හන්දියක තට්ටු නිවසක් තියෙනවා. එහි ඇස් ඇති පුරුෂයෙක් සිටගෙන බලාගෙන ඉන්නවා. ඔහු (පහළ) ගෙට ඇතුළු වන්නා වූත්, නික්මෙන්නා වූ ත්, විදිහේ එහාට මෙහාට ඇවිදින්නා වූ ත්, හතරමං හන්දිය මැද වාඩි වී සිටින්නා වූ ත් මිනිසුන් දකිනවා. එතකොට ඔහුට මෙහෙම හිතෙනවා. "මේ මිනිසුන් ගෙට ඇතුළු වෙනවා. මේ උදවිය ගෙයින් නික්මෙනවා. මේ උදවිය වීදියේ එහාට මෙහාට ඇවිදිනවා. මේ උදවිය හතරමං හන්දිය මැද වාඩිවෙලා ඉන්නවා" කියල.

පින්වත් උදායී, ඔය අයුරින් මා විසින් ශ්‍රාවකයන් හට අනුගමනය කළ යුතු වැඩ පිළිවෙලක් කියා දීලා තියෙනවා. යම් ආකාරයකින් ඒ වැඩපිළිවෙල මත ඉඳිමින් තමයි මාගේ ශ්‍රාවකයන් සත්වයන් ගේ චුතියත් උපතත් දකිනා නුවණ පිණිස සිත පිහිටුවන්නේ. සිත එයට නතු කරනවා. එතකොට ඒ භික්ෂුව, 'මං සාමාන්‍ය මිනිසුන් ගේ දර්ශන පථය ඉක්මවා ගිය පිරිසිදු දිවැස් නුවණින් චුත වෙන උපදින සත්වයන් දකිනවා කියල. ඒ කියන්නෙ; උසස් පහත්, ලස්සන කැත, සුගති දුගතිවල කර්මානුරූපව සත්වයන් උපදින හැටි දකිනවා. 'අනේ, මේ භවත් සත්වයින් කයින් දුසිරිත් කරල, වචනින් දුසිරිත් කරල, මනසින් දුසිරිත් කරල, ආර්යයන් වහන්සේලාට අපහාස කරලා, මිත්‍යා දෘෂ්ටික වෙලා, මිත්‍යා දෘෂ්ටිකව කටයුතු කරමින් ඉඳල, කය බිඳී මැරුණට පස්සේ අපායෙ ඉපදිලා ඉන්නව. දුගතියෙ ඉපදිලා ඉන්නව. විනිපාත කියන නිරයෙ ඉපදිලා ඉන්නව' කියල. ඒ වගේ ම 'මේ භවත් සත්වයන් කයින් සුචරිතයේ යෙදිල, වචනයෙන් සුචරිතයේ යෙදිල, මනසින් සුචරිතයේ යෙදිල, ආර්යයන් වහන්සේලාට අපහාස නො කොට, සම්මා දිට්ඨිය ඇතුව ඉඳල, සම්මා දිට්ඨියෙන් යුක්ත ක්‍රියා වල යෙදිල, කය බිඳී මැරුණට පස්සේ සුගතිය කියන යහපත් ලෝකෙ ඉපදිලා ඉන්නවා' කියල. මේ විදිහට සාමාන්‍ය මිනිසුන් ගේ දර්ශන පථය ඉක්මවා ගිය පිරිසිදු දිවැස් නුවණින්, සත්වයන් චුත වෙන උපදින හැටි දකිනවා. උසස් පහත්, ලස්සන කැත, සුගති දුගති වල කර්මානුරූපව සත්වයන් උපදින හැටි

දකිනවා. ඉතින් ඔය වැඩපිළිවෙල තුළ මාගේ ශ්‍රාවකයන් බොහෝ දෙනෙක් විශිෂ්ට ඥාණයෙන් යුතු පාරමීප්‍රාප්ත වීම නම් වූ අරහත්වයට පැමිණ වාසය කරනවා.

පින්වත් උදායී, තව කරුණක් කියමි. මා විසින් ශ්‍රාවකයන් හට අනුගමනය කළ යුතු වැඩපිළිවෙලක් කියා දීලා තියෙනවා. යම් ආකාරයකින් ඒ වැඩපිළිවෙල මත ඉඳිමින් තමයි මාගේ ශ්‍රාවකයන් ආශ්‍රවයන් ක්ෂය කොට අනාශ්‍රව වූ චිත්ත විමුක්තිය ත්, ප්‍රඥා විමුක්තිය ත් මෙහි දී ම තමන් තුළ උපදවා ගත් විශිෂ්ට ඥාණයෙන් සාක්ෂාත් කොට පැමිණ වාසය කරන්නේ. පින්වත් උදායී, ඒක මේ වගේ දෙයක්. පර්වත මුදුනක ජලාශයක් තියෙනවා. එහි ජලය ඉතා හොඳ යි. හරිම ප්‍රසන්න යි. කැළඹිලා නෑ. එතැන ඇස් ඇති පුරුෂයෙක් ඒ ඉවුරේ සිටගෙන ජලාශය දෙස බලා සිටිනවා. එතකොට ඔහුට සිප්පිබෙල්ලනුත්, සක්බෙල්ලනුත්, කැටකැබලිත්, මාළු රංචු ආදියත් හැසිරෙන අයුරු, සිටින අයුරු දකින්ට ලැබෙනවා. එතකොට ඔහුට මෙහෙම හිතෙනවා. "මේක ඉතා හොඳ ජලය ඇති හරිම ප්‍රසන්න වූ නො කැළඹුණු දිය ඇති විලක්. මෙහි මේ සිප්පිබෙල්ලන්, සක්බෙල්ලන්, කැටකැබලිති, මාළු රංචුත් හැසිරෙනවා නෙව. ඉන්නවා නෙව" කියල.

පින්වත් උදායී, ඔය අයුරින් මා විසින් ශ්‍රාවකයන් හට අනුගමනය කළ යුතු වැඩ පිළිවෙලක් කියා දීලා තියෙනවා. යම් ආකාරයකින් ඒ වැඩපිළිවෙල මත ඉඳිමින් තමයි මාගේ ශ්‍රාවකයන් ආශ්‍රවයන් ක්ෂය කොට අනාශ්‍රව වූ චිත්ත විමුක්තිය ත්, ප්‍රඥා විමුක්තිය ත් මෙහි දී ම තමන් තුළ උපදවා ගත් විශිෂ්ට ඥාණයෙන් සාක්ෂාත් කොට පැමිණ වාසය කරන්නේ. ඉතින් ඔය වැඩපිළිවෙල තුළ මාගේ ශ්‍රාවකයන් බොහෝ දෙනෙක් විශිෂ්ට ඥාණයෙන් යුතු පාරමීප්‍රාප්ත වීම නම් වූ අරහත්වයට පැමිණ වාසය කරනවා.

පින්වත් උදායී, මාගේ ශ්‍රාවකයන් යම් කරුණු හේතු කොට ගෙන මට සත්කාර කරනවා නම්, ගෞරව කරනවා නම්, සම්මාන දක්වනවා නම්, පුදනවා නම්, සත්කාර කොට ගරුකාර කොට ඇසුරු කොට වසනවා නම්, ඒ මේ පස්වෙනි කාරණය යි.

භාග්‍යවතුන් වහන්සේ මෙය වදාළ සේක. සතුටු සිත් සකුළුදායී පිරිවැජියා භාග්‍යවතුන් වහන්සේ වදාළ මෙම දේශනය ඉතාම සතුටින් පිළිගත්තා.

සාදු! සාදු!! සාදු!!!

සකුළුදායී පිරිවැජියාට වදාළ විස්තරාත්මක දෙසුම නිමා විය.

2.3.8.
සමණමණ්ඩිකා සූත්‍රය
සමණමණ්ඩිකාපුත්‍ර පිරිවැජියා නිසා වදාළ දෙසුම

මා හට අසන්නට ලැබුනේ මේ විදිහට යි. එසමයෙහි භාග්‍යවතුන් වහන්සේ වැඩසිටියේ සැවැත් නුවර ජේතවනය නම් වූ අනේපිඬු සිටුතුමා ගේ ආරාමයේ. ඒ දිනවල ම සමණමණ්ඩිකාපුත්‍ර උග්ගාහමාන පිරිවැජියා මල්ලිකා දේවිය විසින් කරවන ලද සමයප්පවාදක නම් වූ තින්දුකාචීර ඒකසාලක නම් ආරාමයෙහි හත්සියයක් පමණ වූ මහත් පිරිවැජියන් පිරිසක් සමඟ වාසය කළා.

එදා පඤ්චකංග වඩුදෙටුතුමා භාග්‍යවතුන් වහන්සේ බැහැදැකීම පිණිස දහවල් මධ්‍යාහ්නයෙහි සැවැත් නුවරින් නික්මුනා. එතකොට පඤ්චකංග වඩුදෙටුතුමාට මෙහෙම සිතුනා. "භාග්‍යවතුන් වහන්සේව බැහැදකින්නට තවම කාලය නො වෙයි. භාග්‍යවතුන් වහන්සේ භාවනාවෙන් වැඩවසන වෙලාව යි. ඒ වගේ ම මනෝභාවනීය භික්ෂූන් දකින්නට ද මෙය කාලය නො වෙයි. මනෝභාවනීය භික්ෂූන් ද භාවනා කරන වෙලාව යි. එහෙම නම් මං මල්ලිකා දේවිය විසින් කළ සමයප්පවාදක නම් වූ තින්දුකාචීර ඒකසාලක නම් ආරාමයෙහි සමණමණ්ඩිකාපුත්‍ර උග්ගාහමාන පිරිවැජියා වෙත යන්නට ඕන" කියල. ඉතින් පඤ්චකංග වඩුදෙඩුතුමා මල්ලිකා දේවිය විසින් කරවන ලද සමයප්පවාදක නම් වූ තින්දුකාචීර ඒකසාලක නම් ආරාමයෙහි සමණමණ්ඩිකාපුත්‍ර උග්ගාහමාන පිරිවැජියා වෙත එළැඹුනා.

ඒ වෙලාවෙහි සමණමණ්ඩිකාපුත්‍ර උග්ගාහමාන පිරිවැජියා මහත් පිරිවැජි පිරිසක් සමඟ උස් හඬින් මහ හඬින් කෑ ගසමින් නොයෙක් ආකාරයෙන් තිරිසන් කතාවන් කරමින් සිටියා. ඒ කියන්නේ; ආණ්ඩුව ගැන කතා කිරීම, ප්‍රසිද්ධ සොරුන් ගැන කතා කිරීම, මැති ඇමති වරුන් ගැන කතා කිරීම, හමුදාවන් ගැන කතා කිරීම, භයජනක කතා කිරීම, යුද්ධ ගැන කතා කිරීම, ආහාර වර්ග ගැන කතා කිරීම, පාන වර්ග ගැන කතා කිරීම, වස්ත්‍ර ගැන කතා කිරීම, යාන වාහන ගැන කතා කිරීම, ඇඳ පුටු ගැන කතා කිරීම, ගෙවල් දොරවල් ගැන කතා කිරීම, මල් වර්ග ගැන කතා කිරීම, සුවඳ වර්ග ගැන කතා කිරීම, ඤාතීන් ගැන කතා කිරීම, ගම් ගැන කතා කිරීම, නියම් ගම් ගැන කතා කිරීම, නගර ගැන කතා කිරීම, ජනපද ගැන කතා කිරීම, ස්ත්‍රීන් ගැන කතා

කිරීම, පුරුෂයන් ගැන කතා කිරීම, වීරයන් ගැන කතා කිරීම, මංමාවත් ගැන කතා කිරීම, පැන් තොටේ කතාවන් ගැන කතා කිරීම, මියගිය උදවිය ගැන කතා කිරීම, නා නා තිරිසන් කතාවන් ගැන කතා කිරීම, ලෝකය ගැන කතා කිරීම, මුහුද ගැන කතා කිරීම, මෙසේ මෙසේ ඇති වූයේ ය - නැති වූයේ ය යනුවෙන් කතා කිරීම ආදිය යි.

ඉතින් සමණමණ්ඩිකාපුත්‍ර උග්ගාහමාන පිරිවැජියා දුරින් ම එන්නා වූ පඤ්චකංග වඩුදෙටුතුමාව දැක්කා. දැක තමන් ගේ පිරිස සන්සුන් කෙරෙව්වා. "භවත්නි, නිශ්ශබ්ද වන්න! භවත්නි, ශබ්ද නො කරන්න! මේ ශ්‍රමණ ගෞතමයන් ගේ ශ්‍රාවකයෙක් වූ පඤ්චකංග වඩුදෙටුතුමා පැමිණෙනවා. ශ්‍රමණ ගෞතමයන් ගේ යම්තාක් සුදු වත් හඳිනා ගිහි ශ්‍රාවකයන් සැවැත් නුවර සිටිනවා නම්, පඤ්චකංග වඩුදෙටුතුමා ඔවුන් අතර කෙනෙක්. ඒ ආයුෂ්මතුන් නිශ්ශබ්දතාවයට කැමතියි. නිශ්ශබ්දතාවයට යි වර්ණනා කරන්නෙ. නිශ්ශබ්ද වූ පිරිස දැනගෙන ඔවුන් වෙත එළැඹීම හොඳයි කියල යි සිතන්නෙ." එතකොට ඒ පිරිවැජියන් නිශ්ශබ්ද වුනා.

ඉතින් පඤ්චකංග වඩුදෙටුතුමා සමණමණ්ඩිකාපුත්‍ර උග්ගාහමාන පිරිවැජියා වෙත පැමිණුනා. පැමිණ සමණමණ්ඩිකාපුත්‍ර උග්ගාහමාන පිරිවැජියා සමග සතුටු වුනා. සතුටු විය යුතු පිළිසඳර කතාව කොට නිමවා එකත්පස්ව වාඩි වුනා. එකත්පස්ව වාඩිවුණු පඤ්චකංග වඩුදෙටුතුමාට සමණමණ්ඩිකාපුත්‍ර උග්ගාහමාන පිරිවැජියා මෙය කිව්වා.

"එම්බා වඩුදෙටුව, මං සතර දහමකින් සමන්විත පුරුෂ පුද්ගලයා කුසල සම්පන්න වූ ත්, පරම කුසල් තිබෙන්නා වූ ත්, උත්තම ප්‍රාප්තියට පත් වූ ත්, කිසි වාදයකින් සෙලවිය නො හැකි වූ ත්, ශ්‍රමණයා කියලා පෙන්වා දෙනවා. කවර සතරකින් ද යත්; මෙහිලා වඩුදෙටුව, කෙනෙක් කයින් පව්කමක් නො කරයි නම්, පවිටු වචනයක් නො කියයි නම්, පවිටු සංකල්පයක් නො සිතයි නම්, පවිටු ජීවිතයක් නො ගෙවයි නම්, එම්බා වඩුදෙටුව, මං මෙන්න මේ දහම් සතරෙන් සමන්විත පුද්ගලයාව තමයි කුසල සම්පන්න වූ ත්, පරම කුසල් ඇත්තා වූ ත්, උත්තම ප්‍රාප්තියට පත් වූ ත්, වාදයෙන් නො සෙල්විය හැකි වූ ත් ශ්‍රමණයා කියා පෙන්වන්නෙ."

එතකොට පඤ්චකංග වඩුදෙටුතුමා සමණමණ්ඩිකාපුත්‍ර උග්ගාහමාන පිරිවැජියා ගේ ප්‍රකාශය පිළිගත්තෙ ත් නෑ. ප්‍රතික්ෂේප කළෙත් නෑ. නො පිළිගෙන, ප්‍රතික්ෂේප නො කොට හුනස්නෙන් නැගී පිටත්ව ගියා. භාග්‍යවතුන් වහන්සේ සමීපයෙහි දී මෙම කියමනෙහි අරුත දැනගන්නට ඕන කියල. ඉතින් පඤ්චකංග වඩුදෙටුතුමා භාග්‍යවතුන් වහන්සේ වෙත පැමිණියා. පැමිණ

භාග්‍යවතුන් වහන්සේට ආදරයෙන් වන්දනා කොට එකත්පස්ව වාඩි වුනා. එකත්පස්ව වාඩි වුණ පඤ්චකංග වඩුදෙටුවා සමණමණ්ඩිකාපුත්‍ර උග්ගාහමාන පිරිවැජියා සමඟ යම් කතාබහක් ඇතිවුනා ද, ඒ සියල්ල ම භාග්‍යවතුන් වහන්සේට සැළකළා.

මෙසේ පැවසූ විට භාග්‍යවතුන් වහන්සේ පඤ්චකංග වඩුදෙටු හට මෙය වදාළා. "පින්වත් වඩුදෙටුව, එහෙම නම් ඉතා ලාබාල වූ උඩුකුරුව සයනය කරන ළදරු සිඟිත්තා සම්පන්න කුසල වූ ත්, පරම කුසල වූ ත්, උත්තමප්‍රාප්ත වූ ත් වාදයෙන් නො පැරදවිය හැකි වූ ත් ශ්‍රමණයෙක් වේවි නෙව. සමණමණ්ඩිකාපුත්‍ර උග්ගාහමාන පිරිවැජියා කියන හැටියට නම් පින්වත් වඩුදෙටුව, ඉතා ලාබාල වූ උඩුකුරුව සයනය කරන ළදරු සිඟිත්තාට කයක් තිබේ ය කියා හැඟීමක් නෑ. ස්පන්දන මාත්‍රය හැර කයින් කෙසේ නම් පාප කර්මයක් කරන්න ද? හැඬීම් මාත්‍රයක් හැර වචනයෙන් කෙසේ නම් පාපී බසක් කියන්න ද? සිනාසීම් මාත්‍රයක් හැර කෙසේ නම් පවිටු සංකල්පයක් සිතන්න ද? ඉතා ලාබාල වූ උඩුකුරුව සයනය කරන ළදරු සිඟිත්තාට ආජීවය පිළිබඳ හැඟීමක් නැහැ. මව්කිරි හැර කෙසේ නම් පවිටු ආජීවකයකින් ජීවත් වෙන්න ද? පින්වත් වඩුදෙටුව, මෙසේ ඇති කල්හි සමණමණ්ඩිකාපුත්‍ර උග්ගාහමාන පිරිවැජියා කියන හැටියට නම් ඉතා ලාබාල වූ උඩුකුරුව සයනය කරන ළදරු සිඟිත්තා සම්පන්න කුසල වූ ත්, පරම කුසල වූ ත්, උත්තමප්‍රාප්ත වූ ත් වාදයෙන් නො පැරදවිය හැකි වූ ත් ශ්‍රමණයෙක් වේවි නෙව.

පින්වත් වඩුදෙටුව, දහම් සතරකින් සමන්විත පුද්ගලයෙකුව මං පෙන්වා දෙනවා; ඔහු කුසල සම්පන්න ත් නෑ, පරම කුසල ත් නෑ, උත්තම ප්‍රාප්තියට පත් වෙලත් නෑ, වාදයෙන් සෙල්විය නො හැකි ශ්‍රමණයෙකුත් නොවේ. ඒ වුනත් ඔහු මේ උඩුකුරුව නිදන ළදරු සිඟිත්තාව යට කොට ඉන්නවා. කවර සතරකින් ද යත්; පින්වත් වඩුදෙටුව, මෙහිලා කෙනෙක් කයින් පාප කර්මයක් නො කරයි. පාපී වචනයක් නො කියයි. පවිටු සංකල්පයක් නො සිතයි. පවිටු ජීවිතයක් නො ගෙවයි. පින්වත් වඩුදෙටුව, මේ දහම් සතරෙන් සමන්විත පුද්ගලයා තමයි කුසල සම්පන්න ත් නෑ, පරම කුසල ත් නෑ, උත්තම ප්‍රාප්තියට පත් වෙලත් නෑ, වාදයෙන් සෙල්විය නො හැකි ශ්‍රමණයෙකුත් නොවේ කියල මා පෙන්වා දෙන්නෙ. ඒ වුනත් ඔහු නම් මේ උඩුකුරුව නිදන ළදරු සිඟිත්තාව යට කොට ඉන්නවා.

පින්වත් වඩුදෙටුව, මං දස ධර්මයකින් යුතු පුද්ගලයෙකු පෙන්වා දෙනවා. ඔහු නම් කුසල සම්පන්න යි. පරම කුසලින් යුක්ත යි. උත්තම ප්‍රාප්තියට පත්වෙලයි ඉන්නෙ. වාදයෙන් නො සෙල්විය හැකි ශ්‍රමණයෙක්.

'පින්වත් වඩුදෙටුව, මේවා අකුසල ස්වභාවයන් ය' කියල ඒවා දැනගත යුතුය කියල යි මා කියන්නෙ. පින්වත් වඩුදෙටුව, 'අකුසල ස්වභාවයන් හට ගන්නේ මේ මේ කරුණු නිසා ය' කියල එය ත් දැනගත යුතුය කියල යි මා කියන්නෙ. පින්වත් වඩුදෙටුව, 'මෙන්න මේ දේවල් තුළ අකුසල ස්වභාවයන් ඉතිරි නැතිව නිරුද්ධ වෙනවා කියල' එය ත් දැනගත යුතුය කියල යි මා කියන්නෙ. පින්වත් වඩුදෙටුව, 'මේ අයුරින් පිළිපැද්ද විට එය අකුසල ස්වභාවයන් නිරුද්ධ වීම පිණිස වූ පිළිපැදීම යි' කියල එය ත් දැනගත යුතුය කියල යි මා කියන්නෙ.

පින්වත් වඩුදෙටුව, 'මේවා කුසල ස්වභාවයන් ය' කියල ඒවා දැනගත යුතුය කියල යි මා කියන්නෙ. පින්වත් වඩුදෙටුව, 'කුසල ස්වභාවයන් හට ගන්නේ මේ මේ කරුණු නිසා ය' කියල එය ත් දැනගත යුතුය කියල යි මා කියන්නෙ. පින්වත් වඩුදෙටුව, 'මෙන්න මේ දේවල් තුළ කුසල ස්වභාවයන් ඉතිරි නැතිව නිරුද්ධ වෙනවා කියල' එය ත් දැනගත යුතුය කියල යි මා කියන්නෙ. පින්වත් වඩුදෙටුව, 'මේ අයුරින් පිළිපැද්ද විට එය කුසල ස්වභාවයන් නිරුද්ධ වීම පිණිස වූ පිළිපැදීම යි' කියල එය ත් දැනගත යුතුය කියල යි මා කියන්නෙ.

පින්වත් වඩුදෙටුව, 'මේවා අකුසල සංකල්පයන් ය' කියල ඒවා දැනගත යුතුය කියල යි මා කියන්නෙ. පින්වත් වඩුදෙටුව, 'අකුසල සංකල්පයන් හට ගන්නේ මේ මේ කරුණු නිසා ය' කියල එය ත් දැනගත යුතුය කියල යි මා කියන්නෙ. පින්වත් වඩුදෙටුව, 'මෙන්න මේ දේවල් තුළ අකුසල සංකල්පයන් ඉතිරි නැතිව නිරුද්ධ වෙනවා කියල' එය ත් දැනගත යුතුය කියල යි මා කියන්නෙ. පින්වත් වඩුදෙටුව, 'මේ අයුරින් පිළිපැද්ද විට එය අකුසල සංකල්පයන් නිරුද්ධ වීම පිණිස වූ පිළිපැදීම යි' කියල එය ත් දැනගත යුතුය කියල යි මා කියන්නෙ.

පින්වත් වඩුදෙටුව, 'මේවා කුසල සංකල්පයන් ය' කියල ඒවා දැනගත යුතුය කියල යි මා කියන්නෙ. පින්වත් වඩුදෙටුව, 'කුසල සංකල්පයන් හට ගන්නේ මේ මේ කරුණු නිසා ය' කියල එය ත් දැනගත යුතුය කියල යි මා කියන්නෙ. පින්වත් වඩුදෙටුව, 'මෙන්න මේ දේවල් තුළ කුසල සංකල්පයන් ඉතිරි නැතිව නිරුද්ධ වෙනවා කියල' එය ත් දැනගත යුතුය කියල යි මා කියන්නෙ. පින්වත් වඩුදෙටුව, 'මේ අයුරින් පිළිපැද්ද විට එය කුසල සංකල්පයන් නිරුද්ධ වීම පිණිස වූ පිළිපැදීම යි' කියල එය ත් දැනගත යුතුය කියල යි මා කියන්නෙ.

පින්වත් වඩුදෙටුව, අකුසල ස්වභාවයන් යනු මොනවා ද? අකුසල කාය කර්ම තියෙනවා. අකුසල වචී කර්ම තියෙනවා. පවිටු දිවි පැවැත්ම තියෙනවා. පින්වත් වඩුදෙටුව, මේවාට තමයි අකුසල ස්වභාවයන් කියා කියන්නෙ.

පින්වත් වඩුදෙටුව, මේ අකුසල ස්වභාවයන් හට ගන්නේ කුමකින් ද? ඒ අකුසල ස්වභාවයන් ගේ හටගැනීම කියල යි තියෙන්නෙ. එයට කිව යුත්තේ සිතෙන් හටගන්නවා කියල යි. කවර සිතක් ද යත්; බොහෝ අනේකප්‍රකාර වූ නානාප්‍රකාර වූ සිත් තිබෙනවා නෙව. එයින් ඒ සිතක් සරාගී වෙයි ද, සදෝසී වෙයි ද, සමෝහී වෙයි ද, මෙයින් තමයි අකුසල ස්වභාවයන් හටගන්නේ.

පින්වත් වඩුදෙටුව, මේ අකුසල ස්වභාවයන් ඉතිරි නැතිව නිරුද්ධ වන්නේ කොහේදී ද? මේ අකුසල ස්වභාවයන් ගේ නිරුද්ධ වීම ගැන කියල යි තියෙන්නෙ. මෙහිලා පින්වත් වඩුදෙටුව, භික්ෂුව කාය දුෂ්චරිතය පහකොට, කාය සුචරිතය වඩනවා. වචී දුෂ්චරිතය පහකොට, වචී සුචරිතය වඩනවා. මනෝ දුෂ්චරිතය පහකොට, මනෝ සුචරිතය වඩනවා. මිත්‍යා ආජීවය පහකොට සම්මා ආජීවයෙන් යුතුව ජීවිතය ගෙවනවා. මේ තුළ ඒ අකුසල ස්වභාවයන් ඉතිරි නැතිව නිරුද්ධ වෙලා යනවා.

පින්වත් වඩුදෙටුව, කෙසේ පිළිපැද්දොත් ද අකුසල් ස්වභාවයන් නිරුද්ධ වීම පිණිස පිළිපදිනවා කියල කියන්නෙ? පින්වත් වඩුදෙටුව, මෙහිදී භික්ෂුව නූපන් පාපී අකුසල් නූපදවීම පිණිස, කැමැත්ත උපදවනවා. වෑයම් කරනවා. වීරිය අරඹනවා. සිත දැඩි කොට ගන්නවා. බලවත් ලෙස වීරිය ගන්නවා. උපන් පාපී අකුසල් ප්‍රහාණය කිරීම පිණිස, කැමැත්ත උපදවනවා. වෑයම් කරනවා. වීරිය අරඹනවා. සිත දැඩි කොට ගන්නවා. බලවත් ලෙස වීරිය ගන්නවා. නූපන් කුසල් උපදවා ගැනීම පිණිස, කැමැත්ත උපදවනවා. වෑයම් කරනවා. වීරිය අරඹනවා. සිත දැඩි කොට ගන්නවා. බලවත් ලෙස වීරිය ගන්නවා. උපන් කුසල් පවත්වා ගැනීම පිණිස, ඒවා නැති නො වීම පිණිස, බොහෝ සෙයින් වැඩීම පිණිස, විපුලව වැඩීම පිණිස, භාවනාවෙන් සම්පූර්ණ වීම පිණිස කැමැත්ත උපදවනවා. වෑයම් කරනවා. වීරිය අරඹනවා. සිත දැඩි කොට ගන්නවා. බලවත් ලෙස වීරිය ගන්නවා. පින්වත් වඩුදෙටුව, ඔය විදිහට පිළිපදිනවා නම්, අකුසල ස්වභාවයන් ගේ නිරෝධය පිණිස තමයි පිළිපදින්නේ.

පින්වත් වඩුදෙටුව, කුසල ස්වභාවයන් යනු මොනවා ද? කුසල කාය කර්ම තියෙනවා. කුසල වචී කර්ම තියෙනවා. පිරිසිදු දිවි පැවැත්ම තියෙනවා. පින්වත් වඩුදෙටුව, මේවාට තමයි කුසල ස්වභාවයන් කියා කියන්නෙ.

පින්වත් වඩුදෙටුව, මේ කුසල ස්වභාවයන් හටගන්නේ කුමකින් ද? ඒ කුසල ස්වභාවයන් ගේ හටගැනීම කියල යි තියෙන්නෙ. එයට කිව යුත්තේ සිතෙන් හටගන්නවා කියල යි. කවර සිතක් ද යත්; බොහෝ අනේකප්‍රකාර වූ නානාප්‍රකාර වූ සිත් තිබෙනවා නෙව. එයින් ඒ සිතක් වීතරාගී වෙයි ද, වීතදෝසී වෙයි ද, වීතමෝහී වෙයි ද, මෙයින් තමයි කුසල ස්වභාවයන් හටගන්නේ.

පින්වත් වඩුදෙටුව, මේ කුසල ස්වභාවයන් ඉතිරි නැතිව නිරුද්ධ වන්නේ කොහේදී ද? මේ කුසල ස්වභාවයන් ගේ නිරුද්ධ වීම ගැන කියල යි තියෙන්නෙ. මෙහිලා පින්වත් වඩුදෙටුව, භික්ෂුව සිල්වත් වෙනවා. සීලයෙන් සැකසුන දෙයක් විතරක් නො වෙයි, යම් තැනක ඔහුට ඒ කුසල ස්වභාවයන් ඉතිරි නැතිව නිරුද්ධ වෙලා යනවා නම්, ඒ චිත්ත විමුක්තිය ත්, ප්‍රඥා විමුක්තිය ත් යථාභූත වශයෙන් ම අවබෝධ කරනවා.

පින්වත් වඩුදෙටුව, කෙසේ පිළිපැද්දොත් ද කුසල් ස්වභාවයන් නිරුද්ධ වීම පිණිස පිළිපදිනවා කියල කියන්නෙ? පින්වත් වඩුදෙටුව, මෙහිදී භික්ෂුව නූපන් පාපී අකුසල් නූපදවීම පිණිස, කැමැත්ත උපදවනවා. වෑයම් කරනවා. වීරිය අරඹනවා. සිත දැඩි කොට ගන්නවා. බලවත් ලෙස වීරිය ගන්නවා. උපන් පාපී අකුසල් ප්‍රහාණය කිරීම පිණිස, ...(පෙ).... නූපන් කුසල් උපදවා ගැනීම පිණිස, ...(පෙ).... උපන් කුසල් පවත්වා ගැනීම පිණිස, ඒවා නැති නො වීම පිණිස, බොහෝ සෙයින් වැඩීම පිණිස, විපුලව වැඩීම පිණිස, භාවනාවෙන් සම්පූර්ණ වීම පිණිස කැමැත්ත උපදවනවා. වෑයම් කරනවා. වීරිය අරඹනවා. සිත දැඩි කොට ගන්නවා. බලවත් ලෙස වීරිය ගන්නවා. පින්වත් වඩුදෙටුව, ඔය විදිහට පිළිපදිනවා නම්, කුසල ස්වභාවයන් ගේ නිරෝධය පිණිස තමයි පිළිපදින්නේ.

පින්වත් වඩුදෙටුව, අකුසල සංකල්පයන් යනු මොනවා ද? කාම සංකල්ප තියෙනවා, ව්‍යාපාද සංකල්ප තියෙනවා, හිංසාකාරී සංකල්ප තියෙනවා. පින්වත් වඩුදෙටුව, මේවාට තමයි අකුසල සංකල්පයන් කියා කියන්නෙ.

පින්වත් වඩුදෙටුව, මේ අකුසල සංකල්පයන් හට ගන්නේ කුමකින් ද? ඒ අකුසල සංකල්පයන් ගේ හටගැනීම කියල යි තියෙන්නෙ. එයට කිව යුත්තේ සඤ්ඤාවෙන් හටගන්නවා කියල යි. කවර සඤ්ඤාවක් ද යත්; බොහෝ අනේකප්‍රකාර වූ නානාප්‍රකාර වූ සඤ්ඤා තිබෙනවා නෙව. එයින් ඒ සඤ්ඤාවක් කාම සඤ්ඤාවක් වෙයි ද, ව්‍යාපාද සඤ්ඤාවක් වෙයි ද, හිංසාකාරී සඤ්ඤාවක් වෙයි ද, මෙයින් තමයි අකුසල සංකල්පයන් හටගන්නේ.

පින්වත් වඩුදෙටුව, මේ අකුසල සංකල්පයන් ඉතිරි නැතිව නිරුද්ධ වන්නේ කොහේදී ද? මේ අකුසල සංකල්පයන් ගේ නිරුද්ධ වීම ගැන කියල යි තියෙන්නෙ. මෙහිලා පින්වත් වඩුදෙටුව, භික්ෂුව කාමයන් ගෙන් වෙන්ව, අකුසල ධර්මයන් ගෙන් වෙන්ව, විතර්ක සහිත වූ, විචාර සහිත වූ, විවේකයෙන් හට ගත් ප්‍රීති සුඛය ඇති ප්‍රථම ධ්‍යානය උපදවා ගෙන වාසය කරනවා. මෙතන තමයි අකුසල සංකල්පයන් ඉතුරු නැතිව නිරුද්ධ වන්නේ.

පින්වත් වඩුදෙටුව, කෙසේ පිළිපැද්දොත් ද අකුසල සංකල්පයන් නිරුද්ධ වීම පිණිස පිළිපදිනවා කියල කියන්නෙ? පින්වත් වඩුදෙටුව, මෙහිදී භික්ෂුව නූපන් පාපී අකුසල් නූපදවීම පිණිස, කැමැත්ත උපදවනවා. වෑයම් කරනවා. වීරිය අරඹනවා. සිත දැඩි කොට ගන්නවා. බලවත් ලෙස වීරිය ගන්නවා. උපන් පාපී අකුසල් ප්‍රහාණය කිරීම පිණිස, ...(පෙ).... නූපන් කුසල් උපදවා ගැනීම පිණිස, ...(පෙ).... උපන් කුසල් පවත්වා ගැනීම පිණිස, ඒවා නැති නො වීම පිණිස, බොහෝ සෙයින් වැඩීම පිණිස, විපුලව වැඩීම පිණිස, භාවනාවෙන් සම්පූර්ණ වීම පිණිස කැමැත්ත උපදවනවා. වෑයම් කරනවා. වීරිය අරඹනවා. සිත දැඩි කොට ගන්නවා. බලවත් ලෙස වීරිය ගන්නවා. පින්වත් වඩුදෙටුව, ඔය විදිහට පිළිපදිනවා නම්, අකුසල සංකල්පයන් ගේ නිරෝධය පිණිස තමයි පිළිපදින්නේ.

පින්වත් වඩුදෙටුව, කුසල සංකල්පයන් යනු මොනවා ද? නෙක්ඛම්ම සංකල්ප තියෙනවා, අව්‍යාපාද සංකල්ප තියෙනවා, අහිංසා සංකල්ප තියෙනවා. පින්වත් වඩුදෙටුව, මේවාට තමයි කුසල සංකල්පයන් කියා කියන්නෙ.

පින්වත් වඩුදෙටුව, මේ කුසල සංකල්පයන් හට ගන්නේ කුමකින් ද? ඒ කුසල සංකල්පයන් ගේ හටගැනීම කියල යි තියෙන්නෙ. එයට කිව යුත්තේ සඤ්ඤාවෙන් හටගන්නවා කියල යි. කවර සඤ්ඤාවක් ද යත්; බොහෝ අනේකප්‍රකාර වූ නානාප්‍රකාර වූ සඤ්ඤා තිබෙනවා නෙව. එයින් ඒ සඤ්ඤාවක් නෙක්ඛම්ම සඤ්ඤාවක් වෙයි ද, අව්‍යාපාද සඤ්ඤාවක් වෙයි ද, අහිංසා සඤ්ඤාවක් වෙයි ද, මෙයින් තමයි කුසල සංකල්පයන් හටගන්නේ.

පින්වත් වඩුදෙටුව, මේ කුසල සංකල්පයන් ඉතිරි නැතිව නිරුද්ධ වන්නේ කොහේදී ද? මේ කුසල සංකල්පයන් ගේ නිරුද්ධ වීම ගැන කියල යි තියෙන්නෙ. මෙහිලා පින්වත් වඩුදෙටුව, භික්ෂුව විතර්ක විචාරයන් ගේ සංසිඳීමෙන් ....(පෙ).... දෙවෙනි ධ්‍යානය උපදවා ගෙන වාසය කරනවා. මෙතන තමයි කුසල සංකල්පයන් ඉතුරු නැතිව නිරුද්ධ වන්නේ.

පින්වත් වඩුදෙටුව, කෙසේ පිළිපැද්දොත් ද කුසල සංකල්පයන් නිරුද්ධ වීම පිණිස පිළිපදිනවා කියල කියන්නෙ? පින්වත් වඩුදෙටුව, මෙහිදී භික්ෂුව නූපන් පාපී අකුසල් නූපදවීම පිණිස, කැමැත්ත උපදවනවා. වෑයම් කරනවා. වීරිය අරඹනවා. සිත දැඩි කොට ගන්නවා. බලවත් ලෙස වීරිය ගන්නවා. උපන් පාපී අකුසල් ප්‍රහාණය කිරීම පිණිස, ...(පෙ).... නූපන් කුසල් උපදවා ගැනීම පිණිස, ...(පෙ).... උපන් කුසල් පවත්වා ගැනීම පිණිස, ඒවා නැති නො වීම පිණිස, බොහෝ සෙයින් වැඩීම පිණිස, විපුලව වැඩීම පිණිස, භාවනාවෙන්

සම්පූර්ණ වීම පිණිස කැමැත්ත උපදවනවා. වෑයම් කරනවා. වීරිය අරඹනවා. සිත දැඩි කොට ගන්නවා. බලවත් ලෙස වීරිය ගන්නවා. පින්වත් වඩුදෙටුව, ඔය විදිහට පිළිපදිනවා නම්, කුසල සංකල්පයන් ගේ නිරෝධය පිණිස තමයි පිළිපදින්නේ.

පින්වත් වඩුදෙටුව, මං කවර දස ධර්මයකින් සමන්විත පුද්ගලයා ගැන ද සම්පන්න කුසල වූ ත්, පරම කුසල වූ ත්, උත්තමප්‍රාප්තියට පත් වූ ත්, කිසි වාදයකින් නො සෙල්විය හැකි වූ ත් ශ්‍රමණයා කියා පෙන්වා දෙන්නේ? පින්වත් වඩුදෙටුව, මෙහිලා භික්ෂුව අසේඛ වූ සම්මා දිට්ඨියෙන් සමන්විත වෙයි. අසේඛ වූ සම්මා සංකල්පයෙන් සමන්විත වෙයි. අසේඛ වූ සම්මා වාචාවෙන් සමන්විත වෙයි. අසේඛ වූ සම්මා කම්මන්තයෙන් සමන්විත වෙයි. අසේඛ වූ සම්මා ආජීවයෙන් සමන්විත වෙයි. අසේඛ වූ සම්මා වායාමයෙන් සමන්විත වෙයි. අසේඛ වූ සම්මා සතියෙන් සමන්විත වෙයි. අසේඛ වූ සම්මා සමාධියෙන් සමන්විත වෙයි. අසේඛ වූ සම්මා ඤාණයෙන් සමන්විත වෙයි. අසේඛ වූ සම්මා විමුක්තියෙන් සමන්විත වෙයි. පින්වත් වඩුදෙටුව, මෙන්න මේ දස ධර්මයෙන් සමන්විත පුද්ගලයා ගැන තමයි සම්පන්න කුසල වූ ත්, පරම කුසල වූ ත්, උත්තමප්‍රාප්තියට පත් වූ ත්, කිසි වාදයකින් නො සෙල්විය හැකි වූ ත් ශ්‍රමණයා කියා මා පෙන්වා දෙන්නේ."

භාග්‍යවතුන් වහන්සේ මෙය වදාළ සේක. සතුටු සිත් පඤ්චකංග වඩුදෙටු තුමා භාග්‍යවතුන් වහන්සේ වදාළ මෙම දේශනය ඉතාම සතුටින් පිළිගත්තා.

සාදු! සාදු!! සාදු!!!

සමණමණ්ඩිකාපුත්‍ර පිරිවැජියා නිසා වදාළ දෙසුම නිමා විය.

2.3.9.
චූල සකුළුදායී සූත්‍රය
සකුළුදායී පිරිවැජියාට වදාළ කුඩා දෙසුම

මා හට අසන්නට ලැබුනේ මේ විදිහට යි. ඒ දිනවල භාග්‍යවතුන් වහන්සේ වැඩ සිටියේ රජගහ නුවර කලන්දක නිවාප නම් වූ වේළුවනයේ. ඒ දිනවල සකුළුදායී පිරිවැජියා මහත් පිරිවැජියන් පිරිසක් සමඟ මෝරනිවාප නම් පිරිවැජි ආරාමයෙහි වාසය කළා.

එදා භාග්‍යවතුන් වහන්සේ පෙරවරුවෙහි සිවුරු හැඳ පොරවා ගෙන පාත්‍රය ද ගෙන රජගහ නුවර පිඬුසිඟා වැඩියා. එවිට භාග්‍යවතුන් වහන්සේට මෙහෙම හිතුනා. 'රජගහ නුවර පිඬුසිඟා වඩින්නට තවම වේලාසන වැඩියි. එහෙයින් මං මෝරනිවාප නම් පිරිවැජියන් ගේ ආරාමය යම් තැනක ද, සකුළුදායී පිරිවැජියා යම් තැනක ද එතනට යන්නට ඕන' කියල. ඉතින් භාග්‍යවතුන් වහන්සේ මෝරනිවාප පිරිවැජි ආරාමය වෙත වැඩියා.

එතකොට ඒ වෙලාවෙහි සකුළුදායී පිරිවැජියා මහත් පිරිවැජි පිරිසක් සමඟ උස් හඬින් මහ හඬින් කෑ ගසමින් නොයෙක් ආකාරයෙන් තිරිසන් කතාවන් කරමින් සිටියා. ඒ කියන්නේ; ආණ්ඩුව ගැන කතා කිරීම, ප්‍රසිද්ධ සොරුන් ගැන කතා කිරීම, මැති ඇමතිවරුන් ගැන කතා කිරීම, හමුදාවන් ගැන කතා කිරීම, භයජනක කතා කිරීම, යුද්ධ ගැන කතා කිරීම, ආහාර වර්ග ගැන කතා කිරීම, පාන වර්ග ගැන කතා කිරීම, වස්ත්‍ර ගැන කතා කිරීම, යාන වාහන ගැන කතා කිරීම, ඇඳ පුටු ගැන කතා කිරීම, මල් වර්ග ගැන කතා කිරීම, සුවඳ වර්ග ගැන කතා කිරීම, ඥාතීන් ගැන කතා කිරීම, ගම් ගැන කතා කිරීම, නියම් ගම් ගැන කතා කිරීම, නගර ගැන කතා කිරීම, ජනපද ගැන කතා කිරීම, ස්ත්‍රීන් ගැන කතා කිරීම, පුරුෂයන් ගැන කතා කිරීම, වීරයන් ගැන කතා කිරීම, මංමාවත් ගැන කතා කිරීම, පැන් තොටේ කතාවන් ගැන කතා කිරීම, මියගිය උදවිය ගැන කතා කිරීම, නා නා තිරිසන් කතාවන් ගැන කතා කිරීම, ලෝකය ගැන කතා කිරීම, මුහුද ගැන කතා කිරීම, මෙසේ මෙසේ ඇති වූයේ ය - නැති වූයේ ය යනුවෙන් කතා කිරීම ආදිය යි.

ඉතින් සකුළුදායී පිරිවැජියා දුරින් ම වඩින්නා වූ භාග්‍යවතුන් වහන්සේව දැක්කා. දැක තමන් ගේ පිරිස සන්සුන් කෙරෙව්වා. "භවත්නි, නිශ්ශබ්ද වන්න!

භවත්නි, ශබ්ද නො කරන්න! මේ ශ්‍රමණ ගෞතමයන් පැමිණෙනවා. ඒ ආයුෂ්මතුන් වහන්සේ නිශ්ශබ්දතාවයට කැමතියි. නිශ්ශබ්දතාවයට යි වර්ණනා කරන්නෙ. නිශ්ශබ්ද වූ පිරිස දැනගෙන ඔවුන් වෙත එළැඹීම හොඳයි කියල යි සිතන්නෙ." එතකොට ඒ පිරිවැජියන් නිශ්ශබ්ද වුනා.

එවිට භාග්‍යවතුන් වහන්සේ සකුළුදායී පිරිවැජියා වෙත වැඩම කළා. සකුළුදායී පිරිවැජියා භාග්‍යවතුන් වහන්සේට මෙය පැවසුවා. "ස්වාමීනී, භාග්‍යවතුන් වහන්ස, වඩින සේක්වා! ස්වාමීනී, භාග්‍යවතුන් වහන්සේ ගේ මෙහි පැමිණීම ස්වාගතයක් ම යි! භාග්‍යවතුන් වහන්සේ මෙහි පැමිණියේ බොහෝ කාලයකට පස්සෙයි. භාග්‍යවතුන් වහන්සේ මේ පණවන ලද අසුනෙහි වැඩසිටිත්වා."

ඉතින් භාග්‍යවතුන් වහන්සේ ද පණවන ලද අසුනෙහි වැඩසිටියා. එතකොට සකුළුදායී පිරිවැජියා ද කුඩා අසුනක් ගෙන එකත්පස්ව වාඩි වුනා. එකත්පස්ව වාඩි වූ සකුළුදායී පිරිවැජියාට භාග්‍යවතුන් වහන්සේ මෙය පැවසුවා. "පින්වත් උදායි, දැන් ඔබ රැස්වෙලා කුමක් ද කතා කරමින් හිටියේ. අප ගේ පැමිණීම නිසා ඔබ ගේ ඒ අඩාල වූ කතාව කුමක් ද?"

"ස්වාමීනී, ඔය කතාවන් පසෙක තිබේවා. අපි දැන් යම් කතාවක් කරමින් සිටියා ද ඒවා භාග්‍යවතුන් වහන්සේට අසන්නට ලැබෙන දුර්ලභ කතාවන් නොවෙයි. පස්සෙ වුනත් අසන්නට ලැබෙනවා. ස්වාමීනී, යම් වෙලාවක මං මේ පිරිස වෙත නො පැමිණෙනවා නම්, එතකොට මේ උදවිය කරන්නේ තිරිසන් කතාවල් කර කර වාඩි වෙලා ඉන්න එකයි. යම් කලෙක මං මේ පිරිස වෙත පැමිණෙනවා නම්, එතකොට විතරක් මේ උදවිය මගේ මූණ දිහා ම බලාගෙන වාඩි වෙලා ඉන්නවා. 'මේ උදායී ශ්‍රමණයා යම් ධර්මයක් පවසයි ද, එය අපි අසාගන්නට ඕන' කියල. ඉතින් ස්වාමීනී, යම් වෙලාවක භාග්‍යවතුන් වහන්සේ මේ පිරිස වෙත වැඩම කරනවා නම්, එතකොට මම ත්, මේ පිරිසත් භාග්‍යවතුන් වහන්සේ ගේ ම මුව මඬල බලමින් වාඩි වෙලයි ඉන්නෙ 'භාග්‍යවතුන් වහන්සේ අපට යම් ධර්මයක් දෙසා වදාරත් ද, එය අපි අසාග න්නට ඕන' කියල."

"එසේ වී නම් පින්වත් උදායී, යම් කරුණක් ධර්ම දේශනාව පිණිස මට වැටහෙනවා නම් එයට අදාළ වූ කරුණ ඔබට ම වැටහේවා!" "ස්වාමීනී, පසුගිය දවස්වල මට කෙනෙක් මුණ ගැහුනා. උන්දෑ සර්වඥ යි ලු. සියල්ල දකිනවා ලු. 'මට ඇවිදින විට ත්, සිටින විට ත්, නිදන විට ත්, අවදි වී සිටින විට ත්, නිරතුරුව ම, හැම මොහොතේ ම ඤාණදර්ශනය පිහිටල තියෙනවා' කියල

අවශේෂ රහිත වූ ඤාණ දර්ශනයක් ගැන ප්‍රතිඥා දෙනවා. ඉතින් ස්වාමීනී, මා පූර්ව අන්තය පිළිබඳව ඔහු ගෙන් ප්‍රශ්න ඇසූ විට ඔහු වෙන වෙන කරුණු වලින් එය වැසුවා නෙව. බාහිර කතාවකුත් පටලවා ගත්තා නෙව. කෝපය ත්, ද්වේශය ත්, නො සතුට ත් පහළ කළා නෙව. අනේ ස්වාමීනී, එතකොට මට භාග්‍යවතුන් වහන්සේව ම මතක් වෙලා ප්‍රීතියක් හට ගත්තා. 'අහෝ! භාග්‍යවතුන් වහන්සේ වැඩසිටියා නම්! අහෝ! සුගතයන් වහන්සේ වැඩසිටියා නම්! යමෙක් මේ ධර්මයන් ගැන දක්ෂ නම්, ඒ භාග්‍යවතුන් වහන්සේ ම තමයි' කියල."

"පින්වත් උදායී, කවුද ඒ පුද්ගලයා? සර්වඥ යි කියන, සියල්ල දකිනවා කියන, ඔහු 'මට ඇවිදින විට ත්, සිටින විට ත්, නිදන විට ත්, අවදි වී සිටින විට ත්, නිරතුරුව ම, හැම මොහොතේ ම ඤාණදර්ශනය පිහිටල තියෙනවා' කියල අවශේෂ රහිත වූ ඤාණ දර්ශනයක් ගැන ප්‍රතිඥා දෙනවා නම්, නමුත් ඔබ විසින් පූර්ව අන්තය අරභයා ප්‍රශ්න කරද්දී වෙන වෙන කරුණු වලින් එය වසා දමනවා නම්, බාහිර කතාවන් ඇදගන්නවා නම්, කෝපය ත්, ද්වේශය ත්, නො සතුට ත් පහළ කරනවා නම්, ඔහු කවුද?"

"ස්වාමීනී, නිගණ්ඨ නාතපුත්‍රයා යි."

"පින්වත් උදායී, යම් කෙනෙක් නොයෙක් ආකාර වූ පෙර විසූ කඳ පිළිවෙල ගැන සිහි කරනවා නම්, ඒ කියන්නෙ එක ජාතියක්, ජාති දෙකක්, ...(පෙ).... මෙසේ කරුණු සහිතව, විශේෂ සිදුවීම් සහිතව, පෙර විසූ කඳ පිළිවෙල ගැන සිහිකරනවා නම්, අන්න ඒ පුද්ගලයා මගෙන් පූර්ව අන්තය අරභයා ප්‍රශ්න ඇසුවොත්, මං පූර්ව අන්තය අරභයා අසන ඒ ප්‍රශ්න වලට දෙන්නා වූ පිළිතුරු ගැන ඔහු ගේ සිත පහදිනවා. එහෙම නැත්නම් මම වුනත් ඔහුගෙන් පූර්ව අන්තය අරභයා ප්‍රශ්න අසා ලැබෙන පිළිතුරු වලින් සතුටු වෙනවා.

ඒ වගේ ම උදායී, යම් කෙනෙක් සාමාන්‍ය මිනිසුන් ගේ දැක්ම ඉක්මවා ගිය පිරිසිදු වූ දිවැස් නුවණින් යුතුව චුත වෙන, උපදින, හීන, උසස්, වර්ණවත්, දුර්වර්ණ, සුගති, දුගති වල උපන් සත්වයන් දකිනවා නම්, ...(පෙ).... කර්මානුරූපව උපතකට පැමිණෙන සත්වයන් දකිනවා නම්, අන්න ඒ තැනැත්තා අපාරාන්තය අරභයා මගෙන් ප්‍රශ්න අසනවා නම්, මගෙන් අපරාන්තය අරභයා අසන ප්‍රශ්න වලට ලැබෙන පිළිතුරු වලින් ඔහු සතුටට පත්වෙනවා. ඒ වගේ ම මම හෝ අපරාන්තය අරභයා ඔහුගෙන් ප්‍රශ්න අසා ලැබෙන පිළිතුරු වලින් සතුටට පත්වෙනවා.

නමුත් උදායී, පූර්ව අන්තය පසෙක තිබේවා! අපර අන්තය ද පසෙක තිබේවා! මං ඔබට ධර්මය දේශනා කරන්නම්. 'මෙය ඇති කල්හි මෙය වෙයි.

මෙය උපදින විට මෙය උපදියි. මෙය නැති කල්හි මෙය නො වෙයි. මෙය නිරුද්ධ වන විට මෙය නිරුද්ධ වෙයි' කියල."

"ස්වාමීනී, මං මේ ආත්මභාවය තුළ යම්තාක් අත්දැකීම් ලබා තිබෙනවා ද, එය කරුණු සහිතව විශේෂ සිදුවීම් සහිතව සිහිකරන්නට බැහැ නෙව. ඉතින් එහෙම එකේ මං පෙර විසූ කඳ පිළිවෙල ත් කොහොම නම් සිහි කරන්න ද? ඒ කියන්නෙ භාග්‍යවතුන් වහන්සේ විසින් පෙර විසූ කඳ පිළිවෙල සිහිකරන පරිද්දෙන් ඒ කියන්නෙ; එක ජාතියක්, ජාති දෙකක් ....(පෙ).... මෙසේ කරුණු සහිතව විශේෂ සිදුවීම් සහිතව සිහිකරන්නට බැහැ නෙව.

අනේ ස්වාමීනී, මං පාංශු පිශාචයෙකු වත් දැකල නැහැ. ඉතින් එහෙම එකේ මං කොහොම ද සාමාන්‍ය මිනිස් පෙනුම ඉක්මවා ගිය පිරිසිදු දිවැස් නුවණින් භාග්‍යවතුන් වහන්සේ දකිනවා වගේ හීන වූත්, උසස් වූත්, වර්ණවත් වූත්, දුර්වර්ණ වූත්, සුගති වූත්, දුගති වූත් සත්වයන් ....(පෙ).... කර්මානුරූපව උපතකට යන සත්වයන් දකින්නට බැහැ නෙව.

ඉතින් එහෙම තිබෙද්දී ස්වාමීනී, භාග්‍යවතුන් වහන්සේ මට මෙහෙම වදාළා 'උදායී, පූර්ව අන්තය පසෙක තිබේවා! අපර අන්තය ද පසෙක තිබේවා! මං ඔබට ධර්මය දේශනා කරන්නම්. 'මෙය ඇති කල්හි මෙය වෙයි. මෙය උපදින විට මෙය උපදියි. මෙය නැති කල්හි මෙය නො වෙයි. මෙය නිරුද්ධ වන විට මෙය නිරුද්ධ වෙයි' කියල යමක් වදාරයි ද අනේ මට එය බොහෝ සෙයින් ම නො වැටහී යාවි. ස්වාමීනී, එනිසා මං අප ගේ ආචාර්යවරු උගන්වා තිබෙන ප්‍රශ්නයක් අසා භාග්‍යවතුන් වහන්සේ ගේ සිත පහදවන්නම්."

"පින්වත් උදායී, ඔබට ආචාර්ය පරම්පරාවෙන් උගන්වා තිබෙන්නේ කුමක්ද?"

"ස්වාමීනී, අපට ආචාර්ය පරම්පරාවෙන් උගන්වන්නේ මෙහෙම යි. 'මෙය උත්තම වර්ණය යි. මෙය උත්තම වර්ණය යි' කියල."

"පින්වත් උදායී, ඔබට තමන් ගේ ආචාර්ය පරම්පරාවෙන් යම් දෙයක් 'මෙය උත්තම වර්ණය යි. මෙය උත්තම වර්ණය යි' කියල ඔය විදිහට උගන්වලා තියෙනවා නම්, ඒ උත්තම වර්ණය කුමක් ද?"

"ස්වාමීනී, යම් වර්ණයකට වඩා ඉතා උත්තරීතර වූ ත්, ප්‍රණීත වූ ත් වර්ණයක් නැද්ද, එය තමයි උත්තම වර්ණය."

"පින්වත් උදායී, යම් වර්ණයකට වඩා ඉතා උත්තරීතර වූ ත්, ප්‍රණීත වූ ත් වර්ණයක් නැත්නම්, ඒ වර්ණය කුමක් ද?"

"ස්වාමීනී, යම් වර්ණයකට වඩා ඉතා උත්තරීතර වූ ත්, ප්‍රණීත වූ ත් වර්ණයක් නැද්ද, එය තමයි උත්තම වර්ණය."

"පින්වත් උදායී, ඔබ ගේ මේ කතාව නිකම් දිග්ගැස්සීමක් නෙව. 'ස්වාමීනී, යම් වර්ණයකට වඩා ඉතා උත්තරීතර වූ ත්, ප්‍රණීත වූ ත් වර්ණයක් නැද්ද, එය තමයි උත්තම වර්ණය' කියල කියනවා. නමුත් ඒ වර්ණය කුමක් ද කියා කියන්නෙ නෑ. උදායී, ඒක මේ වගේ දෙයක්. එක්තරා පුරුෂයෙක් මෙහෙම කියනවා. 'මේ ජනපදයෙහි යම් ජනපද කල්‍යාණියක් ඉන්නවා, මං ඇයට රුචි යි. මං ඇයට කැමති යි' කියල. එතකොට තව කෙනෙක් ඔහු ගෙන් මෙහෙම අහනවා. 'එම්බා පුරුෂය, ඔබ යම් ජනපද කල්‍යාණියකට රුචි ද, කැමති ද, ඒ ජනපද කල්‍යාණිය ක්ෂත්‍රීය වංශික කුමරියක් බව හෝ බැමිණියක් බව හෝ වෛශ්‍ය වංශික කුමරියක් බව හෝ එහෙමත් නැත්නම් ශුද්‍ර වංශික තැනැත්තියක් බව හෝ ඔබ දන්නවා ද?' එසේ ඇසූ විට පිළිතුරු දෙන්නේ 'දන්නෙ නැහැ' කියල යි. එතකොට ඔහුගෙන් තවදුරටත් මෙහෙම අසනවා. 'එම්බා පුරුෂය, ඔබ යම් ජනපද කල්‍යාණියකට රුචි ද, කැමති ද, ඒ ජනපද කල්‍යාණිය මේ නමින් යුක්තයි, මේ ගෝත්‍ර නාමයෙන් යුක්තයි කියල හෝ ....(පෙ).... උස යි, මිටි යි, මධ්‍යම ප්‍රමාණයෙන් යුක්තයි කියල හෝ ....(පෙ).... කළු යි, රන්වන් පාට යි, තළෙළුයි කියල හෝ ....(පෙ).... අසවල් ගමේ ද ඉන්නෙ, නියම් ගමේ ද ඉන්නෙ, නගරෙ ද ඉන්නෙ කියල හෝ ඇසුවොත් 'අනේ දන්නෙ නැතැ'යි කියනවා. එතකොට ඔහු ගෙන් මෙහෙම අහනවා. 'එම්බා පුරුෂය, ඔබ යම් ජනපද කල්‍යාණියක් දන්නෙත් නැත්නම්, දකින්නෙත් නැත්නම්, ඇයව ද ඔබ රුචි කරන්නෙ? ඇයට ද කැමති වන්නෙ?' කියල ඇසුවොත් 'එසේය' කියා පිළිතුරු දෙනවා. උදායී, ඒ ගැන කුමක් ද සිතන්නේ? මෙසේ ඇතිවිට ඒ පුද්ගලයා ගේ කතාව කිසි වැඩකට නැති හිස් දෙයක් බවට පත් වන්නේ නැද්ද?"

"ස්වාමීනී, ඒකාන්තයෙන් ම මෙසේ ඇති කල්හි ඒ පුද්ගලයා ගේ කතාව කිසි වැඩකට නැති හිස් දෙයක් ම යි."

"පින්වත් උදායී, මෙයත් එවැනි දෙයක් නෙව. 'ස්වාමීනී, යම් වර්ණයකට වඩා ඉතා උත්තරීතර වූ ත්, ප්‍රණීත වූ ත් වර්ණයක් නැද්ද, එය තමයි උත්තම වර්ණය' කියල ඔබ කියනවා. නමුත් ඒ වර්ණය කුමක් ද කියා පවසන්නෙ නැහැ."

"ස්වාමීනී, ඉතා සුන්දර වූ, ජාතිමත් වූ, අටපට්ටම් වූ, මැනවින් ඔප දැමූ වෛරෝඩි මාණික්‍යයක් රතු පළසක තිබෙද්දී බබලනවා නම්, විශේෂයෙන්

බබලනවා නම්, දිළිසෙනවා නම්, අන්න එබඳු වූ, ආරෝග්‍ය වූ ආත්මය මරණින් මතු තිබෙනවා."

"පින්වත් උදායී, ඒ ගැන කුමක් ද සිතන්නේ? ඉතා සුන්දර වූ, ජාතිමත් වූ, අටපට්ටම් වූ, මැනවින් ඔප දැමූ වෛරෝඩි මාණික්‍යයක් රතු පළසක තිබෙද්දී බබලනවා නම්, විශේෂයෙන් බබලනවා නම්, දිළිසෙනවා නම්, ඒ වගේ ම රාත්‍රී ඝන අන්ධකාරයෙහි යම් කණාමැදිරියෙක් දිළිසෙනවා නම්, මේ දෙකෙන් වඩාත් ම සුන්දර ලෙස, ප්‍රණීත ලෙස දිළිසෙන්නේ කවර වර්ණයක් ද?"

"ස්වාමීනී, රාත්‍රී ඝන අන්ධකාරයෙහි යම් කණාමැදිරියෙක් දිළිසෙනවා නම්, මේ දෙකෙන් වඩාත් ම සුන්දර ලෙස, ප්‍රණීත ලෙස දිළිසෙන්නේ මේ කණාමැදිරි එළිය යි."

"පින්වත් උදායී, ඒ ගැන කුමක් ද සිතන්නේ? රාත්‍රී ඝන අන්ධකාරයෙහි දිළිසෙන්නා වූ යම් කණාමැදිරියෙක් ඇද්ද, රාත්‍රී ඝන අන්ධකාරයෙහි දිළිසෙන්නා වූ යම් තෙල් පහනක් ඇද්ද, මී දෙකෙන් වඩාත් ම සුන්දර ලෙස, ප්‍රණීත ලෙස දිළිසෙන්නේ කවර වර්ණයක් ද?"

"ස්වාමීනී, රාත්‍රී ඝන අන්ධකාරයෙහි දිළිසෙන්නා වූ යම් තෙල් පහනක් ඇද්ද, මේ දෙකෙන් වඩාත් ම සුන්දර ලෙස, ප්‍රණීත ලෙස දිළිසෙන්නේ මේ තෙල් පහන් එළිය යි."

"පින්වත් උදායී, ඒ ගැන කුමක් ද සිතන්නේ? රාත්‍රී ඝන අන්ධකාරයෙහි දිළිසෙන්නා වූ යම් තෙල් පහනක් ඇද්ද, ඒ වගේ ම රාත්‍රී ඝන අන්ධකාරයෙහි දිළිසෙන්නා වූ මහා ගිනි කඳක් ඇද්ද මේ දෙකෙන් වඩාත් ම සුන්දර ලෙස, ප්‍රණීත ලෙස දිළිසෙන්නේ කවර වර්ණයක් ද?"

"ස්වාමීනී, රාත්‍රී ඝන අන්ධකාරයෙහි දිළිසෙන්නා වූ යම් තෙල් පහනක් ඇද්ද, ඒ වගේ ම රාත්‍රී ඝන අන්ධකාරයෙහි දිළිසෙන්නා වූ මහා ගිනි කඳක් ඇද්ද මේ දෙකෙන් වඩාත් ම සුන්දර ලෙස, ප්‍රණීත ලෙස දිළිසෙන්නේ මේ ගිනි කඳ යි."

"පින්වත් උදායී, ඒ ගැන කුමක් ද සිතන්නේ? රාත්‍රී ඝන අන්ධකාරයෙහි දිළිසෙන්නා වූ මහා ගිනි කඳක් ඇද්ද, ඒ වගේ ම රාත්‍රී පශ්චිම කාලයේ වළාකුළු රහිත අහස් තලයෙහි බබළන යම් ඕසධී තාරුකාවක් ඇද්ද, මේ දෙකෙන් වඩාත් ම සුන්දර ලෙස, ප්‍රණීත ලෙස දිළිසෙන්නේ කවර වර්ණයක් ද?"

"ස්වාමීනී, රාත්‍රී ඝන අන්ධකාරයෙහි දිළිසෙන්නා වූ මහා ගිනි කඳක් ඇද්ද, ඒ වගේ ම රාත්‍රී පශ්චිම කාලයේ වළාකුළු රහිත අහස් තලයෙහි බබළන

යම් ඕසධී තාරුකාවක් ඇද්ද, මේ දෙකෙන් වඩාත් ම සුන්දර ලෙස, ප්‍රණීත ලෙස දිළිසෙන්නේ මේ ඕසධී තාරුකාව යි."

"පින්වත් උදායී, ඒ ගැන කුමක් ද සිතන්නේ? රාත්‍රී පශ්චිම කාලයේ වළාකුළු රහිත අහස් තලයෙහි බබලන යම් ඕසධී තාරුකාවක් ඇද්ද, ඒ වගේ ම පසළොස්වක පොහෝ දවසෙහි වළා පහව ගිය අහස් තලයෙහි මධ්‍යම රාත්‍රියෙහි බබලන යම් පුන්සඳක් ඇද්ද, මේ දෙකෙන් වඩාත් ම සුන්දර ලෙස, ප්‍රණීත ලෙස දිළිසෙන්නේ කවර වර්ණයක් ද?"

"ස්වාමීනී, රාත්‍රී පශ්චිම කාලයේ වළාකුළු රහිත අහස් තලයෙහි බබලන යම් ඕසධී තාරුකාවක් ඇද්ද, ඒ වගේ ම පසළොස්වක පොහෝ දවසෙහි වළා පහව ගිය අහස් තලයෙහි මධ්‍යම රාත්‍රියෙහි බබලන යම් පුන්සඳක් ඇද්ද, මේ දෙකෙන් වඩාත් ම සුන්දර ලෙස, ප්‍රණීත ලෙස දිළිසෙන්නේ මේ පුන්සඳ යි."

"පින්වත් උදායී, ඒ ගැන කුමක් ද සිතන්නේ? පසළොස්වක පොහෝ දවසෙහි වළා පහව ගිය අහස් තලයෙහි මධ්‍යම රාත්‍රියෙහි බබලන යම් පුන්සඳක් ඇද්ද, ඒ වගේ ම වර්ෂා ඍතුවෙහි අන්තිම මාසයෙහි සරත් කාලයේ පහවූ වළා ඇති මධ්‍යහ්න අහස් තලයෙහි බබලන හිරු මඬලක් ඇද්ද, මේ දෙකෙන් වඩාත් ම සුන්දර ලෙස, ප්‍රණීත ලෙස දිළිසෙන්නේ කවර වර්ණයක් ද?"

"ස්වාමීනී, පසළොස්වක පොහෝ දවසෙහි වළා පහව ගිය අහස් තලයෙහි මධ්‍යම රාත්‍රියෙහි බබලන යම් පුන්සඳක් ඇද්ද, ඒ වගේ ම වර්ෂා ඍතුවෙහි අන්තිම මාසයෙහි සරත් කාලයේ පහවූ වළා ඇති මධ්‍යහ්න අහස් තලයෙහි බබළන හිරු මඬලක් ඇද්ද, මේ දෙකෙන් වඩාත් ම සුන්දර ලෙස, ප්‍රණීත ලෙස දිළිසෙන්නේ මේ හිරු මඬල යි."

"පින්වත් උදායී, යම් දෙවි කෙනෙක් චන්ද්‍ර සූර්ය දෙදෙනා ගේ ආලෝකය ස්පර්ශ නො කරයි ද, එබඳු දෙවිවරු බොහෝ සිටිනවා. අතිශයින් ම සිටිනවා. ඒ ගැන මම දන්නවා. එනිසා මම නම් මෙය කියන්නෙ නෑ. ඒ කියන්නෙ 'යම් වර්ණයකට වඩා ඉතා උත්තරීතර වූ ත්, ප්‍රණීත වූ ත් වර්ණයක් නැද්ද, එය තමයි උත්තම වර්ණය' කියල. නමුත් උදායී, ඔබ කණාමැදිරියෙකුටත් වඩා ඉතා හීන වූ, ඉතා ලාමක වූ වර්ණයකට නේද එය උත්තම වර්ණය යි කියා කියන්නේ. ඒ වගේ ම එය කුමක්ද කියා පෙන්වන්නෙ ත් නෑ."

"භගවතාණෝ මේ කතාව සින්ඳා නෙව. සුගතයාණෝ මේ කතාව සින්ඳා නෙව."

"පින්වත් උදායී, ඇයි ඔබ මෙහෙම කියන්නෙ. 'භගවතාණෝ මේ කතාව සින්ඳා නෙව. සුගතයාණෝ මේ කතාව සින්ඳා නෙව' කියල."

"ස්වාමීනී, අප ගේ ආචාර්ය පරම්පරාවෙනුයි මෙහෙම ඉගෙන ගත්තෙ. 'මෙය යි පරම වර්ණය. මෙය යි පරම වර්ණය' කියල. නමුත් ස්වාමීනී, භාග්‍යවතුන් වහන්සේ විසින් තමන් ගේ ආචාර්ය මතය ඉස්මතු කොට කතා කරද්දී, කරුණු දක්වද්දී, කරුණු විමසද්දී මේ මතය හිස් දෙයක් වුනා. තුච්ඡ වුනා. වැරදුනා."

"කිම පින්වත් උදායී, ඒකාන්ත සැප ඇති ලෝකයක් තියෙනවා ද? ඒ ඒකාන්ත සැප ඇති ලෝකය ප්‍රත්‍යක්ෂ කිරීමට සැබැවින් ම උපකාරී වන ප්‍රතිපදාවකුත් තියෙනවා ද?"

"ස්වාමීනී, අප ගේ ආචාර්ය පරම්පරාවෙන් මේ විදිහට යි උගන්වන්නෙ 'ඒකාන්ත සුඛ ලෝකයක් තියෙනවා. ඒ ඒකාන්ත සුඛ ලෝකය ප්‍රත්‍යක්ෂ කිරීමට සැබැවින්ම උපකාරී වන ප්‍රතිපදාවකුත් තියෙනවා' කියල."

"පින්වත් උදායී, ඒකාන්ත සුඛ ලෝකය ප්‍රත්‍යක්ෂ කිරීමට සැබැවින් ම උපකාරී වන ඒ ප්‍රතිපදාව කුමක් ද?"

"ස්වාමීනී, මෙහිලා කෙනෙක් සතුන් මැරීම අත්හැර දමා සතුන් මැරීමෙන් වැළකී සිටිනවා. සොරකම් කිරීම අත්හැර දමා සොරකම් කිරීමෙන් වැළකී සිටිනවා. වැරදි කාම සේවනය අත්හැර දමා වැරදි කාම සේවනයෙන් වැළකී සිටිනවා. බොරු කීම අත්හැර දමා බොරුකීමෙන් වැළකී සිටිනවා. ඒ වගේ ම කුමක් හෝ තපස් ගුණයක් සමාදන් වෙලා ඉන්නවා. ස්වාමීනී, ඒකාන්ත සුඛ ලෝකය සාක්ෂාත් කිරීමට සැබෑ ලෙස ම පවතින ප්‍රතිපදාව නම් මෙය යි."

"පින්වත් උදායී, ඒ ගැන කුමක් ද සිතන්නේ? යම් වෙලාවක සතුන් මැරීම අත්හැර සතුන් මැරීමෙන් වෙන් වී වාසය කරනවා නම්, ඒ වෙලාවේ ඒකාන්ත සුඛයක් ඇතුව ද ඉන්නේ? එහෙම නැත්නම් සැප, දුක් දෙකෙන් යුතුව ද?"

"ස්වාමීනී, සැප දුක් දෙකෙන් යුතුව යි."

"පින්වත් උදායී, ඒ ගැන කුමක් ද සිතන්නේ? යම් වෙලාවක සොරකම් කිරීම අත්හැර සොරකමින් වෙන් වී වාසය කරනවා නම්, ඒ වෙලාවේ ඒකාන්ත සුඛයක් ඇතුව ද ඉන්නේ? එහෙම නැත්නම් සැප, දුක් දෙකෙන් යුතුව ද?"

"ස්වාමීනී, සැප දුක් දෙකෙන් යුතුව යි."

"පින්වත් උදායී, ඒ ගැන කුමක් ද සිතන්නේ? යම් වෙලාවක වැරදි කාම සේවනය අත්හැර වැරදි කාම සේවනයෙන් වෙන් වී වාසය කරනවා නම්, ඒ වෙලාවේ ඒකාන්ත සුඛයක් ඇතුව ද ඉන්නේ? එහෙම නැත්නම් සැප, දුක් දෙකෙන් යුතුව ද?"

"ස්වාමීනී, සැප දුක් දෙකෙන් යුතුව යි."

"පින්වත් උදායී, ඒ ගැන කුමක් ද සිතන්නේ? යම් වෙලාවක බොරු කීම අත්හැර බොරු කීමෙන් වෙන් වී වාසය කරනවා නම්, ඒ වෙලාවේ ඒකාන්ත සුඛයක් ඇතුව ද ඉන්නේ? එහෙම නැත්නම් සැප, දුක් දෙකෙන් යුතුව ද?"

"ස්වාමීනී, සැප දුක් දෙකෙන් යුතුව යි."

"පින්වත් උදායී, ඒ ගැන කුමක් ද සිතන්නේ? යම් වෙලාවක එක්තරා තපස් ගුණයක් සමාදන් ව සිටිනවා නම්, ඒ වෙලාවේ ඒකාන්ත සුඛයක් ඇතුව ද ඉන්නේ? එහෙම නැත්නම් සැප, දුක් දෙකෙන් යුතුව ද?"

"ස්වාමීනී, සැප දුක් දෙකෙන් යුතුව යි."

"පින්වත් උදායී, ඒ ගැන කුමක් ද සිතන්නේ? එතකොට සැප දුක මිශ්‍ර වූ ප්‍රතිපදාවකට පැමිණීමෙන් ඒකාන්ත සුඛ ඇති ලෝකය ප්‍රත්‍යක්ෂ කරගනීවි ද?"

"භගවතාණෝ මේ කතාව සින්දා නෙව. සුගතයාණෝ මේ කතාව සින්දා නෙව."

"පින්වත් උදායී, ඇයි ඔබ මෙහෙම කියන්නෙ. 'භගවතාණෝ මේ කතාව සින්දා නෙව. සුගතයාණෝ මේ කතාව සින්දා නෙව' කියල."

"ස්වාමීනී, අප ගේ ආචාර්ය පරම්පරාවෙනුයි මෙහෙම ඉගෙන ගත්තෙ. 'ඒකාන්ත සුඛ ඇති ලෝකයක් තියෙනවා. ඒකාන්ත සුඛ ඇති ලෝකය සාක්ෂාත් කිරීමට සැබැවින් ම උපකාරී වන ප්‍රතිපදාවකුත් තියෙනවා' කියල. නමුත් ස්වාමීනී, භාග්‍යවතුන් වහන්සේ විසින් තමන් ගේ ආචාර්ය මතය ඉස්මතු කොට කතා කරද්දී, කරුණු දක්වද්දී, කරුණු විමසද්දී මේ මතය හිස් දෙයක් වුනා. තුච්ඡ වුනා. වැරදුනා."

"කිම? ස්වාමීනී, ඒකාන්ත සුඛ ඇති ලෝකයක් තියෙනවා ද? ඒ වගේ ම ඒකාන්ත සුඛ ඇති ලෝකය සාක්ෂාත් කිරීමට සැබැවින් ම උපකාරී වන ප්‍රතිපදාවකුත් තියෙනවා ද?"

"පින්වත් උදායී, ඒකාන්ත සුඛ ඇති ලෝකයක් තියෙනවා. ඒ වගේ ම ඒකාන්ත සුඛ ඇති ලෝකය සාක්ෂාත් කිරීමට සැබැවින් ම උපකාරී වන ප්‍රතිපදාවකුත් තියෙනවා."

"ස්වාමීනී, ඒකාන්ත සුඛ ඇති ලෝකය සාක්ෂාත් කිරීමට සැබැවින් ම උපකාරී වන ඒ ප්‍රතිපදාව කුමක් ද?"

"පින්වත් උදායී, මෙහිලා භික්ෂුව කාමයන් ගෙන් වෙන්ව ....(පෙ).... ප්‍රථම ධ්‍යානය උපදවා ගෙන වාසය කරනවා. විතක්ක විචාරයන් සංසිඳවා ....(පෙ).... දෙවෙනි ධ්‍යානය ....(පෙ).... තුන්වෙනි ධ්‍යානය උපදවා ගෙන වාසය කරනවා. පින්වත් උදායී, ඒකාන්ත සැප ඇති ලෝකය සාක්ෂාත් කිරීමට සැබෑ ලෙස ම ඇති ප්‍රතිපදාව නම් මෙය යි."

"ස්වාමීනී, ඒකාන්ත සුඛ ලෝකය සාක්ෂාත් කිරීමට සැබෑ ලෙස ම ඇති ඒ ප්‍රතිපදාව විතරක් නො වෙයි. ස්වාමීනී, ඒ තැනැත්තා එපමණකින් ම ඒකාන්ත සුඛ ලෝකයක් සාක්ෂාත් කළා වෙනවා."

"පින්වත් උදායී, එපමණකින් ම ඒකාන්ත සුඛ ලෝකය සාක්ෂාත් කළා වෙන්නෙ නෑ. එය ඒකාන්ත සුඛ ලෝකය සාක්ෂාත් කිරීමට සැබෑ ලෙස ම ඇති ප්‍රතිපදාවක් විතරයි."

මෙසේ වදාළ විට සකුළුදායී පිරිවැජියා ගේ පිරිස උස් වූ නදින් යුතුව, උස් වූ හඬින් යුතුව, උස් වූ ශබ්දයෙන් යුතු වුනා. "මෙහිලා අපි නැසෙන්නේ ආචාර්යවරයා සහිතව ම යි. මෙහිලා අපි වැනසෙන්නේ ආචාර්යවරයා සහිතව ම යි. අපි මෙයට වඩා උත්තරීතර දෙයක් දන්නෙ නැහැ නෙව" කියල.

එවිට සකුළුදායී පිරිවැජියා ඒ පිරිවැජියන් නිශ්ශබ්ද කරලා භාග්‍යවතුන් වහන්සේට මෙය පැවසුවා. "ස්වාමීනී, ඒකාන්ත සුඛ ලෝකය සාක්ෂාත් කළා වෙන්නෙ කවර කරුණු මත ද?"

"පින්වත් උදායී, මෙහිලා භික්ෂුව සැපය ද ප්‍රහාණය කිරීමෙන් ....(පෙ).... සතරවෙනි ධ්‍යානය උපදවා ගෙන වාසය කරනවා. එතකොට ඒකාන්ත සුඛ ඇති ලෝකයෙහි උපන් යම්තාක් දෙවිවරුන් ඇද්ද, ඒ දෙවිවරුන් සමඟ එක්ව ඉන්නවා. සල්ලාපයෙහි යෙදෙනවා. සාකච්ඡා කරනවා. පින්වත් උදායී, ඔහු විසින් මෙපමණකින් ඒකාන්ත සුඛ ඇති ලෝකය සාක්ෂාත් කළා වෙයි."

"ස්වාමීනී, ඔය ඒකාන්ත සුඛ ඇති ලෝකය සාක්ෂාත් කිරීම හේතු කොට ගෙන ද, භික්ෂූන් වහන්සේලා භාග්‍යවතුන් වහන්සේ ගේ ශාසනයෙහි බඹසර හැසිරෙන්නේ?"

"පින්වත් උදායී, ඔය ඒකාන්ත සුඛ ඇති ලෝකය සාක්ෂාත් කිරීම හේතු කොට ගෙන භික්ෂූන් වහන්සේලා මගේ ශාසනයෙහි බඹසර හැසිරෙන්නේ නෑ. පින්වත් උදායී, ඔයිට වඩා වෙනත් උත්තරීතර වූ, ප්‍රණීතතර වූ ධර්මයන් තිබෙනවා. අන්න ඒවා සාක්ෂාත් කිරීම උදෙසා තමයි භික්ෂූන් වහන්සේ මාගේ ශාසනයෙහි බඹසර හැසිරෙන්නේ."

"ස්වාමීනී, භාග්‍යවතුන් වහන්සේ ගේ ශාසනයෙහි භික්ෂූන් වහන්සේලා යම් ධර්මයක් සාක්ෂාත් කරන්නට බඹසර හැසිරෙනවා නම්, ඒ උත්තරීතර වූ, ප්‍රණීතතර වූ ධර්මයන් මොනවා ද?"

"පින්වත් උදායී, මෙහිලා අරහත් වූ, සම්මා සම්බුද්ධ වූ, විජ්ජාචරණ සම්පන්න වූ, සුගත වූ, ලෝකවිදූ වූ, අනුත්තරෝ පුරිසදම්ම සාරථී වූ, සත්ථා දේවමනුස්සානං වූ, බුද්ධ වූ, භගවත් වූ තථාගතයන් වහන්සේ ලෝකයෙහි පහළ වෙනවා. ....(පෙ).... එතකොට ඒ භික්ෂුව මේ සිතට උපක්ලේශ වූ ප්‍රඥාව දුර්වල කරන පංච නීවරණයන් පහ කොට කාමයන් ගෙන් වෙන්ව ....(පෙ).... ප්‍රථම ධ්‍යානය උපදවා ගෙන වාසය කරනවා. පින්වත් උදායී, මාගේ ශාසනයෙහි භික්ෂූන් වහන්සේලා යම් ධර්මයක් සාක්ෂාත් කරන්නට බඹසර හැසිරෙනවා නම්, මෙයත් උත්තරීතර වූ, ප්‍රණීතතර වූ ධර්මයක්.

පින්වත් උදායී, නැවත අනෙකක් කියමි. විතක්ක විචාරයන් සංසිඳවා ....(පෙ).... දෙවෙනි ධ්‍යානය ....(පෙ).... තුන්වෙනි ධ්‍යානය ....(පෙ).... සතරවෙනි ධ්‍යානය උපදවා ගෙන වාසය කරනවා. පින්වත් උදායී, මාගේ ශාසනයෙහි භික්ෂූන් වහන්සේලා යම් ධර්මයක් සාක්ෂාත් කරන්නට බඹසර හැසිරෙනවා නම්, මෙයත් උත්තරීතර වූ, ප්‍රණීතතර වූ ධර්මයක්.

ඉතින් ඒ භික්ෂුව, ඔය අයුරින් සිත සමාහිත වූ කල්හි, පිරිසිදු වූ කල්හි, බබළන කල්හි, කෙලෙස් නැති කල්හි, උපක්ලේශ පහව ගිය කල්හි, මෘදු ව කර්මණ්‍යව නො සෙල්වෙන ස්වභාවයට පත් වූ කල්හි පුබ්බේනිවාසානුස්සති ඥාණය උදෙසා සිත මෙහෙයවනවා. ඔහු නොයෙක් ආකාරයෙන් පුබ්බේනිවාසය සිහිකරනවා. ඒ කියන්නෙ; ජාති එකක්, ජාති දෙකක් ....(පෙ).... මේ විදිහට කරුණු සහිතව, විශේෂ සිදුවීම් සහිතව, නොයෙක් අයුරින් පුබ්බේ නිවාසය සිහිකරනවා. පින්වත් උදායී, මාගේ ශාසනයෙහි භික්ෂූන් වහන්සේලා යම් ධර්මයක් සාක්ෂාත් කරන්නට බඹසර හැසිරෙනවා නම්, මෙයත් උත්තරීතර වූ, ප්‍රණීතතර වූ ධර්මයක්.

ඉතින් ඒ භික්ෂුව, ඔය අයුරින් සිත සමාහිත වූ කල්හි, පිරිසිදු වූ කල්හි, බබළන කල්හි, කෙලෙස් නැති කල්හි, උපක්ලේශ පහව ගිය කල්හි, මෘදු ව කර්මණ්‍යව නො සෙල්වෙන ස්වභාවයට පත් වූ කල්හි චුතුපපාත ඥාණය උදෙසා සිත මෙහෙයවනවා. ඔහු සාමාන්‍ය මිනිස් දැක්ම ඉක්මවා ගිය දිවැසින් සත්වයන් දකිනවා. හීන වූත්, ප්‍රණීත වූත්, සුවර්ණ වූත්, දුර්වර්ණ වූත්, සුගතියේත්, දුගතියේත් ඉපදී සිටින සතුන් දකිනවා ....(පෙ).... කර්මානුරූපව උපත කරා යන සතුන් දකිනවා. මේ විදිහට සාමාන්‍ය මිනිස් දැක්ම ඉක්මවා ගිය දිවැසින්

සත්වයන් දකිනවා. පින්වත් උදායී, මාගේ ශාසනයෙහි භික්ෂූන් වහන්සේලා යම් ධර්මයක් සාක්ෂාත් කරන්නට බඹසර හැසිරෙනවා නම්, මෙයත් උත්තරීතර වූ, ප්‍රණීතතර වූ ධර්මයක්.

ඉතින් ඒ භික්ෂුව, ඔය අයුරින් සිත සමාහිත වූ කල්හි, පිරිසිදු වූ කල්හි, බබළන කල්හි, කෙලෙස් නැති කල්හි, උපක්ලේශ පහව ගිය කල්හි, මෘදු ව කර්මණ්‍යව නො සෙල්වෙන ස්වභාවයට පත් වූ කල්හි ආශ්‍රවයන් ක්ෂය කිරීමේ ඤාණය උදෙසා සිත මෙහෙයවනවා. ඔහු 'මෙය දුක නම් වූ ආර්ය සත්‍යය' යි කියා යථාභූත වශයෙන් ම දැනගන්නවා. 'මෙය දුක හටගැනීම නම් වූ ආර්ය සත්‍යය' යි කියා ....(පෙ).... 'මෙය දුක්ඛ නිරෝධය නම් වූ ආර්ය සත්‍යය' යි කියා ....(පෙ).... 'මෙය දුක්ඛ නිරෝධ ගාමිනී ප්‍රතිපදාව නම් වූ ආර්ය සත්‍යය' යි කියා යථාභූත වශයෙන් ම දැනගන්නවා. 'මේවා ආශ්‍රව' යි කියා යථාභූත වශයෙන් ම දැනගන්නවා. 'මෙය ආශ්‍රවයන් ගේ හටගැනීම' යි කියා ....(පෙ).... 'මෙය ආශ්‍රවයන් ගේ නිරෝධය' යි කියා ....(පෙ).... 'මෙය ආශ්‍රවයන් ගේ නිරෝධ ගාමිනී ප්‍රතිපදාව' යි කියා යථාභූත වශයෙන් ම දැනගන්නවා. මෙසේ මේ අයුරින් නුවණින් දැනගනිද්දී, දැකගනිද්දී කාම ආශ්‍රවයෙනුත් සිත නිදහස් වෙනවා. භව ආශ්‍රවයෙනුත් සිත නිදහස් වෙනවා. අවිද්‍යා ආශ්‍රවයෙනුත් සිත නිදහස් වෙනවා. එසේ විමුක්තියට පත් වූ කල්හි 'නිදහස් වුනා' යන ඤාණය ඇති වෙනවා. 'ඉපදීම ක්ෂය වුනා. බඹසර වාසය සම්පූර්ණ කළා. කළ යුත්ත කළා. මත්තෙහි කළ යුතු කිසිවක් නැතැ'යි අවබෝධ කරගන්නවා. පින්වත් උදායී, මාගේ ශාසනයෙහි භික්ෂූන් වහන්සේලා යම් ධර්මයක් සාක්ෂාත් කරන්නට බඹසර හැසිරෙනවා නම්, මෙයත් උත්තරීතර වූ, ප්‍රණීතතර වූ ධර්මයක්."

මෙසේ වදාළ විට සකුළුදායී පිරිවැජියා භාග්‍යවතුන් වහන්සේට මෙය පැවසුවා. "ස්වාමීනී, හරි ම සුන්දර යි! ස්වාමීනී, හරි ම සුන්දර යි! ස්වාමීනී, යටිකුරු වෙච්ච දෙයක් උඩට හැරෙව්වා වගෙයි. සැඟවෙච්ච දෙයක් විවෘත කළා වගෙයි. මං මුළා වූ කෙනෙකුට මාර්ගය පෙන්වුවා වගෙ යි. අඳුරේ සිටින උදවියට රූප දකින්ට තෙල් පහන් දල්වවූවා වගෙ යි. ඔන්න ඔය විදිහට යි භාග්‍යවතුන් වහන්සේ විසින් නොයෙක් ආකාරයෙන් ශ්‍රී සද්ධර්මය වදාළේ. ඉතින් ඒ මං භාග්‍යවතුන් වහන්සේව සරණ යනවා. ශ්‍රී සද්ධර්මය ත් සරණ යනවා. ශ්‍රාවක සඟරුවන ත් සරණ යනවා. ස්වාමීනී, මට භාග්‍යවතුන් වහන්සේ ගේ සමීපයෙහි පැවිදිවීමට ලැබෙනවා නම්, උපසම්පදාව ලබනවා නම්, එයට මං කැමතියි."

මෙසේ පැවසූ විට සකුළුදායී පිරිවැජියා හට ඒ සකුළුදායී පිරිවැජියා ගේ පිරිස මෙය කිව්වා. "භවත් උදායී, ශ්‍රමණ ගෞතමයන් ගේ ශාසනයෙහි බඹසර

හැසිරෙන්න නම් එපා! භවත් උදායී, ආචාර්යයන් වහන්සේ නමක්ව ඉඳලා ගෝලයෙක් වෙලා වාසය කරන්න නම් එපා! මහා ජලබඳුනක් වගේ ඉඳලා වතුර හැන්දක් බවට පත්වෙනවා නම්, භවත් උදායී හට එවැනි සම්පතක් තමයි අයිති වෙන්නෙ. ඒ නිසා භවත් උදායී, ශ්‍රමණ ගෞතමයන් ගේ ශාසනයෙහි බඹසර හැසිරෙන්න නම් එපා! භවත් උදායී, ආචාර්යයන් වහන්සේ නමක්ව ඉඳලා ගෝලයෙක් වෙලා වාසය කරන්න නම් එපා!" කියල. මේ විදිහට සකුළුදායී පිරිවැජියා ගේ පිරිස සකුළුදායී පිරිවැජියා හට භාග්‍යවතුන් වහන්සේ ගේ ශාසනයෙහි බඹසර හැසිරීමෙහි දුර්ලභ වාසනාවට අනතුරු කළා.

සකුළුදායී පිරිවැජියාට වදාළ කුඩා දෙසුම නිමා විය.

2.3.10.
වේඛනස්ස සූත්‍රය
වේඛනස්ස පිරිවැජියා හට වදාළ දෙසුම

මා හට අසන්නට ලැබුනේ මේ විදිහට යි. එසමයෙහි භාග්‍යවතුන් වහන්සේ වැඩසිටියේ සැවැත් නුවර ජේතවනය නම් වූ අනේපිඬු සිටුතුමා ගේ ආරාමයේ. එදා වේඛනස්ස පිරිවැජියා භාග්‍යවතුන් වහන්සේ වෙත පැමිණුනා. පැමිණ භාග්‍යවතුන් වහන්සේ සමඟ සතුටු වුනා. සතුටු විය යුතු පිළිසඳර කතාව නිමවා එකත්පස්ව සිටගත්තා. එකත්පස්ව සිටගත් වේඛනස්ස පිරිවැජියා භාග්‍යවතුන් වහන්සේ සමීපයෙහි උදානයක් පැවසුවා. "මෙය යි පරම වර්ණය! මෙය යි පරම වර්ණය!" කියලා.

"පින්වත් කච්චාන, දැන් ඔබ කුමක් පිණිස ද 'මෙය උත්තම වර්ණය යි. මෙය උත්තම වර්ණය යි' කියල කියන්නෙ? පින්වත් කච්චාන, මොකක් ද ඒ උත්තම වර්ණය?"

"භවත් ගෞතමයනි, යම් වර්ණයකට වඩා ඉතා උත්තරීතර වූ ත්, ප්‍රණීත වූ ත් වර්ණයක් නැද්ද, එය තමයි උත්තම වර්ණය."

"පින්වත් කච්චාන, යම් වර්ණයකට වඩා ඉතා උත්තරීතර වූ ත්, ප්‍රණීත වූ ත් වර්ණයක් නැත්නම්, ඒ වර්ණය කුමක් ද?"

"භවත් ගෞතමයනි, යම් වර්ණයකට වඩා ඉතා උත්තරීතර වූ ත්, ප්‍රණීත වූ ත් වර්ණයක් නැද්ද, එය තමයි උත්තම වර්ණය."

"පින්වත් කච්චාන, ඔබ ගේ මේ කතාව නිකම් දිග්ගැස්සීමක් නෙව. 'භවත් ගෞතමයනි, යම් වර්ණයකට වඩා ඉතා උත්තරීතර වූ ත්, ප්‍රණීත වූ ත් වර්ණයක් නැද්ද, එය තමයි උත්තම වර්ණය' කියල කියනවා. නමුත් ඒ වර්ණය කුමක් ද කියා කියන්නෙ නෑ. කච්චාන ඒක මේ වගේ දෙයක්. එක්තරා පුරුෂයෙක් මෙහෙම කියනවා. 'මේ ජනපදයෙහි යම් ජනපද කල්‍යාණියක් ඉන්නවා, මං ඇයට රුචි යි. මං ඇයට කැමති යි' කියල. එතකොට තව කෙනෙක් ඔහු ගෙන් මෙහෙම අහනවා. 'එම්බා පුරුෂය, ඔබ යම් ජනපද කල්‍යාණියකට රුචි ද, කැමති ද, ඒ ජනපද කල්‍යාණිය ක්ෂත්‍රිය වංශික කුමරියක් බව හෝ බැමිණියක්

බව හෝ වෛශ්‍ය වංශික කුමරියක් බව හෝ එහෙමත් නැත්නම් ශුද්‍ර වංශික තැනැත්තියක් බව හෝ ඔබ දන්නවා ද?' එසේ ඇසූ විට පිළිතුරු දෙන්නේ 'දන්නෙ නැහැ' කියල යි. එතකොට ඔහුගෙන් තවදුරටත් මෙහෙම අසනවා. 'එම්බා පුරුෂය, ඔබ යම් ජනපද කල්‍යාණියකට රුචි ද, කැමති ද, ඒ ජනපද කල්‍යාණිය මේ නමින් යුක්තයි, මේ ගෝත්‍ර නාමයෙන් යුක්තයි කියල හෝ ....(පෙ).... උස යි, මිටි යි, මධ්‍යම ප්‍රමාණයෙන් යුක්තයි කියල හෝ ....(පෙ).... කළු යි, රන්වන් පාට යි, තළෙළුයි කියල හෝ ....(පෙ).... අසවල් ගමේ ද ඉන්නෙ, නියම් ගමේ ද ඉන්නෙ, නගරෙ ද ඉන්නෙ කියල හෝ ඇසුවොත් 'අනේ දන්නෙ නැතැ'යි කියනවා. එතකොට ඔහු ගෙන් මෙහෙම අහනවා. 'එම්බා පුරුෂය, ඔබ යම් ජනපද කල්‍යාණියක් දන්නෙත් නැත්නම්, දකින්නෙත් නැත්නම්, ඇයව ද ඔබ රුචි කරන්නෙ? ඇයට ද කැමති වන්නෙ?' කියල ඇසුවොත් 'එසේය' කියා පිළිතුරු දෙනවා. කච්චාන, ඒ ගැන කුමක් ද සිතන්නේ? මෙසේ ඇතිවිට ඒ පුද්ගලයා ගේ කතාව කිසි වැඩකට නැති හිස් දෙයක් බවට පත් වන්නේ නැද්ද?"

"භවත් ගෞතමයනි, ඒකාන්තයෙන් ම මෙසේ ඇති කල්හි ඒ පුද්ගලයා ගේ කතාව කිසි වැඩකට නැති හිස් දෙයක් ම යි."

"පින්වත් කච්චාන, මෙයත් එවැනි දෙයක් නෙව. 'භවත් ගෞතමයනි, යම් වර්ණයකට වඩා ඉතා උත්තරීතර වූ ත්, ප්‍රණීත වූ ත් වර්ණයක් නැද්ද, එය තමයි උත්තම වර්ණය' කියල ඔබ කියනවා. නමුත් ඒ වර්ණය කුමක් ද කියා පවසන්නෙ නැහැ."

"භවත් ගෞතමයනි, ඉතා සුන්දර වූ, ජාතිමත් වූ, අටපට්ටම් වූ, මැනවින් ඔප දැමූ වෛරෝඩි මාණික්‍යයක් රතු පළසක තිබෙද්දී බබලනවා නම්, විශේෂයෙන් බබලනවා නම්, දිළිසෙනවා නම්, අන්න එබඳු වූ, ආරෝග්‍ය වූ ආත්මය මරණින් මතු තිබෙනවා."

"පින්වත් කච්චාන, ඒ ගැන කුමක් ද සිතන්නේ? ඉතා සුන්දර වූ, ජාතිමත් වූ, අටපට්ටම් වූ, මැනවින් ඔප දැමූ වෛරෝඩි මාණික්‍යයක් රතු පළසක තිබෙද්දී බබලනවා නම්, විශේෂයෙන් බබලනවා නම්, දිළිසෙනවා නම්, ඒ වගේ ම රාත්‍රී ඝන අන්ධකාරයෙහි යම් කණාමැදිරියෙක් දිළිසෙනවා නම්, මේ දෙකෙන් වඩාත් ම සුන්දර ලෙස, ප්‍රණීත ලෙස දිළිසෙන්නේ කවර වර්ණයක් ද?"

"භවත් ගෞතමයනි, රාත්‍රී ඝන අන්ධකාරයෙහි යම් කණාමැදිරියෙක් දිළිසෙනවා නම්, මේ දෙකෙන් වඩාත් ම සුන්දර ලෙස, ප්‍රණීත ලෙස දිළිසෙන්නේ මේ කණාමැදිරි එළිය යි."

"පින්වත් කච්චාන, ඒ ගැන කුමක් ද සිතන්නේ? රාත්‍රී ඝන අන්ධකාරයෙහි දිළිසෙන්නා වූ යම් කණාමැදිරියෙක් ඇද්ද, රාත්‍රී ඝන අන්ධකාරයෙහි දිළිසෙන්නා වූ යම් තෙල් පහනක් ඇද්ද, මේ දෙකෙන් වඩාත් ම සුන්දර ලෙස, ප්‍රණීත ලෙස දිළිසෙන්නේ කවර වර්ණයක් ද?"

"භවත් ගෞතමයනි, රාත්‍රී ඝන අන්ධකාරයෙහි දිළිසෙන්නා වූ යම් තෙල් පහනක් ඇද්ද, මේ දෙකෙන් වඩාත් ම සුන්දර ලෙස, ප්‍රණීත ලෙස දිළිසෙන්නේ මේ තෙල් පහන් එළිය යි."

"පින්වත් කච්චාන, ඒ ගැන කුමක් ද සිතන්නේ? රාත්‍රී ඝන අන්ධකාරයෙහි දිළිසෙන්නා වූ යම් තෙල් පහනක් ඇද්ද, ඒ වගේ ම රාත්‍රී ඝන අන්ධකාරයෙහි දිළිසෙන්නා වූ මහා ගිනි කඳක් ඇද්ද මේ දෙකෙන් වඩාත් ම සුන්දර ලෙස, ප්‍රණීත ලෙස දිළිසෙන්නේ කවර වර්ණයක් ද?"

"භවත් ගෞතමයනි, රාත්‍රී ඝන අන්ධකාරයෙහි දිළිසෙන්නා වූ යම් තෙල් පහනක් ඇද්ද, ඒ වගේ ම රාත්‍රී ඝන අන්ධකාරයෙහි දිළිසෙන්නා වූ මහා ගිනි කඳක් ඇද්ද මේ දෙකෙන් වඩාත් ම සුන්දර ලෙස, ප්‍රණීත ලෙස දිළිසෙන්නේ මේ ගිනි කඳ යි."

"පින්වත් කච්චාන, ඒ ගැන කුමක් ද සිතන්නේ? රාත්‍රී ඝන අන්ධකාරයෙහි දිළිසෙන්නා වූ මහා ගිනි කඳක් ඇද්ද, ඒ වගේ ම රාත්‍රී පශ්චිම කාලයේ වළාකුළු රහිත අහස් තලයෙහි බබලන යම් ඕසධී තාරුකාවක් ඇද්ද, මේ දෙකෙන් වඩාත් ම සුන්දර ලෙස, ප්‍රණීත ලෙස දිළිසෙන්නේ කවර වර්ණයක් ද?"

"භවත් ගෞතමයනි, රාත්‍රී ඝන අන්ධකාරයෙහි දිළිසෙන්නා වූ මහා ගිනි කඳක් ඇද්ද, ඒ වගේ ම රාත්‍රී පශ්චිම කාලයේ වළාකුළු රහිත අහස් තලයෙහි බබලන යම් ඕසධී තාරුකාවක් ඇද්ද, මේ දෙකෙන් වඩාත් ම සුන්දර ලෙස, ප්‍රණීත ලෙස දිළිසෙන්නේ මේ ඕසධී තාරුකාව යි."

"පින්වත් කච්චාන, ඒ ගැන කුමක් ද සිතන්නේ? රාත්‍රී පශ්චිම කාලයේ වළාකුළු රහිත අහස් තලයෙහි බබලන යම් ඕසධී තාරුකාවක් ඇද්ද, ඒ වගේ ම පසළොස්වක පොහෝ දවසෙහි වළා පහව ගිය අහස් තලයෙහි මධ්‍යම රාත්‍රියෙහි බබලන යම් පුන්සඳක් ඇද්ද, මේ දෙකෙන් වඩාත් ම සුන්දර ලෙස, ප්‍රණීත ලෙස දිළිසෙන්නේ කවර වර්ණයක් ද?"

"භවත් ගෞතමයනි, රාත්‍රී පශ්චිම කාලයේ වළාකුළු රහිත අහස් තලයෙහි බබලන යම් ඕසධී තාරුකාවක් ඇද්ද, ඒ වගේ ම පසළොස්වක පොහෝ දවසෙහි වළා පහව ගිය අහස් තලයෙහි මධ්‍යම රාත්‍රියෙහි බබලන යම් පුන්සඳක් ඇද්ද, මේ දෙකෙන් වඩාත් ම සුන්දර ලෙස, ප්‍රණීත ලෙස දිළිසෙන්නේ මේ පුන්සඳයි."

"පින්වත් කච්චාන, ඒ ගැන කුමක් ද සිතන්නේ? පසළොස්වක පොහෝ දවසෙහි වළා පහව ගිය අහස් තලයෙහි මධ්‍යම රාත්‍රියෙහි බබලන යම් පුන්සඳක් ඇද්ද, ඒ වගේ ම වර්ෂා ඍතුවෙහි අන්තිම මාසයෙහි සරත් කාලයේ පහවූ වළා ඇති මධ්‍යහ්න අහස් තලයෙහි බබලන හිරු මඬලක් ඇද්ද, මේ දෙකෙන් වඩාත් ම සුන්දර ලෙස, ප්‍රණීත ලෙස දිළිසෙන්නේ කවර වර්ණයක් ද?"

"භවත් ගෞතමයනි, පසළොස්වක පොහෝ දවසෙහි වළා පහව ගිය අහස් තලයෙහි මධ්‍යම රාත්‍රියෙහි බබලන යම් පුන්සඳක් ඇද්ද, ඒ වගේ ම වර්ෂා ඍතුවෙහි අන්තිම මාසයෙහි සරත් කාලයේ පහවූ වළා ඇති මධ්‍යහ්න අහස් තලයෙහි බබලන හිරු මඬලක් ඇද්ද, මේ දෙකෙන් වඩාත් ම සුන්දර ලෙස, ප්‍රණීත ලෙස දිළිසෙන්නේ මේ හිරු මඬල යි."

"පින්වත් කච්චාන, යම් දෙවි කෙනෙක් චන්ද්‍ර සූර්ය දෙදෙනා ගේ ආලෝකය ස්පර්ශ නො කරයි ද, එබඳු දෙවිවරු බොහෝ සිටිනවා. අතිශයින් ම සිටිනවා. ඒ ගැන මම දන්නවා. එනිසා මම නම් මෙය කියන්නෙ නෑ. ඒ කියන්නෙ 'යම් වර්ණයකට වඩා ඉතා උත්තරීතර වූ ත්, ප්‍රණීත වූ ත් වර්ණයක් නැද්ද, එය තමයි උත්තම වර්ණය' කියල. නමුත් කච්චාන, ඔබ කණාමැදිරියෙකුටත් වඩා ඉතා හීන වූ, ඉතා ලාමක වූ වර්ණයකට නේද එය උත්තම වර්ණය යි කියා කියන්නේ. ඒ වගේ ම එය කුමක්ද කියා පෙන්වන්නෙ ත් නෑ.

පින්වත් කච්චාන, මේ කාම ගුණ පහක් තියෙනවා. කවර පහක් ද යත්; ඇසින් දකින රූප තියෙනවා, ඒවා ඉෂ්ට වූ, කාන්ත වූ, මනාප වූ, ප්‍රිය ස්වභාව ඇති, කාමාශාව ඇතිවෙන, කෙලෙස් ඇතිවෙන රූප. කනින් අසන ශබ්ද තියෙනවා ....(පෙ).... නාසයට දැනෙන ගඳ සුවඳ තියෙනවා ....(පෙ).... දිවෙන් විඳින රස තියෙනවා ....(පෙ).... කයට දැනෙන පහස තියෙනවා, ඒවා ඉෂ්ට වූ, කාන්ත වූ, මනාප වූ, ප්‍රිය ස්වභාව ඇති, කාමාශාව ඇතිවෙන, කෙලෙස් ඇතිවෙන පහස.

පින්වත් කච්චාන, මේ පංචකාම ගුණයන් නිසා යම් සැපයක්, සොම්නසක් ඇතිවෙනවා නම්, එයට කියන්නේ කාම සුඛය කියල යි. ඉතින් මේ කාම සුඛය ඇති වෙන්නෙ කාමයන්ගෙනු යි. නමුත් කාම සුඛයට වඩා කාම අග්‍ර සුඛයක් තියෙනවා. එය තමයි එහි අග්‍ර වෙනවා කියන්නෙ."

මෙසේ වදාළ විට වේඛනස්ස පිරිවැජියා භාග්‍යවතුන් වහන්සේට මෙය වදාළා. "භවත් ගෞතමයනි, ආශ්චර්යය යි! භවත් ගෞතමයනි, අද්භූත යි! භවත් ගෞතමයන් විසින් 'කාම සුඛය ඇති වෙන්නෙ කාමයන්ගෙනුයි කියල,

ඒ වගේ ම කාම සුඛයට වඩා කාම අග්‍ර සුඛයක් තියෙනවා කියල, එය එහි අග්‍ර වෙනවා' කියල යමක් වදාළා ද, මෙය සුභාෂිතයක් ම යි."

"පින්වත් කච්චාන, අන්‍යාගමික දෘෂ්ඨියක් දරණ, අන්‍යාගමික මත ඉවසන, අන්‍ය මත රුචි කරන, අන්‍ය වැඩපිළිවෙලක යෙදෙන, අන්‍යාගමික ආචාර්යවරයෙක් වන ඔබට කාමයන් හෝ කාමසුඛය හෝ කාමාග්‍ර සුඛය හෝ දැන ගැනීම දුෂ්කර දෙයක්. පින්වත් කච්චාන, යම් ඒ අරහත් භික්ෂූන් සිටිනවා. ක්ෂීණාශ්‍රව වූ, බඹසර වාසය සම්පූර්ණ කළා වූ, කළ යුත්ත කළා වූ, කෙලෙස් බර බැහැර තැබූ, පිළිවෙළින් පැමිණි යහපත ඇති, භව සංයෝජනයන් ක්ෂය කළා වූ, මනා අවබෝධයෙන් ම විමුක්තියට පත් වූ, ඒ රහත් භික්ෂූන් සිටිනවා. ඒ භික්ෂූන් නම් කාමයන් හෝ කාම සුඛය හෝ කාමාග්‍ර සුඛය හෝ අවබෝධ කරගන්නවා."

මෙසේ වදාළ විට වේඛනස්ස පිරිවැජියා කිපුනා. නො සතුටු වුනා. භාග්‍යවතුන් වහන්සේ සමඟ ගැටෙමින් භාග්‍යවතුන් වහන්සේට පරිභව කරමින් භාග්‍යවතුන් වහන්සේට ම කියමින් "ශ්‍රමණ ගෞතමයන් තමයි නො දන්නා කෙනෙක් වන්නේ" කියල කිව්වා. එතකොට භාග්‍යවතුන් වහන්සේ මෙය වදාළා.

"ඔය විදිහම තමයි, මෙහි ඇතැම් ශ්‍රමණ බ්‍රාහ්මණයන් පූර්ව අන්තය දන්නෙත් නෑ. අපර අන්තය දකින්නෙත් නෑ. නමුත් 'ඉපදීම ක්ෂය වුනා, බඹසර වාසය සම්පූර්ණ වුනා. කළ යුත්ත කළා. ඒ වෙනුවෙන් කරන්නට අමුතුවෙන් යමක් නැතැ'යි ප්‍රතිඥා දෙනවා. ඔවුන් ඒ ප්‍රකාශය සිනහවක් ම යි උපදවන්නේ. ලාමක බවක් ම යි උපදවන්නේ. රික්තකයක් ම යි උපදවන්නේ. තුච්ඡ බවක් ම යි උපදවන්නේ.

ඒ වගේ ම පින්වත් කච්චාන, යම් ශ්‍රමණ බ්‍රාහ්මණයන් පූර්ව අන්තය දන්නෙත් නෑ. අපර අන්තය දකින්නෙත් නෑ. නමුත් 'ඉපදීම ක්ෂය වුනා, බඹසර වාසය සම්පූර්ණ වුනා. කළ යුත්ත කළා. ඒ වෙනුවෙන් කරන්නට අමුතුවෙන් යමක් නැතැ'යි ප්‍රතිඥා දෙනවා. ඔවුන්ට කරුණු සහිතව නිග්‍රහය පිණිස පවතින්නේ ඒ කාරණය ම යි. එනම් පින්වත් කච්චාන, පූර්ව අන්තය පසෙක තිබේවා! අපර අන්තය පසෙක තිබේවා! කපටි නැති, මායා නැති, ඍජු ගති ඇති බුද්ධිමත් මනුෂ්‍යයෙක් මා වෙත පැමිණේවා! මං අනුශාසනා කරන්නම්. මං ධර්මය දේශනා කරන්නම්. යම් ආකාරයකින් අනුශාසනා ලැබෙයි ද, ඒ අයුරින් පිළිපදින විට වැඩි කලක් නො ගිහින් ම 'යම් මේ අවිද්‍යාව නම් වූ බන්ධනයක් ඇද්ද, ඒ බන්ධයෙන් මනා කොට මිදුනේ මේ විදිහට යි' කියල තමා ම දැනගන්නවා, තමා ම දැකගන්නවා.

කච්චාන, ඒක මේ වගේ දෙයක්, උඩුකුරුව නිදන බොළඳ වූ ළදරු සිඟිත්තෙක් ඉන්නවා. ඔහු බෙල්ල පස්වෙනි කොට හුයකින් බැඳලා තියෙන්නෙ. ඉතින් ඔහු වැඩී වයස මුහුකුරා යෑමෙන්, ඉන්ද්‍රියන් මෝරා යෑමෙන්, අර බන්ධනයන් ගෙන් නිදහස් වෙනවා. එතකොට ඔහු දැනගන්නේ එයින් මිදුනා කියල යි, බැඳිලා ඉන්නවා කියල නො වෙයි.

අන්න ඒ වගේ ම පින්වත් කච්චාන, කපටි නැති, මායා නැති, ඍජු ගති ඇති බුද්ධිමත් මනුෂ්‍යයෙක් මා වෙත පැමිණේවා! මං අනුශාසනා කරන්නම්. මං ධර්මය දේශනා කරන්නම්. යම් ආකාරයකින් අනුශාසනා ලැබෙයි ද, ඒ අයුරින් පිළිපදින විට වැඩි කලක් නො ගිහින් ම 'යම් මේ අවිද්‍යාව නම් වූ බන්ධනයක් ඇද්ද, ඒ බන්ධයෙන් මනා කොට මිදුනේ මේ විදිහට යි' කියල තමා ම දැනගන්නවා, තමා ම දැකගන්නවා."

මෙසේ වදාළ විට වේඛනස්ස පිරිවැජියා භාග්‍යවතුන් වහන්සේට මෙය පැවසුවා. "පින්වත් ගෞතමයන් වහන්ස, හරි ම සුන්දර යි! පින්වත් ගෞතමයන් වහන්ස, හරි ම සුන්දර යි! පින්වත් ගෞතමයන් වහන්ස, ...(පෙ).... අද පටන් දිවි ඇති තුරාවට තෙරුවන් සරණ ගිය උපාසකයෙකු වශයෙන් මාව පිළිගන්නා සේක්වා!"

සාදු! සාදු!! සාදු!!!

වේඛනස්ස පිරිවැජියාට වදාළ දෙසුම නිමා විය.
තුන් වෙනි පරිබ්බාජක වර්ගය යි.

4. රාජ වර්ගය

2.4.1.
ඝටීකාර සූත්‍රය
ඝටීකාර උපාසක ගැන වදාළ දෙසුම

මා හට අසන්නට ලැබුනේ මේ විදිහට යි. ඒ දිනවල භාග්‍යවතුන් වහන්සේ මහත් භික්ෂුසංඝයා පිරිවරා කෝසල ජනපදයෙහි චාරිකාවෙහි වඩිමින් සිටියා. එදා භාග්‍යවතුන් වහන්සේ වඩින මගින් බැහැරව එක්තරා ස්ථානයක දී සිනහවක් පහළ කළ සේක. එවිට ආයුෂ්මත් ආනන්දයන් වහන්සේට මෙය සිතුණා. "භාග්‍යවතුන් වහන්සේට සිනහවක් පහළ වෙන එකට හේතුව කුමක් ද? ප්‍රත්‍යය කුමක් ද? තථාගතයන් වහන්සේලා කරුණු රහිතව සිනහ පහළ නො කරන සේක."

ඉතින් ආයුෂ්මත් ආනන්දයන් වහන්සේ සිවුරු ඒකාංශ කොට පොරවා ගෙන, භාග්‍යවතුන් වහන්සේ වෙත ඇඳිලි බැඳ වන්දනා කොට, භාග්‍යවතුන් වහන්සේට මෙය පැවසුවා. "ස්වාමීනී, භාග්‍යවතුන් වහන්ස, සිනහවක් පහළ කරන්නට හේතුව කුමක්ද? ප්‍රත්‍යය කුමක් ද? තථාගතයන් වහන්සේලා කරුණු රහිතව සිනහ පහළ නො කරන සේක."

"පින්වත් ආනන්ද, මෙය කලින් සිදු වූ දෙයක්. මෙම ප්‍රදේශයෙහි වේහලිංග නම් නියම්ගමක් තිබුනා. ඒ නියම්ගම ඉතාම සමෘද්ධ යි. දියුණු යි. බොහෝ ජනාකීර්ණ වෙලා තිබුනා. පින්වත් ආනන්ද, කාශ්‍යප නම් වූ භාග්‍යවත් අරහත් සම්මා සම්බුදුරජාණන් වහන්සේ ඔය වේහලිංග නියම්ගම ඇසුරු කොට වැඩවාසය කළා. පින්වත් ආනන්ද, ඒ කාශ්‍යප නම් වූ භාග්‍යවත් අරහත් සම්මා සම්බුදුරජාණන් වහන්සේ පිණිස මෙතැන විහාරයක් තිබුනා. ඉතින් පින්වත් ආනන්ද, ඒ කාශ්‍යප නම් වූ භාග්‍යවත් අරහත් සම්මා සම්බුදුරජාණන් වහන්සේ මෙතැන වැඩ හිඳ භික්ෂුසංඝයාට ධර්මාවවාද කොට වදාළා."

එකල්හි ආයුෂ්මත් ආනන්දයන් වහන්සේ සඟල සිවුර සතර පොටකට නවා අසුනක් පණවා භාග්‍යවතුන් වහන්සේට මෙය පැවසුවා. "එසේ වී නම්,

ස්වාමීනී, භාග්‍යවතුන් වහන්ස, වැඩ හිඳින සේක්වා! මෙසේ මේ භූමි ප්‍රදේශය අරහත් වූ සම්මා සම්බුදුවරයන් වහන්සේලා දෙනමක් විසින් පරිභෝග කළා වෙනවා" කියල. භාග්‍යවතුන් වහන්සේ පණවන ලද අසුනෙහි වැඩසිටියා. එසේ වැඩ සිටි භාග්‍යවතුන් වහන්සේ ආයුෂ්මත් ආනන්දයන් අමතා මෙය වදාළා.

"පින්වත් ආනන්ද, මෙය පෙර සිදු වූ දෙයක්. මෙම ප්‍රදේශයෙහි වේහලිංග නම් නියම්ගමක් තිබුනා. ඒ නියම්ගම ඉතාම සමෘද්ධ යි. දියුණු යි. බොහෝ ජනාකීර්ණ වෙලා තිබුනා. පින්වත් ආනන්ද, කාශ්‍යප නම් වූ භාග්‍යවත් අරහත් සම්මා සම්බුදුරජාණන් වහන්සේ ඔය වේහලිංග නියම්ගම ඇසුරු කොට වැඩවාසය කළා. පින්වත් ආනන්ද, ඒ කාශ්‍යප නම් වූ භාග්‍යවත් අරහත් සම්මා සම්බුදුරජාණන් වහන්සේ පිණිස මෙතැන විහාරයක් තිබුනා. ඉතින් පින්වත් ආනන්ද, ඒ කාශ්‍යප නම් වූ භාග්‍යවත් අරහත් සම්මා සම්බුදුරජාණන් වහන්සේ මෙතැන වැඩ හිඳ භික්ෂුසංඝයාට ධර්මාවවාද කරනවා.

පින්වත් ආනන්ද, එතකොට ඒ වේහලිංග නියම්ගමේ ඝටීකාර නම් කුඹල්කරුවෙක් සිටියා. ඔහු තමයි කාශ්‍යප නම් වූ භාග්‍යවත් අරහත් සම්මා සම්බුදුරජාණන් වහන්සේට උපස්ථායක වුනේ. අග්‍රඋපස්ථායක වුනේ. ඉතින් පින්වත් ආනන්ද, ඒ ඝටීකාර කුඹල්කරුවා හට ජෝතිපාල නම් ප්‍රිය සහායක වූ යහළු තරුණයෙක් සිටියා. පින්වත් ආනන්ද, දවසක් ඝටීකාර කුඹල්කරුවා ජෝතිපාල තරුණයා ඇමතුවා. "ප්‍රිය මිත්‍ර ජෝතිපාලයෙනි, එන්න. කාශ්‍යප නම් වූ භාග්‍යවත් අරහත් සම්මා සම්බුදුරජාණන් වහන්සේව බැහැදකින්නට යමු. ඒ භාග්‍යවතුන් වහන්සේව දකින්නට යෑම මංගල සම්මත කාරණයක්."

මෙසේ පැවසූ විට පින්වත් ආනන්ද, ජෝතිපාල තරුණයා ඝටීකාර කුඹල්කරුවාට මෙය පැවසුවා. "ඝටීකාර මිත්‍රය, වැඩක් නැහැ. ඔය මුඩු ශ්‍රමණයන් වහන්සේලා දැකීමෙන් ඇති ඵලය කිම?" පින්වත් ආනන්ද, දෙවෙනි වතාවටත් ....(පෙ).... පින්වත් ආනන්ද තුන්වෙනි වතාවටත් ඝටීකාර කුඹල්කරුවා ජෝතිපාල තරුණයා ඇමතුවා. "ප්‍රිය මිත්‍ර ජෝතිපාලයෙනි, එන්න. කාශ්‍යප නම් වූ භාග්‍යවත් අරහත් සම්මා සම්බුදුරජාණන් වහන්සේව බැහැදකින්නට යමු. ඒ භාග්‍යවතුන් වහන්සේව දකින්නට යෑම මංගල සම්මත කාරණයක්" කියල.

තුන්වෙනි වතාවට ත් පින්වත් ආනන්ද, ජෝතිපාල තරුණයා ඝටීකාර කුඹල්කරුවාට මෙය පැවසුවා. "ඝටීකාර මිත්‍රය, වැඩක් නැහැ. ඔය මුඩු ශ්‍රමණයන් වහන්සේලා දැකීමෙන් ඇති ඵලය කිම?" කියල. "එසේ වී නම්, ප්‍රිය මිත්‍ර ජෝතිපාල, ඇඟ උලන ලණුව ත් ගෙන අපි වතුර නාන්නට නදියට යමු." එතකොට පින්වත් ආනන්ද, "එසේය මිත්‍රය" කියා ජෝතිපාල තරුණයා ඝටීකාර කුඹල්කරුවාට පිළිතුරු දුන්නා. ඉතින් පින්වත් ආනන්දයෙනි, ඝටීකාර

කුඹල්කරුවා ත්, ජෝතිපාල තරුණයා ත් ඇඟ උලන ලණුව ත් ගෙන දිය නාන්නට නදියට ගියා.

පින්වත් ආනන්ද, එහිදී ත් ඝටීකාර කුඹල්කරුවා ජෝතිපාල තරුණයා ඇමතුවා. "ප්‍රිය මිත්‍ර ජෝතිපාලයෙනි, කාශ්‍යප නම් වූ භාග්‍යවත් අරහත් සම්මා සම්බුදුරජාණන් වහන්සේ වැඩසිටින ආරාමය මේ ළඟ ම යි තියෙන්නෙ. එන්න මිත්‍ර ජෝතිපාලයෙනි, කාශ්‍යප නම් වූ භාග්‍යවත් අරහත් සම්මා සම්බුදු රජාණන් වහන්සේව බැහැදකින්නට යමු. ඒ භාග්‍යවතුන් වහන්සේව දකින්නට යෑම මංගල සම්මත කාරණයක්" කියල.

මෙසේ පැවසූ විට පින්වත් ආනන්ද, ජෝතිපාල තරුණයා ඝටීකාර කුඹල්කරුවාට මෙය පැවසුවා. "ඝටීකාර මිත්‍රය, වැඩක් නැහැ. ඔය මුඩු ශ්‍රමණයන් වහන්සේලා දැකීමෙන් ඇති ඵලය කිම?" පින්වත් ආනන්ද, දෙවෙනි වතාවට ත් ....(පෙ).... පින්වත් ආනන්ද තුන්වෙනි වතාවට ත් ඝටීකාර කුඹල්කරුවා ජෝතිපාල තරුණයා ඇමතුවා. "ප්‍රිය මිත්‍ර ජෝතිපාලයෙනි, කාශ්‍යප නම් වූ භාග්‍යවත් අරහත් සම්මා සම්බුදුරජාණන් වහන්සේ වැඩසිටින ආරාමය මේ ළඟ ම යි තියෙන්නෙ. එන්න මිත්‍ර ජෝතිපාලයෙනි, කාශ්‍යප නම් වූ භාග්‍යවත් අරහත් සම්මා සම්බුදුරජාණන් වහන්සේව බැහැදකින්නට යමු. ඒ භාග්‍යවතුන් වහන්සේව දකින්නට යෑම මංගල සම්මත කාරණයක්" කියල. තුන්වෙනි වතාවට ත් පින්වත් ආනන්ද, ජෝතිපාල තරුණයා ඝටීකාර කුඹල්කරුවාට මෙය පැවසුවා. "ඝටීකාර මිත්‍රය, වැඩක් නැහැ. ඔය මුඩු ශ්‍රමණයන් වහන්සේලා දැකීමෙන් ඇති ඵලය කිම?" කියල.

එතකොට පින්වත් ආනන්ද, ඝටීකාර කුඹල්කරුවා ජෝතිපාල මාණවකයා ගේ ඉණ බැඳි වස්ත්‍රයෙන් අල්ලා ගෙන මෙය කිව්වා. "ප්‍රිය මිත්‍ර ජෝතිපාලයෙනි, කාශ්‍යප නම් වූ භාග්‍යවත් අරහත් සම්මා සම්බුදුරජාණන් වහන්සේ වැඩසිටින ආරාමය මේ ළඟ ම යි තියෙන්නෙ. එන්න, ප්‍රිය මිත්‍ර ජෝතිපාලයෙනි, කාශ්‍යප නම් වූ භාග්‍යවත් අරහත් සම්මා සම්බුදුරජාණන් වහන්සේව බැහැදකින්නට යමු. ඒ භාග්‍යවතුන් වහන්සේව දකින්නට යෑම මංගල සම්මත කාරණයක්" කියල.

එතකොට පින්වත් ආනන්දයෙනි, ජෝතිපාල මාණවකයා ඔහු අල්ලා ගත් ඉණ බැඳ රෙදිකඩ ගසා අතහැර මෙය පැවසුවා. "ඝටීකාර මිත්‍රය, වැඩක් නැහැ. ඔය මුඩු ශ්‍රමණයන් වහන්සේලා දැකීමෙන් ඇති ඵලය කිම?" කියල.

ඉතින් පින්වත් ආනන්ද, ඝටීකාර කුඹල්කරුවා හිස සෝදා නහා සිටි ජෝතිපාල මාණවකයා ගේ ඒ තෙත කෙස් වැටියෙන් තදින් අල්ලා ගෙන මෙය

කිව්වා. "ප්‍රිය මිත්‍ර ජෝතිපාලයෙනි, කාශ්‍යප නම් වූ භාග්‍යවත් අරහත් සම්මා සම්බුදුරජාණන් වහන්සේ වැඩසිටින ආරාමය මේ ළඟ ම යි තියෙන්නෙ. එන්න ප්‍රිය මිත්‍ර ජෝතිපාලයෙනි, කාශ්‍යප නම් වූ භාග්‍යවත් අරහත් සම්මා සම්බුදු රජාණන් වහන්සේව බැහැදකින්නට යමු. ඒ භාග්‍යවතුන් වහන්සේව දකින්නට යෑම මංගල සම්මත කාරණයක්" කියල.

එතකොට පින්වත් ආනන්ද ජෝතිපාල මාණවකයාට මෙය සිතුනා. "භවත්නි, සැබැවින් ම ආශ්චර්යය යි! භවත්නි, සැබැවින් ම අද්භූත යි! යම් හෙයකින් ලාමක ජාතියෙහි උපන් ඝටීකාර කුඹල්කරුවා හිස සෝදා නහා සිටි අප ගේ කෙස් වැටිය ත් තද කොට ගන්නට තරම් සිතනවා නෙව. මොහු මේ යන්නට කතා කරන ගමන සාමාන්‍ය ගමනක් විය නො හැකියි" කියල ඝටීකාර කුඹල්කරුවාට මෙය කිව්වා. "ප්‍රිය මිත්‍ර ඝටීකාරය, මෙතෙක් දු කළේ එයට නො වේද?" "ප්‍රිය මිත්‍ර ජෝතිපාලය, මෙතෙක් දෑ කළේ එයට තමයි. එසේය, ඒ භාග්‍යවත් අරහත් සම්මා සම්බුදුරජාණන් වහන්සේ දකින්නට යෑම සාධු සම්මතයි." "එසේ වී නම් ප්‍රිය මිත්‍ර ඝටීකාර, කෙස් වැටිය අත්හරින්න. අපි යමු."

එතකොට පින්වත් ආනන්දයෙනි, ඝටීකාර කුඹල්කරුවා ත්, ජෝතිපාල මාණවකයා ත් කාශ්‍යප භාග්‍යවත් අරහත් සම්මා සම්බුදුරජාණන් වහන්සේ ළඟට පැමිණුනා. එසේ පැමිණි ඝටීකාර කුඹල්කරුවා කාශ්‍යප භාග්‍යවත් අරහත් සම්මා සම්බුදුරජාණන් වහන්සේට ආදරයෙන් වන්දනා කොට එකත්පස්ව වාඩිවුණා. ජෝතිපාල මානවකයා ත් කාශ්‍යප භාග්‍යවත් අරහත් සම්මා සම්බුදු රජාණන් වහන්සේ සමඟ සතුටු වුනා. සතුටු විය යුතු පිළිසඳර කතාව නිමවා එකත්පස්ව වාඩි වුනා. එතකොට පින්වත් ආනන්ද, එකත්පස්ව වාඩි වූ ඝටීකාර කුඹල්කරුවා කාශ්‍යප භාග්‍යවත් අරහත් සම්මා සම්බුදුරජාණන් වහන්සේට මෙය පැවසුවා. "ස්වාමීනී, මේ ජෝතිපාල තරුණයා මගේ ප්‍රිය සහායක මිත්‍රයෙක්. භාග්‍යවතුන් වහන්සේ මොහුට ශ්‍රී සද්ධර්මය වදාරණ සේක්වා!"

පින්වත් ආනන්ද, කාශ්‍යප භාග්‍යවත් අරහත් සම්මා සම්බුදුරජාණන් වහන්සේ ඝටීකාර කුඹල්කරුවාට ත්, ජෝතිපාල තරුණයාට ත් දහැමි කතාවෙන් කරුණු දක්වා වදාළා. සමාදන් කරවා වදාළා. තෙද ගන්වා වදාළා. සතුටු කරවා වදාළා. එතකොට පින්වත් ආනන්ද, ඒ කාශ්‍යප භාග්‍යවත් අරහත් සම්මා සම්බුදු රජාණන් වහන්සේ විසින් දහැමි කතාවෙන් කරුණු දක්වූ, සමාදන් කරවූ, තෙද ගැන්වූ, සතුටු කරවූ ඝටීකාර කුඹල්කරුවා ත්, ජෝතිපාල මාණවකයා ත්, කාශ්‍යප භාග්‍යවත් අරහත් සම්මා සම්බුදුරජාණන් වහන්සේ වදාළ ධර්මය සතුටින් පිළිගෙන අනුමෝදන් වෙලා හුනස්නෙන් නැගිට කාශ්‍යප භාග්‍යවත්

අරහත් සම්මා සම්බුදුරජාණන් වහන්සේට ආදරයෙන් වන්දනා කොට පැදකුණු කොට පිටත් වුනා.

එහිදී පින්වත් ආනන්ද, ජෝතිපාල තරුණයා ඝටීකාර කුඹල්කරුවාට මෙය පැවසුවා. "ප්‍රිය මිත්‍ර ඝටීකාරයෙනි, සැබැවින් ම ඔබ මේ ශ්‍රී සද්ධර්මය අසනවා නො වේ ද? එසේ නමුත්, ගිහි ගෙයින් නික්ම බුදු සසුනෙහි පැවිදි වෙන්නෙ ත් නෑ." "මා ප්‍රිය මිත්‍ර ජෝතිපාලයෙනි, වයස්ගත වූ දෑස් අඳ දෙමාපියන්ව මා පෝෂණය කරන බව ඔබ නො දන්නවා ද?"

"එසේ වී නම් ප්‍රිය මිත්‍ර ඝටීකාරය, මං ගිහි ගෙය අත්හැරලා බුදුසසුනෙහි පැවිදි වෙනවා." එතකොට පින්වත් ආනන්ද, ඝටීකාර කුඹල්කරුවා ත්, ජෝතිපාල තරුණයා ත්, කාශ්‍යප භාග්‍යවත් අරහත් සම්මා සම්බුදුරජාණන් වහන්සේව බැහැදකින්නට පැමිණුනා. පැමිණ කාශ්‍යප භාග්‍යවත් අරහත් සම්මා සම්බුදුරජාණන් වහන්සේට ආදරයෙන් වන්දනා කොට එකත්පස්ව වාඩි වුනා. එකත්පස්ව වාඩිවුන ඝටීකාර කුඹල්කරුවා කාශ්‍යප භාග්‍යවත් අරහත් සම්මා සම්බුදුරජාණන් වහන්සේට මෙය පැවසුවා.

"ස්වාමීනී, මේ ජෝතිපාල මාණවකයා මගේ ප්‍රිය සහායක මිත්‍රයෙක්. භාග්‍යවතුන් වහන්සේ මොහුව පැවිදි කරන සේක්වා!" පින්වත් ආනන්ද, ඉතින් ජෝතිපාල මාණවකයා කාශ්‍යප භාග්‍යවත් අරහත් සම්මා සම්බුදුරජාණන් වහන්සේ සමීපයේ පැවිද්ද ලැබුවා. උපසම්පදාව ත් ලැබුවා.

පින්වත් ආනන්ද, ඒ කාශ්‍යප භාග්‍යවත් අරහත් සම්මා සම්බුදුරජාණන් වහන්සේ ජෝතිපාල මාණවකයා උපසම්පදාව ලද නොබෝ කලකින් එනම්, අඩමසකින් පමණ වේහලිංගයෙහි කැමැති තාක් වාසය කොට බරණැස් නුවර තෙක් චාරිකාවේ වැඩියා. අනුපිළිවෙලින් සැරිසරා වඩිමින් බරණැස් නුවර වැඩවාසය කළා.

එහිදී පින්වත් ආනන්ද, කාශ්‍යප භාග්‍යවත් අරහත් සම්මා සම්බුදු රජාණන් වහන්සේ වැඩසිටියේ බරණැස ඉසිපතන මිගදායේ යි. පින්වත් ආනන්ද, එතකොට කිකී නම් කසී රට රජ්ජුරුවන්ට කාශ්‍යප භාග්‍යවත් අරහත් සම්මා සම්බුදුරජාණන් වහන්සේ බරණැසට වැඩම කළ බවත්, බරණැස ඉසිපතන මිගදායෙහි වැඩසිටින බව ත් අසන්නට ලැබුනා. පින්වත් ආනන්ද, එවිට කිකී නම් කසී රජු සොඳුරු සොඳුරු වාහන යොදවා ගෙන, සොඳුරු සොඳුරු වාහනයන් හි නැගී, සොඳුරු සොඳුරු වාහන වලින් මහත් වූ රාජානුභාවයෙන් යුතුව බරණැසින් නික්ම කාශ්‍යප භාග්‍යවත් අරහත් සම්මා සම්බුදුරජාණන් වහන්සේව බැහැදකින්නට පිටත් වුනා. වාහනයෙන් යා හැකි තාක් ගොස් එයින්

බැස පා ගමනින් කාශ්‍යප භාග්‍යවත් අරහත් සම්මා සම්බුදුරජාණන් වහන්සේ වෙත පැමිණුනා. පැමිණ කාශ්‍යප භාග්‍යවත් අරහත් සම්මා සම්බුදුරජාණන් වහන්සේට ආදරයෙන් වන්දනා කොට එකත්පස්ව වාඩි වුනා.

පින්වත් ආනන්ද, එකත්පස්ව වාඩි වූ කිකී නම් කසී රජුට කාශ්‍යප භාග්‍යවත් අරහත් සම්මා සම්බුදුරජාණන් වහන්සේ දහැමි කතාවෙන් කරුණු දක්වා වදාළා. සමාදන් කරවා වදාළා. තෙද ගන්වා වදාළා. සතුටු කරවා වදාළා. එතකොට පින්වත් ආනන්ද, ඒ කාශ්‍යප භාග්‍යවත් අරහත් සම්මා සම්බුදුරජාණන් වහන්සේ විසින් දහැමි කතාවෙන් කරුණු දක්වූ, සමාදන් කරවූ, තෙද ගැන්වූ, සතුටු කරවූ කිකී නම් කසී රජු කාශ්‍යප භාග්‍යවත් අරහත් සම්මා සම්බුදුරජාණන් වහන්සේට මෙය පැවසුවා.

"ස්වාමීනී, භාග්‍යවතුන් වහන්ස, හෙට දිනයේ මාගේ දානය පිණිස භික්ෂු සංඝයා සමඟ වඩින්නට පිළිගන්නා සේක්වා!" පින්වත් ආනන්ද, කාශ්‍යප භාග්‍යවත් අරහත් සම්මා සම්බුදුරජාණන් වහන්සේ නිශ්ශබ්දව වැඩසිටීමෙන් එම ඇරයුම පිළිගත්තා. එවිට පින්වත් ආනන්ද, කිකී නම් කසී රජු කාශ්‍යප භාග්‍යවත් අරහත් සම්මා සම්බුදුරජාණන් වහන්සේ තම ඇරයුම ඉවසා වදාළ බව දැන කාශ්‍යප භාග්‍යවත් අරහත් සම්මා සම්බුදුරජාණන් වහන්සේට ආදරයෙන් වන්දනා කොට පැදකුණු කොට පිටත් වුනා.

පින්වත් ආනන්ද, කිකී නම් කසී රජු ඒ රැය ඇවෑමෙන් සිය මාළිගයෙහි නිවුඩු නැති සුවඳ රත් හැල් සහල් ගෙන බත් පිස, අනේක සූප ව්‍යංජන පිස ප්‍රණීත ලෙස ඛාද්‍යභෝජ්‍ය පිළියෙල කොට කාශ්‍යප භාග්‍යවත් අරහත් සම්මා සම්බුදුරජාණන් වහන්සේට "ස්වාමීනී, දැන් වඩින්නට කාලය යි. දන් පිළියෙළ කොට අවසන් වුනා" කියා කල් දැනුම් දුන්නා.

පින්වත් ආනන්ද, එවිට කාශ්‍යප භාග්‍යවත් අරහත් සම්මා සම්බුදුරජාණන් වහන්සේ සිවුරු හැඳ පොරවා ගෙන පාත්තරය ගෙන කිකී නම් කසී රජු ගේ මාළිගයට වැඩම කළා. වැඩම කොට භික්ෂුසංඝයා සමඟ පණවන ලද ආසනයන් හි වැඩසිටියා. පින්වත් ආනන්ද, එකල්හි කිකී නම් කසී රජු බුද්ධප්‍රමුඛ භික්ෂුසංඝයා ප්‍රණීත වූ ඛාද්‍ය භෝජ්‍යයෙන් සියතින් ම පිළිගැන්වුවා. හොඳින් වැළඳෙව්වා.

පින්වත් ආනන්ද, ඉතින් ඒ කිකී නම් කසී රජු වළඳා අවසන් වූ කාශ්‍යප භාග්‍යවත් අරහත් සම්මා සම්බුදුරජාණන් වහන්සේ අසළින් එක්තරා මිටි අසුනක් ගෙන එකත්පස්ව වාඩි වුනා. පින්වත් ආනන්ද, එකත්පස්ව වාඩි වූ කිකී නම් කසී රජු කාශ්‍යප භාග්‍යවත් අරහත් සම්මා සම්බුදුරජාණන් වහන්සේට මෙය

පැවසුවා. "ස්වාමීනී, භාග්‍යවතුන් වහන්ස, මාගේ බරණැස් නුවර මෙවර වස් වැසීම පිළිගෙන වදාරණ සේක්වා! එවිට මෙබඳු ආකාරයෙන් සංඝෝපස්ථාන කළ හැකි වන්නේ ය" "පින්වත් මහාරාජ, කම් නැත. මා විසින් වස් ආරාධනාව පිළිගන්නා ලද්දේ ය." දෙවන වතාවට ත් පින්වත් ආනන්ද, ...(පෙ).... තුන්වෙනි වතාවට ත් පින්වත් ආනන්ද, කිකී නම් කසී රජු කාශ්‍යප භාග්‍යවත් අරහත් සම්මා සම්බුදුරජාණන් වහන්සේට මෙය පැවසුවා. "ස්වාමීනී, භාග්‍යවතුන් වහන්ස, මාගේ බරණැස් නුවර මෙවර වස් වැසීම පිළිගෙන වදාරණ සේක්වා! එවිට මෙබඳු ආකාරයෙන් සංඝෝපස්ථාන කළ හැකි වන්නේ ය" "පින්වත් මහාරාජ, කම් නැත. මා විසින් වස් ආරාධනාව පිළිගන්නා ලද්දේ ය."

එවිට පින්වත් ආනන්ද, කිකී නම් වූ කසී රජු හට 'කාශ්‍යප භාග්‍යවත් අරහත් සම්මා සම්බුදුරජාණන් වහන්සේ මා විසින් බරණැස් නුවර වස් වසන්නට කළ ආරාධනාව නො පිළිගත් සේක' කියල කම්පාවට පත් වුනා. දොම්නසට පත් වුණා. එතකොට පින්වත් ආනන්ද, කිකී නම් කසී රජු කාශ්‍යප භාග්‍යවත් අරහත් සම්මා සම්බුදුරජාණන් වහන්සේට මෙය පැවසුවා. "ස්වාමීනී, මට ත් වඩා හොඳින් උපස්ථාන කරන වෙන කවුරුන් හෝ ඔබවහන්සේට සිටිනවාද?"

"පින්වත් මහාරාජ, වේහලිංග නම් නියම්ගමක් තිබෙනවා. එහි ඝටීකාර නම් කුඹල්කරුවෙක් සිටිනවා. ඔහු තමයි මගේ උපස්ථායකයා. අග්‍ර උපස්ථායකයා. පින්වත් මහාරාජ, දැන් ඔබට 'කාශ්‍යප භාග්‍යවත් අරහත් සම්මා සම්බුදුරජාණන් වහන්සේ මා විසින් බරණැස් නුවර වස් වසන්නට කළ ආරාධනාව නො පිළිගත් සේක' කියල කම්පාවක් ඇති වුනා නෙව. දොම්නසක් ඇති වුනා නෙව. නමුත් එවැනි දෙයක් ඝටීකාර කුඹල්කරුවා තුළ නම් නැහැ. ඇති වන්නෙ ත් නැහැ.

පින්වත් මහාරාජ, ඝටීකාර කුඹල්කරුවා බුදුරජාණන් වහන්සේ සරණ ගියා. ශ්‍රී සද්ධර්මයත් සරණ ගියා. ශ්‍රාවක සංඝයා ත් සරණ ගියා.

පින්වත් මහාරාජ, ඝටීකාර කුඹල්කරුවා සතුන් මැරීමෙන් වැළකිල යි ඉන්නෙ. සොරකමින් වැළකිල යි ඉන්නෙ. වැරදිකාම සේවනයෙන් වැළකිල යි ඉන්නෙ. බොරු කීමෙන් වැළකිල යි ඉන්නෙ. මත්පැන් හා මත්ද්‍රව්‍ය භාවිතයෙන් වැළකිල යි ඉන්නෙ.

පින්වත් මහාරාජ, ඝටීකාර කුඹල්කරුවා බුදුරජුන් කෙරෙහි නො සෙල්වෙන ප්‍රසාදයෙන් සමන්විතව යි ඉන්නෙ. ධර්මය කෙරෙහි ....(පෙ).... සංඝයා කෙරෙහි නො සෙල්වෙන ප්‍රසාදයෙන් සමන්විතව යි ඉන්නෙ. ආර්යකාන්ත ශීලයකින් සමන්විතව යි ඉන්නෙ.

පින්වත් මහාරාජ, ඝටීකාර කුඹල්කරුවා දුක්ඛ ආර්ය සත්‍යය පිළිබඳව සැක රහිතව යි ඉන්නෙ. දුක්ඛ සමුදය ආර්ය සත්‍යය පිළිබඳව සැක රහිතව යි ඉන්නෙ. දුක්ඛ නිරෝධ ආර්ය සත්‍යය පිළිබඳව සැක රහිතව යි ඉන්නෙ. දුක්ඛ නිරෝධ ගාමිනී පටිපදා ආර්ය සත්‍යය පිළිබඳව සැක රහිතව යි ඉන්නෙ.

පින්වත් මහාරාජ, ඝටීකාර කුඹල්කරුවා උදේ වරුවෙහි පමණක් වළඳන, කල්‍යාණධර්ම ඇතිව, සීලවන්තව, බ්‍රහ්මචාරීව යි ඉන්නෙ.

පින්වත් මහාරාජ, ඝටීකාර කුඹල්කරුවා රන්, මුතු, මැණික් ආදිය අත්හැර දමා රන්, රිදී, මිල-මුදල් ආදියෙන් බැහැර වෙලයි ඉන්නෙ.

පින්වත් මහාරාජ, ඝටීකාර කුඹල්කරුවා උදැල්ල පසෙක දැමූ කෙනෙක්. සිය අතින් පොළොව කණින්නෙ නෑ. ඉවුරු වලින් කඩා වැටෙන යම් මැට්ටක් වෙයි නම්, මීයන් ආදී සතුන් උඩට දමන යම් මැට්ටක් වෙයි නම්, එය කදින් ගෙනියනවා. එයින් වළං තනා මෙහෙම කියනවා. 'යම් කෙනෙක් කැමති නම් හාල් කොටසක් වේවා, මුං කොටසක් වේවා, කඩල කොටසක් වේවා මෙහි දමා එයට සරිලන යම් බඳුනක් කැමති වේ නම් එය රැගෙන යනු මැනව' කියල.

පින්වත් මහාරාජ, ඝටීකාර කුඹල්කරුවා වයස්ගත වූ දෑස් අඳ දෙමාපියන්ව පෝෂණය කරනවා.

පින්වත් මහාරාජ, ඝටීකාර කුඹල්කරුවා ඕරම්භාගීය සංයෝජන ගෙවා දමා ඕපපාතිකව බඹලොවෙහි ඉපිද එයින් ආපසු නො එන ස්වභාවයෙන් යුතුව එහි ම පිරිනිවන් පාන ස්වභාවයෙන් යුතුවයි ඉන්නෙ.

පින්වත් මහාරාජ, එක් කාලයක මා වේහලිංග නියම්ගමේ වාසය කළා. එතකොට පින්වත් මහාරාජ, පෙරවරුවෙහි සිවුරු හැඳ පොරවා ගෙන ඝටීකාර කුඹල්කරුවා ගේ මව්පියන් කරා පැමිණුනා. පැමිණ ඝටීකාර කුඹල්කරුවා ගේ මව්පියන්ගෙන් මෙය ඇසුවා. 'දැන් මේ භාර්ගවයන් කොහේ ගිහින් ද?' 'ස්වාමීනී, ඔබවහන්සේ ගේ උපස්ථායකයා බැහැරකට ගියා. නමුත් ස්වාමීනී, අසවල් සැළියෙහි ඇති බත් ගෙන ව්‍යංජන බඳුනේ ව්‍යංජනත් ගෙන වළඳිනු මැනව.' එතකොට පින්වත් මහාරාජ, මං සැළියෙන් බත් ගෙන සූප බඳුනෙන් ව්‍යංජන ආදිය ගෙන වළඳලා අසුනෙන් නැගිට පිටත් වුනා. එතකොට පින්වත් මහාරාජ, ඝටීකාර කුඹල්කරුවා මව්පියන් වෙත පැමිණුනා. පැමිණ මව්පියන් ගෙන් මෙය ඇසුවා. 'සැළියෙන් බත් ගෙන, ව්‍යංජන බඳුන් වලින් ව්‍යංජන ද ගෙන ගියේ කවුද?' 'පුතේ, කාශ්‍යප භාග්‍යවත් අරහත් සම්මා සම්බුදුරජාණන් වහන්සේ සැළියෙන් බත් ගෙන බඳුනෙන් ව්‍යංජන ගෙන, වළඳලා අසුනෙන් නැගිට වැඩියා.'

එවිට පින්වත් මහාරාජ, ඝටීකාර කුඹල්කරුවාට මෙය සිතුනා. 'සැබැවින් ම මට ලාභයක් ම යි! සැබැවින් ම මට මනා වූ ලැබීමක් ම යි! යමෙකු කෙරෙහි කාශ්‍යප භාග්‍යවත් අරහත් සම්මා සම්බුදුරජාණන් වහන්සේ මෙසේ විශ්වාසවන්ත වන සේක් නම් ඒ මා කෙරෙහි ම යි' කියල. එවිට පින්වත් මහාරාජ, ඒ ඝටීකාර කුඹල්කරුවා අඩමසක් ම ඒ ප්‍රීති සුඛය අත් නො හැර සිටියා. ඔහු ගේ මා පියන් සතියක් ම ඒ ප්‍රීති සුඛය අත් නො හැර සිටියා.

පින්වත් මහාරාජ, එක් කාලයක මා වේහලිංග නියම්ගමේ වාසය කළා. එතකොට පින්වත් මහාරාජ, පෙරවරුවෙහි සිවුරු හැඳ පොරවා ගෙන ඝටීකාර කුඹල්කරුවා ගේ මව්පියන් කරා පැමිණුනා. පැමිණ ඝටීකාර කුඹල්කරුවා ගේ මව්පියන් ගෙන් මෙය ඇසුවා. 'දැන් මේ භාර්ගවයන් කොහේ ගිහින් ද?' 'ස්වාමීනී, ඔබවහන්සේ ගේ උපස්ථායකයා බැහැරකට ගියා. 'ස්වාමීනී, අසවල් භාජනයේ කොමු තියෙනවා. අසවල් බඳුනේ සූප තියෙනවා. අරගෙන වළඳන්න.' එතකොට පින්වත් මහාරාජ, මං සැළියෙන් කොමු ගෙන සූප බඳුනෙන් ව්‍යංජන ආදිය ගෙන වළඳලා අසුනෙන් නැගිට පිටත් වුනා. එතකොට පින්වත් මහාරාජ, ඝටීකාර කුඹල්කරුවා මව්පියන් වෙත පැමිණුනා. පැමිණ මව්පියන් ගෙන් මෙය ඇසුවා. 'සැළියෙන් කොමු ගෙන, ව්‍යංජන බඳුන් වලින් ව්‍යංජන ද ගෙන ගියේ කවුද?' 'පුතේ, කාශ්‍යප භාග්‍යවත් අරහත් සම්මා සම්බුදු රජාණන් වහන්සේ සැළියෙන් කොමු ගෙන බඳුනෙන් ව්‍යංජන ගෙන, වළඳලා අසුනෙන් නැගිට වැඩියා.'

එවිට පින්වත් මහාරාජ, ඝටීකාර කුඹල්කරුවාට මෙය සිතුනා. 'සැබැවින් ම මට ලාභයක් ම යි! සැබැවින් ම මට මනා වූ ලැබීමක් ම යි! යමෙකු කෙරෙහි කාශ්‍යප භාග්‍යවත් අරහත් සම්මා සම්බුදුරජාණන් වහන්සේ මෙසේ විශ්වාසවන්ත වන සේක් නම් ඒ මා කෙරෙහි ම යි' කියල. එවිට පින්වත් මහාරාජ, ඒ ඝටීකාර කුඹල්කරුවා අඩමසක් ම ඒ ප්‍රීති සුඛය අත් නො හැර සිටියා. ඔහු ගේ මා පියන් සතියක් ම ඒ ප්‍රීති සුඛය අත් නො හැර සිටියා.

පින්වත් මහාරාජ, එක් කාලයක මා වේහලිංග නියම්ගමේ වාසය කළා. ඒ දවස් වල ගන්ධ කුටිය තෙමෙනවා. ඉතින් පින්වත් මහාරාජ, මං භික්ෂූන් ඇමතුවා. 'පින්වත් මහණෙනි, යන්න. ඝටීකාර කුඹල්කරුවා ගේ නිවසින් හෙවිල්ලන තෘණ ගෙනෙන්න.' මෙසේ පැවසූ විට පින්වත් මහාරාජ, ඒ භික්ෂූන් මට මෙය පැවසුවා. 'ස්වාමීනී, ඝටීකාර කුඹල්කරුවා ගේ නිවසේ හෙවිල්ලන තෘණ නැහැ. නමුත් ඔහු ගේ අලුතින් තෘණ හෙවිල්ලන ලද ශිල්ප ශාලාවක් නම් තියෙනවා.' 'පින්වත් මහණෙනි, යන්න. ඝටීකාර කුඹල්කරුවා ගේ ශිල්ප ශාලාවෙහි තෘණ ඉවත්කරගෙන එන්න.'

එතකොට පින්වත් මහාරාජ, ඒ භික්ෂූන් ඝටීකාර කුඹල්කරුවා ගේ ශිල්ප ශාලාවෙන් තෘණ ඉවත් කළා. එවිට පින්වත් මහාරාජ ඝටීකාර කුඹල්කරුවා ගේ මව්පියන් ඒ භික්ෂූන්ට මෙය පැවසුවා. 'ඔය ශිල්ප ශාලාවේ තෘණ ඉවත්කරන්නේ කවුද?' භික්ෂූන් වහන්සේලා 'නැගණියනි, කාශ්‍යප භාග්‍යවත් අරහත් සම්මා සම්බුදුරජුන් ගේ ගන්ධ කුටිය තෙමෙනවා' කියා පිළිතුරු දුන්නා. 'සොඳුරු මුව මඬල ඇති ස්වාමීනී, ගෙනයනු මැනව.'

ඉතින් පින්වත් මහාරාජ, ඝටීකාර කුඹල්කරුවා මව්පියන් වෙත පැමිණුනා. පැමිණ මව්පියන්ට මෙය කිව්වා. 'ශිල්ප ශාලාවෙහි තෘණ ඉවත් කළේ කවුද?' 'පුතේ, භික්ෂූන් වහන්සේලා යි. කාශ්‍යප භාග්‍යවත් අරහත් සම්මා සම්බුදුරජුන් ගේ ගන්ධ කුටිය තෙමෙනවා නෙව.'

එවිට පින්වත් මහාරාජ, ඝටීකාර කුඹල්කරුවාට මෙය සිතුනා. 'සැබැවින් ම මට ලාභයක් ම යි! සැබැවින් ම මට මනා වූ ලැබීමක් ම යි! යමෙකු කෙරෙහි කාශ්‍යප භාග්‍යවත් අරහත් සම්මා සම්බුදුරජාණන් වහන්සේ මෙසේ විශ්වාසවන්ත වන සේක් නම් ඒ මා කෙරෙහි ම යි' කියල. එවිට පින්වත් මහාරාජ, ඒ ඝටීකාර කුඹල්කරුවා අඩමසක් ම ඒ ප්‍රීති සුඛය අත් නො හැර සිටියා. ඔහු ගේ මා පියන් සතියක් ම ඒ ප්‍රීති සුඛය අත් නො හැර සිටියා. එවිට පින්වත් මහාරාජ, ඒ තුන් මාසය මුළුල්ලේ ම ඒ ශිල්ප ශාලාව වළාකුලින් ආවරණය වුනා. වැස්සෙන් නො තෙමී තිබුනා. පින්වත් මහාරාජ, ඝටීකාර කුඹල්කරුවා මෙවැනි කෙනෙක්."

"ස්වාමීනී, යම් කෙනෙක් කෙරෙහි කාශ්‍යප භාග්‍යවත් අරහත් සම්මා සම්බුදුරජාණන් වහන්සේ මෙසේ විශ්වාසවන්ත වන සේක් නම්, එය ඝටීකාර කුඹල්කරුවාට ලාභයක් ම යි! ස්වාමීනී, එය ඝටීකාර කුඹල්කරුවාට මනා වූ ලාභයක් ම යි!"

ඉතින් පින්වත් ආනන්ද, කිකී නම් කසී රජු ඝටීකාර කුඹල්කරුවා හට හොඳින් පොළන ලද, වියලන ලද, රතු ඇල් හාල් ගැල් පන්සියයක් පිටත් කොට යැව්වා. එයට සරිලන ව්‍යංජන පිණිස ද්‍රව්‍යයන් ද යැව්වා. පින්වත් ආනන්ද, රාජ පුරුෂයන් ඝටීකාර කුඹල්කරුවා වෙත ගිහින් මෙය කිව්වා.

"ස්වාමීනී, ඔබට කිකී නම් කසී රජු විසින් හොඳින් පොළන ලද, වියලන ලද, රතු ඇල් හාල් ගැල් පන්සියයක් එවා තිබෙනවා. එයට සරිලන ව්‍යංජන පිණිස ද්‍රව්‍යයන් ද එවා තිබෙනවා. ස්වාමීනී, ඒවා පිළිගත මැනව." "රජතුමා හට බොහෝ රාජකෘත්‍ය තිබෙනවා නෙව. බොහෝ කටයුතු තිබෙනවා නෙව. එනිසා පින්වත, මෙයින් මට වැඩක් නැත. රජතුමාට ම මෙය වේවා!"

පින්වත් ආනන්ද, ඔබට මෙහෙම සිතෙනවාත් ඇති. "ඒ කාලෙ සිටිය ජෝතිපාල මාණවකයා වෙන කෙනෙක් වත් ද කියා. පින්වත් ආනන්ද, මෙය එසේ නො සිතිය යුතුයි. ඒ කාලෙ සිටිය ජෝතිපාල මාණවකයා නම් මම යි.

භාග්‍යවතුන් වහන්සේ මෙය වදාළ සේක. සතුටු සිත් ඒ ආයුෂ්මත් ආනන්දයන් වහන්සේ මෙම දේශනය ඉතාම සතුටින් පිළිගත්තා.

සාදු! සාදු!! සාදු!!!

ඝටීකාර උපාසක ගැන වදාළ දෙසුම නිමා විය.

2.4.2.
රට්ඨපාල සූත්‍රය
රට්ඨපාල තෙරුන් වදාළ දෙසුම

මා හට අසන්නට ලැබුනේ මේ විදිහට යි. ඒ දිනවල භාග්‍යවතුන් වහන්සේ කුරු ජනපදයෙහි මහත් භික්ෂු සංඝයා සමඟ චාරිකාවේ වඩිමින් සිටිය දී ථුල්ලකොට්ඨිත නම් කුරු වැසියන් ගේ නියම් ගමෙහි වැඩසිටියා. එවිට ථුල්ලකොට්ඨිත නියම්ගම් වාසී බ්‍රාහ්මණ ගෘහපතියන් හට මෙය අසන්නට ලැබුනා.

"භවත්නි, ශාක්‍ය කුලයෙන් නික්මී පැවිදි වූ, ශාක්‍ය පුත්‍ර වූ ශ්‍රමණ ගෞතමයන් වහන්සේ මහත් භික්ෂුසංඝයා සමඟ කුරු ජනපද චාරිකාවෙහි වඩිමින් සිටියදී ථුල්ලකොට්ඨිත නියම්ගමට ත් වැඩම කොට සිටිනවා. ඒ භාග්‍යවත් ගෞතමයන් වහන්සේ පිළිබඳව මෙබඳු වූ කල්‍යාණ කීර්ති රාවයක් උද්ගතව පැතිරී තිබෙනවා.

'ඒ භාග්‍යවතුන් වහන්සේ මේ මේ කරුණු හේතුවෙන් අරහං වන සේක. සම්මා සම්බුද්ධ වන සේක. විජ්ජාචරණ සම්පන්න වන සේක. සුගත වන සේක. ලෝකවිදූ වන සේක. අනුත්තරෝ පුරිසදම්ම සාරථී වන සේක. සත්ථා දේවමනුස්සානං වන සේක. බුද්ධ වන සේක. භගවා වන සේක' කියල. ඒ වගේ ම උන්වහන්සේ මේ දෙවියන් සහිත, මරුන් සහිත, බඹුන් සහිත, ශ්‍රමණ බ්‍රාහ්මණයින් සහිත, දෙව් මිනිස් ප්‍රජාවෙන් යුතු ලෝකයා හට ස්වකීය වූ විශිෂ්ට ඤාණයෙන් සාක්ෂාත් කරගත් ධර්මයක් දේශනා කරනවා. උන්වහන්සේ ධර්මය දේශනා කරනවා. මුල කල්‍යාණ වූ, මැද කල්‍යාණ වූ, සමාප්තිය වූ කල්‍යාණ වූ, අර්ථ සහිත වූ, පැහැදිලි ප්‍රකාශන මාධ්‍යයකින් හෙබියා වූ මුළුමනින් ම පිරිපුන්, පිරිසිදු නිවන් මඟ ප්‍රකාශ කරනවා. මෙබඳු වූ රහතුන් ගේ දැක්ම කොතරම් අගේ ද" කියා ඒ බ්‍රාහ්මණ ගෘහපතිවරුන් අතර කතාබහ ඇතිවුනා.

ඉතින් ථුල්ලකොට්ඨිත නියම්ගම්වැසි බ්‍රාහ්මණ ගෘහපතිවරු භාග්‍යවතුන් වහන්සේ වෙත පැමිණුනා. පැමිණි ඇතැමෙක් භාග්‍යවතුන් වහන්සේට වන්දනා කොට එකත්පස්ව වාඩිවුනා. ඇතැමෙක් භාග්‍යවතුන් වහන්සේ සමඟ සතුටු වුනා. සතුටු විය යුතු පිළිසඳර කතා බහේ යෙදුනා. එකත්පස්ව වාඩි වුනා.

ඇතැමෙක් භාග්‍යවතුන් වහන්සේට දෑත් එක්කොට වන්දනා කිරීමෙන් පසු එකත්පස්ව වාඩි වුනා. ඇතැමෙක් භාග්‍යවතුන් වහන්සේ ඉදිරියෙන් නම් ගොත් වශයෙන් හඳුන්වා දී එකත්පස්ව වාඩිවුනා. ඇතැමෙක් නිශ්ශබ්දව ම එකත්පස්ව වාඩි වුනා. එකත්පස්ව වාඩි වූ ථුල්ලකොට්ඨිත නියම්ගම්වැසි බ්‍රාහ්මණ ගෘහපතිවරු හට භාග්‍යවතුන් වහන්සේ දැහැමි කතාවෙන් කරුණු දක්වා වදාළා. සමාදන් කරවා වදාළා. තෙද ගන්වා වදාළා. සතුටු කරවා වදාළා.

එවේලෙහි ඒ ථුල්ලකොට්ඨිත නියම්ගමෙහි ප්‍රධාන සිටුවරයා ගේ පුත්‍රයා වන රට්ඨපාල නම් තරුණ කුමාරයෙක් ඒ පිරිස අතරෙහි වාඩි වී සිටියා. ඉතින් ඒ රට්ඨපාල කුලපුත්‍රයා හට මෙහෙම හිතුනා. "භාග්‍යවතුන් වහන්සේ යම් යම් අයුරකින් ධර්ම දේශනා කරන සේක් ද, ඒ අයුරින් ඒකාන්ත පරිපූර්ණ වූ ඒකාන්ත පාරිශුද්ධ වූ, පිරිසිදු කළ සංඛයක් බඳු නිවන් මඟ හැසිරෙන එක ගිහි ජීවිතය තුළ දී නම් පහසු දෙයක් නොවේ. එනිසා මං කෙස් රැවුල් බහා කසා වත් පොරවා ගිහි ගෙයින් නික්ම බුදු සසුනෙහි පැවිදි වෙන එක තමයි හොඳ."

එවේලෙහි භාග්‍යවතුන් වහන්සේ විසින් දැහැමි කතාවෙන් කරුණු දක්වූ, සමාදන් කරවූ, තෙද ගැන්වූ, සතුටු කරවූ ථුල්ලකොට්ඨිත ගම්වැසි බ්‍රාහ්මණ ගෘහපතිවරුන් භාග්‍යවතුන් වහන්සේ වදාළ ධර්මය සතුටින් පිළිගෙන අනුමෝදන් වෙලා හුනස්නෙන් නැගිට භාග්‍යවතුන් වහන්සේට ආදරයෙන් වන්දනා කොට පැදකුණු කොට පිටත් වුනා. එතකොට රට්ඨපාල කුමාරයා ථුල්ලකොට්ඨිත ගම්වැසි බ්‍රාහ්මණ ගෘහපතිවරුන් නික්ම ගොස් සුළු වෙලාවකින් භාග්‍යවතුන් වහන්සේ වෙත පැමිණුනා. පැමිණ භාග්‍යවතුන් වහන්සේට ආදරයෙන් වන්දනා කොට එකත්පස්ව වාඩිවුනා. එකත්පස්ව හිඳගත් රට්ඨපාල කුලපුත්‍රයා භාග්‍යවතුන් වහන්සේට මෙය පැවසුවා.

"ස්වාමීනී, භාග්‍යවතුන් වහන්සේ යම් යම් අයුරකින් ධර්ම දේශනා කරන සේක් ද, ඒ අයුරින් ඒකාන්ත පරිපූර්ණ වූ ඒකාන්ත පාරිශුද්ධ වූ, පිරිසිදු කළ සංඛයක් බඳු නිවන් මඟ හැසිරෙන එක ගිහි ජීවිතය තුළ දී නම් පහසු දෙයක් නොවේ. එනිසා ස්වාමීනී, භාග්‍යවතුන් වහන්සේ සමීපයෙහි මට පැවිද්ද ලැබේවා! උපසම්පදාව ද ලැබේවා!"

"පින්වත් රට්ඨපාල, ගිහි ගෙයින් නික්ම බුදු සසුනෙහි පැවිදි වන්නට මව්පියන් ගෙන් අවසර ගත්තා ද?" "ස්වාමීනී, මං ගිහි ගෙයින් නික්ම බුදු සසුනෙහි පැවිදි වන්නට මව්පියන් ගෙන් අවසර ගත්තෙ නෑ."

"පින්වත් රට්ඨපාල, තථාගයන් වහන්සේලා මව්පියන් විසින් අවසර නො දුන් දරුවෙකු පැවිදි කරන්නෙ නැහැ."

"ස්වාමීනී, එහෙම නම් ගිහි ගෙයින් නික්ම බුදු සසුනේ පැවිදි වීමට මට මව්පියන් ගෙන් අවසර ලැබෙයි නම් ඒ අයුරින් මා කටයුතු කරන්නම්."

ඉතින් රට්ඨපාල කුලපුත්‍රයා හුනස්නෙන් නැගිට භාග්‍යවතුන් වහන්සේට ආදරයෙන් වන්දනා කොට පැදකුණු කොට මව්පියන් කරා ගියා. ගිහින් මව්පියන්ට මෙය පැවසුවා. "මෑණියනි, පියාණෙනි, භාග්‍යවතුන් වහන්සේ විසින් යම් යම් අයුරකින් වදාරණ ලද ශ්‍රී සද්ධර්මය දැනගන්නට නම්, ඒ අයුරින් ඒකාන්ත පරිපූර්ණ වූ ඒකාන්ත පාරිශුද්ධ වූ, පිරිසිදු කළ සංඛයක් බඳු නිවන් මඟ හැසිරෙන එක ගිහි ජීවිතය තුළ දී නම් පහසු දෙයක් නොවේ. එනිසා මං කෙස් රැවුල් බහා කසා වත් පොරවා ගිහි ගෙයින් නික්ම බුදු සසුනෙහි පැවිදි වෙන්නට කැමතියි. ගිහි ගෙය අත්හැර බුදු සසුනෙහි පැවිදි වීමට මට අවසර දෙන්න."

මෙසේ පැවසූ විට රට්ඨපාල කුල පුත්‍රයා ගේ මව්පියන් රට්ඨපාල කුල පුතු හට මෙය පැවසුවා. "පින්වත් රට්ඨපාල පුතේ, නුඹ තමයි අප ගේ එක ම දරුවා. ප්‍රිය වූ, මනාප වූ, සුව සේ ඇතිදැඩි කළ, සුව සේ පෝෂණය කළ දරුවා. ඉතින් පින්වත් රට්ඨපාල, නුඹ කිසි දුකක් දන්නෙ නැහැ. පින්වත් රට්ඨපාල පුතේ, නුඹ එන්න. හොඳින් කන්න, බොන්න, සිත් අලවා ගෙන ඉන්න. ඉතින් හොඳට කමින්, බොමින්, සිත් අලවමින්, කම්සැප පරිභෝග කරමින්, පින් දහම් කරමින්, ගිහි ජීවිතයෙහි ඇලී ඉන්න. හැබැයි නුඹට ගිහි ගෙය අත්හැර බුදු සසුනෙහි පැවිදි වෙන්නට නම් අවසර දෙන්නෙ නැහැ. අපි මරණයේ දී වුණත් නුඹ ගෙන් වෙන්වන්නට කැමති නැහැ. එහෙම එකේ අපි ජීවත්ව සිටිය දී නුඹට ගිහි ගෙය අත්හැර බුදු සසුනෙහි පැවිදි වෙන්නට අවසර දේවි ද?"

දෙවෙනි වතාවට ත් ....(පෙ).... තුන්වෙනි වතාවට ත්, මව්පියන්ට මෙය පැවසුවා. "මෑණියනි, පියාණෙනි, භාග්‍යවතුන් වහන්සේ විසින් යම් යම් අයුරකින් වදාරණ ලද ශ්‍රී සද්ධර්මය දැනගන්නට නම්, ඒ අයුරින් ඒකාන්ත පරිපූර්ණ වූ ඒකාන්ත පාරිශුද්ධ වූ, පිරිසිදු කළ සංඛයක් බඳු නිවන් මඟ හැසිරෙන එක ගිහි ජීවිතය තුළ දී නම් පහසු දෙයක් නොවේ. එනිසා මං කෙස් රැවුල් බහා කසා වත් පොරවා ගිහි ගෙයින් නික්ම බුදු සසුනෙහි පැවිදි වෙන්නට කැමතියි. ගිහි ගෙය අත්හැර බුදු සසුනෙහි පැවිදි වීමට මට අවසර දෙන්න."

මෙසේ පැවසූ විට රට්ඨපාල කුල පුත්‍රයා ගේ මව්පියන් රට්ඨපාල කුල පුතු හට මෙය පැවසුවා. "පින්වත් රට්ඨපාල පුතේ, නුඹ තමයි අප ගේ එක ම දරුවා. ප්‍රිය වූ, මනාප වූ, සුව සේ ඇතිදැඩි කළ, සුව සේ පෝෂණය කළ දරුවා. ඉතින් පින්වත් රට්ඨපාල, නුඹ කිසි දුකක් දන්නෙ නැහැ. පින්වත් රට්ඨපාල

පුතේ, නුඹ එන්න. හොඳින් කන්න, බොන්න, සිත් අලවා ගෙන ඉන්න. ඉතින් හොඳට කමින්, බොමින්, සිත් අලවමින්, කම්සැප පරිභෝග කරමින්, පින් දහම් කරමින්, ගිහි ජීවිතයෙහි ඇලී ඉන්න. හැබැයි නුඹට ගිහි ගෙය අත්හැර බුදු සසුනෙහි පැවිදි වෙන්නට නම් අවසර දෙන්නෙ නැහැ. අපි මරණයේ දී වුනත් නුඹ ගෙන් වෙන්වන්නට කැමති නැහැ. එහෙම එකේ අපි ජීවත්ව සිටිය දී නුඹට ගිහි ගෙය අත්හැර බුදු සසුනෙහි පැවිදි වෙන්නට අවසර දේවි ද?"

එතකොට මව්පියන් ගෙන් පැවිදි වීමට අවසර නො ලැබූ රට්ඨපාල කුමාරයා කිසිවක් නො අතුල ඒ බිම එතැන ම ඇද වැටුනා. 'එක්කො මං මෙතන ම මැරිලා යනවා. නැත්නම් පැවිදි වෙනවා' කියල.

ඉතින් රට්ඨපාල කුලපුත්‍රයා ගේ මව්පියන් රට්ඨපාල කුල පුතු හට මෙය පැවසුවා. "පින්වත් රට්ඨපාල පුතේ, නුඹ තමයි අප ගේ එක ම දරුවා. ප්‍රිය වූ, මනාප වූ, සුව සේ ඇතිදැඩි කළ, සුව සේ පෝෂණය කළ දරුවා. ඉතින් පින්වත් රට්ඨපාල, නුඹ කිසි දුකක් දන්නෙ නැහැ. පින්වත් රට්ඨපාල පුතේ, නුඹ එන්න. හොඳින් කන්න, බොන්න, සිත් අලවා ගෙන ඉන්න. ඉතින් හොඳට කමින්, බොමින්, සිත් අලවමින්, කම්සැප පරිභෝග කරමින්, පින් දහම් කරමින්, ගිහි ජීවිතයෙහි ඇලී ඉන්න. හැබැයි නුඹට ගිහි ගෙය අත්හැර බුදු සසුනෙහි පැවිදි වෙන්නට නම් අවසර දෙන්නෙ නැහැ. අපි මරණයේ දී වුනත් නුඹ ගෙන් වෙන්වන්නට කැමති නැහැ. එහෙම එකේ අපි ජීවත්ව සිටිය දී නුඹට ගිහි ගෙය අත්හැර බුදු සසුනෙහි පැවිදි වෙන්නට අවසර දේවි ද?"

එසේ පැවසූ විට රට්ඨපාල කුමාරයා නිශ්ශබ්ද වුනා. දෙවෙනි වතාවට ත්, ...(පෙ).... තුන්වෙනි වතාවට ත්, රට්ඨපාල කුලපුත්‍රයා ගේ මව්පියන් රට්ඨපාල කුල පුතු හට මෙය පැවසුවා. "පින්වත් රට්ඨපාල පුතේ, නුඹ තමයි අප ගේ එක ම දරුවා. ප්‍රිය වූ, මනාප වූ, සුව සේ ඇතිදැඩි කළ, සුව සේ පෝෂණය කළ දරුවා. ඉතින් පින්වත් රට්ඨපාල, නුඹ කිසි දුකක් දන්නෙ නැහැ. පින්වත් රට්ඨපාල පුතේ, නුඹ එන්න. හොඳින් කන්න, බොන්න, සිත් අලවා ගෙන ඉන්න. ඉතින් හොඳට කමින්, බොමින්, සිත් අලවමින්, කම්සැප පරිභෝග කරමින්, පින් දහම් කරමින්, ගිහි ජීවිතයෙහි ඇලී ඉන්න. හැබැයි නුඹට ගිහි ගෙය අත්හැර බුදු සසුනෙහි පැවිදි වෙන්නට නම් අවසර දෙන්නෙ නැහැ. අපි මරණයේ දී වුනත් නුඹ ගෙන් වෙන්වන්නට කැමති නැහැ. එහෙම එකේ අපි ජීවත්ව සිටිය දී නුඹට ගිහි ගෙය අත්හැර බුදු සසුනෙහි පැවිදි වෙන්නට අවසර දේවි ද?" තුන්වෙනි වතාවට ත් රට්ඨපාල කුමාරයා නිශ්ශබ්ද වුනා.

එතකොට රට්ඨපාල කුල පුත්‍රයා ගේ මව්පියන් රට්ඨපාල කුලපුත්‍රයා ගේ යහළුවන් කරා ගියා. ගිහින් රට්ඨපාල කුලපුත්‍රයන් ගේ යහළුවන්ට මෙය

කිව්වා. "අනේ පින්වත් දරුවනේ, රට්ඨපාල කුමාරයා කිසිවක් නො අතුල බිමෙහි ඇද වැටිලා ඉන්නවා. 'එක්කො මෙතන ම මාගේ මරණය සිදුවේවි. එහෙම නැත්නම් පැවිදි වේවි' කියල. අනේ දරුවෙනේ වරෙව්, රට්ඨපාල කුලපුත්‍රයා ළඟට පැමිණෙව්. පැමිණ රට්ඨපාල කුලපුත්‍රයා හට මෙය පවසව්. 'ප්‍රිය යහළු රට්ඨපාලය, නුඹ තමයි මේ දෙමව්පියන් ගේ එක ම දරුවා. ප්‍රිය වූ, මනාප වූ, සුව සේ ඇතිදැඩි කළ, සුව සේ පෝෂණය කළ දරුවා. ඉතින් යහළු රට්ඨපාල, නුඹ කිසි දුකක් දන්නෙ නැහැ. යහළු රට්ඨපාලය, නැගිටින්න. හොඳින් කන්න, බොන්න, සිත් අලවා ගෙන ඉන්න. ඉතින් හොඳට කමින්, බොමින්, සිත් අලවමින්, කම්සැප පරිභෝග කරමින්, පින් දහම් කරමින්, ගිහි ජීවිතයෙහි ඇලී ඉන්න. හැබැයි නුඹට ගිහි ගෙය අත්හැර බුදු සසුනෙහි පැවිදි වෙන්නට නම් අවසර දෙන්නෙ නැහැ. දෙමව්පියන් මරණයේ දී වුනත් නුඹ ගෙන් වෙන්වන්නට කැමති නැහැ. එහෙම එකේ ඒ උදවිය ජීවත්ව සිටිය දී නුඹට ගිහි ගෙය අත්හැර බුදු සසුනෙහි පැවිදි වෙන්නට අවසර දේවි ද?' කියල."

ඉතින් රට්ඨපාල කුමාරයා ගේ යහළුවන් රට්ඨපාල කුමාරයා ගේ මාපියන් හට පිළිතුරු දී රට්ඨපාල කුමාරයා වෙත පැමිණුනා. පැමිණ රට්ඨපාල කුමාරයාට මෙය පැවසුවා. "ප්‍රිය යහළු රට්ඨපාලය, නුඹ තමයි මේ දෙමව්පියන් ගේ එක ම දරුවා. ප්‍රිය වූ, මනාප වූ, සුව සේ ඇතිදැඩි කළ, සුව සේ පෝෂණය කළ දරුවා. ඉතින් යහළු රට්ඨපාල, නුඹ කිසි දුකක් දන්නෙ නැහැ. යහළු රට්ඨපාලය, නැගිටින්න. හොඳින් කන්න, බොන්න, සිත් අලවා ගෙන ඉන්න. ඉතින් හොඳට කමින්, බොමින්, සිත් අලවමින්, කම්සැප පරිභෝග කරමින්, පින් දහම් කරමින්, ගිහි ජීවිතයෙහි ඇලී ඉන්න. හැබැයි නුඹට ගිහි ගෙය අත්හැර බුදු සසුනෙහි පැවිදි වෙන්නට නම් අවසර දෙන්නෙ නැහැ. දෙමව්පියන් මරණයේ දී වුනත් නුඹ ගෙන් වෙන්වන්නට කැමති නැහැ. එහෙම එකේ ඒ උදවිය ජීවත්ව සිටිය දී නුඹට ගිහි ගෙය අත්හැර බුදු සසුනෙහි පැවිදි වෙන්නට අවසර දේවි ද?"

එසේ පැවසූ විට රට්ඨපාල කුමාරයා නිශ්ශබ්ද වුණා. දෙවෙනි වතාවට ත් ....(පෙ).... තුන්වෙනි වතාවට ත්, රට්ඨපාල කුමාරයා ගේ යහළුවන් රට්ඨපාල කුමාරයාට මෙය පැවසුවා. "ප්‍රිය යහළු රට්ඨපාලය, නුඹ තමයි මේ දෙමව්පියන් ගේ එක ම දරුවා. ප්‍රිය වූ, මනාප වූ, සුව සේ ඇතිදැඩි කළ, සුව සේ පෝෂණය කළ දරුවා. ඉතින් යහළු රට්ඨපාල, නුඹ කිසි දුකක් දන්නෙ නැහැ. යහළු රට්ඨපාලය, නැගිටින්න. හොඳින් කන්න, බොන්න, සිත් අලවා ගෙන ඉන්න. ඉතින් හොඳට කමින්, බොමින්, සිත් අලවමින්, කම්සැප පරිභෝග කරමින්, පින් දහම් කරමින්, ගිහි ජීවිතයෙහි ඇලී ඉන්න. හැබැයි නුඹට ගිහි ගෙය අත්හැර බුදු සසුනෙහි පැවිදි වෙන්නට නම් අවසර දෙන්නෙ නැහැ. දෙමව්පියන් මරණයේ

දී වුණත් නුඹ ගෙන් වෙන්වන්නට කැමති නැහැ. එහෙම එකේ ඒ උදවිය ජීවත්ව සිටිය දී නුඹට ගිහි ගෙය අත්හැර බුදු සසුනෙහි පැවිදි වෙන්නට අවසර දේවි ද?" තුන්වෙනි වතාවට ත් රට්ඨපාල කුමාරයා නිශ්ශබ්ද වුනා.

එතකොට රට්ඨපාල කුමාරයා ගේ යහළුවන් රට්ඨපාල කුමාරයා ගේ මව්පියන් වෙත ගියා. ගිහින් රට්ඨපාල කුමාරයා ගේ මව්පියන්ට මෙය පැවසුවා. "මෑණියනි, පියාණෙනි, මේ රට්ඨපාල කුමාරයා 'එක්කො මගේ මරණය මෙතැන ම සිද්ධ වේවි. නැත්නම් මං පැවිදි වේවි' කියල කිසිවක් නො අතුල බිමෙහි එතනම වැටිල ඉන්නවා නෙව. යම් හෙයකින් ඔබ රට්ඨපාල කුමාරයාට ගිහි ගෙය අත්හැර පැවිදි වෙන්නට අවසර නො දුන හොත් එතන ම ඔහු ගේ මරණය සිද්ධ වේවි. නමුත් යම්හෙයකින් ඔබ රට්ඨපාල කුමාරයාට ගිහි ගෙය අත්හැර පැවිදි වෙන්නට අවසර දුනහොත් පැවිදි වූ කුමාරයාව දකගන්නට පුළුවන්. ඒ වගේ ම යම් හෙයකින් රට්ඨපාල කුමාරයා ගිහි ගෙය අත්හැර බුදු සසුනෙහි පැවිද්දට සිත් අලවා වාසය නො කළ හොත්, ආයෙ ඉතින් වෙන කොහේ යන්ට ද? ආපසු මෙහි ම හැරී එනවා නෙව. එනිසා රට්ඨපාල කුමාරයාට ගිහි ගෙයින් නික්ම බුදු සසුනෙහි පැවිදි වෙන්නට අවසර දෙනු මැනව."

"එසේ නම් දරුවෙනි, රට්ඨපාල කුමාරයාට ගිහි ගෙයින් නික්ම පැවිදි වෙන්නට අවසර දෙන්නම්. හැබැයි පැවිදි වෙලා වුනත් මව්පියන් ඉදිරියේ නිතර නිතර පෙනී සිටින්නට වේවි."

එතකොට රට්ඨපාල කුලපුත්‍රයා ගේ යහළුවන් රට්ඨපාල කුලපුත්‍රයා වෙත පැමිණුනා. පැමිණ රට්ඨපාල කුලපුත්‍රයාට මෙය පැවසුවා. "ප්‍රිය යහළු රට්ඨපාලයෙනි, නුඹ තමයි මේ දෙමව්පියන් ගේ එක ම දරුවා. ප්‍රිය වූ, මනාප වූ, සුව සේ ඇතිදැඩි කළ, සුව සේ පෝෂණය කළ දරුවා. ඉතින් යහළු රට්ඨපාල, නුඹ කිසි දුකක් දන්නෙ නැහැ. යහළු රට්ඨපාලය, නැගිටින්න. හොඳින් කන්න, බොන්න, සිත් අලවා ගෙන ඉන්න. ඉතින් හොඳට කමින්, බොමින්, සිත් අලවමින්, කම්සැප පරිභෝග කරමින්, පින් දහම් කරමින්, ගිහි ජීවිතයෙහි ඇලී ඉන්න. ඒ වගේ ම ගිහි ගෙයින් නික්ම බුදු සසුනෙහි පැවිදි වෙන්නට මව්පියන් ගෙන් අවසර ත් ලැබුනා. හැබැයි එක දෙයක් තියෙනවා. පැවිදි වෙලා වුනත් මව්පියන් ඉදිරියේ නිතර නිතර පෙනී සිටින්නට වේවි."

එතකොට රට්ඨපාල කුමාරයා නැගිට දුර්වල වූ ශරීර ශක්තිය යළි ගොඩනගා ගෙන භාග්‍යවතුන් වහන්සේ වෙත පැමිණුනා. පැමිණ භාග්‍යවතුන් වහන්සේට ආදරයෙන් වන්දනා කොට එකත්පස්ව වාඩි වුනා. එකත්පස්ව හිඳ ගත් රට්ඨපාල කුමාරයා භාග්‍යවතුන් වහන්සේට මෙය පැවසුවා. "ස්වාමීනී, ගිහි ගෙයින් නික්ම බුදු සසුනෙහි පැවිදි වීමට මව්පියන් ගෙන් අවසර ලැබුනා.

භාග්‍යවතුන් වහන්ස, මාව පැවිදි කරන සේක්වා!" ඉතින් රට්ඨපාල කුමාරයා භාග්‍යවතුන් වහන්සේ සමීපයේ පැවිද්ද ලැබුවා. උපසම්පදාව ත් ලැබුවා.

භාග්‍යවතුන් වහන්සේ ආයුෂ්මත් රට්ඨපාලයන් උපසම්පදාව ලබා සුළු කලකින් අඩමාසයකින් පමණ ථුල්ල කොට්ඨිත නියම් ගමෙහි කැමතිතාක් වැඩ හිඳ සැවැත් නුවර කරා චාරිකාවෙහි වැඩියා. අනුපිළිවෙලින් චාරිකාවේ වඩිමින් සැවැත් නුවරට වැඩියා. ඒ දිනවල භාග්‍යවතුන් වහන්සේ වැඩසිටියේ සැවත් නුවර ජේතවන නම් වූ අනාථපිණ්ඩික සිටුවරයා ගේ ආරාමයෙහි ය.

ඉතින් ආයුෂ්මත් රට්ඨපාලයන් වහන්සේ තනිව ම හුදෙකලා වුනා. අප්‍රමාදී වුනා. කෙලෙස් තවන වීරියෙන් යුතු වුනා. කාය ජීවිත දෙක්හි අපේක්ෂා රහිතව ධර්මයෙහි හැසිරෙද්දී, යම් උතුම් අර්ථයක් පිණිස කුල පුත්‍රයන් මනා කොට ගිහි ජීවිතය අත්හැර බුදු සසුනෙහි පැවිදි වෙද්ද, බඹසර ජීවිතයේ නිමාව වන ඒ උතුම් අරහත්වය මෙහි දී ම තමන් ගේ විශිෂ්ට ඥාණයෙන් සාක්ෂාත් කොට එයට පැමිණ වාසය කළා. 'ඉපදීම ක්ෂය වුණා. බඹසර වාසය සම්පූර්ණ කළා. කළ යුත්ත කළා. මත්තෙහි කළ යුතු කිසිවක් නැතැ'යි අවබෝධ කරගත්තා. ඉතින් ආයුෂ්මත් රට්ඨපාලයන් වහන්සේ ද, රහතන් වහන්සේලා අතර කෙනෙක් බවට පත් වුනා.

එදා ආයුෂ්මත් රට්ඨපාලයන් වහන්සේ භාග්‍යවතුන් වහන්සේ වෙත පැමිණියා. පැමිණ භාග්‍යවතුන් වහන්සේට ආදරයෙන් වන්දනා කොට එකත්පස්ව වාඩි වුනා. එකත්පස්ව වාඩි වුන ආයුෂ්මත් රට්ඨපාලයන් වහන්සේ භාග්‍යවතුන් වහන්සේට මෙය පැවසුවා. "ස්වාමීනී, භාග්‍යවතුන් වහන්සේ මට අවසර දෙන සේක් නම්, මං මාපියන් ඉදිරියෙහි පෙනී සිටින්නට කැමතියි."

එකල්හි භාග්‍යවතුන් වහන්සේ ආයුෂ්මත් රට්ඨපාලයන් ගේ සිතිවිල්ල තම සිතින් පිරිසිඳ දැන මෙනෙහි කොට වදාළා. යම් කලෙක 'ආයුෂ්මත් රට්ඨපාල කුලපුත්‍රයා ශාසනයෙහි හික්මීම ප්‍රතික්ෂේප කොට හීන වූ ගිහි බවට වැටෙන්නට අභව්‍ය යැ'යි භාග්‍යවතුන් වහන්සේ විසින් දැන වදාළ සේක් ද, එවිට භාග්‍යවතුන් වහන්සේ ආයුෂ්මත් රට්ඨපාලයන් හට මෙය වදාළා. "පින්වත් රට්ඨපාලයෙනි, දැන් යමකට කාලය නම් එය දැනගන්න."

ඉතින් ආයුෂ්මත් රට්ඨපාලයන් වහන්සේ හුනස්නෙන් නැගිට භාග්‍යවතුන් වහන්සේට ආදරයෙන් වන්දනා කොට පැදකුණු කොට සෙනසුන් අස්පස් කොට තබා පා සිවුරු ගෙන ථුල්ලකොට්ඨිත නියම්ගම දෙසට පිටත් වුනා. අනුපිළිවෙලින් චාරිකාවෙහි වඩිමින් ථුල්ලකොට්ඨිත නියම්ගමට පැමිණියා. ඒ දිනවල ආයුෂ්මත් රට්ඨපාලයන් වහන්සේ වැඩවිසුවේ කෝරව්‍ය රජු ගේ මිගාචීර

නම් උද්‍යානයෙහි ය. එදා ආයුෂ්මත් රට්ඨපාලයන් වහන්සේ පෙරවරුවෙහි සිවුරු හැඳ පොරවා ගෙන පාත්‍රය ගෙන ථුල්ලකොට්ඨිත නියම්ගමෙහි පිඬු පිණිස වැඩියා. ථුල්ලකොට්ඨිත නියම්ගමෙහි ගෙපිළිවෙලින් පිඬු පිණිස වඩිමින් තම පියා ගේ මාළිගය වෙත ත් පැමිණියා. එවේලෙහි ආයුෂ්මත් රට්ඨපාලයන් වහන්සේ ගේ පියා මධ්‍යම ද්වාර ශාලාවෙහි සේවකයෙක් ලවා හිස පීරවා ගනිමින් සිටියා. එවිට ආයුෂ්මත් රට්ඨපාලයන් ගේ පියා දුරින් ම වඩින්නා වූ ආයුෂ්මත් රට්ඨපාලයන් වහන්සේව දැක්කා. දැක මෙය පැවසුවා.

"මේ හිස මුඩු ශ්‍රමණවරුන් තමයි අප ගේ ප්‍රිය මනාප වූ එක ම දරුවා ව මහණ කරගත්තේ." එවිට ආයුෂ්මත් රට්ඨපාලයන් වහන්සේ තම පියා ගේ මාළිගයෙන් දානයක් ලැබුවෙ නැහැ. ප්‍රතික්ෂේප කිරීමක් ලැබුවෙත් නැහැ. නමුත් සැබැවින් ම ආක්‍රෝශ නම් ලැබුවා.

ඒ වෙලාවෙහි ආයුෂ්මත් රට්ඨපාල තෙරුන් ගේ ඥාති දාසියක් පිළුණු වූ පිට්ටුවක් වීසි කරනු කැමති වුනා. එවිට ආයුෂ්මත් රට්ඨපාලයන් වහන්සේ එම ඥාති දාසියට මෙය පැවසුවා. "ඉදින් පින්වත් සොයුරිය, එය වීසි කළ යුතු දෙයක් නම් මෙහි මාගේ පාත්‍රයට දමන්න."

ඉතින් ආයුෂ්මත් රට්ඨපාල තෙරුන් ගේ ඥාති දාසිය ඒ පිළුණු පිට්ටුව ආයුෂ්මත් රට්ඨපාල තෙරුන් ගේ පාත්‍රයට දමන්නී අත් පා හැඩ රුවෙන් ද, හඬේ ස්වරයෙන් ද හඳුනාගත්තා. ඒ රට්ඨපාල තෙරුන් ගේ ඥාති දාසිය රට්ඨපාල මාතාව වෙත ගියා. ගිහින් ආයුෂ්මත් රට්ඨපාල තෙරුන් ගේ මෑණියන්ට මෙය පැවසුවා. "සැබැවින් ම ආර්යාවෙනි, දන්නවා ද? ආර්ය පුත්‍ර වූ රට්ඨපාලයන් වහන්සේ වැඩම කරලා සිටිනවා නෙව."

"එම්බා කෙල්ල, ඔය කතාව ඇත්තක් නම්, අද පටන් තී දාසියක් නො වෙයි." එවිට ආයුෂ්මත් රට්ඨපාල තෙරුන් ගේ මව් ආයුෂ්මත් රට්ඨපාල තෙරුන් ගේ පියා වෙත ගියා. ගිහින් ආයුෂ්මත් රට්ඨපාල තෙරුන් ගේ පියාණන් හට මෙය පැවසුවා. "සැබැවින් ම ගෘහපතිය, දන්නවා ද? රට්ඨපාල කුලපුත්‍රයා ඇවිත් ඉන්නවා ලු."

ඒ මොහොතේ ආයුෂ්මත් රට්ඨපාලයන් වහන්සේ ඒ පිළුණු වූ පිට්ටුව ගෙන එක්තරා බිත්තියකට පිට දී වළඳනවා. එවිට ආයුෂ්මත් රට්ඨපාල තෙරුන් ගේ පියාණන් ආයුෂ්මත් රට්ඨපාලයන් වෙත පැමිණුනා. පැමිණ ආයුෂ්මත් රට්ඨපාලයන්ට මෙය පැවසුවා. "රට්ඨපාල පුතණුවෙනි, ඔය වළඳන්නේ පිළුණු වූ පිට්ටුවක් නෙව. රට්ඨපාල පුතණුවෙනි, තමන් ගේ නිවසට යා යුතු බව දන්නේ නැද්ද?" "පින්වත් ගෘහපතිය, ගිහි ගෙයින් නික්ම අනගාරික සසුනෙහි

පැවිදි වූ අපට ගෙයක් කොයින් ද? පින්වත් ගෘහපතිය, අපට ගෙවල් නැහැ. පින්වත් ගෘහපතිය, ඔබ ගේ නිවසට අප පැමිණුනා. පින්වත් ගෘහපතිය, නමුත් එහිදී දානයක් නම් ලැබුනෙ නැහැ. ප්‍රතික්ෂේප කිරීමකුත් ලැබුනෙ නැහැ. හැබැයි ආක්‍රෝශ නම් ලැබුනා." "රට්ඨපාල පුතණුවෙනි, එන්න. ගෙට යමු."

"පින්වත් ගෘහපතිය, වැඩක් නැහැ. අද ආහාර ගැනීම කරල ඉවරයි." "එසේ වී නම් රට්ඨපාල පුතණුවෙනි, හෙට දවසේ දානය පිළිගත මැනැව." එවිට ආයුෂ්මත් රට්ඨපාලයන් වහන්සේ නිශ්ශබ්දතාවයෙන් යුතුව එම ඇරයුම පිළිගත්තා. එවිට ආයුෂ්මත් රට්ඨපාල තෙරුන් තම ඇරයුම පිළිගත් බව දැන රට්ඨපාල තෙරුන් ගේ පියා සිය මාළිගයට ගියා. ගොස් මහත් වූ රන් රුවන් රැසක් ගොඩ ගස්වා කළාලයකින් වස්සවා ආයුෂ්මත් රට්ඨපාල තෙරුන් ගේ පැරණි බිරින්දෑවරුන් ඇමතුවා.

"කණවැන්දුම් තැනැත්තියෙනි, නුඹලා එව්. යම් අලංකාරයකින් සැරසුන විට ඉස්සර රට්ඨපාල කුලපුත්‍රයාට ප්‍රිය බවක්, මනාපයක් ඇතිවෙනවා ද, අන්න එබඳු අලංකාරයෙන් සැරසෙව්."

ඉතින් රට්ඨපාල තෙරුන් ගේ පියා ඒ රැය අවෑමෙන් තම මාළිග යෙහි ප්‍රණීත වූ ඛාද්‍යභෝජ්‍ය සකසා ආයුෂ්මත් රට්ඨපාල තෙරුන්ට 'පුත රට්ඨපාලයෙනි, දැන් සුදුසු කාලය යි. දානය පිළියෙල කළා.' කියලා කල් දැනුම් දුන්නා. එවිට ආයුෂ්මත් රට්ඨපාලයන් වහන්සේ පෙරවරුවෙහි සිවුරු හැඳ පොරවා ගෙන පාත්තරය ගෙන සිය පියා ගේ මාළිගය වෙත පැමිණුනා. පැමිණ පණවන ලද අසුනෙහි වැඩසිටියා. එවිට ආයුෂ්මත් රට්ඨපාල තෙරුන් ගේ පියා ඒ වසා තිබූ කළාලය ඉවත් කොට ගොඩ ගසා ඇති රන් රුවන් රාශිය පෙන්වා ආයුෂ්මත් රට්ඨපාල තෙරුන්ට මෙය පැවසුවා.

"පුත රට්ඨපාලයෙනි, මෙය නුඹ ගේ මව සතු ධනය යි. අනික නුඹ ගේ පියා සතු ධනය යි. අනික මුත්තා සතු ධනය යි. රට්ඨපාල පුතණුවෙනි, දැන් ඉතින් භෝග සම්පත් වළඳන්නට ත් පුළුවනි. පින් කරගන්නට ත් පුළුවනි. රට්ඨපාල පුතණුවෙනි, නුඹ එන්න. සසුනෙහි හික්මීම ප්‍රතික්ෂේප කොට ගිහි බවට පැමිණ භෝග සම්පත් වළඳන්න. පින්දහම් කරන්න."

"පින්වත් ගෘහපතිය, ඉදින් ඔබ මා කියන දෙය කරනවා නම්, මේ හිරණ්‍යස්වර්ණ රැස ගැල්වල පටවා ගෙන ගොස් ඒවා එයින් බැහැර කොට ගංගාව මැද සැඩ පහරට ගිල්ලවා දමන්න. මක් නිසාද යත්; පින්වත් ගෘහපතිය, මේවා හේතු කොට ගෙන ශෝක, වැළපීම්, දුක්, දොම්නස් උපදිනවා. සුසුම් හෙළීම් උපදිනවා."

එතකොට ආයුෂ්මත් රට්ඨපාල තෙරුන් ගේ පැරණි බිරින්දෑවරුන් වෙන වෙන ම පා වලින් ගෙන ආයුෂ්මත් රට්ඨපාලයන් හට මෙය පැවසුවා. "පින්වත් ආර්ය පුත්‍රය, යම් අප්සාරාවන් පිණිස නුඹ වහන්සේ බඹසර හැසිරෙන සේක් නම්, ඒ අප්සරාවෝ කෙබඳු ද?" "පින්වත් සොහොයුරියනි, මං අප්සරාවන් හේතු කොට ගෙන බඹසර හැසිරෙන්නෙ නැහැ." එවිට "අහෝ! ආර්ය පුත්‍ර වූ පින්වත් රට්ඨපාලයාණෝ අපට සොහොයුරිවාදයෙන් කතා කරනවා නෙව" කියා එතන ම සිහි නැතුව වැටුනා. එවිට ආයුෂ්මත් රට්ඨපාලයන් වහන්සේ පියාණන් හට මෙය පැවසුවා.

"ඉදින් පින්වත් ගෘහපතිය බොජුන් දිය යුතු නම්, දෙනු මැනව. මේ අයුරින් අපව වෙහෙසට පත් කරන්නට එපා!" "රට්ඨපාල පුතණුවෙනි, වළඳන්න. දානය පිළියෙල කරල යි තියෙන්නෙ." එවිට ආයුෂ්මත් රට්ඨපාල තෙරුන් ගේ පියා ආයුෂ්මත් රට්ඨපාලයන්ට ප්‍රණීත වූ ආහාරපාන ආදියෙන් සියතින් ම පිළි ගැන්නුවා. මැනවින් වැළඳෙව්වා. ඉක්බිති වළඳා නිම වූ ආයුෂ්මත් රට්ඨපාලයන් වහන්සේ සිටිවන ම මේ ගාථාවන් වදාළා.

පස්ස චිත්තකතං බිම්බං අරුකායං සමුස්සිතං,
ආතුරං බහුසංකප්පං යස්ස නත්ථි ධුවං ඨිති.

හොඳ හැටියට ඇට නහර ගලපලා ලස්සනට තිබෙන මේ ශරීරයේ ඇත්ත දිහා බලන්න. මේ ශරීරය ලෙඩ වෙලා යන දෙයක්. ස්ථිර පැවැත්මක් නැති දෙයක්. නමුත් අඥාන ජනයා බහුලව සිතන්නෙ ම මේ ශරීරය ගැන ම යි.

පස්ස චිත්තකතං රූපං මණිනා කුණ්ඩලේන ච,
අට්ඨීත්තචේන ඕනද්ධං සහ වත්ථේහි සෝභති.

මුතු මැණික් ආභරණවලින් සරසලා තිබුණ ත් මේ ශරීරයේ සත්‍ය තත්ත්වය ම යි බලන්ට ඕන. හමකින් ඔතා තිබෙන මේ ඇට ගොඩ ලස්සනට පේන්නෙ ඇඳුම නිසා.

අලත්තකකතා පාදා මුඛං චුණ්ණකමක්ඛිතං,
අලං බාලස්ස මෝහාය නෝ ච පාරගවේසිනෝ.

දෙපාවල පාට ගාලා තිබුනත්, සුවඳ විට හපලා මුඛය සුවඳ කළත්, මෝඩ ජනතාව ගේ මෝහයට විතරයි ඒක ගැලපෙන්නෙ. නිවන සොයා යන කෙනෙකුට ඒකෙන් පලක් නෑ.

අට්ඨපාදකතා කේසා නෙත්තා අඤ්ජනමක්ඛිතා,
අලං බාලස්ස මෝහාය නෝ ච පාරගවේසිනෝ.

කොණ්ඩා මෝස්තර දමලා, ඇස් පාට කරල තිබුනත්, මෝඩ ජනතාවගේ මෝහයට විතරයි ඒක ගැලපෙන්නෙ. නිවන සොයා යන කෙනෙකුට ඒකෙන් පලක් නෑ.

අඤ්ජනීව නවා චිත්තා පූතිකායෝ අලංකතෝ
අලං බාලස්ස මෝහාය නෝ ච පාරගවේසිනෝ.

මේ කුණු ශරීරය කොයි තරම් ලස්සනට සරසලා අලංකාර කරලා අළුත් භාජනයක් වගේ තැබුවත් මෝඩ ජනතාව ගේ මෝහයට විතරයි ඒක ගැලපෙන්නෙ. නිවන සොයා යන කෙනෙකුට ඒකෙන් පලක් නෑ.

ඕදහි මිගවෝ පාසං නාසදා වාකරං මිගෝ,
භුත්වා නිවාපං ගච්ඡාම කන්දන්තේ මිගබන්ධකේ'ති

මුව වැද්දා මුවන් අල්ලන්ට උගුල් අටවලා තියෙන්නෙ. ඒ වුනාට මේ පාර නම් මුවා උගුලට අහුවුනේ නෑ. මුව වැද්දා හඬ හඬා සිටිද්දී අපි ගොදුරු කාලා පැනලා යනවා.

ඉතින් ආයුෂ්මත් රට්ඨපාලයන් වහන්සේ හිටිවන ම මේ ගාථාරත්නයන් පවසා කෝරව්‍ය රජතුමා ගේ මිගාචීර උද්‍යානයට පැමිණුනා. පැමිණ එක්තරා රුක් සෙවනක දිවා විහරණයෙන් වැඩසිටියා.

එකල්හි කෝරව්‍ය රජු මිගව නම් උයන්පල්ලාට මෙය පැවසුවා. "යහළු මිගව, මිගාචීර උද්‍යාන භූමිය පිරිසිදු කරන්න. ඒ සොඳුරු බිම දකින්නට යන්නට ඕන." "එසේය දේවයනි" කියා ඒ උයන්පල්ලා කෝරව්‍ය රජුට පිළිතුරු දී මිගාචීර උද්‍යානය පිරිසිදු කරද්දී, එක්තරා රුක් සෙවනක දිවා විහරණයෙන් වැඩසිටින ආයුෂ්මත් රට්ඨපාල තෙරුන්ව දකින්නට ලැබුනා. දැක කෝරව්‍ය රජු වෙත පැමිණුනා. පැමිණ කෝරව්‍ය රජුට මෙය පැවසුවා. "පින්වත් දේවයනි, උයන් බිම පිරිසිදු කළා. නුඹ වහන්සේ යම් කුලපුත්‍රයෙකු ගේ ගුණ වර්ණනාව නිතර කියනවා නම්, අන්න ඒ කුලපුත්‍රයා වන ථුල්ලකොට්ඨිතයෙහි අග්‍ර සිටු කුලයෙහි පුත්‍රයා වූ රට්ඨපාල කුලපුත්‍රයන් වහන්සේ ත් එහි වැඩසිටිනවා. උන්වහන්සේ එක්තරා රුක්සෙවනක දිවා විහරණයෙන් වැඩසිටිනවා." "එසේ වී නම් යහළු මිගව, අද උද්‍යාන ක්‍රීඩා පිණිස යෑමෙන් එලක් නැත. අපි ඒ භවත් රට්ඨපාලයන් වහන්සේව ඇසුරු කිරීම යි හොඳ."

ඉක්බිති කෝරව්‍ය රජු එහි දී උයන් කෙළි පිණිස යම් ඛාද්‍ය භෝජ්‍යයක් පිළියෙල කරන ලද ද, ඒ හැම බැහැර කරන්න කියා සොඳුරු සොඳුරු වාහනයන් සකසා, සොඳුරු වාහනයක නැගී, සොඳුරු සොඳුරු වාහන වලින් මහත් රාජානුභාවයෙන් යුතුව ආයුෂ්මත් රට්ඨපාලයන් වහන්සේව දකිනු පිණිස ථුල්ලකොට්ඨිත නියම් ගමෙන් නික්ම ගියා. යානයෙන් යා හැකි තාක් ගොස් යානයෙන් බැස පා ගමනින් ම පිරිස් පිරිවරාගෙන ආයුෂ්මත් රට්ඨපාල තෙරුන් කරා පැමිණුනා. පැමිණ ආයුෂ්මත් රට්ඨපාල තෙරුන් සමඟ සතුටු වුනා. සතුටු විය යුතු පිළිසඳර කතාව නිමවා එකත්පස්ව සිටගත්තා. එකත්පස්ව සිටි කෝරව්‍ය රජු ආයුෂ්මත් රට්ඨපාල තෙරුන්ට මෙය පැවසුවා.

"භවත් රට්ඨපාලයෙනි, මෙහි ඇතුන් පිට අතුරන මේ ඇතිරිය මත හිඳිනු මැනව." "පින්වත් මහාරාජ, කම් නැත. ඔබ හිඳින්න. මං සිය අසුනෙහි වාඩි වෙලා නෙව ඉන්නෙ." කෝරව්‍ය රජු ඒ පැණවූ අසුනෙහි වාඩි වුනා. වාඩි වී කෝරව්‍ය රජු ආයුෂ්මත් රට්ඨපාල තෙරුන්ට මෙය පැවසූවා.

"භවත් රට්ඨපාලයෙනි, යම් පිරිහීමකින් යුක්ත වන ඇතැම් පුද්ගලයෙක් මෙහි දී කෙස් රැවුල් බහා කහවත් පොරවා ගිහි ගෙයින් නික්ම අනගාරික පැවිද්දට පැමිණෙත් නම්, එබඳු පිරිහීම් හතරක් තියෙනවා. කවර සතරක් ද යත්; වයසට යාම නිසා පිරිහෙනවා. රෝගී වීම නිසා පිරිහෙනවා. සැප සම්පත් නැති වීමෙන් පිරිහෙනවා. ඤාතීන් අහිමි වීමෙන් පිරිහෙනවා.

භවත් රට්ඨපාලයෙනි, වයසට යාම නිසා පිරිහීම යනු කුමක් ද? භවත් රට්ඨපාලයෙනි, මෙහිලා ඇතැමෙක් වයසට යනවා. වැඩිමහළු වෙනවා. ක්‍රමයෙන් වයසේ කෙලෙවරට පැමිණෙනවා. එතකොට ඔහු මෙහෙම හිතනවා. 'මං දැන් දිරලයි ඉන්නෙ. වැඩිල යි ඉන්නෙ. මහළු වෙල යි ඉන්නෙ. පිළිවෙලින් වයසේ කෙළවරට පැමිණිල යි ඉන්නෙ. දැන් මට නො ලැබුණු භෝග සම්පත් ලබාගන්ට ත් අමාරුයි. ලැබුණු භෝග සම්පත් ගොනු කරගන්ටත් අමාරුයි. එහෙම නම් මං කරන්ට තියෙන්නේ කෙස් රැවුල් බහා කහවත් පොරවා ගිහි ගෙයින් නික්ම අනගාරික සසුනේ පැවිදි වෙන එක විතරයි' කියල. ඉතින් ඔහු දිරායෑම නැමැති පිරිහීමෙන් යුක්තව තමයි කෙස් රැවුල් බහා කහවත් පොරවා ගිහි ගෙයින් නික්ම අනගාරික සසුනේ පැවිදි වෙන්නෙ. භවත් රට්ඨපාලයෙනි, මෙයට තමයි දිරායෑමෙන් වන පිරිහීම කියා කියන්නෙ.

නමුත් භවත් රට්ඨපාලයන් දැන් තරුණයි නෙව. යෞවනයෙක් නෙව. මනා කළු කෙස් රොදින් යුතු නෙව. භද්‍ර වූ යෞවනයෙන් යුතු පළමු වයසට අයිති නෙව. භවත් රට්ඨපාලයන් හට දිරා යාමෙන් ඇතිවන පිරිහීම නෑ නෙව.

එසේ නම් භවත් රට්ඨපාලයන් කුමක් දැනගෙන ද, කුමක් දැකගෙන ද, කුමක් අසා ගෙන ද, ගිහි ගෙයින් නික්ම බුදු සසුනෙහි පැවිදි වුනේ?

භවත් රට්ඨපාලයෙනි, රෝගයන් නිසා පිරිහීම යනු කුමක් ද? භවත් රට්ඨපාලයෙනි, මෙහිලා ඇතැමෙක් රෝගී වෙනවා. බලවත් ලෙස ගිලන් වෙනවා. එතකොට ඔහු මෙහෙම හිතනවා. 'මං දැන් රෝගීව යි ඉන්නෙ. බලවත්ව ගිලන් වෙල යි ඉන්නෙ. දැන් මට නො ලැබුණු භෝග සම්පත් ලබා ගන්ට ත් අමාරුයි. ලැබුණු භෝග සම්පත් ගොනු කරගන්ටත් අමාරුයි. එහෙම නම් මං කරන්ට තියෙන්නේ කෙස් රැවුල් බහා කහවත් පොරවා ගිහි ගෙයින් නික්ම අනගාරික සසුනේ පැවිදි වෙන එක විතරයි' කියල. ඉතින් ඔහු රෝගී වීම නැමැති පිරිහීමෙන් යුක්තව තමයි කෙස් රැවුල් බහා කහවත් පොරවා ගිහි ගෙයින් නික්ම අනගාරික සසුනේ පැවිදි වෙන්නෙ. භවත් රට්ඨපාලයෙනි, මෙයට තමයි රෝගී වීමෙන් වන පිරිහීම කියා කියන්නෙ.

නමුත් භවත් රට්ඨපාලයන් දැන් අල්පාබාධ ඇති, දුක් අඩු කෙනෙක් නෙව. ඉතා සීත ත් නො වූ, ඉතා රස්නෙ ත් නො වූ, සමව පැසෙන සුළු ග්‍රහණියකින් යුක්තයි නෙව. භවත් රට්ඨපාලයන් හට රෝගයන් නිසා ඇතිවෙන පිරිහීමක් නෑ නෙව. එසේ නම් භවත් රට්ඨපාලයන් කුමක් දැනගෙන ද, කුමක් දැකගෙන ද, කුමක් අසා ගෙන ද, ගිහි ගෙයින් නික්ම බුදු සසුනෙහි පැවිදි වුනේ?

භවත් රට්ඨපාලයෙනි, භෝග සම්පත් නැතිවීම නිසා පිරිහීම යනු කුමක් ද? භවත් රට්ඨපාලයෙනි, මෙහිලා ඇතැමෙක් මහා ධනයකින් යුතුව, මහා භෝග සම්පත් වලින් යුතුව ආඪ්‍යව ඉන්නවා. නමුත් ක්‍රම ක්‍රමයෙන් ඔහු ගේ ඒ සම්පත් ක්ෂය වෙලා යනවා. එතකොට ඔහු මෙහෙම හිතනවා. 'ඉස්සර මට ඕන තරම් මහත් ධනය තිබුනා. භෝග සම්පත් තිබුනා. ආඪ්‍යව සිටියා. නමුත් ඒ සම්පත් සියල්ල කෙමෙන් කෙමෙන් ක්ෂය වෙලා ගියා. දැන් මට නො ලැබුණු භෝග සම්පත් ලබාගන්ට ත් අමාරුයි. ලැබුණු භෝග සම්පත් ගොනු කරගන්ටත් අමාරුයි. එහෙම නම් මං කරන්ට තියෙන්නේ කෙස් රැවුල් බහා කහවත් පොරවා ගිහි ගෙයින් නික්ම අනගාරික සසුනේ පැවිදි වෙන එක විතරයි' කියල. ඉතින් ඔහු භෝග සම්පත් නැතිවීම නැමැති පිරිහීමෙන් යුක්තව තමයි කෙස් රැවුල් බහා කහවත් පොරවා ගිහි ගෙයින් නික්ම අනගාරික සසුනේ පැවිදි වෙන්නෙ. භවත් රට්ඨපාලයෙනි, මෙයට තමයි භෝග සම්පත් නැතිවීමෙන් වන පිරිහීම කියා කියන්නෙ.

නමුත් භවත් රට්ඨපාලයන් මේ ථුල්ලකොට්ඨිත නියම්ගමේ අග්‍ර වූ සිටු පවුලට අයත් දරුවෙක්. ඉතින් භවත් රට්ඨපාලයන් හට භෝග සම්පත් නැතිවීම නිසා ඇතිවෙන පිරිහීමක් නෑ නෙව. එසේ නම් භවත් රට්ඨපාලයන් කුමක්

දැනගෙන ද, කුමක් දැකගෙන ද, කුමක් අසා ගෙන ද, ගිහි ගෙයින් නික්ම බුදු සසුනෙහි පැවිදි වුණේ?

භවත් රට්ඨපාලයෙනි, ඤාතීන් නැතිවීම නිසා පිරිහීම යනු කුමක් ද? භවත් රට්ඨපාලයෙනි, මෙහිලා ඇතැමෙකුට බොහෝ යහළු මිත්‍රයින්, සහලේ ඤාතීන් ඉන්නවා. ඔහු ගේ ඒ ඤාතීන් ක්‍රමක්‍රමයෙන් නැතිවෙලා යනවා. එතකොට ඔහු මෙහෙම හිතනවා. 'මට ඉස්සර ගොඩාක් යහළු මිතුරන් හිටියා. ලේඤාතීන් හිටියා. නමුත් මාගේ ඒ ඤාතීන් කෙමෙන් කෙමෙන් නැතිවෙලා ගියා. දැන් මට නො ලැබුණු භෝග සම්පත් ලබාගන්ට ත් අමාරුයි. ලැබුණු භෝග සම්පත් ගොනු කරගන්ටත් අමාරුයි. එහෙම නම් මං කරන්ට තියෙන්නේ කෙස් රැවුල් බහා කහවත් පොරවා ගිහි ගෙයින් නික්ම අනගාරික සසුනේ පැවිදි වෙන එක විතරයි' කියල. ඉතින් ඔහු ඤාතීන් නැතිවීම නැමැති පිරිහීමෙන් යුක්තව තමයි කෙස් රැවුල් බහා කහවත් පොරවා ගිහි ගෙයින් නික්ම අනගාරික සසුනේ පැවිදි වෙන්නෙ. භවත් රට්ඨපාලයෙනි, මෙයට තමයි ඤාතීන් නැතිවීමෙන් වන පිරිහීම කියා කියන්නෙ.

නමුත් භවත් රට්ඨපාලයන් හට මේ ථුල්ලකොට්ඨිතයෙහි ඕන තරම් යහළු මිත්‍රයන් ඉන්නවා. ලේ ඤාතීන් ඉන්නවා. එහෙම එකේ භවත් රට්ඨපාලයන් හට ඤාතීන් නැතිවීමෙන් ඇතිවෙන පිරිහීමක් නෑ නෙව. එසේ නම් භවත් රට්ඨපාලයන් කුමක් දැනගෙන ද, කුමක් දැකගෙන ද, කුමක් අසා ගෙන ද, ගිහි ගෙයින් නික්ම බුදු සසුනෙහි පැවිදි වුණේ?

භවත් රට්ඨපාලයෙනි, යම් පිරිහීමකින් යුක්ත වන ඇතැම් පුද්ගලයෙක් මෙහි දී කෙස් රැවුල් බහා කහවත් පොරවා ගිහි ගෙයින් නික්ම අනගාරික පැවිද්දට පැමිණෙත් නම්, ඒ පිරිහීම් හතර මෙය යි. නමුත් භවත් රට්ඨපාලයන් හට මෙවැනි පරිහානියක් නෑ. භවත් රට්ඨපාලයන් කුමක් දැන ගෙන ද, කුමක් දැක ගෙන ද, කුමක් අසා ගෙන ද, ගිහි ගෙයින් නික්ම බුදු සසුනෙහි පැවිදි වුණේ?"

"පින්වත් මහාරාජ, මං ඒ යම් ධර්ම මාතෘකාවන් දැනගත්තා ද, දැකගත්තා ද, අසාගත්තා ද, ගිහි ගෙයින් නික්ම අනගාරික සසුනෙහි පැවිදි වුනා ද, දැනගත යුතු සියල්ල දැනගත්, දැකගත යුතු සියල්ල දැකගත්, ඒ භාග්‍යවත් අරහත් සම්මා සම්බුදුරජාණන් වහන්සේ විසින් ඒ ධර්ම මාතෘකා සතරක් වදාරා තිබෙනවා. කවර සතරක් ද යත්;

පින්වත් මහාරාජ, මං ඒ යම් ධර්ම මාතෘකාවන් දැනගත්තා ද, දැකගත්තා ද, අසාගත්තා ද, ගිහි ගෙයින් නික්ම අනගාරික සසුනෙහි පැවිදි වුනා ද, දැනගත යුතු

සියල්ල දැනගත්, දැකගත යුතු සියල්ල දැකගත්, ඒ භාග්‍යවත් අරහත් සම්මාසම්බුදු රජාණන් වහන්සේ විසින් වදාරණ ලද '**උපනීයති ලෝකෝ අද්ධුවෝ**' වශයෙන් '**ලෝකයා ජරා මරණය වෙත ඇදගෙන යයි. එනිසා අස්ථිර යි**' යන මේ ධර්ම මාතෘකාව පළමු වැන්න යි.

පින්වත් මහාරාජ, මං ඒ යම් ධර්ම මාතෘකාවන් දැනගත්තා ද, දැකගත්තා ද, අසාගත්තා ද, ගිහි ගෙයින් නික්ම අනගාරික සසුනෙහි පැවිදි වුනා ද, දැනගත යුතු සියල්ල දැනගත්, දැකගත යුතු සියල්ල දැකගත්, ඒ භාග්‍යවත් අරහත් සම්මාසම්බුදු රජාණන් වහන්සේ විසින් වදාරණ ලද '**අත්තාණෝ ලෝකෝ අනභිස්සරෝ**' වශයෙන් '**ලෝකය අනාරක්ෂිත යි. තමා ගේ වසඟයෙහි පැවැත්විය හැකි කෙනෙක් නැහැ**' යන මේ ධර්ම මාතෘකාව දෙවැන්න යි.

පින්වත් මහාරාජ, මං ඒ යම් ධර්ම මාතෘකාවන් දැනගත්තා ද, දැකගත්තා ද, අසාගත්තා ද, ගිහි ගෙයින් නික්ම අනගාරික සසුනෙහි පැවිදි වුනා ද, දැනගත යුතු සියල්ල දැනගත්, දැකගත යුතු සියල්ල දැකගත්, ඒ භාග්‍යවත් අරහත් සම්මා සම්බුදුරජාණන් වහන්සේ විසින් වදාරණ ලද '**අස්සකෝ ලෝකෝ සබ්බං පහාය ගමනීයං**' වශයෙන් '**ලෝකයා තමන් ගේ කියා යමක් ගන්නවා ද ඒ සියල්ල අත්හැර දමා යා යුතුයි**' යන මේ ධර්ම මාතෘකාව තුන් වැන්න යි.

පින්වත් මහාරාජ, මං ඒ යම් ධර්ම මාතෘකාවන් දැනගත්තා ද, දැකගත්තා ද, අසාගත්තා ද, ගිහි ගෙයින් නික්ම අනගාරික සසුනෙහි පැවිදි වුනා ද, දැනගත යුතු සියල්ල දැනගත්, දැකගත යුතු සියල්ල දැකගත්, ඒ භාග්‍යවත් අරහත් සම්මා සම්බුදුරජාණන් වහන්සේ විසින් වදාරණ ලද '**ඌනෝ ලෝකෝ අතිත්තෝ තණ්හා දාසෝ**' වශයෙන් '**ලෝකය අසම්පූර්ණ යි. තෘප්තිමත් කරන්නට බැහැ. තෘෂ්ණාවට යටත් වෙලයි ඉන්නේ**' යන මේ ධර්ම මාතෘකාව සිව් වැන්න යි.

පින්වත් මහාරාජ, මං ඒ යම් ධර්ම මාතෘකාවන් දැනගත්තා ද, දැකගත්තා ද, අසාගත්තා ද, ගිහි ගෙයින් නික්ම අනගාරික සසුනෙහි පැවිදි වුනා ද, දැනගත යුතු සියල්ල දැනගත්, දැකගත යුතු සියල්ල දැකගත්, ඒ භාග්‍යවත් අරහත් සම්මා සම්බුදුරජාණන් වහන්සේ විසින් මේ ධර්ම මාතෘකා සතර තමයි වදාළේ."

"භවත් රට්ඨපාලයන් '**උපනීයති ලෝකෝ අද්ධුවෝ**' වශයෙන් '**ලෝකයා ජරා මරණය වෙත ඇදගෙන යයි. එනිසා අස්ථිර යි**' යන මේ දහම් පදයක් වදාළා. භවත් රට්ඨපාලයෙනි, ඔය පැවසූ කරුණෙහි අර්ථය දැනගත යුත්තේ කෙසේ ද?" "පින්වත් මහාරාජ, ඒ ගැන කුමක් ද සිතන්නේ? ඔබට විසි හැවිරිදි වයසක් තිබුනා නේද? විසිපස් හැවිරිදි වයසකුත් තිබුනා නේද? එකල හස්ති ශිල්පයෙහි ත් කෙළ පැමිණියා නේද? අශ්ව ශිල්පයෙහි ත් කෙළ පැමිණියා

නේද? රථ ශිල්පයෙහි ත් කෙළ පැමිණියා නේද? ධනු ශිල්පයෙහි ත් කෙළ පැමිණියා නේද? කඩු ශිල්පයෙහිත් කෙළ පැමිණියා නේද? පාවල සහ අත්වල බලවත් ශක්තියකින් යුතුව ඕනෑම යුද්ධයකට පිවිසෙන්නට සමර්ථව සිටියා නේද?"

"භවත් රට්ඨපාලයෙනි, මා විසිහැවිරිදි වත් සිටියා තමයි. පස්විසි හැවිරිදි වත් සිටියා තමයි. හස්ති ශිල්පයෙත් කෙළ පැමිණිලා සිටියා. අශ්ව ශිල්පයෙත් කෙළ පැමිණිලා සිටියා. රථ ශිල්පයෙත් කෙළ පැමිණිලා සිටියා. ධනු ශිල්පයෙත් කෙළ පැමිණිලා සිටියා. කඩු ශිල්පයෙහි ත් කෙළ පැමිණියා. පාවල සහ අත්වල බලවත් ශක්තියකින් යුතුව ඕනෑම යුද්ධයකට පිවිසෙන්නට සමර්ථව සිටියා. භවත් රට්ඨපාලයෙනි, ඇතැම් අවස්ථාවන් හි දී මට සිතුනේ මට ඉර්ධියක් තියෙනවා කියල යි. එතරම් ම මා තුළ තිබූ බලය හා සමාන වූ කිසිවෙක් දැක්කෙ නැහැ."

"පින්වත් මහාරාජ ඒ ගැන කුමක්ද සිතන්නේ? දැනුත් ඔබ ඒ විදිහේ පා වල සහ අත්වල බලය ඇතිව යුද භූමියකට පිවිසෙන්නට සමර්ථව සිටිනවා ද?"

"අනේ භවත් රට්ඨපාලයෙනි, දැන් එහෙම නැහැ. දැන් මම දිරල යි ඉන්නෙ. වැඩිල යි ඉන්නෙ. මහළු යි. පිළිවෙලින් වයසට ගිහිල්ල යි ඉන්නෙ. මට දැන් වයස අසූවක් වෙනවා. භවත් රට්ඨපාලයෙනි, ඇතැම් අවස්ථාවන් හි දී මා පාදය තබන්නෙ වෙන තැනක. නමුත් පාදය තියවෙන්නෙ වෙන තැනක."

"පින්වත් මහාරාජ, දන්නා වූ ත්, දක්නා වූ ත්, ඒ භාග්‍යවත් අරහත් සම්මා සම්බුදුරජාණන් වහන්සේ මේ කරුණ අරභයා යි **'උපනීයතී ලෝකෝ අද්ධුවෝ'** වශයෙන් **'ලෝකයා ජරා මරණය වෙත ඇදගෙන යයි. එනිසා අස්ථිර යි'** යන මේ දහම් පදය වදාළේ. යම් දහම් පදයක් දැනගෙන, දැකගෙන, අසා ගිහි ගෙයින් නික්ම සසුනෙහි පැවිදි වුනා නම් එයට හේතුව මෙය යි."

"භවත් රට්ඨපාලයෙනි, ආශ්චර්ය යි! භවත් රට්ඨපාලයෙනි අද්භූත යි! දන්නා වූ ත්, දක්නා වූ ත්, ඒ භාග්‍යවත් අරහත් සම්මා සම්බුදුරජාණන් වහන්සේ විසින් **'උපනීයතී ලෝකෝ අද්ධුවෝ'** වශයෙන් **'ලෝකයා ජරා මරණය වෙත ඇදගෙන යයි. එනිසා අස්ථිර යි'** වශයෙන් වදාරණ ලද මෙය සුභාෂිතයක් ම යි. භවත් රට්ඨපාලයෙනි, ලෝකයා ජරා මරණ විසින් ඇදගෙන යනවා. සැබැවින් ම අස්ථිර යි."

"භවත් රට්ඨපාලයෙනි, මේ රාජකුලයෙහි ඇත් සේනා, අශ්ව සේනා, රථ සේනා සහ පාබල සේනා ඉන්නවා. අපට ආපදා පැමිණි විට ඒ උවදුරු

මැඬගෙන යන්නේ මේ සිවුරඟ සේනාව යි. එහි භවත් රට්ඨපාලයන් පවසනවා **'අත්තාණෝ ලෝකෝ අනභිස්සරෝ'** වශයෙන් **'ලෝකය අනාරක්ෂිත යි. තමා ගේ වසඟයෙහි පැවැත්විය හැකි කෙනෙක් නැතෙයි'** කියලා. භවත් රට්ඨපාලයෙනි, මේ පැවසූ කරුණේ අර්ථය දැනගත යුත්තේ කෙසේද?"

"පින්වත් මහාරාජ, ඒ ගැන කුමක් ද සිතන්නේ? ඔබට කිසියම් නිධන්ගත රෝගාබාධයක් තියෙනවා නේද?" "භවත් රට්ඨපාලයෙනි, මට නිධන්ගත වාත රෝගයක් තියෙනවා. ඇතැම් දවසට භවත් රට්ඨපාලයෙනි, යහළු මිතුරන් ලේ ඤාතීන් මාව පිරිවරාගෙන ඉන්නවා. 'කෝරව්‍ය රජතුමා දැන් කළුරිය කරාවි! කෝරව්‍ය රජතුමා දැන් කළුරිය කරාවි!' කියල."

"පින්වත් මහාරාජ, ඒ ගැන කුමක් ද සිතන්නේ? 'භවත් යහළු මිතුරන් සහලේ ඤාතීන් මෙහි පැමිණෙත්වා! මං යම්බඳු සුළු වේදනාවක් විඳින්නේ නම් එබඳු ආකාරයෙන් මේ වේදනාව හැමෝම එකතුව බෙදාගනු මැනව' කියා යමක් ඒ යහළු මිතුරන්ට, සහලේ ඤාතීන්ට ලබන්නට පුළුවන් ද? නැත්නම් ඒ වේදනාව ඔබ විසින් ම වින්ද යුතුද?"

"භවත් රට්ඨපාල, භවත් යහළු මිතුරන් සහලේ ඤාතීන් මෙහි පැමිණෙත්වා! මං යම්බඳු සුළු වේදනාවක් විඳින්නේ නම් එබඳු ආකාරයෙන් මේ වේදනාව හැමෝම එකතුව බෙදාගනු මැනව' කියා යමක් ඒ යහළු මිතුරන්ට, සහලේ ඤාතීන්ට ලබන්නට පුළුවන්කමක් නැහැ. ඒ වේදනාව මා විසින් ම වින්ද යුතුයි."

"පින්වත් මහාරාජ, දන්නා වූ ත්, දක්නා වූ ත්, ඒ භාග්‍යවත් අරහත් සම්මා සම්බුදුරජාණන් වහන්සේ මේ කරුණ අරභයා යි **'අත්තාණෝ ලෝකෝ අනභිස්සරෝ'** වශයෙන් **'ලෝකය අනාරක්ෂිත යි. තමා ගේ වසඟයෙහි පැවැත්විය හැකි කෙනෙක් නැතෙයි'** යන මේ දහම් පදය වදාළේ. යම් දහම් පදයක් දැනගෙන, දැකගෙන, අසා ගිහි ගෙයින් නික්ම සසුනෙහි පැවිදි වුනා නම් එයට හේතුව මෙය යි."

"භවත් රට්ඨපාලයෙනි, ආශ්චර්ය යි! භවත් රට්ඨපාලයෙනි අද්භූත යි! දන්නා වූ ත්, දක්නා වූ ත්, ඒ භාග්‍යවත් අරහත් සම්මා සම්බුදුරජාණන් වහන්සේ විසින් **'අත්තාණෝ ලෝකෝ අනභිස්සරෝ'** වශයෙන් **'ලෝකය අනාරක්ෂිත යි. තමා ගේ වසඟයෙහි පැවැත්විය හැකි කෙනෙක් නැතෙයි'** වශයෙන් වදාරණ ලද මෙය සුභාෂිතයක් ම යි. භවත් රට්ඨපාලයෙනි, ලෝකයා අනාරක්ෂිත යි. එහි අධිපතිභාවය පවත්වන්නට කාටවත් බැහැ.

භවත් රට්ඨපාලයෙනි, මේ රාජකුලයෙහි පොළොවෙහි ත්, අහසෙහි ත්, බොහෝ හිරණ්‍යස්වර්ණ තියෙනවා. නමුත් භවත් රට්ඨපාලයන් පවසනවා **'අස්සකෝ ලෝකෝ සබ්බං පහාය ගමනීයං'** වශයෙන් **'ලෝකයා තමන් ගේ කියා යමක් ගන්නවා ද ඒ සියල්ල අත්හැර දමා යා යුතුයි'** කියලා. භවත් රට්ඨපාලයෙනි, මේ පැවසූ කරුණේ අර්ථය දැනගත යුත්තේ කෙසේද?"

"පින්වත් මහාරාජ, ඒ ගැන කුමක් ද සිතන්නේ? ඔබ දැන් යම් පංචකාම ගුණයන් ගෙන් යුක්තව ඉඳුරන් පිනවමින් සතුටු වෙමින් ඉන්නව ද, ඉතින් ඔබ පරලොව දි ත්, මේ ආකාරයෙන් ම මං මේ පංච කාම ගුණයන් පිරිවරා ගෙන පිනවමින් සතුටු වෙවී ඉන්නවා කියන කරුණ ලබන්නට පුළුවන් ද? නැත්නම් අනෙක් උදවිය මේ භෝග සම්පත් ලබා සතුටුවේවි ද? ඒ වගේ ම ඔබ කර්මානුරූපව මිය පරලොව යාවිද?"

"භවත් රට්ඨපාලයෙනි, මං දැන් යම් පංචකාම ගුණයන් ගෙන් යුක්තව ඉඳුරන් පිනවමින් සතුටු වෙමින් ඉන්නව ද, ඉතින් මං පරලොව දි ත්, මේ ආකාරයෙන් ම මටමේ පංච කාම ගුණයන් පිරිවරා ගෙන පිනවමින් සතුටු වෙවී ඉන්නවා කියන කරුණ ලබන්නට පුළුවන් කමක් නැහැ. අනෙක් උදවිය මේ භෝග සම්පත් ලබා සතුටුවේවි. ඒ වගේ ම මම කර්මානුරූපව මිය පරලොව යාවි."

"පින්වත් මහාරාජ, දන්නා වූ ත්, දක්නා වූ ත්, ඒ භාග්‍යවත් අරහත් සම්මා සම්බුදුරජාණන් වහන්සේ මේ කරුණ අරභයා යි **'අස්සකෝ ලෝකෝ සබ්බං පහාය ගමනීයං'** වශයෙන් **'ලෝකයා තමන් ගේ කියා යමක් ගන්නවා ද ඒ සියල්ල අත්හැර දමා යා යුතුයි'** යන මේ දහම් පදය වදාළේ. යම් දහම් පදයක් දැනගෙන, දැකගෙන, අසා ගිහි ගෙයින් නික්ම සසුනෙහි පැවිදි වුනා නම් එයට හේතුව මෙය යි."

"භවත් රට්ඨපාලයෙනි, ආශ්චර්ය යි! භවත් රට්ඨපාලයෙනි අද්භූත යි! දන්නා වූ ත්, දක්නා වූ ත්, ඒ භාග්‍යවත් අරහත් සම්මා සම්බුදුරජාණන් වහන්සේ විසින් **'අස්සකෝ ලෝකෝ සබ්බං පහාය ගමනීයං'** වශයෙන් **'ලෝකයා තමන් ගේ කියා යමක් ගන්නවා ද ඒ සියල්ල අත්හැර දමා යා යුතුයි'** වශයෙන් වදාරණ ලද මෙය සුභාෂිතයක් ම යි. භවත් රට්ඨපාලයෙනි, ලෝකයාට තමා අයත් කිසිවක් ම නැහැ. ඒ සෑම දෙයක් ම අත්හැර දමා යන්නට වෙනවා.

භවත් රට්ඨපාලයන් පවසනවා, **'ඌණෝ ලෝකෝ අතිත්තෝ තණ්හා දාසෝ'** වශයෙන් **'ලෝකය අසම්පූර්ණ යි. තෘප්තිමත් කරන්නට බැහැ. තෘෂ්ණාවට යටත් වෙලයි ඉන්නේ'** කියල. භවත් රට්ඨපාලයෙනි, මේ පැවසූ කරුණේ අර්ථය දැනගත යුත්තේ කෙසේද?"

"පින්වත් මහාරාජ, ඒ ගැන කුමක් ද සිතන්නේ? ඔබ මේ සමෘද්ධිමත් වූ කුරු ජනපදයේ අධිපතිව වසනවා නේද?" "එසේය භවත් රට්ඨපාලයෙනි, මං සමෘද්ධිමත් වූ මේ කුරු ජනපදයෙහි අධිපතිව වසනවා." "පින්වත් මහාරාජ, ඒ ගැන කුමක් ද සිතන්නේ? මෙහිලා ඇදහිය හැකි වචන ඇති කරුණු දනුම් දෙන එක්තරා පුරුෂයෙක් පෙරදිගින් ඔබ වෙත එනවා. ඔහු ඔබ වෙත අවුත් මෙහෙම කියනවා. 'සැබැවින් ම මහාරාජයෙනි, දන්නවා ද? මා එන්නේ පෙරදිග දිශාවෙනු යි. එහි මං සමෘද්ධිමත් වූ, ඉතා දියුණු වූ, ඉතා ජනාකීර්ණ වූ මහා ජනපදයක් දැක්කා. එහි බොහෝ ඇත් සේනා, අශ්ව සේනා, රථ සේනා, පාබල සේනා ඉන්නවා. එහි බොහෝ ධන ධාන්‍ය තියෙනවා. එහි බොහෝ පරිභෝග කළ නො කළ හිරණ්‍යස්වර්ණ තියෙනවා. එහි බොහෝ සොඳුරු ස්ත්‍රීන් ඉන්නවා. ඒ ජනපදය ගැනීම යම් බල මාත්‍රයකින් කරන්නට පුළුවනි. මහරජතුමනි, එනිසා සේනාව යවා යුද්ධ කොට දිනාගත මැනව' කියල කිව්වොත් ඔබ කුමක් ද කරන්නෙ?" "භවත් රට්ඨපාලයෙනි, එහෙමනම් අපි ඒ රටත් දිනා ගෙන එහි ත් අධිපති වෙනවා."

"පින්වත් මහාරාජ, ඒ ගැන කුමක් ද සිතන්නේ? මෙහිලා ඇදහිය හැකි වචන ඇති කරුණු දනුම් දෙන එක්තරා පුරුෂයෙක් බටහිර දිගින් ඔබ වෙත එනවා. ....(පෙ).... උතුරු දිශාවෙන් ....(පෙ).... දකුණු දිශාවෙන් ....(පෙ).... මුහුදෙන් එතෙරින් ඔබ වෙත එනවා. ඔහු ඔබ වෙත අවුත් මෙහෙම කියනවා. 'සැබැවින් ම මහාරාජයෙනි, දන්නවා ද? මා එන්නේ මුහුදෙන් එතෙර සිට යි. එහි මං සමෘද්ධිමත් වූ, ඉතා දියුණු වූ, ඉතා ජනාකීර්ණ වූ මහා ජනපදයක් දැක්කා. එහි බොහෝ ඇත් සේනා, අශ්ව සේනා, රථ සේනා, පාබල සේනා ඉන්නවා. එහි බොහෝ ධන ධාන්‍ය තියෙනවා. එහි බොහෝ පරිභෝග කළ නො කළ හිරණ්‍යස්වර්ණ තියෙනවා. එහි බොහෝ සොඳුරු ස්ත්‍රීන් ඉන්නවා. ඒ ජනපදය ගැනීම යම් බල මාත්‍රයකින් කරන්නට පුළුවනි. මහරජතුමනි, එනිසා සේනාව යවා යුද්ධ කොට දිනාගත මැනව' කියල කිව්වොත් ඔබ කුමක් ද කරන්නෙ?" "භවත් රට්ඨපාලයෙනි, එහෙමනම් අපි ඒ රටත් දිනා ගෙන එහි ත් අධිපති වෙනවා.

"පින්වත් මහාරාජ, දන්නා වූ ත්, දක්නා වූ ත්, ඒ භාග්‍යවත් අරහත් සම්මා සම්බුදුරජාණන් වහන්සේ මේ කරුණ අරභයා යි **'ඌණෝ ලෝකෝ අතිත්තෝ තණ්හා දාසෝ'** වශයෙන් **'ලෝකය අසම්පූර්ණ යි. තෘප්තිමත් කරන්නට බැහැ. තෘෂ්ණාවට යටත් වෙලයි ඉන්නේ'** යන මේ දහම් පදය වදාළේ. යම් දහම් පදයක් දැනගෙන, දැකගෙන, අසා ගිහි ගෙයින් නික්ම සසුනෙහි පැවිදි වුනා නම් එයට හේතුව මෙය යි."

"භවත් රට්ඨපාලයෙනි, ආශ්චර්ය යි! භවත් රට්ඨපාලයෙනි අද්භූත යි! දන්නා වූ ත්, දක්නා වූ ත්, ඒ භාග්‍යවත් අරහත් සම්මා සම්බුදුරජාණන් වහන්සේ විසින් **'ඌනෝ ලෝකෝ අතිත්තෝ තණ්හා දාසෝ'** වශයෙන් **'ලෝකය අසම්පූර්ණ යි. තෘප්තිමත් කරන්නට බැහැ. තෘෂ්ණාවට යටත් වෙලයි ඉන්නේ'** වශයෙන් වදාරණ ලද මෙය සුභාෂිතයක් ම යි. භවත් රට්ඨපාලයෙනි, ලෝකය අසම්පූර්ණ යි. තෘප්තිමත් කරන්නට බැහැ. තෘෂ්ණාවට දාස වෙලයි ඉන්නෙ"

ආයුෂ්මත් රට්ඨපාලයන් වහන්සේ මෙය වදාළා. මෙය පවසා යළි මේ ගාථාවන් ද වදාළා.

පස්සාමි ලෝකේ සධනේ මනුස්සේ - ලද්ධාන විත්තං න දදන්ති මෝහා
ලුද්ධා ධනං සන්නචයං කරොන්ති - භියෝ'ව කාමේ අභිපත්ථයන්ති

මං දකලා තියෙනවා ලෝකෙ ඉන්න ධනවත් ම මිනිසුන්. ඔවුන්ට ධනය ලැබුණාම එයට රැවටෙනවා. කාටවත් දෙන්නෙ නෑ. ලෝභකමින් ධනය එකතු කරල තව තවත් ධනය ම ප්‍රාර්ථනා කරනවා.

රාජා පසය්හ පඨවිං විජිත්වා - සසාගරන්තං මහිමාවසන්තෝ,
ඕරං සමුද්දස්ස අතිත්තරූපෝ - පාරං සමුද්දස්සපි පත්ථයේථ

රජ කෙනෙක් සාගරය පවුර කරගෙන මුළු ලෝකෙම ජය ගත්ත ත් එයාට තෘප්තියක් නෑ. එයා කැමතියි සාගරයෙන් එතෙර තිබෙන රටක ත් රජ කරන්න.

රාජා ච අඤ්ඤේ ච බහූ මනුස්සං - අවීතතණ්හා මරණං උපෙන්ති
ඌනාව හුත්වාන ජහන්ති දේහං - කාමේ හි ලෝකම්හි නහත්ථි තිත්ති.

ඒ රජුත් අනෙක් බොහෝ මිනිස්සු ත් තණ්හාව දුරු නො කොට ම යි මරණයට පත් වෙන්නෙ. ජීවිත අතහරින්නෙ ඌණත්වයට පත් වෙලා ම යි. මේ කාම ලෝකයේ තෘප්තියට පත්වීමක් නම් නෑ ම යි.

කන්දන්ති තං ඤාති පකිරිය කේසේ - අහෝ වතා නෝ අමරාති චාහු
වත්ථේන නං පාරුතං නීහරිත්වා - චිතං සමාධාය තතෝ ඩහන්ති

කවුරු හරි මැරුණට පස්සේ නෑදෑයෝ එකතු වෙලා කෙහෙවලු කඩාගෙන හඬා වැලපෙනවා. 'අනේ! අපේ මේ ඤාතියා අමරණීය වේවා!' කියලා කියනවා. ඊට පස්සේ රෙද්දකින් ඔතල දර සෑයට දාලා ගිනි තියනවා.

සෝ ඩය්හති සූලේහි තුජ්ජමානෝ - ඒකේන වත්ථේන පහාය භෝගේ
න මීයමානස්ස භවන්ති තාණා - ඤාතීධ මිත්තා අථ වා සහායා

හැම සම්පතක් ම අතහැරලා ඒ මැරුණ කෙනා අන්තිමේ දී එක ම එක වස්ත්‍රයකින් ඔතාගෙන හුල් වලින් පහර කාල පිච්චිලා යනවා. අවසන් වෙනවා. ඒ මැරුණ කෙනා ගෙ ආරක්ෂාවට නෑදෑයෝ, යාළු මිත්‍රයෝ කවුරුත් නෑ.

දායාදකා තස්ස ධනං හරන්ති - සත්තෝ පන ගච්ඡති යේන කම්මං
න මීයමානං ධනමන්වේති කිඤ්චි - පුත්තා ච දාරා ච ධනඤ්ච රට්ඨං.

එයාගෙ වස්තුව උරුමක්කාරයෝ ඇවිල්ලා අරගෙන යනවා. කර්මානුරූපව එයා එයා ගෙ ගමන ගියා. නමුත් එයා ගෙ පස්සෙන් යන්න අඹු දරුවන් මිල මුදල් රට රාජ්‍ය මොකවත් නෑ.

න දීඝමායුං ලභතේ ධනේන - න චාපි විත්තේන ජරං විහන්ති,
අප්පං හිදං ජීවිතමාහු ධීරා - අසස්සතං විප්පරිනාමධම්මං

සල්ලි තිබුණා කියලා දීර්ඝායුෂ ලැබෙන්නෙ නෑ. වස්තුව තිබුනා කියලා නාකි නොවී ඉන්ට බෑ. අන්න ඒ නිසයි ප්‍රඥාවන්ත මුනිවරු කියන්නෙ මේ ජීවිතය ඉතා සුළු කලයි තියෙන්නෙ කියලා. සදාකාලික නෑ කියලා. වෙනස් වෙන ස්වභාවයට අයිතියි කියලා.

අඩ්ඪා දළිද්දා ච ඵුසන්ති ඵස්සං - බාලෝ ච ධීරෝ ච තථේව ඵුට්ඨෝ
බාලෝ හි බාල්‍යාවධිතෝව සේති - ධීරෝ ච න වේධති ඵස්සඵුට්ඨෝ.

දුප්පත්, පොහොසත් කාට ත් අරමුණු වලින් ස්පර්ශය ඇති වෙනවා. නුවණැති, මෝඩ කාට ත් අරමුණු වලින් ස්පර්ශය ඇති වෙනවා. මෝඩ තැනැත්තා නුවණ නැති නිසා ම ඒ ස්පර්ශයෙන් දුක් විඳිනවා. දුක සේ නිදා ගන්නවා. නුවණැති මුනිවරයා කොයි ස්පර්ශයක් ලැබුන ත් අකම්පිතව ඉන්නවා.

තස්මා හි පඤ්ඤාව ධනේන සෙය්‍යෝ - යාය වෝසානං ඉධාධිගච්ඡති
අබ්‍යෝසිතත්තා හි භවාභවේසු - පාපානි කම්මානි කරොන්ති මෝහා

මෙයින් පැහැදිලිව පේනවා සල්ලිවලට වඩා ප්‍රඥාව අග්‍ර බව. ඒ ප්‍රඥාවෙන් ම යි මේ දුක අවසන් කළ හැක්කේ. නමුත් මෝහය නිසා භවයේ ඇලුන සත්වයන් පව් ම රැස් කරනවා.

උපේති ගබ්භඤ්ච පරඤ්ච ලෝකං - සංසාරමාපජ්ජ පරම්පරාය
තස්සප්පපඤ්ඤෝ අභිසද්දහන්තෝ - උපේති ගබ්භඤ්ච පරඤ්ච ලෝකං

ඔවුන් මැරුණ ත් සසර දුකට ම යි වැටෙන්නෙ. ආයෙ ආයෙමත් මවු කුසකට ම යි එන්නෙ. ඔවුන් ගේ මතය පිළිගන්න උදවියටත් ද ඔච්චර යි සිද්ධ වෙන්නෙ.

චෝරෝ යථා සන්ධිමුඛේ ගහීතෝ - සකම්මනා හඤ්ඤති පාපධම්මෝ
ඒවං පජා පෙච්ච පරං හි ලෝකේ - සකම්මනා හඤ්ඤති පාපධම්මෝ.

සොරකම් කරන්ට ගිහින් අහු වෙච්ච හොරෙක් තමන් ගේ පාපී ක්‍රියාව නිසා ම යි දුක් විඳින්නෙ. අන්න ඒ වගේ තමන් ගේ ම පාපී ක්‍රියා නිසා ම යි මේ සත්වයන් පරලොව දී දුක් විඳින්නෙ.

කාමා හි චිත්‍රා මධුරා මනෝරමා - විරූපරූපේන මථෙන්ති චිත්තං,
ආදීනවං කාමගුණේසු දිස්වා - තස්මා අහං පබ්බජිතෝම්හි රාජ.

පින්වත් රජතුමනි, මේ කාමයන් විචිත්‍ර තමයි. මිහිරි තමයි. සිත ඇදී යනවා තමයි. ඒ වුණත් ඒ තුළින් මේ සිත නොයෙක් විදිහට කලබල වෙලා යනවා. කාමයේ තිබෙන මේ ආදීනව දැකලයි මං මහණ වුනේ.

දුමප්ඵලානිව පතන්ති මානවා - දහරා ච වුද්ධා ච සරීරභේදා
ඒතම්පි දිස්වා පබ්බජිතෝම්හි රාජ - අපණ්ණකං සාමඤ්ඤමේව සේය්‍යෝ'ති

පුංචි අයත් වැඩිහිටියොත් කවුරුත් මැරිලා යන්නෙ ගස්වල ගෙඩි වැටෙනවා වගේ. පින්වත් රජතුමනි, ඒවා දැකලයි මං මහණ වුනේ. මේ ශ්‍රමණ ජීවිතය කිසි කරදරයක් නෑ. ඒ වගේ ම උතුම් ජීවිතයක්.

සාදු! සාදු!! සාදු!!!

රට්ඨපාල තෙරුන් වදාළ දෙසුම නිමා විය.

2.4.3.
මඛාදේව සූත්‍රය
මඛාදේව රජු ගැන වදාළ දෙසුම

මා හට අසන්නට ලැබුනේ මේ විදිහට යි. ඒ දිනවල භාග්‍යවතුන් වහන්සේ වැඩසිටියේ මිථිලා නුවර මඛාදේව නම් අඹ වනයෙහි ය. එදා භාග්‍යවතුන් වහන්සේ එක්තරා ස්ථානයක දී සිනහවක් පහළ කළ සේක. එවිට ආයුෂ්මත් ආනන්දයන් වහන්සේට මෙය සිතුනා. "භාග්‍යවතුන් වහන්සේට සිනහවක් පහළ වෙන එකට හේතුව කුමක් ද? ප්‍රත්‍යය කුමක් ද? තථාගතයන් වහන්සේලා කරුණු රහිතව සිනහ පහළ නො කරන සේක."

ඉතින් ආයුෂ්මත් ආනන්දයන් වහන්සේ සිවුරු ඒකාංශ කොට පොරවා ගෙන, භාග්‍යවතුන් වහන්සේ වෙත ඇඳිලි බැඳ වන්දනා කොට, භාග්‍යවතුන් වහන්සේට මෙය පැවසුවා. "ස්වාමීනී, භාග්‍යවතුන් වහන්ස, සිනහවක් පහළ කරන්නට හේතුව කුමක්ද? ප්‍රත්‍යය කුමක් ද? තථාගතයන් වහන්සේලා කරුණු රහිතව සිනහ පහළ නො කරන සේක."

"පින්වත් ආනන්ද, මෙය කලින් සිදු වූ දෙයක්. මේ මිථිලා නුවර ම මඛාදේව කියලා රජ කෙනෙක් හිටියා. ඔහු ධාර්මික, ධර්මයෙන් රජ කරන කෙනෙක්. ධර්මයේ පිහිටි ඒ මහරජු බ්‍රාහ්මණ ගෘහපතියන් කෙරෙහි ත්, නියම්ගම් වැසියන් කෙරෙහි ත්, ජනපද වැසියන් කෙරෙහි ත් ධර්මානුකූලව හැසිරුනා. ඒ වගේ ම තුදුස්වක, පසළොස්වක, අටවක යන පොහෝ දවස් වල දී උපෝසථ සිල් රැක්කා.

පින්වත් ආනන්ද, ඒ මඛාදේව රජු බොහෝ වර්ෂ ගණනක්, බොහෝ වර්ෂ සිය ගණනක්, බොහෝ වර්ෂ දහස් ගණනක් ඇවෑමෙන් කරණවෑමියා ඇමතුවා. "යහළු කරණවෑමිය, යම් දවසක මාගේ හිසෙහි ඉදුණු කෙස් ගසක් දැක්කොත්, එය මට කියන්න" කියල. පින්වත් ආනන්ද, "එසේය දේවයිනි" කියා කරණවෑමියා ද මඛාදේව රජුට පැවසුවා. පින්වත් ආනන්ද, බොහෝ වර්ෂ ගණනක්, බොහෝ වර්ෂ සිය ගණනක්, බොහෝ වර්ෂ දහස් ගණනක් ඇවෑමෙන් කරණවෑමියා මඛාදේව රජු ගේ හිසෙහි ඉදුණු කෙස් ගසක් තිබෙනවා දැක්කා.

දැක මඛාදේව රජුට මෙය පැවසුවා. "පින්වත් දේවයන් වහන්සේට දේවදූතයන් පහළ වෙලා ඉන්නවා. සිරසෙහි ඉදුණු කෙස් පෙනෙනවා" කියල.

"එසේ වී නම් යහළු කරණවෑමිය, ඒ ඉදුණු කෙස් අඬුවෙන් උදුරා මාගේ අත මත තබව." පින්වත් ආනන්ද, "එසේය දේවයිනි" කියා කරණවෑමියා මඛාදේව රජුට පිළිතුරු දී අඬුවකින් ඉතා පරෙස්සමෙන් ඒ ඉදුණු කෙස් උදුරා මඛාදේව රජතුමා ගේ අත්ල මත තැබුවා.

පින්වත් ආනන්ද, මඛාදේව රජු කරණවෑමියාට ගම්වරයක් දීලා, ජ්‍යෙෂ්ඨ පුත් කුමරා අමතා මෙය පැවසුවා. "පුත් කුමරුවෙනි, මට දේවදූතයෝ පහළ වුනා. මා සිරසෙහි ඉදුණු කෙස් හටගත්තා. මා විසින් මිනිස් කම් සුව වැළඳුවා නෙව. දැන් දිව්‍ය කම් සැප සොයන්නට කාලය යි. පුත් කුමර, ඔබ එන්න. මේ රාජ්‍යය කරන්න. මං කෙස් රැවුල් බහා කහවත් හැඳ ගිහි ගෙයින් නික්ම අනගාරිකව පැවිදි වෙනවා. ඒ වගේ ම පුත් කුමර, යම් දවසක ඔබ ත් තම හිසෙහි ඉදුණු කෙස් ගස් දුටුවොත් එතකොට ත් කරණවෑමියාට ගම්වරයක් දී ජ්‍යෙෂ්ඨ පුත් කුමරාට රාජ්‍ය භාර දී කෙස් රැවුල් බහා කහවත් හැඳ ගිහි ගෙයින් නික්ම අනගාරිකව පැවිදි වෙන්න. මා විසින් මේ කල්‍යාණ වූ වැඩපිළිවෙලක් පිහිටුවන ලද්දේ ද, ඒ විදිහට ම පවත්වන්න. ඔබ මාගේ මේ වැඩපිළිවෙලෙහි අවසාන පුරුෂයා වෙන්න එපා! ඒ වගේ ම පුත් කුමර, යම් පුරුෂයෙකු ගේ යුගයක් පවතින විට මෙබඳු වූ කල්‍යාණ වැඩපිළිවෙලක් සහමුලින් සිඳී යයි ද, ඔහු ඒ පරම්පරාවේ අවසන් පුරුෂයා වනු ඇත. ඒ නිසයි පුත් කුමර මං ඔබට මෙහෙම කියන්නෙ. 'මා විසින් මේ කල්‍යාණ වූ වැඩපිළිවෙලක් පිහිටුවන ලද්දේ ද, ඒ විදිහට ම පවත්වන්න. ඔබ මාගේ මේ වැඩපිළිවෙලෙහි අවසාන පුරුෂයා වෙන්න එපා!' කියල."

ඉතින් පින්වත් ආනන්ද, මඛාදේව රජතුමා කරණවෑමියාට ගම්වරයක් දී ජ්‍යෙෂ්ඨ පුත් කුමරා මනා කොට රාජ්‍යයෙහි පිහිටුවා මේ මඛාදේව අඹවනයේ දී කෙස් රැවුල් බහා කහවත් පොරොවා ගිහි ගෙයින් නික්ම අනගාරික පැවිදි බවට පත් වුනා. ඔහු මෛත්‍රී සහගත සිතින් එක් දිශාවකට පතුරුවා වාසය කළා. ඒ වගේ ම දෙවෙනි දිශාවටත්, ඒ වගේ ම තුන්වන දිශාවටත්, ඒ වගේ ම හතරවන දිශාවට ත් මෙසෙයින් උඩ, යට, සරස් අත ආදී සෑම තැනකට ම, සෑම අයුරින් ම සමස්ත ලෝකයට ම විපුල වූ, මහද්ගත වූ, අප්‍රමාණ වූ, අවෛරී වූ, දුක් නැති මෛත්‍රී සහගත සිතින් පතුරුවා වාසය කළා. කරුණා සහගත සිතින් ....(පෙ).... මුදිතා සහගත සිතින් ....(පෙ).... උපේක්ෂා සහගත සිතින් එක් දිශාවකට පතුරුවා වාසය කළා. ඒ වගේ ම දෙවෙනි දිශාවටත්, ඒ වගේ ම තුන්වන දිශාවටත්, ඒ වගේ ම හතරවන දිශාවට ත් මෙසෙයින් උඩ,

යට, සරස් අත ආදී සෑම තැනකට ම, සෑම අයුරින් ම සමස්ත ලෝකයට ම විපුල වූ, මහද්ගත වූ, අප්‍රමාණ වූ, අවෛරී වූ, දුක් නැති උපේක්ෂා සහගත සිතින් පතුරුවා වාසය කළා.

පින්වත් ආනන්ද, මඛාදේව රජු අසූහාර දහසක් අවුරුදු කුමාර ක්‍රීඩාවෙන් කල්ගත කළා. අසූහාර දහසක් අවුරුදු යුව රජ වශයෙන් කල්ගත කළා. අසූහාර දහසක් අවුරුදු රජකම කළා. අසූහාර දහසක් අවුරුදු මේ මඛාදේව අඹවනයෙහි ගිහි ගෙයින් නික්ම අනගාරික පැවිද්දෙන් බඹසරෙහි හැසිරුනා. ඉතින් ඔහු සතර බ්‍රහ්ම විහාර භාවනාව වඩා කය බිඳී මරණින් මතු බඹ ලොව උපන්නා.

පින්වත් ආනන්ද, මඛාදේව රජු ගේ පුත්‍රයා ද බොහෝ වර්ෂ ගණනක්, බොහෝ වර්ෂ සිය ගණනක්, බොහෝ වර්ෂ දහස් ගණනක් ඇවෑමෙන් කරණවෑමියා ඇමතුවා. "යහළු කරණවෑමිය, යම් දවසක මාගේ හිසෙහි ඉදුණු කෙස් ගසක් දැක්කොත්, එය මට කියන්න" කියල. පින්වත් ආනන්ද, "එසේය දේවයිනි" කියා කරණවෑමියා ද මඛාදේව රජු ගේ පුත්‍රයාට පැවසුවා. පින්වත් ආනන්ද, බොහෝ වර්ෂ ගණනක්, බොහෝ වර්ෂ සිය ගණනක්, බොහෝ වර්ෂ දහස් ගණනක් ඇවෑමෙන් කරණවෑමියා මඛාදේව රජු ගේ පුත්‍රයා ගේ හිසෙහි ඉදුණු කෙස් ගසක් තිබෙනවා දැක්කා. දැක මඛාදේව රජු ගේ පුත්‍රයාට මෙය පැවසුවා. "පින්වත් දේවයන් වහන්සේට දේවදූතයන් පහළ වෙලා ඉන්නවා. සිරසෙහි ඉදුණු කෙස් පෙනෙනවා" කියල.

"එසේ වී නම් යහළු කරණවෑමිය, ඒ ඉදුණු කෙස් අඬුවෙන් උදුරා මාගේ අත මත තබව." පින්වත් ආනන්ද, "එසේය දේවයිනි" කියා කරණවෑමියා මඛාදේව රජු ගේ පුත්‍රයාට පිළිතුරු දී අඬුවකින් ඉතා පරෙස්සමෙන් ඒ ඉදුණු කෙස් උදුරා මඛාදේව රජතුමා ගේ පුත්‍රයා ගේ අත්ල මත තැබුවා.

පින්වත් ආනන්ද, මඛාදේව රජු ගේ පුත්‍රයා කරණවෑමියාට ගම්වරයක් දීලා, ජ්‍යෙෂ්ඨ පුත් කුමරා අමතා මෙය පැවසුවා. "පුත් කුමරුවෙනි, මට දේවදූතයෝ පහළ වුණා. මා සිරසෙහි ඉදුණු කෙස් හටගත්තා. මා විසින් මිනිස් කම් සුව වැළඳුවා නෙව. දැන් දිව්‍ය කම් සැප සොයන්නට කාලය යි. පුත් කුමර, ඔබ එන්න. මේ රාජ්‍යය කරන්න. මං කෙස් රැවුල් බහා කහවත් හැඳ ගිහි ගෙයින් නික්ම අනගාරිකව පැවිදි වෙනවා. ඒ වගේ ම පුත් කුමර, යම් දවසක ඔබ ත් තම හිසෙහි ඉදුණු කෙස් ගස් දුටුවොත් එතකොට ත් කරණවෑමියාට ගම්වරයක් දී ජ්‍යෙෂ්ඨ පුත් කුමරාට රාජ්‍ය භාර දී කෙස් රැවුල් බහා කහවත් හැඳ ගිහි ගෙයින් නික්ම අනගාරිකව පැවිදි වෙන්න. මා විසින් මේ කල්‍යාණ වූ වැඩපිළිවෙලක් පිහිටුවන ලද්දේ ද, ඒ විදිහට ම පවත්වන්න. ඔබ මාගේ මේ වැඩපිළිවෙලෙහි

අවසාන පුරුෂයා වෙන්න එපා! ඒ වගේ ම පුත් කුමර, යම් පුරුෂයෙකු ගේ යුගයක් පවතින විට මෙබඳු වූ කල්‍යාණ වැඩපිළිවෙලක් සහමුලින් සිඳී යයි ද, ඔහු ඒ පරම්පරාවේ අවසන් පුරුෂයා වනු ඇත. ඒ නිසයි පුත් කුමර මං ඔබට මෙහෙම කියන්නෙ. 'මා විසින් මේ කල්‍යාණ වූ වැඩපිළිවෙලක් පිහිටුවන ලද්දේ ද, ඒ විදිහට ම පවත්වන්න. ඔබ මාගේ මේ වැඩපිළිවෙලෙහි අවසාන පුරුෂයා වෙන්න එපා!' කියල."

ඉතින් පින්වත් ආනන්ද, මඛාදේව රජතුමා ගේ පුත්‍රයා කරණවෑමියාට ගම්වරයක් දී ජ්‍යෙෂ්ඨ පුත් කුමරා මනා කොට රාජ්‍යයෙහි පිහිටුවා මේ මඛාදේව අඹවනයේ දී කෙස් රැවුල් බහා කහවත් පොරොවා ගිහි ගෙයින් නික්ම අනගාරික පැවිදි බවට පත් වුනා. ඔහු මෛත්‍රී සහගත සිතින් එක් දිශාවකට පතුරුවා වාසය කළා. ඒ වගේ ම දෙවෙනි දිශාවටත්, ඒ වගේ ම තුන්වන දිශාවටත්, ඒ වගේ ම හතරවන දිශාවට ත් මෙසෙයින් උඩ, යට, සරස් අත ආදී සෑම තැනකට ම, සෑම අයුරින් ම සමස්ත ලෝකයට ම විපුල වූ, මහද්ගත වූ, අප්‍රමාණ වූ, අවෛරී වූ, දුක් නැති මෛත්‍රී සහගත සිතින් පතුරුවා වාසය කළා. කරුණා සහගත සිතින් ....(පෙ).... මුදිතා සහගත සිතින් ....(පෙ).... උපේක්ෂා සහගත සිතින් එක් දිශාවකට පතුරුවා වාසය කළා. ඒ වගේ ම දෙවෙනි දිශාවටත්, ඒ වගේ ම තුන්වන දිශාවටත්, ඒ වගේ ම හතරවන දිශාවට ත් මෙසෙයින් උඩ, යට, සරස් අත ආදී සෑම තැනකට ම, සෑම අයුරින් ම සමස්ත ලෝකයට ම විපුල වූ, මහද්ගත වූ, අප්‍රමාණ වූ, අවෛරී වූ, දුක් නැති උපේක්ෂා සහගත සිතින් පතුරුවා වාසය කළා.

පින්වත් ආනන්ද, මඛාදේව රජු ගේ පුත්‍රයා අසූහාර දහසක් අවුරුදු කුමාර ක්‍රීඩාවෙන් කල්ගත කළා. අසූහාර දහසක් අවුරුදු යුව රජ වශයෙන් කල්ගත කළා. අසූහාර දහසක් අවුරුදු රජකම කළා. අසූහාර දහසක් අවුරුදු මේ මඛාදේව අඹවනයෙහි ගිහි ගෙයින් නික්ම අනගාරික පැවිද්දෙන් බඹසරෙහි හැසිරුනා. ඉතින් ඔහු සතර බ්‍රහ්ම විහාර භාවනාව වඩා කය බිඳී මරණින් මතු බඹ ලොව උපන්නා.

පින්වත් ආනන්ද, ඒ මඛාදේව රජු ගේ දරු මුණුබුරු පරපුරෙහි අසූහාරදහසක් දෙනා මේ මඛාදේව අඹ වනයේ දී ම කෙස් රැවුල් බහා කසාවත් පොරොවා ගිහි ගෙයින් නික්ම අනගාරිකව පැවිදි වුනා. ඔවුනුත් මෛත්‍රී සහගත සිතින් එක් දිශාවකට පතුරුවා වාසය කළා. ඒ වගේ ම දෙවෙනි දිශාවටත්, ඒ වගේ ම තුන්වන දිශාවටත්, ඒ වගේ ම හතරවන දිශාවට ත් මෙසෙයින් උඩ, යට, සරස් අත ආදී සෑම තැනකට ම, සෑම අයුරින් ම සමස්ත ලෝකයට ම විපුල වූ, මහද්ගත වූ, අප්‍රමාණ වූ, අවෛරී වූ, දුක් නැති මෛත්‍රී සහගත සිතින්

පතුරුවා වාසය කළා. කරුණා සහගත සිතින් ....(පෙ).... මුදිතා සහගත සිතින් ....(පෙ).... උපේක්ෂා සහගත සිතින් එක් දිශාවකට පතුරුවා වාසය කළා. ඒ වගේ ම දෙවෙනි දිශාවටත්, ඒ වගේ ම තුන්වන දිශාවටත්, ඒ වගේ ම හතරවන දිශාවට ත් මෙසෙයින් උඩ, යට, සරස් අත ආදී සෑම තැනකට ම, සෑම අයුරින් ම සමස්ත ලෝකයට ම විපුල වූ, මහද්ගත වූ, අප්‍රමාණ වූ, අවෛරී වූ, දුක් නැති උපේක්ෂා සහගත සිතින් පතුරුවා වාසය කළා.

පින්වත් ආනන්ද, ඔවුනු ත් අසූහාර දහසක් අවුරුදු කුමාර ක්‍රීඩාවෙන් කල්ගත කළා. අසූහාර දහසක් අවුරුදු යුව රජවරුන් වශයෙන් කල්ගත කළා. අසූහාර දහසක් අවුරුදු රජකම කළා. අසූහාර දහසක් අවුරුදු මේ මඛාදේව අඹවනයෙහි ගිහි ගෙයින් නික්ම අනගාරික පැවිද්දෙන් බඹසරෙහි හැසිරුනා. ඉතින් ඔවුනුත් සතර බ්‍රහ්ම විහාර භාවනාව වඩා කය බිඳී මරණින් මතු බඹ ලොව උපන්නා.

ධාර්මික වූ, ධර්මරාජ වූ ඒ රජ පරපුරේ අන්තිමයා වුනේ නිමි රජතුමා. ධර්මයෙහි පිහිටි ඒ මහරජු බ්‍රාහ්මණ ගෘහපතියන් කෙරෙහි ත්, නියම්ගම් වැසියන් කෙරෙහි ත්, ජනපද වැසියන් කෙරෙහි ත් ධර්මානුකූලව හැසිරුනා. ඒ වගේ ම තුදුස්වක, පසළොස්වක, අටවක යන පොහෝ දවස් වල දී උපෝසථ සිල් රැක්කා.

පින්වත් ආනන්ද, මෙය පෙර සිදු වූ දෙයක්. තව්තිසා දෙවියන් ගේ සුධර්මා නම් දිව්‍ය සභාවෙහි රැස් වූ දෙවියන් අතර මේ කතාව ඇතිවුනා. "භවත්නි, විදේහවාසීන්ට නම් ලාභයක් ම යි! භවත්නි, විදේහවාසීන්ට නම් මනා වූ ලාභයක් ම යි! ධාර්මික වූ, ධර්මරාජ වූ ඒ රජ පරපුරේ නිමි නම් රජ කෙනෙක් ඇද්ද, ධර්මයෙහි පිහිටි ඒ මහරජු බ්‍රාහ්මණ ගෘහපතියන් කෙරෙහි ත්, නියම්ගම් වැසියන් කෙරෙහි ත්, ජනපද වැසියන් කෙරෙහි ත් ධර්මානුකූලව හැසිරෙනවා. ඒ වගේ ම තුදුස්වක, පසළොස්වක, අටවක යන පොහෝ දවස් වල දී උපෝසථ සිල් රකිනවා" කියල.

පින්වත් ආනන්ද, එතකොට ශක්‍ර දේවේන්ද්‍රයා තව්තිසාවෙහි දෙවියන් ඇමතුවා. "නිදුකාණෙනි, ඔබ අප ගේ නිමි රජ්ජුරුවන් දකින්නට කැමති ද?" "එසේය නිදුකාණෙනි, අපි නිමි රජ්ජුරුවන් දකින්නට කැමතියි." ඒ වෙලාවෙහි නිමි රජු ඒ පසළොස්වක් පොහෝ දිනයෙහි හිස සෝදා වතුර නා පෙහෙවස් සමාදන්ව උඩුමහල් තලයෙහි සිටියා. ඉතින් පින්වත් ආනන්ද, ශක්‍ර දේවේන්ද්‍රයා බලවත් පුරුෂයෙක් හැකිලූ අතක් දිග හරින වෙලාවක් තුළ, දිග හළ අතක් හකුලන වෙලාවක් තුළ තව්තිසා දෙව්ලොවින් නො පෙනී ගියා. නිමි රජතුමා ඉදිරියෙහි පහළ වුනා.

එවිට පින්වත් ආනන්ද, ශක්‍ර දේවේන්ද්‍රයා නිමි රජතුමාට මෙය පැවසුවා. "පින්වත් මහාරාජ, ඔබට ලාභයක් ම යි! ඔබට මනා වූ ලාභයක් ම යි! තව්තිසාවෙහි සුධර්මා නම් දිව්‍ය සභාවෙහි රැස් වූ දෙවිවරු ඔබ ගේ ගුණ කියමින් සිටියා. 'භවත්නි, විදේහවාසීන්ට නම් ලාභයක් ම යි! භවත්නි, විදේහවාසීන්ට නම් මනා වූ ලාභයක් ම යි! ධාර්මික වූ, ධර්මරාජ වූ ඒ රජ පරපුරේ නිමි නම් රජ කෙනෙක් ඇද්ද, ධර්මයෙහි පිහිටි ඒ මහරජු බ්‍රාහ්මණ ගෘහපතියන් කෙරෙහි ත්, නියම්ගම් වැසියන් කෙරෙහි ත්, ජනපද වැසියන් කෙරෙහි ත් ධර්මානුකූලව හැසිරෙනවා. ඒ වගේ ම තුදුස්වක, පසළොස්වක, අටවක යන පොහෝ දවස් වල දී උපෝසථ සිල් රකිනවා' කියල. පින්වත් මහාරාජ, මං ඔබ වෙනුවෙන් දහසක් අසුන් යෙදූ ආජානීය රථයක් එවන්නම්. පින්වත් මහාරාජ, කිසි තැතිගැනීමක් නැතිව ඒ දිව්‍ය යානයට නගිනු මැනව"

එතකොට පින්වත් ආනන්ද, නිමි රජතුමා නිහඬව සිටීමෙන් එය පිළිගත්තා. පින්වත් ආනන්ද, ශක්‍ර දේවේන්ද්‍රයා නිමි රජු විසින් ඇරයුම පිළිගත් බව දැන බලවත් පුරුෂයෙක් හැකිලූ අතක් දිග හරින වෙලාවක් තුළ, දිග හළ අතක් හකුලන වෙලාවක් තුළ නිමි රජු ඉදිරියෙහි නො පෙනී ගියා. තව්තිසා දෙවියන් ඉදිරියෙහි පහළ වුනා.

පින්වත් ආනන්ද, ශක්‍ර දේවේන්ද්‍රයා මාතලී රියැදුරා ඇමතුවා. "ප්‍රිය මිත්‍ර මාතලී, ඔබ එන්න. දහසක් අසුන් යෙදූ ආජානීය රථය සූදානම් කොට නිමි රජතුමා වෙත ගොස් 'පින්වත් මහාරාජ, ශක්‍ර දේවේන්ද්‍රයා විසින් එවන ලද දහසක් අසුන් යෙදූ ආජානීය රථය මෙය යි. පින්වත් මහාරාජ, කිසි තැති ගැනීමක් නැතිව, රථයට ගොඩවෙනු මැනව' කියල කියන්න. "එසේය පින්වතාණෙනි" කියා මාතලී රියැදුරා සක් දෙවිඳු හට පිළිතුරු දී දහසක් අසුන් යෙදූ ආජානීය රථය සකසා නිමි රජු වෙත එළැඹ මෙය පැවසුවා.

"පින්වත් මහාරාජ, ශක්‍ර දේවේන්ද්‍රයා විසින් එවන ලද දහසක් අසුන් යෙදූ ආජානීය රථය මෙය යි. පින්වත් මහාරාජ, කිසි තැති ගැනීමක් නැතිව, රථයට ගොඩවෙනු මැනව. ඒ වගේ ම මහාරාජ, පාපකර්ම කළ උදවිය ඒ පාපකර්මයන් ගේ විපාක විඳින ප්‍රදේශයක් ඇද්ද, ඒ මාර්ගයෙනුත් පුණ්‍ය කර්ම කළ උදවිය ඒ පුණ්‍ය කර්මයන් ගේ විපාක විඳින ප්‍රදේශයක් ඇද්ද, ඒ මාර්ග යෙනුත් යන මේ දෙකෙන් මං ඔබව ගෙන යන්නේ කොයි මාර්ගයෙන් ද?" කියල. "පින්වත් මාතලී, ඒ දෙමාර්ගයෙන් ම මාව ගෙනයන්න."

පින්වත් ආනන්ද, මාතලී රියදුරා නිමි රජුව සුධර්මා සභාවට පැමිණෙව්වා. පින්වත් ආනන්ද, එතකොට සක් දෙවිඳු දුරින් ම පැමිණෙන නිමි රජු දැක්කා.

දැක නිමි රජු හට මෙය පැවසුවා. "පින්වත් මහරජාණෙනි, එනු මැනව! පින්වත් මහරාජාණෙනි, ඔබ ගේ පැමිණීම ස්වාගතයකි! පින්වත් මහාරජාණෙනි, තව්තිසාවෙහි සුධර්මා නම් දිව්‍ය සභාවෙහි රැස් වූ දෙවිවරු ඔබ ගේ ගුණ කියමින් සිටියා. 'භවත්නි, විදේහවාසීන්ට නම් ලාභයක් ම යි! භවත්නි, විදේහවාසීන්ට නම් මනා වූ ලාභයක් ම යි! ධාර්මික වූ, ධර්මරාජ වූ ඒ රජ පරපුරේ නිමි නම් රජ කෙනෙක් ඇද්ද, ධර්මයෙහි පිහිටි ඒ මහරජු බ්‍රාහ්මණ ගෘහපතියන් කෙරෙහි ත්, නියම්ගම් වැසියන් කෙරෙහි ත්, ජනපද වැසියන් කෙරෙහි ත් ධර්මානුකූලව හැසිරෙනවා. ඒ වගේ ම තුදුස්වක, පසළොස්වක, අටවක යන පොහෝ දවස් වල දී උපෝසථ සිල් රකිනවා' කියල. පින්වත් මහාරාජ, තව්තිසාවැසි දෙවියන් ඔබව දකින්නට කැමතියි. පින්වත් මහාරාජ, දෙවියන් කෙරෙහි පවතින දේවානුභාවයට සිත් අලවනු මැනව."

"නිදුකාණෙනි, වැඩක් නැහැ. මාව ඒ මිථිලා නුවරට ම පමුණුවනු මැනව. මං බ්‍රාහ්මණ ගෘහපතියන් කෙරෙහි ත්, නියම්ගම් වැසියන් කෙරෙහි ත්, ජනපද වැසියන් කෙරෙහි ත් ධර්මානුකූලව හැසිරෙන්නම්. ඒ වගේ ම තුදුස්වක, පසළොස්වක, අටවක යන පොහෝ දවස් වල දී උපෝසථ සිල් රකින්නම්."

එතකොට පින්වත් ආනන්ද, සක් දෙවිඳු මාතලී රියදුරා හට මෙය පැවසුවා. "යහළු මාතලී, ඔබ එන්න. දහසක් අසුන් යෙදූ ආජානීය රථය සකසා නිමි රජුව එහි මිථිලා නුවරට ම පමුණුවන්න." එතකොට පින්වත් ආනන්ද "එසේය පින්වතාණෙනි" කියා මාතලී රියදුරා සක් දෙවිඳු හට පිළිතුරු දී දහස් අසුන් යෙදූ ආජානීය රථය සකසා නිමි රජුව ඒ මිනිස් ලොව මිථිලා නුවරට ම ඇරලුවා.

පින්වත් ආනන්ද, ඉතින් එහිදී නිමි රජු බ්‍රාහ්මණ ගෘහපතියන් කෙරෙහි ත්, නියම්ගම් වැසියන් කෙරෙහි ත්, ජනපද වැසියන් කෙරෙහි ත් ධර්මානුකූලව හැසිරෙනවා. ඒ වගේ ම තුදුස්වක, පසළොස්වක, අටවක යන පොහෝ දවස් වල දී උපෝසථ සිල් රකිනවා. පින්වත් ආනන්ද, ඒ නිමි රජු බොහෝ වර්ෂ ගණනක්, බොහෝ වර්ෂ සිය ගණනක්, බොහෝ වර්ෂ දහස් ගණනක් ඇවෑමෙන් කරණවෑමියා ඇමතුවා. "යහළු කරණවෑමිය, යම් දවසක මාගේ හිසෙහි ඉදුණු කෙස් ගසක් දැක්කොත්, එය මට කියන්න" කියල. පින්වත් ආනන්ද, "එසේය දේවයිනි" කියා කරණවෑමියා ද නිමි රජුට පැවසුවා. පින්වත් ආනන්ද, බොහෝ වර්ෂ ගණනක්, බොහෝ වර්ෂ සිය ගණනක්, බොහෝ වර්ෂ දහස් ගණනක් ඇවෑමෙන් කරණවෑමියා නිමි රජු ගේ හිසෙහි ඉදුණු කෙස් ගසක් තිබෙනවා දැක්කා. දැක නිමි රජුට මෙය පැවසුවා. "පින්වත් දේවයන් වහන්සේට දේවදූතයන් පහළ වෙලා ඉන්නවා. සිරසෙහි ඉදුණු කෙස් පෙනෙනවා" කියල.

"එසේ වී නම් යහළු කරණවෑමිය, ඒ ඉදුණු කෙස් අඬුවෙන් උදුරා මාගේ අත මත තබව." පින්වත් ආනන්ද, "එසේය දේවයිනි" කියා කරණවෑමියා නිමි රජුට පිළිතුරු දී අඬුවකින් ඉතා පරෙස්සමෙන් ඒ ඉදුණු කෙස් උදුරා නිමි රජතුමා ගේ අත්ල මත තැබුවා.

පින්වත් ආනන්ද, නිමි රජු කරණවෑමියාට ගම්වරයක් දීලා, ජ්‍යෙෂ්ඨ පුත් කුමරා අමතා මෙය පැවසුවා. "පුත් කුමරුවෙනි, මට දේවදූතයෝ පහළ වුනා. මා සිරසෙහි ඉදුණු කෙස් හටගත්තා. මා විසින් මිනිස් කම් සුව වැළඳුවා නෙව. දැන් දිව්‍ය කම් සැප සොයන්නට කාලය යි. පුත් කුමර, ඔබ එන්න. මේ රාජ්‍යය කරන්න. මං කෙස් රැවුල් බහා කහවත් හැඳ ගිහි ගෙයින් නික්ම අනගාරිකව පැවිදි වෙනවා. ඒ වගේ ම පුත් කුමර, යම් දවසක ඔබ ත් තම හිසෙහි ඉදුණු කෙස් ගස් දුටුවොත් එතකොට ත් කරණවෑමියාට ගම්වරයක් දී ජ්‍යෙෂ්ඨ පුත් කුමරාට රාජ්‍ය භාර දී කෙස් රැවුල් බහා කහවත් හැඳ ගිහි ගෙයින් නික්ම අනගාරිකව පැවිදි වෙන්න. මා විසින් මේ කල්‍යාණ වූ වැඩපිළිවෙලක් පිහිටුවන ලද්දේ ද, ඒ විදිහට ම පවත්වන්න. ඔබ මාගේ මේ වැඩපිළිවෙලෙහි අවසාන පුරුෂයා වෙන්න එපා! ඒ වගේ ම පුත් කුමර, යම් පුරුෂයෙකු ගේ යුගයක් පවතින විට මෙබඳු වූ කල්‍යාණ වැඩපිළිවෙලක් සහමුලින් සිඳී යයි ද, ඔහු ඒ පරම්පරාවේ අවසන් පුරුෂයා වනු ඇත. ඒ නිසයි පුත් කුමර මං ඔබට මෙහෙම කියන්නෙ. 'මා විසින් මේ කල්‍යාණ වූ වැඩපිළිවෙලක් පිහිටුවන ලද්දේ ද, ඒ විදිහට ම පවත්වන්න. ඔබ මාගේ මේ වැඩපිළිවෙලෙහි අවසාන පුරුෂයා වෙන්න එපා!' කියල."

ඉතින් පින්වත් ආනන්ද, නිමි රජතුමා කරණවෑමියාට ගම්වරයක් දී ජ්‍යෙෂ්ඨ පුත් කුමරා මනා කොට රාජ්‍යයෙහි පිහිටුවා මේ මඛාදේව අඹවනයේ දී කෙස් රැවුල් බහා කහවත් පොරොවා ගිහි ගෙයින් නික්ම අනගාරික පැවිදි බවට පත් වුනා. ඔහු මෛත්‍රී සහගත සිතින් එක් දිශාවකට පතුරුවා වාසය කළා. ඒ වගේ ම දෙවෙනි දිශාවටත්, ඒ වගේ ම තුන්වන දිශාවටත්, ඒ වගේ ම හතරවන දිශාවට ත් මෙසෙයින් උඩ, යට, සරස් අත ආදී සෑම තැනකට ම, සෑම අයුරින් ම සමස්ත ලෝකයට ම විපුල වූ, මහද්ගත වූ, අප්‍රමාණ වූ, අවෛරී වූ, දුක් නැති මෛත්‍රී සහගත සිතින් පතුරුවා වාසය කළා. කරුණා සහගත සිතින් ....(පෙ).... මුදිතා සහගත සිතින් ....(පෙ).... උපේක්ෂා සහගත සිතින් එක් දිශාවකට පතුරුවා වාසය කළා. ඒ වගේ ම දෙවෙනි දිශාවටත්, ඒ වගේ ම තුන්වන දිශාවටත්, ඒ වගේ ම හතරවන දිශාවට ත් මෙසෙයින් උඩ, යට, සරස් අත ආදී සෑම තැනකට ම, සෑම අයුරින් ම සමස්ත ලෝකයට ම විපුල වූ, මහද්ගත වූ, අප්‍රමාණ වූ, අවෛරී වූ, දුක් නැති උපේක්ෂා සහගත සිතින් පතුරුවා වාසය කළා.

පින්වත් ආනන්ද, නිමි රජු අසූහාර දහසක් අවුරුදු කුමාර ක්‍රීඩාවෙන් කල්ගත කළා. අසූහාර දහසක් අවුරුදු යුව රජ වශයෙන් කල්ගත කළා. අසූහාර දහසක් අවුරුදු රජකම කළා. අසූහාර දහසක් අවුරුදු මේ මඛාදේව අඹවනයෙහි ගිහි ගෙයින් නික්ම අනගාරික පැවිද්දෙන් බඹසරෙහි හැසිරුනා. ඉතින් ඔහු සතර බ්‍රහ්ම විහාර භාවනාව වඩා කය බිඳී මරණින් මතු බඹ ලොව උපන්නා.

පින්වත් ආනන්ද, ඒ නිමි රජුට කලාරජනක නම් පුත්‍රයෙක් සිටියා. ඔහු ගිහි ගෙයින් නික්ම අනගාරිකව පැවිදි වුනේ නැහැ. ඔහු ඒ කල්‍යාණ වැඩපිළිවෙල සිඳ දැම්මා. ඔහු ඒ රාජ පරපුරෙහි අන්තිම පුරුෂයා වුනා. පින්වත් ආනන්දය, ඔබට මෙහෙම සිතෙන්නට පුළුවනි. 'යමෙක් ඒ කල්‍යාණ වැඩපිළිවෙල ආරම්භ කළා ද ඒ මඛාදේව රජු වෙන කවුරුවත් ද?' කියල. පින්වත් ආනන්දයෙනි, එය මෙසේ නො දැක්ක යුතුයි. ඒ කාලයෙහි මඛාදේව රජු වුනේ මම යි. ඒ කල්‍යාණ වැඩපිළිවෙල පිහිටෙව්වෙත් මම යි. මා විසින් පිහිටවූ කල්‍යාණ වැඩපිළිවෙල තමයි පශ්චිම ජනතාව ඒ අයුරින් පවත්වාගෙන ආවෙ. පින්වත් ආනන්ද, ඒ කල්‍යාණ වැඩපිළිවෙල අවබෝධයෙන් ම කලකිරීම පිණිස හේතු වුනේ නෑ. විරාගය පිණිස හේතු වුනෙත් නෑ. නිරෝධය පිණිස හේතු වුනෙත් නෑ. සංසිඳීම පිණිස හේතු වුනෙත් නෑ. විශිෂ්ට ඤාණය පිණිස හේතු වුනෙත් නෑ. සම්බෝධිය පිණිස හේතු වුනෙත් නෑ. නිවන පිණිස හේතු වුනෙත් නෑ. එය හේතු වුනේ බඹලොව උපත පිණිස විතරයි.

පින්වත් ආනන්ද, දැන් මම මේ කල්‍යාණ වැඩපිළිවෙලක් පිහිටුවලා තියෙනවා. මෙය නම් ඒකාන්තයෙන් ම අවබෝධයෙන් ම කලකිරීම පිණිස හේතු වෙනවා. විරාගය පිණිස හේතු වෙනවා. නිරෝධය පිණිස හේතු වෙනවා. සංසිඳීම පිණිස හේතු වෙනවා. විශිෂ්ට ඤාණය පිණිස හේතු වෙනවා. සම්බෝධිය පිණිස හේතු වෙනවා. නිවන පිණිස හේතු වෙනවා. පින්වත් ආනන්ද, මා විසින් පිහිටුවන ලද ඒකාන්තයෙන් ම අවබෝධයෙන් ම කලකිරීම පිණිස, විරාගය පිණිස, නිරෝධය පිණිස, සංසිඳීම පිණිස, විශිෂ්ට ඤාණය පිණිස, සම්බෝධිය පිණිස, නිවන පිණිස හේතු වන්නා වූ කල්‍යාණ වැඩපිළිවෙල කුමක් ද? ඒ මේ ආර්ය අෂ්ටාංගික මාර්ගය යි. ඒ කුමක් ද යත්; සම්මා දිට්ඨි, සම්මා සංකප්ප, සම්මා වාචා, සම්මා කම්මන්ත, සම්මා ආජීව, සම්මා වායාම, සම්මා සති, සම්මා සමාධි යන මෙය යි.

පින්වත් ආනන්දය, දැන් මා විසින් පිහිටුවන ලද මෙම කල්‍යාණ වැඩපිළිවෙල ඒකාන්තයෙන් ම අවබෝධයෙන් ම කලකිරීම පිණිස, විරාගය පිණිස, නිරෝධය පිණිස, සංසිඳීම පිණිස, විශිෂ්ට ඤාණය පිණිස, සම්බෝධිය පිණිස, නිවන පිණිස හේතු වෙනවා. එහෙයින් පින්වත් ආනන්ද, මං ඒ ගැන

කියන්නේ මෙහෙමයි. **"මා විසින් පිහිටුවන ලද යම් කල්‍යාණ වූ වැඩපිළිවෙලක් ඇද්ද, එය ඒ අයුරින් ම පවත්වන්න"** කියල යි. **"ඔබ මා පිහිටවූ වැඩපිළිවෙලෙහි අන්තිම පුරුෂයන් වෙන්නට එපා!"** කියල යි.

පින්වත් ආනන්දය, යම් පුරුෂ යුගයක් පවතින කල්හි මේ ආකාර වූ කල්‍යාණ වැඩපිළිවෙල මුළුමනින් ම නැසී යයි ද, ඔහු තමයි මේ කල්‍යාණ වැඩපිළිවෙල රැගෙන ආ පරම්පරාවෙහි අන්තිම පුරුෂයා වන්නේ. එහෙයින් පින්වත් ආනන්ද, මං ඒ ගැන මෙහෙම යි කියන්නෙ. **"මා විසින් පිහිටුවන ලද යම් කල්‍යාණ වූ වැඩපිළිවෙලක් ඇද්ද, එය ඒ අයුරින් ම පවත්වන්න"** කියල යි. **"ඔබ මා පිහිටවූ වැඩපිළිවෙලෙහි අන්තිම පුරුෂයන් වෙන්නට එපා!"** කියලයි.

භාග්‍යවතුන් වහන්සේ මෙය වදාළ සේක. සතුටු සිත් ආයුෂ්මත් ආනන්දයන් වහන්සේ භාග්‍යවතුන් වහන්සේ වදාළ මෙම දේශනය ඉතාම සතුටින් පිළිගත්තා.

සාදු! සාදු!! සාදු!!!

මඛාදේව රජු ගැන වදාළ දෙසුම නිමා විය.

2.4.4.
මධුර සූත්‍රය
මධුරා පුරයෙහි දී වදාළ දෙසුම

මා හට අසන්නට ලැබුනේ මේ විදිහට යි. එසමයෙහි ආයුෂ්මත් මහා කච්චානයන් වහන්සේ මධුරා පුරයෙහි ගුන්දා වනයෙහි වැඩ සිටියේ. ඒ මධුරාපුරවැසි අවන්තිපුත්‍ර රජතුමා හට මෙය අසන්නට ලැබුනා. "භවත්නි, කච්චාන ශ්‍රමණයන් වහන්සේ මධුරාපුර ගුන්දා වනයෙහි වැඩසිටිනවා කියල යි. ඒ භවත් කච්චානයන් වහන්සේ පිළිබඳව මෙවැනි කල්‍යාණ වූ කීර්ති රාවයක් උස්ව නැගී තිබෙනවා. 'භවත් කච්චානයන් වහන්සේ සත්පුරුෂ පණ්ඩිතයෙක්. ව්‍යක්ත කෙනෙක්. ප්‍රඥාවන්ත කෙනෙක්. බහුශ්‍රැත කෙනෙක්. විචිත්‍ර වූ ධර්මකථික කෙනෙක්. කල්‍යාණ ප්‍රතිභාන ඇති කෙනෙක්. වයෝවෘද්ධ කෙනෙක්. ඒ වගේ ම රහතන් වහන්සේ නමක්' කියල. එබඳු ආකාර වූ රහතන් වහන්සේ නමක් දකින්නට ලැබීම කොතරම් හොඳ ද!"

ඉතින් මධුරාපුරවැසි අවන්තිපුත්‍ර රජතුමා සොඳුරු සොඳුරු වාහනයන් සකසා, සොඳුරු වාහනයක නැගී, සොඳුරු සොඳුරු වාහන වලින් මහත් රාජානුභාවයෙන් යුතුව ආයුෂ්මත් කච්චානයන් වහන්සේව දකිනු පිණිස මධුරාපුරයෙන් නික්ම ගියා. යානයෙන් යා හැකි තාක් ගොස් යානයෙන් බැස පා ගමනින් ම පිරිස් පිරිවරාගෙන ආයුෂ්මත් කච්චාන තෙරුන් කරා පැමිණුනා. පැමිණ ආයුෂ්මත් කච්චාන තෙරුන් සමඟ සතුටු වුනා. සතුටු විය යුතු පිළිසඳර කතාව නිමවා එකත්පස්ව වාඩිවුනා. එකත්පස්ව වාඩි වූ මධුරාපුරවැසි අවන්ති පුත්‍ර රජතුමා ආයුෂ්මත් කච්චාන තෙරුන්ට මෙය පැවසුවා.

"භවත් කච්චානයන් වහන්ස, බ්‍රාහ්මණයන් මෙහෙම කියනවා. 'ශ්‍රේෂ්ඨ වර්ණයෙන් යුක්ත වන්නේ බමුණන් විතරයි. අනිත් උදවිය හීන වර්ණයෙන් යුක්තයි. සුදු වර්ණයෙන් යුක්ත වන්නේ බමුණන් විතරයි. අනිත් උදවිය කළු වර්ණයෙන් යුක්තයි. බ්‍රාහ්මණයන් විතරක් පිරිසිදුයි. අබ්‍රාහ්මණයන් එහෙම නෑ. බ්‍රාහ්මණයන් කියන්නේ මහා බ්‍රහ්ම රාජයා ගේ ළයෙහි වැඩුණු දරුවන්. මුඛයෙන් උපන් දරුවන්. බ්‍රහ්මයා ගෙන් ම උපන් දරුවන්. බ්‍රහ්ම නිර්මාණය යි. බ්‍රහ්ම දායාද යි' කියල. ඉතින් මේ ගැන භවත් කච්චානයන් පවසන්නේ කුමක් ද?"

"පින්වත් මහාරාජ, ලෝකයෙහි මෙබඳු ඝෝෂාවක් නම් තියෙනවා තමයි. ඒ කියන්නෙ, 'ශ්‍රේෂ්ඨ වර්ණයෙන් යුක්ත වන්නේ බමුණන් විතරයි. අනිත් උදවිය හීන වර්ණයෙන් යුක්තයි. සුදු වර්ණයෙන් යුක්ත වන්නේ බමුණන් විතරයි. අනිත් උදවිය කළු වර්ණයෙන් යුක්තයි. බ්‍රාහ්මණයන් විතරක් පිරිසිදුයි. අබ්‍රාහ්මණයන් එහෙම නෑ. බ්‍රාහ්මණයන් කියන්නේ මහා බ්‍රහ්ම රාජයා ගේ ළයෙහි වැඩුණු දරුවන්. මුඛයෙන් උපන් දරුවන්. බ්‍රහ්මයා ගෙන් ම උපන් දරුවන්. බ්‍රහ්ම නිර්මාණය යි. බ්‍රහ්ම දායාද යි' කියල. නමුත් මහාරාජ, 'ශ්‍රේෂ්ඨ වර්ණයෙන් යුක්ත වන්නේ බමුණන් විතරයි. අනිත් උදවිය හීන වර්ණයෙන් යුක්තයි ....(පෙ).... බ්‍රහ්ම දායාද යි' වශයෙන් මේ බස පිළිබඳව ලෝකයේ යම් ඝෝෂාවක් ඇද්ද, ඒ ගැන තේරුම් ගත යුත්තේ මේ ආකාරයෙනුයි.

පින්වත් මහාරාජ, ඒ ගැන කුමක් ද සිතන්නේ? රාජවංශික කෙනෙකුට ධනයෙන් වේවා, ධාන්‍යයෙන් වේවා, රිදියෙන් වේවා, රනින් වේවා, යම් සමෘද්ධියක් තියෙනවා නම්, එතකොට ඒ සමෘද්ධිමත් තැනැත්තාට ක්ෂත්‍රිය වංශිකයා වුනත් පාන්දරින් නැගිට උපස්ථාන කිරීම, අන්තිමට නිදාගැනීම, කුමක් කළ යුතු දැයි සොයා බලා කිරීම, ඔහු ගේ සිත් ගන්නා අයුරින් හැසිරීම, ඔහුට ප්‍රිය බස් පැවසීම කරනවා නේද? ඒ වගේ ම ඒ සමෘද්ධිමත් තැනැත්තාට බ්‍රාහ්මණයා වුනත් ....(පෙ).... ඒ වගේ ම ඒ සමෘද්ධිමත් තැනැත්තාට වෙළඳ වංශිකයා වුනත් ....(පෙ).... ඒ වගේ ම ඒ සමෘද්ධිමත් තැනැත්තාට මෙහෙකාර කුලයේ උපන් කෙනා වුනත් පාන්දරින් නැගිට උපස්ථාන කිරීම, අන්තිමට නිදාගැනීම, කුමක් කළ යුතු දැයි සොයා බලා කිරීම, ඔහු ගේ සිත් ගන්නා අයුරින් හැසිරීම, ඔහුට ප්‍රිය බස් පැවසීම කරනවා නේද?"

"භවත් කච්චානයෙනි, රාජවංශික කෙනෙකුට ධනයෙන් වේවා, ධාන්‍යයෙන් වේවා, රිදියෙන් වේවා, රනින් වේවා, යම් සමෘද්ධියක් තියෙනවා නම්, එතකොට ඒ සමෘද්ධිමත් තැනැත්තාට ක්ෂත්‍රිය වංශිකයා වුනත් පාන්දරින් නැගිට උපස්ථාන කිරීම, අන්තිමට නිදාගැනීම, කුමක් කළ යුතු දැයි සොයා බලා කිරීම, ඔහු ගේ සිත් ගන්නා අයුරින් හැසිරීම, ඔහුට ප්‍රිය බස් පැවසීම කරනවා ම යි. ඒ වගේ ම ඒ සමෘද්ධිමත් තැනැත්තාට බ්‍රාහ්මණයා වුනත් ....(පෙ).... ඒ වගේ ම ඒ සමෘද්ධිමත් තැනැත්තාට වෙළඳ වංශිකයා වුනත් ....(පෙ).... ඒ වගේ ම ඒ සමෘද්ධිමත් තැනැත්තාට මෙහෙකාර කුලයේ උපන් කෙනා වුනත් පාන්දරින් නැගිට උපස්ථාන කිරීම, අන්තිමට නිදාගැනීම, කුමක් කළ යුතු දැයි සොයා බලා කිරීම, ඔහු ගේ සිත් ගන්නා අයුරින් හැසිරීම, ඔහුට ප්‍රිය බස් පැවසීම කරනවා ම යි"

"පින්වත් මහාරාජ, ඒ ගැන කුමක් ද සිතන්නේ? බ්‍රාහ්මණවංශික කෙනෙකුට ධනයෙන් වේවා, ධාන්‍යයෙන් වේවා, රිදියෙන් වේවා, රනින් වේවා, යම් සමෘද්ධියක් තියෙනවා නම්, එතකොට ඒ සමෘද්ධිමත් තැනැත්තාට බ්‍රාහ්මණ වංශිකයා වුනත් පාන්දරින් නැගිට උපස්ථාන කිරීම, අන්තිමට නිදා ගැනීම, කුමක් කළ යුතු දැයි සොයා බලා කිරීම, ඔහු ගේ සිත් ගන්නා අයුරින් හැසිරීම, ඔහුට ප්‍රිය බස් පැවසීම කරනවා නේද? ඒ වගේ ම ඒ සමෘද්ධිමත් තැනැත්තාට ක්ෂත්‍රීයා වුනත් ....(පෙ).... ඒ වගේ ම ඒ සමෘද්ධිමත් තැනැත්තාට වෙළඳ වංශිකයා වුනත් ....(පෙ).... ඒ වගේ ම ඒ සමෘද්ධිමත් තැනැත්තාට මෙහෙකාර කුලයේ උපන් කෙනා වුණත් පාන්දරින් නැගිට උපස්ථාන කිරීම, අන්තිමට නිදාගැනීම, කුමක් කළ යුතු දැයි සොයා බලා කිරීම, ඔහු ගේ සිත් ගන්නා අයුරින් හැසිරීම, ඔහුට ප්‍රිය බස් පැවසීම කරනවා නේද?"

"භවත් කච්චානයෙනි, බ්‍රාහ්මණවංශික කෙනෙකුට වුනත් ධනයෙන් වේවා, ධාන්‍යයෙන් වේවා, රිදියෙන් වේවා, රනින් වේවා, යම් සමෘද්ධියක් තියෙනවා නම්, එතකොට ඒ සමෘද්ධිමත් තැනැත්තාට බ්‍රාහ්මණ වංශිකයා වුණත් පාන්දරින් නැගිට උපස්ථාන කිරීම, අන්තිමට නිදාගැනීම, කුමක් කළ යුතු දැයි සොයා බලා කිරීම, ඔහු ගේ සිත් ගන්නා අයුරින් හැසිරීම, ඔහුට ප්‍රිය බස් පැවසීම කරනවා ම යි. ඒ වගේ ම ඒ සමෘද්ධිමත් තැනැත්තාට ක්ෂත්‍රීයා වුනත් ....(පෙ).... ඒ වගේ ම ඒ සමෘද්ධිමත් තැනැත්තාට වෙළඳ වංශිකයා වුනත් ....(පෙ).... ඒ වගේ ම ඒ සමෘද්ධිමත් තැනැත්තාට මෙහෙකාර කුලයේ උපන් කෙනා වුණත් පාන්දරින් නැගිට උපස්ථාන කිරීම, අන්තිමට නිදාගැනීම, කුමක් කළ යුතු දැයි සොයා බලා කිරීම, ඔහු ගේ සිත් ගන්නා අයුරින් හැසිරීම, ඔහුට ප්‍රිය බස් පැවසීම කරනවා ම යි."

"පින්වත් මහාරාජ, ඒ ගැන කුමක් ද සිතන්නේ? වෙළඳ වංශයේ කෙනෙකුට වුනත් ධනයෙන් වේවා, ධාන්‍යයෙන් වේවා, රිදියෙන් වේවා, රනින් වේවා, යම් සමෘද්ධියක් තියෙනවා නම්, එතකොට ඒ සමෘද්ධිමත් තැනැත්තාට වෛශ්‍ය වංශිකයා වුණත් පාන්දරින් නැගිට උපස්ථාන කිරීම, අන්තිමට නිදා ගැනීම, කුමක් කළ යුතු දැයි සොයා බලා කිරීම, ඔහු ගේ සිත් ගන්නා අයුරින් හැසිරීම, ඔහුට ප්‍රිය බස් පැවසීම කරනවා නේද? ඒ වගේ ම ඒ සමෘද්ධිමත් තැනැත්තාට ක්ෂත්‍රීයා වුනත් ....(පෙ).... ඒ වගේ ම ඒ සමෘද්ධිමත් තැනැත්තාට බ්‍රාහ්මණයා වුනත් ....(පෙ).... ඒ වගේ ම ඒ සමෘද්ධිමත් තැනැත්තාට මෙහෙකාර කුලයේ උපන් කෙනා වුනත් පාන්දරින් නැගිට උපස්ථාන කිරීම, අන්තිමට නිදා ගැනීම, කුමක් කළ යුතු දැයි සොයා බලා කිරීම, ඔහු ගේ සිත් ගන්නා අයුරින් හැසිරීම, ඔහුට ප්‍රිය බස් පැවසීම කරනවා නේද?"

"භවත් කච්චානයෙනි, වෙළඳ වංශයේ කෙනෙකුට වුනත් ධනයෙන් වේවා, ධාන්‍යයෙන් වේවා, රිදියෙන් වේවා, රනින් වේවා, යම් සමෘද්ධියක් තියෙනවා නම්, එතකොට ඒ සමෘද්ධිමත් තැනැත්තාට වෛශ්‍ය වංශිකයා වුනත් පාන්දරින් නැගිට උපස්ථාන කිරීම, අන්තිමට නිදාගැනීම, කුමක් කළ යුතු දැයි සොයා බලා කිරීම, ඔහු ගේ සිත් ගන්නා අයුරින් හැසිරීම, ඔහුට ප්‍රිය බස් පැවසීම කරනවා ම යි. ඒ වගේ ම ඒ සමෘද්ධිමත් තැනැත්තාට ක්ෂත්‍රියා වුනත් ....(පෙ).... ඒ වගේ ම ඒ සමෘද්ධිමත් තැනැත්තාට බ්‍රාහ්මණයා වුනත් ....(පෙ).... ඒ වගේ ම ඒ සමෘද්ධිමත් තැනැත්තාට මෙහෙකාර කුලයේ උපන් කෙනා වුණත් පාන්දරින් නැගිට උපස්ථාන කිරීම, අන්තිමට නිදාගැනීම, කුමක් කළ යුතු දැයි සොයා බලා කිරීම, ඔහු ගේ සිත් ගන්නා අයුරින් හැසිරීම, ඔහුට ප්‍රිය බස් පැවසීම කරනවා ම යි."

"පින්වත් මහාරාජ, ඒ ගැන කුමක් ද සිතන්නේ? මෙහෙකාර කුලයේ කෙනෙකුට වුණත් ධනයෙන් වේවා, ධාන්‍යයෙන් වේවා, රිදියෙන් වේවා, රනින් වේවා, යම් සමෘද්ධියක් තියෙනවා නම්, එතකොට ඒ සමෘද්ධිමත් තැනැත්තාට ශුද්‍ර වංශිකයා වුනත් පාන්දරින් නැගිට උපස්ථාන කිරීම, අන්තිමට නිදාගැනීම, කුමක් කළ යුතු දැයි සොයා බලා කිරීම, ඔහු ගේ සිත් ගන්නා අයුරින් හැසිරීම, ඔහුට ප්‍රිය බස් පැවසීම කරනවා නේද? ඒ වගේ ම ඒ සමෘද්ධිමත් තැනැත්තාට ක්ෂත්‍රියා වුනත් ....(පෙ).... ඒ වගේ ම ඒ සමෘද්ධිමත් තැනැත්තාට වෙළඳ බ්‍රාහ්මණයා වුනත් ....(පෙ).... ඒ වගේ ම ඒ සමෘද්ධිමත් තැනැත්තාට වෙළඳ කුලයේ උපන් කෙනා වුනත් පාන්දරින් නැගිට උපස්ථාන කිරීම, අන්තිමට නිදාගැනීම, කුමක් කළ යුතු දැයි සොයා බලා කිරීම, ඔහු ගේ සිත් ගන්නා අයුරින් හැසිරීම, ඔහුට ප්‍රිය බස් පැවසීම කරනවා නේද?"

"භවත් කච්චානයෙනි, මෙහෙකාර කුලයේ කෙනෙකුට වුනත් ධනයෙන් වේවා, ධාන්‍යයෙන් වේවා, රිදියෙන් වේවා, රනින් වේවා, යම් සමෘද්ධියක් තියෙනවා නම්, එතකොට ඒ සමෘද්ධිමත් තැනැත්තාට ශුද්‍ර වංශිකයා වුනත් පාන්දරින් නැගිට උපස්ථාන කිරීම, අන්තිමට නිදාගැනීම, කුමක් කළ යුතු දැයි සොයා බලා කිරීම, ඔහු ගේ සිත් ගන්නා අයුරින් හැසිරීම, ඔහුට ප්‍රිය බස් පැවසීම කරනවා ම යි. ඒ වගේ ම ඒ සමෘද්ධිමත් තැනැත්තාට ක්ෂත්‍රියා වුනත් ....(පෙ).... ඒ වගේ ම ඒ සමෘද්ධිමත් තැනැත්තාට වෙළඳ බ්‍රාහ්මණයා වුනත් ....(පෙ).... ඒ වගේ ම ඒ සමෘද්ධිමත් තැනැත්තාට වෙළඳ කුලයේ උපන් කෙනා වුණත් පාන්දරින් නැගිට උපස්ථාන කිරීම, අන්තිමට නිදාගැනීම, කුමක් කළ යුතු දැයි සොයා බලා කිරීම, ඔහු ගේ සිත් ගන්නා අයුරින් හැසිරීම, ඔහුට ප්‍රිය බස් පැවසීම කරනවා ම යි."

"පින්වත් මහාරාජ, ඒ ගැන කුමක් ද සිතන්නේ? ඉදින් මෙසේ ඇති කල්හි ඔය සතර වර්ණය ම සම සම වෙනවා ද? නැද්ද? ඔබට මේ ගැන සිතෙන්නේ කොහොම ද?" "භවත් කච්චානයෙනි, ඒකාන්තයෙන් ම ඔය විදිහට බලද්දී ඔය සතර වර්ණය ම සම සම වෙනවා ම යි. ඔය කරුණෙහිලා ඔවුන් ගේ කිසිම වෙනසක් දකින්නට නැහැ නෙව."

"ඒ වගේ ම පින්වත් මහාරාජ, 'ශ්‍රේෂ්ඨ වර්ණයෙන් යුක්ත වන්නේ බමුණන් විතරයි. අනිත් උදවිය හීන වර්ණයෙන් යුක්තයි ....(පෙ).... බ්‍රහ්ම දායාද යි' වශයෙන් මේ බස පිළිබඳව ලෝකයේ යම් ඝෝෂාවක් තිබුනත්, ඒ ගැන මේ ආකාරයෙන් තේරුම් ගන්නට පුළුවනි.

පින්වත් මහාරාජ, ඒ ගැන කුමක් ද සිතන්නේ? මෙහිලා යම් ක්ෂත්‍රිය වංශිකයෙක් සතුන් මරණවා නම්, සොරකම් කරනවා නම්, වැරදි කාම සේවනයේ යෙදෙනවා නම්, බොරු කියනවා නම්, කේලාම් කියනවා නම්, එරුෂ වචන කියනවා නම්, හිස් වචන කියනවා නම්, අනුන් සතු දෙයට ආශා කරමින් සිටිනවා නම්, ද්වේෂයෙන් සිටිනවා නම්, මිත්‍යා දෘෂ්ටියෙන් යුක්ත නම් කය බිඳී මරණින් මතු ඔහු අපාය නම් වූ දුගතිය නම් වූ විනිපාත නම් වූ නිරයෙහි උපදීවි ද? නැද්ද? මේ ගැන ඔබට සිතෙන්නේ කොහොම ද?"

"භවත් කාච්චානයන් වහන්ස, ක්ෂත්‍රිය වංශිකයෙක් වුනත් සතුන් මරණවා නම්, සොරකම් කරනවා නම්, වැරදි කාම සේවනයේ යෙදෙනවා නම්, බොරු කියනවා නම්, කේලාම් කියනවා නම්, එරුෂ වචන කියනවා නම්, හිස් වචන කියනවා නම්, අනුන් සතු දෙයට ආශා කරමින් සිටිනවා නම්, ද්වේෂයෙන් සිටිනවා නම්, මිත්‍යා දෘෂ්ටියෙන් යුක්ත නම් කය බිඳී මරණින් මතු ඔහු අපාය නම් වූ දුගතිය නම් වූ විනිපාත නම් වූ නිරයෙහි උපදිනවා කියල යි මට මේ ගැන හිතෙන්නෙ. ඒ වගේ ම මං ඔය කරුණ රහතන් වහන්සේලා ගෙන් අසා තියෙනවා."

"සාදු! සාදු! පින්වත් මහාරාජ. පින්වත් මහාරාජ, ඔබට ඔය අයුරින් තේරුම් යාම ඉතාම හොඳයි. ඔය කරුණ රහතන් වහන්සේලා ගෙන් අසා තිබීම ත් ඉතා ම හොඳයි. පින්වත් මහාරාජ, මේ ගැන ඔබ කුමක් ද සිතන්නේ? මෙහිලා යම් බ්‍රාහ්මණයෙක් ....(පෙ).... මෙහිලා යම් වෙළඳ වංශිකයෙක් ....(පෙ).... මෙහිලා මෙහෙකාර කුලයේ උපන්නෙක් සතුන් මරණවා නම්, ...(පෙ).... මිත්‍යා දෘෂ්ඨියෙන් යුතු නම්, කය බිඳී මරණින් මතු ඔහු අපාය නම් වූ දුගතිය නම් වූ විනිපාත නම් වූ නිරයෙහි උපදීවි ද? නැද්ද? මේ ගැන ඔබට සිතෙන්නේ කොහොම ද?"

"භවත් කාච්චානයන් වහන්ස, මෙහෙකාර කුලයෙහි උපන්නෙක් වුනත් සතුන් මරණවා නම්, ...(පෙ).... මිත්‍යා දෘෂ්ටියෙන් යුක්ත නම් කය බිඳී මරණින් මතු ඔහු අපාය නම් වූ දුගතිය නම් වූ විනිපාත නම් වූ නිරයෙහි උපදිනවා කියල යි මට මේ ගැන හිතෙන්නෙ. ඒ වගේ ම මං ඔය කරුණ රහතන් වහන්සේලා ගෙන් අසා තියෙනවා."

"සාදු! සාදු! පින්වත් මහාරාජ. පින්වත් මහාරාජ, ඔබට ඔය අයුරින් තේරුම් යාම ඉතාම හොඳයි. ඔය කරුණ රහතන් වහන්සේලා ගෙන් අසා තිබීම ත් ඉතා ම හොඳයි. පින්වත් මහාරාජ, ඒ ගැන කුමක් ද සිතන්නේ? ඉදින් මෙසේ ඇති කල්හි ඔය සතර වර්ණය ම සම සම වෙනවා ද? නැද්ද? ඔබට මේ ගැන සිතෙන්නේ කොහොම ද?"

"භවත් කච්චානයෙනි, ඒකාන්තයෙන් ම ඔය විදිහට බලද්දී ඔය සතර වර්ණය ම සම සම වෙනවා ම යි. ඔය කරුණෙහිලා ඔවුන් ගේ කිසිම වෙනසක් දකින්නට නැහැ නෙව."

"ඒ වගේ ම පින්වත් මහාරාජ, 'ශ්‍රේෂ්ඨ වර්ණයෙන් යුක්ත වන්නේ බමුණන් විතරයි. අනිත් උදවිය හීන වර්ණයෙන් යුක්තයි ....(පෙ).... බ්‍රහ්ම දායාද යි' වශයෙන් මේ බස පිළිබඳව ලෝකයේ යම් ඝෝෂාවක් තිබුනත්, ඒ ගැන මේ ආකාරයෙනු ත් තේරුම් ගන්නට පුළුවනි.

පින්වත් මහාරාජ, ඒ ගැන කුමක් ද සිතන්නේ? මෙහිලා යම් ක්ෂත්‍රිය වංශිකයෙක් සතුන් මැරීමෙන් වැළකී සිටිනවා නම්, සොරකම් කිරීමෙන් වැළකී සිටිනවා නම්, වැරදි කාම සේවනයෙන් වැළකී සිටිනවා නම්, බොරු කීමෙන් වැළකී සිටිනවා නම්, කේලාම් කීමෙන් වැළකී සිටිනවා නම්, ඵරුෂ වචන කීමෙන් වැළකී සිටිනවා නම්, හිස් වචන කීමෙන් වැළකී සිටිනවා නම්, අනුන් සතු දෙයට ආශා කිරීමෙන් වැළකී සිටිනවා නම්, ද්වේෂයෙන් වැළකී සිටිනවා නම්, සම්‍යක් දෘෂ්ටියෙන් යුක්ත නම් කය බිඳී මරණින් මතු ඔහු සුගති සංඛ්‍යාත ස්වර්ග ලෝකයෙහි උපදීවි ද? නැද්ද? මේ ගැන ඔබට සිතෙන්නේ කොහොම ද?"

"භවත් කාච්චානයන් වහන්ස, ක්ෂත්‍රිය වංශිකයෙක් වුනත් සතුන් මැරීමෙන් වැළකී සිටිනවා නම්, සොරකම් කිරීමෙන් වැළකී සිටිනවා නම්, වැරදි කාම සේවනයෙන් වැළකී සිටිනවා නම්, බොරු කීමෙන් වැළකී සිටිනවා නම්, කේලාම් කීමෙන් වැළකී සිටිනවා නම්, ඵරුෂ වචන කීමෙන් වැළකී සිටිනවා නම්, හිස් වචන කීමෙන් වැළකී සිටිනවා නම්, අනුන් සතු දෙයට ආශා කිරීමෙන් වැළකී සිටිනවා නම්, ද්වේෂයෙන් වැළකී සිටිනවා නම්, සම්‍යක් දෘෂ්ටියෙන්

යුක්ත නම් කය බිඳී මරණින් මතු ඔහු සුගති සංඛ්‍යාත ස්වර්ග ලෝකයෙහි උපදිනවා කියල යි මට මේ ගැන හිතෙන්නෙ. ඒ වගේ ම මං ඔය කරුණ රහතන් වහන්සේලා ගෙන් අසා තියෙනවා."

"සාදු! සාදු! පින්වත් මහාරාජ. පින්වත් මහාරාජ, ඔබට ඔය අයුරින් තේරුම් යාම ඉතාම හොඳයි. ඔය කරුණ රහතන් වහන්සේලා ගෙන් අසා තිබීම ත් ඉතා ම හොඳයි. පින්වත් මහාරාජ, මේ ගැන ඔබ කුමක් ද සිතන්නේ? මෙහිලා යම් බ්‍රාහ්මණයෙක් ....(පෙ).... මෙහිලා යම් වෙළඳ වංශිකයෙක් ....(පෙ).... මෙහිලා මෙහෙකාර කුලයේ උපන්නෙක් සතුන් මැරීමෙන් වැළකිලා ඉන්නවා නම්, ...(පෙ).... සම්‍යක් දෘෂ්ටියෙන් යුතු නම්, කය බිඳී මරණින් මතු ඔහු සුගති සංඛ්‍යාත ස්වර්ග ලෝකයෙහි උපදීවි ද? නැද්ද? මේ ගැන ඔබට සිතෙන්නේ කොහොම ද?"

"භවත් කාච්චානයන් වහන්ස, මෙහෙකාර කුලයෙහි උපන්නෙක් වුණත් සතුන් මැරීමෙන් වැළකිලා ඉන්නවා නම්, ...(පෙ).... සම්‍යක් දෘෂ්ටියෙන් යුතු නම්, කය බිඳී මරණින් මතු ඔහු සුගති සංඛ්‍යාත ස්වර්ග ලෝකයෙහි උපදිනවා කියල යි මට මේ ගැන හිතෙන්නෙ. ඒ වගේ ම මං ඔය කරුණ රහතන් වහන්සේලා ගෙන් අසා තියෙනවා."

"සාදු! සාදු! පින්වත් මහාරාජ. පින්වත් මහාරාජ, ඔබට ඔය අයුරින් තේරුම් යාම ඉතාම හොඳයි. ඔය කරුණ රහතන් වහන්සේලා ගෙන් අසා තිබීම ත් ඉතා ම හොඳයි. පින්වත් මහාරාජ, ඒ ගැන කුමක් ද සිතන්නේ? ඉදින් මෙසේ ඇති කල්හි ඔය සතර වර්ණය ම සම සම වෙනවා ද? නැද්ද? ඔබට මේ ගැන සිතෙන්නේ කොහොම ද?"

"භවත් කච්චානයෙනි, ඒකාන්තයෙන් ම ඔය විදිහට බලද්දී ඔය සතර වර්ණය ම සම සම වෙනවා ම යි. ඔය කරුණෙහිලා ඔවුන් ගේ කිසිම වෙනසක් දකින්නට නැහැ නෙව."

"ඒ වගේ ම පින්වත් මහාරාජ, 'ශ්‍රේෂ්ඨ වර්ණයෙන් යුක්ත වන්නේ බමුණන් විතරයි. අනිත් උදවිය හීන වර්ණයෙන් යුක්තයි ....(පෙ).... බ්‍රහ්ම දායාද යි' වශයෙන් මේ බස පිළිබඳව ලෝකයේ යම් ඝෝෂාවක් තිබුනත්, ඒ ගැන මේ ආකාරයෙනු ත් තේරුම් ගන්නට පුළුවනි.

"පින්වත් මහාරාජ, ඒ ගැන ඔබ කුමක්ද සිතන්නේ? මෙහිලා ක්ෂත්‍රිය වංශිකයෙක් ගෙවල් බිඳිනවා නම්, ගම් පහරනවා නම්, එක ගෙයක් හෝ මංකොල්ලකනවා නම්, මං පහරනවා නම්, පිටස්තර ස්ත්‍රීන් කරා යනවා නම්,

ඒ පුරුෂයන් ඔහුව අල්ලා ගෙන රජ්ජුරුවන්ට ඉදිරිපත් කරනවා නම්, 'දේවයන් වහන්ස, මේ සොරා නුඹවහන්සේට අපරාධකාරයෙක්. මොහුට යමක් කරනු කැමති නම් ඒ දඬුවම දුන මැනව' කියල. එතකොට ඒ සොරාට ඔබ කුමක් ද කරන්නෙ?"

"භවත් කච්චානයන් වහන්ස, එක්කො මරණීය දණ්ඩනයට පමුණුවනවා. එක්කො ධනය රාජසන්තක කරනවා. එහෙම නැත්නම් රටින් පිට කරනවා. ඒ ඒ කරුණු යෙදෙන හැටියට සිදුකරනවා. මක් නිසාද යත්; භවත් කච්චානයන් වහන්ස, ඔහුට කලින් 'ක්ෂත්‍රිය වංශිකයා' යැයි නමක් තිබුනට ඒ නම අතුරුදහන් වෙනවා. දැන් 'සොරා' කියන නම යි යෙදිල තියෙන්නෙ."

"පින්වත් මහාරාජ, මේ ගැන කුමක්ද සිතන්නෙ? මෙහිලා බ්‍රාහ්මණයෙක් ....(පෙ).... මෙහිලා වෙළඳ වංශිකයෙක් ....(පෙ).... මෙහිලා මෙහෙකරු කුලයේ කෙනෙක් ගෙවල් බිඳිනවා නම්, ගම් පහරනවා නම්, එක ගෙයක් හෝ මංකොල්ලකනවා නම්, මං පහරනවා නම්, පිටස්තර ස්ත්‍රීන් කරා යනවා නම්, ඒ පුරුෂයන් ඔහුව අල්ලා ගෙන රජ්ජුරුවන්ට ඉදිරිපත් කරනවා නම්, 'දේවයන් වහන්ස, මේ සොරා නුඹවහන්සේට අපරාධකාරයෙක්. මොහුට යමක් කරනු කැමති නම් ඒ දඬුවම දුන මැනව' කියල. එතකොට ඒ සොරාට ඔබ කුමක් ද කරන්නෙ?"

"භවත් කච්චානයන් වහන්ස, එක්කො මරණීය දණ්ඩනයට පමුණුවනවා. එක්කො ධනය රාජසන්තක කරනවා. එහෙම නැත්නම් රටින් පිට කරනවා. ඒ ඒ කරුණු යෙදෙන හැටියට සිදුකරනවා. මක් නිසාද යත්; භවත් කච්චානයන් වහන්ස, ඔහුට කලින් 'ශුද්‍රයා' යැයි නමක් තිබුනට ඒ නම අතුරුදහන් වෙනවා. දැන් 'සොරා' කියන නම යි යෙදිල තියෙන්නෙ."

"පින්වත් මහාරාජ, ඒ ගැන කුමක් ද සිතන්නේ? ඉදින් මෙසේ ඇති කල්හි ඔය සතර වර්ණය ම සම සම වෙනවා ද? නැද්ද? ඔබට මේ ගැන සිතෙන්නේ කොහොම ද?"

"භවත් කච්චානයෙනි, ඒකාන්තයෙන් ම ඔය විදිහට බලද්දී ඔය සතර වර්ණය ම සම සම වෙනවා ම යි. ඔය කරුණෙහිලා ඔවුන් ගේ කිසිම වෙනසක් දකින්නට නැහැ නෙව."

"ඒ වගේ ම පින්වත් මහාරාජ, 'ශ්‍රේෂ්ඨ වර්ණයෙන් යුක්ත වන්නේ බමුණන් විතරයි. අනිත් උදවිය හීන වර්ණයෙන් යුක්තයි ....(පෙ).... බ්‍රහ්ම දායාද යි' වශයෙන් මේ බස පිළිබඳව ලෝකයේ යම් ඝෝෂාවක් තිබුනත්, ඒ ගැන මේ ආකාරයෙනු ත් තේරුම් ගන්නට පුළුවනි.

පින්වත් මහාරාජ, මේ ගැන කුමක් ද සිතන්නේ? මෙහිලා ක්ෂත්‍රිය වංශිකයෙක් කෙස් රැවුල් බහා කසාවත් පොරවා ගිහි ගෙයින් නික්ම අනගාරික පැවිදි ජීවිතයකට පත්වෙනවා නම්, සතුන් මැරීමෙන් වෙන්ව, සොරකමින් වෙන්ව, බොරු කීමෙන් වෙන්ව, උදේ වරුවේ විතරක් වළඳමින්, බ්‍රහ්මචාරීව, සීලවන්තව, කල්‍යාණ ධර්මයන් ඇතිව සිටිනවා නම් ඔබ ඔහුට කුමක් ද කරන්නේ?"

"භවත් කච්චානයන් වහන්ස, එතකොට අපි ඔහුට වැඳුම් පිදුම් කරනවා. දැක හුනස්නෙන් හෝ නැගිටිනවා. ආසනයකින් හෝ පවරනවා. ඒ වගේ ම චීවර, පිණ්ඩපාත, සේනාසන, ගිලන්පස බෙහෙත් පිරිකරින් හෝ උපස්ථාන කරනවා. ධාර්මික ආරක්ෂාවරණය සපයනවා. මක්නිසා ද යත්; භවත් කච්චානයෙනි, කලින් ඔහුට 'ක්ෂත්‍රිය වංශිකයා' කියා යම් නමක් තිබුනා ද, එය නැතිවුනා. 'ශ්‍රමණයන් වහන්සේ' යන නම ලැබුනා."

"පින්වත් මහාරාජ, මේ ගැන කුමක්ද සිතන්නෙ? මෙහිලා බ්‍රාහ්මණයෙක් ....(පෙ).... මෙහිලා වෙළඳ වංශිකයෙක් ....(පෙ).... මෙහිලා මෙහෙකරු කුලයේ කෙනෙක් කෙස් රැවුල් බහා කසාවත් පොරවා ගිහි ගෙයින් නික්ම අනගාරික පැවිදි ජීවිතයකට පත්වෙනවා නම්, සතුන් මැරීමෙන් වෙන්ව, සොරකමින් වෙන්ව, බොරු කීමෙන් වෙන්ව, උදේ වරුවේ විතරක් වළඳමින්, බ්‍රහ්මචාරීව, සීලවන්තව, කල්‍යාණ ධර්මයන් ඇතිව සිටිනවා නම් ඔබ ඔහුට කුමක් ද කරන්නේ?"

"භවත් කච්චානයන් වහන්ස, එතකොට අපි ඔහුට වැඳුම් පිදුම් කරනවා. දැක හුනස්නෙන් හෝ නැගිටිනවා. ආසනයකින් හෝ පවරනවා. ඒ වගේ ම චීවර, පිණ්ඩපාත, සේනාසන, ගිලන්පස බෙහෙත් පිරිකරින් හෝ උපස්ථාන කරනවා. ධාර්මික ආරක්ෂාවරණය සපයනවා. මක්නිසා ද යත්; භවත් කච්චානයෙනි, කලින් ඔහුට 'ශූද්‍රයා' කියා යම් නමක් තිබුනා ද, එය නැතිවුනා. 'ශ්‍රමණයන් වහන්සේ' යන නම ලැබුනා."

"පින්වත් මහාරාජ, ඒ ගැන කුමක් ද සිතන්නේ? ඉදින් මෙසේ ඇති කල්හි ඔය සතර වර්ණය ම සම සම වෙනවා ද? නැද්ද? ඔබට මේ ගැන සිතෙන්නේ කොහොම ද?"

"භවත් කච්චානයෙනි, ඒකාන්තයෙන් ම ඔය විදිහට බලද්දී ඔය සතර වර්ණය ම සම සම වෙනවා ම යි. ඔය කරුණෙහිලා ඔවුන් ගේ කිසිම වෙනසක් දකින්නට නැහැ නෙව."

"ඒ වගේ ම පින්වත් මහාරාජ, 'ශ්‍රේෂ්ඨ වර්ණයෙන් යුක්ත වන්නේ බමුණන් විතරයි. අනිත් උදවිය හීන වර්ණයෙන් යුක්තයි. සුදු වර්ණයෙන් යුක්ත වන්නේ බමුණන් විතරයි. අනිත් උදවිය කළු වර්ණයෙන් යුක්තයි. බ්‍රාහ්මණයන් විතරක් පිරිසිදුයි. අබ්‍රාහ්මණයන් එහෙම නෑ. බ්‍රාහ්මණයන් කියන්නේ මහා බ්‍රහ්ම රාජයා ගේ ළයෙහි වැඩුණු දරුවන්. මුඛයෙන් උපන් දරුවන්. බ්‍රහ්මයා ගෙන් ම උපන් දරුවන්. බ්‍රහ්ම නිර්මාණය යි. බ්‍රහ්ම දායාද යි' වශයෙන් මේ බස පිළිබඳව ලෝකයේ යම් ඝෝෂාවක් තිබෙනවා තමයි. නමුත් ඒ ගැන තේරුම් ගත යුත්තේ ඔන්න ඔය ආකාරයෙනු යි."

මෙසේ පැවසූ විට මධුරාපුරාධිපති අවන්තිපුත්‍ර රජු ආයුෂ්මත් මහාකච්චානයන් වහන්සේට මෙය පැවසුවා. "භවත් කච්චානයන් වහන්ස, හරි ම සුන්දර යි! භවත් කච්චානයන් වහන්ස, හරි ම සුන්දර යි! යටිකුරු වෙච්ච දෙයක් උඩට හැරෙව්වා වගෙයි. සැඟවෙච්ච දෙයක් විවෘත කළා වගෙයි. මං මුළා වූ කෙනෙකුට මාර්ගය පෙන්වූවා වගෙයි. අඳුරේ සිටින උදවියට රූප දකින්ට තෙල් පහන් දැල්වවූවා වගෙයි. ඔන්න ඔය විදිහට යි භවත් කච්චානයන් වහන්සේ විසින් නොයෙක් ආකාරයෙන් ශ්‍රී සද්ධර්මය වදාළේ. ඉතින් මං භවත් කච්චානයන් වහන්සේව සරණ යනවා. ශ්‍රී සද්ධර්මය ත් සරණ යනවා. ශ්‍රාවක සඟරුවන ත් සරණ යනවා. භවත් කච්චානයන් වහන්සේ අද පටන් දිවි ඇති තුරාවට තෙරුවන් සරණ ගිය උපාසකයෙකු වශයෙන් මාව පිළිගන්නා සේක්වා!"

"පින්වත් මහාරාජ, ඔබ මාව සරණ යන්නට එපා! මම යම් කෙනෙකුන් වහන්සේව සරණ ගියා නම්, ඒ භාග්‍යවතුන් වහන්සේව ම ඔබ ත් සරණ යන්න."

"භවත් කච්චානයන් වහන්ස, දැන් ඒ භාග්‍යවත් වූ අරහත් වූ සම්මාසම්බුදු රජාණන් වහන්සේ වැඩසිටින්නේ කොහේද?"

"පින්වත් මහාරාජ, දැන් ඒ භාග්‍යවත් වූ අරහත් වූ සම්මාසම්බුදු රජාණන් වහන්සේ පිරිනිවන් පා වදාළ සේක."

"භවත් කච්චානයන් වහන්ස, ඉදින් අපි දස යොදුනක් දුරින් ඒ භාග්‍යවතුන් වහන්සේ වැඩසිටිනවා කියල අසනවා නම්, ඒ භාග්‍යවත් වූ අරහත් වූ සම්මාසම්බුදු රජාණන් වහන්සේ දකින්නට දස යොදුනක් ගෙවාගෙන හෝ යනවා. ඉදින් අපි විසි යොදුනක් දුරින් වේවා, තිස් යොදුනක් දුරින් වේවා, සතළිස් යොදුනක් දුරින් වේවා, පනස් යොදුනක් දුරින් වේවා ඒ භාග්‍යවතුන් වහන්සේ වැඩසිටිනවා කියල අසනවා නම්, ඒ භාග්‍යවත් වූ අරහත් වූ සම්මාසම්බුදු රජාණන් වහන්සේ දකින්නට ඒ පනස් යොදුන ම ගෙවාගෙන හෝ යනවා. භවත් කච්චානයන් වහන්ස, යම් කලෙක ඒ භාග්‍යවතුන් වහන්සේ

පිරිනිවන් පා වදාළ සේක් ද, ඒ පිරිනිවන් පා වදාළ භාග්‍යවතුන් වහන්සේව අපි සරණ යනවා. ශ්‍රී සද්ධර්මය ත් සරණ යනවා. ශ්‍රාවක සඟරුවන ත් සරණ යනවා. භවත් කච්චානයන් වහන්සේ අද පටන් දිවි ඇති තුරාවට තෙරුවන් සරණ ගිය උපාසකයෙකු වශයෙන් මාව පිළිගන්නා සේක්වා!"

සාදු! සාදු!! සාදු!!!

මධුරා පුරයේ දී වදාළ දෙසුම නිමා විය.

2.4.5.
බෝධිරාජකුමාර සූත්‍රය
බෝධිරාජකුමාරයා හට වදාළ දෙසුම

මා හට අසන්නට ලැබුනේ මේ විදිහට යි. ඒ දිනවල භාග්‍යවතුන් වහන්සේ වැඩසිටියේ භග්ග රට සුංසුමාරගිර නුවර භේසකලා නම් මිගදායෙහි ය. ඒ දිනවල ම බෝධිරාජ කුමාරයා ගේ 'කෝකනද' නම් මාලිගාවක් කරවපු අලුත යි. ඒ වගේ ම ඒ මාළිගාව කිසියම් ශ්‍රමණයෙක් වේවා, බ්‍රාහ්මණයෙක් වේවා, කිසියම් මනුෂ්‍යයෙක් වේවා පරිභෝග කරල ත් නෑ. එදා බෝධිරාජකුමාරයා සඤ්ජිකාපුත්‍ර මානවකයා අමතා මෙය පැවසුවා. "ප්‍රිය යහළු සඤ්ජිකාපුත්‍රය, භාග්‍යවතුන් වහන්සේ වෙත යන්න. ගිහින් මගේ වචනයෙන් භාග්‍යවතුන් වහන්සේ ගේ ශ්‍රී පාද පද්මය නළල බිම තබා වඳින්න. අල්පාබාධ බව ත්, නිදුක් බව ත්, සැහැල්ලු බව ත්, කායික සවිය ත්, පහසු විහරණය ත් විමසන්න. මෙසේ ත් කියන්න. 'ස්වාමීනී, භාග්‍යවතුන් වහන්ස, හෙට දවසේ බෝධිරාජකුමාරයා ගේ දානය පිණිස භාග්‍යවතුන් වහන්සේ භික්ෂු සංඝයා සමඟ වඩින සේක්වා!' කියල."

"එසේය භවත" කියා සඤ්ජිකාපුත්‍ර තරුණයා බෝධිරාජකුමාරයාට පිළිතුරු දී භාග්‍යවතුන් වහන්සේ වෙත පැමිණියා. පැමිණ භාග්‍යවතුන් වහන්සේ සමඟ සතුටු වුනා. සතුටු විය යුතු පිළිසඳර කථාව කොට එකත්පස්ව වාඩි වුනා. එකත්පස්ව වාඩි වූ සඤ්ජිකාපුත්‍ර තරුණයා භාග්‍යවතුන් වහන්සේට මෙය පැවසුවා. "ස්වාමීනී, බෝධිරාජකුමාරයා භවත් ගෞතමයන් වහන්සේ ගේ ශ්‍රී පාද පද්මය නළල බිම තබා වඳියි. අල්පාබාධ බව ත්, නිදුක් බව ත්, සැහැල්ලු බව ත්, කායික සවිය ත්, පහසු විහරණය ත් විමසයි. මෙසේ ත් කියයි. 'භවත් ගෞතමයන් වහන්ස, හෙට දවසේ බෝධිරාජකුමාරයා ගේ දානය පිණිස භවත් ගෞතමයන් වහන්සේ භික්ෂු සංඝයා සමඟ වඩින සේක්වා!' එතකොට භාග්‍යවතුන් වහන්සේ එම ඇරයුම නිශ්ශබ්දතාවයෙන් යුතුව ඉවසා වදාළා.

එවිට සඤ්ජිකාපුත්‍ර මාණවකයා භාග්‍යවතුන් වහන්සේ විසින් එය පිළිගත්බව දැන හුනස්නෙන් නැගී බෝධිරාජකුමාරයා වෙත පැමිණුනා. පැමිණ බෝධිරාජකුමාරයාට මෙය පැවසුවා. "අපි භවතාණන් ගේ වචනයෙන් භවත් ගෞතමයන් හට දැනුම් දුන්නා. 'ස්වාමීනී, බෝධිරාජකුමාරයා භවත් ගෞතමයන්

වහන්සේ ගේ ශ්‍රී පාද පද්මය නළල බිම තබා වදියි. අල්පාබාධ බව ත්, නිදුක් බව ත්, සැහැල්ලු බව ත්, කායික සවිය ත්, පහසු විහරණය ත් විමසයි. මෙසේ ත් කියයි. 'භවත් ගෞතමයන් වහන්ස, හෙට දවසේ බෝධිරාජකුමාරයා ගේ දානය පිණිස භවත් ගෞතමයන් වහන්සේ භික්ෂු සංඝයා සමඟ වඩින සේක්වා!' කියල. ඉතින් ශ්‍රමණ ගෞතමයන් වහන්සේ එම ඇරයුම පිළිගත්තා.

එවිට බෝධිරාජකුමාරයා ඒ රාත්‍රිය ඇවෑමෙන් තම මාළිගයෙහි ප්‍රණීත වූ ආහාරපානාදිය පිළියෙල කොට කෝකනද මාළිගයේ පියගැටපෙළ පාමුල දක්වා සුදු පාවඩ අතුරා සඤ්ජිකාපුත්‍ර තරුණයා ඇමතුවා. "ප්‍රිය මිත්‍ර සඤ්ජිකාපුත්‍රයෙනි, ඔබ එන්න. භාග්‍යවතුන් වහන්සේ වෙත යන්න. ගිහින් භාග්‍යවතුන් වහන්සේට 'ස්වාමීනී, දැන් එයට කාලය යි. දානය පිළියෙල කරල යි තියෙන්නෙ' කියා කල් දැනුම් දෙන්න." "එසේය භවත" කියා සඤ්ජිකාපුත්‍ර මාණවකයා බෝධිරාජකුමාරයාට පිළිතුරු දී භාග්‍යවතුන් වහන්සේ වෙත පැමිණුනා. පැමිණ භාග්‍යවතුන් වහන්සේට "භවත් ගෞතමයන් වහන්ස, දැන් එයට කාලය යි. දානය පිළියෙල කරල යි තියෙන්නෙ" කියා කල් දැනුම් දුන්නා.

එකල්හි භාග්‍යවතුන් වහන්සේ පෙරවරුවෙහි සිවුරු හැඳ පොරවා ගෙන, පාත්‍රය ගෙන බෝධිරාජකුමාරයා ගේ මාළිගය වෙත වැඩම කළා. එවේලෙහි බෝධිරාජකුමාරයා දොරටුවෙන් එළියට පැමිණ භාග්‍යවතුන් වහන්සේ වඩිනා මග බලමින් සිටියා. එතකොට බෝධිරාජකුමාරයා දුරින් ම වඩිනා භාග්‍යවතුන් වහන්සේව දැක්කා. දැක පෙරගමන් කළා. භාග්‍යවතුන් වහන්සේට ආදරයෙන් වන්දනා කොට පෙරටු කරගෙන කෝකනද මාළිගය කරා පැමිණුනා.

ඉක්බිති භාග්‍යවතුන් වහන්සේ පියගැටපෙළ පාමුළ නැවතී සිටියා. එතකොට බෝධිරාජකුමාරයා භාග්‍යවතුන් වහන්සේට මෙය පැවසුවා. "ස්වාමීනී, භාග්‍යවතුන් වහන්ස, පාවඩය මතින් වඩින සේක්වා! සුගතයන් වහන්ස, පාවඩය මතින් වඩින සේක්වා! එය මට බොහෝ කලක් හිතසුව පිණිස පවතීවි." මෙසේ පැවසූ විට භාග්‍යවතුන් වහන්සේ නිශ්ශබ්ද වුණා. දෙවන වතාවට ත්, බෝධිරාජකුමාරයා භාග්‍යවතුන් වහන්සේට මෙය පැවසුවා. "ස්වාමීනී, භාග්‍යවතුන් වහන්ස, පාවඩය මතින් වඩින සේක්වා! සුගතයන් වහන්ස, පාවඩය මතින් වඩින සේක්වා! එය මට බොහෝ කලක් හිතසුව පිණිස පවතීවි." දෙවන වතාවට ත් භාග්‍යවතුන් වහන්සේ නිශ්ශබ්ද වුනා. තුන්වන වතාවට ත්, බෝධිරාජකුමාරයා භාග්‍යවතුන් වහන්සේට මෙය පැවසුවා. "ස්වාමීනී, භාග්‍යවතුන් වහන්ස, පාවඩය මතින් වඩින සේක්වා! සුගතයන් වහන්ස, පාවඩය මතින් වඩින සේක්වා! එය මට බොහෝ කලක් හිතසුව පිණිස පවතීවි." තුන්වන වතාවට ත් භාග්‍යවතුන් වහන්සේ නිශ්ශබ්ද වුනා.

එවිට භාග්‍යවතුන් වහන්සේ ආයුෂ්මත් ආනන්දයන් දෙස හැරී බැලුවා. ආයුෂ්මත් ආනන්දයන් වහන්සේ බෝධිරාජකුමාරයාට මෙය පැවසුවා. "පින්වත් රාජකුමාරය, ඔය පාවඩය හකුලනු මැනව. භාග්‍යවතුන් වහන්සේ පාවඩය මතින් නො වඩින සේක. තථාගතයන් වහන්සේ පශ්චිම ජනතාව දෙස බලන සේක."

එවිට බෝධිරාජකුමාරයා පාවඩ හකුළුවා කෝකනද මාළිගයෙහි උඩුමහලෙහි ආසන පැණෙව්වා. ඉක්බිති භාග්‍යවතුන් වහන්සේ භික්ෂුසංඝයා සමඟ කෝකනද මාළිගයට නැග පණවන ලද ආසනයන් හි වැඩසිටියා. එවිට බෝධිරාජකුමාරයා බුද්ධප්‍රමුඛ භික්ෂුසංඝයා හට ප්‍රණීත වූ ආහාරපානාදියෙන් සිය අතින් ම පිළිගැන්නුවා. මැනවින් වැළඳෙව්වා. එකල්හි බෝධිරාජකුමාරයා දන් වළඳා අවසන් වූ භාග්‍යවතුන් වහන්සේ අසලින් එක්තරා මිටි අසුනක් ගෙන එකත්පස්ව වාඩි වුනා. එකත්පස්ව වාඩි වූ බෝධිරාජකුමාරයා මෙය පැවසුවා.

"ස්වාමීනී, මා තුළ මෙවැනි අදහසක් තියෙනවා. 'සැපයෙන් සැපයක් ලබන්නට බැහැ. දුකින් තමයි සැපයක් ලබන්නට පුළුවන් වෙන්නෙ' කියල."

"පින්වත් රාජකුමාරය, සම්බුද්ධත්වයට පත්වෙන්නට කලින් අවබෝධ නො වී බෝධිසත්ව වශයෙන් සිටිය දී මට තිබුනෙත් ඔය අදහස ම යි. ඒ කියන්නෙ 'සැපයෙන් සැපයක් ලබන්නට බැහැ. දුකින් තමයි සැපයක් ලබන්නට පුළුවන් වෙන්නෙ' කියල.

ඉතින් පින්වත් රාජකුමාරය, ඒ මං පස්සෙ කාලෙක තරුණ වයසේ සිටිය දී කළු කෙස් ඇතිව සිටිය දී, භද්‍ර වූ යොවුන් වියෙහි ප්‍රථම වයසෙහි සිටිය දී මා පියන් අකමැති වෙද්දී, කඳුළු වැගුරූ මුහුණින් යුතුව ඔවුන් හඬද්දී, ගිහි ගෙයින් නික්ම අනගාරික පැවිද්දට පත්වුනා. මෙසේ මං පැවිදිව 'කිං කුසල ගවේසී'ව කුසල් කුමක් ද යන්න සොයමින්, අනුත්තර වූ නිර්වාණ ශාන්තිය සොයමින් ආළාරකාලාමයන් වෙත පැමිණුනා. පැමිණ ආළාරකාලාමට මෙහෙම කිව්වා. "ආයුෂ්මත් කාලාම, මං කැමති යි මේ ධර්ම විනයෙ බඹසර හැසිරෙන්ට" කියල.

එතකොට පින්වත් රාජකුමාරය, ආළාර කාලාම මට මෙහෙම කිව්වා. "ප්‍රිය ආයුෂ්මතුනි, එහෙම නම් මේ ධර්මයේ බඹසර හැසිරෙන්න. බුද්ධිමත් කෙනෙකු ට සුළු කලක දී මේ ධර්මය තමා තුළින් ම තේරුම් අරගෙන සාක්ෂාත් කරල ඉන්නට පුළුවනි" කියල. පින්වත් රාජකුමාරය, මං ඉතා ම සුළු කලකින් වහා ම ඒ ධර්මය ඉගෙන ගත්තා. පින්වත් රාජකුමාරය, මං ඔවුන් තොල් සොලවා යමක් කියන පමණින් ම ඒක තේරුම් ගත්තා. ඔවුන් ගේ ධර්ම ක්‍රමය තේරුම් ගත්තා. ඒ දේ දන්න කෙනෙක්, දකින කෙනෙක් බවට පත් වුනා. අනිත් උදවිය ත් මං ගැන එහෙම කිව්වා.

එතකොට පින්වත් රාජකුමාරය, මට මෙහෙම හිතුනා. 'ඔය ආළාර කාලාම මේ ධර්මය කියන්නෙ හුදෙක් ශ්‍රද්ධාවකින් පමණක් ම නො වෙයි. තමන් ම අවබෝධ කරල, සාක්ෂාත් කරල ඉඳගෙන යි ඔය කියන්නෙ. ඇත්තෙන් ම ඔය ආළාර කාලාම මේ ධර්මය දැනගෙන, දැකගෙන ඉන්න කෙනෙක්.' ඉතින් පින්වත් රාජකුමාරය, මං ආළාර කාලාම ළඟට ගියා. ගිහින් ආළාර කාලාම ගෙන් මෙහෙම ඇහුවා. "ආයුෂ්මත් කාලාම, ඔබේ අවබෝධය තුලින් ම සාක්ෂාත් කරගෙන තියෙන මේ ධර්මය කොච්චර දුරට කියන්න පුළුවන් ද?" කියල. පින්වත් රාජකුමාරය, ආළාර කාලාම මට 'ආකිඤ්චඤ්ඤායතන සමාධිය' ගැන කිව්වා.

එතකොට මට මෙහෙම හිතුනා. 'ඉතින් ආළාර කාලාමට විතරක් නෙවෙයි ශ්‍රද්ධාව තියෙන්නෙ. මට ත් ශ්‍රද්ධාව තියෙනවා නෙව. ආළාර කාලාමට විතරක් නෙවෙයි වීරිය තියෙන්නෙ. මට ත් වීරිය තියෙනවා නෙව. ආළාර කාලාමට විතරක් නෙවෙයි සිහිය තියෙන්නෙ. මට ත් සිහිය තියෙනවා නෙව. ආළාර කාලාමට විතරක් නෙවෙයි සමාධිය තියෙන්නෙ. මට ත් සමාධිය තියෙනවා නෙව. ආළාර කාලාමට විතරක් නෙවෙයි ප්‍රඥාව තියෙන්නෙ. මට ත් ප්‍රඥාව තියෙනවා නෙව. ඉතින් එහෙනම් මම ත් ආළාර කාලාම තමන් ගෙ නුවණින් සාක්ෂාත් කරල ඉඳගෙන කියන දේ සාක්ෂාත් කරන්නට වීරිය ගන්නට ඕන' කියල. පින්වත් රාජකුමාරය, ටික දවසකින් ම ඉතා ඉක්මනින් ම මම ත් ඒ ධර්මය අවබෝධ කරගෙන ඒ ධර්මයට පැමිණ වාසය කළා.

එතකොට පින්වත් රාජකුමාරය, මං ආළාර කාලාම ළඟට ගියා. ගිහින් මං මෙහෙම කිව්වා. "ආයුෂ්මත් කාලාම, අවබෝධයෙන් ම සාක්ෂාත් කරගෙන ඔබ ඔය කියන ධර්මය ඔච්චර යි ද?"

"ප්‍රිය අයුෂ්මතුනි, මං අවබෝධයෙන් ම සාක්ෂාත් කරගෙන කියන ධර්මය ඔච්චර තමයි."

ඉතින් ආයුෂ්මතුනි, දැන් ඔය ධර්මය මම ත් අවබෝධයෙන් ම සාක්ෂාත් කරගෙන ඉන්නවා නෙව."

"අනේ ඇත්තට ම ආයුෂ්මතුනි, ඕක ලාභයක්. ආයුෂ්මතුනි, ඕක අපිට හරි ලාභයක්. ආයුෂ්මතුන් වගේ සබ්‍රහ්මචාරීන් කෙනෙක් අපට ත් දැක ගන්නට ලැබුනා. යම් දෙයක් මං අවබෝධ කරගෙන සාක්ෂාත් කරගෙන ඉන්නවා නම්, ඒ දේ ඔබ ත් අවබෝධ කරගෙන සාක්ෂාත් කරගෙන යි ඉන්නෙ. යම් ධර්මයක් ඔබ අවබෝධ කරගෙන, සාක්ෂාත් කරගෙන ඉන්නවා නම්, ඒ ධර්මය මම ත් අවබෝධ කරගෙන සාක්ෂාත් කරගෙන යි ඉන්නෙ. එහෙම නම් ඉතින්

යම් ධර්මයක් මම දන්නවා නම් ඒ ධර්මය ඔබ ත් දන්නවා. යම් ධර්මයක් ඔබ දන්නවා නම්, ඒ ධර්මය මම ත් දන්නවා. මම යම් විදිහක නම් ඔබ ත් ඒ විදිය යි. ඔබ යම් විදිහක නම් මම ත් ඒ විදිය යි. ඉතින් ප්‍රිය ආයුෂ්මතුනි, දැන් එන්න. අපි දෙන්න එකතු වෙලා මේ පිරිස බලා හදාගෙන ඉඳිමු."

ඉතින් පින්වත් රාජකුමාරය, මගේ ගුරුවරයාව සිටි ආළාර කාලාම, ගෝලයා වෙලා මාව තමන් හා සමාන තැනක තිබ්බා. උතුම් පුද පූජාවල් කළා. ඒත් පින්වත් රාජකුමාරය, මං හිතන්න පටන් ගත්තා. 'මේ ධර්මය නම් අවබෝධයෙන් ම කළකිරීමට හේතු වෙන්නෙ නෑ. නො ඇල්ම පිණිස හේතු වෙන්නෙ නෑ. දුක් නැති වෙන්ට හේතු වෙන්නෙ නෑ. කෙලෙස් සංසිඳීම පිණිස හේතු වෙන්නෙ නෑ. විශේෂ ඥානයට හේතු වෙන්නෙ නෑ. ආර්ය සත්‍යය අවබෝධයට හේතු වෙන්නෙ නෑ. නිවනට හේතු වෙන්නෙ නෑ. මේ ධර්මය හේතු වෙන්නෙ ආකිඤ්චඤ්ඤායතන ලෝකෙ උපදින්නට විතර යි' කියල. පින්වත් රාජකුමාරය, ඉතින් මම ඒ ධර්මයේ ඇත්ත දැකල ඒ ධර්මය ගැන කළකිරුනා. එතන දාල ගියා.

පින්වත් රාජකුමාරය, මං ආයෙමත් 'කුසල් කියන්නෙ මොකක් ද?' කියල හොයන්නට පටන් ගත්තා. අනුත්තර වූ අමා නිවන හොයන්නට පටන් ගත්තා. රාමපුත්‍ර උද්දක ළඟට ගියා. ගිහින් රාමපුත්‍ර උද්දකට මෙහෙම කිව්වා. "ප්‍රිය ආයුෂ්මතුනි, මං කැමති යි මේ ධර්ම-විනයෙ බඹසර හැසිරෙන්නට" කියල. එතකොට පින්වත් රාජකුමාරය, රාමපුත්‍ර උද්දක මට මෙහෙම කිව්වා. "හොඳයි අයුෂ්මතුනි, බඹසර හැසිරෙන බුද්ධිමත් කෙනෙකුට ඉතා කෙටි කලකින් මේ ධර්මය ඉගෙන ගෙන, සාක්ෂාත් කරල වාසය කරන්නට පුළුවන්" කියල. පින්වත් රාජකුමාරය, ඒ ධර්මය තොල් සොලවා කියූ පමණින් ම මං අවබෝධ කරගත්තා. එහි වැඩිහිටියෙක් බවට පත්වුනා. ඒ ධර්මය දන්න කෙනෙක් දකින කෙනෙක් බවට පත්වුනා. අනිත් උදවිය ත් මං ගැන එහෙම කිව්වා.

එතකොට පින්වත් රාජකුමාරය, මට මෙහෙම හිතුනා. 'පින්වත් රාමපුත්‍ර උද්දක මේ ධර්මය හුදෙක් ශ්‍රද්ධා මාත්‍රයෙන් කියනවා නො වෙයි. තමන් ගේ ම ඥාණයෙන් සාක්ෂාත් කරල ඉඳගෙන යි කියන්නෙ. ඇත්තෙන් ම පින්වත් රාමයන් මේ ධර්මය දැනගෙන, දැකගෙන හිටපු කෙනෙක්.' ඉතින් පින්වත් රාජකුමාරය, මං රාමපුත්‍ර උද්දක ළඟට ගියා. ගිහින් මෙහෙම ඇහුවා. "ප්‍රිය ආයුෂ්මතුනි, පින්වත් රාමයන් මේ ධර්මය තමන් ගේ නුවණින් සාක්ෂාත් කරල කියල දෙන්නෙ කොච්චර දුරකට ද?" එතකොට පින්වත් රාජකුමාරය, රාමපුත්‍ර උද්දක මට 'නේවසඤ්ඤානාසඤ්ඤායතන' සමාධිය ගැන පැවසුවා.

එතකොට මට මෙහෙම හිතුනා. 'ශ්‍රද්ධාව තිබුනෙ රාමට විතරක් නො වෙයි. මට ත් ශ්‍රද්ධාව තියෙනවා. වීරිය තිබුනෙ රාමට විතරක් නො වෙයි. මට ත් වීරිය තියෙනවා. සිහිය තිබුනෙ රාමට විතරක් නො වෙයි. මට ත් සිහිය තියෙනවා. සමාධිය තිබුනෙ රාමට විතරක් නො වෙයි. මට ත් සමාධිය තියෙනවා. ප්‍රඥාව තිබුනෙ රාමට විතරක් නො වෙයි. මට ත් ප්‍රඥාව තියෙනවා. එහෙනම් මම ත් පින්වත් රාමයන් යම් දෙයක් අවබෝධ කරගෙන, සාක්ෂාත් කරගෙන වාසය කළා නම්, ඒ දේ අවබෝධ කරගන්නට වීරිය කරනවා. ඒ දේ සාක්ෂාත් කරන්නට වීරිය ගන්නවා' කියල. ඉතින් පින්වත් රාජකුමාරය, ඉතා සුළු කලකින්, ඉතා ඉක්මනින් ම මම ත් ඒ ධර්මය අවබෝධ කරගෙන, සාක්ෂාත් කරගෙන ඒ ධර්මය ට පැමිණ වාසය කළා.

පින්වත් රාජකුමාරය, මං දවසක් රාමපුත්‍ර උද්දක ළඟට ගියා. ගිහින් රාමපුත්‍ර උද්දකට මෙහෙම කිව්වා. "ප්‍රිය ආයුෂ්මතුනි, ඔබේ පියා වන පින්වත් රාමයන් තමන් ගේ ම නුවණින් මේ ධර්මය සාක්ෂාත් කරගෙන වාසය කළේ ඔච්චරකින් ද?"

"ප්‍රිය ආයුෂ්මතුනි, ඔව්! අපේ පියාණන් වන පින්වත් රාමයන් තමන් ගේ නුවණින් සාක්ෂාත් කරගෙන වාසය කරපු ධර්මය ඔච්චර තමයි."

"ප්‍රිය ආයුෂ්මතුනි, ඒ (ඔබේ පියා වන පින්වත් රාමයන් සාක්ෂාත් කළ) ඔය ධර්මය මම ත් ඔච්චරකින් අවබෝධයෙන් ම සාක්ෂාත් කරගෙන යි ඉන්නෙ."

"ප්‍රිය ආයුෂ්මතුනි, අපිට මහ ලාභයක් නෙව. අපට උතුම් ලාභයක් නෙව. අපිට ත් ආයුෂ්මතුන් වගේ සබ්‍රහ්මචාරීන් කෙනෙක් දකින ගන්නට ලැබුනා නෙව. ඉතින් යම් ධර්මයක් අපේ පියාණන් වන පින්වත් රාමයන් අවබෝධයෙන් සාක්ෂාත් කරගෙන වාසය කළා නම් ඒ ධර්මය ඔබ ත් අවබෝධයෙන් සාක්ෂාත් කරගෙන වාසය කරනවා නෙව. ඔබ යම් ධර්මයක් සාක්ෂාත් කරගෙන වාසය කරනවා නම් ඒ ධර්මය පින්වත් රාමයන් සාක්ෂාත් කරගෙන වාසය කළා. යම් ධර්මයක් රාම දැනගෙන හිටියා නම්, ඒ ධර්මය ත් ඔබ දන්නවා. යම් ධර්මයක් ඔබ දැනගෙන ඉන්නවා නම්, ඒ ධර්මය රාමයන් දැනගත්තා. ඒ නිසා රාම යම් බඳු නම් ඔබ ත් එබඳු ම යි. ඔබ යම් බඳු නම් රාම ත් එබඳු ම යි. ඒ නිසා පින්වත් ආයුෂ්මතුනි, දැන් එන්න. ඔබ මේ පිරිස බලා හදාගන්න."

මේ විදියට පින්වත් රාජකුමාරය, රාමපුත්‍ර උද්දක මා හා සමානව සබ්‍රහ්මචාරීව සිටිය දී මාව ආචාර්ය තනතුරේ තැබුවා. මට උතුම් පුද පූජාවල් කළා. නමුත් පින්වත් රාජකුමාරය, මං හිතන්න පටන් ගත්තා. 'මේ ධර්මය නම් අවබෝධයෙන් ම කළකිරීමට හේතු වෙන්නෙ නෑ. නො ඇල්ම පිණිස හේතු

වෙන්නෙ නෑ. ඇල්ම නිරුද්ධ වීම පිණිස හේතු වෙන්නෙ නෑ. සංසිඳීම පිණිස හේතු වෙන්නෙ නෑ. විශිෂ්ට ඤාණය පිණිස හේතු වෙන්නෙ නෑ. අවබෝධය පිණිස හේතු වෙන්නෙ නෑ. නිවන පිණිස හේතු වෙන්නෙ නෑ. මේ ධර්මය හේතු වෙන්නෙ නේවසඤ්ඤානාසඤ්ඤායතන ලෝකයේ උපදින්නට විතර යි' කියල.

පින්වත් රාජකුමාරය, ඔය විදියට මං ඒ ධර්මයේ ඇත්ත තත්වය තේරුම් අරගෙන, ඒ ධර්මය ගැන කළකිරිල එතනින් නික්මිල ගියා. ඉතින් පින්වත් රාජකුමාරය, මං ආයෙමත් 'කුසල් කියන්නෙ මොනව ද?' කියල හොයන කෙනෙක් වුනා. ඒ අමා නිවන සොයා ගෙන යන කෙනෙක් වුනා. මං මගධ ජනපදයෙ ඇවිදගෙන ඇවිදගෙන ගියා. එහෙම යද්දි තමයි උරුවේලාවේ සේනානිගම නම් නියම්ගම හම්බ වුනේ. මං එහෙදි නැවතුනා. ඒ භූමිය මං දැකපු රමණීය තැනක්. ඒ වන ගැබ ඇත්තෙන් ම ලස්සන යි. සුදු වැලි තලාව තියෙන රමණීය තැනක්. ඒ වන ගැබ ඇත්තෙන් ම ලස්සන යි. සුදු වැලි තලාව තියෙන රමණීය ගං ඉවුරු මැදින් නදිය ගලා බසිනවා. පිණ්ඩපාතෙ කරගන්න ගම ත් ලඟින් ම තිබුනා.

පින්වත් රාජකුමාරය, මට එතකොට මේ විදිහට යි හිතුනෙ. 'ඇත්තෙන් ම මේ පළාත රමණීය යි. මේ වන ගැබත් ලස්සන යි. සුදු වැලිතලා තියෙන ගං ඉවුරෙන් යුතු නදිය ත් ලස්සනට ගලනවා. පිණ්ඩපාතෙ කරගන්න ගම ත් මේ ළඟ ම යි. ඇත්තෙන් ම වීරියෙන් භාවනා කරන පින්වතෙකුට මෙතන සුදුසු ම තැනක්' කියල. ඉතින් පින්වත් රාජකුමාරය, මං එහෙ නැවතුනා. භාවනා කරන්නට මෙතන තමයි සුදුසු කියල හිතුනා.

පින්වත් රාජකුමාරය, එතකොට මට පෙර නො ඇසූ විරූ ආශ්චර්යවත් උපමා තුනක් වැටහුනා. පින්වත් රාජකුමාරය, ජලයේ බැස්ස වූ වැගිරෙන දියෙන් යුතු තෙත දර කැබැල්ලක් තියෙනවා. එතකොට පුරුෂයෙක් උත්තරාරණිය අරගෙන එනවා, 'මං ගිනි උපද්දවන්නම්, තේජස පහළ කරන්නම්' කියල. පින්වත් රාජකුමාරය, කුමක්ද ඒ ගැන සිතන්නෙ? ඒ පුරුෂයාට අර ජලයේ බැස්ස වූ, වැගිරෙන දියෙන් යුතු තෙත දර කැබැල්ල උත්තරාරණියෙහි කොතරම් ඇතිල්ලුවත් ගිනි උපද්දවන්නට පුළුවන් වේවි ද? තේජස පහළකරන්නට පුළුවන් වේවි ද?" "ස්වාමීනී, එය නො වේ ම යි. මක් නිසාද යත්, ස්වාමීනී, ඒ දර කැබැල්ල වතුරේ බැස්ස වූ එකක් නෙව. දිය වැගිරෙන තෙත එකක් නෙව. ඉතින් අර පුද්ගලයාට ක්ලාන්තයක් වෙහෙසක් විතරයි නෙව සිද්ධ වෙන්නෙ."

පින්වත් රාජකුමාරය, ඔය විදිහ ම යි, යම් කිසි ශ්‍රමණයන් හෝ බ්‍රාහ්මණයන් හෝ කයෙනුත්, සිතෙනුත්, කාමයන් ගෙන් වෙන් නො වී ඉන්නවා.

කාමයන් කෙරෙහි ඔවුන් තුළ යම් කාමාශාවක්, කාමස්නේහයක්, කාම මුසපත් වීමක්, කාම පිපාසයක්, කාම දාහයක් ඇද්ද, එය තමා තුළ මැනැවින් ප්‍රහීණ වෙල ත් නෑ. මැනැවින් සංසිඳිල ත් නෑ. ඒ භවත් ශ්‍රමණ බ්‍රාහ්මණයන් හිතා මතා උපක්‍රම කරමින් නොයෙක් තියුණු වූ දුක් කටුක වේදනා විඳවනවා. නමුත් අනුත්තර සම්බෝධි සංඛ්‍යාත ඥාණදර්ශනය ලබාගන්නට අභව්‍ය ම යි. ඒ වගේ ම ඒ භවත් ශ්‍රමණ බ්‍රාහ්මණයන් හිතා මතා උපක්‍රම කරමින් නොයෙක් තියුණු වූ දුක් කටුක වේදනා විඳවන්නේ නැත ත්, අනුත්තර සම්බෝධි සංඛ්‍යාත ඥාණ දර්ශනය ලබාගන්නට අභව්‍ය ම යි. පින්වත් රාජකුමාරය, මට පෙර නො ඇසූ විරූ ආශ්චර්යවත්ව වැටහුණු ප්‍රථම උපමාව නම් එය යි.

ඒ වාගේ ම පින්වත් රාජකුමාරය, පෙර නො ඇසූ විරූ ආශ්චර්ය උපදවන දෙවෙනි උපමාව ත් වැටහුනා. ඒ කියෙන්නේ වැගිරෙන දියෙන් යුතු තෙත දර කැබැල්ලක් තියෙනවා. එය දියෙන් ගොඩ අරගෙන යි තියෙන්නෙ. එතකොට පුරුෂයෙක් උත්තරාරණිය අරගෙන එනවා, 'මං ගිනි උපද්දවන්නම්, තේජස පහළ කරන්නම්' කියලා. පින්වත් රාජකුමාරය, කුමක්ද ඒ ගැන සිතන්නෙ? ඒ පුරුෂයාට අර දියෙන් ගොඩට ගෙන තියෙන, වැගිරෙන දියෙන් යුතු තෙත දර කැබැල්ල උත්තරාරණියෙහි කොතරම් ඇතිල්ලුවත් ගිනි උපද්දවන්නට පුළුවන් වේවි ද? තේජස පහළකරන්නට පුළුවන් වේවි ද?" "ස්වාමීනී, එය නො වේ ම යි. මක් නිසාද යත්, ස්වාමීනී, ඒ දර කැබැල්ල දියෙන් ගොඩට ගෙන තිබෙන නමුත්, දිය වැගිරෙන තෙත එකක් නෙව. ඉතින් අර පුද්ගලයාට ක්ලාන්තයක් වෙහෙසක් විතරයි නෙව සිද්ධ වෙන්නෙ."

පින්වත් රාජකුමාරය, ඔය විදිහ ම යි, යම් කිසි ශ්‍රමණයන් හෝ බ්‍රාහ්මණයන් හෝ කයෙනුත්, සිතෙනුත්, කාමයන් ගෙන් වෙන් නො වී ඉන්නවා. කාමයන් කෙරෙහි ඔවුන් තුළ යම් කාමාශාවක්, කාමස්නේහයක්, කාම මුසපත් වීමක්, කාම පිපාසයක්, කාම දාහයක් ඇද්ද, එය තමා තුළ මැනැවින් ප්‍රහීණ වෙල ත් නෑ. මැනැවින් සංසිඳිල ත් නෑ. ඒ භවත් ශ්‍රමණ බ්‍රාහ්මණයන් හිතා මතා උපක්‍රම කරමින් නොයෙක් තියුණු වූ දුක් කටුක වේදනා විඳවනවා. නමුත් අනුත්තර සම්බෝධි සංඛ්‍යාත ඥාණදර්ශනය ලබාගන්නට අභව්‍ය ම යි. ඒ වගේ ම ඒ භවත් ශ්‍රමණ බ්‍රාහ්මණයන් හිතා මතා උපක්‍රම කරමින් නොයෙක් තියුණු වූ දුක් කටුක වේදනා විඳවන්නේ නැත ත්, අනුත්තර සම්බෝධි සංඛ්‍යාත ඥාණ දර්ශනය ලබාගන්නට අභව්‍ය ම යි. පින්වත් රාජකුමාරය, මට පෙර නො ඇසූ විරූ ආශ්චර්යවත්ව වැටහුණු දෙවන උපමාව නම් එය යි.

ඒ වාගේ ම පින්වත් රාජකුමාරය, පෙර නො ඇසූ විරූ ආශ්චර්ය උපදවන තුන්වෙනි උපමාව ත් වැටහුනා. ඒ කියන්නේ දියෙන් ගොඩට ගත්

ජලයට ළං නො වූ හොඳින් වියළී ගිය දර කැබැල්ලක් තියෙනවා. එතකොට පුරුෂයෙක් උත්තරාරණිය අරගෙන එනවා, 'මං ගිනි උපද්දවන්නම්, තේජස පහළ කරන්නම්' කියල. පින්වත් රාජකුමාරය, කුමක්ද ඒ ගැන සිතන්නෙ? ඒ පුරුෂයාට අර දියෙන් ගොඩට ගත්, ජලයට ළං නො වූ හොඳින් වියළි ගිය දර කැබැල්ල උත්තරාරණියෙහි ඇතිල්ලීමෙන් ගිනි උපද්දවන්නට පුළුවන් වේවි ද? තේජස පහළකරන්නට පුළුවන් වේවි ද?" "ස්වාමීනී, එය සිදුවන දෙයක් ම යි. මක් නිසාද යත්, ස්වාමීනී, ඒ දර කැබැල්ල දියෙන් ගොඩට ගත්, ජලයට ළං නො වූ, හොඳින් වියළී ගිය එකක් නෙව."

පින්වත් රාජකුමාරය, ඔය විදිහ ම යි, යම් කිසි ශ්‍රමණයන් හෝ බ්‍රාහ්මණයන් හෝ කයෙනුත්, සිතෙනුත්, කාමයන් ගෙන් වෙන් වෙලයි ඉන්නෙ. කාමයන් කෙරෙහි ඔවුන් තුළ යම් කාමාශාවක්, කාමස්නේහයක්, කාම මුසපත් වීමක්, කාම පිපාසයක්, කාම දාහයක් ඇද්ද, එය තමා තුළ මැනැවින් ප්‍රහීණ වෙලා තියෙනවා. මැනැවින් සංසිඳිලා තියෙනවා. ඒ භවත් ශ්‍රමණ බ්‍රාහ්මණයන් හිතා මතා උපක්‍රම කරමින් නොයෙක් තියුණු වූ දුක් කටුක වේදනා විඳෙව්ව ත්, අනුත්තර සම්බෝධි සංඛ්‍යාත ඥාණදර්ශනය ලබාගන්නට භව්‍ය ම යි. ඒ වගේ ම ඒ භවත් ශ්‍රමණ බ්‍රාහ්මණයන් හිතා මතා උපක්‍රම කරමින් නොයෙක් තියුණු වූ දුක් කටුක වේදනා විඳවන්නේ නැත ත්, අනුත්තර සම්බෝධි සංඛ්‍යාත ඥාණ දර්ශනය ලබාගන්නට භව්‍ය ම යි. පින්වත් රාජකුමාරය, මට පෙර නො ඇසූ විරූ ආශ්චර්යවත්ව වැටහුණු තුන්වෙනි උපමාව නම් එය යි. පින්වත් රාජකුමාරය, පෙර නො ඇසූ විරූ ආශ්චර්යවත්ව වැටහුණු උපමා තුන නම් මෙය යි.

පින්වත් රාජකුමාරය, එතකොට මට මෙහෙම හිතුනා 'මං යටි දත් වලින් උඩු දත් තද කොට දිවෙන් තල්ල තද කොට, මේ කුසල් සිතින් කෙලෙස් දැඩි කොට තලන්නට ඕන, පෙළන්නට ඕන, විශේෂයෙන් තවන්නට ඕන' කියල. ඉතින් පින්වත් රාජකුමාරය, මං යටි දත් වලින් උඩු දත් තද කොට දිවෙන් තල්ල තද කොට, මේ කුසල් සිතින් කෙලෙස් වලට දැඩි කොට තලනවා, පෙළනවා, විශේෂයෙන් තවනවා. එතකොට පින්වත් රාජකුමාරය, යටි දත් වලින් උඩු දත් තද කොට දිවෙන් තල්ල තද කොට, මේ කුසල් සිතින් කෙලෙස් දැඩි කොට තලද්දී, පෙළද්දී, විශේෂයෙන් තවද්දී, කිසිලි වලින් දහඩිය වැගිරෙන්න පටන් ගන්නවා. පින්වත් රාජකුමාරය, බලවත් පුරුෂයෙක් දුර්වල පුරුෂයෙකු ගේ හිසෙන් අල්ලා ගෙන හෝ කඳින් අල්ලා ගෙන හෝ දැඩි කොට තලනවා නම්, පෙළනවා නම්, විශේෂයෙන් තවනවා නම් අන්න එබඳු ආකාරයෙන් මං යටි දත් වලින් උඩු දත් තද කොට දිවෙන් තල්ල තද කොට, මේ කුසල් සිතින්

කෙලෙස් දැඩි කොට තලද්දී, පෙළද්දී, විශේෂයෙන් තවද්දී, කිසිලි වලින් දහඩිය වැගිරෙන්න පටන් ගන්නවා.

පින්වත් රාජකුමාරය, එහෙත් මගේ වීරිය නම් පටන් ගත් ලෙස ම තිබුනා. නො හැකිලී තිබුනා. සිහිය මුළා නො වී පිහිටලා තිබුනා. ඒ දුක් පීඩා ඇති වීරියෙන් යුතුව අධික වීරිය නැමැති ඊයෙන් පහර කෑ මාගේ ශරීරය නම් වෙහෙසට පත් වුනා. නො සන්සුන් වුනා.

එතකොට පින්වත් රාජකුමාරය, මට මෙහෙම හිතුනා. 'මං එහෙම නම්, අප්‍රාණක ධ්‍යානය කරන්නට ඕන' කියලා. ඉතින් පින්වත් රාජකුමාරය, මං මුඛයෙනුත්, නාසයෙනුත් ආශ්වාස - ප්‍රශ්වාස කිරීම නැවැත්තුවා. පින්වත් රාජකුමාරය, මුඛයෙනුත් නාසයෙනුත් ආශ්වාස ප්‍රශ්වාස කිරීම නැවැත් වූ මගේ කණ් වලින් අධිමාත්‍ර ශබ්දයකින් යුතුව වාතය පිටවෙන්නට ගත්තා. ඒක හරියට රන් කරුවෙක් මයිනහම පිඹිද්දී ඇතිවෙන අධිමාත්‍ර ශබ්දයක් වගෙයි. ඔය විදිහට ම පින්වත් රාජකුමාරය, මුඛයෙනුත් නාසයෙනුත් ආශ්වාස ප්‍රශ්වාස කිරීම නැවැත් වූ මගේ කණ් වලින් අධිමාත්‍ර ශබ්දයකින් යුතුව වාතය පිටවෙන්නට ගත්තා.

පින්වත් රාජකුමාරය, එහෙත් මගේ වීරිය නම් පටන් ගත් ලෙස ම තිබුනා. නො හැකිලී තිබුනා. සිහිය මුළා නො වී පිහිටලා තිබුනා. ඒ දුක් පීඩා ඇති වීරියෙන් යුතුව අධික වීරිය නැමැති ඊයෙන් පහර කෑ මාගේ ශරීරය නම් වෙහෙසට පත් වුනා. නො සන්සුන් වුනා.

පින්වත් රාජකුමාරය, එතකොට මට මෙහෙම හිතුනා. 'මං තවදුරටත් අප්‍රාණක ධ්‍යානය කරන්නට ඕන' කියලා. ඉතින් පින්වත් රාජකුමාරය, මං මුඛයෙනුත්, නාසයෙනුත්, කන්වලිනුත් ආශ්වාස - ප්‍රශ්වාස කිරීම නැවැත්තුවා. පින්වත් රාජකුමාරය, මුඛයෙනුත්, නාසයෙනුත්, කන්වලිනුත් ආශ්වාස ප්‍රශ්වාස කිරීම නැවැත් වූ විට මගේ ශරීරයෙහි අධිමාත්‍ර වූ වේදනාවක් හටගත්තා. පින්වත් රාජකුමාරය, බලවත් පුරුෂයන් දෙදෙනෙක් දුර්වල පුරුෂයෙකු ගේ අත්පා වලින් අල්ලා ගෙන ගිනි අඟුරු වලක තවයි ද, බලවත්ව තවයි ද, පින්වත් රාජකුමාරය, ඔය විදිහට ම මුඛයෙනුත්, නාසයෙනුත්, කන්වලිනුත් ආශ්වාස ප්‍රශ්වාස කිරීම නැවැත් වූ විට මගේ ශරීරයෙහි අධිමාත්‍ර වූ වේදනාවක් හටගත්තා.

පින්වත් රාජකුමාරය, එතකොට මට මෙහෙම හිතුනා. 'මං තවදුරටත් අප්‍රාණක ධ්‍යානය කරන්නට ඕන' කියලා. ඉතින් පින්වත් රාජකුමාරය, මං මුඛයෙනුත්, නාසයෙනුත්, කණ් වලිනුත් ආශ්වාස - ප්‍රශ්වාස කිරීම නැවැත්තුවා. පින්වත් රාජකුමාරය, මුඛයෙනුත් නාසයෙනුත් කන්වලිනුත් ආශ්වාස ප්‍රශ්වාස

කිරීම නැවැත් වූ විට මගේ හිසෙහි අධිමාත්‍ර වූ හිසරුජාවක් හටගත්තා. පින්වත් රාජකුමාරය, බලවත් පුරුෂයෙක් දැඩි වූ වරපටකින් හිස දැඩිකොට වෙලා තදකරනවා වගෙයි. පින්වත් රාජකුමාරය, ඔය විදිහට ම මුඛයෙනුත් නාසයෙනුත් කන්වලිනුත් ආශ්වාස ප්‍රශ්වාස කිරීම නැවැත් වූ විට මගේ හිසෙහි අධිමාත්‍ර වූ හිසරුජාවක් හටගත්තා.

පින්වත් රාජකුමාරය, එහෙත් මගේ වීරිය නම් පටන් ගත් ලෙස ම තිබුනා. නො හැකිලී තිබුනා. සිහිය මුළා නො වී පිහිටලා තිබුනා. ඒ දුක් පීඩා ඇති වීරියෙන් යුතුව අධික වීරිය නැමැති ඊයෙන් පහර කෑ මාගේ ශරීරය නම් වෙහෙසට පත් වුනා. නො සන්සුන් වුනා.

පින්වත් රාජකුමාරය, එතකොට මට මෙහෙම හිතුනා. 'මං තවදුරටත් අප්‍රාණක ධ්‍යානය කරන්නට ඕන' කියලා. ඉතින් පින්වත් රාජකුමාරය, මං මුඛයෙනුත්, නාසයෙනුත්, කන්වලිනුත් ආශ්වාස - ප්‍රශ්වාස කිරීම නැවැත්තුවා. පින්වත් රාජකුමාරය, මුඛයෙනුත්, නාසයෙනුත්, කන්වලිනුත් ආශ්වාස ප්‍රශ්වාස කිරීම නැවැත් වූ විට මගේ කුසයෙහි අධිමාත්‍ර වූ වේදනාවක් හටගත්තා. පින්වත් රාජකුමාරය, දක්ෂ වූ ගවඝාතකයෙක් හෝ ගවඝාතකයෙකු ගේ ගෝලයෙක් හෝ තියුණු වූ මන්නයකින් කුස කපා දමයි ද, පින්වත් රාජකුමාරය, ඔය විදිහට ම මුඛයෙනුත්, නාසයෙනුත්, කන්වලිනුත් ආශ්වාස ප්‍රශ්වාස කිරීම නැවැත් වූ විට මගේ කුසයෙහි අධිමාත්‍ර වූ වේදනාවක් හටගත්තා.

පින්වත් රාජකුමාරය, එහෙත් මගේ වීරිය නම් පටන් ගත් ලෙස ම තිබුනා. නො හැකිලී තිබුනා. සිහිය මුළා නො වී පිහිටලා තිබුනා. ඒ දුක් පීඩා ඇති වීරියෙන් යුතුව අධික වීරිය නැමැති ඊයෙන් පහර කෑ මාගේ ශරීරය නම් වෙහෙසට පත් වුනා. නො සන්සුන් වුනා.

පින්වත් රාජකුමාරය, එතකොට මට මෙහෙම හිතුනා. 'මං තවදුරටත් අප්‍රාණක ධ්‍යානය කරන්නට ඕන' කියලා. ඉතින් පින්වත් රාජකුමාරය, මං මුඛයෙනුත්, නාසයෙනුත්, කන්වලිනුත් ආශ්වාස - ප්‍රශ්වාස කිරීම නැවැත්තුවා. පින්වත් රාජකුමාරය, මුඛයෙනුත්, නාසයෙනුත්, කන්වලිනුත් ආශ්වාස ප්‍රශ්වාස කිරීම නැවැත් වූ විට මගේ ශරීරයෙහි අධිමාත්‍ර වූ වේදනාවක් හටගත්තා. පින්වත් රාජකුමාරය, බලවත් පුරුෂයන් දෙදෙනෙක් දුර්වල පුරුෂයෙකු ගේ අත්පා වලින් අල්ලා ගෙන ගිනි අඟුරු වලක තවයි ද, බලවත්ව තවයි ද, පින්වත් රාජකුමාරය, ඔය විදිහට ම මුඛයෙනුත්, නාසයෙනුත්, කන්වලිනුත් ආශ්වාස ප්‍රශ්වාස කිරීම නැවැත් වූ විට මගේ ශරීරයෙහි අධිමාත්‍ර වූ වේදනාවක් හටගත්තා.

පින්වත් රාජකුමාරය, එහෙත් මගේ වීරිය නම් පටන් ගත් ලෙස ම තිබුනා. නො හැකිලී තිබුනා. සිහිය මුළා නො වී පිහිටලා තිබුනා. ඒ දුක් පීඩා

ඇති වීරියෙන් යුතුව අධික වීරිය නැමැති ඊයෙන් පහර කෑ මාගේ ශරීරය නම් වෙහෙසට පත් වුනා. නො සන්සුන් වුනා.

එතකොට පින්වත් රාජකුමාරය, දෙවිවරු මාව දැක මෙහෙම කතා වුනා. 'ශ්‍රමණ ගෞතමයන් වහන්සේ අපවත් වුනා!' කියල. ඇතැම් දෙවිවරු මෙහෙම කිව්වා. 'නෑ. ශ්‍රමණ ගෞතමයන් වහන්සේ අපවත් වුනේ නෑ. නමුත් අපවත් වේවි' කියල. ඇතැම් දෙවිවරු මෙහෙම කිව්වා. 'නෑ. ශ්‍රමණ ගෞතමයන් වහන්සේ අපවත් වුනේ නෑ. අපවත් වෙන්නෙත් නෑ. ශ්‍රමණ ගෞතමයන් වහන්සේ රහතන් වහන්සේ නමක්. රහතන් වහන්සේලා වැඩවාසය කරන්නේ ඔය අයුරින් නෙව' කියල.

එතකොට පින්වත් රාජකුමාරය, මට මෙහෙම හිතුනා. 'එහෙම නම් මං සර්වප්‍රකාරයෙන් ම ආහාර ගැනීම නවත්වන ප්‍රතිපදාවකට එනවා' කියල. එතකොට පින්වත් රාජකුමාරය, දෙවිවරු මා ළඟට ඇවිත් මෙහෙම කිව්වා. 'අනේ නිදුකාණෙනි, සර්වප්‍රකාරයෙන් ආහාර නො ගැනීමට නම් පැමිණෙන්නට එපා! ඉදින් යම් හෙයකින් ඔබවහන්සේ සර්වප්‍රකාරයෙන් ම ආහාර නො ගෙන සිටින ප්‍රතිපදාවකට බැසගත්තොත් අපි ඔබවහන්සේ ගේ සිරුරෙහි රෝම කූප තුළින් දිව්‍ය ඕජස් ඇතුළුකරනවා. එතකොට ඔබවහන්සේ එයින් යැපේවි' ඉතින් පින්වත් රාජකුමාරය, එතකොට මට මෙහෙම හිතුනා. 'මං සර්වප්‍රකාරයෙන් ආහාර නො ගන්නා ප්‍රතිපදාවකට බැසගත්තොත්, දෙවියෝ ත් මාගේ රෝම කූප වලින් දිව්‍ය ඕජස් මේ ශරීරයට දැම්මොත්, එයින් මං යැපුනොත් ඒ මාගේ ප්‍රතිපදාව බොරුවක් වෙනවා.' පින්වත් රාජකුමාරය, ඉතින් මං ඒ දෙවියන් ගේ අදහස 'එයින් කම් නැතැ'යි කියා ප්‍රතික්ෂේප කළා.

පින්වත් රාජකුමාරය, එතකොට මට මෙහෙම හිතුනා. 'එහෙම නම් මං මුං යූෂ වේවා, කොල්ලු යූෂ වේවා, කඩල යූෂ වේවා, මෑ යූෂ වේවා, ටික ටික ස්වල්පය ස්වල්පය පමණක් ආහාරයක් වශයෙන් ගන්නවා' කියල. ඉතින් පින්වත් රාජකුමාරය, මුං යූෂ වේවා, කොල්ලු යූෂ වේවා, කඩල යූෂ වේවා, මෑ යූෂ වේවා, ටික ටික ස්වල්පය ස්වල්පය පමණක් ආහාරයක් වශයෙන් ගත්තා. පින්වත් රාජකුමාරය, ඒ මං මුං යූෂ වේවා, කොල්ලු යූෂ වේවා, කඩල යූෂ වේවා, මෑ යූෂ වේවා, ටික ටික ස්වල්පය ස්වල්පය පමණක් ආහාරයක් වශයෙන් ගනිද්දී මාගේ ශරීරය අතිශයින් ම කෘෂ බවට පත් වුනා. ආසීතික වැල් පුරුක් වගෙයි පෙනුනෙ. (මෙයින් අදහස් වෙන්නෙ රසකිඳ වැල් වැනි ඉතා ම කෘෂ වී ගිය ශරීරයක් ඇති ව සිටි බව යි.) මම ඔය විදිහට ඉතාමත් යාන්තමින් ආහාර ගත්තු නිසා මගේ ඇඟ-පත ඒ විදිහට ම කෙට්ටු වෙලා ගියා. මම කෑම්-බීම් කොයි තරම් අඩුවෙන් ගත්තද කිව්වොත් මගේ තට්ටම් කෙට්ටු

වෙලා ගියෙ ඔටුවෙකු ගෙ පියසටහන් වගෙයි. වට්ටනාවලි කියල ගැට හැදිච්ච වැලි ජාතියක් තියෙනවා. මගේ කොඳු ඇට පේලිය ඒ වගේ වුනා. කෑම්-බීම් අඩුවෙන් ගත්තු නිසා තමයි ඒ විදිහට වුනේ. ඒ වගේ ම හොඳට දිරපු ශාලාවක වහලෙ පරාල තියෙන්නෙ එහාට මෙහාට උස් පහත් වෙලා. කෑම්-බීම් අඩුවෙන් ගැනීම කොච්චර ද කිව්වොත් මගේ පපුවෙ ඇට පෙනුනෙත් ඒ විදිහට ම යි. ඒ වගේ ම ගැඹුරු ලිඳක් තියෙනවා කියල හිතන්න. ඒ ලිඳ කොච්චර ගැඹුරු ද කිව්වොත්, වතුර ටික යාන්තමට දිලිසෙනවා විතර යි පේන්නෙ. ඔය විදිහට ම මගේ ඇස් දෙක ඇස් වලේ යටට ම ගිලිල යාන්තමට දිළිසුනා. කෑම්-බීම් අඩුවෙන් ගත්තු නිසා තමයි ඒ විදිහට වුනේ. ඒ වගේ ම අමුවෙන් කඩලා අව්වට වේලිල මැලවෙලා ගිය ලබු ගෙඩියක් ගැන හිතන්න. මගේ හිසේ හමත් අන්න ඒ විදිහට මැළවෙලා, රැලි වැටිල ගියා. කෑම්-බීම් අඩුවෙන් ගත්තු නිසා තමයි ඒ විදිහට වුනේ.

පින්වත් රාජකුමාරය, මම බඩේ හම අතින් පිරිමදින කොට, කොඳු ඇට පේලිය අතට අහුවෙනවා. කොඳුඇට පේළිය පිරිමදින කොට බඩේ හම තමයි අතට අහු වුනේ. පින්වත් රාජකුමාරය, කෑම්-බීම් අඩුවෙන් ගත්තු නිසා තමයි ඒ විදිහට වුනේ. කොඳු ඇට පේළිය යි බඩේ හමයි එකට ඇලිල ගියා. මම වැසිකිළි-කැසිකිළි යන්ට හදනකොට එතන ම යටිකුරු ව වැටුනා. පින්වත් රාජකුමාරය, කෑම්-බීම් අඩුවෙන් ගත්තු නිසා තමයි ඒ විදිහට වුනේ. පින්වත් රාජකුමාරය, මේ ශරීරයේ අතපය පිරිමදින කොට ඇඟේ මවිල් වල මුල් ඉදිරිලා ඒ මවිල් ගැලවිල වැටෙනවා. කෑම්-බීම් අඩුවෙන් ගත්තු නිසා ම යි එහෙම වුනේ.

පින්වත් රාජකුමාරය, මාව දුටු මිනිස්සු මෙහෙම කතා වුනා. 'ශ්‍රමණ ගෞතමයන් වහන්සේ දැන් කළු යි නෙව.' ඇතැම් මිනිස්සු මෙහෙම කිව්වා. 'නෑ ශ්‍රමණ ගෞතමයන් වහන්සේ කළු නෑ. ශ්‍රමණ ගෞතමයන් වහන්සේ අඳුරු පාට යි.' ඇතැම් මිනිස්සු මෙහෙම කිව්වා. 'නෑ. ශ්‍රමණ ගෞතමයන් වහන්සේ කළු ත් නෑ. අඳුරු පාට ත් නෑ. රන්වන් පාට යි.' පින්වත් රාජකුමාරය, අල්පාහාර හේතුවෙන් ම යි මාගේ පිරිසිදු වූ ත්, බබලන්නා වූ ත් සමේ පැහැය නැතිවී ගියේ.

පින්වත් රාජකුමාරය, එතකොට මට මෙහෙම හිතුනා. අතීත කාලයෙහි සිටි ශ්‍රමණයන් වේවා, බ්‍රාහ්මණයන් වේවා උපක්‍රමයකින් කළ යුතු යම්තාක් තියුණු වූ, කටුක වූ දුක් වේදනා වින්ඳා නම්, මෙපණකින් ම තමයි විඳින්නට තියෙන්නේ. මෙයට වඩා නම් නෙවෙයි. අනාගතයෙහි ශ්‍රමණයන් වේවා, බ්‍රාහ්මණයන් වේවා උපක්‍රමයකින් කළ යුතු යම්තාක් තියුණු වූ, කටුක වූ දුක්

වේදනා විඳිනවා නම්, මෙපණකින් ම තමයි විඳින්නට තියෙන්නේ. මෙයට වඩා නම් නෙවෙයි. වර්තමානයේ ත් ශ්‍රමණයන් වේවා, බ්‍රාහ්මණයන් වේවා උපක්‍රමයකින් කළ යුතු යම්තාක් තියුණු වූ, කටුක වූ දුක් වේදනා විඳිනවා නම්, මෙපණකින් ම තමයි විඳින්නට තියෙන්නේ. මෙයට වඩා නම් නො වෙයි. එසේ නමුත් මෙතරම් කටුක වූ දුෂ්කරක්‍රියාවකින් වුණත් මනුෂ්‍ය ස්වභාවය ඉක්මවා ගිය ආර්ය වූ ඥාණදර්ශනයක් ලබාගන්නට බැරි වුනා. සත්‍යාවබෝධය පිණිස හේතු වන්නා වූ වෙන මාර්ගයක් ඇද්ද?

පින්වත් රාජකුමාරය, එතකොට මට මෙහෙම හිතුනා.

මං ශාක්‍ය පියාණන් ගේ කමත අසල දඹරුක් සෙවණේ වාඩි වී සිටිද්දී කාමයන් ගෙන් වෙන්ව, අකුසලයන් ගෙන් වෙන්ව විතර්ක සහිත වූ විචාර සහිත වූ විවේකයෙන් හටගත් ප්‍රීති සුඛයෙන් යුතුව ප්‍රථම ධ්‍යානය උපදවා ගෙන සිටිය බව මට මතක් වුනා. සැබැවින් ම සත්‍යාවබෝධය පිණිස මේ මගවත් උපකාරී වේවි ද? එතකොට පින්වත් රාජකුමාරය, එය සිහිකිරීමේ දී ඒ අනුව මට මේ සිත පහළ වුනා. 'මෙය ම තමයි සත්‍යාවබෝධයට මාර්ගය' කියලා.

ඉතින් පින්වත් රාජකුමාරය, මං මෙහෙම හිතුවා. 'මං කුමට ද කාමයන් ගෙන් වෙන් වූ, අකුසල් ධර්මයන් ගෙන් වෙන් වූ යම් මේ සුඛයක් ඇද්ද, එබඳු සැපයකට භය වෙන්නෙ?'

ඉතින් පින්වත් රාජකුමාරය, මට මෙහෙම හිතුනා. 'කාමයන් ගෙන් වෙන් වූ, අකුසල් ධර්මයන් ගෙන් වෙන් වූ යම් මේ සුඛයක් ඇද්ද, එබඳු සැපයකට මං භය වෙන්නෙ නෑ.'

එතකොට පින්වත් රාජකුමාරය, මට මෙහෙම හිතුනා. 'මේ අතිශයින් ම දුර්වලව කෘෂව ගිය ශරීරයෙන් නම් ඒ සැපය ලබන්නට පුළුවන්කමක් නෑ. ඒ නිසා මං බත් ව්‍යංජනාදී ගොරෝසු ආහාර වළඳන්නට ඕන' කියල. ඉතින් පින්වත් රාජකුමාරය, මං බත් ව්‍යංජන ආදී ගොරෝසු ආහාරයන් වළඳන්නට පටන් ගත්තා. පින්වත් රාජකුමාරය, ඒ භික්ෂූන් පස්වග භික්ෂූන් වහන්සේලා 'ශ්‍රමණ ගෞතමයන් වහන්සේ යම් ධර්මයක් අවබෝධ කරගනිත් ද, ඒ ධර්මය අපට ද දේශනා කරනු ඇත' කියා මට උපස්ථාන කරමින් සිටියේ. නමුත් පින්වත් රාජකුමාරය, මං යම් දවසක බත් ව්‍යංජන ආදී ගොරෝසු ආහාර වළඳන්නට පටන් ගත්තා ද, එය පස්වග භික්ෂූන් වහන්සේලා 'ශ්‍රමණ ගෞතමයන් වහන්සේ ප්‍රත්‍ය බහුල බවට පත්වුනා. දැඩි වීරිය කණපිට හැරුනා. ලාභ සත්කාරයන් වෙතට ම කැරකිලා ආවා' කියා කලකිරී මාව අත්හැර දමා නික්ම ගියා.

ඉතින් පින්වත් රාජකුමාරය, ඒ ඕලාරික ආහාරයන් වළඳා ශරීර ශක්තිය ඇතිකරගෙන මං කාමයන් ගෙන් වෙන්ව ....(පෙ).... ප්‍රථම ධ්‍යානය උපදවා ගෙන වාසය කළා. විතක්ක විචාරයන් ගේ සංසිඳීමෙන් ....(පෙ).... දෙවෙනි ධ්‍යානය ....(පෙ).... තුන්වෙනි ධ්‍යානය ....(පෙ).... සතර වෙනි ධ්‍යානය උපදවා ගෙන වාසය කළා.

ඉතින් ඔය විදිහට සමාධිගත සිතක් ඇති වුනා ම, සිත පිරිසිදු වුනාම, සිත බබළන කොට, උපක්ලේශ නැති වුනා ම, හිත මෘදු වුනා ම, අවබෝධයට සුදුසු වුනා ම, නො සෙල්වී තිබුනා ම, අකම්පිත වුනා ම, එතකොට මං නොයෙක් ආකාරයෙන් පෙර විසූ ජීවිත පිළිබඳව සිහි කරන්නට සිත යොමු කළා. එතකොට මං නොයෙක් ආකාරයෙන් පුබ්බේ නිවාසය සිහි කළා. ඒ කියන්නෙ; එක ජාතියක්, ජාති දෙකක්, ...(පෙ).... මෙසේ මං කරුණු සහිත ප්‍රධාන සිදුවීම් සහිතව නොයෙක් ආකාරයෙන් මං පෙර විසූ ජීවිත පිළිබඳව සිහිකරනවා. පින්වත් රාජකුමාරය, රාත්‍රියෙහි ප්‍රථම යාමයෙහි මා විසින් අත්දුටු පළමු විද්‍යාව මෙය යි. අවිද්‍යාව දුරු වී ගියා. විද්‍යාව පහළ වුනා. අඳුර දුරු වී ගියා. ආලෝකය පහළ වුනා. අප්‍රමාදීව කෙලෙස් තවන වීරිය ඇතිව කාය ජීවිත දෙකෙහි අනපේක්ෂිතව ධර්මයෙහි හැසිරෙන යමෙකුට යමක් ලැබෙනවා නම් අන්න ඒ ආකාරයට යි සිදුවුනේ.

ඉතින් ඔය විදිහට සමාධිගත සිතක් ඇති වුනා ම, සිත පිරිසිදු වුනාම, සිත බබළන කොට, උපක්ලේශ නැති වුනා ම, හිත මෘදු වුනා ම, අවබෝධයට සුදුසු වුනා ම, නො සෙල්වී තිබුනා ම, අකම්පිත වුනා ම, එතකොට මං සත්වයන්ගේ චුත වීමත්, ඉපදීමත් දැන ගැනීමේ ඥාණය පිණිස සිත යොමු කළා. ඉතින් ඒ මං සාමාන්‍ය මිනිස් ඇස ඉක්මවා ගිය දිවැස් නුවණින් චුතවන්නා වූ ත්, උපදින්නා වූ ත්, හීන, ප්‍රණීත, සුවර්ණ, දුර්වර්ණ, සුගති, දුගති සත්වයන් ....(පෙ).... කර්මානුරූපව උපතක් කරා යන සත්වයන් දැක්කා. පින්වත් රාජකුමාරය, රාත්‍රියෙහි මධ්‍යම යාමයෙහි මා විසින් අත්දුටු දෙවෙනි විද්‍යාව මෙය යි. අවිද්‍යාව දුරු වී ගියා. විද්‍යාව පහළ වුනා. අඳුර දුරු වී ගියා. ආලෝකය පහළ වුනා. අප්‍රමාදීව කෙලෙස් තවන වීරිය ඇතිව කාය ජීවිත දෙකෙහි අනපේක්ෂිතව ධර්මයෙහි හැසිරෙන යමෙකුට යමක් ලැබෙනවා නම් අන්න ඒ ආකාරයට යි සිදුවුනේ.

ඉතින් ඔය විදිහට සමාධිගත සිතක් ඇති වුනා ම, සිත පිරිසිදු වුනාම, සිත බබළන කොට, උපක්ලේශ නැති වුනා ම, හිත මෘදු වුනා ම, අවබෝධයට සුදුසු වුනා ම, නො සෙල්වී තිබුනා ම, අකම්පිත වුනා ම, එතකොට මං ආසවක්ඛය ඥාණය ලැබීමේ නුවණ ලබාගන්ට සිත යොමු කළා. ඉතින් මං

'මේක තමයි දුක' කියල යථාර්ථය අවබෝධ කරගත්තා. 'මේක තමයි දුකේ හටගැනීම' කියල යථාර්ථය අවබෝධ කරගත්තා. 'මේ තමයි දුකේ නැතිවීම' කියල යථාර්ථය අවබෝධ කරගත්තා. 'මේ තමයි දුක් නැති වීමේ මාර්ගය' කියල යථාර්ථය අවබෝධ කරගත්තා. 'මේවා තමයි ආශ්‍රව' කියල යථාර්ථය අවබෝධ කරගත්තා. 'මේ තමයි ආශ්‍රවයන් ගේ හට ගැනීම' කියල යථාර්ථය අවබෝධ කරගත්තා. 'මේ තමයි ආශ්‍රව නැතිවීම' කියල යථාර්ථය අවබෝධ කරගත්තා. 'මේ තමයි ආශ්‍රව නිරුද්ධ වීමේ මාර්ගය' කියල යථාර්ථය අවබෝධ කරගත්තා.

ඔය විදිහට මං යථාර්ථය දැනගන්න කොට, යථාර්ථය දැකගන්න කොට, කාම ආශ්‍රවයෙනුත් සිත නිදහස් වුනා. භව ආශ්‍රවයෙනුත් සිත නිදහස් වුනා. අවිජ්ජා ආශ්‍රවයෙනුත් සිත නිදහස් වුනා. ආශ්‍රවයන් ගෙන් සිත නිදහස් වුනා ම සියලු දුකින් තමන් නිදහස් වූ බවට අවබෝධය ඇති වුා. 'ඉපදීම නැති වුනා. බඹසර වාසය සම්පූර්ණ කළා. කළ යුතු දේ කළා. ආයෙ කවදාවත් සසරට වැටෙන්නෙ නෑ' කියල දැනගත්තා.

පින්වත් රාජකුමාරය, රාත්‍රියෙහි පශ්චිම යාමයෙහි මා විසින් අත්දුටු තුන්වෙනි විද්‍යාව මෙය යි. අවිද්‍යාව දුරු වී ගියා. විද්‍යාව පහළ වුා. අඳුර දුරු වී ගියා. ආලෝකය පහළ වුා. අප්‍රමාදීව කෙලෙස් තවන වීරිය ඇතිව කාය ජීවිත දෙකෙහි අනපේක්ෂිතව ධර්මයෙහි හැසිරෙන යමෙකුට යමක් ලැබෙනවා නම් අන්න ඒ ආකාරයට යි සිදුවුනේ.

එතකොට පින්වත් රාජකුමාරය, ඒ ගැන මට මෙන්න මේ විදියට හිතුනා. 'මං අවබෝධ කරපු මේ ධර්මය හරි ම ගැඹුරු යි. දකින එක ලේසි නෑ. අවබෝධ කරන එක ලේසි නෑ. හරි ශාන්ත යි. හරි ප්‍රණීත යි. තර්ක කරල තේරුම් ගන්ට අමාරු යි. හරි ම සියුම්. බුද්ධිමතුන් ට අවබෝධ කරගන්ට පුළුවනි. නමුත් මේ ලෝක සත්වයා ආශාව තුළ යි ඉන්නෙ. ආශාවට ඇලිල යි ඉන්නෙ. ආශාවෙන් සතුටු වෙවී ඉන්නෙ. ඉතින් ආශාව තුළ ඉන්න, ආශාවට ඇලිල ඉන්න, ආශාවෙන් සතුටු වෙවී ඉන්න මේ ලෝක සත්වයාට නම් හේතු-ඵල ධර්මය වන පටිච්ච සමුප්පාද ධර්මය අවබෝධ කිරීම ලේසි දෙයක් නො වෙයි. ඒ වගේ ම මේ සියළු සංස්කාරයන් සංසිඳවන, සියලු කෙලෙස් දුරු කරන, තණ්හාව ක්ෂය කරන, තණ්හාවේ නො ඇලෙන, තණ්හාව නැති කරන ඒ අමා නිවන අවබෝධ කිරීම නම් ලේසි දෙයක් නො වෙයි. ඉතින් මම මේ ධර්මය දේශනා කරන්ට පටන් ගත්තොත්, අනිත් අය අවබෝධ කරන්නෙ ත් නැත්නම්, මට ඒක මහන්සියක් විතර යි, මං කවදාවත් ම අහල නැති මේ අසිරිමත් ගාථාව මට වැටහුනා.

"කිච්ඡේන මේ අධිගතං - හලන්දානි පකාසිතුං
රාගදෝසපරේතේහි - නායං ධම්මෝ සුසම්බුධෝ"

"අතිශයින් ම දුක් මහන්සි වෙල යි මේ ධර්මය අවබෝධ කළේ. මේ ධර්මය අනුන්ට කීමෙන් ප්‍රයෝජන වෙන එකක් නෑ. රාග, ද්වේෂ වලින් පෙළෙන ඒ ජනතාවට මේ ධර්මය අවබෝධ කරනවා කියන එක ලේසි එකක් නො වෙයි.

"පටිසෝතගාමිං නිපුණං - ගම්භීරං දුද්දසං අණුං
රාගරත්තා න දක්ඛින්ති - තමොක්ඛන්ධේන ආවටා'ති"

මේ ධර්මය උඩුගම් බලා යන එකක්. සියුම් එකක්. ගැඹුරු එකක්. දැකීමට දුෂ්කර එකක්. ඉතා සියුම් එකක්. අවිද්‍යා අන්ධකාරයෙන් වැසුණු, රාගයෙන් ඇලුණු මේ සත්වයෝ මේ ධර්මය අවබෝධ කරන්නෙ නෑ."

පින්වත් රාජකුමාරය, මේ අයුරින් මා කල්පනා කරද්දී, උත්සාහ අඩු පැත්තට ම යි හිත නැමෙන්නෙ. ධර්ම දේශනාවට හිත නැමෙන්නෙ නෑ. එතකොට පින්වත් රාජකුමාරය, සහම්පතී මහා බ්‍රහ්මයා හට ඔහු ගේ සිතින් මං හිතපු දේ දැනගන්නට ලැබුනා. එතකොට ඔහුට මෙහෙම හිතුනා. 'අයියෝ! භවත්නි, ලෝක සත්වයා නැසිල යාවි! අයියෝ භවත්නි, ලෝක සත්වයා වැනසිලා යාවි! මේ ලෝකයේ පහළ වුණු තථාගත වූ අරහත් වූ සම්මා සම්බුදුරජාණන් වහන්සේ ගේ සිත අල්ප උත්සාහයට නැමිල ගියා. ධර්ම දේශනාවට නැමුනෙ නෑ' කියල. ඉතින් පින්වත් රාජකුමාරය, ඒ සහම්පතී බ්‍රහ්මයා ශක්තිමත් මනුස්සයෙක් හකුලපු අතක් දිගහරිනව වගේ, දිය ඇරපු අතක් හකුලනවා වගේ බඹලොවින් අතුරුදහන් වෙලා මං ඉදිරියේ පහළ වුනා.

පින්වත් රාජකුමාරය, ඒ සහම්පතී මහා බ්‍රහ්මයා උතුරු සළුව එක පැත්තට පොරවාගෙන වන්දනා කරගෙන මට මෙහෙම කිව්වා. "ස්වාමීනි, භාග්‍යවතුන් වහන්ස, දහම් දෙසන සේක්වා! ස්වාමීනී, සුගතයන් වහන්ස, දහම් දෙසන සේක්වා! මේ ලෝකයේ කෙලෙස් අඩු සත්වයන් ඉන්නවා. ධර්මය අසන්ට නො ලැබුනොත් ඒ අය පිරිහිල යාවි. ධර්මය අසන්ට ලැබුනොත් අවබෝධ කරාවි" කියල.

පින්වත් රාජකුමාරය, සහම්පතී බ්‍රහ්මයා ඔය විදියට කියල, ආයෙමත් මේ ගාථාවනුත් කිව්වා.

පාතුරහෝසි මගධේසු පුබ්බේ
ධම්මෝ අසුද්ධෝ සමලේහි චින්තිතෝ

අවාපුරේතං අමතස්ස ද්වාරං
සුණන්තු ධම්මං විමලේනානුබුද්ධං.

"ඉස්සර මගධ ජනපදයේ කෙලෙස් සහිත උදවිය විසින් හිතපු අපිරිසිදු ධර්මයක් පහළ වෙලා තිබුණෙ. එහෙයින් මේ අමා නිවන් දොරටුව විවෘත කරන සේක්වා! නිර්මල ප්‍රඥා ඇති බුදුරජාණන් වහන්සේ ගේ ධර්මය නුවණැත්තෝ අසත්වා!

සේලේ යථා පබ්බතමුද්ධනිට්ඨිතෝ
යථාපි පස්සේ ජනතං සමන්තතෝ
තථූපමං ධම්මමයං සුමේධ
පාසාදමාරුය්හ සමන්තචක්ඛු
සෝකාවතිණ්ණං ජනතමපේතසෝකෝ
අවෙක්ඛස්සු ජාතිජරාභිභූතං.

ශෛලමය පර්වතයක් මුදුනට නැගගත්තු කෙනෙක් හාත්පස සිටින ජනතාව දිහා බලනවා වගේ මහා ප්‍රාඥ වූ, හාත්පස දකින නුවණැස ඇත්තා වූ බුදුරජාණන් වහන්ස! සද්ධර්මයෙන් කරන ලද ප්‍රාසාදයට නැගී ශෝක රහිත සිතින් ඉපදීම් වලින් ජරා වලින් පෙළෙන ශෝකයෙහි ගිලුනු ජනතාව දෙස බලන සේක්වා!

උට්ඨේහි වීර විජිතසංගාම සත්ථවාහ අනණ විචර ලෝකේ
දෙස්සේසු භගවා ධම්මං අඤ්ඤාතාරෝ භවිස්සන්තී'ති

මාර යුද්ධයෙන් දිනූ මහාවීරයන් වහන්ස, නැගී සිටින සේක්වා! උතුම් ගැල්කරුවාණන් වහන්ස, ණය නැති උතුමාණන් වහන්ස, ලොව පුරා සැරිසරන සේක්වා! භාග්‍යවතුන් වහන්ස, සදහම් දෙසන සේක්වා! අවබෝධ කරන අය ඇති වෙනවා ම යි."

පින්වත් රාජකුමාරය, ඒ මහාබ්‍රහ්මයා ගේ අදහස මට අවබෝධ වුනා. සත්වයන් කෙරෙහි කරුණාවක් ම ඇතිවුනා. බුදුඇසින් මං ලෝකය දිහා බැලුවා. පින්වත් රාජකුමාරය, මං බුදුඇසින් ලෝකය දිහා බලද්දී ලෝක සත්වයන්ව දැක්කා. සමහරුන්ට කෙලෙස් අඩු යි. සමහරුන්ට කෙලෙස් ගොඩක් තියෙනවා. සමහරුන් ගේ ශ්‍රද්ධාදී ඉන්ද්‍රියයන් හරි තියුණු යි. සමහරුන් ගේ ශ්‍රද්ධාදී ඉන්ද්‍රියයන් මෘදු යි. සමහරුන් ගේ ස්වභාවය යහපත්. සමහරුන් ගේ ස්වභාවය අයහපත්. සමහරුන්ට ඉතා පහසුවෙන් අවබෝධ කරවන්ට පුළුවනි. සමහරුන්ට අවබෝධ කරවන එක ලේසි නෑ. සමහරුන් තුළ පරලොවට ත්,

වැරදි වලට ත් බය තියෙනවා. සමහරුන් පරලොවට ත් වැරදි වලට ත් බයක් නෑ.

මේ ලෝකසත්වයා ගේ ස්වභාවය මහනෙල් විලක් වගෙයි. නෙළුම් විලක් වගෙයි. සුදු නෙළුම් විලක් වගෙයි. ඒ විල්වල වතුරෙ හැදෙන සමහර මහනෙල්, නෙළුම්, සුදු නෙළුම් තියෙනවා. ඒවා තවම මෝරගෙන එනවා. තවම වතුර ඇතුළෙ වැඩෙනවා. ඒ වගේ ම සමහර මහනෙල්, නෙළුම්, සුදු නෙළුම් තියෙනවා, වතුරෙ හැදිලා, වතුරෙ වැඩිලා, වතුරෙ ම ගෑවි ගෑවී තියෙනවා. ඒ වගේ ම සමහර මහනෙල්, නෙළුම්, සුදු නෙළුම් තියෙනවා, ඒවා වතුරෙ ම හැදිලා, වතුරෙන් උඩට ඇවිල්ලා, වතුරෙ නො ගෑවී තියෙනවා. පින්වත් රාජකුමාරය, ඔන්න ඔය විදිහට යි මං මේ ලෝකසත්වයා දිහා බුදුඇසින් බැලුවෙ. බලනකොට මං ලෝක සත්වයන් ගෙ ස්වභාවය හඳුනාගත්තා. සමහරු ඉන්නවා කෙලෙස් අඩු යි. සමහරුන්ට කෙලෙස් ගොඩක් තියෙනවා. සමහරුන් ගේ ශ්‍රද්ධාදී ඉන්ද්‍රියයන් තියුණු යි. සමහරුන් ගේ ශ්‍රද්ධාදී ඉන්ද්‍රියයන් මෘදු යි. සමහරුන් යහපත්. සමහරු අයහපත්. සමහරුන්ට පහසුවෙන් අවබෝධ කරවන්ට පුළුවනි. සමහරුන්ට අවබෝධ කරවන එක ලේසි නෑ. සමහරුන් තුළ පරලොවට ත්, වැරදිවලට ත් භය යි. සමහරුන් පරලොවට ත් වැරදිවලට ත් භය නෑ. ඉතින් පින්වත් රාජකුමාරය, එතකොට මම සහම්පතී බ්‍රහ්මයාට ගාථාවකින් පිළිතුරු දුන්නා.

අපාරුතා තේසං අමතස්ස ද්වාරා
යේ සෝතවන්තෝ පමුඤ්චන්තු සද්ධං
විහිංසසඤ්ඤී පගුණං න භාසයිං
ධම්මං පණීතං මනුජේසු බ්‍රහ්මේ'ති.

"ලොවෙහි ඒ නැණවතුන් හට අමා නිවනෙහි ද්වාරය මා විසින් විවෘත කරන ලද්දේ ය. සදහම් අසනු කැමැත්තෝ ශ්‍රද්ධාව මුදත්වා! පින්වත් බ්‍රහ්මය, මං මේ ප්‍රණීත වූ ධර්මය, මට මැනවින් ප්‍රගුණ වූ ධර්මය මිනිසුන්ට මෙතෙක් ප්‍රකාශ නො කළේ එය වෙහෙසක් ය යන අදහස නිසයි."

පින්වත් රාජකුමාරය, එතකොට සහම්පතී බ්‍රහ්මයා 'භාග්‍යවතුන් වහන්සේ ධර්මය දේශනා කරන්නට ඉඩප්‍රස්ථා ඇති කළ සේක' කියල මට වන්දනා කරලා, පැදකුණු කරලා එතන ම නො පෙනී ගියා.

පින්වත් රාජකුමාරය, එතකොට මං මෙහෙම හිතුවා. 'කාටද මං ඉස්සෙල්ල ම ධර්මය දේශනා කරන්නේ? කවුද මේ ධර්මය ඉක්මනින් ම අවබෝධ කරන්නේ?' කියල. පින්වත් රාජකුමාරය, ඒ වෙලාවෙ මට මෙහෙම

හිතුනා. 'මේ ආළාරකාලාම බුද්ධිමත්. ව්‍යක්ත යි. ප්‍රඥාවන්ත යි. බොහෝ කලක් කෙලෙස් අඩුවෙන් සිටිය කෙනෙක්. මං ආළාරකාලාමට තමයි ඉස්සෙල්ලා ම ධර්මය දේශනා කරන්නේ' කියල. පින්වත් රාජකුමාරය, ඒ මොහොතේ දී දෙවිවරු මා ළඟට ඇවිදින් මෙහෙම කිව්වා. "ස්වාමීනී, හත් දවසකට කලින් ආළාරකාලාම මරණයට පත් වුනා' කියලා. මට ත් ඒ ගැන අවබෝධ වුනා අළාරකාලාම සත් දවසකට පෙර මරණයට පත් වූ බව.

පින්වත් රාජකුමාරය, එතකොට මට ඔහු ගැන මෙහෙම හිතුනා. 'අනේ! ආළාරකාලාම මහා අවාසනාවන්ත කෙනෙක්. ඇත්තෙන් ම ඔහු මේ ධර්මය ඇහුවා නම් වහා ම අවබෝධ කරගන්නවා.' පින්වත් රාජකුමාරය, එතකොට මට මෙහෙම හිතුනා. 'එහෙමනම් දැන් කාටද මම ඉස්සෙල්ලා ම ධර්මය දේශනා කරන්නේ?' පින්වත් රාජකුමාරය, එතකොට මට මෙහෙම හිතුනා. 'මේ රාමපුත්‍ර උද්දක බුද්ධිමත්. ව්‍යක්ත යි. ප්‍රඥාවන්ත යි. බොහෝ කාලයක් කෙලෙස් අඩුවෙන් හිටපු කෙනෙක්. මං රාමපුත්‍ර උද්දකට තමයි ඉස්සෙල්ලා ම ධර්මය දේශනා කරන්නට ඕන' කියල. එතකොට ඔහු වහා ම මේ ධර්මය අවබෝධ කරගනීවි.'

නමුත් පින්වත් රාජකුමාරය, ඒ මොහොතේ දෙවිවරු මා ළඟට ඇවිත් මෙහෙම කිව්වා. "ස්වාමීනී, ඊයේ රෑ රාමපුත්‍ර උද්දක මිය ගියා' කියල. පින්වත් රාජකුමාරය, මට ත් ඒ ගැන අවබෝධ වුනා. 'ඊයේ රෑ රාමපුත්‍ර උද්දක මිය ගියා' කියල. මට ඔහු ගැන මෙහෙමයි හිතුනෙ. 'අනේ! රාමපුත්‍ර උද්දක මහා අවාසනාවන්ත කෙනෙක්. ඇත්තෙන් ම ඔහු මේ ධර්මය ඇහුවා නම් වහා ම අවබෝධ කරගන්නවා' කියල.

පින්වත් රාජකුමාරය, ඊට පස්සෙ මං මෙහෙම හිතුවා. 'එහෙමනම් දැන් කාටද මම ඉස්සෙල්ලා ම ධර්මය දේශනා කරන්නේ? කවුද මේ ධර්මය ඉක්මනින් ම අවබෝධ කරන්නේ?' පින්වත් රාජකුමාරය, එතකොට මට මෙහෙම හිතුනා. 'මේ පස්වග භික්ෂූන් වහන්සේලා මට ගොඩාක් උපකාර කරල තියෙනවා. මං මහත් වෙහෙසක් ගෙන භාවනා කරද්දී මට උපස්ථාන කරල තියෙනවා. එහෙම නම් මං පස්වග භික්ෂූන්ට තමයි ඉස්සෙල්ලා ම ධර්මය දේශනා කරන්නට ඕන.' එතකොට මං මෙහෙම හිතුවා. 'දැන් ඒ පස්වග භික්ෂූන් වහන්සේලා කොහේද ඉන්නේ?' පින්වත් රාජකුමාරය, මිනිසුන් ගේ දර්ශන පථය ඉක්මවා ගිය පිරිසිදු දිවැසින් දැක්කා, ඒ පස්වග භික්ෂූන් වහන්සේලා ඉන්නෙ බරණැස මිගදාය නම් වූ ඉසිපතනයේ කියලා.

පින්වත් රාජකුමාරය, මං උරුවේල ජනපදයේ කැමතිතාක් කල් ඉඳල බරණැස බලා පිටත් වුනා. පින්වත් රාජකුමාරය, උපක කියන තාපසයෙක්

මාව දැක්කා. මං ඒ වෙලාවෙ හිටියේ ගයාවට ත්, බෝධියට ත් අතර. ඉතින් මාව දුටු ඔහු මෙහෙම කිව්වා. "ප්‍රිය ආයුෂ්මතුන් වහන්ස, ඔබ ගේ ඉඳුරන් හරී ම ප්‍රසන්න යි. ඔබ ගේ සමේ පැහැය ත් පිරිසිදු යි, බබලනවා. ඇත්තෙන් ම ඔබ කවුරුන් උදෙසා ද මහණ වුනේ? ඔබේ ශාස්තෲන් වහන්සේ කවුද? ඔබ කැමති කාගේ ධර්මයට ද?" කියල. එතකොට පින්වත් රාජකුමාරය, මං ඒ උපක තවුසාට ගාථා වලින් කියල දුන්නා.

"සබ්බාභිභූ සබ්බවිදූහමස්මි - සබ්බේසු ධම්මේසු අනූපලිත්තෝ
සබ්බඤ්ජහෝ තණ්හක්ඛයේ විමුත්තෝ - සයං අභිඤ්ඤාය කමුද්දිසෙය්‍යං

මම සියලු අකුසල් මැඩලූ කෙනෙක්. මම සියලු දෙය ම අවබෝධ කළ කෙනෙක්. මම සෑමදේකට ම නො ඇලුන කෙනෙක්. සෑම ක්ලේශයක් ම අත්හළ කෙනෙක්. තණ්හාව ක්ෂය වීමෙන් ලත් විමුක්තියට පත් වූ කෙනෙක්. මා තුළ ඇති වුන අවබෝධ ඥානයෙන් මේ සියල්ල දැනගත් මං කවර ගුරුවරයෙක් නම් සොයන්ට ද?

න මේ ආචරියෝ අත්ථි - සදිසෝ මේ න විජ්ජති
සදේවකස්මිං ලෝකස්මිං - නත්ථි මේ පටිපුග්ගලෝ

මට ගුරුවරයෙක් නෑ. මට සමාන කෙනෙකු ත් නෑ. මේ දෙවියන් සහිත ලෝකයේ මට සමාන කෙනෙක් සොයාගන්ට ත් නෑ.

අහං හි අරහා ලෝකේ - අහං සත්ථා අනුත්තරෝ
ඒකෝම්හි සම්මා සම්බුද්ධෝ - සීතිභූතෝස්මි නිබ්බුතෝ

මම වනාහී ලොවෙහි රහතන් වහන්සේ වෙමි. මම වනාහී අනුත්තර වූ ශාස්තෲවරයාණන් වෙමි. හුදෙකලාවේ ම තනිව ම සම්මාසම්බුද්ධත්වයට පත් වූ මම තෘෂ්ණාව ක්ෂය වීම හේතුවෙන් සිහිල් ව නිවී ගිය කෙනෙක් වෙමි.

ධම්මචක්කං පවත්තේතුං - ගච්ඡාමි කාසිනං පුරං
අන්ධභූතස්මිං ලෝකස්මිං - ආහඤ්ඡං අමතදුන්දුභිං

චතුරාර්ය සත්‍ය ධර්මය නම් වූ දහම් රෝදය කරකවා ලන්නට කසී රට බරණැසට යමි. අවිද්‍යා අන්ධකාරයෙන් යුතු ලෝකය තුළ අමාබෙරය වයන්නෙමි."

එතකොට "ආයුෂ්මතුන් වහන්ස, ඔබ වහන්සේ යම් අයුරකින් ප්‍රතිඥා දෙත් නම් ඔබවහන්සේ 'අනන්තජින' යැයි කියන්නට සුදුසුවන්නහු ය."

"මාදිසා වේ ජිනා හොන්ති - යේ පත්තා ආසවක්ඛයං
ජිතා මේ පාපකා ධම්මා - තස්මාහං උපකා ජිනෝ

යම් කෙනෙක් ආශ්‍රවයන් ක්ෂය වීමකට පත් වුනා නම්, මා බඳු ඔවුන් ඒකාන්තයෙන් ම ජින නම් වෙනවා. මා විසින් පාපී අකුසල ධර්මයන් දිනන ලද්දේ ය. එහෙයින් උපකය, මම ජින නම් වෙමි."

පින්වත් රාජකුමාරය, මෙසේ පැවසූ විට උපක ආජීවකයා "ආයුෂ්මතුන් වහන්ස, එසේත් වන්නට පුළුවනි" කියා හිස සළා වෙනත් මාර්ගයකින් නික්ම ගියා.

ඉතින් පින්වත් රාජකුමාරය, මං අනුපිළිවෙලින් චාරිකාවෙහි වඩිමින් බරණැස ඉසිපතනය මිගදායට පැමිණුනා. පස්වග භික්ෂූන් වහන්සේලා වෙත පැමිණුනා. පස්වග භික්ෂූන් වහන්සේලා මාව දුර දී ම දැක්කා. දැකල ඔවුනොවුන් මෙහෙම කතා වුනා. "ප්‍රිය ආයුෂ්මතුනි, අන්න ශ්‍රමණ ගෞතමයන් වහන්සේ එනවා. දැන් ඔහු සිව්පසය බහුල කෙනෙක්. ප්‍රධන් වීර්යය කණපිට හරවාගත්තු කෙනෙක්. සිව්පසයෙහි බහුල බවට කරකැවී පත් වුනා. අපි ඔහුට වඳින්නට ඕන නෑ. උපස්ථාන කරන්නට ඕන නෑ. ඔහු ගේ පාත්‍රසිවුරු පිළිගන්නට ඕන නෑ. අපි ආසනයක් විතරක් පිළියෙල කරමු. කැමති නම් ඉතින් වාඩිවෙන්නෙ නැතැ"යි කියල. නමුත් පින්වත් රාජකුමාරය, මං ළං වෙද්දී ඒ පස්වග භික්ෂූන් වහන්සේලාට කතා බස් කරගත්තු කතිකාවතට අනුව ඉන්නට බැරිව ගියා. එක් කෙනෙක් ඉස්සරහට ඇවිත් පාත්‍ර-සිවුරු පිළිගත්තා. තව කෙනෙක් ආසනයක් පිළියෙල කළා. තව කෙනෙක් පා දොවන්නට පැන් පිළියෙල කළා. නමුත් මට කතා කළේ 'ආයුෂ්මතුනි' කියල යි.

පින්වත් රාජකුමාරය, මං එතකොට ඒ පස්වග භික්ෂූන් වහන්සේලාට මෙහෙම කිව්වා. "පින්වත් මහණෙනි, තථාගතයන් වහන්සේට නමින් වත් 'ආයුෂ්මතුනි' කියල වත් අමතන්න එපා! තථාගතයන් වහන්සේ අරහත් කෙනෙක්. සම්මා සම්බුදුවරයෙක්. පින්වත් මහණෙනි, හොඳට අහගන්න. මට අමෘතය හම්බ වුනා! මං ඔබට කියා දෙන්නම්. මං ධර්මය දේශනා කරන්නම්. මං කියා දෙන විදිහට ම පිළිපැද්දොත් යම් කුලපුත්‍රයන් ගිහි ජීවිතය අතහැරල යම් උතුම් අර්ථයක් පිණිස ශ්‍රමණ ජීවිතයට පැමිණෙනව ද, අන්න ඒ අයට ඉතා ම සුළු කලකින් මේ අනුත්තර වූ බඹසර මග සම්පූර්ණ කරගෙන ඉතා ම සුළු කලකින් තමන් ගේ ම අවබෝධඥානයෙන් උතුම් වූ අරහත්වයට පැමිණෙන්නට පුළුවනි" කියල.

පින්වත් රාජකුමාරය, මං එහෙම කිව්ව ම පස්වග භික්ෂූන් වහන්සේලා මට මෙහෙම කිව්වා. "ආයුෂ්මත් ගෞතමයන් වහන්ස, ඔබ අච්චර දුෂ්කර

ක්‍රියාවල යෙදිල ත්, අච්චර දුෂ්කර ඉරියව්වල යෙදිල ත්, මිනිස් ස්වභාවය ඉක්මවා ගිය ආර්ය ඤාණදර්ශන විශේෂයක් අවබෝධ කරගන්නට ඔබට බැරුව ගියා නෙව. ඉතිං එහෙම එකේ දැන් ඔය ප්‍රත්‍ය බහුල බවට පත්වෙලා, ප්‍රධන් වීරිය කණපිට හරවා ගෙන, සිව්පස බහුල පැත්තට ම කැරකී ඇවිදින් මිනිස් ස්වභාවය ඉක්මවා ගිය ආර්ය වූ ඤාණදර්ශන විශේෂයක් අවබෝධ කළා ද?"

පින්වත් රාජකුමාරය, එසේ පැවසූ විට පස් වග භික්ෂූන් වහන්සේලාට මං මෙය පැවසුවා. "පින්වත් මහණෙනි, තථාගතයන් ප්‍රත්‍ය බහුල බවට පත් වී නැහැ. ප්‍රධන් වීරිය කණපිට හරවා ගෙන ත් නැහැ. සිව්පස බහුල පැවැත්මකට කැරකිලා ඇවිදිනුත් නැහැ. පින්වත් මහණෙනි, තථාගතයන් අරහත්වයට පත්වෙල යි ඉන්නෙ. සම්මා සම්බුද්ධත්වයට පත්වෙල යි ඉන්නෙ. පින්වත් මහණෙනි, සවන් යොමා අසන්න, මං ඒ අමා නිවන සාක්ෂාත් කළා. මා අනුශාසනා කරන්නම්. මං ධර්මය දේශනා කරන්නම්. යම් අයුරකින් මා අනුශාසනා කරයි ද, ඒ අයුරින් පිළිපදිනා කෙනෙකුට නොබෝ කලකින් ම යම් අර්ථයක් පිණිස කුලපුත්‍රයන් මනාකොට ගිහි ගෙයින් නික්ම සසුනෙහි පැවිදි වෙත් නම්, අන්න ඒ අර්ථය මෙහි දී ම බඹසර වාසය සම්පූර්ණ කිරීමෙන් තමා තුළ උපදවා ගත් ඤාණයෙන් සාක්ෂාත් කොට ඔබ ත් වාසය කරන්න."

පින්වත් රාජකුමාරය, දෙවෙනි වතාවට ත් පස්වග භික්ෂූන් වහන්සේලා මට මෙය පැවසුවා. "ආයුෂ්මත් ගෞතමයන් වහන්ස, ඔබ අච්චර දුෂ්කර ක්‍රියාවල යෙදිල ත්, අච්චර දුෂ්කර ඉරියව්වල යෙදිල ත්, මිනිස් ස්වභාවය ඉක්මවා ගිය ආර්ය ඤාණදර්ශන විශේෂයක් අවබෝධ කරගන්නට ඔබට බැරුව ගියා නෙව. ඉතිං එහෙම එකේ දැන් ඔය ප්‍රත්‍ය බහුල බවට පත්වෙලා, ප්‍රධන් වීරිය කණපිට හරවා ගෙන, සිව්පස බහුල පැත්තට ම කැරකී ඇවිදින් මිනිස් ස්වභාවය ඉක්මවා ගිය ආර්ය වූ ඤාණදර්ශන විශේෂයක් අවබෝධ කළා ද?"

පින්වත් රාජකුමාරය, දෙවන වතාවට ත් පස් වග භික්ෂූන් වහන්සේලාට මං මෙය කිව්වා. "පින්වත් මහණෙනි, තථාගතයන් ප්‍රත්‍ය බහුල බවට පත් වී නැහැ. ප්‍රධන් වීරිය කණපිට හරවා ගෙන ත් නැහැ. සිව්පස බහුල පැවැත්මකට කැරකිලා ඇවිදිනුත් නැහැ. පින්වත් මහණෙනි, තථාගතයන් අරහත්වයට පත්වෙල යි ඉන්නෙ. සම්මා සම්බුද්ධත්වයට පත්වෙල යි ඉන්නෙ. පින්වත් මහණෙනි, සවන් යොමා අසන්න, මං ඒ අමා නිවන සාක්ෂාත් කළා. මා අනුශාසනා කරන්නම්. මං ධර්මය දේශනා කරන්නම්. යම් අයුරකින් මා අනුශාසනා කරයි ද, ඒ අයුරින් පිළිපදිනා කෙනෙකුට නොබෝ කලකින් ම යම් අර්ථයක් පිණිස කුලපුත්‍රයන් මනාකොට ගිහි ගෙයින් නික්ම සසුනෙහි පැවිදි

වෙත් නම්, අන්න ඒ අර්ථය මෙහි දී ම බඹසර වාසය සම්පූර්ණ කිරීමෙන් තමා තුළ උපදවා ගත් ඤාණයෙන් සාක්ෂාත් කොට ඔබ ත් වාසය කරන්න."

පින්වත් රාජකුමාරය, තුන්වෙනි වතාවට ත් පස්වග භික්ෂූන් වහන්සේලා මට මෙය පැවසුවා. "ආයුෂ්මත් ගෞතමයන් වහන්ස, ඔබ අච්චර දුෂ්කර ක්‍රියාවල යෙදිල ත්, අච්චර දුෂ්කර ඉරියව්වල යෙදිල ත්, මිනිස් ස්වභාවය ඉක්මවා ගිය ආර්ය ඤාණදර්ශන විශේෂයක් අවබෝධ කරගන්නට ඔබට බැරුව ගියා නෙව. ඉතිං එහෙම එකේ දැන් ඔය ප්‍රත්‍ය බහුල බවට පත්වෙලා, ප්‍රධන් වීරිය කණපිට හරවා ගෙන, සිව්පස බහුල පැත්තට ම කැරකී ඇවිදින් මිනිස් ස්වභාවය ඉක්මවා ගිය ආර්ය වූ ඤාණදර්ශන විශේෂයක් අවබෝධ කළා ද?"

පින්වත් රාජකුමාරය, මෙසේ පැවසූ විට පස් වග භික්ෂූන් වහන්සේලාට මං මෙය පැවසුවා. "පින්වත් මහණෙනි, මෙයට පෙර මෙබඳු ආකාර වූ මෙම ප්‍රකාශය මා විසින් ඔබට කියා තිබෙන බවක් දන්නවා ද?" "ස්වාමීනී, එය නො වේ ම යි." "එම නිසා පින්වත් මහණෙනි, තථාගතයන් ප්‍රත්‍ය බහුල බවට පත් වී නැහැ. ප්‍රධන් වීරිය කණපිට හරවා ගෙන ත් නැහැ. සිව්පස බහුල පැවැත්මකට කැරකිලා ඇවිදිනුත් නැහැ. පින්වත් මහණෙනි, තථාගතයන් අරහත්වයට පත්වෙල යි ඉන්නෙ. සම්මා සම්බුද්ධත්වයට පත්වෙල යි ඉන්නෙ. පින්වත් මහණෙනි, සවන් යොමා අසන්න, මං ඒ අමා නිවන සාක්ෂාත් කළා. මා අනුශාසනා කරන්නම්. මං ධර්මය දේශනා කරන්නම්. යම් අයුරකින් මා අනුශාසනා කරයි ද, ඒ අයුරින් පිළිපදිනා කෙනෙකුට නොබෝ කලකින් ම යම් අර්ථයක් පිණිස කුලපුත්‍රයන් මනාකොට ගිහි ගෙයින් නික්ම සසුනෙහි පැවිදි වෙත් නම්, අන්න ඒ අර්ථය මෙහි දී ම බඹසර වාසය සම්පූර්ණ කිරීමෙන් තමා තුළ උපදවා ගත් ඤාණයෙන් සාක්ෂාත් කොට ඔබ ත් වාසය කරන්න."

පින්වත් රාජකුමාරය, ඒ පස්වග භික්ෂූන් වහන්සේලාට මෙය පැහැදිලි කර දෙන්නට මට පුළුවන් වුනා. ඉතින් පින්වත් රාජකුමාරය, මං භික්ෂූන් දෙනමකට අවවාද කරනවා. එතකොට භික්ෂූන් තුන් නමක් පිණ්ඩපාතෙ වඩිනවා. ඒ භික්ෂූන් තුන් නම පිඬු පිණිස හැසිර යමක් රැගෙන එනවා ද, එයින් අපි හය දෙනා ම යැපුනා. පින්වත් රාජකුමාරය, මං භික්ෂූන් තුන් නමකට අවවාද කරනවා. එතකොට භික්ෂූන් දෙනමක් පිණ්ඩපාතෙ වඩිනවා. ඒ භික්ෂූන් දෙනම පිඬු පිණිස හැසිර යමක් රැගෙන එනවා ද, එයින් අපි හය දෙනා ම යැපුනා.

මෙසේ පින්වත් රාජකුමාරය, ඒ පස්වග භික්ෂූන් වහන්සේලාට මා විසින් ඔය විදිහට අවවාද කරද්දී, අනුශාසනා කරද්දී යම් අර්ථයක් පිණිස කුලපුත්‍රයන්

මනාකොට ගිහි ගෙයින් නික්ම සසුනෙහි පැවිදි වෙත් නම්, අන්න ඒ අර්ථය මෙහි දී ම නොබෝ කලකින් ම බඹසර වාසය සම්පූර්ණ කිරීමෙන් තමා තුළ උපදවා ගත් ඤාණයෙන් සාක්ෂාත් කොට වාසය කළා."

මෙසේ වදාළ විට බෝධිරාජකුමාරයා භාග්‍යවතුන් වහන්සේට මෙය පැවසුවා. "ස්වාමීනී, ලොවට නායකත්වය දෙන තථාගතයන් වහන්සේ නමක ගේ ඇසුර ලබන භික්ෂූන් වහන්සේලා යම් අර්ථයක් පිණිස කුලපුත්‍රයන් මනාකොට ගිහි ගෙයින් නික්ම සසුනෙහි පැවිදි වෙත් නම්, අන්න ඒ අර්ථය මෙහි දී ම නොබෝ කලකින් ම බඹසර වාසය සම්පූර්ණ කිරීමෙන් තමා තුළ උපදවා ගත් ඤාණයෙන් සාක්ෂාත් කොට වාසය කරනවා නම්, එය ලබා ගන්නට කොපමණ කලක් ගත වේවි ද?"

"එසේ වී නම් පින්වත් රාජකුමාරය, ඔබ ගෙන් ම මං මෙය අසන්නම්. ඔබ යම් අයුරකින් කැමති නම් ඒ අයුරින් පිළිතුරු දෙන්න. පින්වත් රාජකුමාරය, ඒ ගැන කුමක් ද සිතන්නේ? ඔබ ඇතුන් පිට නැගීම පිළිබඳව හෙණ්ඩුව හැසිරවීමෙහිලා වූ හස්ති ශිල්පයෙහි දක්ෂ කෙනෙක් නේ ද?" "එසේය ස්වාමීනී මං ඇතුන් පිට නැගීම පිළිබඳව හෙණ්ඩුව හැසිරවීමෙහිලා වූ හස්ති ශිල්පයෙහි දක්ෂ කෙනෙක් තමයි." "පින්වත් රාජකුමාරය, ඒ ගැන කුමක් ද සිතන්නේ? එතකොට මෙහිලා පුරුෂයෙක් එනවා. 'බෝධිරාජකුමාරයා ඇතුන් පිට නැගීම පිළිබඳව හෙණ්ඩුව හැසිරවීමෙහිලා වූ හස්ති ශිල්පයෙහි දක්ෂයි. ඉතින් මං ඔහු සමීපයෙහි ඇතුන් පිට නැගීම පිළිබඳව හෙණ්ඩුව හැසිරවීමෙහිලා වූ හස්ති ශිල්පය ඉගෙන ගන්නට ඕන' කියල.

නමුත් ඔහුට ශ්‍රද්ධාව නෑ. ශ්‍රද්ධාවෙන් යම්තාක් පැමිණිය යුතු ශිල්පයක් වේ නම්, ඔහුට එය ලැබෙන්නෙ නෑ. ඒ වගේ ම ඔහු නිරන්තරයෙන් ම රෝගී වන කෙනෙක්. අල්පාබාධ ඇති කෙනෙක් ලැබිය යුතු යම් ශිල්පයක් වේ නම් එය ඔහුට ලැබෙන්නෙත් නෑ. ඒ වගේ ම ඔහු ශඨකපට මායා ඇති කෙනෙක්. ශඨ නොවූ, කපටි නොවූ, මායා නැති කෙනෙක් ලැබිය යුතු යම් ශිල්පයක් වෙයි නම් එය ඔහුට ලැබෙන්නෙත් නෑ. ඒ වගේ ම ඔහු කුසීත කෙනෙක්. පටන්ගත් වීරිය ඇති කෙනෙකුට ලැබිය යුතු යම් ශිල්පයක් ඇත්නම් එය ඔහුට ලැබෙන්නෙත් නෑ. ඒ වගේ ම ඔහු දුෂ්ප්‍රාඥ කෙනෙක්. ප්‍රඥාවන්ත කෙනෙකුට ලැබිය යුතු යම් ශිල්පයක් ඇත්නම් එය ඔහුට ලැබෙන්නෙත් නෑ.

පින්වත් රාජකුමාරය, ඒ ගැන කුමක් ද සිතන්නේ? ඉතින් ඒ පුද්ගලයා ඔබ සමීපයට පැමිණ, ඇතුන් පිට නැගීම පිළිබඳව හෙණ්ඩුව හැසිරවීමෙහිලා වූ හස්ති ශිල්පයෙහි පුහුණු වේවි ද?" "ස්වාමීනී, ඔය එක එක අංගයකින් වුණත්

සමන්විත වූ පුද්ගලයෙක් මා ළඟට ආවොත් ඇතුන් පිට නැගීම පිළිබඳව හෙණ්ඩුව හැසිරවීමෙහිලා වූ හස්ති ශිල්පයෙහි පුහුණු වෙන්නෙ නම් නැහැ. ඒ අංග පහ ම තියෙන පුද්ගලයා ගැන කවර කතා ද?"

"පින්වත් රාජකුමාරය, ඒ ගැන කුමක් ද සිතන්නේ? එතකොට මෙහිලා පුරුෂයෙක් එනවා. 'බෝධිරාජකුමාරයා ඇතුන් පිට නැගීම පිළිබඳව හෙණ්ඩුව හැසිරවීමෙහිලා වූ හස්ති ශිල්පයෙහි දක්ෂයි. ඉතින් මං ඔහු සමීපයෙහි ඇතුන් පිට නැගීම පිළිබඳව හෙණ්ඩුව හැසිරවීමෙහිලා වූ හස්ති ශිල්පය ඉගෙන ගන්නට ඕන' කියල.

ඉතින් ඔහුට ශ්‍රද්ධාව තියෙනවා. ශ්‍රද්ධාවෙන් යම්තාක් පැමිණිය යුතු ශිල්පයක් වේ නම්, ඔහුට එය ලැබෙනවා. ඒ වගේ ම ඔහු අල්පාබාධ කෙනෙක්. අල්පාබාධ ඇති කෙනෙක් ලැබිය යුතු යම් ශිල්පයක් වේ නම් එය ත් ඔහුට ලැබෙනවා. ඒ වගේ ම ඔහු ශඨකපට මායා නැති කෙනෙක්. ශඨ නොවූ, කපටි නොවූ, මායා නැති කෙනෙක් ලැබිය යුතු යම් ශිල්පයක් වෙයි නම් එය ත් ඔහුට ලැබෙනවා. ඒ වගේ ම ඔහු පටන්ගත් වීරිය ඇති කෙනෙක්. පටන්ගත් වීරිය ඇති කෙනෙකුට ලැබිය යුතු යම් ශිල්පයක් ඇත්නම් එය ත් ඔහුට ලැබෙනවා. ඒ වගේ ම ඔහු ප්‍රඥාවන්ත කෙනෙක්. ප්‍රඥාවන්ත කෙනෙකුට ලැබිය යුතු යම් ශිල්පයක් ඇත්නම් එය ත් ඔහුට ලැබෙනවා.

පින්වත් රාජකුමාරය, ඒ ගැන කුමක් ද සිතන්නේ? ඉතින් ඒ පුද්ගලයා ඔබ සමීපයට පැමිණ, ඇතුන් පිට නැගීම පිළිබඳව හෙණ්ඩුව හැසිරවීමෙහිලා වූ හස්ති ශිල්පයෙහි පුහුණු වේවි ද?" "ස්වාමීනී, ඔය එක එක අංගයකින් වුනත් සමන්විත වූ පුද්ගලයෙක් මා ළඟට ආවොත් ඇතුන් පිට නැගීම පිළිබඳව හෙණ්ඩුව හැසිරවීමෙහිලා වූ හස්ති ශිල්පයෙහි පුහුණු වෙනවා ම යි. ඒ අංග පහ ම තියෙන පුද්ගලයා ගැන කවර කතා ද?"

පින්වත් රාජකුමාරය, ඔය විදිහම තමයි, ප්‍රධන් වීරිය ඇතිවීම පිණිස අංග පහක් තිබෙනවා. කවර පහක් ද යත්; පින්වත් රාජකුමාරය, මෙහිලා භික්ෂුව, ශ්‍රද්ධාවන්ත කෙනෙක්. ඒ කියන්නෙ තථාගතයන් වහන්සේ ගේ අවබෝධය අදහා ගන්නවා. 'මේ මේ කරුණින් භාග්‍යවතුන් වහන්සේ අරහත් වන සේක. සම්මාසම්බුද්ධ වන සේක. විජ්ජාචරණ සම්පන්න වන සේක. සුගත වන සේක. ලෝකවිදූ වන සේක. අනුත්තරෝ පුරිසදම්ම සාරථී වන සේක. සත්ථා දේවමනුස්සානං වන සේක. බුද්ධ වන සේක. භගවත් වන සේක' කියල.

ඒ වගේ ම භික්ෂුව අල්පාබාධ ඇති කෙනෙක්. දුක් අඩු කෙනෙක්. ඉතා ශීත ත් නො වූ, ඉතා උෂ්ණ ත් නො වූ, මධ්‍යස්ථ වූ ප්‍රධන් වීරියට සරිලන පරිදි සම සේ දිරවන ග්‍රහණියකින් යුතු වෙනවා.

ඒ වගේ ම භික්ෂුව ශඨ නැති, මායා නැති කෙනෙක්. තම ශාස්තෘන් වහන්සේට හෝ නුවණැති සබ්‍රහ්මචාරීන් වහන්සේලාට හෝ තමන් ගේ සැබෑ ස්වභාවය ප්‍රකට කොට පවසන කෙනෙක් වෙනවා.

ඒ වගේ ම භික්ෂුව පටන්ගත් වීරිය ඇති කෙනෙක්. අකුසල ධර්මයන් ප්‍රහාණය කිරීම පිණිස ත්, කුසල ධර්මයන් උපදවා ගැනීම පිණිස ත්, උපදවා ගත් දෘඪතර වීරියෙන් යුතු වෙනවා. දැඩි පරාක්‍රමයෙන් යුතු වෙනවා. කුසල් දහම් පිළිබඳව අත්නොහළ වීරියෙන් යුතු වෙනවා.

ඒ වගේ ම භික්ෂුව ප්‍රඥාවන්ත කෙනෙක්. ආර්ය වූ, කළකිරීමට නිසි වූ මනාව දුක් ක්ෂය කරන්නා වූ, අනිත්‍යාවබෝධය ඇති කරන්නා වූ ප්‍රඥාවෙන් යුක්ත වෙනවා.

පින්වත් රාජකුමාරය, මේවා තමයි මාර්ගඵලාවබෝධය පිණිස වීරිය ගත යුතු කෙනෙකු ගේ අංග පහ. පින්වත් රාජකුමාරය, මේ පංචපධානීය අංග වලින් සමන්විත වූ භික්ෂුවක් සිටිනවා නම්, ලොවට නායකත්වය දෙන තථාගතයන් වහන්සේ නමක ගේ ඇසුර ලබන ඒ භික්ෂුව, සත් අවුරුද්දක් ඇතුළත යම් අර්ථයක් පිණිස කුලපුත්‍රයන් මනාකොට ගිහි ගෙයින් නික්ම සසුනෙහි පැවිදි වෙත් නම්, අන්න ඒ අර්ථය මෙහි දී ම නොබෝ කලකින් ම බඹසර වාසය සම්පූර්ණ කිරීමෙන් තමා තුළ උපදවා ගත් ඤාණයෙන් සාක්ෂාත් කොට වාසය කරනවා.

පින්වත් රාජකුමාරය, සත්වසරක් තිබේවා. මේ පංචපධානීය අංගයන් ගෙන් සමන්විත වූ භික්ෂුවක් ....(පෙ).... සය වසක් ඇතුළත ....(පෙ).... පස් වසක් ඇතුළත ....(පෙ).... සිව් වසක් ඇතුළත ....(පෙ).... තුන් වසක් ඇතුළත ....(පෙ).... දෙවසක් ඇතුළත ....(පෙ).... පින්වත් රාජකුමාරය, මේ පංචපධානීය අංගයන්ගෙ න් සමන්විත භික්ෂුව එක්වසක් ඇතුළත ....(පෙ).... පින්වත් රාජකුමාරය, එක්වසක් තිබේවා. මේ පංචපධානීය අංගයන්ගෙන් සමන්විත භික්ෂුව ....(පෙ).... සත් මසක් තුළ ....(පෙ).... සය මසක් තුළ ....(පෙ).... පස් මසක් තුළ ....(පෙ).... සිව් මසක් තුළ ....(පෙ).... තුන් මසක් ....(පෙ).... දෙමසක් තුළ ....(පෙ).... පින්වත් රාජකුමාරය, අඩ මසක් තුළ ....(පෙ).... සම්පූර්ණ කිරීමෙන් තමා තුළ උපදවා ගත් ඤාණයෙන් සාක්ෂාත් කොට වාසය කරනවා.

පින්වත් රාජකුමාරය, අඩමසක් තිබේවා. මේ පංචපධානීය අංග වලින් සමන්විත වූ භික්ෂුවක් සිටිනවා නම්, ලොවට නායකත්වය දෙන තථාගතයන් වහන්සේ නමක ගේ ඇසුර ලබන ඒ භික්ෂුව, සත් දිනක් ඇතුළත යම් අර්ථයක් පිණිස කුලපුත්‍රයන් මනාකොට ගිහි ගෙයින් නික්ම සසුනෙහි පැවිදි වෙත් නම්,

අන්න ඒ අර්ථය මෙහි දී ම නොබෝ කලකින් ම බඹසර වාසය සම්පූර්ණ කිරීමෙන් තමා තුළ උපදවා ගත් ඥාණයෙන් සාක්ෂාත් කොට වාසය කරනවා.

පින්වත් රාජකුමාරය, සත් දිනක් තිබේවා. මේ පංචපධානීය අංග වලින් සමන්විත වූ භික්ෂුවක් සිටිනවා නම්, ලොවට නායකත්වය දෙන තථාගතයන් වහන්සේ නමක ගේ ඇසුර ලබන ඒ භික්ෂුව, සය දිනක් ඇතුළත යම් අර්ථයක් පිණිස කුලපුත්‍රයන් මනාකොට ගිහි ගෙයින් නික්ම සසුනෙහි පැවිදි වෙත් නම්, අන්න ඒ අර්ථය මෙහි දී ම නොබෝ කලකින් ම බඹසර වාසය සම්පූර්ණ කිරීමෙන් තමා තුළ උපදවා ගත් ඥාණයෙන් සාක්ෂාත් කොට වාසය කරනවා. ....(පෙ).... පස් දිනක් ඇතුළත ....(පෙ).... සිව් දිනක් ඇතුළත ....(පෙ).... තුන් දිනක් ඇතුළත ....(පෙ).... දෙදිනක් ඇතුළත ....(පෙ).... එක් රෑ දවාලක් ඇතුළත ....(පෙ).... සාක්ෂාත් කොට වාසය කරනවා.

පින්වත් රාජකුමාරය, එක් රෑ දවාලක් තිබේවා. මේ පංචපධානීය අංග වලින් සමන්විත වූ භික්ෂුවක් සිටිනවා නම්, ලොවට නායකත්වය දෙන තථාගතයන් වහන්සේ නමක ගේ ඇසුර ලබන ඒ භික්ෂුවට සවසට අනුශාසනාව ලැබෙනවා. පසුවදා උදේ වන විට විශේෂ අධිගමයකට පත්වෙනවා. උදේ අනුශාසනාව ලැබෙනවා. සවස් වන විට විශේෂ අධිගමයකට පත්වෙනවා."

මෙසේ වදාළ විට බෝධිරාජකුමාරයා භාග්‍යවතුන් වහන්සේට මෙය පැවසුවා. "අහෝ! බුදුරජාණන් වහන්සේ ඒකාන්තයෙන් ආශ්චර්යය යි. අහෝ! ශ්‍රී සද්ධර්මයෙහි ඇති මනාකොට දෙසන ලද බව ඒකාන්තයෙන් ම ආශ්චර්යය යි. සවස අනුශාසනාව ලබා උදේ වන විට විශේෂ අධිගමයකට පත්වෙනවා නෙව. උදේ අනුශාසනාව ලබා සවස් වන විට විශේෂ අධිගමයකට පත්වෙනවා නෙව."

මෙසේ පැවසූ විට සඤ්ජිකාපුත්‍ර මාණවකයා බෝධිරාජකුමාරයාට මෙය පැවසුවා. "භවත් බෝධි කුමාරාණන්, මේ අයුරින් 'අහෝ! බුදුරජාණන් වහන්සේ ඒකාන්තයෙන් ආශ්චර්යය යි. අහෝ! ශ්‍රී සද්ධර්මයෙහි ඇති මනාකොට දෙසන ලද බව ඒකාන්තයෙන් ම ආශ්චර්යය යි' කියා කියනවා. නමුත් තවම ඔබ ඒ භවත් ගෞතමයන් වහන්සේව ත්, ශ්‍රී සද්ධර්මය ත්, භික්ෂුසංඝයා ත් සරණ ගියේ නැහැ නෙව."

"ප්‍රිය මිත්‍ර සඤ්ජිකාපුත්‍රය, එහෙම කියන්න එපා! ප්‍රිය මිත්‍ර සඤ්ජිකාපුත්‍රය, එහෙම කියන්න එපා! ප්‍රිය මිත්‍ර සඤ්ජිකාපුත්‍රය, මං මේ මෑණියන් ඉදිරියේ දී අසා තිබෙනවා. මෑණියන් ඉදිරියේ පිළිගෙන තිබෙනවා. ප්‍රිය මිත්‍ර සඤ්ජිකාපුත්‍රය, ඒ කාලයේ භාග්‍යවතුන් වහන්සේ වැඩසිටියේ කොසඹෑ නුවර ඝෝෂිතාරාමයෙහි.

එතකොට ගර්භනීව සිටි මාගේ මව් භාග්‍යවතුන් වහන්සේ කරා පැමිණියා. පැමිණ භාග්‍යවතුන් වහන්සේව ආදරයෙන් වන්දනා කොට එකත්පස්ව වාඩි වුණා. එකත්පස්ව වාඩිවුණ මාගේ මව් භාග්‍යවතුන් වහන්සේට මෙය පැවසුවා.

"ස්වාමීනී, මේ මාගේ කුසෙහි යම් කුමාරයෙක් හෝ කුමාරිකාවක් හෝ සිටිනවා ඇද්ද, ඒ බිළිඳා භාග්‍යවතුන් වහන්සේව සරණ යනවා. ශ්‍රී සද්ධර්මය ත්, භික්ෂු මහා සංඝයා ත් සරණ යනවා. භාග්‍යවතුන් වහන්සේ අද පටන් ඒ බිළින්දා දිවි හිමියෙන් තෙරුවන් සරණ ගිය උපාසකයෙකු ලෙස පිළිගන්නා සේක්වා!"

ප්‍රිය මිත්‍ර සඤ්ජිකාපුත්‍රය, එක් සමයක භාග්‍යවතුන් වහන්සේ මේ භග්ග ජනපදයෙහි ම සුංසුමාරගිර නුවර භේසකලා වනයෙහි මිගදායෙහි වැඩවාසය කළා. එතකොට කිරිමව් මාව ඇකයෙන් වඩාගෙන භාග්‍යවතුන් වහන්සේ වෙත පැමිණියා. පැමිණ භාග්‍යවතුන් වහන්සේට ආදරයෙන් වන්දනා කොට එකත්පස්ව සිටගත්තා. එකත්පස්ව සිටගත් මාගේ කිරිමාතාව භාග්‍යවතුන් වහන්සේට මෙය පැවසුවා. "ස්වාමීනී, මේ බෝධිරාජකුමාරයා භාග්‍යවතුන් වහන්සේව සරණ යනවා. ශ්‍රී සද්ධර්මය ත්, භික්ෂු මහා සංඝයා ත් සරණ යනවා. භාග්‍යවතුන් වහන්සේ අද පටන් මේ කුමාරයා දිවි හිමියෙන් තෙරුවන් සරණ ගිය උපාසකයෙකු ලෙස පිළිගන්නා සේක්වා!"

ප්‍රිය මිත්‍ර සඤ්ජිකාපුත්‍රයෙනි, ඒ මං තුන්වෙනි වතාවට ත් භාග්‍යවතුන් වහන්සේව සරණ යනවා. ශ්‍රී සද්ධර්මය ත්, භික්ෂු මහා සංඝයා ත් සරණ යනවා. භාග්‍යවතුන් වහන්සේ අද පටන් දිවි හිමියෙන් තෙරුවන් සරණ ගිය උපාසකයෙකු ලෙස පිළිගන්නා සේක්වා!"

සාදු! සාදු!! සාදු!!!

බෝධිරාජකුමාරයාට වදාළ දෙසුම නිමා විය.

2.4.6.
අංගුලිමාල සූත්‍රය
අංගුලිමාල තෙරුන්ට වදාළ දෙසුම

මා හට අසන්නට ලැබුනේ මේ විදිහට යි. ඒ දිනවල භාග්‍යවතුන් වහන්සේ වැඩසිටියේ සැවැත් නුවර ජේතවනය නම් වූ අනාථපිණ්ඩික සිටුතුමා ගේ ආරාමයේ. එසමයෙහි පසේනදී කොසොල් රජතුමා ගේ රාජධානියෙහි අංගුලිමාල නම් ප්‍රසිද්ධ සොරෙක් සිටියා. ඔහු රෞද්‍රයි. ලෙහෙ වැකුණු අතින් යුක්තයි. අනුන් විනාශ කිරීමෙහි, මැරීමෙහි යෙදී සිටියා. සතුන් කෙරෙහි දයාව නැතිව සිටියා. ඔහු විසින් ගම් නොගම් කළා. නියම්ගම් නොනියම්ගම් කළා. ජනපද අජනපද කළා. ඔහු මිනිසුන් මර මරා ඇඟිලි වලින් මාලා තනා දරාගෙන සිටියා.

එදා භාග්‍යවතුන් වහන්සේ පෙරවරුවෙහි සිවුරු හැඳ පොරවා ගෙන පාත්‍රය ගෙන සැවැත් නුවර පිඬුසිඟා වැඩියා. සැවැත් නුවර පිඬුසිඟා වැඩ අවසන් කොට තමන් වහන්සේ ගේ සෙනසුන අස්පස් කොට තබා පා සිවුරු ගෙන අංගුලිමාල සොරා සිටින ප්‍රදේශයට දිවෙන මාර්ගයෙහි බැසගත්තා.

එවිට ගොපල්ලන්, පශුපාලකයන්, ගොවියන් මෙන්ම ගමන් බිමන් යන උදවියත් අංගුලිමාල සොරා සිටින ප්‍රදේශයට දිවෙන මාර්ගයෙහි ගමන් කරන භාග්‍යවතුන් වහන්සේව දැක්කා. දැක භාග්‍යවතුන් වහන්සේට මෙය පැවසුවා. "පින්වත් ශ්‍රමණයන් වහන්ස, ඔය මාර්ගයෙන් වඩින්නට එපා! පින්වත් ශ්‍රමණයන් වහන්ස, ඔය මාර්ගයෙහි ඉතාමත් දරුණු වූ, ලෙහෙ වැකුණු අත් ඇති, මිනිසුන් මරා විනාශ කරන, දයා කරුණා රහිත, අංගුලිමාල නම් සොරෙක් ඉන්නවා. ඔහු ඔහු විසින් ගම් නොගම් කළා. නියම්ගම් නොනියම්ගම් කළා. ජනපද අජනපද කළා. ඔහු මිනිසුන් මර මරා ඇඟිලි වලින් මාලා තනා දරාගෙන ඉන්නවා. පින්වත් ශ්‍රමණයන් වහන්ස, ඔය මාර්ගයෙහි මිනිසුන් දහ දෙනා, විසි දෙනා, තිස් දෙනා, හතළිස් දෙනා, පනස් දෙනා වගේ කණ්ඩායම් හැදිල තමයි යන්නේ. එහෙම ගියත් ඔවුනුත් අංගුලිමාල සොරා ගේ අතට හසුවෙලා විනාශ වෙනවා." මෙසේ පැවසූ විට භාග්‍යවතුන් වහන්සේ නිශ්ශබ්දව ම පිටත් වුනා.

දෙවෙනි වතාවට ත් ගොපල්ලන්, පශුපාලකයන්, ගොවියන් මෙන්ම ගමන් බිමන් යන උදවිය භාග්‍යවතුන් වහන්සේට මෙය පැවසුවා. "පින්වත්

ශ්‍රමණයන් වහන්ස, ඔය මාර්ගයෙන් වඩින්නට එපා! පින්වත් ශ්‍රමණයන් වහන්ස, ඔය මාර්ගයෙහි ....(පෙ).... අතට හසුවෙලා විනාශ වෙනවා." දෙවෙනි වතාවට ත් භාග්‍යවතුන් වහන්සේ නිශ්ශබ්දව ම පිටත් වුනා.

තුන්වෙනි වතාවට ත් ගොපල්ලන්, පශුපාලකයන්, ගොවියන් මෙන්ම ගමන් බිමන් යන උදවිය භාග්‍යවතුන් වහන්සේට මෙය පැවසුවා. "පින්වත් ශ්‍රමණයන් වහන්ස, ඔය මාර්ගයෙන් වඩින්නට එපා! පින්වත් ශ්‍රමණයන් වහන්ස, ඔය මාර්ගයෙහි ඉතාමත් දරුණු වූ, ලෙහෙ වැකුණු අත් ඇති, මිනිසුන් මරා විනාශ කරන, දයා කරුණා රහිත, අංගුලිමාල නම් සොරෙක් ඉන්නවා. ඔහු විසින් ගම් නොගම් කළා. නියම්ගම් නොනියම්ගම් කළා. ජනපද අජනපද කළා. ඔහු මිනිසුන් මර මරා ඇඟිලි වලින් මාලා තනා දරාගෙන ඉන්නවා. පින්වත් ශ්‍රමණයන් වහන්ස, ඔය මාර්ගයෙහි මිනිසුන් දහ දෙනා, විසි දෙනා, තිස් දෙනා, හතළිස් දෙනා, පනස් දෙනා වගේ කණ්ඩායම් හැදිල තමයි යන්නේ. එහෙම ගියත් ඔවුනුත් අංගුලිමාල සොරා ගේ අතට හසුවෙලා විනාශ වෙනවා." තුන්වෙනි වතාවට ත් භාග්‍යවතුන් වහන්සේ නිශ්ශබ්දව ම පිටත් වුනා.

එවිට දුරින් ම වඩින්නා වූ භාග්‍යවතුන් වහන්සේව අංගුලිමාල සොරා දැක්කා. දැක මෙහෙම හිතුනා. "භවත්නි, ආශ්චර්යයක් නෙව. භවත්නි, අද්භූතයි නෙව. මේ මාර්ගයෙහි පුරුෂයන් දහය බැගින් සැදී, විස්ස බැගින් සැදී, තිහ බැගින් සැදී, හතළිහ බැගින් සැදී, පනහ බැගින් සැදී කණ්ඩායම් හැටියට යි එන්නේ. ඔවුනු ත් මගේ අතට අහුවෙලා විනාශ වෙනවා. එහෙම එකේ මේ ශ්‍රමණයා තනිව ම දෙවැන්නෙක් නැතිව මාව අභිබවා යන්නට වගෙයි මේ එන්නෙ. හොඳයි, මේ ශ්‍රමණයා ගේ ජීවිතය ද විනාශ කරන එක තමයි කරන්න තියෙන්නෙ."

ඉතින් අංගුලිමාල සොරා කඩු පළිහ ගෙන දුනු හියවුරු බැඳ භාග්‍යවතුන් වහන්සේ පිටුපසින් හඹා යන්නට පටන් ගත්තා. එකල්හි භාග්‍යවතුන් වහන්සේ මෙවැනි වූ ඉර්ධි ප්‍රාතිහාර්යයක් කොට වදාළා. එනම්, භාග්‍යවතුන් වහන්සේ ප්‍රකෘති ගමනින් ශාන්තව වඩිද්දී අංගුලිමාල සොරා සියළු ආකාර වීරිය ගනිමින් වේගයෙන් හඹා එද්දී ත්, භාග්‍යවතුන් වහන්සේට ළං නො වන හැටියට යි. එවිට අංගුලිමාල සොරාට මෙහෙම හිතුනා. "භවත්නි, ආශ්චර්යය යි නෙව. භවත්නි. අද්භූත යි නෙව. මං කලින් වේගයෙන් දුවන හස්තියාව ත්, ලුහු බැඳ අල්ලා ගන්නවා. වේගයෙන් දුවන අශ්වයා ත් ලුහුබැඳ අල්ලා ගන්නවා. වේගයෙන් දුවන වාහනය ත් ලුහුබැඳ අල්ලා ගන්නවා. වේගයෙන් දුවන මුවා ත් ලුහුබැඳ අල්ලා ගන්නවා. එහෙත් දැන් මං මේ ප්‍රකෘති ගමනින් යන ශ්‍රමණයාව අල්ලා ගන්නට සියළු වෙර වීරිය ගෙන හඹා ගිය ත් ළං වෙන්නට බැහැ නෙව" කියා

සිටිමින් භාග්‍යවතුන් වහන්සේට මෙය පැවසුවා. "ඒයි ශ්‍රමණය, සිටුව. ඒයි ශ්‍රමණය, සිටුව." "පින්වත් අංගුලිමාල, මම සිටියෙමි. ඔබ ත් සිටින්න."

එවිට අංගුලිමාල සොරා හට මෙය සිතුනා. "මේ ශාක්‍යපුත්‍ර ශ්‍රමණවරුන් සත්‍යවාදී යි. සත්‍යය ප්‍රතිඥා දෙනවා. නමුත් මේ ශ්‍රමණයා යද්දී ම මෙහෙම කියනවා. 'පින්වත් අංගුලිමාල, මම සිටියෙමි. ඔබ ත් සිටින්න' කියලා. ඉතින් මං මේ ශ්‍රමණයා ගෙන් ඔය කාරණාව අසන්නට ඕන" කියලා අංගුලිමාල සොරා භාග්‍යවතුන් වහන්සේට ගාථා වලින් පැවසුවා.

ගච්ඡං වදේසි සමණට්ඨිතෝම්හි - මමං ච බ්‍රෑසි ඨිතමට්ඨිතෝ'ති,
පුච්ඡාමි තං සමණ ඒතමත්ථං - කථං ඨිතෝ ත්වං අහමට්ඨිතෝම්හි.

ඒයි ශ්‍රමණය, ඔය යන ගමන් නේද සිටියා කියල කියන්නෙ? සිටින්නා වූ මට නේද නො සිටිනවයි කියන්නෙ? ඒයි ශ්‍රමණය, මේ කථාවේ තේරුම යි මං දැන් අහන්නෙ. ඔබ ඔය විදිහට ඉන්නෙ කොහොමද? මං මේ විදිහට නො ඉන්නෙ කොහොම ද?

ඨිතෝ අහං අංගුලිමාල සබ්බදා - සබ්බේසු භූතේසු නිධාය දණ්ඩං
තුවඤ්ච පාණේසු අසඤ්ඤතෝසි - තස්මා ඨිතෝහං තුවමට්ඨිතෝසි.

අංගුලිමාල, මං ඉන්නෙ මෙන්නෙ මෙහෙමයි. හැම තිස්සේ ම හැම සතුන් කෙරෙහි ම වද දීම් අතහැරල, ඒ වුනාට ඔබ නො සිටින්නෙ මෙහෙමයි. ඔබ සතුන් ගැන කිසි අනුකම්පාවක් නෑ. ඒ නිසා මං නැවතිලා ඉන්නවා. ඔබ නැවතිලා නෑ.

චිරස්සං වත මේ මහිතෝ මහේසි - මහාවනං සමණෝ පච්චුපාදි,
සෝ'හං චරිස්සාමි පහායපාපං - සුත්වාන ගාථං තව ධම්මසුතං.

ඇත්තෙන් ම පූජනීය මහා ඉසිවරයෙක් වන ඔය ශ්‍රමණයන් වහන්සේ මට අනුකම්පාවෙන් ම යි මේ මහ වනයට වැඩියේ. ධර්මය ගැන කියවෙන ඔය ගාථාව ඇහුවට පස්සේ මා වෙනස් වුනා. මේ පව් හැම එකක් ම අත්හැරලා මං ධර්මයේ හැසිරෙනවා.

ඉච්චේව චෝරෝ අසිමාවුධං ච - සෝබ්භේ පාපතේ නරකේ අන්වකාරි,
අවන්දි චෝරෝ සුගතස්ස පාදේ - තත්ථේව නං පබ්බජ්ජං අයාචි.

අංගුලිමාල සොරා මෙහෙම කියල කඩුව ත්, අනිත් ආයුධ ත් කන්දෙන් පහළට වීසි කළා. සුගතයන් වහන්සේ ගේ සිරි පතුල් ළඟ ඇද වැටුනා. උන්වහන්සේගෙන් මහණ වෙන්නට අවසර ඉල්ලා හිටියා.

බුද්ධෝ ච බෝ කාරුණිකෝ මහේසි
- යෝ සත්ථා ලෝකස්ස සදේවකස්ස,
තමේහි භික්ඛූ'ති තදා අවෝච - ඒසෝ'ව තස්ස අහු භික්ඛුභාවෝ.

මහ ඉසිවර බුදුරජාණන් වහන්සේ හරිම කරුණාවන්තයි. සදේවක ලෝකයාට ම නිවන් මග පෙන්නා දෙන ශාස්තෘන් වහන්සේ යි. ඉතින් බුදුරජාණන් වහන්සේ අංගුලිමාලට "භික්ෂුව, මෙහාට එන්න" කියා වදාළා. ඒක තමයි ඔහු ගේ උතුම් පැවිදි බව.

ඉක්බිති ආයුෂ්මත් අංගුලිමාලයන් වහන්සේ පසු ශ්‍රමණයන් කොට ගත් භාග්‍යවතුන් වහන්සේ සැවැත් නුවර චාරිකාවෙහි වැඩියා. අනුපිළිවෙලින් චාරිකාවෙහි වඩිමින් සැවැත් නුවරට වැඩම කළා. එවිට භාග්‍යවතුන් වහන්සේ සැවැත් නුවර ජේතවන නම් වූ අනේපිඬු සිටුහු ගේ අරමෙහි වැඩ විසුවා. එසමයෙහි පසේනදී කොසොල් රජු ගේ අන්තඃපුර දොරටුවේ රැස් වූ මහාජනයා උස් හඬින් මහ හඬින් ඝෝෂා කළා. "දේවයන් වහන්ස, ඔබ ගේ රාජධානියෙහි අංගුලිමාල නම් සොරෙක් සිටියි. ඔහු රෞද්‍රයි. ලෙහෙ වැකුණු අතින් යුක්තයි. අනුන් විනාශ කිරීමෙහි, මැරීමෙහි යෙදී සිටියා. සතුන් කෙරෙහි දයාව නැතිව සිටියා. ඔහු විසින් ගම් නොගම් කළා. නියම්ගම් නොනියම්ගම් කළා. ජනපද අජනපද කළා. ඔහු මිනිසුන් මර මරා ඇඟිලි වලින් මාලා තනා දරාගෙන ඉන්නවා. දේවයන් වහන්ස, ඒ සොරාව වළකාලන සේක්වා!"

එවිට පසේනදී කොසොල් රජු පන්සීයකින් යුතු අශ්ව සේනාවක් සමඟ සැවැත් නුවරින් නික්මුනා. ගිනි මද්දහන වේලෙහි දෙව්රම කරා පිටත් වුනා. යානභූමිය යම් තාක් ද, එතෙක් වාහනයෙන් ගොස් එයින් බැස පා ගමනින් භාග්‍යවතුන් වහන්සේ වෙත පැමිණියා. පැමිණ භාග්‍යවතුන් වහන්සේට ආදරයෙන් වන්දනා කොට එකත්පස්ව වාඩිවුනා. එකත්පස්ව වාඩි වූ පසේනදී කොසොල් රජුට භාග්‍යවතුන් වහන්සේ මෙය වදාළා. "පින්වත් මහාරාජ, කිම? සේනිය බිම්බිසාර මහඩේශ්වරයන් කිපුනා වත් ද? විසල් නුවර ලිච්ඡවීන් කිපුනා වත් ද? වෙනත් ප්‍රතිරාජයෙක් කිපුනා වත් ද?"

"අනේ නැහැ ස්වාමීනී, මගධේශ්වර සේනිය බිම්බිසාර රාජයන් කිපිලා ත් නොවෙයි. විශාලාවෙහි ලිච්ඡවීන් කිපිලා ත් නොවෙයි. අන්‍ය ප්‍රතිරාජයෙක් කිපිලා ත් නොවෙයි. ස්වාමීනී, මාගේ විජිතයෙහි අංගුලමාල නම් සොරෙක් ඉන්නව නෙව. ඔහු රෞද්‍රයි. ලෙහෙ වැකුණු අතින් යුක්තයි. අනුන් විනාශ කිරීමෙහි, මැරීමෙහි යෙදී සිටියා. සතුන් කෙරෙහි දයාව නැතිව සිටියා. ඔහු විසින් ගම් නොගම් කළා. නියම්ගම් නොනියම්ගම් කළා. ජනපද අජනපද කළා.

ඔහු මිනිසුන් මර මරා ඇඟිලි වලින් මාලා තනා දරාගෙන ඉන්නවා නෙව. ස්වාමීනී, මං මේ යන්නෙ ඒ සොරාව වළක්වන්නට යි."

"පින්වත් මහාරාජ, ඉදින් යම්හෙයකින් කෙස් රැවුල් බහා කසාවත් පොරවා ගිහි ගෙයින් නික්ම අනගාරික බුදු සසුනෙහි පැවිදි වී සිටින, සතුන් මැරීමෙන් වැළකී සිටින, සොරකමින් වැළකී සිටින, බොරුවෙන් වැළකී සිටින, එක්වේල වළඳන, සීලවන්ත වූ බඹසර සුරකින කල්‍යාණ ධර්ම ඇතිව ඒ අංගුලිමාල සිටිනවා දුටුවොත් ඔබ මොකද කරන්නේ?"

"ස්වාමීනී, එහෙම නම් අපි වන්දනමානන කරනවා. දැක හුනස්නෙන් නැගිටිනවා. අසුනෙන් පවරනවා. සිවුරු පිණ්ඩපාත සෙනසුන් ගිලන්පස බෙහෙත් පිරිකර පුදනවා. ඒ භික්ෂුවට ධාර්මික ආරක්ෂාව සපයනවා. එහෙත් ස්වාමීනී, දුස්සීල වූ, පවිටු ස්වභාව ඇති පුද්ගලයෙකුට මෙබඳු සීල සංවරයක් කෙසේ නම් ඇතිකරගන්නට ද?"

එවේලෙහි ආයුෂ්මත් අංගුලිමාලයන් වහන්සේ භාග්‍යවතුන් වහන්සේට නුදුරින් වාඩි වී සිටියා. එවිට භාග්‍යවතුන් වහන්සේ පසේනදී කොසොල් රජතුමා ගේ දකුණු අතින් අල්ලා ගෙන අවුත් මෙය වදාළා. "පින්වත් මහාරාජ, ඔය ඉන්නේ ඒ අංගුලිමාල තමයි."

එවිට පසේනදී කොසොල් රජතුමාට භයක් ඇතිවුනා. තැති ගැනීමකුත් ඇතිවුනා. ලොමුඩැහැ ගැනීමකුත් ඇතිවුනා. භාග්‍යවතුන් වහන්සේ පසේනදී කොසොල් රජු භය වී, තැතිගෙන, ලොමුඩැහැගෙන සිටින බව දැන පසේනදී කොසොල් රජුට මෙය වදාළා. "පින්වත් මහාරාජ, භයවෙන්නට එපා! පින්වත් මහාරාජ, භයවෙන්නට එපා! ඔබට ඒ භික්ෂුව ගෙන් කිසි භයක් වන්නේ නැහැ." එතකොට පසේනදී කොසොල් රජුහට යම් භයක්, තැතිගැනීමක්, ලොමුඩැහැ ගැනීමක් තිබුනා ද, එය සංසිඳී ගියා. ඉක්බිති පසේනදී කොසොල් රජු ආයුෂ්මත් අංගුලිමාලයන් වෙත පැමිණුනා. පැමිණ ආයුෂ්මත් අංගුලිමාලයන් ගෙන් මෙය ඇසුවා. "ස්වාමීනී, අප ගේ ආර්යයන් වහන්සේ අංගුලිමාලයන් ද?" "එසේය පින්වත් මහාරාජ" "ස්වාමීනී, ආර්යයන් වහන්සේ ගේ පියාණන් කවර ගෝත්‍ර නාමයකින් යුක්ත ද? මෑණියන්දෑ කවර ගෝත්‍ර නාමයකින් යුක්ත දෑ ද?" "පින්වත් මහාරාජ, මාගේ පියාණන් ගර්ග නම් වෙයි. මෑණියන්දෑ මන්තානි නම් වූ දෑ ය." "ස්වාමීනී, මන්තානිපුත්‍ර වූ ගර්ග ආර්යයන් වහන්සේ මේ ශාසනයෙහි ඇලී වසත්වා! මන්තානිපුත්‍ර ගර්ග වූ ආර්යයන් වහන්සේට මං සිවුරු, පිණ්ඩපාත, සෙනසුන්, ගිලන්පස, බෙහෙත් පිරිකර සපයන්නට උත්සාහ ගන්නම්."

එකල්හි ආයුෂ්මත් අංගුලිමාලයන් වහන්සේ ආරණ්‍යවාසීව පමණක්

සිටිමින්, පිණ්ඩපාතයෙන් පමණක් යැපෙමින්, පාංශුකූල චීවරය පමණක් පොරවමින්, තුන්සිවුර පමණක් ඇතිව සිටියා. ඉතින් ආයුෂ්මත් අංගුලිමාලයන් වහන්සේ පසේනදී කොසොල් රජුහට මෙය පැවසුවා. "පින්වත් මහාරාජ, කම්නැත. මට තුන්සිවුරු සම්පූර්ණව තියෙනවා."

එවිට පසේනදී කොසොල් රජු භාග්‍යවතුන් වහන්සේ වෙත පැමිණියා. පැමිණ භාග්‍යවතුන් වහන්සේට ආදරයෙන් වන්දනා කොට එකත්පස්ව හිඳ ගත්තා. එකත්පස්ව හුන් පසේනදී කොසොල් රජු භාග්‍යවතුන් වහන්සේට මෙය පැවසුවා. "ස්වාමීනී, ආශ්චර්යය යි! ස්වාමීනී, අද්භූත යි! ස්වාමීනී, භාග්‍යවතුන් වහන්සේ දමනය නො වූ වන් දමනය කරන සේක ම යි! ශාන්ත නො වූ වන් ශාන්ත බවට පත් කරන සේක් ම යි! නො පිරිනිවී ගිය සතුන් පිරිනිවන් බවට පත් කරන සේක් ම යි! ස්වාමීනී, ඒ අපි යමෙකුව දඬුමුගුරෙන් වේවා, ආයුධයෙන් වේවා දමනය කරන්නට අසමර්ථ ද, එහෙත් ඔහුව භාග්‍යවතුන් වහන්සේ දඬුමුගුරෙන් තොරව, ආයුධයෙන් තොරව දමනය කරන ලද්දේ ය. ස්වාමීනී, දැන් අපි යන්නම්. අපට ඉතින් බොහෝ කෘත්‍ය තියෙනවා නෙව. බොහෝ රාජකාරී තියෙනවා නෙව." "පින්වත් මහාරාජ, යමකට කාලය නම් එය දැනගත මැනැව." එකල්හි පසේනදී කොසොල් රජු හුනස්නෙන් නැගිට භාග්‍යවතුන් වහන්සේට ආදරයෙන් වන්දනා කොට පැදකුණු කොට පිටත්ව ගියා.

දිනක් ආයුෂ්මත් අංගුලිමාලයන් වහන්සේ පෙරවරුවෙහි සිවුරු හැඳ පොරවාගෙන පාත්‍රය ගෙන සැවැත් නුවර පිණ්ඩපාතයෙහි වැඩියා. සැවැත් නුවර ගෙපිළිවෙලින් පිඬු සිඟා වඩිද්දී එක්තරා ස්ත්‍රියක් ගැබ්ගෙල සිරවී, දරු ප්‍රසූතිය කරගත නො හැකිව, වේදනාවෙන් කෑ ගසනා අයුරු දකින්නට ලැබුනා. එසේ දැක මෙය සිතුනා. "භවත්නි, සැබැවින් ම සත්වයන් කෙලෙසී යනවා නෙව! භවත්නි, සැබැවින් ම සත්වයන් කෙලෙසී යනවා නෙව!" කියල. එවිට ආයුෂ්මත් අංගුලිමාලයන් වහන්සේ සැවැත් නුවර පිඬු සිඟා වැඩ වළඳා අවසන් කොට භාග්‍යවතුන් වහන්සේ වෙත පැමිණුනා. පැමිණ භාග්‍යවතුන් වහන්සේට ආදරයෙන් වන්දනා කොට එකත්පස්ව වාඩිවුනා. එකත්පස්ව හිඳගත් ආයුෂ්මත් අංගුලිමාලයන් භාග්‍යවතුන් වහන්සේට මෙය පැවසුවා. "ස්වාමීනී, මෙහි මං පෙරවරුවෙහි සිවුරු හැඳ පොරවා ගෙන සැවැතෙහි පිඬු සිඟා වැඩියා. ඉතින් ස්වාමීනී, සැවැතෙහි ගෙපිළිවෙලින් පිඬු සිඟා වඩිද්දී දරුගැබ සිරවී දරුවා වදනු නො හැකිව විලාප දෙන එක්තරා ස්ත්‍රියක් දකින්නට ලැබුනා. දැක මෙය සිතුනා. 'භවත්නි, සැබැවින් ම සත්වයන් කෙලෙසී යනවා නෙව! භවත්නි, සැබැවින් ම සත්වයන් කෙලෙසී යනවා නෙව!' කියල."

"එසේ වී නම් පින්වත් අංගුලිමාල, ඔබ ඒ ස්ත්‍රිය වෙත යන්න. ගිහින් ඒ ස්ත්‍රියට මෙය පවසන්න. 'පින්වත් නැගණියෙනි, මං යම් දවසක ඉපදුනා ද එදා සිට දැන දැන සතෙකු ගේ ජීවිතය තොර කළ බවක් නම් නො දනිමි. මේ සත්‍යානුභාවයෙන් ඔබට සෙත් වේවා! ගර්භයට ද සෙත් වේවා!' කියලා."

"අනේ ස්වාමීනී, එය මට බොරුවක් නො වන්නේ ද? ස්වාමීනී, මා විසින් දැන දැන බොහෝ ජීවිත විනාශ කොට තිබෙනවා." "එසේ වී නම් පින්වත් අංගුලිමාල, ඔබ ඒ ස්ත්‍රිය වෙත යන්න. ගිහින් ඒ ස්ත්‍රියට මෙය පවසන්න. 'පින්වත් නැගණියෙනි, මං යම් දවසක ආර්ය ජාතියෙහි ඉපදුනා ද එදා සිට දැන දැන සතෙකු ගේ ජීවිතය තොර කළ බවක් නම් නො දනිමි. මේ සත්‍යානුභාවයෙන් ඔබට සෙත් වේවා! ගර්භයට ද සෙත් වේවා!' කියලා."

"එසේය ස්වාමීනී," ආයුෂ්මත් අංගුලිමාලයන් වහන්සේ භාග්‍යවතුන් වහන්සේට පිළිතුරු දී ඒ ස්ත්‍රිය සිටි තැනට වැඩියා. වැඩමකොට ඒ ස්ත්‍රියට මෙය පැවසුවා. "පින්වත් නැගණියෙනි, මං යම් දවසක ආර්ය ජාතියෙහි ඉපදුනා ද එදා සිට දැන දැන සතෙකු ගේ ජීවිතය තොර කළ බවක් නම් නො දනිමි. මේ සත්‍යානුභාවයෙන් ඔබට සෙත් වේවා! ගර්භයට ද සෙත් වේවා!" එවිට ස්ත්‍රිය සුවපත් වුනා. ගර්භය සුවපත් වුනා. (සුව සේ දරුවා බිහිවුනා)

එවිට ආයුෂ්මත් අංගුලිමාලයන් වහන්සේ තනිව ම හුදෙකලා වුනා. අප්‍රමාදී වුනා. කෙලෙස් තවන වීරියෙන් යුතු වුනා. කාය ජීවිත දෙක්හි අපේක්ෂා රහිතව ධර්මයෙහි හැසිරෙද්දී, යම් උතුම් අර්ථයක් පිණිස කුල පුත්‍රයන් මනා කොට ගිහි ජීවිතය අත්හැර බුදු සසුනෙහි පැවිදි වෙද්ද, බඹසර ජීවිතයේ නිමාව වන ඒ උතුම් අරහත්වය මෙහි දී ම තමන් ගේ විශිෂ්ට ඤාණයෙන් සාක්ෂාත් කොට එයට පැමිණ වාසය කළා. 'ඉපදීම ක්ෂය වුනා. බඹසර වාසය සම්පූර්ණ කළා. කළ යුත්ත කළා. මත්තෙහි කළ යුතු කිසිවක් නැතැ'යි අවබෝධ කරගත්තා. ඉතින් ආයුෂ්මත් අංගුලිමාලයන් වහන්සේ ද, රහතන් වහන්සේලා අතර කෙනෙක් බවට පත් වුනා.

ඉතින් ආයුෂ්මත් අංගුලිමාලයන් වහන්සේ පෙරවරුවෙහි සිවුරු හැඳ පොරවා පාත්‍රය ද ගෙන සැවැත් නුවර පිඬුසිඟා වඩිනවා. එවැනි වෙලාවක දී වෙනත් තැනකට ගසන ගල් පවා ආයුෂ්මත් අංගුලිමාලයන් වහන්සේ ගේ ඇඟට යි වදින්නේ. වෙනත් තැනකට ගසන දඬු මුගුරු පවා ආයුෂ්මත් අංගුලිමාලයන් වහන්සේ ගේ ඇඟට යි වදින්නේ. වෙනත් තැනකට ගසන කැට කැබිලිති පවා ආයුෂ්මත් අංගුලිමාලයන් වහන්සේ ගේ ඇඟට යි වදින්නේ. එතකොට ආයුෂ්මත් අංගුලිමාලයන් වහන්සේ බිඳුණු හිසින් යුතුව, ලේ වැගිරෙද්දී, බිඳුණු

පාත්‍රය ඇතිව, ඉරී ගිය සඟල සිවුරු ඇතිව, භාග්‍යවතුන් වහන්සේ වෙත පැමිණෙනවා. එවිට දුරින් ම වඩින ආයුෂ්මත් අංගුලිමාලයන් දකින භාග්‍යවතුන් වහන්සේ ආයුෂ්මතුන් අංගුලිමාලයන්ට මෙය පවසා වදාරණවා. "පින්වත් බ්‍රාහ්මණය, ඔබ ඉවසන්න! පින්වත් බ්‍රාහ්මණය, ඔබ ඉවසන්න! ඔබ විසින් කරන ලද යම් කර්මයක විපාකය බොහෝ වර්ෂ ගණනක්, බොහෝ වර්ෂ සිය ගණනක්, බොහෝ වර්ෂ දහස් ගණනක් නිරයෙහි පැසවන්නට තිබුනා ද, පින්වත් බ්‍රාහ්මණය, ඔබට ඒ කර්මයේ විපාක මේ ජීවිතයේ දී විතරයි විඳවන්නට තියෙන්නේ." ඉතින් හුදෙකලාවෙහි භාවනා කරමින් විමුක්ති සුඛ විඳිමින් සිටින ආයුෂ්මත් අංගුලිමාලයන් වහන්සේ ඒ වේලාවෙහි මේ උදානය වදාළා.

යෝ ච පුබ්බේ පමජ්ජිත්වා පච්ඡා සෝ නප්පමජ්ජති,
සෝ'මං ලෝකං පභාසේති අබ්භා මුත්තෝ'ව චන්දිමා.

කවුරු හරි කලින් දහමේ හැසිරෙන්නට පමා වෙලා හිටිය ත්, පස්සෙ කාලෙක අප්‍රමාදීව දහමේ හැසිරුනොත් එයා මේ ලෝකය එළිය කරනවා. වළාකුලින් මිදුන පුන් සඳක් වගේ.

යස්ස පාපං කතං කම්මං කුසලේන පිථීයති,
සෝ'මං ලෝකං පභාසේති අබ්භා මුත්තෝ'ව චන්දිමා.

කවුරු හරි කෙනෙක් තමන් ගේ පව් කුසල් බලයෙන් නැති කරල දැම්මොත් එයා මේ ලෝකය එළිය කරනවා. වළාකුලින් මිදුන පුන්සඳක් වගේ.

යෝ හවේ දහරෝ භික්ඛු යුඤ්ජති බුද්ධසාසනේ,
සෝ'මං ලෝකං පභසේති අබ්භා මුත්තෝ'ව චන්දිමා.

කොයි තරම් තරුණ භික්ෂුවක් වුනත් ශීල, සමාධි, ප්‍රඥාවේ යෙදෙනවා නම් එයා මේ ලෝකය එළිය කරනවා. වළාකුලින් මිදුන පුන් සඳක් වගේ.

දිසා'හි මේ ධම්මකථං සුණන්තු - දිසා'හි මේ යුඤ්ජන්තු බුද්ධසාසනේ,
දිසා'හි මේ තේ මනුජේ භජන්තු - යේ ධම්මමේවාදාපයන්ති සන්තෝ.

මගේ සතුරන්ට ත් ඇසෙන්නට ඕන මේ චතුරාර්ය සත්‍යය ධර්මය ම යි. මගේ සතුරන් හැසිරෙන්නට ඕන ශීල, සමාධි, ප්‍රඥාවේ ම යි. මගේ සතුරො ත් ඇසුරු කරන්නට ඕන මේ උතුම් චතුරාර්ය සත්‍යය ධර්මය පෙන්නා දෙන සත්පුරුෂ උතුමන්ව යි.

දිසා හි මේ ඛන්තිවාදානං අවිරෝධප්පසංසිනං,
සුණන්තු ධම්මං කාලේන තඤ්ච අනුවිධීයන්තු.

ඉවසන ගුණයෙන් යුතු, මෛත්‍රියට ප්‍රශංසා කරන ඒ උතුමන් ගේ ධර්මය ම මාගේ හතුරෝ ද අසත්වා! ඒ උතුම් ධර්මය ම අනුගමනය කරත්වා!

න හි ජාතු සෝ මමං හිංසේ අඤ්ඤං වා පන කිඤ්චනං,
පප්පුය්‍ය පරමං සන්තිං රක්ඛෙය්‍ය තසථාවරේ.

ඒ මාගේ සතුරෝ මට හෝ වෙන කෙනෙකුට හෝ හිංසා නො කරත්වා! දැන් අංගුලිමාල පරම ශාන්තියට පැමිණිලා ඉන්නෙ. තැති ගන්නා සතුනුත්, තැති නො ගන්නා රහතුනුත් රකිනවා.

උදකං හි නයන්ති නෙත්තිකා උසුකාරා නමයන්ති තේජනං,
දාරුං නමයන්ති තච්ඡකා අත්තානං දමයන්ති පණ්ඩිතා.

වතුර අදින අය තමන් කැමැති දිශාවට වතුර ගෙනියනවා. හී වඩුවන් ඊතල වල ඇද හැරලා කෙලින් කරනවා. ලී වඩුවන් කැමැති විදිහට ලී නවනවා. අන්න ඒ විදිහට බුද්ධිමත් කෙනා තමන් ගේ ජීවිතය දමනය කර ගන්නවා.

දණ්ඩේනේකේ දමයන්ති අංකුසේහි කසාහි ච,
අදණ්ඩේන අසත්ථේන අහං දන්තෝම්හි තාදිනා.

සමහර උදවිය දඬු මුගුරු වලිනුත්, හෙණ්ඩුවෙනුත්, කසයෙනුත් තමයි අනුන්ව දමනය කරන්නේ. ඒ වුනාට දඬු මුගුරු නැතිවයි, අවි ආයුධ නැතිවයි අකම්පිත සිත් ඇති බුදුරජාණන් වහන්සේ මාව දමනය කළේ.

අහිංසකෝ'ති මේ නාමං හිංසකස්ස පුරේ සතෝ,
අජ්ජාහං සච්චනාමෝම්හි න නං හිංසාමි කිඤ්චනං.

ඉස්සර මට අහිංසක කියල කීවෙ අනුන්ට හිංසා කරද්දී ම යි. ඒත් දැන් මං කාටවත් හිංසා නො කරන ඇත්තට ම අහිංසක කෙනෙක්.

චෝරෝ අහං පුරේ ආසිං අංගුලිමාලෝ'ති විස්සුතෝ,
වුය්හමානෝ මහෝඝේන බුද්ධං සරණමාගමං.

මං ඉස්සර අංගුලිමාල නමින් ප්‍රසිද්ධ වෙච්ච හොරා. මාව සංසාරෙ සැඩ පහරට අහුවෙලා ගහගෙන යන කොට තමයි බුදුරජාණන් වහන්සේව සරණ යන්නට ලැබුනේ.

ලෝහතපාණී පුරේ ආසිං අංගුලිමාලෝ'ති විස්සුතෝ,
සරණාගමනං පස්ස භවනෙත්ති සමූහතා.

ඉස්සර මං අත්වල ලේ තවරාගෙන ප්‍රසිද්ධ වෙලා හිටියේ අංගුලිමාල නමින්. එහෙත් උතුම් තිසරණයට පැමිණීමේ ආනිශංසය බලන්න. සියළු භව

රැහැන් මුලින් ම කපලා දැම්මා.

තාදිසං කම්මං කත්වාන බහුං දුග්ගතිගාමිනං,
ඵුට්ඨෝ කම්මවිපාකේන අනණෝ භුඤ්ජාමි භෝජනං.

මගේ අතින් අපායට යන්නට බොහෝ පව් සිද්ධ වුනා. එහෙත් දැන් මං විපාක විඳින්නෙ මේ ජීවිතයේ දී විතරයි. අනුන් ගේ දානෙ මං වළඳන්නෙ ණය නැතිව යි.

පමාදමනුයුඤ්ජන්ති බාලා දුම්මේධිනෝ ජනා,
අප්පමාදං ච මේධාවී ධනං සෙට්ඨං'ව රක්ඛති.

අඥාන ජනතාව බාහිර වැඩ කටයුතුවලට මුළු ජීවිතය ම කැප කරනවා. ධර්මයේ හැසිරීම ප්‍රමාද කරනවා. නමුත් බුද්ධිමත් කෙනා අප්‍රමාදීව ධර්මයේ හැසිරෙන්නෙ උතුම් ධනයක් රැක ගන්නවා වගෙයි.

මා පමාදමනුයුඤ්ජේථ මා කාමරතිසන්ථවං,
අප්පමත්තෝ හි ඣායන්තෝ පප්පෝති පරමං සුඛං.

ධර්මයේ හැසිරීම පිණිස ප්‍රමාද වෙන්නට එපා! කාම සැපයේ ම ඇලී වාසය කරන්නට එපා! අප්‍රමාදීව භාවනා කරන කෙනා තමයි උතුම් සැපය ලබා ගන්නෙ.

ස්වාගතං නාපගතං නේතං දුම්මන්තිතං මම,
සංවිභත්තේසු ධම්මේසු යං සෙට්ඨං තදුපාගමං.

සම්බුදු සසුනට මං ආපු එක කොයි තරම් හොඳයි ද! මේක වැඩකට නැති දෙයක් නො වෙයි. අනික, මේ මගේ වැරදි මතයකුත් නොවේ. විස්තර වශයෙන් පහදල දෙන ඒ චතුරාර්ය සත්‍යය ධර්මය තුළිනුයි මං උතුම් නිවනට පත් වුනේ.

ස්වාගතං නාපගතං නේතං දුම්මන්තිතං මම,
තිස්සෝ විජ්ජා අනුප්පත්තා කතං බුද්ධස්ස සාසනං.

බුදුරජාණන් වහන්සේ ගේ සසුනට මං ආපු එක කොයිතරම් හොඳ ද! මේක වැඩකට නැති දෙයක් නො වෙයි. අනික, මේ මගේ වැරදි මතයකුත් නො වෙයි. මා ත්‍රිවිද්‍යාව ලැබුවා. බුද්ධ ශාසනය සම්පූර්ණ කරගත්තා.

සාදු! සාදු!! සාදු!!!

අංගුලිමාල තෙරුන්ට වදාළ දෙසුම නිමා විය.

2.4.7.
පියජාතික සූත්‍රය
ප්‍රිය වූ දෙයින් හටගන්නා දුක ගැන වදාළ දෙසුම

මා හට අසන්නට ලැබුනේ මේ විදිහට යි. එසමයෙහි භාග්‍යවතුන් වහන්සේ වැඩසිටියේ සැවැත් නුවර ජේතවනය නම් වූ අනේපිඬු සිටුතුමා ගේ ආරාමයේ. ඒ දිනවල එක්තරා ගෘහපතියෙකු ගේ ප්‍රිය වූ, මනාප වූ, එක ම පුත් කුමරා මරණයට පත් වුනා. ඉතින් ඒ දරුවා ගේ මරණය නිසා ඔහු ගේ රැකීරක්ෂා කටයුතු කිසිවක් කෙරෙන්නෙ නෑ. ආහාරපාන ගන්නෙත් නෑ. ඔහු ආදාහනය කළ තැනට නැවත නැවත ගොස් හඬනවා. "අහෝ! එක ම පුතේ, කොහිද ඔබ? අහෝ! එක ම පුතේ, කොහිද ඔබ?" කියලා.

එදා ඒ ගෘහපතියා භාග්‍යවතුන් වහන්සේ වෙත පැමිණියා. පැමිණ භාග්‍යවතුන් වහන්සේට වන්දනා කොට එකත්පස්ව වාඩි වුනා. එකත්පස්ව වාඩි වුන ඒ ගෘහපතියා ගෙන් භාග්‍යවතුන් වහන්සේ මෙය අසා වදාළා. "පින්වත් ගෘහපතිය, ඔබ ගේ ඉන්ද්‍රියයන් තියෙන්නෙ තමන් ගේ සිත අනුව නො වෙයි. ඔබේ ඉන්ද්‍රියයන් ගේ කිසියම් වෙනසක් තියෙනවා." "අනේ ස්වාමීනී, මගේ ඉන්ද්‍රියයන් ගේ වෙනසක් නැතිව තියේවි ද? ස්වාමීනී, මගේ ඉතා ම ප්‍රිය වූ, මනාප වූ, එක ම පුත් කුමාරයා කලුරිය කළා නෙව. ඔහු ගේ කාලක්‍රියාව නිසා කිසි වැඩපළක් කෙරෙන්නෙත් නැහැ. කෑමක් බීමක් ගන්නටත් බැහැ. ඒ මං නිතර නිතර ආදාහනය කළ තැනට ගිහින් 'අහෝ! එක ම පුතේ, කොහිද ඔබ? අහෝ! එක ම පුතේ, කොහිද ඔබ?' කිය කියා හඬනවා."

"පින්වත් ගෘහපතිය, එය එසේ ම තමයි. පින්වත් ගෘහපතිය, ශෝක, වැළපීම්, දුක්, දොම්නස්, සුසුම් හෙළීම් ඇද්ද, එය ප්‍රිය වූ දෙයිනුයි උපදින්නේ. ප්‍රිය වූ දෙයිනුයි හටගන්නේ."

"ස්වාමීනී, ප්‍රිය වූ දෙයින් උපදිනවා යැයි කියන, ප්‍රිය වූ දෙයින් හටගන්නවා යැයි කියන, ශෝක, වැළපීම්, දුක්, දොම්නස්, සුසුම් හෙළීම් ඇද්ද, එය කෙසේ නම් හටගන්නවා ද? ස්වාමීනී, එසේ නොවේ. ප්‍රිය වූ දෙයින් උපදින්නේ, ප්‍රිය වූ දෙයින් හටගන්නේ ආනන්දයක් නෙව. සොම්නසක් නෙව."

මෙසේ ඒ ගෘහපතිය භාග්‍යවතුන් වහන්සේ වදාළ ධර්මය නො පිළිගෙන, ප්‍රතික්ෂේප කොට හුනස්නෙන් නැගිට පිටත්ව ගියා.

එවේලෙහි බොහෝ සූදුවෙහි ලොල් වූ ධූර්තයන් භාග්‍යවතුන් වහන්සේට නුදුරෙහි පසඇට කෙළිමින් සිටියා. එවිට ඒ ගෘහපතියා අර සූදුවෙහි ලොල් වූ ධූර්තයන් ළඟට ගියා. ගිහින් ඒ ධූර්තයන් හට මෙය පැවසුවා. "භවත්නි, මං මෙහි දී ශ්‍රමණ ගෞතමයන් වහන්සේ ළඟට ගියා. ගිහින් ශ්‍රමණ ගෞතමයන්ට වන්දනා කොට එකත්පස්ව වාඩි වුනා. එකත්පස්ව වාඩි වූ මට ශ්‍රමණ ගෞතමයන් මෙය කිව්වා නෙව. 'පින්වත් ගෘහපතිය, ඔබ ගේ ඉන්ද්‍රියයන් තියෙන්නෙ තමන් ගේ සිත අනුව නම් නො වෙයි. ඔබේ ඉන්ද්‍රියයන් ගේ කිසියම් වෙනසක් තියෙනවා.' කියල. එතකොට මං මෙහෙම කිව්වා. 'අනේ ස්වාමීනී, මගේ ඉන්ද්‍රියයන් ගේ වෙනසක් නැතිව තියේවි ද? ස්වාමීනී, මගේ ඉතා ම ප්‍රිය වූ, මනාප වූ, එක ම පුත් කුමරයා කලුරිය කළා නෙව. ඔහු ගේ කාලක්‍රියාව නිසා කිසි වැඩපළක් කෙරෙන්නෙත් නැහැ. කෑමක් බීමක් ගන්නටත් බැහැ. ඒ මං නිතර නිතර ආදාහනය කළ තැනට ගිහින් 'අහෝ! එක ම පුතේ, කොහිද ඔබ? අහෝ! එක ම පුතේ, කොහිද ඔබ?' කිය කියා හඬනවා කියල.'

එතකොට ශ්‍රමණ ගෞතමයන් මට මෙහෙම පැවසුවා. 'පින්වත් ගෘහපතිය, එය එසේ ම තමයි. පින්වත් ගෘහපතිය, ශෝක, වැළපීම්, දුක්, දොම්නස්, සුසුම් හෙළීම් ඇද්ද, එය ප්‍රිය වූ දෙයිනුයි උපදින්නේ. ප්‍රිය වූ දෙයිනුයි හටගන්නේ' කියල. එතකොට මං මෙහෙම කිව්වා. 'ස්වාමීනී, ප්‍රිය වූ දෙයින් උපදිනවා යැයි කියන, ප්‍රිය වූ දෙයින් හටගන්නවා යැයි කියන, ශෝක, වැළපීම්, දුක්, දොම්නස්, සුසුම් හෙළීම් ඇද්ද, එය කෙසේ නම් හටගන්නවා ද? ස්වාමීනී, එසේ නොවේ. ප්‍රිය වූ දෙයින් උපදින්නේ, ප්‍රිය වූ දෙයින් හටගන්නේ ආනන්දයක් නෙව. සොම්නසක් නෙව' කියල. ඉතින් භවත්නි, මං ශ්‍රමණ ගෞතමයන් වහන්සේ වදාළ ධර්මය නො පිළිගෙන, ප්‍රතික්ෂේප කොට හුනස්නෙන් නැගිට පිටත්ව ගියා."

"එම්බා ගෘහපතිය, එය එසේම තමයි. එම්බා ගෘහපතිය, එය එසේම තමයි. ප්‍රිය වූ දෙයින් උපදින්නේ, ප්‍රිය වූ දෙයින් හටගන්නේ ආනන්දයක් සොම්නසක් නෙව." එවිට ඒ ගෘහපතියා මාගේ අදහස මේ සූදු ලොල් ධූර්තයන් සමඟ හොඳින් ගැලපෙනවා කියා පිටත්ව ගියා.

මෙම කතා ප්‍රවෘත්තිය අනුපිළිවෙලින් රාජමාළිගාව තුළට ත් ගියා. එදා පසේනදී කොසොල් රජු මල්ලිකා දේවිය ඇමතුවා. "මල්ලිකාවෙනි, ශ්‍රමණ ගෞතමයන් වහන්සේ මෙය වදාරණ ලදැයි කියන්නේ. ඒ කියන්නේ; 'ප්‍රිය වූ දෙයින් උපදින්නේ, ප්‍රිය වූ දෙයින් හටගන්නේ ශෝක, වැළපීම්, දුක්, දොම්නස්, සුසුම් හෙළීම්' ය කියල." "භවත් මහාරාජ, භාග්‍යවතුන් වහන්සේ විසින් එය වදාරණ ලද්දේ නම් එය එසේම තමයි."

මෙසේ මේ මල්ලිකාව "ශ්‍රමණ ගෞතමයන් විසින් යමක් කියයි ද, එය ඒ අයුරින් ම අනුමෝදන් වෙනවා නෙව. 'භවත් මහාරාජ, භාග්‍යවතුන් වහන්සේ විසින් එය වදාරණ ලද්දේ නම් එය එසේම තමයි' කියා. ඒක මේ වගේ දෙයක්. ආචාර්යවරයා අන්තේවාසිකයාට යමක් කියනවා ද, 'එය එසේ ම යි ආචාර්යපාදයෙනි, එය එසේ ම යි ආචාර්යපාදයෙනි' කියනවා වගේ. ඒ වගෙයි මල්ලිකා, නුඹත් ශ්‍රමණ ගෞතමයන් විසින් යමක් කියයි ද, එය ඒ අයුරින් ම අනුමෝදන් වෙනවා නෙව. 'භවත් මහාරාජ, භාග්‍යවතුන් වහන්සේ විසින් එය වදාරණ ලද්දේ නම් එය එසේම තමයි' කියා. එම්බා මල්ලිකා, මෙතැන නො සිට නො පෙනී පල."

ඉක්බිති මල්ලිකා දේවිය, නාළිජංඝ බ්‍රාහ්මණයා ඇමතුවා. "එම්බා බ්‍රාහ්මණය, එන්න. ඔබ භාග්‍යවතුන් වහන්සේ වෙත යන්න. ගිහින් භාග්‍යවතුන් වහන්සේ ගේ ශ්‍රී පාද පද්මය මාගේ වචනයෙන් නළල බිම තබා වඳින්න. අල්පාබාධ බව ත්, අල්ප පීඩා ඇති බව ත්, සැහැල්ලු බව ත්, කාය බලය ත්, පහසු විහරණය ත් විමසන්න. ඉන්පසු මෙය ත් අසන්න. 'ස්වාමීනී, භාග්‍යවතුන් වහන්සේ විසින් මෙම වචනය වදාරා තිබෙනවා ද? ඒ කියන්නේ; 'ප්‍රිය වූ දෙයින් උපදින්නේ, ප්‍රිය වූ දෙයින් හටගන්නේ ශෝක, වැළපීම්, දුක්, දොම්නස්, සුසුම් හෙළීම්' ය කියල. භාග්‍යවතුන් වහන්සේ යම් අයුරකින් පවසයි ද එය හොඳින් ඉගෙන ගෙන මට දනුම් දුන්නා. තථාගතයන් වහන්සේලා බොරු නො කියති." "එසේය භවතී" කියා නාළිජංඝ බ්‍රාහ්මණයා මල්ලිකා දේවියට පිළිතුරු දී භාග්‍යවතුන් වහන්සේ වෙත පැමිණුනා. පැමිණ භාග්‍යවතුන් වහන්සේ සමඟ සතුටු වුණා. සතුටු විය යුතු පිළිසඳර කතාව කොට නිමවා එකත්පස්ව වාඩි වුණා. එකත්පස්ව හුන් නාළිජංඝ බ්‍රාහ්මණයා භාග්‍යවතුන් වහන්සේට මෙය පැවසුවා. "භවත් ගෞතමයෙනි, මල්ලිකා දේවී තොමෝ භවත් ගෞතමයන් ගේ ශ්‍රී පදා පද්මය නළල බිම තබා වන්දනා කරන්නී. භවත් ගෞතමයන් ගෙන් අල්පාබාධ බව ත්, අල්ප පීඩා ඇති බව ත්, සැහැල්ලු බව ත්, කාය බලය ත්, පහසු විහරණය ත් විමසයි. එසේ ම මෙය ද පවසයි. 'ස්වාමීනී, භාග්‍යවතුන් වහන්සේ විසින් මෙම වචනය වදාරා තිබෙනවා ද? ඒ කියන්නේ; 'ප්‍රිය වූ දෙයින් උපදින්නේ, ප්‍රිය වූ දෙයින් හටගන්නේ ශෝක, වැළපීම්, දුක්, දොම්නස්, සුසුම් හෙළීම්' ය කියල."

"පින්වත් බ්‍රාහ්මණය, එය එසේ ම තමයි. පින්වත් බ්‍රාහ්මණය එය එසේ ම තමයි. ශෝක, වැළපීම්, දුක්, දොම්නස්, සුසුම් හෙළීම් උපදින්නේ ප්‍රිය වූ දෙයිනුයි. හටගන්නේ ප්‍රිය වූ දෙයිනුයි.

පින්වත් බ්‍රාහ්මණය, එය මේ අයුරිනුත් 'ප්‍රිය වූ දෙයින් උපදින්නේ, ප්‍රිය වූ දෙයින් හටගන්නේ ශෝක, වැළපීම්, දුක්, දොම්නස්, සුසුම් හෙළීම්'

යන කාරණය තේරුම් ගන්නට පුළුවනි. මෙය කලින් සිදු වූ දෙයක්. පින්වත් බ්‍රාහ්මණය, මේ සැවැත් නුවර ම එක්තරා කාන්තාවක ගේ මෑණියන් කලුරිය කළා. මව ගේ මරණය නිසා ඒ කාන්තාව උමතු වුනා. චිත්ත වික්ෂේපයට පත් වුණා. පාරක් පාරක් ගානේ, හතරමං හන්දියක් ගානේ ගිහින් මෙහෙම කියනවා. 'මාගේ මෑණියන් දකින්නට ලැබුණා ද? මාගේ මෑණියන් දකින්නට ලැබුනා ද?' කියල.

පින්වත් බ්‍රාහ්මණය, එය මේ අයුරිනුත් 'ප්‍රිය වූ දෙයින් උපදින්නේ, ප්‍රිය වූ දෙයින් හටගන්නේ ශෝක, වැළපීම්, දුක්, දොම්නස්, සුසුම් හෙලීම්' යන කාරණය තේරුම් ගන්නට පුළුවනි. මෙය කලින් සිදු වූ දෙයක්. පින්වත් බ්‍රාහ්මණය, මේ සැවැත් නුවර ම එක්තරා කාන්තාවක ගේ පියාණන් කලුරිය කළා. ....(පෙ).... සොහොයුරා කලුරිය කළා. ....(පෙ).... නැගණිය කළුරිය කළා ....(පෙ).... පුතා කලුරිය කළා. ....(පෙ).... දියණිය කළුරිය කළා ....(පෙ).... ස්වාමියා කළුරිය කළා. තම ස්වාමියා ගේ මරණය නිසා ඒ කාන්තාව උමතු වුනා. චිත්ත වික්ෂේපයට පත් වුනා. පාරක් පාරක් ගානේ, හතරමං හන්දියක් ගානේ ගිහින් මෙහෙම කියනවා. 'මාගේ ස්වාමි පුරුෂයා දකින්නට ලැබුනා ද? මාගේ ස්වාමි පුරුෂයා දකින්නට ලැබුණා ද?' කියල.

පින්වත් බ්‍රාහ්මණය, එය මේ අයුරිනුත් 'ප්‍රිය වූ දෙයින් උපදින්නේ, ප්‍රිය වූ දෙයින් හටගන්නේ ශෝක, වැළපීම්, දුක්, දොම්නස්, සුසුම් හෙලීම්' යන කාරණය තේරුම් ගන්නට පුළුවනි. මෙය කලින් සිදු වූ දෙයක්. පින්වත් බ්‍රාහ්මණය, මේ සැවැත් නුවර ම එක්තරා පුරුෂයෙකු ගේ මෑණියන් කලුරිය කළා. මව ගේ මරණය නිසා ඒ පුරුෂයා උමතු වුනා. චිත්ත වික්ෂේපයට පත් වුනා. පාරක් පාරක් ගානේ, හතරමං හන්දියක් ගානේ ගිහින් මෙහෙම කියනවා. 'මාගේ මෑණියන් දකින්නට ලැබුනා ද? මාගේ මෑණියන් දකින්නට ලැබුනා ද?' කියල.

එය මේ අයුරිනුත් 'ප්‍රිය වූ දෙයින් උපදින්නේ, ප්‍රිය වූ දෙයින් හටගන්නේ ශෝක, වැළපීම්, දුක්, දොම්නස්, සුසුම් හෙලීම්' යන කාරණය තේරුම් ගන්නට පුළුවනි. මෙය කලින් සිදු වූ දෙයක්. පින්වත් බ්‍රාහ්මණය, මේ සැවැත් නුවර ම එක්තරා පුරුෂයෙකු ගේ පියාණන් කලුරිය කළා. ....(පෙ).... සොහොයුරා කලුරිය කළා. ....(පෙ).... නැගණිය කළුරිය කළා ....(පෙ).... පුතා කලුරිය කළා. ....(පෙ).... දියණිය කළුරිය කළා ....(පෙ).... බිරිඳ කළුරිය කළා. තම බිරිඳ ගේ මරණය නිසා ඒ පුරුෂයා උමතු වුනා. චිත්ත වික්ෂේපයට පත් වුනා. පාරක් පාරක් ගානේ, හතරමං හන්දියක් ගානේ ගිහින් මෙහෙම කියනවා. 'මාගේ බිරිඳ දකින්නට ලැබුනා ද? මාගේ බිරිඳ දකින්නට ලැබුනා ද?' කියල.

පින්වත් බ්‍රාහ්මණය, එය මේ අයුරිනුත් 'ප්‍රිය වූ දෙයින් උපදින්නේ, ප්‍රිය වූ දෙයින් හටගන්නේ ශෝක, වැළපීම්, දුක්, දොම්නස්, සුසුම් හෙළීම්' යන කාරණය තේරුම් ගන්නට පුළුවනි. මෙය කලින් සිදු වූ දෙයක්. පින්වත් බ්‍රාහ්මණය, මේ සැවැත් නුවර ම එක්තරා කාන්තාවක් ඤාති කුලයකට ගියා. එහිදී ඒ ඤාතීන් ඇයව ස්වාමියා කෙරෙන් වෙන්කොට වෙන තැනැත්තෙකුට දෙන්නට සූදානම් වුනා. ඇය එයට කැමති වුනේ නෑ. ඉතින් ඒ ස්ත්‍රිය තම ස්වාමියාට මෙය පැවසුවා. 'ආර්ය පුත්‍රය, මේ ඤාතීන් ඔබ කෙරෙන් මාව ඉවත් කොට වෙනත් කෙනෙකුට දෙන්නට හදනවා. මං එයට කැමති නැහැ' කියල. එතකොට ඒ පුරුෂයා 'එහෙම නම් අපි දෙන්නා පරලොව දී එක්වෙමු' කියා අර ස්ත්‍රිය කඩුවෙන් දෙකඩ කොට කැපුවා. තමා ත් දිවි නසාගත්තා. මේ අයුරිනුත් තේරුම් ගන්නට ඕන 'ප්‍රිය වූ දෙයින් උපදින්නේ, ප්‍රිය වූ දෙයින් හටගන්නේ ශෝක, වැළපීම්, දුක්, දොම්නස්, සුසුම් හෙළීම්' බව."

ඉක්බිති නාළිජංඝ බ්‍රාහ්මණයා භාග්‍යවතුන් වහන්සේ ගේ භාෂිතය සතුටින් පිළිගෙන අනුමෝදන්ව හුනස්නෙන් නැගිට මල්ලිකා දේවිය වෙත ගියා. ගිහින් භාග්‍යවතුන් වහන්සේ සමඟ යම්තාක් කතා සල්ලාපයක් වූයේ ද, ඒ සියල්ල ම මල්ලිකා දේවියට පැවසුවා. ඉතින් මල්ලිකා දේවිය පසේනදී කොසොල් රජු වෙත ගියා. ගිහින් පසේනදී කොසොල් රජුට මෙය පැවසුවා.

"භවත් මහාරාජ, ඒ කිමැයි සිතව් ද? වජිරී කුමරිය ඔබට ප්‍රිය යි ද?" "එසේය මල්ලිකාවෙනි. වජිරී කුමරිය, මට ප්‍රිය යි නෙව." "මහරජාණෙනි, ඒ කිමැයි සිතව් ද? වජිරී කුමරිය ගේ මරණය වැනි යම්කිසි විපරිණාමයක් සිදුවුවහොත් ඔබ තුළ ශෝක, වැළපීම්, දුක්, දොම්නස්, සුසුම් හෙළීම් ඇතිවෙනවා ද?"

"මල්ලිකාවෙනි, වජිරී කුමරිය ගේ විපරිණාමය හා වෙනස් වීමෙන් මගේ ජීවිතය වුනත් නැතිවෙලා යන්නට පුළුවනි. එහෙම එකේ කිම? මා තුළ ශෝක, වැළපීම්, දුක්, දොම්නස්, සුසුම් හෙළීම් ඇතිනොවී තිබේවි ද?"

"මහරජාණෙනි, දන්නා වූ, දක්නා වූ, භාග්‍යවත් අරහත් සම්මා සම්බුදු රජාණන් වහන්සේ විසින් යම් කරුණක් අරභයා 'ප්‍රිය වූ දෙයින් උපදින්නේ, ප්‍රිය වූ දෙයින් හටගන්නේ ශෝක, වැළපීම්, දුක්, දොම්නස්, සුසුම් හෙළීම්' කියා වදාළ සේක් ද, එසේ වදාළේ ඔය කරුණ අරභයා තමයි."

"භවත් මහාරාජ, ඒ කිමැයි සිතව් ද? වාසභඛත්තියාව ඔබට ප්‍රිය යි ද?" "එසේය මල්ලිකාවෙනි. වාසභඛත්තියාව මට ප්‍රිය යි නෙව." "මහරජාණෙනි, ඒ කිමැයි සිතව් ද? වාසභඛත්තියාව ගේ මරණය වැනි යම්කිසි විපරිණාමයක්

සිදුවුවහොත් ඔබතුළ ශෝක, වැළපීම්, දුක්, දොම්නස්, සුසුම් හෙළීම් ඇතිවෙනවා ද?"

"මල්ලිකාවෙනි, වාසභඛත්තියාව ගේ විපරිණාමය හා වෙනස් වීමෙන් මගේ ජීවිතය වුනත් නැතිවෙලා යන්නට පුළුවනි. එහෙම එකේ කිම? මා තුළ ශෝක, වැළපීම්, දුක්, දොම්නස්, සුසුම් හෙළීම් ඇතිනොවී තිබේවි ද?"

"මහරජාණෙනි, දන්නා වූ, දක්නා වූ, භාග්‍යවත් අරහත් සම්මා සම්බුදු රජාණන් වහන්සේ විසින් යම් කරුණක් අරභයා 'ප්‍රිය වූ දෙයින් උපදින්නේ, ප්‍රිය වූ දෙයින් හටගන්නේ ශෝක, වැළපීම්, දුක්, දොම්නස්, සුසුම් හෙළීම්' කියා වදාළ සේක් ද, එසේ වදාළේ ඔය කරුණ අරභයා තමයි."

"භවත් මහාරාජ, ඒ කිමැයි සිතව් ද? විඩූඩභ සේනාපති ඔබට ප්‍රිය යි ද?" "එසේය මල්ලිකාවෙනි. විඩූඩභ සේනාපති මට ප්‍රිය යි නෙව." "මහරජාණෙනි, ඒ කිමැයි සිතව් ද? විඩූඩභ සේනාපති ගේ මරණය වැනි යම්කිසි විපරිණාමයක් සිදුවුවහොත් ඔබතුළ ශෝක, වැළපීම්, දුක්, දොම්නස්, සුසුම් හෙළීම් ඇතිවෙනවා ද?"

"මල්ලිකාවෙනි, විඩූඩභ සේනාපති ගේ විපරිණාමය හා වෙනස් වීමෙන් මගේ ජීවිතය වුනත් නැතිවෙලා යන්නට පුළුවනි. එහෙම එකේ කිම? මා තුළ ශෝක, වැළපීම්, දුක්, දොම්නස්, සුසුම් හෙළීම් ඇතිනොවී තිබේවි ද?"

"මහරජාණෙනි, දන්නා වූ, දක්නා වූ, භාග්‍යවත් අරහත් සම්මා සම්බුදු රජාණන් වහන්සේ විසින් යම් කරුණක් අරභයා 'ප්‍රිය වූ දෙයින් උපදින්නේ, ප්‍රිය වූ දෙයින් හටගන්නේ ශෝක, වැළපීම්, දුක්, දොම්නස්, සුසුම් හෙළීම්' කියා වදාළ සේක් ද, එසේ වදාළේ ඔය කරුණ අරභයා තමයි."

"භවත් මහාරාජ, ඒ කිමැයි සිතව් ද? මාව ඔබට ප්‍රිය යි ද?" "එසේය මල්ලිකාවෙනි, ඔබව මට ප්‍රිය යි නෙව." "මහරජාණෙනි, ඒ කිමැයි සිතව් ද? මගේ මරණය වැනි යම්කිසි විපරිණාමයක් සිදුවුවහොත් ඔබතුළ ශෝක, වැළපීම්, දුක්, දොම්නස්, සුසුම් හෙළීම් ඇතිවෙනවා ද?"

"මල්ලිකාවෙනි, ඔබ ගේ විපරිණාමය හා වෙනස් වීමෙන් මගේ ජීවිතය වුනත් නැතිවෙලා යන්නට පුළුවනි. එහෙම එකේ කිම? මා තුළ ශෝක, වැළපීම්, දුක්, දොම්නස්, සුසුම් හෙළීම් ඇතිනොවී තිබේවි ද?"

"මහරජාණෙනි, දන්නා වූ, දක්නා වූ, භාග්‍යවත් අරහත් සම්මා සම්බුදු රජාණන් වහන්සේ විසින් යම් කරුණක් අරභයා 'ප්‍රිය වූ දෙයින් උපදින්නේ,

ප්‍රිය වූ දෙයින් හටගන්නේ ශෝක, වැළපීම්, දුක්, දොම්නස්, සුසුම් හෙළීම්' කියා වදාළ සේක් ද, එසේ වදාළේ ඔය කරුණ අරභයා තමයි."

"භවත් මහාරාජ, ඒ කිමැයි සිතව් ද? කාසි කෝසල ජනපදවාසීන් ඔබට ප්‍රිය යි ද?" "එසේය මල්ලිකාවෙනි. කාසි කෝසල ජනපදවාසීන්ව මට ප්‍රිය යි තමා. ඒ වගේ ම මල්ලිකා කාසි කෝසල ජනපදවාසීන් ගේ ආනුභාවයෙන් තමයි මං කසී කොසොල් රටින් උපදින කසී සඳුන් දරන්නේ. මල් සුවඳ විලවුන් දරන්නෙ." "මහරජාණෙනි, ඒ කිමැයි සිතව් ද? කාසි කෝසල ජනපදවාසීන් ගේ මරණය වැනි යම්කිසි විපරිණාමයක් සිදුවුවහොත් ඔබ තුළ ශෝක, වැළපීම්, දුක්, දොම්නස්, සුසුම් හෙළීම් ඇතිවෙනවා ද?"

"මල්ලිකාවෙනි, කාසි කෝසල ජනපදවාසීන් ගේ විපරිණාමය හා වෙනස් වීමෙන් මගේ ජීවිතය වුනත් නැතිවෙලා යන්නට පුළුවනි. එහෙම එකේ කිම? මා තුළ ශෝක, වැළපීම්, දුක්, දොම්නස්, සුසුම් හෙළීම් ඇතිනොවී තිබේවි ද?"

"මහරජාණෙනි, දන්නා වූ, දක්නා වූ, භාග්‍යවත් අරහත් සම්මා සම්බුදු රජාණන් වහන්සේ විසින් යම් කරුණක් අරභයා 'ප්‍රිය වූ දෙයින් උපදින්නේ, ප්‍රිය වූ දෙයින් හටගන්නේ ශෝක, වැළපීම්, දුක්, දොම්නස්, සුසුම් හෙළීම්' කියා වදාළ සේක් ද, එසේ වදාළේ ඔය කරුණ අරභයා තමයි."

"මල්ලිකාවෙනි, ආශ්චර්යයක් ම යි! මල්ලිකාවෙනි අද්භූතයක් ම යි! ඒ භාග්‍යවතුන් වහන්සේ ප්‍රඥාවෙන් විනිවිද ගොස් දකිනවා කියල යි මට සිතෙන්නේ. මල්ලිකාවෙනි, එව. මුව දෝවනය කරන්නට පැන් ගෙනෙව."

එවිට පසේනදී කොසොල් රජු හුනස්නෙන් නැගිට උතුරු සළුව ඒකාංශ කොට පොරවා භාග්‍යවතුන් වහන්සේ වැඩසිටි දිශාවට ඇඳිලි බැඳ තුන්වතාවක් මෙම උදානය පැවසුවා. "ඒ භාග්‍යවත් අරහත් සම්මා සම්බුදු රජාණන් වහන්සේට නමස්කාර වේවා! ඒ භාග්‍යවත් අරහත් සම්මා සම්බුදු රජාණන් වහන්සේට නමස්කාර වේවා! ඒ භාග්‍යවත් අරහත් සම්මා සම්බුදු රජාණන් වහන්සේට නමස්කාර වේවා!" කියල.

සාදු! සාදු!! සාදු!!!

ප්‍රිය වූ දෙයින් හටගන්නා දුක ගැන වදාළ දෙසුම නිමා විය.

2.4.8.

බාහිතික සූත්‍රය

බාහිතික වස්ත්‍ර පූජාවට හේතු වූ දෙසුම

මා හට අසන්නට ලැබුනේ මේ විදිහට යි. එසමයෙහි භාග්‍යවතුන් වහන්සේ වැඩසිටියේ සැවැත් නුවර ජේතවනය නම් වූ අනේපිඬු සිටුතුමා ගේ ආරාමයේ. එදා ආයුෂ්මත් ආනන්දයන් වහන්සේ පෙරවරුවෙහි සිවුරු හැඳ පොරවා ගෙන පාත්තරය ගෙන සැවැත් නුවර පිඬු පිණිස වැඩියා. සැවැතෙහි පිඬු පිණිස වැඩ දන් වළඳා පසුව මිගාරමාතු ප්‍රාසාදය නම් වූ පූර්වාරාමය වෙත දිවාවිහරණය කරන්නට පැමිණුනා.

එසමයෙහි පසේනදී කොසොල් රජු ඒකපුණ්ඩරීක නම් ඇත්රජා පිට නැගී මහා දහවල් සැවැතින් නික්මුනා. ඉතින් පසේනදී කොසොල් රජුට දුරින් ම වඩිනා ආයුෂ්මත් ආනන්දයන්ව දකින්නට ලැබුනා. දැක සිරිවඩ්ඪ මහා අමාත්‍යවරයා ඇමතුවා. "මිත්‍ර සිරිවඩ්ඪයෙනි, අර වඩින්නේ ආයුෂ්මත් ආනන්දයන් ද?" "එසේය මහාරජාණෙනි, ඒ ආයුෂ්මත් ආනන්දයන් තමයි."

එවිට පසේනදී කොසොල් රජු එක්තරා පුරුෂයෙක් ඇමතුවා. "එම්බා පුරුෂය, මෙහි එව. ආයුෂ්මත් අනන්දයන් වහන්සේ ළඟට යන්න. ගිහින් මාගේ වචනයෙන් ආයුෂ්මත් ආනන්දයන් ගේ පාදයන් නළල බිම තබා වඳින්න. 'ස්වාමීනී, පසේනදී කෝසල රාජා ආයුෂ්මත් ආනන්දයන් වහන්සේ ගේ පාදයන් නළල බිම තබා වඳිනවා' කියල. මෙසේත් කියන්න. 'ඉදින් ස්වාමීනී, ආයුෂ්මත් ආනන්දයන් හට කිසියම් විශේෂ කරුණක් නැත්නම් ස්වාමීනී, ආයුෂ්මත් ආනන්දයන් වහන්සේ අනුකම්පාව උපදවා මොහොතක් වැඩසිටින සේක්වා!' කියල." "එසේය දේවයනි" කියා ඒ පුරුෂයා පසේනදී කොසොල් රජුට පිළිතුරු දී ආයුෂ්මත් ආනන්දයන් වෙත පැමිණුනා. පැමිණ, ආයුෂ්මත් ආනන්දයන්ට වන්දනා කොට එකත්පස්ව සිටියා. එකත්පස්ව සිටි ඒ පුරුෂයා ආයුෂ්මත් ආනන්දයන්ට මෙය පැවසුවා. 'ස්වාමීනී, පසේනදී කෝසල රාජා ආයුෂ්මත් ආනන්දයන් වහන්සේ ගේ පාදයන් නළල බිම තබා වඳිනවා' කියල. මෙසේත් කියයි. 'ඉදින් ස්වාමීනී, ආයුෂ්මත් ආනන්දයන් හට කිසියම් විශේෂ කරුණක් නැත්නම් ස්වාමීනී, ආයුෂ්මත් ආනන්දයන් වහන්සේ අනුකම්පාව උපදවා

මොහොතක් වැඩසිටින සේක්වා!"එවිට ආයුෂ්මත් ආනන්දයන් නිශ්ශබ්දව සිටීමෙන් එය ඉවසා වදාළා.

ඉතින් පසේනදී කොසොල් රජු ඇතු පිටින් යා හැකි තාක් ගොස්, ඇතු පිටින් බැස පා ගමනින් ආයුෂ්මත් ආනන්දයන් වෙත පැමිණුනා. පැමිණ, ආයුෂ්මත් ආනන්දයන්ට වන්දනා කොට එකත්පස්ව වාඩිවුණා. එකත්පස්ව සිටි පසේනදී කෝසල රාජා ආයුෂ්මත් ආනන්දයන්ට මෙය පැවසුවා. "ස්වාමීනී, ඉදින් ආයුෂ්මත් ආනන්දයන් වහන්සේට කළ යුතු විශේෂ කටයුත්තක් නැත්නම්, ස්වාමීනී, ආයුෂ්මත් ආනන්දයන් අචිරවතී නදී තෙර කරා වඩිනා සේක් නම් මැනවි." ආයුෂ්මත් ආනන්දයන් නිශ්ශබ්දතාවයෙන් එය පිළිගත්තා.

ඉතින් ආයුෂ්මත් ආනන්දයන් අචිරවතී නදී තෙර කරා වැඩියා. වැඩ එක්තරා රුක් සෙවණක පණවන ලද අසුනෙහි වැඩසිටියා. එවිට පසේනදී කොසොල් රජු ඇත් වාහනයෙන් යා හැකි තාක් භූමියෙහි ගොස් ඇතුපිටින් බැස පයින් ම ආයුෂ්මත් ආනන්දයන් වෙත පැමිණුනා. පැමිණ ආයුෂ්මත් ආනන්දයන්ට වන්දනා කොට එකත්පස්ව සිටගත්තා. එකත්පස්ව සිටි පසේනදී කොසොල් රජු ආයුෂ්මත් ආනන්දයන්ට මෙය කිව්වා. "ස්වාමීනී, ආයුෂ්මත් ආනන්දයාණෝ මේ ඇත් පළසෙහි වැඩ හිඳිනා සේක්වා!" "පින්වත් මහාරාජ, කම්නැත. ඔබ හිඳගන්න. මා තම ආසනයේ හිඳගෙනයි ඉන්නේ." එවිට පසේ නදී කොසොල් රජු පණවන ලද අසුනෙහි වාඩි වුනා. එසේ වාඩිවූ පසේනදී කොසොල් රජු ආයුෂ්මත් ආනන්දයන්ට මෙය පැවසුවා.

"කිම? ස්වාමීනී, ආනන්දයෙනි, නුවණැති ශ්‍රමණ බ්‍රාහ්මණයන් විසින් යම් කායික හැසිරීමකට දොස් පරොස් කියනවා නම් ඒ භාග්‍යවතුන් වහන්සේ විසින් එබඳු වූ කායික හැසිරීමක් හැසිරෙනවා ද?" "පින්වත් මහාරාජ, නුවණැති ශ්‍රමණ බ්‍රාහ්මණයන් විසින් යම් කායික හැසිරීමකට දොස් පරොස් කියනවා නම් ඒ භාග්‍යවතුන් වහන්සේ විසින් එබඳු වූ කායික හැසිරීමක් හැසිරෙන්නේ නැහැ."

"කිම? ස්වාමීනී, ආනන්දයෙනි, නුවණැති ශ්‍රමණ බ්‍රාහ්මණයන් විසින් යම් වාචසික හැසිරීමකට දොස් පරොස් කියනවා නම් ....(පෙ).... නුවණැති ශ්‍රමණ බ්‍රාහ්මණයන් විසින් යම් මානසික හැසිරීමකට දොස් පරොස් කියනවා නම් ඒ භාග්‍යවතුන් වහන්සේ විසින් එබඳු වූ මානසික හැසිරීමක් හැසිරෙනවා ද?" "පින්වත් මහාරාජ, නුවණැති ශ්‍රමණ බ්‍රාහ්මණයන් විසින් යම් මානසික හැසිරීමකට දොස් පරොස් කියනවා නම් ඒ භාග්‍යවතුන් වහන්සේ විසින් එබඳු වූ මානසික හැසිරීමක් හැසිරෙන්නේ නැහැ."

"ස්වාමීනී, ආශ්චර්යය යි! ස්වාමීනී, අද්භූත යි! අපට ස්වාමීනී, යම් ප්‍රශ්නයකින් පිළිතුරක් සපුරා ගන්නට පුළුවන්කමක් තිබුනෙ නෑ. ස්වාමීනී, ආයුෂ්මත් ආනන්දයන් වහන්සේ විසින් ඒ ප්‍රශ්නෝත්තරයෙන් එය සම්පූර්ණ කළා.

ඉතින් ස්වාමීනී, යම් ඒ අඥාන වූ අව්‍යක්ත වූ පුද්ගලයන් ඉන්නවා. ඔවුන් නුවණින් නො විමසා, නුවණින් නො බැස ගෙන, අනුන් ගේ ගුණ කියනවා. අගුණ ත් කියනවා. එය අපි ඇත්තයි කියලා පිළිගන්නෙ නෑ. ඒ වගේ ම ස්වාමීනී, නුවණැති, ව්‍යක්ත, ප්‍රඥා සම්පන්න උදවිය ඉන්නවා. ඔවුන් නුවණින් විමසා, නුවණින් බැසගෙන තමයි කාට හෝ ගුණයක් හෝ අගුණයක් කියන්නෙ. එතකොට එය අපි පිළිගන්නවා.

ස්වාමීනී, ආනන්දයන් වහන්ස, නුවණැති ශ්‍රමණ බ්‍රාහ්මණයන් විසින් දොස් පරොස් කියන්නා වූ කායික හැසිරීම නම් කුමක්ද?"

"පින්වත් මහාරාජ, යම් කායික හැසිරීමක් අකුසල් වේ ද, එය යි."

"ස්වාමීනී, අකුසල කායික හැසිරීම නම් කුමක් ද?"

"පින්වත් මහාරාජ, යම් කායික හැසිරීමක් වරදින් යුක්ත ද එය යි."

"ස්වාමීනී, වරදින් යුක්ත කායික හැසිරීම නම් කුමක් ද?"

"පින්වත් මහාරාජ, යම් කායික හැසිරීමක් දුක් විපාකයෙන් යුක්ත ද එය යි."

"ස්වාමීනී, දුක් විපාක ඇති කායික හැසිරීම නම් කුමක් ද?"

"පින්වත් මහාරාජ, යම් කායික හැසිරීමක් තමාට දුක් පීඩා පිණිස පවතී ද, අන් අයට දුක් පීඩා පිණිස පවතී ද, දෙපාර්ශවයට ම දුක් පීඩා පිණිස පවතී ද එය යි. ඒ තුළින් ඔහුට අකුසල ධර්ම වැඩෙනවා. කුසල් දහම් පිරිහී යනවා. පින්වත් මහාරාජ, නුවණැති ශ්‍රමණ බ්‍රාහ්මණයින් විසින් නින්දා කරන ලද්දේ මෙම කායික හැසිරීමට යි."

"ස්වාමීනී, ආනන්දයන් වහන්ස, නුවණැති ශ්‍රමණ බ්‍රාහ්මණයන් විසින් දොස් පරොස් කියන්නා වූ වාචසික හැසිරීම නම් කුමක්ද?" ....(පෙ).... "නුවණැති ශ්‍රමණ බ්‍රාහ්මණයන් විසින් දොස් පරොස් කියන්නා වූ මානසික හැසිරීම නම් කුමක්ද?"

"පින්වත් මහාරාජ, යම් මානසික හැසිරීමක් අකුසල් වේ ද, එය යි."

"ස්වාමීනී, අකුසල මානසික හැසිරීම නම් කුමක් ද?"

"පින්වත් මහාරාජ, යම් මානසික හැසිරීමක් වරදින් යුක්ත ද එය යි."

"ස්වාමීනී, වරදින් යුක්ත මානසික හැසිරීම නම් කුමක් ද?"

"පින්වත් මහාරාජ, යම් මානසික හැසිරීමක් දුක් විපාකයෙන් යුක්ත ද එය යි."

"ස්වාමීනී, දුක් විපාක ඇති මානසික හැසිරීම නම් කුමක් ද?"

"පින්වත් මහාරාජ, යම් මානසික හැසිරීමක් තමාට දුක් පීඩා පිණිස පවතී ද, අන් අයට දුක් පීඩා පිණිස පවතී ද, දෙපාර්ශවයට ම දුක් පීඩා පිණිස පවතී ද එය යි. ඒ තුළින් ඔහුට අකුසල ධර්ම වැඩෙනවා. කුසල් දහම් පිරිහී යනවා. පින්වත් මහාරාජ, නුවණැති ශ්‍රමණ බ්‍රාහ්මණයින් විසින් නින්දා කරන ලද්දේ මෙම මානසික හැසිරීමට යි."

"ස්වාමීනී, ආනන්දයන් වහන්ස, ඒ භාග්‍යවතුන් වහන්සේ සෑම අකුසල ධර්මයක ම ප්‍රහාණය වර්ණනා කළ සේක් ද?" "පින්වත් මහාරාජ, තථාගතයන් වහන්සේ සෑම අකුසල ධර්මයක් ම ප්‍රහාණය කළ සේක. කුසල ධර්මයන් ගෙන් සමන්විත වන සේක."

"ස්වාමීනී, ආනන්දයන් වහන්ස, නුවණැති ශ්‍රමණ බ්‍රාහ්මණයන් විසින් නින්දා නො කරන්නා වූ කායික හැසිරීම නම් කුමක්ද?"

"පින්වත් මහාරාජ, යම් කායික හැසිරීමක් කුසල් වේ ද, එය යි."

"ස්වාමීනී, කුසල කායික හැසිරීම නම් කුමක් ද?"

"පින්වත් මහාරාජ, යම් කායික හැසිරීමක් වරදින් තොර ද එය යි."

"ස්වාමීනී, වරදින් තොර කායික හැසිරීම නම් කුමක් ද?"

"පින්වත් මහාරාජ, යම් කායික හැසිරීමක් සැප විපාකයෙන් යුක්ත ද එය යි."

"ස්වාමීනී, සැප විපාක ඇති කායික හැසිරීම නම් කුමක් ද?"

"පින්වත් මහාරාජ, යම් කායික හැසිරීමක් තමාට දුක් පීඩා පිණිස නො පවතී ද, අන් අයට දුක් පීඩා පිණිස නො පවතී ද, දෙපාර්ශවයට ම දුක් පීඩා පිණිස නො පවතී ද එය යි. ඒ තුළින් ඔහුට කුසල ධර්ම වැඩෙනවා. අකුසල්

දහම් පිරිහී යනවා. පින්වත් මහාරාජ, නුවණැති ශ්‍රමණ බ්‍රාහ්මණයින් විසින් නින්දා නො කරන ලද්දේ මෙම කායික හැසිරීමට යි."

"ස්වාමීනී, ආනන්දයන් වහන්ස, නුවණැති ශ්‍රමණ බ්‍රාහ්මණයන් විසින් දොස් පරොස් නො කියන්නා වූ වාචසික හැසිරීම නම් කුමක්ද?" ....(පෙ).... "නුවණැති ශ්‍රමණ බ්‍රාහ්මණයන් විසින් දොස් පරොස් නො කියන්නා වූ මානසික හැසිරීම නම් කුමක්ද?"

"පින්වත් මහාරාජ, යම් මානසික හැසිරීමක් කුසල් වේ ද, එය යි."

"ස්වාමීනී, කුසල මානසික හැසිරීම නම් කුමක් ද?"

"පින්වත් මහාරාජ, යම් මානසික හැසිරීමක් වරදින් තොර ද එය යි."

"ස්වාමීනී, වරදින් තොර මානසික හැසිරීම නම් කුමක් ද?"

"පින්වත් මහාරාජ, යම් මානසික හැසිරීමක් සැප විපාකයෙන් යුක්ත ද එය යි."

"ස්වාමීනී, සැප විපාක ඇති මානසික හැසිරීම නම් කුමක් ද?"

"පින්වත් මහාරාජ, යම් මානසික හැසිරීමක් තමාට දුක් පීඩා පිණිස නො පවතී ද, අන් අයට දුක් පීඩා පිණිස නො පවතී ද, දෙපාර්ශවයට ම දුක් පීඩා පිණිස නො පවතී ද එය යි. ඒ තුළින් ඔහුට කුසල ධර්ම වැඩෙනවා. අකුසල් දහම් පිරිහී යනවා. පින්වත් මහාරාජ, නුවණැති ශ්‍රමණ බ්‍රාහ්මණයින් විසින් නින්දා නො කරන ලද්දේ මෙම මානසික හැසිරීමට යි."

"ස්වාමීනී, ආනන්දයන් වහන්ස, ඒ භාග්‍යවතුන් වහන්සේ සෑම කුසල ධර්මයක ම රැස් කිරීම වර්ණනා කළ සේක් ද?" "පින්වත් මහාරාජ, තථාගතයන් වහන්සේ සෑම අකුසල ධර්මයක් ම ප්‍රහාණය කළ සේක. කුසල ධර්මයන් ගෙන් සමන්විත වන සේක."

"ස්වාමීනී, ආශ්චර්යය යි! ස්වාමීනී, අද්භූත යි! ආයුෂ්මත් ආනන්දයන් විසින් මේ තාක් වදාළ දෑ සුභාෂිතයක් ම යි. ස්වාමීනී, අපි ආයුෂ්මත් ආනන්දයන් ගේ මේ සුභාෂිතයෙන් සතුටු සිත් ඇති වුනා. ස්වාමීනී, මේ අයුරින් ආයුෂ්මත් ආනන්දයන් ගේ සුභාෂිතයෙන් සතුටු වූ අපි. ඉදින් ස්වාමීනී, ආයුෂ්මත් ආනන්දයන් වහන්සේට හස්තිරාජයෙක් කැප නම් අපි ආයුෂ්මත් ආනන්දයන් වහන්සේට හස්තිරාජයෙක් වුනත් පූජා කරන්නට සූදානම්. ඉදින් ස්වාමීනී, ආයුෂ්මත් ආනන්දයන් වහන්සේට වටිනා අශ්වයෙක් කැප නම් අපි ආයුෂ්මත්

ආනන්දයන් වහන්සේට වටිනා අශ්වයෙක් වුනත් පූජා කරන්නට සූදානම්. ඉදින් ස්වාමීනී, ආයුෂ්මත් ආනන්දයන් වහන්සේට ගම්වරයක් කැප නම් අපි ආයුෂ්මත් ආනන්දයන් වහන්සේට ගම්වරයක් වුනත් පූජා කරන්නට සූදානම්. ස්වාමීනී, මාගේ මේ බාහිතික නම් වස්ත්‍රය මගධේශ්වර වේදේහිපුත්‍ර අජාසත් රජු විසින් වස්ත්‍රනාලියක බහා එව්වේ. මෙය දිගින් සොළොස් රියනක් වෙනවා. පළලින් අට රියනක් වෙනවා. ස්වාමීනී, ආයුෂ්මත් ආනන්දයන් වහන්සේ අනුකම්පා උපදවා එය පිළිගන්නා සේක්වා!"

"පින්වත් මහාරාජ, කම් නැත. මට තුන් සිවුරු සම්පූර්ණයි."

"ස්වාමීනී, ආයුෂ්මත් ආනන්දයන් වහන්සේ විසිනුත්, අප විසිනුත් අචිරවතී ගංගාව දැක තියෙනවා. යම් විටෙක කඳු මුදුනේ මහා වැසි වසිද්දී අචිරවතී ගංගාව ඉවුරු දෙගොඩ තලා ගලා යනවා. ස්වාමීනී, එලෙසින් ම ආයුෂ්මත් ආනන්දයන් වහන්සේ මේ බාහිතික වස්ත්‍රය තමන් උදෙසා තුන් සිවුරු කරාවි. ආයුෂ්මත් ආනන්දයන් වහන්සේගෙන් යම් පැරණි තුන් සිවුරක් එය සබ්‍රහ්මචාරීන් වහන්සේලා සමඟ බෙදා ගනීවි. මෙසේ අප ගේ මේ දක්ෂිණාව උතුරා ගලා යාවි කියල යි හිතෙන්නේ. එනිසා ස්වාමීනී, ආයුෂ්මත් ආනන්දයන් වහන්සේ බාහිතික වස්ත්‍රය පිළිගන්නා සේක්වා!"

ආයුෂ්මත් ආනන්දයන් වහන්සේ බාහිතික වස්ත්‍රය පිළිගත්තා. එවිට පසේනදී කොසොල් රජු ආයුෂ්මත් ආනන්දයන් හට මෙය පැවසුවා. "ස්වාමීනී, ආනන්දයන් වහන්ස, දැන් අපි යන්නම්. අපට බොහෝ වැඩ තියෙනවා නෙව. බොහෝ රාජකාරි තියෙනවා නෙව." "පින්වත් මහාරාජ, යමකට දැන් කාලය නම් එය දැනගත මැනැව."

එවිට පසේනදී කොසොල් රජ ආයුෂ්මත් ආනන්දයන් ගේ භාෂිතය සතුටින් පිළිගෙන අනුමෝදන් වී හුනස්නෙන් නැගිට ආයුෂ්මත් ආනන්දයන්ට ආදරයෙන් වන්දනා කොට පැදකුණු කොට පිටත් වුනා.

ආයුෂ්මත් ආනන්දයන් වහන්සේ පසේනදී කොසොල් රජු පිටත්ව ගිය නොබෝ වේලාවකින් භාග්‍යවතුන් වහන්සේ කරා පැමිණියා. පැමිණ භාග්‍යවතුන් වහන්සේට ආදරයෙන් වන්දනා කොට එකත්පස්ව වාඩිවුනා. එකත්පස්ව හිඳගත් ආයුෂ්මත් ආනන්දයන් පසේනදී කොසොල් රජු සමඟ යම්තාක් කතා සල්ලාපයක් සිදුවූයේ ද, ඒ සියල්ල භාග්‍යවතුන් වහන්සේට සැළකලා. ඒ බාහිතික වස්ත්‍රය ත් භාග්‍යවතුන් වහන්සේට පූජා කළා.

එකල්හි භාග්‍යවතුන් වහන්සේ භික්ෂූන් අමතා වදාළා. "පින්වත් මහණෙනි, පසේනදී කොසොල් රජුට ලාභයක් ම යි! පින්වත් මහණෙනි,

පසේනදී කොසොල් රජුට මනා වූ ලාභයක් ම යි! යම් හෙයකින් පසේනදී කොසොල් රජුට ආනන්දයන් දකින්නට ලැබේ ද, ඇසුරු කරන්නට ලැබේ ද එය යි.”

භාග්‍යවතුන් වහන්සේ මෙය වදාළ සේක. සතුටු සිත් ඒ භික්ෂූන් වහන්සේලා භාග්‍යවතුන් වහන්සේ වදාළ මෙම දේශනය ඉතාම සතුටින් පිළිගත්තා.

සාදු! සාදු!! සාදු!!!

බාහිතික වස්ත්‍ර පූජාවට හේතු වූ දෙසුම නිමා විය.

2.4.9.
ධම්මචේතිය සූත්‍රය
බුදුරජුන් අනුමත කොට වදාළ ධම්මචේතිය දෙසුම

මා හට අසන්නට ලැබුනේ මේ විදිහට යි. එසමයෙහි භාග්‍යවතුන් වහන්සේ වැඩසිටියේ ශාක්‍ය ජනපදයෙහි මේදතළුම්ප නම් වූ ශාක්‍යවරුන් ගේ නියම් ගමෙහි. එසමයෙහි පසේනදී කොසොල් රජු කිසියම් රාජකාරියක් පිණිස නගරක නම් වූ ශාක්‍යවරුන් ගේ නියම්ගමට පැමිණුනා. එහිදී පසේනදී කොසොල් රජු දීඝකාරායන නම් සෙනෙවියා ඇමතුවා. "ප්‍රිය මිත්‍ර කාරායන, සොඳුරු වාහනයන් සකස් කරන්න. සුන්දර භූමිය ඇති උද්‍යාන භූමිය දකින්නට යන්නට ඕන." "එසේය දේවයනි" කියා දීඝකාරායන සෙනවියා පසේනදී කොසොල් රජුට පිළිතුරු දී සොඳුරු වාහන සකසා පසේනදී කොසොල් රජුට දැනුම් දුන්නා. "දේවයන් වහන්ස, සොඳුරු යානාවන් සකස් කළා. යමකට දැන් කාලය නම්, එය දැනගත මැනැව" කියා. එවිට පසේනදී කොසොල් රජු සොඳුරු වාහනයක නැගී මහත් රාජානුභාවයකින් යුතුව ආරාමය කරා ගියා.

යානයෙන් යා හැකි තාක් දුර ගොස් එයින් බැස පා ගමනින් ම ආරාමයට පිවිසුණා. එතකොට පසේනදී කොසොල් රජු ආරාමයෙහි ව්‍යායාම පිණිස ඇවිදිමින් සිටිය දී, ඔබමොබ යමින් සිටිය දී සිත පහන් කරන දැකුම්කළු රුක් සෙවන දැක්කා. කිසි ශබ්දයක් නැති, ඝෝෂාවක් නැති, මිනිසුන් ගේ ඇසුර නැති සුළඟ ඇති, මිනිසුන් ගේ හුදෙකලා කටයුතු වලට යෝග්‍ය වූ තැන් දැක්කා. දැක භාග්‍යවතුන් වහන්සේව ම මතක් වෙන්නට පටන් ගත්තා. "මේ හරි අගේ ඇති රුක් සෙවන තියෙනවා නෙව. හරි පැහැදීමකින් යුක්තයි. සිත් පහන් කරවනවා. නිශ්ශබ්ද යි. ඝෝෂා රහිත යි. මිනිස් ඇසුර නැති සුළඟින් යුක්තයි. මිනිසුන් ගේ හුදෙකලා කටයුතු වලට ඉතා යෝග්‍යය යි. මෙවැනි යම් බඳු තැන් ඇද්ද, එබඳු තැන්වලයි අපි ඒ භාග්‍යවත් අරහත් සම්මා සම්බුදුරජාණන් වහන්සේ ඇසුරු කරන්නේ."

එහිදී පසේනදී කොසොල් රජු දීඝකාරායන සෙනෙවියා ඇමතුවා. "ප්‍රිය මිත්‍ර කාරායන, මේ හරි අගේ ඇති රුක් සෙවන තියෙනවා නෙව. හරි පැහැදීමකින් යුක්තයි. සිත් පහන් කරවනවා. නිශ්ශබ්ද යි. ඝෝෂා රහිත යි. මිනිස් ඇසුර නැති සුළඟින් යුක්තයි. මිනිසුන් ගේ හුදෙකලා කටයුතු වලට ඉතා

යෝග්‍යය යි. මෙවැනි යම් බඳු තැන් ඇද්ද, එබඳු තැන්වලයි අපි ඒ භාග්‍යවත් අරහත් සම්මා සම්බුදුරජාණන් වහන්සේ ඇසුරු කරන්නේ. ප්‍රිය මිත්‍ර කාරායන, මේ දවස්වල ඒ භාග්‍යවත් අරහත් සම්මා සම්බුදුරජාණන් වහන්සේ වැඩසිටින්නේ කොහේද?"

"මහාරාජයාණෙනි, ශාක්‍යවරුන් ගේ මේදතළුම්ප නම් නියම් ගමක් තියෙනවා. එහි තමයි මේ දිනවල ඒ භාග්‍යවත් අරහත් සම්මා සම්බුදුරජාණන් වහන්සේ වැඩඉන්නේ." "ප්‍රිය මිත්‍ර කාරායන, නාගරකයේ ඉඳලා මේදතළුම්ප නම් ශාක්‍යවරුන් ගේ නියම්ගමට කොච්චර දුර ද?" "මහාරාජයාණෙනි, එතරම් ම දුරක් නැහැ. යොදුන් තුන යි. වරුවකින් යා ගන්නට පුළුවනි." "එසේ වී නම්, ප්‍රිය මිත්‍ර කාරායන, සොඳුරු වාහනයන් සකසන්න. අපි ඒ භාග්‍යවත් අරහත් සම්මා සම්බුදුරජාණන් වහන්සේ බැහැදකින්නට යන්නට ඕන."

"එසේය දේවයනි" කියා දීඝකාරායන සෙනවියා පසේනදී කොසොල් රජුට පිළිතුරු දී සොඳුරු වාහන සකසා පසේනදී කොසොල් රජුට දැනුම් දුන්නා. "දේවයන් වහන්ස, සොඳුරු යානාවන් සකස් කළා. යමකට දැන් කාලය නම්, එය දැනගත මැනැව" කියා. එවිට පසේනදී කොසොල් රජු සොඳුරු වාහනයක නැගී නගරක නම් නියම්ගමින් නික්ම මේදතළුම්ප නම් ශාක්‍යවරුන් ගේ නියම්ගම කරා පිටත් වුනා. ඉතින් වරුවකින් ම මේදතළුම්ප නම් ශාක්‍යවරුන් ගේ නියම්ගමට පැමිණුනා. ආරාමය කරා ගියා. වාහනයකින් යා හැකි භූමිය යම්තාක් ඇද්ද, එතෙක් ගොස් වාහනයෙන් බැස පයින් ම ආරාමයට පිවිසුනා.

එසමයෙහි බොහෝ භික්ෂූන් වහන්සේලා එළිමහනෙහි සක්මන් කරමින් සිටියා. පසේනදී කොසොල් රජු ඒ භික්ෂූන් වහන්සේලා වෙත ගියා. ගිහින් ඒ භික්ෂූන්ට මෙය පැවසුවා. "ස්වාමීනී, දැන් ඒ භාග්‍යවත් අරහත් සම්මා සම්බුදු රජාණන් වහන්සේ වැඩඉන්නේ කොහේ ද? ස්වාමීනී, අපි ඒ භාග්‍යවත් අරහත් සම්මා සම්බුදු රජාණන් වහන්සේව බැහැදකින්නට කැමතියි." "පින්වත් මහාරාජ, අර තියෙන්නේ දොර වසා ඇති විහාරය යි. ඔබ නිශ්ශබ්දව ගිහින් කලබල නො වී ආලින්දයට ගොඩ වී උගුර පාදා දොරගුලට හෙමින් තට්ටු කරන්න. එතකොට භාග්‍යවතුන් වහන්සේ ඔබට දොර හරිනා සේක."

එතකොට පසේනදී කොසොල් රජු කඩුව ත්, නළල්පට ත්, එහිම දීඝකාරායන සෙනෙවියාට දුන්නා. එවිට දීඝකාරායන සෙනෙවියාට මෙසේ සිතුණා. "මහරජු හුදෙකලාවේ කතා කරන්නට කැමති හැඩැයි. එනිසා මං මෙතන්හි ම සිටිය යුතුයි." ඉක්බිති පසේනදී කොසොල් රජු දොර වසා ඇති ඒ විහාරය ළඟට ගියා. නිශ්ශබ්දව ගිහින් කලබල නැතිව ආලින්දයට ගොඩ වී

උගුර පාදා දොර අගුලට සෙමෙන් තට්ටු කළා. භාග්‍යවතුන් වහන්සේ දොර විවර කළ සේක.

එවිට පසේනදී කොසොල් රජු විහාරයට පිවිස භාග්‍යවතුන් වහන්සේ ගේ ශ්‍රී පාද පද්මය අභියස වැඳ වැටුනා. භාග්‍යවතුන් වහන්සේ ගේ සිරිපා කමල් මුවින් සිඹින්නට පටන්ගත්තා. දෑතින් පිරිමදින්නට පටන්ගත්තා. නම කියන්නට පටන් ගත්තා. "ස්වාමීනී, මම් වනාහී පසේනදී කොසොල් රජු වෙමි. ස්වාමීනී, මම් වනාහී පසේනදී කොසොල් රජු වෙමි."

"පින්වත් මහාරාජ, ඔබ කවර අරුතක් දකිමින් ද, මෙම ශරීරය කෙරෙහි මෙබඳු වූ පරම ගෞරවාදරයක් දක්වන්නේ? මෙබඳු වූ ගෞරව උපහාරයක් දක්වන්නේ?" "ස්වාමීනී, මා තුළ භාග්‍යවතුන් වහන්සේ ගේ ගුණ පිළිබඳව ධර්මාන්වය තිබෙනවා. ඒ කියන්නේ 'භාග්‍යවතුන් වහන්සේ සම්මාසම්බුද්ධ වන සේක. භාග්‍යවතුන් වහන්සේ විසින් වදාරණ ලද ධර්මය ස්වාක්ඛාත වන සේක. භාග්‍යවතුන් වහන්සේ ගේ ශ්‍රාවක සංඝයා සුපටිපන්න වන සේක' කියල.

ඉතින් ස්වාමීනී, මෙහිලා මං ඇතැම් ශ්‍රමණ බ්‍රාහ්මණ වරුන් දකිනවා. ඔවුන් දස වර්ෂය, විසි වර්ෂය, තිස් වර්ෂය, සතළිස් වර්ෂය බ්‍රහ්මචාරීව ජීවිත ගෙවලා. නමුත් ඔවුන් පස්සෙ කාලෙක දී දකින්නට ලැබෙනවා හොඳින් වතුර නා, සුවඳ විලවුන් තවරා, සොඳුරු ලෙසින් හිස රැවුල් සකසා, පංචකාම ගුණයන් පිරිවරාගෙන එයින් සතුටු වෙවී ඉන්නවා.

ඒ වගේ ම ස්වාමීනී, මං භික්ෂූන් වහන්සේලාව ත් දකිනවා. ජීවිතාන්තය දක්වා ම, ජීවිත පරිත්‍යාගයෙන් පිරිපුන් පිරිසිදු බඹසර හැසිරෙනවා. ස්වාමීනී, මං මේ බුදු සසුනෙන් බැහැරව නම් මේ අයුරින් අංග සම්පූර්ණ වූ, පාරිශුද්ධ වූ බඹසර රැකීමක් දකින්නෙ නෑ. ඉතින් ස්වාමීනී, මා තුළ භාග්‍යවතුන් වහන්සේ ගේ ගුණ පිළිබඳව ඔය ධර්මාන්වය තියෙනවා. ඒ කියන්නේ 'භාග්‍යවතුන් වහන්සේ සම්මාසම්බුද්ධ වන සේක. භාග්‍යවතුන් වහන්සේ විසින් වදාරණ ලද ධර්මය ස්වාක්ඛාත වන සේක. භාග්‍යවතුන් වහන්සේ ගේ ශ්‍රාවක සංඝයා සුපටිපන්න වන සේක' කියල.

ස්වාමීනී, තවදෙයක් තියෙනවා. රජවරු රජවරුන් සමඟ වාද විවාද කරනවා. ක්ෂත්‍රියවරුන් ක්ෂත්‍රියයන් සමඟ වාද විවාද කරනවා. බමුණෝ බමුණන් සමඟ වාද විවාද කරනවා. ගෘහපතිවරු ගෘහපතියන් සමඟ වාද විවාද කරනවා. මව්වරු දරුවන් සමඟ වාද විවාද කරනවා. දරුවන් මව්වරුන් සමඟ වාද විවාද කරනවා. පියවරු දරුවන් සමඟ වාද විවාද කරනවා. දරුවන් පියවරුන් සමඟ වාද විවාද කරනවා. සහෝදරවරු සහෝදරයන් සමඟ

වාද විවාද කරනවා. සහෝදරවරු සහෝදරියන් සමඟ වාද විවාද කරනවා. සහෝදරියන් සහෝදරවරුන් සමඟ වාද විවාද කරනවා. යහළුවන් යහළුවන් සමඟ විවාද කරනවා. එහෙත් ස්වාමීනී, මං භික්ෂූන් වහන්සේලා දැකලා තියෙනවා. සමඟිව ඉන්නවා. සමඟිව සතුටු වෙවී ඉන්නවා. වාද විවාද නො කරගෙන ඉන්නවා. කිරියි දියර යි එක්වුනා වගේ ඉන්නවා. එකිනෙකා දෙස ප්‍රිය ඇසින් බලමින් ඉන්නවා. ස්වාමීනී, මං මේ බුදුසසුනෙන් බැහැර මෙබඳු ආකාරයෙන් සමඟියෙන් වසන වෙනත් පිරිසක් දැකලා නැහැ. ඉතින් ස්වාමීනී, මා තුළ භාග්‍යවතුන් වහන්සේ ගේ ගුණ පිළිබඳව ඔය ධර්මාන්වය ත් තියෙනවා. ඒ කියන්නේ 'භාග්‍යවතුන් වහන්සේ සම්මාසම්බුද්ධ වන සේක. භාග්‍යවතුන් වහන්සේ විසින් වදාරණ ලද ධර්මය ස්වාක්ඛාත වන සේක. භාග්‍යවතුන් වහන්සේ ගේ ශ්‍රාවක සංඝයා සුපටිපන්න වන සේක' කියල.

ස්වාමීනී, තවදෙයක් තියෙනවා. මං ආරාමයෙන් ආරාමයට, උද්‍යානයෙන් උද්‍යානයට සක්මන් කරනවා. ඔබමොබ ඇවිදිනවා. එතකොට මට ඇතැම් ශ්‍රමණ බ්‍රාහ්මණයන් දකින්නට ලැබෙනවා. කෙට්ටු යි. රළු යි. දුර්වර්ණ යි. නහර වැල් ඉලිප්පිලා පඬු පැහැයෙන් සිටිනවා. ජනතාවට දකින්නට නෙත් බැඳගන්නෙ නෑ කියලයි හිතෙන්නෙ. එතකොට ස්වාමීනී මට මෙහෙම හිතෙනවා. 'හැබෑවට ම මේ ආයුෂ්මතුන් වහන්සේලා බඹසර හැසිරෙන්නේ කැමැත්තකින් නම් නොවේ. එක්කො මේ උදවිය යම්කිසි පව්කමක් කොට සඟවාගෙන ඉන්නවා. ඒ විදිහට යි මේ ආයුෂ්මතුන් වහන්සේලා කෙට්ටු වෙලා, රළු වෙලා, දුර්වර්ණව, නහරවැල් ඉලිප්පිලා පඬු පැහැයෙන් සිටින්නේ. ජනතාවට දකින්නට නෙත් බැඳගන්නෙ නෑ කියලයි මට හිතෙන්නේ' එතකොට මං ඔවුන් වෙත ගොස් මෙහෙම අහනවා. 'පින්වත් ආයුෂ්මතුන් වහන්ස, නුඹවහන්සේලා කෘෂ යි නෙව. රළු යි නෙව. පඬු පැහැයෙන් යුතුව නහර වැල් ඉලිප්පී සිටිනවා නෙව. ජනතා දර්ශනයට නෙත් බැඳගන්නෙ නෑ කියලයි මා සිතන්නේ.' එතකොට ඔවුන් මෙහෙම පිළිතුරු දෙනවා. 'මහාරාජ, අපට බන්ධුක නම් රෝගයක් තියෙනවා' කියල.

නමුත් ස්වාමීනී, මේ සසුනෙහි භික්ෂූන් වහන්සේලාත් මට දකින්නට ලැබෙනවා. තුටුපහටු සිත් ඇතිව ඉන්නවා. ඔද වැඩුණු සිතින් ඉන්නවා. සසුනෙහි ඇලී ඉන්නවා. මාර්ග භාවනාවෙන් වැඩී පිනාගිය ඉඳුරන් ඇතිව ඉන්නවා. ලාභ සත්කාරයන්ට උත්සාහ රහිතව ඉන්නවා. නිරහංකාරව ඉන්නවා. අනුන් දුන් දෙයකින් යැපෙමින් ඉන්නවා. මුවන්ට බඳු නිදහස් සිතින් ඉන්නවා. එතකොට ස්වාමීනී, මට මෙහෙම සිතෙනවා. 'සැබැවින් ම මේ ආයුෂ්මතුන් වහන්සේලා භාග්‍යවතුන් වහන්සේ ගේ ශාසනයෙහි කිසියම් උදාර වූ මාර්ගඵල

විශේෂයක් දන්නවා ම යි.' ඒ නිසයි මේ ආයුෂ්මතුන් වහන්සේලා තුටුපහටු සිත් ඇතිව ඉන්නේ. ඔද වැඩුණු සිතින් ඉන්නේ. සසුනෙහි ඇලී ඉන්නේ. මාර්ග භාවනාවෙන් වැඩී පිනාගිය ඉඳුරන් ඇතිව ඉන්නේ. ලාභ සත්කාරයන්ට උත්සාහ රහිතව ඉන්නේ. නිරහංකාරව ඉන්නේ. අනුන් දුන් දෙයකින් යැපෙමින් ඉන්නේ. මුවන්ට බඳු නිදහස් සිතින් ඉන්නේ' කියලා.

ඒ වගේ ම ස්වාමීනී, තවත් දෙයක් තියෙනවා. මම ඔටුණු පළන් රජතුමෙක්. මට මැරීමට සුදුසු අය මරවන්නට පුළුවන්. දේපළ වස්තුව රාජසන්තක කළ යුතු නම් එය කරවන්නට පුළුවන්. රටින් නෙරපිය යුතු පුද්ගලයන්ව නෙරපන්නට ත් පුළුවන්. ඉතින් ස්වාමීනී, එබඳු වූ මං අධිකරණ විනිශ්චය ශාලාවෙහි සිටිද්දී ඒ අතරේ අනවශ්‍ය කතා ඇදබානවා. එතකොට මා 'භවත්නි, මේ විනිශ්චය ශාලාවෙහි ඉන්නා මා මේ වැඩ කරනා අතරෙහි කතා බස් කරන්නට එපා! භවත්නි, ඔබ මාගේ කතාව අවසන් කරන තුරු සිටිත්වා!' කියා කිව්වත් එය ලබන්නට බැහැ නෙව. මා එසේ කියද්දී ම ඔවුන් අතුරු කතාවන් ඇදබානවා.

නමුත් ස්වාමීනී, මේ ශාසනයෙහි භික්ෂූන් වහන්සේලා මං දකිනවා. යම් වෙලාවක භාග්‍යවතුන් වහන්සේ නොයෙක් පිරිස මැද ධර්ම දේශනා කරන සේක් නම්, එසමයෙහි භාග්‍යවතුන් වහන්සේ ගේ ශ්‍රාවකයන් අතර කිඹිසිනා හඬක්වත්, උගුරපාදන හඬක්වත් ඇසෙන්නේ නැහැ. ස්වාමීනී, මෙය සිදු වූ දෙයක්. එදා භාග්‍යවතුන් වහන්සේ නොයෙක් සිය ගණන් පිරිසට ධර්මය දේශනා කරමින් සිටියා. එතකොට භාග්‍යවතුන් වහන්සේ ගේ එක්තරා ශ්‍රාවකයෙකුට කැස්සක් ආවා. එවිට එක්තරා සබ්‍රහ්මචාරීන් වහන්සේ නමක් දණහිසින් ඔහුට තට්ටු කළා. 'ප්‍රිය ආයුෂ්මතුනි, නිශ්ශබ්ද වේවා! ප්‍රිය ආයුෂ්මතුනි ශබ්ද නො කළ මැනව. අප ගේ ශාස්තෲ වූ භාග්‍යවතුන් වහන්සේ ශ්‍රී සද්ධර්මය දෙසනා සේක.' කියල. එතකොට ස්වාමීනී, මට මෙහෙම හිතුනා. 'භවත්නි, සැබැවින් ම ආශ්චර්යයක් ම යි! භවත්නි, සැබැවින් ම අද්භූතයක් ම යි!' දඬු මුගුරු වලින් තොරව අවිආයුධ වලින් තොරව මෙසේ මැනවින් හික්මුණු පිරිසක් ඉන්නවා නෙව කියලා. ස්වාමීනී, මේ සසුනෙන් බැහැරව මේ අයුරින් මනාකොට හික්මුණු පිරිසක් නම් මට දකින්නට ලැබෙන්නේ නැහැ. ඉතින් ස්වාමීනී, මා තුළ භාග්‍යවතුන් වහන්සේ ගේ ගුණ පිළිබඳව ඔය ධර්මාන්වය ත් තියෙනවා. ඒ කියන්නේ 'භාග්‍යවතුන් වහන්සේ සම්මාසම්බුද්ධ වන සේක. භාග්‍යවතුන් වහන්සේ විසින් වදාරණ ලද ධර්මය ස්වාක්ඛාත වන සේක. භාග්‍යවතුන් වහන්සේ ගේ ශ්‍රාවක සංඝයා සුපටිපන්න වන සේක' කියල.

ඒ වගේ ම තවදෙයක් තියෙනවා. ස්වාමීනී, මෙහිලා ඇතැම් ක්ෂත්‍රීය පණ්ඩිතයන් ඉන්නවා. ඉතා දක්ෂයි. කරන ලද වාද විවාද දැනුමින් යුක්තයි.

වාළවේධී ධනුද්ධරයන් මෙන් යුක්තයි. තමන් ගේ ප්‍රඥාවෙන් අන්‍යන්ගේ දෘෂ්ඨි සිඳ බිඳ දමන්නවුන් මෙනුයි හැසිරෙන්නේ. ඉතින් ඔවුන්ට අසන්නට ලැබෙනවා ශ්‍රමණ භවත් ගෞතමයන් වහන්සේ අසවල් ගමට හෝ නියම්ගමට හෝ පැමිණෙමින් සිටිනවා කියලා. එතකොට ඔවුන් ප්‍රශ්න සකස්කරනවා. 'අපි මේ ප්‍රශ්නය ශ්‍රමණ ගෞතමයන් වහන්සේ ළඟට ගෙන යමු. මේ විදිහට අපි ඇසූ විට මේ විදිහට පිළිතුරු දේවි. එතකොට අපි මේ අයුරින් වාදය නංවමු' කියලා. ඉතින් ඔවුන්ට අසන්නට ලැබෙනවා ශ්‍රමණ භවත් ගෞතමයන් වහන්සේ අසවල් ගමේ අසවල් නියම්ගමට පැමිණ වැඩඉන්නවා කියලා.

එතකොට ඔවුන් භාග්‍යවතුන් වහන්සේ වෙත පැමිණෙනවා. භාග්‍යවතුන් වහන්සේ ඔවුන්ට ධර්ම කතාව කරනවා. සමාදන් කරවනවා. සතුටු කරවනවා. උනන්දුව ඇතිකරවනවා. ඒ ඔවුන් භාග්‍යවතුන් වහන්සේ ගෙන් ප්‍රශ්න අසන්නෙ නෑ. වාදාරෝපණයක් ගැන කවර කතා ද? භාග්‍යවතුන් වහන්සේ ශ්‍රාවකයන් බවට පත්වෙනවා. ඉතින් ස්වාමීනී, මා තුළ භාග්‍යවතුන් වහන්සේ ගේ ගුණ පිළිබඳව ඔය ධර්මාන්වය ත් තියෙනවා. ඒ කියන්නේ 'භාග්‍යවතුන් වහන්සේ සම්මාසම්බුද්ධ වන සේක. භාග්‍යවතුන් වහන්සේ විසින් වදාරණ ලද ධර්මය ස්වාක්ඛාත වන සේක. භාග්‍යවතුන් වහන්සේ ගේ ශ්‍රාවක සංඝයා සුපටිපන්න වන සේක' කියල.

ඒ වගේ ම තවදෙයක් තියෙනවා. ස්වාමීනී, මෙහිලා ඇතැම් බ්‍රාහ්මණ පණ්ඩිතයන් ඉන්නවා. ....(පෙ).... ගෘහපති පණ්ඩිතයන් ඉන්නවා ....(පෙ).... ශ්‍රමණ පණ්ඩිතයන් ඉන්නවා. ඉතා දක්ෂයි. කරන ලද වාද විවාද දැනුමින් යුක්තයි. වාළවේධී ධනුද්ධරයන් මෙන් යුක්තයි. තමන් ගේ ප්‍රඥාවෙන් අන්‍යන්ගේ දෘෂ්ඨි සිඳ බිඳ දමන්නවුන් මෙනුයි හැසිරෙන්නේ. ඉතින් ඔවුන්ට අසන්නට ලැබෙනවා ශ්‍රමණ භවත් ගෞතමයන් වහන්සේ අසවල් ගමට හෝ නියම්ගමට හෝ පැමිණෙමින් සිටිනවා කියලා. එතකොට ඔවුන් ප්‍රශ්න සකස්කරනවා. 'අපි මේ ප්‍රශ්නය ශ්‍රමණ ගෞතමයන් වහන්සේ ළඟට ගෙන යමු. මේ විදිහට අපි ඇසූ විට මේ විදිහට පිළිතුරු දේවි. එතකොට අපි මේ අයුරින් වාදය නංවමු' කියලා. ඉතින් ඔවුන්ට අසන්නට ලැබෙනවා ශ්‍රමණ භවත් ගෞතමයන් වහන්සේ අසවල් ගමේ අසවල් නියම්ගමට පැමිණ වැඩඉන්නවා කියලා.

එතකොට ඔවුන් භාග්‍යවතුන් වහන්සේ වෙත පැමිණෙනවා. භාග්‍යවතුන් වහන්සේ ඔවුන්ට ධර්ම කතාව කරනවා. සමාදන් කරවනවා. සතුටු කරවනවා. උනන්දුව ඇතිකරවනවා. ඒ ඔවුන් භාග්‍යවතුන් වහන්සේ ගෙන් ප්‍රශ්න අසන්නෙ නෑ. වාදාරෝපණයක් ගැන කවර කතා ද? භාග්‍යවතුන් වහන්සේ වෙතින් ගිහි ගෙයින් නික්ම බුදු සසුනෙහි පැවිදි වනු පිණිස ආයාචනා කරනවා. එතකොට

භාග්‍යවතුන් වහන්සේ ඔවුන්ව පැවිදි කරනවා. එසේ පැවිදි වූ ඔවුන් හුදෙකලාව අප්‍රමාදී වෙනවා. කෙලෙස් තවන වීරියෙන් යුක්ත වෙනවා. කාය ජීවිත දෙක්හි අපේක්ෂා රහිතව ධර්මයෙහි හැසිරෙද්දී, යම් උතුම් අර්ථයක් පිණිස කුල පුත්‍රයන් මනාකොට ගිහි ජීවිතය අත්හැර බුදු සසුනෙහි පැවිදි වෙද්ද, බඹසර ජීවිතයේ නිමාව වන ඒ උතුම් අරහත්වය මෙහි දී ම තමන් ගේ විශිෂ්ට ඤාණයෙන් සාක්ෂාත් කොට එයට පැමිණ වාසය කරනවා. ඉතින් ඔවුන් මෙහෙම කියනවා. 'භවත්නි, අපි තව පොඩ්ඩෙන් විනාශ වෙනවා. භවත්නි, අපි තව පොඩ්ඩෙන් නැත්තට නැතිවෙනවා. ඉස්සර අපි අශ්‍රමණයන්ව සිටිද්දී ශ්‍රමණයන් වශයෙන් පෙනී සිටියා. අබ්‍රාහ්මණයන්ව සිටිද්දී බ්‍රාහ්මණයන් වශයෙන් පෙනී සිටියා. අරහත් නො වී සිටිද්දී ම රහතුන් හැටියට පෙනී සිටියා. නමුත් දැන් අපි සැබෑ ම ශ්‍රමණවරු. සැබෑ ම බ්‍රාහ්මණවරු. දැන් සැබෑ ම රහතන් වහන්සේලා.' ඉතින් ස්වාමීනී, මා තුළ භාග්‍යවතුන් වහන්සේ ගේ ගුණ පිළිබඳව ඔය ධර්මාන්වය ත් තියෙනවා. ඒ කියන්නේ 'භාග්‍යවතුන් වහන්සේ සම්මාසම්බුද්ධ වන සේක. භාග්‍යවතුන් වහන්සේ විසින් වදාරණ ලද ධර්මය ස්වාක්ඛාත වන සේක. භාග්‍යවතුන් වහන්සේ ගේ ශ්‍රාවක සංඝයා සුපටිපන්න වන සේක' කියල.

ඒ වගේ ම තවදෙයක් තියෙනවා ස්වාමීනී, මේ ඉසිදත්ත, පුරාණ යන වඩුදෙටුවන් මගෙන් බත් වැටුප් ලබා, මගෙන් වාහන ලබා ජීවත් වෙන්නෙ. මං තමයි ඔවුන්ට ජීවිතය දෙන්නෙත්, ඔවුන්ට කීර්තිය දෙන්නෙත්. එහෙත් ඔවුන් භාග්‍යවතුන් වහන්සේට යම් අයුරකින් පරම ගෞරවාදරයක් දක්වනවා ද, එබඳු ගෞරවාදරයක් මට දක්වන්නේ නෑ. ස්වාමීනී, මෙය සිදු වූ දෙයක්. මම සේනාව මෙහෙයවද්දී මේ ඉසිදත්ත, පුරාණ යන වඩුවන් දෙදෙනා ගෙන් විමසා එක්තරා බාධා සහිත නවාතැන් පොළක නවාතැන් ගත්තා. එදා ස්වාමීනී, මේ ඉසිදත්ත, පුරාණ යන වඩුවන් දෙදෙනා රාත්‍රී බොහෝ වෙලාවක් ධර්ම සාකච්ඡා කරමින් සිට භාග්‍යවතුන් වහන්සේ යම් දිශාවක වැඩසිටිත් නම්, ඒ දිශාවට හිස දමා, මා සිටි දිශාවට පා දමා නිදාගත්තා. එතකොට ස්වාමීනී, මට මෙහෙම සිතුනා. 'භවත්නි, සැබැවින් ම ආශ්චර්යයක් ම යි! භවත්නි, සැබැවින් ම අද්භූතයක් ම යි! මේ ඉසිදත්ත, පුරාණ යන වඩුදෙටුවන් මගෙන් බත් වැටුප් ලබා, මගෙන් වාහන ලබා ජීවත් වෙන්නෙ. මං තමයි ඔවුන්ට ජීවිතය දෙන්නෙත්, ඔවුන්ට කීර්තිය දෙන්නෙත්. එහෙත් ඔවුන් භාග්‍යවතුන් වහන්සේට යම් අයුරකින් පරම ගෞරවාදරයක් දක්වනවා ද, එබඳු ගෞරවාදරයක් මට දක්වන්නේ නෑ. ඒකාන්තයෙන් ම මේ ආයුෂ්මත්වරුන් නම් ඒ භාග්‍යවතුන් වහන්සේ ගේ ශාසනයෙහි කිසියම් උදාර වූ මාර්ගඵල විශේෂයක් ලබා තිබෙනවා ම යි' කියලා. ඉතින් ස්වාමීනී, මා තුළ භාග්‍යවතුන් වහන්සේ ගේ ගුණ පිළිබඳව ඔය ධර්මාන්වය ත් තියෙනවා. ඒ කියන්නේ 'භාග්‍යවතුන් වහන්සේ සම්මාසම්බුද්ධ

වන සේක. භාග්‍යවතුන් වහන්සේ විසින් වදාරණ ලද ධර්මය ස්වාක්ඛාත වන සේක. භාග්‍යවතුන් වහන්සේ ගේ ශ්‍රාවක සංඝයා සුපටිපන්න වන සේක' කියල.

ඒ වගේ ම තව දෙයක් තියෙනවා ස්වාමීනී, භාග්‍යවතුන් වහන්සේ ත් ක්ෂත්‍රිය වන සේක. මම ත් ක්ෂත්‍රියයෙක් වෙමි. භාග්‍යවතුන් වහන්සේ ද කෝසල දනව්වෙහි වැඩවසන සේක. මම් ද කොසොල් රට වැසියෙක්මි. භාග්‍යවතුන් වහන්සේ අසූ හැවිරිදි වන සේක. මම ද අසූ හැවිරිදි වෙමි. ස්වාමීනී, යම් විටෙක භාග්‍යවතුන් වහන්සේ ත් ක්ෂත්‍රිය වන සේක් ද, මම ත් ක්ෂත්‍රියයෙක් වෙම් ද, භාග්‍යවතුන් වහන්සේ ද කෝසල දනව්වෙහි වැඩවසන සේක් ද, මම් ද කොසොල් රට වැසියෙක් වෙම් ද, භාග්‍යවතුන් වහන්සේ අසූ හැවිරිදි වන සේක් ද, මම් ද අසූ හැවිරිදි වෙම් ද, ස්වාමීනී, මේ කාරණය භාග්‍යවතුන් වහන්සේට පරම ගෞරවාදරයක් දැක්විය යුතු ම යි. පරම ගෞරව උපහාරයක් දක්වන්නට සුදුසු ම යි.

ඉතින් ස්වාමීනී, දැන් අපි යන්නම්. අපට බොහෝ වැඩ කටයුතු තියෙනවා නෙව. බොහෝ රාජකාරි තියෙනවා නෙව." "පින්වත් මහාරාජ, දැන් යමකට කල් තිබේ නම් එය දැනගත මැනැව." එවිට පසේනදී කොසොල් රජු හුනස්නෙන් නැගිට භාග්‍යවතුන් වහන්සේට ආදරයෙන් වන්දනා කොට පැදකුණු කොට පිටත් වුනා.

පසේනදී කොසොල් රජු පිටත්ව ගිය නොබෝ වේලාවකින් භාග්‍යවතුන් වහන්සේ භික්ෂුසංඝයා අමතා වදාළා. "පින්වත් මහණෙනි, පසේනදී කොසොල් රජතුමා ඔය ධර්ම චෛත්‍යයයන් පවසා හුනස්නෙන් නැගිට පිටත් වුනේ. පින්වත් මහණෙනි, ධම්මචේතියයන් ඉගෙන ගන්න. පින්වත් මහණෙනි, ධම්මචේතියයන් පාඩම් කරගන්න. පින්වත් මහණෙනි, ධම්මචේතියයන් දරා ගන්න. පින්වත් මහණෙනි, ධම්මචේතියයන් ඉතාමත් අර්ථවත්. පින්වත් මහණෙනි, ධම්මචේතියයන් නිර්වාණ මාර්ගයට මුල්වෙනවා."

භාග්‍යවතුන් වහන්සේ මෙය වදාළ සේක. සතුටු සිත් ඒ භික්ෂූන් වහන්සේලා භාග්‍යවතුන් වහන්සේ වදාළ මෙම දේශනය ඉතාම සතුටින් පිළිගත්තා.

සාදු! සාදු!! සාදු!!!

ධර්ම චෛත්‍යයන් ගැන වදාළ දෙසුම නිමා විය.

2.4.10.
කණ්ණකත්ථල සූත්‍රය
කණ්ණකත්ථල මිගදායෙහි දී වදාළ දෙසුම

මා හට අසන්නට ලැබුනේ මේ විදිහට යි. එසමයෙහි භාග්‍යවතුන් වහන්සේ උජුකා රට කණ්ණකත්ථල නම් මිගදායෙහි වැඩවසන සේක. එසමයෙහි පසේනදී කොසොල් රජු කිසියම් රාජකාරියක් පිණිස උජුකා රටට පැමිණ සිටියා.

එවිට පසේනදී කොසොල් රජු එක්තරා පුරුෂයෙක් ඇමතුවා. "එම්බා පුරුෂය, මෙහි එව. භාග්‍යවතුන් වහන්සේ ළඟට යන්න. ගිහින් මාගේ වචනයෙන් භාග්‍යවතුන් වහන්සේ ගේ ශ්‍රී පාද පද්මයන් නළල බිම තබා වඳින්න. 'ස්වාමීනී, පසේනදී කෝසල රාජා භාග්‍යවතුන් වහන්සේ ගේ ශ්‍රී පාද පද්මයන් නළල බිම තබා වඳිනවා' කියල. මෙසේත් කියන්න. 'ස්වාමීනී, අද පසේනදී කොසොල් රජු හීල වළඳා අවසන් වී භාග්‍යවතුන් වහන්සේව බැහැදකින්නට එන්නට කැමැත්තෙන් ඉන්නවා' කියල. "එසේය දේවයනි" කියා ඒ පුරුෂයා පසේනදී කොසොල් රජුට පිළිතුරු දී භාග්‍යවතුන් වහන්සේ වෙත පැමිණුනා. පැමිණ, භාග්‍යවතුන් වහන්සේට වන්දනා කොට එකත්පස්ව හිඳගත්තා. එකත්පස්ව හුන් ඒ පුරුෂයා භාග්‍යවතුන් වහන්සේට මෙය පැවසුවා. 'ස්වාමීනී, පසේනදී කෝසල රාජා භාග්‍යවතුන් වහන්සේ ගේ ශ්‍රී පාද පද්මයන් නළල බිම තබා වඳිනවා' මෙසේත් කියයි. 'ස්වාමීනී, අද පසේනදී කොසොල් රජු හීල වළඳා අවසන් වී භාග්‍යවතුන් වහන්සේව බැහැදකින්නට එන්නට කැමැත්තෙන් ඉන්නවා' කියල.

සෝමා නැගණියට ත්, සකුලා නැගණියට ත් 'අද පසේනදී කොසොල් රජු හීල වැළඳීමෙන් පසු භාග්‍යවතුන් වහන්සේ බැහැදකින්නට පිටත්වන්නේ ය' යන්න අසන්නට ලැබුනා. එවිට සෝමා නැගණිය ත්, සකුලා නැගණිය ත් බත් වඩනා තැනේ දී පසේනදී කොසොල් රජුවෙත පැමිණ මෙය පැවසුවා. "එසේ වී නම් මහාරාජයාණෙනි, අප ගේ වචනයෙනුත් භාග්‍යවතුන් වහන්සේ ගේ සිරිපා කමල් නළල බිම තබා වන්දනා කළ මැනැව. ස්වාමීනී, අල්පාබාධ බව ත්, අල්ප පීඩා ඇති බව ත්, සැහැල්ලු බව ත්, කාය බලය ත්, පහසු විහරණය ත් විමසනු මැනැව. "ස්වාමීනී, සෝමා නැගණිය ත්, සකුලා නැගණිය ත්

භාග්‍යවතුන් වහන්සේ ගේ සිරිපා කමල් නළල බිම තබා වන්දනා කරත්. ඒ වගේ ම අල්පාබාධ බව ත්, අල්ප පීඩා ඇති බව ත්, සැහැල්ලු බව ත්, කාය බලය ත්, පහසු විහරණය ත් විමසත්" කියල.

ඉතින් පසේනදී කොසොල් රජු උදේ ආහාරය වැළඳීමෙන් පසු භාග්‍යවතුන් වහන්සේ වෙත පැමිණියා. පැමිණ භාග්‍යවතුන් වහන්සේට ආදරයෙන් වන්දනා කොට එකත්පස්ව හිඳගත්තා. එකත්පස්ව හුන් පසේනදී කොසොල් රජු භාග්‍යවතුන් වහන්සේට මෙය පැවසුවා. "ස්වාමීනී, සෝමා නැගණිය ත්, සකුළා නැගණිය ත් භාග්‍යවතුන් වහන්සේ ගේ සිරිපා කමල් නළල බිම තබා වන්දනා කරනවා. ඒ වගේ ම අල්පාබාධ බව ත්, අල්ප පීඩා ඇති බව ත්, සැහැල්ලු බව ත්, කාය බලය ත්, පහසු විහරණය ත් විමසනවා"

"පින්වත් මහාරාජ, කිම? සෝමා නැගණියට ත්, සකුළා නැගණියට ත් වෙනත් දූතයෙකු සොයා ගන්නට බැරිවුනාවත් ද?"

"ස්වාමීනී, සෝමා නැගණියට ත්, සකුළා නැගණියට ත් අසන්නට ලැබුනා අද පසේනදී කොසොල් රජු උදේ ආහාර වැළඳීමෙන් පසු භාග්‍යවතුන් වහන්සේව දකින්නට යන්නට සූදානම්ව සිටින බව. ඉතින් ස්වාමීනී, සෝමා නැගණිය ත්, සකුළා නැගණිය ත් මට බත් වඩන වේලෙහි එතැනට පැමිණිලයි මෙය කීවේ. ඒ කියන්නේ 'එසේ වී නම් මහාරාජ, සෝමා නැගණිය ත්, සකුළා නැගණිය ත් භාග්‍යවතුන් වහන්සේ ගේ සිරිපා කමල් නළල බිම තබා වන්දනා කළ මැනැව. ඒ වගේ ම අල්පාබාධ බව ත්, අල්ප පීඩා ඇති බව ත්, සැහැල්ලු බව ත්, කාය බලය ත්, පහසු විහරණය ත් විමසනු මැනැව' කියලා."

"පින්වත් මහාරාජ, සෝමා නැගණිය ත්, සකුළා නැගණිය ත්, සුවපත් වෙත්වා!"

එවිට පසේනදී කොසොල් රජතුමා භාග්‍යවතුන් වහන්සේට මෙය පැවසුවා. "ස්වාමීනී, මං මෙය අසා තිබෙනවා. ශ්‍රමණ ගෞතමයන් වහන්සේ මෙය කියනවා කියලා. එනම් 'යමෙක් සර්වඥ යි ද, සියල්ල දැකීමෙන් යුක්ත යි ද, නිරවශේෂ ඤාණ දර්ශනයක් ප්‍රතිඥා දෙනවා ද, එබඳු වූ ශ්‍රමණයෙක් හෝ බ්‍රාහ්මණයෙක් නැත. මෙය විය හැකි දෙයක් නොවේ' ය කියා. ඉතින් ස්වාමීනී, යමෙක් ඔය විදිහට කිව්වොත්, ශ්‍රමණ ගෞතමයන් වහන්සේ මෙය කියනවා කියලා. එනම් 'යමෙක් සර්වඥ යි ද, සියල්ල දැකීමෙන් යුක්ත යි ද, නිරවශේෂ ඤාණ දර්ශනයක් ප්‍රතිඥා දෙනවා ද, එබඳු වූ ශ්‍රමණයෙක් හෝ බ්‍රාහ්මණයෙක් නැත. මෙය විය හැකි දෙයක් නොවේ' ය කියා. ස්වාමීනී, ඒ තැනැත්තා පවසන්නේ භාග්‍යවතුන් වහන්සේ වදාළ දෙයක් ද? නැත්නම් භාග්‍යවතුන්

වහන්සේට අභූතයෙන් කරන්නා වූ චෝදනාවක් ද? එහෙමත් නැත්නම් ධර්මයට අනුකූල වූ කාරණාවක් පැවසීමක් ද? කරුණු සහිතව වාදානුවාදයක් කොට ගැරහිය යුතු තැනට නො පැමිණීමක් ද?"

"පින්වත් මහාරාජ, යමෙක් මෙහෙම කිව්වොත්, ශ්‍රමණ ගෞතමයන් වහන්සේ මෙය කියනවා කියලා. එනම් 'යමෙක් සර්වඥ යි ද, සියල්ල දැකීමෙන් යුක්ත යි ද, නිරවශේෂ ඥාණ දර්ශනයක් ප්‍රතිඥා දෙනවා ද, එබඳු වූ ශ්‍රමණයෙක් හෝ බ්‍රාහ්මණයෙක් නැත. මෙය විය හැකි දෙයක් නොවේ' ය කියා, ඔහු කියන්නේ මා පවසන ලද දෙයක් නොවේ. ඔහු මට අසත්‍යයෙන්, අභූතයෙන් චෝදනා කරනවා."

එතකොට පසේනදී කොසොල් රජු විඩූඩභ සෙන්පතියා ඇමතුවා. "සෙන්පතිය, අද ඔය කතා වස්තුව රජගෙයි අන්තඃපුරයේ දී මතුකොට කතා කළේ කවුද?" "මහරජාණෙනි, ආකාශගෝත්‍ර සඤ්ජය බ්‍රාහ්මණයා යි." එවිට පසේනදී කොසොල් රජු එක්තරා පුරුෂයෙක් ඇමතුවා. "එම්බා පුරුෂය, මෙහි එන්න. මගේ වචනයෙන් ආකාශගෝත්‍ර සඤ්ජය බ්‍රාහ්මණයා අමතන්න. 'ස්වාමීනී, පසේනදී කොසොල් රජු ඔබ අමතනවා' කියා." "එසේය දේවයිනි" කියා ඒ පුරුෂයා පසේනදී කොසොල් රජුට පිළිතුරු දී ආකාශගෝත්‍ර සඤ්ජය බ්‍රාහ්මණයා කරා ගියා. ගොස් ආකාශගෝත්‍ර සඤ්ජය බ්‍රාහ්මණයාට මෙය පැවසුවා. "ස්වාමීනී, පසේනදී කොසොල් රජු ඔබ අමතනවා" කියා.

එවිට පසේනදී කොසොල් රජු භාග්‍යවතුන් වහන්සේට මෙය පැවසුවා. "ස්වාමීනී, භාග්‍යවතුන් වහන්සේ විසින් වෙනත් යම්කිසි කරුණක් අරභයා යම් වචනයක් වදාරණ සේක් ද, ජනතාව එය අරගන්නේ එයට හාත්පසින් ම විරුද්ධ අර්ථයක් ඇතිව යි." "පින්වත් මහාරාජ, මං යම් වචනයක් කියා තිබෙන බව මතකයි."

"ඉතින් ස්වාමීනී, භාග්‍යවතුන් වහන්සේ විසින් වදාරණ ලද කෙබඳු වචනයක් මතක ඇති සේක් ද?" "පින්වත් මහාරාජ, මං මෙබඳු වූ වචනයක් පැවසූ බව මතකයි. 'යම් කෙනෙක් එකවර ම සියල්ල දැනගන්නවා නම්, සියල්ල දැකගන්නවා නම්, එබඳු වූ ශ්‍රමණයෙක් වේවා, බ්‍රාහ්මණයෙක් වේවා නැත. එබඳු දෙයක් සිදුවන්නට පුළුවන් කමක් නැත' කියලයි."

"ස්වාමීනී, භාග්‍යවතුන් වහන්සේ හේතු සහිතව ම යි, ඔය කාරණය පවසා තිබෙන්නේ. ස්වාමීනී, භාග්‍යවතුන් වහන්සේ හේතු සහිතව ම යි, ඔය කාරණය පවසා තිබෙන්නේ. ඒ කියන්නේ 'යම් කෙනෙක් එකවර ම සියල්ල දැනගන්නවා නම්, සියල්ල දැකගන්නවා නම්, එබඳු වූ ශ්‍රමණයෙක් වේවා,

බ්‍රාහ්මණයෙක් වේවා නැත. එබඳු දෙයක් සිදුවන්නට පුළුවන් කමක් නැත' කියලා. ස්වාමීනී, මේ වර්ණ සතරක් තියෙනවා. එනම්; ක්ෂත්‍රිය, බ්‍රාහ්මණ, වෛශ්‍ය හා ශුද්‍ර යි. ස්වාමීනී මේ වර්ණ හතරේ විශේෂයක් තියෙනවා ද? යම් වෙනස්කමක් තියෙනවා ද?"

"පින්වත් මහාරාජ, මේ වර්ණ සතරක් තියෙනවා. එනම්; ක්ෂත්‍රිය, බ්‍රාහ්මණ, වෛශ්‍ය හා ශුද්‍ර යි. පින්වත් මහාරාජ, මේ වර්ණ හතරින් ක්ෂත්‍රිය වර්ණය ත්, බ්‍රාහ්මණ වර්ණය ත් යන වර්ණ දෙක තමයි අග්‍ර වෙන්නේ කියල කියනවා. ඒ කියන්නේ වැඳුම් පිදුම්, දැක හුනස්නෙන් නැගිටීම, ඇඳිලි බැඳ වැඳීම්, කතා බස් කිරීම ආදිය."

"ස්වාමීනී, මං භාග්‍යවතුන් වහන්සේගෙන් මෙහෙදී ලබන දෙයක් ගැන නෙවෙයි අසන්නේ? ස්වාමීනී, මං භාග්‍යවතුන් වහන්සේ ගෙන් අසන්නේ පරලොව දී ලබන දෙයක් ගැන යි. ස්වාමීනී, මේ වර්ණ සතරක් තියෙනවා. එනම්; ක්ෂත්‍රිය, බ්‍රාහ්මණ, වෛශ්‍ය හා ශුද්‍ර යි. ස්වාමීනී මේ වර්ණ හතරේ විශේෂයක් තියෙනවා ද? යම් වෙනස්කමක් තියෙනවා ද?"

"පින්වත් මහාරාජ, ප්‍රධන් වීරිය ඇතිවීම පිණිස අංග පහක් තිබෙනවා. කවර පහක් ද යත්; පින්වත් මහාරාජ, මෙහිලා භික්ෂුව, ශ්‍රද්ධාවන්ත කෙනෙක්. ඒ කියන්නෙ තථාගතයන් වහන්සේ ගේ අවබෝධය අදහා ගන්නවා. 'මේ මේ කරුණින් භාග්‍යවතුන් වහන්සේ අරහත් වන සේක. සම්මා සම්බුද්ධ වන සේක. විජ්ජාචරණ සම්පන්න වන සේක. සුගත වන සේක. ලෝකවිදූ වන සේක. අනුත්තරෝ පුරිසදම්ම සාරථී වන සේක. සත්ථා දේවමනුස්සානං වන සේක. බුද්ධ වන සේක. භගවත් වන සේක' කියල.

ඒ වගේ ම භික්ෂුව අල්පාබාධ ඇති කෙනෙක්. දුක් අඩු කෙනෙක්. ඉතා ශීත ත් නො වූ, ඉතා උෂ්ණ ත් නො වූ, මධ්‍යස්ථ වූ ප්‍රධන් වීරියට සරිලන පරිදි සම සේ දිරවන ග්‍රහණියකින් යුතු වෙනවා.

ඒ වගේ ම භික්ෂුව ශඨ නැති, මායා නැති කෙනෙක්. තම ශාස්තෘන් වහන්සේට හෝ නුවණැති සබ්‍රහ්චාරීන් වහන්සේලාට හෝ තමන් ගේ සැබෑ ස්වභාවය ප්‍රකට කොට පවසන කෙනෙක් වෙනවා.

ඒ වගේ ම භික්ෂුව පටන්ගත් වීරිය ඇති කෙනෙක්. අකුසල ධර්මයන් ප්‍රහාණය කිරීම පිණිස ත්, කුසල ධර්මයන් උපදවා ගැනීම පිණිස ත්, උපදවා ගත් දෘඪතර වීරියෙන් යුතු වෙනවා. දැඩි පරාක්‍රමයෙන් යුතු වෙනවා. කුසල් දහම් පිළිබඳව අත්නොහළ වීරියෙන් යුතු වෙනවා.

ඒ වගේ ම භික්ෂුව ප්‍රඥාවන්ත කෙනෙක්. ආර්ය වූ, කළකිරීමට නිසි වූ මනාව දුක් ක්ෂය කරන්නා වූ, අනිත්‍යාවබෝධය ඇති කරන්නා වූ ප්‍රඥාවෙන් යුක්ත වෙනවා.

පින්වත් මහාරාජ, මේවා තමයි මාර්ගඵලාවබෝධය පිණිස වීරිය ගත යුතු කෙනෙකු ගේ අංග පහ. පින්වත් මහාරාජ, මේ වර්ණ සතරක් තියෙනවා. එනම්; ක්ෂත්‍රිය, බ්‍රාහ්මණ, වෛශ්‍ය හා ශුද්‍ර යි. මේ සියලු දෙනා ඔය පංච පධානීය අංග වලින් සමන්විත වුනොත් එය ඔවුන් බොහෝ කලක් හිතසුව පිණිස පවතීවි."

"ස්වාමීනී, මේ වර්ණ සතරක් තියෙනවා. එනම්; ක්ෂත්‍රිය, බ්‍රාහ්මණ, වෛශ්‍ය හා ශුද්‍ර යි. ඔවුන් සියළු දෙනා මේ පංච පධානීය අංග වලින් සමන්විත වුනොත් එහිලා ස්වාමීනී, ඔවුන් ගේ කිසියම් විශේෂයක් තියේවි ද? වෙනස් බවත් තියේවි ද?"

"පින්වත් මහාරාජ, මෙහිලා ඔවුන් තුළ පධාන අංගයන් හි වෙනස්කමක් ඇති බවයි මා කියන්නේ. පින්වත් මහාරාජ, ඒ මේ වගේ දෙයක්. දමනය කළ යුතු ඇතුන් දෙන්නෙක් හෝ අශ්වයන් දෙන්නෙක් හෝ ගවයින් දෙන්නෙක් හෝ ඉන්නවා. ඔවුන් හොඳින් දමනය වෙලා, හොඳින් හික්මිලා ඉන්නවා. එහෙත් තවත් ඇතුන් දෙදෙනෙක් හෝ අශ්වයන් දෙදෙනෙක් හෝ ගවයන් දෙදෙනෙක් හෝ ඉන්නවා. ඔවුන් දමනය වෙලා නෑ. හික්මිලා නෑ. පින්වත් මහාරාජ, ඒ ගැන කුමක්ද සිතන්නේ? යම් ඒ ඇතුන් දෙදෙනා, අශ්වයින් දෙදෙනා, ගවයින් දෙදෙනා මැනැවින් දමනය වුනා නම්, මැනවින් හික්මුනා නම්, ඔවුන් දමනය වූ බවට පත්වුණේ දමනය වීමෙන් ම නො වේ ද? ඔවුන් දන්තභූමියට පත්වුනේ දමනය වීමෙන් ම නො වේ ද?"

"එසේය ස්වාමීනී,"

"පින්වත් මහාරාජ, ඒ ගැන කුමක්ද සිතන්නේ? යම් ඒ ඇතුන් දෙදෙනා, අශ්වයින් දෙදෙනා, ගවයින් දෙදෙනා දමනය නො වුනා නම්, නො හික්මුනා නම්, ඔවුන් දමනය නො වී සිටිය දී, දමනය වූ බවට පත්වේවිද? ඔවුන් දමනය නො වී සිටිය දී, දන්තභූමියට පත්වේවි ද?"

"ස්වාමීනී, එය නොවේ ම යි."

"පින්වත් මහාරාජ, ඒ වගේ ම තමයි යමක් සැදැහැවත් කෙනෙක් විසින් , අල්පාබාධ ඇති කෙනෙක් විසින්, ශඨ මායා නැති කෙනෙක් විසින්, පටන් ගත් වීරිය ඇති කෙනෙක් විසින්. ප්‍රඥාවන්ත කෙනෙක් විසින් ලැබිය යුතු ද,

එය ශ්‍රද්ධා රහිත වූ, බහුලව ලෙඩදුක් ඇති, ශඨ මායාවී වූ, කුසීත වූ, දුෂ්ප්‍රාඥ පුද්ගලයෙක් ලබාගන්නේ ය යන කරුණ සිදුවන දෙයක් නම් නොවේ."

"ස්වාමීනී, භාග්‍යවතුන් වහන්සේ හේතු සහිතව ම යි, ඔය කාරණය පවසා තිබෙන්නේ. ස්වාමීනී, භාග්‍යවතුන් වහන්සේ හේතු සහිතව ම යි, ඔය කාරණය පවසා තිබෙන්නේ. ස්වාමීනී, මේ වර්ණ සතරක් තියෙනවා. එනම්; ක්ෂත්‍රිය, බ්‍රාහ්මණ, වෛශ්‍ය හා ශුද්‍ර යි. මේ සිව්වර්ණයට අයිති උදවිය පංච පධානීය අංගයන්ගෙන් සමන්විත වුනොත් ස්වාමීනී, ඒ තුළ ඔවුන් ගේ විශේෂයක් තියෙනවා ද? යම් වෙනස්කමක් තියෙනවා ද?"

"පින්වත් මහාරාජ, මේ අංග තුළ ඔවුන්ගේ කිසි වෙනස්කමක් මා දකින්නේ නැහැ. ඒ කියන්නේ විමුක්තිය ලැබූ කෙනෙක් තවත් විමුක්තිය ලැබූ කෙනෙකුන්ගෙන් වෙනස්වෙන්නෙ නැහැ.

පින්වත් මහාරාජ, ඒක මේ වගේ දෙයක්. පුරුෂයෙක් වියළි ශාඛාවක දර කැබැල්ලක් ගෙන ගිනි උපද්දවනවා. තේජස පහළ කරනවා. එතකොට තවත් පුරුෂයෙක් වියළි සල් ගසක දරකැබැල්ලක් ගෙන ගිනි උපද්දවනවා. තේජස පහළ කරනවා. ඒ වගේ ම තවත් පුරුෂයෙක් වියළි අඹ ගසක දරකැබැල්ලක් ගෙන ගිනි උපද්දවනවා. තේජස පහළ කරනවා. ඒ වගේ ම තවත් පුරුෂයෙක් වියළි දිඹුල් ගසක දරකැබැල්ලක් ගෙන ගිනි උපද්දවනවා. තේජස පහළ කරනවා. පින්වත් මහාරාජ, ඒ ගැන කුමක් ද සිතන්නේ? විවිධ දර කැබලි වලින් උපදවන ලද ගින්දරෙහි කිසියම් වෙනසක් තියෙනවා ද? ඒ ගිනි සිළුවෙන් සිළුවට වෙනසක් තියෙනවා ද? පැහැයෙන් පැහැයට වෙනසක් තියෙනවා ද? එළියෙන් එළියට වෙනසක් තියෙනවා ද?"

"ස්වාමීනී, එය නො වේ ම යි."

"පින්වත් මහාරාජ, මෙයත් ඒ වගේ ම යි. යම් තේජසක්, යම් වීරියක් උපදවා ගෙන, පතුරුවා ගෙන සිටීමෙන් තමයි යම් පධන්වෙරක් උපදවාගෙන තමයි එය ලබාගන්නේ. එහිලා මා විමුක්තියෙන් විමුක්තියට ඇති කිසි වෙනස්කමක් දකින්නේ නැහැ."

"ස්වාමීනී, භාග්‍යවතුන් වහන්සේ හේතු සහිතව ම යි, ඔය කාරණය පවසා තිබෙන්නේ. ස්වාමීනී, භාග්‍යවතුන් වහන්සේ හේතු සහිතව ම යි, ඔය කාරණය පවසා තිබෙන්නේ. ස්වාමීනී, කිම? දෙවිවරු ඉන්නවා ද?"

"පින්වත් මහාරාජ, ඇයි ඔබ මෙහෙම අහන්නේ? 'ස්වාමීනී, කිම? දෙවිවරු ඉන්නවා ද?' කියා."

"ස්වාමීනී, ඉදින් දෙවිවරු මේ මිනිස් ලෝකයට උපදින්නට එනවා ද? එහෙම නැත්නම් මේ මිනිස් ලෝකයට උපත කරා එන්නේ නැද්ද? පින්වත් මහාරාජ, යම් මේ දෙවිවරු මනුලොව උපදින කෙලෙස් සහිතව ඉන්නවා නම්, ඔවුන් මිනිසත් බවට එනවා. යම් මේ දෙවිවරු මනුලොව උපදින කෙලෙස් රහිතව ඉන්නවා නම්, ඔවුන් මිනිසත් බවට එන්නේ නෑ."

මෙසේ වදාළ විට විඩූඩභ සෙන්පතියා භාග්‍යවතුන් වහන්සේට මෙය පැවසුවා. "ස්වාමීනී, යම් ඒ දෙවිවරු මනුලොව උපදින කෙලෙස් සහිතව සිට මෙලොවට එනවා නම්, යම් ඒ දෙවිවරු මනුලොව උපදින කෙලෙස් නැතිව සිට මෙහි නො එනවා නම්, ස්වාමීනී, ඒ දෙවිවරුන්ව ඒ ඒ තැන්වලින් චුත කරවනවා ද? එළවා දමනවා ද?"

එවිට ආයුෂ්මත් ආනන්දයන් හට මෙහෙම හිතුනා. මේ විඩූඩභ සෙන්පතිතුමා පසේනදී කොසොල් රජතුමා ගේ පුත්‍රයා. මම වනාහී භාග්‍යවතුන් වහන්සේ ගේ පුත්‍රයා. එහෙම නම් දැන් පුතෙක් පුතෙකු හා කතාබස් කරන්නට කාලය යි.

එවිට ආයුෂ්මත් ආනන්දයන් වහන්සේ විඩූඩභ සෙන්පතියා ඇමතුවා. "එසේ වී නම් සේනාපතිය, එකරුණ මං ඔබගෙන් විමසන්නම්. යම් ආකාරයකට පිළිතුරු දෙන්නට කැමති නම් එලෙසින් පිළිතුරු දෙන්න. පින්වත් සේනාපතිය, ඒ ගැන කුමක් ද සිතන්නේ? පසේනදී කොසොල් රජු ගේ විජිතය යම්තාක් ද, ඒතාක් ම පසේනදී කොසොල් රජුට රාජ්‍යය කරනවා. ඒ රාජ්‍යය තුළ පසේනදී කොසොල් රජුට ශ්‍රමණයෙකු වේවා, බ්‍රාහ්මණයෙකු වේවා, පුණ්‍යවන්තයෙකු වේවා, අපුණ්‍යවන්තයෙකු වේවා, බඹසර හැසිරෙන කෙනෙකු වේවා, අබ්‍රහ්මචාරී කෙනෙකු වේවා, එම විජිතයෙන් චුත කරවන්නට, නෙරපා දමන්නට නො හැකි ද?"

"භවත්නි, පසේනදී කොසොල් රජු ගේ විජිතය යම්තාක් ද, ඒතාක් ම පසේනදී කොසොල් රජුට රාජ්‍යය කරනවා. ඒ රාජ්‍යය තුළ පසේනදී කොසොල් රජුට ශ්‍රමණයෙකු වේවා, බ්‍රාහ්මණයෙකු වේවා, පුණ්‍යවන්තයෙකු වේවා, අපුණ්‍යවන්තයෙකු වේවා, බඹසර හැසිරෙන කෙනෙකු වේවා, අබ්‍රහ්මචාරී කෙනෙකු වේවා, එම විජිතයෙන් චුත කරවන්නට, නෙරපා දමන්නට පුළුවනි."

"පින්වත් සේනාපතිය, ඒ ගැන කුමක් ද සිතන්නේ? පසේනදී කොසොල් රජු ගේ විජිතය නො වන යම්තාක් ඇද්ද, ඒතාක් ම පසේනදී කොසොල් රජු රාජ්‍යය කරන්නෙ නෑ. ඒ රාජ්‍යයයන් තුළ පසේනදී කොසොල් රජුට ශ්‍රමණයෙකු වේවා, බ්‍රාහ්මණයෙකු වේවා, පුණ්‍යවන්තයෙකු වේවා, අපුණ්‍යවන්තයෙකු

වේවා, බඹසර හැසිරෙන කෙනෙකු වේවා, අබ්‍රහ්මචාරී කෙනෙකු වේවා, එම විජිතයෙන් චුත කරවන්නට, නෙරපා දමන්නට නො හැකි ද?"

"භවත්නි, පසේනදී කොසොල් රජු ගේ විජිතය නොවන යම්තාක් ඇද්ද, ඒතාක් ම පසේනදී කොසොල් රජු රාජ්‍යය කරන්නෙ නෑ. ඒ රාජ්‍යයයන් තුළ පසේනදී කොසොල් රජුට ශ්‍රමණයෙකු වේවා, බ්‍රාහ්මණයෙකු වේවා, පුණ්‍යවන්තයෙකු වේවා, අපුණ්‍යවන්තයෙකු වේවා, බඹසර හැසිරෙන කෙනෙකු වේවා, අබ්‍රහ්මචාරී කෙනෙකු වේවා, එම විජිතයෙන් චුත කරවන්නට, නෙරපා දමන්නට පුළුවන්කමක් නෑ."

"පින්වත් සේනාපතිය, ඒ ගැන කුමක්ද සිතන්නේ? ඔබ තව්තිසා දෙවියන් ගැන අසා තිබෙනවා ද?" "එසේය, භවත. මං තව්තිසා දෙවියන් ගැන අසා තිබෙනවා. මෙහිදී භවත් පසේනදී කොසොල් රජු විසිනුත් අසා තිබෙනවා."

"පින්වත් සේනාපතිය, ඒ ගැන කුමක්ද සිතන්නේ? පසේනදී කොසොල් රජ්ජුරුවන්ට තව්තිසාවෙහි දෙවියන්ව ඒ ඒ තැන්වලින් චුතකරවන්නට හෝ නෙරපා දමන්නට හෝ පුළුවන් ද?" "භවත, පසේනදී කොසොල් රජුට තව්තිසාවෙහි දෙවියන්ව දැකගන්නට වත් පුළුවන් කමක් නැහැ. ඉතින් එහෙම එකේ ඒ ඒ තැන්වලින් ඒ උදවිය චුතකරවන්නේ ය, නෙරපා දමන්නේ ය යන්න කොහොම නම් කරන්නට ද?"

"පින්වත් සේනාපතිය, අන්න ඒ වගේ තමයි. යම් ඒ දෙවිවරු මනුලොව උපදින කෙලෙස් සහිතව සිට මෙලොවට එනවා නම්, ඒ වගේ ම යම් ඒ දෙවිවරු මනුලොව උපදින කෙලෙස් නැතිව සිට මෙහි නො එනවා නම්, ඒ දෙවැදෑරුම් දෙවිවරුන්ව දැකගන්නටවත් පුළුවන්කමක් නෑ. ඉතින් එහෙම එකේ ඒ ඒ තැන්වලින් ඒ උදවිය චුතකරවන්නේ ය, නෙරපා දමන්නේ ය යන්න කොහොම නම් කරන්නට ද?"

එවිට පසේනදී කොසොල් රජු භාග්‍යවතුන් වහන්සේ ගෙන් මෙය ඇසුවා. "ස්වාමීනී, මේ භික්ෂුව, කවර නමකින් යුක්තයි ද?" "පින්වත් මහාරාජ, ආනන්ද යන නම යි."

"භවත්නි, සැබැවින් ම ආනන්ද යි. භවත්නි, සැබැවින් ම ආනන්ද ස්වභාවයෙන් යුක්තයි. ස්වාමීනී, ආයුෂ්මත් ආනන්දයන් වහන්ස, හේතු සහිතව ම යි කරුණු කිව්වේ. ස්වාමීනී, ආයුෂ්මත් ආනන්දයන් වහන්ස, හේතු සහිතව ම යි කරුණු කිව්වේ.

ස්වාමීනී, කිම? මහා බ්‍රහ්මරාජයා ඉන්නවා ද?"

"පින්වත් මහාරාජ, ඇයි ඔබ මෙහෙම අසන්නේ? 'ස්වාමීනී, කිම? මහා බ්‍රහ්මරාජයා ඉන්නවා ද?' කියලා." "ස්වාමීනී, යම් ඒ මහා බ්‍රහ්මරාජයා මිනිස් ලොවට එන සුළු වෙයි ද? නැත්නම් මිනිස් ලොවට නො එන සුළු වෙයි ද?"

"පින්වත් මහාරාජ, යම් ඒ මහාබ්‍රහ්මරාජයෙක් මනුලොව උපදින කෙලෙස් සහිතව ඉන්නවා නම්, ඔහු මිනිසත් බවට එනවා. යම් ඒ මහාබ්‍රහ්මරාජයෙක් මනුලොව උපදින කෙලෙස් රහිතව ඉන්නවා නම්, ඔහු මිනිසත් බවට එන්නේ නෑ."

එවිට එක්තරා පුරුෂයෙක් පසේනදී කොසොල් රජුට මෙය පැවසුවා. "මහාරාජයෙනි, ආකාශගෝත්‍ර බ්‍රාහ්මණයා ඇවිත් ඉන්නවා." එකල්හි පසේනදී කෝසල රජු ආකාශගෝත්‍ර බ්‍රාහ්මණයාගෙන් මෙය ඇසුවා. "එම්බා බ්‍රාහ්මණය, මෙම කතා වස්තුව රාජාන්තපුරයෙහි මතු කොට කතා කළේ කවුද?" "මහරජතුමනි, විඩූඩභ සේනාපතිතුමායි." එතකොට විඩූඩභ සෙන්පතියා මෙහෙම කියනවා. "මහරජතුමනි, ආකාශගෝත්‍ර සඤ්ජය බ්‍රාහ්මණයා යි." එවිට එක්තරා පුරුෂයෙක් පසේනදී කොසොල් රජුට මෙය කිව්වා. "මහරජතුමනි, ගමනට කාලය යි."

එවිට පසේනදී කොසොල් රජු භාග්‍යවතුන් වහන්සේට මෙය පැවසුවා. "ස්වාමීනී, සර්වඥතාවය පිළිබඳව අපි භාග්‍යවතුන් වහන්සේගෙන් විමසුවා. භාග්‍යවතුන් වහන්සේ සර්වඥතාවය පිළිබඳව ද ප්‍රකාශ කොට වදාළා. එය අපට රුචි යි වගේ ම අප එයට කැමතියි. එයින් සතුටු වූ අපි වර්ණ සතරේ පිරිසිදු බව ගැනත් විමසුවා. භාග්‍යවතුන් වහන්සේ චතුර්වර්ණපාරිශුද්ධිය ගැන අපට ප්‍රකාශ කොට වදාළා. එය අපට රුචි යි වගේ ම අප එයට කැමතියි. ඒ වගේ ම එයින් සතුටු වූ අපි දෙවියන් පිළිබඳව භාග්‍යවතුන් වහන්සේගෙන් විමසුවා. භාග්‍යවතුන් වහන්සේ දෙවියන් පිළිබඳව ද ප්‍රකාශ කොට වදාළා. එය අපට රුචි යි වගේ ම අප එයට කැමතියි. ඒ වගේ ම එයින් සතුටු වූ අපි බ්‍රහ්මයන් පිළිබඳව ත් භාග්‍යවතුන් වහන්සේගෙන් විමසුවා. භාග්‍යවතුන් වහන්සේ බ්‍රහ්මයන් පිළිබඳව ද ප්‍රකාශ කොට වදාළා. එය අපට රුචි යි වගේ ම අප එයට කැමතියි. ස්වාමීනී, අපි යම් ම ප්‍රශ්නයක් භාග්‍යවතුන් වහන්සේ වෙතින් විමසුවා නම් ඒ ඒ ප්‍රශ්නයට පිළිතුරු භාග්‍යවතුන් වහන්සේ වදාළා. එය අපට රුචි යි වගේ ම අප එයට කැමතියි. එයින් සතුටු වූ අපි දැන් ස්වාමීනී, යන්නම්. අපට බොහෝ වැඩ තියෙනවා නෙව. බොහෝ රාජකාරි තියෙනවා නෙව."

"පින්වත් මහාරාජ, දැන් යම් දෙයකට කාලය නම් එය දැනගත මැනැව."

එවිට පසේනදී කොසොල් රජු භාග්‍යවතුන් වහන්සේ වදාළ ධර්මය සතුටින් පිළිගෙන අනුමෝදන්ව හුනස්නෙන් නැගිට භාග්‍යවතුන් වහන්සේට ආදරයෙන් වන්දනා කොට පැදකුණු කොට පිටත්ව ගියා.

සාදු! සාදු!! සාදු!!!

කණ්ණකත්ථල මිගදායේ දී වදාළ දෙසුම නිමා විය.
හතර වෙනි රාජ වර්ගය යි.

5. බ්‍රාහ්මණ වර්ගය

2.5.1.
බ්‍රහ්මායු සූත්‍රය
බ්‍රහ්මායු බ්‍රාහ්මණයාට වදාළ දෙසුම

මා හට අසන්නට ලැබුනේ මේ විදිහට යි. ඒ දිනවල භාග්‍යවතුන් වහන්සේ විදේහ ජනපදයෙහි පන්සියයක් පමණ වූ මහත් භික්ෂුසංඝයා සමඟ චාරිකාවෙහි වඩිමින් සිටියා. එසමයෙහි බ්‍රහ්මායු නම් බ්‍රාහ්මණයෙක් මිථිලා නගරයෙහි වාසය කළා. ඔහු දිරාපත් වෙලා, වයෝවෘද්ධ වෙලා, මහළු වෙලා, වයසේ කෙළවරට ගිහින් කෙමෙන් කෙමෙන් වයසට ගිහින්, උපතින් එකසිය විසි වසරක් වුනා. ඒ වගේ ම ඔහු ත්‍රිවේදය පාරප්‍රාප්ත යි. නිඝණ්ඩු, කේටුභ, අක්ෂර ප්‍රභේද හා ඉතිහාසය පස්වෙනි කොට ඇති පද ව්‍යාකරණ ආදිය ත්, ලෝකායත මහාපුරුෂ ලක්ෂණ ශාස්ත්‍රය ත්, පිළිබඳව හසළ නුවණ ඇති කෙනෙක්. ඉතින් ඒ බ්‍රහ්මායු බ්‍රාහ්මණයාට මෙය අසන්නට ලැබුනා. එනම්;

"ශාක්‍ය කුලයෙන් නික්ම පැවිදි වූ, ශාක්‍ය පුත්‍ර වූ, ගෞතම නම් වූ ශ්‍රමණයන් වහන්සේ නමක් පන්සියයක් සමඟ භික්ෂුසංඝයා සමඟ විදේහ ජනපදයන් හි චාරිකාවේ වඩිනවා. ඒ භවත් ගෞතමයන් පිළිබඳව මේ ආකාර වූ ඉතා සුන්දර කීර්ති ඝෝෂාවක් දසත පැතිරී ගිහින් තියෙනවා. ඒ කියන්නෙ,

'ඒ භාග්‍යවතුන් වහන්සේ මේ මේ කරුණු හේතුවෙන් අරහං වන සේක. සම්මා සම්බුද්ධ වන සේක. විජ්ජාචරණ සම්පන්න වන සේක. සුගත වන සේක. ලෝකවිදූ වන සේක. අනුත්තරෝ පුරිසදම්ම සාරථී වන සේක. සත්ථා දේවමනුස්සානං වන සේක. බුද්ධ වන සේක. භගවා වන සේක' කියල.

ඒ වගේ ම උන්වහන්සේ මේ දෙවියන් සහිත, මරුන් සහිත, බඹුන් සහිත, ශ්‍රමණ බ්‍රාහ්මණයින් සහිත, දෙව් මිනිස් ප්‍රජාවෙන් යුතු ලෝකයා හට ස්වකීය වූ විශිෂ්ට ඥාණයෙන් සාක්ෂාත් කරගත් ධර්මයක් දේශනා කරනවා. උන්වහන්සේ ධර්මය දේශනා කරනවා. මුල කල්‍යාණ වූ, මැද කල්‍යාණ වූ, සමාප්තිය කල්‍යාණ වූ, අර්ථ සහිත වූ, පැහැදිලි ප්‍රකාශන මාධ්‍යයකින් හෙබියා

වූ මුළුමනින් ම පිරිපුන්, පිරිසිදු නිවන් මඟ ප්‍රකාශ කරනවා. මෙබඳු වූ රහතුන් ගේ දැක්ම කොතරම් අගේ ද" කියා ඒ බ්‍රාහ්මණවරුන් අතර කතාබහ ඇතිවුනා.

එසමයෙහි බ්‍රහ්මායු බ්‍රාහ්මණයා ගේ උත්තර නම් තරුණයෙක් ගෝලයෙක් වශයෙන් සිටියා. ඔහු ත් ත්‍රිවේදය පාරප්‍රාප්ත යි. නිඝණ්ඩු, කෙටුභ, අක්ෂර ප්‍රභේද හා ඉතිහාසය පස්වෙනි කොට ඇති පද ව්‍යාකරණ ආදිය ත්, ලෝකායත මහාපුරුෂ ලක්ෂණ ශාස්ත්‍රය ත්, පිළිබඳව හසළ නුවණ ඇති කෙනෙක්. එදා බ්‍රහ්මායු බ්‍රාහ්මණයා උත්තර මාණවකයා ඇමතුවා. "පුත, උත්තර, ශාක්‍ය කුලයෙන් පැවිදි වූ, ශාක්‍ය පුත්‍ර වූ ශ්‍රමණ ගෞතමයන් වහන්සේ පන්සියයක් පමණ භික්ෂුසංඝයා සමඟ විදේහ ජනපදයන් හි චාරිකාවේ වඩිනවා. ඒ භවත් ගෞතමයන් පිළිබඳව මේ ආකාර වූ ඉතා සුන්දර කීර්ති ඝෝෂාවක් දසත පැතිරී ගිහින් තියෙනවා. ඒ කියන්නෙ, 'ඒ භාග්‍යවතුන් වහන්සේ මේ මේ කරුණු හේතුවෙන් අරහං වන සේක. සම්මා සම්බුද්ධ වන සේක. ....(පෙ).... මෙබඳු වූ රහතුන් ගේ දැක්ම කොතරම් අගේ ද. පුත, උත්තරය, එන්න ඔබ. ශ්‍රමණ ගෞතමයන් වහන්සේ වෙත යන්න. ගිහින් ශ්‍රමණ ගෞතමයන් වහන්සේව හඳුනාගන්න. ඒ භවත් ගෞතමයන් වහන්සේ තුළ යම් ආකාරයක ගුණ ඇද්ද, එබඳු වූ ගුණයක් ම උස්ව නැගී තිබෙනවා ද, නැත්නම් එබඳු වූ කෙනෙක් නොවේ ද? ඔබ විසින් පවසන විස්තරයෙන් තමයි අපට ඒ භවත් ගෞතමයන් වහන්සේව දැනගන්නට තිබෙන්නේ, එසේ ගුණ තිබෙනවා ද නැද්ද කියා.

භවත්නි, කෙසේ නම් මම ඒ භවත් ගෞතමයන් වහන්සේ හඳුනාගන්න ද? ඒ භවත් ගෞතමයන් වහන්සේ තුළ යම් ආකාරයක ගුණ ඇද්ද, එබඳු වූ ගුණයක් ම උස්ව නැගී තිබෙනවා ද? නැතිනම් එබඳු වූ කෙනෙක් නො වේ ද? එසේ වූ ගුණ භවත් ගෞතමයන් තුළ තිබෙනවා ද නැති ද කියා? පුත, උත්තරය, අප ගේ මේ ශාස්ත්‍රය තුළ මහා පුරුෂ ලක්ෂණ තිස් දෙකක් ගැන විස්තර ඇවිත් තියෙනවා නෙව. යම් මහා පුරුෂ ලකුණු වලින් සමන්විත වූ කෙනෙක් ඇද්ද, ඔහුට තිබෙන්නේ ගති දෙකයි. ඉදින් ගිහිව සිටිනවා නම්, චක්‍රවර්තී රජ බවට පත්වෙනවා. ධාර්මික ධර්මරාජයෙක්ව සතර මහා සාගරය ජයගෙන සියළු ජනපදයන්ට අධිපතිව රත්න සතකින් සමන්විත වෙනවා. ඒ කියන්නේ චක්‍රරත්නය, හස්තිරත්නය, අශ්වරත්නය, මාණික්‍යරත්නය, ස්ත්‍රීරත්නය, ගෘහපතිරත්නය හා සත්වැනි වූ පුත්‍ර රත්නය යි. ඔහුට ශූර වීර වූ පරසෙන් මඬිනා දහසකටත් වැඩි පුත්‍රයන් ඉන්නවා. ඔහු මේ සාගරය සීමා කොට ඇති පෘථිවියෙහි දඬු මුගුරින් තොරව, අවි ආයුධයෙන් තොරව ධර්මයෙන් දිනාගෙන වාසය කරනවා. ඉදින් ඔහු ගිහිගෙයින් නික්ම පැවිදි වෙනවා නම් ලෝකයෙහි කෙලෙස් පියැස්ස කඩා බිඳ දැමූ අරහත් වූ සම්මා සම්බුදුරජාණන් වහන්සේ

බවට පත්වෙනවා. පුත, උත්තරයෙනි, මං තමයි ඔබට ඔය ශාස්ත්‍රය ඉගැන්වූ කෙනා. ඔබ තමයි මාගෙන් මේ ශාස්ත්‍රය පිළිගත් කෙනා."

"එසේය භවත" කියා උත්තර මාණවකයා බ්‍රහ්මායු බ්‍රාහ්මණයාට පිළිතුරු දී හුනස්නෙන් නැගිට බ්‍රහ්මායු බ්‍රාහ්මණයාට ආදරයෙන් වන්දනා කොට පැදකුණු කොට භාග්‍යවතුන් වහන්සේ යම්තැනක වැඩසිටිත් ද, ඒ විදේහ ජනපදයෙහි බලා චාරිකාවෙහි පිටත් වුනා. අනුපිළිවෙලින් සැරිසරා අවුත්, භාග්‍යවතුන් වහන්සේ වෙත පැමිණියා. පැමිණ භාග්‍යවතුන් වහන්සේ සමඟ සතුටු වුනා. සතුටු විය යුතු පිළිසඳර කතාව කොට නිමවා එකත්පස්ව වාඩිවුනා.

එකත්පස්ව හුන් උත්තර මාණවකයා භාග්‍යවතුන් වහන්සේ ගේ ශ්‍රී ශරීරයෙහි තිබෙන මහා පුරුෂ ලක්ෂණ තිස් දෙක පිළිබඳව විමසන්නට වුනා. එවිට උත්තර මාණවකයා භාග්‍යවතුන් වහන්සේ ගේ ශ්‍රී ශරීරයෙහි මහා පුරුෂ ලක්ෂණ තිස් දෙකෙන් දෙකක් හැර බොහෝ සෙයින් හඳුනාගත්තා. මහා පුරුෂ ලක්ෂණ දෙකක් පිළිබඳව සැක කරන්නට වුනා. විචිකිච්ඡා කරන්නට වුනා. නො බැසගත්තා. නො පැහැදුනා. ඒ කෝසෝහිත වත්ථගුය්හ හා පහූතජිව්හතාව යි. එවිට භාග්‍යවතුන් වහන්සේට මෙය සිතුනා. 'මේ උත්තර මාණවකයා මාගේ ශරීරයෙහි මහා පුරුෂ ලක්ෂණ තිස් දෙකෙන් දෙකක් හැර බොහෝ සෙයින් හඳුනාගත්තා. නමුත් මහා පුරුෂ ලක්ෂණ දෙකක් පිළිබඳව සැක කරයි. විචිකිච්ඡා කරයි. නො බැසගනියි. නො පහදියි. ඒ කෝසෝහිත වත්ථගුය්හ හා පහූතජිව්හතාව පිළිබඳව යි.'

එවිට භාග්‍යවතුන් වහන්සේ උත්තර මාණවකයා භාග්‍යවතුන් වහන්සේ ගේ කෝසෝහිත වත්ථගුය්හ (ඇතුළට බැසගත් පියුම් කෙමියක් ලෙස ඇති පුරුෂ නිමිත්ත) දකින්නේ යම් අයුරින් ද එබඳු වූ ඉර්ධි ප්‍රාතිහාර්යයක් කළ සේක. එමෙන් ම භාග්‍යවතුන් වහන්සේ ඉර්ධිමය ආකාරයකින් දිව දිගු කොට දෙකන්සිළු මැනැවින් ස්පර්ශ කළ සේක. දෙනැහැ සිදුරු දක්වා මැනැවින් ස්පර්ශ කළ සේක. මුළු නළල් තලය ම වසා ලූ සේක.

එවිට උත්තර මාණවකයා මෙය සිතුවා. 'ශ්‍රමණ ගෞතමයන් වහන්සේ දෙතිස් මහා පුරුෂ ලක්ෂණයන් ගෙන් සමන්විත සේක් ම යි. එනිසා දැන් මං ශ්‍රමණ ගෞතමයන් වහන්සේ ගේ ඉරියව් පරීක්ෂා කරමින් පසුපසින් ම සිටින්නට ඕන' කියලා.

ඉතින් උත්තර මාණවකයා අත්නොහැර යන සෙවණැල්ලක් මෙන් සත් මසක් භාග්‍යවතුන් වහන්සේ පිටුපසින් ලුහුබැඳ ගියා. ඉතින් සත් මස ඇවෑමෙන් උත්තර මාණවකයා විදේහයෙහි මිථිලා නගරය බලා චාරිකාවෙහි පිටත් වුණා.

අනුපිළිවෙලින් චාරිකාවේ පැමිණ මිථිලාවෙහි බ්‍රහ්මායු බ්‍රාහ්මණයා වෙත පැමිණුනා. පැමිණ බ්‍රහ්මායු බ්‍රාහ්මණයා වැඳ එකත්පස්ව වාඩි වුනා. එකත්පස්ව හිඳගත් උත්තර මාණවකයා ගෙන් බ්‍රහ්මායු බ්‍රාහ්මණයා මෙය ඇසුවා. "පුත, උත්තරයෙනි, කිම? ඒ භවත් ගෞතමයන් උස්ව නැගී පැතිරී ඇති කීර්ති ඝෝෂාවට අනුකූල වූ ගුණයෙන් යුක්ත ද? එසේ නැතිව වෙනත් ස්වභාවයකින් යුක්ත ද? කිම? ඒ භවත් ගෞතමයන් එබඳු අයුරු වේ ද? නැතිනම් අන් අයුරු වේ ද?"

"භවත, ඒ භවත් ගෞතමයන් වහන්සේ ගේ යම් කීර්ති ඝෝෂාවක් උස්ව නැගී පැතිරී ඇද්ද, ඒ අයුරු ම යි. අන් පරිදි නම් නො වෙයි. භවත, ඒ භාග්‍යවතුන් වහන්සේ කියන ගුණයන් ගේ ආකාරයෙන් ම යුක්ත යි. අන් අයුරකින් නම් නො වෙයි. භවත, ඒ භවත් ගෞතමයන් වහන්සේ දෙතිස් මහා පුරුෂ ලක්ෂණයෙන් සමන්විත වන සේක.

1. ඒ භවත් ගෞතමයන් වහන්සේ මනාව පිහිටි පා ඇති සේක. මෙය ද ඒ භවත් ගෞතමයන් වහන්සේ ගේ මහා පුරුෂ ලක්ෂණයකි.

2. ඒ භවත් ගෞතමයන් වහන්සේ ගේ යටිපතුලෙහි දහසක් අර ඇති නිම් වළලු සහිත නාභි මණ්ඩල සහිත සර්වාකාරයෙන් ම පරිපූර්ණ වූ චක්‍ර සටහන් තියෙනවා.

3. ඒ භවත් ගෞතමයන් වහන්සේ දික් විලුඹ ඇති සේක.

4. ඒ භවත් ගෞතමයන් වහන්සේ දික් ඇඟිලි ඇති සේක.

5. ඒ භවත් ගෞතමයන් වහන්සේ මෘදු යොවුන් අත් පා ඇති සේක.

6. ඒ භවත් ගෞතමයන් වහන්සේ පහසුවෙන් නැවිය හැකි ජාල අත් පා ඇති සේක.

7. ඒ භවත් ගෞතමයන් වහන්සේ උස්ව පිහිටි ගොප් ඇති පා ඇති සේක.

8. ඒ භවත් ගෞතමයන් වහන්සේ ඒණි මුවන්ට බඳු කෙණ්ඩා ඇති සේක.

9. ඒ භවත් ගෞතමයන් වහන්සේ සිටගෙන සිටිය දී ම නො නැමී ම දෙඅත්ලෙන් දණ මඬුළු පිරිමදින සේක.

10. ඒ භවත් ගෞතමයන් වහන්සේ කෝසෝහිත වත්ථගුය්හ ඇති සේක.

11. ඒ භවත් ගෞතමයන් වහන්සේ රන්වන් පැහැයෙන් යුතුව කාංචන වර්ණයෙන් යුතු පැහැ ඇති සමකින් යුතු සේක.

12. ඒ භවත් ගෞතමයන් වහන්සේ ගේ ශ්‍රී ශරීරයෙහි දූවිලි කුණු නො රැඳෙන අයුරින් ඉතා සියුම් ස්වභාවයෙන් යුතු සමකින් යුතු සේක.

13. ඒ භවත් ගෞතමයන් වහන්සේ ගේ ශ්‍රී ශරීරයෙහි එක එක ලෝමය බැගින් පිහිටා ඇත. එක් රෝම කූපයක හටගන්නේ එක් ලෝමයක් පමණි.

14. ඒ භවත් ගෞතමයන් වහන්සේ ගේ ශ්‍රී ශරීරයෙහි උඩට හැරුණු ලෝමයන් පිහිටා ඇත. නිල්වන් අඳුන්වන් දකුණු අතට කරකැවී ගොස් තිබෙන රෝමයේ කොන උඩු අතට හැරුණු ලෝම ඇති සේක.

15. ඒ භවත් ගෞතමයන් වහන්සේ මහා බ්‍රහ්මරාජයාට බඳු ඍජු අවයවයන් ගෙන් යුතු සේක.

16. ඒ භවත් ගෞතමයන් වහන්සේ ගේ ශ්‍රී ශරීරයෙහි දෙඅත් පිටු, දෙපා පිටු කර, දෙවුර යන සත් තැන උස් වූ මාංස ඇති සේක.

17. ඒ භවත් ගෞතමයන් වහන්සේ සිංහරාජයෙකු ගේ ඇති තේජෝබල සම්පන්න ලීලාව වැනි තේජෝබල සම්පන්න පූර්වශරීරකාය ඇති සේක.

18. ඒ භවත් ගෞතමයන් වහන්සේ මසින් පිරුණු පිටිකර ඇත්තේ වේ.

19. ඒ භවත් ගෞතමයන් වහන්සේ ගේ ශ්‍රී ශරීරය යම් තාක් ද බඹය ද ඒ තාක් ය. බඹය යම් තාක් ද, උන්වහන්සේ ගේ ශ්‍රී ශරීරය ද ඒ තාක් ය. උසට සරිලන මහතින් ද, මහතට සරිලන උසින් ද යුතු ශරීරය මනාව වැඩී ගිය නුගරුකක ඇති ස්වභාවය වැන්න.

20. ඒ භවත් ගෞතමයන් වහන්සේ මසින් පිරුණු උරහිස් ඇති සේක.

21. ඒ භවත් ගෞතමයන් වහන්සේ ඕනෑම දෙයක් මැනැවින් දිරවන රස නහර ඇති සේක.

22. ඒ භවත් ගෞතමයන් වහන්සේ සිංහයෙකුට බඳු ශක්තිමත් හනු ඇති සේක.

23. ඒ භවත් ගෞතමයන් වහන්සේ දත් සතළිසක් ඇති සේක.

24. ඒ භවත් ගෞතමයන් වහන්සේ සම වූ දත් ඇති සේක.

25. ඒ භවත් ගෞතමයන් වහන්සේ විවර නැති දත් ඇති සේක.

26. ඒ භවත් ගෞතමයන් වහන්සේ ඉතා සුදු දත් ඇති සේක.

27. ඒ භවත් ගෞතමයන් වහන්සේ පහූතජිව්හා ඇති සේක.

28. ඒ භවත් ගෞතමයන් වහන්සේ කුරවි කෙවිල්ලන් ගේ අති මිහිරි නාදය බඳු බ්‍රහ්මස්වර ඇති සේක.

29. ඒ භවත් ගෞතමයන් වහන්සේ අභිනීල නෙත් යුග ඇති සේක.

30. ඒ භවත් ගෞතමයන් වහන්සේ උපන් ඇසිල්ලෙන් දිළිසෙන විශාල ඇස් ඇති රතු වසු පැටවුන්ට බඳු විශාල ඇස් ඇති සේක.

31. ඒ භවත් ගෞතමයන් වහන්සේ ගේ දෙබැම අතර මෘදු පුළුන් රොදක් බඳු ඌර්ණ රෝම ධාතුව ඇති සේක.

32. ඒ භවත් ගෞතමයන් වහන්සේ උස්ව පිහිටි කෙස් රොද ඇති උණ්හීසසීසයෙන් යුතු සේක. මෙය ද ඒ භවත් ගෞතමයන් වහන්සේ ගේ මහා පුරුෂ ලක්ෂණයකි.

ඒ වගේ ම ඒ භවත් ගෞතමයන් වහන්සේ පිටතට වඩින විට පළමුවෙන් ම පෙරට තබන්නේ දකුණු පාදය යි. උන්වහන්සේ ඉතා දුරින් පියවර තබන්නේ නෑ. ඉතා ළඟිනුත් පියවර තබන්නේ නෑ. ඉතා වේගයෙන් පියවර තබන්නෙත් නෑ. ඉතා සෙමින් පියවර තබන්නෙත් නෑ. දණ හිසින් දණ හිස වද්දවමින් වඩින්නෙත් නෑ. ගොප් ඇටයෙන් ගොප් ඇටය වද්දවමින් වඩින්නෙත් නෑ. උන්වහන්සේ වඩින විට කළවය උඩට නවන්නෙත් නෑ. යටට නවන්නෙත් නෑ. පාදයන් තද කොට තබන්නෙත් නෑ. සිරුර එහාට මෙහාට සොළවන්නෙත් නෑ. භවත් ගෞතමයන් වහන්සේ වඩින විට දී සෙලවෙන්නේ යටිකය විතරයි. උන්වහන්සේ කාය බලයෙන් වඩින්නේ නෑ. ඒ භවත් ගෞතමයන් වහන්සේ බලද්දී මුළු කය ම හරවා බලනවා. උන්වහන්සේ උඩ බලන්නෙත් නෑ. යට බලන්නෙත් නෑ. කලබලයෙන් වටපිට බලන්නෙත් නෑ. වික්ශේපයෙන් බලන්නෙත් නෑ. වියදඬු පමණ දුර පමණක් බලනවා. උන්වහන්සේ සාමාන්‍ය බැලීම එසේ වුණත් ඥාණදර්ශනය නම් කිසි දේකින් වැහිලා නෑ.

උන්වහන්සේ ඇතුලු ගමට වඩිද්දී කය උඩට නවන්නෙත් නෑ. යටට නවන්නෙත් නෑ. කය පද්දවන්නෙත් නෑ. එහා මෙහා නවන්නෙත් නෑ. ඉතා දුර සිටිය දී, ඉතා ළඟ සිටිය දී ආසනයෙහි වේගයෙන් වාඩිවෙන්නෙත් නෑ. දෑතට බර දී අසුනෙහි වාඩිවෙන්නෙත් නෑ. අසුනෙහි වාඩි වූ විට කය බරකරන්නෙත් නෑ. උන්වහන්සේ ඇතුළු ගමට පිවිසුන විට, දෑතින් නො ගැලපෙන දෙයක්

කරන්නෙත් නෑ. පා වලින් නො ගැලපෙන දෙයක් කරන්නෙත් නෑ. දණහිස උඩ අනිත් දණ තබා වාඩි වෙන්නෙත් නෑ. ගොප් ඇටයෙන් ගොප් ඇටය නගා වාඩිවෙන්නෙත් නෑ. අතින් නිකට තබා ගෙන වාඩිවෙන්නෙත් නෑ. උන්වහන්සේ ඇතුළු ගමේ වැඩසිටිද්දී තැතිගන්නෙත් නෑ. කම්පා වෙන්නෙත් නෑ. සැලෙන්නෙත් නෑ. තැති ගැනීම්, කම්පාවීම්, සැලීම්, බියවීම් නැතිව, ලොමු ඩැහැගැනීම් නැතිව වැඩඉන්නවා. ඒ භවත් ගෞතමයන් වහන්සේ විවේකයට නැමුණු සිතින් ම ඇතුළුගමෙහි ත් වැඩඉන්නවා.

උන්වහන්සේ පාත්‍රයට දිය පිළිගනිද්දී පාත්‍රය උඩට ඔසවන්නෙත් නෑ. යටට පාත්කරන්නෙත් නෑ. පාත්‍රය තද කොට ගන්නෙත් නෑ. පාත්‍රය ඔබමොබ සොලවන්නෙත් නෑ. පාත්‍රයට දිය පිළිගනිද්දී ඉතා ස්වල්පයක් ගන්නෙත් නෑ. ඉතා ගොඩක් ගන්නෙත් නෑ. උන්වහන්සේ 'බුලු බුලු' හඬින් ජලය කැළඹී යන ලෙස පාත්‍රය සෝදන්නෙත් නෑ. යළි යළිත් පාත්‍රය සෝදන්නෙත් නෑ. පාත්‍රය බිම තබා අත් සෝදන්නෙත් නෑ. අත්සේදූ කළ පාත්‍රය ද සෝදන ලද්දේ වෙයි. පාත්‍රය සේදූ කළ දෑත ද සෝදන ලද්දේ වෙයි. උන්වහන්සේ පාත්‍රය සේදූ දිය ඉතා දුර දමන්නෙත් නෑ. ඉතා ළඟ දමන්නෙත් නෑ. වතුර විසිරෙන පරිදි විසිකරන්නෙත් නෑ.

උන්වහන්සේ දානය පිළිගනිද්දී පාත්‍රය උඩට ඔසවන්නෙත් නෑ. යටට නවන්නෙත් නෑ. පාත්‍රය තදකොට ගන්නෙත් නෑ. පාත්‍රය ඔබ මොබ සොළවන්නෙත් නෑ. දානය ඉතා ස්වල්පයක් ගන්නෙත් නෑ. ඉතා ගොඩක් ගන්නෙත් නෑ. ඒ භවත් ගෞතමයන් වහන්සේ දානයට ප්‍රමාණවත් වන පරිදි පමණයි ව්‍යංජන පිළිගන්නේ. ඒ ව්‍යංජන වලින් බත ඉක්මවා යන්නෙත් නෑ.

ඒ භවත් ගෞතමයන් වහන්සේ බත්පිඬ මුවෙහි ඇතුළු කොට දෙතුන් වරක් සපා ගිලිනා සේක. ව්‍යංජනයෙන් මැනැවින් මිශ්‍ර නො වූ බත් උන්වහන්සේ ගේ කයට ඇතුළු නො වෙයි. ඒ වගේ ම උන්වහන්සේ ගේ මුවෙහි හෝ හක්කේ හෝ ආහාර නො රැඳෙයි. අනිත් බත් පිඬ මුවට නගන්නේ ඉන්පසුවයි.

ඒ භවත් ගෞතමයන් වහන්සේ දන් වළඳද්දී එහි ඇති ලුණු ඇඹුල් ආදිය රස විඳිමින් වළඳින සේක. නමුත් රස රාගයෙන් නො වළඳින සේක. භවත් ගෞතමයන් වහන්සේ දන් වළඳද්දී අංග අටකින් සමන්විත වී දන් වළඳින සේක. එනම්;

1. ජවය ඇතිකරගැනීම පිණිස දන් නො වළඳින සේක.

2. සවි ශක්තියෙන් මත්වීම පිණිස දන් නො වළඳින සේක.

3. මස් පුරවා තරකොට සරසා ගැනීම පිණිස දන් නො වළඳින සේක.

4. අඩු තැන් මසින් පුරවා ගැනීම පිණිස දන් නො වළඳින සේක.

5. මේ කයෙහි පැවැත්ම පිණිස පමණක් දන් වළඳින සේක.

6. මේ කයෙහි යැපීම පිණිස පමණක් දන් වළඳින සේක.

7. මේ කයෙහි වෙහෙස දුරුකර ගැනීම පිණිස පමණක් දන් වළඳින සේක.

8. මේ අයුරින් 'පැරණි කුසගිනි වේදනා නැතිකරමි. අළුත් කුසගිනි වේදනා නූපදවමි. මාගේ ජීවිත යාත්‍රාව නිවැරදිව හා පහසුවෙන් පවත්වන්නේ ය' යන අදහස ඇතිව, බඹසර ජීවිතයට අනුග්‍රහ පිණිස පමණක් දන් වළඳින සේක.

උන්වහන්සේ වැළඳූ පසු පාත්‍රයට දිය පිළිගනිද්දී පාත්‍රය උඩට ඔසවන්නෙත් නෑ. යටට පාත්කරන්නෙත් නෑ. පාත්‍රය තද කොට ගන්නෙත් නෑ. පාත්‍රය ඔබමොබ සොලවන්නෙත් නෑ. පාත්‍රයට දිය පිළිගනිද්දී ඉතා ස්වල්පයක් ගන්නෙත් නෑ. ඉතා ගොඩක් ගන්නෙත් නෑ. උන්වහන්සේ 'බුලු බුලු' හඬින් ජලය කැළඹී යන ලෙස පාත්‍රය සෝදන්නෙත් නෑ. යළි යළිත් පාත්‍රය සෝදන්නෙත් නෑ. පාත්‍රය බිම තබා අත් සෝදන්නෙත් නෑ. අත්සේදූ කළ පාත්‍රය ද සෝදන ලද්දේ වෙයි. පාත්‍රය සේදූ කළ දෑත ද සෝදන ලද්දේ වෙයි. උන්වහන්සේ පාත්‍රය සේදූ දිය ඉතා දුර දමන්නෙත් නෑ. ඉතා ළඟ දමන්නෙත් නෑ. වතුර විසිරෙන පරිදි වීසිකරන්නේත් නෑ. උන්වහන්සේ වැළඳූ පසු පාත්‍රය බිම තබන්නෙත් නෑ. ඉතා දුර තබන්නෙත් නෑ. ඉතා ළඟ තබන්නෙත් නෑ. පාත්‍රයකින් ඵලක් නැති පරිද්දෙන් සිටින්නෙත් නෑ. පාත්‍රය බොහෝ වෙලාවක් රැකබලා ගන්නෙත් නෑ.

උන්වහන්සේ වැළඳූ විට මොහොතක් නිශ්ශබ්දව වැඩසිටින සේක. අනුමෝදනා බණට කල් නො ඉක්මවන සේක. උන්වහන්සේ වැළඳූ පසු අනුමෝදනා කරන සේක. වළඳන ලද දානයට නො ගරහන සේක. වෙන දානයක් ද නො පතන සේක. ඒකාන්තයෙන් ම දැහැමි කතාවෙන් පිරිසට කරුණු දක්වන සේක. සමාදන් කරවන සේක. උනන්දු කරවන සේක. සතුටු කරවන සේක. උන්වහන්සේ ඒ පිරිසට දැහැමින් කරුණු දක්වා සමාදන් කරවා සතුටු කරවා උනන්දු කරවා හුනස්නෙන් නැගී නික්ම වඩින සේක.

උන්වහන්සේ ඉතා වේගයෙන් නො වඩින සේක. ඉතා සෙමින් ද නො වඩින සේක. පිරිසෙන් නිදහස් වනු කැමැත්තෙන් මෙන් නො වඩින සේක. ඒ භවත් ගෞතමයන් වහන්සේ ශරීරයෙන් සිවුර උඩට ඉස්සෙන පරිදි නො

පොරවන සේක. එල්ලා වැටෙන සේ නො පොරවන සේක. කයෙහි තදින් සිර කොට නො පොරොවන සේක. කයින් ඉතා බුරුල් කොට නො පොරොවන සේක. භවත් ගෞතමයන් වහන්සේ විසින් පොරොවා සිටින සිවුර සුළඟින් ගසා නො යන ස්වභාවයෙන් යුතුයි. ඒ භවත් ගෞතමයන් වහන්සේ ගේ කයෙහි දූවිලි කුණු නො තැවරෙන ස්වභාවයෙන් යුක්තයි.

උන්වහන්සේ ආරාමයට වැඩම කොට අසුනෙහි වැඩ හිඳින සේක. වැඩ හිඳ දෙපා සෝදා ගන්නා සේක. ඒ භවත් ගෞතමයන් වහන්සේ දෙපා සැරසීමේ අදහසින් නො සෝදන සේක. උන්වහන්සේ පා සෝදා පළඟක් බැඳ වාඩි වී කය ඍජු කොට තබාගෙන භාවනා අරමුණකට සිහිය යොදවා වැඩසිටින සේක.

උන්වහන්සේ තමන් හට පීඩා පිණිස නො සිතන සේක. අනුන් හට පීඩා පිණිස නො සිතන සේක. දෙපාර්ශයවට ම පීඩා පිණිස නො සිතන සේක. තමන් හට හිත පිණිස ද, අනුන් හට හිත පිණිස ද, සකල ලෝක සත්වයාට හිත පිණිස ද, උතුම් සිතුවිලි සිතමින් ඒ භවත් ගෞතමයන් වහන්සේ වැඩ හිඳින සේක.

උන්වහන්සේ ආරාමයට වැඩම කළ විට පිරිසට දහම් දෙසන සේක. ඒ පිරිස හුවා දක්වමින් වර්ණනා නො කරන සේක. හෙලා නො දකින සේක. ඒකාන්තයෙන් ම දැහැමි කතාවෙන් පිරිසට කරුණු දක්වන සේක. සමාදන් කරවන සේක. උනන්දු කරවන සේක. සතුටු කරවන සේක. ශ්‍රමණ භවත් ගෞතමයන් වහන්සේ ගේ මුඛයෙන් අංග අටකින් සමන්විත බ්‍රහ්මස්වරයක් නික්මෙන්නේ ය.

1. **විස්සට්ඨෝ;** ගොත ගැසීමක්, බාධාවක්, උගුර පෑදීමක් නැතිව සුව සේ වචන නික්මෙයි.
2. **විඤ්ඤෙය්‍යෝ;** අවබෝධය ඇතිවෙන පරිද්දෙන් වචන නිකුත් වෙයි.
3. **මඤ්ජු;** මධුර හඬින් යුක්තයි.
4. **සවණීයෝ;** සවන් යුග ඒ හඬට ඇදී යයි.
5. **බිංදු;** ඒ ස්වරය වචන හා හොඳින් කැටි වී තිබේ.
6. **අවිසාරී;** ඒ ස්වරය පිරිසෙන් බැහැරට විසිර නො යයි.
7. **ගම්භීරෝ;** ඒ ස්වරය ගාම්භීර හඬකින් යුක්තයි.
8. **නින්නාදී;** ඒ ස්වරය දෝංකාර දෙයි.

ඒ භවත් ගෞතමයන් වහන්සේ දහම් දෙසද්දී ස්වරයෙන් පිරිස දැනුවත් කරන සේක. උන්වහන්සේ ගේ හඬ එම පිරිසෙන් බැහැරට නික්ම නො යයි. ඒ භවත් ගෞතමයන් වහන්සේ විසින් දහැමින් කරුණු දක්වා සමාදන් කරවා සතුටු කරවා උනන්දු කරවූ පසු ඒ පිරිස හුනස්නෙන් නැගී නික්ම යන්නේ භවත් ගෞතමයන් වහන්සේව බැහැරට දමූ ස්වභාවයෙන් නො වෙයි. එමෙන් ම භවත් ගෞතමයන් වහන්සේ දෙස නැවත නැවතත් බලමින් ද නො වෙයි. 'භවත්නි, අපි වඩින්නා වූ භවත් ගෞතමයන් වහන්සේව දැකගත්තා නෙව. වාඩි වී සිටින අයුරුත් දැකගත්තා නෙව. ඇතුළු ගමට වඩින අයුරුත් දැකගත්තා නෙව. ඇතුළු ගමෙහි නිහඬව වැඩ සිටිනා අයුරුත් දැකගත්තා නෙව. දන් වළඳා අනුමෝදන් කරන අයුරුත් දැකගත්තා නෙව. ආරාමයට වඩින අයුරුත් දැකගත්තා නෙව. අරමට වැඩම කොට නිහඬව වැඩසිටිනා අයුරුත් දැකගත්තා නෙව. අරමට පැමිණි පිරිසට දහම් දෙසනවා ත් දැකගත්තා නෙව' කිය කියා පිටත්ව යයි. භවත, ඒ භවත් ගෞතමයන් වහන්සේ මෙබඳු මෙබඳු වූ ගුණයන් ගෙන් යුක්තයි. එයටත් වඩා ගුණ තියෙනවා.

එවිට බ්‍රහ්මායු බ්‍රාහ්මණයා හුනස්නෙන් නැගිට උතුරු සළුව ඒකාංශ කොට පොරවා භාග්‍යවතුන් වහන්සේ වැඩසිටි දිශාවට ඇඳිලි බැඳ තුන්වතාවක් මෙම උදානය පැවසුවා. "ඒ භාග්‍යවත් අරහත් සම්මා සම්බුදුරජාණන් වහන්සේට නමස්කාර වේවා! ඒ භාග්‍යවත් අරහත් සම්මා සම්බුදුරජාණන් වහන්සේට නමස්කාර වේවා! ඒ භාග්‍යවත් අරහත් සම්මා සම්බුදුරජාණන් වහන්සේට නමස්කාර වේවා!" කියල. "අපට ත් කිසියම් දවසක ඒ භවත් ගෞතමයන් වහන්සේ සමඟ එක්වෙන්නට ලැබුනොත්, උන්වහන්සේ සමඟ කිසියම් කතා සල්ලාපයක් කරගන්නට ලැබුනොත් කොතරම් අගෙයි ද!"

ඉතින් භාග්‍යවතුන් වහන්සේ විදේහ ජනපදයන්හි අනුපිළිවෙලින් චාරිකාවෙහි වඩිමින් මිථිලාවට ද වැඩම කළා. එසඳ භාග්‍යවතුන් වහන්සේ මිථිලාවෙහි මඛාදේව අඹ වනයෙහි වැඩසිටියා. එවිට මිථිලා නුවරවාසී බ්‍රාහ්මණ ගෘහපතිවරුන් හට මෙය අසන්නට ලැබුනා. "ශාක්‍ය කුලයෙන් නික්ම පැවිදි වූ, ශාක්‍ය පුත්‍ර වූ, ගෞතම නම් වූ ශ්‍රමණයන් වහන්සේ නමක් පන්සියයක් පමණ භික්ෂුසංඝයා සමඟ විදේහ ජනපදයන් හි චාරිකාවේ වඩින අතර මිථිලාවට පැමිණ මිථිලාවෙහි මඛාදේව අඹ වනයෙහි වැඩ සිටිනවා. ඒ භවත් ගෞතමයන් පිළිබඳව මේ ආකාර වූ ඉතා සුන්දර කීර්ති ඝෝෂාවක් දසත පැතිරී ගිහින් තියෙනවා. ඒ කියන්නෙ,

'ඒ භාග්‍යවතුන් වහන්සේ මේ මේ කරුණු හේතුවෙන් අරහං වන සේක. සම්මා සම්බුද්ධ වන සේක. විජ්ජාචරණ සම්පන්න වන සේක. සුගත වන

සේක. ලෝකවිදූ වන සේක. අනුත්තරෝ පුරිසදම්ම සාරථී වන සේක. සත්ථා දේවමනුස්සානං වන සේක. බුද්ධ වන සේක. භගවා වන සේක' කියල.

ඒ වගේ ම උන්වහන්සේ මේ දෙවියන් සහිත, මරුන් සහිත, බඹුන් සහිත, ශ්‍රමණ බ්‍රාහ්මණයින් සහිත, දෙව් මිනිස් ප්‍රජාවෙන් යුතු ලෝකයා හට ස්වකීය වූ විශිෂ්ට ඥානයෙන් සාක්ෂාත් කරගත් ධර්මයක් දේශනා කරනවා. උන්වහන්සේ ධර්මය දේශනා කරනවා. මුල කල්‍යාණ වූ, මැද කල්‍යාණ වූ, සමාප්තිය වූ කල්‍යාණ වූ, අර්ථ සහිත වූ, පැහැදිලි ප්‍රකාශන මාධ්‍යයකින් හෙබියා වූ මුළුමනින් ම පිරිපුන්, පිරිසිදු නිවන් මඟ ප්‍රකාශ කරනවා. මෙබඳු වූ රහතුන් ගේ දැක්ම කොතරම් අගේ ද" කියා. ඉතින් මිථිලා නුවරවාසී බ්‍රාහ්මණ ගෘහපතිවරුන් භාග්‍යවතුන් වහන්සේව බැහැදකින්නට පැමිණුනා. පැමිණි ඇතැම් අය භාග්‍යවතුන් වහන්සේට ආදරයෙන් වැඳ එකත්පස්ව වාඩි වුනා. තවත් සමහරු භාග්‍යවතුන් වහන්සේ සමඟ සතුටු වුනා. සතුටු විය යුතු පිළිසඳර කතාව නිමවා එකත්පස්ව වාඩිවුනා. තවත් සමහරු භාග්‍යවතුන් වහන්සේට ඇඳිලි බැඳ ප්‍රණාම කොට එකත්පස්ව වාඩිවුනා. තවත් සමහරු භාග්‍යවතුන් වහන්සේ සමීපයෙහි තමන්ව නම්ගොත් වශයෙන් හඳුන්වා දී එකත්පස්ව වාඩිවුනා. තවත් සමහරු නිශ්ශබ්දව ම එකත්පස්ව වාඩිවුනා.

බ්‍රහ්මායු බ්‍රාහ්මණයාට ද මෙය අසන්නට ලැබුණා. එනම්; "ශාක්‍ය කුලයෙන් නික්ම පැවිදි වූ, ශාක්‍ය පුත්‍ර වූ, ගෞතම නම් වූ ශ්‍රමණයන් වහන්සේ මිථිලාවට වැඩම කරලා ඉන්නවා. දැන් උන්වහන්සේ මිථිලාවෙහි මඛාදේව අඹවනයෙහි වැඩඉන්නවා" කියලා. එවිට බ්‍රහ්මායු බ්‍රාහ්මණයා බොහෝ මාණවකයින් සමඟ මඛාදේව අඹ වනයට පැමිණුනා. මඛාදේව අඹවනයට ළං වී සිටිය දී බ්‍රහ්මායු බ්‍රාහ්මණයාට මෙය සිතුනා. "මං කලින් දැනුම් නොදී ශ්‍රමණ ගෞතමයන් වහන්සේ දකින්නට යන්නේය යන කරුණ සුදුසු නැහැ." එවිට බ්‍රහ්මායු බ්‍රාහ්මණයා එක්තරා තරුණයෙකු කැඳෙව්වා. "එම්බා මාණවකය, ඔබ එන්න. ශ්‍රමණ ගෞතමයන් වහන්සේ ළඟට යන්න. ගිහින් මගේ වචනයෙන් ශ්‍රමණ ගෞතමයන් වහන්සේ ගේ අල්පාබාධ බවත්, අල්ප පීඩා ඇති බවත්, සැහැල්ලු බව ත්, කාය බලය ත්, පහසුවිහරණය ත් විමසන්න. මෙසේත් කියන්න. 'භවත් ගෞතමයන් වහන්ස, බ්‍රහ්මායු නම් බ්‍රාහ්මණයා දිරාපත්ව සිටින කෙනෙක්, වයෝවෘද්ධ කෙනෙක්, මහළු කෙනෙක්, වයසේ කෙළවරට ගිය කෙනෙක්. කෙමෙන් කෙමෙන් වයසට ගොස් උපතින් එකසිය විසි වසරක් වූ කෙනෙක්. ඒ වගේ ම ඔහු ත්‍රිවේදය පාරප්‍රාප්ත යි. නිඝණ්ඩු, කේටුභ, අක්ෂර ප්‍රභේද හා ඉතිහාසය පස්වෙනි කොට ඇති පද ව්‍යාකරණ ආදිය ත්, ලෝකායත මහාපුරුෂ ලක්ෂණ ශාස්ත්‍රය ත්, පිළිබඳව හසළ නුවණ ඇති කෙනෙක්. ඒ වගේ

ම මිථිලාවෙහි යම්තාක් බ්‍රාහ්මණ ගෘහපතිවරුන් වසත් ද, බ්‍රහ්මායු බ්‍රාහ්මණයා ඔවුන් සියලු දෙනාට ම වඩා භෝග සම්පත් වලින් අග්‍ර යි. ඒ වගේ ම බ්‍රහ්මායු බ්‍රාහ්මණයා ඔවුන් සියලු දෙනාට ම වඩා වේද මන්ත්‍ර වලින් අග්‍ර යි. බ්‍රහ්මායු බ්‍රාහ්මණයා ඔවුන් සියලු දෙනාට ම වඩා ආයුෂයෙන් ද, කීර්තිරාවයෙන් ද අග්‍ර යි. ඒ බ්‍රහ්මායු බ්‍රාහ්මණයා භවත් ගෞතමයන් වහන්සේව දකින්නට කැමැත්තෙන් ඉන්නවා' කියල.

"එසේය භවත" කියා ඒ මාණවකයා බ්‍රහ්මායු බ්‍රාහ්මණයාට පිළිතුරු දී භාග්‍යවතුන් වහන්සේ වෙත පැමිණුනා. පැමිණ භාග්‍යවතුන් වහන්සේ සමඟ සතුටු වුනා. සතුටු විය යුතු පිළිසඳර කතාව කොට නිමවා එකත්පස්ව සිට ගත්තා. එකත්පස්ව සිටගත් ඒ තරුණයා භාග්‍යවතුන් වහන්සේට මෙය පැවසුවා. "භවත් ගෞතමයන් වහන්ස, බ්‍රහ්මායු නම් බ්‍රාහ්මණයා ශ්‍රමණ ගෞතමයන් වහන්සේ ගේ අල්පාබාධ බවත්, අල්ප පීඩා ඇති බවත්, සැහැල්ලු බව ත්, කාය බලය ත්, පහසුවිහරණය ත් විමසනවා. ඒ වගේ ම ඒ බ්‍රහ්මායු නම් බ්‍රාහ්මණයා දිරාපත්ව සිටින කෙනෙක්, වයෝවෘද්ධ කෙනෙක්, මහළු කෙනෙක්, වයසේ කෙළවරට ගිය කෙනෙක්. කෙමෙන් කෙමෙන් වයසට ගොස් උපතින් එකසිය විසි වසරක් වූ කෙනෙක්. ඒ වගේ ම ඔහු ත්‍රිවේදය පාරප්‍රාප්ත යි. නිඝණ්ඩු, කේටුභ, අක්ෂර ප්‍රභේද හා ඉතිහාසය පස්වෙනි කොට ඇති පද ව්‍යාකරණ ආදිය ත්, ලෝකායත මහාපුරුෂ ලක්ෂණ ශාස්ත්‍රය ත් පිළිබඳව හසළ නුවණ ඇති කෙනෙක්. ඒ වගේ ම මිථිලාවෙහි යම්තාක් බ්‍රාහ්මණ ගෘහපතිවරුන් වසත් ද, බ්‍රහ්මායු බ්‍රාහ්මණයා ඔවුන් සියලු දෙනාට ම වඩා භෝග සම්පත් වලින් අග්‍ර යි. ඒ වගේ ම බ්‍රහ්මායු බ්‍රාහ්මණයා ඔවුන් සියලු දෙනාට ම වඩා වේද මන්ත්‍ර වලින් අග්‍ර යි. බ්‍රහ්මායු බ්‍රාහ්මණයා ඔවුන් සියලු දෙනාට ම වඩා ආයුෂයෙන් ද, කීර්තිරාවයෙන් ද අග්‍ර යි. ඒ බ්‍රහ්මායු බ්‍රාහ්මණයා භවත් ගෞතමයන් වහන්සේව දකින්නට කැමැත්තෙන් ඉන්නවා"

"පින්වත් මාණවකය, යම් දෙයකට දැන් කාලය නම්, බ්‍රහ්මායු බ්‍රාහ්මණයා එම කාලය දන්නේය" එවිට ඒ මාණවකයා බ්‍රහ්මායු බ්‍රාහ්මණයා වෙත පැමිණුනා. පැමිණ බ්‍රහ්මායු බ්‍රාහ්මණයාට මෙය පැවසුවා. "භවත, ශ්‍රමණ ගෞතමයන් වහන්සේ විසින් අවකාශ දෙන ලද්දේය. යමකට දැන් කාලය නම් එය භවතාණන් දන්නහුය." එවිට බ්‍රහ්මායු බ්‍රාහ්මණයා භාග්‍යවතුන් වහන්සේ වෙත පැමිණුනා. එතන සිටි බ්‍රාහ්මණ ගෘහපති පිරිස දුරින් ම පැමිණෙන බ්‍රහ්මායු බ්‍රාහ්මණයා දැක්කා. දැක ඔහුට ඉතා ප්‍රසිද්ධ කීර්තිමත් පුද්ගලයෙකුට ඉඩ කඩ දෙන්නේ යම් සේ ද එලෙසින් ඉඩ සලසා දුන්නා. එවිට බ්‍රහ්මායු බ්‍රාහ්මණයා ඒ පිරිසට මෙය පැවසුවා. "භවත්නි, කම් නැත. ඔබ තම අසුන් මත සිටිනු මැනැව. මෙහි මං ශ්‍රමණ ගෞතමයන් වහන්සේ ළඟින් ම වාඩිවෙන්නම්."

ඉක්බිති බ්‍රහ්මායු බ්‍රාහ්මණයා භාග්‍යවතුන් වහන්සේ වෙත පැමිණුනා. පැමිණ භාග්‍යවතුන් වහන්සේ සමඟ සතුටු වුනා. සතුටු විය යුතු පිළිසඳර කතාව කොට නිමවා එකත්පස්ව වාඩි වුනා. එකත්පස්ව හුන් බ්‍රහ්මායු බ්‍රාහ්මණයා භාග්‍යවතුන් වහන්සේ ගේ ශ්‍රී ශරීරයෙහි තිබෙන මහා පුරුෂ ලක්ෂණ තිස් දෙක පිළිබඳව විමසන්නට වුනා. එවිට බ්‍රහ්මායු බ්‍රාහ්මණයා භාග්‍යවතුන් වහන්සේ ගේ ශ්‍රී ශරීරයෙහි මහා පුරුෂ ලක්ෂණ තිස් දෙකෙන් දෙකක් හැර බොහෝ සෙයින් හඳුනාගත්තා. මහා පුරුෂ ලක්ෂණ දෙකක් පිළිබඳව සැක කරන්නට වුනා. විචිකිච්ඡා කරන්නට වුනා. නො බැසගත්තා. නො පැහැදුනා. ඒ කෝසෝහිත වත්ථගුය්හ හා පහූතජිව්හතාව යි. එවිට බ්‍රහ්මායු බ්‍රාහ්මණයා භාග්‍යවතුන් වහන්සේට ගාථාවලින් පැවසුවා.

යේ මේ ද්වත්තිංසාති සුතා මහාපුරිසලක්ඛණා,
දුවේ තේසං න පස්සාමි භෝතෝ කායස්මිං ගෝතම.

භවත් ගෞතමයන් වහන්ස, මා විසින් අසන ලද යම් මේ මහා පුරුෂ ලක්ෂණ තිස් දෙකක් ඇද්ද, එයින් ලක්ෂණ දෙකක් ඔබවහන්සේ ගේ කයෙහි මං දකින්නෙ නැහැ.

කච්චි කෝසෝහිතං භෝතෝ වත්ථගුය්හං නරුත්තම,
නාරීසහනාම සව්හයා කච්චි ජිව්හා න රස්සිකා

නරෝත්තමයන් වහන්ස, කිම? භවතාණන් කෙරෙහි කෝසෝහිත වත්ථගුය්හ තිබෙනවා නේද? කිම? ස්ත්‍රී ලිංගික වචනයක් වන ජිව්හා යන පදයෙන් යුතු කෙටි නො වූ දිවක් තිබෙනවා නේද?

කච්චි පහූතජිව්හෝසි? යථා තං ජානියාමසේ,
නින්නාමයේතං තනුකං කංඛං විනය නො ඉසේ,

කිම? පහූතජිව්හතාව තිබෙනවා නේද? පින්වත් ඍෂිවරයාණෙනි, අපි යම් පරිදි එය දනිමු නම්, එලෙසින් ඒ තුනී දිව පෙන්නුව මැනව. සැක දුරු කළ මැනව.

දිට්ඨධම්මහිතත්ථාය සම්පරාය සුඛාය ච,
කතාවකාසා පුච්ඡේමු යං කිඤ්චි අභිපත්ථිත'න්ති.

අප විසින් කිසියම් දෙයක් පතන ලද්දේ ද, එය සඳහා අවකාශ ලබා ඇති අපි මෙලොව හිත සුව පිණිස ත්, පරලොව හිත සුව පිණිස ත් පවතින දේ ගැන අසන්නෙමු.

එවිට භාග්‍යවතුන් වහන්සේට මේ අදහස ඇති විය. 'මේ බ්‍රහ්මායු බ්‍රාහ්මණයා මාගේ ශරීරයෙහි මහා පුරුෂ ලක්ෂණ තිස් දෙකෙන් දෙකක් හැර බොහෝ සෙයින් හඳුනාගත්තා. නමුත් මහා පුරුෂ ලක්ෂණ දෙකක් පිළිබඳව සැක කරයි. විචිකිච්ඡා කරයි. නො බැසගනියි. නො පහදියි. ඒ කෝසෝහිත වත්ථගුය්හ හා පහූතජිව්හතාව පිළිබඳව යි.'

එවිට භාග්‍යවතුන් වහන්සේ බ්‍රහ්මායු බ්‍රාහ්මණයා භාග්‍යවතුන් වහන්සේගේ කෝසෝහිත වත්ථගුය්හ (ඇතුළට බැසගත් පියුම් කෙමියක් ලෙස ඇති පුරුෂ නිමිත්ත) දකින්නේ යම් අයුරින් ද එබඳු වූ ඉර්ධි ප්‍රාතිහාර්යයක් කළ සේක. එමෙන් ම භාග්‍යවතුන් වහන්සේ ඉර්ධිමය ආකාරයකින් දිව දිගු කොට දෙකණ්සිළු මැනැවින් ස්පර්ශ කළ සේක. දෙනැහැ සිදුරු දක්වා මැනැවින් ස්පර්ශ කළ සේක. මුළු නළල් තලය ම වසා ලූ සේක.

ඉක්බිති භාග්‍යවතුන් වහන්සේ බ්‍රහ්මායු බ්‍රාහ්මණයා හට ගාථා වලින් මෙසේ වදාළ සේක.

යේ තේ ද්වත්තිංසාති සුතා මහාපුරිසලක්ඛණා,
සබ්බේ තේ මම කායස්මිං මා තේ කංඛාහු බ්‍රාහ්මණ

පින්වත් බ්‍රාහ්මණය, ඔබ විසින් යම් ඒ මහා පුරුෂ ලක්ෂණ තිස් දෙකක් අසන ලද්දේ ද, ඒ සියලු මහා පුරුෂ ලක්ෂණ මාගේ කයෙහි ඇත. ඒ ගැන ඔබට සැකයක් නො වේවා!

අභිඤ්ඤෙය්‍යං අභිඤ්ඤාතං භාවේතබ්බඤ්ච භාවිතං,
පහාතබ්බං පහීනං මේ තස්මා බුද්ධොස්මි බ්‍රාහ්මණ,

පින්වත් බ්‍රාහ්මණය, විශිෂ්ට ඤාණයෙන් යුතුව දත යුතු දෙය මවිසින් විශිෂ්ට ඤාණයෙන් දන්නා ලද්දේ ය. ආර්ය අෂ්ටාංගික මාර්ගය වශයෙන් වැඩිය යුතු දෙය මවිසින් වඩන ලද්දේ ය. ප්‍රහීන කළ යුතු ත්‍රිවිධ තෘෂ්ණාව මවිසින් ප්‍රහාණය කරන ලද්දේ ය. එහෙයින් පින්වත් බ්‍රාහ්මණය, මම 'බුද්ධ' වෙමි.

දිට්ඨධම්මහිතත්ථාය සම්පරාය සුඛාය ච,
කතාවකාසෝ පුච්ඡස්සු යං කිඤ්චි අභිපත්ථිතන්ති

ඔබ විසින් කිසියම් දෙයක් පතන ලද්දේ ද, එය සඳහා අවකාශ ලබා ඇති ඔබ මෙලොව හිත සුව පිණිස ත්, පරලොව හිත සුව පිණිස ත් පවතින දේ ගැන අසන්න.

එවිට බ්‍රහ්මායු බ්‍රාහ්මණයාට මේ අදහස ඇති වුනා. "ශ්‍රමණ ගෞතමයන් වහන්සේ විසින් දෙන ලද අවකාශ ඇත්තේ වෙමි. කිම? මං ශ්‍රමණ ගෞතමයන්

වහන්සේ ගෙන් මේ ජීවිතයේ දී ලබන දියුණුව ගැන අසනවා ද? මරණින් මතු ලබන යහපත ගැන අසනවා ද?" එවිට බ්‍රහ්මායු බ්‍රාහ්මණයාට මේ අදහස ඇති වුනා. "මේ ජීවිතයේ දී ලබන ලෞකික දියුණුව ගැන කියා දෙන්නට මම දක්ෂයි. අනෙක් උදවිය ත් මෙලොව ලබන ලෞකික දියුණුව ගැන මගෙන් අහනවා. එනිසා ශ්‍රමණ ගෞතමයන් වහන්සේ ගෙන් මරණින් මතු ලබන්නා වූ යහපත ගැන අසන එක තමයි හොඳ." ඉතින් බ්‍රහ්මායු බ්‍රාහ්මණා භාග්‍යවතුන් වහන්සේට ගාථා වලින් පැවසුවා.

"කථං බෝ බ්‍රාහ්මනෝ හෝති කථං භවති වේදගූ
තේවිජ්ජෝ හෝ කථං හෝති සොත්තියෝ කින්ති වුච්චති.

භවතාණෙනි, ශ්‍රේෂ්ඨත්වයට පත් තැනැත්තා වශයෙන් 'බ්‍රාහ්මණ' නම් වන්නේ කොහොමද? දැනුමෙහි කෙළවරට පත් කෙනෙකු වශයෙන් 'වේදගූ' නම් වන්නේ කොහොම ද? ලොව්තුරු විද්‍යාව තුන් අයුරකින් සාක්ෂාත් කිරීම් වශයෙන් 'තේවිජ්ජෝ' නම් වන්නේ කොහොම ද? සෙත සලසා ගත් කෙනා වශයෙන් 'සොත්තිය' යැයි කියනු ලබන්නේ කොහොම ද?

අරහං හෝ කථං හෝති කථං භවති කේවලී,
මුනිච්ච හෝ කථං හෝති බුද්ධෝ කින්ති පවුච්චතී'ති.

භවතාණෙනි, නිකෙලෙස් බවට පත් වූ කෙනා වශයෙන් 'අරහත්' නම් වන්නේ කොහොම ද? නිවන් මග සම්පූර්ණ කළ කෙනා වශයෙන් 'කේවලී' නම් වන්නේ කොහොම ද? මුනි දහමට පත් වූ කෙනා වශයෙන් 'මුනි' නම් වන්නේ කොහොම ද? අවබෝධය ලත් කෙනා වශයෙන් 'බුද්ධ' යැයි කියනු ලබන්නේ කොහොම ද?"

එවිට භාග්‍යවතුන් වහන්සේ පිළිතුරු ගාථාවලින් බ්‍රහ්මායු බ්‍රාහ්මණයාට මෙය වදාළා.

පුබ්බේනිවාසං යෝ වේදී - සග්ගාපායඤ්ච පස්සතී
අථෝ ජාතික්ඛයං පත්තෝ - අභිඤ්ඤා වෝසිතෝ මුනි

යම් කෙනෙක් පෙර විසූ කඳ පිළිවෙල ගැන දන්නවා නම්, ස්වර්ගය ත් අපාය ත් දිවැසින් දකිනවා නම්, ඒ වගේ ම විශිෂ්ට ඤාණාවබෝධයේ කෙළවර වන මුනිභාවයට පැමිණ ඉපදෙන මැරෙන සසරේ ක්ෂය බවට පත්වූයේ ද,

චිත්තං විසුද්ධං ජානාති - මුත්තං රාගේහි සබ්බසෝ
පහීන ජාතිමරණෝ - බ්‍රහ්මචරියස්ස කේවලී
පාරගූ සබ්බධම්මානං - බුද්ධෝ තාදි පවුච්චතී

ස්ර්වප්‍රකාරයෙන් ම රාගයෙන් නිදහස් ව විමුක්තියට පත් පිරිසිදු සිත ගැන දන්නවා නම්, ඉපදෙන මැරෙන සසර ප්‍රහාණය වුනා නම්, පරිපූර්ණ බඹසරෙන් යුක්ත නම්, සියලු ධර්මයන් ගේ එතෙරට ගියේ නම්, අන්න ඒ තැනැත්තා අටලෝ දහමෙන් නො සැලෙන බුද්ධ යැයි කියනු ලැබේ.

මෙසේ වදාළ විට බ්‍රහ්මායු බ්‍රාහ්මණයා හුනස්නෙන් නැගිට උතුරු සළුව ඒකාංශ කොට පොරවා ගෙන භාග්‍යවතුන් වහන්සේ ගේ ශ්‍රී පාද පද්මය අභියස නළල තබා බිම වැතිරී භාග්‍යවතුන් වහන්සේ ගේ ශ්‍රී පාද පද්මයන් මුවින් සිඹින්නට පටන් ගත්තා. දෑතින් පිරිමදින්නට පටන් ගත්තා. තමන් ගේ නම පවසන්නට පටන් ගත්තා. "භවත් ගෞතමයන් වහන්ස, මම වනාහී බ්‍රහ්මායු බ්‍රාහ්මණයා වෙමි. භවත් ගෞතමයන් වහන්ස, මම වනාහී බ්‍රහ්මායු බ්‍රාහ්මණයා වෙමි."

එතකොට එතන රැස්ව සිටි පිරිස තුළ අසිරිමත් පුදුම සහගත සිතක් ඇති වුණා. 'භවත්නි, ආශ්චර්යය යි! භවත්නි, අද්භූත යි! ශ්‍රමණයන් වහන්සේ නමක ගේ මහා ඍද්ධිමත්බව බලව. මහානුභාවය බලව. යම් හෙයකින් මේසා ප්‍රසිද්ධ වූ, කීර්තිධර බ්‍රහ්මායු බ්‍රාහ්මණයාණෝ මෙබඳු වූ පරම ගෞරවාදරයක් දක්වන්නාහු ය.' එවිට භාග්‍යවතුන් වහන්සේ බ්‍රහ්මායු බ්‍රාහ්මණයා හට මෙය වදාළ සේක. "පින්වත් බ්‍රාහ්මණය, කම් නැත. නැගිටින්න. ඔබ තම අසුනෙහි වාඩිවෙන්න. මා කෙරෙහි ඔබේ සිත පහන්ව ගියා නෙව." එවිට බ්‍රහ්මායු බ්‍රාහ්මණයා නැගිට තමන් ගේ අසුනේ වාඩි වුනා.

එවිට භාග්‍යවතුන් වහන්සේ බ්‍රහ්මායු බ්‍රාහ්මණයා හට අනුපිළිවෙල කතාව වදාළ සේක. ඒ කියන්නේ දන් දීම ගැන කතාව, සිල් රැකීම ගැන කතාව, ස්වර්ගෝත්පත්තිය ගැන කතාව, කාමයන් ගේ ආදීනවය ගැන කතාව, කෙලෙස් වල ඇති ලාමක බව ගැන කතාව, කෙලෙසුන් ගෙන් නික්මීමේ ආනිසංස ගැන කතාව වදාළා. ඉතින් යම් විටෙක භාග්‍යවතුන් වහන්සේ බ්‍රහ්මායු බ්‍රාහ්මණයා තුළ සකස් වූ සිතක්, මෘදු සිතක්, නීවරණ රහිත සිතක්, ඔද වැඩුණු සිතක්, ප්‍රසන්න වූ සිතක් ඇති වුණු බව දැන වදාළ සේක් ද, එවිට බුදුවරයන් වහන්සේලා ගේ යම් සාමුක්කංසික දේශනාවක් ඇද්ද, ඒ දුක්ඛ, සමුදය, නිරෝධ, මාර්ග යන චතුරාර්ය සත්‍යය දේශනාව වදාළා. එය කිළුටු නැති සුදු වස්ත්‍රයක් මැනවින් සායම් කළා වගෙයි. ඒ ආකාරයෙන් ම බ්‍රහ්මායු බ්‍රාහ්මණයා හට ඒ ආසනයේ දී ම 'හේතු ප්‍රත්‍යයන් ගෙන් හටගන්නා වූ යම් දෙයක් ඇද්ද, ඒ හේතූන් නිරුද්ධ වීමෙන් හට ගත් සියල්ල නිරුද්ධ වී යන ස්වභාවයෙන් යුක්ත' බවට කෙලෙස් රහිත වූ, අවිද්‍යා රහිත වූ දහම් ඇස පහළ වුණා.

දැක ගත් ධර්මයෙන් යුතු, ධර්මයට පැමිණි, ධර්මය දැනගත්, ධර්මයෙහි බැසගත්, සැකයෙන් එතෙර වූ, 'කෙසේද, කෙසේද' යන ස්වභාවයෙන් එතෙර වූ, විශාරද භාවයට පැමිණි, බාහිර උපකාරයකින් තොරව ශාස්තෘ ශාසනයෙහි දියුණුව ලැබිය හැකි බ්‍රහ්මායු බ්‍රාහ්මණයා භාග්‍යවතුන් වහන්සේට මෙය පැවසුවා. "පින්වත් ගෞතමයන් වහන්ස, හරි ම සුන්දර යි! පින්වත් ගෞතමයන් වහන්ස, හරි ම සුන්දර යි! පින්වත් ගෞතමයන් වහන්ස, යටිකුරු වෙච්ච දෙයක් උඩට හැරෙව්වා වගෙයි. සැඟවෙච්ච දෙයක් විවෘත කළා වගෙයි. මං මුළා වූ කෙනෙකුට මාර්ගය පෙන්වුවා වගෙයි. අඳුරේ සිටින උදවියට රූප දකින්ට තෙල් පහන් දල්වවූවා වගෙ යි. ඔන්න ඔය විදියට යි පින්වත් ගෞතමයන් වහන්සේ විසින් නොයෙක් ආකාරයෙන් ශ්‍රී සද්ධර්මය වදාළේ. ඉතින් මාත් පින්වත් ගෞතමයන් වහන්සේව සරණ යනවා. ශ්‍රී සද්ධර්මය ත් සරණ යනවා. ශ්‍රාවක සඟරුවන ත් සරණ යනවා. භාග්‍යවතුන් වහන්සේ අද පටන් දිවි ඇති තුරාවට තෙරුවන් සරණ ගිය උපාසකයෙකු වශයෙන් මාව පිළිගන්නා සේක්වා! ඒ වගේ ම භවත් ගෞතමයන් වහන්සේ හෙට දිනයෙහි භික්ෂුසංඝයා සමඟ මාගේ දානය ඉවසා වදාරණ සේක්වා!" භාග්‍යවතුන් වහන්සේ නිශ්ශබ්දතාවයෙන් යුතුව එය ඉවසා වදාළ සේක.

එවිට බ්‍රහ්මායු බ්‍රාහ්මණයා භාග්‍යවතුන් වහන්සේ තම ඇරයුම ඉවසා වදාළ බව දැන හුනස්නෙන් භාග්‍යවතුන් වහන්සේට ආදරයෙන් වන්දනා කොට පැදකුණු කොට පිටත් වුනා. ඉක්බිති බ්‍රහ්මායු බ්‍රාහ්මණයා එම රාත්‍රිය ඇවෑමෙන් තම නිවසෙහි ප්‍රණීත වූ ආහාරපානාදිය පිළියෙල කොට භාග්‍යවතුන් වහන්සේට කල් දැනුම් දුන්නා. "භවත් ගෞතමයන් වහන්ස, දැන් දානයට කාලය යි. දන් පැන් පිළියෙල කරලයි තියෙන්නෙ." එවිට භාග්‍යවතුන් වහන්සේ පෙරවරුවෙහි සිවුරු හැඳ පොරවා ගෙන පාත්‍රය ගෙන භික්ෂුසංඝයා සමඟ බ්‍රහ්මායු බ්‍රාහ්මණයා ගේ නිවස කරා වැඩියා. වැඩම කොට පණවන ලද අසුනෙහි වැඩසිටියා. ඉතින් බ්‍රහ්මායු බ්‍රාහ්මණයා සතියක් මුළුල්ලෙහි බුද්ධප්‍රමුඛ භික්ෂුසංඝයා හට ප්‍රණීත වූ ආහාර පානයන් ගෙන් සියතින් ම වැළඳෙව්වා. මැනවින් පැවරුවා. එම සත් දින ඇවෑමෙන් පසු භාග්‍යවතුන් වහන්සේ විදේහ ජනපදයන් හි යළි චාරිකාවට නික්ම වැඩියා. භාග්‍යවතුන් වහන්සේ නික්ම වැඩි නොබෝ කලකින් බ්‍රහ්මායු බ්‍රාහ්මණයා අභාවප්‍රාප්ත වුනා.

එකල්හි බොහෝ භික්ෂූන් වහන්සේලා භාග්‍යවතුන් වහන්සේ වෙත පැමිණුනා. පැමිණ භාග්‍යවතුන් වහන්සේට ආදරයෙන් වන්දනා කොට එකත්පස්ව වාඩිවුනා. එකත්පස්ව හිඳගත් ඒ භික්ෂූන් වහන්සේලා භාග්‍යවතුන් වහන්සේ ගෙන් මෙය ඇසුවා. "ස්වාමීනී, බ්‍රහ්මායු බ්‍රාහ්මණයා කළුරිය කළා.

ඔහු ගේ උපත කොයි ආකාර වුනා ද? මරණින් මතු ජීවිතය කොයි ආකාර වුනා ද?"

"පින්වත් මහණෙනි, බ්‍රහ්මායු බ්‍රාහ්මණයා බුද්ධිමත්. ධර්මානුධර්ම ප්‍රතිපදාවට පැමිණ සිටියා. ධර්මය හේතු කොට ගෙන මාව වෙහෙසෙව්වේ නෑ. පින්වත් මහණෙනි, බ්‍රහ්මායු බ්‍රාහ්මණයා ඕරම්භාගීය සංයෝජන පස ක්ෂය කොට සුද්ධාවාස බ්‍රහ්ම ලෝකයෙහි උපන්නා. එම ලොවින් මෙලොවට පෙරළා නො එන ස්වභාවයෙන් යුතුව එහි දී ම පිරිනිවන් පාවි."

භාග්‍යවතුන් වහන්සේ මෙය වදාළ සේක. සතුටු සිත් ඒ භික්ෂූන් වහන්සේලා භාග්‍යවතුන් වහන්සේ වදාළ මෙම දේශනය ඉතාම සතුටින් පිළිගත්තා.

සාදු! සාදු!! සාදු!!!

බ්‍රහ්මායු බ්‍රාහ්මණයාට වදාළ දෙසුම නිමා විය.

2.5.2.
සේල සූත්‍රය
සේල බ්‍රාහ්මණයාට වදාළ දෙසුම

මා හට අසන්නට ලැබුනේ මේ විදිහට යි. ඒ දිනවල භාග්‍යවතුන් වහන්සේ එක්දහස් දෙසිය පනහක් වූ මහත් භික්ෂු පිරිසක් සමඟ අංගුත්තරාප නම් ජනපද ග්‍රාමයන්හි චාරිකාවේ වඩිමින් සිටිය දී අංගුත්තරාපයින් ගේ ආපණ නම් කුඩා නගරයට වැඩම කොට වාසය කළා. එහිදී කේණිය නම් වූ ජටාධර තවුසෙකුට මේ ආරංචිය අසන්නට ලැබුනා.

"ශාක්‍ය කුලයෙන් නික්ම පැවිදි වූ, ශාක්‍ය පුත්‍ර වූ, ගෞතම නම් වූ ශ්‍රමණයන් වහන්සේ නමක් අංගුත්තරාප ජනපද ග්‍රාමයන්හි චාරිකාවේ වඩින අතරේ අංගුත්තරාපයින්ගේ ආපණ නම් වූ කුඩා නගරයට එක් දහස් දෙසිය පණහක මහත් භික්ෂු පිරිසක් සමඟ වැඩම කොට ඉන්නවා. ඒ භවත් ගෞතමයන් වහන්සේ පිළිබඳව මේ ආකාර වූ ඉතා සුන්දර කීර්ති ඝෝෂාවක් දසත පැන නැගී තිබෙනවා." ඒ කියන්නේ;

'ඒ භාග්‍යවතුන් වහන්සේ මේ මේ කරුණු හේතුවෙන් අරහං වන සේක. සම්මා සම්බුද්ධ වන සේක. විජ්ජාචරණ සම්පන්න වන සේක. සුගත වන සේක. ලෝකවිදූ වන සේක. අනුත්තරෝ පුරිසදම්ම සාරථී වන සේක. සත්ථා දේවමනුස්සානං වන සේක. බුද්ධ වන සේක. භගවා වන සේක' කියල.

ඒ වගේ ම උන්වහන්සේ මේ දෙවියන් සහිත, මරුන් සහිත, බඹුන් සහිත, ශ්‍රමණ බ්‍රාහ්මණයින් සහිත, දෙව් මිනිස් ප්‍රජාවෙන් යුතු ලෝකයා හට ස්වකීය වූ විශිෂ්ට ඥාණයෙන් සාක්ෂාත් කරගත් ධර්මයක් දේශනා කරනවා. උන්වහන්සේ ධර්මය දේශනා කරනවා. මුල කල්‍යාණ වූ, මැද කල්‍යාණ වූ, සමාප්තිය වූ කල්‍යාණ වූ, අර්ථ සහිත වූ, පැහැදිලි ප්‍රකාශන මාධ්‍යයකින් හෙබියා වූ මුළුමනින් ම පිරිපුන්, පිරිසිදු නිවන් මඟ ප්‍රකාශ කරනවා. මෙබඳු වූ රහතුන් ගේ දැක්ම කොතරම් අගේ ද" කියා ය.

ඉක්බිති කේණිය ජටාධර තවුසා භාග්‍යවතුන් වහන්සේ කරා පැමිණියා. පැමිණ භාග්‍යවතුන් වහන්සේ සමඟ සතුටු වුනා. සතුටු විය යුතු පිළිසඳර කථා බහ අවසන් කොට එකත්පසෙක හිඳගත්තා. එකත්පසෙක හුන් කේණිය ජටාධර

තවුසාට භාග්‍යවතුන් වහන්සේ ධර්ම කතාවෙන් කරුණු පෙන්වා දුන්නා. මැනවින් සමාදන් කළා. උනන්දුව ඇතිකළා සිත පිනා යන අයුරින් ම වටහා දුන්නා.

භාග්‍යවතුන් වහන්සේ විසින් දැහැමින් කරුණු දක්වා සමාදන් කරවා සතුටු කරවා උනන්දු කරවූ පසු ජටාධර තවුස් කේණිය භාග්‍යවතුන් වහන්සේට මෙසේ පැවසුවා.

"භවත් ගෞතමයන් වහන්ස, භික්ෂුසංඝයා සමගින් හෙට දවසේ මාගේ දානය පිළිගන්නා සේක්වා!"

මෙසේ පැවසූ කේණිය ජටාධර තවුසාට භාග්‍යවතුන් වහන්සේ මෙය වදාළා. "පින්වත් කේණිය, භික්ෂු පිරිස මහත් ය. භික්ෂූන් එක් දහස් දෙසිය පනස් නමක් වැඩසිටිනවා නෙව. ඇරත් ඔබ ද බ්‍රාහ්මණයන් අතර බලවත් ප්‍රසාදයට පත් වූ කෙනෙක් නෙව" කියල.

දෙවෙනි වරට ද ජටාධර තවුස් කේණිය භාග්‍යවතුන් වහන්සේට මෙය පැවසුවා.

"භවත් ගෞතමයන් වහන්ස, කිම? මේ භික්ෂුසංඝයා මහත් වුවද, භික්ෂූන් එක්දහස් දෙසිය පනස් නමක් වුනත්, මම් ද බ්‍රාහ්මණයන් අතර බලවත් ප්‍රසාදයට පත් වූ කෙනෙක් වුනත්, භික්ෂුසංඝයා ද සමගින් භවත් ගෞතමයන් වහන්සේ හෙට දවසේ මාගේ දානය පිළිගන්නා සේක්වා!"

දෙවන වතාවේ ද භාග්‍යවතුන් වහන්සේ කේණිය ජටාධර තවුසාට මෙය වදාළ සේක.

"පින්වත් කේණිය, භික්ෂු පිරිස මහත් ය. භික්ෂූන් එක් දහස් දෙසිය පනස් නමක් වැඩසිටිනවා නෙව. ඇරත් ඔබ ද බ්‍රාහ්මණයන් අතර බලවත් ප්‍රසාදයට පත් වූ කෙනෙක් නෙව" කියල.

තුන්වෙනි වරට ද ජටාධර තවුස් කේණිය භාග්‍යවතුන් වහන්සේට මෙය පැවසුවා.

"භවත් ගෞතමයන් වහන්ස, කිම? මේ භික්ෂුසංඝයා මහත් වුවද, භික්ෂූන් එක්දහස් දෙසිය පනස් නමක් වුනත්, මම් ද බ්‍රාහ්මණයන් අතර බලවත් ප්‍රසාදයට පත් වූ කෙනෙක් වුනත්, භික්ෂුසංඝයා ද සමගින් භවත් ගෞතමයන් වහන්සේ හෙට දවසේ මාගේ දානය පිළිගන්නා සේක්වා!"

භාග්‍යවතුන් වහන්සේ නිශ්ශබ්දතාවයෙන් යුතුව ඒ ඇරයුම පිළිගත් සේක.

ඉක්බිති කේණිය ජටාධර තවුසා භාග්‍යවතුන් වහන්සේ ඒ අරයුම පිළිගත් බව දැන හුනස්නෙන් නැගිට සිය ආශ්‍රමයට ගියා. ගොස් යහළු මිත්‍රයන් ද, සහලේ නෑයින් ද ඇමතුවා.

"භවත් යහළු මිත්‍රයෙනි, සහලේ නෑයිනි, මාගේ වචනය අසන්න. මා විසින් භික්ෂුසංඝයා ගෙන් යුක්ත වූ ශ්‍රමණ ගෞතමයන් වහන්සේ හෙට දානය පිණිස ඇරයුම් කරන ලද්දාහු ය. එහෙයින් මා හට ශ්‍රමයෙන් උදව් කරන්න."

"භවත එසේය" කියලා ජටාධර කේණිය තවුසා ගේ යහළු මිත්‍රයෝ ද, සහලේ නෑයෝ ද, ජටාධර කේණිය තවුසාට පිළිතුරු දුන්නා. ඉතින් හෙට දානය පිණිස සමහරු ගිනි උඳුන් වළ කණිනවා. සමහරු ලිප් බඳිනවා. තවත් සමහරු දර පලනවා. තවත් සමහරු භාජන සෝදනවා. අනෙක් උදවිය අසුන් පණවනවා. ජටාධර කේණිය තවුසා ම භාග්‍යවතුන් වහන්සේ ප්‍රමුඛ භික්ෂු සංඝයා වැඩ හිඳින මණ්ඩපය පිළියෙල කරනවා.

එසමයෙහි ඉතිහාසය පස් වෙනි කොට, පූජකත්වය පිණිස පවතින සිරිත් විරිත් ඇතුළු භාෂා ශාස්ත්‍රයෙන් යුතු, ත්‍රිවේදයෙහි නිපුණ බවට පත් ව, පද හා ව්‍යාකරණ ද දත්, ලෝක විද්‍යා මෙන් ම, මහා පුරුෂ ලක්ෂණ ශාස්ත්‍රය ගැන ද අතිශයින් දක්ෂ වූ සේල නම් බ්‍රාහ්මණයෙක් තුන් සියයක් වූ තම තරුණ ශිෂ්‍යයන්ට වේදමන්ත්‍ර උගන්වනවා. එකල ජටාධර කේණිය තවුසා සේල බ්‍රාහ්මණයා කෙරෙහි බලවත් ප්‍රසාදයකින් සිටියා.

එදා තුන් සියයක් තරුණ සිසුන් පිරිවරාගත් සේල බ්‍රාහ්මණයා ව්‍යායාම පිණිස ඇවිදිමින් ජටාධර කේණිය තවුසා ගේ ආශ්‍රමයට පැමිණුනා. එවිට සේල බ්‍රාහ්මණයාට ජටාධර කේණිය තවුසා ගේ ආශ්‍රමයේ ඇතැම් කෙනෙක් ගිනි උඳුන් වල කණින අයුරු ද, ඇතැම් කෙනෙක් ලිප් බඳින අයුරු ද, ඇතැම් කෙනෙක් දර පලන අයුරු ද, ඇතැම් කෙනෙක් භාජන සෝදන අයුරු ද, තවත් කෙනෙක් අසුන් පණවන අයුරු ද, ජටාධර කේණිය තවුසා තමන් ම වැඩ හිඳින මණ්ඩපය පිළියෙල කරන අයුරු ද දුටුවා. දැක ජටාධර කේණිය තවුසාට මෙය පැවසුවා.

"කිම? භවත් කේණිය ගේ ආවාහයෙක් හෝ වන්නේ ද? විවාහයක් හෝ වන්නේ ද? මහා යාගයක් වත් සකස් වුනා ද? සේනා බලකාය සහිත මගධේශ්වර සේනිය බිම්බිසාර රජතුමා හෙට බොජුන් පිණිස ඇරයුම් කරණ ලද්දේ ද?"

"පින්වත් සේලයෙනි, මාගේ ආවාහයකුත් නො වෙයි. විවාහකුත් නො වෙයි. සේනා බලකාය සහිත මගධේශ්වර සේනිය බිම්බිසාර රජුට හෙට බොජුන් පිණිස ඇරයුම් කරන ලද්දකුත් නො වෙයි. එසේ නමුත් මාගේ මහායාග යක් පිළියෙල කොට තියෙනවා. ශාක්‍ය කුලයෙන් නික්ම පැවිදි වූ, ශාක්‍ය පුත්‍ර වූ, ශ්‍රමණ භවත් ගෞතමයන් වහන්සේ අංගුත්තරාප ජනපද ග්‍රාමයන්හි චාරිකාවේ වඩින අතරේ එක්දහස් දෙසිය පණස් නමකින් යුතු භික්ෂුසංඝයා ද කැටුව ආපණයට වැඩම කර ඉන්නවා. ඒ භවත් ගෞතමයන් වහන්සේ ගේ මේ ආකාර වූ කල්‍යාණ කීර්ති ඝෝෂාවක් උස්ව පැන නැග තියෙනවා ඒ කියන්නේ; 'ඒ භාග්‍යවතුන් වහන්සේ මේ මේ කරුණු හේතුවෙන් අරහං වන සේක. සම්මා සම්බුද්ධ වන සේක. විජ්ජාචරණ සම්පන්න වන සේක. සුගත වන සේක. ලෝකවිදූ වන සේක. අනුත්තරෝ පුරිසදම්ම සාරථී වන සේක. සත්ථා දේවමනුස්සානං වන සේක. බුද්ධ වන සේක. භගවා වන සේක' කියලා. උන්වහන්සේ භික්ෂුසංඝයා සමඟ හෙට දානය පිණිස මා විසින් ඇරයුම් කරන ලද සේක.

"භවත් කේණිය, ඔබ කියන්නේ 'බුද්ධත්වයට පත් වූ කෙනෙක්' කියලද?"

"භවත් සේල, මා කියන්නේ උන්වහන්සේ 'බුද්ධ' කියල යි."

"භවත් කේණිය, ඔබ කියන්නේ 'බුද්ධත්වයට පත් වූ කෙනෙක්' කියලද?"

"භවත් සේල, මා කියන්නේ උන්වහන්සේ 'බුද්ධ' කියල යි."

එවිට සේල බ්‍රාහ්මණයා හට මේ අදහස ඇති වුනා.

'බුදුරජාණන් වහන්සේ' යන මේ නම පිළිබඳව ඝෝෂාව පවා ලෝකයෙහි දුර්ලභයි. අප ගේ වේද ග්‍රන්ථ වල මහා පුරුෂ ලක්ෂණ තිස් දෙකක් ගැන සඳහන් වෙනවා. ඒ ලක්ෂණ වලින් යුතු මහා පුරුෂයෙකු හට තිබෙන්නේ ගති දෙකක් පමණයි. වෙන ගතියක් නැහැ.

ඉදින් ඒ තැනැත්තා ගිහි ගෙදර සිටියොත් රත්න සතක් ද ලබාගෙන රට රාජ්‍ය වල අනුශාසක බවට පත්ව සිව් මහ සමුදුර සීමා කොට ඇති මෙලොව ජයගත් ධර්මරාජ වූ ධාර්මික සක්විති රජ කෙනෙක් බවට පත්වෙනවා. ඔහු ගේ රත්න සත මේවා ය. කරකැවෙමින් ඇවිද යන චක්‍ර රත්නය, හස්ති රත්නය, අශ්ව රත්නය, මාණික්‍ය රත්නය, ස්ත්‍රී රත්නය, ගෘහපති රත්නය, පුත්‍ර රත්නය. ඒ වගේ ම ඔහු හට බාහිරු සතුරු සේනා මැඩලීමෙහි දක්ෂ වූ දහසකට වැඩි සූර වීර වූ පුත්‍රයන් ඉන්නවා. ඒ වගේ ම ඔහු සාගරය සීමා කොට ඇති මේ පොළොව දඬු මුගුරු වලින් තොරව, අවි ආයුධ වලින් තොරව අර්ථයෙන් ධර්මයෙන් ජයගෙන වාසය කරනවා.

යම් හෙයකින් ඔහු ගිහි ගෙදරින් නික්ම අනගාරිකව පැවිදි ජීවිතයට පත් වුණොත් තෘෂ්ණාව ක්ෂය කොට ගුරූපදේශ රහිතව සම්මා සම්බුද්ධත්වයට පත්ව අරහත්වයට පත්වෙනවා"

"භවත් කේණිය, අරහත් වූ සම්මා සම්බුදු වූ ඒ භවත් ගෞතමයන් වහන්සේ දැන් වැඩ සිටින්නේ කොහිද?"

මෙසේ ඇසූ කල ජටාධර කේණිය තවුසා දකුණු අත දිගු කොට සේල බ්‍රාහ්මණයා හට මෙය පැවසුවා.

"භවත, අන්න අර පෙනෙන නිල් වන පියසේ යි."

ඉක්බිති සේල බ්‍රාහ්මණයා තුන්සියයක් වූ තරුණ ශිෂ්‍යයන් ද කැටුව භාග්‍යවතුන් වහන්සේ වෙත පැමිණුනා. එහිදී සේල බ්‍රාහ්මණයා තම සිසු පිරිසට මේ අවවාදය කළා.

"භවත්නි, හෙමිහිට පියවර තබමින් නිශ්ශබ්දව යි පැමිණිය යුත්තේ. ඒ භාග්‍යවතුන් වහන්සේලා වනාහී හුදෙකලාව වසන සිංහ රාජයන් බඳු හෙයින් සමීප වීම පහසු නෑ. භවත්නි, මා ශ්‍රමණ ගෞතමයන් සමඟ කතා කරමින් සිටින කාලයේ දී භවත්හු මාගේ කතාවට බාධක වන අතුරු කතා නො දැමිය යුතුය. භවත්හු මාගේ කතාව අවසන් වන තුරු සිටිත්වා!" යි.

ඉක්බිති සේල බ්‍රාහ්මණයා භාග්‍යවතුන් වහන්සේ වෙත පැමිණියා. පැමිණ භාග්‍යවතුන් වහන්සේ සමඟ සතුටු වුනා. සතුටු විය යුතු පිළිසඳර කථා බහ අවසන් කොට එකත්පස්ව හිඳගත්තා. එකත්පස්ව හුන් සේල බ්‍රාහ්මණයා භාග්‍යවතුන් වහන්සේ ගේ ශ්‍රී ශරීරයෙහි තිබෙන මහා පුරුෂ ලක්ෂණ තිස් දෙක පිළිබඳව විමසන්නට වුනා. එවිට සේල බ්‍රාහ්මණයා භාග්‍යවතුන් වහන්සේ ගේ ශ්‍රී ශරීරයෙහි මහා පුරුෂ ලක්ෂණ තිස් දෙකෙන් දෙකක් හැර බොහෝ සෙයින් හඳුනාගත්තා. මහා පුරුෂ ලක්ෂණ දෙකක් පිළිබඳව සැක කරන්නට වුනා. විචිකිච්ඡා කරන්නට වුනා. නො බැසගත්තා. නො පැහැදුනා. ඒ කෝසෝහිත වත්ථගුය්හ හා පහූතජිව්හතාව යි. එවිට භාග්‍යවතුන් වහන්සේට මෙය සිතුනා. 'මේ සේල බ්‍රාහ්මණයා මාගේ ශරීරයෙහි මහා පුරුෂ ලක්ෂණ තිස් දෙකෙන් දෙකක් හැර බොහෝ සෙයින් හඳුනාගත්තා. නමුත් මහා පුරුෂ ලක්ෂණ දෙකක් පිළිබඳව සැක කරයි. විචිකිච්ඡා කරයි. නො බැසගනියි. නො පහදියි. ඒ කෝසෝහිත වත්ථගුය්හ හා පහූතජිව්හතාව පිළිබඳව යි.'

එවිට භාග්‍යවතුන් වහන්සේ සේල බ්‍රාහ්මණයා භාග්‍යවතුන් වහන්සේ ගේ කෝසෝහිත වත්ථගුය්හ (ඇතුළට බැසගත් පියුම් කෙමියක් ලෙස ඇති

පුරුෂ නිමිත්ත) දකින්නේ යම් අයුරින් ද එබඳු වූ ඉර්ධි ප්‍රාතිහාර්යයක් කළ සේක. එමෙන් ම භාග්‍යවතුන් වහන්සේ ඉර්ධිමය ආකාරයකින් දිව දිගු කොට දෙකන්සිළු මැනැවින් ස්පර්ශ කළ සේක. දෙනැහැ සිදුරු දක්වා මැනැවින් ස්පර්ශ කළ සේක. මුළු නළල් තලය ම වසා ලූ සේක.

එවිට සේල බ්‍රාහ්මණයා මෙය සිතුවා. "ශ්‍රමණ ගෞතමයන් වහන්සේ දෙතිස් මහා පුරුෂ ලක්ෂයන් ගෙන් පරිපූර්ණ යි. අපිරිපූර්ණ නො වෙයි. එහෙත් මුන්වහන්සේ 'බුද්ධත්වයට' පත් වූ කෙනෙක් ද? නැත්නම් එහෙම නැද්ද? කියා මා දන්නෙ නැහැ. නමුත් ඉතාම මහළු, වයෝවෘද්ධ, ආචාර්ය - ප්‍රාචාර්ය බ්‍රාහ්මණයන් ගෙන් මා අසන ලද දෙයක් තියෙනවා. එනම් 'යම් ඒ අරහත් සම්මා සම්බුදුවරයන් වහන්සේලා ලොව සිටිත් නම් උන්වහන්සේ තුළ පවතින ගුණධර්ම මතු කොට කතා කරද්දී ඒ බුදුවරයන් වහන්සේලා ඒ අයුරු ප්‍රකට කරනවා කියලයි. එනිසා මාත් ශ්‍රමණ ගෞතමයන් වහන්සේ ඉදිරියේ උන්වහන්සේට ගැළපෙන ගාථාවන් ගෙන් ප්‍රශංසා කරන එක තමයි හොඳ."

ඉක්බිති සේල බ්‍රාහ්මණයා භාග්‍යවතුන් වහන්සේ ඉදිරියේ බුදුගුණයට සුදුසු ගාථාවන් ගෙන් ප්‍රශංසා කළා.

පරිපුණ්ණකායෝ සුරුචි - සුජාතෝ චාරුදස්සනෝ,
සුවණ්ණවණ්ණෝසි භගවා - සුසුක්කදාඨෝසි විරියවා.

මහා වීරිය ඇති භාග්‍යවත් මුනිඳුනි, නුඹවහන්සේට තියෙන්නේ පරිපූර්ණ ශරීරයක්. ලස්සන ම ලස්සන රූපයක්. සුන්දර උපතක්. සුන්දර පෙනුමක්. රත්තරන් පාට සිරුරක්. සුදෝ සුදු දත් දෙපලක්.

නරස්ස හි සුජාතස්ස - යේ භවන්ති වියඤ්ජනා,
සබ්බේ තේ තව කායස්මිං - මහාපුරිසලක්ඛණා.

වාසනාවන්ත උපතක් ලැබූ කෙනෙකු ගේ ශරීරයෙහි ඒ ගැන උතුම් සලකුණු තියෙනවා. නුඹවහන්සේ ගේ ශරීරයෙහි ත් ඒ උතුම් මහා පුරුෂ ලක්ෂණ තියෙන බව මට පේනවා.

පසන්නනෙත්තෝ සුමුඛෝ - බ්‍රහ්මා උජු පතාපවා,
මජ්ඣේ සමණසංඝස්ස - ආදිච්චෝ'ව විරෝචසි.

නුඹවහන්සේ ගේ නේත්‍ර යුග්මය හරීම ලස්සනයි. මුව මඬල හරීම සුන්දරයි. උස මහත බ්‍රහ්මයෙකු ගේ වගෙයි. ශ්‍රමණයන් වහන්සේලා මැද නුඹවහන්සේ වැඩ සිටිනකොට හිරු මඬල බබලනවා වගෙයි.

කල්‍යාණදස්සනෝ භික්ඛු - කඤ්චනසන්නිභත්තචෝ,
කිං තේ සමණභාවේන - ඒවං උත්තමවණ්ණිනෝ.

කල්‍යාණ දැකුම් ඇති පින්වත් ශ්‍රමණයන් වහන්ස, නුඹවහන්සේ ගේ සමෙහි පැහැය රත්තරන් පාටින් යුක්තයි. මෙච්චර ලස්සන රූපයක් තියෙන නුඹවහන්සේ මහණ වීමෙන් ඇති ඵලය කුමක් ද?

රාජා අරහසි භවිතුං - චක්කවත්තී රථේසභෝ,
චාතුරන්තෝ විජිතාවී - ජම්බුසණ්ඩස්ස ඉස්සරෝ.

නුඹවහන්සේට ගැලපෙන්නෙ සතර මහා සාගරය ජයගෙන මුළු ජම්බුද්වීපයට අග්‍රරාජන් වන මහා රථ ඇති චක්‍රවර්තී රජෙකු වීම නො වේද?

ඛත්තියා භෝගා රාජානෝ - අනුයන්තා භවන්ති තේ,
රාජාධිරාජා මනුජින්දෝ - රජ්ජං කාරේහි ගෝතම.

එතකොට නුඹවහන්සේ පසුපස මහා සම්භාවනීය රජවරු පැමිණේවි. පින්වත් ගෞතමයාණෙනි, රජුන්ට රජ වූ මිනිසුන් ගේ ශක්‍රයා නම් වූ රජෙකු ලෙස රාජ්‍ය කරන්නට පුළුවන් නේද?

රාජාහමස්මි සේලාති (සේලාති භගවා) - ධම්මරාජා අනුත්තරෝ,
ධම්මේන චක්කං වත්තේමි - චක්කං අප්පතිවත්තියං.

(භාග්‍යවතුන් වහන්සේ) පින්වත් සේල, මම ද රජෙක්මි. අනුත්තර වූ ධර්මරාජන් වෙමි. මා විසින් ලොව කිසිවෙකුටවත් කිසිසේත් ආපස්සට කරකවන්නට බැරි චක්‍රය ධර්මයෙන් කරකවනවා.

සම්බුද්ධෝ පටිජානාසි (ඉති සේලෝ බ්‍රාහ්මණෝ)
- ධම්මා රාජා අනුත්තරෝ
ධම්මේන චක්කං වත්තේමි - ඉති භාසසි ගෝතම.

(සේල බ්‍රාහ්මණ) පින්වත් ගෞතමයාණෙනි, නුඹවහන්සේ ඔය පවසන්නේ අනුත්තර ධර්මරාජන් වූ සම්මාසම්බුදු රජාණන් වහන්සේ නමක් බව ද? ධර්මයෙන් චක්‍රය කරකවන බව ද?

කෝනු සේනාපති භෝතෝ - සාවකෝ සත්ථු අන්වයෝ,
කෝ තේ මං අනුවත්තේති - ධම්මචක්කං පවත්තිතං.

එහෙම නම්, පින්වත් නුඹවහන්සේ ගේ සේනාපතියා කවුද? නුඹවහන්සේ විදිහට ම ධර්ම චක්‍රය ප්‍රවර්තනය කරන්නට පුළුවන් වූ ශාස්තෘන් වහන්සේ ගේ අනුජාත ශ්‍රාවකයාණන් කවුද?

මයා පවත්තිතං චක්කං (සේලාති භගවා) - ධම්මචක්කං අනුත්තරං,
සාරිපුත්තෝ අනුවත්තෙන්ති - අනුජාතෝ තථාගතං.

(භාග්‍යවතුන් වහන්සේ) පින්වත් සේල, මං විදිහට ම යි ඒ ශ්‍රාවකයා අනුත්තර ධර්ම චක්‍රය ප්‍රවර්තනය කරන්නේ. ඒ ශ්‍රාවකයාට තමයි අනුජාත තථාගත පුත්‍ර වූ 'සාරිපුත්ත' කියා කියන්නෙ.

අභිඤ්ඤෙය්‍යං අභිඤ්ඤාතං - භාවේතබ්බං ච භාවිතං,
පහාතබ්බං පහීනං මේ - තස්මා බුද්ධොස්මි බ්‍රාහ්මණ.

පින්වත් බ්‍රාහ්මණය, විශිෂ්ට ඥාණයෙන් යුතුව දත යුතු දෙය මවිසින් විශිෂ්ට ඥාණයෙන් දන්නා ලද්දේ ය. ආර්ය අෂ්ටාංගික මාර්ගය වශයෙන් වැඩිය යුතු දෙය මවිසින් වඩන ලද්දේ ය. ප්‍රහීන කළ යුතු ත්‍රිවිධ තෘෂ්ණාව මවිසින් ප්‍රහාණය කරන ලද්දේ ය. එහෙයින් පින්වත් බ්‍රාහ්මණය, මම 'බුද්ධ' වෙමි.

විනයස්සු මයි කංඛං - අධිමුච්චස්සු බ්‍රාහ්මණ,
දුල්ලභං දස්සනං හෝති - සම්බුද්ධානං අභිණ්හසෝ.

පින්වත් බ්‍රාහ්මණය, මා ගැන තියෙන සැක සංකා නැති කරල දාන්න. පහන් සිත් ඇති කරගන්න. සම්මා සම්බුදුවරයන් වහන්සේ නමක් හැම තිස්සේ ම දකින්නට ලැබෙනවයි කියන්නෙ අතිශයින් ම දුර්ලභ දෙයක්.

යේසං වේ දුල්ලභෝ ලොකේ - පාතුභාවෝ අභිණ්හසෝ,
සෝ'හං බ්‍රාහ්මණ සම්බුද්ධෝ - සල්ලකත්තෝ අනුත්තරෝ.

ලෝකයෙහි හැම තිස්සේ ම දකින්නට පුළුවන් විදිහට බුදු කෙනෙක් පහළව සිටීම අතිශයින් ම දුර්ලභ දෙයක්. පින්වත් බ්‍රාහ්මණය, අනුත්තර වූ ශල්‍ය වෛද්‍යවරයා වන ඒ මම සම්මා සම්බුද්ධ වෙමි.

බ්‍රහ්මභූතො අතිතුලෝ - මාරසේනප්පමද්දනෝ,
සබ්බාමිත්තේ වසේ කත්වා - මෝදාමි අකුතෝභයං.

මං ශ්‍රේෂ්ඨත්වය ලබාගත්තු කෙනෙක්. අසහාය කෙනෙක්. මාර සේනාව පරාජය කළ කෙනෙක්. විමුක්තිය පිණිස ඇති සියළු සතුරු බලවේග නැති කොට තම වසඟයේ පවත්වාගෙන කිසිඳු භයකින් තොරව සතුටුවෙවී සිටින කෙනෙක්.

ඉමං භොන්තෝ නිසාමේථ - යථා භාසති චක්ඛුමා,
සල්ලකත්තෝ මහාවීරෝ - සීහෝ'ව නදතී වනේ.

(සේල බ්‍රාහ්මණ) භවත්නි, සදහම් ඇස් ඇති බුදුරජාණන් වහන්සේ මේ වදාරණ සුන්දර වචන හොඳට අසා ගන්න. උන්වහන්සේ සත්වයින් ගේ සිත්වලින් කෙලෙස් හුල් උදුරා දමන ශල්‍ය වෛද්‍යවරයෙක්. මහා වීරියවන්තයෙක්. වනාන්තරයෙහි හැම සතුන් ගේ හඬ පරදවා නද දෙන සිංහ රාජයෙක් වගෙයි.

බ්‍රහ්මභූතං අතිතුලං - මාරසේනප්පමද්දනං,
කෝ දිස්වා නප්පසීදෙය්‍ය - අපි කණ්හාභිජාතිකෝ.

උන්වහන්සේ නිර්මාණය වෙලා තියෙන්නෙ ශ්‍රේෂ්ඨත්වය තුළින්. උන්වහන්සේ අසහායය යි. මාර සේනා පරදවා ජය ලැබූ කෙනෙක්. මේ බුදුරජාණන් වහන්සේ දකින විට ඕනෑම තරාතිරමක කෙනෙක්, පහත් කුලයෙහි උපන්නෙක් පවා නො පහදින්නේ කොහොම ද?

යෝ මං ඉච්ඡති අන්වේතු - යෝ වා නිච්ඡති ගච්ඡතු,
ඉධා'හං පබ්බජිස්සාමි - වරපඤ්ඤස්ස සන්තිකේ.

උතුම් ප්‍රඥා ඇති ශාස්තෘන් වහන්සේ සමීපයෙහි මං මහණ වෙනවා. ඔබ අතර යමෙක් කැමති නම් මා ත් සමග මහණ වෙන්න. යමෙක් අකමැති නම් ආපහු යන්න.

ඒතං චේ රුච්චති භොතෝ - සම්මාසම්බුද්ධසාසනං,
මයම්පි පබ්බජිස්සාම - වරපඤ්ඤස්ස සන්තිකේ.

(ශිෂ්‍ය පිරිස) භවත් ආචාර්යපාදයෙනි, සම්මා සම්බුදුරජාණන් වහන්සේ ගේ ශාසනයට ඔබතුමා මෙතරම් ආශා නම්, අපි ත් කැමතියි ඒ උතුම් ප්‍රඥා ඇති බුදුරජාණන් වහන්සේ සමීපයෙහි මහණ වෙන්න.

බ්‍රාහ්මණා තිසතා ඉමේ - යාචන්ති පඤ්ජලීකතා,
බ්‍රහ්මචරියං චරිස්සාම - භගවා තව සන්තිකේ.

(සේල බ්‍රාහ්මණයා) භාග්‍යවතුන් වහන්ස, මේ තුන්සීයක් බ්‍රාහ්මණ පිරිස ඉන්නවා. අපි ඔක්කොම නුඹවහන්සේට ඇඳිලි බැඳ වන්දනා කොට මේ ඉල්ලා සිටින්නේ උතුම් බඹසර ජීවිතය යි. නුඹවහන්සේ ළඟ අපි ඔක්කොම බඹසර රකින්නට කැමතියි.

ස්වාක්ඛාතං බ්‍රහ්මචරියං (සේලාති භගවා) - සන්දිට්ඨිකමකාලිකං,
යත්ථ අමෝඝා පබ්බජ්ජා - අප්පමත්තස්ස සික්ඛතෝ.

(භාග්‍යවතුන් වහන්සේ) පින්වත් සේල, මේ නිවන් මඟ වනාහී මනා කොට දේශනා කරන ලද්දේ ය. මෙහිදී ම දැක්ක හැකි සන්දිට්ඨික වූ ත්, කල්

නො යවා ප්‍රතිඵල ලබන අකාලික වූ ත් ධර්මයකි. යම් සසුනක පැවිදි ජීවිතය හිස් බවට පත් නො වේ නම් එහි අප්‍රමාදීව හික්මෙන කල්හි නිවන අවබෝධ කරන්නට පුළුවන් ම යි.

එවිට පිරිස සහිත සේල බ්‍රාහ්මණයා භාග්‍යවතුන් වහන්සේ සමීපයෙහි පැවිදි බව ලැබුවා. උපසම්පදාව ද ලැබුවා.

එකල්හි ජටාධර කේණිය තවුසා ඒ රාත්‍රිය ඇවෑමෙන් ස්වකීය ආශ්‍රමයෙහි ප්‍රණීත වූ ආහාරපාන පිළියෙළ කොට "භවත් ගෞතමයන් වහන්ස, දානය පිළියෙල කොට සූදානම්" යයි භාග්‍යවතුන් වහන්සේට කල් දැන්වූවා.

එවිට භාග්‍යවතුන් වහන්සේ පෙරවරු සමයෙහි සිවුරු හැඳ පොරවා පාත්‍රය ද ගෙන ජටාධර කේණිය තවුසා ගේ ආශ්‍රමයට වැඩි සේක. වැඩම කොට භික්ෂුසංඝයා සමඟ පණවන ලද අසුන්හි වැඩහුන් සේක. ඉක්බිති ජටාධර කේණිය තවුසා බුදුරජුන් ප්‍රමුඛ භික්ෂුසංඝයාට ප්‍රණීත වූ ආහාරපානාදියෙන් සියතින් ම උපස්ථාන කළා. ඉතා හොඳින් සැලකුවා. වළඳා නිමා කොට පාත්‍රයෙන් ඉවතට ගත් අත් ඇති භාග්‍යවතුන් වහන්සේ කරා පැමිණි ජටාධර කේණිය තවුසා එකත්පසෙකින් පහත් අසුනක හිඳගත්තා. එකත්පසෙක හුන් ජටාධර කේණිය තවුස් හට භාග්‍යවතුන් වහන්සේ මේ ගාථාවලින් අනුමෝදනා කළ සේක.

අග්ගිහුත්තමුඛා යඤ්ඤා - සාවිත්ති ඡන්දසෝ මුඛං
රජා මුඛං මනුස්සානං - නදීනං සාගරෝ මුඛං

අග්නි පූජාව යාගයෙහි ප්‍රධාන ම දෙය වෙයි. වේද ශාස්ත්‍රයට සාවිත්‍රිය ප්‍රධාන ම දෙය යි. මහජනයා හට රජතුමා ප්‍රධාන ම කෙනා යි. ගංගාවන්ට සාගරය ප්‍රධාන ම දෙය යි.

නක්ඛත්තානං මුඛං චන්දෝ - ආදිච්චෝ තපතං මුඛං
පුඤ්ඤං ආකංඛමානානං - සංඝෝ වේ යජතං මුඛන්ති

නැකත් තරු වලට චන්ද්‍රයා ප්‍රධාන ම දෙය යි. උණුසුම් දේවල් අතර සූර්යයා ප්‍රධාන ම දෙය යි. පින් ලබා ගනු කැමතිව දන් පැන් පුදන්නා වූ අයට ඒකාන්තයෙන් ම ශ්‍රාවක සංඝයා ප්‍රධාන වන්නේ ය."

මේ ගාථාවලින් අනුමෝදනා කළ භාග්‍යවතුන් වහන්සේ හුනස්සෙන් නැගී වැඩි සේක. එකල්හි පිරිස සහිත වූ ආයුෂ්මත් සේලයන් වහන්සේ තනිව ම හුදෙකලා වුනා. අප්‍රමාදී වුනා. කෙලෙස් තවන වීරියෙන් යුතු වුනා. කාය ජීවිත දෙක්හි අපේක්ෂා රහිතව ධර්මයෙහි හැසිරෙද්දී, යම් උතුම් අර්ථයක්

පිණිස කුල පුත්‍රයන් මනාකොට ගිහි ජීවිතය අත්හැර බුදු සසුනෙහි පැවිදි වෙද්ද, බඹසර ජීවිතයේ නිමාව වන ඒ උතුම් අරහත්වය මෙහි දී ම තමන් ගේ විශිෂ්ට ඤාණයෙන් සාක්ෂාත් කොට එයට පැමිණ වාසය කළා. 'ඉපදීම ක්ෂය වුණා. බඹසර වාසය සම්පූර්ණ කළා. කළ යුත්ත කළා. මත්තෙහි කළ යුතු කිසිවක් නැතැ'යි අවබෝධ කරගත්තා. ඉතින් පිරිස සහිත ආයුෂ්මත් සේලයන් වහන්සේ ද, රහතන් වහන්සේලා අතර කෙනෙක් බවට පත් වුනා.

එකල්හි පිරිස් සහිත වූ ආයුෂ්මත් සේලයන් වහන්සේ භාග්‍යවතුන් වහන්සේ වෙත පැමිණියා. පැමිණ සිවුර ඒකාංශ කොට පොරවා භාග්‍යවතුන් වහන්සේට නමස්කාර කරමින් ගාථා වලින් මෙය පැවසුවා.

යං තං සරණමාගම්ම - ඉතෝ අට්ඨමි චක්ඛුම,
සත්තරත්තේන භගවා - දන්තාම්හ තව සාසනේ.

දහම් ඇස් ඇති මුනිඳාණෙනි, ඇත්තෙන් ම අපි මේ උතුම් තිසරණයට පැමිණියේ දවස් අටකට කලින්. භාග්‍යවතුන් වහන්ස, නුඹවහන්සේ ගේ ශාසනය තුළ දවස් හතක් ඇතුළත අපි හැමෝම සදහට ම දමනය වුනා.

තුවං බුද්ධෝ තුවං සත්ථා - තුවං මාරාභිභූ මුනි,
තුවං අනුසයේ ඡෙත්වා - තිණ්ණෝ තාරේසිමං පජං.

ඇත්තෙන් ම බුදුරජාණන් වහන්සේ වනාහී නුඹවහන්සේ ම යි. දෙවි මිනිසුන් ගේ ශාස්තෘන් වහන්සේ නුඹවහන්සේ ම යි. මාර බලය මැඩලූ මුනිවරයන් වහන්සේ නුඹවහන්සේ ම යි. ක්ලේශ අනුශය සිඳ දමා සසරින් එතෙරට වැඩි නුඹවහන්සේ අපවත් මේ සංසාරයෙන් එතෙර කළ සේක.

උපධී තේ සමතික්කන්තා - ආසවා තේ පදාලිතා,
සීහෝ'ව අනුපාදානෝ - පහීනභයභේරවෝ.

නුඹවහන්සේ විසින් සියළු කෙලෙස් ඉක්මවන ලද්දේය. නුඹවහන්සේ විසින් ආශ්‍රවයන් සුණු විසුණු කරන ලද්දේ ය. සිංහරාජයෙකු බඳු නුඹවහන්සේ උපාදානයන් ගෙන් මිදී සියළු භය භේරවයන් ප්‍රහාණය කළ සේක.

භික්ඛවෝ තිසතා ඉමේ - තිට්ඨන්තු පඤ්ජලීකතා,
පාදේ වීර පසාරේහි - නාගා වන්දන්තු සත්ථුනෝ'ති.

මහාවීර වූ භාග්‍යවතුන් වහන්ස, මේ තුන්සියයක් භික්ෂූන් වහන්සේලා වැඳගෙනයි සිටින්නේ. ඔය ශ්‍රී පාද පද්මය දිගු කොට වදාළ මැනව. මේ ශ්‍රමණ ශ්‍රේෂ්ඨවරුන් තම ශාස්තෘන් වහන්සේ ගේ ශ්‍රී පාද පද්මය වන්දනා කරත්වා!

සාදු! සාදු!! සාදු!!!

සේල බ්‍රාහ්මණයාට වදාළ දෙසුම නිමා විය.

2.5.3.
අස්සලායන සූත්‍රය
අස්සලායන බ්‍රාහ්මණයාට වදාළ දෙසුම

මා හට අසන්නට ලැබුනේ මේ විදිහට යි. එසමයෙහි භාග්‍යවතුන් වහන්සේ වැඩසිටියේ සැවැත් නුවර ජේතවනය නම් වූ අනේපිඬු සිටුතුමා ගේ ආරාමයේ. ඒ කාලයේ කිසියම් කරුණක් පිණිස නා නා ප්‍රදේශ වලින් සැවැත් නුවරට පැමිණ වාසය කරන්නා වූ බ්‍රාහ්මණයන් පන්සියයක් පමණ සිටියා. දිනක් ඒ බ්‍රාහ්මණයන් හට මේ අදහස ඇතිවුනා. "මේ ශ්‍රමණ ගෞතමයන් වහන්සේ ක්ෂත්‍රිය, බ්‍රාහ්මණ, වෛශ්‍ය, ශුද්‍ර යන වර්ණ සතරට ම එක සේ පිරිසිදු බව ලැබිය හැකි ක්‍රමයක් පෙන්වා දෙනවා. ඉතින් ශ්‍රමණ ගෞතමයන් සමඟ මේ පිළිබඳව කතා බහ කරන්නට කවරෙක් නම් දක්ෂ වෙයි ද?" කියලා.

එසමයෙහි අස්සලායන නම් තරුණයෙක් සැවැත් නුවර වාසය කළා. ඔහු ළදරු යි. ඉවත් කළ කෙස් වලින් යුක්තයි. උපතින් සොළොස් හැවිරිදි යි. ඍග්, යජුර්, ශ්‍යාම් යන ත්‍රිවේද පාරප්‍රාප්ත යි. නිඝණ්ඩු, කේටුභ, අක්ෂර ප්‍රභේද හා ඉතිහාසය පස්වෙනි කොට ඇති පද ව්‍යාකරණ ආදිය ත්, ලෝකායත මහාපුරුෂ ලක්ෂණ ශාස්ත්‍රය ත් පිළිබඳව හසළ නුවණ තියෙනවා. එතකොට අර බ්‍රාහ්මණයන්ට මේ අදහස ඇතිවුනා. "මේ අස්සලායන මාණවකයා ළදරු යි. ඉවත් කළ කෙස් වලින් යුක්තයි. උපතින් සොළොස් හැවිරිදි යි. ඍග්, යජුර්, ශ්‍යාම් යන ත්‍රිවේද පාරප්‍රාප්ත යි. නිඝණ්ඩු, කේටුභ, අක්ෂර ප්‍රභේද හා ඉතිහාසය පස්වෙනි කොට ඇති පද ව්‍යාකරණ ආදිය ත්, ලෝකායත මහාපුරුෂ ලක්ෂණ ශාස්ත්‍රය ත් පිළිබඳව හසළ නුවණ තියෙනවා. ඔහු නම් ශ්‍රමණ ගෞතමයන් වහන්සේ සමඟ මේ පිළිබඳව කතා බස් කරන්නට සුදුසු යි."

ඉතින් ඒ බ්‍රාහ්මණවරුන් අස්සලායන මාණවකයා වෙත ගියා. ගිහින් අස්සලායන මාණවකයාට මෙය පැවසුවා. "භවත් අස්සලායන, මේ ශ්‍රමණ ගෞතමයන් චතුර් වර්ණයට ම එක සේ පිරිසිදු බව ලැබිය හැකි ක්‍රමයක් පෙන්වා දෙනවා නෙව. භවත් අස්සලායන, එනු මැනැව. ශ්‍රමණ ගෞතමයන් සමඟ මෙම අදහස පිළිබඳව කතා බස් කළ මැනැව."

මෙසේ කී කල අස්සලායන මාණවකයා ඒ බමුණන්ට මෙය පැවසුවා. "භවත්නි, ශ්‍රමණ ගෞතමයන් වහන්සේ ධර්මවාදී කෙනෙක්. ධර්මවාදී අය

සමඟ කතා බස් කොට ජයගැනීම දුෂ්කරයි. මට නම් ඔය වචනය පිළිබඳව ශ්‍රමණ ගෞතමයන් වහන්සේ සමඟ කතාබස් කරන්නට පුළුවන්කමක් නෑ.”

දෙවෙනි වතාවටත් ඒ බ්‍රාහ්මණවරුන් අස්සලායන මාණවකයාට මෙය පැවසුවා. “භවත් අස්සලායන, මේ ශ්‍රමණ ගෞතමයන් චතුර් වර්ණයට ම එක සේ පිරිසිදු බව ලැබිය හැකි ක්‍රමයක් පෙන්වා දෙනවා නෙව. භවත් අස්සලායන, එනු මැනැව. ශ්‍රමණ ගෞතමයන් සමඟ මෙම අදහස පිළිබඳව කතා බස් කළ මැනැව.”

දෙවෙනි වතාවටත් අස්සලායන මාණවකයා ඒ බමුණන්ට මෙය පැවසුවා. “භවත්නි, ශ්‍රමණ ගෞතමයන් වහන්සේ ධර්මවාදී කෙනෙක්. ධර්මවාදී අය සමඟ කතා බස් කොට ජයගැනීම දුෂ්කරයි. මට නම් ඔය වචනය පිළිබඳව ශ්‍රමණ ගෞතමයන් වහන්සේ සමඟ කතාබස් කරන්නට පුළුවන්කමක් නෑ.”

තුන්වෙනි වතාවටත් ඒ බ්‍රාහ්මණවරුන් අස්සලායන මාණවකයාට මෙය පැවසුවා. “භවත් අස්සලායන, මේ ශ්‍රමණ ගෞතමයන් චතුර් වර්ණයට ම එක සේ පිරිසිදු බව ලැබිය හැකි ක්‍රමයක් පෙන්වා දෙනවා නෙව. භවත් අස්සලායන, එනු මැනැව. ශ්‍රමණ ගෞතමයන් සමඟ මෙම අදහස පිළිබඳව කතා බස් කළ මැනැව. තවම භවත් අස්සලායනයන් පිරිවැජිභාවය පිණිස හැසිරෙන කෙනෙක් නෙව. භවත් අස්සලායනයන් යුද්ධ නො කොට පරාජය පිළිගන්නට එපා!”

මෙසේ පැවසූ විට අස්සලායන මාණවකයා ඒ බමුණන්ට මෙය පැවසුවා. “භවත්නි, ඒකාන්තයෙන් ම මම මෙය ලබන්නෙ නැහැ නෙව. ඒ කියන්නෙ, ‘ශ්‍රමණ ගෞතමයන් වහන්සේ ධර්මවාදී කෙනෙක්. ධර්මවාදී අය සමඟ කතා බස් කොට ජයගැනීම දුෂ්කරයි. මට නම් ඔය වචනය පිළිබඳව ශ්‍රමණ ගෞතමයන් වහන්සේ සමඟ කතාබස් කරන්නට පුළුවන්කමක් නැත’ යන කාරණය යි. නමුත් ඔය භවතුන් ගේ වචනය නිසා මං එන්නම්.”

ඉතින් අස්සලායන මාණවකයා මහත් බ්‍රාහ්මණ පිරිසක් සමඟ භාග්‍යවතුන් වහන්සේ වෙත පැමිණියා. පැමිණ භාග්‍යවතුන් වහන්සේ සමඟ සතුටු වුනා. සතුටු වියයුතු පිළිසඳර කතාව කොට නිමවා එකත්පස්ව වාඩි වුනා. එකත්පස්ව හුන් අස්සලායන මාණවකයා භාග්‍යවතුන් වහන්සේට මෙය පැවසුවා. “භවත් ගෞතමයන් වහන්ස, බමුණන් මෙහෙම කියනවා. ‘ශ්‍රේෂ්ඨ වර්ණයෙන් යුක්ත වන්නේ බමුණන් විතරයි. අනිත් උදවිය හීන වර්ණයෙන් යුක්තයි. සුදු වර්ණයෙන් යුක්ත වන්නේ බමුණන් විතරයි. අනිත් උදවිය කළු වර්ණයෙන් යුක්තයි. බ්‍රාහ්මණයන් විතරක් පිරිසිදුයි. අබ්‍රාහ්මණයන් එහෙම නෑ. බ්‍රාහ්මණයන් කියන්නේ මහා බ්‍රහ්ම රාජයා ගේ ළයෙහි වැඩුණු දරුවන්.

මුඛයෙන් උපන් දරුවන්. බ්‍රහ්මයා ගෙන් ම උපන් දරුවන්. බ්‍රහ්ම නිර්මාණය යි. බ්‍රහ්ම දායාද යි' කියල. මේ කාරණය පිළිබඳව භවත් ගෞතමයන් වහන්සේ කුමක් පවසන සේක් ද?"

"පින්වත් අස්සලායන, බ්‍රාහ්මණයන් ගේ බැමිණියන් ඍතු වෙනවා ත් දකින්නට ලැබෙනවා. ගර්භනී වෙනවා ත් දකින්නට ලැබෙනවා. දරුවන් වදනවා ත් දකින්නට ලැබෙනවා. දරුවන්ට කිරි පොවනවා ත් දකින්නට ලැබෙනවා. ඉතින් මිනිස් යෝනියෙන් උපන් බ්‍රාහ්මණයන් මෙහෙම කියනවා. 'බ්‍රාහ්මණයන් විතරක් ශ්‍රේෂ්ඨ වර්ණයෙන් යුක්තයි. අන්‍යයන් හීන වර්ණ යි. බ්‍රාහ්මණයන් විතරක් සුදු වර්ණයෙන් යුක්තයි. අන්‍යයන් කළු වර්ණයෙන් යුක්තයි. බ්‍රාහ්මණයන් විතරක් පිරිසිදුයි. අබ්‍රාහ්මණයන් එහෙම නෑ. බ්‍රාහ්මණයන් පමණයි බ්‍රහ්මයා ගේ දරුවන්. ළයෙහි උපන්, මුවෙන් උපන්, බ්‍රහ්මයා ගෙන් නිර්මිත වූ බ්‍රහ්ම දායාදය යි' කියලා."

"භවත් ගෞතමයන් වහන්සේ ඔය විදිහට පැවසුවත්, බ්‍රාහ්මණයන් හිතාගෙන ඉන්නේ කලින් කියූ කාරණය ම යි. ඒ කියන්නේ 'බ්‍රාහ්මණයන් විතරක් ශ්‍රේෂ්ඨ වර්ණයෙන් යුක්තයි. අන්‍යයන් හීන වර්ණ යි. ....(පෙ).... බ්‍රහ්ම දායාදය යි' කියලා."

"පින්වත් අස්සලායන, ඒ ගැන කුමක්ද සිතන්නේ? ඔබ යෝන, කාම්බෝජ ආදී අන්‍ය වූ ප්‍රත්‍යන්ත ජනපද ගැන අහලා තියෙනවා ද? ඒවායේ තියෙන්නේ වර්ණ දෙකයි. එනම්; ස්වාමි පක්ෂය ත්, සේවක පක්ෂය ත් විතරයි. ස්වාමිවරු වෙලා හිටපු අය සේවකයන් වෙනවා. සේවකයන් වෙලා හිටපු අය ස්වාමිවරු වෙනවා කියලා ඔබ අසා තියෙනවා නේද?"

"භවත, ඔය යෝන, කාම්බෝජ ආදී අන්‍ය වූ ප්‍රත්‍යන්ත ජනපද ගැන මං අහලා තියෙනවා තමයි. ඒවායේ තියෙන්නේ වර්ණ දෙකක් ලු. එනම්; ස්වාමි පක්ෂය ත්, සේවක පක්ෂය ත් විතරයි ලු. ස්වාමිවරු වෙලා හිටපු අය සේවකයන් වෙනවා ලු. සේවකයන් වෙලා හිටපු අය ස්වාමිවරු වෙනවා කියලා මං අසා තියෙනවා."

"පින්වත් අස්සලායන, ඉතින් එහෙම නම් 'බ්‍රාහ්මණයන් විතරක් ශ්‍රේෂ්ඨ වර්ණයෙන් යුක්තයි. අන්‍යයන් හීන වර්ණ යි. ....(පෙ).... බ්‍රහ්ම දායාදය යි' කියලා බ්‍රාහ්මණයන් හට කියන්නට පුළුවන් බලය කුමක් ද? ආශ්වාසය කුමක්ද?"

"භවත් ගෞතමයන් වහන්සේ ඔය විදිහට පැවසුවත්, බ්‍රාහ්මණයන් හිතාගෙන ඉන්නේ කලින් කියූ කාරණය ම යි. ඒ කියන්නේ 'බ්‍රාහ්මණයන්

විතරක් ශ්‍රේෂ්ඨ වර්ණයෙන් යුක්තයි. අන්‍යයන් හීන වර්ණ යි. ....(පෙ).... බ්‍රහ්ම දායාදය යි' කියලා."

"පින්වත් අස්සලායන, සතුන් මරන්නා වූ, සොරකම් කරන්නා වූ, වැරදි කාමයෙහි යෙදෙන්නා වූ, බොරු කියන්නා වූ, කේලාම් කියන්නා වූ, ඵරුෂ වචන කියන්නා වූ, හිස් වචන කියන්නා වූ, අනුන්ගේ දෙයට ආශා කරන්නා වූ, ව්‍යාපාදයෙන් යුක්ත වූ, මිත්‍යාදෘෂ්ටික වූ ක්ෂත්‍රියයා විතරක් ද කය බිඳී මරණින් මතු අපාය නම් වූ දුගතිය නම් වූ විනිපාත නම් වූ දුගතියේ උපදින්නේ? ඇයි බ්‍රාහ්මණයා උපදින්නේ නැද්ද?

සතුන් මරන්නා වූ, ...(පෙ).... මිත්‍යාදෘෂ්ටික වූ වෛශ්‍යයා විතරක් ද කය බිඳී මරණින් මතු අපාය නම් වූ දුගතිය නම් වූ විනිපාත නම් වූ දුගතියේ උපදින්නේ? ඇයි බ්‍රාහ්මණයා උපදින්නේ නැද්ද?

සතුන් මරන්නා වූ, සොරකම් කරන්නා වූ, වැරදි කාමයෙහි යෙදෙන්නා වූ, බොරු කියන්නා වූ, කේලාම් කියන්නා වූ, ඵරුෂ වචන කියන්නා වූ, හිස් වචන කියන්නා වූ, අනුන්ගේ දෙයට ආශා කරන්නා වූ, ව්‍යාපාදයෙන් යුක්ත වූ, මිත්‍යාදෘෂ්ටික වූ ශුද්‍රයා විතරක් ද කය බිඳී මරණින් මතු අපාය නම් වූ දුගතිය නම් වූ විනිපාත නම් වූ දුගතියේ උපදින්නේ? ඇයි බ්‍රාහ්මණයා උපදින්නේ නැද්ද?

භවත් ගෞතමයාණන් වහන්ස, එකරුණ නොවේ ම යි. සතුන් මරන්නා වූ, සොරකම් කරන්නා වූ, වැරදි කාමයෙහි යෙදෙන්නා වූ, බොරු කියන්නා වූ, කේලාම් කියන්නා වූ, ඵරුෂ වචන කියන්නා වූ, හිස් වචන කියන්නා වූ, අනුන්ගේ දෙයට ආශා කරන්නා වූ, ව්‍යාපාදයෙන් යුක්ත වූ, මිත්‍යාදෘෂ්ටික වූ ක්ෂත්‍රියයා වුනත් කය බිඳී මරණින් මතු අපාය නම් වූ දුගතිය නම් වූ විනිපාත නම් වූ දුගතියේ උපදිනවා. භවත් ගෞතමයාණන් වහන්ස, සතුන් මරන්නා වූ, ...(පෙ).... මිත්‍යාදෘෂ්ටික වූ බ්‍රාහ්මණයා වුනත් කය බිඳී මරණින් මතු අපාය නම් වූ දුගතිය නම් වූ විනිපාත නම් වූ දුගතියේ උපදිනවා. භවත් ගෞතමයාණන් වහන්ස, සතුන් මරන්නා වූ, ...(පෙ).... මිත්‍යාදෘෂ්ටික වූ වෛශ්‍යයා වුනත් කය බිඳී මරණින් මතු අපාය නම් වූ දුගතිය නම් වූ විනිපාත නම් වූ දුගතියේ උපදිනවා. භවත් ගෞතමයාණන් වහන්ස, සතුන් මරන්නා වූ, ...(පෙ).... මිත්‍යාදෘෂ්ටික වූ ශුද්‍රයා වුනත් කය බිඳී මරණින් මතු අපාය නම් වූ දුගතිය නම් වූ විනිපාත නම් වූ දුගතියේ උපදිනවා.

භවත් ගෞතමයාණන් වහන්ස, සතුන් මරන්නා වූ, සොරකම් කරන්නා වූ, වැරදි කාමයෙහි යෙදෙන්නා වූ, බොරු කියන්නා වූ, කේලාම් කියන්නා

වූ, ඵරුෂ වචන කියන්නා වූ, හිස් වචන කියන්නා වූ, අනුන්ගේ දෙයට ආශා කරන්නා වූ, ව්‍යාපාදයෙන් යුක්ත වූ, මිත්‍යාදෘෂ්ඨික වූ ඔය සතර වර්ණයට අයත් සියලු දෙනා ම කය බිඳී මරණින් මතු අපාය නම් වූ දුගතිය නම් වූ විනිපාත නම් වූ දුගතියේ උපදිනවා."

"පින්වත් අස්සලායන, ඉතින් එහෙම නම් 'බ්‍රාහ්මණයන් විතරක් ශ්‍රේෂ්ඨ වර්ණයෙන් යුක්තයි. අන්‍යයන් හීන වර්ණ යි. ....(පෙ).... බ්‍රහ්ම දායාදය යි' කියලා බ්‍රාහ්මණයන් හට කියන්නට පුළුවන් බලය කුමක් ද? ආශ්වාසය කුමක්ද?"

"භවත් ගෞතමයන් වහන්සේ ඔය විදිහට පැවසුවත්, බ්‍රාහ්මණයන් හිතාගෙන ඉන්නේ කලින් කියූ කාරණය ම යි. ඒ කියන්නේ 'බ්‍රාහ්මණයන් විතරක් ශ්‍රේෂ්ඨ වර්ණයෙන් යුක්තයි. අන්‍යයන් හීන වර්ණ යි. ....(පෙ).... බ්‍රහ්ම දායාදය යි' කියලා."

"පින්වත් අස්සලායන, සතුන් මැරීමෙන් වැළකී සිටින, සොරකම් කිරීමෙන් වැළකී සිටින, වැරදි කාමයෙහි යෙදීමෙන් වැළකී සිටින, බොරු කීමෙන් වැළකී සිටින, කේලාම් කීමෙන් වැළකී සිටින, ඵරුෂ වචන කීමෙන් වැළකී සිටින, හිස් වචන කීමෙන් වැළකී සිටින, අනුන්ගේ දෙයට ආශා කිරීමෙන් වැළකී සිටින, ව්‍යාපාදයෙන් වැළකී සිටින, සම්‍යක්දෘෂ්ඨික වූ බ්‍රාහ්මණයා විතරක් ද කය බිඳී මරණින් මතු සුගති සංඛ්‍යාත ස්වර්ග ලොකයෙහි උපදින්නේ? ඇයි ක්ෂත්‍රියයා උපදින්නේ නැද්ද? ඇයි වෛශ්‍යයා උපදින්නේ නැද්ද? ඇයි ශූද්‍රයා උපදින්නේ නැද්ද?

භවත් ගෞතමයාණන් වහන්ස, එකරුණ නොවේ ම යි. සතුන් මැරීමෙන් වැළකී සිටින, සොරකම් කිරීමෙන් වැළකී සිටින, වැරදි කාමයෙහි යෙදීමෙන් වැළකී සිටින, බොරු කීමෙන් වැළකී සිටින, කේලාම් කීමෙන් වැළකී සිටින, ඵරුෂ වචන කීමෙන් වැළකී සිටින, හිස් වචන කීමෙන් වැළකී සිටින, අනුන්ගේ දෙයට ආශා කිරීමෙන් වැළකී සිටින, ව්‍යාපාදයෙන් වැළකී සිටින, සම්‍යක්දෘෂ්ඨික වූ ක්ෂත්‍රියයා වුනත් කය බිඳී මරණින් මතු සුගති සංඛ්‍යාත ස්වර්ග ලෝකයෙහි උපදිනවා. භවත් ගෞතමයාණන් වහන්ස, බ්‍රාහ්මණයා වුනත් ....(පෙ).... වෛශ්‍යයා වුනත් ....(පෙ).... ශූද්‍රයා වුනත් කය බිඳී මරණින් මතු සුගති සංඛ්‍යාත ස්වර්ග ලෝකයෙහි උපදිනවා.

භවත් ගෞතමයාණන් වහන්ස, සතුන් මැරීමෙන් වැළකී සිටින, සොරකම් කිරීමෙන් වැළකී සිටින, වැරදි කාමයෙහි යෙදීමෙන් වැළකී සිටින, බොරු කීමෙන් වැළකී සිටින, කේලාම් කීමෙන් වැළකී සිටින, ඵරුෂ වචන කීමෙන් වැළකී සිටින, හිස් වචන කීමෙන් වැළකී සිටින, අනුන්ගේ දෙයට ආශා කිරීමෙන්

වැළකී සිටින, ව්‍යාපාදයෙන් වැළකී සිටින, සම්‍යක්දෘෂ්ඨික වූ සතර වර්ණයට අයත් සියලු දෙනා ම කය බිඳී මරණින් මතු සුගති සංඛ්‍යාත ස්වර්ග ලෝකයෙහි උපදිනවා.

"පින්වත් අස්සලායන, ඉතින් එහෙම නම් 'බ්‍රාහ්මණයන් විතරක් ශ්‍රේෂ්ඨ වර්ණයෙන් යුක්තයි. අන්‍යයන් හීන වර්ණ යි. ....(පෙ).... බ්‍රහ්ම දායාදය යි' කියලා බ්‍රාහ්මණයන් හට කියන්නට පුළුවන් බලය කුමක් ද? ආශ්වාසය කුමක්ද?"

"භවත් ගෞතමයන් වහන්සේ ඔය විදිහට පැවසුවත්, බ්‍රාහ්මණයන් හිතාගෙන ඉන්නේ කලින් කියූ කාරණය ම යි. ඒ කියන්නේ 'බ්‍රාහ්මණයන් විතරක් ශ්‍රේෂ්ඨ වර්ණයෙන් යුක්තයි. අන්‍යයන් හීන වර්ණ යි. ....(පෙ).... බ්‍රහ්ම දායාදය යි' කියලා."

"පින්වත් අස්සලායන, ඒ ගැන කුමක්ද සිතන්නේ? මේ ප්‍රදේශය පුරාවට අවෛරී වූ, පීඩා රහිත වූ, මෙත් සිත වඩන්නට පුළුවන් වන්නේ බ්‍රාහ්මණයාට විතර ද? ඇයි ක්ෂත්‍රියයාට බැරිද? ඇයි වෛශ්‍යයාට බැරිද? ඇයි ශූද්‍රයාට බැරිද?"

"භවත් ගෞතමයන් වහන්ස, එය එසේ නොවේ. භවත් ගෞතමයන් වහන්ස, මේ ප්‍රදේශය පුරාවට අවෛරී වූ, පීඩා රහිත වූ, මෙත් සිත වඩන්නට ක්ෂත්‍රියයාට ත් පුළුවන්කම තියෙනවා. භවත් ගෞතමයන් වහන්ස, බ්‍රාහ්මණයාටත් ....(පෙ).... පුළුවන්කම තියෙනවා. භවත් ගෞතමයන් වහන්ස, වෛශ්‍යයාටත් ....(පෙ).... පුළුවන්කම තියෙනෙවා. භවත් ගෞතමයන් වහන්ස, ශූද්‍රයාටත් ....(පෙ).... පුළුවන්කම තියෙනවා. භවත් ගෞතමයන් වහන්ස, මේ ප්‍රදේශය පුරාවට අවෛරී වූ, පීඩා රහිත වූ, මෙත් සිත වඩන්නට චතුර් වර්ණයට අයිති ඕනෑම කෙනෙකුට පුළුවන්කම තියෙනවා."

"පින්වත් අස්සලායන, ඉතින් එහෙම නම් 'බ්‍රාහ්මණයන් විතරක් ශ්‍රේෂ්ඨ වර්ණයෙන් යුක්තයි. අන්‍යයන් හීන වර්ණ යි. ....(පෙ).... බ්‍රහ්ම දායාදය යි' කියලා බ්‍රාහ්මණයන් හට කියන්නට පුළුවන් බලය කුමක් ද? ආශ්වාසය කුමක්ද?"

"භවත් ගෞතමයන් වහන්සේ ඔය විදිහට පැවසුවත්, බ්‍රාහ්මණයන් හිතාගෙන ඉන්නේ කලින් කියූ කාරණය ම යි. ඒ කියන්නේ 'බ්‍රාහ්මණයන් විතරක් ශ්‍රේෂ්ඨ වර්ණයෙන් යුක්තයි. අන්‍යයන් හීන වර්ණ යි. ....(පෙ).... බ්‍රහ්ම දායාදය යි' කියලා."

"පින්වත් අස්සලායන, ඒ ගැන කුමක්ද සිතන්නේ? පිට උලන ලණුවත් රැගෙන නදියට ගිහින් වතුර නා දූහුවිලි කුණු සෝදා හරින්නට පුළුවන් වන්නේ බ්‍රාහ්මණයෙකුට විතරක් ද? ඇයි ක්ෂත්‍රියයෙකුට බැරිද? ඇයි වෛශ්‍යයෙකුට බැරිද? ඇයි ශූද්‍රයෙකුට බැරිද?"

"භවත් ගෞතමයන් වහන්ස, එය නොවේ ම යි. භවත් ගෞතමයන් වහන්ස, පිට උලන ලණුවත් අරගෙන නදියට ගිහින් වතුර නා දූහුවිලි කුණු සෝදා හරින්නට ක්ෂත්‍රියයාටත් පුළුවන්කම තියෙනවා. භවත් ගෞතමයාණන් වහන්ස, ...(පෙ).... බ්‍රාහ්මණයාටත් පුළුවන්කම තියෙනවා. භවත් ගෞතමයාණන් වහන්ස, ...(පෙ).... වෛශ්‍යයාටත් පුළුවන්කම තියෙනවා. භවත් ගෞතමයාණන් වහන්ස, ...(පෙ).... ශුද්‍රයාටත් පුළුවන්කම තියෙනවා. භවත් ගෞතමයන් වහන්ස, පිට උලන ලණුවත් අරගෙන නදියට ගිහින් වතුර නා දූහුවිලි කුණු සෝදා හරින්නට චතුර්වර්ණයට අයත් සියලු දෙනාට ම පුළුවන්කම තියෙනවා."

"පින්වත් අස්සලායන, ඉතින් එහෙම නම් 'බ්‍රාහ්මණයන් විතරක් ශ්‍රේෂ්ඨ වර්ණයෙන් යුක්තයි. අන්‍යයන් හීන වර්ණ යි. ....(පෙ).... බ්‍රහ්ම දායාදය යි' කියලා බ්‍රාහ්මණයන් හට කියන්නට පුළුවන් බලය කුමක් ද? ආශ්වාසය කුමක්ද?"

"භවත් ගෞතමයන් වහන්සේ ඔය විදිහට පැවසුවත්, බ්‍රාහ්මණයන් හිතාගෙන ඉන්නේ කලින් කියූ කාරණය ම යි. ඒ කියන්නේ 'බ්‍රාහ්මණයන් විතරක් ශ්‍රේෂ්ඨ වර්ණයෙන් යුක්තයි. අන්‍යයන් හීන වර්ණ යි. ....(පෙ).... බ්‍රහ්ම දායාදය යි' කියලා."

"පින්වත් අස්සලායන, ඒ ගැන කුමක්ද සිතන්නේ? මෙහිලා ඔටුණු පළන් රජ කෙනෙක් නා නා කුලයන්ට අයත් පුරුෂයන් අතුරෙන් සියයක් පුරුෂයන් රැස්කරනවා. 'භවත්නි, මෙහි එත්වා. යමෙක් ක්ෂත්‍රීය කුලයේ උපන්නා ද, යමෙක් බ්‍රාහ්මණ කුලයේ උපන්නා ද, යමෙක් වෙනත් රජ කුලයක උපන්නා ද, ඔවුන් සල් ගසක වේවා, සලල ගසක වේවා, සඳුන් ගසක වේවා, ලීයෙන් කළ උත්තරාරණිය නම් වූ ගිනිගානා දණ්ඩ ගෙන ගිනි දල්වත්වා! තේජස පහළ කරත්වා! භවත්නි, දෙවනුව මෙහි එත්වා. යමෙක් චණ්ඩාල කුලයෙන් හෝ, නේසාද කුලයෙන් හෝ, වේණ කුලයෙන් හෝ, රථකාර කුලයෙන් හෝ, පුක්කුස කුලයෙන් හෝ උපන් කෙනෙක් ඇද්ද, ඔවුන් පැමිණෙත්වා! ඔවුන් ද සතුන් පැන් බොන දෙණියෙන් ලත් ලීයෙන් කළ, ඌරන් බුදින දෙණියෙන් ලත් ලීයෙන් කළ, රෙදි අපුල්ලන්නන් සෝදන දෙණියෙන් ලත් ලීයෙන් කළ, එහෙමත් නැත්නම් ඒලණ්ඩ නම් නීච වර්ගයේ ලීයෙන් කළ උත්තරාරණිය ගෙන ගිනි දල්වත්වා! තේජස පහළ කරත්වා!'

එතකොට පින්වත් අස්සලායන, ඒ ගැන කුමක් ද සිතන්නේ? ක්ෂත්‍රීය කුලයෙන් හෝ බමුණු කුලයෙන් හෝ වෙනත් රජ පවුලකින් හෝ උපන් කෙනා විසින් සල්ලීයෙන් කළ හෝ සලල ලීයෙන් කළ හෝ, සඳුන් ලීයෙන් කළ හෝ පදුම ලීයෙන් කළ හෝ උත්තරාරණයක් ගෙන දල්වන යම් ගින්නක් ඇද්ද, පහළ කළ යම් තේජසක් ඇද්ද, මෙම ගින්නෙහි විතර ද දැල්ල තියෙන්නේ? මෙම

ගින්නෙහි විතර ද එළිය තියෙන්නේ? මෙම ගින්න විතර ද ප්‍රභාෂ්වර වන්නේ? ගින්නකින් යමක් කළ යුතුද, එය කළ හැක්කේ එම ගින්නෙන් විතරද?

ඒ වගේ ම චණ්ඩාල කුලයෙන් හෝ නේසාද කුලයෙන් හෝ වේණ කුලයෙන් හෝ රථකාර කුලයෙන් හෝ පුක්කුස කුලයෙන් හෝ උපන් අය විසින් සතුන් පැන් බොන දෙණියට අයත් ලීයෙන් කළ හෝ ඌරන් බුදින තැන ලීයෙන් කළ හෝ රජකයන් රෙදි සෝදන තැන ලීයෙන් කළ හෝ ඒලණ්ඩ ලීයෙන් කළ හෝ උත්තරාරණිය ගෙන දල්වන යම් ගින්නක් ඇද්ද, පහළ කරන යම් තේජසක් ඇද්ද, එම ගින්නෙහි දැල්ලක් නැද්ද? එම ගින්නෙහි එළියක් නැද්ද? එම ගින්න ප්‍රභාෂ්වර නැද්ද? ගින්නකින් යමක් කළ යුතුද, එය ඒ ගින්නෙන් කරන්නට බැරිද?"

"භවත් ගෞතමයන් වහන්ස, එය එසේ නොවේ. භවත් ගෞතමයන් වහන්ස, ක්ෂත්‍රිය කුලයෙන් හෝ බමුණු කුලයෙන් හෝ වෙනත් රජ පවුලකින් හෝ උපන් කෙනා විසින් සල්ලීයෙන් කළ හෝ සලල ලීයෙන් කළ හෝ, සඳුන් ලීයෙන් කළ හෝ පදුම ලීයෙන් කළ හෝ උත්තරාරණයක් ගෙන දල්වන යම් ගින්නක් ඇද්ද, පහළ කළ යම් තේජසක් ඇද්ද, මෙම ගින්නෙහි ත් දැල්ල තියෙනවා. මෙම ගින්නෙහිත් එළිය තියෙනවා. මෙම ගින්න ත් ප්‍රභාෂ්වර යි. ගින්නකින් යමක් කළ යුතුද, එය මෙම ගින්නෙනුත් කරන්නට පුළුවන්.

ඒ වගේ ම භවත් ගෞතමයන් වහන්ස, චණ්ඩාල කුලයෙන් හෝ නේසාද කුලයෙන් හෝ වේණ කුලයෙන් හෝ රථකාර කුලයෙන් හෝ පුක්කුස කුලයෙන් හෝ උපන් අය විසින් සතුන් පැන් බොන දෙණියට අයත් ලීයෙන් කළ හෝ ඌරන් බුදින තැන ලීයෙන් කළ හෝ රජකයන් රෙදි සෝදන තැන ලීයෙන් කළ හෝ ඒලණ්ඩ ලීයෙන් කළ හෝ උත්තරාරණිය ගෙන දල්වන යම් ගින්නක් ඇද්ද, පහළ කරන යම් තේජසක් ඇද්ද, එම ගින්නෙහි ත් දැල්ලක් තියෙනවා. එම ගින්නෙහි ත් එළියක් තියෙනවා. එම ගින්න ත් ප්‍රභාෂ්වර යි. ගින්නකින් යමක් කළ යුතුද, එය ඒ ගින්නෙනුත් කරන්නට පුළුවන්."

"පින්වත් අස්සලායන, ඉතින් එහෙම නම් 'බ්‍රාහ්මණයන් විතරක් ශ්‍රේෂ්ඨ වර්ණයෙන් යුක්තයි. අන්‍යයන් හීන වර්ණ යි. ....(පෙ).... බ්‍රහ්ම දායාදය යි' කියලා බ්‍රාහ්මණයන් හට කියන්නට පුළුවන් බලය කුමක් ද? ආශ්වාසය කුමක්ද?"

"භවත් ගෞතමයන් වහන්සේ ඔය විදිහට පැවසුවත්, බ්‍රාහ්මණයන් හිතාගෙන ඉන්නේ කලින් කියූ කාරණය ම යි. ඒ කියන්නේ 'බ්‍රාහ්මණයන් විතරක් ශ්‍රේෂ්ඨ වර්ණයෙන් යුක්තයි. අන්‍යයන් හීන වර්ණ යි. ....(පෙ).... බ්‍රහ්ම දායාදය යි' කියලා."

"පින්වත් අස්සලායන, ඒ ගැන කුමක්ද සිතන්නේ? මෙහිලා ක්ෂත්‍රිය කුමාරයෙක් බ්‍රාහ්මණ කුමාරියක සමඟ අඹුසැමියන් වශයෙන් ඉන්නවා. ඔවුන් ගේ එක්වීම නිසා ඔවුන්ට පුතෙක් ලැබෙනවා. එතකොට යම් මේ ක්ෂත්‍රිය කුමාරයෙකු නිසා බ්‍රාහ්මණ කන්‍යාවකට උපන් පුතෙක් වෙයි ද, මේ දරුවාට මව් ගේ හැඩරුවත් තියෙනවා. පියා ගේ හැඩරුවත් තියෙනවා. එතකොට මොහුට ක්ෂත්‍රියයෙක් කියල ද කියන්නට ඕන? බ්‍රාහ්මණයෙක් කියල ද කියන්නට ඕන?"

"භවත් ගෞතමයන් වහන්ස, යම් මේ ක්ෂත්‍රිය කුමාරයෙකු නිසා බ්‍රාහ්මණ කන්‍යාවකට උපන් පුතෙක් වෙයි ද, මේ දරුවාට මව් ගේ හැඩරුවත් තියෙනවා නම්, පියා ගේ හැඩරුවත් තියෙනවා නම්, එතකොට මොහුට ක්ෂත්‍රියයෙක් කියල ත් කිව යුතුයි. බ්‍රාහ්මණයෙක් කියල ත් කිව යුතුයි."

"පින්වත් අස්සලායන, ඒ ගැන කුමක්ද සිතන්නේ? මෙහිලා බ්‍රාහ්මණ කුමාරයෙක් ක්ෂත්‍රිය කුමාරියක සමඟ අඹුසැමියන් වශයෙන් ඉන්නවා. ඔවුන් ගේ එක්වීම නිසා ඔවුන්ට පුතෙක් ලැබෙනවා. එතකොට යම් මේ බ්‍රාහ්මණ කුමාරයෙකු නිසා ක්ෂත්‍රිය කන්‍යාවකට උපන් පුතෙක් වෙයි ද, මේ දරුවාට මව් ගේ හැඩරුවත් තියෙනවා. පියා ගේ හැඩරුවත් තියෙනවා. එතකොට මොහුට ක්ෂත්‍රියයෙක් කියල ද කියන්නට ඕන? බ්‍රාහ්මණයෙක් කියල ද කියන්නට ඕන?"

"භවත් ගෞතමයන් වහන්ස, යම් මේ බ්‍රාහ්මණ කුමාරයෙකු නිසා ක්ෂත්‍රිය කන්‍යාවකට උපන් පුතෙක් වෙයි ද, මේ දරුවාට මව් ගේ හැඩරුවත් තියෙනවා නම්, පියා ගේ හැඩරුවත් තියෙනවා නම්, එතකොට මොහුට ක්ෂත්‍රියයෙක් කියල ත් කිව යුතුයි. බ්‍රාහ්මණයෙක් කියල ත් කිව යුතුයි."

"පින්වත් අස්සලායන, ඒ ගැන කුමක්ද සිතන්නේ? මෙහිලා වෙළඹක් බූරුවෙක් සමඟ අඹුසැමියන් වශයෙන් වාසය කොට පැටියෙක් ලැබුනොත්, එතකොට ඒ පැටියා ලැබුනේ බූරුවෙකු නිසා වෙළඹකට නෙව. ඉතින් ඒ පැටියාට මව් ගේ හැඩයත් තියෙනවා. පියා ගේ හැඩයත් තියෙනවා. එතකොට ඒ පැටියාට අශ්වයා කිව යුතුද? බූරුවා කිව යුතුද?"

"භවත් ගෞතමයන් වහන්ස, වෙළඹගෙන් උපන් ඒ පැටියාට කියන්නේ අශ්වතර කියල යි. භවත් ගෞතමයන් වහන්ස, ඒ සතා ගේ පැහැදිලි වෙනසක් දකින්නට ලැබෙනවා. නමුත් මෙකරුණෙහි ලා මනුෂ්‍යයන් ගේ නම් වෙනසක් දකින්නට නැහැ."

"පින්වත් අස්සලායන, මෙහිලා එක මව්කුසින් උපන් සොහොයුරු මාණවකයන් දෙදෙනෙක් ඉන්නවා. එක්කෙනෙක් උපනයන කොට වේද

මන්ත්‍ර හදාරණවා. අනෙකා උපනයන කරල ත් නෑ. වේද මන්ත්‍ර හදාරලත් නෑ. එතකොට මතකබත් දානයක දී වේවා, තලි දානයක දී වේවා, යාගබතක දී වේවා, ආගන්තුක බතක දී වේවා, පළමුවෙන් ම අනුභව කරවන්නේ කාටද?"

"භවත් ගෞතමයන් වහන්ස, මෙහිලා යම් මාණවකයෙක් උපනයන කොට, වේද මන්ත්‍ර හදාරලා තියෙනවා ද, බ්‍රාහ්මණයන් මතකබත් දානයක දී වේවා, තලි දානයක දී වේවා, යාගබතක දී වේවා, ආගන්තුක බතක දී වේවා, පළමුවෙන් ම අනුභව කරවන්නේ ඔහුට යි. භවත් ගෞතමයන් වහන්ස, කිම? උපනයන නො කළ, වේද මන්ත්‍ර නො හදාළ කෙනෙකුට දුන් දෙය මහත්ඵල මහානිසංස වන්නේ ද?"

"පින්වත් අස්සලායන, ඒ ගැන කුමක්ද සිතන්නේ? මෙහිලා එක මව්කුසින් උපන් සොහොයුරු මාණවකයන් දෙදෙනෙක් ඉන්නවා. එක්කෙනෙක් උපනයන කරලා වේද මන්ත්‍ර හදාරනවා. හැබැයි දුස්සීල යි. පාප ධර්මයන් ගෙන් යුක්තයි. අනිකා උපනයන කරලා නෑ. වේද මන්ත්‍ර හදාරලත් නෑ. හැබැයි සීලවන්තයි. කල්‍යාණ ධර්මයන් ගෙන් යුක්තයි. එතකොට බ්‍රාහ්මණයන් මතකබත් දානයක දී වේවා, තලි දානයක දී වේවා, යාගබතක දී වේවා, ආගන්තුක බතක දී වේවා, පළමුවෙන් ම අනුභව කරවන්නේ කාටද?"

"භවත් ගෞතමයන් වහන්ස, යමෙක් සීලවන්ත ද, කල්‍යාණ ධර්මයන් ගෙන් යුක්තයි ද, බ්‍රාහ්මණයන් මතකබත් දානයක දී වේවා, තලි දානයක දී වේවා, යාගබතක දී වේවා, ආගන්තුක බතක දී වේවා, පළමුවෙන් ම අනුභව කරවන්නේ ඔහුට යි. භවත් ගෞතමයන් වහන්ස, කිම? පාප ධර්ම ඇති දුස්සීලයෙකුට දෙන ලද්ද මහත්ඵල මහානිසංස වන්නේ ද?"

"පින්වත් අස්සලායන, ඔබ කලින් උපන් කුලයට ගියා. උපන් කුලයට ගිහින් ඊට පස්සේ වේද හැදෑරීමට ගියා. වේද හැදෑරීමට ගිහින් තපසට ආවා. තපසට ගිහින් මං යම් චතුර්වර්ණයට පොදු පිරිසිදු වීමක් ගැන කියනවා ද, ඒ මතයට ආවා."

මෙසේ වදාළ විට අස්සලායන මාණවකයා නිශ්ශබ්ද වුනා. කරකියා ගන්නට දෙයක් නැතිවුනා. කඳ පහත් කර ගත්තා. මුහුණ යටට හරවගත්තා. කල්පනාවට වැටුනා. වැටහීම් රහිතව වාඩිව සිටියා.

එකල්හි නිශ්ශබ්දව, කරකියාගත නො හැකිව, කඳ පහත් කොට, මුහුණ යටට හරවා ගෙන, කල්පනාවට වැටී, වැටහීම් රහිතව වාඩිවී සිටින අස්සලායන මාණවකයා හට මෙය වදළා.

"පින්වත් අස්සලායන, වනාන්තරයෙහි පන්සල්වල වේද මන්ත්‍ර හදාරණ බ්‍රාහ්මණ ඍෂිවරු සත්දෙනෙකුට මෙවැනි පාපී දෘෂ්ටියක් ඇතිවුනා. 'බ්‍රාහ්මණ වර්ණය තමයි ශ්‍රේෂ්ඨ. අන්‍ය වර්ණ හීන යි ....(පෙ).... බ්‍රහ්ම දායාදය යි' කියලා. පින්වත් අස්සලායන, අසිත දේවල ඍෂිවරයාට වනාන්තරයෙහි පන්සල්වල වේද මන්ත්‍ර හදාරණ බ්‍රාහ්මණ ඍෂිවරු සත්දෙනෙකුට මෙවැනි පාපී දෘෂ්ටියක් ඇතිවුන බව අසන්නට ලැබුනා. ඒ කියන්නේ 'බ්‍රාහ්මණ වර්ණය තමයි ශ්‍රේෂ්ඨ. අන්‍ය වර්ණ හීන යි. ....(පෙ).... බ්‍රහ්ම දායාදය යි' කියලා. පින්වත් අස්සලායන, එතකොට අසිත දේවල ඍෂිවරයා කෙස් රැවුල් කපා මදටිය පැහැයෙන් යුතු වස්ත්‍ර පොරොවා ගෙන ලී මිරිවැඩි පයෙහි ලා, රන්මුවා සැරයටියක් ගෙන බ්‍රාහ්මණ ඍෂිවරුන් සත්දෙනා ගේ පන්සල් ඉදිරියෙහි පහළ වුනා.

ඉතින් පින්වත් අස්සලායන, අසිත දේවල ඍෂිවරයා බ්‍රාහ්මණ ඍෂිවරුන් සත් දෙනා ගේ පන්සලෙහි සක්මන් කරමින් මෙය කිව්වා. 'දැන් මේ භවත් ඍෂිවරුන් කොයිබ ගිහින් ද? දැන් මේ භවත් ඍෂිවරුන් කොයිබ ගිහින් ද?' එවිට පින්වත් අස්සලායන, අර බ්‍රාහ්මණ ඍෂිවරුන්ට මෙය සිතුනා. 'ගමේ කොල්ලෙක් වැනි මේ පුද්ගලයා බ්‍රාහ්මණ ඍෂිවරු සත්දෙනා ගේ පන්සල ඉදිරියේ සක්මන් කරමින් 'දැන් මේ භවත් ඍෂිවරුන් කොයිබ ගිහින් ද? දැන් මේ භවත් ඍෂිවරුන් කොයිබ ගිහින් ද?' කිය කියා ඇවිදින හැටි. හොඳයි අපි මොහුට ශාප කරමු' කියලා පින්වත් අස්සලායන, ඒ බ්‍රාහ්මණ ඍෂිවරුන් සත්දෙනා අසිත දේවල ඍෂිවරයාට 'ඒයි වසලය, අළුවෙලා පලයන්' කියලා ශාප කළා. එතකොට පින්වත් අස්සලායන, ඒ බ්‍රාහ්මණ ඍෂිවරුන් සත්දෙනා යම් යම් අයුරින් අසිත දේවල ඍෂිවරයාට ශාප කරත් කරත් ම, අසිත දේවල ඍෂිවරයා වඩ වඩාත් රූප සෝභා සම්පන්න වුනා. වඩ වඩාත් දර්ශනීය වුනා. වඩ වඩාත් පැහැපත් වුනා.

එතකොට පින්වත් අස්සලායන, බ්‍රාහ්මණ ඍෂිවරුන් සත්දෙනාට මෙහෙම සිතුනා. 'අහෝ අප ගේ තපස හිස් දෙයක්. බ්‍රහ්මචරියාව ඵල රහිත දෙයක්. අපි ඉස්සර යමෙකුට 'ඒයි වසලය, අළුවෙලා පලයන්' කියන කොට අළුවෙලා යනවා. නමුත් දැන් අපි යම් යම් අයුරින් ශාප කරයි ද, වඩ වඩාත් රූ සෝභා ඇතිවෙනවා නෙව. වඩ වඩාත් දර්ශනීය වෙනවා නෙව. වඩ වඩාත් පැහැපත් වෙනවා නෙව' කියලා.

'භවතුන් ගේ තපස හිස් දෙයක් නොවේ. භවතුන් ගේ බ්‍රහ්මචරියාව ඵල රහිත දෙයකුත් නොවේ. සැබැවින් ම භවත්නි, මා කෙරෙහි ඔබ මනසෙහි යම් ද්වේෂයක් ඇද්ද, එය අත්හැර දමන්න.'

'භවතාණන් කෙරෙහි අප මනසෙහි යම් ද්වේශයක් ඇද්ද, එය අපි අත්හැර දමන්නම්. භවත, සැබැවින් ම ඔබ කවුද?' 'භවතුන් විසින් අසිත දේවල ඍෂිවරයා ගැන අසා තිබෙනවා ද?' 'එසේය භවත' 'ඒ මං තමයි'

එවිට පින්වත් අස්සලායන, බ්‍රාහ්මණ ඍෂිවරුන් සත් දෙනා අසිත දේවල ඍෂිවරයාට වන්දනා කරන්නට පැමිණුනා. පින්වත් අස්සලායන, අසිත දේවල ඍෂිවරයා බ්‍රාහ්මණ ඍෂිවරු සත්දෙනාට මෙය පැවසුවා. 'භවත්නි, මට මෙය අසන්නට ලැබුනා. එනම්, වනාන්තරයෙහි පන්සල්වල වේද මන්ත්‍ර හදාරණ බ්‍රාහ්මණ ඍෂිවරු සත්දෙනෙකුට මෙවැනි පාපී දෘෂ්ටියක් ඇතිවෙලා තියෙනවා. 'බ්‍රාහ්මණ වර්ණය තමයි ශ්‍රේෂ්ඨ. අන්‍ය වර්ණ හීන යි. ....(පෙ).... බ්‍රහ්ම දායාදය යි' කියලා.' 'එසේය භවත'

'භවත්නි, ඔබ බිහිකළ යම් මව් කෙනෙක් ඇද්ද, ඇය ඔබව ඉපැද්දුවේ බමුණෙකු කරා ගිහින් ද? අබ්‍රාහ්මණයෙකු කරා ගිහින් ද කියා ඔබ දන්නවා ද?' 'භවත, එය අපි දන්නෙ නැහැ.' 'එසේ නම් භවත්නි, ඔබ වැදූ යම් මවක් ඇද්ද, ඒ මව් ගේ සත්වැනි මිත්තණී යුගය දක්වා ඒ සියළු බ්‍රාහ්මණ කාන්තාවන් බ්‍රාහ්මණයන් වෙත ම ගිහින් තියෙනවා. අබ්‍රාහ්මණයන් වෙත ගිහින් නැත කියා දන්නවා ද?' 'භවත්නි. එසේ දන්නෙත් නැහැ.'

'භවත්නි, ඔබලා ජාතක කළ යම් පිය කෙනෙක් ඇද්ද, ඔහු බැමිණියක කරා පමණක් ගිය කෙනෙක් ද? අබ්‍රාහ්මණියක කරා ගිහින් නැද්ද? කියා ඔබ දන්නවා ද?' 'භවත, එය අපි දන්නෙ නැහැ.' 'එසේ නම් භවත්නි, ඔබ ජාතක කළ යම් පියෙක් ඇද්ද, ඒ පියා ගේ සත්වැනි මුත්තනු යුගය දක්වා ඒ සියළු බ්‍රාහ්මණයන් බ්‍රාහ්මණියන් වෙත පමණක් ගිහින් තියෙනවා. අබ්‍රාහ්මණියන් වෙත ගිහින් නැත කියා දන්නවා ද?' 'භවත්නි. එසේ දන්නෙත් නැහැ.'

'භවත්නි, ඔබලා මව්කුසක උපදින ආකාරය දන්නවා ද?'

'භවත, අපි මව්කුසක උපදින ආකාරය දන්නවා. ඒ කියන්නේ එහිලා මව ත්, පියා ත් අඹුසැමියන් වශයෙන් එක්වෙන්නට ඕන. මව ත්, ඍතු වෙන කෙනෙක් වෙන්නට ඕන. ගන්ධබ්බයෙක් පැමිණෙන්නටත් ඕන. මේ කරුණු තුනේ එක්වීමෙන් තමයි මව්කුසක ඉපදීමක් සිද්ධ වෙන්නේ'

'එහෙම නම් භවත්නි, ඔබ ඒකාන්ත වශයෙන් ම දන්නවා ද, ඒ ගන්ධබ්බයා ක්ෂත්‍රීයෙක් ය කියලා. එහෙම නැත්නම් බ්‍රාහ්මණයෙක් ය කියලා. එහෙම නැත්නම් වෛශ්‍යයෙක් ය කියලා. එහෙම නැත්නම් ශුද්‍රයෙක් ය කියලා?'

'භවත, අපි ඒ ගන්ධබ්බයා ක්ෂත්‍රීයයෙක් ද, බ්‍රාහ්මණයෙක් ද, වෛශ්‍යයෙක් ද, ශුද්‍රයෙක් ද කියලා ඒකාන්ත කොට කියන්නට දන්නෙ නැහැ.'

'භවත්නි, එහෙම නම් ඔබලා දන්නවා ද ඔබලා කවුද කියලා?'

'භවත, එසේ ඇති කල්හි සැබැවින් ම අපි කවුද කියලා අපිවත් දන්නෙ නැහැ.'

පින්වත් අස්සලායන, මෙසේ ඒ බ්‍රාහ්මණ ඍෂිවරුන් සත්දෙනාට අසිත දේවල ඍෂිවරයා විසින් තමන් ගේ ජාතිවාදයෙන් කරුණු පෙන්වා කියද්දී, කරුණු මතුකොට කියද්දී, ප්‍රශ්න කරද්දී පිළිතුරු දීගන්නට බැරි වුනා. එහෙම එකේ ඔබ මා විසින් තමුන් ගේ ජාතිවාදය ගැන කරුණු කියද්දී, මතුකොට පෙන්වද්දී, පැහැදිලිව සාධක පෙන්වා දෙද්දී ඔබ කෙසේ නම් පිළිතුරු සපයන්ට ද? ආචාර්යවරයන් සහිත වූ ඔබ ඒ බ්‍රාහ්මණ ඍෂිවරුන් ගේ යාග හැන්දවත් ගන්නට තරම් පූර්ණ නැහැ."

මෙසේ වදාළ කල්හී අස්සලායන මාණවකයා භාග්‍යවතුන් වහන්සේට මෙය වදාළා. "භවත් ගෞතමයන් වහන්ස, ඉතා සුන්දරයි! ....(පෙ).... භවත් ගෞතමයන් වහන්සේ අද පටන් දිවි හිමියෙන් තෙරුවන් සරණ ගිය උපාසකයෙකු වශයෙන් මාව පිළිගන්නා සේක්වා!"

සාදු! සාදු!! සාදු!!!

අස්සලායන බ්‍රාහ්මණයාට වදාළ දෙසුම නිමා විය.

2.5.4.
ඝෝටමුඛ සූත්‍රය
ඝෝටමුඛ බ්‍රාහ්මණයාට වදාළ දෙසුම

මා හට අසන්නට ලැබුනේ මේ විදිහට යි. එසමයෙහි ආයුෂ්මත් උදේන තෙරුන් වහන්සේ වැඩසිටියේ බරණැස ඛේමිය නම් වූ අඹ වනයෙහි. ඒ දිනවල ඝෝටමුඛ බ්‍රාහ්මණයා කිසියම් කරුණකට බරණැසට පැමිණ සිටියා. එදා ඝෝටමුඛ බ්‍රාහ්මණයා ව්‍යායාම පිණිස සක්මන් කරමින්, ඔබ මොබ ඇවිදිමින් සිටිය දී ඛේමිය අඹවනයට පැමිණුනා. එවේලෙහි ආයුෂ්මත් උදේනයන් වහන්සේ එළිමහනේ සක්මන් කරනවා.

එවිට ඝෝටමුඛ බ්‍රාහ්මණයා ආයුෂ්මත් උදේන තෙරුන් වෙත පැමිණුනා. පැමිණ ආයුෂ්මත් උදේනයන් සමඟ සතුටු වුනා. සතුටු විය යුතු පිළිසඳර කතාව කොට ආයුෂ්මත් උදේන තෙරුන් සමඟ ම සක්මන් කරමින් මෙසේ කිව්වා. "එම්බා ශ්‍රමණය, පැවිදි ජීවිතය ධාර්මික නැහැ. මං ඔය ගැන සිතන්නේ එහෙම තමයි. එයත් භවතාණන් වැනියනුත් නො දක්ම පිණිස යි. ඒ වගේ ම ඒ පිළිබඳව යම් ධර්මයක් ඇද්ද, එය නො දක්ම පිණිස යි."

මෙසේ පැවසූ විට ආයුෂ්මත් උදේන තෙරුන් සක්මන් කිරීම නවත්වා විහාරයට පිවිස පණවන ලද අසුනෙහි වැඩසිටියා. ඝෝටමුඛ බ්‍රාහ්මණයා ද, සක්මන් කිරීම නවතා විහාරයට පිවිස එකත්පස්ව සිටගත්තා. එකත්පස්ව සිටි ඝෝටමුඛ බ්‍රාහ්මණයාට ආයුෂ්මත් උදේන තෙරුන් මෙය පැවසුවා. "පින්වත් බ්‍රාහ්මණය, ආසන තියෙනවා නෙව. කැමති නම් වාඩිවෙන්න."

"අපි භවත් උදේනයන් ගේ වචනය බලාපොරොත්තු වෙමිනුයි හිඳ නො ගත්තේ. මං වැනි කෙනෙක් ඇරයුමකින් තොරව ආසනයක වාඩි වීම කළ යුතු යැයි කෙසේ නම් සිතා ගන්නට ද?" කියා ඝෝටමුඛ බ්‍රාහ්මණයා එක්තරා කුඩා අසුනක් ගෙන එකත්පස්ව වාඩිවුනා. එකත්පස්ව හිඳ ගත් ඝෝටමුඛ බ්‍රාහ්මණයා ආයුෂ්මත් උදේනයන්ට මෙය පැවසුවා. "එම්බා ශ්‍රමණය, පැවිදි ජීවිතය ධාර්මික නැහැ. මං ඔය ගැන සිතන්නේ එහෙම තමයි. එයත් භවතාණන් වැනියනුත් නො දක්ම පිණිස යි. ඒ වගේ ම ඒ පිළිබඳව යම් ධර්මයක් ඇද්ද, එය නො දක්ම පිණිස යි."

"පින්වත් බ්‍රාහ්මණය, ඉදින් ඔබ එකඟ විය යුතු මගේ වචනයට එකඟ වෙනවා නම්, ප්‍රතික්ෂේප කළ යුතු මගේ බස ප්‍රතික්ෂේප කරනවා නම්, ඒ වගේ ම මා කියන දෙයෙහි අර්ථය දන්නෙ නැත්නම් එය මගෙන් ම 'භවත් උදේන, මෙය කෙසේ ද? මෙහි අර්ථය කුමක් ද?' කියා විමසනවා නම්, පමණක් මෙහිලා අප ගේ කතා සල්ලාපය ඉදිරියට ගෙනයන්නට පුළුවනි."

"මම භවත් උදේනයන් ගේ එකඟ විය යුතු වචනයට එකඟ වෙන්නම්. ප්‍රතික්ෂේප කළ යුතු දෙය ප්‍රතික්ෂේප කරන්නම්. ඒ වගේ ම භවත් උදේනයන් පවසන දෙය තුළ යමක් දන්නෙ නැත්නම්, භවත් උදේනයන් ගෙන් 'භවත් උදේන, මෙය කෙසේ ද? මෙහි අර්ථය කුමක් ද?' කියා විමසන්නම්. මෙසේ ඇති කල්හි අප ගේ කතා සල්ලාපය වේවා!"

"පින්වත් බ්‍රාහ්මණය, ලෝකයෙහි මේ පුද්ගලයන් සතර දෙනෙක් දකින්නට ලැබෙනවා. කවර පුද්ගලයන් සතර දෙනෙක් ද යත්; පින්වත් බ්‍රාහ්මණය, මෙහිලා එක්තරා පුද්ගලයෙක් ඉන්නවා. ඔහු තමාව පීඩාවට පත්කර ගන්නා කෙනෙක්. තමාව පීඩාවට පත්කර ගන්නා වැඩපිළිවෙලෙහි බැසගත් කෙනෙක්.

ඒ වගේ ම පින්වත් බ්‍රාහ්මණය, තව පුද්ගලයෙක් ඉන්නවා. ඔහු අනුන්ව පීඩාවට පත්කරන කෙනෙක්. අනුන්ව පීඩාවට පත් කරන වැඩපිළිවෙලෙහි බැසගත් කෙනෙක්.

ඒ වගේ ම පින්වත් බ්‍රාහ්මණය, තව පුද්ගලයෙක් ඉන්නවා. ඔහු තමාව පීඩාවට පත්කර ගන්නා කෙනෙක්. තමාව පීඩාවට පත්කර ගන්නා වැඩපිළිවෙලෙහි බැසගත් කෙනෙක්. ඒ වගේ ම අනුන්වත් පීඩාවට පත්කරන කෙනෙක්. අනුන්ව පීඩාවට පත් කරන වැඩපිළිවෙලෙහි බැසගත් කෙනෙක්.

ඒ වගේ ම පින්වත් බ්‍රාහ්මණය, තව පුද්ගලයෙක් ඉන්නවා. ඔහු තමාව පීඩාවට පත් නො කරගන්නා කෙනෙක්. තමාව පීඩාවට පත් නො කර ගන්නා වැඩපිළිවෙලෙහි බැසගත් කෙනෙක්. ඒ වගේ ම අනුන්වත් පීඩාවට පත් නො කරන කෙනෙක්. අනුන්ව පීඩාවට පත් නො කරන වැඩපිළිවෙලෙහි බැසගත් කෙනෙක්. ඉතින් ඔහු තමාව පීඩාවට පත් නො කරමින්, අනුන්ව පීඩාවට පත් නො කරමින්, මෙලොව දී ම තෘෂ්ණා රහිතව නිවී යන කෙනෙක්. සිහිල් වූ කෙනෙක්. සැප විඳින කෙනෙක්. ශ්‍රේෂ්ඨ වූ ජීවිතයක් ඇතිව වසන කෙනෙක්.

පින්වත් බ්‍රාහ්මණය, මේ පුද්ගලයන් සතර දෙනා ගෙන් ඔබ ගේ සිත පහදින්නේ කවර පුද්ගලයෙකුට ද?"

"භවත් උදේනයෙනි, යම් මේ පුද්ගලයෙක් තමාව පීඩාවට පත්කර ගන්නවා ද, තමාව පීඩාවට පත්කර ගන්නා වැඩපිළිවෙලෙහි බැසගෙන ඉන්නවා ද මේ පුද්ගලයා ගැන මගේ සිත පහදින්නේ නැහැ.

ඒ වගේ ම භවත් උදේනයෙනි, යම් මේ පුද්ගලයෙක් අනුන්ව පීඩාවට පත්කරනවා ද, අනුන්ව පීඩාවට පත් කරන වැඩපිළිවෙලෙහි බැසගෙන ඉන්නවා ද මේ පුද්ගලයා ගැන ත් මගේ සිත පහදින්නේ නැහැ.

භවත් උදේනයෙනි, යම් මේ පුද්ගලයෙක් තමාව පීඩාවට පත්කර ගන්නවා ද, තමාව පීඩාවට පත්කර ගන්නා වැඩපිළිවෙලෙහි බැසගෙන ඉන්නවා ද, ඒ වගේ ම අනුන්ව පීඩාවට පත්කරනවා ද, අනුන්ව පීඩාවට පත් කරන වැඩපිළිවෙලෙහි බැසගෙන ඉන්නවා ද, මේ පුද්ගලයා ගැන ත් මගේ සිත පහදින්නේ නැහැ.

භවත් උදේනයෙනි, යම් මේ පුද්ගලයෙක් තමාව පීඩාවට පත් නො කර ගන්නවා ද, තමාව පීඩාවට පත් නො කර ගන්නා වැඩපිළිවෙලෙහි බැසගෙන ඉන්නවා ද, ඒ වගේ ම අනුන්ව පීඩාවට පත් නො කරනවා ද, අනුන්ව පීඩාවට පත් නො කරන වැඩපිළිවෙලෙහි බැසගෙන ඉන්නවා ද, ඉතින් ඔහු තමාව පීඩාවට පත් නො කරමින්, අනුන්ව පීඩාවට පත් නො කරමින්, මෙලොව දී ම තෘෂ්ණා රහිතව නිවී යයි ද, සිහිල් වී යයි ද, සැප විඳී ද, ශ්‍රේෂ්ඨ වූ ජීවිතයක් ඇතිව වාසය කරයි ද, මේ පුද්ගලයා ගැන තමයි මගේ සිත පහදින්නේ."

"පින්වත් බ්‍රාහ්මණය, ඔබට අර කලින් කිවූ පුද්ගලයන් තුන් දෙනා ගැන සිත නො පහදින්නේ මන්ද?"

"භවත් උදේනයෙනි, යම් මේ පුද්ගලයෙක් ඉන්නවා. ඔහු තමාව පීඩාවට පත්කර ගන්නවා නම්, තමාව පීඩාවට පත්කර ගන්නා වැඩපිළිවෙලෙහි බැසගෙන ඉන්නවා නම්, ඔහු සැපය කැමති, දුක අකමැති තමාව යි පීඩාවට පත් කරගන්නේ. දුකට පත් වෙන්නේ. මෙන්න මේ කාරණය නිසයි, මේ පුද්ගලයා ගැන මගේ සිත නො පහදින්නේ.

භවත් උදේනයෙනි, යම් මේ පුද්ගලයෙක් ඉන්නවා. ඔහු අනුන්ව පීඩාවට පත්කරනවා නම්, අනුන්ව පීඩාවට පත්කරන වැඩපිළිවෙලෙහි බැසගෙන ඉන්නවා නම්, ඔහු සැපය කැමති, දුක අකමැති අනුන්ව යි පීඩාවට පත් කරන්නේ. දුකට පත් කරන්නේ. මෙන්න මේ කාරණය නිසයි, මේ පුද්ගලයා ගැන මගේ සිත නො පහදින්නේ.

භවත් උදේනයෙනි, යම් මේ පුද්ගලයෙක් ඉන්නවා. ඔහු තමාව පීඩාවට පත්කර ගන්නවා නම්, තමාව පීඩාවට පත්කර ගන්නා වැඩපිළිවෙලෙහි

බැසගෙන ඉන්නවා නම්, ඔහු සැපය කැමති, දුක අකමැති තමාව යි පීඩාවට පත් කරගන්නේ. දුකට පත් වෙන්නේ. ඔහු අනුන්ව පීඩාවට පත්කරනවා නම්, අනුන්ව පීඩාවට පත්කරන වැඩපිළිවෙලෙහි බැසගෙන ඉන්නවා නම්, ඔහු සැපය කැමති, දුක අකමැති අනුන්ව යි පීඩාවට පත් කරන්නේ. දුකට පත් කරන්නේ. මෙන්න මේ කාරණය නිසයි, මේ පුද්ගලයා ගැන ත් මගේ සිත නො පහදින්නේ.

භවත් උදේනයෙනි, යම් මේ පුද්ගලයෙක් ඉන්නවා. ඔහු තමාව පීඩාවට පත්කර ගැනීම හෝ තමාව පීඩාවට පත් කරන වැඩපිළිවෙලක සිටීම හෝ කරන්නෙ නෑ. ඒ වගේ ම අනුන්ව පීඩාවට පත් කිරීම හෝ අනුන්ව පීඩාවට පත් කරන වැඩපිළිවෙලක සිටීම හෝ කරන්නෙ නෑ. ඔය විදිහට ඔහු තමාව පීඩාවට පත් නො කරමින්, අනුන්ව පීඩාවට පත් නො කරමින් මෙලොව දී ම තෘෂ්ණා රහිතව ඉන්නවා ද, නිවී සිහිල් වී, සැප විඳිමින් ඉන්නවා ද, ශ්‍රේෂ්ඨ වූ ජීවිතයක් ගෙවමින් වාසය කරනවා ද, අන්න ඒ තැනැත්තා සැප කැමති වූ, දුක් පිළිකුල් කරන තමාවත්, අනුන්වත් පීඩාවට පත් කරන්නෙ නෑ. පෙලන්නෙ නෑ. මේ කාරණය නිසයි මේ පුද්ගලයා ගැන මගේ සිත පහදින්නේ."

"පින්වත් බ්‍රාහ්මණය, ලෝකයෙහි දෙපිරිසක් ඉන්නවා. කවර දෙපිරිසක් ද යත්; මෙහිලා පින්වත් බ්‍රාහ්මණය, ලොව එක්තරා පිරිසක් ඉන්නවා ඔවුන් මිණිකොඩොල් ආභරණ වල ඇලී, පුත්‍ර භාර්යයාවන් සොයමින් ඉන්නවා. ඔවුන් දාසි දස්සන් සොයනවා. කුඹුරු වතුපිටි සොයනවා. රන් රිදී මිල මුදල් සොයනවා. ඒ වගේ ම පින්වත් බ්‍රාහ්මණය, තවත් පිරිසක් ඉන්නවා, ඔවුන් මිණිකොඩොල් ආභරණ වල නො ඇලී, පුත්‍ර භාර්යයාවන් අත්හැර, දාසි දස්සන් අත්හැර, කුඹුරු වතුපිටි අත්හැර, රන් රිදී මිල මුදල් අත්හැර, ගිහි ගෙයින් නික්ම අනගාරික සසුනෙහි පැවිදි වෙනවා.

පින්වත් බ්‍රාහ්මණය, යම් මේ පුද්ගලයෙක් තමාව පීඩාවට පත්කර නො ගනී ද, තමාව පීඩාවට පත් කරන වැඩපිළිවෙලක නො යෙදී සිටී ද, ඒ වගේ ම අනුන්ව පීඩාවට පත් නො කරයි ද, අනුන්ව පීඩාවට පත් කරන වැඩපිළිවෙලක නො සිටී ද, මෙසේ ඔහු තමාව පීඩාවට පත් නො කරමින්, අනුන්ව පීඩාවට පත් නො කරමින් මෙලොව දී ම තෘෂ්ණා රහිතව සිටියි ද, නිවී සිහිල් වී, සැප විඳිමින් සිටියි ද, ශ්‍රේෂ්ඨ වූ ජීවිතයක් ගෙවමින් වාසය කරයි ද, පින්වත් බ්‍රාහ්මණය, මෙබඳු පුද්ගලයන් බහුල වශයෙන් දකින්නට ලැබෙන්නේ කවර පිරිසක් අතරේ ද? ඒ කියන්නේ යම් පිරිසක් මිණිකොඩොල් ආභරණ වල ඇලී, පුත්‍ර භාර්යයාවන් සොයමින් ඉන්නවා ද, දාසි දස්සන් සොයනවා ද, කුඹුරු වතුපිටි සොයනවා ද, රන් රිදී මිල මුදල් සොයනවා ද අන්න ඒ පිරිසේ ද?

එහෙම නැත්නම් පින්වත් බ්‍රාහ්මණය, යම් පිරිසක් මිණිකොඬොල් ආභරණ වල නො ඇලී, පුත්‍ර භාර්යයාවන් අත්හැර, දැසි දස්සන් අත්හැර, කුඹුරු වතුපිටි අත්හැර, රන් රිදී මිල මුදල් අත්හැර, ගිහි ගෙයින් නික්ම අනගාරික සසුනෙහි පැවිදි වෙනවා නම් ඒ පිරිස අතරෙහි ද?"

"භවත් උදේනයෙනි. යම් මේ පුද්ගලයෙක් තමාව පීඩාවට පත්කර නො ගනී ද, තමාව පීඩාවට පත් කරන වැඩපිළිවෙලක නො යෙදී සිටී ද, ඒ වගේ ම අනුන්ව පීඩාවට පත් නො කරයි ද, අනුන්ව පීඩාවට පත් කරන වැඩපිළිවෙලක නො සිටී ද, මෙසේ ඔහු තමාව පීඩාවට පත් නො කරමින්, අනුන්ව පීඩාවට පත් නො කරමින් මෙලොව දී ම තෘෂ්ණා රහිතව සිටියි ද, නිවී සිහිල් වී, සැප විඳිමින් සිටියි ද, ශ්‍රේෂ්ඨ වූ ජීවිතයක් ගෙවමින් වාසය කරයි ද, මම මෙබඳු පුද්ගලයන් බහුල වශයෙන් දකින්නේ යම් පිරිසක් මිණිකොඬොල් ආභරණ වල නො ඇලී, පුත්‍ර භාර්යයාවන් අත්හැර, දැසි දස්සන් අත්හැර, කුඹුරු වතුපිටි අත්හැර, රන් රිදී මිල මුදල් අත්හැර, ගිහි ගෙයින් නික්ම අනගාරික සසුනෙහි පැවිදි වෙනවා නම් ඒ පිරිස අතර යි."

"පින්වත් බ්‍රාහ්මණය, දැන් මේ වේලෙහි ඔබ විසින් 'අපි මෙහෙමයි දන්නෙ, 'එම්බා ශ්‍රමණය, පැවිදි ජීවිතය ධාර්මික නැහැ. මං ඔය ගැන සිතන්නේ එහෙම තමයි. එයත් භවතාණන් වැනියනුත් නො දැක්ම පිණිස යි. ඒ වගේ ම ඒ පිළිබඳව යම් ධර්මයක් ඇද්ද, එය නො දැක්ම පිණිස යි' කියල කිව්වා නේද?"

"භවත් උදේනයෙනි, ඒකාන්තයෙන් ම ඔබවහන්සේ මට අනුග්‍රහ ලැබෙන වචනයක් ම යි පැවසුවේ. පැවිදි ජීවිතයේ දැහැමි බව තියෙනවා. මෙහිලා මට මෙහෙමත් සිතෙනවා. භවත් උදේනයෙනි, මේ පිළිබඳව මා ගැන මේ අයුරින් ධරත්වා! භවත් උදේනයන් විසින් සංක්ෂේපයෙන් පවසන ලද විස්තර වශයෙන් නො පවසන ලද, මේ පුද්ගලයන් හතර දෙනෙක් සිටිත් ද, භවත් උදේනයන් මා කෙරෙහි අනුකම්පා කොට මේ පුද්ගලයන් හතර දෙනා පිළිබඳව විස්තර වශයෙන් බෙදා පවසනු මැනැව."

"එසේ වී නම් පින්වත් බ්‍රාහ්මණය, සවන් යොමා අසන්න. මැනැවින් මෙනෙහි කරන්න. මා කියා දෙන්නම්."

"එසේය භවත" කියා ඝෝටමුඛ බ්‍රාහ්මණයා ආයුෂ්මත් උදේනයන්ට පිළිතුරු දුන්නා. ආයුෂ්මත් උදේන තෙරුන් මෙම දෙසුම වදාළා.

"පින්වත් බ්‍රාහ්මණය, තමාව පීඩාවට පත් කරගන්නා වූ, තමාව පීඩාවට පත් කරගන්නා පිළිවෙතෙහි සිටින්නා වූ පුද්ගලයා කවරහුද? පින්වත් බ්‍රාහ්මණය,

මෙහිලා එක්තරා පුද්ගලයෙක් ඉන්නවා. ඔහු අත්හළ සිරිත් ඇති නිරුවත් කෙනෙක්. අතින් ආහාර පිළිගෙන අත ලෙවකන කෙනෙක්. ඔහු 'ස්වාමීනී, වඩින්න' කියද්දී එන්නෙ නෑ. 'ස්වාමීනී, සිටින්න' කියද්දී ඉන්නෙ නෑ. තමා උදෙසා ගෙනා දන් පිළිගන්නෙ නෑ. තමා උදෙසා පිසූ දන් පිළිගන්නෙ නෑ. ඇරයුම් පිළිගන්නෙ නෑ. වළඳේ උඩ කොටසින් දෙන දන් පිළිගන්නෙ නෑ. බඳුනේ උඩ කොටසින් දෙන දන් පිළිගන්නෙ නෑ. එළිපත්තේ සිට දෙන දන් පිළිගන්නෙ නෑ. ඉදිකඩුල්ල ළඟ සිට දෙන දන් පිළිගන්නෙ නෑ. මොහොල් අතර සිට දෙන දන් පිළිගන්නෙ නෑ. දෙදෙනෙක් අනුභව කරද්දී එක් කෙනෙක් නැගිට දෙන දන් පිළිගන්නෙ නෑ. ගැබිණිය විසින් දෙන දන් පිළිගන්නෙ නෑ. කිරිපොවන්නිය විසින් දෙන දන් පිළිගන්නෙ නෑ. පුරුෂයන් අතරට ගිය තැනැත්තිය විසින් දෙන දන් පිළිගන්නෙ නෑ. නම් ගොත් පවසා දෙන දන් පිළිගන්නෙ නෑ. සුනඛයෙක් පැමිණ සිටිය දී, ඔහුට නො දී දෙන දන් පිළිග න්නෙ නෑ. මැස්සන් පොදි පොදි ගැහී සිටින තැන දී දෙන දන් පිළිගන්නෙ නෑ. මාළු, මස්, සුරා, මේරය, සෝවීරක පානය පිළිගන්නෙ නෑ.

ඔහු එක ගෙදරකින් භික්ෂාව ලබාගෙන එක බත් පිඬකින් යැපෙනවා. ගෙවල් දෙකකින් භික්ෂාව ලබාගෙන බත් පිඩු දෙකකින් යැපෙනවා ....(පෙ).... ගෙවල් සතකින් භික්ෂාව ලබාගෙන බත් පිඩු සතකින් යැපෙනවා. කුඩා බත් තලියකින් යැපෙනවා. බත් තලි දෙකකින් යැපෙනවා. ....(පෙ).... බත් තලි සතකින් යැපෙනවා. දවසකට වරක් ආහාර ගන්නවා. දෙ දවසකට වරක් ආහාර ගන්නවා. ....(පෙ).... සත් දවසකට වරක් ආහාර ගන්නවා. ඔය විදිහට අඩ මසකට වරක් ආහාර වෙන් කොට වළඳන කෙනෙක් වෙනවා.

ඒ වගේ ම ඔහු අමු කොළ වර්ග වළඳනවා. බඩහමු වළඳනවා. උආරුහැල් වළඳනවා. සම් තැම්බූ කසට වළඳනවා. මැලියම් වර්ග වළඳනවා. සුණුසහල් වළඳනවා. බත් පෙණ වළඳනවා. තල ඇට වළඳනවා. තණකොළ වළඳනවා. ගොම වළඳනවා. ගස් වල මුල්, ගෙඩි වළඳනවා. ගස්වලින් වැටුණු ගෙඩි වළඳනවා.

ඒ වගේ ම ඔහු හණවැහැරි පොරවනවා. නොයෙක් නූල් මිශ්‍ර කළ රෙදි පොරවනවා. මිනී ඔතපු රෙදි, කසල ගෙඩින් ගත් රෙදි, ගස් පොතු වලින් කළ රෙදි පොරවනවා. අඳුන් දිවි සම් පොරවනවා. අඳුන් මුව සම්, කුස තණ වලින් කළ වැහැරි පොරවනවා. එළු සමින් කළ වැහැරි පොරවනවා. දර පතුරු වලින් කළ රෙදි, කේශකම්බිලි පොරවනවා. අස්ලෝමයෙන් කළ කම්බිලි පොරවනවා. බකමුහුණු පියාපතින් කළ කම්බිලි පොරවනවා. කෙස්, ලොම් උදුරා දමනවා. කෙස්, ලොම් උදුරන වැඩපිළිවෙලෙහි යෙදී ඉන්නවා. ආසන

ප්‍රතික්ෂේප කරනවා. උඩුබැල්ලෙන් ඉන්නවා. උක්කුටියෙන් ඉන්නවා. කටු ගහපු ලෑලි මත වාඩි වී ඉන්නවා. කටු ගහපු ලෑලි මත නිදා ගන්නවා. උදේ, දහවල්, සවස වශයෙන් දවසට තුන් වතාවක් වතුරේ බැහැලා කිමිදිලා ඉන්නවා. ඔන්න ඔය ආකාරයට ශරීරයට නොයෙක් ආකාරයේ දැවෙන, තැවෙන, පීඩා වෙන වැඩපිළිවෙලේ යෙදී ඉන්නවා. පින්වත් බ්‍රාහ්මණය, තමා ව පීඩාවට පත් කරන පිළිවෙතෙහි සිටින්නා වූ, තමා ව පෙළන්නා වූ පුද්ගලයා කියලයි මොහුට කියන්නෙ.

පින්වත් බ්‍රාහ්මණය, අනුන්ව පීඩාවට පත් කරන්නා වූ, අනුන්ව පීඩාවට පත් කරවන පිළිවෙතෙහි සිටින්නා වූ පුද්ගලයා කවරහුද? පින්වත් බ්‍රාහ්මණය, මෙහිලා එක්තරා පුද්ගලයෙක් ඉන්නවා. ඔහු එළුවන් මරණ කෙනෙක්. ඌරන් මරණ කෙනෙක්. කුරුල්ලන් මරණ කෙනෙක්. මුවන් මරණ කෙනෙක්. ඔහු රෞද්‍රයි. මත්ස්‍ය ඝාතනයේ යෙදෙනවා. සොරෙක්. චෝර ඝාතකයෙක්. බන්ධනාගාරගත වී ඉන්න කෙනෙක්. තවත් යම් ක්‍රෑරකම් ඇත් ද, ඒවා ත් කරනවා. පින්වත් බ්‍රාහ්මණය, අන්‍යයන් පීඩාවට පත් කරන පිළිවෙතෙහි සිටින්නා වූ, අනුන් පෙළන්නා වූ පුද්ගලයා කියලයි මොහුට කියන්නෙ.

පින්වත් බ්‍රාහ්මණය, තමාව පීඩාවට පත් කරගන්නා වූ, තමාව පීඩාවට පත් කරගන්නා පිළිවෙතෙහි සිටින්නා වූ ද, ඒ වගේ ම අනුන්ව පීඩාවට පත් කරන්නා වූ, අනුන්ව පීඩාවට පත් කරවන පිළිවෙතෙහි සිටින්නා වූ ද පුද්ගලයා කවරහුද? පින්වත් බ්‍රාහ්මණය, මෙහිලා එක්තරා පුද්ගලයෙක් ඉන්නවා. ඔහු ඔටුණු පැළඳූ රජෙක් වෙන්නට පුළුවනි. එසේ නැත්නම්, මහාසාර කුලයේ උපන් බමුණෙක් වෙන්නට පුළුවනි. ඔහු නුවරට නැගෙනහිරින් අලුත් යාග ශාලාවක් කරවනවා. ඊට පස්සෙ කෙස්, රැවුල් බාලා අඳුන් දිවි සමක් පොරෝගන්නවා. ගිතෙලින් ශරීරය ඉලීම් පිරිමැදීම් කරනවා. මුවෙකු ගේ අඟකින් පිට කසනවා. රාජමහේසිකාව හා පුරෝහිත බමුණා සමඟ යාග ශාලාවට පිවිසෙනවා. ඉතින් ඔහු අමු ගොම තැවරූ, අමු කොළ අතුල බිම හාන්සි වෙනවා. මව් වැස්සියට සමාන වූ රූප ඇති වසු පැටියෙකු සිටින එළදෙනක ගේ එක් තන පුඩුවකින් යම් කිරක් වැගිරෙයි ද, එයින් රජු යැපෙනවා. දෙවෙනි තන පුඩුවෙන් යම් කිරක් වැගිරෙයි ද, එයින් මහේසිකාව යැපෙනවා. තුන්වෙනි තන පුඩුවෙන් යම් කිරක් වැගිරෙයි ද, එයින් පුරෝහිත බමුණා යැපෙනවා. සිව් වෙනි තන පුඩුවෙන් යම් කිරක් වැගිරෙයි ද, එයින් ගිනි පුදනවා. අනිත් තන පුඩු වලින් වහු පැටියා යැපෙනවා. ඊට පස්සේ ඔහු මෙහෙම කියනවා. 'යාගය පිණිස මෙපමණ හොඳින් වැඩුණු වෘෂභයෝ නසත්වා ! යාගය පිණිස මෙපමණ තරුණ ගවයෝ නසත්වා! යාගය පිණිස මෙපමණ ගව නැම්බියෝ

නසත්වා! යාගය පිණිස මෙපමණ බැටලුවෝ නසත්වා! යාගය පිණිස මෙපමණ එළුවෝ නසත්වා! යාගය පිණිස මෙපමණ වෘක්ෂයෝ සිඳිනු ලබත්වා! යාගයට ඇතිරීම පිණිස මෙපමණ කුස තණ කපනු ලබත්වා!' එතකොට ඔහුට සිටින යම් දාසයෝ වෙත් ද, යම් ඇත්ගොව් ආදී වෙත් ද, යම් කම්කරුවෝ වෙත් ද, ඔවුනුත් දඬුවමට තැති ගන්නවා. බියෙන් තැති ගන්නවා. කඳුළු වගුරුවා ගත් මුහුණින් යුතුව තමයි යාගයට ආවතේව කරන්නේ. පින්වත් බ්‍රාහ්මණය, තමාවත් පීඩාවට පත්කරවන වැඩපිළිවෙලක යෙදෙමින්, තමාව ද පෙළන්නා වූ, අනුන්වත් පීඩාවට පත්කරවන වැඩපිළිවෙලක යෙදෙමින්, අනුන්ව ද පෙළන්නා වූ පුද්ගලයා කියල යි මොහුට කියන්නේ.

පින්වත් බ්‍රාහ්මණය, තමාව පීඩාවට පත්කර නො ගන්නා වූ ද, තමාව පීඩාවට පත් කරන වැඩපිළිවෙලක නො සිටින්නා වූ ද, ඒ වගේ ම අනුන්ව පීඩාවට පත් නො කරන්නා වූ ද, අනුන්ව පීඩාවට පත් කරන වැඩපිළිවෙලක නො සිටින්නා වූ ද, මෙලොව දී ම තෘෂ්ණා රහිතව සිටින්නා වූ ද, නිවී සිහිල් වී, සැප විඳිමින් සිටින්නා වූ ද, ශ්‍රේෂ්ඨ වූ ජීවිතයක් ගෙවමින් වාසය කරන්නා වූ ද පුද්ගලයා කවරහු ද?

පින්වත් බ්‍රාහ්මණය, මෙහිලා අරහත් වූ, සම්මා සම්බුද්ධ වූ, විජ්ජාචරණ සම්පන්න වූ, සුගත වූ, ලෝකවිදූ වූ, අනුත්තරෝ පුරිසදම්ම සාරථී වූ, සත්ථා දේවමනුස්සානං වූ, බුද්ධ වූ, භගවත් වූ තථාගතයන් වහන්සේ ලෝකයෙහි පහළ වෙනවා. ඒ තථාගතයන් වහන්සේ දෙවියන් සහිත වූ, මරුන් සහිත වූ, බඹුන් සහිත වූ, ශ්‍රමණ බ්‍රාහ්මණයන් සහිත වූ, දෙව් මිනිස් ප්‍රජාවෙන් යුතු ලෝකයා හට ස්වකීය විශිෂ්ට වූ ඤාණයෙන් සාක්ෂාත් කරන ලද ධර්මය දේශනා කරනවා. ඒ තථාගතයන් වහන්සේ මුළ කල්‍යාණ වූ, මධ්‍යයෙහි කල්‍යාණ වූ, අවසානය කල්‍යාණ වූ, අර්ථ සහිත වූ, පැහැදිලි ප්‍රකාශන මාධ්‍යයෙන් හෙබි, ධර්මය දේශනා කරනවා. මුළුමනින් ම පිරිපුන්, පිරිසිදු වූ නිවන් මඟ බඹසර ප්‍රකාශ කරනවා.

එතකොට ගෘහපතියෙක් හෝ වේවා, ගෘහපති පුත්‍රයෙක් හෝ වේවා, යම් කිසි කුලයක උපන් කෙනෙක් ඒ ධර්මය අසනවා. ඔහු ඒ ධර්මය ඇසීමෙන් පසු තථාගතයන් වහන්සේ කෙරෙහි ශ්‍රද්ධාව උපදවා ගන්නවා. ඔහු ඒ ශ්‍රද්ධා ලාභයෙන් යුක්තව මේ අයුරින් නුවණින් සලකා බලනවා. 'ගෘහ වාසය කරදර සහිතයි. කෙලෙස් උපදවන මගකුයි තියෙන්නෙ. නමුත් පැවිදි බව අභ්‍යාවකාශය වගෙයි. ගිහි ගෙදර වාසය කරන කෙනෙකුට ඒකාන්ත පරිපූර්ණ වූ, ඒකාන්ත පාරිශුද්ධ වූ පිරිසිදු කළ සංඛයක් බඳු වූ මේ ශාසන බ්‍රහ්මචරියාවෙහි හැසිරෙන එක ලෙහෙසි දෙයක් නො වෙයි. මා ගිහිගෙයින් නික්ම කෙස්, රැවුල් බහා

කසාවත් දරා සසුනෙහි පැවිදි වෙන එක තමයි හොඳ' කියා නුවණින් සලකනවා. ඉතින් ඔහු පසු කලක ස්වල්ප වූ දේපල වස්තුව වේවා අත්හරිනවා. මහත් වූ දේපල වස්තුව වේවා අත්හරිනවා. ස්වල්ප වූ නෑදෑ පිරිස් වේවා අත්හරිනවා. මහත් වූ නෑදෑ පිරිස් වේවා අත්හරිනවා. ගිහි ගෙයින් නික්මෙනවා. කෙස්, රැවුල් බහා කසාවත් දරා සසුනෙහි පැවිදි වෙනවා.

ඔහු ඔය අයුරින් උතුම් පැවිදි ජීවිතේ ලැබුවට පස්සේ භික්ෂූන් වහන්සේලා ආරක්ෂා කරන ශික්ෂා පද තමනුත් රකිනවා. ප්‍රාණඝාතය දුරු කරනවා. ප්‍රාණඝාතයෙන් වළකිනවා. දඬු-මුගුරු අත්හරිනවා. අවි-ආයුධ අත්හරිනවා. ප්‍රාණඝාතය ගැන ලැජ්ජා වෙනවා. සතුන් කෙරෙහි දයාවන්ත වෙනවා. සියලු සතුන් කෙරෙහි හිතානුකම්පී වෙනවා. හොරකම අත්හරිනවා. හොරකමින් වලකිනවා. දුන් දේ විතරක් ගන්නවා. දුන් දේ ගැනීම විතරක් කැමති වෙනවා. සොරකමින් තොර වෙලා පිරිසිදු සිතින් වාසය කරනවා. අබ්‍රහ්මචාරී බව අත්හරිනවා. බ්‍රහ්මචාරී වෙනවා. අයහපත් හැසිරීමෙන් දුරු වෙනවා. ලාමක දෙයක් වන මෛථුනයෙන් වළකිනවා. බොරුව අත්හරිනවා. බොරු කීමෙන් වළකිනවා. සත්‍යවාදී වෙනවා. ඇත්තෙන් ඇත්ත ගලපලා කතා කරනවා. ස්ථිර වචන කියනවා. ඇදහිය යුතු දේ කියනවා. ලෝකයා අවුල් වෙන දේ කියන්නෙ නෑ. කේළම අත්හරිනවා. කේළමින් වළකිනවා. මෙතනින් අහල මේ අය බිඳවන්න එතන එකක් කියන්නෙ නෑ. එතනින් අහල ඒ අය බිඳවන්න මෙතන කියන්නෙ නෑ. බිඳිච්ච අය සමඟි කරනවා. සමඟි බව ඇති කරනවා. සමඟියට කැමති වෙනවා. සමඟියේ ඇලෙනවා. සමඟි බවේ සතුටු වෙනවා. සමඟිය ඇති වෙන දේ ම කියනවා. පරුෂ වචනය අත්හරිනවා. පරුෂ වචනයෙන් වළකිනවා. දොස් රහිත දේ කියනවා. කනට මිහිරි දේ කියනවා. සෙනෙහෙබර වචන කියනවා. හෘදයාංගම වචන කියනවා. දූන උගත් වචන කියනවා. බොහෝ ජනයා කැමති ප්‍රියමනාප වචන කියනවා. හිස් දෙඩවිලි අත්හරිනවා. හිස් දෙඩවිල්ලෙන් වළකිනවා. සුදුසු කාලයට කතා කරනවා. ඇත්ත දෙය කතා කරනවා. අර්ථවත් දේ කතා කරනවා. ධර්මය කතා කරනවා. විනය කතා කරනවා. මතක තබාගන්නට වටින දේ කතා කරනවා.

ඒ භික්ෂුව ගස් කොළන් වැනසීමෙන් වළකිනවා. උදේ වරුවෙහි කැප සරුප් දේ විතරක් වළඳනවා. රාත්‍රී ආහාරය වූ විකාල භෝජනයෙන් වළකිනවා. නැටුම්, ගැයුම්, වැයුම්, විකාර දර්ශන වලින් වළකිනවා. සැප පහසු ආසන පරිහරණයෙන් වළකිනවා. මල්, සුවඳ විලවුන් වලින් සැරසීමෙන්, හැඩ වැඩ වීමෙන් වළකිනවා. රන්, රිදී, කහවනු ආදිය පිළිගැනීමෙන් වළකිනවා. අමු ධාන්‍ය පිළිගැනීමෙන් වළකිනවා. අමු මස් පිළිගැනීමෙන් වළකිනවා. ස්ත්‍රීන්, කුමරියන් පිළිගැනීමෙන් වළකිනවා. දාසි දස්සන් පිළිගැනීමෙන් වළකිනවා. එළුවන්,

කුකුළන්, ඌරන, ඇතුන්, අශ්වයින් පිළිගැනීමෙන් වළකිනවා. කුඹුරු, වතුපිටි පිළිගැනීමෙන් වළකිනවා. ගිහියන් ගේ පණිවිඩ ගෙන යාමෙන් වළකිනවා. වෙළඳ ගණුදෙනු වලින් වළකිනවා. හොරට තරාදියෙන් කිරන එක, හොරට මනින එක ආදියෙන් වළකිනවා. අල්ලස් ගැනීම, වංචා කිරීම, එක වගේ දේ පෙන්නල රැවටීමෙන් වළකිනවා. කට්ටකම් වලින් වළකිනවා. අත් පා කැපීම්, මැරීම්, විලංගු දැමීම්, මං පැහැරීම්, ගම් පැහැරීම්, සාහසිකකම් යන මේවායින් වළකිනවා.

ඒ භික්ෂුව ලද දෙයින් සතුටු වෙනවා. කය පොරවන සිවුරෙනුත්, කුස පිරෙන ප්‍රමාණයේ පිණ්ඩපාතයෙනුත් සතුටු වෙනවා. ඔහු යන යන තැන පාත්තරෙයි, සිවුරුයි විතරක් ගෙනියනවා. ළිහිණි කුරුල්ලෙක් යන යන තැන පියාපත් බර විතරක් අරගෙන යනව වගෙයි. ඔන්න ඔය විදිහටයි භික්ෂුව ලද දෙයින් සතුටු වෙන්නෙ. කය පොරවන සිවුරෙනුත් කුස පිරෙන පිණ්ඩපාතෙනුත් සතුටු වෙනවා. ඔහු යම් තැනක යනව නම්, පාත්‍ර සිවුරු විතරක් අරගෙන යනව. ඔහු මේ විදිහට ශ්‍රේෂ්ඨ වූ සීලයකින් සමන්විත වෙලා නිවැරදි ජීවිතය ගැන තමන් තුළ මහත් සතුටක් ලබනවා.

ඒ භික්ෂුව ඇසින් රූප දැකල එහි සටහන් ගන්නෙ නෑ. කුඩා සටහනක් වත් ගන්නෙ නෑ. ඇස අසංවරව ඉන්න කොට, ආශාව, තරහ වගේ පාපී අකුසල් දේවල් ඇතිවෙලා ප්‍රශ්න හටගන්න දේකට පත්වෙන්නෙ නෑ. තමන් ගේ ඇස සංවර කරගන්නවා. ඇස රකිනවා. ඇසේ සංවරකමට පැමිණෙනවා. කනින් ශබ්ද අහල ....(පෙ).... නාසයෙන් ගඳ - සුවඳ දැනගෙන ....(පෙ).... දිවෙන් රස දැනගෙන ....(පෙ).... කයෙන් පහස දැනගෙන ....(පෙ).... මනසින් අරමුණු දැනගෙන ඒ මනස අසංවරව හිටියොත්, ආශාව, තරහ වගේ පාපී අකුසල් හට අරගෙන ප්‍රශ්න ඇති වෙනව නම් එබඳු නිමිති ගන්නෙ නෑ. එබඳු නිමිතිවල කුඩා සටහනක් වත් ගන්නෙ නෑ. මනසේ සංවරයට පැමිණෙනවා. මනස රකිනවා. මනස සංවර කරගන්නවා. ඔහු මේ විදිහට ශ්‍රේෂ්ඨ වූ ඉන්ද්‍රිය සංවරයකින් යුතු ව තමන් තුළ පීඩා රහිත වූ මහත් සැපයක් විඳිනවා.

ඉතින් ඒ භික්ෂුව ඉදිරියට යන කොට, ආපසු එන කොට මනා සිහි නුවණින් යුක්තව එය කරනවා. ඉදිරියට බලන කොට, වටපිට බලන කොට මනා සිහි නුවණින් යුක්තව එය කරනවා. අත පය හකුළන කොට, දිගහරින කොට මනා සිහි නුවණින් යුක්තව එය කරනවා. දෙපොට සිවුරු, තනිපොට සිවුරු, පාත්තර පරිහරණය කරන කොට මනා සිහි නුවණින් යුක්තව එය කරනවා. යමක් වළඳන කොට, පානය කරන කොට, සපා කන කොට, රස විඳින කොට, මනා සිහි නුවණින් යුක්තව එය කරනවා. වැසිකිළි කැසිකිළි යන

කොට ත් මනා සිහි නුවණින් යුක්තව එය කරනවා. ඇවිදින කොට, නැවතී ඉන්න කොට, වාඩි වෙන කොට, නිදන කොට, නිදිවරන කොට, කතා කරන කොට, නිශ්ශබ්දව ඉන්න කොට, මනා සිහි නුවණින් යුක්තව එය කරනවා.

ඉතින් ඒ භික්ෂුව ඔය විදිහට ශ්‍රේෂ්ඨ වූ සීලයකින් යුක්ත වෙලා, ශ්‍රේෂ්ඨ වූ ඉන්ද්‍රිය සංවරයකිනුත් යුක්ත වෙලා, ශ්‍රේෂ්ඨ වූ සිහිකල්පනාවකිනුත් යුක්ත වෙලා දුර ඈත වන සෙනසුන්වල ඉන්නවා. ආරණ්‍යවල ඉන්නවා. රුක් සෙවනෙ, පර්වතයෙ, දිය ඇලි අසල, ගිරි ගුහා, සොහොන්, වනගොමු, නිදහස් තැන්, පිදුරු ගෙවල් ආදියෙහි වාසය කරනවා.

ඉතින් ඒ භික්ෂුව පිණ්ඩපාතය වැළඳුවට පස්සේ පළඟක් බැඳගෙන වාඩිවෙනවා. කය ඍජු කරගන්නවා. භාවනා අරමුණේ සිහිය පිහිටුවා ගන්නවා. ඔහු ජීවිතේ නම් වූ ලෝකය ගැන තියෙන ඇල්ම දුරු කරනවා. ආශාවෙන් තොර වූ සිතින් වාසය කරනවා. ආශාව බැහැර කරමින් සිත පිරිසිදු කරනවා. තරහ අත්හරිනවා. තරහ රහිත සිතින් වාසය කරනවා. සියලු සතුන් කෙරෙහි හිතානුකම්පී වෙනවා. තරහ බැහැර කරමින් සිත පිරිසිදු කරනවා. ථීනමිද්ධය අත්හරිනවා. ථීනමිද්ධයෙන් තොරව ඉන්නවා. හොඳ සිහි කල්පනාවෙන් යුතුව ආලෝක සඤ්ඤාව ඇති කරගන්නවා. ථීනමිද්ධය බැහැර කරමින් සිත පිරිසිදු කරනවා. උද්ධච්ච-කුක්කුච්ච අත් හරිනවා. හිතේ ඇවිස්සීමකින් තොරව වාසය කරනවා. තමා තුළ ශාන්ත සිතක් ඇති කරගන්නවා. උද්ධච්ච කුක්කුච්ච බැහැර කරමින් සිත පිරිසිදු කරනවා. විචිකිච්ඡාව අත්හරිනවා. විචිකිච්ඡාවෙන් තොරව ඉන්නවා. කුසල් දහම් ගැන 'කෙසේද කෙසේද' කියන සැකය අත්හරිනවා. සැකය බැහැර කරමින් සිත පිරිසිදු කරනවා.

ඒ භික්ෂුව ප්‍රඥාව දුර්වල කරන, සිතට උපක්ලේශ වූ මේ නීවරණ පහ අත්හරිනවා. ඊට පස්සෙ කාමයෙන් වෙන්ව, අකුසල් වලින් වෙන්ව, විතර්ක විචාර සහිත, ප්‍රීතිය හා සැපය ඇති පළවෙනි ධ්‍යානය ලබාගෙන වාසය කරනවා. විතර්ක විචාර සංසිඳුවාගෙන, තමා තුළ ප්‍රසන්න බව ඇති කරගෙන, සිතේ එකඟ බවින් යුතුව, විතර්ක විචාර රහිත සමාධියෙන් හටගත් ප්‍රීතිය සැපය තියෙන දෙවෙනි ධ්‍යානයත් ලබාගෙන වාසය කරනවා. ඊළඟට ප්‍රීතියට ඇලෙන්නෙත් නැතිව උපේක්ෂාවෙන් යුතුව ඉන්නවා. සිහි නුවණින් යුතුව කයෙන් සැපයකුත් විඳිනවා. ආර්යන් වහන්සේලා ඒ සමාධියට මෙහෙම කියනවා. 'උපේක්ෂාවෙන් යුක්තව, සිහියෙන් යුක්තව සැප සේ වාසය කරනවා' කියන ඒ තුන්වෙනි ධ්‍යානය ත් ලබාගෙන වාසය කරනවා. සැප ද, දුක ද නැති කිරීමෙන්, කලින් ම මානසික සැප දුක් දෙකින් ම වෙන් වෙලා, දුක් සැප රහිත පිරිසිදු උපේක්ෂාව ත්, සිහිය ත් තියෙන හතරවෙනි ධ්‍යානය ලබාගෙන වාසය කරනවා.

ඒ භික්ෂුව ඔය විදිහට සමාධිගත සිතක් ඇති වුනා ම, සිත පිරිසිදු වුනා ම, සිත බබලන කොට, උපක්ලේශ නැති වුනා ම, හිත මෘදු වුනා ම, අවබෝධයට සුදුසු වුනා ම, නො සෙල්වී තිබුනා ම අකම්පිත වුනා ම, තමන් කලින් ගත කළ ජීවිත ගැන දැකීමේ නුවණ ලබාගන්ට සිත මෙහෙයවනවා. එතකොට ඔහු නොයෙක් ආකාරයේ ජීවිත ගත කළ හැටි සිහි කරනවා. ඒ කියන්නෙ එක ජීවිතයක්, ජීවිත දෙකක්, ජීවිත තුනක්, ජීවිත හතරක්, ජීවිත පහක්, ජීවිත දහයක්, ජීවිත විස්සක්, ජීවිත තිහක්, ජීවිත හතළිහක්, ජීවිත පනහක්, ජීවිත සීයක්, ජීවිත දාහක්, ජීවිත ලක්ෂයක්, නොයෙක් සංවට්ට කල්ප, නොයෙක් විවට්ට කල්ප, නොයෙක් සංවට්ට විවට්ට කල්ප ගණන් සිහි කරනවා. ඒ කාලෙ මගේ නම මේකයි, ගෝත්‍රය මේකයි, හැඩ රුව මෙහෙමයි, මේව තමයි කෑවෙ බිව්වෙ, සැප දුක් වින්දෙ මෙහෙමයි. මැරිල ගියේ මෙහෙමයි. ඒ මං එතනින් චුත වෙලා මෙතන උපන්නා. ඔය විදිහට කරුණු සහිතව, පැහැදිලි විස්තර ඇති ව, නොයෙක් ආකාරයෙන් තමන් ගත කළ අතීත ජීවිත ගැන සිහි කරනවා.

ඉතින් ඒ භික්ෂුව ඔය විදිහට සමාධිගත සිතක් ඇති වුනා ම, සිත පිරිසිදු වුනාම, සිත බබලන කොට, උපක්ලේශ නැති වුනා ම, හිත මෘදු වුනා ම, අවබෝධයට සුදුසු වුනා ම, නො සෙල්වී තිබුනා ම, අකම්පිත වුනා ම, සත්වයන් චුත වෙන, උපදින හැටි දැකීමේ නුවණ ලබාගන්ට සිත මෙහෙයවනවා. එතකොට ඔහු සාමාන්‍ය මිනිසුන් ගේ දර්ශන පථය ඉක්මවා ගිය පිරිසිදු දිවැස් නුවණින් චුත වෙන උපදින සත්වයන් දකිනවා. උසස් පහත්, ලස්සන කැත, සුගති දුගතිවල කර්මානුරූපව සත්වයන් උපදින හැටි දකිනවා. 'අනේ, මේ භවත් සත්වයින් කයින් දුසිරිත් කරල, වචනින් දුසිරිත් කරල, මනසින් දුසිරිත් කරල, ආර්යයන් වහන්සේලාට අපහාස කරලා, මිත්‍යා දෘෂ්ටික වෙලා, මිත්‍යා දෘෂ්ටිකව කටයුතු කරමින් ඉඳල, කය බිඳී මැරුණට පස්සේ අපායෙ ඉපදිලා ඉන්නව. දුගතියෙ ඉපදිලා ඉන්නව. විනිපාත කියන නිරයෙ ඉපදිලා ඉන්නවා' කියල. ඒ වගේ ම 'මේ භවත් සත්වයන් කයින් සුචරිතයේ යෙදිල, වචනයෙන් සුචරිතයේ යෙදිල, මනසින් සුචරිතයේ යෙදිල, ආර්යයන් වහන්සේලාට අපහාස නො කොට, සම්මා දිට්ඨිය ඇතුව ඉඳල, සම්මා දිට්ඨියෙන් යුක්ත ක්‍රියා වල යෙදිල, කය බිඳී මැරුණට පස්සේ සුගතිය කියන යහපත් ලෝකෙ ඉපදිලා ඉන්නවා' කියල. මේ විදිහට සාමාන්‍ය මිනිසුන් ගේ දර්ශන පථය ඉක්මවා ගිය පිරිසිදු දිවැස් නුවණින්, සත්වයන් චුත වෙන උපදින හැටි දකිනවා. උසස් පහත්, ලස්සන කැත, සුගති දුගති වල කර්මානුරූපව සත්වයන් උපදින හැටි දකිනවා.

ඉතින් ඒ භික්ෂුව ඔය විදිහට සමාධිගත සිතක් ඇති වුනා ම, සිත පිරිසිදු වුනා ම, සිත බබලන කොට, උපක්ලේශ නැති වුනා ම, හිත මෘදු වුනා ම,

අවබෝධයට සුදුසු වුනා ම, නො සෙල් වී තිබුනා ම, අකම්පිත වුනා ම, ආශ්‍රව ක්ෂය කළ බවට අවබෝධය ලැබීමේ නුවණ ලබාගන්ට සිත මෙහෙයවනවා. ඉතින් ඒ භික්ෂුව 'මේක තමයි දුක' කියල යථාර්ථය අවබෝධ කරනවා. 'මේක තමයි දුකේ හටගැනීම' කියල යථාර්ථය අවබෝධ කරනවා. 'මේ තමයි දුකේ නැතිවීම' කියල යථාර්ථය අවබෝධ කරනවා. 'මේ තමයි දුක් නැති වීමේ මාර්ගය' කියල යථාර්ථය අවබෝධ කරනවා. 'මේවා තමයි ආශ්‍රව' කියල යථාර්ථය අවබෝධ කරනවා. 'මේ තමයි ආශ්‍රවයන් ගේ හටගැනීම' කියල යථාර්ථය අවබෝධ කරනවා. 'මේ තමයි ආශ්‍රව නැතිවීම' කියල යථාර්ථය අවබෝධ කරනවා. 'මේ තමයි ආශ්‍රව නිරුද්ධ වීමේ මාර්ගය' කියල යථාර්ථය අවබෝධ කරනවා.

ඔය විදිහට ඒ භික්ෂුව යථාර්ථය දැන ගන්න කොට, යථාර්ථය දැක ගන්න කොට, කාම ආශ්‍රවයෙනුත් සිත නිදහස් වෙනවා. භව ආශ්‍රවයෙනුත් සිත නිදහස් වෙනවා. අවිජ්ජා ආශ්‍රවයෙනුත් සිත නිදහස් වෙනවා. ආශ්‍රවයන් ගෙන් සිත නිදහස් වුනා ම සියලු දුකින් තමන් නිදහස් වූ බවට අවබෝධය ඇති වෙනවා. 'ඉපදීම නැති වුනා. බඹසර වාසය සම්පූර්ණ කළා. කළ යුතු දේ කළා. ආයෙ කවදාවත් සසරට වැටෙන්නෙ නෑ.' කියල දැනගන්නවා.

පින්වත් බ්‍රාහ්මණය, තමාව පීඩාවට පත්කර නො ගන්නා වූ ද, තමාව පීඩාවට පත් කරන වැඩපිළිවෙලක නො සිටින්නා වූ ද, ඒ වගේ ම අනුන්ව පීඩාවට පත් නො කරන්නා වූ ද, අනුන්ව පීඩාවට පත් කරන වැඩපිළිවෙලක නො සිටින්නා වූ ද, මෙලොව දී ම තෘෂ්ණා රහිතව සිටින්නා වූ ද, නිවී සිහිල් වී, සැප විඳිමින් සිටින්නා වූ ද, ශ්‍රේෂ්ඨ වූ ජීවිතයක් ගෙවමින් වාසය කරන්නා වූ ද පුද්ගලයා කියන්නෙ මොහුටයි."

මෙසේ පැවසූ විට ඝෝටමුඛ බ්‍රාහ්මණයා, ආයුෂ්මත් උදේනයන් වහන්සේට මෙය පැවසුවා. "භවත් උදේනයන් වහන්ස, හරි ම සුන්දර යි! භවත් උදේනයන් වහන්ස, හරි ම සුන්දර යි! යටිකුරු වෙච්ච දෙයක් උඩට හැරෙව්වා වගෙයි. සැඟවෙච්ච දෙයක් විවෘත කළා වගෙයි. මං මුළා වූ කෙනෙකුට මාර්ගය පෙන්වුවා වගෙ යි. අඳුරේ සිටින උදවියට රූප දකින්ට තෙල් පහන් දැල්වවූවා වගෙ යි. ඔන්න ඔය විදියට යි භවත් උදේනයන් වහන්සේ විසින් නොයෙක් ආකාරයෙන් ශ්‍රී සද්ධර්මය වදාළේ. ඉතින් මං භවත් උදේනයන් වහන්සේව සරණ යනවා. ශ්‍රී සද්ධර්මය ත් සරණ යනවා. ශ්‍රාවක සඟරුවන ත් සරණ යනවා. භවත් උදේනයන් වහන්සේ අද පටන් දිවි ඇති තුරාවට තෙරුවන් සරණ ගිය උපාසකයෙකු වශයෙන් මාව පිළිගන්නා සේක්වා!"

"පින්වත් බ්‍රාහ්මණය, ඔබ මාව සරණ යන්නට එපා! මම යම් කෙනෙකුන් වහන්සේව සරණ ගියා නම්, ඒ භාග්‍යවතුන් වහන්සේව ම ඔබ ත් සරණ යන්න."

"භවත් උදේනයන් වහන්ස, දැන් ඒ භාග්‍යවත් වූ අරහත් වූ සම්මා සම්බුදු රජාණන් වහන්සේ වැඩසිටින්නේ කොහේද?"

"පින්වත් බ්‍රාහ්මණය, දැන් ඒ භාග්‍යවත් වූ අරහත් වූ සම්මා සම්බුදු රජාණන් වහන්සේ පිරිනිවන් පා වදාළ සේක."

"භවත් උදේනයන් වහන්ස, ඉදින් අපි දස යොදුනක් දුරින් ඒ භාග්‍යවතුන් වහන්සේ වැඩසිටිනවා කියල අසනවා නම්, ඒ භාග්‍යවත් වූ අරහත් වූ සම්මා සම්බුදුරජාණන් වහන්සේ දකින්නට දස යොදුනක් ගෙවාගෙන හෝ යනවා. ඉදින් අපි විසි යොදුනක් දුරින් වේවා, තිස් යොදුනක් දුරින් වේවා, සතළිස් යොදුනක් දුරින් වේවා, පනස් යොදුනක් දුරින් වේවා ඒ භාග්‍යවතුන් වහන්සේ වැඩසිටිනවා කියල අසනවා නම්, ඒ භාග්‍යවත් වූ අරහත් වූ සම්මා සම්බුදු රජාණන් වහන්සේ දකින්නට ඒ පනස් යොදුන ම ගෙවාගෙන හෝ යනවා. භවත් උදේනයන් වහන්ස, යම් කලෙක ඒ භාග්‍යවතුන් වහන්සේ පිරිනිවන් පා වදාළ සේක් ද, ඒ පිරිනිවන් පා වදාළ භාග්‍යවතුන් වහන්සේව අපි සරණ යනවා. ශ්‍රී සද්ධර්මය ත් සරණ යනවා. ශ්‍රාවක සඟරුවන ත් සරණ යනවා. භවත් උදේනයන් වහන්සේ අද පටන් දිවි ඇති තුරාවට තෙරුවන් සරණ ගිය උපාසකයෙකු වශයෙන් මාව පිළිගන්නා සේක්වා!

භවත් උදේනයන් වහන්ස, මට අංග ජනපදයේ රජතුමා දිනපතා ම නිත්‍ය භික්ෂාවක් දෙනවා. මං භවත් උදේනයන් වහන්සේ හට එයින් එක් නිත්‍ය භික්ෂාවක් පූජා කරන්නම්."

"පින්වත් බ්‍රාහ්මණය, ඔබට අංග රජතුමා දිනපතා දෙන නිත්‍ය භික්ෂාව කුමක්ද?"

"භවත් උදේනයන් වහන්ස, කහවනු පන්සියයක්."

"පින්වත් බ්‍රාහ්මණය, අපට රන් රිදී පිළිගන්නට කැප නැහැ."

"ඉදින් භවත් උදේනයන් වහන්ස, රන් රිදී පිළිගන්නට අකැප නම්, භවත් උදේනයන් වහන්සේට විහාරයක් කරවන්නම්."

"ඉදින් පින්වත් බ්‍රාහ්මණය, ඔබ විහාරයක් කරවන්නට කැමති නම්, පාටලී පුත්‍රයෙහි භික්ෂුසංඝයා හට උපස්ථාන ශාලාවක් කරවන්න."

"මම ඔය කාරණයෙනුත් භවත් උදේනයන් වහන්සේ කෙරෙහි බලවත් සේ සතුටට පත්වුනා. සිත පැහැදුනා. භවත් උදේනයන් වහන්සේ මාව සංඝයා උදෙසා දන් දෙන්නට සමාදන් කරවනවා. එනිසා භවත් උදේනයන් වහන්ස, මම එම නිත්‍ය භික්ෂාවෙනුත් වෙනත් භික්ෂාවන්ගෙනුත් පාටලීපුත්‍ර නගරයෙහි සංඝයා උදෙසා උපස්ථාන ශාලාවක් කරවන්නම්."

ඉතින් ඝෝටමුඛ බ්‍රාහ්මණයා ඒ නිත්‍ය භික්ෂාවෙනුත්, වෙනත් නිත්‍ය භික්ෂාවකිනුත් පාටලීපුත්‍ර නගරයෙහි සංඝයා උදෙසා උපස්ථාන ශාලාවක් කෙරෙව්වා. දැනුත් ඒ ශාලාවට කියන්නේ ඝෝටමුඛ කියල යි.

සාදු! සාදු!! සාදු!!!

ඝෝටමුඛ බ්‍රාහ්මණයාට වදාළ දෙසුම නිමා විය.

2.5.5.
චංකී සූත්‍රය
චංකී බ්‍රාහ්මණයාට වදාළ දෙසුම

මා හට අසන්නට ලැබුනේ මේ විදිහට යි. එසමයෙහි භාග්‍යවතුන් වහන්සේ කොසොල් ජනපදයෙහි මහත් භික්ෂුසංඝයා සමඟ චාරිකාවෙහි වඩිමින් සිටිය දී කොසොල් දනව්වැසි බ්‍රාහ්මණයන් ගේ ඕපසාද නම් වූ ගම්මානයට වැඩම කොට එහි වාසය කළා. එහිදී භාග්‍යවතුන් වහන්සේ වැඩසිටියේ ඒ ඕපසාද බ්‍රාහ්මණ ගම්මානයට උතුරු දෙස වූ දේවවන නම් සාල වනෝද්‍යානයෙහි. ඒ දිනවල පසේනදී කොසොල් රජු විසින් රාජ පරිත්‍යාග යක් ලෙස බ්‍රහ්ම දායාදයක් ලෙස දෙන ලද බොහෝ ජනයා සහිත තෘණ, දර, ජලය සහිත ධාන්‍ය සහිත ඕපසාද ගමෙහි චංකී නම් බ්‍රාහ්මණයෙක් අධිපතිව වාසය කළා.

ඕපසාද ගම්වැසි බ්‍රාහ්මණ ගෘහපතියන්ට මෙය අසන්නට ලැබුනා. 'ශාක්‍ය කුලයෙන් පැවිදි වූ, ශාක්‍ය පුත්‍ර වූ ශ්‍රමණ භවත් ගෞතමයන් වහන්සේ කොසොල් ජනපදයෙහි මහත් භික්ෂුසංඝයා සමඟ චාරිකාවෙහි වඩිමින් සිටිය දී කොසොල් දනව්වැසි බ්‍රාහ්මණයන් ගේ ඕපසාද නම් වූ ගම්මානයට වැඩම කොට එහි වාසය කරනවා. ඒ භවත් ගෞතමයන් වහන්සේ පිළිබඳව මේ ආකාර වූ ඉතා සුන්දර කීර්ති ඝෝෂාවක් දසත පැන නැගී තිබෙනවා." ඒ කියන්නේ;

'ඒ භාග්‍යවතුන් වහන්සේ මේ මේ කරුණු හේතුවෙන් අරහං වන සේක. සම්මා සම්බුද්ධ වන සේක. විජ්ජාචරණ සම්පන්න වන සේක. සුගත වන සේක. ලෝකවිදූ වන සේක. අනුත්තරෝ පුරිසදම්ම සාරථී වන සේක. සත්ථා දේවමනුස්සානං වන සේක. බුද්ධ වන සේක. භගවා වන සේක' කියල.

ඒ වගේ ම උන්වහන්සේ මේ දෙවියන් සහිත, මරුන් සහිත, බඹුන් සහිත, ශ්‍රමණ බ්‍රාහ්මණයින් සහිත, දෙව් මිනිස් ප්‍රජාවෙන් යුතු ලෝකයා හට ස්වකීය වූ විශිෂ්ට ඤාණයෙන් සාක්ෂාත් කරගත් ධර්මයක් දේශනා කරනවා. උන්වහන්සේ ධර්මය දේශනා කරනවා. මුල කල්‍යාණ වූ, මැද කල්‍යාණ වූ, සමාප්තිය වූ කල්‍යාණ වූ, අර්ථ සහිත වූ, පැහැදිලි ප්‍රකාශන මාධ්‍යයකින් හෙබියා

වූ මුළුමනින් ම පිරිපුන්, පිරිසිදු නිවන් මඟ ප්‍රකාශ කරනවා. මෙබඳු වූ රහතුන් ගේ දැක්ම කොතරම් අගේ ද" කියා ය.

ඉතින් ඕපසාද ගම්වැසි බ්‍රාහ්මණ ගෘහපතිවරුන් ඕපසාදයෙන් නික්ම උතුරු දිශාවට අභිමුඛව පිරිස් වශයෙන්, කණ්ඩායම් වශයෙන් සැදී දේවවන නම් සාල වනෝද්‍යානය දෙසට පිටත් වුනා. එවේලෙහි චංකී බ්‍රාහ්මණයා දවල් කාලයෙහි සැතපීම පිණිස තම නිවසෙහි උඩු මහල් තලයට පැමිණියා. එහිදී චංකී බ්‍රාහ්මණයාට කණ්ඩායම් වශයෙන් සැදුන, පිරිස් වශයෙන් සැදුන ඕපසාද ගම්වැසි බ්‍රාහ්මණ ගෘහපතිවරුන් උතුරු දිශාවට අභිමුඛව දේවවන නම් සාල වනෝද්‍යානයට යන අයුරු දකින්නට ලැබුනා. දැක බත්ත නම් අමාත්‍යයාට මෙහෙම කිව්වා. "භවත් බත්ත, අර මොකද? ඕපසාදවැසි බ්‍රාහ්මණ ගෘහපතිවරුන් පිරිස් වශයෙන් සැදී, කණ්ඩායම් වශයෙන් සැදී උතුරු දිශාව පැත්තට දේවවන නම් සල්වනය පැත්තට යන්නේ?"

"භවත් චංකී, ශාක්‍ය කුලයෙන් පැවිදි වූ, ශාක්‍ය පුත්‍ර වූ ශ්‍රමණ භවත් ගෞතමයන් වහන්සේ කොසොල් ජනපදයෙහි මහත් භික්ෂුසංඝයා සමඟ චාරිකාවෙහි වඩිමින් සිටිය දී කොසොල් දනව්වැසි බ්‍රාහ්මණයන් ගේ ඕපසාද නම් වූ ගම්මානයට වැඩම කොට එහි වාසය කරනවා. ඒ භවත් ගෞතමයන් වහන්සේ පිළිබඳව මේ ආකාර වූ ඉතා සුන්දර කීර්ති ඝෝෂාවක් දසත පැන නැගී තිබෙනවා. ඒ කියන්නේ;

'ඒ භාග්‍යවතුන් වහන්සේ මේ මේ කරුණු හේතුවෙන් අරහං වන සේක. සම්මා සම්බුද්ධ වන සේක. විජ්ජාචරණ සම්පන්න වන සේක. සුගත වන සේක. ලෝකවිදූ වන සේක. අනුත්තරෝ පුරිසදම්ම සාරථී වන සේක. සත්ථා දේවමනුස්සානං වන සේක. බුද්ධ වන සේක. භගවා වන සේක' කියල. අන්න ඒ භවත් ගෞතමයන් වහන්සේව බැහැදකින්නට යි ඔය යන්නේ."

"එසේ වී නම් භවත් බත්ත, ඕපසාදවැසි බ්‍රාහ්මණ ගෘහපතියන් වෙත යන්න. ගිහින් ඕපසාද බ්‍රාහ්මණ ගෘහපතියන්ට මෙසේ කියන්න. 'භවත්නි, මොහොතක් සිටිත්වා! චංකී බ්‍රාහ්මණයා ත් ශ්‍රමණ ගෞතමයන් වහන්සේව දැකීම පිණිස එන්නට කැමතියි' කියල." "එසේය භවත" කියා ඒ බත්ත අමාත්‍යයා ද චංකී බ්‍රාහ්මණයාට පිළිතුරු දී ඕපසාදවැසි බ්‍රාහ්මණ ගෘහපතියන් වෙත ගියා. ගිහින් ඕපසාද බ්‍රාහ්මණ ගෘහපතියන්ට මෙසේ කිව්වා 'භවත්නි, මොහොතක් සිටිත්වා! චංකී බ්‍රාහ්මණයා ත් ශ්‍රමණ ගෞතමයන් වහන්සේව දැකීම පිණිස එන්නට කැමතියි' කියල.

ඒ දිනවල නා නා ප්‍රදේශවලින් පැමිණි පන්සියයක් පමණ බ්‍රාහ්මණවරුනුත් යම්කිසි කරුණක් පිණිස ඕපසාද ගමෙහි නැවතිලා සිටියා. ඔවුන්ට 'චංකී

බ්‍රාහ්මණයා ශ්‍රමණ භවත් ගෞතමයන් දකින්නට යනවා' යන කරුණ අසන්නට ලැබුණා. ඉතින් ඒ බ්‍රාහ්මණවරුන් චංකී බ්‍රාහ්මණයා වෙත පැමිණුනා. පැමිණ චංකී බ්‍රාහ්මණයාට මෙය පැවසුවා. "භවත් චංකී, ඔබ 'ශ්‍රමණ ගෞතමයන් දකින්නට යන්නේ ය' යන කරුණ සැබෑවක් ද?"

"භවත්නි, මට ත් මෙසේ සිතුනා. මාත් ශ්‍රමණ භවත් ගෞතමයන් වහන්සේව දකින්නට යන්නට ඕන කියලා."

"භවත් චංකී, ශ්‍රමණ ගෞතමයන් දකින්නට යන්නට එපා! භවත් චංකී, ශ්‍රමණ ගෞතමයන් දකින්නට යෑම සුදුසු නෑ. නමුත් ශ්‍රමණ ගෞතමයන් නම්, භවත් චංකීව බැහැදකින්නට පැමිණීම සුදුසුයි. භවත් චංකී වනාහී මව් පිය දෙපාර්ශවයෙන් ම සුජාත උපතක් ලද කෙනෙක් නෙව. සත්වෙනි මුත්තන් ගේ යුගය දක්වා ශුද්ධ වූ ග්‍රහණියක් ඇති කෙනෙක් නෙව. ජාතිවාදයෙන් අක්‍රෝශ නො කරන ලද්දෙක් නෙව. බැහැර නො කරන ලද්දෙක් නෙව. ඉතින් එහෙම එකේ භවත් චංකී ශ්‍රමණ ගෞතමයන්ව දකින්නට යන එක සුදුසු නැහැ.

භවත් චංකී, මහත් ධන ඇති, මහත් භෝග සම්පත් ඇති ආඪ්‍ය කෙනෙක් නෙව. ....(පෙ).... භවත් චංකී, ත්‍රිවේධ පාරප්‍රාප්ත කෙනෙක් නෙව. නිඝණ්ඩු, කේටුභ, අක්ෂර ප්‍රභේද හා ඉතිහාසය පස්වෙනි කොට ඇති පද ව්‍යාකරණ ආදිය ත්, ලෝකායත මහාපුරුෂ ලක්ෂණ ශාස්ත්‍රය ත් පිළිබඳව හසළ නුවණ තියෙනවා නෙව. ....(පෙ).... භවත් චංකී, අභිරූපවත් දර්ශනීය වූත්, ප්‍රසාදය ඇතිකරවන්නා වූත්, පරම වර්ණයෙන් යුතු, බ්‍රහ්ම වර්ණයෙන් යුතු, මහබඹුගේ සිරුරේ පැහැය ඇති කෙනෙක් නෙව. දකින්නට අවකාශ ලබාගන්නටත් අසීරුයි නෙව. ....(පෙ).... භවත් චංකී, සිල්වත් කෙනෙක් නෙව. වැඩුණු සිල් ඇති කෙනෙක් නෙව. වැඩුණු සීලයෙන් සමන්විත කෙනෙක් නෙව. ....(පෙ).... භවත් චංකී, කල්‍යාණ වචන ඇති, මධුර කතා ඇති, ශිෂ්ට වචන ඇති, නො විසුරුණු වචන ඇති, මනා කොට අරුත් පහදන්නට සමර්ථ, කෙළතොළු නො වූ බස් ඇති කෙනෙක් නෙව. ....(පෙ).... භවත් චංකී, බොහෝ දෙනා හට ආචාර්ය ප්‍රාචාර්යව තුන්සියයක් මාණවකයන් හට වේද මන්ත්‍ර හදාරවන කෙනෙක් නෙව. ....(පෙ).... භවත් චංකී, පසේනදී කොසොල් රජු විසිනුත් සත්කාර කරන ලද, ගෞරව කරන ලද, මානන කරන ලද, පුදන ලද, ඇප උපස්ථාන කරන ලද කෙනෙක් නෙව. ....(පෙ).... භවත් චංකී, පසේනදී කොසොල් රජු විසින් රාජ පරිත්‍යාගයක් ලෙස බ්‍රහ්ම දායාදයක් ලෙස දෙන ලද බොහෝ ජනයා සහිත තෘණ, දර, ජලය සහිත ධාන්‍ය සහිත ඕපසාද ගමෙහි අධිපතිව සිටින කෙනෙක් නෙව. ඉතින් එහෙම එකේ භවත් චංකී ශ්‍රමණ ගෞතමයන්ව දකින්නට යන

එක සුදුසු නැහැ. ශ්‍රමණ ගෞතමයන් තමයි චංකී භවතාණන් බැහැදකින්නට පැමිණීමට සුදුසු."

මෙසේ පැවසූ විට චංකී බ්‍රාහ්මණයා ඒ බ්‍රාහ්මණයන් හට මෙසේ පැවසුවා. "එසේ වී නම් භවත්නි, ඒ භවත් ගෞතමයන් වහන්සේව බැහැදකින්නට යෑම පිණිස අපි ම සුදුසු වෙනවා නම්, ඒ වගේ ම ඒ භවත් ගෞතමයන් වහන්සේ අපිව දකින්නට පැමිණීම නුසුදුසු වෙනවා නම්, ඒ කොයි අයුරින් ද කියා මගේ වචනයත් අසන්න.

භවත්නි, ශ්‍රමණ භවත් ගෞතමයන් වහන්සේ වනාහී මව් පිය දෙපාර්ශවයෙන් ම සුජාත උපතක් ලද කෙනෙක්. සත්වෙනි මුත්තන් ගේ යුගය දක්වා ශුද්ධ වූ ග්‍රහණියක් ඇති කෙනෙක්. ජාතිවාදයෙන් අක්‍රෝශ නො කරන ලද්දෙක්. බැහැර නො කරන ලද කෙනෙක්. මේ අංගයෙනුත් අපව දකින්නට භවත් ගෞතමයන් වහන්සේ පැමිණීම නුසුදුසු ම යි. නමුත් අපි ඒ භවත් ගෞතමයන් වහන්සේ බැහැදකින්නට යන එක සුදුසු ම යි.

භවත්නි, ශ්‍රමණ භවත් ගෞතමයන් වහන්සේ භූමිගත වූ ත්, ආකාශගත වූ ත් හිරණ්‍ය ස්වර්ණ ආදිය, මහා ධන සම්පත් අත්හැරලයි පැවිදි වෙලා තියෙන්නේ. ....(පෙ).... භවත්නි, ශ්‍රමණ භවත් ගෞතමයන් වහන්සේ ළදරු වයසේ දී ම කලු කෙස් ඇතිව සිටිය දී ම, භද්‍ර යෞවනයෙන් සිටිය දී ම, ප්‍රථම වයසෙහි දී ම යි ගිහි ගෙයින් නික්ම අනගාරික පැවිද්දට පත්වෙලා තියෙන්නේ භවත්නි, ශ්‍රමණ භවත් ගෞතමයන් වහන්සේ, දෙමව්පියන් අකමැත්තෙන් සිටිය දී ම කඳුළු පිරුණු මුහුණින් අඬමින් සිටිය දී ම යි කෙස් රැවුල් බා කසාය වස්ත්‍ර පොරවා ගිහිගෙයින් නික්ම අනගාරිකව පැවිදි වෙලා තියෙන්නෙ. ....(පෙ).... භවත්නි, ශ්‍රමණ භවත් ගෞතමයන් වහන්සේ ඉතා රූප සම්පන්න යි. ඉතාමත් දර්ශනීය යි, ප්‍රසාදය ඇතිකරවනවා, පරම වර්ණයෙන් යුක්තයි, බ්‍රහ්ම වර්ණයෙන් යුතු, මහබඹුගේ සිරුරේ පැහැයෙන් යුක්තයි. දකින්නට අවකාශ ලබාගන්නට ත් අසීරුයි. ....(පෙ).... භවත්නි, ශ්‍රමණ භවත් ගෞතමයන් වහන්සේ ඉතා සීලවන්තයි. ආර්ය සීලයෙන් යුක්තයි. කුසල සීලයෙන් යුක්තයි. කුසල සීලයෙන් සමන්වාගතයි. ....(පෙ).... භවත්නි, ශ්‍රමණ භවත් ගෞතමයන් වහන්සේ කල්‍යාණ වචනයෙන් යුක්තයි, මධුර කතාවෙන් යුක්තයි, ශිෂ්ට වචන ඇති, නො විසුරුණු වචන ඇති, කෙළතොළු නොවූ බස් ඇති, මනා කොට අරුත් පහදන්නට සමර්ථයි. ....(පෙ).... භවත්නි, ශ්‍රමණ භවත් ගෞතමයන් වහන්සේ බොහෝ දෙනා හට ආචාර්ය ප්‍රාචාර්යව සිටිනවා. ....(පෙ).... භවත්නි, ශ්‍රමණ භවත් ගෞතමයන් වහන්සේ කාමරාගය ක්ෂය කරල යි ඉන්නෙ. චපලබව පහකරලයි ඉන්නෙ. ....(පෙ).... භවත්නි, ශ්‍රමණ භවත් ගෞතමයන් වහන්සේ කර්මවාදී

කෙනෙක්. ක්‍රියාවාදී කෙනෙක්. බ්‍රාහ්මණයන් සහිත වැදගත් සමාජය පෙරටු කොට සිටින කෙනෙක්. ....(පෙ).... භවත්නි, ශ්‍රමණ භවත් ගෞතමයන් වහන්සේ උසස් කුලයෙන් අමිශ්‍ර වූ ක්ෂත්‍රීය කුලයෙන් පැවිදි වූ කෙනෙක්. ....(පෙ).... භවත්නි, ශ්‍රමණ භවත් ගෞතමයන් වහන්සේ මහත් ධන ඇති, මහත් භෝග සම්පත් ඇති ආඪ්‍ය කුලයෙන් පැවිදි වූ කෙනෙක්. ....(පෙ).... භවත්නි, ශ්‍රමණ භවත් ගෞතමයන් වහන්සේ ගෙන් කරුණු අසා ගන්නට පිටරටවලින්, පිටස්තර ජනපදවලින් බොහෝ පණ්ඩිත ජනයා පැමිණෙනවා. ....(පෙ).... භවත්නි, ශ්‍රමණ භවත් ගෞතමයන් වහන්සේව නොයෙක් දහස් ගණන් දෙවිවරුන් පවා දිවි හිමියෙන් සරණ ගිහින් තියෙනවා. ....(පෙ).... භවත්නි, ශ්‍රමණ භවත් ගෞතමයන් වහන්සේ මෙවැනි වූ කල්‍යාණ කීර්ති රාවයකින් ද යුක්ත යි. 'ඒ භාග්‍යවතුන් වහන්සේ මේ මේ කරුණු හේතුවෙන් අරහං වන සේක. සම්මා සම්බුද්ධ වන සේක. විජ්ජාචරණ සම්පන්න වන සේක. සුගත වන සේක. ලෝකවිදූ වන සේක. අනුත්තරෝ පුරිසදම්ම සාරථී වන සේක. සත්ථා දේවමනුස්සානං වන සේක. බුද්ධ වන සේක. භගවා වන සේක' කියල. ....(පෙ).... භවත්නි, ශ්‍රමණ භවත් ගෞතමයන් වහන්සේ මහා පුරුෂ ලක්ෂණ තිස් දෙකකින් යුක්තයි. ....(පෙ).... භවත්නි, ශ්‍රමණ භවත් ගෞතමයන් වහන්සේව මගධේශ්වර සේනිය බිම්බිසාර රජු පුත්‍රභාර්යාවන් සමඟ සරණ ගිහින් තියෙන්නෙ. ....(පෙ).... භවත්නි, ශ්‍රමණ භවත් ගෞතමයන් වහන්සේව පසේනදී කොසොල් රජු පුත්‍රභාර්යාවන් සමඟ සරණ ගිහින් තියෙන්නෙ. ....(පෙ).... භවත්නි, ශ්‍රමණ භවත් ගෞතමයන් වහන්සේව පොක්ඛරසාතී බ්‍රාහ්මණා ද, පුත්‍රභාර්යාවන් සමඟ සරණ ගිහින් තියෙන්නෙ. ....(පෙ).... භවත්නි, ශ්‍රමණ භවත් ගෞතමයන් වහන්සේ ඕපසාද ගම්මානයට වැඩම කරලා ඕපසාදයට උතුරු දිශාවෙන් වූ දේවවන නම් සල්වනයෙහි වැඩසිටිනවා. යම්කිසි ශ්‍රමණයන් වේවා, බ්‍රාහ්මණයන් වේවා අප ගේ ගම් කෙතට පැමිණිය හොත් ඔවුන් අප ගේ ආගන්තුකයන්. අප විසින් ආගන්තුකයින් හට සත්කාර කළ යුතුයි. ගෞරව කළ යුතුයි. මානන කළ යුතුයි. පිදිය යුතුයි. ඉතින් ශ්‍රමණ භවත් ගෞතමයන් වහන්සේ ත් ඕපසාදයට වැඩම කොට ඕපසාදයට උතුරින් වූ දේවවන නම් සල්වනයෙහි වැඩඉන්නවා. ශ්‍රමණ ගෞතමයන් වහන්සේ අපට ආගන්තුකයෙක්. ඉතින් අප විසින් ඒ ආගන්තුකයන් වහන්සේට සත්කාර කළ යුතුයි. ගෞරව කළ යුතුයි. මානන කළ යුතුයි. පිදිය යුතුයි. මේ අංගයෙනුත් අපව දකින්නට භවත් ගෞතමයන් වහන්සේ පැමිණීම නුසුදුසු ම යි. නමුත් අපි ඒ භවත් ගෞතමයන් වහන්සේ බැහැදකින්නට යන එක සුදුසු ම යි.

භවත්නි, ඒ භවත් ගෞතමයන් වහන්සේ ගේ ගුණ ගැන මං ඔපමණයි දන්නෙ. නමුත් භවත්නි, ඒ භවත් ගෞතමයන් වහන්සේ මෙපමණ ගුණයකින්

පමණක් යුක්ත නෑ. ඒ භවත් ගෞතමයන් වහන්සේ පමණ කළ නො හැකි ගුණ සම්පත්තියෙන් යුක්තයි. භවත්නි, ඒ එක එක ගුණාංගයක් ගත්තත්, අපව දකින්නට භවත් ගෞතමයන් වහන්සේ පැමිණීම නුසුදුසු ම යි. නමුත් අපි ඒ භවත් ගෞතමයන් වහන්සේ බැහැදකින්නට යන එක සුදුසු ම යි. භවත්නි, එනිසා අපි හැමෝම එක්වෙලා ශ්‍රමණ භවත් ගෞතමයන් වහන්සේ බැහැදකින්නට යමු."

ඉතින් චංකී බ්‍රාහ්මණයා මහත් බ්‍රාහ්මණ පිරිසක් සමඟ භාග්‍යවතුන් වහන්සේ වෙත පැමිණුනා. පැමිණ භාග්‍යවතුන් වහන්සේ සමඟ සතුටු වුනා. සතුටු විය යුතු වූ පිළිසඳර කතාව කොට නිමවා එකත්පස්ව වාඩි වුනා. එවේලෙහි භාග්‍යවතුන් වහන්සේ ඉතා වයෝවෘද්ධ බ්‍රාහ්මණ පිරිසක් සමඟ කිසියම් වැදගත් කතා බහක නියැලී සිටියා.

එවේලෙහි කාපටික නම් බ්‍රාහ්මණ තරුණයෙක් සිටියා. ඔහු ළදරු යි. ඉවත් කළ කෙස් වලින් යුක්තයි. උපතින් සොළොස් හැවිරිදි යි. ඍග්, යජුර්, ශ්‍යාම් යන ත්‍රිවේද පාරප්‍රාප්ත යි. නිඝණ්ඩු, කේටුභ, අක්ෂර ප්‍රභේද හා ඉතිහාසය පස්වෙනි කොට ඇති පද ව්‍යාකරණ ආදිය ත්, ලෝකායත මහාපුරුෂ ලක්ෂණ ශාස්ත්‍රය ත් පිළිබඳව හසළ නුවණ තියෙනවා. ඔහුත් ඒ පිරිස අතර වාඩි වෙලා සිටියා. ඉතින් ඔහු භාග්‍යවතුන් වහන්සේ සමඟ වයෝවෘද්ධ බ්‍රාහ්මණයින් කතා බස් කරද්දී එයට බාධා වන පරිදි මැදින් කතා කරනවා. එතකොට භාග්‍යවතුන් වහන්සේ "ආයුෂ්මත් භාරද්වාජ, මා සමඟ කතා බස් කරමින් සිටින වයෝවෘද්ධ වූ බ්‍රාහ්මණයින්ට බාධාවන කතාවන් කරන්නට එපා! ආයුෂ්මත් භාරද්වාජ, මේ කතාව අවසාන වන තෙක් ඉන්න" කියා කාපටික මාණවකයාව බැහැරට දැම්මා.

මෙසේ පැවසූ විට චංකී බ්‍රාහ්මණයා භාග්‍යවතුන් වහන්සේට මෙය පැවසුවා. "භවත් ගෞතමයන් වහන්ස, කාපටික තරුණයාව බැහැර නො කරන සේක්වා! කාපටික මාණවකයා හොඳ කුල පුත්‍රයෙක්. කාපටික මාණවකයා බහුශ්‍රැත යි. කාපටික මාණවකයා මධුර කථාවෙන් යුක්තයි. කාපටික මාණවකයා ඥාණවන්ත යි. කාපටික මාණවකයා භවත් ගෞතමයන් වහන්සේ සමඟ මේ වචනය පිළිබඳව කරුණු දක්වන්නට සමර්ථ යි."

එවිට භාග්‍යවතුන් වහන්සේට මේ අදහස ඇතිවුනා. "සැබැවින් ම කාපටික මාණවකයා ත්‍රිවේධ සංඛ්‍යාත වේද වචනය හදාරා තිබෙනවා වගෙයි. ඒ නිසයි බ්‍රාහ්මණයන් ඔහුව පෙරටුව තබාගෙන හැසිරෙන්නේ." එවිට කාපටික මාණවකයාට මෙසේ සිතුනා. "ශ්‍රමණ ගෞතමයන් වහන්සේ යම් වෙලාවක

උන්වහන්සේ ගේ ඇසින් මගේ ඇස දෙස බලනවා ද, එතකොට මං ශ්‍රමණ ගෞතමයන් වහන්සේ ගෙන් ප්‍රශ්නයක් අසනවා."

එවේලෙහි භාග්‍යවතුන් වහන්සේ ගේ සිතින් කාපටික තරුණයා ගේ අදහස දැනගෙන කාපටික තරුණයා දෙස දෑසින් බැලුවා. එවිට කාපටික මාණවකයාට මෙය සිතුනා. "ශ්‍රමණ ගෞතමයන් වහන්සේ මා ගැන සිතනවා. මං ශ්‍රමණ ගෞතමයන් වහන්සේ ගෙන් ප්‍රශ්නයක් අසන එක තමයි හොඳ." ඉතින් කාපටික මාණවකයා භාග්‍යවතුන් වහන්සේ ගෙන් මෙය ඇසුවා.

"භවත් ගෞතමයන් වහන්ස, යම් මේ පැරණි බ්‍රාහ්මණයන් ගේ පරම්පරාවෙහි පිටක සම්ප්‍රදාය තුළ 'මෙය මෙසේ වුනා' යනාදී යම් වේද මන්ත්‍ර ඇද්ද, එහිලා බ්‍රාහ්මණයන් එය ඒ අයුරින් ම දරාගෙන සිටිනවා. 'මෙය තමයි සත්‍යය. අන් සියල්ල හිස්' කියා. මේ ගැන භවත් ගෞතමයන් වහන්සේ කුමක් ද කියන්නේ?"

"පින්වත් භාරද්වාජ, ඒ බ්‍රාහ්මණයන් අතුරින් එක බ්‍රාහ්මණයෙක් හරි ඉන්නවා ද මෙන්න මේ විදිහට කියන. 'මෙය මම දන්නවා. මෙය මම දකිනවා එනිසා මෙය යි සත්‍යය. අනිත් දේවල් හිස්' කියල." "භවත් ගෞතමයන් වහන්ස, එහෙම නෑ."

"පින්වත් භාරද්වාජ, ඒ බ්‍රාහ්මණයන් අතුරින් එක බ්‍රාහ්මණ ආචාර්යවරයෙක් වේවා ප්‍රාචාර්යවරයෙක් වේවා, සත්වෙනි ආචාර්ය පරම්පරාව දක්වා කවුරුවත් ඉන්නවා ද මෙන්න මේ විදිහට කියන. 'මෙය මම දන්නවා. මෙය මම දකිනවා එනිසා මෙය යි සත්‍යය. අනිත් දේවල් හිස්' කියල." "භවත් ගෞතමයන් වහන්ස, එහෙම නෑ."

"පින්වත් භාරද්වාජ, ඒ බ්‍රාහ්මණයන් අතුරින් පූර්ව කාලයෙහි මන්ත්‍ර හදපු, මන්ත්‍ර එක්රැස් කළ යම් ඍෂිවරු ඉන්නවා නම්, ඔවුන් කියූ දේ අනුව වර්තමාන බමුණන් ඒ මන්ත්‍ර පද ඔවුන් පැවසූ අයුරින් පවසත් ද, ඔවුන් ගැයූ අයුරින් ගයත් ද, ඔවුන් කියූ අයුරින් කියත් ද, ඔවුන් පාඩම් කළ අයුරින් පාඩම් කරත් ද, ඒ ඔවුන් කවුරුන් ද යත්; අට්ටක, වාමක, වාමදේව, වෙස්සාමිත්ත, යමතග්ගී, අංගීරස, භාරද්වාජ, වාසෙට්ඨ, කස්සප, භගු යන මේ උදවිය යි. ඔවුන් මෙහෙම කිව්වා ද? 'මෙය මම දන්නවා. මෙය මම දකිනවා එනිසා මෙය යි සත්‍යය. අනිත් දේවල් හිස්' කියල." "භවත් ගෞතමයන් වහන්ස, එහෙම නෑ."

"එහෙම නම් භාරද්වාජ, බ්‍රාහ්මණයන් අතර සිටින්නා වූ එක් බ්‍රාහ්මණයෙක් වත් මෙහෙම කියලා නෑ. 'මෙය මම දන්නවා. මෙය මම දකිනවා එනිසා මෙය

යි සත්‍යය. අනිත් දේවල් හිස්' කියල. ඒ වගේ ම ඒ බ්‍රාහ්මණයන් අතුරින් එක බ්‍රාහ්මණ ආචාර්යවරයෙක් වේවා ප්‍රාචාර්යවරයෙක් වේවා, සත්වෙනි ආචාර්ය පරම්පරාව දක්වා කවුරුවත් මෙහෙම කියලා නෑ. 'මෙය මම දන්නවා. මෙය මම දකිනවා එනිසා මෙය යි සත්‍යය. අනිත් දේවල් හිස්' කියල.

ඒ වගේ ම ඒ බ්‍රාහ්මණයන් අතුරින් පූර්ව කාලයෙහි මන්ත්‍ර හදපු, මන්ත්‍ර එක්රැස් කළ යම් ඍෂිවරු ඉන්නවා නම්, ඔවුන් කියූ දේ අනුව වර්තමාන බමුණන් ඒ මන්ත්‍ර පද ඔවුන් පැවසූ අයුරින් පවසත් ද, ඔවුන් ගැයූ අයුරින් ගයත් ද, ඔවුන් කියූ අයුරින් කියත් ද, ඔවුන් පාඩම් කළ අයුරින් පාඩම් කරත් ද, ඒ ඔවුන් කවුරුන් ද යත්; අට්ටක, වාමක, වාමදේව, වෙස්සාමිත්ත, යමතග්ගී, අංගීරස, භාරද්වාජ, වාසෙට්ඨ, කස්සප, භගු යන මේ උදවිය යි. ඔවුනුත් මෙහෙම කියලා නෑ. 'මෙය මම දන්නවා. මෙය මම දකිනවා එනිසා මෙය යි සත්‍යය. අනිත් දේවල් හිස්' කියල.

එතකොට භාරද්වාජ, මෙය පරම්පරාවට බැඳිලා ගිය හැරමිටි ගත් අන්ධ පිරිසක් වගෙයි නෙව. ඉදිරියේ සිටින කෙනාට පෙනෙන්නෙත් නෑ. මැදින් යන කෙනාට පෙනෙන්නෙත් නෑ. අන්තිමට යන කෙනාට පෙනෙන්නෙත් නෑ. පින්වත් භාරද්වාජ, බ්‍රාහ්මණයන් ගේ ප්‍රකාශය හැරමිටි ගත් අන්ධයන් ගේ උපමාව වගේ කියලයි හිතෙන්නේ. මුලින් යන එක්කෙනා දකින්නෙත් නෑ. මැදින් යන එක්කෙනා දකින්නෙත් නෑ. අන්තිමට යන කෙනා දකින්නෙත් නෑ. පින්වත් භාරද්වාජ, ඒ ගැන කුමක් ද සිතන්නේ? එහෙම නම් මේ බ්‍රාහ්මණයන් ගේ මේ මත ගැනීම තිබෙන්නේ පදනමක් නැති ශ්‍රද්ධාවකින් නො වෙයි ද?"

"භවත් ගෞතමයන් වහන්ස, ඔය කාරණාව ගැන බ්‍රාහ්මණයන් ශ්‍රද්ධාවෙන් ම ගන්නවා නො වෙයි. අනුශ්‍රවණයෙනුත් බ්‍රාහ්මණයන් කරුණු පිළිගන්නවා."

"පින්වත් භාරද්වාජ, ඔබ කලින් ම ගියේ ශ්‍රද්ධාව කරා යි. දැන් ඔබ අනුශ්‍රවය ගැන කියනවා. පින්වත් භාරද්වාජ මෙහිදීම දෙආකාරයක විපාක ඇති මේ ධර්ම පහක් තිබෙනවා. කවර පහක් ද යත්; ශ්‍රද්ධා, රුචි, අනුශ්‍රව, ආකාර පරිවිතර්ක, දිට්ඨිනිජ්ඣානක්ඛන්ති යන පහයි. මේ ධර්ම පහ මේ ජීවිතයේ දී ම දෙආකාරයකින් ප්‍රතිඵල ලබාදෙනවා.

පින්වත් භාරද්වාජ, යම් දෙයක් කෙරෙහි ඉතා හොඳ ශ්‍රද්ධාවක් තියෙනවා. නමුත් ඒ ශ්‍රද්ධාව තිබෙන්නේ හිස් වූ තුච්ඡ වූ මුසාවක් ගැන වෙන්නට පුළුවනි. ඒ වගේ ම යම් දෙයක් ගැන එහෙම ශ්‍රද්ධාවක් නැහැ. නමුත් ඒ ශ්‍රද්ධාව නො තිබෙන්නේ සැබෑ වූ සත්‍ය වූ නො වෙනස් වන දෙයක් ගැන විය හැකියි.

පින්වත් භාරද්වාජ, යම් දෙයක් කෙරෙහි ඉතා හොඳ රුචිකත්වයක් තියෙනවා. නමුත් ඒ රුචිකත්වය තිබෙන්නේ හිස් වූ තුච්ඡ වූ මුසාවක් ගැන වෙන්නට පුළුවනි. ඒ වගේ ම යම් දෙයක් ගැන එහෙම රුචිකත්වයක් නැහැ. නමුත් ඒ රුචිතක්වය නො තිබෙන්නේ සැබෑ වූ සත්‍ය වූ නො වෙනස් වන දෙයක් ගැන විය හැකියි.

පින්වත් භාරද්වාජ, යම් දෙයක් ඉතා හොඳින් අසා තිබෙන්නට පුළුවනි. නමුත් ඒ අසන ලද දෙය හිස් වූ තුච්ඡ වූ මුසාවක් ගැන වෙන්නට පුළුවනි. ඒ වගේ ම යම් දෙයක් ගැන එහෙම ශ්‍රවණය කොට නැහැ. නමුත් ඒ ශ්‍රවණය නො කළ දෙය සැබෑ වූ සත්‍ය වූ නො වෙනස් වන දෙයක් ගැන විය හැකියි.

පින්වත් භාරද්වාජ, යම් දෙයක් කෙරෙහි ඉතා හොඳින් කල්පනා කොට තිබෙන්නට පුළුවනි. එහෙත් ඒ හොඳින් කල්පනා කොට තිබෙන්නේ හිස් වූ තුච්ඡ වූ මුසාවක් ගැන වෙන්නට පුළුවනි. ඒ වගේ ම යම් දෙයක් ගැන ඒ අයුරින් හොඳින් කල්පනා කොට නැහැ. නමුත් ඒ හොඳින් කල්පනා නො කොට තිබෙන්නේ සැබෑ වූ සත්‍ය වූ නො වෙනස් වන දෙයක් ගැන විය හැකියි.

පින්වත් භාරද්වාජ, යම් දෙයක් කෙරෙහි ඉතා හොඳින් කරුණු ගලපා තේරුම් ගෙන තිබෙන්නට පුළුවනි. එහෙත් ඉතා හොඳින් කරුණු ගලපා තේරුම් ගෙන තිබෙන්නේ හිස් වූ තුච්ඡ වූ මුසාවක් ගැන වෙන්නට පුළුවනි. ඒ වගේ ම යම් දෙයක් ගැන එහෙම හොඳින් කරුණු ගලපා තේරුම් ගැනීමක් කොට නැහැ. නමුත් ඒ හොඳින් කරුණු ගලපා තේරුම් ගෙන නො තිබෙන්නේ සැබෑ වූ සත්‍ය වූ නො වෙනස් වන දෙයක් ගැන විය හැකියි. එනිසා පින්වත් භාරද්වාජය, සත්‍යය ආරක්ෂා කරනු කැමති බුද්ධිමත් මනුෂ්‍යයෙකු විසින් පක්ෂග්‍රාහී ලෙස 'මෙය ම යි සත්‍යය. අන් සියල්ල හිස්' කියා නිෂ්ඨාවකට නො පැමිණිය යුතුය."

"භවත් ගෞතමයන් වහන්ස, සත්‍යය ආරක්ෂා කිරීම යනු කුමක් ද? සත්‍ය ආරක්ෂා කරන්නේ කොයි අයුරින් ද? අප භවත් ගෞතමයන් වහන්සේගෙන් විමසා සිටින්නේ සත්‍යය ආරක්ෂා කිරීම පිළිබඳවයි."

"පින්වත් භාරද්වාජ, යම්කිසි පුද්ගලයෙක් තුළ ශ්‍රද්ධාවක් තිබෙන්නට පුළුවනි. එතකොට ඔහු 'මාගේ ශ්‍රද්ධාව මේ අයුරින් තිබේ යැ'යි කියයි නම්, ඔහු සත්‍යය රකියි. මෙපමණකින් පක්ෂග්‍රාහීව 'මෙය ම යි සත්‍යය. අන් සියල්ල හිස්' කියා නිෂ්ඨාවකට ගියා වෙන්නෙ නෑ. පින්වත් භාරද්වාජ, අපි සත්‍යය ආරක්ෂා කිරීම මෙතකිනුත් පණවනවා. හැබැයි මෙපමණකින් සත්‍යාවබෝධය නම් වන්නේ නැහැ.

පින්වත් භාරද්වාජ, යම්කිසි පුද්ගලයෙක් තුළ යම් දෙයක් කෙරෙහි රුචිකත්වයක් තිබෙන්නට පුළුවනි. ....(පෙ).... පින්වත් භාරද්වාජ, යම්කිසි පුද්ගලයෙක් යම් දෙයක් පිළිබඳව හොඳින් අසා තිබෙන්නට පුළුවනි. ....(පෙ).... පින්වත් භාරද්වාජ, යම්කිසි පුද්ගලයෙක් යම් දෙයක් පිළිබඳව හොඳින් මෙනෙහි කොට තිබෙන්නට පුළුවනි. ....(පෙ).... පින්වත් භාරද්වාජ, යම්කිසි පුද්ගලයෙක් යම් දෙයක් පිළිබඳව කරුණු ගලපා තේරුම් ගෙන තිබෙන්නට පුළුවනි. එතකොට ඔහු 'මාගේ දිට්ඨිනිජ්ඣානක්ඛන්තිය මේ අයුරින් තිබේ යැ'යි කියයි නම්, ඔහු සත්‍යය රකියි. මෙපමණකින් පක්ෂග්‍රාහීව 'මෙය ම යි සත්‍යය. අන් සියල්ල හිස්' කියා නිෂ්ඨාවකට ගියා වෙන්නෙ නෑ. පින්වත් භාරද්වාජ, අපි සත්‍යය ආරක්ෂා කිරීම මෙතකිනුත් පණවනවා. හැබැයි මෙපමණකින් සත්‍යාවබෝධය නම් වන්නේ නැහැ."

"භවත් ගෞතමයන් වහන්ස, මෙපමණකින් සත්‍යය ආරක්ෂා වීම වෙනවා ම යි. මෙපමණකින් සත්‍ය රකිනවා ම යි. අපි ත් සත්‍යයේ ආරක්ෂා වීම දකින්නේ මෙපමණකින් ම යි. භවත් ගෞතමයන් වහන්ස, සත්‍යාවබෝධය යනු කුමක් ද? සත්‍යාවබෝධ කරන්නේ කොයි අයුරින් ද? අප භවත් ගෞතමයන් වහන්සේගෙන් විමසා සිටින්නේ සත්‍යාවබෝධ කිරීම පිළිබඳවයි."

"පින්වත් භාරද්වාජ, මෙහිලා භික්ෂුවක් එක්තරා ගමක් හෝ නියම් ගමක් හෝ ඇසුරු කොට වාසය කරනවා. එහිදී ගෘහපතියෙක් හෝ ගෘහපති පුත්‍රයෙක් පැමිණ කරුණු තුනක් පිළිබඳව විමසනවා. ඒ ලෝභය ඇති කරවන දේවල් පිළිබඳව ත්, ද්වේෂය ඇති කරවන දේවල් පිළිබඳව හා මෝහය ඇතිකරවන දේවල් පිළිබඳවයි. ඒ කියන්නේ 'යම් ලෝභය ඇති කරවන දේවල් තුළින් පෙරළී ගිය සිතින් යුතුව, නො දන්නා දෙයක් දනිමි'යි කියනවා නම් නො දකින දෙයක් දකිමි'යි කියනවා නම් අනුන්ව ද ඒ කෙරෙහි සමාදන් කරවනවා නම්, ඒ හේතුවෙන් අනික් උදවියට ද බොහෝ කලක් අහිත පිණිස දුක් පිණිස පවතිනවා නම්, එබඳු වූ ලෝභය ඇති වන ධර්මයන් මේ ආයුෂ්මතුන් තුළ තියෙනවා ද?' කියල.

ඉතින් මේ විදිහට ඔහු විමසද්දී මෙහෙම තේරුම් ගන්නවා. 'යම් ලෝභය ඇති කරවන දේවල් තුළින් පෙරළී ගිය සිතින් යුතුව, නො දන්නා දෙයක් දනිමි'යි කියනවා නම් නො දකින දෙයක් දකිමි'යි කියනවා නම් අනුන්ව ද ඒ කෙරෙහි සමාදන් කරවනවා නම්, ඒ හේතුවෙන් අනික් උදවියට ද බොහෝ කලක් අහිත පිණිස දුක් පිණිස පවතිනවා නම්, එබඳු වූ ලෝභය ඇති වන ධර්මයන් මේ ආයුෂ්මතුන් තුළ නැහැ' කියල.

ලෝභ නැති කෙනෙක් තුළ යම් ආකාර කායික හැසිරීම් තියෙනවා නම්, වාචසික හැසිරීම් තියෙනවා නම්, ඒ විදිහට තමයි මේ අයුෂ්මතුන් තුළ තියෙන්නෙ. මේ ආයුෂ්මතුන් යම් ධර්මයක් දේශනා කරනවා ද, ඒ ධර්මය ගාම්භීරයි. දැකීමට දුෂ්කරයි. අවබෝධයට දුෂ්කරයි. ශාන්තයි. ප්‍රණීතයි. තර්ක ගෝචරයෙන් තොරයි. සියුම්. නුවණැත්තන් විසින් අවබෝධ කළ යුතු දෙයක්. ලෝභ සහගත පුද්ගලයෙකුට නම් ඒ ධර්මය පහසුවෙන් කියන්නට බැහැ.

තවදුරටත් ඔහු ගැන සොයා බලද්දී ලෝභය ඇති කරවන දේවල් වලින් ඔහු නිදහස්ව පිරිසිදුව සිටින බවට දකින්නට ලැබෙනවා.

ඉතින් ඊට පසු ඒ භික්ෂුව තුළ ද්වේෂය ඇති කරන දේවල් තියෙනවා ද කියල පරීක්ෂා කොට බලනවා. ඒ කියන්නේ 'යම් ද්වේෂය ඇති කරවන දේවල් තුළින් පෙරළී ගිය සිතින් යුතුව, නො දන්නා දෙයක් දනිමි'යි කියනවා නම් නො දකින දෙයක් දකිමි'යි කියනවා නම් අනුන්ව ද ඒ කෙරෙහි සමාදන් කරවනවා නම්, ඒ හේතුවෙන් අනික් උදවියට ද බොහෝ කලක් අහිත පිණිස දුක් පිණිස පවතිනවා නම්, එබඳු වූ ද්වේෂය ඇති වන ධර්මයන් මේ ආයුෂ්මතුන් තුළ තියෙනවා ද?' කියල.

ඉතින් මේ විදිහට ඔහු විමසද්දී මෙහෙම තේරුම් ගන්නවා. 'යම් ද්වේෂය ඇති කරවන දේවල් තුළින් පෙරළී ගිය සිතින් යුතුව, නො දන්නා දෙයක් දනිමි'යි කියනවා නම් නො දකින දෙයක් දකිමි'යි කියනවා නම් අනුන්ව ද ඒ කෙරෙහි සමාදන් කරවනවා නම්, ඒ හේතුවෙන් අනික් උදවියට ද බොහෝ කලක් අහිත පිණිස දුක් පිණිස පවතිනවා නම්, එබඳු වූ ද්වේෂය ඇති වන ධර්මයන් මේ ආයුෂ්මතුන් තුළ නැහැ' කියල.

ද්වේෂ නැති කෙනෙක් තුළ යම් ආකාර කායික හැසිරීම් තියෙනවා නම්, වාචසික හැසිරීම් තියෙනවා නම්, ඒ විදිහට තමයි මේ අයුෂ්මතුන් තුළ තියෙන්නෙ. මේ ආයුෂ්මතුන් යම් ධර්මයක් දේශනා කරනවා ද, ඒ ධර්මය ගාම්භීරයි. දැකීමට දුෂ්කරයි. අවබෝධයට දුෂ්කරයි. ශාන්තයි. ප්‍රණීතයි. තර්ක ගෝචරයෙන් තොරයි. සියුම්. නුවණැත්තන් විසින් අවබෝධ කළ යුතු දෙයක්. ද්වේෂ සහගත පුද්ගලයෙකුට නම් ඒ ධර්මය පහසුවෙන් කියන්නට බැහැ.

තවදුරටත් ඔහු ගැන සොයා බලද්දී ද්වේෂය ඇති කරවන දේවල් වලින් ඔහු නිදහස්ව පිරිසිදුව සිටින බවට දකින්නට ලැබෙනවා.

ඉතින් ඊට පසු ඒ භික්ෂුව තුළ මෝහය ඇති කරන දේවල් තියෙනවා ද කියල පරීක්ෂා කොට බලනවා. ඒ කියන්නේ 'යම් මෝහය ඇති කරවන

දේවල් තුළින් පෙරළී ගිය සිතින් යුතුව, නො දන්නා දෙයක් දනිමි'යි කියනවා නම් නො දකින දෙයක් දකිමි'යි කියනවා නම් අනුන්ව ද ඒ කෙරෙහි සමාදන් කරවනවා නම්, ඒ හේතුවෙන් අනික් උදවියට ද බොහෝ කලක් අහිත පිණිස දුක් පිණිස පවතිනවා නම්, එබඳු වූ මෝහය ඇති වන ධර්මයන් මේ ආයුෂ්මතුන් තුළ තියෙනවා ද?' කියල.

ඉතින් මේ විදිහට ඔහු විමසද්දී මෙහෙම තේරුම් ගන්නවා. 'යම් මෝහය ඇති කරවන දේවල් තුළින් පෙරළී ගිය සිතින් යුතුව, නො දන්නා දෙයක් දනිමි'යි කියනවා නම් නො දකින දෙයක් දකිමි'යි කියනවා නම් අනුන්ව ද ඒ කෙරෙහි සමාදන් කරවනවා නම්, ඒ හේතුවෙන් අනික් උදවියට ද බොහෝ කලක් අහිත පිණිස දුක් පිණිස පවතිනවා නම්, එබඳු වූ මෝහය ඇති වන ධර්මයන් මේ ආයුෂ්මතුන් තුළ නැහැ' කියල.

මෝහ නැති කෙනෙක් තුළ යම් ආකාර කායික හැසිරීම් තියෙනවා නම්, වාචසික හැසිරීම් තියෙනවා නම්, ඒ විදිහට තමයි මේ අයුෂ්මතුන් තුළ තියෙන්නෙ. මේ ආයුෂ්මතුන් යම් ධර්මයක් දේශනා කරනවා ද, ඒ ධර්මය ගාම්භීරයි. දැකීමට දුෂ්කරයි. අවබෝධයට දුෂ්කරයි. ශාන්තයි. ප්‍රණීතයි. තර්ක ගෝචරයෙන් තොරයි. සියුම්. නුවණැත්තන් විසින් අවබෝධ කළ යුතු දෙයක්. මෝහ සහගත පුද්ගලයෙකුට නම් ඒ ධර්මය පහසුවෙන් කියන්නට බැහැ.

තවදුරටත් ඔහු ගැන සොයා බලද්දී මෝහය ඇති කරවන දේවල් වලින් ඔහු නිදහස්ව පිරිසිදුව සිටින බවට දකින්නට ලැබෙනවා.

එතකොට ඔහු කෙරෙහි ශ්‍රද්ධාව පිහිටුවා ගන්නවා. ශ්‍රද්ධාව ඉපදීම නිසා ඔහු කරා යනවා. ගිහින් ඔහුව ඇසුරු කරනවා. ඔහුව ඇසුරු කරද්දී හොඳින් ඇහුම්කන් දෙනවා. ඉතා හොඳින් ඇහුම්කන් දී ධර්මය අසනවා. අසන ධර්මය ධාරණය කරගන්නවා. ධාරණය කරගත් ධර්මයෙහි අර්ථ නුවණින් විමසනවා. අර්ථ නුවණින් විමසද්දී එම ධර්මයන් වැටහෙන්නට පටන්ගන්නවා. ධර්මයන් වැටහෙන්නට පටන්ගත් විට ධර්මයෙහි හැසිරෙන්නට ආශාව ඇතිවෙනවා. ධර්මයෙහි හැසිරෙන්නට ආශාව ඇති වීම නිසා උත්සාහ කරනවා. උත්සාහ කොට ගලපා බලනවා. ගලපා බලා බලවත් ලෙස වීරිය කරනවා. කාය ජීවිත දෙකෙහි අපේක්ෂාව අත්හැර ධර්මයේ හැසිරෙද්දී පරම සත්‍යය තමා තුළින් ම සාක්ෂාත් කරගන්නවා. ප්‍රඥාවෙනුත් එය විනිවිද දකිනවා.

පින්වත් භාරද්වාජ, මෙපමණකින් සත්‍යාවබෝධය වෙනවා. මෙපමණකින් ම සත්‍යාවබෝධ කරනවා. හැබැයි මෙපමණකින් සත්‍යයට පත්වුනා වෙන්නෙ නැහැ.

"භවත් ගෞතමයන් වහන්ස, මෙපමණකින් සත්‍යාවබෝධ වීම වෙනවා ම යි. මෙපමණකින් සත්‍යාවබෝධ කරනවා ම යි. අපි ත් සත්‍යයේ අවබෝධ වීම දකින්නේ මෙපමණකින් ම යි. භවත් ගෞතමයන් වහන්ස, සත්‍යයට පත්වුණා යනු කුමක් ද? සත්‍යයට පත්වෙන්නේ කොයි අයුරින් ද? අප භවත් ගෞතමයන් වහන්සේගෙන් විමසා සිටින්නේ සත්‍යයට පත්වීම පිළිබඳවයි."

"පින්වත් භාරද්වාජ, ඒ ධර්මයන් ගේ ම නිරතුරු සේවනය කිරීමෙන් භාවනා වශයෙන් වැඩීමෙන් හා බහුල කිරීමෙනුයි සත්‍යයට පත්වන්නේ. මෙපමණකින් පින්වත් භාරද්වාජය, සත්‍යයට පත්වුණා වෙනවා. මෙපමණකින් සත්‍යයට පත්වෙනවා. මෙපමණකින් ම සත්‍යයට පත්වීම පණවනවා."

"භවත් ගෞතමයන් වහන්ස, මෙපමණකින් සත්‍යයට පැමිණීම වෙනවා ම යි. මෙපමණකින් සත්‍යයට පැමිණෙනවා ම යි. අපි ත් සත්‍යානුප්‍රාප්තිය දකින්නේ මෙපමණකින් ම යි. භවත් ගෞතමයන් වහන්ස, සත්‍යානුප්‍රාප්තියට බොහෝ සෙයින් උපකාර වන්නේ කවර ධර්මයක් ද? අපි භවත් ගෞතමයන් වහන්සේගෙන් විමසා සිටින්නේ සත්‍යයට පැමිණීම පිණිස බොහෝ සෙයින් උපකාර වන ධර්මය ගැනයි."

"පින්වත් භාරද්වාජ, සත්‍යයට පත්වීම පිණිස, අතිශයින් ම උපකාර වන්නේ, බලවත් ලෙස වීරිය කිරීම ම යි. ඉදින් කෙනෙක් අධිකතර වීර්යය නො කරන්නේ නම් මේ සත්‍යය කරා පැමිණෙන්නෙ නෑ. යම් හෙයකින් බලවත් ලෙස වීරිය කරනවා නම්, ඒ හේතුවෙන් ම යි සත්‍යානුප්‍රාප්තිය වන්නේ. එම නිසා සත්‍යයට පත්වීම පිණිස අතිශයින් ම උපකාරී වන්නේ බලවත් ලෙස වීරිය කිරීම ම යි."

"භවත් ගෞතමයන් වහන්ස, බලවත් ලෙස වීර්යය කිරීම පිණිස බොහෝ සෙයින් උපකාර වන්නේ කවර ධර්මයක් ද? අපි භවත් ගෞතමයන් වහන්සේගෙන් විමසා සිටින්නේ බලවත් ලෙස වීර්යය කිරීම පිණිස බොහෝ සෙයින් උපකාර වන ධර්මය ගැනයි."

"පින්වත් භාරද්වාජ, බලවත් ලෙස වීර්යය කිරීම පිණිස, අතිශයින් ම උපකාර වන්නේ, ක්ෂණ සම්පත්තිය අහිමි වෙන්නට පෙර වහ වහා ධර්මය අවබෝධ කර ගැනීමේ වටිනාකමත්, එය කරගන්නට බැරිවුවහොත් නිරය ආදියේ ඉපිද දුක්විඳීමේ අනතුර ගැනත් තුලනය කිරීම යි. ඉදින් කෙනෙක් මේ අයුරින් තුලනය නො කරන්නේ නම් මේ බලවත් වීරිය කිරීම කරා පැමිණෙන්නෙ නෑ. යම් හෙයකින් තුලනය කරනවා නම්, ඒ හේතුවෙන් ම යි අධිකතර වූ වීරිය ඇතිවන්නේ. එම නිසා බලවත් ලෙස වීරිය ඇති කරගැනීම පිණිස අතිශයින් ම උපකාරී වන්නේ තුලනය කිරීම ම යි."

"භවත් ගෞතමයන් වහන්ස, අප්‍රමාදීව ධර්මයේ හැසිරීමේ ලාභය ත් ප්‍රමාදයෙහි අනතුර ත් තුලනය කිරීම පිණිස බොහෝ සෙයින් උපකාර වන්නේ කවර ධර්මයක් ද? අපි භවත් ගෞතමයන් වහන්සේගෙන් විමසා සිටින්නේ තුලනය කිරීම පිණිස බොහෝ සෙයින් උපකාර වන ධර්මය ගැනයි."

"පින්වත් භාරද්වාජ, තුලනය කිරීම පිණිස, අතිශයින් ම උපකාර වන්නේ, ධර්මයෙහි හැසිරීමට උත්සාහ කිරීම යි. ඉදින් කෙනෙක් මේ අයුරින් ධර්මයේ හැසිරීමට උත්සාහ නො කරන්නේ නම් මේ තුලනය කිරීම කරා පැමිණෙන්නෙ නෑ. යම් හෙයකින් ධර්මයෙහි හැසිරීමට උත්සාහ කරනවා නම්, ඒ හේතුවෙන් ම යි තුලනය කිරීම ඇතිවන්නේ. එම නිසා අප්‍රමාදීව ධර්මයේ හැසිරීමේ ලාභය ත් ප්‍රමාදයෙහි අනතුර ත් තුලනය කිරීම පිණිස අතිශයින් ම උපකාරී වන්නේ ධර්මයේ හැසිරීමට උත්සාහ කිරීම ම යි."

"භවත් ගෞතමයන් වහන්ස, ධර්මයේ හැසිරීමට උත්සාහ කිරීම පිණිස බොහෝ සෙයින් උපකාර වන්නේ කවර ධර්මයක් ද? අපි භවත් ගෞතමයන් වහන්සේගෙන් විමසා සිටින්නේ ධර්මයේ හැසිරීමට උත්සාහ කිරීම පිණිස බොහෝ සෙයින් උපකාර වන ධර්මය ගැනයි."

"පින්වත් භාරද්වාජ, ධර්මයේ හැසිරීමට උත්සාහ කිරීම පිණිස, අතිශයින් ම උපකාර වන්නේ, ධර්මයෙහි හැසිරෙන්නට ඇති කැමැත්තයි. ඉදින් කෙනෙක් මේ අයුරින් ධර්මයේ හැසිරෙන්නට කැමත්තක් නැති නම් මේ ධර්මයේ හැසිරෙන්නට උත්සාහ කිරීම කරා පැමිණෙන්නෙ නෑ. යම් හෙයකින් ධර්මයෙහි හැසිරෙන්නට කැමැත්තක් ඇතිවෙනවා නම්, ඒ හේතුවෙන් ම යි ධර්මයේ හැසිරෙන්නට උත්සාහය ඇතිවන්නේ. එම නිසා ධර්මයේ හැසිරෙන්නට උත්සාහ කිරීම පිණිස අතිශයින් ම උපකාරී වන්නේ ධර්මයේ හැසිරීමට කැමැත්ත ඇතිකරගැනීම ම යි."

"භවත් ගෞතමයන් වහන්ස, ධර්මයේ හැසිරීමට කැමැත්ත ඇති කර ගැනීම පිණිස බොහෝ සෙයින් උපකාර වන්නේ කවර ධර්මයක් ද? අපි භවත් ගෞතමයන් වහන්සේගෙන් විමසා සිටින්නේ ධර්මයේ හැසිරීමට කැමැත්ත ඇතිකර ගැනීම පිණිස බොහෝ සෙයින් උපකාර වන ධර්මය ගැනයි."

"පින්වත් භාරද්වාජ, ධර්මයේ හැසිරීමට කැමැත්ත ඇතිකරගැනීම පිණිස, අතිශයින් ම උපකාර වන්නේ, දහම් කරුණු අවබෝධ කරගැනීමයි. ඉදින් කෙනෙක් මේ අයුරින් දහම් කරුණු අවබෝධ කරගන්නේ නැති නම් මේ ධර්මයේ හැසිරෙන්නට කැමැත්ත ඇතිවන්නේ නෑ. යම් හෙයකින් දහම් කරුණු අවබෝධ වෙනවා නම්, ඒ හේතුවෙන් ම යි ධර්මයේ හැසිරෙන්නට

කැමැත්ත ඇතිවන්නේ. එම නිසා ධර්මයේ හැසිරෙන්නට කැමැත්ත ඇතිවීම පිණිස අතිශයින් ම උපකාරී වන්නේ දහම් කරුණු අවබෝධ කරගැනීම ම යි."

"භවත් ගෞතමයන් වහන්ස, දහම් කරුණු අවබෝධ කරගැනීම පිණිස බොහෝ සෙයින් උපකාර වන්නේ කවර ධර්මයක් ද? අපි භවත් ගෞතමයන් වහන්සේගෙන් විමසා සිටින්නේ දහම් කරුණු අවබෝධ කරගැනීම පිණිස බොහෝ සෙයින් උපකාර වන ධර්මය ගැනයි."

"පින්වත් භාරද්වාජ, දහම් කරුණු අවබෝධ කරගැනීම පිණිස, අතිශයින් ම උපකාර වන්නේ, දහම් කරුණු වල අර්ථ නුවණින් විමසීමයි. ඉදින් කෙනෙක් මේ අයුරින් දහම් කරුණුවල අර්ථ නුවණින් විමසන්නේ නැති නම් මේ දහම් කරුණු අවබෝධ වීම ඇතිවන්නේ නෑ. යම් හෙයකින් ධර්මයෙහි අර්ථ නුවණින් විමසනවා නම්, ඒ හේතුවෙන් ම යි දහම් කරුණු අවබෝධ වන්නේ. එම නිසා දහම් කරුණු අවබෝධ වීම පිණිස අතිශයින් ම උපකාරී වන්නේ ධර්මයෙහි අර්ථ නුවණින් විමසීම ම යි."

"භවත් ගෞතමයන් වහන්ස, ධර්මයෙහි අර්ථ නුවණින් විමසීම පිණිස බොහෝ සෙයින් උපකාර වන්නේ කවර ධර්මයක් ද? අපි භවත් ගෞතමයන් වහන්සේගෙන් විමසා සිටින්නේ ධර්මයෙහි අර්ථ නුවණින් විමසීම පිණිස බොහෝ සෙයින් උපකාර වන ධර්මය ගැනයි."

"පින්වත් භාරද්වාජ, ධර්මයෙහි අර්ථ නුවණින් විමසීම පිණිස, අතිශයින් ම උපකාර වන්නේ, ධර්මය මතක තබා ගැනීමයි. ඉදින් කෙනෙක් මේ අයුරින් ධර්මය මතක තබාගන්නේ නැති නම් මේ ධර්මයෙහි අර්ථ නුවණින් විමසීම ඇතිවන්නේ නෑ. යම් හෙයකින් ධර්මය මතක තබාගන්නවා නම්, ඒ හේතුවෙන් ම යි ධර්මයෙහි අර්ථ නුවණින් විමසන්නේ. එම නිසා ධර්මයෙහි අර්ථ නුවණින් විමසීම පිණිස අතිශයින් ම උපකාරී වන්නේ ධර්මය මතක තබා ගැනීම ම යි."

"භවත් ගෞතමයන් වහන්ස, ධර්මය මතක තබා ගැනීම පිණිස බොහෝ සෙයින් උපකාර වන්නේ කවර ධර්මයක් ද? අපි භවත් ගෞතමයන් වහන්සේගෙන් විමසා සිටින්නේ ධර්මය මතක තබා ගැනීම පිණිස බොහෝ සෙයින් උපකාර වන ධර්මය ගැනයි."

"පින්වත් භාරද්වාජ, ධර්මය මතක තබා ගැනීම පිණිස, අතිශයින් ම උපකාර වන්නේ, ධර්මශ්‍රවණය ම යි. ඉදින් කෙනෙක් මේ අයුරින් ධර්මශ්‍රවණය නො කරන්නේ නම් මේ ධර්මය මතක තබා ගැනීම ඇතිවන්නේ නෑ. යම් හෙයකින් ධර්මශ්‍රවණය කරනවා නම්, ඒ හේතුවෙන් ම යි ධර්මය මතක

හිටින්නේ. එම නිසා ධර්මය මතකයෙහි රඳා සිටීම පිණිස අතිශයින් ම උපකාරී වන්නේ ධර්මශ්‍රවණය කිරීම ම යි."

"භවත් ගෞතමයන් වහන්ස, ධර්මශ්‍රවණය පිණිස බොහෝ සෙයින් උපකාර වන්නේ කවර ධර්මයක් ද? අපි භවත් ගෞතමයන් වහන්සේගෙන් විමසා සිටින්නේ ධර්මශ්‍රවණය පිණිස බොහෝ සෙයින් උපකාර වන ධර්මය ගැනයි."

"පින්වත් භාරද්වාජ, ධර්මශ්‍රවණය පිණිස, අතිශයින් ම උපකාර වන්නේ, ඉතා හොඳින් ඇහුම්කන් දී සිටීම ම යි. ඉදින් කෙනෙක් මේ අයුරින් ඉතා හොඳින් ඇහුම්කන් දීම නො කරන්නේ නම් මේ ධර්මශ්‍රවණය ඇතිවන්නේ නෑ. යම් හෙයකින් ඉතා හොඳින් ඇහුම්කන් දෙනවා නම්, ඒ හේතුවෙන් ම යි ධර්මශ්‍රවණය වන්නේ. එම නිසා ධර්මශ්‍රවණය කිරීම පිණිස අතිශයින් ම උපකාරී වන්නේ ඉතා හොඳින් ඇහුම්කන් දීම ම යි."

"භවත් ගෞතමයන් වහන්ස, ඉතා හොඳින් ඇහුම්කන් දීම පිණිස බොහෝ සෙයින් උපකාර වන්නේ කවර ධර්මයක් ද? අපි භවත් ගෞතමයන් වහන්සේගෙන් විමසා සිටින්නේ ඉතා හොඳින් ඇහුම්කන් දීම පිණිස බොහෝ සෙයින් උපකාර වන ධර්මය ගැනයි."

"පින්වත් භාරද්වාජ, ඉතා හොඳින් ඇහුම්කන් දීම පිණිස, අතිශයින් ම උපකාර වන්නේ, කළණ මිතුරන් ඇසුරු කිරීම ම යි. ඉදින් කෙනෙක් මේ අයුරින් කළණ මිතුරන් ඇසුරු නො කරන්නේ නම් මේ ඉතා හොඳින් සවන් දීම ඇතිවන්නේ නෑ. යම් හෙයකින් කළණ මිතුරන් ඇසුරු කරනවා නම්, ඒ හේතුවෙන් ම යි ඉතා හොඳින් සවන් යොමු කරන්නේ. එම නිසා ඉතා හොඳින් සවන් යොමු කිරීම පිණිස අතිශයින් ම උපකාරී වන්නේ කළණ මිතුරන් සේවනය කිරීම ම යි."

"භවත් ගෞතමයන් වහන්ස, කළණ මිතුරන් සේවනය කිරීම පිණිස බොහෝ සෙයින් උපකාර වන්නේ කවර ධර්මයක් ද? අපි භවත් ගෞතමයන් වහන්සේගෙන් විමසා සිටින්නේ කළණ මිතුරන් සේවනය කිරීම පිණිස බොහෝ සෙයින් උපකාර වන ධර්මය ගැනයි."

"පින්වත් භාරද්වාජ, කළණ මිතුරන් සේවනය කිරීම පිණිස, අතිශයින් ම උපකාර වන්නේ, කළණ මිතුරන් සොයා යාම ම යි. ඉදින් කෙනෙක් මේ අයුරින් කළණ මිතුරන් සොයා නො යන්නේ නම් මේ කළණ මිතුරන් සේවනය කිරීම ඇතිවන්නේ නෑ. යම් හෙයකින් කළණ මිතුරන් සොයා යනවා නම්,

ඒ හේතුවෙන් ම යි කල්‍යාණමිත්‍ර ආශ්‍රය සිදුවන්නේ. එම නිසා කල්‍යාණමිත්‍ර සේවනය පිණිස අතිශයින් ම උපකාරී වන්නේ කළණ මිතුරන් සොයා ගෙන යාම ම යි."

"භවත් ගෞතමයන් වහන්ස, කල්‍යාණමිත්‍රයන් සොයා ගෙන යාම පිණිස බොහෝ සෙයින් උපකාර වන්නේ කවර ධර්මයක් ද? අපි භවත් ගෞතමයන් වහන්සේගෙන් විමසා සිටින්නේ කල්‍යාණමිත්‍රයන් සොයා ගෙන යාම පිණිස බොහෝ සෙයින් උපකාර වන ධර්මය ගැනයි."

"පින්වත් භාරද්වාජ, කල්‍යාණමිත්‍රයන් කරා යාම පිණිස, අතිශයින් ම උපකාර වන්නේ, ශ්‍රද්ධාව ඇතිවීම ම යි. ඉදින් කෙනෙකුට මේ අයුරින් ශ්‍රද්ධාව ඇති නො වන්නේ නම් මේ කළණ මිතුරන් කරා යෑමක් ඇතිවන්නේ නෑ. යම් හෙයකින් ශ්‍රද්ධාව ඇතිවෙනවා නම්, ඒ හේතුවෙන් ම යි කළණ මිතුරන් කරා යන්නේ. එම නිසා කළණ මිතුරන් කරා යාම පිණිස අතිශයින් ම උපකාරී වන්නේ ශ්‍රද්ධාව ඇතිවීම ම යි."

"අපිත් භවත් ගෞතමයන් වහන්සේ ගෙන් සත්‍යය ආරක්ෂා කිරීම ගැන ඇසුවා. එවිට භවත් ගෞතමයන් වහන්සේ සත්‍යය ආරක්ෂා කිරීම පිළිබඳව පිළිතුරු දී වදාළා. සැබැවින් ම එය අපට රුචියි. කැමතියි. එයින් අපි ඉතාමත් සතුටට පත් වුනා.

ඒ වගේ ම අපිත් භවත් ගෞතමයන් වහන්සේ ගෙන් සත්‍යාවබෝධය ගැන ඇසුවා. එවිට භවත් ගෞතමයන් වහන්සේ සත්‍යාවබෝධය පිළිබඳව පිළිතුරු දී වදාළා. සැබැවින් ම එය අපට රුචියි. කැමතියි. එයින් අපි ඉතාමත් සතුටට පත් වුනා.

ඒ වගේ ම අපිත් භවත් ගෞතමයන් වහන්සේ ගෙන් සත්‍යානුප්‍රාප්තිය ගැන ඇසුවා. එවිට භවත් ගෞතමයන් වහන්සේ සත්‍යානුප්‍රාප්තිය පිළිබඳව පිළිතුරු දී වදාළා. සැබැවින් ම එය අපට රුචියි. කැමතියි. එයින් අපි ඉතාමත් සතුටට පත් වුනා.

ඉතින් අපි භවත් ගෞතමයන් වහන්සේ ගෙන් යම් යම් දෙයක් ගැන විමසුවා නම්, ඒ ඒ දේ ගැන භවත් ගෞතමයන් වහන්සේ පිළිතුරු දී වදාළා. සැබැවින් ම එය අපට රුචියි. කැමතියි. එයින් අපි ඉතාමත් සතුටට පත් වුනා.

භවත් ගෞතමයන් වහන්ස, අපි ඉස්සර දනගෙන සිටියේ මෙහෙමයි. 'මුන්දැලා හිස මුඩු කරලා ඉන්න, ලාමක වූ, කලු වූ, මහබඹුගේ යටිපතුලෙන් ඉපිද සිටින්නා වූ මේ ශ්‍රමණයන් කියන්නේ කවුද? ධර්මය දන්නා උදවිය

කියන්නේ කවුද?' කියල. නමුත් භවත් ගෞතමයන් වහන්සේ ඒකාන්තයෙන් ම මා තුළ ශ්‍රමණයන් කෙරෙහි ශ්‍රමණ ප්‍රේමය, ශ්‍රමණයන් කෙරෙහි ශ්‍රමණ ප්‍රසාදය, ශ්‍රමණයන් කෙරෙහි ශ්‍රමණ ගෞරවය ඇතිකොට වදාළා. භවත් ගෞතමයන් වහන්ස, ඉතාමත් සුන්දරයි! භවත් ගෞතමයන් වහන්ස, ඉතාමත් සුන්දරයි! ....(පෙ).... භවත් ගෞතමයන් වහන්සේ අද පටන් දිවි හිමියෙන් තෙරුවන් සරණ ගිය උපාසකයෙකු වශයෙන් මාව පිළිගන්නා සේක්වා!"

සාදු! සාදු!! සාදු!!!

චංකී බ්‍රාහ්මණයා නිසා වදාළ දෙසුම නිමා විය.

2.5.6.
ඒසුකාරී සූත්‍රය
ඒසුකාරී බ්‍රාහ්මණයාට වදාළ දෙසුම

මා හට අසන්නට ලැබුනේ මේ විදිහට යි. එසමයෙහි භාග්‍යවතුන් වහන්සේ වැඩසිටියේ සැවැත් නුවර ජේතවනය නම් වූ අනේපිඬු සිටුතුමා ගේ ආරාමයේ. එදා ඒසුකාරී බ්‍රාහ්මණයා භාග්‍යවතුන් වහන්සේ වෙත පැමිණියා. පැමිණ භාග්‍යවතුන් වහන්සේ සමඟ සතුටු වුනා. සතුටුවිය යුතු පිළිසඳර කතා බහේ යෙදී එකත්පස්ව වාඩි වුනා. එකත්පස්ව වාඩි වුණු ඒසුකාරී බ්‍රාහ්මණයා භාග්‍යවතුන් වහන්සේට මෙය පැවසුවා.

"භවත් ගෞතමයන් වහන්ස, බ්‍රාහ්මණවරු සතර ආකාරයක ඇප උපස්ථානයක් පෙන්වා දෙනවා. බ්‍රාහ්මණයා හට කරන ඇප උපස්ථානයක් ගැන පෙන්වා දෙනවා. ක්ෂත්‍රියයා හට කරන ඇප උපස්ථානයක් ගැන පෙන්වා දෙනවා. වෛශ්‍යයා හට කරන ඇප උපස්ථානයක් ගැන පෙන්වා දෙනවා. ශූද්‍රයා හට කරන ඇප උපස්ථානයක් ගැන පෙන්වා දෙනවා.

භවත් ගෞතමයන් වහන්ස, ඔය කරුණ පිළිබඳව බ්‍රාහ්මණවරු බ්‍රාහ්මණයා හට මේ විදිහේ ඇප උපස්ථානයක් පණවනවා. ඒ කියන්නේ බ්‍රාහ්මණයෙක් හෝ බ්‍රාහ්මණයෙකුට ඇප උපස්ථාන කරන්නට ඕන. ක්ෂත්‍රියයෙක් හෝ බ්‍රාහ්මණයෙකුට ඇප උපස්ථාන කරන්නට ඕන. වෛශ්‍යයෙක් හෝ බ්‍රාහ්මණයෙකුට ඇප උපස්ථාන කරන්නට ඕන. ශූද්‍රයෙක් හෝ බ්‍රාහ්මණයෙකුට ඇප උපස්ථාන කරන්නට ඕන. භවත් ගෞතමයන් වහන්ස, බ්‍රාහ්මණවරු බ්‍රාහ්මණයාට මේ ඇප උපස්ථානය යි පණවන්නේ.

භවත් ගෞතමයන් වහන්ස, ඔය කරුණ පිළිබඳව බ්‍රාහ්මණවරු ක්ෂත්‍රියයා හට මේ විදිහේ ඇප උපස්ථානයක් පණවනවා. ඒ කියන්නේ ක්ෂත්‍රියයෙක් හෝ ක්ෂත්‍රියයෙකුට ඇප උපස්ථාන කරන්නට ඕන. වෛශ්‍යයෙක් හෝ ක්ෂත්‍රියයෙකුට ඇප උපස්ථාන කරන්නට ඕන. ශූද්‍රයෙක් හෝ ක්ෂත්‍රියයෙකුට ඇප උපස්ථාන කරන්නට ඕන. භවත් ගෞතමයන් වහන්ස, බ්‍රාහ්මණවරු ක්ෂත්‍රියයාට මේ ඇප උපස්ථානය යි පණවන්නේ.

භවත් ගෞතමයන් වහන්ස, ඔය කරුණ පිළිබඳව බ්‍රාහ්මණවරු වෛශ්‍යයා හට මේ විදිහේ ඇප උපස්ථානයක් පණවනවා. ඒ කියන්නේ වෛශ්‍යයෙක් හෝ වෛශ්‍යයෙකුට ඇප උපස්ථාන කරන්නට ඕන. ශුද්‍රයෙක් හෝ වෛශ්‍යයෙකුට ඇප උපස්ථාන කරන්නට ඕන. භවත් ගෞතමයන් වහන්ස, බ්‍රාහ්මණවරු වෛශ්‍යයාට මේ ඇප උපස්ථානය යි පණවන්නේ.

භවත් ගෞතමයන් වහන්ස, ඔය කරුණ පිළිබඳව බ්‍රාහ්මණවරු ශුද්‍රයා හට මේ විදිහේ ඇප උපස්ථානයක් පණවනවා. ඒ කියන්නේ ශුද්‍රයෙක් හෝ ශුද්‍රයෙකුට ඇප උපස්ථාන කරන්නට ඕන. ශුද්‍රයෙකුට වෙන කවුරු නම් ඇප උපස්ථාන කරන්නට ද? භවත් ගෞතමයන් වහන්ස, බ්‍රාහ්මණවරු ශුද්‍රයාට මේ ඇප උපස්ථානය යි පණවන්නේ.

භවත් ගෞතමයන් වහන්ස, බ්‍රාහ්මණයන් පණවා තිබෙන්නේ මෙන්න මේ ඇප උපස්ථාන හතරයි. මේ කාරණය පිළිබඳව භවත් ගෞතමයන් වහන්සේ කුමක් වදාරණ සේක් ද?"

"පින්වත් බ්‍රාහ්මණය, බ්‍රාහ්මණයන් ගේ ඔය ඇප උපස්ථාන හතර සකල ලෝකයා ම එකවර අනුමත කොට පිළිගන්නවා ද?"

"භවත් ගෞතමයන් වහන්ස, එය නොවේ ම යි."

"පින්වත් බ්‍රාහ්මණය, ඕක මේ වගේ දෙයක්. තමා සතු කිසිවක් නැති ඉතා අසරණ දුගී දුප්පත් මිනිසෙක් ඉන්නවා. ඉතින් අකමැතිව සිටිය දී ඔහුට බිලක් ගෙවන්නට නියම කරනවා. ඒ කියන්නේ 'එම්බා පුරුෂය, නුඹ විසින් මේ මස් අනුභව කළ යුතුයි. මෙයට මේ මිල ද ගෙවිය යුතුයි' කියා යි. පින්වත් බ්‍රාහ්මණය, ශ්‍රමණ බ්‍රාහ්මණයන් ගේ අනුමැතියකින් තොරව බ්‍රාහ්මණයන් පණවන ලද ඇප උපස්ථානයත් ඒ වගේ තමයි.

පින්වත් බ්‍රාහ්මණය, මං සෑම උපස්ථානයක් ම කළ යුතුයි කියා කියන්නෙ නැහැ. ඒ වගේ ම පින්වත් බ්‍රාහ්මණය, මං සෑම උපස්ථානයක් ම නො කළ යුතුයි කියා කියන්නෙත් නැහැ. බ්‍රාහ්මණය, යමෙකුට ඇප උපස්ථාන කරනවා නම්, ඒ ඇප උපස්ථාන කිරීම හේතුවෙන් තමන්ට අවැඩක් සිදුවෙනවා නම්, අහිතයක් සිදුවෙනවා නම්, එබඳු ඇප උපස්ථානයක් නො කළ යුතු කියලයි මා කියන්නේ. ඒ වගේ ම බ්‍රාහ්මණය, යමෙකුට ඇප උපස්ථාන කරනවා නම්, ඒ ඇප උපස්ථාන කිරීම හේතුවෙන් තමන්ට යහපතක් සිදුවෙනවා නම්, හිතයක් සිදුවෙනවා නම්, එබඳු ඇප උපස්ථානයක් කළ යුතු කියලයි මා කියන්නේ.

පින්වත් බ්‍රාහ්මණය, ක්ෂත්‍රියයෙකුගෙන් මෙහෙම ඇසුවොත්, 'යම් කෙනෙකුට ඔබ ඇපඋපස්ථාන කරනවා නම්, ඒ ඇපඋපස්ථානය හේතුවෙන්

ඔබට අවැඩක් සිදුවෙනවා නම්, අහිතයක් සිදුවෙනවා නම්, ඒ වගේ ම යම් කෙනෙකුට ඔබ ඇපඋපස්ථාන කරද්දී ඒ ඇපඋපස්ථානය හේතුවෙන් යහපතක් සිදුවෙනවා නම්, හිතයක් සිදුවෙනවා නම් ඔබ ඇපඋපස්ථාන කරන්නේ කාටද?' එතකොට පින්වත් බ්‍රාහ්මණය, ඒ ක්ෂත්‍රියයා නිවැරදිව උත්තර දෙනවා නම් උත්තර දිය යුත්තේ මෙහෙමයි. 'යම් කෙනෙකුට මං ඇපඋපස්ථාන කරද්දී ඒ ඇපඋපස්ථානය හේතුවෙන් මට අවැඩක් සිදුවෙනවා නම්, අහිතයක් සිදුවෙනවා නම්, මං ඔහුට ඇප උපස්ථාන කරන්නේ නෑ. නමුත් යම් කෙනෙකුට මං ඇපඋපස්ථාන කරද්දී ඒ ඇපඋපස්ථානය හේතුවෙන් මට යහපතක් සිදුවෙනවා නම්, හිතයක් සිදුවෙනවා නම් මං ඔහුට ඒ ඇපඋපස්ථානය කරනවා.'

පින්වත් බ්‍රාහ්මණය, බ්‍රාහ්මණයෙකුගෙන් මෙහෙම ඇසුවොත්, ...(පෙ).... වෛශ්‍යයෙකුගෙන් මෙහෙම ඇසුවොත්, ...(පෙ).... ශුද්‍රයෙකු ගෙන් මෙහෙම ඇසුවොත්, 'යම් කෙනෙකුට ඔබ ඇපඋපස්ථාන කරනවා නම්, ඒ ඇපඋපස්ථානය හේතුවෙන් ඔබට අවැඩක් සිදුවෙනවා නම්, අහිතයක් සිදුවෙනවා නම්, ඒ වගේ ම යම් කෙනෙකුට ඔබ ඇපඋපස්ථාන කරද්දී ඒ ඇපඋපස්ථානය හේතුවෙන් යහපතක් සිදුවෙනවා නම්, හිතයක් සිදුවෙනවා නම් ඔබ ඇපඋපස්ථාන කරන්නේ කාටද?' එතකොට පින්වත් බ්‍රාහ්මණය, ඒ ශුද්‍රයා නිවැරදිව උත්තර දෙනවා නම් උත්තර දිය යුත්තේ මෙහෙමයි. 'යම් කෙනෙකුට මං ඇපඋපස්ථාන කරද්දී ඒ ඇපඋපස්ථානය හේතුවෙන් මට අවැඩක් සිදුවෙනවා නම්, අහිතයක් සිදුවෙනවා නම්, මං ඔහුට ඇප උපස්ථාන කරන්නේ නෑ. නමුත් යම් කෙනෙකුට මං ඇපඋපස්ථාන කරද්දී ඒ ඇපඋපස්ථානය හේතුවෙන් මට යහපතක් සිදුවෙනවා නම්, හිතයක් සිදුවෙනවා නම් මං ඔහුට ඒ ඇපඋපස්ථානය කරනවා' කියලයි.

පින්වත් බ්‍රාහ්මණය, උසස් කුලයක ඉපදුනා ය කියලා එය ශ්‍රේෂ්ඨත්වයක් හැටියට මං කියන්නෙ නෑ. පින්වත් බ්‍රාහ්මණය, උසස් කුලයක ඉපදුනා ය කියලා එය ලාමක දෙයක් බවත් මං කියන්නෙ නෑ.

පින්වත් බ්‍රාහ්මණය, ලස්සන රූපයක් තිබුනා ය කියලා එය ශ්‍රේෂ්ඨත්වයක් හැටියට මං කියන්නෙ නෑ. පින්වත් බ්‍රාහ්මණය, ලස්සන රූපයක් තිබුනා ය කියලා එය ලාමක දෙයක් බවත් මං කියන්නෙ නෑ.

පින්වත් බ්‍රාහ්මණය, ඉතා හොඳින් ධන සම්පත් තිබුනා ය කියලා එය ශ්‍රේෂ්ඨත්වයක් හැටියට මං කියන්නෙ නෑ. පින්වත් බ්‍රාහ්මණය, ඉතා හොඳින් ධන සම්පත් තිබුනා ය කියලා එය ලාමක දෙයක් බවත් මං කියන්නෙ නෑ.

මෙහිලා පින්වත් බ්‍රාහ්මණය, ඉතා උසස් කුලයකට අයිති කෙනෙක් වුනත් සතුන් මරණවා නම්, සොරකම් කරනවා නම්, වැරදි කාම සේවනයෙහි

යෙදෙනවා නම්, බොරු කියනවා නම්, කේලාම් කියනවා නම්, ඵරුෂ වචන කියනවා නම්, හිස් වචන කියනවා නම්, අනුන්ගේ දෙයට ආශා කරනවා නම්, ද්වේශ සිතින් ඉන්නවා නම්, මිත්‍යා දෘෂ්ඨික නම් ඒ කාරණා නිසා ඔහු ගේ උසස් කුලයක් ඇති බව ශ්‍රේෂ්ඨ දෙයක් කියා මා කියන්නේ නෑ.

මෙහිලා පින්වත් බ්‍රාහ්මණය, ඉතා උසස් කුලයකට අයිති කෙනෙක් වුනත් සතුන් මැරීමෙන් වැළකී සිටිනවා නම්, සොරකම් කිරීමෙන් වැළකී සිටිනවා නම්, වැරදි කාම සේවනයෙහි යෙදීමෙන් වැළකී සිටිනවා නම්, බොරු කීමෙන් වැළකී සිටිනවා නම්, කේලාම් කීමෙන් වැළකී සිටිනවා නම්, ඵරුෂ වචන කීමෙන් වැළකී සිටිනවා නම්, හිස් වචන කීමෙන් වැළකී සිටිනවා නම්, අනුන්ගේ දෙයට ආශා නො කරනවා නම්, ද්වේශ සිතින් නො ඉන්නවා නම්, සම්‍යක් දෘෂ්ඨික නම් ඒ කාරණා නිසා ඔහු ගේ උසස් කුලයක් ඇති බව ලාමක දෙයක් කියා මා කියන්නේ නෑ.

මෙහිලා පින්වත් බ්‍රාහ්මණය, ඉතා ලස්සන රූපයක් ඇති කෙනෙක් වුනත් ....(පෙ).... මහා ධන සම්පත් ඇති කෙනෙක් වුනත් සතුන් මරණවා නම්, සොරකම් කරනවා නම්, වැරදි කාම සේවනයෙහි යෙදෙනවා නම්, බොරු කියනවා නම්, කේලාම් කියනවා නම්, ඵරුෂ වචන කියනවා නම්, හිස් වචන කියනවා නම්, අනුන්ගේ දෙයට ආශා කරනවා නම්, ද්වේශ සිතින් ඉන්නවා නම්, මිත්‍යා දෘෂ්ඨික නම් ඒ කාරණා නිසා ඔහු ගේ මහා ධන සම්පත් ඇති බව ශ්‍රේෂ්ඨ දෙයක් කියා මා කියන්නේ නෑ.

මෙහිලා පින්වත් බ්‍රාහ්මණය, මහා ධන සම්පත් ඇති කෙනෙක් වුනත් සතුන් මැරීමෙන් වැළකී සිටිනවා නම්, සොරකම් කිරීමෙන් වැළකී සිටිනවා නම්, වැරදි කාම සේවනයෙහි යෙදීමෙන් වැළකී සිටිනවා නම්, බොරු කීමෙන් වැළකී සිටිනවා නම්, කේලාම් කීමෙන් වැළකී සිටිනවා නම්, ඵරුෂ වචන කීමෙන් වැළකී සිටිනවා නම්, හිස් වචන කීමෙන් වැළකී සිටිනවා නම්, අනුන්ගේ දෙයට ආශා නො කරනවා නම්, ද්වේශ සිතින් නො ඉන්නවා නම්, සම්‍යක් දෘෂ්ඨික නම් ඒ කාරණා නිසා ඔහු ගේ මහා ධන සම්පත් ඇති බව ලාමක දෙයක් කියා මා කියන්නේ නෑ.

එනිසා පින්වත් බ්‍රාහ්මණය, සියළු ඇපළුපස්ථාන කළ යුතු යැයි මා කියන්නේ නෑ. සියළු ඇපළුපස්ථාන නො කළ යුතු යැයි මා කියන්නෙත් නෑ. පින්වත් බ්‍රාහ්මණය, යම් කෙනෙකුට ඇප උපස්ථාන කරද්දී ඒ හේතුවෙන් තමන් තුළ ශ්‍රද්ධාව වැඩෙනවා නම්, සීලය වැඩෙනවා නම්, ශ්‍රැතය වැඩෙනවා නම්, ත්‍යාගය වැඩෙනවා නම්, ප්‍රඥාව වැඩෙනවා නම්, ඔහුට ඇප උපස්ථාන

කළ යුතුයි කියා යි මා කියන්නේ. පින්වත් බ්‍රාහ්මණය, යම් කෙනෙකුට ඇප උපස්ථාන කරද්දී ඒ හේතුවෙන් තමන් තුළ ශ්‍රද්ධාව වැඩෙන්නේ නැතිනම්, සීලය වැඩෙන්නේ නැතිනම්, ශ්‍රැතය වැඩෙන්නේ නැතිනම්, ත්‍යාගය වැඩෙන්නේ නැතිනම් නම්, ප්‍රඥාව වැඩෙන්නේ නැතිනම්, ඔහුට ඇප උපස්ථාන නො කළ යුතුයි කියා යි මා කියන්නේ.”

මෙසේ වදාළ විට ඒසුකාරී බ්‍රාහ්මණයා භාග්‍යවතුන් වහන්සේට මෙය පැවසුවා. “භවත් ගෞතමයන් වහන්ස, බ්‍රාහ්මණවරු සතර ආකාරයක ධනයක් පෙන්වා දෙනවා. බ්‍රාහ්මණයා හට තමන්ගේ ය කියා තිබිය යුතු ධනයක් ගැන පෙන්වා දෙනවා. ක්ෂත්‍රියයා හට තමන්ගේ ය කියා තිබිය යුතු ධනයක් ගැන පෙන්වා දෙනවා. වෛශ්‍යයා හට තමන්ගේ ය කියා තිබිය යුතු ධනයක් ගැන පෙන්වා දෙනවා. ශුද්‍රයා හට තමන්ගේ ය කියා තිබිය යුතු ධනයක් ගැන පෙන්වා දෙනවා.

භවත් ගෞතමයන් වහන්ස, ඒ පිළිබඳව බ්‍රාහ්මණවරු බ්‍රාහ්මණයාහට තමන්ගේ ය කියා තිබිය යුතු ධනයක් ගැන පෙන්වා දෙන්නේ මෙය යි. එනම්; පිණ්ඩපාතයෙන් ජීවත් වීමයි. බ්‍රාහ්මණයා ඒ පිණ්ඩපාතයෙන් ජීවත් වීම ඉක්මවා ගියොත් ඔහු තමන් ගේ වංශයේ උදවිය නො කළ දේ කළා වෙනවා. ආරක්ෂාවට සිටින පුද්ගලයා ම සොරකමක් කළා වෙනවා. භවත් ගෞතමයන් වහන්ස, බ්‍රාහ්මණයෝ බ්‍රාහ්මණයා හට ස්වකීය ධනය හැටියට පෙන්වා දෙන්නේ මෙයයි.

භවත් ගෞතමයන් වහන්ස, ඒ පිළිබඳව බ්‍රාහ්මණවරු ක්ෂත්‍රියයා හට තමන්ගේ ය කියා තිබිය යුතු ධනයක් ගැන පෙන්වා දෙන්නේ මෙය යි. එනම්; දුනු හියවුරයි. ක්ෂත්‍රියයා ඒ දුනු හියවුර ඉක්මවා ගියොත් ඔහු තමන් ගේ වංශයේ උදවිය නො කළ දේ කළා වෙනවා. ආරක්ෂාවට සිටින පුද්ගලයා ම සොරකමක් කළා වෙනවා. භවත් ගෞතමයන් වහන්ස, බ්‍රාහ්මණයෝ ක්ෂත්‍රියයා හට ස්වකීය ධනය හැටියට පෙන්වා දෙන්නේ මෙයයි.

භවත් ගෞතමයන් වහන්ස, ඒ පිළිබඳව බ්‍රාහ්මණවරු වෛශ්‍යයා හට තමන්ගේ ය කියා තිබිය යුතු ධනයක් ගැන පෙන්වා දෙන්නේ මෙය යි. එනම්; කෘෂිකර්මය හා ගවපාලනයයි. වෛශ්‍යයා ඒ කෘෂිකර්මය හා ගවපාලනය ඉක්මවා ගියොත් ඔහු තමන් ගේ වංශයේ උදවිය නො කළ දේ කළා වෙනවා. ආරක්ෂාවට සිටින පුද්ගලයා ම සොරකමක් කළා වෙනවා. භවත් ගෞතමයන් වහන්ස, බ්‍රාහ්මණයෝ වෛශ්‍යයා හට ස්වකීය ධනය හැටියට පෙන්වා දෙන්නේ මෙයයි.

භවත් ගෞතමයන් වහන්ස, ඒ පිළිබඳව බ්‍රාහ්මණවරු ශුද්‍රයා හට තමන්ගේ ය කියා තිබිය යුතු ධනයක් ගැන පෙන්වා දෙන්නේ මෙය යි. එනම්; දෑකැත්ත හා බඩු උසුලන කද යි. ශුද්‍රයා ඒ දෑකැත්ත හා බඩු උසුලන කද ඉක්මවා ගියොත් ඔහු තමන් ගේ වංශයේ උදවිය නො කළ දේ කළා වෙනවා. ආරක්ෂාවට සිටින පුද්ගලයා ම සොරකමක් කළා වෙනවා. භවත් ගෞතමයන් වහන්ස, බ්‍රාහ්මණයෝ ශුද්‍රයා හට ස්වකීය ධනය හැටියට පෙන්වා දෙන්නේ මෙයයි. භවත් ගෞතමයන් වහන්ස, බ්‍රාහ්මණවරු මේ සතර ආකාරයක ධනයන් ගැන පෙන්වා දෙනවා. භවත් ගෞතමයන් වහන්සේ මේ කාරණය පිළිබඳව කුමක් වදාරණ සේක් ද?

"පින්වත් බ්‍රාහ්මණය, බ්‍රාහ්මණයන් ගේ ඔය ධන හතර සකල ලෝකයා ම එකවර අනුමත කොට පිළිගන්නවා ද?"

"භවත් ගෞතමයන් වහන්ස, එය නොවේ ම යි."

"පින්වත් බ්‍රාහ්මණය, ඕක මේ වගේ දෙයක්. තමා සතු කිසිවක් නැති ඉතා අසරණ දුගී දුප්පත් මිනිසෙක් ඉන්නවා. ඉතින් අකමැතිව සිටිය දී ඔහුට බිලක් ගෙවන්නට නියම කරනවා. ඒ කියන්නේ 'එම්බා පුරුෂය, නුඹ විසින් මේ මස් අනුභව කළ යුතුයි. මෙයට මේ මිල ද ගෙවිය යුතුයි' කියා යි. පින්වත් බ්‍රාහ්මණය, ශ්‍රමණ බ්‍රාහ්මණයන් ගේ අනුමැතියකින් තොරව බ්‍රාහ්මණයන් පණවන ලද ධනය ත් ඒ වගේ තමයි.

පින්වත් බ්‍රාහ්මණය, මනුෂ්‍යයා හට තමන් ගේ ම ධනයක් හැටියට මා පණවන්නේ ආර්ය වූ ලොව්තුරා දහම යි. මව්පියන් ගේ පැරණි පරම්පරාව සිහිකරද්දී යම් යම් කුල පරම්පරාවක උපදීද, ඒ ඒ කුල පරම්පරාවේ නමින් ම ඔහුව හඳුන්වනවා. ඒ කියන්නේ කෙනෙක් ක්ෂත්‍රිය කුලයේ ඉපදුනොත් ඔහුට කියන්නේ ක්ෂත්‍රියයා කියලයි. කෙනෙක් බ්‍රාහ්මණ කුලයේ ඉපදුනොත් ඔහුට කියන්නේ බ්‍රාහ්මණයා කියලයි. කෙනෙක් වෛශ්‍ය කුලයේ ඉපදුනොත් ඔහුට කියන්නේ වෛශ්‍යයා කියලයි. කෙනෙක් ශුද්‍ර කුලයේ ඉපදුනොත් ඔහුට කියන්නේ ශුද්‍රයා කියලයි.

පින්වත් බ්‍රාහ්මණය, ඒක මේ වගේ දෙයක්. යම් යම් දෙයක් උපකාරයෙන් ගින්නක් ඇවිලේ ද, එතකොට ඒ ගින්න ඒ උපකාරක ධර්මයේ නාමයෙන් හඳුන්වනවා. දර නිසා ගින්නක් ඇවිලේ නම්, එයට දර ගින්න කියා කියනවා. පතුරු නිසා ගින්නක් ඇවිලේ නම්, එයට පතුරු ගින්න කියා කියනවා. තණ නිසා ගින්නක් ඇවිලේ නම්, එයට තණ ගින්න කියා කියනවා. ගොම නිසා ගින්නක් ඇවිලේ නම්, එයට ගොම ගින්න කියා කියනවා.

පින්වත් බ්‍රාහ්මණය, එපරිද්දෙන් ම මං මනුෂ්‍යයා හට තමන් ගේ ම ධනයක් හැටියට මා පණවන්නේ ආර්ය වූ ලොව්තුරා දහම යි. මව්පියන් ගේ පැරණි පරම්පරාව සිහිකරද්දී යම් යම් කුල පරම්පරාවක උපදීද, ඒ ඒ කුල පරම්පරාවේ නමින් ම ඔහුව හඳුන්වනවා. ඒ කියන්නේ කෙනෙක් ක්ෂත්‍රිය කුලයේ ඉපදුනොත් ඔහුට කියන්නේ ක්ෂත්‍රියයා කියලයි. කෙනෙක් බ්‍රාහ්මණ කුලයේ ඉපදුනොත් ඔහුට කියන්නේ බ්‍රාහ්මණයා කියලයි. කෙනෙක් වෛශ්‍ය කුලයේ ඉපදුනොත් ඔහුට කියන්නේ වෛශ්‍යයා කියලයි. කෙනෙක් ශුද්‍ර කුලයේ ඉපදුනොත් ඔහුට කියන්නේ ශුද්‍රයා කියලයි.

පින්වත් බ්‍රාහ්මණය, ක්ෂත්‍රිය කුලයෙන් වේවා ගිහි ගෙයින් නික්ම අනගාරික සසුනෙහි පැවිදි වෙනවා නම්, ඔහු තථාගතයන් වහන්සේ විසින් වදාරණ ලද ධර්ම විනයට පැමිණ සතුන් මැරීමෙන් වළකිනවා නම්, සොරකමින් වළකිනවා නම්, අබ්‍රහ්මචරියාවෙන් වළකිනවා නම්, බොරු කීමෙන් වළකිනවා නම්, කේළමින් වළකිනවා නම්, ඵරුෂ වචනයෙන් වළකිනවා නම්, හිස් වචනයෙන් වළකිනවා නම්, අනුන් ගේ දෙයට ආශා නො කරයි නම්, ද්වේශ නො කරයි නම්, සම්‍යක් දෘෂ්ටියෙන් යුක්ත වෙයි නම් අවබෝධය ඇතිකරවන කුසල ධර්මයන් ඔහු තුළ උපදවා ගන්නට පුළුවන් වෙනවා.

පින්වත් බ්‍රාහ්මණය, බ්‍රාහ්මණ කුලයෙන් වේවා ....(පෙ).... වෛශ්‍ය කුලයෙන් වේවා ....(පෙ).... ශුද්‍ර කුලයෙන් වේවා ගිහි ගෙයින් නික්ම අනගාරික සසුනෙහි පැවිදි වෙනවා නම්, ඔහු තථාගතයන් වහන්සේ විසින් වදාරණ ලද ධර්ම විනයට පැමිණ සතුන් මැරීමෙන් වළකිනවා නම්, සොරකමින් වළකිනවා නම්, අබ්‍රහ්මචරියාවෙන් වළකිනවා නම්, බොරු කීමෙන් වළකිනවා නම්, කේළමින් වළකිනවා නම්, ඵරුෂ වචනයෙන් වළකිනවා නම්, හිස් වචනයෙන් වළකිනවා නම්, අනුන් ගේ දෙයට ආශා නො කරයි නම්, ද්වේශ නො කරයි නම්, සම්‍යක් දෘෂ්ටියෙන් යුක්ත වෙයි නම් අවබෝධය ඇතිකරවන කුසල ධර්මයන් ඔහු තුළ උපදවා ගන්නට පුළුවන් වෙනවා.

පින්වත් බ්‍රාහ්මණය, ඒ ගැන කුමක් ද සිතන්නේ? මෙම ප්‍රදේශය පුරාවට වෛර රහිත වූ, පීඩා රහිත වූ, මෛත්‍රී චිත්තය වඩන්නට පුළුවන් වන්නේ බ්‍රාහ්මණයෙකුට පමණක් ද? ඇයි ක්ෂත්‍රියයෙකුට බැරිද? ඇයි වෛශ්‍යයෙකුට බැරිද? ඇයි ශුද්‍රයෙකුට බැරිද?"

"භවත් ගෞතමයන් වහන්ස, එය එසේ නොවේ. භවත් ගෞතමයන් වහන්ස, බ්‍රාහ්මණයෙකුට වුනත් මෙම ප්‍රදේශය පුරාවට වෛර රහිත වූ, පීඩා රහිත වූ, මෛත්‍රී චිත්තය වඩන්නට පුළුවනි. ක්ෂත්‍රියයෙකුට වුනත් ....(පෙ)....

වෛශ්‍යයෙකුට වුනත් ....(පෙ).... ශූද්‍රයෙකුට වුනත් මෙම ප්‍රදේශය පුරාවට වෛර රහිත වූ, පීඩා රහිත වූ, මෛත්‍රී චිත්තය වඩන්නට පුළුවනි."

"පින්වත් බ්‍රාහ්මණය, ඒ වගේ ම තමයි, ක්ෂත්‍රීය කුලයෙන් වේවා ගිහි ගෙයින් නික්ම අනගාරික සසුනෙහි පැවිදි වෙනවා නම්, ...(පෙ).... අවබෝධය ඇතිකරවන කුසල ධර්මයන් ඔහු තුළ උපදවා ගන්නට පුළුවන් වෙනවා. බ්‍රාහ්මණ කුලයෙන් වේවා ....(පෙ).... වෛශ්‍ය කුලයෙන් වේවා ....(පෙ).... ශූද්‍ර කුලයෙන් වේවා ගිහි ගෙයින් නික්ම අනගාරික සසුනෙහි පැවිදි වෙනවා නම්, ඔහු තථාගතයන් වහන්සේ විසින් වදාරණ ලද ධර්ම විනයට පැමිණ සතුන් මැරීමෙන් වළකිනවා නම්, සොරකමින් වළකිනවා නම්, අබ්‍රහ්මචරියාවෙන් වළකිනවා නම්, බොරු කීමෙන් වළකිනවා නම්, කේළමින් වළකිනවා නම්, ඵරුෂ වචනයෙන් වළකිනවා නම්, හිස් වචනයෙන් වළකිනවා නම්, අනුන් ගේ දෙයට ආශා නො කරයි නම්, ද්වේශ නො කරයි නම්, සම්‍යක් දෘෂ්ඨියෙන් යුක්ත වෙයි නම් අවබෝධය ඇතිකරවන කුසල ධර්මයන් ඔහු තුළ උපදවා ගන්නට පුළුවන් වෙනවා.

පින්වත් බ්‍රාහ්මණය, ඒ ගැන ඔබ කුමක්ද සිතන්නේ? පිට අතුල්ලන ලණුව ගෙන නාන්නට නදියට ගොස් ඇඟපත ඇතිල්ලුවොත් කුණු දූවිලි සෝදන්නට පුළුවන් වන්නේ බ්‍රාහ්මණයෙකුට විතරක් ද? ඇයි ක්ෂත්‍රියයෙකුට බැරිද? ඇයි වෛශ්‍යයෙකුට බැරිද? ඇයි ශූද්‍රයෙකුට බැරිද?"

"භවත් ගෞතමයන් වහන්ස, එය එසේ නොවේ. භවත් ගෞතමයන් වහන්ස, බ්‍රාහ්මණයෙකුට වුණත් පිට අතුල්ලන ලණුව ගෙන නාන්නට නදියට ගොස් ඇඟ පත අතුල්ලන විට දූහුවිලි කුණු සෝදා හරින්නට පුළුවනි. ක්ෂත්‍රියයෙකුට වුනත් ....(පෙ).... වෛශ්‍යයෙකුට වුනත් ....(පෙ).... ශූද්‍රයෙකුට වුනත් පිට අතුල්ලන ලණුව ගෙන නාන්නට නදියට ගොස් ඇඟ පත අතුල්ලන විට දූහුවිලි කුණු සෝදා හරින්නට පුළුවනි."

"පින්වත් බ්‍රාහ්මණය, ඒ වගේ ම තමයි, ක්ෂත්‍රීය කුලයෙන් වේවා ගිහි ගෙයින් නික්ම අනගාරික සසුනෙහි පැවිදි වෙනවා නම්, ...(පෙ).... අවබෝධය ඇතිකරවන කුසල ධර්මයන් ඔහු තුළ උපදවා ගන්නට පුළුවන් වෙනවා. බ්‍රාහ්මණ කුලයෙන් වේවා ....(පෙ).... වෛශ්‍ය කුලයෙන් වේවා ....(පෙ).... ශූද්‍ර කුලයෙන් වේවා ගිහි ගෙයින් නික්ම අනගාරික සසුනෙහි පැවිදි වෙනවා නම්, ඔහු තථාගතයන් වහන්සේ විසින් වදාරණ ලද ධර්ම විනයට පැමිණ සතුන් මැරීමෙන් වළකිනවා නම්, සොරකමින් වළකිනවා නම්, අබ්‍රහ්මචරියාවෙන් වළකිනවා නම්, බොරු කීමෙන් වළකිනවා නම්, කේළමින් වළකිනවා නම්, ඵරුෂ වචනයෙන් වළකිනවා නම්, හිස් වචනයෙන් වළකිනවා නම්, අනුන්

ගේ දෙයට ආශා නො කරයි නම්, ද්වේශ නො කරයි නම්, සම්‍යක් දෘෂ්ඨියෙන් යුක්ත වෙයි නම් අවබෝධය ඇතිකරවන කුසල ධර්මයන් ඔහු තුළ උපදවා ගන්නට පුළුවන් වෙනවා.

පින්වත් බ්‍රාහ්මණය, ඒ ගැන ඔබ කුමක්ද සිතන්නේ? මෙහිලා ඔටුණු පළන් රජ කෙනෙක් නා නා කුලයන්ට අයත් පුරුෂයන් අතුරෙන් සියයක් පුරුෂයන් රැස්කරනවා. 'භවත්නි, මෙහි එත්වා. යමෙක් ක්ෂත්‍රිය කුලයේ උපන්නා ද, යමෙක් බ්‍රාහ්මණ කුලයේ උපන්නා ද, යමෙක් වෙනත් රජ කුලයක උපන්නා ද, ඔවුන් සල් ගසක වේවා, සලල ගසක වේවා, සඳුන් ගසක වේවා, පදුම ගසක වේවා, ලීයෙන් කළ උත්තරාරණිය නම් වූ ගිනිගානා දණ්ඩ ගෙන ගිනි දල්වත්වා! තේජස පහළ කරත්වා! භවත්නි, දෙවනුව මෙහි එත්වා. යමෙක් චණ්ඩාල කුලයෙන් හෝ, නේසාද කුලයෙන් හෝ, වේණ කුලයෙන් හෝ, රථකාර කුලයෙන් හෝ, පුක්කුස කුලයෙන් හෝ උපන් කෙනෙක් ඇද්ද, ඔවුන් පැමිණෙත්වා! ඔවුන් ද සතුන් පැන් බොන දෙණියෙන් ලත් ලීයෙන් කළ, ඌරන් බුදින දෙණියෙන් ලත් ලීයෙන් කළ, රෙදි අපුල්ලන්නන් සෝදන දෙණියෙන් ලත් ලීයෙන් කළ, එහෙමත් නැත්නම් ඒලණ්ඩ නම් නීච වර්ගයේ ලීයෙන් කළ උත්තරාරණිය ගෙන ගිනි දල්වත්වා! තේජස පහළ කරත්වා!'

එතකොට පින්වත් බ්‍රාහ්මණය, ඒ ගැන කුමක් ද සිතන්නේ? ක්ෂත්‍රිය කුලයෙන් හෝ බමුණු කුලයෙන් හෝ වෙනත් රජ පවුලකින් හෝ උපන් කෙනා විසින් සල්ලීයෙන් කළ හෝ සලල ලීයෙන් කළ හෝ, සඳුන් ලීයෙන් කළ හෝ පදුම ලීයෙන් කළ හෝ උත්තරාරණයක් ගෙන දල්වන යම් ගින්නක් ඇද්ද, පහළ කළ යම් තේජසක් ඇද්ද, මෙම ගින්නෙහි විතර ද දූල්ල තියෙන්නේ? මෙම ගින්නෙහි විතර ද එළිය තියෙන්නේ? මෙම ගින්න විතර ද ප්‍රභාෂ්වර වන්නේ? ගින්නකින් යමක් කළ යුතුද, එය කළ හැක්කේ එම ගින්නෙන් විතරද?

ඒ වගේ ම චණ්ඩාල කුලයෙන් හෝ නේසාද කුලයෙන් හෝ වේණ කුලයෙන් හෝ රථකාර කුලයෙන් හෝ පුක්කුස කුලයෙන් හෝ උපන් අය විසින් සතුන් පැන් බොන දෙණියට අයත් ලීයෙන් කළ හෝ ඌරන් බුදින තැන ලීයෙන් කළ හෝ රජකයන් රෙදි සෝදන තැන ලීයෙන් කළ හෝ ඒලණ්ඩ ලීයෙන් කළ හෝ උත්තරාරණිය ගෙන දල්වන යම් ගින්නක් ඇද්ද, පහළ කරන යම් තේජසක් ඇද්ද, එම ගින්නෙහි දූල්ලක් නැද්ද? එම ගින්නෙහි එළියක් නැද්ද? එම ගින්න ප්‍රභාෂ්වර නැද්ද? ගින්නකින් යමක් කළ යුතුද, එය ඒ ගින්නෙන් කරන්නට බැරිද?"

"භවත් ගෞතමයන් වහන්ස, එය එසේ නොවේ. භවත් ගෞතමයන් වහන්ස, ක්ෂත්‍රිය කුලයෙන් හෝ බමුණු කුලයෙන් හෝ වෙනත් රජ පවුලකින්

හෝ උපන් කෙනා විසින් සල්ලීයෙන් කළ හෝ සලල ලීයෙන් කළ හෝ, සඳුන් ලීයෙන් කළ හෝ පදුම ලීයෙන් කළ හෝ උත්තරාරණියක් ගෙන දල්වන යම් ගින්නක් ඇද්ද, පහළ කළ යම් තේජසක් ඇද්ද, මෙම ගින්නෙහි ත් දැල්ල තියෙනවා. මෙම ගින්නෙහිත් එළිය තියෙනවා. මෙම ගින්න ත් ප්‍රභාෂ්වර යි. ගින්නකින් යමක් කළ යුතුද, එය මෙම ගින්නෙනුත් කරන්නට පුළුවන්.

ඒ වගේ ම භවත් ගෞතමයන් වහන්ස, චණ්ඩාල කුලයෙන් හෝ නේසාද කුලයෙන් හෝ වේණ කුලයෙන් හෝ රථකාර කුලයෙන් හෝ පුක්කුස කුලයෙන් හෝ උපන් අය විසින් සතුන් පැන් බොන දෙණියට අයත් ලීයෙන් කළ හෝ ඌරන් බුදින තැන ලීයෙන් කළ හෝ රජකයන් රෙදි සෝදන තැන ලීයෙන් කළ හෝ ඒලණ්ඩ ලීයෙන් කළ හෝ උත්තරාරණිය ගෙන දල්වන යම් ගින්නක් ඇද්ද, පහළ කරන යම් තේජසක් ඇද්ද, එම ගින්නෙහි ත් දැල්ලක් තියෙනවා. එම ගින්නෙහි ත් එළියක් තියෙනවා. එම ගින්න ත් ප්‍රභාෂ්වර යි. ගින්නකින් යමක් කළ යුතුද, එය ඒ ගින්නෙනුත් කරන්නට පුළුවන්."

"පින්වත් බ්‍රාහ්මණය, ඒ වගේ ම තමයි, ක්ෂත්‍රිය කුලයෙන් වේවා ගිහි ගෙයින් නික්ම අනගාරික සසුනෙහි පැවිදි වෙනවා නම්, ...(පෙ).... අවබෝධය ඇතිකරවන කුසල ධර්මයන් ඔහු තුළ උපදවා ගන්නට පුළුවන් වෙනවා. බ්‍රාහ්මණ කුලයෙන් වේවා ....(පෙ).... වෛශ්‍ය කුලයෙන් වේවා ....(පෙ).... ශුද්‍ර කුලයෙන් වේවා ගිහි ගෙයින් නික්ම අනගාරික සසුනෙහි පැවිදි වෙනවා නම්, ඔහු තථාගතයන් වහන්සේ විසින් වදාරණ ලද ධර්ම විනයට පැමිණ සතුන් මැරීමෙන් වළකිනවා නම්, සොරකමින් වළකිනවා නම්, අබ්‍රහ්මචරියාවෙන් වළකිනවා නම්, බොරු කීමෙන් වළකිනවා නම්, කේළමින් වළකිනවා නම්, එරුෂ වචනයෙන් වළකිනවා නම්, හිස් වචනයෙන් වළකිනවා නම්, අනුන් ගේ දෙයට ආශා නො කරයි නම්, ද්වේශ නො කරයි නම්, සම්‍යක් දෘෂ්ඨියෙන් යුක්ත වෙයි නම් අවබෝධය ඇතිකරවන කුසල ධර්මයන් ඔහු තුළ උපදවා ගන්නට පුළුවන් වෙනවා."

මෙසේ වදාළ විට ඒසුකාරී බ්‍රාහ්මණයා භාග්‍යවතුන් වහන්සේට මෙය පැවසුවා. භවත් ගෞතමයන් වහන්ස, ඉතාමත් සුන්දරයි! භවත් ගෞතමයන් වහන්ස, ඉතාමත් සුන්දරයි! ....(පෙ).... භවත් ගෞතමයන් වහන්සේ අද පටන් දිවි හිමියෙන් තෙරුවන් සරණ ගිය උපාසකයෙකු වශයෙන් මාව පිළිගන්නා සේක්වා!"

සාදු! සාදු!! සාදු!!!

ඒසුකාරී බ්‍රාහ්මණයාට වදාළ දෙසුම නිමා විය.

2.5.7.
ධනඤ්ජානි සූත්‍රය
ධනඤ්ජානි බ්‍රාහ්මණයාට වදාළ දෙසුම

මා හට අසන්නට ලැබුනේ මේ විදිහට යි. ඒ දිනවල භාග්‍යවතුන් වහන්සේ වැඩසිටියේ රජගහ නුවර කලන්දක නිවාප නම් වූ වේළුවනයේ. එසමයෙහි ආයුෂ්මත් සාරිපුත්තයන් වහන්සේ මහත් භික්ෂුසංඝයා පිරිවරාගෙන දක්ඛිණාගිරි ජනපදයෙහි චාරිකාවෙහි වැඩියා. එකල්හි රජගහ නුවර වස් විසූ එක්තරා භික්ෂුවක් දක්ඛිණාගිරියට ගොස් ආයුෂ්මත් සාරිපුත්තයන් වහන්සේ වෙත පැමිණුනා. පැමිණ ආයුෂ්මත් සාරිපුත්තයන් වහන්සේ සමඟ සතුටු වුනා. සතුටු විය යුතු පිළිසඳර කතාව නිමවා එකත්පස්ව වාඩි වුනා. එකත්පස්ව වාඩි වූ ඒ භික්ෂුවගෙන් ආයුෂ්මත් සාරිපුත්තයන් වහන්සේ මෙය ඇසුවා.

"ප්‍රිය ආයුෂ්මතුනි, භාග්‍යවතුන් වහන්සේ නීරෝගව වැඩ සිටින සේක් ද? සවිබල ඇතිව වැඩසිටින සේක් ද?"

"ප්‍රිය ආයුෂ්මතුන් වහන්ස, භාග්‍යවතුන් වහන්සේ නීරෝගව වැඩ සිටින සේක. සවිබල ඇතිව වැඩසිටින සේක."

"ප්‍රිය ආයුෂ්මතුනි, භික්ෂුසංඝයා වහන්සේ නීරෝගව වැඩ සිටින සේක් ද? සවිබල ඇතිව වැඩසිටින සේක් ද?"

"ප්‍රිය ආයුෂ්මතුන් වහන්ස, භික්ෂුසංඝයා වහන්සේ නීරෝගව වැඩ සිටින සේක. සවිබල ඇතිව වැඩසිටින සේක."

"ප්‍රිය ආයුෂ්මතුනි, මෙහි තණ්ඩුලපාල ද්වාර නම් ප්‍රදේශයෙහි ධනඤ්ජානි නම් බ්‍රාහ්මණයෙක් ඉන්නවා. ප්‍රිය ආයුෂ්මතුනි, කිම? ඒ ධනඤ්ජානි නම් බ්‍රාහ්මණයා ත් නීරෝගයි ද? සවිබලයෙන් යුක්තයි ද?"

"ප්‍රිය ආයුෂ්මතුන් වහන්ස, ධනඤ්ජානි නම් බ්‍රාහ්මණයා ත් නීරෝගයි. සවිබලයෙන් යුක්තයි."

"ප්‍රිය ආයුෂ්මතුනි, කිම? ධනඤ්ජානි බ්‍රාහ්මණයා අප්‍රමාදී බවින් යුක්තයි ද?"

"ප්‍රිය ආයුෂ්මතුන් වහන්ස, ධනඤ්ජානි බ්‍රාහ්මණයාට මොන අප්‍රමාදයක් ද? ප්‍රිය ආයුෂ්මතුන් වහන්ස, ධනඤ්ජානි බ්‍රාහ්මණයා රාජ්‍ය බලය පාවිච්චි කොට බ්‍රාහ්මණ ගෘහපතියන් ගේ ධනය පැහැර ගන්නවා. බ්‍රාහ්මණ ගෘහපතියන් ගේ බලය යොදා රජ්ජුරුවන් සතු දේවල් පැහැර ගන්නවා. ඔහුට ශ්‍රද්ධාවන්ත කුලයකින් ගෙන ආ ශ්‍රද්ධාවන්ත බිරිඳක් හිටියා. ඈ ත් කළුරිය කළා නෙව. ඉතින් ඒ ගමන දැන් ගෙනැවිත් සිටින්නේ ශ්‍රද්ධා රහිත පවුලකින් ශ්‍රද්ධා රහිත බිරිඳක්."

"ප්‍රිය ආයුෂ්මත, ප්‍රමාදී වූ ධනඤ්ජානි බ්‍රාහ්මණයා පිළිබඳව අප යමක් ඇසුවා ද, සැබැවින් ම අපට අසන්නට ලැබුනේ නපුරු දෙයක් නෙව. ප්‍රිය ආයුෂ්මත, සැබැවින් ම අපට අසන්නට ලැබුනේ නපුරු දෙයක් නෙව. අපට කිසියම් දිනක ධනඤ්ජානි බ්‍රාහ්මණයා සමඟ ඇසුරක් ලැබුනෝතින් හොඳයි. එවිට ඔහු සමඟ කිසියම් කතාසල්ලාපයක් කළොතින් හොඳයි."

ඉතින් ආයුෂ්මත් සාරිපුත්තයන් වහන්සේ දක්ඛිණාගිරි ජනපදයෙහි කැමති තාක් වැඩවාසය කොට රජගහ නුවර බලා චාරිකාවෙහි නික්මුනා. අනුපිළිවෙලින් චාරිකාවෙහි වඩිමින් රජගහ නුවරට වැඩම කළා. එහි ආයුෂ්මත් සාරිපුත්තයන් වහන්සේ රජගහ නුවර කලන්දක නිවාප නම් වේළුවනයේ වැඩසිටියා. එදා පෙරවරුවෙහි ආයුෂ්මත් සාරිපුත්තයන් වහන්සේ සිවුරු හැඳ පොරවා ගෙන පාත්‍රය ද ගෙන රජගහ නුවර පිඬු සිඟා වැඩම කළා.

එසමයෙහි ධනඤ්ජානි බ්‍රාහ්මණයා නගරයෙන් පිටත ගව පට්ටියක කිරි දොවමින් සිටියා. එවිට ආයුෂ්මත් සාරිපුත්තයන් වහන්සේ රජගහ නුවර පිඬු පිණිස හැසිර දන් වළඳා ධනඤ්ජානි බ්‍රාහ්මණයා වෙත පැමිණියා. එකල්හි ධනඤ්ජානි බ්‍රාහ්මණයා දුරින් ම වඩිනා ආයුෂ්මත් සාරිපුත්තයන් වහන්සේව දුටුවා. දැක ආයුෂ්මත් සාරිපුත්තයන් වහන්සේ වෙත පැමිණියා. පැමිණ ආයුෂ්මත් සාරිපුත්තයන් වහන්සේට මෙය පැවසුවා.

"භවත් සාරිපුත්තයන් වහන්ස, මේ රස්නෙ පිට තියෙන කිරි පානය කළ මැනැව. එතකොට දන් වළඳන්නට කල් තියෙනවා නෙව."

"පින්වත් බ්‍රාහ්මණය කම් නැත. අද මගේ දන් වැළඳීම අවසන් වුනා. මං අසවල් තැන රුක් සෙවනේ දවල් කාලයෙහි සිටිනවා. ඔබ එතනට එන්න."

"එසේය භවත" කියා ධනඤ්ජානි බ්‍රාහ්මණයා ආයුෂ්මත් සාරිපුත්තයන් වහන්සේට පිළිතුරු දුන්නා. ඉතින් ධනඤ්ජානි බ්‍රාහ්මණයා උදේ ආහාරය අනුභව කොට ආයුෂ්මත් සාරිපුත්තයන් වහන්සේ වෙත පැමිණියා. පැමිණ

ආයුෂ්මත් සාරිපුත්තයන් වහන්සේ සමඟ සතුටු වුනා. සතුටු විය යුතු පිළිසඳර කතාව කොට එකත්පස්ව වාඩි වුනා. එකත්පස්ව වාඩි වුන ධනඤ්ජානි බ්‍රාහ්මණයාගෙන් ආයුෂ්මත් සාරිපුත්තයන් වහන්සේ මෙය ඇසුවා.

"කිම? පින්වත් ධනඤ්ජානි, අප්‍රමාදී නේද?" "භවත් සාරිපුත්තයන් වහන්ස, අප්‍රමාදයක් අපට කොයින්ද? අපට මව්පියන් පෝෂණය කරන්නට තියෙනවා නෙව. අඹුදරුවනුත් පෝෂණය කරන්නට තියෙනවා නෙව. දාසි දස් කම්කරුවනුත් පෝෂණය කරන්නට තියෙනවා නෙව. යහළු මිතුරන් ගේ යහළු මිතුරන් සඳහා කළ යුතු වැඩ තියෙනවා නෙව. ලේ ඤාතීන් උදෙසා කළ යුතු වැඩ තියෙනවා නෙව. අමුත්තන් එනකොට ඒ අමුත්තන් වෙනුවෙන් කළ යුතු වැඩ තියෙනවා නෙව. ඤාතීන් මිය ගිය විට ඒ මියගිය ඤාතීන් වෙනුවෙනුත් කළ යුතු වැඩ තියෙනවා නෙව. දෙවියන් වෙනුවෙනුත් කළ යුතු වැඩ තියෙනවා නෙව. රජ්ජුරුවන් වෙනුවෙනුත් කළ යුතු රාජකාරි තියෙනවා නෙව. මේ ශරීරයත් පිනවන්නට තියෙනවා නෙව."

"පින්වත් ධනඤ්ජානි, ඒ ගැන කුමක්ද සිතන්නේ? මෙහි කවුරුන් හෝ කෙනෙක් මව්පියන් නිසා අධර්මචාරී වෙනවා, විෂමචාරී වෙනවා. එතකොට ඒ අධර්මචාරී වීම හේතුවෙන්, විෂමචාරී වීම හේතුවෙන් නිරයපාලයන් ඔහුව නිරයට ඇදගෙන යනවා. ඉතින් ඔහු 'අනේ මං අධර්මචාරී වුනේ, විෂමචාරී වුනේ මව්පියන් නිසයි. අනේ ඒ නිසා නිරයපාලයෙනි, මාව නිරයට ගෙනයන්නට එපා!' කියල කීවොත් එය ඔහුට ලබන්නට පුළුවන් ද? ඒ වගේ ම ඔහු ගේ මව්පියන් 'අනේ, මොහු අප නිසයි අධර්මචාරී වුනේ. විෂමචාරී වුනේ. ඒ නිසා නිරයපාලයෙනි, මොහුව නිරයට ගෙනියන්නට එපා!' කියා ලබන්නට පුළුවන් ද?" "භවත් සාරිපුත්තයන් වහන්ස, එය නො වේ ම යි. නමුත් නිරයපාලයෝ ඔහුව හඬා වැළපෙද්දී ම නිරයට ඇද දමාවි."

"පින්වත් ධනඤ්ජානි, ඒ ගැන කුමක්ද සිතන්නේ? මෙහි කවුරුන් හෝ කෙනෙක් අඹුදරුවන් නිසා අධර්මචාරී වෙනවා, විෂමචාරී වෙනවා. එතකොට ඒ අධර්මචාරී වීම හේතුවෙන්, විෂමචාරී වීම හේතුවෙන් නිරයපාලයන් ඔහුව නිරයට ඇදගෙන යනවා. ඉතින් ඔහු 'අනේ මං අධර්මචාරී වුනේ, විෂමචාරී වුනේ අඹුදරුවන් නිසයි. අනේ ඒ නිසා නිරයපාලයෙනි, මාව නිරයට ගෙනයන්නට එපා!' කියල කීවොත් එය ඔහුට ලබන්නට පුළුවන් ද? ඒ වගේ ම ඔහු ගේ අඹුදරුවන් 'අනේ, මොහු අප නිසයි අධර්මචාරී වුනේ. විෂමචාරී වුනේ. ඒ නිසා නිරයපාලයෙනි, මොහුව නිරයට ගෙනියන්නට එපා!' කියා ලබන්නට පුළුවන් ද?" "භවත් සාරිපුත්තයන් වහන්ස, එය නො වේ ම යි. නමුත් නිරයපාලයෝ ඔහුව හඬා වැළපෙද්දී ම නිරයට ඇද දමාවි."

"පින්වත් ධනඤ්ජානි, ඒ ගැන කුමක්ද සිතන්නේ? මෙහි කවුරුන් හෝ කෙනෙක් දාසකම්කරු පුරුෂයන් නිසා අධර්මචාරී වෙනවා, විෂමචාරී වෙනවා. එතකොට ඒ අධර්මචාරී වීම හේතුවෙන්, විෂමචාරී වීම හේතුවෙන් නිරයපාලයන් ඔහුව නිරයට ඇදගෙන යනවා. ඉතින් ඔහු 'අනේ මං අධර්මචාරී වුනේ, විෂමචාරී වුනේ දාසකම්කරු පුරුෂයන් නිසයි. අනේ ඒ නිසා නිරයපාලයෙනි, මාව නිරයට ගෙනයන්නට එපා!' කියල කීවොත් එය ඔහුට ලබන්නට පුළුවන් ද? ඒ වගේ ම ඔහු ගේ දාසකම්කරු පුරුෂයන් 'අනේ, මොහු අප නිසයි අධර්මචාරී වුනේ. විෂමචාරී වුනේ. ඒ නිසා නිරයපාලයෙනි, මොහුව නිරයට ගෙනියන්නට එපා!' කියා ලබන්නට පුළුවන් ද?" "භවත් සාරිපුත්තයන් වහන්ස, එය නො වේ ම යි. නමුත් නිරයපාලයෝ ඔහුව හඬා වැළපෙද්දී ම නිරයට ඇද දමාවි."

"පින්වත් ධනඤ්ජානි, ඒ ගැන කුමක්ද සිතන්නේ? මෙහි කවුරුන් හෝ කෙනෙක් යහළුමිත්‍රයන් නිසා අධර්මචාරී වෙනවා, විෂමචාරී වෙනවා. එතකොට ඒ අධර්මචාරී වීම හේතුවෙන්, විෂමචාරී වීම හේතුවෙන් නිරයපාලයන් ඔහුව නිරයට ඇදගෙන යනවා. ඉතින් ඔහු 'අනේ මං අධර්මචාරී වුනේ, විෂමචාරී වුනේ යහළුමිත්‍රයන් නිසයි. අනේ ඒ නිසා නිරයපාලයෙනි, මාව නිරයට ගෙනයන්නට එපා!' කියල කීවොත් එය ඔහුට ලබන්නට පුළුවන් ද? ඒ වගේ ම ඔහු ගේ යහළුමිත්‍රයන් 'අනේ, මොහු අප නිසයි අධර්මචාරී වුනේ. විෂමචාරී වුනේ. ඒ නිසා නිරයපාලයෙනි, මොහුව නිරයට ගෙනියන්නට එපා!' කියා ලබන්නට පුළුවන් ද?" "භවත් සාරිපුත්තයන් වහන්ස, එය නො වේ ම යි. නමුත් නිරයපාලයෝ ඔහුව හඬා වැළපෙද්දී ම නිරයට ඇද දමාවි."

"පින්වත් ධනඤ්ජානි, ඒ ගැන කුමක්ද සිතන්නේ? මෙහි කවුරුන් හෝ කෙනෙක් සහලේ ඤාතීන් නිසා අධර්මචාරී වෙනවා, විෂමචාරී වෙනවා. එතකොට ඒ අධර්මචාරී වීම හේතුවෙන්, විෂමචාරී වීම හේතුවෙන් නිරයපාලයන් ඔහුව නිරයට ඇදගෙන යනවා. ඉතින් ඔහු 'අනේ මං අධර්මචාරී වුනේ, විෂමචාරී වුනේ සහලේ ඤාතීන් නිසයි. අනේ ඒ නිසා නිරයපාලයෙනි, මාව නිරයට ගෙනයන්නට එපා!' කියල කීවොත් එය ඔහුට ලබන්නට පුළුවන් ද? ඒ වගේ ම ඔහු ගේ සහලේ ඤාතීන් 'අනේ, මොහු අප නිසයි අධර්මචාරී වුනේ. විෂමචාරී වුනේ. ඒ නිසා නිරයපාලයෙනි, මොහුව නිරයට ගෙනියන්නට එපා!' කියා ලබන්නට පුළුවන් ද?" "භවත් සාරිපුත්තයන් වහන්ස, එය නො වේ ම යි. නමුත් නිරයපාලයෝ ඔහුව හඬා වැළපෙද්දී ම නිරයට ඇද දමාවි."

"පින්වත් ධනඤ්ජානි, ඒ ගැන කුමක්ද සිතන්නේ? මෙහි කවුරුන් හෝ කෙනෙක් ආගන්තුකයින් නිසා අධර්මචාරී වෙනවා, විෂමචාරී වෙනවා. එතකොට ඒ අධර්මචාරී වීම හේතුවෙන්, විෂමචාරී වීම හේතුවෙන් නිරයපාලයන්

ඔහුව නිරයට ඇදගෙන යනවා. ඉතින් ඔහු 'අනේ මං අධර්මචාරී වුනේ, විෂමචාරී වුනේ ආගන්තුකයින් නිසයි. අනේ ඒ නිසා නිරයපාලයෙනි, මාව නිරයට ගෙනයන්නට එපා!' කියල කීවොත් එය ඔහුට ලබන්නට පුළුවන් ද? ඒ වගේ ම ඔහු ගේ ආගන්තුකයින් 'අනේ, මොහු අප නිසයි අධර්මචාරී වුනේ. විෂමචාරී වුනේ. ඒ නිසා නිරයපාලයෙනි, මොහුව නිරයට ගෙනියන්නට එපා!' කියා ලබන්නට පුළුවන් ද?" "භවත් සාරිපුත්තයන් වහන්ස, එය නො වේ ම යි. නමුත් නිරයපාලයෝ ඔහුව හඬා වැළපෙද්දී ම නිරයට ඇද දමාවි."

"පින්වත් ධනඤ්ජානි, ඒ ගැන කුමක්ද සිතන්නේ? මෙහි කවුරුන් හෝ කෙනෙක් මියපරලොව ගිය ඤාතීන් නිසා අධර්මචාරී වෙනවා, විෂමචාරී වෙනවා. එතකොට ඒ අධර්මචාරී වීම හේතුවෙන්, විෂමචාරී වීම හේතුවෙන් නිරයපාලයන් ඔහුව නිරයට ඇදගෙන යනවා. ඉතින් ඔහු 'අනේ මං අධර්මචාරී වුනේ, විෂමචාරී වුනේ මියපරලොව ගිය ඤාතීන් නිසයි. අනේ ඒ නිසා නිරයපාලයෙනි, මාව නිරයට ගෙනයන්නට එපා!' කියල කීවොත් එය ඔහුට ලබන්නට පුළුවන් ද? ඒ වගේ ම ඔහු ගේ මියපරලොව ගිය ඤාතීන් 'අනේ, මොහු අප නිසයි අධර්මචාරී වුනේ. විෂමචාරී වුනේ. ඒ නිසා නිරයපාලයෙනි, මොහුව නිරයට ගෙනියන්නට එපා!' කියා ලබන්නට පුළුවන් ද?" "භවත් සාරිපුත්තයන් වහන්ස, එය නො වේ ම යි. නමුත් නිරයපාලයෝ ඔහුව හඬා වැළපෙද්දී ම නිරයට ඇද දමාවි."

"පින්වත් ධනඤ්ජානි, ඒ ගැන කුමක්ද සිතන්නේ? මෙහි කවුරුන් හෝ කෙනෙක් දෙවියන් නිසා අධර්මචාරී වෙනවා, විෂමචාරී වෙනවා. එතකොට ඒ අධර්මචාරී වීම හේතුවෙන්, විෂමචාරී වීම හේතුවෙන් නිරයපාලයන් ඔහුව නිරයට ඇදගෙන යනවා. ඉතින් ඔහු 'අනේ මං අධර්මචාරී වුනේ, විෂමචාරී වුනේ දෙවියන් නිසයි. අනේ ඒ නිසා නිරයපාලයෙනි, මාව නිරයට ගෙනයන්නට එපා!' කියල කීවොත් එය ඔහුට ලබන්නට පුළුවන් ද? ඒ වගේ ම ඔහු ගේ දෙවියන් 'අනේ, මොහු අප නිසයි අධර්මචාරී වුනේ. විෂමචාරී වුනේ. ඒ නිසා නිරයපාලයෙනි, මොහුව නිරයට ගෙනියන්නට එපා!' කියා ලබන්නට පුළුවන් ද?" "භවත් සාරිපුත්තයන් වහන්ස, එය නො වේ ම යි. නමුත් නිරයපාලයෝ ඔහුව හඬා වැළපෙද්දී ම නිරයට ඇද දමාවි."

"පින්වත් ධනඤ්ජානි, ඒ ගැන කුමක්ද සිතන්නේ? මෙහි කවුරුන් හෝ කෙනෙක් රජතුමා නිසා අධර්මචාරී වෙනවා, විෂමචාරී වෙනවා. එතකොට ඒ අධර්මචාරී වීම හේතුවෙන්, විෂමචාරී වීම හේතුවෙන් නිරයපාලයන් ඔහුව නිරයට ඇදගෙන යනවා. ඉතින් ඔහු 'අනේ මං අධර්මචාරී වුනේ, විෂමචාරී වුනේ රජතුමා නිසයි. අනේ ඒ නිසා නිරයපාලයෙනි, මාව නිරයට ගෙනයන්නට

එපා!' කියල කීවොත් එය ඔහුට ලබන්නට පුළුවන් ද? ඒ වගේ ම ඔහු ගේ රජතුමා 'අනේ, මොහු අප නිසයි අධර්මචාරී වුනේ. විෂමචාරී වුනේ. ඒ නිසා නිරයපාලයෙනි, මොහුව නිරයට ගෙනියන්නට එපා!' කියා ලබන්නට පුළුවන් ද?" "භවත් සාරිපුත්තයන් වහන්ස, එය නො වේ ම යි. නමුත් නිරයපාලයෝ ඔහුව හඬා වැළපෙද්දී ම නිරයට ඇද දමාවි."

"පින්වත් ධනඤ්ජානි, ඒ ගැන කුමක්ද සිතන්නේ? මෙහි කවුරුන් හෝ කෙනෙක් ශරීරය පිනවීමේ, වැඩීමේ අවශ්‍යතාව නිසා අධර්මචාරී වෙනවා, විෂමචාරී වෙනවා. එතකොට ඒ අධර්මචාරී වීම හේතුවෙන්, විෂමචාරී වීම හේතුවෙන් නිරයපාලයන් ඔහුව නිරයට ඇදගෙන යනවා. ඉතින් ඔහු 'අනේ මං අධර්මචාරී වුනේ, විෂමචාරී වුනේ ශරීරය පිනවීමේ, වැඩීමේ අවශ්‍යතාව නිසයි. අනේ ඒ නිසා නිරයපාලයෙනි, මාව නිරයට ගෙනයන්නට එපා!' කියල කීවොත් එය ඔහුට ලබන්නට පුළුවන් ද? ඒ වගේ ම අනිත් උදවිය 'අනේ, මොහු ඔහු ගේ ශරීරය පිනවීමේ, වැඩීමේ අවශ්‍යතාව නිසයි අධර්මචාරී වුනේ. විෂමචාරී වුනේ. ඒ නිසා නිරයපාලයෙනි, මොහුව නිරයට ගෙනියන්නට එපා!' කියා ලබන්නට පුළුවන් ද?" "භවත් සාරිපුත්තයන් වහන්ස, එය නො වේ ම යි. නමුත් නිරයපාලයෝ ඔහුව හඬා වැළපෙද්දී ම නිරයට ඇද දමාවි."

"පින්වත් ධනඤ්ජානි, ඒ ගැන කුමක්ද සිතන්නේ? යමෙක් මව්පියන් හේතු කොට ගෙන හෝ අධර්මචාරී වෙනවා නම්, විෂමචාරී වෙනවා නම්, ඒ වගේ ම තවත් කෙනෙක් මව්පියන් හේතු කොට ගෙන හෝ ධර්මචාරී වෙනවා නම්, සමචාරී වෙනවා නම් මේ දෙකෙන් වඩාත් ශ්‍රේෂ්ඨ වන්නේ කුමක්ද?" "භවත් සාරිපුත්තයන් වහන්ස, යමෙක් මව්පියන් හේතු කොට ගෙන හෝ අධර්මචාරී වෙනවා නම්, විෂමචාරී වෙනවා නම්, එය ශ්‍රේෂ්ඨ දෙයක් නම් නො වෙයි. නමුත් තවත් කෙනෙක් මව්පියන් හේතු කොට ගෙන හෝ ධර්මචාරී වෙනවා නම්, සමචාරී වෙනවා නම්, ඒක නම් ශ්‍රේෂ්ඨ දෙයක්. භවත් සාරිපුත්තයන් වහන්ස, අධර්මචරියා, විෂමචරියාවට වඩා ධම්මචරියාව, සමචරියාව ශ්‍රේෂ්ඨ දෙයක් නෙව."

"පින්වත් ධනඤ්ජානි, යම් රැකීරක්ෂාවකින් මව්පෝෂණය කරන්නට පුළුවන් නම්, ඒ වගේ ම පව් ත් නො කර සිටින්නට පුළුවන් නම්, ඒ වගේ ම පුණ්‍ය ප්‍රතිපදාවකට ත් පැමිණෙන්නට පුළුවන් නම්, එබඳු විවිධාකාර යහපත් දෙයින් යුක්ත ධාර්මික රැකීරක්ෂාවන් තියෙනවා නෙව."

"පින්වත් ධනඤ්ජානි, ඒ ගැන කුමක්ද සිතන්නේ? යමෙක් අඹුදරුවන් හේතු කොට ගෙන හෝ අධර්මචාරී වෙනවා නම්, විෂමචාරී වෙනවා නම්,

ඒ වගේ ම තවත් කෙනෙක් අඹුදරුවන් හේතු කොට ගෙන හෝ ධර්මචාරී වෙනවා නම්, සමචාරී වෙනවා නම් මේ දෙකෙන් වඩාත් ශ්‍රේෂ්ඨ වන්නේ කුමක්ද?" "භවත් සාරිපුත්තයන් වහන්ස, යමෙක් අඹුදරුවන් හේතු කොට ගෙන හෝ අධර්මචාරී වෙනවා නම්, විෂමචාරී වෙනවා නම්, එය ශ්‍රේෂ්ඨ දෙයක් නම් නො වෙයි. නමුත් තවත් කෙනෙක් අඹුදරුවන් හේතු කොට ගෙන හෝ ධර්මචාරී වෙනවා නම්, සමචාරී වෙනවා නම්, ඒක නම් ශ්‍රේෂ්ඨ දෙයක්. භවත් සාරිපුත්තයන් වහන්ස, අධර්මචරියා, විෂමචරියාවට වඩා ධම්මචරියාව, සමචරියාව ශ්‍රේෂ්ඨ දෙයක් නෙව."

"පින්වත් ධනඤ්ජානි, යම් රැකීරක්ෂාවකින් අඹුදරුවන් පෝෂණය කරන්නට පුළුවන් නම්, ඒ වගේ ම පව් ත් නො කර සිටින්නට පුළුවන් නම්, ඒ වගේ ම පුණ්‍ය ප්‍රතිපදාවකට ත් පැමිණෙන්නට පුළුවන් නම්, එබඳු විවිධාකාර යහපත් දෙයින් යුක්ත ධාර්මික රැකීරක්ෂාවන් තියෙනවා නෙව."

"පින්වත් ධනඤ්ජානි, ඒ ගැන කුමක්ද සිතන්නේ? යමෙක් දැසිදස්කම්කරුවන් හේතු කොට ගෙන හෝ අධර්මචාරී වෙනවා නම්, විෂමචාරී වෙනවා නම්, ඒ වගේ ම තවත් කෙනෙක් දැසිදස්කම්කරුවන් හේතු කොට ගෙන හෝ ධර්මචාරී වෙනවා නම්, සමචාරී වෙනවා නම් මේ දෙකෙන් වඩාත් ශ්‍රේෂ්ඨ වන්නේ කුමක්ද?" "භවත් සාරිපුත්තයන් වහන්ස, යමෙක් දැසිදස්කම්කරුවන් හේතු කොට ගෙන හෝ අධර්මචාරී වෙනවා නම්, විෂමචාරී වෙනවා නම්, එය ශ්‍රේෂ්ඨ දෙයක් නම් නො වෙයි. නමුත් තවත් කෙනෙක් දැසිදස්කම්කරුවන් හේතු කොට ගෙන හෝ ධර්මචාරී වෙනවා නම්, සමචාරී වෙනවා නම්, ඒක නම් ශ්‍රේෂ්ඨ දෙයක්. භවත් සාරිපුත්තයන් වහන්ස, අධර්මචරියා, විෂමචරියාවට වඩා ධම්මචරියාව, සමචරියාව ශ්‍රේෂ්ඨ දෙයක් නෙව."

"පින්වත් ධනඤ්ජානි, යම් රැකීරක්ෂාවකින් දැසිදස්කම්කරුවන් පෝෂණය කරන්නට පුළුවන් නම්, ඒ වගේ ම පව් ත් නො කර සිටින්නට පුළුවන් නම්, ඒ වගේ ම පුණ්‍ය ප්‍රතිපදාවකට ත් පැමිණෙන්නට පුළුවන් නම්, එබඳු විවිධාකාර යහපත් දෙයින් යුක්ත ධාර්මික රැකීරක්ෂාවන් තියෙනවා නෙව."

"පින්වත් ධනඤ්ජානි, ඒ ගැන කුමක්ද සිතන්නේ? යමෙක් යහළු මිත්‍රයන් හේතු කොට ගෙන හෝ අධර්මචාරී වෙනවා නම්, විෂමචාරී වෙනවා නම්, ඒ වගේ ම තවත් කෙනෙක් යහළු මිත්‍රයන් හේතු කොට ගෙන හෝ ධර්මචාරී වෙනවා නම්, සමචාරී වෙනවා නම් මේ දෙකෙන් වඩාත් ශ්‍රේෂ්ඨ වන්නේ කුමක්ද?" "භවත් සාරිපුත්තයන් වහන්ස, යමෙක් යහළු මිත්‍රයන් හේතු කොට ගෙන හෝ අධර්මචාරී වෙනවා නම්, විෂමචාරී වෙනවා නම්, එය ශ්‍රේෂ්ඨ දෙයක්

නම් නො වෙයි. නමුත් තවත් කෙනෙක් යහළුමිත්‍රයන් හේතු කොට ගෙන හෝ ධර්මචාරී වෙනවා නම්, සමචාරී වෙනවා නම්, ඒක නම් ශ්‍රේෂ්ඨ දෙයක්. භවත් සාරිපුත්තයන් වහන්ස, අධර්මචරියා, විෂමචරියාවට වඩා ධම්මචරියාව, සමචරියාව ශ්‍රේෂ්ඨ දෙයක් නෙව."

"පින්වත් ධනඤ්ජානි, යම් රැකීරක්ෂාවකින් යහළු මිත්‍රයන් පෝෂණය කරන්නට පුළුවන් නම්, ඒ වගේ ම පව් ත් නො කර සිටින්නට පුළුවන් නම්, ඒ වගේ ම පුණ්‍ය ප්‍රතිපදාවකට ත් පැමිණෙන්නට පුළුවන් නම්, එබඳු විවිධාකාර යහපත් දෙයින් යුක්ත ධාර්මික රැකීරක්ෂාවන් තියෙනවා නෙව."

"පින්වත් ධනඤ්ජානි, ඒ ගැන කුමක්ද සිතන්නේ? යමෙක් සහලේ ඥාතීන් හේතු කොට ගෙන හෝ අධර්මචාරී වෙනවා නම්, විෂමචාරී වෙනවා නම්, ඒ වගේ ම තවත් කෙනෙක් සහලේ ඥාතීන් හේතු කොට ගෙන හෝ ධර්මචාරී වෙනවා නම්, සමචාරී වෙනවා නම් මේ දෙකෙන් වඩාත් ශ්‍රේෂ්ඨ වන්නේ කුමක්ද?" "භවත් සාරිපුත්තයන් වහන්ස, යමෙක් සහලේ ඥාතීන් හේතු කොට ගෙන හෝ අධර්මචාරී වෙනවා නම්, විෂමචාරී වෙනවා නම්, එය ශ්‍රේෂ්ඨ දෙයක් නම් නො වෙයි. නමුත් තවත් කෙනෙක් සහලේ ඥාතීන් හේතු කොට ගෙන හෝ ධර්මචාරී වෙනවා නම්, සමචාරී වෙනවා නම්, ඒක නම් ශ්‍රේෂ්ඨ දෙයක්. භවත් සාරිපුත්තයන් වහන්ස, අධර්මචරියා, විෂමචරියාවට වඩා ධම්මචරියාව, සමචරියාව ශ්‍රේෂ්ඨ දෙයක් නෙව."

"පින්වත් ධනඤ්ජානි, යම් රැකීරක්ෂාවකින් සහලේ ඥාතීන් පෝෂණය කරන්නට පුළුවන් නම්, ඒ වගේ ම පව් ත් නො කර සිටින්නට පුළුවන් නම්, ඒ වගේ ම පුණ්‍ය ප්‍රතිපදාවකට ත් පැමිණෙන්නට පුළුවන් නම්, එබඳු විවිධාකාර යහපත් දෙයින් යුක්ත ධාර්මික රැකීරක්ෂාවන් තියෙනවා නෙව."

"පින්වත් ධනඤ්ජානි, ඒ ගැන කුමක්ද සිතන්නේ? යමෙක් ආගන්තුකයින් හේතු කොට ගෙන හෝ අධර්මචාරී වෙනවා නම්, විෂමචාරී වෙනවා නම්, ඒ වගේ ම තවත් කෙනෙක් ආගන්තුකයින් හේතු කොට ගෙන හෝ ධර්මචාරී වෙනවා නම්, සමචාරී වෙනවා නම් මේ දෙකෙන් වඩාත් ශ්‍රේෂ්ඨ වන්නේ කුමක්ද?" "භවත් සාරිපුත්තයන් වහන්ස, යමෙක් ආගන්තුකයින් හේතු කොට ගෙන හෝ අධර්මචාරී වෙනවා නම්, විෂමචාරී වෙනවා නම්, එය ශ්‍රේෂ්ඨ දෙයක් නම් නො වෙයි. නමුත් තවත් කෙනෙක් ආගන්තුකයින් හේතු කොට ගෙන හෝ ධර්මචාරී වෙනවා නම්, සමචාරී වෙනවා නම්, ඒක නම් ශ්‍රේෂ්ඨ දෙයක්. භවත් සාරිපුත්තයන් වහන්ස, අධර්මචරියා, විෂමචරියාවට වඩා ධම්මචරියාව, සමචරියාව ශ්‍රේෂ්ඨ දෙයක් නෙව."

"පින්වත් ධනඤ්ජානි, යම් රැකීරක්ෂාවකින් ආගන්තුකයින් පෝෂණය කරන්නට පුළුවන් නම්, ඒ වගේ ම පව් ත් නො කර සිටින්නට පුළුවන් නම්, ඒ වගේ ම පුණ්‍ය ප්‍රතිපදාවකට ත් පැමිණෙන්නට පුළුවන් නම්, එබඳු විවිධාකාර යහපත් දෙයින් යුක්ත ධාර්මික රැකීරක්ෂාවන් තියෙනවා නෙව."

"පින්වත් ධනඤ්ජානි, ඒ ගැන කුමක්ද සිතන්නේ? යමෙක් මියගිය ඤාතීන් හේතු කොට ගෙන හෝ අධර්මචාරී වෙනවා නම්, විෂමචාරී වෙනවා නම්, ඒ වගේ ම තවත් කෙනෙක් මියගිය ඤාතීන් හේතු කොට ගෙන හෝ ධර්මචාරී වෙනවා නම්, සමචාරී වෙනවා නම් මේ දෙකෙන් වඩාත් ශ්‍රේෂ්ඨ වන්නේ කුමක්ද?" "භවත් සාරිපුත්තයන් වහන්ස, යමෙක් මියගිය ඤාතීන් හේතු කොට ගෙන හෝ අධර්මචාරී වෙනවා නම්, විෂමචාරී වෙනවා නම්, එය ශ්‍රේෂ්ඨ දෙයක් නම් නො වෙයි. නමුත් තවත් කෙනෙක් මියගිය ඤාතීන් හේතු කොට ගෙන හෝ ධර්මචාරී වෙනවා නම්, සමචාරී වෙනවා නම්, ඒක නම් ශ්‍රේෂ්ඨ දෙයක්. භවත් සාරිපුත්තයන් වහන්ස, අධර්මචරියා, විෂමචරියාවට වඩා ධම්මචරියාව, සමචරියාව ශ්‍රේෂ්ඨ දෙයක් නෙව."

"පින්වත් ධනඤ්ජානි, යම් රැකීරක්ෂාවකින් මියගිය ඤාතීන්ට සළකන්නට පුළුවන් නම්, ඒ වගේ ම පව් ත් නො කර සිටින්නට පුළුවන් නම්, ඒ වගේ ම පුණ්‍ය ප්‍රතිපදාවකට ත් පැමිණෙන්නට පුළුවන් නම්, එබඳු විවිධාකාර යහපත් දෙයින් යුක්ත ධාර්මික රැකීරක්ෂාවන් තියෙනවා නෙව."

"පින්වත් ධනඤ්ජානි, ඒ ගැන කුමක්ද සිතන්නේ? යමෙක් දෙවියන් හේතු කොට ගෙන හෝ අධර්මචාරී වෙනවා නම්, විෂමචාරී වෙනවා නම්, ඒ වගේ ම තවත් කෙනෙක් දෙවියන් හේතු කොට ගෙන හෝ ධර්මචාරී වෙනවා නම්, සමචාරී වෙනවා නම් මේ දෙකෙන් වඩාත් ශ්‍රේෂ්ඨ වන්නේ කුමක්ද?" "භවත් සාරිපුත්තයන් වහන්ස, යමෙක් දෙවියන් හේතු කොට ගෙන හෝ අධර්මචාරී වෙනවා නම්, විෂමචාරී වෙනවා නම්, එය ශ්‍රේෂ්ඨ දෙයක් නම් නො වෙයි. නමුත් තවත් කෙනෙක් දෙවියන් හේතු කොට ගෙන හෝ ධර්මචාරී වෙනවා නම්, සමචාරී වෙනවා නම්, ඒක නම් ශ්‍රේෂ්ඨ දෙයක්. භවත් සාරිපුත්තයන් වහන්ස, අධර්මචරියා, විෂමචරියාවට වඩා ධම්මචරියාව, සමචරියාව ශ්‍රේෂ්ඨ දෙයක් නෙව."

"පින්වත් ධනඤ්ජානි, යම් රැකීරක්ෂාවකින් දෙවියන්ට සළකන්නට පුළුවන් නම්, ඒ වගේ ම පව් ත් නො කර සිටින්නට පුළුවන් නම්, ඒ වගේ ම පුණ්‍ය ප්‍රතිපදාවකට ත් පැමිණෙන්නට පුළුවන් නම්, එබඳු විවිධාකාර යහපත් දෙයින් යුක්ත ධාර්මික රැකීරක්ෂාවන් තියෙනවා නෙව."

"පින්වත් ධනඤ්ජානි, ඒ ගැන කුමක්ද සිතන්නේ? යමෙක් රජුන් හේතු කොට ගෙන හෝ අධර්මචාරී වෙනවා නම්, විෂමචාරී වෙනවා නම්, ඒ වගේ ම තවත් කෙනෙක් රජුන් හේතු කොට ගෙන හෝ ධර්මචාරී වෙනවා නම්, සමචාරී වෙනවා නම් මේ දෙකෙන් වඩාත් ශ්‍රේෂ්ඨ වන්නේ කුමක්ද?" "භවත් සාරිපුත්තයන් වහන්ස, යමෙක් රජුන් හේතු කොට ගෙන හෝ අධර්මචාරී වෙනවා නම්, විෂමචාරී වෙනවා නම්, එය ශ්‍රේෂ්ඨ දෙයක් නම් නො වෙයි. නමුත් තවත් කෙනෙක් රජුන් හේතු කොට ගෙන හෝ ධර්මචාරී වෙනවා නම්, සමචාරී වෙනවා නම්, ඒක නම් ශ්‍රේෂ්ඨ දෙයක්. භවත් සාරිපුත්තයන් වහන්ස, අධර්මචරියා, විෂමචරියාවට වඩා ධම්මචරියාව, සමචරියාව ශ්‍රේෂ්ඨ දෙයක් නෙව."

"පින්වත් ධනඤ්ජානි, යම් රැකීරක්ෂාවකින් රජුන්ට සළකන්නට පුළුවන් නම්, ඒ වගේ ම පව් ත් නො කර සිටින්නට පුළුවන් නම්, ඒ වගේ ම පුණ්‍ය ප්‍රතිපදාවකට ත් පැමිණෙන්නට පුළුවන් නම්, එබඳු විවිධාකාර යහපත් දෙයින් යුක්ත ධාර්මික රැකීරක්ෂාවන් තියෙනවා නෙව."

"පින්වත් ධනඤ්ජානි, ඒ ගැන කුමක්ද සිතන්නේ? යමෙක් කය වැඩීම, පිණවීම හේතු කොට ගෙන හෝ අධර්මචාරී වෙනවා නම්, විෂමචාරී වෙනවා නම්, ඒ වගේ ම තවත් කෙනෙක් කය වැඩීම, පිණවීම හේතු කොට ගෙන හෝ ධර්මචාරී වෙනවා නම්, සමචාරී වෙනවා නම් මේ දෙකෙන් වඩාත් ශ්‍රේෂ්ඨ වන්නේ කුමක්ද?" "භවත් සාරිපුත්තයන් වහන්ස, යමෙක් කය වැඩීම, පිණවීම හේතු කොට ගෙන හෝ අධර්මචාරී වෙනවා නම්, විෂමචාරී වෙනවා නම්, එය ශ්‍රේෂ්ඨ දෙයක් නම් නො වෙයි. නමුත් තවත් කෙනෙක් කය වැඩීම, පිණවීම හේතු කොට ගෙන හෝ ධර්මචාරී වෙනවා නම්, සමචාරී වෙනවා නම්, ඒක නම් ශ්‍රේෂ්ඨ දෙයක්. භවත් සාරිපුත්තයන් වහන්ස, අධර්මචරියා, විෂමචරියාවට වඩා ධම්මචරියාව, සමචරියාව ශ්‍රේෂ්ඨ දෙයක් නෙව."

"පින්වත් ධනඤ්ජානි, යම් රැකීරක්ෂාවකින් කය වැඩීම, පිණවීම කරන්නට පුළුවන් නම්, ඒ වගේ ම පව් ත් නො කර සිටින්නට පුළුවන් නම්, ඒ වගේ ම පුණ්‍ය ප්‍රතිපදාවකට ත් පැමිණෙන්නට පුළුවන් නම්, එබඳු විවිධාකාර යහපත් දෙයින් යුක්ත ධාර්මික රැකීරක්ෂාවන් තියෙනවා නෙව."

ඉතින් ධනඤ්ජානි බ්‍රාහ්මණයා ආයුෂ්මත් සාරිපුත්තයන් වහන්සේ ගේ භාෂිතය සතුටින් පිළිගත්තා. අනුමෝදන් වුනා. හුනස්නෙන් නැගිට පිටත්ව ගියා.

පසුකලෙක ධනඤ්ජානි බ්‍රාහ්මණයා අසනීප වුනා. ඉතාමත් අසාධ්‍ය වුනා. දුකට පත් වුනා. එවිට ධනඤ්ජානි බ්‍රාහ්මණයා එක්තරා පුරුෂයෙකු ඇමතුවා.

"එම්බා පුරුෂය, ඔබ එන්න. භාග්‍යවතුන් වහන්සේ වෙත යන්න. ගිහින් මගේ වචනයෙන් භාග්‍යවතුන් වහන්සේ ගේ ශ්‍රී පාද පද්මය නළල බිම තබා වඳින්න. 'ස්වාමීනී, ධනඤ්ජානි බ්‍රාහ්මණයා අසනීපයෙන් අසාධ්‍ය තත්වයෙන් දුක්බිතව ඉන්නවා. ඔහු භාග්‍යවතුන් වහන්සේ ගේ ශ්‍රී පාද පද්මය නළල බිම තබා වඳිනවා' කියල. ඊට පස්සේ ආයුෂ්මත් සාරිපුත්තයන් වහන්සේ ළඟට යන්න. ගිහින් මගේ වචනයෙන් ආයුෂ්මත් සාරිපුත්තයන් වහන්සේ ගේ උතුම් පාදයන් නළල බිම තබා වඳින්න. 'ස්වාමීනී, ධනඤ්ජානි බ්‍රාහ්මණයා අසනීපයෙන් අසාධ්‍ය තත්වයෙන් දුක්බිතව ඉන්නවා. ඔහු ආයුෂ්මත් සාරිපුත්තයන් වහන්සේ ගේ උතුම් පාදයන් නළල බිම තබා වඳිනවා' කියල. මෙසේත් කියන්න. 'ස්වාමීනී, ආයුෂ්මත් සාරිපුත්තයන් වහන්සේ ධනඤ්ජානි බ්‍රාහ්මණයා ගේ නිවසට අනුකම්පාව උපදවා වැඩම කරන සේක් නම් යහපති!' කියල."

"එසේය ස්වාමීනී" ඒ පුරුෂයා ධනඤ්ජානි බ්‍රාහ්මණයාට පිළිතුරු දී භාග්‍යවතුන් වහන්සේ වෙත පැමිණියා. පැමිණ භාග්‍යවතුන් වහන්සේට ආදරෙන් වන්දනා කොට එකත්පස්ව වාඩිවුනා. එකත්පස්ව හිඳගත් ඒ පුරුෂයා භාග්‍යවතුන් වහන්සේට මෙය පැවසුවා. 'ස්වාමීනී, ධනඤ්ජානි බ්‍රාහ්මණයා අසනීපයෙන් අසාධ්‍ය තත්වයෙන් දුක්බිතව ඉන්නවා. ඔහු භාග්‍යවතුන් වහන්සේ ගේ ශ්‍රී පාද පද්මය නළල බිම තබා වඳිනවා' කියල.

ඊට පස්සේ ඒ පුරුෂයා ආයුෂ්මත් සාරිපුත්තයන් වහන්සේ ළඟට ගියා. ගිහින් ආයුෂ්මත් සාරිපුත්තයන් වහන්සේට ආදරෙන් වන්දනා කොට එකත්පස්ව වාඩිවුනා. එකත්පස්ව හිඳගත් ඒ පුරුෂයා ආයුෂ්මත් සාරිපුත්තයන් වහන්සේට මෙය පැවසුවා. 'ස්වාමීනී, ධනඤ්ජානි බ්‍රාහ්මණයා අසනීපයෙන් අසාධ්‍ය තත්වයෙන් දුක්බිතව ඉන්නවා. ඔහු ආයුෂ්මත් සාරිපුත්තයන් වහන්සේ ගේ උතුම් පාදයන් නළල බිම තබා වඳිනවා' කියල. මෙසේත් කියන්න කිව්වා. 'ස්වාමීනී, ආයුෂ්මත් සාරිපුත්තයන් වහන්සේ ධනඤ්ජානි බ්‍රාහ්මණයා ගේ නිවසට අනුකම්පාව උපදවා වැඩම කරන සේක් නම් යහපති!' කියල." ඉතින් ආයුෂ්මත් සාරිපුත්තයන් වහන්සේ නිශ්ශබ්දව ඉවසා වදාළා.

ඉන්පසු ආයුෂ්මත් සාරිපුත්තයන් වහන්සේ සිවුරු හැඳ පොරවා ගෙන පාත්‍රය ද ගෙන ධනඤ්ජානි බ්‍රාහ්මණයා ගේ නිවස වෙත වැඩම කළා. වැඩම කොට පණවන ලද අසුනෙහි වැඩසිටියා. එසේ වැඩසිටි ආයුෂ්මත් සාරිපුත්තයන් වහන්සේ ධනඤ්ජානි බ්‍රාහ්මණයාගෙන් මෙය ඇසුවා. "පින්වත් ධනඤ්ජානි, කිම? ඉවසන්නට පුළුවන් නේද? කිම? යැපෙන්නට පුළුවන් නේද? කිම? දුක් වේදනා අඩුවෙනවා නේද? වැඩිවෙන්නේ නැහැ නේද? දුක්වේදනා වැඩිවීමක් නොව අඩුවීමක් නේද තේරෙන්නෙ?"

"අනේ භවත් සාරිපුත්තයන් වහන්ස, මට ඉවසන්නට අමාරුයි. යැපෙන්නටත් අමාරුයි. මට දුක් වේදනාවන් ම යි වැඩිවෙන්නේ. අඩුවීමක් නම් නෑ. වැඩිවීමක් ම යි තේරෙන්නේ. අඩුවීමක් නො වෙයි. භවත් සාරිපුත්තයන් වහන්ස, බලවත් පුරුෂයෙක් තියුණු ආයුධයකින් හිස් මුදුනට දැඩිව පහර දෙනවා වගෙයි. භවත් සාරිපුත්තයන් වහන්ස, අන්න ඒ වගේ මේ වාත වේදනාවන් මහා බලවත් විදිහට හිස් මුදුනට පහර දෙනවා. අනේ භවත් සාරිපුත්තයන් වහන්ස, මට ඉවසන්නට අමාරුයි. යැපෙන්නටත් අමාරුයි. මට දුක් වේදනාවන් ම යි වැඩිවෙන්නේ. අඩුවීමක් නම් නෑ. වැඩිවීමක් ම යි තේරෙන්නේ. අඩුවීමක් නො වෙයි.

භවත් සාරිපුත්තයන් වහන්ස, බලවත් පුරුෂයෙක් දැඩි වූ වරපටකින් හිස වෙලා ගැටගසා තදකරනවා වගෙයි. භවත් සාරිපුත්තයන් වහන්ස, අන්න ඒ වගේ මේ හිසේ කැක්කුම මහා බලවත් ව පවතිනවා. අනේ භවත් සාරිපුත්තයන් වහන්ස, මට ඉවසන්නට අමාරුයි. යැපෙන්නටත් අමාරුයි. මට දුක් වේදනාවන් ම යි වැඩිවෙන්නේ. අඩුවීමක් නම් නෑ. වැඩිවීමක් ම යි තේරෙන්නේ. අඩුවීමක් නො වෙයි.

භවත් සාරිපුත්තයන් වහන්ස, දක්ෂ ගවඝාතකයෙක් හරි, ගවඝාතකයෙකු ගේ ගෝලයෙක් හරි තියුණු ගෙරි කපන කැත්ත ගෙන ගවයා ගේ කුස පෙති ගසා කපනවා වගෙයි, භවත් සාරිපුත්තයන් වහන්ස, අන්න ඒ වගේ මේ වාත වේදනාවන් ඉතා බලවත් විදිහට කුස කැක්කුම් කරනවා. අනේ භවත් සාරිපුත්තයන් වහන්ස, මට ඉවසන්නට අමාරුයි. යැපෙන්නටත් අමාරුයි. මට දුක් වේදනාවන් ම යි වැඩිවෙන්නේ. අඩුවීමක් නම් නෑ. වැඩිවීමක් ම යි තේරෙන්නේ. අඩුවීමක් නො වෙයි.

භවත් සාරිපුත්තයන් වහන්ස, බලවත් පුරුෂයන් දෙන්නෙක් දුර්වල පුරුෂයෙකු ගේ අත් වලින් ඇද ගෙන ගිහින් ගිණි අඟුරු වළක දාලා රත්කරනවා වගෙයි, දැඩි ලෙස රත්කරනවා වගෙයි, භවත් සාරිපුත්තයන් වහන්ස, අන්න ඒ වගේ මේ කයෙහි මහා බලවත් දාහයක් තියෙනවා නෙව. අනේ භවත් සාරිපුත්තයන් වහන්ස, මට ඉවසන්නට අමාරුයි. යැපෙන්නටත් අමාරුයි. මට දුක් වේදනාවන් ම යි වැඩිවෙන්නේ. අඩුවීමක් නම් නෑ. වැඩිවීමක් ම යි තේරෙන්නේ. අඩුවීමක් නො වෙයි."

"පින්වත් ධනඤ්ජානි, ඒ ගැන කුමක් ද සිතන්නේ? මොකක් ද ශ්‍රේෂ්ඨ? නිරය ද, තිරිසන් යෝනිය ද?" "භවත් සාරිපුත්තයන් වහන්ස, නිරයට වඩා තිරිසන් යෝනිය ශ්‍රේෂ්ඨ යි."

"පින්වත් ධනඤ්ජානි, ඒ ගැන කුමක් ද සිතන්නේ? මොකක් ද ශ්‍රේෂ්ඨ? තිරිසන් යෝනිය ද, ප්‍රේත ලෝකයේ උපත ද?" "භවත් සාරිපුත්තයන් වහන්ස, තිරිසන් යෝනියට වඩා ප්‍රේත ලෝකයේ උපත ශ්‍රේෂ්ඨ යි."

"පින්වත් ධනඤ්ජානි, ඒ ගැන කුමක් ද සිතන්නේ? මොකක් ද ශ්‍රේෂ්ඨ? ප්‍රේත ලෝකයේ උපත ද, මනුෂ්‍ය ලෝකය ද?" "භවත් සාරිපුත්තයන් වහන්ස, ප්‍රේත ලෝකයේ උපතට වඩා මිනිස් ලොව උපත ශ්‍රේෂ්ඨ යි."

"පින්වත් ධනඤ්ජානි, ඒ ගැන කුමක් ද සිතන්නේ? මොකක් ද ශ්‍රේෂ්ඨ? මනුෂ්‍ය ලෝකය ද, චාතුම්මහාරාජික දෙව්ලොව ද?" "භවත් සාරිපුත්තයන් වහන්ස, මිනිස් ලොව උපතට වඩා චාතුම්මහාරාජික දෙව්ලොව ශ්‍රේෂ්ඨ යි."

"පින්වත් ධනඤ්ජානි, ඒ ගැන කුමක් ද සිතන්නේ? මොකක් ද ශ්‍රේෂ්ඨ? චාතුම්මහාරාජික දෙව්ලොව ද, තව්තිසා දෙව්ලොව ද?" "භවත් සාරිපුත්තයන් වහන්ස, චාතුම්මහාරාජික දෙව්ලොවට වඩා තව්තිසා දෙව්ලොව ශ්‍රේෂ්ඨ යි."

"පින්වත් ධනඤ්ජානි, ඒ ගැන කුමක් ද සිතන්නේ? මොකක් ද ශ්‍රේෂ්ඨ? තව්තිසා දෙව්ලොව ද, යාම දෙව්ලොව ද?" "භවත් සාරිපුත්තයන් වහන්ස, තව්තිසා දෙව්ලොවට වඩා යාම දෙව්ලොව ශ්‍රේෂ්ඨ යි."

"පින්වත් ධනඤ්ජානි, ඒ ගැන කුමක් ද සිතන්නේ? මොකක් ද ශ්‍රේෂ්ඨ? යාම දෙව්ලොව ද, තුසිත දෙව්ලොව ද?" "භවත් සාරිපුත්තයන් වහන්ස, යාම දෙව්ලොවට වඩා තුසිත දෙව්ලොව ශ්‍රේෂ්ඨ යි."

"පින්වත් ධනඤ්ජානි, ඒ ගැන කුමක් ද සිතන්නේ? මොකක් ද ශ්‍රේෂ්ඨ? තුසිත දෙව්ලොව ද, නිම්මාණරතී දෙව්ලොව ද?" "භවත් සාරිපුත්තයන් වහන්ස, තුසිත දෙව්ලොවට වඩා නිම්මාණරතී දෙව්ලොව ශ්‍රේෂ්ඨ යි."

"පින්වත් ධනඤ්ජානි, ඒ ගැන කුමක් ද සිතන්නේ? මොකක් ද ශ්‍රේෂ්ඨ? නිම්මාණරතී දෙව්ලොව ද, පරනිම්මිත වසවත්තී දෙව්ලොව ද?" "භවත් සාරිපුත්තයන් වහන්ස, නිම්මාණරතී දෙව්ලොවට වඩා පරනිම්මිත වසවත්තී දෙව්ලොව ශ්‍රේෂ්ඨ යි."

"පින්වත් ධනඤ්ජානි, ඒ ගැන කුමක් ද සිතන්නේ? මොකක් ද ශ්‍රේෂ්ඨ? පරනිම්මිත වසවත්තී දෙව්ලොව ද, බඹ ලොව ද?" "භවත් සාරිපුත්තයන් වහන්ස, පරනිම්මිත වසවත්තී දෙව් ලොවට වඩා බඹ ලොව ශ්‍රේෂ්ඨ යි."

එතකොට ආයුෂ්මත් සාරිපුත්තයන් වහන්සේට මෙය සිතුනා. 'මේ බ්‍රාහ්මණවරු කියන්නේ බඹ ලොව උපදින්නට ආසා පිරිසක් නෙව. ඒ නිසා

ධනඤ්ජානි බ්‍රාහ්මණයාට බ්‍රහ්ම ලෝකයෙහි ඉපදීම පිණිස මාර්ගය කියන්නට ඕන.' "පින්වත් ධනඤ්ජානි, ඔබට බ්‍රහ්ම ලෝකයෙහි ඉපදීම පිණිස මාර්ගය කියා දෙන්නම්. එය හොඳින් අසන්න. නුවණින් මෙනෙහි කරන්න. මා කියා දෙන්නම්." "එසේය භවත" කියා ධනඤ්ජානි බ්‍රාහ්මණයා ආයුෂ්මත් සාරිපුත්තයන් වහන්සේට පිළිතුරු දුන්නා. ආයුෂ්මත් සාරිපුත්තයන් වහන්සේ මෙය වදාළා.

"පින්වත් ධනඤ්ජානි, බඹලොව උපදින්නට ඇති මාර්ගය කුමක්ද? පින්වත් ධනඤ්ජානි, මෙහිලා භික්ෂුව මෛත්‍රී සහගත සිතින් එක් දිශාවක් පතුරුවා වාසය කරනවා. ඒ වගේ ම දෙවෙනි දිශාවටත්, තුන්වෙනි දිශාවටත්, සතරවෙනි දිශාවටත් පතුරවා වාසය කරනවා. ඒ වගේ ම උඩ, යට, හරස් අතට ආදී සෑම තැනක් කෙරෙහි ම සියළු උදවිය කෙරෙහි ම වෛර රහිත වූ, දුක් පීඩා රහිත වූ, විපුල වූ, මහද්ගත වූ, අප්‍රමාණ වූ මෛත්‍රී සිතින් පතුරුවා වාසය කරනවා. පින්වත් ධනඤ්ජානි, බ්‍රහ්ම ලෝකයෙහි උපදින්නට ඇති මාර්ගය මෙය යි.

පින්වත් ධනඤ්ජානි, නැවත අනිකක් කියමි. මෙහිලා භික්ෂුව කරුණා සහගත සිතින් ....(පෙ).... මුදිතා සහගත සිතින් ....(පෙ).... උපේක්ෂා සහගත සිතින් එක් දිශාවක් පතුරුවා වාසය කරනවා. ඒ වගේ ම දෙවෙනි දිශාවටත්, තුන්වෙනි දිශාවටත්, සතරවෙනි දිශාවටත් පතුරවා වාසය කරනවා. ඒ වගේ ම උඩ, යට, හරස් අතට ආදී සෑම තැනක් කෙරෙහි ම සියළු උදවිය කෙරෙහි ම වෛර රහිත වූ, දුක් පීඩා රහිත වූ, විපුල වූ, මහද්ගත වූ, අප්‍රමාණ වූ උපේක්ෂා සිතින් පතුරුවා වාසය කරනවා. පින්වත් ධනඤ්ජානි, බ්‍රහ්ම ලෝකයෙහි උපදින්නට ඇති මාර්ගය මෙය යි."

"භවත් සාරිපුත්තයන් වහන්ස, අනේ එහෙම නම්, මගේ වචනයෙන් භාග්‍යවතුන් වහන්සේ ගේ ශ්‍රී පාද පද්මය වන්දනා කොට වදාළ මැනැව. 'ස්වාමීනී, ධනඤ්ජානි බ්‍රාහ්මණයා අසනීපව, අසාධ්‍යව, දුක්ඛිතව ඉන්නවා. ඔහු භාග්‍යවතුන් වහන්සේ ගේ සිරිපා කමල් නළල බිම තබා වන්දනා කරනවා' කියල."

ඉතින් ධනඤ්ජානි බ්‍රාහ්මණයා හට තවදුරටත් සිත දියුණු කරගන්නට අවස්ථාව තිබිය දී ආයුෂ්මත් සාරිපුත්තයන් වහන්සේ ඔහුව හීන වූ බ්‍රහ්ම ලෝකයෙහි පිහිටුවා හුනස්නෙන් නැගිට වැඩම කළා.

ඉක්බිති ආයුෂ්මත් සාරිපුත්තයන් වහන්සේ වැඩම කොට ස්වල්ප වෙලාවකින් ධනඤ්ජානි බ්‍රාහ්මණයා අභාවප්‍රාප්ත වුනා. බඹලොව ඉපදුනා.

ඒ මොහොතේ භාග්‍යවතුන් වහන්සේ භික්ෂූන් අමතා වදාළා. "පින්වත් මහණෙනි, මේ සාරිපුත්තයන් ධනඤ්ජානි බ්‍රාහ්මණයාට තවදුරටත් සිත දියුණු කරගන්නට අවස්ථාව තිබෙද්දී ම ඔහුව හීන වූ බ්‍රහ්ම ලෝකයෙහි පිහිටුවා අසුනින් නැගිට පිටත්වුනා නෙව."

ඉක්බිති ආයුෂ්මත් සාරිපුත්තයන් වහන්සේ භාග්‍යවතුන් වහන්සේ වෙත වැඩම කළා. වැඩම කොට භාග්‍යවතුන් වහන්සේට ආදරයෙන් වන්දනා කොට එකත්පස්ව වාඩිවුනා. එකත්පස්ව හුන් ආයුෂ්මත් සාරිපුත්තයන් වහන්සේ භාග්‍යවතුන් වහන්සේට මෙය පැවසුවා.

"ස්වාමීනී, ධනඤ්ජානි බ්‍රාහ්මණයා අසනීපව, අසාධ්‍යව, දුක්ඛිතව ඉන්නවා. ඔහු භාග්‍යවතුන් වහන්සේ ගේ සිරිපා කමල් නළල බිම තබා වන්දනා කරනවා"

"කිම? පින්වත් සාරිපුත්ත, ධනඤ්ජානි බ්‍රාහ්මණයාට තවදුරටත් සිත දියුණු කරගන්නට අවස්ථාව තිබෙද්දී ම ඔහුව හීන වූ බ්‍රහ්ම ලෝකයෙහි පිහිටුවා ඔබ අසුනින් නැගිට පිටත්වුනා නෙව ද?"

"ස්වාමීනී, මට මෙහෙමයි සිතුනේ. මේ බ්‍රාහ්මණවරුන් කියන්නේ බ්‍රහ්ම ලෝකයෙහි උපදින්නට ආසා ඇති උදවිය නෙව. ඉතින් ධනඤ්ජානි බ්‍රාහ්මණයාට බ්‍රහ්මලෝකයෙහි උපදින්නට මාර්ගය කියන එක තමයි හොඳ කියල."

"පින්වත් සාරිපුත්ත, ධනඤ්ජානි බ්‍රාහ්මණයා කළුරිය කළා. බ්‍රහ්ම ලෝකයෙහි ඉපදුනා."

සාදු! සාදු!! සාදු!!!

ධනඤ්ජානි බ්‍රාහ්මණයාට වදාළ දෙසුම නිමා විය.

2.5.8.
වාසෙට්ඨ සූත්‍රය
වාසෙට්ඨ බ්‍රාහ්මණයාට වදාළ දෙසුම

මා හට අසන්නට ලැබුනේ මේ විදිහට යි. ඒ දිනවල භාග්‍යවතුන් වහන්සේ වැඩසිටියේ ඉච්ඡානංගල ගමෙහි ඉච්ඡානංගල නම් වන පියසේ. ඒ දිනවල ඉතාමත් ප්‍රසිද්ධ වූ සම්භාවනීය බ්‍රාහ්මණයන් ඉච්ඡානංගල ගමෙහි වාසය කළා. ඔවුන් කවරහු ද යත්; චංකී බ්‍රාහ්මණයා, තාරුක්ඛ බ්‍රාහ්මණයා, පොක්ඛරසාති බ්‍රාහ්මණයා, ජානුස්සෝණි බ්‍රාහ්මණයා, තෝදෙය්‍ය බ්‍රාහ්මණයා ආදී ඉතාමත් ප්‍රසිද්ධ වූ සම්භාවනීය වූ නොයෙක් බ්‍රාහ්මණවරුන් සිටියා.

එදා වාසෙට්ඨ, භාරද්වාජ යන තරුණයන් දෙදෙනා ව්‍යායාම පිණිස ඇවිදයද්දී, ඔබමොබ සක්මන් කරද්දී ඔවුන් අතර මේ කථාව ඇතිවුනා.

"භවත, බ්‍රාහ්මණයෙක් වෙන්නේ කොහොමද?" භාරද්වාජ මාණවකයා මෙහෙම පිළිතුරු දුන්නා. "භවත, මව්පිය දෙපාර්ශවයෙන් ම පිරිසිදු වූ සුජාත උපතක් තියෙන්නට ඕන. මුතුන් මිත්තන් ගේ පරම්පරාවේ යුග සතක් දක්වා පිරිසිදු ග්‍රහණියකින් යුක්ත වෙන්නට ඕන. ජාතිවාදයෙන් බැහැර නො කරන්නට ඕන. ජාතිවාදයෙන් නො ගරහන්නට ඕන. භවත, මෙපමණකින් බ්‍රාහ්මණයෙක් වෙනවා."

එතකොට වාසෙට්ඨ මාණවකයා මෙය පැවසුවා. "භවත, යම් කලෙක සිල්වත් වෙයි ද, යහපත් ගති පැවතුම් වලින් යුතු වෙයි ද, මෙපමණකිනුයි බ්‍රාහ්මණයෙක් වන්නේ."

ඉතින් භාරද්වාජ මාණවකයා හට තම මතය වාසෙට්ඨ මාණවකයාට ඒත්තු ගන්නවන්නට පුළුවන් වුනේ නෑ. ඒ වගේ ම වාසෙට්ඨ මාණවකයා හට තම මතය ඒත්තු ගන්නවන්නට පුළුවන් වුණේ නෑ. එතකොට වාසෙට්ඨ මාණවකයා භාරද්වාජ තරුණයාට මෙය පැවසුවා. "භවත් භාරද්වාජ, මේ ශ්‍රමණ ගෞතමයන් වහන්සේ ඉච්ඡානංගලයෙහි ඉච්ඡානංගල වනපියසෙහි වැඩසිටිනවා. ඒ භවත් ගෞතමයන් වහන්සේ පිළිබඳව මේ ආකාර වූ ඉතා සුන්දර කීර්ති ඝෝෂාවක් දසත පැන නැගී තිබෙනවා. ඒ කියන්නේ;

'ඒ භාග්‍යවතුන් වහන්සේ මේ මේ කරුණු හේතුවෙන් අරහං වන සේක. සම්මා සම්බුද්ධ වන සේක. විජ්ජාචරණ සම්පන්න වන සේක. සුගත වන සේක. ලෝකවිදූ වන සේක. අනුත්තරෝ පුරිසදම්ම සාරථී වන සේක. සත්ථා දේවමනුස්සානං වන සේක. බුද්ධ වන සේක. භගවා වන සේක' කියල.

භවත් භාරද්වාජ, අපි ශ්‍රමණ ගෞතමයන් වහන්සේ බැහැදකින්නට යමු. ගිහින් ශ්‍රමණ ගෞතමයන් වහන්සේගෙන් ඔය කරුණ අසමු. ශ්‍රමණ ගෞතමයන් වහන්සේ යම් අයුරකින් පිළිතුරු දෙත් නම්, ඒ අයුරින් දරා ගනිමු." "එසේය භවත" කියා භාරද්වාජ බ්‍රාහ්මණයා වාසෙට්ඨ මාණවකයාට පිළිතුරු දුන්නා.

ඉතින් වාසෙට්ඨ, භාරද්වාජ තරුණයන් දෙදෙනා භාග්‍යවතුන් වහන්සේ වෙත පැමිණුනා. පැමිණ භාග්‍යවතුන් වහන්සේ සමඟ සතුටු වුනා. සතුටු විය යුතු පිළිසඳර කතාව කොට නිමවා එකත්පස්ව වාඩි වුනා. එකත්පස්ව හුන් වාසෙට්ඨ මාණවකයා භාග්‍යවතුන් වහන්සේට ගාථාවකින් පැවසුවා.

"භවත් ගෞතමයන් වහන්ස, අපි ආචාර්යවරුන් ගේ පූර්ණ පරීක්ෂණයන් ගෙන් සමර්ථ වූ, අප ගේ දැනුම ප්‍රතිඥා දෙන ත්‍රිවේදයෙහි පාරප්‍රාප්ත බ්‍රාහ්මණයෝ වෙමු. ඉතින් මං පොක්ඛරසාතී බ්‍රාහ්මණයා ගේ ශිෂ්‍යයෙක්. ඒ වගේ ම මේ තරුණයා තාරුක්ඛ බ්‍රාහ්මණයා ගේ ශිෂ්‍යයෙක්.

ත්‍රිවේද පාරප්‍රාප්ත බ්‍රාහ්මණයන් විසින් යමක් කියා ඇද්ද, ඒ සියල්ල ගැන ම අපි නිපුණ දැනුමකින් යුක්තයි. පදක, ව්‍යාකරණ, මන්ත්‍රජප ආදියෙහිලා අපි ගුරුවරුන් හා සම සමව ඉන්නවා.

භවත් ගෞතමයන් වහන්ස, ඒ අප අතර ජාතිවාදය පිළිබඳව කිසියම් විවාදයක් ඇතිවුනා. භාරද්වාජ මාණවකයා කියන්නේ 'බ්‍රාහ්මණයෙක් වන්නේ උපතින්' කියල යි. එහෙත් මම කියන්නේ 'බ්‍රාහ්මණයෙක් වන්නේ තමා කරන ක්‍රියාවට අනුවයි' කියල. දහම් ඇස් ඇති ශ්‍රමණයන් වහන්ස, අප අතර මෙවැනි විවාදයක් ඇති වූ බව දැනගත මැනැව.

ඉතින් ඒ අපි දෙදෙනාට මේ මතය එකිනෙකාට ඒත්තු ගන්වන්නට බැරිවුනා. එනිසා ලොව පුරා සම්මා සම්බුද්ධ ලෙස සුපතල වූ භාග්‍යවතුන් වහන්සේගෙන් ඇසීම පිණිසයි අපි ආවේ.

ලෝවැසි සත්වයා පූර්ණ චන්ද්‍රමණ්ඩලය දුටු කල්හි දෑත් එක්කොට එයට වන්දනා කරයි. එලෙසින් ම අපි ලෝකයට ඇති එකම ඇස බඳු ගෞතමයන් වහන්සේ වෙත පැමිණ ආදරයෙන් වන්දනා කොට ගෞතමයන් වහන්සේ ගෙන් මෙය අසමු.

බ්‍රාහ්මණයෙක් වන්නේ උපතින් ද? එසේත් නැත්නම් තමා විසින් කරන්නා වූ ක්‍රියාවට අනුව ද? මේ ගැන නො දන්නා අපි යම් අයුරකින් දැනගන්නෙමු නම් එලෙසින් සැබෑ බ්‍රාහ්මණයා පිළිබඳව අපට වදාරණ සේක්වා!"

එවිට භාග්‍යවතුන් වහන්සේ "පින්වත් වාසෙට්ඨයෙනි" කියා අමතා වදාළ සේක. "මම ඔබට ඒ ඒ ජාතීන් පිළිබඳව අනුපිළිවෙලින් කියා දෙන්නම්. ජාතීන් ගේ විස්තර විභාග පවසන්නම්. ඒ ඒ ජාතීන් අතර වෙනස්කම් පවසන්නම්.

තෘණ වර්ග, වෘක්ෂ වර්ග තියෙනවා. ඒවා තම තමන් ගේ ජාතීන් පිළිබඳව වෙනසක් දන්නෙ නෑ. නමුත් ඒ තෘණ, වෘක්ෂ අතර සටහන් වශයෙන්, උත්පත්තියෙන් ම ලැබූ එකිනෙකාට වෙනස් වූ විවිධාකාර වෙනස්කම් තියෙනවා. විවිධ ජාතීන් ඉන්නවා.

ඒ වගේ ම කුරාකුහුඹුවන් තෙක් නොයෙක් කීට පණුවන්, පළඟැටියන් ආදීන් ගැන බලන්න. ඔවුන් ගේ වෙනස් සටහන් තියෙනවා. උත්පත්තියෙන් ම ලැබූ එකිනෙකාට වෙනස් වූ විවිධාකාර වෙනස්කම් තියෙනවා. විවිධ ජාතීන් ඉන්නවා.

සිවුපාවන් ගැන බලන්න. ඔවුන් අතර කුඩා සතුන් ඉන්නවා. අතිවිශාල සතුන් ඉන්නවා. ඔවුන් සටහන් වශයෙනුත් වෙනස්. උත්පත්තියෙන් ම ලැබූ එකිනෙකාට වෙනස් වූ විවිධාකාර වෙනස්කම් තියෙනවා. විවිධ ජාතීන් ඉන්නවා.

උදරය පාද කරගත් සතුන් බලන්න. ඔවුන් තමයි දීර්ඝ පිටකින් යුක්ත උරගයෝ. ඔවුන් ගේ සටහන් වශයෙන් වෙනස්කම් තියෙනවා. උත්පත්තියෙන් ම ලැබූ එකිනෙකාට වෙනස් වූ විවිධාකාර වෙනස්කම් තියෙනවා. විවිධ ජාතීන් ඉන්නවා.

ජලයෙහි බැසගෙන සිටින එහි උපන් මත්ස්‍යයින් දෙස බලන්න. ඔවුන් ගේ සටහන් වශයෙන් වෙනස්කම් තියෙනවා. උත්පත්තියෙන් ම ලැබූ එකිනෙකාට වෙනස් වූ විවිධාකාර වෙනස්කම් තියෙනවා. විවිධ ජාතීන් ඉන්නවා.

පියාපත් යානා කොට අහසෙහි ඇවිදයන පක්ෂීන් දෙස බලන්න. ඔවුන් ගේ සටහන් වශයෙන් වෙනස්කම් තියෙනවා. උත්පත්තියෙන් ම ලැබූ එකිනෙකාට වෙනස් වූ විවිධාකාර වෙනස්කම් තියෙනවා. විවිධ ජාතීන් ඉන්නවා.

එතකොට ඔය ජාතීන් තුළ උපතින් ම හටගත්, විවිධාකාර වෙනස්කම් බහුල වශයෙන් තිබෙනවා. එහෙත් මනුෂ්‍ය වර්ගයා අතර උපතින් ම හටගත් විවිධාකාර වෙනස්කම් බහුල වශයෙන් නැහැ නෙව.

මනුෂ්‍යයන් අතර කෙස් වල වෙනසක් නැහැ. හිසෙහි වෙනසක් නැහැ. කන් වල වෙනසක් නැහැ. ඇස් වල වෙනසක් නැහැ. මුඛයෙහි වෙනසක් නැහැ. නාසයෙහි වෙනසක් නැහැ. තොල්වල වෙනසක් නැහැ. ඇහිබැම වල වෙනසක් නැහැ.

බෙල්ලෙහි වෙනසක් නැහැ. උරහිස්වල වෙනසක් නැහැ. කුසෙහි වෙනසක් නැහැ. පිටෙහි වෙනසක් නැහැ. බඩවැල් වල වෙනසක් නැහැ. උරයෙහි වෙනසක් නැහැ. රහස් තැන්වල වෙනසක් නැහැ. මෛථුන සේවනයෙහි වෙනසක් නැහැ.

අත්වල වෙනසක් නැහැ. පා වල වෙනසක් නැහැ. ඇඟිලි වල වෙනසක් නැහැ. නියපොතු වල වෙනසක් නැහැ. කෙණ්ඩා වල වෙනසක් නැහැ. කලවයෙහි වෙනසක් නැහැ. හැඩරුවෙහි වෙනසක් නැහැ. ස්වරයෙහි වෙනසක් නැහැ. වෙනත් සත්ව ජාතීන් තුළ උපතින් ම හටගන්නා වූ වෙනස්කම් මිනිසුන් තුළ නැහැ නෙව.

මිනිස් ශරීරවල වෙන් වෙන් වශයෙන් දක්ක හැකි වෙනස්කමක් පෙනෙන්නට නැහැ. නමුත් මිනිසුන් අතර ව්‍යවහාරයේ දී හඳුනාගැනීම් පිණිස වෙනස්කම් ඇතැයි කියනවා.

මිනිසුන් අතර යමෙක් කෘෂිකර්මය, ගවපාලනය ආදියෙන් ජීවත් වෙනවා ද, පින්වත් වාසෙට්ඨ, ඔහු ගැන දැනගන්නේ 'ගොවියෙක්' හැටියට යි. බමුණෙක් හැටියට නො වෙයි.

මිනිසුන් අතර යමෙක් නොයෙක් ශිල්ප ශාස්ත්‍ර වලින් ජීවත් වෙනවා ද, පින්වත් වාසෙට්ඨ, ඔහු ගැන දැනගන්නේ 'ශිල්පියෙක්' හැටියට යි. බමුණෙක් හැටියට නො වෙයි.

මිනිසුන් අතර යමෙක් වෙළඳ ව්‍යාපාර කටයුතු වලින් ජීවත් වෙනවා ද, පින්වත් වාසෙට්ඨ, ඔහු ගැන දැනගන්නේ 'වෙළෙන්දෙක්' හැටියට යි. බමුණෙක් හැටියට නො වෙයි.

මිනිසුන් අතර යමෙක් අනුන්ට බැලමෙහෙවර කිරීමෙන් ජීවත් වෙනවා ද, පින්වත් වාසෙට්ඨ, ඔහු ගැන දැනගන්නේ 'මෙහෙකාරයෙක්' හැටියට යි. බමුණෙක් හැටියට නො වෙයි.

මිනිසුන් අතර යමෙක් සොරකම් කරමින් ජීවත් වෙනවා ද, පින්වත් වාසෙට්ඨ, ඔහු ගැන දැනගන්නේ 'සොරෙක්' හැටියට යි. බමුණෙක් හැටියට නො වෙයි.

මිනිසුන් අතර යමෙක් අවි ආයුධ දරමින් ජීවත් වෙනවා ද, පින්වත් වාසෙට්ඨ, ඔහු ගැන දැනගන්නේ 'හමුදාකාරයෙක්' හැටියට යි. බමුණෙක් හැටියට නො වෙයි.

මිනිසුන් අතර යමෙක් යාග හෝම කරමින් අනුශාසන කොට ජීවත් වෙනවා ද, පින්වත් වාසෙට්ඨ, ඔහු ගැන දැනගන්නේ 'යාගකරන්නෙක්' හැටියට යි. බමුණෙක් හැටියට නො වෙයි.

මිනිසුන් අතර යමෙක් ගම්නුත් රටිනුත් ලැබෙන ආදායමින් ජීවත් වෙනවා ද, පින්වත් වාසෙට්ඨ, ඔහු ගැන දැනගන්නේ 'රජෙක්' හැටියට යි. බමුණෙක් හැටියට නො වෙයි.

යමෙක් මවකගේ යෝනියෙන් ඉපදුන පමණින් ඔහු බ්‍රාහ්මණයෙක් ය කියා මා කියන්නේ නැහැ. ඉදින් ඔහු කෙලෙස් සහිතව ඉඳිමින් 'භවත, භවත' කියා කිව්වාට එය ඔහුට නමක් විතරයි. යමෙක් කෙලෙස් රහිත ද, උපාදාන රහිත ද ඔහුට තමයි මම 'බ්‍රාහ්මණයා' කියන්නේ.

සියළු කෙලෙස් බන්ධන සිඳ දැමූ යමෙක් ඒකාන්තයෙන් ම කිසිවකට කම්පා නො වෙයි ද, ඒ රාගාදී කෙලෙස් ඉක්මවා ගිය ලොව කිසිවක් හා එක්නොවී සිටින තැනැත්තාට යි මම 'බ්‍රාහ්මණයා' කියන්නේ.

ආශාව නැමැති කෙලෙස් වරපට සිඳ දැමූ කෙලෙස් තොණ්ඩුව ද, කෙලෙස් ගැට ද විනාශ කළ, අවිද්‍යාව නැමැති දොර අගුළු කඩා බිඳ දැමූ, චතුරාර්ය සත්‍යය අවබෝධ කළ මුනිවරයාට යි මම 'බ්‍රාහ්මණයා' කියන්නේ.

යමෙක් දූෂ්‍ය රහිත සිතින් සිටිමින්, ආක්‍රෝශ නින්දා වධබන්ධන ඉවසයි ද, ඉවසීම ම බලය කොට, ඉවසීම ම බලසේනාව කොට ඇති තැනැත්තාට යි මම 'බ්‍රාහ්මණයා' කියන්නේ.

ක්‍රෝධ නො කරන්නා වූ, වත් පිළිවෙතින් යුතු වූ, සීලවන්ත වූ, නිකෙලෙස් වූ, මුළුමනින් ම දමනයට පත් වූ, අන්තිම ශරීරයක් දරා සිටින කෙනාට යි මම 'බ්‍රාහ්මණයා' කියන්නේ.

නෙළුම් කොළයක නො රැඳී බිම වැටෙන දිය බිඳුවක් වැනි වූ, හිඳිකටු තුඩ අග නො රැඳී බිම වැටෙන අබ ඇටයක් බඳු වූ යමෙක් කාමයන් කෙරෙහි කිසිසේත් නො රැඳෙයි ද, ඔහුට යි මම 'බ්‍රාහ්මණයා' කියන්නේ.

යමෙක් මේ ජීවිතය තුළ දී ම දුක අවබෝධ කරල, ඒ දුකෙහි ක්ෂය වීම තමා තුළින් ම දැකල කෙලෙස් බර බැහැර කොට ලොව කිසිවක් කෙරෙහි එක් නොවී වසයි ද, ඔහුට යි මම 'බ්‍රාහ්මණයා' කියන්නේ.

ගැඹුරු ප්‍රඥාවකින් යුතු නුවණැත්තෙක් මග නො මග දෙකෙහි හසළ දැනුමකින් යුතු වෙයි ද, උත්තම අර්ථය වන අරහත්වයට පැමිණ සිටියි ද, ඔහුට යි මම 'බ්‍රාහ්මණයා' කියන්නේ.

ගිහියන් හා නො ඇලී වසයි ද, ඒ වගේ ම අනගාරික වූ පිරිස් සමඟ ද නො ඇලීමෙන් සිටියි ද, ඒ වගේ ම කිසිවක් කෙරෙහි නො ඇලී සිටියි ද, අල්පේච්ඡ වූ ඒ තැනැත්තාට යි මම 'බ්‍රාහ්මණයා' කියන්නේ.

කෙලෙස් සහිත සත්වයන් කෙරෙහි ද, කෙලෙස් රහිත සත්වයන් කෙරෙහි ද, දඬු මුගුරු අත්හළ යමෙක් කිසිවෙකුත් නො නසයි ද, හිංසා නො කරයි ද, ඒ තැනැත්තාට යි මම 'බ්‍රාහ්මණයා' කියන්නේ.

තමා කෙරෙහි වෛරීව දඬු මුගුරු ගත් පුද්ගලයන් කෙරෙහි මෙත් සිතින් සිටින, නිවී ගිය සිත් ඇති උපාදාන සහිත කිසිවකට උපාදාන නොවූ යමෙක් වෙයි ද, ඔහුට යි මම 'බ්‍රාහ්මණයා' කියන්නේ.

යම් කෙනෙකු තුළ රාගය ත්, ද්වේශය ත්, මාන්නය ත්, ගුණමකු බවත් හිඳී කටු තුඩ'ගින් ගිළිහී වැටෙන අබ ඇටයක් පරිද්දෙන් ගිළිහී යයි ද, ඔහුට යි මම 'බ්‍රාහ්මණයා' කියන්නේ.

යමෙක් යම් වචනයකින් කිසිවෙකු සමඟ නො ගැටෙයි ද, ආක්‍රෝශ වචන නො කියයි ද, සත්‍ය වූ වචන ම කියයි ද, ඔහුට යි මම 'බ්‍රාහ්මණයා' කියන්නේ.

යමෙක් දීර්ඝ වේවා, කෙටි වේවා, අණුමාත්‍ර වේවා, විශාල වේවා, සුභ වේවා, අසුභ වේවා, ලොවෙහි නුදුන් කිසිවක් නො ගනියි ද, අන්න ඒ තැනැත්තාට යි මම 'බ්‍රාහ්මණයා' කියන්නේ.

යමෙකු තුළ මෙලොව පිළිබඳව හෝ පරලොව පිළිබඳව හෝ ආශාවක් නැද්ද, ආශා රහිතව කිසිවකට නො ඇලී සිටියි ද, ඔහුට යි මම 'බ්‍රාහ්මණයා' කියන්නේ.

යමෙකු තුළ කිසි ආලයක් නැද්ද, අවබෝධය පිළිබඳව 'කෙසේද, කෙසේද' යන සැකය නැද්ද, ඒ අමා නිවන තුළට පැමිණ සිටියි ද, ඔහුට යි මම 'බ්‍රාහ්මණයා' කියන්නේ.

යම් කෙනෙක් මෙලොව දී ම පින ත්, පව ත් යන දෙක ම ඉක්මවා ගියා ද, ශෝක රහිත වූ, කෙලෙස් රහිත වූ, පිරිසිදු වූ ඒ තැනැත්තාට යි මම 'බ්‍රාහ්මණයා' කියන්නේ.

නිර්මල වූ, පිරිසිදු වූ, පුන්සඳ මඬල බඳු ඉතා පහන් වූ නො කැළඹී ගියා වූ තෘෂ්ණාව ත්, භවය ත් ක්ෂය වී ගිය යමෙක් සිටියි ද, ඔහුට යි මම 'බ්‍රාහ්මණයා' කියන්නේ.

යමෙක් දුක් කරදර සහිත වූ, ගමනින් දුෂ්කර වූ, මේ සසර තරණය කොට මෝහය ඉක්මවා ගියා ද, සසරෙන් එතෙර වුණා ද, ධ්‍යාන වඩයි ද, කෙලෙස් රහිත වූත්, සැක රහිත වූත්, උපාදාන රහිත වූත් නිවී ගිය ඒ තැනැත්තාට යි මම 'බ්‍රාහ්මණයා' කියන්නේ.

යමෙක් මෙහිදී ම කාමයන් අත්හැර අනගාරිකව පැවිදිව කාම, භව සියල්ල ක්ෂය කරන ලද්දේ ද, අන්න ඒ තැනැත්තාට යි මම 'බ්‍රාහ්මණයා' කියන්නේ.

යමෙක් මෙහිදී ම තෘෂ්ණාව ප්‍රහාණය කොට අනගාරිකව පැවිදිව තෘෂ්ණා, භව සියල්ල ක්ෂය කරන ලද්දේ ද, අන්න ඒ තැනැත්තාට යි මම 'බ්‍රාහ්මණයා' කියන්නේ.

යමෙක් මිනිස් ලොවට බැඳෙන කෙලෙස් අත්හැර, දිව්‍ය ලොවට බැඳෙන කෙලෙසුන් ද අත්හැර ඒවා ඉක්ම ගියේ වේද, සියලු ම ක්ලේශයන් ගෙන් නිදහස්ව එයට නො ඇලී සිටියේ ද, ඔහුට යි මම 'බ්‍රාහ්මණයා' කියන්නේ.

යමෙක් පංචකාම ගුණයන්ට ඇති ආශාව නම් වූ රතිය ත්, ධර්මයෙහි හැසිරෙන්නට ඇති අකමැත්ත නම් වූ අරතිය ත් හැර දමා සිහිල්ව නිවී ගියේ වේ ද, කෙලෙස් රහිත වූයේ වේ ද, සියලු ලෝකය අභිබවා ගිය වීර වූ ඔහුටයි මම 'බ්‍රාහ්මණයා' කියන්නේ.

යමෙක් සත්වයන් ගේ චුතියත් උපතත් සර්වප්‍රකාරයෙන් ම දන්නේ ද, කිසිවකට නො ඇලුණු සුගත වූ ආර්ය සත්‍යාවබෝධ කළා වූ ඔහුට යි මම 'බ්‍රාහ්මණයා' කියන්නේ.

යමෙක් උපදින්නේ කොහේ දැයි කියා දිව්‍ය, ගාන්ධර්ව, මනුෂ්‍ය ආදී කිසිවෙකුටත් සොයා ගත නො හැකි ද, එබඳු වූ ක්ෂීණාශ්‍රව වූ, අරහත්වයට පත් තැනැත්තාට යි මම 'බ්‍රාහ්මණයා' කියන්නේ.

යමෙකුට අනාගතය පිළිබඳව හෝ අතීතය පිළිබඳව හෝ වර්තමානය පිළිබඳව හෝ කිසි බැඳීමක් නැද්ද, කිසිවෙකුට නො බැඳුන, කිසිවෙකුට උපාදාන නො වුන, ඔහුට යි මම 'බ්‍රාහ්මණයා' කියන්නේ.

ශ්‍රේෂ්ඨ වූ, උත්තම වූ මහා වීරිය ඇති, මහා ඍෂි වූ මර සෙනඟ පරදවා දිනන ලද්දා වූ, කෙලෙස් රහිත වූ, කෙලෙස් සෝදා හළ ආර්ය සත්‍යාවබෝධ

කළ ඔහුටයි මම 'බ්‍රාහ්මණයා' කියන්නේ.

යමෙක් පෙර විසූ කඳ පිළිවෙල දනියි ද, ස්වර්ගය ත්, අපාය ත් දකියි ද, ඒ වගේ ම ඉපදීම ක්ෂය කොට නිවනට පත්වූයේ වේ ද, ඔහුට යි මම 'බ්‍රාහ්මණයා' කියන්නේ.

මේ ලෝකයෙහි තිබෙන නොයෙක් නාම ගෝත්‍ර ඇද්ද, මේවා සාමාන්‍ය ලෝකයා විසින් කල්පනා කොට තබන ලද ව්‍යවහාරික නම් විතරයි. ඒ ඒ තැන්වල දී, ඒ ඒ අය හඳුනාගන්නටයි මේ නම් කල්පිතව ගොඩනගන්නේ.

නමුත් දීර්ඝ කාලයක් මුළුල්ලෙහි මේ නම් ඇසුරින් මිනිසුන් තුළ මුල්බැස ගත් විවිධාකාර දෘෂ්ටීන් තිබෙන බව ඔවුන් දන්නෙ නැහැ. ඒ නො දන්නා නිසා ම ඔවුන් කියනවා 'බ්‍රාහ්මණයෙක් වෙන්නෙ උපතින්' කියල.

උපතකින් බ්‍රාහ්මණයෙක් වන්නේ නැහැ. උපතකින් අබ්‍රාහ්මණයෙක් වන්නෙත් නැහැ. ක්‍රියාවෙනුයි බ්‍රාහ්මණයෙක් වන්නේ. ක්‍රියාවෙනුයි අබ්‍රාහ්මණයෙක් වන්නෙත්.

ක්‍රියාවෙනුයි ගොවියෙක් වන්නේ. ඒ වගේ ම ශිල්පියෙක් වන්නෙත් ක්‍රියාවෙනුයි. ක්‍රියාවෙනුයි වෙළෙන්දෙක් වන්නේ. ඒ වගේ ම කම්කරුවෙක් වන්නෙත් ක්‍රියාවෙනුයි.

සොරෙක් වන්නෙත් ක්‍රියාවෙනුයි. හමුදාකාරයෙක් වන්නෙත් ක්‍රියාවෙනුයි. යාගහෝම කරන්නෙක් වන්නෙත් ක්‍රියාවෙනුයි. රජෙකු වන්නෙත් ක්‍රියාවෙනුයි.

මේ ආකාරයෙන් පටිච්ච සමුප්පාදය හෙවත් හේතු ප්‍රත්‍යයන් තුළින් හට ගැනීම සිදුවන බව දකින්නා වූ කර්ම විපාකයන් පිළිබඳව දක්ෂ වූ නුවණැත්තන් ක්‍රියාව ඒ අයුරින් ම දකිනවා.

ලෝකය පවතින්නේ ක්‍රියාව මතයි. සත්ව ප්‍රජාව පවතින්නේත් ක්‍රියාව මතයි. රථය නො ගැලවී සිර වී තිබෙන්නේ කඩ ඇණය නිසයි. එලෙසින් ම සත්වයෝ තම තමන් ගේ ක්‍රියාව මත සිරවී සිටිනවා.

තපසිනුත් බ්‍රහ්මචරියාවෙනුත් සංවර වීමෙනුත් දමනය වීමෙනුත් යන මේ කරුණු වලින් තමයි බ්‍රාහ්මණයෙක් වෙන්නේ. මෙම ක්‍රියාවෙන් යුතු කෙනා උතුම් බ්‍රාහ්මණයෙක්.

පුබ්බේනිවාසානුස්සති ඤාණය, චුතූපපාත ඤාණය, ආසවක්ඛය ඤාණය යන ත්‍රිවිද්‍යාවෙන් යුක්ත වූ ශාන්ත වූ, පුනර්භවය ක්ෂය කරන ලද්දා වූ යමෙක්

වේ ද පින්වත් වාසෙට්ඨ, ඔහුව කරුණු දන්නා නුවණැතියන් ගේ බසින් හඳුනා ගන්න, ඔහු තමයි බ්‍රහ්මයා! ඔහු තමයි ශක්‍රයා!"

මෙසේ වදාළ විට වාසෙට්ඨ, භාරද්වාජ බ්‍රාහ්මණ තරුණයන් දෙදෙනා භාග්‍යවතුන් වහන්සේට මෙය පැවසුවා. "පින්වත් ගෞතමයන් වහන්ස, හරි ම සුන්දර යි! පින්වත් ගෞතමයන් වහන්ස, හරි ම සුන්දර යි! පින්වත් ගෞතමයන් වහන්ස, යටිකුරු වෙච්ච දෙයක් උඩට හැරෙව්වා වගෙයි. සැඟවෙච්ච දෙයක් විවෘත කළා වගෙයි. මං මුළා වූ කෙනෙකුට මාර්ගය පෙන්වුවා වගෙ යි. අඳුරේ සිටින උදවියට රූප දකින්ට තෙල් පහන් දැල්වවූවා වගෙ යි. ඔන්න ඔය විදියට යි පින්වත් ගෞතමයන් වහන්සේ විසින් නොයෙක් ආකාරයෙන් ශ්‍රී සද්ධර්මය වදාළේ. ඉතින් අපි ත් පින්වත් ගෞතමයන් වහන්සේව සරණ යනවා. ශ්‍රී සද්ධර්මය ත් සරණ යනවා. ශ්‍රාවක සඟරුවන ත් සරණ යනවා. භාග්‍යවතුන් වහන්සේ අද පටන් දිවි ඇති තුරාවට තෙරුවන් සරණ ගිය උපාසකයන් වශයෙන් අපව පිළිගන්නා සේක්වා!"

සාදු! සාදු!! සාදු!!!

වාසෙට්ඨ බ්‍රාහ්මණයාට වදාළ දෙසුම නිමා විය.

2.5.9.
සුභ සූත්‍රය
සුභ මාණවකයාට වදාළ දෙසුම

මා හට අසන්නට ලැබුනේ මේ විදිහට යි. එසමයෙහි භාග්‍යවතුන් වහන්සේ වැඩසිටියේ සැවැත් නුවර ජේතවනය නම් වූ අනේපිඬු සිටුතුමා ගේ ආරාමයේ. ඒ කාලයෙහි තෝදෙය්‍යපුත්‍ර වූ සුභ මාණවකයා කිසියම් කරුණක් පිණිස සැවැත් නුවරට අවුත් එක්තරා ගෘහපතියෙකු ගේ නිවසෙහි නැවතී සිටියා. ඉතින් තෝදෙය්‍යපුත්‍ර සුභ මාණවකයා යම්කිසි ගෘහපතියෙකු ගේ නිවසෙහි වසයි ද, ඒ ගෘහපතියාට මෙය පැවසුවා.

"ගෘහපතිය, මා මෙය අසා තියෙනවා. 'සැවැත් නුවර රහතන් වහන්සේලා ගෙන් හිස් වෙන්නෙ නැතෙයි' කියලා. ඉතින් ඒ නිසා අද අපි ඇසුරු කරන්නට යන්නේ කවර ශ්‍රමණයෙකු හෝ බ්‍රාහ්මණයෙකු හෝ ළඟට ද?"

"ස්වාමීනී, මේ භාග්‍යවතුන් වහන්සේ වැඩසිටින්නේ සැවැත් නුවර ජේතවන නම් වූ අනේපිඬු සිටාණන් ගේ ආරාමයෙහි නෙව. ඉතින් ස්වාමීනී, ඒ භාග්‍යවතුන් වහන්සේව ඇසුරු කළ මැනැව."

එවිට තෝදෙය්‍යපුත්‍ර සුභ මාණවකයා "එසේය ගෘහපතිය" කියා ඒ ගෘහපතියාට පිළිතුරු දී භාග්‍යවතුන් වහන්සේ කරා පැමිණියා. පැමිණ භාග්‍යවතුන් වහන්සේ සමඟ සතුටු වුනා. සතුටු විය යුතු පිළිසඳර කතා බහේ යෙදී එකත්පස්ව හිඳගත්තා. එකත්පස්ව හුන් තෝදෙය්‍යපුත්‍ර සුභ මාණවකයා භාග්‍යවතුන් වහන්සේට මෙය පැවසුවා.

"භවත් ගෞතමයන් වහන්ස, බ්‍රාහ්මණවරුන් මෙහෙම කියනවා. 'ගිහි කෙනෙකුට තමයි ඤාණාවබෝධයෙන් යුතු කුසල් දහම් වැටහෙන්නේ. නමුත් පැවිද්දෙකුට නම් ඤාණාවබෝධයෙන් යුතු කුසල් දහම් වැටහෙන්නේ නැහැ' මේ පිළිබඳව භවත් ගෞතමයන් වහන්සේ කුමක් වදාරණ සේක් ද?"

"පින්වත් තරුණය, මං මේ පිළිබඳව කරුණු බෙදා විග්‍රහ කරන කෙනෙක්. මේ පිළිබඳව මා ඒකපාක්ෂිකව කියන්නට යන්නේ නැහැ. පින්වත් තරුණය, ගිහියෙකු ගේ වුනත්, පැවිද්දෙකු ගේ වුනත් වැරදි වැඩපිළිවෙල මා වර්ණනා

කරන්නේ නැහැ. පින්වත් මාණවකය, ගිහියෙක් වේවා, පැවිද්දෙක් වේවා වැරදි වැඩපිළිවෙලක යෙදී ඒ මිත්‍යා ප්‍රතිපදාව හේතුවෙන් ඔහු ඥාණාවබෝධයෙන් යුතු කුසල් දහම් ඇතිකරගන්නේ නැහැ.

පින්වත් තරුණය, ගිහියෙකු ගේ වුනත්, පැවිද්දෙකු ගේ වුනත් නිවැරදි වැඩපිළිවෙල පමණයි මා වර්ණනා කරන්නේ. පින්වත් මාණවකය, ගිහියෙක් වේවා, පැවිද්දෙක් වේවා නිවැරදි වැඩපිළිවෙලක යෙදී ඒ සම්‍යක් ප්‍රතිපදාව හේතුවෙන් තමයි ඔහු ඥාණාවබෝධයෙන් යුතු කුසල් දහම් ඇතිකරගන්නේ."

"භවත් ගෞතමයන් වහන්ස, බ්‍රාහ්මණවරු මෙහෙමත් කියනවා. 'ගිහි ගෙදර වැඩ කටයුතු වල කළ යුතු බොහෝ දේවල් තියෙනවා; බොහෝ වැඩ තියෙනවා; බොහෝ කරදරත් තියෙනවා; බොහෝ වෙහෙස මහන්සියත් තියෙනවා වගේ ම එය මහත්ඵල සහිතයි. නමුත් පැවිදි ජීවිතයක ඇති වැඩ කටයුතු දෙස බැලුවා ම ටිකයි තියෙන්නේ; වැඩත් අඩුයි; කරදරත් අඩුයි; වෙහෙස මහන්සියත් අඩුයි; ඒ වගේ ම ප්‍රතිඵලත් අඩුයි.' මේ පිළිබඳව භවත් ගෞතමයන් වහන්සේ කුමක් වදාරණ සේක් ද?"

"පින්වත් මාණවකය, මේ පිළිබඳවත් මා කරුණු විග්‍රහ කරමිනුයි කතා කරන්නේ. එනිසා මේ පිළිබඳව ඒකපාක්ෂික වන්නේ නැහැ. පින්වත් මාණවකය, සමහර කටයුතු තියෙනවා ඒ සඳහා බොහෝ දේවල් තියෙනවා; හරියට වැඩ කළ යුතුයි; මහා කරදර සහිතයි; හරියට මහන්සි වෙන්න ඕන; නමුත් කඩාකප්පල්වෙලා යනවා. ප්‍රතිඵල අඩුයි.

පින්වත් මාණවකය, තවත් සමහර කටයුතු තියෙනවා ඒ සඳහා බොහෝ දේවල් තියෙනවා; හරියට වැඩ කළ යුතුයි; මහා කරදර සහිතයි; හරියට මහන්සි වෙන්න ඕන; හැබැයි ඒ වගේ ම ඉතා හොඳ ප්‍රතිඵල තියෙනවා. සාර්ථකයි.

පින්වත් මාණවකය, සමහර කටයුතු තියෙනවා ඒ සඳහා බොහෝ දේවල් නැහැ; ගොඩාක් වැඩත් නැහැ; ලොකු කරදරයකුත් නැහැ; ලොකු මහන්සියකුත් නැහැ; නමුත් කඩාකප්පල්වෙලා යනවා. ප්‍රතිඵල අඩුයි.

පින්වත් මාණවකය, තවත් සමහර කටයුතු තියෙනවා ඒ සඳහා බොහෝ දේවල් නැහැ; ගොඩාක් වැඩත් නැහැ; ලොකු කරදරයකුත් නැහැ; ලොකු මහන්සියකුත් නැහැ; හැබැයි ඒ වගේ ම ඉතා හොඳ ප්‍රතිඵල තියෙනවා. සාර්ථකයි.

පින්වත් මාණවකය, යම් කටයුත්තක් සඳහා බොහෝ දේවල් තියෙනවා නම්, හරියට වැඩ කළ යුතු නම්, මහා කරදර සහිත නම්, හරියට මහන්සි

වෙන්නට ඕන නම්, එසේ නමුත් ඒ කටයුතු කඩාකප්පල්වෙලා යනවා නම්, ප්‍රතිඵල අඩු නම්, ඒ කුමක්ද? පින්වත් මාණවකය, ගොවිතැන් කිරීමට ම යි බොහෝ දේවල් තියෙන්නෙ; හරියට වැඩ කළ යුතු වන්නේ; මහා කරදර සහිත වන්නේ; හරියට මහන්සි වෙන්න ඕනෙ වෙන්නෙ; එසේ කරද්දිත් පාළු වෙලා යන, අසාර්ථක වෙලා යන අවස්ථා තියෙනවා.

පින්වත් මාණවකය, යම් කටයුත්තක් සඳහා බොහෝ දේවල් තියෙනවා නම්, හරියට වැඩ කළ යුතු නම්, මහා කරදර සහිත නම්, හරියට මහන්සි වෙන්නට ඕන නම්, හැබැයි ඒ වගේ ම ඉතා හොඳ ප්‍රතිඵල තියෙනවා නම්, සාර්ථක වෙනවා නම්, ඒ කුමක්ද? පින්වත් මාණවකය, ඒත් ගොවිතැන් කිරීමට ම යි බොහෝ දේවල් තියෙන්නෙ; හරියට වැඩ කළ යුතු වන්නේ; මහා කරදර සහිත වන්නේ; හරියට මහන්සි වෙන්න ඕනෙ වෙන්නෙ; එසේ කරද්දිත් ඉතා හොඳ ප්‍රතිඵල ලැබෙන අවස්ථා තියෙනවා. සාර්ථක වෙන අවස්ථා තියෙනවා.

පින්වත් මාණවකය, යම් කටයුත්තක් සඳහා වැඩිය දේවල් නැත්නම්, වැඩ කටයුතු ටිකයි නම්, කරදර ත් ටිකයි නම්, මහන්සියත් ටිකයි නම්, එසේ නමුත් ඒ කටයුතු කඩාකප්පල්වෙලා යනවා නම්, ප්‍රතිඵල අඩු නම්, ඒ කුමක්ද? පින්වත් මාණවකය, වෙළඳාම් කිරීමට ම යි දේවල් අඩුවෙන් තියෙන්නෙ; අඩුවෙන් වැඩ කළ යුතු වන්නේ; අඩු කරදර සහිත වන්නේ; අඩුවෙන් මහන්සි වෙන්න ඕනෙ වෙන්නෙ; එසේ කරද්දිත් කඩකප්පල් වෙලා යන, අසාර්ථක වෙලා යන අවස්ථා තියෙනවා.

පින්වත් මාණවකය, යම් කටයුත්තක් සඳහා වැඩිය දේවල් නැත්නම්, වැඩ කටයුතු ටිකයි නම්, කරදර ත් ටිකයි නම්, මහන්සියත් ටිකයි නම්, එසේ නමුත් ඒ කටයුතු ඉතා හොඳ ප්‍රතිඵල තියෙනවා නම්, සාර්ථක නම්, ඒ කුමක්ද? පින්වත් මාණවකය, වෙළඳාම් කිරීමට ම යි දේවල් අඩුවෙන් තියෙන්නෙ; අඩුවෙන් වැඩ කළ යුතු වන්නේ; අඩු කරදර සහිත වන්නේ; අඩුවෙන් මහන්සි වෙන්න ඕනෙ වෙන්නෙ; එසේ කරද්දිත් ඉතා හොඳ ප්‍රතිඵල ලැබෙන අවස්ථා තියෙනවා. සාර්ථක වෙන අවස්ථා තියෙනවා.

පින්වත් මාණවකය, බොහෝ දේවල් තියෙන, හරියට වැඩ කටයුතු තියෙන, මහා කරදර තියෙන, හරියට මහන්සි වෙන්නට තියෙන, ගොවිතැනේ දී එසේ කරද්දිත් පාළු වෙලා, අසාර්ථක වෙලා යනවා වගේ පින්වත් මාණවකය, ගිහි ගෙවල් වල වැඩකටයුතු වලදී බොහෝ දේවල් තිබුණත්, හරියට වැඩ තිබුනත් මහා කරදර තිබුනත්, ගොඩාක් මහන්සි වුනත් එහෙම කරද්දිත් කඩාකප්පල් වෙලා අසාර්ථක වෙලා යන අවස්ථා තියෙනවා.

ඒ වගේ ම පින්වත් මාණවකය, බොහෝ දේවල් තියෙන, හරියට වැඩ කටයුතු තියෙන, මහා කරදර තියෙන, හරියට මහන්සි වෙන්නට තියෙන, ගොවිතැනේ දී එසේ කරද්දිත් ඉතාමත් හොඳ ප්‍රතිඵල ලැබිලා, සාර්ථක වෙලා යනවා වගේ පින්වත් මාණවකය, ගිහි ගෙවල් වල වැඩකටයුතු වලදී බොහෝ දේවල් තිබුනත්, හරියට වැඩ තිබුනත් මහා කරදර තිබුනත්, ගොඩාක් මහන්සි වුනත් එහෙම කරද්දිත් ඉතාමත් හොඳ ප්‍රතිඵල ලැබිලා සාර්ථක වෙන අවස්ථා තියෙනවා.

ඒ වගේ ම පින්වත් මාණවකය, ටිකක් දේවල් තියෙන, ටිකක් වැඩකටයුතු තියෙන, ටිකක් කරදර ඇති, ටිකක් මහන්සි වෙන්නට තියෙන, වෙළඳාම් වලදී එසේ කරද්දී ත්, කඩාකප්පල් වෙලා අසාර්ථක වෙලා යනවා වගේ; පින්වත් මාණවකය, ඒ අයුරින් ම පැවිදි ජීවිතය වුනත් ටිකක් දේවල් තිබෙන නමුත්, වැඩ කටයුතු අඩු නමුත්, කරදර අඩු නමුත්, මහන්සිය අඩු නමුත් එය විනාශ වෙලා අසාර්ථක වෙලා යනවා.

ඒ වගේ ම පින්වත් මාණවකය, ටිකක් දේවල් තියෙන, ටිකක් වැඩකටයුතු තියෙන, ටිකක් කරදර ඇති, ටිකක් මහන්සි වෙන්නට තියෙන, වෙළඳාම් වලදී එසේ කරද්දී ඉතාමත් හොඳ ප්‍රතිඵල ලැබී, සාර්ථක වෙලා යනවා වගේ; පින්වත් මාණවකය, ඒ අයුරින් ම පැවිදි ජීවිතය වුනත් ටිකක් දේවල් තිබෙන නමුත්, වැඩ කටයුතු අඩු නමුත්, කරදර අඩු නමුත්, මහන්සිය අඩු නමුත් එය ඉතා හොඳ ප්‍රතිඵල ලබා සාර්ථක වෙනවා."

"භවත් ගෞතමයන් වහන්ස, බ්‍රාහ්මණවරු පින්කිරීම පිණිස, කුසල් උපදවා ගැනීම පිණිස කරුණු පහක් පෙන්වා දෙනවා."

"පින්වත් මාණවකය, ඒ බ්‍රාහ්මණවරුන් පින්කිරීම පිණිස, කුසල් උපදවා ගැනීම පිණිස කරුණු පහක් පෙන්වා දෙනවා නම්, ඒ පිළිබඳව ඉදින් ඔබට කරදරයක් නැත්නම් මේ පිරිස මැද ඒ කරුණු පහ කියන්න."

"භවත් ගෞතමයන් වහන්ස, යම් තැනක භවතාණන් වැඩසිටිනවා නම්, භවතාණන් බඳු පින්වතුන් වැඩසිටිනවා නම්, එය මට කියන්නට බැරිකමක් නැහැ."

"එසේ නම් මාණවකය, එය කියන්න."

"භවත් ගෞතමයන් වහන්ස, පින් කිරීම පිණිස, කුසල් ඉපිදවීම පිණිස, බ්‍රාහ්මණයන් පෙන්වා දෙන පළමුවෙනි කරුණ නම් සත්‍යය යි. භවත් ගෞතමයන් වහන්ස, පින් කිරීම පිණිස, කුසල් ඉපිදවීම පිණිස, බ්‍රාහ්මණයන්

පෙන්වා දෙන දෙවෙනි කරුණ නම් තපස යි. භවත් ගෞතමයන් වහන්ස, පින් කිරීම පිණිස, කුසල් ඉපිදවීම පිණිස, බ්‍රාහ්මණයන් පෙන්වා දෙන තුන්වෙනි කරුණ නම් බ්‍රහ්මචරිය යි. භවත් ගෞතමයන් වහන්ස, පින් කිරීම පිණිස, කුසල් ඉපිදවීම පිණිස, බ්‍රාහ්මණයන් පෙන්වා දෙන සිව්වෙනි කරුණ නම් මන්ත්‍ර අධ්‍යයනය යි. භවත් ගෞතමයන් වහන්ස, පින් කිරීම පිණිස, කුසල් ඉපිදවීම පිණිස, බ්‍රාහ්මණයන් පෙන්වා දෙන පස්වෙනි කරුණ නම් ත්‍යාගය යි. භවත් ගෞතමයන් වහන්ස, මෙන්න මේ කරුණු පහ තමයි බ්‍රාහ්මණවරු පින් කිරීම පිණිස, කුසල් ඉපිදවීම පිණිස පෙන්වා දෙන්නේ. මේ පිළිබඳව භවත් ගෞතමයන් වහන්සේ කුමක් වදාරණ සේක් ද?"

"පින්වත් මාණවකය, බ්‍රාහ්මණයන් අතර, එක බ්‍රාහ්මණයෙක් වත් මෙහෙම කියනවා ද? ඒ කියන්නේ 'මං මේ ධර්ම පහ තමන් තුළින් උපදවා ගත් විශිෂ්ට ඥාණයෙන් යුතුව සාක්ෂාත් කරල යි එහි විපාක කියාදෙන්නෙ' කියල." "භවත් ගෞතමයන් වහන්ස, එය නොවේ ම යි."

"පින්වත් මාණවකය, බ්‍රාහ්මණයන් අතර, සත්වෙනි ආචාරය පරම්පරාව දක්වා සිටිය එක ආචාර්ය ප්‍රාචාර්ය වූ බ්‍රාහ්මණයෙක් වත් මෙහෙම කියනවා ද? ඒ කියන්නේ 'මං මේ ධර්ම පහ තමන් තුළින් උපදවා ගත් විශිෂ්ට ඥාණයෙන් යුතුව සාක්ෂාත් කරල යි එහි විපාක කියාදෙන්නෙ' කියල." "භවත් ගෞතමයන් වහන්ස, එය නොවේ ම යි."

"පින්වත් මාණවකය, ඒ බ්‍රාහ්මණයන් අතුරින් පූර්ව කාලයෙහි මන්ත්‍ර හදපු, මන්ත්‍ර එක්රැස් කළ යම් ඍෂිවරු ඉන්නවා නම්, ඔවුන් කියූ දේ අනුව වර්තමාන බමුණන් ඒ මන්ත්‍ර පද ඔවුන් පැවසූ අයුරින් පවසත් ද, ඔවුන් ගැයූ අයුරින් ගයත් ද, ඔවුන් කියූ අයුරින් කියත් ද, ඔවුන් පාඩම් කළ අයුරින් පාඩම් කරත් ද, ඒ ඔවුන් කවුරුන් ද යත්; අට්ටක, වාමක, වාමදේව, වෙස්සාමිත්ත, යමතග්ගී, අංගීරස, භාරද්වාජ, වාසෙට්ඨ, කස්සප, භගු යන මේ උදවිය යි. ඔවුන් මෙහෙම කිව්වා ද? ඒ කියන්නේ 'මං මේ ධර්ම පහ තමන් තුළින් උපදවා ගත් විශිෂ්ට ඥාණයෙන් යුතුව සාක්ෂාත් කරල යි එහි විපාක කියාදෙන්නෙ' කියල." "භවත් ගෞතමයන් වහන්ස, එය නොවේ ම යි."

"එහෙම නම් පින්වත් මාණවකය, බ්‍රාහ්මණයන් අතර සිටින්නා වූ එක් බ්‍රාහ්මණයෙක් වත් මෙහෙම කියලා නෑ. 'මං මේ ධර්ම පහ තමන් තුළින් උපදවා ගත් විශිෂ්ට ඥාණයෙන් යුතුව සාක්ෂාත් කරල යි එහි විපාක කියාදෙන්නෙ' කියල. ඒ වගේ ම ඒ බ්‍රාහ්මණයන් අතුරින් එක බ්‍රාහ්මණ ආචාර්යවරයෙක් වේවා ප්‍රාචාර්යවරයකේ වේවා, සත්වෙනි ආචාර්ය පරම්පරාව දක්වා කවුරුවත්

මෙහෙම කියලා නෑ. 'මං මේ ධර්ම පහ තමන් තුළින් උපදවා ගත් විශිෂ්ට ඤාණයෙන් යුතුව සාක්ෂාත් කරල යි එහි විපාක කියාදෙන්නෙ' කියල.

ඒ වගේ ම ඒ බ්‍රාහ්මණයන් අතුරින් පූර්ව කාලයෙහි මන්ත්‍ර හදපු, මන්ත්‍ර එක්රැස් කළ යම් ඍෂිවරු ඉන්නවා නම්, ඔවුන් කියූ දේ අනුව වර්තමාන බමුණන් ඒ මන්ත්‍ර පද ඔවුන් පැවසූ අයුරින් පවසත් ද, ඔවුන් ගැයූ අයුරින් ගයත් ද, ඔවුන් කියූ අයුරින් කියත් ද, ඔවුන් පාඩම් කළ අයුරින් පාඩම් කරත් ද, ඒ ඔවුන් කවුරුන් ද යත්; අට්ටක, වාමක, වාමදේව, වෙස්සාමිත්ත, යමතග්ගී, අංගීරස, භාරද්වාජ, වාසෙට්ඨ, කස්සප, භගු යන මේ උදවිය යි. ඔවුනුත් මෙහෙම කියලා නෑ. 'මං මේ ධර්ම පහ තමන් තුළින් උපදවා ගත් විශිෂ්ට ඤාණයෙන් යුතුව සාක්ෂාත් කරල යි. එහි විපාක කියාදෙන්නෙ' කියල.

එතකොට පින්වත් මාණවකය, මෙය පරම්පරාවට බැඳිලා ගිය හැරමිටි ගත් අන්ධ පිරිසක් වගෙයි නෙව. ඉදිරියේ සිටින කෙනාට පෙනෙන්නෙත් නෑ. මැදින් යන කෙනාට පෙනෙන්නෙත් නෑ. අන්තිමයට යන කෙනාට පෙනෙන්නෙත් නෑ. පින්වත් මාණවකය, බ්‍රාහ්මණයන් ගේ ප්‍රකාශය හැරමිටි ගත් අන්ධයන් ගේ උපමාව වගේ කියලයි හිතෙන්නේ. මුලින් යන එක්කෙනා දකින්නෙත් නෑ. මැදින් යන එක්කෙනා දකින්නෙත් නෑ. අන්තිමට යන කෙනා දකින්නෙත් නෑ.

මෙසේ වදාළ විට තෝදෙය්‍යපුත්‍ර සුභ මාණවකයා භාග්‍යවතුන් වහන්සේ විසින් වදාරණ ලද හැරමිටි අල්ලාගත් අන්ධ මිනිසුන් ගේ උපමාව ගැන කිපුනා. නො සතුටට පත් වුනා. භාග්‍යවතුන් වහන්සේට ම අපහාස කරන්නට පටන් ගත්තා. භාග්‍යවතුන් වහන්සේට ම ගරහන්නට පටන් ගත්තා. 'ශ්‍රමණ ගෞතමයන් වහන්සේ නෙව නො දන්නාකමට පත්වෙලා ඉන්නෙ' කියල භාග්‍යවතුන් වහන්සේට ම කිය කියා භාග්‍යවතුන් වහන්සේට මෙය පැවසුවා.

"භවත් ගෞතමයන් වහන්ස, උපමඤ්ඤ ගෝත්‍ර ඇති සුභග වනේ හි සිටින පොක්ඛරසාති බ්‍රාහ්මණයා මෙහෙම කිව්වා. 'මෙහිලා ඇතැම් ශ්‍රමණ බ්‍රාහ්මණයින් උත්තර මනුෂ්‍යධර්ම සංඛ්‍යාත විශේෂ ඤාණදර්ශනයන් ගැන ප්‍රතිඥා දෙනවලු. නමුත් ඒ ඔවුන් ගේ කතාව සිනහවට කරුණක් ම යි. ලාමක බව ම යි ප්‍රකට කරන්නේ. නිසරු බව ම යි ප්‍රකට කරන්නේ. හිස් බව ම යි උපදවන්නේ. මනුෂ්‍යයෙක් වුන කෙනෙකුට ඒ මනුෂ්‍ය ස්වභාවය ඉක්මවා ගිය ආර්ය වූ ඤාණදර්ශන විශේෂයක් දන්නේ ය, දකින්නේ ය, ප්‍රත්‍යක්ෂ කරන්නේ ය යන යමක් ඇද්ද මෙය වෙන්නට බැරි දෙයක් නෙව' කියල."

"පින්වත් මාණවකය, එතකොට ඔය උපමඤ්ඤ ගෝත්‍ර ඇති සුභග වනාධිපති පොක්ඛරසාතී බ්‍රාහ්මණයා සියලු ශ්‍රමණ බ්‍රාහ්මණයන් ගේ සිත

තමන් ගේ සිතින් පිරිසිඳ දකින කෙනෙක් ද?" "භවත් ගෞතමයන් වහන්ස, උපමඤ්ඤ ගෝත්‍ර ඇති සුභග වනාධිපති පොක්ඛරසාතී බ්‍රාහ්මණයා තමන් ගේ නිවසට දිය අදින පුණ්ණිකා දාසිය ගේ සිත වත් සිය සිතින් පිරිසිඳ දකින්නට බැහැ නෙව. ඉතින් එහෙම එකේ ඔහු සියලුම ශ්‍රමණ බ්‍රාහ්මණයන් ගේ සිත් කෙසේ නම් තම සිතින් පිරිසිඳ දකින්නට ද?"

"පින්වත් මාණවකය, ජාත්‍යන්ධ පුරුෂයෙක් ඉන්නවා. ඔහු කලු සුදු රූප දකින්නේ නෑ. නිල් රූප දකින්නේ නැහැ. කහ රූප දකින්නේ නෑ. රතු රූප දකින්නේ නෑ. මදටිය වන් රූප දකින්නේ නැහැ. වළගොඩැලි දකින්නේ නෑ. අහසේ තරු දකින්නේ නෑ. හිරු සඳු දකින්නේ නෑ. ඒ නිසා ඔහු මෙහෙම කියනවා. 'කලු සුදු රූප කියා දෙයක් නැත. ඒ වගේ ම කළු සුදු රූප දකින කෙනෙක් ද නැත. නීල වර්ණ රූප කියා දෙයක් නැත. නිල්වන් රූප දකින කෙනෙක් ද නැත. කහ වර්ණ රූප කියා දෙයක් නැත. කහවන් රූප දකින කෙනෙක් ද නැත. රතු වර්ණ රූප කියා දෙයක් නැත. රතුවන් රූප දකින කෙනෙක් ද නැත. මදිටිය වර්ණ රූප කියා දෙයක් නැත. මදටියවන් රූප දකින කෙනෙක් ද නැත. වළගොඩැලි කියා දෙයක් නැත. වළගොඩැලි දකින කෙනෙක් ද නැත. අහසේ තරු කියා දෙයක් නැත. තරු දකින කෙනෙක් ද නැත. හිරු සඳු ද නැත. හිරු සඳු දකින කෙනෙක් ද නැත. මං මේවා දන්නෙ නැහැ. මං මේවා දකින්නෙත් නැහැ. එනිසා මේවා නැත. පින්වත් මාණවකය, ඔය විදිහට කිව්වොත් එයා නිවැරදිව කතා කරන කෙනෙක් ද?"

"භවත් ගෞතමයන් වහන්ස, එය නොවේ ම යි. 'කලු සුදු රූප කියා දෙයක් තියෙනවා. ඒ වගේ ම කළු සුදු රූප දකින උදවිය ඉන්නවා. නීල වර්ණ රූප කියා දෙයක් තියෙනවා. නිල්වන් රූප දකින උදවිය ඉන්නවා. කහ වර්ණ රූප කියා දෙයක් තියෙනවා. කහවන් රූප දකින උදවිය ඉන්නවා. රතු වර්ණ රූප කියා දෙයක් තියෙනවා. රතුවන් රූප දකින උදවිය ඉන්නවා. මදිටිය වර්ණ රූප කියා දෙයක් තියෙනවා. මදටියවන් රූප දකින උදවිය ඉන්නවා. වළ ගොඩැලි කියා දෙයක් තියෙනවා. වළගොඩැලි දකින උදවිය ඉන්නවා අහසේ තරු කියා දෙයක් තියෙනවා. තරු දකින උදවිය ඉන්නවා හිරු සඳු ද තියෙනවා. හිරු සඳු දකින උදවිය ඉන්නවා. ඒ නිසා භවත් ගෞතමයන් වහන්ස, නිවැරදිව කතා කරන කෙනෙක් 'මං මේවා දන්නෙ නැහැ. මං මේවා දකින්නෙත් නැහැ. එනිසා මේවා නැත' කියා කියන්නෙ නැහැ."

"පින්වත් මාණවකය, ඒ වගේ තමයි උපමඤ්ඤ ගෝත්‍ර ඇති සුභග වනාධිපති වූ පොක්ඛරසාතී බ්‍රාහ්මණයා අන්ධයි. ඇස් නෑ. ඔහු සැබැවින් ම මිනිස් ස්වභාවය ඉක්මවා ගිය විශේෂ වූ ආර්ය ඤාණදර්ශනයක් දන්නේ ය,

දකින්නේ ය, සාක්ෂාත් කරන්නේ ය යන කාරණය නම් විය නො හැකි දෙයක් තමයි.

පින්වත් මාණවකය, ඒ ගැන කුමක් ද සිතන්නේ? යම් මේ කොසොල් රටවාසී සම්භාවනීය බ්‍රාහ්මණයන් ඉන්නවා. ඔවුන් කවරහුද යත්; චංකී බ්‍රාහ්මණයා, තාරුක්ඛ බ්‍රාහ්මණයා, පොක්ඛරසාතී බ්‍රාහ්මණයා, ජාණුස්සෝණි බ්‍රාහ්මණයා, ඒ වගේ ම ඔබ ගේ පියා වන තෝදෙය්‍ය බ්‍රාහ්මණයා. ඒ උදවිය යම් දෙයක් ලෝකයා ගේ පොදු පිළිගැනීමෙන් යුක්තව කියයි ද, ලෝකයා නො පිළිගන්නා යම් දෙයක් කියයි ද, මේ දෙකෙන් ශ්‍රේෂ්ඨ වන්නේ කවර දෙයක් ද?"

"භවත් ගෞතමයන් වහන්ස, මෙයින් ශ්‍රේෂ්ඨ වන්නේ ලෝකයා පොදුවේ පිළිගන්නා දෙයයි."

"ඒ වගේ ම ඔවුන් කියන්නා වූ යමක් මැනැවින් කරුණු සළකා කියයි ද, යමක් මැනැවින් කරුණු නො සළකා කියයි ද, මේ දෙකින් ශ්‍රේෂ්ඨ වන්නේ කුමක් ද?"

"භවත් ගෞතමයන් වහන්ස, මෙයින් ශ්‍රේෂ්ඨ වන්නේ කරුණු සළකා කියන දෙයයි."

"ඒ වගේ ම ඔවුන් කියන්නා වූ යමක් මැනැවින් නුවණින් විමසා කියයි ද, යමක් මැනැවින් නුවණින් නො විමසා කියයි ද, මේ දෙකින් ශ්‍රේෂ්ඨ වන්නේ කුමක් ද?"

"භවත් ගෞතමයන් වහන්ස, මෙයින් ශ්‍රේෂ්ඨ වන්නේ නුවණින් විමසා කියන දෙයයි."

"ඒ වගේ ම ඔවුන් කියන්නා වූ යමක් යහපත පිණිස පවතීවි ද, යමක් අයහපත පිණිස පවතීවි ද, මේ දෙකින් ශ්‍රේෂ්ඨ වන්නේ කුමක් ද?"

"භවත් ගෞතමයන් වහන්ස, මෙයින් ශ්‍රේෂ්ඨ වන්නේ යහපත පිණිස පවතින දෙයයි."

"පින්වත් මාණවකය, ඒ ගැන කුමක් ද සිතන්නේ? මෙසේ ඇති කල්හි ඒ උපමඤ්ඤ ගොත්‍ර වූ සුභගවනාධිපති පොක්ඛරසාතී බ්‍රාහ්මණයා විසින් කියන ලද්දේ ලොව පොදුවේ පිළිගත් වචනයක් ද? ලොව පොදුවේ නො පිළිගත් වචනයක් ද?" "භවත් ගෞතමයන් වහන්ස, එය ලෝකයා පොදුවේ නො පිළිගත් දෙයක්."

"මැනැවින් කරුණු සලකා කියූ දෙයක් ද, කරුණු නො සලකා කියූ දෙයක් ද?" "භවත් ගෞතමයන් වහන්ස, මැනැවින් නො සලකා කියූ දෙයක්."

"නුවණින් විමසා බලා කියූ දෙයක් ද, නුවණින් නො විමසා කියූ දෙයක් ද?" "භවත් ගෞතමයන් වහන්ස, නුවණින් නො විමසා කියූ දෙයක්."

"යහපත පිණිස පවතින්නට කියූ දෙයක් ද, අයහපත පිණිස පවතින්නට කියූ දෙයක් ද?" "භවත් ගෞතමයන් වහන්ස, අයහපත පිණිස පවතින්නට කියූ දෙයක්."

"පින්වත් මාණවකය, සිතේ දියුණුව වසා තිබෙන කරුණු පහක් තියෙනවා. කවර පහක් ද යත්; කාමාශාව යනු සිතේ දියුණුව වසා ඇති දෙයක්. ව්‍යාපාදය යනු සිතේ දියුණුව වසා ඇති දෙයක්. නිදිමත හා අලසබව යනු සිතේ දියුණුව වසා ඇති දෙයක්. සිතේ විසිරීමත්, පසුතැවීමත් යනු සිතේ දියුණුව වසා ඇති දෙයක්. සැකය යනු සිතේ දියුණුව වසා ඇති දෙයක්. පින්වත් මාණවකය, මේ තමයි ඒ නීවරණ පහ.

පින්වත් මාණවකය, ඕපමඤ්ඤ සුභගවනාධිපති පොක්ඛරසාති බ්‍රාහ්මණයා සිතේ දියුණුව වසා ඇති ඔය කරුණු පහෙන් වැහිලයි ඉන්නේ. අහුරගෙන ඉන්නෙ. වට කරගෙන යි ඉන්නෙ. හාත්පස වෙලිල යි ඉන්නෙ. ඉතින් එහෙම එකේ ඔහු උතුරු මිනිස් දහමක් වන ආර්ය ඤාණදර්ශන විශේෂයක් දන්නේ ය, දක්නේ ය, සාක්ෂාත් කරන්නේ ය යන්න සිදුවෙන දෙයක් නම් නොවේ.

පින්වත් මාණවකය, මේ පංචකාම ගුණ පහක් තියෙනවා. කවර පහක් ද යත්; ඇසින් දැක්ක යුතු ඉෂ්ට, කාන්ත, මනාප, ප්‍රිය ස්වරූප ඇති, කෙලෙස් ඇතිවෙන රූප තියෙනවා. කනින් ඇසිය යුතු ....(පෙ).... ශබ්ද තියෙනවා. නාසයෙන් දත යුතු ....(පෙ).... ගඳ සුවඳ තියෙනවා. දිවෙන් දත යුතු ....(පෙ).... රස තියෙනවා. කයින් දත යුතු ඉෂ්ට, කාන්ත, මනාප, ප්‍රිය ස්වරූප ඇති,, කෙලෙස් ඇතිවෙන පහස තියෙනවා. පින්වත් මාණවකය, මේවා තමයි පංචකාම ගුණ.

පින්වත් මාණවකය, ඕපමඤ්ඤ සුභගවනාධිපති පොක්ඛරසාති බ්‍රාහ්මණයා ඔය පංචකාම ගුණයන්ගෙන් මත්වෙලයි ඉන්නේ. මූර්ඡා වෙලා ඉන්නේ. එහි බැසගෙනයි ඉන්නේ. ආදීනව නො දකයි ඉන්නෙ. එයින් මිදෙන අයුරක් නො දනයි ඒවා අනුභව කරන්නෙ. ඉතින් එහෙම එකේ ඔහු උතුරු මිනිස් දහමක් වන ආර්ය ඤාණදර්ශන විශේෂයක් දන්නේ ය, දක්නේ ය, සාක්ෂාත් කරන්නේ ය යන්න සිදුවෙන දෙයක් නම් නොවේ.

පින්වත් මාණවකය, යම්කිසි තෘණ, දර ආදී දෙයින් දැල්වෙන්නා යම් ගින්නක් ඇද්ද, ඒ වගේ ම තෘණ, දර ආදියෙන් තොරව දැල්වෙන්නා වූ යම් ගින්නක් ඇද්ද, මේ දෙවැදෑරුම් ගින්නෙන් කවර ගින්නක දැල්ල ද ප්‍රභාශ්වර වන්නේ? කවර ගින්නක වර්ණය ද ප්‍රභාෂ්වර වන්නේ?"

"භවත් ගෞතමයන් වහන්ස, ඉදින් තෘණ, දර ආදියෙන් තොරව දැල්වෙන්නා වූ යම් ගින්නක් ඇද්ද, ඒ ගින්නේ දැල්ල තමයි, එහි වර්ණය තමයි ප්‍රභාෂ්වර වන්නේ"

"පින්වත් මාණවකය, තෘණ, දර ආදියෙන් තොරව යම් ගින්නක් දැල්වන්නේ ය යන යමක් ඇද්ද, එය සෘද්ධිමතුන්ට හැර වෙන කෙනෙකුට කරන්නට අවකාශ නැත. නො විය හැකි දෙයකි. පින්වත් මාණවකය, පංචකාම ගුණයන් හේතුකොට ගෙන ඇතිවන යම් ප්‍රීතියක් ඇද්ද, මා එම ප්‍රීතිය ගැන කියන්නේ තෘණ, දර ආදියෙන් යුක්තව දැල්වෙන්නා වූ ගින්නට උපමා කරයි. ඒ වගේ ම පින්වත් මාණවකය කාමයන් ගෙන් වෙන්ව අකුසල ධර්මයන් ගෙන් වෙන්ව හටගන්නා වූ යම් ප්‍රීතියක් (ධ්‍යාන සැපයක්) ඇද්ද, මා එම ප්‍රීතිය ගැන කියන්නේ තෘණ, දර ආදියෙන් තොරව දැල්වෙන්නා වූ ගින්නට උපමා කරලයි.

පින්වත් මාණවකය, කාමයන්ගෙන් වෙන්ව අකුසල ධර්මයන්ගෙන් වෙන්ව ඇතිවන ප්‍රීතිය කුමක්ද? පින්වත් මාණවකය, මෙහිලා භික්ෂුව කාමයන්ගෙන් වෙන්ව ....(පෙ).... ප්‍රථම ධ්‍යානය උපදවාගෙන වාසය කරනවා. පින්වත් මාණවකය, මෙයත් කාමයන්ගෙන් වෙන් වූ, අකුසල ධර්මයන්ගෙන් වෙන් වූ ප්‍රීතියකි.

පින්වත් මාණවකය, නැවත අනිකක් කියමි. භික්ෂුව, විතර්ක විචාරයන් ගේ සංසිඳීමෙන් ....(පෙ).... දෙවෙනි ධ්‍යානය උපදවාගෙන වාසය කරනවා. පින්වත් මාණවකය, මෙයත් කාමයන්ගෙන් වෙන් වූ, අකුසල ධර්මයන්ගෙන් වෙන් වූ ප්‍රීතියකි.

පින්වත් මාණවකය, ඒ බ්‍රාහ්මණවරු පින් කිරීම පිණිස, කුසල් උපදවා ගැනීම පිණිස පෙන්වා දෙන යම් කරුණු පහක් ඇද්ද, එහිලා බ්‍රාහ්මණවරු පින් කිරීම පිණිස හා කුසල් ඉපිදවීම පිණිස වඩාත් මහත්ඵල වෙනවා කියන්නේ කවර දෙයක් ද?"

"භවත් ගෞතමයන් වහන්ස, ඒ බ්‍රාහ්මණවරු පින් කිරීම පිණිස, කුසල් උපදවා ගැනීම පිණිස පෙන්වා දෙන යම් කරුණු පහක් ඇද්ද, එහිලා බ්‍රාහ්මණවරු පින් කිරීම පිණිස හා කුසල් ඉපිදවීම පිණිස වඩාත් මහත්ඵල වෙනවා කියන්නේ දන් දීමයි."

"පින්වත් මාණවකය, ඒ ගැන කුමක් ද සිතන්නේ? මෙහිලා එක්තරා බ්‍රාහ්මණයෙකුට මහායාගයක් කරන්නට අවස්ථාවක් ලැබෙනවා. එතකොට එතනට 'අසවල් නම් ඇති බ්‍රාහ්මණයා ගේ මහා යාගය අනුභව කරන්නට ඕන' කියල බ්‍රාහ්මණවරු දෙන්නෙක් එනවා. එහිදී එක බ්‍රාහ්මණයෙකුට මෙහෙම හිතෙනවා. 'අහෝ! මෙම දානයෙහි දී මට ම යි මූලාසනය ලැබෙන්නට ඕන. මට ම යි ප්‍රථම පැන් වීදුරුව ලැබෙන්නට ඕන. මට ම යි ප්‍රථම දන් වේල ලැබෙන්නට ඕන' වෙනත් බ්‍රාහ්මණයෙකුට මූලාසනය නො ලැබේවා! ප්‍රථම පැන් වීදුරුව නො ලැබේවා! ප්‍රථම දන් වේල නො ලැබේවා! කියල.

එහිදී පින්වත් මාණවකය, වෙන බ්‍රාහ්මණයෙක් අග්‍ර ආසනය ලබයි ද, අග්‍ර ජලය ලබයි ද, අග්‍ර පිඬු ලබයි ද, නමුත් අර බ්‍රාහ්මණයා ඒ දානයෙහි දී අග්‍රාසනය නො ලබයි ද, අග්‍ර ජලය නො ලබයි ද, අග්‍ර පිඬු නො ලබයි ද, එය වෙන්න පුළුවන් දෙයක්. එතකොට අර බ්‍රාහ්මණයා 'මට මේ දානයෙහි දී ප්‍රධානත්වය ලැබුනෙත් නැහැ. පළමු පැන් බඳුන ලැබුනෙත් නැහැ. පළමු බත් බඳුන ලැබුනෙත් නැහැ' කියල කිපෙනවා, නො සතුටු වෙනවා. පින්වත් මාණවකය, මේ තැනැත්තාට බ්‍රාහ්මණවරු පෙන්වා දෙන්නේ කවර විපාකයක්ද?"

"භවත් ගෞතමයන් වහන්ස, බ්‍රාහ්මණවරු ඔය විදිහට සිතා දන්දෙන්නේ නැහැ. ඒ කියන්නේ 'මේ දානයෙන් අන්‍යයෝ කිපෙත්වා! සතුටු සිත් ඇත්තෝ වෙත්වා!' කියල. මෙහි දී බ්‍රාහ්මණයෝ දන් දෙන්නේ අනුකම්පාවෙන් ම යි."

"පින්වත් මාණවකය, මෙසේ ඇති කල්හි බ්‍රාහ්මණයන් ගේ පින් කිරීමට අදාළ කරුණු ගැන කියද්දී සය වෙනි කරුණ හැටියට යම් මේ අනුකම්පාව උපදවා ගැනීම දැමිය යුතු නො වේද?"

"භවත් ගෞතමයන් වහන්ස, මෙසේ ඇති කල්හි පින් කිරීමට අදාළ කරුණු ගැන කියන්නා වූ බ්‍රාහ්මණයන් ගේ සය වෙනි කරුණ හැටියට මේ අනුකම්පාව උපදවා ගැනීම දැමිය යුතු තමයි."

"පින්වත් මාණවකය, පින් කිරීම පිණිස, කුසල් උපදවීම පිණිස බ්‍රාහ්මණවරු මේ කරුණු පහ පෙන්වා දෙනවා නෙව. ඉතින් මේ කරුණු පහ බහුලව දකින්නට ලැබෙන්නේ ගිහි උදවිය තුළ ද? පැවිද්දන් තුළ ද?"

"භවත් ගෞතමයන් වහන්ස, බ්‍රාහ්මණයන් විසින් පින් කිරීම පිණිස, කුසල් උපදවීම පිණිස පෙන්වා දී ඇති යම් මේ කරුණු පහක් ඇද්ද, මේ කරුණු පහ මං බහුලව දැක තිබෙන්නේ පැවිද්දන් අතරයි. ස්වල්ප ගිහි පිරිසක් අතරයි දැක තිබෙන්නේ.

භවත් ගෞතමයන් වහන්ස, බොහෝ දේවල් ඇති, බොහෝ කෘත්‍ය ඇති, බොහෝ කරදර ඇති, බොහෝ වෙහෙස මහන්සි ඇති, ගිහියා නිරතුරුව ම, හැම තිස්සේ ම සත්‍යවාදී නො වෙයි. නමුත් භවත් ගෞතමයන් වහන්ස, ස්වල්ප දෙයක් ඇති, ස්වල්ප කෘත්‍ය ඇති, ස්වල්ප කරදර ඇති, ස්වල්ප මහන්සි ඇති, පැවිද්දා නම් නිරතුරුව ම, හැම තිස්සේ ම සත්‍යවාදී වෙනවා.

භවත් ගෞතමයන් වහන්ස, බොහෝ දේවල් ඇති, බොහෝ කෘත්‍ය ඇති, බොහෝ කරදර ඇති, බොහෝ වෙහෙස මහන්සි ඇති, ගිහියා නිරතුරුව ම, හැම තිස්සේ ම තපස් රකින්නේ නෑ. නමුත් භවත් ගෞතමයන් වහන්ස, ස්වල්ප දෙයක් ඇති, ස්වල්ප කෘත්‍ය ඇති, ස්වල්ප කරදර ඇති, ස්වල්ප මහන්සි ඇති, පැවිද්දා නම් නිරතුරුව ම, හැම තිස්සේ ම තපස් රකිනවා.

භවත් ගෞතමයන් වහන්ස, බොහෝ දේවල් ඇති, බොහෝ කෘත්‍ය ඇති, බොහෝ කරදර ඇති, බොහෝ වෙහෙස මහන්සි ඇති, ගිහියා නිරතුරුව ම, හැම තිස්සේ ම බ්‍රහ්මචාරී නො වෙයි. නමුත් භවත් ගෞතමයන් වහන්ස, ස්වල්ප දෙයක් ඇති, ස්වල්ප කෘත්‍ය ඇති, ස්වල්ප කරදර ඇති, ස්වල්ප මහන්සි ඇති, පැවිද්දා නම් නිරතුරුව ම, හැම තිස්සේ ම බ්‍රහ්මචාරී වෙනවා.

භවත් ගෞතමයන් වහන්ස, බොහෝ දේවල් ඇති, බොහෝ කෘත්‍ය ඇති, බොහෝ කරදර ඇති, බොහෝ වෙහෙස මහන්සි ඇති, ගිහියා නිරතුරුව ම, හැම තිස්සේ ම ධර්ම අධ්‍යයනය බහුල කරගෙන නෑ. නමුත් භවත් ගෞතමයන් වහන්ස, ස්වල්ප දෙයක් ඇති, ස්වල්ප කෘත්‍ය ඇති, ස්වල්ප කරදර ඇති, ස්වල්ප මහන්සි ඇති, පැවිද්දා නම් නිරතුරුව ම, හැම තිස්සේ ම බහුල වශයෙන් ධර්ම අධ්‍යයනයෙහි යෙදෙනවා.

භවත් ගෞතමයන් වහන්ස, බොහෝ දේවල් ඇති, බොහෝ කෘත්‍ය ඇති, බොහෝ කරදර ඇති, බොහෝ වෙහෙස මහන්සි ඇති, ගිහියා නිරතුරුව ම, හැම තිස්සේ ම දන් දෙන්නේ නෑ. නමුත් භවත් ගෞතමයන් වහන්ස, ස්වල්ප දෙයක් ඇති, ස්වල්ප කෘත්‍ය ඇති, ස්වල්ප කරදර ඇති, ස්වල්ප මහන්සි ඇති, පැවිද්දා නම් නිරතුරුව ම, හැම තිස්සේ ම දන් දෙනවා. ඒ නිසා භවත් ගෞතමයන් වහන්ස, බ්‍රාහ්මණයන් විසින් පින් කිරීම පිණිස, කුසල් උපදවීම පිණිස පෙන්වා දී ඇති යම් මේ කරුණු පහක් ඇද්ද, මේ කරුණු පහ මං බහුලව දැක තිබෙන්නේ පැවිද්දන් අතරයි. ස්වල්ප ගිහි පිරිසක් අතරයි දැක තිබෙන්නේ."

"පින්වත් මාණවකය, බ්‍රාහ්මණයන් විසින් පින් කිරීම පිණිස, කුසල් ඉපිදවීම පිණිස පෙන්වා දෙන ලද, යම් මේ ධර්ම පහක් ඇද්ද, මේවා සිතකට දියුණු වන්නට උපකාරක ධර්ම වශයෙන් පවතිනවා කියලයි මං කියන්නේ. එනම් වෛර රහිත වූ, දුක් පීඩා රහිත වූ, මෛත්‍රී චිත්තය වැඩීම පිණිසයි.

පින්වත් මාණවකය, මෙහිලා භික්ෂුව සත්‍යවාදී වෙනවා. ඉතින් ඔහු 'මම සත්‍යය පවසන කෙනෙක්මි' කියා එයින් සතුටක් ලබයි. යම් අවබෝධයක් ලබයි. ධර්මය තුළින් ලබා ගන්නා ප්‍රමුදිත බවක් ලබයි. කුසල් තුළින් ලබා ගන්නා ප්‍රමුදිත බවක් ලබයි. ඒ නිසයි මා එම සත්‍ය වචනය සිතට උපකාරක ධර්මයක් කියා කියන්නේ. එනම් වෛර රහිත වූ, දුක් පීඩා රහිත වූ, මෛත්‍රී චිත්තය වැඩීම පිණිසයි.

පින්වත් මාණවකය, මෙහිලා භික්ෂුව තපස් රකින කෙනෙක් වෙනවා. ....(පෙ).... බ්‍රහ්මචාරී කෙනෙක් වෙනවා. ....(පෙ).... ධර්ම අධ්‍යයනය බහුල කෙනෙක් වෙනවා ....(පෙ).... ත්‍යාග බහුල කෙනෙක් වෙනවා. ඉතින් ඔහු 'මම ත්‍යාග බහුල කෙනෙක්මි' කියා එයින් සතුටක් ලබයි. යම් අවබෝධයක් ලබයි. ධර්මය තුළින් ලබාගන්නා ප්‍රමුදිත බවක් ලබයි. කුසල් තුළින් ලබා ගන්නා ප්‍රමුදිත බවක් ලබයි. ඒ නිසයි මා එම ත්‍යාග බහුල බව සිතට උපකාරක ධර්මයක් කියා කියන්නේ. එනම් වෛර රහිත වූ, දුක් පීඩා රහිත වූ, මෛත්‍රී චිත්තය වැඩීම පිණිසයි.

ඒ නිසා පින්වත් මාණවකය, බ්‍රාහ්මණයන් විසින් පින් කිරීම පිණිස, කුසල් ඉපිදවීම පිණිස පෙන්වා දෙන ලද, යම් මේ ධර්ම පහක් ඇද්ද, මේවා සිතකට දියුණු වන්නට උපකාරක ධර්ම වශයෙන් පවතිනවා කියලයි මං කියන්නේ. එනම් වෛර රහිත වූ, දුක් පීඩා රහිත වූ, මෛත්‍රී චිත්තය වැඩීම පිණිසයි."

මෙසේ වදාළ විට තෝදෙය්‍යපුත්‍ර සුභ මාණවකයා භාග්‍යවතුන් වහන්සේට මෙය පැවසුවා. භවත් ගෞතමයන් වහන්ස, මට මෙය අසන්නට ලැබිලා තියෙනවා. 'ශ්‍රමණ ගෞතමයන් වහන්සේ මහා බ්‍රහ්මයා හා එක්වීම පිණිස හේතු වන වැඩ පිළිවෙලක් දන්නවා ය' කියලා."

"පින්වත් මාණවකය ඒ ගැන කුමක්ද සිතන්නේ? නළකාර ග්‍රාමය තිබෙන්නේ මේ ළඟ ම ද? නළකාර ග්‍රාමය තියෙන්නේ දුරින් නො වෙයි නේද?" "එසේය භවත. නළකාර ග්‍රාමය තියෙන්නේ මේ ආසන්නයේ ම නෙව. නළකාර ග්‍රාමය තියෙන්නේ දුරින් නො වෙයි."

"පින්වත් මාණවකය, ඒ ගැන කුමක්ද සිතන්නේ? මෙහි පුරුෂයෙක් ඉන්නවා. ඔහු නළකාර ග්‍රාමයෙහි ඉපිද එහිම වැඩුණු කෙනෙක්. ඉතින් ඔහු ගෙන් නළකාර ගමට අළුතින් පැමිණි කෙනෙක් ඒ නළකාර ග්‍රාමය පිළිබඳව මඟතොට විමසනවා. එතකොට පින්වත් මාණවකය, නළකාර ගමෙහි ඉපදුන, එහිම හැදුණු වැඩුණු අර පුරුෂයාගෙන් නළකාර ගමට යන මාර්ගය ඇසූ විට පටළැවිලා යාවි ද? උත්තර දීගන්නට බැරිව හිරවේවි ද?" "භවත් ගෞතමයන්

වහන්ස, එය නොවේ ම යි. මක්නිසාද යත්; භවත් ගෞතමයන් වහන්ස, ඒ පුද්ගලයා නළකාර ගමේ ම ඉපිද, හැදුණු වැඩුණු කෙනෙක් නෙව. ඔහු නළකාර ගමේ හැම මගතොටක් ගැන ම හොඳින් දන්නවා."

"පින්වත් මාණවකය, නළකාර ගමෙහි ඉපදිලා, එහි ම හැදිලා වැඩිලා හිටිය ඒ පුද්ගලයාට මග අසද්දී යම්කිසි පටලැවිල්ලක් වන්නට පුළුවන් වුනත්, උත්තර දීගන්නට බැරිව සිරවෙන්නට පුළුවන් වුනත්, තථාගතයන් වහන්සේ ගෙන් බ්‍රහ්මලෝකය පිළිබඳව හෝ බ්‍රහ්ම ලෝකයට යන වැඩපිළිවෙල පිළිබඳව හෝ ප්‍රශ්න අසද්දී කිසි පටලැවිල්ලක් ඇතිවෙන්නෙ නැහැ. උත්තර දීගන්ට බැරි සිරවීමක් ඇතිවෙන්නෙ නැහැ.

පින්වත් මාණවකය, මං බ්‍රහ්මයන් පිළිබඳව වූ බඹලොවත් දන්නවා. බ්‍රහ්ම ලෝකයට යන මාර්ගයත් දන්නවා. යම් වැඩපිළිවෙලකට පැමිණි කෙනෙක් බ්‍රහ්මලෝකයෙහි උපදින්නේ ද, එයත් දන්නවා."

"භවත් ගෞතමයන් වහන්ස, ශ්‍රමණ ගෞතමයන් වහන්සේ බ්‍රහ්මයන් හා එක්වීමට මාර්ගය දෙසන්නේ ය යන කරුණ මා අසා තිබෙනවා. භවත් ගෞතමයන් වහන්සේ බ්‍රහ්මයන් හා එක්වීම පිණිස මා හට ද මාර්ගය දේශනා කරන සේක්වා!"

"එසේ වී නම් පින්වත් මාණවකය, සවන් යොමා අසන්න. නුවණින් මෙනෙහි කරන්න. මා කියා දෙන්නම්." "එසේය භවත" කියා තෝදෙය්‍යපුත්‍ර සුභ මාණවකයා භාග්‍යවතුන් වහන්සේට පිළිතුරු දුන්නා. භාග්‍යවතුන් වහන්සේ මෙය වදාළා.

"පින්වත් මාණවකය, බ්‍රහ්මයන් හා එක්වීමට ඇති මාර්ගය කුමක් ද? පින්වත් මාණවකය, මෙහිලා භික්ෂුව මෛත්‍රී සහගත සිතින් එක් දිශාවක් පතුරුවා වාසය කරනවා. ඒ අයුරින් දෙවැනි දිශාවටත්, තුන්වෙනි දිශාවටත්, සතරවෙනි දිශාවටත් පතුරුවා වාසය කරනවා. ඒ අයුරින් ම උඩු අතට ත්, යටි අතට ත්, හරස් අතට ත් සෑම දිශාවකට ම සියලු දෙනාට ම සම වන පරිදි සකල ලෝකයා හට ම වෛර රහිත වූ, දුක් පීඩා රහිත වූ, විපුල වූ, මහග්ගත වූ, අප්‍රමාණ වූ, මෛත්‍රී චිත්තය පතුරුවා වාසය කරනවා. පින්වත් මාණවකය, මේ විදිහට මෛත්‍රී චිත්ත විමුක්තිය වඩන විට යම් සීමා සහිතව කරන ලද කර්මයක් ඇද්ද, ඒ කර්මය එහි ඉතිරි වන්නේ නැහැ. ඒ කර්මය එහි බැසගෙන සිටින්නේ නැහැ.

පින්වත් මාණවකය, සක් පිඹිනා බලවත් පුරුෂයෙක් ඉතා පහසුවෙන් ම සතර දිශාවට සක් පිඹිනවා වගෙයි ඔය ආකාරයෙන් ම පින්වත් මාණවකය, ඔය

විදිහට වඩන ලද මෛත්‍රී චිත්ත විමුක්තිය නිසා යම් සීමා සහිතව කරන ලද කර්මයක් ඇද්ද, ඒ කර්මය එහි ඉතිරි වන්නේ නැහැ. ඒ කර්මය එහි බැසගෙන සිටින්නේ නැහැ. පින්වත් මාණවකය, බ්‍රහ්මයන් හා එක්වීමට ඇති මාර්ගය නම් මෙය යි.

පින්වත් මාණවකය, මෙහිලා භික්ෂුව කරුණා සහගත සිතින් ....(පෙ).... මුදිතා සහගත සිතින් ....(පෙ).... උපේක්ෂා සහගත සිතින් එක් දිශාවක් පතුරුවා වාසය කරනවා. ඒ අයුරින් දෙවැනි දිශාවටත්, තුන්වෙනි දිශාවටත්, සතරවෙනි දිශාවටත් පතුරුවා වාසය කරනවා. ඒ අයුරින් ම උඩු අතට ත්, යටි අතට ත්, හරස් අතට ත් සෑම දිශාවකට ම සියලු දෙනාට ම සම වන පරිදි සකල ලෝකයා හට ම වෛර රහිත වූ, දුක් පීඩා රහිත වූ, විපුල වූ, මහග්ගත වූ, අප්‍රමාණ වූ, උපේක්ෂා චිත්තය පතුරුවා වාසය කරනවා. පින්වත් මාණවකය, මේ විදිහට උපේක්ෂා චිත්ත විමුක්තිය වඩන විට යම් සීමා සහිතව කරන ලද කර්මයක් ඇද්ද, ඒ කර්මය එහි ඉතිරි වන්නේ නැහැ. ඒ කර්මය එහි බැසගෙන සිටින්නේ නැහැ.

පින්වත් මාණවකය, සක් පිඹිනා බලවත් පුරුෂයෙක් ඉතා පහසුවෙන් ම සතර දිශාවට සක් පිඹිනවා වගෙයි ඔය ආකාරයෙන් ම පින්වත් මාණවකය, ඔය විදිහට වඩන ලද උපේක්ෂා චිත්ත විමුක්තිය නිසා යම් සීමා සහිතව කරන ලද කර්මයක් ඇද්ද, ඒ කර්මය එහි ඉතිරි වන්නේ නැහැ. ඒ කර්මය එහි බැසගෙන සිටින්නේ නැහැ. පින්වත් මාණවකය, බ්‍රහ්මයන් හා එක්වීමට ඇති මාර්ගය නම් මෙය යි.

මෙසේ වදාළ විට තෝදෙය්‍යපුත්‍ර සුභ මාණවකයා භාග්‍යවතුන් වහන්සේට මෙය පැවසුවා. "පින්වත් ගෞතමයන් වහන්ස, හරි ම සුන්දර යි! පින්වත් ගෞතමයන් වහන්ස, හරි ම සුන්දර යි! පින්වත් ගෞතමයන් වහන්ස, යටිකුරු වෙච්ච දෙයක් උඩට හැරෙව්වා වගෙයි. සැඟවෙච්ච දෙයක් විවෘත කළා වගෙයි. මං මුළා වූ කෙනෙකුට මාර්ගය පෙන්වූවා වගෙ යි. අඳුරේ සිටින උදවියට රූප දකින්ට තෙල් පහන් දැල්වූවා වගෙයි. ඔන්න ඔය විදිහට යි පින්වත් ගෞතමයන් වහන්සේ විසින් නොයෙක් ආකාරයෙන් ශ්‍රී සද්ධර්මය වදාළේ. ඉතින් මා ත් පින්වත් ගෞතමයන් වහන්සේව සරණ යනවා. ශ්‍රී සද්ධර්මය ත් සරණ යනවා. ශ්‍රාවක සඟරුවන ත් සරණ යනවා. භාග්‍යවතුන් වහන්සේ අද පටන් දිවි ඇති තුරාවට තෙරුවන් සරණ ගිය උපාසකයෙකු වශයෙන් මාව පිළිගන්නා සේක්වා! භවත් ගෞතමයන් වහන්ස, එහෙම නම් දැන් අපි යන්නම්. අපට ඉතින් බොහෝ වැඩ තියෙනවා නෙව. බොහෝ කටයුතු තියෙනවා නෙව."

"පින්වත් මාණවකය, දැන් යමකට කාලය නම්, එය දැනගත මැනැව." එවිට තෝදෙය්‍යපුත්‍ර සුභ මාණවකයා භාග්‍යවතුන් වහන්සේ වදාළ ධර්මය සතුටින් පිළිගෙන අනුමෝදන්ව හුනස්නෙන් නැගිට භාග්‍යවතුන් වහන්සේට ආදරයෙන් වන්දනා කොට පැදකුණු කොට පිටත් වුනා.

ඒ වෙලාව වන විට ජාණුස්සෝණි බ්‍රාහ්මණයා මුළුමනින් ම සුදු වර්ණයෙන් සරසන ලද වෙළඹුන් යෙදූ රථයෙන් දවල් කාලයෙහි සැවැත් නුවරින් නික්මී යනවා. එවිට ජාණුස්සෝණි බ්‍රාහ්මණයා සුභ මාණවක තෝදෙය්‍ය පුත්‍රයාව දැක්කා. දැක මෙහෙම කිව්වා. "භවත් භාරද්වාජ, මේ දැන් මද්දහනේ කොහේ සිට එන ගමන් ද?" "භවත, මං මේ ශ්‍රමණ ගෞතමයන් වහන්සේ සමීපයේ සිට එන ගමන්."

"භවත් භාරද්වාජය, ඒ ගැන කුමක් ද සිතන්නේ? ශ්‍රමණ ගෞතමයන් වහන්සේ ගේ ප්‍රඥා කෞශල්‍යය කෙබඳු ද? මහා ඤාණවන්තයෙක් කියල ද සිතන්නේ?" "භවත, ශ්‍රමණ ගෞතමයන් වහන්සේ ගේ ප්‍රඥා කෞශල්‍යය ගැන කියන්නට මං කවුද? යමෙක් ශ්‍රමණ ගෞතමයන් වහන්සේ ගේ ප්‍රඥා කෞශල්‍යය තේරුම් ගන්නවා ද, එය කියන්නට පුළුවන් වන්නේ උන්වහන්සේ වගේ කෙනෙකුට පමණයි."

"භවත් භාරද්වාජයෙනි, ශ්‍රමණ ගෞතමයන් වහන්සේට මහත් උදාර වූ ප්‍රශංසාවකින් ප්‍රශංසා කරනවා නෙව." "භවත, ශ්‍රමණ ගෞතමයන් වහන්සේට ප්‍රශංසා කරන්නට මං කවුද? ඒ භවත් ගෞතමයන් වහන්සේ ප්‍රශංසා වූවන් අතර අග්‍ර ප්‍රශංසාර්හයි. දෙවි මිනිසුන් අතර ශ්‍රේෂ්ඨ යි. භවත, බ්‍රාහ්මණවරු පින්කිරීමට, කුසල් කිරීමට යම් මේ පංච ධර්මයක් පෙන්වා දී තිබෙනවා. නමුත් ශ්‍රමණ ගෞතමයන් වහන්සේ මේවා පිළිබඳව වදාළේ සිතකට උපකාරී වන ධර්මයන් හැටියට යි. ඒ කියන්නේ වෛර රහිත, දුක් පීඩා රහිත, මෛත්‍රී චිත්තය වැඩීම පිණිස යි."

මෙසේ පැවසූ විට ජාණුස්සෝණි බ්‍රාහ්මණයා මුළුමනින් ම සුදු වර්ණයෙන් සැරසූ වෙළඹුන් යෙදූ ඒ රථයෙන් බැස උතුරු සළුව ඒකාංශ කොට පොරවා ගෙන භාග්‍යවතුන් වහන්සේ වැඩ සිටි දිශාවට ඇඳිලි බැඳ වන්දනා කරගෙන මෙම උදානය ප්‍රකාශ කළා. "යම් රජෙකු ගේ විජිතයෙහි තථාගත වූ අරහත් සම්මා සම්බුදුරජාණන් වහන්සේ නමක් වැඩසිටින සේක් ද, ඒ පසේනදී කොසොල් මහ රජාණන් හට ලාභයක් ම යි! ඒ පසේනදී කොසොල් මහ රජාණන් හට මනා වූ ලාභයක් ම යි!"

සාදු! සාදු!! සාදු!!!

තෝදෙය්‍යපුත්‍ර සුභ මාණවකයාට වදාළ දෙසුම නිමා විය.

2.5.10.
සංගාරව සූත්‍රය
සංගාරව මාණවකයාට වදාළ දෙසුම

මා හට අසන්නට ලැබුනේ මේ විදිහට යි. ඒ දිනවල භාග්‍යවතුන් වහන්සේ මහත් භික්ෂුසංඝයා සමඟ කෝසල ජනපදයෙහි චාරිකාවෙහි වඩිමින් සිටියා. එසමයෙහි ධනඤ්ජානි නම් බැමිණිය මණ්ඩලකප්ප ගමෙහි වාසය කළා. ඇය බුදුරජාණන් වහන්සේ කෙරෙහිත්, ශ්‍රී සද්ධර්මය කෙරෙහිත්, ආර්ය ශ්‍රාවක සංඝරත්නය කෙරෙහිත් නො සෙල්වෙන පැහැදීමෙන් යුක්තයි. එදා ධනඤ්ජානි බැමිණිය පය පැකිලී වැටෙන්නට ගිය මොහොතේ තුන් වරක් උදානයක් ප්‍රකාශ කළා. "ඒ භාග්‍යවත් අරහත් සම්මා සම්බුදුරජාණන් වහන්සේට නමස්කාර වේවා! ඒ භාග්‍යවත් අරහත් සම්මා සම්බුදුරජාණන් වහන්සේට නමස්කාර වේවා! ඒ භාග්‍යවත් අරහත් සම්මා සම්බුදුරජාණන් වහන්සේට නමස්කාර වේවා!" කියල.

එවේලෙහි සංගාරව නම් බ්‍රාහ්මණ මාණවකයා ද මණ්ඩලකප්ප ගමෙහි සිටියා. ඔහු ඍග්, යජුර්, ශ්‍යාම් යන ත්‍රිවේද පාරප්‍රාප්ත යි. නිඝණ්ඩු, කේඨුභ, අක්ෂර ප්‍රභේද හා ඉතිහාසය පස්වෙනි කොට ඇති පද ව්‍යාකරණ ආදියත්, ලෝකායත මහාපුරුෂ ලක්ෂණ ශාස්ත්‍රය ත් පිළිබඳව හසළ නුවණ තියෙනවා. ඒ සංගාරව මාණවකයා ධනඤ්ජානි බැමිණිය ගේ බුදුරජාණන් වහන්සේට නමස්කාර කිරීම ගැන අසා ධනඤ්ජානි බැමිණියට මෙය පැවසුවා. "මේ ධනඤ්ජානි බැමිණිය කිසි දියුණුවක් ලබල නැහැ. විනාශ වෙලා ගිහින්. මේ ධනඤ්ජානි බැමිණිය මෙච්චර අගේ ඇති බ්‍රාහ්මණයන් සිටිද්දී හිස මුඩු කළ ශ්‍රමණයෙකු ගේ ගුණ කියනවා නෙව."

"පුත, සොඳුරු මුව ඇති තැනැත්ත, ඒ භාග්‍යවතුන් වහන්සේ ගේ උත්තම සීලයත්, ප්‍රඥාවත් නුඹ දන්නේ නැහැ නෙව. ඉතින් පුත, සොඳුරු මුව ඇති තැනැත්ත, ඒ භාග්‍යවතුන් වහන්සේ ගේ උත්තම සීලයත්, ප්‍රඥාවත් නුඹ දන්නවා නම්, පුත, සොඳුරු මුව ඇති තැනැත්ත, නුඹ ඒ භාග්‍යවතුන් වහන්සේ ආක්‍රෝශ කළ යුත්තෙකු වශයෙන්, පරිභව කළ යුත්තෙකු වශයෙන් සිතන්නෙ නැහැ."

"එසේ වී නම් භවතී, යම් දවසක ශ්‍රමණ ගෞතමයන් වහන්සේ මණ්ඩලකප්ප ග්‍රාමයට වැඩියොත් මටත් කියන්න." "එසේය, සොඳුරු මුව ඇති තැනැත්ත" කියල ධනඤ්ජානි බැමිණිය සංගාරව මාණවකයාට පිළිතුරු දුන්නා.

ඉතින් භාග්‍යවතුන් වහන්සේ කොසොල් දනව්වෙහි අනුපිළිවෙලින් චාරිකාවෙහි සැරිසරා වඩිමින් මණ්ඩලකප්ප ග්‍රාමයට පැමිණුනා. එහිදී භාග්‍යවතුන් වහන්සේ මණ්ඩලකප්ප ග්‍රාමයෙහි තෝදෙය්‍ය බ්‍රාහ්මණයා ගේ අඹ වනයෙහි වැඩවාසය කළා. ධනඤ්ජානි බ්‍රාහ්මණියට 'භාග්‍යවතුන් වහන්සේ මණ්ඩලකප්ප ගමට වැඩමකොට මණ්ඩලකප්පයෙහි තෝදෙය්‍ය බ්‍රාහ්මණයා ගේ අඹවනයෙහි වැඩඉන්නවා' කියලා අසන්නට ලැබුනා.

එවිට ධනඤ්ජානි බැමිණිය සංගාරව මාණවකයා වෙත ගියා. ගිහින් සංගාරව මාණවකයාට මෙය පැවසුවා. "පුත, භද්‍රමුඛය, අන්න ඒ භාග්‍යවතුන් වහන්සේ මණ්ඩලකප්පයට වැඩියා නෙව. මණ්ඩලකප්පයෙහි තෝදෙය්‍ය බ්‍රාහ්මණයා ගේ අඹවනයෙහි වැඩසිටිනා සේක. පුත, භද්‍රමුඛය, දැන් යමකට කාලය නම් එය දත මැනැව." "එසේය භවතී" කියා සංගාරව මාණවකයා ධනඤ්ජානි බැමිණියට පිළිතුරු දී භාග්‍යවතුන් වහන්සේ වෙත ගියා. ගිහින් භාග්‍යවතුන් වහන්සේ සමඟ සතුටු වුනා. සතුටු විය යුතු පිළිසඳර කතාව කොට නිමවා එකත්පස්ව වාඩිවුනා. එකත්පස්ව වාඩි වූ සංගාරව මාණවකයා භාග්‍යවතුන් වහන්සේ ගෙන් මෙය ඇසුවා.

"භවත් ගෞතමයන් වහන්ස, මේ ජීවිතයේ දී ම විශේෂ නුවණක් උපදවාගෙන තම වැඩපිළිවෙලෙහි මුදුනට ම පැමිණිය හැකි, නිවනට මුල් වූ දෙයක් ගැන ප්‍රතිඥා දෙනවා නම්, එබඳු ශ්‍රමණ බ්‍රාහ්මණයන් ඉන්නවා. ඉතින් භවත් ගෞතමයන් වහන්ස, එහිලා මේ ජීවිතයේ දී ම විශේෂ නුවණක් උපදවාගෙන තම වැඩපිළිවෙලෙහි මුදුනට ම පැමිණිය හැකි, නිවනට මුල් වූ දෙයක් ගැන ප්‍රතිඥා දෙනවා නම් එබඳු ශ්‍රමණ බ්‍රාහ්මණයන් අතුරින් භවත් ගෞතමයන් වහන්සේ කවරෙක් ද?"

"මේ ජීවිතයේ දී ම විශේෂ නුවණක් උපදවාගෙන තම වැඩපිළිවෙලෙහි මුදුනට ම පැමිණිය හැකි, නිවනට මුල් වූ දෙයක් ගැන ප්‍රතිඥා දෙනවා නම්, පින්වත් භාරද්වාජය, ඔවුන් අතරේ වෙනස්කම් තියෙනවා කියලයි මා කියන්නේ.

පින්වත් භාරද්වාජ, ඇතැම් ශ්‍රමණ බ්‍රාහ්මණවරුන් ඉන්නවා ඔවුන් ගන්නේ අනුන්ගෙන් අසා දැනගත් දෙයක්. ඉතින් ඔවුන් ඒ අනුන්ගෙන් අසා දැනගත් දේ තුළින් මේ ජීවිතයේ දී ම විශේෂ නුවණක් උපදවාගෙන තම වැඩපිළිවෙලෙහි මුදුනට ම පැමිණිය හැකි, නිවනට මුල් වූ දෙයක් ගැන ප්‍රතිඥා දෙනවා. එය ත්‍රිවේදප්‍රාප්ත බ්‍රාහ්මණයන් වගෙයි.

ඒ වගේ ම පින්වත් භාරද්වාජ, ඇතැම් ශ්‍රමණ බ්‍රාහ්මණවරුන් ඉන්නවා ඔවුන් ගන්නේ හුදෙක් ශ්‍රද්ධා මාත්‍රයකින්. ඉතින් ඔවුන් ඒ තුළින් මේ ජීවිතයේ දී ම විශේෂ නුවණක් උපදවාගෙන තම වැඩපිළිවෙලෙහි මුදුනට ම පැමිණිය හැකි, නිවනට මුල් වූ දෙයක් ගැන ප්‍රතිඥා දෙනවා. තර්කග්‍රාහී වූ ත්, වීමංසක වූ ත් බ්‍රාහ්මණයන් වගෙයි.

ඇතැම් ශ්‍රමණ බ්‍රාහ්මණවරුන් ඉන්නවා ඔවුන් ගන්නේ තමා තුළින් ම උපදවා ගත් පෙර නො ඇසූ විරූ ධර්මයන් පිළිබඳව විශිෂ්ට වූ ඥාණයක්. ඉතින් ඔවුන් ඒ තුළින් මේ ජීවිතයේ දී ම විශේෂ නුවණක් උපදවාගෙන තම වැඩපිළිවෙලෙහි මුදුනට ම පැමිණිය හැකි, නිවනට මුල් වූ දෙයක් ගැන ප්‍රතිඥා දෙනවා.

එහිලා පින්වත් භාරද්වාජය, ඇතැම් ශ්‍රමණ බ්‍රාහ්මණවරුන් ඉන්නවා ඔවුන් ගන්නේ තමා තුළින් ම උපදවා ගත් පෙර නො ඇසූ විරූ ධර්මයන් පිළිබඳව විශිෂ්ට වූ ඥාණයක්. ඉතින් ඔවුන් ඒ තුළින් මේ ජීවිතයේ දී ම විශේෂ නුවණක් උපදවාගෙන තම වැඩපිලිවෙලෙහි මුදුනට ම පැමිණිය හැකි, නිවනට මුල් වූ දෙයක් ගැන ප්‍රතිඥා දෙනවා නම් මා ඔවුන් අතර කෙනෙක්.

පින්වත් භාරද්වාජ, එය මේ අයුරිනුත් තේරුම් ගන්නට පුළුවනි. ඇතැම් ශ්‍රමණ බ්‍රාහ්මණවරුන් ඉන්නවා ඔවුන් ගන්නේ තමා තුළින් ම උපදවා ගත් පෙර නො ඇසූ විරූ ධර්මයන් පිළිබඳව විශිෂ්ට වූ ඥාණයක්. ඉතින් ඔවුන් ඒ තුළින් මේ ජීවිතයේ දී ම විශේෂ නුවණක් උපදවාගෙන තම වැඩපිළිවෙලෙහි මුදුනට ම පැමිණිය හැකි, නිවනට මුල් වූ දෙයක් ගැන ප්‍රතිඥා දෙනවා නම් ඔවුන් අතර මා කෙනෙක් වන්නේ කොහොම ද කියලා.

පින්වත් භාරද්වාජය, සම්බුද්ධත්වයට පත්වන්නට කලින් සම්බුදු නො වී බෝධිසත්ව අවස්ථාවේ සිටිය දී ම මට මේ අදහස ඇතිවුනා. 'ගෘහවාසය කරදර සහිතයි. ක්ලේශ මාර්ගයක්. නමුත් පැවිද්ද වනාහී අහස වගෙයි. එනිසා ඒකාන්ත පරිපූර්ණ වූ, ඒකාන්ත පාරිශුද්ධ වූ පිරිසිදු කරන ලද සංඛයක් වැනි වූ නිවන් මග හැසිරෙන්නට ගිහි ගෙදර ජීවත් වෙමින් නම් කිරීම ලෙහෙසි දෙයක් නො වෙයි. එනිසා මං කෙස් රැවුල් බහා කසාවත් පොරවා ගිහිගෙයින් නික්ම අනගාරිකව පැවිදි වෙනවා නම් තමයි හොඳ' කියල.

ඉතින් පින්වත් භාරද්වාජ, ඒ මං පස්සෙ කාලෙක තරුණ වයසේ සිටිය දී කළු කෙස් ඇතිව සිටිය දී, හද්‍ර වූ යොවුන් වියෙහි ප්‍රථම වයසෙහි සිටිය දී මව් පියන් අකමැති වෙද්දී, කඳුළු වැගුරූ මුහුණින් යුතුව ඔවුන් හඬද්දී, ගිහි ගෙයින් නික්ම අනගාරික පැවිද්දට පත්වුනා. මෙසේ මං පැවිදි ව 'කිං කුසල ගවේසී'

ව කුසල් කුමක් ද යන්න සොයමින්, අනුත්තර වූ නිර්වාණ ශාන්තිය සොයමින් ආළාරකාලාමයන් වෙත පැමිණුනා. පැමිණ ආළාරකාලාමට මෙහෙම කිව්වා. "ආයුෂ්මත් කාලාම, මං කැමති යි මේ ධර්ම විනයෙ බඹසර හැසිරෙන්නට" කියල.

එතකොට පින්වත් භාරද්වාජ, ආළාර කාලාම මට මෙහෙම කිව්වා. "ප්‍රිය ආයුෂ්මතුනි, එහෙම නම් මේ ධර්මයේ බඹසර හැසිරෙන්න. බුද්ධිමත් කෙනෙකුට සුළු කලක දී මේ ධර්මය තමා තුළින් ම තේරුම් අරගෙන සාක්ෂාත් කරල ඉන්නට පුළුවනි" කියල. පින්වත් භාරද්වාජ, මං ඉතා ම සුළු කලකින් වහා ම ඒ ධර්මය ඉගෙන ගත්තා. පින්වත් භාරද්වාජ, මං ඔවුන් තොල් සොලවා යමක් කියන පමණින් ම ඒක තේරුම් ගත්තා. ඔවුන් ගේ ධර්ම ක්‍රමය තේරුම් ගත්තා. ඒ දේ දන්න කෙනෙක්, දකින කෙනෙක් බවට පත් වුනා. අනිත් උදවියත් මං ගැන එහෙම කිව්වා.

එතකොට පින්වත් භාරද්වාජ, මට මෙහෙම හිතුනා. 'ඔය ආළාර කාලාම මේ ධර්මය කියන්නෙ හුදෙක් ශ්‍රද්ධාවකින් පමණක් ම නො වෙයි. තමන් ම අවබෝධ කරල, සාක්ෂාත් කරල ඉඳගෙන යි ඔය කියන්නෙ. ඇත්තෙන් ම ඔය ආළාර කාලාම මේ ධර්මය දැනගෙන, දැකගෙන ඉන්න කෙනෙක්.' ඉතින් පින්වත් භාරද්වාජ, මං ආළාර කාලාම ළඟට ගියා. ගිහින් ආළාර කාලාම ගෙන් මෙහෙම ඇහුවා. "ආයුෂ්මත් කාලාම, ඔබේ අවබෝධය තුළින් ම සාක්ෂාත් කරගෙන තියෙන මේ ධර්මය කොච්චර දුරට කියන්න පුළුවන් ද?" කියල. පින්වත් භාරද්වාජ, ආළාර කාලාම මට 'ආකිඤ්චඤ්ඤායතන සමාධිය' ගැන කිව්වා.

එතකොට මට මෙහෙම හිතුනා. 'ඉතින් ආළාර කාලාමට විතරක් නො වෙයි ශ්‍රද්ධාව තියෙන්නෙ. මටත් ශ්‍රද්ධාව තියෙනවා නෙව. ආළාර කාලාමට විතරක් නො වෙයි වීරිය තියෙන්නෙ. මටත් වීරිය තියෙනවා නෙව. ආළාර කාලාමට විතරක් නො වෙයි සිහිය තියෙන්නෙ. මටත් සිහිය තියෙනවා නෙව. ආළාර කාලාමට විතරක් නෙවෙයි සමාධිය තියෙන්නෙ. මටත් සමාධිය තියෙනවා නෙව. ආළාර කාලාමට විතරක් නො වෙයි ප්‍රඥාව තියෙන්නෙ. මටත් ප්‍රඥාව තියෙනවා නෙව. ඉතින් එහෙනම් මමත් ආළාර කාලාම තමන් ගෙ නුවණින් සාක්ෂාත් කරල ඉඳගෙන කියන දේ සාක්ෂාත් කරන්නට වීරිය ගන්නට ඕන' කියල. පින්වත් භාරද්වාජ, ටික දවසකින් ම ඉතා ඉක්මනින් ම මමත් ඒ ධර්මය අවබෝධ කරගෙන ඒ ධර්මයට පැමිණ වාසය කළා.

එතකොට පින්වත් භාරද්වාජ, මං ආළාර කාලාම ළඟට ගියා. ගිහින් මං මෙහෙම කිව්වා. "ආයුෂ්මත් කාලාම, අවබෝධයෙන් ම සාක්ෂාත් කරගෙන

ඔබ ඔය කියන ධර්මය ඔච්චර යි ද?"

"ප්‍රිය අයුෂ්මතුනි, මං අවබෝධයෙන් ම සාක්ෂාත් කරගෙන කියන ධර්මය ඔච්චර තමයි."

ඉතින් ආයුෂ්මතුනි, දැන් ඔය ධර්මය මමත් අවබෝධයෙන් ම සාක්ෂාත් කරගෙන ඉන්නවා නෙව."

"අනේ ඇත්තට ම ආයුෂ්මතුනි, ඕක ලාභයක්. ආයුෂ්මතුනි, ඕක අපිට හරි ලාභයක්. ආයුෂ්මතුන් වගේ සබ්‍රහ්මචාරීන් කෙනෙක් අපටත් දැකගන්නට ලැබුනා. යම් දෙයක් මං අවබෝධ කරගෙන සාක්ෂාත් කරගෙන ඉන්නවා නම්, ඒ දේ ඔබත් අවබෝධ කරගෙන සාක්ෂාත් කරගෙන යි ඉන්නෙ. යම් ධර්මයක් ඔබ අවබෝධ කරගෙන, සාක්ෂාත් කරගෙන ඉන්නව නම්, ඒ ධර්මය මමත් අවබෝධ කරගෙන සාක්ෂාත් කරගෙන යි ඉන්නෙ. එහෙම නම් ඉතින් යම් ධර්මයක් මම දන්නවා නම් ඒ ධර්මය ඔබත් දන්නවා. යම් ධර්මයක් ඔබ දන්නවා නම්, ඒ ධර්මය මමත් දන්නවා. මම යම් විදියක නම් ඔබත් ඒ විදිය යි. ඔබ යම් විදියක නම් මමත් ඒ විදිය යි. ඉතින් ප්‍රිය ආයුෂ්මතුනි, දැන් එන්න. අපි දෙන්න එකතු වෙලා මේ පිරිස බලා හදාගෙන ඉඳිමු."

ඉතින් පින්වත් භාරද්වාජ, මගේ ගුරුවරයාව සිටි ආළාර කාලාම, ගෝලයා වෙලා මාව තමන් හා සමාන තැනක තිබ්බා. උතුම් පුද පූජාවල් කළා. ඒත් පින්වත් භාරද්වාජ, මං හිතන්න පටන් ගත්තා. 'මේ ධර්මය නම් අවබෝධයෙන් ම කළකිරීමට හේතු වෙන්නෙ නෑ. නො ඇල්ම පිණිස හේතු වෙන්නෙ නෑ. දුක් නැති වෙන්ට හේතු වෙන්නෙ නෑ. කෙලෙස් සංසිඳීම පිණිස හේතු වෙන්නෙ නෑ. විශේෂ ඥානයට හේතු වෙන්නෙ නෑ. ආර්ය සත්‍යය අවබෝධයට හේතු වෙන්නෙ නෑ. නිවනට හේතු වෙන්නෙ නෑ. මේ ධර්මය හේතු වෙන්නෙ ආකිඤ්චඤ්ඤායතන ලෝකෙ උපදින්නට විතර යි' කියල. පින්වත් භාරද්වාජ, ඉතින් මම ඒ ධර්මයේ ඇත්ත දැකල ඒ ධර්මය ගැන කලකිරුණා. එතන දාල ගියා.

පින්වත් භාරද්වාජ, මං ආයෙමත් 'කුසල් කියන්නෙ මොකක් ද?' කියල හොයන්නට පටන් ගත්ත. අනුත්තර වූ අමා නිවන හොයන්නට පටන් ගත්තා. රාමපුත්‍ර උද්දක ළඟට ගියා. ගිහින් රාමපුත්‍ර උද්දකට මෙහෙම කිව්වා. "ප්‍රිය ආයුෂ්මතුනි, මං කැමති යි මේ ධර්ම-විනයෙ බඹසර හැසිරෙන්නට" කියල. එතකොට පින්වත් භාරද්වාජ, රාමපුත්‍ර උද්දක මට මෙහෙම කිව්වා. "හොඳයි අයුෂ්මතුනි, බඹසර හැසිරෙන බුද්ධිමත් කෙනෙකුට ඉතා කෙටි කලකින් මේ ධර්මය ඉගෙන ගෙන, සාක්ෂාත් කරල වාසය කරන්නට පුළුවන්" කියල. පින්වත්

භාරද්වාජ, ඒ ධර්මය තොල් සොලවා කියූ පමණින් ම මං අවබෝධ කරගත්තා. එහි වැඩිහිටියෙක් බවට පත්වුනා. ඒ ධර්මය දන්න කෙනෙක් දකින කෙනෙක් බවට පත්වුනා. අනිත් උදවිය ත් මං ගැන එහෙම කිව්වා.

එතකොට පින්වත් භාරද්වාජ, මට මෙහෙම හිතුනා. 'පින්වත් භාරද්වාජ, මේ ධර්මය හුදෙක් ශ්‍රද්ධා මාත්‍රයෙන් කියනව නො වෙයි. තමන් ගේ ම ඤාණයෙන් සාක්ෂාත් කරල ඉඳගෙන යි කියන්නෙ. ඇත්තෙන් ම පින්වත් රාමයන් මේ ධර්මය දැනගෙන, දැකගෙන හිටපු කෙනෙක්.' ඉතින් පින්වත් භාරද්වාජ, මං රාමපුත්‍ර උද්දක ළඟට ගියා. ගිහින් මෙහෙම ඇහුවා. "ප්‍රිය ආයුෂ්මතුනි, පින්වත් රාමයන් මේ ධර්මය තමන් ගේ නුවණින් සාක්ෂාත් කරල කියල දෙන්නෙ කොච්චර දුරකට ද?" එතකොට පින්වත් භාරද්වාජ, රාමපුත්‍ර උද්දක මට 'නේවසඤ්ඤානාසඤ්ඤායතන' සමාධිය ගැන පැවසුවා.

එතකොට මට මෙහෙම හිතුණා. 'ශ්‍රද්ධාව තිබුනෙ රාමට විතරක් නො වෙයි. මට ත් ශ්‍රද්ධාව තියෙනවා. වීරිය තිබුනෙ රාමට විතරක් නො වෙයි. මට ත් වීරිය තියෙනවා. සිහිය තිබුනෙ රාමට විතරක් නො වෙයි. මට ත් සිහිය තියෙනවා. සමාධිය තිබුනෙ රාමට විතරක් නො වෙයි. මට ත් සමාධිය තියෙනවා. ප්‍රඥාව තිබුනෙ රාමට විතරක් නො වෙයි. මට ත් ප්‍රඥාව තියෙනවා. එහෙනම් මම ත් පින්වත් රාමයන් යම් දෙයක් අවබෝධ කරගෙන, සාක්ෂාත් කරගෙන වාසය කළා නම්, ඒ දේ අවබෝධ කරගන්නට වීරිය කරනවා. ඒ දේ සාක්ෂාත් කරගන්නට වීරිය ගන්නවා' කියල. ඉතින් පින්වත් භාරද්වාජ, ඉතා සුළු කලකින්, ඉතා ඉක්මනින් ම මම ත් ඒ ධර්මය අවබෝධ කරගෙන, සාක්ෂාත් කරගෙන ඒ ධර්මය ට පැමිණ වාසය කළා.

පින්වත් භාරද්වාජ, මං දවසක් රාමපුත්‍ර උද්දක ළඟට ගියා. ගිහින් රාමපුත්‍ර උද්දකට මෙහෙම කිව්වා. "ප්‍රිය ආයුෂ්මතුනි, ඔබේ පියා වන පින්වත් රාමයන් තමන් ගේ ම නුවණින් මේ ධර්මය සාක්ෂාත් කරගෙන වාසය කළේ ඔච්චරකින්ද?"

"ප්‍රිය ආයුෂ්මතුනි, ඔව්! අපේ පියාණන් වන පින්වත් රාමයන් තමන් ගේ නුවණින් සාක්ෂාත් කරගෙන වාසය කරපු ධර්මය ඔච්චර තමයි."

"ප්‍රිය ආයුෂ්මතුනි, ඒ (ඔබේ පියා වන පින්වත් රාමයන් සාක්ෂාත් කළ) ඔය ධර්මය මම ත් ඔච්චරකින් අවබෝධයෙන් ම සාක්ෂාත් කරගෙන යි ඉන්නෙ."

"ප්‍රිය ආයුෂ්මතුනි, අපිට මහ ලාභයක් නෙව. අපට උතුම් ලාභයක් නෙව. අපිට ත් ආයුෂ්මතුන් වගේ සබ්‍රහ්මචාරීන් කෙනෙක් දැක ගන්නට ලැබුනා නෙව.

ඉතින් යම් ධර්මයක් අපේ පියාණන් වන පින්වත් රාමයන් අවබෝධයෙන් සාක්ෂාත් කරගෙන වාසය කළා නම් ඒ ධර්මය ඔබ ත් අවබෝධයෙන් සාක්ෂාත් කරගෙන වාසය කරනවා නෙව. ඔබ යම් ධර්මයක් සාක්ෂාත් කරගෙන වාසය කරනවා නම් ඒ ධර්මය පින්වත් රාමයන් සාක්ෂාත් කරගෙන වාසය කළා. යම් ධර්මයක් රාම දැනගෙන හිටිය නම්, ඒ ධර්මය ත් ඔබ දන්නවා. යම් ධර්මයක් ඔබ දැනගෙන ඉන්නවා නම්, ඒ ධර්මය රාමයන් දැනගත්තා. ඒ නිසා රාම යම් බඳු නම් ඔබ ත් එබඳු ම යි. ඔබ යම් බඳු නම් රාම ත් එබඳු ම යි. ඒ නිසා පින්වත් ආයුෂ්මතුනි, දැන් එන්න. ඔබ මේ පිරිස බලා හදාගන්න."

මේ විදියට පින්වත් භාරද්වාජ, රාමපුත්‍ර උද්දක මා හා සමානව සබ්‍රහ්මචාරීව සිටිය දී මාව ආචාර්ය තනතුරේ තැබුවා. මට උතුම් පුද පූජාවල් කළා. නමුත් පින්වත් භාරද්වාජ, මං හිතන්න පටන් ගත්තා. 'මේ ධර්මය නම් අවබෝධයෙන් ම කළකිරීමට හේතු වෙන්නෙ නෑ. නො ඇල්ම පිණිස හේතු වෙන්නෙ නෑ. ඇල්ම නිරුද්ධ වීම පිණිස හේතු වෙන්නෙ නෑ. සංසිඳීම පිණිස හේතු වෙන්නෙ නෑ. විශිෂ්ට ඤාණය පිණිස හේතු වෙන්නෙ නෑ. අවබෝධය පිණිස හේතු වෙන්නෙ නෑ. නිවන පිණිස හේතු වෙන්නෙ නෑ. මේ ධර්මය හේතු වෙන්නෙ නේවසඤ්ඤානාසඤ්ඤායතන ලෝකයේ උපදින්නට විතර යි' කියල.

පින්වත් භාරද්වාජ, ඔය විදියට මං ඒ ධර්මයේ ඇත්ත තත්වය තේරුම් අරගෙන, ඒ ධර්මය ගැන කලකිරිල එතනින් නික්මිල ගියා. ඉතින් පින්වත් භාරද්වාජ, මං ආයෙමත් 'කුසල් කියන්නෙ මොනව ද?' කියල හොයන කෙනෙක් වුනා. ඒ අමා නිවන සොයා ගෙන යන කෙනෙක් වුනා. මං මගධ ජනපදයෙ ඇවිදගෙන ඇවිදගෙන ගියා. එහෙම යද්දි තමයි උරුවේලාවේ සේනානිගම නම් නියම්ගම හම්බ වුනේ. මං එහෙදි නැවතුනා. ඒ භූමිය මං දැකපු රමණීය තැනක්. ඒ වන ගැබ ඇත්තෙන් ම ලස්සන යි. සුදු වැලි තලාව තියෙන රමණීය ගං ඉවුරු මැදින් නදිය ගලා බසිනවා. පිණ්ඩපාතෙ කරගන්න ගම ත් ලඟින් ම තිබුනා.

පින්වත් භාරද්වාජ, මට එතකොට මේ විදිහට යි හිතුනෙ. 'ඇත්තෙන් ම මේ පළාත රමණීය යි. මේ වන ගැබත් ලස්සන යි. සුදු වැලිතලා තියනෙ ගං ඉවුරෙන් යුතු නදිය ත් ලස්සනට ගලනවා. පිණ්ඩපාතෙ කරගන්න ගම ත් මේ ළඟ ම යි. ඇත්තෙන් ම වීරියෙන් භාවනා කරන පින්වතෙකුට මෙතන සුදුසු ම තැනක්' කියල. ඉතින් පින්වත් භාරද්වාජ, මං එහෙ නැවතුනා. භාවනා කරන්නට මෙතන තමයි සුදුසු කියල හිතුනා.

පින්වත් භාරද්වාජ, එතකොට මට පෙර නො ඇසූ විරූ ආශ්චර්යවත් උපමා තුනක් වැටහුනා. පින්වත් භාරද්වාජ, ජලයේ බැස්ස වූ වැගිරෙන දියෙන් යුතු තෙත දර කැබැල්ලක් තියෙනවා. එතකොට පුරුෂයෙක් උත්තරාරණිය අරගෙන එනවා, 'මං ගිනි උපද්දවන්නම්, තේජස පහළ කරන්නම්' කියල. පින්වත් භාරද්වාජ, කුමක්ද ඒ ගැන සිතන්නෙ? ඒ පුරුෂයාට අර ජලයේ බැස්ස වූ, වැගිරෙන දියෙන් යුතු තෙත දර කැබැල්ල උත්තරාරණියෙහි කොතරම් ඇතිල්ලුවත් ගිනි උපද්දවන්නට පුළුවන් වේවි ද? තේජස පහළකරන්නට පුළුවන් වේවි ද?" "ස්වාමීනී, එය නො වේ ම යි. මක් නිසාද යත්, ස්වාමීනී, ඒ දර කැබැල්ල වතුරේ බැස්ස වූ එකක් නෙව. දිය වැගිරෙන තෙත එකක් නෙව. ඉතින් අර පුද්ගලයාට ක්ලාන්තයක් වෙහෙසක් විතරයි නෙව සිද්ධ වෙන්නෙ."

පින්වත් භාරද්වාජ, ඔය විදිහ ම යි, යම් කිසි ශ්‍රමණයන් හෝ බ්‍රාහ්මණයන් හෝ කයෙනුත්, සිතෙනුත්, කාමයන් ගෙන් වෙන් නො වී ඉන්නවා. කාමයන් කෙරෙහි ඔවුන් තුළ යම් කාමාශාවක්, කාමස්නේහයක්, කාම මුසපත් වීමක්, කාම පිපාසයක්, කාම දාහයක් ඇද්ද, එය තමා තුළ මැනැවින් ප්‍රහීණ වෙල ත් නෑ. මැනැවින් සංසිඳිල ත් නෑ. ඒ භවත් ශ්‍රමණ බ්‍රාහ්මණයන් හිතා මතා උපක්‍රම කරමින් නොයෙක් තියුණු වූ දුක් කටුක වේදනා විඳවනවා. නමුත් අනුත්තර සම්බෝධි සංඛ්‍යාත ඤාණදර්ශනය ලබාගන්නට අභව්‍ය ම යි. ඒ වගේ ම ඒ භවත් ශ්‍රමණ බ්‍රාහ්මණයන් හිතා මතා උපක්‍රම කරමින් නොයෙක් තියුණු වූ දුක් කටුක වේදනා විඳවන්නේ නැත ත්, අනුත්තර සම්බෝධි සංඛ්‍යාත ඤාණ දර්ශනය ලබාගන්නට අභව්‍ය ම යි. පින්වත් භාරද්වාජ, මට පෙර නො ඇසූ විරූ ආශ්චර්යවත්ව වැටහුණු ප්‍රථම උපමාව නම් එය යි.

ඒ වාගේ ම පින්වත් භාරද්වාජ, පෙර නො ඇසූ විරූ ආශ්චර්ය උපදවන දෙවෙනි උපමාව ත් වැටහුනා. ඒ කියෙන්නේ වැගිරෙන දියෙන් යුතු තෙත දර කැබැල්ලක් තියෙනවා. එය දියෙන් ගොඩ අරගෙන යි තියෙන්නෙ. එතකොට පුරුෂයෙක් උත්තරාරණිය අරගෙන එනවා, 'මං ගිනි උපද්දවන්නම්, තේජස පහළ කරන්නම්' කියල. පින්වත් භාරද්වාජ, කුමක්ද ඒ ගැන සිතන්නෙ? ඒ පුරුෂයාට අර දියෙන් ගොඩට ගෙන තියෙන, වැගිරෙන දියෙන් යුතු තෙත දර කැබැල්ල උත්තරාරණියෙහි කොතරම් ඇතිල්ලුවත් ගිනි උපද්දවන්නට පුළුවන් වේවි ද? තේජස පහළකරන්නට පුළුවන් වේවි ද?" "ස්වාමීනී, එය නො වේ ම යි. මක් නිසාද යත්, ස්වාමීනී, ඒ දර කැබැල්ල දියෙන් ගොඩට ගෙන තිබෙන නමුත්, දිය වැගිරෙන තෙත එකක් නෙව. ඉතින් අර පුද්ගලයාට ක්ලාන්තයක් වෙහෙසක් විතරයි නෙව සිද්ධ වෙන්නෙ."

පින්වත් භාරද්වාජ, ඔය විදිහ ම යි, යම්කිසි ශ්‍රමණයන් හෝ බ්‍රාහ්මණයන් හෝ කයෙනුත්, සිතෙනුත්, කාමයන් ගෙන් වෙන් නො වී ඉන්නවා. කාමයන්

කෙරෙහි ඔවුන් තුළ යම් කාමාශාවක්, කාමස්නේහයක්, කාම මුසපත් වීමක්, කාම පිපාසයක්, කාම දාහයක් ඇද්ද, එය තමා තුළ මැනැවින් ප්‍රහීණ වෙල ත් නෑ. මැනැවින් සංසිඳිල ත් නෑ. ඒ භවත් ශ්‍රමණ බ්‍රාහ්මණයන් හිතා මතා උපක්‍රම කරමින් නොයෙක් තියුණු වූ දුක් කටුක වේදනා විඳවනවා. නමුත් අනුත්තර සම්බෝධි සංඛ්‍යාත ඥාණදර්ශනය ලබාගන්නට අභව්‍ය ම යි. ඒ වගේ ම ඒ භවත් ශ්‍රමණ බ්‍රාහ්මණයන් හිතා මතා උපක්‍රම කරමින් නොයෙක් තියුණු වූ දුක් කටුක වේදනා විඳවන්නේ නැත ත්, අනුත්තර සම්බෝධි සංඛ්‍යාත ඥාණ දර්ශනය ලබාගන්නට අභව්‍ය ම යි. පින්වත් භාරද්වාජ, මට පෙර නො ඇසූ විරූ ආශ්චර්යවත්ව වැටහුණු දෙවන උපමාව නම් එය යි.

ඒ වාගේ ම පින්වත් භාරද්වාජ, පෙර නො ඇසූ විරූ ආශ්චර්ය උපදවන තුන්වෙනි උපමාව ත් වැටහුණා. ඒ කියන්නේ දියෙන් ගොඩට ගත් ජලයට ළං නො වූ හොඳින් වියළී ගිය දර කැබැල්ලක් තියෙනවා. එතකොට පුරුෂයෙක් උත්තරාරණිය අරගෙන එනවා, 'මං ගිනි උපද්දවන්නම්, තේජස පහළ කරන්නම්' කියල. පින්වත් භාරද්වාජ, කුමක්ද ඒ ගැන සිතන්නෙ? ඒ පුරුෂයාට අර දියෙන් ගොඩට ගත්, ජලයට ළං නො වූ හොඳින් වියළි ගිය දර කැබැල්ල උත්තරාරණියෙහි කොතරම් ඇතිල්ලුවත් ගිනි උපද්දවන්නට පුළුවන් වේවි ද? තේජස පහළකරන්නට පුළුවන් වේවි ද?" "ස්වාමීනී, එය සිදුවන දෙයක් ම යි. මක් නිසාද යත්, ස්වාමීනී, ඒ දර කැබැල්ල දියෙන් ගොඩට ගත්, ජලයට ළං නො වූ, හොඳින් වියළී ගිය එකක් නෙව."

පින්වත් භාරද්වාජ, ඔය විදිහ ම යි, යම් කිසි ශ්‍රමණයන් හෝ බ්‍රාහ්මණයන් හෝ කයෙනුත්, සිතෙනුත්, කාමයන් ගෙන් වෙන් වෙලයි ඉන්නෙ. කාමයන් කෙරෙහි ඔවුන් තුළ යම් කාමාශාවක්, කාමස්නේහයක්, කාම මුසපත් වීමක්, කාම පිපාසයක්, කාම දාහයක් ඇද්ද, එය තමා තුළ මැනැවින් ප්‍රහීණ වෙලා තියෙනවා. මැනැවින් සංසිඳිලා තියෙනවා. ඒ භවත් ශ්‍රමණ බ්‍රාහ්මණයන් හිතා මතා උපක්‍රම කරමින් නොයෙක් තියුණු වූ දුක් කටුක වේදනා විඳෙව්ව ත්, අනුත්තර සම්බෝධි සංඛ්‍යාත ඥාණ දර්ශනය ලබාගන්නට භව්‍ය ම යි. ඒ වගේ ම ඒ භවත් ශ්‍රමණ බ්‍රාහ්මණයන් හිතා මතා උපක්‍රම කරමින් නොයෙක් තියුණු වූ දුක් කටුක වේදනා විඳවන්නේ නැත ත්, අනුත්තර සම්බෝධි සංඛ්‍යාත ඥාණ දර්ශනය ලබාගන්නට භව්‍ය ම යි. පින්වත් භාරද්වාජ, මට පෙර නො ඇසූ විරූ ආශ්චර්යවත්ව වැටහුණු තුන්වෙනි උපමාව නම් එය යි. පින්වත් භාරද්වාජ, පෙර නො ඇසූ විරූ ආශ්චර්යවත්ව වැටහුණු උපමා තුන නම් මෙය යි.

පින්වත් භාරද්වාජ, එතකොට මට මෙහෙම හිතුනා 'මං යටි දත් වලින් උඩු දත් තද කොට දිවෙන් තල්ල තද කොට, මේ කුසල් සිතින් කෙලෙස් දැඩි

කොට තලන්නට ඕන, පෙළන්නට ඕන, විශේෂයෙන් තවන්නට ඕන' කියල. ඉතින් පින්වත් භාරද්වාජ, මං යටි දත් වලින් උඩු දත් තද කොට දිවෙන් තල්ල තද කොට, මේ කුසල් සිතින් කෙලෙස් වලට දැඩි කොට තලනවා, පෙළනවා, විශේෂයෙන් තවනවා. එතකොට පින්වත් භාරද්වාජ, යටි දත් වලින් උඩු දත් තද කොට දිවෙන් තල්ල තද කොට, මේ කුසල් සිතින් කෙලෙස් දැඩි කොට තලද්දී, පෙළද්දී, විශේෂයෙන් තවද්දී, කිසිලි වලින් දහඩිය වැගිරෙන්න පටන් ගන්නවා. පින්වත් භාරද්වාජ, බලවත් පුරුෂයෙක් දුර්වල පුරුෂයෙකු ගේ හිසෙන් අල්ලා ගෙන හෝ කඳින් අල්ලා ගෙන හෝ දැඩි කොට තලනවා නම්, පෙළනවා නම්, විශේෂයෙන් තවනවා නම් අන්න එබඳු ආකාරයෙන් මං යටි දත් වලින් උඩු දත් තද කොට දිවෙන් තල්ල තද කොට, මේ කුසල් සිතින් කෙලෙස් දැඩි කොට තලද්දී, පෙළද්දී, විශේෂයෙන් තවද්දී, කිසිලි වලින් දහඩිය වැගිරෙන්න පටන් ගන්නවා.

පින්වත් භාරද්වාජ, එහෙත් මගේ වීරිය නම් පටන් ගත් ලෙස ම තිබුනා. නො හැකිළී තිබුනා. සිහිය මුළා නො වී පිහිටලා තිබුනා. ඒ දුක් පීඩා ඇති වීරියෙන් යුතුව අධික වීරිය නැමැති ඊයෙන් පහර කෑ මාගේ ශරීරය නම් වෙහෙසට පත් වුනා. නො සන්සුන් වුනා.

එතකොට පින්වත් භාරද්වාජ, මට මෙහෙම හිතුනා. 'මං එහෙම නම්, අප්‍රාණක ධ්‍යානය කරන්නට ඕන' කියලා. ඉතින් පින්වත් භාරද්වාජ, මං මුඛයෙනුත්, නාසයෙනුත් ආශ්වාස - ප්‍රශ්වාස කිරීම නැවැත්තුවා. පින්වත් භාරද්වාජ, මුඛයෙනුත් නාසයෙනුත් ආශ්වාස ප්‍රශ්වාස කිරීම නැවැත් වූ මගේ කන් වලින් අධිමාත්‍ර ශබ්දයකින් යුතුව වාතය පිටවෙන්නට ගත්තා. ඒක හරියට රන්කරුවෙක් මයිනහම පිඹිද්දී ඇතිවෙන අධිමාත්‍ර ශබ්දයක් වගෙයි. ඔය විදිහට ම පින්වත් භාරද්වාජ, මුඛයෙනුත් නාසයෙනුත් ආශ්වාස ප්‍රශ්වාස කිරීම නැවැත් වූ මගේ කන් වලින් අධිමාත්‍ර ශබ්දයකින් යුතුව වාතය පිටවෙන්නට ගත්තා.

පින්වත් භාරද්වාජ, එහෙත් මගේ වීරිය නම් පටන් ගත් ලෙස ම තිබුනා. නො හැකිළී තිබුනා. සිහිය මුළා නො වී පිහිටලා තිබුනා. ඒ දුක් පීඩා ඇති වීරියෙන් යුතුව අධික වීරිය නැමැති ඊයෙන් පහර කෑ මාගේ ශරීරය නම් වෙහෙසට පත් වුනා. නො සන්සුන් වුනා.

පින්වත් භාරද්වාජ, එතකොට මට මෙහෙම හිතුනා. 'මං තවදුරටත් අප්‍රාණක ධ්‍යානය කරන්නට ඕන' කියලා. ඉතින් පින්වත් භාරද්වාජ, මං මුඛයෙනුත්, නාසයෙනුත්, කන් වලිනුත් ආශ්වාස - ප්‍රශ්වාස කිරීම නැවැත්තුවා. පින්වත් භාරද්වාජ, මුඛයෙනුත් නාසයෙනුත් කන්වලිනුත් ආශ්වාස ප්‍රශ්වාස කිරීම නැවැත්වූ විට මගේ හිසෙහි අධිමාත්‍ර වූ හිසරුජාවක් හටගත්තා. පින්වත්

භාරද්වාජ, බලවත් පුරුෂයෙක් දැඩි වූ වරපටකින් හිස දැඩිකොට වෙලා තදකරනවා වගෙයි. පින්වත් භාරද්වාජ, ඔය විදිහට ම මුඛයෙනුත් නාසයෙනුත් කණ්වලිනුත් ආශ්වාස ප්‍රශ්වාස කිරීම නැවැත් වූ විට මගේ හිසෙහි අධිමාත්‍ර වූ හිසරුජාවක් හටගත්තා.

පින්වත් භාරද්වාජ, එහෙත් මගේ වීරිය නම් පටන් ගත් ලෙස ම තිබුනා. නො හැකිලී තිබුනා. සිහිය මුළා නො වී පිහිටලා තිබුනා. ඒ දුක් පීඩා ඇති වීරියෙන් යුතුව අධික වීරිය නැමැති ඊයෙන් පහර කෑ මාගේ ශරීරය නම් වෙහෙසට පත් වුනා. නො සන්සුන් වුනා.

පින්වත් භාරද්වාජ, එතකොට මට මෙහෙම හිතුනා. 'මං තවදුරටත් අප්‍රාණක ධ්‍යානය කරන්නට ඕන' කියලා. ඉතින් පින්වත් භාරද්වාජ, මං මුඛයෙනුත්, නාසයෙනුත්, කන්වලිනුත් ආශ්වාස - ප්‍රශ්වාස කිරීම නැවැත්තුවා. පින්වත් භාරද්වාජ, මුඛයෙනුත්, නාසයෙනුත්, කන්වලිනුත් ආශ්වාස ප්‍රශ්වාස කිරීම නැවැත් වූ විට මගේ කුසයෙහි අධිමාත්‍ර වූ වේදනාවක් හටගත්තා. පින්වත් භාරද්වාජ, දක්ෂ වූ ගවඝාතකයෙක් හෝ ගවඝාතකයෙකු ගේ ගෝලයෙක් හෝ තියුණු වූ මන්නයකින් කුස කපා දමයි ද, පින්වත් භාරද්වාජ, ඔය විදිහට ම මුඛයෙනුත්, නාසයෙනුත්, කන්වලිනුත් ආශ්වාස ප්‍රශ්වාස කිරීම නැවැත් වූ විට මගේ කුසයෙහි අධිමාත්‍ර වූ වේදනාවක් හටගත්තා.

පින්වත් භාරද්වාජ, එහෙත් මගේ වීරිය නම් පටන් ගත් ලෙස ම තිබුනා. නො හැකිලී තිබුනා. සිහිය මුළා නො වී පිහිටලා තිබුනා. ඒ දුක් පීඩා ඇති වීරියෙන් යුතුව අධික වීරිය නැමැති ඊයෙන් පහර කෑ මාගේ ශරීරය නම් වෙහෙසට පත් වුනා. නො සන්සුන් වුනා.

පින්වත් භාරද්වාජ, එතකොට මට මෙහෙම හිතුනා. 'මං තවදුරටත් අප්‍රාණක ධ්‍යානය කරන්නට ඕන' කියලා. ඉතින් පින්වත් භාරද්වාජ, මං මුඛයෙනුත්, නාසයෙනුත්, කන්වලිනුත් ආශ්වාස - ප්‍රශ්වාස කිරීම නැවැත්තුවා. පින්වත් භාරද්වාජ, මුඛයෙනුත්, නාසයෙනුත්, කන්වලිනුත් ආශ්වාස ප්‍රශ්වාස කිරීම නැවැත් වූ විට මගේ ශරීරයෙහි අධිමාත්‍ර වූ වේදනාවක් හටගත්තා. පින්වත් භාරද්වාජ, බලවත් පුරුෂයන් දෙදෙනෙක් දුර්වල පුරුෂයෙකු ගේ අත්පා වලින් අල්ලා ගෙන ගිනි අඟුරු වලක තවයි ද, බලවත්ව තවයි ද, පින්වත් භාරද්වාජ, ඔය විදිහට ම මුඛයෙනුත්, නාසයෙනුත්, කන්වලිනුත් ආශ්වාස ප්‍රශ්වාස කිරීම නැවැත් වූ විට මගේ ශරීරයෙහි අධිමාත්‍ර වූ වේදනාවක් හටගත්තා.

පින්වත් භාරද්වාජ, එහෙත් මගේ වීරිය නම් පටන් ගත් ලෙස ම තිබුනා. නො හැකිලී තිබුනා. සිහිය මුළා නො වී පිහිටලා තිබුනා. ඒ දුක් පීඩා ඇති

වීරියෙන් යුතුව අධික වීරිය නැමැති ඊයෙන් පහර කෑ මාගේ ශරීරය නම් වෙහෙසට පත් වුනා. නො සන්සුන් වුනා.

එතකොට පින්වත් භාරද්වාජ, දෙවිවරු මාව දැක මෙහෙම කතා වුනා. 'ශ්‍රමණ ගෞතමයන් වහන්සේ අපවත් වුනා!' කියල. ඇතැම් දෙවිවරු මෙහෙම කිව්වා. 'නෑ. ශ්‍රමණ ගෞතමයන් වහන්සේ අපවත් වුනේ නෑ. නමුත් අපවත් වේවි' කියල. ඇතැම් දෙවිවරු මෙහෙම කිව්වා. 'නෑ. ශ්‍රමණ ගෞතමයන් වහන්සේ අපවත් වුනේ නෑ. අපවත් වෙන්නෙත් නෑ. ශ්‍රමණ ගෞතමයන් වහන්සේ රහතන් වහන්සේ නමක්. රහතන් වහන්සේලා වැඩවාසය කරන්නේ ඔය අයුරින් නෙව' කියල.

එතකොට පින්වත් භාරද්වාජ, මට මෙහෙම හිතුනා. 'එහෙම නම් මං සර්වප්‍රකාරයෙන් ම ආහාර ගැනීම නවත්වන ප්‍රතිපදාවකට එනවා' කියල. එතකොට පින්වත් භාරද්වාජ, දෙවිවරු මා ළඟට ඇවිත් මෙහෙම කිව්වා. 'අනේ නිදුකාණෙනි, සර්වප්‍රකාරයෙන් ආහාර නො ගැනීමට නම් පැමිණෙන්නට එපා! ඉදින් යම් හෙයකින් ඔබවහන්සේ සර්වප්‍රකාරයෙන් ම ආහාර නො ගෙන සිටින ප්‍රතිපදාවකට බැසගත්තොත් අපි ඔබවහන්සේ ගේ සිරුරෙහි රෝම කූප තුළින් දිව්‍ය ඕජස් ඇතුළුකරනවා. එතකොට ඔබවහන්සේ එයින් යැපේවි' ඉතින් පින්වත් භාරද්වාජ, එතකොට මට මෙහෙම හිතුනා. 'මං සර්වප්‍රකාරයෙන් ආහාර නො ගන්නා ප්‍රතිපදාවකට බැසගත්තොත්, දෙවියෝ ත් මාගේ රෝම කූප වලින් දිව්‍ය ඕජස් මේ ශරීරයට දැම්මොත්, එයින් මං යැපුනොත් ඒ මාගේ ප්‍රතිපදාව බොරුවක් වෙනවා.' පින්වත් භාරද්වාජ, ඉතින් මං ඒ දෙවියන් ගේ අදහස 'එයින් කම් නැතැ'යි කියා ප්‍රතික්ෂේප කළා.

පින්වත් භාරද්වාජ, එතකොට මට මෙහෙම හිතුනා. 'එහෙම නම් මං මුං යූෂ වේවා, කොල්ලු යූෂ වේවා, කඩල යූෂ වේවා, මෑ යූෂ වේවා, ටික ටික ස්වල්පය ස්වල්පය පමණක් ආහාරයක් වශයෙන් ගන්නවා' කියල. ඉතින් පින්වත් භාරද්වාජ, මුං යූෂ වේවා, කොල්ලු යූෂ වේවා, කඩල යූෂ වේවා, මෑ යූෂ වේවා, ටික ටික ස්වල්පය ස්වල්පය පමණක් ආහාරයක් වශයෙන් ගත්තා. පින්වත් භාරද්වාජ, ඒ මං මුං යූෂ වේවා, කොල්ලු යූෂ වේවා, කඩල යූෂ වේවා, මෑ යූෂ වේවා, ටික ටික ස්වල්පය ස්වල්පය පමණක් ආහාරයක් වශයෙන් ගනිද්දී මාගේ ශරීරය අතිශයින් ම කෘෂ බවට පත් වුනා. ආසීතික වැල් පුරුක් වගෙයි පෙනුනෙ. (මෙයින් අදහස් වෙන්නෙ රසකිඳ වැල් වැනි ඉතා ම කෘෂ වී ගිය ශරීරයක් ඇති ව සිටි බව යි.) මම ඔය විදිහට ඉතාමත් යාන්තමින් ආහාර ගත්තු නිසා මගේ ඇඟ-පත ඒ විදියට ම කෙට්ටු වෙලා ගියා. මම කෑම්-බීම් කොයි තරම් අඩුවෙන් ගත්තද කිව්වොත් මගේ තට්ටම් කෙට්ටු

වෙලා ගියෙ ඔටුවෙකු ගෙ පියසටහන් වගෙයි. වට්ටනාවලි කියල ගැට හැදිච්ච වැලි ජාතියක් තියෙනවා. මගේ කොඳු ඇට පේලිය ඒ වගේ වුනා. කෑම්-බීම් අඩුවෙන් ගත්තු නිසා තමයි ඒ විදිහට වුනේ. ඒ වගේ ම හොඳට දිරපු ශාලාවක වහලෙ පරාල තියෙන්නෙ එහාට මෙහාට උස් පහත් වෙලා. කෑම්-බීම් අඩුවෙන් ගැනීම කොච්චර ද කිව්වොත් මගේ පපුවෙ ඇට පෙනුනෙත් ඒ විදිහට ම යි. ඒ වගේ ම ගැඹුරු ලිඳක් තියෙනවා කියල හිතන්න. ඒ ලිඳ කොච්චර ගැඹුරු ද කිව්වොත්, වතුර ටික යාන්තමට දිලිසෙනවා විතර යි පේන්නෙ. ඔය විදිහට ම මගේ ඇස් දෙක ඇස් වලේ යටට ම ගිලිල යාන්තමට දිළිසුනා. කෑම්-බීම් අඩුවෙන් ගත්තු නිසා තමයි ඒ විදිහට වුනේ. ඒ වගේ ම අමුවෙන් කඩලා අව්වට වේලිල මැලවෙලා ගිය ලබු ගෙඩියක් ගැන හිතන්න. මගේ හිසේ හමත් අන්න ඒ විදිහට මැළවෙලා, රැලි වැටිල ගියා. කෑම්-බීම් අඩුවෙන් ගත්තු නිසා තමයි ඒ විදිහට වුනේ.

පින්වත් භාරද්වාජ, මම බඩේ හම අතින් පිරිමදින කොට, කොඳු ඇට පේලිය අතට අහුවෙනවා. කොඳුඇට පේළිය පිරිමදින කොට බඩේ හම තමයි අතට අහු වුනේ. පින්වත් භාරද්වාජ, කෑම්-බීම් අඩුවෙන් ගත්තු නිසා තමයි ඒ විදිහට වුනේ. කොඳු ඇට පේළිය යි බඩේ හම යි එකට ඇලිල ගියා. මම වැසිකිළි-කැසිකිළි යන්ට හදනකොට එතන ම යටිකුරු ව වැටුනා. පින්වත් භාරද්වාජ, කෑම්-බීම් අඩුවෙන් ගත්තු නිසා තමයි ඒ විදිහට වුනේ. පින්වත් භාරද්වාජ, මේ ශරීරයේ අතපය පිරිමදින කොට ඇඟේ මවිල් වල මුල් ඉදිරිලා ඒ මවිල් ගැලවිල වැටෙනවා. කෑම්-බීම් අඩුවෙන් ගත්තු නිසා ම යි එහෙම වුනේ.

පින්වත් භාරද්වාජ, මාව දුටු මිනිස්සු මෙහෙම කතා වුනා. 'ශ්‍රමණ ගෞතමයන් වහන්සේ දැන් කළු යි නෙව.' ඇතැම් මිනිස්සු මෙහෙම කිව්වා. 'නෑ ශ්‍රමණ ගෞතමයන් වහන්සේ කළු නෑ. ශ්‍රමණ ගෞතමයන් වහන්සේ අඳුරු පාට යි.' ඇතැම් මිනිස්සු මෙහෙම කිව්වා. 'නෑ. ශ්‍රමණ ගෞතමයන් වහන්සේ කළු ත් නෑ. අඳුරු පාට ත් නෑ. රන්වන් පාට යි.' පින්වත් භාරද්වාජ, අල්පාහාර හේතුවෙන් ම යි මාගේ පිරිසිදු වූ ත්, බබලන්නා වූ ත් සමේ පැහැය නැතිවී ගියේ.

පින්වත් භාරද්වාජ, එතකොට මට මෙහෙම හිතුනා. අතීත කාලයෙහි සිටි ශ්‍රමණයන් වේවා, බ්‍රාහ්මණයන් වේවා උපක්‍රමයකින් කළ යුතු යම්තාක් තියුණු වූ, කටුක වූ දුක් වේදනා වින්ඳා නම්, මෙපණකින් ම තමයි විඳින්නට තියෙන්නේ. මෙයට වඩා නම් නෙවෙයි. අනාගතයෙහි ශ්‍රමණයන් වේවා, බ්‍රාහ්මණයන් වේවා උපක්‍රමයකින් කළ යුතු යම්තාක් තියුණු වූ, කටුක වූ දුක්

වේදනා විඳිනවා නම්, මෙපමණකින් ම තමයි විඳින්නට තියෙන්නේ. මෙයට වඩා නම් නෙවෙයි. වර්තමානයේ ත් ශ්‍රමණයන් වේවා, බ්‍රාහ්මණයන් වේවා උපක්‍රමයකින් කළ යුතු යම්තාක් තියුණු වූ, කටුක වූ දුක් වේදනා විඳිනවා නම්, මෙපමණකින් ම තමයි විඳින්නට තියෙන්නේ. මෙයට වඩා නම් නො වෙයි. එසේ නමුත් මෙතරම් කටුක වූ දුෂ්කරක්‍රියාවකින් වුනත් මනුෂ්‍ය ස්වභාවය ඉක්මවා ගිය ආර්ය වූ ඤාණදර්ශනයක් ලබාගන්නට බැරි වුනා. සත්‍යාවබෝධය පිණිස හේතු වන්නා වූ වෙන මාර්ගයක් ඇද්ද?

පින්වත් භාරද්වාජ, එතකොට මට මෙහෙම හිතුනා.

මං ශාක්‍ය පියාණන් ගේ කමත අසල දඹරුක් සෙවණේ වාඩි වී සිටිද්දී කාමයන් ගෙන් වෙන්ව, අකුසලයන් ගෙන් වෙන්ව විතර්ක සහිත වූ විචාර සහිත වූ විවේකයෙන් හටගත් ප්‍රීති සුඛයෙන් යුතුව ප්‍රථම ධ්‍යානය උපදවා ගෙන සිටිය බව මට මතක් වුනා. සැබැවින් ම සත්‍යාවබෝධය පිණිස මේ මගවත් උපකාරී වේවි ද? එතකොට පින්වත් භාරද්වාජ, එය සිහිකිරීමේ දී ඒ අනුව මට මේ සිත පහළ වුණා. 'මෙය ම තමයි සත්‍යාවබෝධයට මාර්ගය' කියලා.

ඉතින් පින්වත් භාරද්වාජ, මං මෙහෙම හිතුවා. 'මං කුමට ද කාමයන් ගෙන් වෙන් වූ, අකුසල් ධර්මයන් ගෙන් වෙන් වූ යම් මේ සුඛයක් ඇද්ද, එබඳු සැපයකට භය වෙන්නෙ?'

ඉතින් පින්වත් භාරද්වාජ, මට මෙහෙම හිතුනා. 'කාමයන් ගෙන් වෙන් වූ, අකුසල් ධර්මයන් ගෙන් වෙන් වූ යම් මේ සුඛයක් ඇද්ද, එබඳු සැපයකට මං භය වෙන්නෙ නෑ.'

එතකොට පින්වත් භාරද්වාජ, මට මෙහෙම හිතුනා. 'මේ අතිශයින් ම දුර්වලව කෘෂව ගිය ශරීරයෙන් නම් ඒ සැපය ලබන්නට පුළුවන්කමක් නෑ. ඒ නිසා මං බත් වෑංජනාදී ගොරෝසු ආහාර වළඳන්නට ඕන' කියල. ඉතින් පින්වත් භාරද්වාජ, මං බත් වෑංජන ආදී ගොරෝසු ආහාරයන් වළඳන්නට පටන් ගත්තා. පින්වත් භාරද්වාජ, ඒ පස්වග භික්ෂූන් වහන්සේලා 'ශ්‍රමණ ගෞතමයන් වහන්සේ යම් ධර්මයක් අවබෝධ කරගනිත් ද, ඒ ධර්මය අපට ද දේශනා කරනු ඇත' කියා මට උපස්ථාන කරමින් සිටියේ. නමුත් පින්වත් භාරද්වාජ, මං යම් දවසක බත් වෑංජන ආදී ගොරෝසු ආහාර වළඳන්නට පටන් ගත්තා ද, එවිට පස්වග භික්ෂූන් වහන්සේලා 'ශ්‍රමණ ගෞතමයන් වහන්සේ ප්‍රත්‍ය බහුල බවට පත්වුනා. දැඩි වීරිය කණපිට හැරුනා. ලාභ සත්කාරයන් වෙතට ම කැරකිලා ආවා' කියා කලකිරී මාව අත්හැර දමා නික්ම ගියා.

ඉතින් පින්වත් භාරද්වාජ, ඒ ඕලාරික ආහාරයන් වළඳා ශරීර ශක්තිය ඇතිකරගෙන මං කාමයන් ගෙන් වෙන්ව ....(පෙ).... ප්‍රථම ධ්‍යානය උපදවා ගෙන වාසය කළා. විතක්ක විචාරයන් ගේ සංසිඳීමෙන් ....(පෙ).... දෙවෙනි ධ්‍යානය ....(පෙ).... තුන්වෙනි ධ්‍යානය ....(පෙ).... සතර වෙනි ධ්‍යානය උපදවා ගෙන වාසය කළා.

ඉතින් ඔය විදිහට සමාධිගත සිතක් ඇති වුනා ම, සිත පිරිසිදු වුනාම, සිත බබළන කොට, උපක්ලේශ නැති වුනා ම, හිත මෘදු වුනා ම, අවබෝධයට සුදුසු වුනා ම, නො සෙල්වී තිබුනා ම, අකම්පිත වුනා ම, එතකොට මං නොයෙක් ආකාරයෙන් පෙර විසූ ජීවිත පිළිබඳව සිහි කරන්නට සිත යොමු කළා. එතකොට මං නොයෙක් ආකාරයෙන් පුබ්බේ නිවාසය සිහි කළා. ඒ කියන්නෙ; එක ජාතියක්, ජාති දෙකක්, ...(පෙ).... මෙසේ මං කරුණු සහිත ප්‍රධාන සිදුවීම් සහිතව නොයෙක් ආකාරයෙන් මං පෙර විසූ ජීවිත පිළිබඳව සිහිකරනවා. පින්වත් භාරද්වාජ, රාත්‍රියෙහි ප්‍රථම යාමයෙහි මා විසින් අත්දුටු පළමු විද්‍යාව මෙය යි. අවිද්‍යාව දුරු වී ගියා. විද්‍යාව පහළ වුනා. අඳුර දුරු වී ගියා. ආලෝකය පහළ වුනා. අප්‍රමාදීව කෙලෙස් තවන වීරිය ඇතිව කාය ජීවිත දෙකෙහි අනපේක්ෂිතව ධර්මයෙහි හැසිරෙන යමෙකුට යමක් ලැබෙනවා නම් අන්න ඒ ආකාරයට යි සිදුවුනේ.

ඉතින් ඔය විදිහට සමාධිගත සිතක් ඇති වුනා ම, සිත පිරිසිදු වුනාම, සිත බබළන කොට, උපක්ලේශ නැති වුනා ම, හිත මෘදු වුනා ම, අවබෝධයට සුදුසු වුනා ම, නො සෙල්වී තිබුනා ම, අකම්පිත වුනා ම, එතකොට මං සත්වයන්ගේ චුත වීමත්, ඉපදීමත් දැන ගැනීමේ ඥාණය පිණිස සිත යොමු කළා. ඉතින් ඒ මං සාමාන්‍ය මිනිස් ඇස ඉක්මවා ගිය දිව්‍යස් නුවණින් චුතවන්නා වූ ත්, උපදින්නා වූ ත්, හීන, ප්‍රණීත, සුවර්ණ, දුර්වර්ණ, සුගති, දුගති සත්වයන් ....(පෙ).... කර්මානුරූපව උපතක් කරා යන සත්වයන් දැක්කා. පින්වත් භාරද්වාජ, රාත්‍රියෙහි මධ්‍යම යාමයෙහි මා විසින් අත්දුටු දෙවෙනි විද්‍යාව මෙය යි. අවිද්‍යාව දුරු වී ගියා. විද්‍යාව පහළ වුනා. අඳුර දුරු වී ගියා. ආලෝකය පහළ වුනා. අප්‍රමාදීව කෙලෙස් තවන වීරිය ඇතිව කාය ජීවිත දෙකෙහි අනපේක්ෂිතව ධර්මයෙහි හැසිරෙන යමෙකුට යමක් ලැබෙනවා නම් අන්න ඒ ආකාරයට යි සිදුවුනේ.

ඉතින් ඔය විදිහට සමාධිගත සිතක් ඇති වුනා ම, සිත පිරිසිදු වුනාම, සිත බබළන කොට, උපක්ලේශ නැති වුනා ම, හිත මෘදු වුනා ම, අවබෝධයට සුදුසු වුනා ම, නො සෙල්වී තිබුනා ම, අකම්පිත වුනා ම, එතකොට මං ආසවක්ඛය ඥාණය ලැබීමේ නුවණ ලබාගන්ට සිත යොමු කළා. ඉතින් මං 'මේක තමයි දුක' කියල යථාර්ථය අවබෝධ කරගත්තා. 'මේක තමයි දුකේ

හටගැනීම' කියල යථාර්ථය අවබෝධ කරගත්තා. 'මේ තමයි දුකේ නැතිවීම' කියල යථාර්ථය අවබෝධ කරගත්තා. 'මේ තමයි දුක් නැති වීමේ මාර්ගය' කියල යථාර්ථය අවබෝධ කරගත්තා. 'මේවා තමයි ආශ්‍රව' කියල යථාර්ථය අවබෝධ කරගත්තා. 'මේ තමයි ආශ්‍රවයන් ගේ හටගැනීම' කියල යථාර්ථය අවබෝධ කරගත්තා. 'මේ තමයි ආශ්‍රව නැතිවීම' කියල යථාර්ථය අවබෝධ කරගත්තා. 'මේ තමයි ආශ්‍රව නිරුද්ධ වීමේ මාර්ගය' කියල යථාර්ථය අවබෝධ කරගත්තා.

ඔය විදිහට මං යථාර්ථය දැන ගන්න කොට, යථාර්ථය දැක ගන්න කොට, කාම ආශ්‍රවයෙනුත් සිත නිදහස් වුනා. භව ආශ්‍රවයෙනුත් සිත නිදහස් වුනා. අවිජ්ජා ආශ්‍රවයෙනුත් සිත නිදහස් වුනා. ආශ්‍රවයන් ගෙන් සිත නිදහස් වුනා ම සියලු දුකින් තමන් නිදහස් වූ බවට අවබෝධය ඇති වුනා. 'ඉපදීම නැති වුනා. බඹසර වාසය සම්පූර්ණ කළා. කළ යුතු දේ කළා. ආයෙ කවදාවත් සසරට වැටෙන්නෙ නෑ' කියල දැනගත්තා.

පින්වත් භාරද්වාජ, රාත්‍රියෙහි පශ්චිම යාමයෙහි මා විසින් අත්දුටු තුන්වෙනි විද්‍යාව මෙය යි. අවිද්‍යාව දුරු වී ගියා. විද්‍යාව පහළ වුනා. අඳුර දුරු වී ගියා. ආලෝකය පහළ වුනා. අප්‍රමාදීව කෙලෙස් තවන වීරිය ඇතිව කාය ජීවිත දෙකෙහි අනපේක්ෂිතව ධර්මයෙහි හැසිරෙන යමෙකුට යමක් ලැබෙනවා නම් අන්න ඒ ආකාරයට යි සිදුවුනේ."

මෙසේ වදාළ විට සංගාරව මාණවකයා භාග්‍යවතුන් වහන්සේට මෙය පැවසුවා. "භවත් ගෞතමයන් වහන්සේ ගේ ඒ ප්‍රධන් වීර්යය කරුණු සහිත වූ ම වීරියක් ම යි. භවත් ගෞතමයන් වහන්සේ ගේ ඒ ප්‍රධන් වීර්යය සත්පුරුෂ වීරියක් ම යි. එය අරහත් සම්මා සම්බුදුරජාණන් වහන්සේ නමකට යම් අයුරකින් වේද, ඒ අයුරු දෙයක් ම යි.

කිම? භවත් ගෞතමයන් වහන්ස, දෙවිවරු ඉන්නවා ද?"

"පින්වත් භාරද්වාජ, මේ දෙවිවරු ඉන්නවා ද යන කරුණක් ඇද්ද, එය මා විසින් දැනගත් දෙයක්."

"භවත් ගෞතමයන් වහන්ස, කිම? දෙවිවරු ඉන්නවා දැයි මා ඇසූ විට පවසා වදාළේ 'පින්වත් භාරද්වාජ, මේ දෙවිවරු ඉන්නවා ද යන කරුණක් ඇද්ද, එය මා විසින් දැනගත් දෙයක්' කියලයි. භවත් ගෞතමයන් වහන්ස, මෙසේ ඇති කල්හි දෙවිවරු ඉන්නවා යන කරුණ හිස් වූ බොරුවක් නො වෙයි ද?"

"පින්වත් භාරද්වාජ, දෙවිවරු ඉන්නවා දැයි ඇසූ විට යමෙක් 'දෙවියෝ ඉන්නවා' කියනවා ද, යමෙක් මේ කාරණය මා විසින් දන්නා ලදැයි කියනවා ද, මෙය පිළිබඳව බුද්ධිමත් මනුෂ්‍යයෙකු විසින් ඒකාන්තයෙන් ම නිෂ්ඨාවකට පැමිණිය යුතුයි. එනම් 'දෙවිවරු ඉන්නවා' කියල යි."

"කිම? භවත් ගෞතමයන් වහන්ස, එය මට මුලින් ම නො වදාළේ මක් නිසා ද?"

"පින්වත් භාරද්වාජ, දෙවිවරු ඉන්නවා යැයි කියන යම් ප්‍රකාශයක් ඇද්ද, එය මේ ලෝකයෙහි උස් හඬින් සම්මත වූ දෙයක් නෙව."

මෙසේ වදාළ විට සංගාරව බ්‍රාහ්මණ තරුණයා භාග්‍යවතුන් වහන්සේට මෙය පැවසුවා. "පින්වත් ගෞතමයන් වහන්ස, හරි ම සුන්දර යි! පින්වත් ගෞතමයන් වහන්ස, හරි ම සුන්දර යි! පින්වත් ගෞතමයන් වහන්ස, යටිකුරු වෙච්ච දෙයක් උඩට හැරෙව්වා වගෙයි. සැඟවෙච්ච දෙයක් විවෘත කළා වගෙයි. මං මුළා වූ කෙනෙකුට මාර්ගය පෙන්වුවා වගෙයි. අඳුරේ සිටින උදවියට රූප දකින්ට තෙල් පහන් දල්වවූවා වගෙයි. ඔන්න ඔය විදියට යි පින්වත් ගෞතමයන් වහන්සේ විසින් නොයෙක් ආකාරයෙන් ශ්‍රී සද්ධර්මය වදාළේ. ඉතින් මා ත් පින්වත් ගෞතමයන් වහන්සේව සරණ යනවා. ශ්‍රී සද්ධර්මය ත් සරණ යනවා. ශ්‍රාවක සඟරුවන ත් සරණ යනවා. භාග්‍යවතුන් වහන්සේ අද පටන් දිවි ඇති තුරාවට තෙරුවන් සරණ ගිය උපාසකයෙකු වශයෙන් මාව පිළිගන්නා සේක්වා!"

සාදු! සාදු!! සාදු!!!

සංගාරව බ්‍රාහ්මණ තරුණයාට වදාළ දෙසුම නිමා විය.
පස් වෙනි බ්‍රාහ්මණ වර්ගය යි.

මජ්ඣිම නිකායේ මජ්ඣිම පණ්ණාසකය නිමා විය.

දසබලසේලප්පභවා නිබ්බානමහාසමුද්දපරියන්තා
අට්ඨංග මග්ගසලිලා ජිනවචනනදී චිරං වහතූති

දසබලයන් වහන්සේ නමැති ශෛලමය පර්වතයෙන් පැන නැගී
අමා මහා නිවන නම් වූ මහා සාගරය අවසන් කොට ඇති
ආර්ය අෂ්ටාංගික මාර්ගය නම් වූ සිහිල් දිය දහරින් හෙබි
උතුම් ශ්‍රී මුඛ බුද්ධ වචන ගංගාව (ලෝ සතුන්ගේ සසර දුක නිවාලමින්)
බොහෝ කල් ගලාබස්නා සේක්වා !
(සළායතන සංයුත්තය - උද්දාන ගාථා)

සාදු! සාදු!! සාදු!!!

නමෝ තස්ස භගවතෝ අරහතෝ සම්මාසම්බුද්ධස්ස.
ඒ භාග්‍යවත් අරහත් සම්මා සම්බුදුරජාණන් වහන්සේට නමස්කාර වේවා!

මේ උතුම් ගෞතම බුදු සසුනේ දී ම මේ ආශ්චර්යවත් ශ්‍රී සද්ධර්මය මැනැවින් උගෙන තම තමන් ගේ නුවණ මෙහෙයවා ධර්මයෙහි හැසිරීමෙන් ආර්ය ශ්‍රාවකයන් බවට පත්ව සතර අපා දුකෙන් සදහට ම මිදෙනු කැමැති ලංකාවාසී සැදැහැවත් නුවණැතියන් හට වඩාත් හොඳින් තේරුම් ගැනීම පිණිස මහත් ශ්‍රද්ධාවෙන් යුතුව සිංහල භාෂාවට මජ්ඣිම නිකායෙහි දෙවෙනි වෙනි කොටස වන මජ්ඣිම පණ්ණාසකය පරිවර්තනය කිරීමෙන් ලත් සකල විපුල පුණ්‍ය සම්භාර ධර්මයන් පින් කැමැති සියල්ලෝ ම සතුටින් අනුමෝදන් වෙත්වා! අප සියලු දෙනාට ම වහ වහා උතුම් චතුරාර්ය සත්‍ය ධර්මය සත්‍ය ඥාණ වශයෙන් ද, කෘත්‍ය ඥාණ වශයෙන් ද, කෘත ඥාණ වශයෙන් ද අවබෝධ වීම පිණිස ඒකාන්තයෙන් ම මේ පුණ්‍ය වාසනාව උපකාර වේවා!

සාදු! සාදු!! සාදු!!!

නමෝ තස්ස භගවතෝ අරහතෝ සම්මාසම්බුද්ධස්ස.

www.ingramcontent.com/pod-product-compliance
Lightning Source LLC
Chambersburg PA
CBHW080446170426
43196CB00016B/2707